HSK 6급 합격을 위한 나의 다짐

🖊

HSK 6급 목표 점수 _____ 점 / 300점

HSK 6급 학습기간 ___ 월 ___ 일까지

🖊 **교재 p. 22~23**에 있는 **학습플랜을 활용**하여
매일매일 정해진 분량의 학습량으로 **HSK 6급을 준비**해보세요.

1개월 학습플랜

**HSK 5급이 250점 이상인 학습자 또는 이전 6급 점수가 180점 이상이거나
유효기간이 만료되어 재응시하려는 학습자에게 추천!**

1주	2주	3주	4주
듣기/독해 매일 학습		듣기/독해/쓰기 매일 학습	실전모의고사 마무리

2개월 학습플랜

**HSK 5급 200~250점 사이인 학습자 또는
HSK 6급에 응시한 적 있으나 점수가 180점 미만이었던 학습자에게 추천!**

1주	2주	3주	4주	5주	6주	7주	8주
듣기/독해 격일 학습					듣기/독해는 격일 학습, 쓰기는 매일 학습		실전모의고사 마무리

HSK 6급 200% 활용법 확인하기 ➡

해커스 중국어 HSK 6급 한 권으로 고득점 달성

200% 활용법!

교재 무료 MP3 [학습용/복습용/실전모의고사/핵심어휘집/필수어휘 2500]

방법 1 해커스중국어(china.Hackers.com) 접속 후 로그인 ▶
페이지 상단 [교재/MP3 → 교재 MP3/자료] 클릭 ▶ 본 교재 선택 후 이용하기

방법 2 [해커스 ONE] 앱 다운로드 후 로그인 ▶ 나의 관심학습과정 [중국어] 선택 ▶
[교재·MP3] 클릭 ▶ 본 교재 선택 후 이용하기

▲ [해커스 ONE]
앱 다운받기

HSK 6급 필수어휘 2500 & 알아두면 시험이 쉬워지는 배경지식 [PDF]
쓰기 원고지 & 나만의 단어 암기 노트 [PDF]

이용방법 해커스중국어(china.Hackers.com) 접속 후 로그인 ▶
페이지 상단 [교재/MP3 → 교재 MP3/자료] 클릭 ▶ 본 교재 선택 후 이용하기

무료 HSK 6급 받아쓰기 & 쉐도잉 프로그램

이용방법 해커스중국어(china.Hackers.com) 접속 후 로그인 ▶ 페이지 상단 [iBT 학습하기] ▶
[HSK 받아쓰기&쉐도잉] 클릭 ▶ 본 교재 선택 후 이용하기

해커스 HSK 6급 IBT 쓰기 트레이너

이용방법 해커스중국어(china.Hackers.com) 접속 후 로그인 ▶ 페이지 상단 [iBT 학습하기] ▶
[HSK iBT 쓰기 트레이너] 클릭 ▶ 교재 구매 인증 코드 입력 후 이용하기

해커스 HSK 6급 IBT 모의고사 [교재 수록 1~3회 + 온라인 추가 1회]

이용방법 해커스중국어(china.Hackers.com) 접속 후 로그인 ▶
페이지 상단 [교재/MP3 → 교재 MP3/자료] 클릭 ▶ 본 교재 내 모의고사 항목의 [혜택 받기] 클릭

본 교재 인강 30% 할인쿠폰

64EF 5A32 DD6C E3CR *쿠폰 유효기간 : 쿠폰 등록 후 30일

▲ 쿠폰 등록하기

이용방법 해커스중국어(china.Hackers.com) 접속 후 로그인 ▶ 나의강의실 ▶내 쿠폰 확인하기 ▶ 쿠폰번호 등록

* 해당 쿠폰은 HSK 6급 단과 강의 구매 시 사용 가능합니다.
* 본 쿠폰은 1회에 한해 등록 가능합니다.
* 이외 쿠폰 관련 문의는 해커스중국어 고객센터(T.02-537-5000)으로 연락 바랍니다.

해커스 중국어

HSK6급

한 권으로 고득점 달성

기본서+실전모의고사

해커스

HSK 최신 출제 경향을 완벽 반영한
해커스 HSK 6급 한 권으로 고득점 달성
개정판을 내면서

그동안 <해커스 HSK 6급 한 권으로 고득점 달성> 교재가 베스트셀러 자리를 지킬 수 있었던 것은, 수험생 여러분의 막막함을 덜어줄 수 있는 방법을 교재에 담아냈고, 그러한 노력이 수험생 여러분께 닿을 수 있었기 때문이었습니다.

이제 해커스 HSK연구소는, 최근 지속적으로 변화하고 있는 HSK 6급을 학습자들이 충분히 대비하고 자신이 목표하는 고득점을 획득하는 데 도움을 드리고자, HSK 6급의 최신 출제 경향을 철저히 분석하여 완벽하게 반영한 <해커스 HSK 6급 한 권으로 고득점 달성> 개정판을 출간하게 되었습니다.

특히 이번 개정판에서는 많은 HSK 6급 학습자들이 가장 어려워하는 독해 1부분을 확실히 정복할 수 있도록 '고난도 문장분석' 학습 코너를 추가했습니다. 모든 학습자분들이 '고득점 달성'이라는 목표에 한 발자국 더 가까워지기를 바랍니다.

최신 출제 경향과 난이도를 완벽 반영한 문제 제공!

HSK 6급의 고득점 달성을 위해서는 최신 출제 경향을 확실하게 파악하고 철저히 대비하는 것이 매우 중요합니다. 이를 위해, 해커스 HSK연구소는 최신 출제 경향과 난이도를 심도 있게 분석하여 교재 전반에 철저하게 반영했습니다.

실제 시험장에서 그대로 적용 가능한 풀이 전략과
읽기만 해도 정답이 한눈에 보이는 상세한 해설 제공!

고득점 달성을 위한 학습에서 가장 중요한 것은 해설입니다. 정답이 왜 정답인지, 오답은 왜 오답인지 정확히 이해하면서 공부를 해야 실력이 차곡차곡 쌓입니다. <해커스 HSK 6급 한 권으로 고득점 달성>은 학습자가 혼자서도 충분히 학습할 수 있도록, 논리적으로 이해할 수 있는 해설을 수록했습니다.

한 달 만에 고득점 달성!

HSK 6급 듣기, 독해, 쓰기 영역의 어려운 문제를 포함한 모든 유형에 따른 문제 해결 방법을 <문제풀이 전략>으로 익히고, 풍부한 예문을 통해 직접 전략을 적용해볼 수 있도록 했습니다. 또한 부분별 실전테스트&실전모의고사 3회분으로 실전 감각까지 익힐 수 있어, 한 달이면 고득점 달성이 충분히 가능합니다.

HSK IBT 시험까지 완벽 대비 가능!

최근 많은 수험생들이 HSK IBT 방식으로 시험을 봅니다. 그래서 <해커스 HSK 6급 한 권으로 고득점 달성>은 교재에 수록된 실전모의고사 3회분을 실제 시험과 동일한 IBT 방식으로도 풀어볼 수 있게 했습니다. 또한 IBT 실전모의고사 1회분을 추가로 제공하여 자신의 실력을 객관적으로 점검해볼 수 있도록 했습니다. 해커스중국어 사이트에서 이용할 수 있는 「HSK 6급 IBT 쓰기 트레이너」를 통해 중국어를 직접 컴퓨터에 입력해보면서 IBT 시험을 완벽 대비할 수 있습니다.

<해커스 HSK 6급 한 권으로 고득점 달성> 개정판이 여러분의
고득점 획득에 튼튼한 발판이 되고 중국어 실력 향상은 물론,
여러분의 꿈을 향한 길에 믿음직한 동반자가 되기를 바랍니다.

CONTENTS

듣기

제1부분 [단문 듣고 일치하는 내용 고르기]

제2부분 [인터뷰 듣고 질문에 답하기]

제3부분 [장문 듣고 질문에 답하기]

독해

제1부분 [틀린 문장 고르기]

1 술어, 주어, 목적어 파악하기	5 被자문 분석하기
2 관형어와 부사어 파악하기	6 比자문 분석하기
3 보어 파악하기	7 겸어문 분석하기
4 把자문 분석하기	8 연동문 분석하기

제2부분 [빈칸에 알맞은 어휘 고르기]

제3부분 [빈칸에 알맞은 내용 고르기]

제4부분 [장문 독해]

쓰기

지문 읽고 400자 요약쓰기

실전모의고사 [PBT/IBT 모두 가능]

실전모의고사 1

실전모의고사 2

실전모의고사 3

 해설집 [별책]

 HSK 6급 고득점 대비 핵심어휘집 [별책]

 학습용 MP3 / 복습용 문제별 분할 MP3 /
고사장 소음 버전 MP3 / 핵심어휘집 MP3

 HSK 6급 필수어휘 2500 PDF & MP3
쓰기 원고지 PDF
나만의 단어 암기 노트 PDF
알아두면 시험이 쉬워지는 배경 지식 PDF

 추가 IBT 실전모의고사(1회)
매일 10분, 10일 완성 HSK 받아쓰기 & 쉐도잉(6급)
해커스 HSK 6급 IBT 쓰기 트레이너

* 교재 학습용 MP3, 부가 학습 자료 및 프로그램은 해커스중국어 사이트(china.
Hackers.com)에서 무료로 다운로드 및 이용하실 수 있습니다.

고득점 달성 비법!

❊ 하나, 최신 출제 경향을 정확하게 파악하고, 문제풀이 전략을 확실하게 익힌다!

🔍 영역·부분별 최신 출제 경향 파악하기!

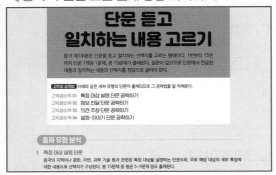

최근 HSK 6급에서 자주 출제되는 문제 유형, 기출 주제, 출제 비율 등을 철저하게 분석하여 알기 쉽도록 정리했습니다.

⌐ 문제풀이 스텝 익히기!

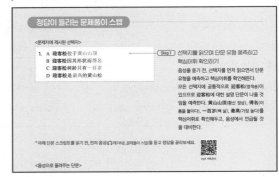

각 부분별 문제를 가장 간단한 방법으로 풀면서 동시에 정답 선택의 확률을 극대화할 수 있는 문제풀이 스텝을 제시했습니다. 실제 시험장에서 그대로 적용 가능한 문제풀이 스텝을 익힘으로써 빠르고 정확한 문제풀이가 가능합니다.

🔑 고득점비책으로 문제풀이 전략 학습하기!

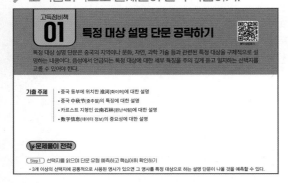

각 부분에서 출제되는 문제 유형을 고득점비책으로 구성했습니다. 각 고득점비책에서는 유형별로 최적화된 문제풀이 전략을 제시하는데, 이를 통해 문제를 보다 쉽게 해결하는 방법을 학습할 수 있습니다.

☰ 예제로 문제풀이 스텝 및 전략 적용하기!

각 고득점비책에는 최신 출제 경향 및 난이도를 그대로 반영한 대표 예제를 수록했습니다. 이를 통해 문제풀이 스텝 및 전략을 실제로 적용하는 방법을 보다 빠르고 쉽게 이해하고, 실전 감각 또한 쌓을 수 있습니다.

❈ 둘, 기본기와 실전 감각을 동시에 쌓는다!

💡 고난도 문장분석으로 독해 기본기 쌓기!

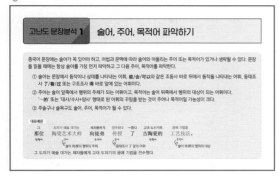

많은 학습자들이 어려워하는 독해 1부분을 철저하게 대비하기 위해 시험에 자주 출제되는 문장 유형 8개를 정리하여 직접 분석해볼 수 있도록 했습니다. 빠르게 문장을 분석하고 정확하게 해석하는 실력을 쌓다 보면 독해 1부분 뿐만 아니라, 독해 전 영역에 큰 도움이 될 것입니다.

💡 필수 요약스킬로 쓰기 실력 다지기!

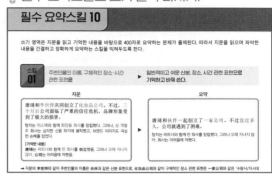

쓰기 영역에서 지문을 읽고 400자로 간결하고 정확하게 요약할 수 있도록 필수 요약스킬 10개를 정리하여 제공했습니다. 고득점을 좌우하는 쓰기 영역에서 높은 점수를 받는 데에 큰 도움이 될 것입니다.

📋 실전연습문제 & 실전테스트로 고득점 실력 굳히기!

각 고득점비책에서 문제풀이 전략을 적용해볼 수 있도록 실전과 동일한 형태의 연습문제들을 수록했습니다. 또 각 부분의 학습을 마무리한 후에는, 실전테스트를 통해 모든 유형의 문제들을 풀어봄으로써, 실전에 대비할 수 있습니다.

📋 실전모의고사 3회분으로 실전 감각 극대화하기!

최종적으로 실전모의고사 3회분을 풀어봄으로써, 실전 감각을 키우고 자신의 실력도 정확히 예측해볼 수 있도록 했습니다. 이로써 학습자들은 실제 시험에서도 당황하지 않고 마음껏 실력을 발휘할 수 있습니다.
(교재에 수록된 실전모의고사 3회분은 해커스중국어(china.Hackers. com)에서 IBT 버전으로도 풀어볼 수 있습니다.)

<해커스 HSK 6급 한 권으로 고득점 달성>이 제시하는

고득점 달성 비법!

❀ 셋, 상세한 해설을 통한 반복 학습으로 고득점에 대한 자신감을 키운다!

✎ 중국어 문장 구조의 이해를 돕는 해석!

자연스러우면서도 중국어 원문의 문장 구조를 그대로 살린 해석을 수록하여, 해석을 통해서도 중국어 문장의 구조를 이해할 수 있도록 했습니다.

✎ 실제 시험장에서 바로 적용 가능한 해설!

가장 효과적으로 문제를 풀 수 있는 문제풀이 스텝 및 전략을 기반으로 실제 시험장에서 그대로 적용 가능한 해설을 수록했습니다. 또한 정답이 왜 정답인지 더욱 쉽게 이해할 수 있도록 각 지문에는 정답의 단서도 표시했습니다.

✎ 정답과 오답이 명확하게 이해되는 해설!

정답 뿐만 아니라 오답에 대한 설명까지 상세히 수록했습니다. 학습자들이 정답과 오답을 논리적으로 이해할 수 있어 모든 문제를 혼자서도 꼼꼼히 학습할 수 있습니다.

✎ 사전이 필요 없는 어휘 정리!

지문, 문제, 음성 스크립트에 사용된 핵심어휘 및 표현을 상세히 정리하여 학습자들이 따로 사전을 찾을 필요 없이 바로바로 학습할 수 있도록 했습니다. 또한 시험에 자주 출제되는 HSK 6급 어휘 앞에 ★를 추가하여 빈출어휘임을 확인할 수 있도록 했습니다.

❀ 넷, 해커스만의 다양한 무료 학습 자료를 통해 시험에 보다 철저히 대비한다!

📘 HSK 6급 고득점 대비 핵심어휘집 & MP3

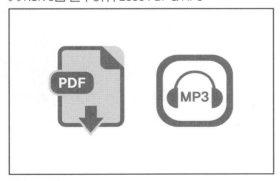

문제를 풀 때 도움이 되는 필수 어휘, 유의어, 빈출 어휘, 사자성어, 고득점 어휘를 학습할 수 있도록 구성했습니다. 함께 수록된 퀴즈를 풀어보며 어휘를 확실히 외웠는지 확인해볼 수 있습니다. 해커스중국어(china.Hackers.com)에서 무료로 제공하는 MP3와 함께 학습하면 더욱 효과적으로 암기할 수 있습니다.

🎧 학습용&복습용 문제별 분할&고사장 소음 버전 MP3

무료로 제공하고 있는 다양한 버전의 MP3 음원을 통해 듣기 실력을 극대화할 수 있습니다. 실전모의고사는 실제 고사장의 감각을 익힐 수 있도록 고사장 소음 버전 MP3까지 준비했습니다.

(모든 MP3는 '해커스 MP3 플레이어' 앱을 통해 0.5~2.0배속까지 0.05배속 단위로, 원하는 배속을 선택하여 들을 수 있습니다.)

🎧 HSK 6급 필수어휘 2500 PDF & MP3

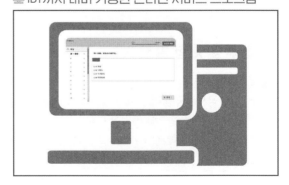

출제 기관에서 공식 지정한 HSK 6급 필수어휘 2500개를 PDF로 제공합니다. 또한, 무료로 제공하는 6급 필수어휘 2500 MP3를 들으면서 어휘 암기 효과를 극대화시킬 수 있습니다.

🖥 IBT까지 대비 가능한 온라인 서비스 프로그램

「매일 10분, 10일 완성 HSK 받아쓰기&쉐도잉(6급)」 프로그램을 통해 직청직해 능력을 키울 수 있고, 「HSK 6급 IBT 쓰기 트레이너」를 통해 쓰기 영역의 지문을 실제 IBT 시험처럼 요약해보는 연습을 할 수 있습니다. 또한 교재에 수록된 실전모의고사 3회분뿐만 아니라 추가 1회분을 더 제공하여, IBT 시험까지 완벽 대비할 수 있게 했습니다.

(모든 온라인 서비스 프로그램은 해커스중국어(china.Hackers.com)에서 무료로 이용하실 수 있습니다.)

HSK 소개

❀ HSK 란?

汉语水平考试(중국어 능력 시험)의 한어병음인 Hànyǔ Shuǐpíng Kǎoshì의 앞 글자를 딴 것으로, 제1언어가 중국어가 아닌 사람의 중국어 능력을 평가하기 위해 만들어진 중국 정부 유일의 국제 중국어 능력 표준화 고시입니다.

❀ HSK의 시험 방식

- HSK PBT(Paper-Based Test): 시험지와 OMR 답안지로 진행하는 지필 시험
- HSK IBT(Internet-Based Test): 컴퓨터로 진행하는 시험
  - * PBT와 IBT 시험 성적은 효력이 동일합니다.

❀ HSK의 급수 구성

- HSK는 급수별로 응시할 수 있습니다.
- HSK에서 각 급수별로 요구되는 어휘량은 다음과 같습니다.

	HSK 급수	어휘량
어려움	HSK 6급	5,000개 이상 (6급 2,500개, 1~5급 2,500개)
	HSK 5급	2,500개 이상 (5급 1,300개, 1~4급 1,200개)
	HSK 4급	1,200개 이상 (4급 600개, 1~3급 600개)
	HSK 3급	600개 이상 (3급 300개, 1~2급 300개)
	HSK 2급	300개 이상 (2급 150개, 1급 150개)
쉬움	HSK 1급	150개 이상

❀ 접수 및 시험 일정

1 인터넷 접수

HSK 한국사무국 홈페이지(http://www.hsk.or.kr)에서 홈페이지 좌측의 [PBT] 또는 [IBT]를 클릭한 후, 홈페이지 중앙의 [인터넷 접수]를 클릭하여 접수합니다.

* 국내 포털 사이트에서 'HSK 접수'로 검색하면 다른 시험센터에서 고사장을 선택하여 접수 가능합니다.

2 우편 및 방문 접수

- 우편 접수: 응시원서(사진 1장 부착), 응시원서에 부착한 사진 외 1장, 응시비 입금 영수증을 동봉하여 <HSK 한국사무국>으로 등기우편을 통해 접수합니다.
- 방문 접수: 응시원서(사진 1장 부착), 응시원서에 부착한 사진 외 1장, 응시비를 지참하여 <HSK 한국사무국>에 방문하여 접수합니다.

3 시험 일정

HSK PBT/IBT는 매달 1회 동일한 일자에 시험이 치뤄지는데, HSK IBT의 경우 1년에 5~7회 추가 시험이 있습니다.

* HSK IBT의 추가 시험 일정은 HSK 한국사무국 홈페이지(http://www.hsk.or.kr)에서 확인할 수 있습니다.

❋ 시험 당일 준비물

• PBT에 응시하는 경우

수험표 유효한 신분증 2B 연필, 지우개

• IBT에 응시하는 경우

수험표 유효한 신분증

❋ 시험 성적 확인

1 성적 조회

PBT는 시험일로부터 1개월, IBT는 시험일로부터 2주 후부터 중국고시센터(http://www.chinesetest.cn/goquery.do)에서 조회가 가능합니다.

2 성적표 수령 방법

• 우편 수령 신청자의 경우, 시험일로부터 45일 이후 등기우편으로 발송됩니다.
• 방문 수령 신청자의 경우, 시험일로부터 45일 이후 신분증을 지참하여 HSK 한국사무국으로 방문하여 수령합니다.

3 성적의 유효 기간

성적은 시험일로부터 2년간 유효합니다.

❋ 시험 구성 및 시험 시간

• HSK 6급은 듣기·독해·쓰기의 세 영역으로 나뉘며, 총 101문항이 출제됩니다.
듣기 영역의 경우, 듣기 시험 시간이 종료된 후 답안 작성 시간 5분이 별도로 주어지며, 독해·쓰기 영역은 별도의 답안 작성 시간이 없으므로 해당 영역 시험 시간에 바로 작성해야 합니다.

시험 내용		문항 수		시험 시간
듣기	제1부분	15	50	약 35분
	제2부분	15		
	제3부분	20		
듣기 영역에 대한 답안 작성 시간				5분
독해	제1부분	10	50	50분
	제2부분	10		
	제3부분	10		
	제4부분	20		
쓰기	작문	1	1	45분
합계		101 문항		약 135분

• HSK 6급 성적표에는 영역별 점수와 총점이 기재됩니다. 영역별 만점은 100점 만점이며, 총점은 300점 만점입니다.
성적표에는 점수를 기준으로 백분율을 제공하고 있어 자신의 점수가 상위 몇 %에 속하는지를 확인할 수 있습니다.

HSK IBT 체크포인트!

❋ IBT 응시 화면 보기

1 시험 진행 중 '답안지 제출' 버튼은 클릭하지 않습니다.

- IBT 시험은 시험 시간이 종료되면 답안지가 자동으로 제출됩니다. 따라서, '답안지 제출' 버튼을 누르는 즉시 문제를 계속 풀 수 없으므로 시험 종료 시간 전에 '답안지 제출' 버튼을 미리 클릭하지 않습니다.

2 각 영역별 풀이 시간이 화면에 표시됩니다.

- 화면 우측 상단에 각 영역별로 남은 시간이 표시되기 때문에, 문제를 푸는 중간에 남은 시간을 쉽게 확인할 수 있습니다.

3 문제 번호를 클릭하면, 해당 문제를 바로 볼 수 있습니다.

4 IBT 시험은 화면이 새로 고침 될 때 선택지의 순서가 바뀝니다.

- 예를 들어 15번 문제를 풀다가 다시 1번 문제를 클릭했을 때, 선택지의 순서가 바뀌어 있습니다. 하지만, 선택지의 순서가 바뀌더라도 내가 선택한 답은 그대로 유지되므로, 당황하지 않고 문제를 풀면 됩니다.

❋ IBT 유의 사항

1 IBT 시험은 필기구와 메모지를 사용할 수 없습니다.

- 시험 중 필기구와 메모지가 소지품으로 발견될 경우, 부정행위로 처리됩니다.

2 각 영역별 풀이 시간이 종료된 후에는 이전 영역으로 돌아갈 수 없습니다.

- HSK 시험은 각 영역별로 풀이 시간이 주어지기 때문에 한 영역을 끝낸 후, 프로그램상의 풀이 시간이 남았다고 해서 이전 영역으로 돌아가거나, 이후 영역을 미리 볼 수 없습니다.

❋ IBT 6급 FAQ

Q1. HSK 6급 IBT와 PBT, 많이 다르나요?

A. IBT와 PBT는 응시 방식만 다를 뿐 시험 문제, 난이도, 성적표 양식 모두 동일합니다.

Q2. IBT와 PBT 응시 방식이 다르다는 것은 무슨 의미인가요?

A. IBT는 컴퓨터로 응시하는 인터넷 방식이며, PBT는 종이 시험지로 푸는 지필 방식입니다. 구체적인 응시 방식의 차이는 다음과 같습니다.

구분	IBT(Internet-Based Test)	PBT(Paper-Based Test)
듣기	개인 헤드셋 착용, 본인에게 맞는 음량 크기로 조절 가능	중앙 방송을 통한 문제 듣기, 시험지에 체크 및 메모 가능
독해	모니터 화면의 지문을 눈으로만 읽고 문제 풀이	지문에 밑줄 치거나 필요한 부분을 표시하며 문제 풀이
쓰기	병음 입력기 및 필기 인식 기능 사용 가능	원고지 형식의 답안지에 직접 답안 작성
특이사항	1. 개별 칸막이 설치 2. 2주 빠른 성적 발표일	1. 필기 가능한 종이 시험지와 OMR 답안지 2. IBT보다 저렴한 응시료

Q3. 쓰기 영역의 답안지 작성 화면은 원고지 형식인가요?

A. 아닙니다. 메모장과 같은 빈 화면입니다.

* IBT 쓰기 답안지는 PBT와 달리 원고지 형식이 아닌 메모장과 같은 빈칸 형식입니다.

Q4. 작문할 때, 제목은 가운데 정렬해야 하고 문단의 첫 문장은 두 칸 띄어 써야 하나요?

A. 제목은 가운데 정렬하지 않고 바로 작성하면 되고, 문단의 첫 문장도 띄어 쓰지 않아도 됩니다.

* 쓰기 작문 답안을 입력할 때, 화면에 원고지가 제시되지 않기 때문에 제목과 문단의 첫 문장 모두 띄어쓰기 없이 바로 작성하면 됩니다.

Q5. 중국어는 어떻게 입력하고, 언어는 어떻게 변환해야 하나요?

A. 중국어 입력 프로그램인 Sogou 입력기를 사용합니다.
Alt+Shift를 동시에 누르면 한/중 언어 변환이 가능하고, Shift를 누르면 중/영 변환이 가능합니다.

• sogou 프로그램 다운로드 및 설치 방법: <pinyin.sogou.com> 사이트 접속 → 立即下载(즉시 다운로드) 버튼 클릭 → 다운로드 → 설치

Q6. 쓰기 영역을 풀 때, 병음을 모르는 한자는 어떻게 입력해야 하나요?

A. sogou 입력기에서 필기 인식 기능을 활성화하면 마우스로 원하는 중국어 글자를 직접 입력할 수 있습니다.

• 중국어 필기 인식 기능 사용 방법: sogou 입력기 맨 우측의 사각형 모양 아이콘 클릭 → 手写输入(필기 인식) 클릭 후 사용

Q7. HSK IBT 6급 모의고사를 치를 수 있는 곳이 있나요?

A. 본 교재에 수록된 실전모의고사 3회분을 해커스중국어(china.Hackers.com) 사이트에서 IBT 버전으로도 풀어볼 수 있습니다. 추가로, 별도의 무료 IBT 모의고사도 이용하실 수 있습니다.

* 이용 방법 : 해커스중국어 사이트 접속 → IBT 학습하기 클릭 → HSK IBT 모의고사 무료 클릭 → 무료로 신청하기 클릭

❀ HSK 6급 영역별 출제 형태

듣기

| 제1부분 | 단문 듣고 일치하는 내용 고르기 | 문제풀이 스텝 p.27 |

◎ 단문을 듣고 일치하는 선택지를 고르는 형태
◎ 총 문항 수: 15문항 (1번-15번)

문제지

1. A 迎客松位于黄山山顶
   B 迎客松因其形状而得名
   C 迎客松树龄只有一百岁
   D 迎客松是最高的黄山松

음성

1. 迎客松位于黄山，是黄山松的代表，也是整个黄山的象征，它因其形状像一位主人伸出一只臂膀欢迎来黄山游览的客人而得名。迎客松高10米，树龄至少已有800年，在国内外的知名度非常高。

정답 B

| 제2부분 | 인터뷰 듣고 질문에 답하기 | 문제풀이 스텝 p.39 |

◎ 인터뷰를 듣고 이와 관련된 5개의 질문에 대한 정답을 고르는 형태
◎ 총 문항 수: 15문항 (16번-30번)

문제지

16. A 唱词优美高雅
    B 符合传统道德
    C 演员较有魅力
    D 独立于其他戏曲

17. A 勤学苦练
    B 发现优点
    C 多学习文化
    D 模仿名家演技

18. A 父女
    B 叔侄
    C 师徒
    D 朋友

19. A 已经濒临灭绝
    B 节奏必须放缓
    C 需要与时俱进
    D 在国外更受欢迎

20. A 从小孩抓起
    B 由政府主导
    C 加大媒体宣传
    D 建设更多剧院

음성

男：欢迎著名京剧表演艺术家张春秋先生，您好。京剧是中国文化的瑰宝，也是中国戏曲文化的精华。您认为京剧至今仍受欢迎的原因是什么？

女：京剧是中国最有影响、最具代表性的剧种。京剧之所以如此受欢迎，首先在于它善于接受、并吸纳其他戏曲的长处。其次，京剧的故事情节大多贴近现实生活，唱词通俗易懂。不管观众从事什么职业，文化程度如何，都能看得懂。更重要的是，京剧符合中华民族一贯的道德标准，弘扬真善美，批判假丑恶，满足了老百姓对公平、正义、自由等美好生活的追求和向往。

男：您6岁开始从艺，到如今已有80多个年头。在80多年的艺术生涯中，您成功塑造了一系列经典形象，深受广大观众喜爱。通过您的经验，您觉得怎样才能唱好京剧呢？

女：京剧是"角儿"的艺术。同一部戏，不同层次的演员来表演，能给观众带来完全不同的感受。要想在京剧艺术上有所成就，演员就必须勤学苦练，舍得下功夫。梅兰芳先生演了一辈子戏，对自己的演技从未感到满足。他总能不断地在演出中发现缺点，使自己的表演更趋完美。

男：您跟随梅兰芳先生学艺，深得梅派京剧真传。但是，您并未局限于梅先生的艺术路子，而是在此基础上对京剧艺术进行了适当革新，从而逐渐形成了自己的艺术风格。在您看来，随着社会的变化，京剧是否也要有所改变呢？

女：京剧必须与时俱进。首先，老戏要新唱。对好的传统剧目，要不断地改进，填补欠缺。其次，戏要紧凑。过去唱戏节奏太慢。现在生活节奏加快了，相应的，戏的节奏也要紧凑些。你想想，一出戏要是松松散散，唱上三四个小时，台下观众能有多少人坐得住？

男：在您看来，我们该采取哪些措施，以更好地普及、弘扬京剧艺术？

女：若要弘扬和普及京剧，就首先要重视人才的培养。我认为可以把京剧纳入基础教学课程，让孩子们从最基本的京剧常识开始，有计划、有规律地学习和欣赏京剧艺术。

16. 京剧一直受到欢迎的原因是什么？
17. 女的认为京剧演员怎么样才能取得成就？
18. 梅兰芳先生与女的是什么关系？
19. 关于京剧，下列哪项正确？
20. 女的认为应该如何普及京剧？

정답 16. B 17. A 18. C 19. C 20. A

제3부분	장문 듣고 질문에 답하기	문제풀이 스텝 p.61

◎ 장문을 듣고 이와 관련된 3~4개의 질문에 대한 정답을 고르는 형태
◎ 총 문항 수: 20문항 (31번–50번)

문제지

> 31. A 用途多
>   B 价格贵
>   C 易成活
>   D 产量大
>
> 32. A 颜色是红色
>   B 由外国人命名
>   C 最初在胡萝卜里发现
>   D 科学家准备换一种叫法
>
> 33. A 胡萝卜没有变形
>   B 颜色没有太大变化
>   C 含水量没有显著减少
>   D 胡萝卜素含量几乎不变

음성

> 　　胡萝卜是人们经常食用的蔬菜，也是动物的多汁饲料，因此许多国家都大面积地种植胡萝卜。胡萝卜的营养价值很高，并且含有大量的胡萝卜素。
> 　　胡萝卜素是一种黄色的色素，因为这种色素最初是在胡萝卜里发现的，因此就叫做胡萝卜素。其实，其他植物中也含有胡萝卜素，只是含量不如胡萝卜的高罢了。
> 　　胡萝卜除了营养价值高以外，还有许多优点。比如它适应性强、病虫害少，而且无论是煮熟还是晒干，其胡萝卜素的含量都几乎没有变化。如果与空气隔绝，还可以长久保存。在1938年，有人把1824年为北极探险队准备的一批胡萝卜罐头拿来化验。这批罐头虽然经过了一个多世纪，可是其中胡萝卜素的含量竟然和新罐头的几乎没有什么差别。这也证明了胡萝卜适合长期存储的事实。
> ....
> 31. 胡萝卜为什么会得到大面积种植？
> 32. 关于胡萝卜素，下列哪项正确？
> 33. 什么是胡萝卜能长期存储的最好证明？

정답 31. A 32. C 33. D

독해

| **제1부분** | 틀린 문장 고르기 | 문제풀이 스텝 p.81 |

◎ 주어진 4개의 문장 중 틀린 문장 1개를 찾아 정답으로 선택하는 형태
◎ 총 문항 수: 10문항 (51번~60번)

문제지

> 51. A 检票时您需要出示自己的火车票。
>   B 朋友之间要多沟通，以制止不必要的误会。
>   C 宠物有生存的权利，人类不应该虐待或遗弃它们。
>   D 造成通货膨胀的直接原因是国家货币发行量的增加。

정답 B

| **제2부분** | 빈칸에 알맞은 어휘 고르기 | 문제풀이 스텝 p.109 |

◎ 하나의 단문에 포함된 3~5개의 빈칸에 들어갈 어휘를 선택하는 형태
◎ 총 문항 수: 10문항 (61번~70번)

문제지

> 61. 严厉批评子女，是大部分父母培养孩子、_____孩子错误的方法之一。_____说，棒头
>   出孝子，箸头出忤逆。但指责孩子也要注重方法，一旦方法错误，不仅对孩子的行为起不到
>   规范作用，还可能会得到_____不到的结果。
>
>   A 纠正　　俗话　　意料
>   B 更正　　寓言　　设想
>   C 改进　　方言　　预算
>   D 改正　　成语　　估计

정답 A

제3부분	빈칸에 알맞은 내용 고르기	문제풀이 스텝 p.121

◎ 하나의 지문에 포함된 5개의 빈칸에 A~E 중 알맞은 내용을 하나씩 골라 채우는 형태

◎ 총 문항 수: 10문항 (71번-80번)

문제지

71-75.

　　人打哈欠是因为困倦想睡觉。然而，(71)＿＿＿＿＿＿＿＿＿＿。一些猛兽在发起攻击之前，往往张开大嘴，(72)＿＿＿＿＿＿＿＿＿。其作用是排出体内的二氧化碳，吸入新鲜氧气，使因长时间潜伏而僵硬的肌肉得到放松，为突然袭击积蓄力量。

　　几头狮子分散潜伏，用频频打哈欠的方式来彼此呼应，从而组织攻击。有时，狮王也通过打哈欠来平息群体的躁动。有时雄狮和带着幼狮的母狮同时打哈欠，(73)＿＿＿＿＿＿＿＿，以保护幼狮免遭侵害。

　　打哈欠，也是野兽之间的一种哑语。斑马遇到危险情况时，就张开嘴巴向同伴们打哑语，从而发出警报。情况越紧急，斑马的口张得越大，反之则小。与此同时，(74)＿＿＿＿＿＿＿＿——耳朵贴到后面，表示有敌情；耳朵朝上竖起，表示欢迎和问候。

　　对某些兽类来说，(75)＿＿＿＿＿＿＿＿，是没有礼貌的行为，会遭到惩罚。所以，"辈分"低的兽类要打哈欠时，总要把头扭过一边，以避开"首领"和"长辈"的视线，微微张口或用嘴唇遮住牙齿，偷偷地打个哈欠。

*PBT 시험에서는 흑백으로 보여요!

A 狮子、斑马等野兽张嘴打哈欠的含义却远非如此

B 深吸一口气打个哈欠

C 在它们的"首领"或"长辈"面前打哈欠

D 斑马还会以扇动耳朵的方式来配合哑语

E 这是为了分散潜在入侵者的注意力

정답 71. A　72. B　73. E　74. D　75. C

제4부분 　장문 독해

문제풀이 스텝 p.137

◎ 지문을 읽고 관련된 4개의 문제에 대한 정답을 고르는 형태

◎ 총 문항 수: 20문항 [81번~100번]

문제지

81-85.

中国文化博大精深，井作为一种文化符号，拥有丰富的内涵，在历史、哲学、文化等各个领域都有其特定的符号意义。

自古就有"背井离乡"、"乡井"之说，由此可见，井最常见的符号意义是指代"家乡"。古人认为有井的地方就能生存，因此他们把井视为命根子。以前一个村庄通常共用一口井，久而久之，井成为了家乡的象征。古人安土重迁，把"背井离乡"看成是人生一大苦事，而他乡的一碗井水常常让人产生离愁别绪。

此外，井深入地下，因此在井底所能看到的外部世界也就很有局限性。从这种特殊的空间视野，便能引出井的另一重符号内涵。最具代表性的就是"坐井观天"，这里的井意味着固定的生活范围对人思想的禁锢，这种束缚阻碍了人们改变现状、开创美好未来的步伐。

同时，井底是无人知晓的神秘之地，因此井也就成为了文学家借来想象的最佳工具。特别是在中国的志怪小说中，井往往是通往另一个世界的象征，由此产生了许多关于神仙、鬼怪、隐士和异人的怪谈，如《搜神记》、《西游记》等等。正史中也记录了不少与井有关的怪异事件，这些与井有关的怪异事件触发了人们对未知世界的想象，井也因此披上了一层神秘和面纱。

81. 井为什么披上了一层神秘的面纱？

　A 井通往神秘的地下

　B 受神话和小说的影响

　C 有时井底闪着耀眼的银光

　D 一些怪异事件激发人的想象力

정답 D

쓰기　　　　　　　　　　　　　　　　　　　　　　문제풀이 스텝 p.161·

◎ 1,000자 분량의 지문을 읽고 400자 분량으로 요약하는 형태

◎ 총 문항 수: 1문항

문제지

> 　　李嘉诚3岁时家道中落，后来父亲得了重病，不久便离开了人世。刚上了几个月中学的李嘉诚就此失学了。在兵荒马乱的岁月里，李家孤儿寡母生活得很艰难。李嘉诚是家中长子，不得不帮母亲承担起家庭生活的重担。一位茶楼老板看他们可怜，就让16岁的小嘉诚当跑堂。茶楼天不亮就要开门，到午夜仍需营业，他每天都累得筋疲力尽，因此经常抱怨自己命不好。
>
> 　　有一天，他因为太疲倦，当班时不小心把开水洒在地上，溅湿了客人的衣裤。李嘉诚很紧张，站在一旁等待着客人的巴掌和老板的训斥。但让他没想到的是，那位客人并没有责怪他，反而一再为他说情，请求老板不要开除他。客人说：“没关系的，不过你以后要记住，做什么事都必须细心，不集中精神怎么行呢？”李嘉诚把这些话记在了心里。从此以后，他把“细心”当作自己的人生信条，这对他后来的事业发展起到了重要的作用。
>
> 　　之后，李嘉诚辞掉了那份工作，在一个塑胶厂从推销员做到了业务经理。三年后，他租了一间灰暗的小厂房，买了一台老掉牙的压塑机，办起了“长江塑胶厂”。经营工厂时，他充分发挥了细心的性格特点。仔细分析市场动态后，他发现未来塑胶花市场需求很大，于是进行了大量生产，这为他带来了可观的收入。就这样，李嘉诚30岁时成了千万富翁。
>
> 　　塑胶花畅销全球时，李嘉诚却意识到越来越多的人开始涌入这个行业，好日子很快就会过去，如果再不做调整，不久后将会被市场淘汰。有人说他太多虑了，但他考虑的是长远的发展。他认为有远见是经商必备的素质。在60年代中期，内地的局势令香港社会人心惶惶，富翁们纷纷逃离香港，争相廉价抛售房地产。但他沉着应变，仔细分析局势，认为内地肯定会恢复安定，香港将进一步繁荣发展。在别人大量抛售房地产时，李嘉诚却反其道而行之，积极投入到房地产行业中，将所有资金都用来收购房地产了。朋友们纷纷劝他不要做傻事，他却说：“做生意得有长远的眼光。我是看准了时机才买的，男子汉大丈夫还怕这点风险吗？”
>
> 　　李嘉诚又一次成功了。70年代初，香港房地产价格开始回升，他从中获得了双倍的利润。直到1976年，李嘉诚公司的净产值达到5个多亿，成为了香港最大的华资房地产实业公司。此后，李嘉诚节节高升，成为了全球华人首富。
>
> 　　李嘉诚在一次采访中说过：“我时刻细心观察市场动态，每天90%以上的时间都是用来想明年、五年后、十年后的事情。”由此可知，他之所以能够取得如此大的成功，是因为有细心的态度和长远的眼光。

모범답안

				李	嘉	诚	的	成	功	故	事				
	李	嘉	诚	小	时	候	家	庭	变	得	很	困	难	，	父 亲 去 世
后	，	他	就	失	学	了	。	他	因	为	是	长	子	，	所 以 得 承 担 当
起	家	庭	的	重	担	。	茶	楼	老	板	看	他	可	怜	， 就 让 他 当
了	跑	堂	。	他	每	天	非	常	累	，	经	常	抱	怨	自 己 命 不 好。
	有	一	天	，	他	不	小	心	把	开	水	洒	在	地	上 ， 还 把
客	人	的	衣	服	弄	湿	了	。	但	客	人	不	仅	没	有 责 怪 他 ，
还	为	他	说	情	。	客	人	对	他	说	，	做	什	么	事 都 要 细 心。
从	此	，	他	就	把	"	细	心	"	当	作	自	己	的	人 生 信 条 。
	之	后	，	他	辞	职	去	了	一	家	工	厂	，	在	那 里 做 到
了	业	务	经	理	。	几	年	后	，	他	自	己	开	了	一 家 工 厂 。
他	仔	细	分	析	市	场	情	况	后	，	发	现	未	来	塑 胶 花 市 场
需	求	很	大	，	便	进	行	了	大	量	生	产	，	得	到 了 可 观
的	收	入	。	他	30	岁	就	成	了	大	富	翁	。		
	后	来	他	意	识	到	越	来	越	多	的	人	进	入	这 个 行 业
好	日	子	很	快	就	会	过	去	。	当	时	内	地	的	局 势 对 香 港
不	利	。	很	多	人	都	在	抛	售	房	地	产	，	然	而 他 分 析 当
时	的	情	况	后	，	把	所	有	资	金	都	用	来	收	购 房 地 产 了。
	结	果	，	他	又	成	功	了	。	房	地	产	价	格	开 始 回 升
他	获	得	了	双	倍	的	利	润	。	这	让	他	的	公	司 成 为 了 香
港	最	大	的	华	资	房	地	产	实	业	公	司	，	也	让 他 成 为 了
全	球	最	大	的	华	人	首	富	。						
		可	见	，	细	心	的	态	度	和	长	远	的	眼	光 给 他 带 来
了	如	此	大	的	成	功	。								

100
200
300
400
500

나만의 학습 플랜

⏱ **1개월 학습 플랜** HSK 5급이 250점 이상인 학습자 또는
이전 6급 점수가 180점 이상이거나 유효 기간이 만료되어 재응시하려는 학습자

• 처음 2주 동안은 듣기와 독해 그리고 어휘집만 매일 학습하고, 3주부터 듣기, 독해, 쓰기를 한 번에 학습합니다.

	1일	2일	3일	4일	5일	6일
1주	☐ ___월___일 [듣기] 1부분 비책 01 [독해] 1부분 고난도 문장분석 [어휘집] 필수 어휘 p.2~7	☐ ___월___일 [듣기] 1부분 비책 02 [독해] 1부분 비책 01 [어휘집] 필수 어휘 p.8~13	☐ ___월___일 [듣기] 1부분 비책 03 [독해] 1부분 비책 02 [어휘집] 유의어 p.14~21	☐ ___월___일 [듣기] 1부분 비책 04 [독해] 1부분 비책 03 [어휘집] 유의어 p.22~28	☐ ___월___일 [듣기] 1부분 비책 01~04 복습 [독해] 1부분 비책 04 [어휘집] 유의어 p.29~37	☐ ___월___일 [듣기] 1부분 실전테스트 [독해] 1부분 실전테스트 [어휘집] 빈출 어휘 p.38~41
2주	☐ ___월___일 [듣기] 1부분 전체 복습 [독해] 1부분 전체 복습 [어휘집] 빈출 어휘 p.42~47	☐ ___월___일 [듣기] 2부분 비책 01 [독해] 2부분 비책 01 [어휘집] 사자성어 p.48~52	☐ ___월___일 [듣기] 2부분 비책 02 [독해] 2부분 비책 02 [어휘집] 사자성어 p.53~57	☐ ___월___일 [듣기] 2부분 비책 03 [독해] 2부분 실전테스트 [어휘집] 사자성어 p.58~63	☐ ___월___일 [듣기] 2부분 비책 04 [독해] 2부분 전체 복습 [어휘집] 고득점 어휘 p.64~67	☐ ___월___일 [듣기] 2부분 비책 01~04 복습 [독해] 3부분 비책 01 [어휘집] 고득점 어휘 p.68~72
3주	☐ ___월___일 [듣기] 2부분 실전테스트 [독해] 3부분 비책 02 [쓰기] 답안 작성법, 필수 요약스킬 1-2	☐ ___월___일 [듣기] 2부분 전체 복습 [독해] 3부분 비책 03 [쓰기] 필수 요약스킬 3-5	☐ ___월___일 [듣기] 3부분 비책 01 [독해] 3부분 실전테스트 [쓰기] 필수 요약스킬 6-7	☐ ___월___일 [듣기] 3부분 비책 02 [독해] 3부분 전체 복습 [쓰기] 필수 요약스킬 8-10	☐ ___월___일 [듣기] 3부분 비책 03 [독해] 4부분 비책 01 [쓰기] 필수 요약스킬 전체 복습	☐ ___월___일 [듣기] 3부분 비책 01~03 복습 [독해] 4부분 비책 02 [쓰기] 비책 01
4주	☐ ___월___일 [듣기] 3부분 실전테스트 [독해] 4부분 비책 03 [쓰기] 비책 02	☐ ___월___일 [듣기] 3부분 전체 복습 [독해] 4부분 실전테스트 [쓰기] 비책 03	☐ ___월___일 [듣기] 1,2,3부분 전체 복습 [독해] 4부분 전체 복습 [쓰기] 전체 복습 [어휘집] 필수 어휘 복습	☐ ___월___일 실전모의고사 1 [어휘집] 유의어 복습	☐ ___월___일 실전모의고사 2 [어휘집] 빈출 어휘 복습	☐ ___월___일 실전모의고사 3 [어휘집] 사자성어, 고득점 어휘 복습

학습 플랜 이용 Tip
- 공부할 날짜를 쓰고, 매일 당일 학습 분량을 공부한 후 박스에 하나씩 체크해나가며 목표를 달성해보세요.
- 해커스중국어(china.Hackers.com)에서 무료로 제공하는 나만의 단어 암기 노트 PDF에 모르는 어휘 및 필수 표현을 정리해, 자신만의 암기 노트를
만들어 언제 어디서든 학습해보세요.

 **2개월 학습 플랜**

HSK 5급이 200~250점 사이인 학습자 또는
HSK 6급에 응시한 적 있으나 점수가 180점 미만이었던 학습자

• 처음 5주 동안 듣기와 독해는 매일 번갈아, 어휘집은 매일 학습하고, 6주째부터 쓰기 학습을 시작합니다.

	1일	2일	3일	4일	5일	6일
1주	☐ ___월___일 [듣기] 1부분 비책 01 [어휘집] 필수 어휘 p.2~5	☐ ___월___일 [독해] 1부분 고난도 문장분석 [어휘집] 필수 어휘 p.6~9	☐ ___월___일 [듣기] 1부분 비책 02 [어휘집] 필수 어휘 p.10~13	☐ ___월___일 [독해] 1부분 비책 01 [어휘집] 필수 어휘 복습	☐ ___월___일 [듣기] 1부분 비책 03 [어휘집] 유의어 p.14~15	☐ ___월___일 [독해] 1부분 비책 02 [어휘집] 유의어 p.16~17
2주	☐ ___월___일 [듣기] 1부분 비책 04 [어휘집] 유의어 p.18~19	☐ ___월___일 [독해] 1부분 비책 03 [어휘집] 유의어 p.20~21	☐ ___월___일 [듣기] 1부분 비책 01~04 복습 [어휘집] 유의어 p.22~23	☐ ___월___일 [독해] 1부분 비책 04 [어휘집] 유의어 p.24~25	☐ ___월___일 [듣기] 1부분 실전테스트 [어휘집] 유의어 p.26~28	☐ ___월___일 [독해] 1부분 실전테스트 [어휘집] 유의어 p.29~30
3주	☐ ___월___일 [듣기] 1부분 전체 복습 [어휘집] 유의어 p.31~32	☐ ___월___일 [독해] 1부분 전체 복습 [어휘집] 유의어 p.33~35	☐ ___월___일 [듣기] 2부분 비책 01 [어휘집] 유의어 p.36~37	☐ ___월___일 [독해] 2부분 비책 01 [어휘집] 유의어 복습	☐ ___월___일 [듣기] 2부분 비책 02 [어휘집] 빈출 어휘 p.38~41	☐ ___월___일 [독해] 2부분 비책 02 [어휘집] 빈출 어휘 p.42~44
4주	☐ ___월___일 [듣기] 2부분 비책 03 [어휘집] 빈출 어휘 p.45~47	☐ ___월___일 [독해] 2부분 실전테스트 [어휘집] 빈출 어휘 복습	☐ ___월___일 [듣기] 2부분 비책 04 [어휘집] 사자성어 p.48~49	☐ ___월___일 [독해] 2부분 전체 복습 [어휘집] 사자성어 p.50~52	☐ ___월___일 [듣기] 2부분 비책 01~04 복습 [어휘집] 사자성어 p.53~55	☐ ___월___일 [독해] 3부분 비책 01 [어휘집] 사자성어 p.56~57
5주	☐ ___월___일 [듣기] 2부분 실전테스트 [어휘집] 사자성어 p.58~59	☐ ___월___일 [독해] 3부분 비책 02 [어휘집] 사자성어 p.60~63	☐ ___월___일 [듣기] 2부분 전체 복습 [어휘집] 사자성어 복습	☐ ___월___일 [독해] 3부분 비책 03 [어휘집] 고득점 어휘 p.64~67	☐ ___월___일 [듣기] 3부분 비책 01 [어휘집] 고득점 어휘 p.68~71	☐ ___월___일 [독해] 3부분 실전테스트 [어휘집] 고득점 어휘 복습
6주	☐ ___월___일 [듣기] 3부분 비책 02 [쓰기] 답안 작성법, 필수 요약스킬1	☐ ___월___일 [독해] 3부분 전체 복습 [쓰기] 필수 요약스킬 2,3	☐ ___월___일 [듣기] 3부분 비책 03 [쓰기] 필수 요약스킬 4,5	☐ ___월___일 [독해] 4부분 비책 01 [쓰기] 필수 요약스킬 6,7	☐ ___월___일 [듣기] 3부분 비책 01~03 복습 [쓰기] 필수 요약스킬 8,9	☐ ___월___일 [독해] 4부분 비책 02 [쓰기] 필수 요약스킬 10
7주	☐ ___월___일 [듣기] 3부분 실전테스트 [쓰기] 필수 요약스킬 전체 복습	☐ ___월___일 [독해] 4부분 비책 03 [쓰기] 비책 01	☐ ___월___일 [듣기] 3부분 전체 복습 [쓰기] 비책 02	☐ ___월___일 [독해] 4부분 실전테스트 [쓰기] 비책 03	☐ ___월___일 [듣기] 1,2,3부분 전체 복습 [쓰기] 비책 01~03 복습	☐ ___월___일 [독해] 4부분 전체 복습 [쓰기] 전체 복습
8주	☐ ___월___일 실전모의고사 1 [어휘집] 필수 어휘 복습	☐ ___월___일 실전모의고사 1 복습 [어휘집] 유의어 복습	☐ ___월___일 실전모의고사 2 [어휘집] 빈출 어휘 복습	☐ ___월___일 실전모의고사 2 복습 [어휘집] 사자성어 복습	☐ ___월___일 실전모의고사 3 [어휘집] 고득점 어휘 복습	☐ ___월___일 실전모의고사 3 복습 [어휘집] 전체 복습

본 교재 동영상강의 · 무료 학습자료 제공

china.Hackers.com

听力
듣기

제1부분

단문 듣고
일치하는 내용 고르기

제2부분

인터뷰 듣고
질문에 답하기

제3부분

장문 듣고
질문에 답하기

제1부분

단문 듣고
일치하는 내용 고르기

듣기 제1부분은 단문을 듣고 일치하는 선택지를 고르는 형태이다. 1번부터 15번까지 단문 1개당 1문제, 총 15문제가 출제된다. 질문이 없으므로 단문에서 언급된 내용과 일치하는 내용의 선택지를 정답으로 골라야 한다.

고득점 공략법 아래와 같은 세부 유형의 단문이 출제되므로 그 공략법을 잘 익혀둔다.

고득점비책 01   특정 대상 설명 단문 공략하기
고득점비책 02   정보 전달 단문 공략하기
고득점비책 03   의견 주장 단문 공략하기
고득점비책 04   설화·이야기 단문 공략하기

출제 유형 분석

1. **특정 대상 설명 단문**
   중국의 지역이나 문화, 자연, 과학 기술 등과 관련된 특정 대상을 설명하는 단문으로, 주로 해당 대상의 세부 특징에 대한 내용으로 선택지가 구성된다. 총 15문제 중 평균 5~9문제 정도 출제된다.

2. **정보 전달 단문**
   날씨, 건강, 과학 기술 등과 관련된 다양한 지식이나 연구 결과를 전달하는 단문으로, 주로 해당 주제의 세부 정보에 대한 내용으로 선택지가 구성된다. 총 15문제 중 평균 3~7문제 정도 출제된다.

3. **의견 주장 단문**
   성공, 처세, 교육, 삶의 태도 등과 관련된 의견을 주장하는 단문으로, 주로 의견이나 결론을 나타내는 내용으로 선택지가 구성된다. 총 15문제 중 평균 1~2문제 정도 출제된다.

4. **설화·이야기 단문**
   중국의 역사 속 인물, 사자성어의 유래, 동물 또는 유머와 관련된 이야기를 서술하는 단문으로, 주로 선택지의 주어가 하는 행동 또는 처한 상태를 나타내는 내용으로 선택지가 구성된다. 총 15문제 중 평균 1~2문제 정도 출제된다.

<문제지에 제시된 선택지>

1. A 迎客松位于黄山山顶
    B 迎客松因其形状而得名
    C 迎客松树龄只有一百岁
    D 迎客松是最高的黄山松

Step 1 선택지를 읽으며 단문 유형 예측하고 핵심어휘 확인하기

음성을 듣기 전, 선택지를 먼저 읽으면서 단문 유형을 예측하고 핵심어휘를 확인해둔다.
모든 선택지에 공통적으로 迎客松(영객송)이 있으므로 迎客松에 대한 설명 단문이 나올 것임을 예측한다. 黄山山顶(황산 정상), 得名(이름을 붙이다), 一百岁(백 살), 最高(가장 높다)를 핵심어휘로 확인해두고, 음성에서 언급될 것을 대비한다.

* 아래 단문 스크립트를 읽기 전, 먼저 음성(🎧제1부분_문제풀이 스텝)을 듣고 정답을 골라보세요.

MP3 바로듣기

<음성으로 들려주는 단문>

🎧 제1부분_문제풀이 스텝

迎客松位于黄山，是黄山松的代表，也是整个黄山的象征，它因其形状像一位主人伸出一只臂膀欢迎来黄山游览的客人而得名。迎客松高10米，树龄至少已有800年，在国内外的知名度非常高。

Step 2 음성 듣고 정답 고르기

음성을 듣고 내용이 일치하는 선택지를 정답으로 고른다. 음성에서 언급된 迎客松······因其形状······而得名과 내용이 일치하는 선택지 B 迎客松因其形状而得名을 정답으로 고른다.

<문제지에 제시된 선택지>

1. A 迎客松位于黄山山顶
    B 迎客松因其形状而得名 ✓
    C 迎客松树龄只有一百岁
    D 迎客松是最高的黄山松

해석 해설집 p.2

* 실제 시험장에서는, 정답을 우선 문제지에 표시해두고 듣기 영역이 모두 끝난 후 주어지는 **답안지 마킹 시간(5분)** 동안 답안지에 마킹하세요.

특정 대상 설명 단문은 중국의 지역이나 문화, 자연, 과학 기술 등과 관련된 특정 대상을 구체적으로 설명하는 내용이다. 음성에서 언급되는 특정 대상에 대한 세부 특징을 주의 깊게 듣고 일치하는 선택지를 고를 수 있어야 한다.

기출 주제
- 중국 동부에 위치한 **淮河**(화이허)에 대한 설명
- 중국 **中秋节**(중추절)의 특징에 대한 설명
- 카르스트 지형인 **云南石林**(윈난석림)에 대한 설명
- **数字信息**(데이터 정보)의 중요성에 대한 설명

문제풀이 전략

Step 1 선택지를 읽으며 단문 유형 예측하고 핵심어휘 확인하기

- 3개 이상의 선택지에 공통적으로 사용된 명사가 있으면 그 명사를 특정 대상으로 하는 설명 단문이 나올 것을 예측할 수 있다.
- 각 선택지에서 대상에 대한 세부 특징과 관련된 어휘를 핵심어휘로 확인해두고 음성에서 언급될 것을 대비한다.
- 선택지에 모르는 어휘가 있더라도, 발음을 아는 어휘를 중심으로 최대한 꼼꼼히 확인한다.

> 예 A 成都气候比较干旱
> B 成都有一千多年历史
> C 古代时成都农业发达
> D 中国茶文化诞生于成都

> ▶ 모든 선택지에 공통적으로 成都(청두)가 있으므로 成都에 대한 설명 단문이 나올 것을 예측한다.
> ▶ 成都의 세부 특징과 관련된 어휘 干旱(건조하다), 一千多年历史(천여 년의 역사), 农业发达(농업이 발달하다), 茶文化(차 문화)를 핵심어휘로 확인해두고, 음성에서 언급될 것을 대비한다.

Step 2 음성 듣고 정답 고르기

- 확인해둔 핵심어휘를 단서로 하여, 음성에서 언급되는 내용과 일치하는 선택지를 정답으로 고른다.
- 음성의 중·후반부에서 특정 대상에 대한 세부 특징이 자주 언급되므로 특히 주의 깊게 듣는다.

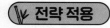

전략 적용 🎧 제1부분_1_01_전략 적용

Step별 해설을 보기 전에, 문제풀이 전략에 따라 음성을 듣고 직접 정답을 골라보세요.

<문제지에 제시된 선택지>

1. A 六月六不能搬家
    B 六月六适合晒衣服 ✓
    C 六月六不宜打扫房间
    D 六月六可以买新家具

Step 1 선택지를 읽으며 단문 유형 예측하고 핵심어휘 확인하기

<음성으로 들려주는 단문>

六月六是中国一些少数民族的传统节日，又被称为"晒龙袍节"，这一天，人们会把家里所有的衣服拿出来晒，家里就像搬家似的，有的人恨不得把家具也搬出来晒，他们相信这天经太阳晒过的物品，一年四季都不会坏，品质和新的一样。

Step 2 음성 듣고 정답 고르기

해석 해설집 p.2

Step 1 모든 선택지에 공통적으로 六月六(6월 6일)가 있으므로 六月六에 대한 설명 단문이 나올 것을 예측한다. 六月六의 세부 특징과 관련된 **搬家**(이사하다), **晒衣服**(옷을 햇볕에 말리다), **打扫房间**(방을 청소하다), **买新家具**(새 가구를 사다)를 핵심어휘로 확인해두고, 음성에서 언급될 것을 대비한다.

Step 2 음성에서 언급된 **六月六……人们会把家里所有的衣服拿出来晒**(6월 6일……사람들은 집안에 있는 모든 옷을 꺼내 햇볕에 말린다)와 내용이 일치하는 선택지 B **六月六适合晒衣服**(6월 6일에는 옷을 햇볕에 말리기 적합하다)를 정답으로 고른다.

실전연습문제

음성을 듣고 내용이 일치하는 선택지를 고르세요. 🎧 제1부분_1_02_실전연습문제

1. A 字写得好的人智商高
    B 可通过书法表达情感
    C 书法与汉字笔顺有关
    D 书法作品反映了社会变迁

2. A 这种胶带的价格十分昂贵
    B 这种胶带还没有申请专利
    C 这种胶带尚未被广泛使用
    D 这种胶带简化了修补工程

3. A 猴面包树生长周期长
    B 猴面包树是猴子的主食
    C 猴面包树里的水可用来解渴
    D 猴面包树中能提炼少量石油

4. A 武陵源植被稀少
    B 武陵源的峰林气势壮观
    C 石英砂岩只分布在湖南地区
    D 武陵源被列入野生动物保护区

정답 해설집 p.2

정보 전달 단문 공략하기

MP3 바로듣기

정보 전달 단문은 날씨, 건강, 과학 기술, 연구 결과 등과 관련하여 유용한 지식 정보를 전달하는 내용이다. 음성에서 언급되는 중심 정보를 주의 깊게 듣고 일치하는 선택지를 고를 수 있어야 한다.

기출 주제
- 七月流火(칠월류화)가 어떤 날씨를 가리키는지에 대한 정보
- 적절한 炎症反应(염증 반응)은 건강에 이롭지만, 심하면 건강한 세포를 해칠 수 있다는 정보
- 식품 포장에 常温避光保管(직사광선을 피하고 상온에 보관)이라는 문구를 쓰는 이유에 대한 정보
- 能源贫困(에너지 부족)이 低收入者(저소득자)에게 미치는 영향에 대한 정보

문제풀이 전략

Step 1 선택지를 읽으며 단문 유형 예측하고 핵심어휘 확인하기
- 선택지에 비슷한 주제의 어휘들이 있으면 해당 주제에 대한 정보를 전달하는 단문이 나올 것을 예측할 수 있다.
- 각 선택지에서 해당 주제의 세부 정보와 관련된 어휘를 핵심어휘로 확인해두고 음성에서 언급될 것을 대비한다.
- 선택지에 모르는 어휘가 있더라도, 발음을 아는 어휘를 중심으로 최대한 꼼꼼히 확인한다.

예 　A **锻炼**不足会影响情绪
　　B **跑步**是最好的减肥方法
　　C **游泳**前不能吃太多水果
　　D **出汗**是身体的自我保护

▶ 선택지에 锻炼(운동), 跑步(달리기), 游泳(수영), 出汗(땀이 나다)과 같은 어휘들이 있으므로, 건강 및 운동에 대한 정보 전달 단문이 나올 것을 예측한다.
▶ 건강 및 운동의 세부 정보와 관련된 어휘 影响情绪(기분에 영향을 끼치다), 减肥方法(다이어트 방법), 水果(과일), 自我保护(자기 보호)를 핵심어휘로 확인해두고, 음성에서 언급될 것을 대비한다.

Step 2 음성 듣고 정답 고르기
- 확인해둔 핵심어휘를 단서로 하여, 음성에서 언급되는 내용과 일치하는 선택지를 정답으로 고른다.
- 음성의 중·후반부에서 중심 정보가 자주 언급되므로 특히 주의 깊게 듣는다.

전략 적용

🎧 제1부분_2_01_전략 적용

Step별 해설을 보기 전에, 문제풀이 전략에 따라 음성을 듣고 직접 정답을 골라보세요.

<문제지에 제시된 선택지>

1. A 开发**新产品**十分艰难
   B **芯片**降低了**网络**效率
   C 该**芯片**可以防止窃听 ✓
   D 5G**网络**已完全被普及

Step 1 선택지를 읽으며 단문 유형 예측하고
핵심어휘 확인하기

<음성으로 들려주는 단문>

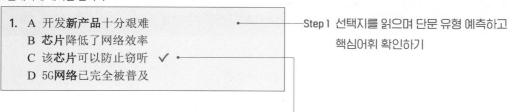

近日，美国研究人员开发出了一种新型毫米波无线
微芯片。该芯片实现了一种有效防止信号拦截、且
不会降低5G网络效率的无线传输方式。这项技术使
得窃听高频无线信号变得十分艰难。

Step 2 음성 듣고 정답 고르기

해석 해설집 p.4

Step 1 선택지에 新产品(신제품), 芯片(칩), 网络(네트워크)와 같은 어휘들이 있으므로, 과학 기술과 관련된 정보 전달 단문이 나올 것을 예측한다. 과학 기술의 세부 정보와 관련된 艰难(힘들다), 降低了网络效率(네트워크 효율을 떨어트렸다), 防止窃听(도청을 방지하다), 被普及(보편화되다)를 핵심어휘로 확인해두고, 음성에서 언급될 것을 대비한다.

Step 2 음성에서 언급된 这项技术使得窃听高频无线信号变得十分艰难。(이 기술은 고주파 무선 신호를 도청하는 것을 매우 힘들게 했다.)과 내용이 일치하는 선택지 C 该芯片可以防止窃听(이 칩은 도청을 방지할 수 있다)을 정답으로 고른다.

실전연습문제

음성을 듣고 내용이 일치하는 선택지를 고르세요. 🎧 제1부분_2_02_실전연습문제

1. A 糖的变质速度较快
   B 无糖食品脂肪含量低
   C 有些无糖食品热量高
   D 购买零食时要确认商标

2. A 该指数与室外温度无关
   B 该指数一级时风险最低
   C 蚊子容易破坏生态平衡
   D 夏季要注意防治病虫害

3. A 该模式能远程操控集装箱
   B 运输货物需要大量配套设施
   C 快递系统能解决的问题较少
   D 智慧物流系统有利于降低成本

4. A 该机器人能预测台风
   B 计算机技术有待更新换代
   C 该机器人将会处理太空垃圾
   D 该装备的腿是用章鱼触角做的

정답 해설집 p.4

MP3 바로듣기

의견 주장 단문은 성공, 처세, 교육, 삶의 태도 등에 관한 화자의 의견을 주장하는 내용이다. 음성에서 언급되는 화자의 의견을 주의 깊게 듣고 일치하는 선택지를 고를 수 있어야 한다.

기출 주제

- **自卑**(열등감을 가지다)는 성공하는 데 방해가 된다는 의견

- **小事**(작은 일)에 너무 과도하게 신경 쓰지 않아야 한다는 의견

- 부모가 **孩子**(아이)를 과도하게 칭찬하면 안 된다는 의견

- 일을 할 때 **踏实的态度**(착실한 태도)를 유지해야 한다는 의견

문제풀이 전략

Step 1 선택지를 읽으며 단문 유형 예측하고 핵심어휘 확인하기

- 선택지에 要/需要(~해야 한다), 不要(~하지 마라), 应当(마땅히 ~해야 한다)과 같은 어휘가 있거나, 선택지의 내용이 의견 혹은 결론을 나타내면 의견 주장 단문이 나올 것을 예측할 수 있다.
- 각 선택지에서 중심이 되는 내용의 어휘를 핵심어휘로 확인해두고 음성에서 언급될 것을 대비한다.
- 선택지에 모르는 어휘가 있더라도, 발음을 아는 어휘를 중심으로 최대한 꼼꼼히 확인한다.

예 A 事后**要**做好总结
B 做饭**需要**多练习
C 打仗**需要**事先策划
D 空谈理论解决不了问题

▶ 선택지에 **要/需要**(~해야 한다)가 있으므로 의견 주장 단문이 나올 것을 예측한다.
▶ 화자의 의견과 관련된 **做好总结**(총정리를 하다), **多练习**(많이 연습하다), **事先策划**(사전 계획을 하다), **空谈理论**(이론만 얘기하다)을 핵심어휘로 확인해두고, 음성에서 언급될 것을 대비한다.

Step 2 음성 듣고 정답 고르기

- 확인해둔 핵심어휘를 단서로 하여, 음성에서 언급되는 내용과 일치하는 선택지를 정답으로 고른다.
- 음성의 초반부와 후반부에서 화자의 의견이 자주 언급되므로 특히 주의 깊게 듣는다.

전략 적용 🎧 제1부분_3_01_전략 적용

Step별 해설을 보기 전에, 문제풀이 전략에 따라 음성을 듣고 직접 정답을 골라보세요.

<문제지에 제시된 선택지>

1. A 领导**要**关心劳动模范
   B 部门领导**要**尊重下属 ✓ ●──────── **Step 1** 선택지를 읽으며 단문 유형 예측하고
   C 下属不必承担过多责任   핵심어휘 확인하기
   D 外在形象影响工作效率

<음성으로 들려주는 단문>

部门领导需要做到以下几点：要遵守公司的规章制 ●──── **Step 2** 음성 듣고 정답 고르기
度，起到模范带头作用；要注意自己的外在形象，
穿衣打扮不能太随便；要尊重下属，并积极认可下
属的工作成果；要与下属多加沟通，确保及时掌握
工作进程。

해석 해설집 p.6

Step 1 선택지에 要(~해야 한다)와 같은 어휘가 있으므로 의견 주장 단문이 나올 것을 예측한다. 화자의 의견과 관련된 **关心劳动模范**(모범 직원에게 관심을 가지다), **尊重下属**(부하 직원을 존중하다), **承担过多责任**(과도한 책임을 지다), **工作效率**(업무 효율)를 핵심어휘로 확인해두고, 음성에서 언급될 것을 대비한다.

Step 2 음성에서 언급된 **部门领导**……**要尊重下属**(부서의 리더는……부하 직원을 존중해야 한다)와 내용이 일치하는 선택지 B **部门领导要尊重下属**(부서의 리더는 부하 직원을 존중해야 한다)를 정답으로 고른다.

실전연습문제

음성을 듣고 내용이 일치하는 선택지를 고르세요. 🎧 제1부분_3_02_실전연습문제

1. A 父母一定要少发脾气
   B 千万不能过分迁就孩子
   C 要避免对孩子施加冷暴力
   D 父母应该对孩子因材施教

2. A 要适当改变旧观念
   B 做事应当讲究实效
   C 全局意识必不可少
   D 细节一定决定成败

3. A 飞翔是鸟类的本能
   B 鸵鸟本应该练习飞翔
   C 人们要多关注他人的长处
   D 发挥长处比克服缺点更重要

4. A 不要过分追求完美
   B 国家应该鼓励就业
   C 要尽量减少失败因素
   D 创新的路上充满了挑战

정답 해설집 p.6

MP3 바로듣기

설화·이야기 단문은 중국의 역사 속 인물과 관련된 이야기나 사자성어의 유래, 동물을 의인화한 이야기, 유머가 있는 이야기이다. 음성에서 언급되는 이야기의 세부 내용 또는 결말을 주의 깊게 듣고 일치하는 선택지를 고를 수 있어야 한다.

기출 주제

- 중국 청나라 번역가 林纾(임서)와 관련된 이야기
- 성어 杯水车薪(계란으로 바위치기)의 유래와 관련된 이야기
- 羊和狼(양과 늑대)의 관계에서 알 수 있는 이야기
- 얼룩말 울타리의 '油漆(페인트) 조심' 팻말을 보고 얼룩말의 무늬를 칠했다고 오해한 이야기

문제풀이 전략

Step 1 선택지를 읽으며 단문 유형 예측하고 핵심어휘 확인하기

- 선택지의 주어가 사람 또는 동물이고, 선택지의 내용이 주어가 하는 행동 혹은 처한 상태를 나타내면 설화·이야기 단문이 나올 것을 예측할 수 있다.
- 각 선택지의 주어가 하는 행동 또는 상태를 나타내는 어휘를 핵심어휘로 확인해두고 음성에서 언급될 것을 대비한다.
- 선택지에 모르는 어휘가 있더라도, 발음을 아는 어휘를 중심으로 최대한 꼼꼼히 확인한다.

예   A **孟子**小时候不爱读书
      B **孟子的母亲**正在织布
      C **孟子**找到了一位好老师
      D **孟子的母亲**不喜欢搬家

▶ 선택지의 주어가 孟子(맹자), 孟子的母亲(맹자의 어머니)이고, 선택지의 내용이 사람이 하는 행동 혹은 처한 상태를 나타내므로 설화·이야기 단문이 나올 것을 예측한다.

▶ 선택지의 주어가 하는 행동 혹은 처한 상태를 나타내는 不爱读书(공부하는 것을 좋아하지 않는다), 织布(베를 짜다), 找到了一位好老师(좋은 선생님 한 명을 찾아냈다), 不喜欢搬家(이사하는 것을 좋아하지 않는다)를 핵심어휘로 확인해두고, 음성에서 언급될 것을 대비한다.

Step 2 음성 듣고 정답 고르기

- 확인해둔 핵심어휘를 단서로 하여, 음성에서 언급되는 내용과 일치하는 선택지를 정답으로 고른다.
- 음성의 후반부에서 언급되는 내용을 통해 알 수 있는 이야기의 세부 내용 또는 결말이 정답이 되기 쉬우므로 특히 주의 깊게 듣는다.

전략 적용 🎧 제1부분_4_01_전략 적용

Step별 해설을 보기 전에, 문제풀이 전략에 따라 음성을 듣고 직접 정답을 골라보세요.

<문제지에 제시된 선택지>

> 1. A 仙鹤爱惜粮食
>   B 肉汤没有味道
>   C 狐狸办事周到
>   D 狐狸非常虚伪 ✓

→ Step 1 선택지를 읽으며 단문 유형 예측하고 핵심어휘 확인하기

<음성으로 들려주는 단문>

> 有一天，狐狸请仙鹤吃饭，它端出一只平底盘子，里面盛了一点儿肉汤。仙鹤的嘴巴又尖又长，盘子里的肉汤一点儿也喝不到。狐狸却张开又阔又大的嘴巴，很快就把汤喝光了，还假惺惺地问仙鹤："肉汤是否合您口味呢？"

→ Step 2 음성 듣고 정답 고르기

해석 해설집 p.8

Step 1 선택지의 주어가 仙鹤(두루미), 狐狸(여우)이고, 선택지의 내용이 주어가 처한 상태를 나타내므로 설화·이야기 단문이 나올 것을 예측한다. 주어가 처한 상태를 나타내는 **爱惜粮食**(먹이를 소중히 여기다), **办事周到**(일처리가 꼼꼼하다), **虚伪**(가식적이다)를 핵심어휘로 확인해 두고, 음성에서 언급될 것을 대비한다.

Step 2 음성에서 언급된 狐狸……假惺惺地问仙鹤(여우는……가식적으로 두루미에게 물었다)와 내용이 일치하는 선택지 D 狐狸非常虚伪(여우는 매우 가식적이다)를 정답으로 고른다.

실전연습문제 🐼

음성을 듣고 내용이 일치하는 선택지를 고르세요. 🎧 제1부분_4_02_실전연습문제

1. A 吴承恩曾提倡多阅读
   B 吴承恩不愿意过得舒坦
   C 《西游记》的撰写历时七十年
   D 《西游记》在撰写途中被中断过

2. A 驴和老虎是朋友
   B 驴没有其他本事
   C 老虎没有达到目的
   D 树林已经完全被破坏了

3. A 财主的想法不现实
   B 财主对建筑材料不满意
   C 工匠无心满足财主的要求
   D 盖楼的目的是为了迎接贵宾

4. A 神农氏是古代名医
   B 首领们都自称"药王神"
   C 神农氏教人们耕种的方法
   D 当时的百姓十分畏惧神灵

정답 해설집 p.8

음성을 듣고 내용이 일치하는 선택지를 고르세요. 🎧 제1부분_실전테스트

1. A 应该学会独立思考
   B 不要随意传播谣言
   C 人都有权利评价别人
   D 必须勇敢地坚持真理

2. A 庑殿建筑代表了现代建筑
   B 庑殿建筑和皇家建筑有关
   C 庑殿建筑起源于清朝末年
   D 庑殿建筑象征着富裕阶层

3. A 厦门的湖泊清澈见底
   B 技术创新是企业的生命
   C 水路运输十分耗费人力
   D 青少年发明了清扫机器人

4. A 该大学音乐专业很突出
   B 该大学创作了新的校歌
   C 该大学的建筑物十分美观
   D 该大学的录取通知书很新颖

5. A 不少人被困在废墟中
   B 体育馆共有八根柱子
   C 消防员已经扑灭大火
   D 发生事故应立即报警

6. A 造谣者一定要受到严惩
   B 患者难以分辨药品的真假
   C 群众要掌握一定的医学常识
   D 有些关于健康的说法很荒唐

7. A 红色的云意味着天气晴朗
   B 观测云层应该依靠科学方法
   C 书中记载了古代各种气象特征
   D 古人预测天气的方式仍有价值

8. A 耐火宣纸的制作工艺复杂
   B 耐火宣纸使用了传统材料
   C 耐火宣纸适合用来保存文献
   D 耐火宣纸是历史学家发现的

9. A 无花果树寿命短
   B 无花果具有医药价值
   C 无花果树的果肉口感不佳
   D 温热地区不适合无花果树生长

10. A 该探测器采集到了铁矿
    B 火星上可能具有水资源
    C 火星的气候相对更湿润
    D 有些星球不适合人类生存

11. A 紫砂壶属于现代工艺品
    B 紫砂壶主要用来加工茶叶
    C 紫砂壶常由紫色变成玉色
    D 紫砂壶在拍卖市场大受欢迎

12. A 这条铁路能够通往国外
    B 这座桥的建造成本很低
    C 这座桥的跨度位居世界首位
    D 穿越峡谷后可直接到达海边

13. A 东西南北与太阳有关
    B 一声巨响吵醒了人们
    C 盘古的眼睛变成了大地
    D 盘古用身体支撑了天地

14. A 白色毛发其实是一种错觉
    B 北极熊的毛发有两种颜色
    C 北极熊的毛发是实心的透明体
    D 透明毛发能使北极熊伪装自己

15. A 可乐会产生碱性物质
    B 喝完饮料要立刻漱口
    C 吃水果后不宜立即刷牙
    D 细菌分解食物后产生糖

정답 해설집 p.10

제2부분

인터뷰 듣고
질문에 답하기

듣기 제2부분은 인터뷰를 듣고 이와 관련된 5개의 질문에 대한 정답을 고르는 형태이다. 인터뷰당 5문제씩 총 3개의 인터뷰에 대해 16번부터 30번까지 15 문제가 출제된다.

고득점 공략법 아래와 같은 세부 유형의 인터뷰가 출제되므로 그 공략법을 잘 익혀둔다.

고득점비책 01 예술·스포츠 관련자 인터뷰 공략하기
고득점비책 02 비즈니스 관련자 인터뷰 공략하기
고득점비책 03 언론인·지식인 인터뷰 공략하기
고득점비책 04 특정 분야 전문가 인터뷰 공략하기

출제 유형 분석

1. 예술·스포츠 관련자 인터뷰

작가, 감독과 같은 예술 관련자 또는 코치, 선수와 같은 스포츠 관련자를 인터뷰하는 내용으로, <해당 분야의 특징, 이룬 성과 → 해당 분야에서 겪은 경험 → 해당 분야에 대한 견해, 앞으로의 계획이나 목표>의 흐름으로 인터뷰가 진행되며, 관련 내용을 묻는 질문이 출제된다. 예술·스포츠 관련자 인터뷰는 거의 매회 출제된다.

2. 비즈니스 관련자 인터뷰

온라인 서비스 개발자, 성공한 외식업계 회사를 설립한 창업자와 같은 비즈니스 관련자를 인터뷰하는 내용으로, <사업 시작 계기, 초기 또는 현재 상황 → 구체적인 사업 방법, 마주친 난관 → 앞으로의 전망, 자신의 견해>의 흐름으로 인터뷰가 진행되며, 관련 내용을 묻는 질문이 출제된다. 비즈니스 관련자 인터뷰는 1~2회에 한 번 정도 출제된다.

3. 언론인·지식인 인터뷰

편집장, 방송 사회자와 같은 언론인 또는 대학 교수와 같은 지식인을 인터뷰하는 내용으로, <직업 선택 계기 또는 업적 → 인터뷰 주제에 대한 견해 → 앞으로의 계획, 조언>의 흐름으로 인터뷰가 진행되며, 관련 내용을 묻는 질문이 출제된다. 언론인·지식인 인터뷰는 3~4회에 한 번 정도 출제된다.

4. 특정 분야 전문가 인터뷰

의사, 우주 비행사, 박물관 관장과 같은 특정 분야 전문가를 인터뷰하는 내용으로, <특정 분야 소개, 성과에 대한 소감 → 특정 분야의 특징, 발전 과정 → 관련 이슈에 대한 견해>의 흐름으로 인터뷰가 진행되며, 관련 내용을 묻는 질문이 출제된다. 특정 분야 전문가 인터뷰는 거의 매회 출제된다.

<문제지에 제시된 선택지>

16. A 唱词优美高雅
B 符合传统道德
C 演员较有魅力
D 独立于其他戏曲

17. A 勤学苦练
B 发现优点
C 多学习文化
D 模仿名家演技

18. A 父女
B 叔侄
C 师徒
D 朋友

19. A 已经濒临灭绝
B 节奏必须放缓
C 需要与时俱进
D 在国外更受欢迎

20. A 从小孩抓起
B 由政府主导
C 加大媒体宣传
D 建设更多剧院

Step 1 선택지를 재빨리 읽으며 인터뷰 대상 예측하기

음성을 듣기 전, 선택지를 재빨리 읽으며 인터뷰 대상을 예측한다.

16-20번 선택지의 **唱词**(가사), **演员**(배우), **戏曲**(전통극), **演技**(연기), **节奏**(리듬), **剧院**(극장)을 통해 인터뷰 대상은 공연과 관련된 예술 관련자임을 예측할 수 있다. 따라서 예술 관련자 인터뷰가 나올 것을 대비해서 듣는다.

* 다음 페이지로 넘어가기 전에, 먼저 음성(🎧 제2부분_문제풀이 스텝)을 듣고 정답을 골라보세요.

MP3 바로듣기

第16到20题，请听下面一段采访。

男：欢迎著名京剧表演艺术家张春秋先生，您好。京剧是中国文化的瑰宝，也是中国戏曲文化的精华。您认为京剧至今仍受欢迎的原因是什么？

女：京剧是中国最有影响、最具代表性的剧种。[16]京剧之所以如此受欢迎，首先在于它善于接受、并吸纳其他戏曲的长处。其次，京剧的故事情节大多贴近现实生活，唱词通俗易懂。不管观众从事什么职业，文化程度如何，都能看得懂。更重要的是，[16]京剧符合中华民族一贯的道德标准，弘扬真善美，批判假丑恶，满足了老百姓对公平、正义、自由等美好生活的追求和向往。

男：您6岁开始从艺，到如今已有80多个年头。在80多年的艺术生涯中，您成功塑造了一系列经典形象，深受广大观众喜爱。通过您的经验，您觉得怎样才能唱好京剧呢？

女：京剧是"角儿"的艺术。同一部戏，不同层次的演员来表演，能给观众带来完全不同的感受。[17]要想在京剧艺术上有所成就，演员就必须勤学苦练，舍得下功夫。梅兰芳先生演了一辈子戏，对自己的演技从未感到满足。他总能不断地在演出中发现缺点，使自己的表演更趋完美。

男：[18]您跟随梅兰芳先生学艺，深得梅派京剧真传。但是，您并未局限于梅先生的艺术路子，而是在此基础上对京剧艺术进行了适当革新，从而逐渐形成了自己的艺术风格。在您看来，随着社会的变化，京剧是否也要有所改变呢？

女：[19]京剧必须与时俱进。首先，老戏要新唱。对好的传统剧目，要不断地改进，填补欠缺。其次，戏要紧凑。过去唱戏节奏太慢。现在生活节奏加快了，相应的，戏的节奏也要紧凑些。你想想，一出戏要是松松散散，唱上三四个小时，台下观众能有多少人坐得住？

男：在您看来，我们该采取哪些措施，以更好地普及、弘扬京剧艺术？

女：若要[20]弘扬和普及京剧，就首先要重视人才的培养。我认为可以把京剧纳入基础教学课程，让孩子们从最基本的京剧常识开始，有计划、有规律地学习和欣赏京剧艺术。

Step 2 음성을 들으며 정답의 후보 선택지 확인하기

16 경극이 인기가 많은 원인을 묻는 질문에 대한 답변 京剧之所以如此受欢迎과 京剧符合中华民族一贯的道德标准을 듣고, 16번 선택지의 B 符合传统道德를 정답의 후보로 확인해둔다.

17 경극을 잘 부를 수 있는 방법을 묻는 질문에 대한 답변 要想在京剧艺术上有所成就，演员就必须勤学苦练，舍得下功夫。를 듣고, 17번 선택지의 A 勤学苦练을 정답의 후보로 확인해둔다.

18 진행자의 질문 您跟随梅兰芳先生学艺，深得梅派京剧真传。을 듣고, 18번 선택지의 C 师徒를 정답의 후보로 확인해둔다.

19 경극도 변화가 있어야 하는지 묻는 질문에 대한 답변 京剧必须与时俱进。을 듣고, 19번 선택지의 C 需要与时俱进을 정답의 후보로 확인해둔다.

20 경극을 널리 알리기 위한 조치를 묻는 질문에 대한 답변 弘扬和普及京剧，就首先要重视人才的培养。我认为可以把京剧纳入基础教学课程，让孩子们从最基本的京剧常识开始을 듣고, 20번 선택지의 A 从小孩抓起를 정답의 후보로 확인해둔다.

<음성으로 들려주는 질문>

16. 京剧一直受到欢迎的原因是什么?
17. 女的认为京剧演员怎么样才能取得成就?
18. 梅兰芳先生与女的是什么关系?
19. 关于京剧，下列哪项正确?
20. 女的认为应该如何普及京剧?

Step 3 질문 듣고 정답 고르기

질문을 듣고 정답의 후보로 확인해둔 정답
후보 선택지를 참고하여 정답을 고른다.

<문제지에 제시된 선택지>

16. A 唱词优美高雅
    B 符合传统道德 ✓
    C 演员较有魅力
    D 独立于其他戏曲

17. A 勤学苦练 ✓
    B 发现优点
    C 多学习文化
    D 模仿名家演技

18. A 父女
    B 叔侄
    C 师徒 ✓
    D 朋友

19. A 已经濒临灭绝
    B 节奏必须放缓
    C 需要与时俱进 ✓
    D 在国外更受欢迎

20. A 从小孩抓起 ✓
    B 由政府主导
    C 加大媒体宣传
    D 建设更多剧院

해석 해설집 p.17

16 경극이 줄곧 인기가 있는 원인이 무엇인
   지 물었으므로, 선택지 B를 정답으로 고
   른다.

17 여자가 생각하는 경극 배우가 성과를 얻
   을 수 있는 방법을 물었으므로, 선택지 A
   를 정답으로 고른다.

18 메이란팡 선생과 여자의 관계를 물었으므
   로, 선택지 C를 정답으로 고른다.

19 경극에 관해 옳은 것을 물었으므로, 선택지
   C를 정답으로 고른다.

20 여자가 생각하는 경극의 보급 방법을 물었
   으므로, 선택지 A를 정답으로 고른다.

* 실제 시험장에서는, 정답을 우선 문제지에 표시해두고 듣기 영역이 모두 끝난 후 주어지는 **답안지 마킹 시간(5분) 동안 답안지에 마킹**하세요.

예술·스포츠 관련자 인터뷰는 作家(작가), 导演(감독)과 같은 예술 관련자, 教练(코치), 选手(선수)와 같은 스포츠 관련자를 대상으로 하는 인터뷰이다. 주로 해당 분야와 관련한 특징, 이룬 성과, 경험, 견해 등을 이야기하는 흐름으로 인터뷰가 진행되며, 관련 내용을 묻는 질문이 출제된다.

기출 주제

• **儿童文学作家**(아동 문학 작가)의 인터뷰
아동 문학의 특징 → 아동 문학 창작 과정 → 희극과 비극에 대한 견해

• **电视剧导演**(드라마 감독)의 인터뷰
드라마의 수상 이력 → 기억에 남는 촬영 현장 → 감독으로서의 목표

• **艺术体操教练**(리듬 체조 코치)의 인터뷰
리듬 체조와 일반 체조의 차이 → 좌절했던 경험 → 코치로서의 계획

🗡️문제풀이 전략

Step 1 선택지를 재빨리 읽으며 인터뷰 대상 예측하기

• 예술·스포츠 관련자 인터뷰의 선택지에 자주 사용되는 표현은 다음과 같다.

예술 관련자	艺术(예술), 作品(작품), 舞蹈(춤), 设计(디자인), 题材(소재), 拍摄(촬영), 绘画(그림을 그리다), 角色(역할)
스포츠 관련자	比赛(경기), 奥运会(올림픽), 冠军(1위), 金牌(금메달), 运动时间(운동 시간), 退役(은퇴하다), 力量(힘)

• 선택지에 모르는 어휘가 있더라도, 발음을 아는 어휘를 중심으로 최대한 꼼꼼히 확인한다.

Step 2 음성을 들으며 정답의 후보 선택지 확인하기

• 예술·스포츠 관련자 인터뷰는 주로 다음과 같은 흐름으로 진행된다.

해당 분야의 특징, 이룬 성과	▶	해당 분야에서 겪은 경험	▶	해당 분야에 대한 견해 앞으로의 계획이나 목표

• 음성에서 언급된 내용과 일치하는 선택지를 정답의 후보로 확인해둔다.
• 음성에서 선택지 두 개가 언급되는 경우, 두 선택지에 대한 추가 정보를 주의 깊게 듣는다.
• 음성에서 선택지 세 개가 언급되는 경우, 옳지 않은 것을 묻는 문제가 나올 것임을 예측할 수 있다.

Step 3 질문 듣고 정답 고르기

• 예술·스포츠 관련자 인터뷰에서는 각 흐름별로 다음과 같은 질문을 들을 수 있다.

해당 분야의 특징, 이룬 성과	女的认为摄影的特点是什么? 여자는 촬영의 특징이 무엇이라고 생각하는가? 男的退役前, 获得过几次冠军? 남자는 은퇴하기 전, 1위를 몇 번 차지했는가?
해당 분야에서 겪은 경험	女的进行了什么样的演技训练? 여자는 어떤 연기 훈련을 했는가? 关于奥运会的筹备过程, 可以知道什么? 올림픽의 준비 과정에 관해, 알 수 있는 것은 무엇인가?
해당 분야에 대한 견해 앞으로의 계획이나 목표	女的如何看待 "电视上的舞蹈"? 여자는 '텔레비전으로 보는 무용'을 어떻게 보는가? 男的对未来的发展有什么设想? 남자는 앞으로의 발전에 대해 어떤 구상이 있는가?

🎋 전략 적용

🎧 제2부분_1_01_전략 적용

Step별 해설을 보기 전에, 문제풀이 전략에 따라 음성을 듣고 직접 정답을 골라보세요.

<문제지에 제시된 선택지>

1. A 巫女 •
   B 孔雀之王
   C 舞之精灵
   D 民族舞皇后

2. A 是中国传统舞蹈的象征
   B 是东方最好的舞蹈题材
   C 是女的的第一支舞蹈名字
   D 是文人雅士的赞美对象

3. A 熟悉转换的程序
   B 平时热衷于训练
   C 对大自然很敏感
   D 有了父亲多年的教导

4. A 借鉴了国外的舞蹈
   B 采用了高科技制作方法
   C 制作人员付出了很多努力
   D 成功融合了传统和现代艺术

5. A 播放时间灵活
   B 不能真正打动人
   C 会有别样的味道
   D 具有现场的优势

Step 1 선택지를 재빨리 읽으며 인터뷰 대상 예측하기

1-5번 선택지의 **舞之精灵**(춤의 요정), **民族舞**(민족무용), **舞蹈**(춤), **题材**(소재)를 통해 인터뷰 대상은 춤과 관련된 예술 관련자임을 예측할 수 있다. 따라서 예술 관련자 인터뷰가 나올 것을 대비해서 듣는다.

* 단, 4번째나 5번째 문제의 단서는 인터뷰 초·중반에 언급되기도 하므로, 음성을 듣기 전 4, 5번째 문제의 선택지를 다른 문제보다 먼저 읽어두는 것이 좋다.

* 다음 페이지로 넘어가기 전에, 먼저 음성(🎧제2부분_1_01_전략 적용)을 듣고 정답을 골라보세요.

第1到5题，请听下面一段采访。

男：我们今天请到了享誉国内外的白族舞蹈家杨丽萍老师。杨老师，您好！我们知道[1]您有很多称号，比如"舞之精灵"、"孔雀之王"等等，您最喜欢哪个呢？

女：[1]我们那里喜欢把跳舞跳得好的女子叫作"巫女"，我想这个更符合我。

男：您有很多出神入化的舞蹈作品，比如《雀之灵》、《两棵树》、《月光》等，但是您看起来特别钟情于孔雀，对吗？

女：对，首先我觉得孔雀是大自然的杰作，我们民族特别喜欢孔雀，孔雀是我们的图腾，它会给我们带来吉祥；其次，孔雀是天生的表演者，既会优雅地开屏，又会轻轻地抖肩，而这些动作都非常适合用舞蹈来表现，因此[2]我认为孔雀是东方最好的舞蹈题材。

男：在您的舞蹈中涉及到很多主题，这些主题多数都集中在生命、自然、爱情等方面。您的舞蹈也充满了自然的灵气，[3]您是怎样将自然融入到舞蹈中的？

女：[3]我的生活太接近大自然了，而且我对自然很敏感，一看到大自然就产生灵感，所以我会把它都体现在舞蹈上。比如那些表达对孔雀和月亮的热爱的独舞，都是以大自然为题材进行创作的。

男：您是中国原生态歌舞的倡导者以及实践者，您的代表作《云南映象》就是一个最好的展现。[4]您认为《云南映象》的成功，有什么原因？

女：我们把原生的乡土歌舞精髓应用到了舞蹈中，这是《云南映象》得以成功的大背景。云南有20多个少数民族，每个民族都有独特的风格和文化，并且为了保留原汁原味的民族元素，70%的舞蹈演员由当地的本土舞蹈演员构成。但是我认为最根本的原因还是[4]因为我们把传统和现代艺术完美地融为了一体。

男：很多观众认为在电视上看到的一些舞蹈，很少有能真正打动人的，为什么会有这种感觉？

女：如果以电视的方式来呈现舞蹈，会失去很多现场和舞台的优势。舞台有舞台的味道，其实我们民族的民间舞在村子里看是最好的。但是[5]我觉得电视电影也是好的，优秀的导演拍出的舞蹈会有另外一种味道。

1. 下列哪一项不是女的的称号？
2. 关于孔雀，可以知道什么？
3. 女的为什么能将大自然融入到舞蹈中？
4. 《云南映象》成功的原因是什么？
5. 女的如何看待"电视上的舞蹈"？

Step 2 음성을 들으며 정답의 후보 선택지 확인하기

1　진행자의 질문 您有很多称号，比如"舞之精灵"、"孔雀之王"等等，您最喜欢哪个呢？ 와 여자의 답변 我们那里喜欢把跳舞跳得好的女子叫作"巫女"，我想这个更符合我。 를 듣고, 1번 선택지 A 巫女, B 孔雀之王, C 舞之精灵을 정답의 후보로 확인해둔다. 선택지 D 民族舞皇后만 언급되지 않았으므로, 옳지 않은 것을 묻는 질문이 나올 것을 예측할 수 있다.

2　공작에 대해 언급한 我认为孔雀是东方最好的舞蹈题材를 듣고, 2번 선택지의 B 是东方最好的舞蹈题材를 정답의 후보로 확인해둔다.

3　진행자의 질문 您是怎样将自然融入到舞蹈中的？ 와 여자의 답변 我的生活太接近大自然了，而且我对自然很敏感，一看到大自然就产生灵感，所以我会把它都体现在舞蹈上。을 듣고, 3번 선택지의 C 对大自然很敏感을 정답의 후보로 확인해둔다.

4　진행자의 질문 您认为《云南映象》的成功，有什么原因？ 과 여자의 답변 因为我们把传统和现代艺术完美地融为了一体를 듣고, 4번 선택지의 D 成功融合了传统和现代艺术를 정답의 후보로 확인해둔다.

5　텔레비전으로 보는 무용에 대한 느낌을 묻는 질문에 대한 답변 我觉得电视电影也是好的，优秀的导演拍出的舞蹈会有另外一种味道를 듣고, 5번 선택지의 C 会有别样的味道를 정답의 후보로 확인해둔다.

Step 3 질문 듣고 정답 고르기

<문제지에 제시된 선택지>

1. A 巫女
   B 孔雀之王
   C 舞之精灵
   D 民族舞皇后 ✓

2. A 是中国传统舞蹈的象征
   B 是东方最好的舞蹈题材 ✓
   C 是女的的第一支舞蹈名字
   D 是文人雅士的赞美对象

3. A 熟悉转换的程序
   B 平时热衷于训练
   C 对大自然很敏感 ✓
   D 有了父亲多年的教导

4. A 借鉴了国外的舞蹈
   B 采用了高科技制作方法
   C 制作人员付出了很多努力
   D 成功融合了传统和现代艺术 ✓

5. A 播放时间灵活
   B 不能真正打动人
   C 会有别样的味道 ✓
   D 具有现场的优势

1 여자의 칭호가 아닌 것을 물었으므로, 지문에서 언급 되지 않은 선택지 D를 정답으로 고른다.

2 공작새에 관해 알 수 있는 것을 물었으므로, 선택지 B 를 정답으로 고른다.

3 여자는 왜 자연을 무용에 융합할 수 있었는지 물었으 므로, 선택지 C를 정답으로 고른다.

4 <윈난영상>이 성공한 원인이 무엇인지 물었으므로, 선택지 D를 정답으로 고른다.

5 여자가 '텔레비전의 무용'에 대해 어떻게 생각하는지 물었으므로, 선택지 C를 정답으로 고른다.

해석 해설집 p.18

실전연습문제

음성을 듣고 질문에 알맞은 선택지를 고르세요. 🎧 제2부분_1_02_실전연습문제

1. A 当时最年幼
   B 腿部力量强劲
   C 对跳马最感兴趣
   D 跳马最容易得分

2. A 容易被掌握
   B 属于自由操
   C 在奥运会首次亮相
   D 原本不是女子体操动作

3. A 喜爱天文学
   B 身体灵活度好
   C 男女比例不平衡
   D 容易拉伤腿部肌肉

4. A 跳马
   B 跳水
   C 乒乓球
   D 自由体操

5. A 投身于体操教育
   B 为国家体操队捐钱
   C 偶尔参加国内比赛
   D 研究高难度体操动作

정답 해설집 p.20

MP3 바로듣기

비즈니스 관련자 인터뷰는 互联网(인터넷), 高科技(첨단 기술), 美食(음식) 등의 특정 분야에서 창업에 성공하거나 두각을 나타낸 사업가를 대상으로 하는 인터뷰이다. 주로 사업 시작 계기, 구체적인 사업 방법, 앞으로의 전망 등을 이야기하는 흐름으로 인터뷰가 진행되며, 관련 내용을 묻는 질문이 출제된다.

기출 주제

- 온라인 의료 서비스를 제공하는 사업가의 인터뷰
  현재 개발중인 서비스 → 서비스 운영의 비결 → 앞으로의 발전 방향

- 리튬 가전제품 회사를 설립한 창업가의 인터뷰
  창업에 관심을 보인 계기 → 마주친 어려움 및 극복한 방법 → 창업에 대한 견해

- 67개의 분점을 둔 客家菜(커쟈차이) 글로벌 프랜차이즈 사장의 인터뷰
  사업 근황 → 서비스 관리 방법 → 앞으로의 계획

문제풀이 전략

Step 1 선택지를 재빨리 읽으며 인터뷰 대상 예측하기

- 비즈니스 관련자 인터뷰의 선택지에 자주 사용되는 표현은 다음과 같다.

互联网(인터넷) 분야	搜索引擎(검색 엔진), 用户(사용자), 网络(네트워크), 下载(다운로드하다), 登录(로그인하다)
高科技(첨단 기술) 분야	新型科技(신형 과학 기술), 新材料(신소재), 先进企业(선진 기업), 稳定性(안정성)
美食(음식) 분야	餐饮业(요식업), 直营店(직영점), 连锁店(체인점), 品尝(맛보다), 调料(양념)

- 선택지에 모르는 어휘가 있더라도, 발음을 아는 어휘를 중심으로 최대한 꼼꼼히 확인한다.

Step 2 음성을 들으며 정답의 후보 선택지 확인하기

- 비즈니스 관련자 인터뷰는 주로 다음과 같은 흐름으로 진행된다.

사업 시작 계기, 초기 또는 현재 상황	▶	구체적인 사업 방법, 마주친 난관	▶	앞으로의 전망, 자신의 견해

- 음성에서 언급된 내용과 일치하는 선택지를 정답의 후보로 확인해둔다.
- 음성에서 선택지 두 개가 언급되는 경우, 두 선택지에 대한 추가 정보를 주의 깊게 듣는다.
- 음성에서 선택지 세 개가 언급되는 경우, 옳지 않은 것을 묻는 문제가 나올 것임을 예측할 수 있다.

Step 3 질문 듣고 정답 고르기

- 비즈니스 관련자 인터뷰에서는 각 흐름별로 다음과 같은 질문을 들을 수 있다.

사업 시작 계기, 초기 또는 현재 상황	该企业生产口罩的原因是什么? 이 기업이 마스크를 생산하게 된 원인은 무엇인가? "鲍师傅" 创业初期的情况怎么样? '바오스푸' 창업 초기의 상황은 어떠했는가?
구체적인 사업 방법, 마주친 난관	根据对话, 该企业的成功有什么秘诀? 대화에 근거하여, 해당 기업의 성공에는 어떤 비결이 있는가? 男的为什么感到痛苦? 남자는 왜 어려움을 느꼈는가?
앞으로의 전망, 자신의 견해	女的对这个行业的未来有什么样的期待? 여자는 업계의 미래에 대해 어떤 기대가 있는가? 对于未来的发展, 男的有什么想法? 미래 발전에 대해, 남자는 어떤 견해가 있는가?

Step별 해설을 보기 전에, 문제풀이 전략에 따라 음성을 듣고 직접 정답을 골라보세요.

\<문제지에 제시된 선택지\>

1. A 搜索速度应该更快 •
   B 谷歌的搜索引擎最好
   C 国内还没有搜索引擎
   D 搜索应该耗时两三秒

2. A 每天都睡不着觉
   B 百度不支持语音搜索
   C 没有办法开发搜索引擎
   D 市场的需求一直在变化

3. A 坚定的
   B 复杂的
   C 顺利的
   D 美妙的

4. A 一个军事计划
   B 国家电力供应计划
   C 拿下谷歌和雅虎的计划
   D 迅速开发搜索引擎的计划

5. A 信念和创新
   B 聪明和智慧
   C 对市场的洞察力
   D 适应能力和判断力

Step 1 선택지를 재빨리 읽으며 인터뷰 대상 예측하기

1-5번 선택지의 **搜索引擎**(검색 엔진), **市场的需求**(시장 수요), **创新**(혁신)을 통해 인터뷰 대상은 검색 엔진과 관련된 비즈니스 관련자임을 예측할 수 있다. 따라서 비즈니스 관련자 인터뷰가 나올 것을 대비해서 듣는다.

*단, 4번째나 5번째 문제의 단서는 인터뷰 초·중반에 언급되기도 하므로, 음성을 듣기 전 4, 5번째 문제의 선택지를 다른 문제보다 먼저 읽어두는 것이 좋다.

*다음 페이지로 넘어가기 전에, 먼저 음성(🎧제2부분_2_01_전략 적용)을 듣고 정답을 골라보세요.

第1到5题，请听下面一段采访。 •————— Step 2 음성을 들으며 정답의 후보 선택지 확인하기

女：今天我们邀请到了百度的创始人李彦宏先生，听他
和我们分享早年的创业历程。您曾说过不断加快搜
索速度，是来自于您的危机感，对吗？

男：对，我那个时候天天睡不着觉，一直想着我们该怎
么办。因为¹我刚刚回国的时候，人们输入一个关
键词，搜索引擎的加载图标就在那转啊转，等两三
秒都觉得很正常。

女：那您认为搜索引擎应该是什么样的？

男：¹搜索引擎应该比这个快多了。所以我们定下目
标，平均搜索速度必须压缩到1秒以内。后来，缩
到1秒还不行，又缩到0.8秒，最后成功缩短到了
0.2几秒。

女：在提升速度之后，您在事业上有没有遇到其他困难？

男：一直有困难，有痛苦。²痛苦就在于市场的需求一
直在变化，比如说语音搜索这种功能。其实我对百
度现在整体的语音搜索准确率是很不满意的。我知
道将来人们在进行搜索的时候，不仅仅是输入文
字，可能会更习惯用语音，甚至要用图片，所以对
这方面我们还要进行开发。

女：说起开发，就不得不说到"闪电计划"，这个名字听
着还挺有军事色彩的。为什么叫它"闪电计划"呢？

男：当时就是希望能够像闪电一样迅速把它拿下。³开
发搜索引擎本就是一个非常复杂的技术，从成长到
成熟一般需要4年的时间。在2000年初，在搜索引
擎市场上早有谷歌、雅虎等世界级的强劲对手，而
当时的百度只是一家小公司，所以⁴我们提出了"
闪电计划"，决定打破四年定律，用9个月的时间
完成本来需要4年的搜索引擎开发。

女：很多人都说是因为您足够聪明，才能在无数次的冒
险中不至于失衡，成功地走到现在。您同意这种看
法吗？

男：⁵当然"聪明"是一个基础条件，但不能保证你一
定成功。我一直有一个信念，那就是只有明确发展
方向，才能比别人做得更好。而且我们有独一无二
的巨大市场，很多新的问题会在我们这里先被碰
到。也就是说当别人还没有碰到的时候我们就已经
碰到了，那我们就要先来解决，这个时候创新就出
来了。⁵有信念，有创新应该比聪明更重要吧。

1. 男的刚刚回国时对搜索引擎有什么看法？ •————— Step 3 질문 듣고 정답 고르기
2. 男的为什么感到痛苦？
3. 开发搜索引擎是一件怎样的事情？
4. 根据对话，"闪电计划"指的是什么？
5. 男的认为，成功的秘诀是什么？

1 검색 엔진 속도에 대해 언급한 **我刚刚回
国的时候……搜索引擎应该比这个快多
了。**를 듣고, 1번 선택지 A **搜索速度应该
更快**를 정답의 후보로 확인해둔다.

2 사업 상의 어려움을 묻는 질문에 대한 답
변 **痛苦就在于市场的需求一直在变化**를
듣고, 2번 선택지 D **市场的需求一直在变
化**를 정답의 후보로 확인해둔다.

3 검색 엔진 개발에 대해 언급한 **开发搜索引
擎本就是一个非常复杂的技术**를 듣고, 3
번 선택지 B **复杂的**를 정답의 후보로 확인
해둔다.

4 '번개 작전'에 대해 언급한 **我们提出了"闪
电计划"，决定打破四年定律，用9个月
的时间完成本来需要4年的搜索引擎开
发**를 듣고, 4번 선택지 D **迅速开发搜索引
擎的计划**을 정답의 후보로 확인해둔다.

5 성공에 대해 언급한 **当然"聪明"是一个基
础条件，但不能保证你一定成功。……
有信念，有创新应该比聪明更重要吧。**
를 듣고 5번 선택지 A **信念和创新**을 정답
의 후보로 확인해둔다.

<문제지에 제시된 선택지>

1. A 搜索速度应该更快 ✓
   B 谷歌的搜索引擎最好
   C 国内还没有搜索引擎
   D 搜索应该耗时两三秒

2. A 每天都睡不着觉
   B 百度不支持语音搜索
   C 没有办法开发搜索引擎
   D 市场的需求一直在变化 ✓

3. A 坚定的
   B 复杂的 ✓
   C 顺利的
   D 美妙的

4. A 一个军事计划
   B 国家电力供应计划
   C 拿下谷歌和雅虎的计划
   D 迅速开发搜索引擎的计划 ✓

5. A 信念和创新 ✓
   B 聪明和智慧
   C 对市场的洞察力
   D 适应能力和判断力

해석 해설집 p.22

1 남자가 막 귀국했을 때의 검색 엔진에 대한 견해를 물었으므로, 선택지 A를 정답으로 고른다.

2 남자가 어려움을 느낀 이유를 물었으므로, 선택지 D를 정답으로 고른다.

3 검색 엔진 개발은 어떠한 일인지 물었으므로, 선택지 B를 정답으로 고른다.

4 '번개 작전'이 가리키는 것이 무엇인지 물었으므로, 선택지 D를 정답으로 고른다.

5 남자가 생각하는 성공의 비결이 무엇인지 물었으므로, 선택지 A를 정답으로 고른다.

실전연습문제

음성을 듣고 질문에 알맞은 선택지를 고르세요. 🎧 제2부분_2_02_실전연습문제

1. A 增加国际配送服务
   B 解决基本的衣食住行
   C 帮助用户之间建立联系
   D 提供智慧全场景解决方案

2. A 以用户为中心
   B 引进新型科技
   C 采用流行模式
   D 改善产品质量

3. A 大部分企业都采用
   B 员工拥有自主决策权
   C 与传统业务模式类似
   D "单"指的是"员工"

4. A 积极进军海外市场
   B 向员工提供更多福利
   C 永不止步地保持创新
   D 发展成世界级的先进企业

5. A 服装
   B 钢铁
   C 食品
   D 家电

정답 해설집 p.23

03 언론인·지식인 인터뷰 공략하기

MP3 바로듣기

언론인·지식인 인터뷰는 总编辑(편집장), 主持人(방송 사회자)과 같은 언론인 또는 大学教授(대학 교수)와 같은 지식인을 대상으로 하는 인터뷰이다. 주로 직업 선택 계기, 인터뷰 주제에 대한 견해, 앞으로의 계획 등을 이야기하는 흐름으로 인터뷰가 진행되며, 관련 내용을 묻는 질문이 출제된다.

기출 주제

• 신문사 总编辑(편집장)의 인터뷰
자신의 업적→ 도서 편집에 대한 견해 및 노하우 → 은퇴 생활에 대한 계획

• 프로그램 <朗读者(낭독자)>를 진행하는 主持人(방송 사회자)의 인터뷰
방송 사회자의 업적 → 시청률에 대한 견해 → 훌륭한 방송 사회자가 되기 위한 조언

• 소통에 관한 특강을 하는 大学教授(대학 교수)의 인터뷰
첫 강연을 하게 된 계기→ 소통에 관한 견해 → 강연을 듣는 청중들을 위한 조언

문제풀이 전략

Step 1 선택지를 재빨리 읽으며 인터뷰 대상 예측하기

• 언론인·지식인 인터뷰의 선택지에 자주 사용되는 표현은 다음과 같다.

总编辑(편집장)	编辑(편집자, 편집하다), 报纸(신문), 杂志(잡지), 文学(문학), 图书(도서)
主持人(방송 사회자)	节目(프로그램), 采访(인터뷰하다), 观众(관객), 嘉宾(게스트), 主持(진행하다)
大学教授(대학 교수)	教师(교수), 大学(대학교), 系(학과), 专业(전공), 研发(연구 개발하다)

• 선택지에 모르는 어휘가 있더라도, 발음을 아는 어휘를 중심으로 최대한 꼼꼼히 확인한다.

Step 2 음성을 들으며 정답의 후보 선택지 확인하기

• 언론인·지식인 인터뷰는 주로 다음과 같은 흐름으로 진행된다.

직업 선택 계기 또는 업적	▶	인터뷰 주제에 대한 견해	▶	앞으로의 계획, 조언

• 음성에서 언급된 내용과 일치하는 선택지를 정답의 후보로 확인해둔다.
• 음성에서 선택지 두 개가 언급되는 경우, 두 선택지에 대한 추가 정보를 주의 깊게 듣는다.
• 음성에서 선택지 세 개가 언급되는 경우, 옳지 않은 것을 묻는 문제가 나올 것임을 예측할 수 있다.

Step 3 질문 듣고 정답 고르기

• 언론인·지식인 인터뷰에서는 각 흐름별로 다음과 같은 질문을 들을 수 있다.

직업 선택 계기 또는 업적	男的为什么选择了教授这个职业? 남자는 왜 교수라는 직업을 선택했는가? 下列哪项是女的获得的奖项? 다음 중 여자가 받았던 상은 무엇인가?
인터뷰 주제에 대한 견해	男的认为科学技术应该如何发展? 남자는 과학 기술이 어떻게 발전해야 한다고 생각하는가? 在女的看来，是什么导致了大气污染? 여자가 보기에, 무엇이 대기 오염을 초래했는가?
앞으로의 계획, 조언	男的有什么计划? 남자는 어떤 계획이 있는가? 女的对年轻人有什么建议? 여자는 젊은이들에게 어떤 조언을 했는가?

전략 적용

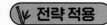 제2부분_3_01_전략 적용

Step별 해설을 보기 전에, 문제풀이 전략에 따라 음성을 듣고 직접 정답을 골라보세요.

<문제지에 제시된 선택지>

1. A 他爱上了读书
   B 他不需要再学习了
   C 他成为了乡镇民办教师
   D 他考上了中山大学中文系

2. A 可以满足专业课要求
   B 培养人们的发散思维
   C 保持反省和批判能力
   D 检索更多的片断知识

3. A 求知
   B 修养
   C 阅读
   D 娱乐

4. A 对漫画书很着迷
   B 把记忆力交给电脑
   C 擅长表达自己的看法
   D 不能写一篇完整的文章

5. A 可增强自主记忆力
   B 能形成自己读书的风格
   C 可爱上经典著作类书籍
   D 能达到理想的娱乐效果

Step 1 선택지를 재빨리 읽으며 인터뷰 대상 예측하기

1-5번 선택지의 **读书**(독서하다), **学习**(공부하다), **教师**(선생님), **大学**(대학교), **系**(학과), **专业课**(전공 과목), **知识**(지식)을 통해 인터뷰 대상은 대학과 관련된 지식인임을 예측할 수 있다. 따라서 지식인 인터뷰가 나올 것을 대비해서 듣는다.

* 단, 4번째나 5번째 문제의 단서는 인터뷰 초·중반에 언급되기도 하므로, 음성을 듣기 전 4, 5번째 문제의 선택지를 다른 문제보다 먼저 읽어두는 것이 좋다.

* 다음 페이지로 넘어가기 전에, 먼저 음성(🎧제2부분_3_01_전략 적용)을 듣고 정답을 골라보세요.

第1到5题，请听下面一段采访。 •————— Step 2 음성을 들으며 정답의 후보 선택지 확인하기

女：陈教授，您好！请问您是如何当上北京大学中文系教授的？

男：我父母都是家乡学校的语文老师，藏书颇丰，对我来说，喜爱读书是顺理成章的事，十五岁我便当上了乡镇民办教师。[1]1977年，中国恢复了高考，我的命运也由此改变。我考进了中山大学的中文系，并一口气读到硕士毕业。当时我的一篇文章被北京大学王教授看中了，于是我便成为了北大中文系的博士生，[1]后来也顺利成为了北京大学的教授。

1　어떻게 베이징대학교 교수가 되었는지 묻는 질문에 대한 답변 1977年，中国恢复了高考，我的命运也由此改变。我考进了中山大学的中文系……后来也顺利成为了北京大学的教授를 듣고, 1번 선택지 D 他考上了中山大学中文系를 정답의 후보로 확인해둔다.

女：您很喜爱读书，读书对您来说意味着什么呢？

男：我认为读书是一种精神生活。其实读书本身并没有什么了不起，但这个行为意味着你在自主地思考，意味着你还在为寻找问题的另一个答案去探索，为自己的生活寻找另一种可能。所以，对我来说，[2]读书的意义是保持思考、反省和批判的能力。

2　독서의 의미를 묻는 질문에 대한 답변 读书的意义是保持思考、反省和批判的能力를 듣고, 2번 선택지 C 保持反省和批判能力를 정답의 후보로 확인해둔다.

女：您认为读书的关键功能是什么？

男：[3]我认为读书最关键的功能并非求知，而是自我修养。在现代社会，"求知"的功能很容易实现。因为"求知"这个层面已经被"检索"所取代。如果想要查找一些信息，只要输入关键词，很快就能够找到相关信息。而"修养"就大不相同了，它不像"检索"那样可以通过几个关键词来完成。

3　독서의 핵심 기능을 묻는 질문에 대한 답변 我认为读书最关键的功能并非求知，而是自我修养。을 듣고, 3번 선택지 B 修养을 정답의 후보로 확인해둔다.

女：您刚才也提到了现代人大多通过检索来获得知识，但是现在人们过度依赖检索，而忽视读书，您对这种现象有什么看法呢？

男：不能否认，现代化的求知方式给知识的传播带来了许多方便，但同时也有一些弊端。第一是思维发散，让学生无法集中在一段时间做一件事情；第二是[4]表达的片断化，人们擅长在微博上写几句俏皮话，却写不完一篇完整的文章；第三点就是自主记忆力的衰退，全世界的人都一样，记忆力全靠电脑。

4　독서를 경시하는 현상에 대해 묻는 질문에 대한 답변 表达的片断化，人们擅长在微博上写几句俏皮话，却写不完一篇完整的文章을 듣고, 4번 선택지 D 不能写一篇完整的文章을 정답의 후보로 확인해둔다.

女：那么关于读书，您能给大家提些建议吗？

男："读好书"与"好读书"，二者应该要有一个结合，读自己喜欢的书，为自己而读书，这就是我的基本立场。"读好书"需要最基本的经典著作，经典的书还是值得阅读的。而要[5]"好读书"，是因为书读多了，就会逐渐形成自己的口味，也会不断开阔自己的视野。

5　독서에 대한 조언을 묻는 질문에 대한 답변 "好读书"，是因为书读多了，就会逐渐形成自己的口味를 듣고, 5번 선택지 B 能形成自己读书的风格를 정답의 후보로 확인해둔다.

1. 为什么高考恢复，男的的命运就此改变？ •————— Step 3 질문 듣고 정답 고르기
2. 男的认为读书的意义是什么？
3. 读书最关键的功能是什么？
4. 根据男的的话，表达的片断化有什么表现？
5. 男的认为"好读书"的好处是什么？

1. A 他爱上了读书
   B 他不需要再学习了
   C 他成为了乡镇民办教师
   D 他考上了中山大学中文系 ✓

2. A 可以满足专业课要求
   B 培养人们的发散思维
   C 保持反省和批判能力 ✓
   D 检索更多的片断知识

3. A 求知
   B 修养 ✓
   C 阅读
   D 娱乐

4. A 对漫画书很着迷
   B 把记忆力交给电脑
   C 擅长表达自己的看法
   D 不能写一篇完整的文章 ✓

5. A 可增强自主记忆力
   B 能形成自己读书的风格 ✓
   C 可爱上经典著作类书籍
   D 能达到理想的娱乐效果

해석 해설집 p.26

1 대입 시험의 부활이 남자의 운명을 바뀌게 한 이유를 물었으므로, 선택지 D를 정답으로 고른다.

2 남자가 생각하는 독서의 의미를 물었으므로, 선택지 C를 정답으로 고른다.

3 독서의 가장 핵심적인 기능이 무엇인지 물었으므로, 선택지 B를 정답으로 고른다.

4 표현의 단편화는 어떤 현상이 있는지 물었으므로, 선택지 D를 정답으로 고른다.

5 남자가 생각하는 '독서를 좋아하기'의 장점을 물었으므로, 선택지 B를 정답으로 고른다.

실전연습문제

음성을 듣고 질문에 알맞은 선택지를 고르세요. 🎧 제2부분_3_02_실전연습문제

1. A 文学永恒不变
   B 文学要有灵感
   C 文学有许多限制
   D 文学作品内容要丰富

2. A 是否获过奖
   B 是否有艺术感
   C 是否有年代感
   D 是否具有代表性

3. A 图书管理员
   B 编辑部部长
   C 作家协会员工
   D 杂志社主任编辑

4. A 需策划选题
   B 要不断修改作品
   C 保障报纸的专业性
   D 加强与学界的联系

5. A 持续地进行创作
   B 灵活地指挥团队
   C 准备充足的资金
   D 感受多样的作品

정답 해설집 p.27

특정 분야 전문가 인터뷰 공략하기

MP3 바로듣기

특정 분야 전문가 인터뷰는 医生(의사), 宇航员(우주 비행사), 博物馆馆长(박물관 관장)과 같은 특정 분야 전문가를 대상으로 하는 인터뷰이다. 주로 특정 분야 소개, 특징, 관련 이슈에 대한 견해 등을 이야기하는 흐름으로 인터뷰가 진행되며, 관련 내용을 묻는 질문이 출제된다.

기출 주제

- **眼科医生(안과 의사)의 인터뷰**
  안과 과목 소개 및 해당 과목을 선택한 이유 → 근시에 대한 특징 설명 → 눈 건강에 대한 견해

- **宇航员(우주 비행사)의 인터뷰**
  처음 우주에 갔을 때의 소감 → 훈련 과정 중 힘들었던 점 → 이 직업의 의미

- **민간 博物馆馆长(박물관 관장)의 인터뷰**
  민간 박물관 관련 소개 → 민간 박물관의 특징 → 민간 박물관의 발전 방향에 대한 견해

문제풀이 전략

Step 1 선택지를 재빨리 읽으며 인터뷰 대상 예측하기

- 특정 분야 전문가 인터뷰의 선택지에 자주 사용되는 표현은 다음과 같다.

医生(의사)	中医(중의학), 西医(양의학), 疫苗(백신), 健康(건강), 从医(의료업에 종사하다), 患者(환자)
宇航员(우주 비행사)	航天(우주 비행), 万有引力(만유인력), 太空(우주), 对接(도킹하다)
博物馆馆长(박물관 관장)	遗产(유산), 捐赠(기증하다), 文物(문화재), 展览(전시), 开放(개방하다)

- 선택지에 모르는 어휘가 있더라도, 발음을 아는 어휘를 중심으로 최대한 꼼꼼히 확인한다.

Step 2 음성을 들으며 정답의 후보 선택지 확인하기

- 특정 분야 전문가 인터뷰는 주로 다음과 같은 흐름으로 진행된다.

특정 분야 소개, 성과에 대한 소감	▶	특정 분야의 특징, 발전 과정	▶	관련 이슈에 대한 견해

- 음성에서 언급된 내용과 일치하는 선택지를 정답의 후보로 확인해둔다.
- 음성에서 선택지 두 개가 언급되는 경우, 두 선택지에 대한 추가 정보를 주의 깊게 듣는다.
- 음성에서 선택지 세 개가 언급되는 경우, 옳지 않은 것을 묻는 문제가 나올 것임을 예측할 수 있다.

Step 3 질문 듣고 정답 고르기

- 특정 분야 전문가 인터뷰에서는 각 흐름별로 다음과 같은 질문을 들을 수 있다.

특정 분야 소개, 성과에 대한 소감	关于中国医学，下列哪项正确? 중국 의학에 관해, 다음 중 옳은 것은? 神舟十二号发射成功后，男的有什么感受? 선저우12호 발사 성공 후, 남자는 어떤 느낌을 받았는가?
특정 분야의 특징, 발전 과정	女的认为这个行业的最大特点是什么? 여자는 이 업계의 가장 큰 특징이 무엇이라고 생각하는가? 男的是怎么学到种桑养蚕技术的? 남자는 어떻게 뽕나무를 심고 누에를 기르는 기술을 배웠는가?
관련 이슈에 대한 견해	女的对广告的发展趋势有什么看法? 여자는 광고의 발전 추세에 대해 어떤 견해가 있는가? 男的认为在从医道路上什么比较重要? 남자는 의료업에 종사하는 것에 있어 무엇이 비교적 중요하다고 생각하는가?

전략 적용

🎧 제2부분_4_01_전략 적용

Step별 해설을 보기 전에, 문제풀이 전략에 따라 음성을 듣고 직접 정답을 골라보세요.

<문제지에 제시된 선택지>

1. A 一万平米
   B 两万平米
   C 三万平米
   D 四万平米

2. A 对现状很满意
   B 兴趣变成责任
   C 无法承受压力
   D 动力逐渐消失

3. A 继承家族遗产
   B 社会人士捐赠
   C 当时文物便宜
   D 个人收入很高

4. A 基本远离
   B 努力创作
   C 喜爱文学
   D 在写剧本

5. A 超过五家
   B 免费开放
   C 面积越来越大
   D 提高了知名度

Step 1 선택지를 재빨리 읽으며 인터뷰 대상 예측하기

1~5번 선택지의 **遗产**(유산), **捐赠**(기증하다), **文物**(문화재), **开放**(개방하다)을 통해 인터뷰 대상이 박물관과 관련된 전문가임을 예측할 수 있다. 따라서 전문가 인터뷰가 나올 것을 대비해서 듣는다.

* 단, 4번째나 5번째 문제의 단서는 인터뷰 초·중반에 언급되기도 하므로, 음성을 듣기 전 4, 5번째 문제의 선택지를 다른 문제보다 먼저 읽어두는 것이 좋다.

* 다음 페이지로 넘어가기 전에, 먼저 음성(🎧제2부분_4_01_전략 적용)을 듣고 정답을 골라보세요.

第1到5题，请听下面一段采访。 ●——— Step 2 음성을 들으며 정답의 후보 선택지 확인하기

女：今天我们的嘉宾是收藏家马未都先生，他是中国第一个私立博物馆——观复博物馆的主人。可是这个博物馆目前面临着因为拆迁而将搬家的命运。请问马先生，这是您的博物馆第三次搬家了，您有什么样的感受？

男：其实即便这个地方不拆迁，将来也要重新盖一个，很多年前我们就有规划了。[1]我们的终极目标是盖一个3万平米左右的，很规范、很国际化的博物馆。

1　최종 목표에 대해 언급한 **我们的终极目标是盖一个3万平米左右的，很规范、很国际化的博物馆。**을 듣고, 1번 선택지 C 三万平米를 정답의 후보로 확인해둔다.

女：您的观复博物馆创办于十五年前，请问十五年来，您的心态是否发生了变化呢？

男：一开始是我个人的一个兴趣，我希望把个人的乐趣传达给大众。我比较幸运地成立了新中国第一个私立博物馆，这个博物馆一天一天在壮大，这时候，[2]我渐渐就觉得兴趣不是最重要的，兴趣后来就变成一个责任了。我认为，既然历史给了我这样一个机遇，就应该把这个事情做好，画一个圆满的句号。

2　마음가짐의 변화를 묻는 질문에 대한 답변 **我渐渐就觉得兴趣不是最重要的，兴趣后来就变成一个责任了**를 듣고, 2번 선택지 B 兴趣变成责任을 정답의 후보로 확인해둔다.

女：[3]在博物馆成立之初，您只有35岁，但是您的收藏已经形成了一定的规模，已经有足够数量的展品来支撑一个博物馆规模的陈列。[3]您是如何做到的呢？

男：我那个时候在出版社工作，那十年恰恰是中国文物处在最低谷的十年，[3]在漫长的这十年里，文物的价钱基本不浮动，如果这十年有浮动，这东西我就买不动了。

3　소장품을 수집한 방법에 대해 언급한 **在博物馆成立之初，您只有35岁，但是您的收藏已经形成了一定的规模……您是如何做到的呢？**와 **在漫长的这十年里，文物的价钱基本不浮动，如果这十年有浮动，这东西我就买不动了**를 듣고, 3번 선택지 C 当时文物便宜를 정답의 후보로 확인해둔다.

女：您在出版社工作的时候，也写过小说，写过剧本，那您现在还一直喜爱文学吗？

男：[4]我离开文学领域之后，小说看都不看了，因为我要积累与文物和博物馆相关的知识。我要把时间腾出来。我先远离了小说，之后远离了电视剧，一头栽到了文物里，只是一门心思地去做博物馆。

4　지금 문학을 좋아하는지 묻는 질문에 대한 답변 **我离开文学领域之后，小说看都不看了**를 듣고, 4번 선택지 A 基本远离를 정답의 후보로 확인해둔다.

女：您在开第一家博物馆的时候，有没有想到今天它会在全国很多地方都有分馆？

男：没有想，那时候肯定不会想。现在[5]我们的地方馆数量也不多，一共有三家，分布在厦门、杭州和哈尔滨。但是[5]博物馆的知名度有了很大提高，品牌价值也变得越来越大。我希望博物馆也能够成为一个品牌，让人们知道博物馆为社会所贡献的价值。

5　박물관 분관에 대해 묻는 질문에 대한 답변 **我们的地方馆数量也不多……博物馆的知名度有了很大提高，品牌价值也变得越来越大**를 듣고, 5번 선택지 D 提高了知名度를 정답의 후보로 확인해둔다.

1. 男的最终想建一个多大的博物馆？ ●——— Step 3 질문 듣고 정답 고르기
2. 男的认为他的心态发生了什么变化？
3. 男的是如何能在35岁时就拥有很多藏品的？
4. 男的现在对待文学是什么态度？
5. 关于观复博物馆的地方分馆，可以知道什么？

<문제지에 제시된 선택지>

1. A 一万平米
   B 两万平米
   C 三万平米 ✓
   D 四万平米

2. A 对现状很满意
   B 兴趣变成责任 ✓
   C 无法承受压力
   D 动力逐渐消失

3. A 继承家族遗产
   B 社会人士捐赠
   C 当时文物便宜 ✓
   D 个人收入很高

4. A 基本远离 ✓
   B 努力创作
   C 喜爱文学
   D 在写剧本

5. A 超过五家
   B 免费开放
   C 面积越来越大
   D 提高了知名度 ✓

해석 해설집 p.29

1 남자는 최종적으로 얼마나 큰 박물관을 짓고 싶어하는지 물었으므로, 선택지 C를 정답으로 고른다.

2 남자의 마음가짐에 생긴 변화를 물었으므로, 선택지 B를 정답으로 고른다.

3 남자가 35세에 많은 소장품을 가질 수 있었던 이유를 물었으므로, 선택지 C를 정답으로 고른다.

4 남자가 현재 문학을 대하는 태도를 물었으므로, 선택지 A를 정답으로 고른다.

5 관푸 박물관의 지역 분관에 관해 알 수 있는 것이 무엇인지 물었으므로, 선택지 D를 정답으로 고른다.

실전연습문제

음성을 듣고 질문에 알맞은 선택지를 고르세요. 🎧 제2부분_4_02_실전연습문제

1. A 其内容晦涩难懂
   B 是关于西医学的著作
   C 讲述中医学的发展历程
   D 成功地结合了理论和实际

2. A 改善虚弱的体质
   B 缓解阳气过剩的症状
   C 解决手脚冰凉的问题
   D 对不同患者进行对症下药

3. A 该观点不无道理
   B 这种说法仍有待考究
   C 认为中医学具有科学性
   D 没有具体证据推翻这种学说

4. A 先解决温饱问题
   B 保持良好的心态
   C 对目标坚持不懈
   D 感受美好的自然

5. A 将中医学发扬光大
   B 加强中医临床实践
   C 注重国内的中医学研究
   D 让更多的人参与到养生中

정답 해설집 p.31

음성을 듣고 질문에 알맞은 선택지를 고르세요. 🎧 제2부분_실전테스트

1. A 家人都在北京生活
   B 想在北京购买房子
   C 大城市潜在机会多
   D 北京的餐饮业发达

2. A 很难招到职员
   B 没有租房费用
   C 主打产品很受欢迎
   D 难以承担工资成本

3. A 严格把控品质
   B 使用机器制作
   C 添加特制调料
   D 借鉴他人经验

4. A 直营店交的税少
   B 直营店的经营成本低
   C 直营店更有利于赢利
   D 直营店管理起来更方便

5. A 多开几家加盟店
   B 将生意做到国外
   C 盈利比去年翻一番
   D 建立经久不衰的店

6. A 创作摄影集
   B 开摄影展览
   C 记录女儿成长
   D 教会女儿摄影

7. A 不再排斥
   B 不太理解
   C 极其厌恶
   D 难以接受

8. A 对艺术产生很大兴趣
   B 对美的看法更加深刻
   C 愿意学习摄影新技术
   D 表达能力有很大提高

9. A 人口密度很高
   B 令人感到惬意
   C 位于繁华地带
   D 交通非常便利

10. A 继续跟拍女儿
    B 记录城市的变迁
    C 拍摄罕见的风光
    D 从多方面进行尝试

11. A 照明和煮饭
    B 暖气的供给
    C 用沼渣种花
    D 用沼液养鱼

12. A 积极询问亲戚朋友
    B 阅读最新农业书籍
    C 观看技术指导视频
    D 到其他乡镇学习取经

13. A 羊肉价格上涨
    B 充分利用桑叶
    C 羊肉味道鲜美
    D 桑园场地空着

14. A 具有环保意义
    B 运用先进技术
    C 减少经济损失
    D 养殖规模很大

15. A 一直从事草原畜牧业
    B 精通植物的栽培方法
    C 是"种养建"模式的首创者
    D 并不想推广"种养建"模式

정답 해설집 p.33

제3부분

장문 듣고
질문에 답하기

듣기 제3부분은 장문을 듣고 이와 관련된 3~4개의 질문에 대한 정답을 고르는
형태로, 총 6개의 장문에 대해 31번부터 50번까지 20문제가 출제된다. 각 장문
에 출제되는 문제 수는 주로 3-3-3-4-4-3의 순서로 구성된다.

고득점 공략법 아래와 같은 세부 유형의 장문이 출제되므로 그 공략법을 잘 익혀둔다.

고득점비책 01 설명문 공략하기
고득점비책 02 논설문 공략하기
고득점비책 03 이야기 공략하기

출제 유형 분석

1. **설명문**

   자연, 과학, 심리·건강, 사회·문화 등과 관련된 현상이나 원리를 설명하는 장문으로, <설명 대상 소개 → 특징 및 관련
   정보 언급 → 추가 정보나 설명 대상 재언급>의 흐름으로 진행되고, 관련 내용을 묻는 질문이 출제된다. 설명문은 매회
   3~5개가 출제된다.

2. **논설문**

   어떤 주제에 대한 화자의 의견을 전달하는 장문으로, <화자의 의견 → 의견에 대한 근거, 구체적 정보 → 화자 의견 재언
   급>의 흐름으로 진행되고, 관련 내용을 묻는 질문이 출제된다. 논설문은 매회 1~2개가 출제된다.

3. **이야기**

   이야기를 통해 교훈을 전달하는 장문으로, <이야기 배경 → 구체적인 사건이나 에피소드 → 교훈 또는 관련 성어·속담>
   의 흐름으로 진행되고, 관련 내용을 묻는 질문이 출제된다. 이야기는 매회 1~2개가 출제된다.

<문제지에 제시된 선택지>

31. A 用途多
B 价格贵
C 易成活
D 产量大

32. A 颜色是红色
B 由外国人命名
C 最初在胡萝卜里发现
D 科学家准备换一种叫法

33. A 胡萝卜没有变形
B 颜色没有太大变化
C 含水量没有显著减少
D 胡萝卜素含量几乎不变

Step 1 선택지를 재빨리 읽으며 장문 유형 예측하기

음성을 듣기 전, 각 장문에 해당하는 문제의 선택지들을 먼저 읽어두면 지문의 유형을 미리 예측할 수 있다. 참고로, 첫 번째 장문은 3문제가 출제된다.

선택지에 胡萝卜(당근)가 반복적으로 사용되었고, 선택지의 내용이 胡萝卜의 특징을 나타내므로 胡萝卜와 관련된 설명문이 나올 것임을 예측한다.

* 다음 페이지로 넘어가기 전에, 먼저 음성(🎧제3부분_문제풀이 스텝)을 듣고 정답을 골라보세요.

MP3 바로듣기

<음성으로 들려주는 장문>

🎧 제3부분_문제풀이 스텝

第31到33题，请听下面一段材料。

³¹胡萝卜是人们经常食用的蔬菜，也是动物的多汁饲料，因此许多国家都大面积地种植胡萝卜。胡萝卜的营养价值很高，并且含有大量的胡萝卜素。

胡萝卜素是一种黄色的色素，³²因为这种色素最初是在胡萝卜里发现的，因此就叫做胡萝卜素。其实，其他植物中也含有胡萝卜素，只是含量不如胡萝卜的高罢了。

胡萝卜除了营养价值高以外，还有许多优点。比如它适应性强、病虫害少，而且无论是煮熟还是晒干，其胡萝卜素的含量都几乎没有变化。如果与空气隔绝，还可以长久保存。在1938年，有人把1824年为北极探险队准备的一批胡萝卜罐头拿来化验。这批罐头虽然经过了一个多世纪，可是其中³³胡萝卜素的含量竟然和新罐头的几乎没有什么差别。这也证明了胡萝卜适合长期存储的事实。

Step 2 음성을 들으며 정답의 후보 선택지 확인하기

음성을 들으면서 장문의 흐름에 따라 관련 문제의 정답 후보 선택지를 확인한다.

31 음성에서 언급된 **胡萝卜是人们经常食用的蔬菜，也是动物的多汁饲料，因此许多国家都大面积地种植胡萝卜。**를 듣고, 관련된 내용의 선택지 A **用途多**를 정답의 후보로 확인해둔다.

32 음성에서 언급된 **因为这种色素最初是在胡萝卜里发现的，因此就叫做胡萝卜素**를 듣고, 선택지 C **最初在胡萝卜里发现**을 정답의 후보로 확인해둔다.

33 음성에서 언급된 **胡萝卜素的含量竟然和新罐头的几乎没有什么差别。这也证明了胡萝卜适合长期存储的事实**을 듣고, 선택지 D **胡萝卜素含量几乎不变**을 정답의 후보로 확인해둔다.

<음성으로 들려주는 질문>

31. 胡萝卜为什么会得到大面积种植？
32. 关于胡萝卜素，下列哪项正确？
33. 什么是胡萝卜能长期存储的最好证明？

(Step 3) 질문 듣고 정답 고르기

질문을 듣고 정답의 후보로 확인해둔 선택지를 참고하여 정답을 고른다.

<문제지에 제시된 선택지>

31. A 用途多 ✓
    B 价格贵
    C 易成活
    D 产量大

32. A 颜色是红色
    B 由外国人命名
    C 最初在胡萝卜里发现 ✓
    D 科学家准备换一种叫法

33. A 胡萝卜没有变形
    B 颜色没有太大变化
    C 含水量没有显著减少
    D 胡萝卜素含量几乎不变 ✓

해석 해설집 p.41

31 당근은 왜 대규모로 재배되는지 물었으므로, 선택지 A를 정답으로 고른다.

32 카로틴에 관해 옳은 것을 물었으므로, 선택지 C를 정답으로 고른다.

33 당근을 오래 저장할 수 있다는 가장 좋은 증거를 물었으므로, 선택지 D를 정답으로 고른다.

* 실제 시험장에서는, 정답을 우선 문제지에 표시해두고, 듣기 영역이 모두 끝난 후 주어지는 **답안지 마킹 시간(5분) 동안 답안지에 마킹**하세요.

01 설명문 공략하기

MP3 바로듣기

설명문은 자연, 과학, 심리·건강, 사회·문화 등에 관한 현상 또는 원리를 설명하는 글이다. 설명문은 주로 특정 대상 소개, 대상의 특징 및 관련 정보 언급, 추가 정보나 설명 대상을 재언급하는 흐름으로 진행되고, 관련 내용을 묻는 질문이 출제된다.

기출 주제

- 鲨鱼(상어)의 사냥 방법에 대한 설명
  상어의 사냥 특징 소개 → 사냥 방법 관찰 결과 → 사냥 방법의 원리와 효과

- 우주 비행사의 休眠(휴면)에 대한 설명
  휴면의 정의 → 우주 비행 중 휴면의 장점 → 추가로 극복해야 할 과제

- 压力(스트레스)의 영향에 대한 설명
  스트레스에 대한 연구 소개 → 스트레스와 뇌 관련 실험 과정 → 스트레스가 뇌에 미치는 영향

문제풀이 전략

Step 1 선택지를 재빨리 읽으며 장문 유형 예측하기

- 선택지에서 반복적으로 사용된 어휘 또는 특정 분야와 관련된 어휘가 있고, 선택지의 내용이 해당 어휘의 특징을 나타내면 설명문이 나올 것을 예측할 수 있다.
- 선택지에 모르는 어휘가 있더라도, 발음을 아는 어휘를 중심으로 최대한 꼼꼼히 확인한다.

  예 A 藻类生长需要阳光
  B 某些藻类可以食用
  C 人类过度食用藻类
  D 藻类可以用来发电

  ▶ 선택지에 藻类(해조류)가 반복적으로 사용되었고, 선택지의 내용이 藻类의 특징을 나타내므로 藻类와 관련된 설명문이 나올 것임을 예측할 수 있다.

Step 2 음성을 들으며 정답의 후보 선택지 확인하기

- 설명문은 주로 다음과 같은 내용의 흐름으로 진행된다.

특정 대상 소개	▶	특징 및 관련 정보 언급	▶	추가 정보나 설명 대상 재언급

- 설명문 초반이나 후반에서 언급되는 설명 대상을 듣고, 마지막 문제의 선택지 중 내용이 일치하는 선택지를 정답의 후보로 확인해둔다. (※ 마지막 문제는 주로 장문의 중심 내용을 묻는다.)
- 설명문 중후반에서 언급되는 설명 대상의 특징 및 관련 정보를 듣고, 처음 2~3개 문제의 선택지 중 내용이 일치하는 선택지를 정답의 후보로 확인해둔다. (※ 처음 2~3개 문제는 주로 장문의 세부 내용을 묻는다.)

Step 3 질문 듣고 정답 고르기

- 설명문에서는 주로 다음과 같은 질문을 들을 수 있다.

세부 내용을 묻는 질문	在夏天锻炼时，要注意什么？ 여름에 운동할 때, 무엇을 주의해야 하는가?
	关于国际空间站，下列哪项正确？ 국제 우주 정거장에 관해, 다음 중 옳은 것은?
중심 내용을 묻는 질문	这段话主要讲什么？ 이 장문이 주로 설명하는 것은 무엇인가?
	这段话主要介绍的是什么？ 이 장문이 주로 소개하는 것은 무엇인가?

🎧 제3부분_1_01_전략 적용

Step별 해설을 보기 전에, 문제풀이 전략에 따라 음성을 듣고 직접 정답을 골라보세요.

<문제지에 제시된 선택지>

1. A 找出琴谱
    B 向老师求教
    C 从头再弹一遍
    D 去外面散散步

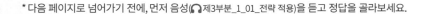

Step 1 선택지를 재빨리 읽으며 장문 유형 예측하기

음성을 듣기 전, 선택지를 읽고 장문 유형을 예측한다.

선택지에 **肌肉记忆**(근육 기억)가 반복적으로 사용되었고, 선택지의 내용이 **肌肉记忆**의 특징을 나타내므로 **肌肉记忆**와 관련된 설명문이 나올 것임을 예측한다.

2. A 集中大脑注意力
    B 合适的物理方法
    C 从小学习弹钢琴
    D 重复动作的次数

* 중심 내용을 묻는 마지막 문제의 단서는 음성 초·중반에 언급되기도 하므로, 음성을 듣기 전 마지막 문제의 선택지를 미리 읽어두는 것이 좋다.

3. A 肌肉记忆不易消失
    B 肌肉记忆消耗的能量多
    C 肌肉记忆形成后使用效率高
    D 肌肉记忆形成后仍需大脑指示

4. A 身体的潜能
    B 如何高效记忆
    C 学乐器的好处
    D 肌肉的记忆功能

* 다음 페이지로 넘어가기 전에, 먼저 음성(🎧제3부분_1_01_전략 적용)을 듣고 정답을 골라보세요.

<음성으로 들려주는 장문>

第1到4题，请听下面一段材料。　　　　　　　　　● ──── Step 2 음성을 들으며 정답의 후보 선택지 확인하기

众所周知，人的记忆是由大脑来完成的，但是很少
有人知道，要记住一些必须由身体参与的技能和运动
时，除了大脑的记忆功能之外，⁴肌肉自身也会自觉启
动记忆功能。

肌肉记忆的概念虽然看似陌生，但是在生活中已经
处处可见。比如跳舞、使用筷子、演奏乐器，这些都需
要肌肉记忆的配合。以弹钢琴为例，有时一首曲子弹到
一半就怎么也想不起来后面的部分，这时无论怎样绞尽
脑汁都没有用。但是，¹如果从头开始重新弹一遍，很
可能就把刚才想不起来的部分自然地弹下去，这种情况
就是身体的肌肉记忆所起的作用。

事实上，肌肉记忆是从大脑到肌肉的一个持续不断
的反馈循环过程。当我们多次重复某种动作时，大脑和
肌肉之间的反馈和指示就会变得更加频繁，最后，我们
的大脑会创建一条穿过中央神经系统的路径。从此，肌
肉的动作也就不再需要一次次通过大脑的指示，而是可
以自动进行了。而²建立肌肉记忆最关键的因素就是动
作的重复次数。

³肌肉记忆有个特点，那就是形成以后便很难忘
记，即便一个人长时间不再重复某种动作，肌肉记忆依
然会储存在人体中，当再次需要使用时，就会自动被激
活。

음성에서 언급된 표현을 그대로 사용하거나 내
용이 같은 선택지를 정답의 후보로 확인해둔다.

● ─── 4　음성에서 언급된 **肌肉自身也会自觉启动
记忆功能**을 듣고, 선택지 D **肌肉的记忆功
能**을 정답의 후보로 확인해둔다.

● ─── 1　음성에서 언급된 **如果从头开始重新弹一
遍，很可能就把刚才想不起来的部分自
然地弹下去**를 듣고, 선택지 C **从头再弹一
遍**을 정답의 후보로 확인해둔다.

● ─── 2　음성에서 언급된 **建立肌肉记忆最关键的
因素就是动作的重复次数**를 듣고, 선택지
D **重复动作的次数**를 정답의 후보로 확인
해둔다.

● ─── 3　음성에서 언급된 **肌肉记忆有个特点，那
就是形成以后便很难忘记**를 듣고, 선택지
A **肌肉记忆不易消失**을 정답의 후보로 확
인해둔다.

1. 弹钢琴突然想不起谱子的时候，最好怎样做？　● ──── Step 3 질문 듣고 정답 고르기
2. 构建肌肉记忆的关键是什么？
3. 根据这段话，下列哪项正确？
4. 这段话主要讲什么？

<문제지에 제시된 선택지>

1. A 找出琴谱
   B 向老师求教
   C 从头再弹一遍 ✓
   D 去外面散散步

2. A 集中大脑注意力
   B 合适的物理方法
   C 从小学习弹钢琴
   D 重复动作的次数 ✓

3. A 肌肉记忆不易消失 ✓
   B 肌肉记忆消耗的能量多
   C 肌肉记忆形成后使用效率高
   D 肌肉记忆形成后仍需大脑指示

4. A 身体的潜能
   B 如何高效记忆
   C 学乐器的好处
   D 肌肉的记忆功能 ✓

해석 해설집 p.41

1 피아노를 칠 때 갑자기 악보가 생각나지 않는 경우 어떻게 하는 것이 가장 좋은지 물었으므로, 선택지 C를 정답으로 고른다.

2 근육 기억을 구성하는 데 있어서 가장 중요한 것이 무엇인지 물었으므로, 선택지 D를 정답으로 고른다.

3 장문에 근거하여 옳은 것을 물었으므로, 선택지 A를 정답으로 고른다.

4 이 장문이 주로 설명하는 것이 무엇인지 물었으므로, 선택지 D를 정답으로 고른다.

실전연습문제

음성을 듣고 질문에 알맞은 선택지를 고르세요. 🎧 제3부분_1_02_실전연습문제

1. A 市场需求不大
   B 工作形式相对固定
   C 是互联网教育的延伸
   D 与共享经济的发展有关

2. A 与打零工没有本质区别
   B 其核心在于分享空闲资源
   C 偏向于支持高新技术行业
   D 可让人在短期内获得财务自由

3. A 最新经济制度
   B 打零工的弊端
   C 零工经济不是共享经济
   D 零工经济所带来的变化

4. A 形状像钉子
   B 高低都相同
   C 可以算作牙齿
   D 有利于咬住东西

5. A 骨头突出
   B 非常锋利
   C 形状规则
   D 能轻松咬住食物

6. A 牙釉质太厚
   B 不需要牙釉质
   C 没有完全进化
   D 失去了牙釉质

7. A 对飞行有利
   B 减轻腿部重量
   C 增强肌肉力量
   D 减少食物的摄入量

정답 해설집 p.42

02 논설문 공략하기

MP3 바로듣기

논설문은 어떤 주제에 대한 화자의 의견을 전달하는 글이다. 논설문은 주로 화자의 의견과 그에 대한 근거, 구체적 정보 언급, 화자의 의견을 재언급하는 흐름으로 진행되고, 관련 내용을 묻는 질문이 출제된다.

기출 주제

• **회사에서는 平等交流(평등한 소통)가 중요하다**
회사에서는 평등한 소통이 중요함 → 소통이 원활하지 않으면 업무 효율이 떨어짐 → 평등한 소통을 기초로 하면 업무를 효율적으로 할 수 있음

• **겨울에도 冰箱(냉장고)의 전원을 끄지 말아야 한다**
겨울에 냉장고를 사용하지 않아도 전원을 끄면 안 됨 → 전원을 끄면 냉장고의 수명을 단축시킴 → 겨울에도 냉장고 전원을 끄지 말아야 함

• **부모님이 手机软件(휴대폰 앱)을 통해 자식의 짝을 찾아주려는 것은 좋지 않다**
부모님이 휴대폰 앱을 통해 자식의 짝을 찾아주려는 것은 좋지 않음 → 앱의 정보는 정확하지 않을 수 있음 → 자식은 스스로 마음에 드는 사람을 만나야 함

문제풀이 전략

Step 1 선택지를 재빨리 읽으며 장문 유형 예측하기

• 선택지에 要/需要(~해야 한다), 不要(~하면 안 된다)와 같은 어휘가 있거나, 선택지가 의견이나 주장을 나타내는 내용이면 논설문이 나올 것을 예측할 수 있다.

• 선택지에 모르는 어휘가 있더라도, 발음을 아는 어휘를 중심으로 최대한 꼼꼼히 확인한다.

> **예** A 人生必须要有理想
> B 实现梦想需要毅力
> C 理想要和现实相结合
> D 梦想让生活充满激情
>
> ▶ 선택지에 要/需要(~해야 한다)와 같이 주장을 나타내는 어휘들이 있으므로 논설문이 나올 것임을 예측할 수 있다.

Step 2 음성을 들으며 정답의 후보 선택지 확인하기

• 논설문은 주로 다음과 같은 내용의 흐름으로 진행된다.

화자의 의견	▶	의견에 대한 근거, 구체적 정보	▶	화자 의견 재언급

• 논설문 초반이나 후반에서 언급되는 화자의 의견이나 중심 내용을 듣고, 마지막 문제의 선택지 중 내용이 일치하는 선택지를 정답의 후보로 확인해둔다. (※ 마지막 문제는 주로 장문의 중심 내용을 묻는다.)

• 논설문 초중반에서 언급되는 근거나 구체적인 정보를 듣고, 처음 2~3개 문제의 선택지 중 내용이 일치하는 선택지를 정답의 후보로 확인해둔다. (※ 처음 2~3개 문제는 주로 장문의 세부 내용을 묻는다.)

Step 3 질문 듣고 정답 고르기

• 논설문에서는 주로 다음과 같은 질문을 들을 수 있다.

세부 내용을 묻는 질문	根据这段话，父母应该怎么做? 이 장문에 근거하여, 부모는 어떻게 해야 하는가? 孩子对手机容易上瘾的原因是什么? 아이가 휴대폰에 쉽게 중독되는 원인은 무엇인가?
중심 내용을 묻는 질문	这段话主要谈什么? 이 장문이 주로 이야기하는 것은 무엇인가? 下列哪项最适合做这段话的标题? 다음 중 이 장문의 제목으로 가장 적합한 것은?

전략 적용

🎧 제3부분_2_01_전략 적용

Step별 해설을 보기 전에, 문제풀이 전략에 따라 음성을 듣고 직접 정답을 골라보세요.

<문제지에 제시된 선택지>

1. A 受朋友的影响
   B 父母管制严格
   C 处于心理转折点
   D 想回到童年时代

2. A 保持高度关注
   B 关心但不干涉
   C 需要维护家长地位
   D 一定要放任孩子自由

3. A 脆弱
   B 骄傲
   C 灵活
   D 冲动

4. A 随意
   B 赞美
   C 负面
   D 客观

Step 1 선택지를 재빨리 읽으며 장문 유형 예측하기
음성을 듣기 전, 선택지를 읽고 장문 유형을 예측한다. 선택지에 **需要/要**(~해야 한다)와 같이 주장을 나타내는 어휘들이 있으므로, 논설문이 나올 것임을 예측한다.

* 중심 내용을 묻는 마지막 문제의 단서는 음성 초·중반에 언급되기도 하므로, 음성을 듣기 전 마지막 문제의 선택지를 미리 읽어두는 것이 좋다.

* 다음 페이지로 넘어가기 전에, 먼저 음성(🎧제3부분_2_01_전략 적용)을 듣고 정답을 골라보세요.

第1到4题，请听下面一段材料。　　　　　　　　　　　　　　　　　　　　●────Step 2 음성을 들으며 정답의 후보 선택지 확인하기

　　如何教育青少年是一个很重要的问题。有家长反映，步入初一的女儿不再愿意和她一起逛街，认为和母亲一起买东西很没面子。也有家长说，[1]今年13岁的儿子突然性情大变，有些不可理喻。只要提到学习二字，他就捂住耳朵躲进房间里，锁上门不出来。[1]这些都是青春期造成的。青春期是人生的第一个心理转折点，这个时期的孩子渐渐开始形成"自我"概念。因为他们已经不能像儿童那般撒娇任性，也未能享有成年人般的自由，所以可能会出现自我认同感的缺失。

　　因此，[2]作为青少年的家长，应该放低姿态，对孩子保持关心，但不过分干涉。青少年已经形成了独立的自我意识，不能再把他们当成一无所知的小孩子来对待，也不能用高高在上的权威打压他们，更要注意对他们的评价。加之[3]青春期孩子的心理较脆弱，很在意别人对他的看法和评价。如果父母总是给出过多的负面评价，很可能会让孩子形成较差的自我评价，甚至丧失信心。总之，青少年时期对孩子的成长至关重要，[4]父母要尽可能对孩子进行客观的评价，帮助他们形成健康的自我价值感。

음성에서 언급된 표현을 그대로 사용하거나 내용이 같은 선택지를 정답의 후보로 확인해둔다.

1　음성에서 언급된 今年13岁的儿子突然性情大变……这些都是青春期造成的。青春期是人生的第一个心理转折点을 듣고, 선택지 C 处于心理转折点을 정답의 후보로 확인해둔다.

2　음성에서 언급된 作为青少年的家长，应该放低姿态，对孩子保持关心，但不过分干涉를 듣고, 선택지 B 关心但不干涉를 정답의 후보로 확인해둔다.

3　음성에서 언급된 青春期孩子的心理较脆弱를 듣고, 선택지 A 脆弱를 정답의 후보로 확인해둔다.

4　음성에서 언급된 父母要尽可能对孩子进行客观的评价를 듣고, 선택지 D 客观을 정답의 후보로 확인해둔다.

1. 孩子在青春期性情为什么会改变？　　　　　　●────Step 3 질문 듣고 정답 고르기
2. 面对青春期的孩子，父母应该摆出什么样的姿态？
3. 青春期的孩子有什么样的心理特点？
4. 父母应该怎样评价孩子？

<문제지에 제시된 선택지>

1. A 受朋友的影响
   B 父母管制严格
   C 处于心理转折点 ✓
   D 想回到童年时代

2. A 保持高度关注
   B 关心但不干涉 ✓
   C 需要维护家长地位
   D 一定要放任孩子自由

3. A 脆弱 ✓
   B 骄傲
   C 灵活
   D 冲动

4. A 随意
   B 赞美
   C 负面
   D 客观 ✓

해석 해설집 p.45

1 사춘기 때 왜 아이의 성격이 변하는지 물었으므로, 선택지 C를 정답으로 고른다.

2 사춘기의 아이를 대하려면 부모는 어떤 자세를 취해야 하는지 물었으므로, 선택지 B를 정답으로 고른다.

3 사춘기의 아이가 갖는 심리적 특징을 물었으므로, 선택지 A를 정답으로 고른다.

4 부모가 아이를 어떻게 평가해야 하는지 물었으므로, 선택지 D를 정답으로 고른다.

실전연습문제

음성을 듣고 질문에 알맞은 선택지를 고르세요. 🎧 제3부분_2_02_실전연습문제

1. A 让人极度疲惫
   B 可能会随时爆发
   C 与身体劳累有关
   D 容易引发家庭矛盾

2. A 犹豫
   B 焦虑
   C 冲动
   D 纠结

3. A 一定要提升自身能力
   B 要尽量摆脱精神内耗
   C 运动有助于放松心情
   D 要学会接受他人的意见

4. A 无人化
   B 人工化
   C 自动化
   D 智能化

5. A 海底捞菜肴鲜美
   B 海底捞服务周全
   C 智慧餐厅的运作原理
   D 传统餐厅有许多缺点

6. A 机器失误较多
   B 价格更加低廉
   C 能更好地保障食品安全
   D 服务难以满足顾客的需求

7. A 要积极推广新产品
   B 不需要投入高成本
   C 需要大量人力物力
   D 有广阔的应用空间

정답 해설집 p.46

MP3 바로듣기

이야기는 어떤 일화를 통해 교훈을 전달하는 글이다. 이야기는 주로 이야기에 대한 배경, 구체적인 사건이나 에피소드, 교훈 또는 관련 성어·속담을 언급하는 흐름으로 진행되고, 관련 내용을 묻는 질문이 출제된다.

기출 주제

- 인생의 **终极目标**(최종 목표)를 묻는 학생의 이야기

  학생이 인생의 최종 목표에 대해 물음 → 선생님은 포부를 세우는 것이 중요하다고 함 → 목표를 설정해야만 그것을 향해 나아갈 수 있다는 교훈을 얻음

- **集体智慧**(집단 지성)에 관한 이야기

  소의 무게를 맞히는 행사가 있었음 → 사람들은 소의 무게를 비슷하게 맞혔음 → 집단 지성을 무시하면 안 된다는 것을 깨달음

- 장군의 부모가 장군에게 가르침을 준 이야기

  전쟁 중 양식이 부족했으나 장군은 부하들에게 먹을 것을 나눠주지 않음 → 이를 들은 장군의 부모는 장군을 꾸짖음 → '**子不教，父之过**(자식을 키우되 교육시키지 않은 것은 아버지의 잘못이다)' 라는 속담을 언급함

문제풀이 전략

Step 1 선택지를 재빨리 읽으며 장문 유형 예측하기

- 선택지에 등장인물을 나타내는 어휘가 있으면 이야기가 나올 것을 예측할 수 있다. 마지막 문제의 선택지들은 교훈적인 내용으로 자주 구성된다.
- 선택지에 모르는 어휘가 있더라도, 발음을 아는 어휘를 중심으로 최대한 꼼꼼히 확인한다.

  예　A 害怕有埋伏
  　　B 自己受伤了
  　　C 想迷惑敌人
  　　D 等援军到来

  ▶ 선택지에 **埋伏**(매복병), **敌人**(적), **援军**(지원군)과 같이 등장인물을 나타내는 어휘가 있으므로 이야기가 나올 것임을 예측할 수 있다.

Step 2 음성을 들으며 정답의 후보 선택지 확인하기

- 이야기는 주로 다음과 같은 내용의 흐름으로 진행된다.

이야기 배경	▶	구체적인 사건이나 에피소드	▶	교훈 또는 관련 성어·속담

- 이야기의 후반에서 교훈이나 이야기의 중심 내용이 자주 언급되므로, 마지막 문제의 선택지 중 내용이 일치하는 선택지를 정답의 후보로 확인해둔다. (※ 마지막 문제는 주로 장문의 중심 내용을 묻는다.)
- 이야기 초중반에서 언급되는 구체적인 사건이나 에피소드를 듣고, 처음 2~3개 문제의 선택지 중 내용이 일치하는 선택지를 정답의 후보로 확인해둔다. (※ 처음 2~3개 문제는 주로 장문의 세부 내용을 묻는다.)

Step 3 질문 듣고 정답 고르기

- 이야기에서는 주로 다음과 같은 질문을 들을 수 있다.

세부 내용을 묻는 질문	董奉要求痊愈的患者做什么？　동봉은 완쾌된 환자에게 무엇을 하라고 요구했는가？
	这段话中的"管鲍之交"指的是什么？　이 장문에서 '관포지교'가 가리키는 것은 무엇인가？
중심 내용을 묻는 질문	这段话主要告诉我们什么？　이 장문이 주로 우리에게 알려주는 것은 무엇인가？
	这个故事主要想告诉我们什么？　이 이야기는 주로 우리에게 무엇을 알려주고 싶어하는가？

전략 적용

🎧 제3부분_3_01_전략 적용

Step별 해설을 보기 전에, 문제풀이 전략에 따라 음성을 듣고 직접 정답을 골라보세요.

<문제지에 제시된 선택지>

1. A 考试成绩虚假
   B 学生讨厌老师
   C 有人经常旷课
   D 同学间有矛盾

2. A 厌恶的人
   B 崇拜的人
   C 信赖的人
   D 畏惧的人

3. A 同学之间要和睦相处
   B 什么样的人被别人讨厌
   C 不付出勤奋就不会成功
   D 如何才能提高学习效率

4. A 失之毫厘，差以千里
   B 一叶障目，不见泰山
   C 种瓜得瓜，种豆得豆
   D 精诚所至，金石为开

Step 1 선택지를 재빨리 읽으며 장문 유형 예측하기

음성을 듣기 전, 선택지를 읽고 장문 유형을 예측한다. 선택지에 **学生**(학생), **老师**(선생님), **同学**(학생)와 같이 등장인물을 나타내는 어휘들이 있고, 4번 선택지 **失之毫厘，差以千里**(작은 실수가 훗날 큰 영향을 미친다), **一叶障目，不见泰山**(작은 것에 가려서 전체를 보지 못 한다), **种瓜得瓜，种豆得豆**(콩 심은 데 콩 나고, 팥 심은 데 팥 난다), **精诚所至，金石为开**(지성이면 감천이다)가 교훈을 나타내므로, 이야기가 나올 것임을 예측한다.

* 다음 페이지로 넘어가기 전에, 먼저 음성(🎧제3부분_3_01_전략 적용)을 듣고 정답을 골라보세요.

<음성으로 들려주는 장문>

第1到4题，请听下面一段材料。 ●────── Step 2 음성을 들으며 정답의 후보 선택지 확인하기

[1]有一个班级，同学之间发生了矛盾，惊动了老师。一天上课时，老师给每人发了一张纸条，要求全班同学以最快的速度，[2]写出他们所不喜欢的人的姓名。有些同学左思右想才想出一个，有的同学甚至一个也想不出来，但是另外一些学生却能一口气列出十五个之多。过了一会儿，老师把纸条收上来，进行了统计和分析，结果发现，[3]那些列出人数最多的，也正是最不受欢迎的人。而那些没有不喜欢的人，或者不喜欢的人很少的同学，则很少有人讨厌他。于是，老师得出一个结论：学生对他人的批判，其实就是对自身的批判。对其他同学友好的学生，大体都受到了同学们的欢迎；而对其他同学苛刻的学生，却不容易被同学们接纳。由此可见，[4]你对别人怎样，别人也会怎样对你。

음성에서 언급된 표현을 그대로 사용하거나 내용이 같은 선택지를 정답의 후보로 확인해둔다.

1 음성에서 언급된 **有一个班级，同学之间发生了矛盾，惊动了老师。**을 듣고, 선택지 D **同学间有矛盾**을 정답의 후보로 확인해둔다.

2 음성에서 언급된 **写出他们所不喜欢的人的姓名**을 듣고, 선택지 A **厌恶的人**을 정답의 후보로 확인해둔다.

3 음성에서 **那些列出人数最多的，也正是最不受欢迎的人**을 듣고, 선택지 B **什么样的人被别人讨厌**을 정답의 후보로 확인해둔다.

4 음성에서 언급된 **你对别人怎样，别人也会怎样对你**를 듣고, 선택지 C **种瓜得瓜，种豆得豆**를 정답의 후보로 확인해둔다.

1. 什么事情惊动了老师？ ●────── Step 3 질문 듣고 정답 고르기
2. 老师让学生写什么？
3. 统计的结果让大家知道了什么？
4. 这个故事主要想告诉我们什么？

1. A 考试成绩虚假
   B 学生讨厌老师
   C 有人经常旷课
   D 同学间有矛盾　✓

2. A 厌恶的人　✓
   B 崇拜的人
   C 信赖的人
   D 畏惧的人

3. A 同学之间要和睦相处
   B 什么样的人被别人讨厌　✓
   C 不付出勤奋就不会成功
   D 如何才能提高学习效率

4. A 失之毫厘，差以千里
   B 一叶障目，不见泰山
   C 种瓜得瓜，种豆得豆　✓
   D 精诚所至，金石为开

해석 해설집 p.49

1 무슨 일이 선생님을 놀라게 했는지 물었으므로, 선택지 D를 정답으로 고른다.

2 선생님이 학생들에게 쓰라고 한 것이 무엇인지 물었으므로, 선택지 A를 정답으로 고른다.

3 통계 결과가 알려준 것이 무엇인지 물었으므로, 선택지 B를 정답으로 고른다.

4 이 이야기는 주로 우리에게 무엇을 알려주고 싶어하는지 물었으므로, 선택지 C를 정답으로 고른다.

실전연습문제

음성을 듣고 질문에 알맞은 선택지를 고르세요. 🎧 제3부분_3_02_실전연습문제

1. A 生性贪婪
   B 需要照顾老母亲
   C 经常与鲍叔牙攀比
   D 是春秋时期的鲁国人

2. A 胆小怕死
   B 经济压力过大
   C 失去了领导的信任
   D 未得到发挥才干的机会

3. A 点头之交
   B 忘年之交
   C 朋友之间深厚的友谊
   D 实际上并不亲密的关系

4. A 直接按住公鸡的头
   B 要求观众保持安静
   C 让公鸡自己跳上桌子
   D 准备了不同品种的米

5. A 观众们都感到苦恼
   B 公鸡和陶先生是好搭档
   C 陶先生上课时总会带上公鸡
   D 喂鸡与教育学生有相似之处

6. A 他缺乏幽默感
   B 他喜欢捉弄别人
   C 他的演讲风格较为独特
   D 他带来了自己养的公鸡

7. A 要多方面培养学生的兴趣
   B 教育理念决定国家的未来
   C 教育制度已经得到了改善
   D 老师应该让学生主动去学习

정답 해설집 p.50

음성을 듣고 질문에 알맞은 선택지를 고르세요. 🎧 제3부분_실전테스트

1. A 锻炼不应该半途而废
   B 夏天最热时适合锻炼
   C 要坚持自己的锻炼方式
   D 夏天锻炼要注意控制时间

2. A 心情激动
   B 感到畅快
   C 肠胃难受
   D 呼吸困难

3. A 避免暴晒环境
   B 及时补充营养
   C 应在室内进行
   D 注意天气变化

4. A 死海的源头是尼罗河
   B 不会游泳的人会被淹死
   C 死海的南部较深北部较浅
   D 死海的密度大于人体的密度

5. A 死海有可能会枯竭
   B 死海的源头将会干涸
   C 死海中将不再有生物
   D 死海里的矿物质将会消失

6. A 不在死海游泳的理由
   B 死海的水温较高的原理
   C 死海具有强大浮力的原因
   D 死海成为著名景点的故事

7. A 世上确实有生花笔
   B 李白梦见笔头生花了
   C 王安石是杜子野的学生
   D 王安石相信了老师的话

8. A 最终发现了生花笔
   B 写出了著名的策论
   C 知道生花笔的真正含义
   D 能分辨出哪支毛笔是生花笔

9. A 浅尝辄止的态度
   B 知难而退的智慧
   C 明察秋毫的眼力
   D 锲而不舍的精神

10. A 内部设施非常先进
    B 时速可达四百公里
    C 由一个国家独立建造
    D 面积相当于一个足球场

11. A 空间站位于赤道的附近
    B 空间站能够反射太阳光
    C 空间站离太阳的距离非常近
    D 空间站绕地球飞行的速度快

12. A 天天昼夜不分
    B 感觉较为混乱
    C 睡眠时间更长
    D 和在地球时类似

13. A 负责接送宇航员
　　B 是空间站的核心
　　C 可以飞行好几个月
　　D 能容纳一名宇航员

14. A 非常反感
　　B 敷衍了事
　　C 犹豫不决
　　D 积极响应

15. A 降低了教学的效率
　　B 培养了孩子的独立性
　　C 让家长面临更多作业压力
　　D 加大了教师批改作业的负担

16. A 怎么理解
　　B 如何落实
　　C 执行过程
　　D 认可程度

17. A 要尊重孩子的想法
　　B 必须给孩子减轻负担
　　C 家长要与学校同心并力
　　D 学校需要做好本职工作

18. A 农历三月初一
　　B 农历五月初十
　　C 农历八月初八
　　D 农历十月初六

19. A 一共有三种比赛方式
　　B 岸上的群众不能出声
　　C “趁景”是正规的比赛方式
　　D “放标”通过抽签选择水道线

20. A 龙舟竞渡的起源
　　B 龙舟竞渡的发展史
　　C 龙舟竞渡的形式和过程
　　D 龙舟竞渡的申遗可能性

정답 해설집 p.53

본 교재 동영상강의·무료 학습자료 제공

china.Hackers.com

阅读
독해

제1부분	제2부분	제3부분	제4부분
틀린 문장 고르기	빈칸에 알맞은 어휘 고르기	빈칸에 알맞은 내용 고르기	장문 독해

제1부분

틀린 문장 고르기

독해 제1부분은 주어진 4개의 문장 중 틀린 문장 1개를 찾아 정답으로 선택하는 형태로, 51~60번까지 총 10개의 문제가 출제된다.

고득점 공략법 아래와 같은 세부 유형의 문제들이 출제되므로 그 공략법을 잘 익혀둔다.

고난도 문장분석   1 술어, 주어, 목적어 파악하기 | 2 관형어와 부사어 파악하기 | 3 보어 파악하기
4 把자문 분석하기 | 5 被자문 분석하기 | 6 比자문 분석하기 | 7 겸어문 분석하기
8 연동문 분석하기

고득점비책 01   주어·술어·목적어가 틀린 문장 고르기
고득점비책 02   관형어·부사어·보어가 틀린 문장 고르기
고득점비책 03   了·접속사의 오용, 의미 중복으로 틀린 문장 고르기
고득점비책 04   把·被·比자문, 겸어문, 연동문이 틀린 문장 고르기

출제 유형 분석

1. **주어·술어·목적어가 틀린 문장**

   주어·술어·목적어가 불필요하게 1개 더 있거나 없어서 틀린 문장, 또는 주어·술어·목적어가 문맥에 맞지 않아 틀린 문장이다. 10문제 중 4~5문제 정도로 가장 많이 출제된다.

2. **관형어·부사어·보어가 틀린 문장**

   관형어·부사어·보어가 문맥에 맞지 않거나 위치가 잘못되어 틀린 문장이다. 10문제 중 2~3문제 정도 출제된다.

3. **了·접속사의 오용, 의미 중복으로 틀린 문장**

   조사 了 또는 접속사가 잘못 사용되었거나, 비슷하거나 동일한 의미의 어휘가 불필요하게 중복 사용되어 틀린 문장이다. 10문제 중 1~2문제 정도 출제된다.

4. **把·被·比자문, 겸어문, 연동문이 틀린 문장**

   중국어 특수문형인 把자문·被자문·比자문, 그리고 겸어문, 연동문에서 把, 被 등의 개사, 정도부사, 술어가 잘못 사용되거나 부사어의 위치가 잘못되어 틀린 문장이다. 2~4회에 1문제 정도 출제된다.

제시된 Step에 따라 선택지 A부터 틀린 부분이 있는지 확인해나간다.

<문제지에 제시된 선택지>

51. A (표를 검사할 때) 당신은 / 요구된다 / 보여주다 / (자신의) 기차표를
（检票时） 您 / 需要 / 出示 / （自己的） 火车票。
부사어　주어　술어　　술어　　관형어　　목적어
목적어(술목구)

B 친구 사이에서는 / (~해야 한다) (많이) 소통하다, //
朋友之间 / （要） （多） 沟通, //
주어　　　부사어　부사어　술어

~하기 위해 저지하다 / (불필요한) 오해를
以 制止 / （不必要的） 误会。
접속사 술어 관형어 목적어

C 宠物有生存的权利，人类不应该虐待或遗弃它们。

D 造成通货膨胀的直接原因是国家货币发行量的增加。

해석 해설집 p.62

A

Step 1 주어·술어·목적어 및 각 문장성분 파악하기

Step 2 문법적/문맥적으로 어색하거나 틀린 부분이 있는지 확인하기

주어 您(당신은), 술어 需要(요구된다), 목적어 **出示自己的火车票**(자신의 기차표를 보여주는 것이)가 문맥상 자연스럽게 어울린다. 시점을 나타내는 **检票时**(표를 검사할 때) 또한 문장 맨 앞에서 부사어로 적절하게 쓰였다. 따라서 틀린 부분이 없다.

B

Step 1 주어·술어·목적어 및 각 문장성분 파악하기

Step 2 문법적/문맥적으로 어색하거나 틀린 부분이 있는지 확인하기

술어 制止(저지하다)과 목적어 误会(오해를)가 서로 문맥상 어울리지 않아 틀린 문장이다. 술어 자리에 避免(피하다)과 같은 어휘를 쓰면 옳은 문장이 된다.

* 실제 시험에서는 선택지 B를 정답으로 고른 후 바로 다음 문제로 넘어가서 시간을 절약한다.

선택지 C, D 해설

C
반려동물에게는 / 있다 / (생존의) 권리가, // 사람은 / (~않다) (~해야 한다) 학대하다 ~하거나 유기하다 / 그들을
宠物 / 有 / （生存的） 权利, // 人类 / （不） （应该） 虐待 / 或 遗弃 / 它们。
주어　　술어　　관형어　　목적어　　　주어　　부사어　부사어　술어　접속사　술어　　목적어

주어 **宠物**(반려동물에게는), 술어 有(있다), 목적어 **权利**(권리가)가 문맥상 자연스럽게 어울리고, 주어 **人类**(사람은), 술어 **虐待**(학대하다)와 遗弃(유기하다), 목적어 它们(그들을)도 문맥상 자연스럽게 어울린다. 또한 부사어 不(~않다)와 应该(~해야 한다)도 술어 虐待 앞 부사어로 문맥상 적절하게 쓰였다. 따라서 틀린 부분이 없다.

D
(인플레이션을 야기하는) 직접적인 원인은 / ~이다 / (국가 화폐 발행량의) 증가
（造成通货膨胀的） 直接原因 / 是 / （国家货币发行量的） 增加。
　　　관형어　　　　　주어　　술어　　　　관형어　　　　　목적어

술어 是(~이다)과 연결되는 주어 **直接原因**(직접적인 원인은), 목적어 增加(증가)가 동격이다. 관형어 **造成通货膨胀的**(인플레이션을 야기하는)가 주어 **直接原因** 앞에, 관형어 **国家货币发行量的**(국가 화폐 발행량의)가 목적어 增加 앞에 문맥상 적절하게 쓰였다. 따라서 틀린 부분이 없다.

중국어 문장에는 술어가 꼭 있어야 하고, 어법과 문맥에 따라 술어와 어울리는 주어 또는 목적어가 있거나 생략될 수 있다. 문장을 읽을 때에는 항상 술어를 가장 먼저 파악하고 그 다음 주어, 목적어를 파악한다.

① 술어는 문장에서 동작이나 상태를 나타내는 어휘, 能/会/可以와 같은 조동사 바로 뒤에서 동작을 나타내는 어휘, 동태조사 了/着/过 또는 구조조사 得 바로 앞에 있는 어휘이다.

② 주어는 술어 앞쪽에서 행위의 주체가 되는 어휘이고, 목적어는 술어 뒤쪽에서 행위의 대상이 되는 어휘이다.
'…的' 또는 '대사/수사+양사' 형태로 된 어휘의 꾸밈을 받는 것이 주어나 목적어일 가능성이 크다.

③ 주술구나 술목구도 술어, 주어, 목적어가 될 수 있다.

대표예문

그	도자기 예술 대가는	제자들에게	전수하다	~했다	고대 도자기의	공예 기법을
那位	陶瓷艺术大师	向徒弟	传授	了	古陶瓷的	工艺技法。
관형어	주어	부사어	술어		관형어	목적어

술어 传授의 행위의 주체 / 동태조사 了 앞의 어휘 / 술어 传授의 행위의 대상

그 도자기 예술 대가는 제자들에게 고대 도자기의 공예 기법을 전수했다.

스스로 분석해보기 다음 문장을 읽고 꼼꼼히 해석하면서 술어/주어/목적어를 찾아 O 표시를 해보세요.

1.

北极狐毛皮很厚，因此可以生活在零下50℃的冰原上。

해석: _____

분석 북극여우는 털이 두껍다, 그래서 ~할 수 있다 생활하다 영하 50℃의 얼음 벌판 위에서

北极狐	毛皮 很 厚	因此	可以	生活	在零下50℃的冰原上。
주어	주어 부사어 술어	접속사	부사어	술어	보어
	술어(주술구)				

해석 북극여우는 털이 두꺼워서, 영하 50℃의 얼음 벌판 위에서 생활할 수 있다.

2.

她渴望着明天早上能看到堆得满满的圣诞礼物。

해석: _____

분석 그녀는 기대하다 ~하고 있다 내일 아침에 ~할 수 있다 보다 (~했다) 가득 쌓인 크리스마스 선물을

她	渴望	着	明天早上	能	看	到	堆得满满的	圣诞礼物
주어	술어		부사어	부사어	술어	보어	관형어	목적어
				목적어(술목구)				

해석 그녀는 내일 아침에 가득 쌓인 크리스마스 선물을 볼 수 있기를 기대하고 있다.

| **관형어와 부사어 파악하기**

문장에서 술어, 주어, 목적어를 파악한 후에는 관형어와 부사어를 파악한다. 관형어는 주어나 목적어 앞에, 부사어는 술어 앞 또는 문장 맨 앞에 위치하는지를 파악하고, 문맥적으로 올바르게 쓰였는지를 파악한다.

① 관형어는 '…的' 형태, '대사+양사', '수사+양사' 형태의 어휘로 주어 또는 목적어 앞에 위치해야 한다. 단, **的**는 생략될 수도 있다.

② 부사어는 아래의 세 가지 중 하나로 술어 앞 또는 문장 맨 앞에 위치해야 한다.

　· 부사, 조동사, 개사구, 시간명사(구), '…地' 형태의 어휘
　· 술어 바로 앞에서 술어를 꾸며주고 있는 형용사 또는 동사
　· 문장 맨 앞에서 시간/장소/범위/목적 등을 나타내는 구

③ 여러 개의 부사어가 함께 쓰일 경우, 주로 시간명사(구) → 부사 → 조동사 → 개사구 → 형용사/동사/…地 순으로 쓰인다.

④ 관형어는 뒤에 있는 주어 또는 목적어와, 부사어는 뒤쪽의 술어 또는 전체 문맥과 어울려야 한다.

대표예문

수업 시간에,	내	짝꿍은	서툴게	그리다	~했다	비뚤어진 하나의	선을
在课堂上，	我的	同桌	笨拙地	画	了	一条歪斜的	线条。
부사어	관형어	주어	부사어	술어		관형어	목적어

개사 在가 이끄는 개사구 ｜ '대사+양사' 형태 ｜ '…地' 형태 ｜ '…的' 형태

수업 시간에, 내 짝꿍은 서툴게 비뚤어진 하나의 선을 그렸다.

스스로 분석해보기 　다음 문장을 읽고 꼼꼼히 해석하면서 술어/주어/목적어를 찾아 O 표시를 한 다음, 관형어와 부사어를 찾아 △ 표시를 해보세요.

1.

为了能幸福地度过晚年，那对恩爱夫妻退休后回到了家乡。

해석: _____

분석

노년을 행복하게 보내기 위해,	그	금실 좋은	부부는	퇴직 후	돌아가다	~으로	~했다	고향
为了能幸福地度过晚年，	那对	恩爱	夫妻	退休后	回	到	了	家乡
부사어(개사구)	관형어(대사+양사)	관형어	주어	부사어(시간명사구)	술어	보어		목적어

的 생략

해석 　노년을 행복하게 보내기 위해, 그 금실 좋은 부부는 퇴직 후 고향으로 돌아갔다.

2.

他们当天就自发组织车队，连夜给灾区民众运输了急需的物资。

해석: _____

분석

그들은	그 날	바로	자발적으로	결성하다	수송팀을,	밤새도록	재난 지역의 사람들에게	운송하다	~했다	급히 필요한	물자를
他们	当天	就	自发	组织	车队，	连夜	给灾区民众	运输	了	急需的	物资。
주어	부사어(시간명사)	부사어(부사)	부사어(형용사)	술어	목적어	부사어(부사)	부사어(개사구)	술어		관형어(…的)	목적어

해석 　그들은 그 날 바로 자발적으로 수송팀을 결성해서, 밤새도록 재난 지역의 사람들에게 급히 필요한 물자를 운송했다.

문장에서 주어, 술어, 목적어와 관형어, 부사어를 파악한 후에는 술어 뒤에 보어가 있는지 파악한다. 보어는 특히 문맥적으로 올바르게 쓰였는지를 파악해야 하고, 정도보어의 경우에는 정확한 어순으로 쓰였는지도 파악한다.

① 보어는 항상 술어 뒤쪽에 쓰여, 동작의 방향·결과·정도·발생 횟수·지속 시간 등을 나타낸다.

② 정도보어는 '술어+得+정도부사+형용사' 순으로 쓰여야 한다.

③ 개사 在(~에, ~에서)/于(~에, ~에서)/向(~을 향해)/自(~으로부터)가 이끄는 개사구는 보어로 쓰일 수도 있는데, 이때 개사는 생략될 수 없다.

대표예문

그녀들은	같이	가다	들어가다	카페로,	그곳에서	이야기를 나누다	~했다	세 시간 동안
她们	一起	走	进	咖啡馆,	在那里	聊	了	三个小时。
주어	부사어	술어	보어	목적어	부사어	술어		보어

술어 走의 방향을 나타냄

술어 聊가 지속된 시간을 나타냄

그녀들은 같이 카페로 들어갔고, 그곳에서 세 시간 동안 이야기를 나눴다.

스스로 분석해보기   다음 문장을 읽고 꼼꼼히 해석하면서 술어/주어/목적어를 찾아 O 표시를 한 다음, 관형어와 부사어를 찾아 △ 표시를 해보세요. 그런 다음 보어를 찾아 □ 표시를 해보세요.

1.

这届奥运会的开幕式举办得十分成功，开幕式结束后观众们都激动地站起来了。

해석: _____

분석

이번 올림픽의	개막식은	개최되다		매우 성공적으로,	개막식이 끝난 후	관객들은	모두	감격해서	일어나다	(일어나다)	~했다
这届奥运会的	开幕式	举办	得	十分成功,	开幕式结束后	观众们	都	激动地	站	起来	了。
관형어	주어	술어		보어	부사어	주어	부사어	부사어	술어	보어	

해석   이번 올림픽의 개막식은 매우 성공적으로 개최됐고, 개막식이 끝난 후 관객들은 모두 감격해서 일어났다.

2.

这家百年老店创建于1897年，目前三家分店已经开到国外了。

해석: _____

분석

이	백 년이 넘은 가게는	세워지다	1897년에,	현재	3개의	지점이	이미	오픈하다	~에	해외	~됐다
这家	百年老店	创建	于1897年,	目前	三家	分店	已经	开	到	国外	了。
관형어	주어	술어	보어	부사어	관형어	주어	부사어	술어	보어	목적어	

해석   백 년이 넘은 이 가게는 1897년에 세워졌고, 현재 3개의 지점이 이미 해외에 오픈했다.

고난도 문장분석 4   把자문 분석하기

把자문은, 把 뒤에 행위의 대상이 있는지 → 술어가 구체적인 행위를 나타내는지 → 부사어의 위치가 올바른지의 순서로 문장을 분석한다.

① 把자문의 문장구조: 주어+(부사어+)把+(관형어+)행위의 대상+(부사어+)술어+기타성분

② 把 바로 뒤에 (관형어+)행위의 대상이 있어야 하고 행위의 대상은 생략될 수 없다. 把 대신에 将이 쓰일 수도 있다.

③ 把/将 뒤쪽에 나오는 술어는 행위의 대상에 대한 구체적인 행위를 나타내야 하고, 술어 뒤쪽에는 반드시 행위의 결과를 나타내는 기타성분이 있어야 한다.

④ 부사, 조동사, 시간명사(구) 등의 부사어는 술어 앞이 아니라 把/将 앞에 위치해야 한다. 단, 술어와 의미적으로 밀접한 부사어는 把/将 뒤쪽, 술어 앞에 위치할 수 있다.

대표예문

조동사 숲가 把 앞에 있음

행위의 대상 尾巴에 대한 구체적인 행위를 나타냄

도마뱀은 두려움을 느낀 후에,　~한다　자신의 꼬리를　신속하게　자르다　끊다　기회를 틈타서　도망가다

壁虎受到惊吓以后，　会　把自己的尾巴　迅速　折　断，　趁机　逃跑。

부사어　　　　　　　부사어　把+관형어+행위의 대상　부사어　술어　보어　부사어　술어

행위의 대상 있음　술어 折와 의미적으로 밀접함　　折의 결과를 나타내는 기타성분

도마뱀은 두려움을 느낀 후에, 자신의 꼬리를 신속하게 자르고, 기회를 틈타서 도망간다.

스스로 분석해보기 다음 문장을 읽고 꼼꼼히 해석하면서 술어/주어/목적어를 찾아 O 표시를, '把/将+행위의 대상'을 찾아 ☼표시를, 관형어와 부사어를 찾아 △ 표시를 해보세요. 그리고 보어를 찾아 □ 표시를 해보세요.

1.

　　昨天洗的衣服都已经干了，现在你可以把它们叠好。

　　해석: _____

분석　어제 빤　옷은　모두　이미　마르다　~됐다,　지금　너는　~해도 된다　그것들을　개다 (완성하다)

　　昨天洗的　衣服　都　已经　干　了，　现在　你　可以　把它们　叠　好。

　　관형어　주어　부사어　부사어　술어　　　　부사어　주어　부사어　把+행위의 대상　술어　보어
　　　　　　　　　　　　　　　　　　　　　　　　　　　　　　　　　　　　　　기타성분

해석　어제 빤 옷은 모두 이미 말랐으니, 지금 너는 그것들을 개도 돼.

2.

　　经理只是简单地说明了一下情况，便将我带到了会议室。

　　해석: _____

분석　매니저는　오직　간단하게　설명하다　~했다　한 번 ~하다　상황을,　바로　나를　데리고 가다　~로　~했다　회의실

　　经理　只是　简单地　说明　了　一下　情况，　便　将我　带　到　了　会议室。

　　주어　부사어　부사어　술어　　　보어　목적어　부사어　将+행위의 대상　술어　보어　　　목적어
　　　　　　　　　　　　　　　　　　　　　　　　　　　　　　　　　　　기타성분

해석　매니저는 오직 상황을 간단하게 한 번 설명했고, 바로 나를 회의실로 데리고 갔다.

被자문은, 주어가 행위를 당하는 대상인지 → 술어가 구체적인 행위를 나타내는지 → 부사어의 위치가 올바른지의 순서로 문장을 분석한다.

① 被자문의 문장구조: 주어+被(+행위의 주체)+술어(+기타성분)

② 被 앞쪽에 위치한 주어는 행위를 당하는 대상이어야 한다.

③ 被 뒤쪽에 나오는 술어는 행위의 주체가 주어에게 행하는 구체적인 행위여야 하고, 술어 뒤쪽에는 주로 행위의 결과를 나타내는 기타성분이 있다.

④ 부사, 조동사, 시간명사(구) 등의 부사어는 술어 앞이 아니라 被 앞에 위치해야 한다. 단, 술어와 의미적으로 밀접한 부사어는 被 뒤쪽, 술어 앞에 위치할 수 있다.

⑤ 被 바로 뒤에 위치하는 행위의 주체는 문맥상 분명하게 알 수 있을 경우 생략될 수 있다.

대표예문

시간명사 刚才가 被 앞에 있음 ┐ ┌ 행위의 주체 我가 주어 工艺品에 행하는 구체적 행위임

조카의	공예품이	방금	나로 인해	하다	부서지다	~됐다	그는	~않다	울고불고하다	오히려	위로하다	~했다	나를
侄子的	工艺品	刚才	被我	弄	坏	了,	他	没有	哭闹,	反倒	安慰	了	我。
관형어	주어	부사어	被+행위의 주체	술어	보어		주어	부사어	술어	부사어	술어		목적어

행위(弄坏)를 당하는 대상임 / 弄의 결과를 나타내는 기타성분

조카의 공예품이 방금 나로 인해 부서지게 됐는데, 그는 시끄럽게 울고불고하지 않고, 오히려 나를 위로했다.

스스로 분석해보기 다음 문장을 읽고 꼼꼼히 해석하면서 술어/주어/목적어를 찾아 ○ 표시를, '被(+행위의 주체)'를 찾아 ☆ 표시를, 관형어와 부사어를 찾아 △ 표시를 해보세요. 그리고 보어를 찾아 □ 표시를 해보세요.

1.

他的伤势很严重，他应该立刻被送到大医院。

해석: _____

분석

그의	상처가	심각하다,	그는	~해야 한다	즉시	~에 의해~되다	보내다	~에	큰 병원
他的	伤势 很 严重,		他	应该	立刻	被	送	到	大医院。
관형어	주어 부사어 술어		주어	부사어	부사어	被	술어	보어	목적어

행위의 주체 생략 / 기타성분

해석 그의 상처가 심각하니, 그는 즉시 큰 병원에 보내져야 한다.

2.

在老师的指点下，我的论文被学校选为优秀论文。

해석: _____

분석

선생님의 지도하에,	내	논문은	학교에 의해	뽑다	~으로 되다	우수한	논문
在老师的指点下,	我的	论文	被学校	选	为	优秀	论文。
부사어	관형어	주어	被+행위의 주체	술어	보어	관형어	목적어

기타성분

해석 선생님의 지도하에, 내 논문은 학교에 의해 우수한 논문으로 뽑혔다.

比자문은, 비교의 대상이 있는지 → 비교의 의미가 있는 정도부사가 사용됐는지 → 부사어의 위치가 올바른지의 순서로 문장을 분석한다.

① 比자문의 문장구조: 주어+**比**+비교의 대상+부사어(정도부사)+술어

② 比 바로 뒤에 비교의 대상이 있어야 한다. 비교의 대상은 생략될 수 없다.

③ 比 뒤쪽 부사어 자리의 정도부사는 **更/还/稍微**와 같이 비교의 의미가 있어야 한다. 比자문에서는 최상급을 나타내는 **最**나 비교의 의미가 없는 **很/非常**은 사용할 수 없다.

④ 부사, 조동사, 시간명사(구) 등의 부사어는 술어 앞이 아니라 **比** 앞에 위치해야 한다. 단, 비교의 의미를 나타내는 정도부사는 **比** 뒤쪽, 술어 바로 앞에 위치해야 한다.

대표예문

마음이 넓은	사람은	아마도	~할 것이다	마음이 좁은 사람보다	더	알다	만족하다
心胸广阔的	人	可能	会	比心胸狭隘的人	更	懂得	知足。
관형어	주어	부사어	부사어	比+비교의 대상	부사어	술어	목적어

조동사 可能이 比 앞에 있음 / 비교의 대상 있음 / 비교의 의미가 있는 정도부사

마음이 넓은 사람은 아마도 마음이 좁은 사람보다 더 만족할 줄 알 것이다.

스스로 분석해보기 다음 문장을 읽고 꼼꼼히 해석하면서 술어/주어/목적어를 찾아 O 표시를, '比+비교의 대상'을 찾아 ☆ 표시를, 관형어와 부사어를 찾아 △ 표시를 해보세요. 그리고 보어를 찾아 □ 표시를 해보세요.

1.

这些都是我亲自种植的有机蔬菜，比市面上卖的更健康。

해석:＿＿＿＿＿＿＿＿＿＿＿＿＿＿＿＿＿＿＿＿＿＿＿＿＿＿＿＿＿＿＿＿＿＿＿＿

분석

이것들은	모두	~이다	내가 직접 심은	유기농 채소,	시장에서 파는 것보다	더	건강하다
这些	都	是	我亲自种植的	有机蔬菜,	比市面上卖的	更	健康。
주어	부사어	술어	관형어	목적어	比+비교의 대상	부사어(정도부사)	술어

해석 이것들은 모두 내가 직접 심은 유기농 채소이고, 시장에서 파는 것보다 더 건강하다.

2.

到处都挤满了前来参观的游客，场面比过节还热闹。

해석:＿＿＿＿＿＿＿＿＿＿＿＿＿＿＿＿＿＿＿＿＿＿＿＿＿＿＿＿＿＿＿＿＿＿＿＿

분석

곳곳이	모두	빽빽이 들어차다	가득하다	~했다	참관하러 온	여행객으로,	모습이	명절을 보낼 때보다	더욱	떠들썩하다
到处	都	挤	满	了	前来参观的	游客,	场面	比过节	还	热闹。
주어	부사어	술어	보어		관형어	목적어	주어	比+비교의 대상	부사어(정도부사)	술어

해석 곳곳이 모두 참관하러 온 여행객으로 빽빽이 가득 들어찼는데, 모습이 명절을 보낼 때보다 더욱 떠들썩하다.

겸어문은, 술어1이 사역 또는 요청의 의미를 나타내는지 → 부사어가 술어1 앞에 쓰였는지의 순서로 문장을 분석한다.

① 겸어문의 문장구조: 주어+술어1+겸어(목적어1/주어2)+술어2+목적어2

② 让/使/令/要求와 같이 사역 또는 요청의 의미를 나타내는 동사가 있으면 겸어문이다.

③ 술어1의 목적어는 문맥상 술어2의 주어여야 한다.

④ 부정부사와 조동사 등의 부사어는 술어1 앞쪽에 위치해야 한다.

대표예문

아무리 큰	어려움	~도	아니다	~할 수 있다	~가 ~하게 하다	우리가	포기하다	원래의	계획을
再大的	困难	也	不	会	让	我们	放弃	原先的	计划。
관형어	주어1	부사어	부사어	부사어	술어1	목적어1/주어2	술어2	관형어	목적어2

부정부사 不가 让 앞에 있음
让의 목적어 겸 放弃의 주어임
조동사 숲가 让 앞에 있음
让이 사역의 의미를 나타냄

아무리 큰 어려움도 우리가 원래의 계획을 포기하게 할 수 없다.

스스로 분석해보기　다음 문장을 읽고 꼼꼼히 해석하면서 술어/주어/목적어를 찾아 O 표시를 한 다음, 관형어와 부사어를 찾아 △ 표시를 해보세요. 그리고 보어를 찾아 □ 표시를 해보세요.

1.

压力过大时，适当的按摩能使疲惫的身心得到充分的放松。

해석: ＿＿＿＿＿＿＿＿＿＿＿＿＿＿＿＿＿＿＿＿＿＿＿＿＿＿＿＿＿＿＿＿＿＿＿＿＿

분석

스트레스가 극심할 때,	적절한	마사지는	~할 수 있다	~이 ~하게 하다	지친	심신이	취하다	충분한	안정을
压力过大时,	适当的	按摩	能	使	疲惫的	身心	得到	充分的	放松。
부사어	관형어	주어1	부사어	술어1	관형어	목적어1/주어2	술어2	관형어	목적어2

해석　스트레스가 극심할 때, 적절한 마사지는 지친 심신이 충분한 안정을 취하게 할 수 있다.

2.

为了提高工作效率，她要求各部门制定好详细的工作计划。

해석: ＿＿＿＿＿＿＿＿＿＿＿＿＿＿＿＿＿＿＿＿＿＿＿＿＿＿＿＿＿＿＿＿＿＿＿＿＿

분석

업무 효율을 향상시키기 위해,	그녀는	요구한다	각 부서가	세우다	잘 ~하다	자세한	업무 계획을
为了提高工作效率,	她	要求	各部门	制定	好	详细的	工作计划。
부사어	주어1	술어1	목적어1/주어2	술어2	보어	관형어	목적어2

해석　업무 효율을 향상시키기 위해, 그녀는 각 부서가 자세한 업무 계획을 잘 세울 것을 요구했다.

연동문은, 2개 이상의 술어가 의미상 연속적으로 발생함을 나타내므로, 술어들이 발생된 시간 순으로 나열됐는지 또는 술어1이 수단을 나타내거나 술어2가 목적을 나타내는지를 확인하며 문장을 분석한다.

① 연동문의 문장구조: 주어+술어1(+목적어1)+술어2(+목적어2)

② 술어들이 발생된 시간 순으로 나열되거나, 술어1이 수단을 나타내거나 술어2가 목적을 나타내야 한다.

③ 술어1과 술어2 사이에 콤마(,) 또는 별도의 연결어가 없어야 한다.

대표예문

매년 설달 그믐에,	타지에서 일하는	사람들은	대부분	다	타다	기차를	돌아가다	자신의	고향에
每年除夕,	在外工作的	人们	大多	都	乘坐	火车	回	自己的	家乡。
부사어	관형어	주어	부사어	부사어	술어1	목적어1	술어2	관형어	목적어2

수단을 나타냄 / 乘坐와 回 사이에 콤마 또는 연결어 없음

매년 설달 그믐에, 타지에서 일하는 사람들은 대부분 다 기차를 타고 자신의 고향에 돌아간다.

스스로 분석해보기 다음 문장을 읽고 꼼꼼히 해석하면서 술어/주어/목적어를 찾아 O 표시를 한 다음, 관형어와 부사어를 찾아 △ 표시를 해보세요. 그리고 보어를 찾아 □ 표시를 해보세요.

1.

那个故事太悲惨了，孩子们都听完哭了起来。

해석: _____

분석

그	이야기는	매우	슬프다	,	아이들이	모두	듣다	다~했다	울다	~했다	시작하다
那个	故事	太	悲惨	了,	孩子们	都	听	完	哭	了	起来。
관형어	주어	부사어	술어		주어	부사어	술어1	보어	술어2		보어

해석 그 이야기는 매우 슬퍼서, 아이들이 모두 다 듣고 울기 시작했다.

2.

我正准备收拾行李离开，邻居轻轻地敲了我的房门。

해석: _____

분석

나는	~하고 있다	준비하다	정리하다	짐을	떠나다,	이웃이	조용히	두드리다	~했다	내	방문을
我	正	准备	收拾	行李	离开,	邻居	轻轻地	敲	了	我的	房门。
주어	부사어	술어	술어1	목적어1 / 목적어	술어2	주어	부사어	술어		관형어	목적어

해석 나는 짐을 정리하고 떠날 준비를 하고 있었는데, 이웃이 조용히 내 방문을 두드렸다.

문장의 핵심성분인 주어·술어·목적어가 불필요하게 1개 더 많거나 부족한 경우, 또는 문맥에 맞지 않을 경우에 틀린 문장으로 고르는 유형이다.

문제풀이 전략

Step 1 주어·술어·목적어 및 각 문장성분 파악하기

문장을 정확히 해석하면서 주어, 술어, 목적어와 이를 수식하는 관형어, 부사어, 보어를 빠르게 파악한다.

Step 2 문법적/문맥적으로 어색하거나 틀린 부분이 있는지 확인하기

1. 불필요한 술어나 목적어가 1개 더 있어 틀린 경우

• 주어/목적어와 연결되는 술어가 이미 있는데, 술어가 될 수 있는 어휘가 불필요하게 1개 더 있으면 틀린 문장이다.

亚太经济发展对全球经济 做 起到了 支撑作用。
　　　　　　　　　　　　술어　술어+보어+了　목적어

아시아태평양의 경제 발전은 전 세계 경제에 대해 버팀목 역할을 한다 했다.

(x) 목적어 支撑作用(버팀목 역할을)과 어울리는 술어는 起(한다)인데 술어가 될 수 있는 做(한다)가 불필요하게 1개 더 있어서 틀리다.

• '술어+목적어' 형태의 이합동사에는 이미 목적어가 포함되어 있으므로, 이합동사 뒤에 목적어가 1개 더 있으면 틀린 문장이다.

他常常不 认错 严重错误。
　　　　　술어(이합동사)　목적어

그는 자주 큰 잘못을 잘못을 인정하지 않는다.

(x) 이합동사 认错(잘못을 인정하다) 뒤에 목적어 严重错误(큰 잘못을)가 있어서 틀리다.

2. 주어·술어·목적어가 없어 틀린 경우

• 술어와 연결되는 주어/목적어가 없거나 주어/목적어와 연결되는 술어가 없으면 틀린 문장이다.

团队人际关系冷淡 对团队活动 _____ 很大的负面影响。
　　주어　　　　　　　　　　　　술어　　　　목적어

팀의 대인 관계가 냉담한 것은 팀 활동에 매우 부정적인 영향을 _____.

(x) 주어 团队人际关系冷淡(팀의 대인 관계가 냉담한 것은), 목적어 负面影响(부정적인 영향을) 사이에 술어가 없어서 틀리다.

3. 주어·술어·목적어가 서로 문맥상 어울리지 않아 틀린 경우

• '주어+술어', '술어+목적어', '주어+술어+목적어'가 서로 문맥상 어울리지 않으면 틀린 문장이다.

很多人想通过别人的认可来 获选 自信。
　　　　　　　　　　　　　술어　목적어

많은 사람들은 다른 사람의 인정을 통해 자신감을 당선되고 싶어한다.

(x) 술어 获选(당선되다)과 목적어 自信(자신감을)이 서로 문맥상 어울리지 않아 틀리다.

• 술어가 是인데 주어와 목적어가 동격이 아니면 틀린 문장이다.

孔子 是 中国影响力最大的 流派。
주어　술어　　　　　　　　　　목적어

공자는 중국에서 영향력이 가장 큰 유파이다.

(x) 술어가 是인데 주어 孔子(공자)와 목적어 流派(유파)가 동격이 아니어서 틀리다.

4. 술어가 전체 문맥에 어울리지 않아 틀린 경우

• 술어가 전체 문맥에 어울리지 않으면 틀린 문장이다.

我们要 继续 先辈们艰苦朴素的优良作风。
　　　　술어

우리는 선조들의 근검하고 소박한 훌륭한 태도를 계속해야 한다.

(x) 술어 继续(계속하다)가 선조들의 태도를 이어 나가야 한다는 문맥에 어울리지 않아 틀리다. 继承(계승하다)과 같은 어휘를 써야 한다.

🎋 전략 적용

Step별 해설을 보기 전에, 문제풀이 전략에 따라 직접 틀린 부분을 찾아보세요.

1 불필요한 술어나 목적어가 1개 더 있어 틀린 경우

(1)

> 经常爬山，能使人精力充沛，还能提高睡眠质量极好。

Step 1 자주 산을 오르는 것은, // (~할 수 있다) ~하게 한다 / 사람을 / 에너지가 / 넘치게, // (또한) (~할 수 있다) 높이다 / 수면의 질을 / 매우 좋다

经常爬山， // (能) 使 / 人 / 精力 / 充沛， // (还) (能) 提高 / 睡眠质量 / 极好。
　　주어　　　　　부사어　술어　목적어　주어　술어　　　　　부사어　부사어　술어　　목적어　　　술어
　　　　　　　　　　　　　　　　　　　술어2(주술구)

Step 2 **불필요한 술어가 1개 더 있어 틀린 경우**
목적어 睡眠质量(수면의 질을)과 연결되는 술어는 提高(높이다)인데, 술어가 될 수 있는 极好(매우 좋다)가 불필요하게 1개 더 있어서 틀린 문장이다. 참고로 뒤 절에서는 부사어 能(~할 수 있다) 뒤에 使人(사람이 ~하게 한다)이 생략됐다.

옳은 문장 经常爬山，能使人精力充沛，还能提高睡眠质量。
자주 산을 오르는 것은 사람이 에너지가 넘치게 할 수 있고, 수면의 질을 높여줄 수도 있다.

(2)

> 为了去尝试更具挑战性的工作，他毫不犹豫地辞职了公司。

Step 1 (더 도전적인 업무를 시도해보기 위해), // 그는 / (조금의 망설임도 없이) 직장을 그만뒀다 / 회사를

(为了去尝试更具挑战性的工作)， // 他 / (毫不犹豫地) 辞职了 / 公司。
　　　　　부사어　　　　　　　　　　　　주어　　부사어　　　술어+了　목적어

Step 2 **불필요한 목적어가 1개 더 있어 틀린 경우**
이합동사 辞职(직장을 그만두다) 뒤에 목적어 公司(회사를)가 있어서 틀린 문장이다.

옳은 문장 为了去尝试更具挑战性的工作，他毫不犹豫地辞职了。
더 도전적인 업무를 시도해보기 위해, 그는 조금의 망설임도 없이 직장을 그만뒀다.

2 주어·술어·목적어가 없어 틀린 경우

(1)

> 加强了对员工的管理，促进了员工业务水平的进一步提升。

Step 1 강화했다 / (직원에 대한) 관리를, // 촉진시켰다 / (직원 업무 수준의) 한층 더 향상되는 것을

加强了 / (对员工的) 管理， // 促进了 / (员工业务水平的) 进一步提升。
술어+了　　관형어　목적어　　술어+了　　　관형어　　　　목적어

Step 2 **주어가 없어 틀린 경우**
각각 앞뒤절의 술어인 加强(강화하다) 및 促进(촉진시키다)과 연결되는 주어가 없어서 틀린 문장이다. 公司(회사는)와 같은 주어가 있어야 한다.

옳은 문장 公司加强了对员工的管理，促进了员工业务水平的进一步提升。
회사는 직원에 대한 관리를 강화했고, 직원 업무 수준이 한층 더 향상되는 것을 촉진시켰다.

(2)

> 《富春山居图》富春江两岸的初秋景色，被誉为中国十大传世名画之一。

Step 1 <부춘산거도>는 / (부춘강 양쪽 기슭의) 초가을 풍경을, // (~되다) ~라고 칭송하다 / 후세에 전해지는 중국 10대 명화 중 하나

《富春山居图》/ (富春江两岸的) 初秋景色， // (被) 誉为 / 中国十大传世名画之一。
　　주어　　　　　　관형어　　　　목적어　　　被　술어+보어　　　목적어

Step 2 **술어가 없어 틀린 경우**
앞 절에서 주어 《富春山居图》(<부춘산거도>는) 및 목적어 初秋景色(초가을 풍경을)와 연결되는 술어가 없어서 틀린 문장이다. 描绘了(묘사했다)와 같은 술어가 있어야 한다. 참고로 뒤 절의 주어는 《富春山居图》이며, 앞 절의 주어와 같으므로 생략됐다.

옳은 문장 《富春山居图》描绘了富春江两岸的初秋景色，被誉为中国十大传世名画之一。
<부춘산거도>는 부춘강 양쪽 기슭의 초가을 풍경을 묘사했고, 후세에 전해지는 중국 10대 명화 중 하나라고 칭송된다.

[3]

他向世人展示了敢于拼搏的，这给人留下了深刻的印象。

Step 1 그는 / (세상 사람들에게) 보여주었다 / (용감하게 끝까지 맞서 싸우는), // 이것은 / (사람들에게) 남겼다 / (깊은) 인상을

他 / (向世人) 展示了 / (敢于拼搏的), // 这 / (给人) 留下了 (深刻的) 印象。
주어   부사어   술어+了   관형어   주어   부사어 술어+보어+了 관형어 목적어

Step 2 **목적어가 없어 틀린 경우**
술어 展示(보여주다)과 연결되면서 관형어 敢于拼搏的(용감하게 끝까지 맞서 싸우는)의 꾸밈을 받는 목적어가 없어서 틀린 문장이다. **精神**(정신을)과 같은 목적어가 있어야 한다.

옳은 문장 他向世人展示了敢于拼搏的**精神**，这给人留下了深刻的印象。
그는 세상 사람들에게 용감하게 끝까지 맞서 싸우는 정신을 보여주었고, 이것은 사람들에게 깊은 인상을 남겼다.

3 주어·술어·목적어가 서로 문맥상 어울리지 않아 틀린 경우

[1]

虽然他已经离开了许久，但他的品质时常浮现在我的脑海中。

Step 1 [비록 ~지만] 그는 / (이미) 떠난 지 오래다, // [그러나] (그의) 인품은 / (항상) 떠오른다 / (나의 머릿속에)

[虽然] 他 / (已经) 离开了许久, // [但] (他的) 品质 / (时常) 浮现 / (在我的脑海中)。
접속사 주어 부사어   술어+了+보어   접속사   관형어   주어   부사어   술어   보어

Step 2 **주어, 술어가 서로 문맥상 어울리지 않아 틀린 경우**
뒤 절에서 주어 品质(인품은)과 술어 浮现(떠오른다)이 서로 문맥상 어울리지 않아 틀린 문장이다. 주어 자리에 **身影**(모습은)과 같은 어휘가 와야 한다.

옳은 문장 虽然他已经离开了许久，但他的**身影**时常浮现在我的脑海中。
비록 그는 이미 떠난 지 오래됐지만, 그러나 그의 모습은 항상 나의 머릿속에 떠오른다.

[2]

龋齿是一种细菌性习惯，疼痛是牙齿受到刺激后的表现。

Step 1 충치는 / ~이다 (일종의) 세균성 습관, // 고통은 / ~이다 (치아가 자극 받은 후의) 현상

龋齿 / 是 / (一种) 细菌性习惯, // 疼痛 / 是 / (牙齿受到刺激后的) 表现。
주어   술어   관형어   목적어   주어   술어   관형어   목적어

Step 2 **주어, 술어, 목적어가 서로 문맥상 어울리지 않아 틀린 경우**
앞 절에서 술어가 是인데 주어 龋齿(충치는)과 목적어 习惯(습관)이 동격이 아니어서 틀린 문장이다. 목적어 자리에 **疾病**(질병)과 같은 어휘가 와야 龋齿과 동격이 되어 옳은 문장이 된다.

옳은 문장 龋齿是一种细菌性**疾病**，疼痛是牙齿受到刺激后的表现。
충치는 일종의 세균성 질병이고, 고통은 치아가 자극 받은 후의 현상이다.

4 술어가 전체 문맥에 어울리지 않아 틀린 경우

他大胆武断、机智灵活，所以得到了领导的肯定。

Step 1 그는 / 대담하다 / 독단적이다, // 기지의 / 넘친다, // [그래서] 받았다 / (리더의) 인정을

他 / 大胆 / 武断、 机智 / 灵活, // [所以] 得到了 / (领导的) 肯定。
주어 술어   술어   주어   술어   접속사 술어+了   관형어   목적어
                   └─술어(주술구)─┘

Step 2 **술어가 전체 문맥에 어울리지 않아 틀린 경우**
앞 절에 쓰인 술어 武断(독단적이다)이 리더의 인정을 받은 이유를 설명하는 문맥에 어울리지 않아 틀린 문장이다. **果断**(결단력 있다)과 같이 긍정적인 의미의 어휘가 와야 한다.

옳은 문장 他大胆**果断**、机智灵活，所以得到了领导的肯定。
그는 대담하면서 결단력 있고, 기지가 넘친다. 그래서 리더의 인정을 받았다.

다음 중 틀린 문장을 고르세요.

1. A 当人感到兴奋的时候，人体会分泌肾上腺素。
   B 手提电脑中的能释放出影响大脑细胞分裂的物质。
   C 在村长的带领下，我们来到了这个世外桃源般的小镇。
   D 未来三天内，兰州依旧会持续三十五摄氏度以上的高温。

2. A 这部电影讲述了伟大的母爱，蕴含包括了深刻的意义。
   B 牙釉质是人体骨质中最坚硬的组织，它覆盖在牙本质外。
   C 要善于从问题中发现疑点，努力攻克难点，寻找问题的解决方案。
   D 过山车是一种刺激的游乐设施，乘客乘坐过山车后容易感到头晕目眩。

3. A 马上就要毕业了，我徘徊在人生的十字路口，不知该何去何从。
   B 多元化的社会出现了越来越多的自由职业者，甚至产生了许多新兴职业。
   C 一艘满载而归的船舶停靠在码头，码头工人们正在装卸来自大洋彼岸的货物。
   D 故宫的冬天是欣赏雪景的最佳地点，皑皑白雪覆盖在古建筑上，别有一番韵味。

4. A 新鲜的食物在常温下存放过久，会因腐败变质而产生恶臭，因此最好把食物放进冰箱冷藏保存。
   B 焦虑情绪会引起失眠、免疫力低下等问题。为了避免产生这种情绪，我们不应该担忧太遥远的事情，过好当下的生活就行了。
   C 旅游淡季时的酒店不仅价格比旺季时的低廉，而且有多种类型的酒店房间供人选择，由此可见，淡季旅游是一个不错的选择。
   D 细菌是许多疾病的病原体，可通过多种方式举行传播，其传染性有一定的危害，所以我们要在日常生活中养成良好的卫生习惯。

5. A 城市化进程加快了城市人口数量的增长，并导致了大气污染、噪音污染、水资源短缺、交通拥堵等多种问题。
   B 一旦下定决心就别拖延，拖延只会让事情全部堆积在一起。当事情越积越多时，你就更不容易找到解决问题的头绪。
   C 钻石是目前已知的最坚硬的自然生成物质，没有东西可以在钻石上划出痕迹，若能划出痕迹，那它很可能是假钻石。
   D 为孩子创造良好的环境，释放他们的天性，可以激发更多的创造力和想象力，不过过度放任孩子反而会造成不好的成果。

정답 해설집 p.62

관형어·부사어·보어가 틀린 문장 고르기

문장의 핵심성분인 주어·술어·목적어를 수식하는 관형어·부사어·보어가 문맥에 맞지 않거나 위치가
잘못된 경우, 부사어나 보어 자리에 개사가 잘못 사용된 경우에 틀린 문장으로 고르는 유형이다.

문제풀이 전략

Step 1 주어·술어·목적어 및 각 문장성분 파악하기

문장을 정확히 해석하면서 주어, 술어, 목적어와 이를 수식하는 관형어, 부사어, 보어를 빠르게 파악한다.

Step 2 문법적/문맥적으로 어색하거나 틀린 부분이 있는지 확인하기

1. 관형어·부사어·보어가 문맥에 어울리지 않아 틀린 경우

- 관형어, 부사어, 보어가 각각 수식하는 핵심성분과 문맥상 어울리지 않거나 전체 문맥에 어울리지 않으면 틀린 문장이다.

王老师是 <u>我见过的教授中最博大精深的</u> 一位。
관형어

왕 선생님은 내가 본 교수 중에 가장 넓고 깊은 분이다.

(x) 博大精深(넓고 깊은)은 사람이 아닌 문화나 이론이 깊은 것을 나타내므로 틀리다.

2. 관형어·부사어·보어의 위치가 잘못되어 틀린 경우

- '관형어+주어/목적어', '부사어+술어', '술어+보어'의 어순이 아니면 틀린 문장이다.

新规定 <u>开始</u> 从去年 实施，但仍有很多用户并不知情。
술어

새 규정이 시작되다 작년부터 시행이. 그러나 여전히 상황을
전혀 모르는 많은 사용자들이 있다.

(x) 개사 从이 이끄는 개사구는 술어 뒤에서 보어로 쓰일 수 없는데 从去年
(작년부터)이 술어 开始(시작되다) 뒤에 위치해서 틀리다.

- '술어+得'와 정도보어가 포함된 문장에서 '술어+得+정도부사+형용사'의 어순이 아니면 틀린 문장이다.

每次拜托老李帮忙，他都 <u>十分</u> <u>答应得</u> 爽快。
부사어(정도부사) 술어+得

라오리에게 매번 도움을 부탁할 때마다, 그는 매우 승낙한다 시원
시원하게.

(x) 정도부사 十分(매우)이 '술어+得'인 答应得(~하게 승낙하다) 앞에 위치해서
틀리다.

3. 부사어나 보어 자리의 개사구에서 개사가 빠져 있거나 문맥에 맞지 않는 개사가 사용되어 틀린 경우

- 부사어나 보어 자리의 개사구에서 개사가 빠져 있는 경우 틀린 문장이다.

每天早上吃一个苹果 <u>有利</u> 补充各种营养成分。
술어

매일 아침에 사과를 먹는 것은 각종 영양 성분을 보충하다 유리하다.

(x) '각종 영양 성분을 보충하다 유리하다'라는 어색한 문맥이 되어 틀리다. 补充各种
营养成分(각종 영양 성분을 보충하다) 앞에 개사 于(~에)를 써서 술어 有利(유리하
다) 뒤에 나오는 보어가 되도록 해야 한다.

- 부사어나 보어 자리의 개사가 문맥에 맞지 않게 사용된 경우 틀린 문장이다.

她<u>趁</u>自己意想不到的留学机会感到幸运。
부사어

그녀는 자신이 예상치 못했던 유학 기회를 틈타 행운이라고 느꼈다.

(x) 개사 趁(~을 틈타)이 쓰여 '예상치 못했던 유학 기회를 틈타 행운이라고 느꼈다'라는 어색한
문맥이 되어 틀리다. 对(~에 대해)가 와야 한다.

🎋 전략 적용

Step별 해설을 보기 전에, 문제풀이 전략에 따라 직접 틀린 부분을 찾아보세요.

1 관형어·부사어·보어가 문맥에 어울리지 않아 틀린 경우

[1]

> 若要攀登科学的高峰，首先要具备富足的知识。

Step 1 만약 ~라면 (~하고 싶다) 오르다 / (과학의) 정점에, // 먼저 (~해야 한다) 갖추다 / (풍족한) 지식을
       若   (要)   攀登 / (科学的) 高峰, // 首先 (要)   具备 / (富足的) 知识。
     접속사   부사어   술어   관형어 목적어 // 접속사 부사어   술어   관형어 목적어

Step 2 **관형어가 문맥에 어울리지 않아 틀린 경우**
관형어 **富足的**(풍족한)는 재산이나 돈이 많은 것을 나타내므로 목적어 **知识**(지식을)과 문맥상 어울리지 않아 틀린 문장이다. **富足的** 대신에 **渊博的**(해박한)와 같은 어휘가 와야 한다. 참고로 위 문장에서 주어는 불특정 다수이므로 생략됐다.

옳은 문장 若要攀登科学的高峰，首先要具备渊博的知识。
만약 과학의 정점에 오르고 싶다면, 먼저 해박한 지식을 갖춰야 한다.

[2]

> 魔术是一种综合的舞台艺术，它精巧地运用了物理、化学等科学原理。

Step 1 마술은 / ~이다 / (하나의 종합적인) 무대 예술, // 마술은 / (정교하게) 응용했다 / 물리, 화학 등 과학 원리를
     魔术 / 是 / (一种综合的) 舞台艺术, // 它 / (精巧地) 运用了 / 物理、化学等科学原理。
     주어   술어   관형어   목적어   주어   부사어   술어+了   목적어

Step 2 **부사어가 문맥에 어울리지 않아 틀린 경우**
부사어 **精巧地**(정교하게)가 술어 **运用**(응용하다)과 문맥상 어울리지 않아 틀린 문장이다. **精巧地** 대신에 **巧妙地**(절묘하게)와 같은 어휘가 와야 한다.

옳은 문장 魔术是一种综合的舞台艺术，它巧妙地运用了物理、化学等科学原理。
마술은 종합적인 무대 예술이며, 물리, 화학 등 과학 원리를 절묘하게 응용했다.

[3]

> 和父母打完电话以后，他突然非常思念家乡，现在他只想马上回来。

Step 1 (부모님과 통화한 이후), // 그는 / (갑자기) (매우) 그리워하다 / 고향을, // (지금) 그는 / (~뿐이다) (~하고 싶다) (당장) 돌아오다
     (和父母打完电话以后), // 他 / (突然) (非常) 思念 / 家乡, //(现在) 他 / (只)   (想) (马上) 回来。
     부사어   주어 부사어 부사어   술어   목적어   부사어 주어   부사어   부사어   부사어 술어+보어

Step 2 **보어가 문맥에 어울리지 않아 틀린 경우**
뒤 절의 '술어+보어'인 **回来**(돌아오다)에서 보어 **来**(오다)가 타지에서 고향으로 돌아가고 싶어 한다는 문맥과 어울리지 않아 틀린 문장이다. 보어 **来** 대신에 **去**(가다)가 와야 한다.

옳은 문장 和父母打完电话以后，他突然非常思念家乡，现在他只想马上回去。
부모님과 통화한 이후, 그는 갑자기 고향이 매우 그리워졌고, 지금 그는 당장 돌아가고 싶은 마음 뿐이다.

2 관형어·부사어·보어의 위치가 잘못되어 틀린 경우

[1]

> 强者真正的就是那些怀着希望和自信迎接生活中的挑战的人。

Step 1 강자는 / (진정한) (바로) ~이다 / (희망과 자신감을 갖고 삶에서의 도전을 맞이하는 그런) 사람
     强者 / (真正的) (就)   是 / (那些怀着希望和自信迎接生活中的挑战的) 人。
     주어   부사어   술어   관형어   목적어

Step 2 **관형어의 위치가 잘못되어 틀린 경우**
真正的(진정한)는 관형어 형태인데 뒤에 꾸밈을 받는 대상이 없어 틀린 문장이다. 문맥상 **真正的**가 주어 **强者**(강자는) 앞에 와서 **强者**를 꾸며주어야 한다.

옳은 문장 真正的强者就是那些怀着希望和自信迎接生活中的挑战的人。

진정한 강자는 바로 희망과 자신감을 갖고 삶에서의 도전을 맞이하는 그런 사람이다.

(2)

跳绳提高可以大脑的思维灵敏度和判断力，有助于人的左脑和右脑平衡、协调地发展。

Step 1 　줄넘기는 / 향상시키다 / (~할 수 있다) (대뇌의) 사고 민감도와 판단력을, // 도움이 된다 / (사람의 좌뇌와 우뇌가 균형있고, 조화롭게 발전하는 것에)

　　　　跳绳 / 提高 / (可以) (大脑的) 思维灵敏度和判断力, // 有助 / (于人的左脑和右脑平衡、协调地发展)。
　　　　　주어　 술어 　　　　　　관형어　　　 목적어 　　　　 술어 　　　　　　　 보어

Step 2 　부사어의 위치가 잘못되어 틀린 경우

　　　　조동사 可以(~할 수 있다)가 술어 提高(향상시키다) 뒤에 위치해서 틀린 문장이다. 可以가 提高 앞에 위치해야 한다.

옳은 문장 跳绳可以提高大脑的思维灵敏度和判断力，有助于人的左脑和右脑平衡、协调地发展。

줄넘기는 대뇌의 사고 민감도와 판단력을 향상시킬 수 있고, 사람의 좌뇌와 우뇌가 균형있고, 조화롭게 발전하는 것에 도움이 된다.

(3)

古代汉语精微深奥，外行人往往需要查阅注释才能弄古典文学明白。

Step 1 　고대한어는 / 정교하고 / 심오하다, // 문외한은 / (종종) ~해야 한다 / 찾아보다 / 주석을 / (비로소) (~할 수 있다) 하다 / 고전문학을 / (이해하다)

　　　　古代汉语 / 精微 / 深奥, // 外行人 / (往往) 需要 / 查阅 / 注释 / (才) (能) 弄 / 古典文学 / (明白)。
　　　　　주어 　　술어　 술어 　　주어 　 부사어　술어 　술어 　목적어　부사어 부사어 술어 　목적어 　　목적어
　　　　　　　　　　　　　　　　　　　　　　　　　　　목적어(술목구)

Step 2 　보어의 위치가 잘못되어 틀린 경우

　　　　문맥상 明白(이해하다)가 술어 弄(하다) 바로 뒤 보어 자리에 위치해야 하는데 목적어 古典文学(고전문학을) 뒤에 위치해서 틀린 문장이다.
　　　　참고로 明白는 弄의 결과보어이고, 결과보어는 술어 바로 뒤에 위치해야 한다는 것을 알아둔다.

옳은 문장 古代汉语精微深奥，外行人往往需要查阅注释才能弄明白古典文学。

고대한어는 정교하고 심오해서, 문외한은 종종 주석을 찾아봐야지만 비로소 고전문학을 이해할 수 있다.

---

3 부사어나 보어 자리의 개사구에서 개사가 빠져 있거나 문맥에 맞지 않는 개사가 사용되어 틀린 경우

(1)

一个普通职员来说，晋升不仅意味着加薪，还意味着对自己能力的肯定。

Step 1 　(평범한 직원 말하자면) // 승진은 [~일 뿐만 아니라] 의미하다 / 임금이 오르는 것을, // (~이기도 하다) 의미하다 / (자신의 능력에 대한) 인정을

　　　　(一个普通职员来说), // 晋升 / 不仅 意味着 / 加薪, // (还) 意味着 / (对自己能力的) 肯定。
　　　　　　　　　　　　　　　　　주어　 접속사　 술어 　　목적어 　　부사어 　술어 　 관형어 　　　목적어

Step 2 　부사어 자리의 개사구에서 개사가 빠져 있어 틀린 경우

　　　　문맥상 '평범한 직원 말하자면'이 아닌 '평범한 직원에 대해 말하자면'이 돼야 하는데 '~에 대해'에 해당하는 개사가 빠져 있어 틀린 문장
　　　　이다. 一个普通职员来说(평범한 직원 말하자면) 앞에 개사 对(~에 대해)가 있어야 한다. 참고로 对一个普通职员来说(평범한 직원에 대해 말
　　　　하자면)는 문장 전체를 꾸며주는 개사구 형태의 부사어로 쓰였다는 것과 对……来说(~에 대해 말하자면)는 함께 자주 쓰이는 짝꿍표현인 것
　　　　을 알아둔다.

옳은 문장 对一个普通职员来说，晋升不仅意味着加薪，还意味着对自己能力的肯定。

평범한 직원에 대해 말하자면, 승진은 임금이 오르는 것을 의미할 뿐만 아니라, 자신의 능력에 대한 인정을 의미하기도 한다.

(2)

根据视频显示，这个事件最可能发生向1996年。

Step 1 　(영상에 따르면), // 이 사건은 / (가장) (가능성이 있다) 발생된다 / (1996년을 향해)

　　　　(根据视频显示), // 这个事件 / (最) (可能) 发生 / (向1996年)。
　　　　　　부사어 　　　　　주어 　 부사어　부사어 　술어 　　　보어

Step 2 　보어 자리의 개사구에서 개사가 문맥에 맞지 않게 사용되어 틀린 경우

　　　　보어 向1996年에 개사 向(~을 향해)이 사용되어 '이 사건은 1996년을 향해 발생된다'라는 어색한 문맥이 되었다. 向 대신에 于(~에)가 와
　　　　야 한다. 참고로 보어로 사용된 向은 동작이 행해지는 방향을 나타낼 때 사용한다.

옳은 문장 根据视频显示，这个事件最可能发生于1996年。

영상에 따르면, 이 사건은 1996년에 발생됐을 가능성이 가장 크다.

다음 중 틀린 문장을 고르세요.

1. A 对孩子的学习管理上，父母应该亲力亲为。

B 人类的众多成就，都离不开科学技术的发展。

C 对于微信朋友圈，很多人持既不肯定也不否定的态度。

D 由于受台风的影响，上海政府决定市内所有地铁暂停运行一天。

2. A 据统计，中国的光照资源主要分布在西北地区。

B 在疫情期间，若出现任何身体不适的现象，请及时就医。

C 博物馆讲解员的解说，观众们了解到了中国文化的源远流长。

D "中国四大发明"这一说法，最早是由英国汉学家艾约瑟提出的。

3. A 真正的文化会更好地促进我们社会物质文明与精神文明的发展。

B 中国是太阳能资源大国，具备了广泛应用光伏发电技术的有利条件。

C 警察成功找到了5名贩毒嫌疑人的藏身之处，按照目击证人的详细描述。

D 计算机应用技术的普及和提高，为每个企业高质量地完成工作提供了良好条件。

4. A 载人航天技术，既是国家高新科技水平明显提高的重要标志，也是国家综合国力显著增强的重要体现。

B 面临困境时不必泄气，挫折和失败往往可以带给人很多昂贵的经验和教训，我们应该勇于接受挑战，积极寻找解决方法。

C 消费者应该在商家促销面前保持理性的消费观念，不要轻易被商家的把戏玩弄，要尽量使自己的消费性价比达到最大化。

D 航空公司规定国内航班起飞前30分钟停止办理登机手续，因此最好在起飞前两小时到达机场。此外，登机后要认真阅读注意事项。

5. A 日常生活中不要虚伪做作，要做到诚实和正直，能够抵挡住诱惑，敢于讲真话，表现出自己真实的一面。

B 用地球上最大的望远镜，也不能直接观测其他恒星世界的星星，那么有什么理由认为太阳系的构成是宇宙中独一无二的呢？

C 近几年，中国的经济水平已大大提高，产品的科技含量不断增加，可持续发展力日益增强，距离人均GDP翻两番的目标已经不远了。

D 中秋节是中国的传统节日，在每年农历八月十五日，村里家家户户都会欢聚一堂，吃过晚饭后，老老少少聚在一起，一时间热闹下来。

정답 해설집 p.67

了·접속사의 오용, 의미 중복으로 틀린 문장 고르기

조사 了나 접속사가 문맥에 맞지 않게 사용되었거나, 유사한 의미의 두 어휘가 함께 사용되어 불필요하게 의미가 중복된 경우에 틀린 문장으로 고르는 유형이다.

문제풀이 전략

Step 1 주어·술어·목적어 및 각 문장성분 파악하기

문장을 정확히 해석하면서 주어, 술어, 목적어와 이를 수식하는 관형어, 부사어, 보어를 빠르게 파악한다. 이때, 접속사가 있으면 함께 체크해둔다.

Step 2 문법적/문맥적으로 어색하거나 틀린 부분이 있는지 확인하기

1. 조사 了가 문맥에 맞지 않게 사용되어 틀린 경우

- 동작의 완료 또는 상황의 변화를 나타내는 조사 了가 문맥에 어울리지 않게 사용된 경우 틀린 문장이다.

尽管衣服被弄湿了，但他们仍然在热情地高歌欢舞 了 。

> 비록 옷이 젖었지만, 그들은 여전히 열정적으로 소리 높여 노래를 부르며 춤을 추고 있게 되었다.
>
> (x) 了가 동작이나 상태의 지속을 나타내는 부사 **仍然**(여전히), **在**(~하고 있다)와 문맥상 어울리지 않아 틀리다.

2. 접속사가 문맥에 맞지 않게 사용되어 틀린 경우

- 접속사가 문장 전체의 문맥에 어울리지 않게 사용된 경우 틀린 문장이다.

病人要调整好心态，<u>即使</u> 保持良好的情绪，才能更快康复。
접속사

> 환자는 마음 상태를 잘 조절해야 한다. 설령 좋은 기분을 유지할지라도, 비로소 더 빨리 회복할 수 있다.
>
> (x) **即使**(설령~하더라도)이 사용되어 '설령 좋은 기분을 유지할지라도 비로소 더 빨리 회복할 수 있다'라는 어색한 문맥이 되어 틀리다.

3. 접속사가 불필요하게 사용되어 틀린 경우

- 접속사가 불필요하게 사용된 경우 틀린 문장이다.

桥梁的建设过程分为多个阶段，<u>不然</u> 每个阶段都是紧密相连的。
접속사

> 교량의 건설 과정은 많은 단계로 나뉘는데, 그렇지 않으면 모든 단계는 긴밀하게 연결되어 있다.
>
> (x) **不然**(그렇지 않으면)이 없어야 문맥이 자연스럽다.

4. 인접한 두 어휘의 의미가 유사하거나 이중부정의 형태로 의미가 중복되어 틀린 경우

- 한 문장 내에서 의미가 유사하거나 부정의 의미를 나타내는 두 어휘가 중복되게 사용된 경우 틀린 문장이다.

这位歌手唱的歌我 <u>皆</u> <u>都</u> 没有听过。
　　　　　　　부사어 부사어

> 이 가수가 부르는 노래를 나는 모두 모두 들어본 적이 없다.
>
> (x) 의미가 유사한 부사어 **皆**(모두)와 **都**(모두)가 중복 사용되어 틀리다.

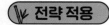 **전략 적용**

Step별 해설을 보기 전에, 문제풀이 전략에 따라 직접 틀린 부분을 찾아보세요.

1 조사 了가 문맥에 맞지 않게 사용되어 틀린 경우

> 虽然那家饭馆在好几年前就倒闭了，但他依然思念了那家店的家常菜。

Step 1　[비록 ~하지만] 그 식당은 /　(몇 년 전에)　폐업했다, //　[그러나] 그는 / (여전히) 그리워했다 / (그 가게의) 가정식을

　　　　[虽然]　那家饭馆 / (在好几年前)(就) 倒闭了, //　[但] 他 / (依然) 思念了 / (那家店的) 家常菜。
　　　　접속사　　주어　　　부사어　　부사어 술어+了　접속사 주어　부사어　술어+了　　관형어　　목적어

Step 2　**조사 了가 문맥에 맞지 않게 사용되어 틀린 경우**
　　　　동작의 완료를 나타내는 了가 동작이나 상태의 지속을 나타내는 부사 依然(여전히)과 문맥상 어울리지 않아 틀린 문장이다. 了 대신 着(~하고 있다)가 와야 한다.

옳은 문장　虽然那家饭馆在好几年前就倒闭了，但他依然思念着那家店的家常菜。
　　　　　비록 그 식당은 몇 년 전에 폐업했지만, 그는 여전히 그 가게의 가정식을 그리워하고 있다.

2 접속사가 문맥에 맞지 않게 사용되어 틀린 경우

(1)

> 不需要用电时应关闭电源，免得减少能源的消耗。

Step 1　(전기를 사용할 필요가 없을 때에는) (~해야 한다) 끄다 / 전원을, //　[~하지 않도록] 줄이다 / (에너지의) 소모를

　　　　(不需要用电时)　　　(应) 关闭 / 电源, //　[免得]　减少 / (能源的) 消耗。
　　　　부사어　　　　　　　부사어 술어　목적어　　접속사　술어　　관형어　　목적어

Step 2　**접속사가 문맥에 맞지 않게 사용되어 틀린 경우**
　　　　접속사 免得(~하지 않도록)가 사용되어 '에너지의 소모를 줄이지 않도록 전원을 꺼야 한다'라는 어색한 문맥이 되어 틀린 문장이다. 免得 대신에 从而(이로써)과 같은 어휘가 와야 한다. 참고로 위 문장에서 주어는 불특정 다수이므로 생략됐다.

옳은 문장　不需要用电时应关闭电源，从而减少能源的消耗。
　　　　　전기를 사용할 필요가 없을 때에는 전원을 꺼야 하는데, 이로써 에너지의 소모를 줄일 수 있다.

(2)

> 除非不停地迁就对方，不如说出自己内心的真实想法。

Step 1　[~해야만] (끊임없이) 타협하다 / 상대방과, //　[~하는 것이 더 낫다] 말하다 / (자기 마음속의) 진실된 생각

　　　　[除非] (不停地) 迁就 / 对方, //　[不如]　说出 / (自己内心的) 真实想法。
　　　　접속사　부사어　술어　목적어　　접속사　술어+보어　관형어　　목적어

Step 2　**접속사가 문맥에 맞지 않게 사용되어 틀린 경우**
　　　　접속사 除非(~해야만)를 사용하여 '끊임없이 상대방과 타협해야만'이라는 유일한 방안을 제시했는데 뒤에는 접속사 不如(~하는 것이 낫다)가 쓰여 '자기 마음속의 진실된 생각을 말하는 것이 낫다'라는 방안을 또 제시하였으므로 틀린 문장이다. 除非 대신에 与其(~하기보다는)가 와야 한다. 참고로 与其……不如……는 자주 함께 쓰인다는 것을 알아둔다.

옳은 문장　与其不停地迁就对方，不如说出自己内心的真实想法。
　　　　　끊임없이 상대방과 타협하기보다는, 자기 마음속의 진실된 생각을 말하는 것이 더 낫다.

3 접속사가 불필요하게 사용되어 틀린 경우

皮肤屏障能够抵御外界的有害物质，反之是保护皮肤的第一道防线。

Step 1　피부 보호벽은 / (~할 수 있다) 막아내다 / (외부의) 유해 물질을, // 이와 반대로 ~이다 / (피부 보호의) 제1 방어선

　　　　皮肤屏障 / （能够）　抵御 /（外界的）有害物质，//　反之　　是 /（保护皮肤的）第一道防线。
　　　　　　주어　　　부사어　　　술어　　관형어　　목적어　　　　접속사　　술어　　관형어　　목적어

Step 2　접속사가 불필요하게 사용되어 틀린 경우
　　　　접속사 反之(이와 반대로)이 사용되어 '피부 보호벽은 외부의 유해 물질을 막아낼 수 있는데, 이와 반대로 피부 보호의 제1 방어선이다'
　　　　라는 어색한 문맥이 되어 틀린 문장이다. 反之이 없어야 자연스러운 문맥이 된다. 참고로 뒤 절의 주어는 皮肤屏障(피부 보호벽은)이며 앞
　　　　절의 주어와 같아서 생략됐다.

옳은 문장　皮肤屏障能够抵御外界的有害物质，是保护皮肤的第一道防线。
　　　　　　피부 보호벽은 외부의 유해 물질을 막아낼 수 있어서, 피부 보호의 제1 방어선이다.

4 인접한 두 어휘의 의미가 유사하거나 이중부정의 형태로 의미가 중복되어 틀린 경우

(1)

调查数据显示，全世界每天大约有三百余万对情侣第一次约会。

Step 1　조사 자료에서 / 나타나다, // 전 세계에는 / (매일) (대략) 있다 / 삼백여 만 쌍의 커플이 / (처음으로) 데이트하다

　　　　调查数据 / 显示，//　全世界 /（每天）（大约）有 / 三百余万对情侣 /（第一次）约会。
　　　　　　주어　　　술어　　　　주어　　부사어　　부사어　술어　　　　　　　　　　　부사어　　술어ㅅ
　　　　　　　　　　　　　　　　　　　　　　　　　　　　목적어/주어
　　　　　　　　　　　　　　　　　　　　　　　　　　　목적어

Step 2　인접한 두 어휘의 의미가 유사하여 의미 중복으로 틀린 경우
　　　　大约(대략)와 의미가 유사한 余(~여)가 또 사용되어 의미가 중복되므로 틀린 문장이다. 참고로 大约는 위 문장에서와 같이 술어 앞에서
　　　　부사어로 주로 사용되고, 余는 숫자 표현 뒤에 자주 쓰인다.

옳은 문장　调查数据显示，全世界每天大约有三百万对情侣第一次约会。
　　　　　　조사 자료에서 전 세계에는 매일 대략 삼백만 쌍의 커플이 처음으로 데이트를 하는 것으로 나타났다.

(2)

在葡萄酒的发酵过程中，必须防止原料不被其他有害微生物污染。

Step 1　　와인의 발효 과정 중에서는, //（반드시 ~해야 한다）방지하다 / 원료가 / (~않다) (다른 유해 미생물에 의해) 오염되다

　　　　（在葡萄酒的发酵过程中），//　　　（必须）　　防止 / 原料 /（不）（被其他有害微生物）污染。
　　　　　　　　　부사어　　　　　　　　　　　　부사어　　　술어　　주어　　부사어　　被＋행위의 주체　　술어
　　　　　　　　　　　　　　　　　　　　　　　　　　　　　　　　　　목적어(주술구)

Step 2　이중부정의 형태로 의미가 중복되어 틀린 경우
　　　　防止(방지하다)과 不(~않다)가 함께 쓰여 '원료가 다른 유해 미생물에 의해 오염되지 않는 것을 방지한다'라는 어색한 문맥이 되었으므로
　　　　틀린 문장이다. 문맥상 不가 없어야 한다. 참고로 위 문장에서 주어는 불특정 다수이므로 생략됐다.

옳은 문장　在葡萄酒的发酵过程中，必须防止原料被其他有害微生物污染。
　　　　　　와인의 발효 과정 중에서는, 반드시 원료가 다른 유해 미생물에 의해 오염되는 것을 방지해야 한다.

다음 중 틀린 문장을 고르세요.

1. A 身体是否健康，取决于平时有没有勤于锻炼。
   B 下周六，遇难者的家属们将要出席了隆重的葬礼。
   C 中药不仅能与一般抗生素媲美，而且副作用小，成本较低。
   D 颐和园是一座保存最完整的行宫御苑，被誉为"皇家园林博物馆"。

2. A 目前没有一篇经得起考验的高质量学术论文证明转基因食物能致癌。
   B 只要大家都愿意互相体谅和包容他人的缺点，才可以相处得很融洽。
   C 秧歌是中国北方最具代表性的民族舞种之一，每个地区有不同的风格样式。
   D 冰雕，顾名思义就是在冰上雕刻出各种形状的艺术形式，可分为圆雕、浮雕和透雕。

3. A 世界各国贫富不均，生活水平差距较大，原因在于生产率的差别。
   B 当一个作家深切地感受到自己与读者有所联系的时候，他便能获得灵感和力量。
   C 石湾陶塑技艺具有人文性、地方性、民族性的特点，在创作上采用独特的制作手法。
   D 经历了几次失败后，为了避免不重蹈覆辙，做每一件事情之前他都会深思熟虑，三思而后行。

4. A 很多人喜欢车前草，因为这种植物经过烹饪后可以食用，味道独特，还有很好的保健功效。
   B 矗立在鲁迅纪念馆的这座铜像，是由巴金等著名作家倡议、由热爱鲁迅的国内外人士集资30万元铸成的。
   C 企业经营者素质的高低对企业利润的增长有重要的影响，之所以提高经营者的素质是许多企业的当务之急。
   D 在夏季，许多人为图凉快，会在游玩时把脚泡进冰凉的溪水里，但事实上这种做法容易阻碍脚部血液循环。

5. A 那个画家凭借自己的生活积累和艺术感觉，使传统文化内涵及现代人文精神在画面上得到了充分体现。
   B 家庭教育和学校教育最大的区别是，家庭教育没有教材，没有课堂，其关键就在于父母的榜样作用。
   C 天气条件对于航天发射至关重要。凌晨时分天气状况比较稳定，云层较少，有利于火箭发射及信号的传播。
   D 固然现代社会高速发展的科学技术可以使我们见识到多样的科技产品，有些产品甚至可以改变人类的生活方式。

정답 해설집 p.72

고득점비책

04 把·被·比자문, 겸어문, 연동문이 틀린 문장 고르기

특수문형인 把자문, 被자문, 比자문에서 개사 把, 被, 比와 술어·부사어·보어가 각 특수문형에 적합하지 않게 사용된 경우, 겸어문과 연동문에서 술어가 빠져 있거나 문맥에 맞지 않게 사용된 경우에 틀린 문장으로 고르는 유형이다.

🎋 문제풀이 전략

Step 1 주어·술어·목적어 및 각 문장성분 파악하기

문장에 把(혹은 将), 被, 比 또는 让, 使이 있으면 이를 먼저 체크해두고, 문장을 정확히 해석하면서 각 문장성분을 파악한다. 만약 술어가 2개 이상일 경우에는 연동문에 해당하는지도 확인해둔다.

Step 2 문법적/문맥적으로 어색하거나 틀린 부분이 있는지 확인하기

1. 把, 被가 문맥에 맞지 않게 사용되거나 불필요하게 사용된 경우

• 把, 被가 사용되어 어색한 문맥이 되거나 불필요하게 사용된 경우 틀린 문장이다.

張总 被 一些规章制度修改了一下。　　장 사장은 약간의 규정 제도에 의해 수정되었다.

(x) 被가 사용되어 '장 사장이 규정 제도에 의해 수정됐다'라는 어색한 문맥이 되어서 틀린다. 被 대신에 把(~를)가 와야 한다.

2. 把·被자문에서 술어가 행위를 나타내는 동사가 아니어서 틀린 경우

• 把자문의 술어가 把 뒤의 대상에 대한 행위 동사가 아니거나, 被자문의 술어가 주어에 대한 행위 동사가 아니면 틀린 문장이다.

世界上最大的摩托车，能把一辆汽车 属于 碎片。（술어）　　세계에서 가장 큰 오토바이는 자동차 한 대를 부스러기에 속하게 할 수 있다.

(x) 属于(~에 속하다)가 一辆汽车(자동차 한 대)에 대한 구체적인 행위를 나타내지 않아 틀리다.

3. 把·被자문에서 시간사, 부사, 조동사 등의 부사어의 위치가 틀린 경우

• 把·被자문에서 시간사, 부사, 조동사 등의 부사어가 '把+행위의 대상' 또는 '被+행위의 주체' 뒤에 위치하면 틀린 문장이다. 단, 全/都(모두)와 같은 범위부사나 술어와 의미적으로 밀접한 부사어는 술어 바로 앞에 올 수 있음에 유의한다.

尽量不要 把自己和他人（把+행위의 대상） 总 作比较（술어）。　　가능한 자신과 타인을 항상 비교하지 마라.

(x) 부사 总(항상)이 '把+행위의 대상' 보다 뒤에 있어서 틀린다.

4. 比자문에서 最나 비교의 의미가 없는 很, 非常과 같은 정도부사나 '…极了'와 같은 보어가 사용되어 틀린 경우

• 比자문에서 最나 비교의 의미가 없는 很, 非常과 같은 정도부사나 '…极了'와 같은 보어가 사용되면 틀린 문장이다.

小时候你的家庭条件 比 我的 非常好（부사어）。　　어릴 적 당신의 가정 형편이 나보다 아주 좋았다.

(x) 比자문에 비교의 의미가 없는 정도부사 非常(아주)이 사용되어 틀리다.

5. 겸어문에서 让, 使 등의 사역의 의미를 가진 술어가 없거나 불필요하게 사용되어 틀린 경우

• 겸어문에서 让, 使 등의 사역의 의미를 가진 술어가 없거나 불필요하게 사용되어 어색한 문맥이 된 경우 틀린 문장이다.

睡眠不足时，使 记忆力就会下降。　　수면이 충분하지 않을 때, 기억력으로 하여금 감퇴하게 한다.

(x) 使이 사용되어 '기억력으로 하여금 감퇴하게 한다'라는 어색한 문맥이 되어 틀리다. 使이 없어야 한다.

6. 연동문에서 술어들이 문맥에 맞지 않게 사용되어 틀린 경우

• 연동문에서 술어들이 발생된 순서대로 나열되지 않거나 술어1이 수단을 또는 술어2가 목적을 나타내지 않으면 틀린 문장이다.

看到庭院里的梨树，他忍不住 摘果子（술어1） 爬上树（술어2+보어）。　　정원의 배나무를 보고, 그는 참지 못하고 과실을 따서 나무에 올라갔다.

(x) 문맥상 나중에 발생한 摘果子(과실을 따다)가 먼저 발생한 爬上树(나무에 올라간다)보다 앞에 와서 틀리다.

Step별 해설을 보기 전에, 문제풀이 전략에 따라 직접 틀린 부분을 찾아보세요.

1 把, 被가 문맥에 맞지 않게 사용되거나 불필요하게 사용된 경우

[1]

> 谁都希望能买到物美价廉的商品，这有什么值得把人嘲笑的呢？

Step 1 누구나 / (다) 바란다 / (~할 수 있다) 사다 / (질이 좋고 값이 싼) 상품을, / 이것이 있다 / 어떤 / ~할 만하다 / (사람들을) / 비웃다 / ~입니까

谁 / (都) 希望 / (能) 买到 / (物美价廉的) 商品, // 这 有 / 什么 / 值得 / (把人) 嘲笑 / 的 呢?
주어 부사어 술어   부사어 술어+보어   관형어   목적어   주어 술어 목적어 술어ㄴ   把+행위의 대상 술어
                          └─────목적어(술목구)────┘   주어   └──────목적어──────┘

Step 2 **把가 문맥에 맞지 않게 사용되어 틀린 경우**
뒤 절에서 개사 把가 사용되어 '이것이 사람들을 비웃음을 살 만한 게 있나요?'라는 어색한 문맥이 되어 틀린 문장이다. 把 대신에 被 (~에게 ~당하다)가 와야 한다.

옳은 문장 谁都希望能买到物美价廉的商品，这有什么值得被人嘲笑的呢？
누구나 다 질이 좋고 값이 싼 상품을 살 수 있기를 바라는데, 이것이 사람들에게 비웃음을 살 만한 게 있나요?

[2]

> 自古以来数字九就被代表着"长寿"，因此九月初九重阳节也称"老人节"。

Step 1 (예로부터) 숫자 9는 / (~에 의해) 대표하고 있다 / '장수', / 그렇기 때문에 / 9월 9일 중양절은 / (~도) 불린다 / '노인의 날'이라고

(自古以来) 数字九 / (就) (被) 代表着 / "长寿", // 因此 九月初九重阳节 / (也) 称 / "老人节"。
부사어   주어   부사어 被 술어+着   목적어   접속사   주어   부사어 술어   목적어

Step 2 **被가 불필요하게 사용되어 틀린 경우**
被가 사용되어 '예로부터 숫자 9는 '장수'를 대표되고 있다'라는 어색한 문맥이 되었으므로 틀린 문장이다. 被가 없어야 자연스러운 문맥이 된다.

옳은 문장 自古以来数字九就代表着"长寿"，因此九月初九重阳节也称"老人节"。
예로부터 숫자 9는 '장수'를 대표하고 있기 때문에, 9월 9일 중양절은 '노인의 날'이라고도 불린다.

2 把·被자문에서 술어가 행위를 나타내는 동사가 아니어서 틀린 경우

> 这个外国人涉嫌走私违规物品，于是在机场被警方停滞。

Step 1 이 외국인은 / 혐의를 받다 / 밀수하다 / 규정 위반 물품을, // 그래서 (공항에서) (경찰에 의해) 머물러 있다

这个外国人 / 涉嫌 / 走私 / 违规物品, // 于是 (在机场) (被警方) 停滞。
주어   술어   술어   목적어   접속사 부사어   被+행위의 주체 술어
                  └───목적어(술목구)───┘

Step 2 **被자문에서 술어가 행위를 나타내는 동사가 아니어서 틀린 경우**
被자문에 쓰인 술어 停滞(머물러 있다)이 뒤 절에서 생략된 주어 这个外国人(이 외국인은)에 대한 구체적인 행위를 나타내지 않아 틀린 문장이다. 停滞 대신에 阻拦(저지하다)과 같은 어휘가 와야 한다.

옳은 문장 这个外国人涉嫌走私违规物品，于是在机场被警方阻拦。
이 외국인은 규정 위반 물품을 밀수한 혐의를 받고 있어서, 공항에서 경찰에 의해 저지됐다.

3 把·被자문에서 시간사, 부사, 조동사 등의 부사어의 위치가 틀린 경우

> 没有一个人被他人侵犯自身权利愿意，因此人与人之间要互相尊重。

Step 1 없다 / 사람은 / (다른 사람에 의해) 침해하다 / 자신의 권리를 / (하기를 원하다), // 그렇기 때문에 사람과 사람 사이에서는 / (~해야 한다) (서로) 존중하다

没有 / 一个人 / (被他人) 侵犯 / 自身权利 / (愿意), // 因此 人与人之间 / (要) (互相) 尊重。
술어   목적어   被+행위의 주체 술어ㄴ 목적어   술어   접속사   주어   부사어 부사어 술어
       주어

Step 2 **被자문에서 부사어의 위치가 틀린 경우**
조동사 愿意(~하기를 원하다)가 '被+행위의 주체' 보다 뒤에 위치해서 틀린 문장이다. 愿意가 被 앞에 와야 한다.

옳은 문장 没有一个人愿意被他人侵犯自身权利，因此人与人之间要互相尊重。
다른 사람에 의해 자신의 권리를 침해당하기를 원하는 사람은 없다. 그렇기 때문에 사람과 사람 사이에서는 서로 존중해야 한다.

4 比자문에서 最나 비교의 의미가 없는 很, 非常과 같은 정도부사나 '…极了'와 같은 보어가 사용되어 틀린 경우

> 若想精通一门外语，掌握学习技巧比死记硬背最重要。

Step 1　만약 ~라면 (~하고 싶다) 통달하다 / 외국어 하나를, // 습득하다 / 학습 요령을 / (기계적으로 암기하는 것보다) (가장) 중요하다

　　　　若　　(想)　精通 /　一门外语，//　掌握 /　学习技巧 /　　(比死记硬背)　(最)　重要。
　　　　접속사　부사　술어　　목적어　　　술어　　목적어　　　　　比+비교의 대상　부사　술어
　　　　　　　　　　　　　　　　　　　　主 술어(주술구)

Step 2　比자문에서 최상급인 最가 사용되어 틀린 경우
　　　　比자문에 최상급인 最(가장)가 사용되어 틀린 문장이다. 最 대신 비교의 의미가 있는 更加(더욱)와 같은 정도부사가 와야 한다.

옳은 문장　若想精通一门外语，掌握学习技巧比死记硬背更加重要。
　　　　만약 외국어 하나를 통달하고 싶다면, 학습 요령을 습득하는 것이 기계적으로 암기하는 것보다 더욱 중요하다.

5 겸어문에서 让, 使 등의 사역의 의미를 가진 술어가 없거나 불필요하게 사용되어 틀린 경우

[1]

> 历史的洗礼三星堆遗址酝酿出了无数的文化瑰宝。

Step 1　(역사의) 시련은 / 싼싱두이 유적지가 / 품어냈다 / (무수한) 문화의 보배들을

　　　　(历史的) 洗礼 /　三星堆遗址 /　酝酿出了 / (无数的) 文化瑰宝。
　　　　관형어　주어　　　　　술어+보어+了　관형어　　목적어

Step 2　겸어문에서 사역의 의미를 가진 술어가 없어 틀린 경우
　　　　'시련은 싼싱두이 유적지가 무수한 문화의 보배들을 품어냈다'라는 어색한 문맥이므로 틀린 문장이다. 使(~하게 하다)과 같이 사역의 의미를 가지는 술어가 있어야 한다.

옳은 문장　历史的洗礼使三星堆遗址酝酿出了无数的文化瑰宝。
　　　　역사의 시련은 싼싱두이 유적지가 무수한 문화의 보배들을 품어내게 했다.

[2]

> 岁月的流逝总是惊人，让不知不觉间父母的头发已经斑白。

Step 1　(세월의) 흐름은 / (항상) 사람을 놀라게 한다, // ~하게 하다 / (어느새) (부모님의) 머리카락이 / (이미) 희끗희끗하다

　　　　(岁月的) 流逝 / (总是)　惊人，//　让 / (不知不觉间) (父母的)　头发 / (已经)　斑白。
　　　　관형어　주어　부사어　술어　　　술어　부사어　　관형어　주어　부사어　술어

Step 2　사역의 의미를 가진 술어가 불필요하게 사용되어 틀린 경우
　　　　让이 사용되어 '세월의 흐름은 항상 사람을 놀라게 한다. 어느새 부모님의 머리카락이 이미 희끗희끗해지게 했다'라는 어색한 문맥이므로 틀린 문장이다. 让이 없어야 자연스러운 문맥이 된다.

옳은 문장　岁月的流逝总是惊人，不知不觉间父母的头发已经斑白。
　　　　세월의 흐름은 항상 사람을 놀라게 한다. 어느새 부모님의 머리카락이 이미 희끗희끗해졌다.

6 연동문에서 술어들이 문맥에 맞지 않게 사용되어 틀린 경우

> 北方的冬天寒风凛冽，各家各户都取暖使用电暖炉。

Step 1　(북쪽의) 겨울은 / 바람이 / 매섭다, // 각 가정은 / (모두) 따뜻하게 한다 / 사용한다 / 전기난로를

　　　　(北方的) 冬天 / 寒风 / 凛冽，// 各家各户 / (都)　取暖 / 使用 / 电暖炉。
　　　　관형어　주어　주어　술어　　　주어　부사어　술어1　술어2　목적어
　　　　　　　　　　　　술어(주술구)

Step 2　연동문에서 술어들이 문맥에 맞지 않아 틀린 경우
　　　　수단을 나타내는 연동문에서 수단을 나타내는 술어는 술어1 자리에 와야 하는데, 使用电暖炉(전기난로를 사용하다)가 取暖(따뜻하게 한다) 뒤에 위치하여 틀린 문장이다. '전기난로를 사용하여 따뜻하게 한다'라는 의미가 되도록 使用电暖炉 →取暖 순서로 나열돼야 한다.

옳은 문장　北方的冬天寒风凛冽，各家各户都使用电暖炉取暖。
　　　　북쪽의 겨울은 바람이 매섭기 때문에, 각 가정은 모두 전기난로를 사용하여 따뜻하게 한다.

다음 중 틀린 문장을 고르세요.

1.　A 经过这几年不懈的努力，他把债务去年都偿还了。
　　B 台风具有巨大能量，在台风面前人们简直轻如鸿毛。
　　C 百合花生长在中国、日本、美洲和欧洲等温带地区。
　　D 京剧起源于清朝乾隆时期，其传统剧目就多达一千多个。

2.　A 西蓝花的营养价值及防病作用都远远超出其他蔬菜。
　　B 他们的故事被一个作家成为了一部畅销国内外的著名小说。
　　C 苍蝇虽然只有一个月左右的寿命，但是有着惊人的繁殖能力。
　　D 爱因斯坦于1905年和1915年提出了狭义相对论和广义相对论。

3.　A 猫是一种活泼机灵又惹人喜爱的动物，它的外形非常可爱。
　　B 须鲸是体形庞大的水中生物，但是海洋中还有比它非常大的大白鲨。
　　C 仓鼠每次进食时都喜欢把食物储存到颊囊中，这算是一种天生的习性。
　　D 古筝和箜篌这两种乐器是古代的极品乐器，只有在宫廷和大户人家才能看到。

4.　A 人们大量排放温室气体，导致全球变暖、冰川消融、海平面上升、物种灭绝的事件频频发生。
　　B 经过专业设计，集全铝车身、防爆轮胎、轴传动等高科技手段于一体的共享单车，具备了
　　　坚固耐用，维护成本低的优点。
　　C 中国上海是十九世纪以来东西文化的交汇之处，被称为"现代中国的钥匙"，上海充满异
　　　国风情的建筑许多外国游客感到亲切。
　　D 丹麦科学家奥斯特在一次实验中，偶然让通电的导线靠近指南针，发现了电可以产生磁。
　　　这个发现为人类大规模利用电能打开了大门。

5.　A 地球上三分之一的地域是非常干旱的，一眼望去，没有一点生命的痕迹，只有干裂的土
　　　地或漫漫的黄沙。
　　B 长江大桥长而平坦，构造分为两层，上层桥面为城市主干道，下层桥面为双线铁轨，桥底
　　　河面又可以通行大轮船。
　　C 一窝土燕在一个夏季能吃掉65000多只蝗虫，将一窝土燕在整个繁殖期中所吃掉的蝗虫头
　　　尾相接排列，可达3公里之长。
　　D 有一次神农在外用锅煮水时，刚好有几片叶子飘入锅中，神农就尝尝喝了一口，顿时觉
　　　得身心愉悦，精力充沛，并将其命名为"茶"。

정답 해설집 p.77

다음 중 틀린 문장을 고르세요.

1. A 不抓紧训练的话，就无法在比赛中取得好成绩。
   B 大象能靠耳朵释放自身新陈代谢所产生的热量的一半。
   C 青海湖是中国最大的咸水湖，远远望去，景色十分壮观。
   D 经过几年的辛勤和努力，使他的学术论文终于在杂志上刊登了。

2. A 但凡接受野化训练的熊猫，都学会了在野外生存的技能。
   B 在医学上影响最广泛的病原体是一种名为幽门螺杆菌的细菌。
   C 工作人员可以通过验证密码、识别人脸或指纹的方式登录新系统。
   D 表面活性成分可与附着在头皮上的油脂相结合，从此起到清洁功效。

3. A 二十四节气是中国古代劳动人民长期积累的经验和智慧的结晶。
   B 有关部门在春运期间加大了交通监管力度，因此事故率减少了50%。
   C 政府实行网吧连锁经营制度后，要求必须以实名制用户上网，并使用正版软件。
   D 为了这个家，母亲不辞辛苦，日夜操劳，原本白皙的双手不知不觉间长满了老茧。

4. A 为了迎合消费者图实惠的心理，阿里巴巴在双十一购物节推出了众多特价商品。
   B 斜杠青年指拥有多种职业和多样化收入来源的年轻人，他们热爱生活，勇于挑战。
   C 灾后重建工作最主要的部分在于把人们的经济生活要逐渐恢复原状，因此需要多方的共同援助。
   D 著名古生物学家邢立达在中国西部地区发现了恐龙的足迹，这一发现对恐龙的研究有着重大的意义。

5. A 在信息时代，一个人是否具有迅速捕捉有效信息，决定了其发展方向和成就的大小。
   B 莎士比亚说，嫉妒是一只长着绿色眼睛的魔鬼，意志不坚定的人一定会成为它手中的牺牲品。
   C 胡焕庸教授是中国现代人文地理学和自然地理学的泰斗，可以说他的大名无人不知，无人不晓。
   D 原始居民用于钻孔的石头非常精细，它完美贴合着钻孔工具，这反映出了原始居民对材料高超的认知能力。

6. A 在信息千变万化的互联网时代，争取更多活跃用户对很多需要流量的公司有重要的意义。
   B 为了实现自己的愿望，他顾不上父母的反对，一个人坐火车去了那个偏远的西北山区支教。
   C 生物学家发现，鼠害严重的地方有一个共同的特点，那就是蛇类被大量捕杀，食物链遭到严重破坏。
   D 来到这个陌生的城市后，不断涌出的思乡之情让我明白了那句"举头望明月，低头思故乡"的真正含义。

7. A 仅仅一次的降温不具有太大的参考价值，科学家们并不能以此为证据，否认全球变暖的事实。

B 如果出门时携带很多零碎的东西，而没有规划好包的内部空间，就很难快速找到自己需要的东西。

C 这部风靡海内外的纪录片，用镜头展示了烹饪技术，用美食引出了乡愁，给观众带来了心灵上的震撼。

D 出乎大家意料的是，今年重点进行的勘探工作并没有取得预期的成效，总体矿产量可能比去年少一倍。

8. A 深海海底有许多神奇的生物，它们可以通过化学作用发出光，这些或是微弱或是强烈的光令人称奇。

B 栖息在河流、湖泊中的鸭嘴兽的长相特点更接近鸟类，反之大部分生物学家坚决不同意把它归到哺乳动物里面。

C 现今很多年轻人持有将那些不必需、不使用或者过时的东西统统舍弃的"断舍离"生活态度，过着简单清爽的生活。

D 《百鸟朝凤》是一首汉族传统的民间吹打乐合奏曲，它用欢快的旋律表达了人们对大自然的热爱和美好生活的向往。

9. A 不管是清晨惊醒我们的噪音，还是阻碍交通的路障，总之这次拆迁行动干扰了我们日常生活的每个方方面面。

B 这款手机一上市就大受消费者欢迎，从现在的趋势来看，该产品的年销量超过500万台是毫无悬念的。

C 模特身上带有荷叶边设计的连衣裙，与脚上休闲感十足的帆布鞋搭配在一起，展现出了强烈的对比感，看起来非常时髦。

D 经过多年的研究和实地考察，地质学家和抗震专家发现了一个现象，即房屋受地震波冲击时，在任何角落都可能会发生晃动。

10. A 蚊子身上携带着多种细菌和病毒，如果被蚊虫叮咬后出现红痒之外的其他症状，请及时就医，接受专业治疗。

B 目前，水污染治理工作面临的形势十分严峻，大规模的工业化生产排出的污水，对地表水以及地下水水质的影响都极其突出。

C 沂蒙山世界地质公园是整个沂蒙山的核心，是自然风光和典型文化元素的集中地，同时还是世界著名养生圣地，因此吸引了八方来客。

D 为了缓解员工早起上班的压力，一些公司举行了弹性工作制，在该制度下，只要工作时间满八小时，员工便可以自由选择上下班时间。

정답 해설집 p.83

제2부분

빈칸에 알맞은 어휘 고르기

독해 제2부분은 하나의 단문에 포함된 3~5개의 빈칸에 들어갈 어휘를 선택하는 형태로, 61~70번까지 총 10개의 문제가 단문으로 출제된다.

고득점 공략법 아래와 같은 세부 유형의 문제들이 출제되므로 그 공략법을 잘 익혀둔다.

고득점비책 01 유의어 공략하기
고득점비책 02 의미가 다른 어휘 공략하기

출제 유형 분석

1. **유의어**

   의미가 비슷한 유의어들 중에서 문맥에 알맞은 어휘를 고르는 유형으로, 모든 단문에 1~3개 정도 꼭 포함되어 있다. 유의어들은 의미나 형태가 비슷하여 혼동하기 쉬우므로, 각각의 뜻과 쓰임을 정확하게 구별하여 알아두어야 한다.

2. **의미가 다른 어휘**

   의미가 다른 어휘들 중에서 문맥에 알맞은 어휘나 사자성어를 고르는 유형으로, 모든 단문에 2~3개 정도 포함되어 있다. 어휘와 사자성어의 의미를 정확히 알고 있으면 비교적 쉽게 풀 수 있다.

단문을 읽다가 빈칸이 나오면, 제시된 Step에 따라 빈칸 주변과 선택지를 확인하여 정답의 후보 또는 정답을 고른다.

<문제지에 제시된 지문과 선택지>

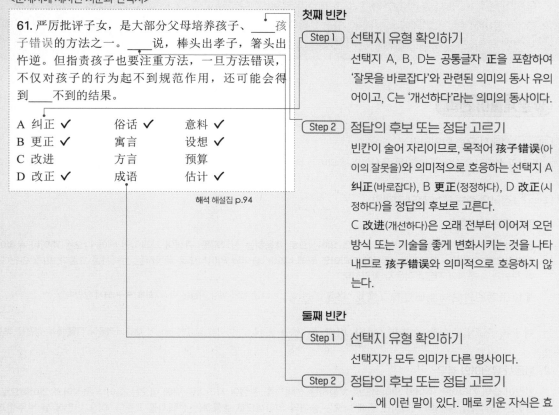

61. 严厉批评子女，是大部分父母培养孩子、＿＿孩子错误的方法之一。＿＿说，棒头出孝子，箸头出忤逆。但指责孩子也要注重方法，一旦方法错误，不仅对孩子的行为起不到规范作用，还可能会得到＿＿不到的结果。

A 纠正 ✓   俗话 ✓   意料 ✓
B 更正 ✓   寓言   设想 ✓
C 改进   方言   预算
D 改正 ✓   成语   估计 ✓

해석 해설집 p.94

첫째 빈칸

(Step 1) **선택지 유형 확인하기**

선택지 A, B, D는 공통글자 正을 포함하여 '잘못을 바로잡다'와 관련된 의미의 동사 유의어이고, C는 '개선하다'라는 의미의 동사이다.

(Step 2) **정답의 후보 또는 정답 고르기**

빈칸이 술어 자리이므로, 목적어 孩子错误(아이의 잘못을)와 의미적으로 호응하는 선택지 A 纠正(바로잡다), B 更正(정정하다), D 改正(시정하다)을 정답의 후보로 고른다.

C 改进(개선하다)은 오래 전부터 이어져 오던 방식 또는 기술을 좋게 변화시키는 것을 나타내므로 孩子错误와 의미적으로 호응하지 않는다.

둘째 빈칸

(Step 1) **선택지 유형 확인하기**

선택지가 모두 의미가 다른 명사이다.

(Step 2) **정답의 후보 또는 정답 고르기**

'＿＿에 이런 말이 있다. 매로 키운 자식은 효자가 되고, 응석받이로 키운 자식은 불효자가 된다.'라는 문맥에 어울리는 A 俗话(속담)가 정답이다.

* 둘째 빈칸에서 A밖에 정답이 될 수 없기 때문에, 실제 시험에서는 선택지 A를 정답으로 고른 후 바로 다음 문제로 넘어간다.

셋째 빈칸 해설

선택지가 모두 '예상하다, 짐작하다'와 관련된 의미의 동사 유의어이다. '일단 방법이 잘못되면, 아이의 행동에 규범적인 영향을 미치지 못할 뿐만 아니라, ＿＿못한 결과를 얻을 수도 있다'라는 문맥에 어울리는 선택지 A 意料(예상하지), B 设想(상상하지), D 估计(예측하지)를 정답의 후보로 고른다.

01 유의어 공략하기

유의어는 의미가 서로 비슷하여 혼동하기 쉬우므로, 호응하는 어휘나 쓰임에 따라 가장 적합한 것을 고를 수 있어야 한다. 별책부록 <HSK 6급 고득점 대비 핵심어휘집> (p.14~37)에 수록된 시험에 자주 출제되는 유의어를 예문과 함께 반드시 외워둔다.

문제풀이 전략

Step 1 선택지 유형 확인하기

빈칸의 선택지 조합이 주로 같은 품사이면서 의미가 비슷한 유의어로 구성된 유형이다. 이 경우 공통글자를 자주 포함한다.

Step 2 정답의 후보 또는 정답 고르기

1. 동사 유의어인 경우

빈칸이 술어 자리이면 주어, 목적어, 보어와 의미상으로 호응하는 선택지를, 관형어 자리이면 뒤에 나오는 주어나 목적어와 의미적으로 호응하는 선택지를, 부사어 자리이면 뒤에 나오는 술어와 의미적으로 호응하는 선택지를 고른다. 이후 빈칸에 넣어 주변과의 문맥이 자연스러운지 확인한다.

那位患者的胃脏功能还没有 (恢复/修复) 过来。   그 환자의 위장 기능은 아직 (회복/복구)되지 않았다.
　　　　　주어　　　　　　술어　　　보어

对于孩子诚实的态度，应该 (适应/相应)地 给予表扬。   아이의 성실한 태도에 대해, (적응하/적절하)게 칭찬을 해줘야 한다.
　　　　　　　　　　　　부사어　　　　술어

2. 형용사 유의어인 경우

빈칸이 술어 자리이면 주어와 의미적으로 호응하는 선택지를, 관형어 자리이면 뒤에 나오는 주어나 목적어와 의미적으로 호응하는 선택지를, 부사어 자리이면 뒤에 나오는 술어와 의미적으로 호응하는 선택지를 고른다. 이후 빈칸에 넣어 주변과의 문맥이 자연스러운지 확인한다.

西安兵马俑的脸部轮廓非常 (清楚/清晰)。   시안 병마용의 얼굴 윤곽은 매우 (분명하다/뚜렷하다).
　　　　　　　　　주어　　　　　술어

植物在进行光合作用时需要 (充足/富足)的 光线。   식물은 광합성을 할 때 (충분/풍족)한 빛이 필요하다.
　　　　　　　　　　　　　　관형어　　　목적어

3. 명사 유의어인 경우

빈칸 앞의 술어나 관형어 또는 빈칸 바로 앞뒤의 명사와 의미적으로 호응하는 선택지를 고른다. 이후 빈칸에 넣어 주변과의 문맥이 자연스러운지 확인한다.

斟酒敬客，是蒙古族待客的传统 (格式/方式)。   술을 따르며 손님을 접대하는 것은 몽고족이 손님을 접대하는 전통적인 (양식/방식)이다.
　　　　　　　　　　　　관형어　　명사

4. 부사 유의어인 경우

술어와 의미적으로 호응하는 선택지 또는 빈칸 주변의 문맥에 어울리는 선택지를 고른다.

东巴文创始于唐代，(将近/就近) 有一千年的历史。   둥바문자는 당대에 창시됐고, (거의/근처에) 천 년의 역사가 있다.
　　　　　　　　　　　　부사

🌿 전략 적용

Step별 해설을 보기 전에, 문제풀이 전략에 따라 직접 빈칸에 들어갈 선택지를 골라보세요.

1️⃣ 동사 유의어인 경우

(1)

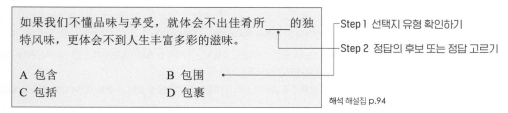

如果我们不懂品味与享受，就体会不出佳肴所____的独特风味，更体会不到人生丰富多彩的滋味。

A 包含　　　　　　　B 包围
C 包括　　　　　　　D 包裹

Step 1 선택지 유형 확인하기
Step 2 정답의 후보 또는 정답 고르기

해석 해설집 p.94

Step 1 선택지가 모두 공통글자 **包**를 포함하여 '둘러싸다, 포용하다'와 관련된 의미의 동사 유의어이다.

Step 2 빈칸이 관형어 자리이므로, 목적어 **独特风味**(독특한 풍미를)와 의미적으로 호응하는 선택지 A **包含**(포함하고 있는)이 정답이다. '만약 우리가 맛보고 즐길 줄 모른다면, 맛있는 요리가 ____ 독특한 풍미를 경험할 수 없으며'라는 문맥과도 자연스럽다.

B **包围**(포위하고 있는), C **包括**(포괄하고 있는), D **包裹**(포장하고 있는)는 문맥과 어울리지 않는다. 참고로 D **包裹**는 **寄包裹**(소포를 부치다), **打包裹**(소포를 싸다)와 같이 '소포'라는 명사적인 의미로도 사용한다.

(2)

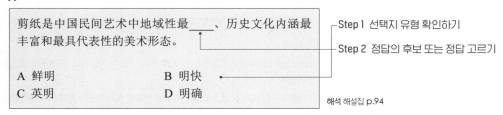

为了在这次国际大赛中能夺冠军，他不辞劳苦____练习了所有的舞蹈动作。

A 重叠　　　　　　　B 拖延
C 重复　　　　　　　D 延迟

Step 1 선택지 유형 확인하기
Step 2 정답의 후보 또는 정답 고르기

해석 해설집 p.94

Step 1 선택지 A, C는 공통글자 **重**을 포함하여 '중복하다'와 관련된 의미의 동사 유의어이고, 선택지 B, D는 공통글자 **延**을 포함하여 '미루다'와 관련된 의미의 동사 유의어이다.

Step 2 빈칸이 부사어 자리이므로, 빈칸 뒤의 술어 **练习**(연습하다)와 의미적으로 호응하는 선택지 B **拖延**(미뤄서), C **重复**(반복해서)를 정답의 후보로 고른다. '고생을 마다하지 않고 모든 무용 동작을 ____연습했다'라는 문맥에 어울리는 것은 C **重复**이므로 C가 정답이다.

A **重叠**(중첩해서), B **拖延**(미뤄서), D **延迟**(연기해서)은 문맥과 어울리지 않는다. 참고로 B **拖延**은 주로 일을 빠르게 처리하지 않아 시간이 늦춰지는 것을, D **延迟**은 시간을 뒤로 미루는 것을 나타낸다.

2️⃣ 형용사 유의어인 경우

(1)

剪纸是中国民间艺术中地域性最____、历史文化内涵最丰富和最具代表性的美术形态。

A 鲜明　　　　　　　B 明快
C 英明　　　　　　　D 明确

Step 1 선택지 유형 확인하기
Step 2 정답의 후보 또는 정답 고르기

해석 해설집 p.94

Step 1 선택지가 모두 공통글자 **明**을 포함하여 '분명하다, 선명하다'와 관련된 의미의 형용사 유의어이다.

Step 2 빈칸이 술어 자리이므로, 빈칸 앞의 주어 **地域性**(지역성이)과 의미적으로 호응하는 선택지 A **鲜明**(뚜렷하고)이 정답이다. '전지는 중국 민간 예술 중에서 지역성이 가장 ____'라는 문맥과도 자연스럽다.

B **明快**(명쾌하고), C **英明**(현명하고), D **明确**(명확하고)는 문맥과 어울리지 않는다. 참고로 D **明确**는 주로 **界限**(경계), **目标**(목표) 등의 어휘와 호응한다.

(2)

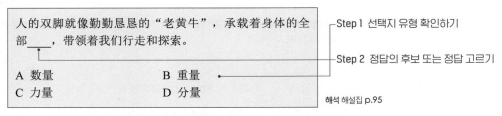

減肥者如果在 ＿＿＿ 安排食物的同时，适当地结合有氧运动，不仅能减肥成功，还会使减肥后的体重得到巩固。

　A 合算　　　　　　　　B 合适
　C 合法　　　　　　　　D 合理

Step 1 선택지 유형 확인하기
Step 2 정답의 후보 또는 정답 고르기

해석 해설집 p.95

Step 1　선택지가 모두 공통글자 **合**를 포함하여 '맞다, 부합하다'와 관련된 의미의 형용사 유의어이다.

Step 2　빈칸이 부사어 자리이므로, 빈칸 뒤의 술어 **安排**(조절한다)와 의미적으로 호응하는 선택지 D **合理**(적절하게)가 정답이다. '다이어트 중인 사람이 만약 음식을 ＿＿＿ 조절하는 동시에'라는 문맥과도 자연스럽다.
B **合适**(알맞게)은 동사 앞에서 부사어로는 쓰이지 않고 주로 술어로 쓰이기 때문에 정답이 될 수 없다. A **合算**(수지에 맞게), C **合法**(합법적이게)는 문맥과 어울리지 않는다.

③ 명사 유의어인 경우

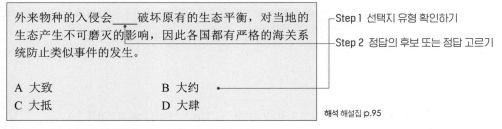

人的双脚就像勤勤恳恳的"老黄牛"，承载着身体的全部＿＿＿，带领着我们行走和探索。

　A 数量　　　　　　　　B 重量
　C 力量　　　　　　　　D 分量

Step 1 선택지 유형 확인하기
Step 2 정답의 후보 또는 정답 고르기

해석 해설집 p.95

Step 1　선택지가 모두 공통글자 **量**을 포함하여 '양'과 관련된 의미의 명사 유의어이다.

Step 2　빈칸 앞의 관형어 **身体的全部**(몸의 전체)와 의미적으로 호응하는 선택지 B **重量**(무게를), C **力量**(역량을)을 정답의 후보로 고른다. '사람의 두 발은 근면 성실한 '나이 든 황소'처럼, 몸의 전체 ＿＿＿ 를 지탱하며 우리를 걷고 탐험하도록 이끈다'라는 문맥에 어울리는 것은 B **重量**이므로 B가 정답이다.
A **数量**(수량을), C **力量**(역량을), D **分量**(분량을)은 문맥과 어울리지 않는다.

④ 부사 유의어인 경우

外来物种的入侵会＿＿＿破坏原有的生态平衡，对当地的生态产生不可磨灭的影响，因此各国都有严格的海关系统防止类似事件的发生。

　A 大致　　　　　　　　B 大约
　C 大抵　　　　　　　　D 大肆

Step 1 선택지 유형 확인하기
Step 2 정답의 후보 또는 정답 고르기

해석 해설집 p.95

Step 1　선택지가 모두 공통글자 **大**를 포함한 부사 유의어이다.

Step 2　빈칸이 부사어 자리이므로, 빈칸 뒤의 술어 **破坏**(파괴하다)와 의미적으로 호응하는 D **大肆**(마구잡이로)가 정답이다. '외래종의 침입은 원래의 생태 균형을 ＿＿＿ 파괴하고'라는 문맥과도 자연스럽다.
A **大致**(대체로), B **大约**(대략), C **大抵**(대개)는 문맥과 어울리지 않는다. 참고로 A **大致**, B **大约**은 주로 숫자 표현과 함께 쓰여 대략적인 수를 나타내고, C **大抵**는 주로 **相同**(똑같다), **如此**(이러하다) 등의 어휘와 호응한다.

빈칸에 알맞은 선택지를 고르세요.

1. 植物学家在非洲沙漠地区发现了一种古怪的植物：它如章鱼般趴在沙地上，低矮而粗壮。它是世界上唯一永不落叶的＿＿＿植物——百岁兰。百岁兰是植物界的活化石。它长有两片终生不停＿＿＿的宽大叶子，叶子底部有不断分裂新细胞的组织，因而具有＿＿＿的生命力。

   A 珍重　生效　坚韧　　　　　　　B 稀奇　生育　坚强
   C 难得　生产　强大　　　　　　　D 珍贵　生长　顽强

2. 人生的速度是由快慢相结合的，快有快的好，慢有慢的妙。快使人在竞争中＿＿＿优势，慢使人对生活有更＿＿＿的理解，快是一种前进的动力，慢是一种精神的放松，快慢结合才能控制好人生的速度。因此，人生路上要调整好＿＿＿，时而快时而慢，＿＿＿地走好每一步。

   A 占领　鲜明　礼节　结实　　　　B 占有　明确　环节　扎实
   C 占据　透彻　节奏　踏实　　　　D 霸占　清晰　情节　坚实

3. 济南三大名胜之一的趵突泉，具有"天下第一泉"的＿＿＿。它是最早见于古代文献的济南名泉。所谓"趵突"，即跳跃奔突之意，＿＿＿了趵突泉喷涌不息的特点。趵突泉水从地下石灰岩溶洞中涌出，水＿＿＿见底，水质状况良好，含有的细菌量极低，是理想的＿＿＿饮用水。

   A 美称　反映　清澈　天然　　　　B 称号　反馈　清晰　必然
   C 称呼　反抗　清醒　偶然　　　　D 称谓　反驳　清淡　显然

4. 即使血液中心的血资源匮乏，政府也仍坚持提倡＿＿＿献血，不会给献血者提供经济奖励。这是因为道德动机和经济动机之间存在一定的关联性，当人们因献血得到一笔奖金时，献血就从一种＿＿＿的道德慈善行为变成了＿＿＿利益的交易行为，这就会让人有意识地＿＿＿利弊。

   A 无辜　高贵　力求　衡量　　　　B 无私　崇高　征求　平衡
   C 无知　高明　追求　测量　　　　D 无偿　高尚　谋求　权衡

5. 在生活中，人们往往＿＿＿细节，总是把自己的目标＿＿＿在干大事上，却不知细节决定事情的＿＿＿。然而所谓的大事，＿＿＿就是由众多细节串联起来的。老子也＿＿＿强调过细节的重要性："天下难事，必作于易；天下大事，必作于细。"可见做事时，无论事情是大是小，都要注重细节的把控。

   A 忽视　稳固　成就　本质　一经　　B 忽略　锁定　成败　根本　曾经
   C 疏忽　冻结　成果　本领　仍然　　D 省略　固定　成效　本身　依然

정답 해설집 p.95

의미가 다른 어휘 공략하기

의미가 다른 어휘는 각 어휘의 뜻만 정확히 알고 있으면 빈칸에 들어갈 어휘를 비교적 쉽게 고를 수 있다. 동사와 명사가 가장 자주 출제되며 형용사, 부사/접속사, 성어, 양사 순으로 출제된다. 별책부록 <HSK 6급 고득점 대비 핵심어휘집>에 수록된 빈출 어휘를 호응어휘와 함께, 사자성어를 예문과 함께 반드시 외워둔다.

문제풀이 전략

Step 1 선택지 유형 확인하기

빈칸의 선택지 조합이 서로 다른 의미의 어휘로 구성된 유형이다. 이 경우 각 어휘의 의미와 품사를 같이 확인한다.

Step 2 정답의 후보 또는 정답 고르기

1. 동사인 경우

빈칸이 술어 자리이면 주어, 목적어, 보어와 의미적으로 호응하는 선택지를, 관형어 자리이면 뒤에 나오는 주어나 목적어와 의미적으로 호응하는 선택지를, 부사어 자리이면 뒤에 나오는 술어와 의미적으로 호응하는 선택지를 고른다. 이후 빈칸에 넣어 주변과의 문맥이 자연스러운지 확인한다.

指甲可以 (实验/增强) 手指触觉的敏感性。　손톱은 손가락 촉각의 민감성을 (시험/강화)할 수 있다.
　주어　　　　술어　　　　　　　　목적어

2. 형용사인 경우

빈칸이 술어 자리이면 주어와 의미적으로 호응하는 선택지를, 관형어 자리이면 뒤에 나오는 주어나 목적어와 의미적으로 호응하는 선택지를, 부사어 자리이면 뒤에 나오는 술어와 의미적으로 호응하는 선택지를 고른다. 이후 빈칸에 넣어 주변과의 문맥이 자연스러운지 확인한다.

阳光 (耀眼/响亮) 地 照射在波光粼粼的水面上。　햇살이 반짝반짝 빛나는 수면 위를 (눈부시/우렁차)게 비추고 있다.
　　　　부사어　　　술어

3. 명사인 경우

빈칸 앞의 술어나 관형어 또는 빈칸 바로 앞뒤의 명사와 의미적으로 호응하는 선택지를 고른다. 이후 빈칸에 넣어 주변과의 문맥이 자연스러운지 확인한다.

抖空竹是一个历史悠久的杂技 (方法/项目)　공죽놀리기는 역사가 유구한 서커스 (방법/종목)이다.
　　　　　　　　　　　　명사　　명사

4. 부사/접속사인 경우

술어와 의미적으로 호응하는 선택지 또는 빈칸 주변의 문맥에 어울리는 선택지를 고른다.

吃剩的饭菜最好放入冰箱保管，(免得/除非) 食物过快腐坏。　음식물이 너무 빠르게 썩지 (않도록/않고서는), 먹고 남은 반찬은 냉장고에 넣어 보관하는 것이 가장 좋다.
　　　　　　　　　　　　　　　접속사

5. 성어인 경우

선택지 조합이 4글자로 되어 있을 경우 빈칸 주변 또는 단문 전체의 문맥에 어울리는 선택지를 고른다.

孩子闯祸之后，家长不应该马上 (气急败坏/急功近利) 地责骂。　아이가 사고를 친 후에, 부모는 곧바로 (격분하/눈앞에 이익에 급급히)여 꾸짖으면 안 된다.
　　　　　　　　　　　　　　　　　　　성어

6. 양사인 경우

빈칸 뒤 명사와 호응하는 선택지를 고른다.

人生就像一 (桌/盆) 风味各异的佳肴 。　인생은 맛이 다 제각각인 요리 한 (상/태야)과 같다.
　　　　　　양사　　　　　명사

🎋 전략 적용

Step별 해설을 보기 전에, 문제풀이 전략에 따라 직접 빈칸에 들어갈 선택지를 골라보세요.

1 동사인 경우

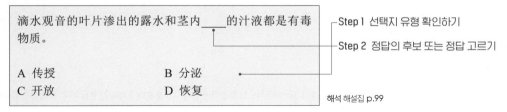

滴水观音的叶片渗出的露水和茎内____的汁液都是有毒物质。

A 传授   B 分泌
C 开放   D 恢复

Step 1 선택지 유형 확인하기
Step 2 정답의 후보 또는 정답 고르기

해석 해설집 p.99

Step 1   선택지가 모두 의미가 다른 동사이다.

Step 2   빈칸이 관형어 자리이므로, 빈칸 뒤의 주어 汁液(진액은)와 의미적으로 호응하는 선택지 B 分泌(분비되는)가 정답이다. '줄기 안에서 ____ 진액은 모두 독이 있는 물질이다'라는 문맥과도 자연스럽다.

         A 传授(전수되는), C 开放(개방되는), D 恢复(회복되는)는 문맥과 어울리지 않는다.

2 형용사인 경우

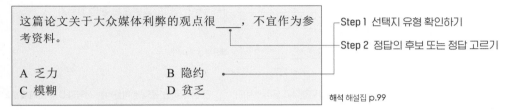

这篇论文关于大众媒体利弊的观点很____，不宜作为参考资料。

A 乏力   B 隐约
C 模糊   D 贫乏

Step 1 선택지 유형 확인하기
Step 2 정답의 후보 또는 정답 고르기

해석 해설집 p.99

Step 1   선택지가 모두 의미가 다른 형용사이다.

Step 2   빈칸이 술어 자리이므로, 빈칸 앞의 주어 观点(관점이)과 의미적으로 호응하는 선택지 C 模糊(모호해서)가 정답이다. '관점이 ____, 참고 자료로 삼기에 적절하지 않다'라는 문맥과도 자연스럽다.

         A 乏力(힘이 없어서), B 隐约(희미해서), D 贫乏(가난해서)는 문맥과 어울리지 않는다. 참고로 A 乏力는 체력적으로 기력이 없는 것을 나타내고, B 隐约는 주로 隐约可见(희미하게 보이다), 隐约听到(희미하게 들리다)와 같이 동사를 수식할 때 사용한다.

3 명사인 경우

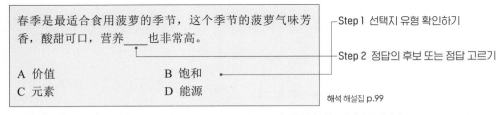

春季是最适合食用菠萝的季节，这个季节的菠萝气味芳香，酸甜可口，营养____也非常高。

A 价值   B 饱和
C 元素   D 能源

Step 1 선택지 유형 확인하기
Step 2 정답의 후보 또는 정답 고르기

해석 해설집 p.99

Step 1   선택지가 모두 의미가 다른 어휘로, A, C, D는 명사이고, B는 '포화하다'라는 의미의 동사이다.

Step 2   빈칸 앞의 명사 营养(영양)과 나란히 쓰일 때 자연스럽고, 빈칸 뒤의 술어 高(높다)와 의미적으로 호응하는 선택지 A 价值(가치)이 정답이다. '영양 ____도 매우 높다'라는 문맥과도 자연스럽다.

         B 饱和(포화), C 元素(원소), D 能源(에너지원)은 문맥과 어울리지 않는다.

4 부사/접속사인 경우

运动员刘翔曾在跨栏项目上____创造世界纪录，该项运动对运动员技术性要求很高，运动员需要经过专业系统的训练才能达到较高的水平。

A 索性　　　　　　　　B 屡次
C 仍旧　　　　　　　　D 日益

Step 1　선택지 유형 확인하기
Step 2　정답의 후보 또는 정답 고르기

해석 해설집 p.99

Step 1　선택지가 모두 의미가 다른 부사이다.

Step 2　빈칸은 부사어 자리이므로, 빈칸 뒤의 술어 **创造**(세우다)와 의미적으로 호응하는 선택지 B **屡次**(여러 차례)가 정답이다. '운동선수 류샹은 일찍이 허들 종목에서 ____ 세계 최고 기록을 세웠다'라는 문맥과도 자연스럽다.

A **索性**(차라리), C **仍旧**(여전히), D **日益**(날로)는 문맥과 어울리지 않는다.

5 성어인 경우

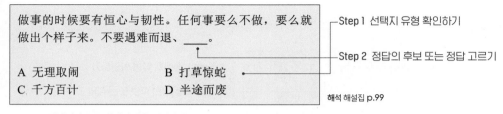

做事的时候要有恒心与韧性。任何事要么不做，要么就做出个样子来。不要遇难而退、____。

A 无理取闹　　　　　　B 打草惊蛇
C 千方百计　　　　　　D 半途而废

Step 1　선택지 유형 확인하기
Step 2　정답의 후보 또는 정답 고르기

해석 해설집 p.99

Step 1　선택지가 모두 의미가 다른 성어이다.

Step 2　선택지 조합이 4글자로 된 성어이므로, '어려움이 닥쳤다고 물러서서도, ____ 안 된다.'라는 문맥에 어울리는 선택지 D **半途而废**(중도에 포기해서도)가 정답이다.

A **无理取闹**(고의로 소란을 피워서도), B **打草惊蛇**(부주의하여 상대방이 미리 알아차리도록 해서도), C **千方百计**(갖은 방법을 다 써서도)는 문맥과 어울리지 않는다.

6 양사인 경우

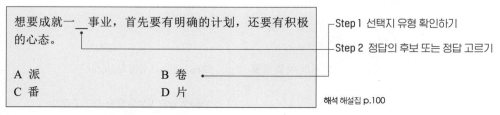

想要成就一__事业，首先要有明确的计划，还要有积极的心态。

A 派　　　　　　　　　B 卷
C 番　　　　　　　　　D 片

Step 1　선택지 유형 확인하기
Step 2　정답의 후보 또는 정답 고르기

해석 해설집 p.100

Step 1　선택지가 모두 의미가 다른 양사이다.

Step 2　빈칸 뒤의 명사 **事业**(사업)와 함께 쓰이는 양사 C **番**(번)이 정답이다.

A **派**(파)는 파벌 또는 **一派胡言**(온통 허튼 소리), **一派春光**(완연한 봄 경치)과 같이 소리나 경치 등을 세는 양사이고, B **卷**(통)은 **胶卷**(필름), **报纸**(신문)과 같이 원통형으로 말아 놓은 물건을 세는 양사이고, D **片**(편)은 주로 **树叶**(나뭇잎), **景象**(광경) 등의 명사와 함께 쓰인다.

빈칸에 알맞은 선택지를 고르세요.

1. 宠物已然成为了一种很重要的陪伴，是人们缓解工作压力和孤独感的精神依靠。"它经济"
是指年轻人将情感＿＿＿于宠物，不惜为自己的萌宠购置各类宠物用品的消费现象。很多人平
日里＿＿＿，对宠物却可以一掷千金。如今，宠物＿＿＿日渐呈现出专业化和精细化的趋势。

   A 寄托　省吃俭用　市场　　　　　　B 衬托　一举两得　模式
   C 依托　知足常乐　产业　　　　　　D 委托　锲而不舍　缺口

2. 箜篌是中国古代传统拨弦乐器，是宫廷庆典和＿＿＿的"座上客"。这一曾经＿＿＿一时的古老
乐器，在千百年的时光流转中，＿＿＿了盛极而衰的命运——在唐代达到鼎盛后，从14世纪开
始就不再流行，＿＿＿慢慢消失，现在只能在壁画上看到一些箜篌的图样。

   A 仪式　嘈杂　响应　即便　　　　　B 酒席　美满　遭受　连同
   C 宴会　辉煌　遭遇　以致　　　　　D 朝堂　狼狈　遭殃　何况

3. 春秋时期，息国与较强的郑国相邻。一次，两国之间发生＿＿＿，息国一怒之下出兵侵略了郑
国。不料郑国＿＿＿地打败了息国，很多人认为息国对自己的实力没有正确的判断，＿＿＿不久
以后息国就被其他国家灭国了。息国不能正确＿＿＿自己能力的这个行为被称为"自不量力"，
这便是成语"自不量力"的来历。

   A 争执　轻而易举　果然　评估　　　B 事故　讨价还价　从此　估量
   C 迹象　饱经沧桑　公然　抢救　　　D 纠纷　爱不释手　毅然　批发

4. "双手兼用可提升大脑功能"这一认知长期占据公众＿＿＿，有不少人＿＿＿通过双手兼用，来增
强记忆力，重新塑造神经环路，提升思维能力。大脑的结构和功能＿＿＿会因为某些新经历和
多种形式的训练而发生变化，但经过几＿＿＿研究，一些神经学家认为，双手兼用并不一定能
让人变聪明。

   A 地位　达成　愈加　顿　　　　　　B 视野　力求　的确　轮
   C 主流　达到　逐步　阵　　　　　　D 眼色　谋求　依旧　批

5. 二战时期，英军根据从战场飞回的飞机，统计出战斗机＿＿＿最多的部位在机翼，于是他们决
定改进该部位的保护＿＿＿，但这其实是统计的偏差，因为其他部位中弹的飞机＿＿＿大多都坠
毁了。可见当取得资讯的＿＿＿仅来自于"幸存者"时，此资讯会与实际情况存在偏差，这就
是＿＿＿的幸存者偏差。

   A 损耗　器材　分明　见解　公正　　B 毁坏　武器　明确　途径　片面
   C 损坏　技术　鲜明　轨道　个别　　D 受损　装备　显然　渠道　所谓

정답 해설집 p.100

빈칸에 알맞은 선택지를 고르세요.

1. 为了帮助人们进一步了解植物和昆虫生物学，科学家们＿＿钻研，终于发明出了一种可以检测湿度和温度的微型传感器。这种传感器一般会＿＿在大黄蜂的身上，它可以在不影响大黄蜂＿＿模式的情况下，搜集植物和昆虫的健康状况数据。

   A 不断　安装　飞行　　　　　　　　B 持续　操纵　飞翔
   C 顿时　装置　飞跃　　　　　　　　D 十足　旋转　飞舞

2. 帐篷是野外露营的必备工具之一。如果只是在郊外的公园扎营，那么选择能够＿＿风雨的帐篷即可，不必苛求其他方面的＿＿；然而如果在荒郊野外，就要准备一＿＿结实的专业帐篷了，这样做可以防止意想不到的事故发生。

   A 回避　功能　捧　　　　　　　　　B 避免　性质　枝
   C 遮挡　性能　顶　　　　　　　　　D 遮蔽　职能　副

3. 电视机从五十年代开始大规模地普及，猛烈地＿＿了电影市场。在这之后的五年间，电影票房下降了将近一半。为了改变这种局面，片商只能重新制定电影的拍摄＿＿，努力为观众提供无法在电视＿＿上获得的全新的视觉体验。

   A 刺激　策划　屏障　　　　　　　　B 冲击　策略　屏幕
   C 冲动　战略　频道　　　　　　　　D 打击　部署　字幕

4. "深蓝之境"是一个沉浸式的海洋互动展，它用数字技术复原了海洋＿＿场景，并且在展区内还有一个能与鱼类进行互动的＿＿。在这种高科技的支持下，参观者能够获得极其＿＿的视觉享受，这正是"深蓝之境"与传统水族馆的＿＿。

   A 生态　区域　美妙　差别　　　　　B 生育　范畴　逼真　区分
   C 生理　领域　真实　分歧　　　　　D 生机　场所　精致　划分

5. 防晒产品一般分为物理防晒剂和化学防晒剂。其中，物理防晒剂里含有很多极其细小的＿＿，它们能反射紫外线，＿＿起到防晒作用。与化学防晒剂相比，物理防晒剂对皮肤很＿＿，但是防晒力一般都不高，同时也比较＿＿。

   A 粉末　从而　温和　油腻　　　　　B 疙瘩　进而　温柔　黏稠
   C 颗粒　然而　温暖　肥沃　　　　　D 尘土　因而　温顺　光滑

6. 在经济学领域，"独角兽"这个词被用来形容____时间短，但市场估值超过10亿美元的企业，这些企业具有很强的____力。近来，独角兽企业在北京如雨后春笋般____、聚集、成长，呈现出了一派____的景象。

A 创新　分裂　出版　任重道远　　　　B 创建　战斗　出现　理直气壮
C 创作　爆炸　产生　优胜劣汰　　　　D 创立　爆发　诞生　欣欣向荣

7. 很多植物都有最佳采摘时期。春笋的上市时间只有两周，过了这段时间，笋子就会越变越细，这是纤维变老、____下降的标志；蕨菜一般在三月初登场，到月底就变得____了；柳叶发出嫩芽时就要赶紧____下来，不再当令，入口就会觉得粗涩，____全无了。

A 品种　可见　提　滋润　　　　　　　B 品德　偏见　捏　意味
C 品质　罕见　掐　滋味　　　　　　　D 质量　常见　拧　趣味

8. 西北农林科技大学____出了土豆的新品种——"紫玫瑰二号"，这是该大学在农业方面取得的重大____。近日，中国农业农村部来到该大学，对此项目进行了实地考察。结束考察后，他们给该大学____了资格证书，这意味着这个新品种土豆得到了大面积种植的____。

A 培养　起源　批准　表决　　　　　　B 栽培　改革　承诺　决策
C 发育　成果　颁发　认可　　　　　　D 培育　进展　授予　许可

9. 四川地区降水____，河流众多，生态环境多种多样，因此吸引了____的中外游客。这里的气温深受气候和地形的影响，比如说亚热带季风气候与盆地地形带来了____，而雪山高峰又带来了酷寒。由于地势险峻，到这里的游客都____发出"蜀道之难，难于上青天"的感叹。

A 充实　举足轻重　亲热　不愧　　　　B 充足　川流不息　热烈　不禁
C 充沛　络绎不绝　炎热　不免　　　　D 充分　日新月异　热门　不顾

10. 中国的扫地机器人____仍处于发展初期，大部分家庭还是____于采用人工清洁的方式，因此扫地机器人在服务类家电消费市场的____率并不高。但是最近业内____表示，在未来五年内，中国的扫地机器人市场会迎来很大的发展，将会帮助人们从繁重的家务劳动中____出来。

A 行业　偏向　占有　绅士　注释　　　B 产业　倾向　渗透　人士　解放
C 事业　倾斜　蔓延　人员　开放　　　D 物业　倾听　流通　法人　排放

정답 해설집 p.103

제**3**부분

빈칸에 알맞은 내용 고르기

독해 제3부분은 하나의 지문에 포함된 5개의 빈칸에 A~E 중 알맞은 선택지를 하나씩 골라 채우는 형태이다. 총 2개의 지문이 출제되고 각각 71번~75번, 76번~80번으로 총 10개의 문제가 출제된다.

고득점 공략법 아래와 같은 세부 유형의 문제들이 출제되므로 그 공략법을 잘 익혀둔다.

고득점비책 01 　연결어를 단서로 고르기
고득점비책 02 　키워드를 단서로 고르기
고득점비책 03 　문맥을 단서로 고르기

출제 유형 분석 ···

1. **연결어**

   빈칸 주변의 연결어를 단서로 하여 알맞은 내용의 선택지를 고르는 유형이다. 총 10문제 중 1~3문제 정도 출제된다.

2. **키워드**

   빈칸 주변과 선택지에 각각 공통되거나 관련 있는 키워드가 있으면 이를 단서로 하여 알맞은 내용의 선택지를 고르는 유형이다. 총 10문제 중 1~3문제 정도 출제된다.

3. **문맥**

   빈칸 주변의 문맥을 단서로 하여 알맞은 내용의 선택지를 고르는 유형이다. 10문제 중 4~6문제 정도 출제된다.

지문을 처음부터 읽다가 빈칸이 나올 때마다 제시된 Step에 따라 문맥상 가장 적합한 내용의 선택지를 고른다.

<문제지에 제시된 지문과 선택지>

(71)

᠎᠎⁷¹人打哈欠是因为困倦想睡觉。然而，(71) ＿＿＿＿。⁷²一些猛兽在发起攻击之前，往往张开大嘴，(72) ＿＿＿＿。其作用是排出体内的二氧化碳，吸入新鲜氧气，使因长时间潜伏而僵硬的肌肉得到放松，为突然袭击积蓄力量。

　　几头狮子分散潜伏，用频频打哈欠的方式来彼此呼应，从而组织攻击。有时，狮王也通过打哈欠来平息群体的躁动。⁷³有时雄狮和带着幼狮的母狮同时打哈欠，(73) ＿＿＿＿＿，以保护幼狮免遭侵害。

　　⁷⁴打哈欠，也是野兽之间的一种哑语。斑马遇到危险情况时，就张开嘴巴向同伴们打哑语，从而发出警报。情况越紧急，斑马的口张得越大，反之则小。与此同时，(74) ＿＿＿＿——⁷⁴耳朵贴到后面，表示有敌情；耳朵朝上竖起，表示欢迎和问候。

　　⁷⁵对某些兽类来说，(75) ＿＿＿＿，⁷⁵是没有礼貌的行为，会遭到惩罚。所以，"辈分"低的兽类要打哈欠时，总要把头扭过一边，以避开"首领"和"长辈"的视线，微微张口或用嘴唇遮住牙齿，偷偷地打个哈欠。

A 狮子、斑马等野兽张嘴打哈欠的含义却远非如此
B 深吸一口气打个哈欠
C 在它们的"首领"或"长辈"面前打哈欠
D 斑马还会以扇动耳朵的方式来配合哑语
E 这是为了分散潜在入侵者的注意力

해석 해설집 p.111

Step 1 빈칸 주변에서 단서 찾기

빈칸 바로 앞에 '반대/전환'을 나타내는 연결어 **然而**(하지만)이 있고, 빈칸 앞이 '사람이 하품하는 것은 피곤하고 자고 싶기 때문이다.'라는 문맥임을 확인해둔다.

Step 2 단서를 토대로 알맞은 선택지 고르기

선택지 A **狮子、斑马等野兽张嘴打哈欠的含义却远非如此**(사자, 얼룩말 등 야생동물이 입을 벌려 하품하는 것의 의미는 오히려 이것과 많이 다르다)가 빈칸 앞 내용과 반대/전환되므로 정답이다.

72-75 해설

(72) 빈칸 앞이 '일부 맹수들은 공격을 시작하기 전에 항상 입을 크게 벌리고'라는 문맥임을 파악한다. 선택지 B **深吸一口气打个哈欠**(깊게 숨을 들이마시며 하품을 한다)이 빈칸 앞 내용의 이후 상황을 나타내므로 정답이다.

(73) 빈칸 앞이 '때로는 수사자와 새끼 사자를 데리고 있는 암사자가 동시에 하품하는데'라는 문맥임을 파악한다. 선택지 E **这是为了分散潜在入侵者的注意力**(이는 잠재된 침입자의 주의력을 분산시키기 위해서이고)가 빈칸 앞 내용을 구체적으로 설명하므로 정답이다.

(74) 빈칸 앞에서 언급한 **哑语**(수화), **斑马**(얼룩말)와 빈칸 바로 뒤에서 언급한 **耳朵**(귀)를 키워드 단서로 확인해둔다. **哑语, 斑马, 耳朵**를 그대로 사용한 선택지 D **斑马还会以扇动耳朵的方式来配合哑语**(얼룩말은 귀를 흔드는 방식으로 수화에 호응하기도 한다)가 정답이다. D를 빈칸에 넣었을 때 '하품하는 것은 야생동물 사이에서 일종의 수화이기도 하다. 얼룩말은……얼룩말은 귀를 흔드는 방식으로 수화에 호응하기도 한다. 귀가 뒤로 젖혀지면 적의 움직임이 있다는 것을 나타낸다'라는 자연스러운 문맥이 된다.

(75) 빈칸 주변이 '어떤 짐승에게 있어서, ＿＿＿＿, 예의 없는 행동이며 벌을 받게 된다'라는 문맥임을 파악한다. 선택지 C **在它们的"首领"或"长辈"面前打哈欠**(그들의 '우두머리'나 '연장자' 앞에서 하품하는 것은)이 빈칸 앞뒤 내용을 연결하므로 정답이다.

01 연결어를 단서로 고르기

빈칸 주변에 연결어가 있으면 이를 단서로 문맥의 앞뒤 관계를 파악하여 알맞은 선택지를 고르는 유형이다. 선택지에 짝을 이루어 사용되는 연결어가 있으면 비교적 쉽게 정답을 찾을 수 있는 유형으로, 시험에 자주 출제되는 연결어로 문맥을 파악하는 연습을 충분히 해두어야 한다.

문제풀이 전략

Step 1 빈칸 주변에서 단서 찾기

빈칸 주변에 다음과 같은 연결어가 있으면 이를 단서로 확인해둔다.

자주 짝을 이루어 사용되는 연결어	인과	因为/由于…, 所以/因此 ~때문에/~로 인해, 그래서/그러므로　　　既然…, 就/那么 ~인 이상, 그렇다면
	반대/전환	虽然…, 但/但是/可是 비록 ~하지만, 그러나
	점층	不但/不仅…, 也/还/而且… ~뿐만 아니라, ~도/게다가
	조건	只有…, 才 ~해야만, 비로소~　　　只要…, 就… ~하기만 하면 不论/无论/不管…, 都/也… ~와 상관없이
	가정	如果/若/要是…, 那么/就… 만약 ~라면
	양보	即使/哪怕…, 也… 설령 ~하더라도
	선택	不是…, 而是 ~가 아니라, ~이다　　　是…, 不是/而非… ~이지, ~가 아니다 不是…, 就是 ~가 아니면, ~이다
단독으로 사용되는 연결어	인과	因为 ~때문에　　由于 ~로 인해　　所以/而/于是/因而 그래서/그리하여　　因此 그러므로/따라서
	반대/전환	然而/不过 그러나/그런데　　其实 사실　　反而 오히려
	점층	进而… 더 나아가　　而且 게다가
	가정	如果/假如/万一… 만약 ~라면

Step 2 단서를 토대로 알맞은 선택지 고르기

1. 선택지에 연결어가 있는 경우

   • 1개의 선택지에 빈칸 주변의 연결어와 짝을 이루어 사용되는 연결어가 있으면 이를 정답으로 고른다. 이때 빈칸에 넣었을 때 문맥에 적절한지 반드시 확인한다.

   • 2개 이상의 선택지에 빈칸 주변 연결어와 짝을 이루는 연결어가 있으면 이를 정답의 후보로 하여, 문맥을 파악해서 가장 적절한 선택지를 정답으로 고른다.

   蚂蚁适应自然环境的能力很强，无论是高山洞穴，还是低洼农田，<u>到处都可以找到他们的踪迹</u>。
   개미는 자연환경에 적응하는 능력이 강하다. 높은 산의 동굴이든 움푹 패인 농경지이든 상관없이, 어디에서나 그들의 종적을 찾을 수 있다.

   ▶ 빈칸 앞에 无论是高山洞穴, 还是低洼农田이 있으므로, 无论과 자주 짝을 이루어 사용되는 연결어 都가 포함된 到处都可以找到他们的踪迹가 빈칸에 온다.

2. 선택지에 연결어가 없는 경우

   • 빈칸 주변의 연결어를 중심으로 하여, 문맥상 가장 적합한 선택지를 정답으로 고른다.

   如果飞行员没有接受过模拟训练，<u>(会有什么样的后果/飞机票的价格深受油价的影响)</u>？
   만약 조종사가 모의 훈련을 받은 적이 없다면, (어떤 좋지 않은 결과가 생길까/비행기 표의 가격은 유가의 영향을 심하게 받는다)?

   ▶ 빈칸 앞에 가정을 나타내는 연결어 如果가 있으므로, 如果飞行员没有接受过模拟训练을 통해 예측할 수 있는 상황을 나타내는 会有什么样的后果를 정답으로 고른다.

⚘ 전략 적용

Step별 해설을 보기 전에, 문제풀이 전략에 따라 직접 빈칸에 들어갈 선택지를 골라보세요.

◼ 선택지에 연결어가 있는 경우

(1)

只有通过了这一轮电话会谈，_____。电话会谈 ── Step 1 빈칸 주변에서 단서 찾기   定于本周三十点进行。   A 他才能获得飞往海外参加正式面试的机会 ── Step 2 단서를 토대로 알맞은 선택지 고르기   B 我的心情必然是闷闷不乐的

해석 해설집 p.111

Step 1   빈칸 앞에 '조건'을 나타내는 연결어 **只有**가 있고, '이번 전화 미팅을 통과해야지만'이라는 문맥임을 확인해둔다.

Step 2   선택지 A **他才能获得飞往海外参加正式面试的机会**(그는 비로소 해외로 가서 정식 면접에 참여할 기회를 얻을 수 있다)가 只有와 자주 짝을 이루어 사용되는 才를 포함하므로 정답이다. A를 빈칸에 넣었을 때 '이번 전화 미팅을 통과해야지만, 그는 비로소 해외로 가서 정식 면접에 참여할 기회를 얻을 수 있다.'라는 자연스러운 문맥이 된다.

(2)

张太太惊呆了，不知说什么好。画家摇摇头，平静地 ── Step 1 빈칸 주변에서 단서 찾기   说："她不是糊涂，_____。"   A 但心想这些画反正也没人要 ── Step 2 단서를 토대로 알맞은 선택지 고르기   B 而是双眼根本看不见

해석 해설집 p.111

Step 1   빈칸 앞에 '선택'을 나타내는 연결어 **不是**가 있고, '그녀는 어리석은 게 아니라'라는 문맥임을 확인해둔다.

Step 2   선택지 B **而是双眼根本看不见**(두 눈이 아예 보이지 않는 거예요)이 不是과 자주 짝을 이루어 사용되는 而是을 포함하므로 정답이다. B를 빈칸에 넣었을 때 '그녀는 어리석은 게 아니라, 두 눈이 아예 보이지 않는 거예요.'라는 자연스러운 문맥이 된다.

(3)

虽然金鱼和大多数水生动物都没有眼睑，_____。 ── Step 1 빈칸 주변에서 단서 찾기   A 可是水生动物是睁着双眼睡觉的 ── Step 2 단서를 토대로 알맞은 선택지 고르기   B 但是它们的眼球表面有透明保护层保护眼睛

해석 해설집 p.112

Step 1   빈칸 앞에 '반대/전환'을 나타내는 연결어 **虽然**이 있고, '비록 금붕어와 대다수 수생 동물은 모두 눈꺼풀이 없지만'이라는 문맥임을 확인해둔다.

Step 2   선택지 B **但是它们的眼球表面有透明保护层保护眼睛**(그러나 그들의 안구 표면에는 눈을 보호하는 투명한 보호막이 있다)이 虽然과 자주 짝을 이루어 사용되는 但是을 포함하고 빈칸 앞 내용과 반대/전환되므로 정답이다. B를 빈칸에 넣었을 때 '비록 금붕어와 대다수 수생 동물은 모두 눈꺼풀이 없지만, 그러나 그들의 안구 표면에는 눈을 보호하는 투명한 보호막이 있다.'라는 자연스러운 문맥이 된다.

2 선택지에 연결어가 없는 경우

[1]

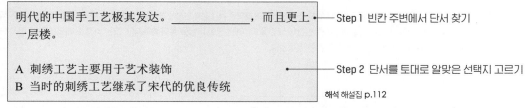

有些老人对自己的处境不满而又无能为力，_____。
因此老年人应该丰富自己的生活。

A 只能从过去的回忆中寻找安慰
B 在闲暇时光做一些自己感兴趣的事情

— Step 1 빈칸 주변에서 단서 찾기

— Step 2 단서를 토대로 알맞은 선택지 고르기

해석 해설집 p.112

Step 1 빈칸 바로 뒤에 '결론'을 나타내는 연결어 因此가 있고, '따라서 노인들은 자신의 생활을 풍부하게 해야 한다'라는 문맥임을 확인해둔다.

Step 2 선택지 A 只能从过去的回忆中寻找安慰(그저 과거의 기억 속에서 위안을 찾을 수밖에 없다)가 빈칸 뒤 내용의 이유가 되므로 정답이다.

[2]

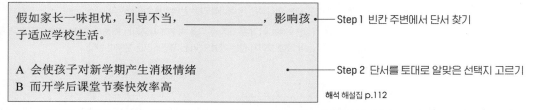

明代的中国手工艺极其发达。_____，而且更上
一层楼。

A 刺绣工艺主要用于艺术装饰
B 当时的刺绣工艺继承了宋代的优良传统

— Step 1 빈칸 주변에서 단서 찾기

— Step 2 단서를 토대로 알맞은 선택지 고르기

해석 해설집 p.112

Step 1 빈칸 바로 뒤에 '점층'을 나타내는 연결어 而且가 있고, '게다가 한층 더 발전했다'라는 문맥임을 확인해둔다.

Step 2 선택지 B 当时的刺绣工艺继承了宋代的优良传统(당시의 자수 공예는 송나라 시대의 우수한 전통을 이어받았고)이 빈칸 뒤 내용과 자연스럽게
이어지므로 정답이다.

[3]

假如家长一味担忧，引导不当，_____，影响孩
子适应学校生活。

A 会使孩子对新学期产生消极情绪
B 而开学后课堂节奏快效率高

— Step 1 빈칸 주변에서 단서 찾기

— Step 2 단서를 토대로 알맞은 선택지 고르기

해석 해설집 p.112

Step 1 빈칸 앞에 가정을 나타내는 연결어 假如가 있고, '만약 부모가 무턱대고 걱정하며 적절치 않게 지도하면'이라는 문맥임을 확인해둔다.

Step 2 선택지 A 会使孩子对新学期产生消极情绪(아이들로 하여금 새 학기에 대해 부정적인 정서가 생기게 할 수 있고)가 빈칸 앞 내용을 가정했을 때
의 상황으로 자연스럽게 이어지므로 정답이다.

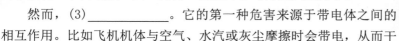

빈칸에 알맞은 선택지를 고르세요.

1-5.

(1)＿＿＿＿＿＿＿＿，其实在日常生活中，我们常常能接触到一些科学原理。比如，在天气干燥的秋冬季节，我们容易碰到这种现象：梳头时感觉头发一直往上"飘"；脱毛衣的时候出现闪光和劈里啪啦的响声；见面握手时，瞬间感到指尖刺痛等等。这些就是我们常说的静电现象。

当处于静止状态或者不流动的电荷，聚集在某个物体表面时，就会形成静电。只要控制好静电，(2)＿＿＿＿＿＿＿＿。静电印花、静电喷涂、静电除尘等技术都是静电被广泛应用的例子。静电甚至开始在海水淡化、农药喷洒、人工降雨、低温冷冻等方面大显身手。

然而，(3)＿＿＿＿＿＿＿＿。它的第一种危害来源于带电体之间的相互作用。比如飞机机体与空气、水汽或灰尘摩擦时会带电，从而干扰飞机无线电设备的正常工作。静电的第二种危害是，静电火花可能会点燃某些易燃物而引发爆炸。平时我们脱衣服时产生的火花对人体没有影响，但是这样的火花在煤矿区域就会引起瓦斯爆炸。

(4)＿＿＿＿＿＿＿＿，因此完全消除静电几乎是不可能的，但是可以采取一些措施来控制静电的发生。冬天触碰门把手时，就容易因静电而产生触电的感觉。为了避免这种情况，可以在出门前先洗一下手，或者涂抹护手霜来保持双手湿润；或者尽量不穿用化纤面料制成的衣服；又或者可以先用木质小物件、棉布等碰一下门把手，再用手触碰。(5)＿＿＿＿＿＿＿＿，进而减少了产生静电的概率。

A 由于随时随地都有可能产生静电

B 许多人认为科学很难

C 静电还会带来一定的危害

D 这些行为消除了部分静电

E 它就可以为人类做出贡献

정답 해설집 p.112

02 키워드를 단서로 고르기

빈칸 주변에서만 언급된 특정 소재가 있으면 이를 키워드 단서로 하여 알맞은 선택지를 고르는 유형이
다. 키워드 단서만 찾으면 비교적 쉽게 정답을 찾을 수 있는 유형으로, 지문을 읽을 때 새롭게 언급된 특
정 소재가 있으면 확인해두는 것이 중요하다.

문제풀이 전략

Step 1 빈칸 주변에서 단서 찾기

지문을 읽다가 빈칸 주변에서 새롭게 언급된 특정 소재가 있으면 이를 키워드 단서로 확인해둔다. 이때, 빈칸 뒤에 지시대사
这나 其中과 함께 쓰인 어휘가 있으면 키워드 단서가 되기 쉽다.

Step 2 단서를 토대로 알맞은 선택지 고르기

1. 빈칸 주변에서 새롭게 언급된 특정 소재가 키워드 단서가 되는 경우

   • 빈칸 주변에서 새롭게 언급된 특정 소재 표현을 그대로 사용했거나, 같은 주제로 연결되는 관련 표현을 사용한 선택지를
   정답으로 고른다.

   比高收入更为重要的是懂得如何花钱。有时，<u>比起为自己花钱</u>，为别人花钱会更令人愉快。
   높은 수입보다 더 중요한 것은 어떻게 돈을 쓰는지 아는 것이다. 때로는, 자신을 위해 돈을 쓰는 것보다 남을 위해 돈을 쓰는 것이 사람
   을 더 기쁘게 할 수 있다.

   ▶ 빈칸 뒤의 为别人花钱을 단서로 하여 관련 있는 표현을 사용한 比起为自己花钱이 빈칸에 온다.

2. 빈칸 뒤에 나온 지시대사 这나 其中과 함께 쓰인 어휘가 키워드 단서가 되는 경우

   • 빈칸 뒤에 나온 지시대사 这나 '这+양사' 또는 其中 뒤에 쓰인 어휘를 그대로 사용한 선택지를 정답으로 고른다.

   <u>不同地域的贝类会产出不同种类的珍珠</u>，其中淡水珍珠的最大产地在中国浙江。
   서로 다른 지역의 조개류는 서로 다른 종류의 진주를 생산해낼 수 있는데, 그중 담수 진주의 최대 생산지는 중국 저장성에 있다.

   ▶ 其中 뒤의 珍珠를 그대로 사용한 不同地域的贝类会产出不同种类的珍珠가 빈칸에 온다.

전략 적용

Step별 해설을 보기 전에, 문제풀이 전략에 따라 직접 빈칸에 들어갈 선택지를 골라보세요.

1 빈칸 주변에서 새롭게 언급된 특정 소재가 키워드 단서가 되는 경우

[1]

　　沼泽是地表长时间被浅水覆盖而形成的区域。沼泽的土壤水分饱和，里面生长着大量喜水性沼生生物，这导致沼泽看上去如同一片平静的绿地，实则下面是"无底的深渊"。
　　沼泽虽然具有危险性，但是它能够保持地区生态平衡。通过不断蒸发水分，沼泽可以增加大气的湿度，调节降雨，这有利于林木和农作物的生长。与此同时，沼泽中还有大量药用植物，＿＿＿＿＿＿。 ● ——— Step 1 빈칸 주변에서 단서 찾기

A 也要加强这些动物资源的保护
B 人们可以合理利用这些植物资源 ● ——— Step 2 단서를 토대로 알맞은 선택지 고르기

해석 해설집 p.114

Step 1　빈칸 앞에서 새롭게 언급된 **植物**를 키워드 단서로 확인해둔다.

Step 2　**植物**를 그대로 사용한 선택지 B **人们可以合理利用这些植物资源**(사람들은 이런 식물 자원을 합리적으로 활용할 수 있다)이 정답이다. B를 빈칸에 넣었을 때 '늪에는 다량의 약용 식물도 있어서, 사람들은 이런 식물 자원을 합리적으로 활용할 수 있다'라는 자연스러운 문맥이 된다.

[2]

　　楚国有一个叫叶公的人，他经常对别人说自己有多喜欢龙这种生物，甚至在装修房子的时候，还让工匠处处都雕刻龙，把家里装饰得像龙宫一样。
　　天宫的真龙听到这个消息，说一定要见见这个人，便从天上下来，去了叶公家里。＿＿＿＿＿＿，尾部 ● ——— Step 1 빈칸 주변에서 단서 찾기
拖在厅堂的地板上。叶公见到真龙，却吓得惊慌失色，魂不附体。原来他只是口头上说说而已，而非真的喜欢龙。

A 它把头部伸进窗户里张望
B 它一脸失望地看着叶公 ● ——— Step 2 단서를 토대로 알맞은 선택지 고르기

해석 해설집 p.114

Step 1　빈칸 뒤에서 새롭게 언급된 **尾部**를 키워드 단서로 확인해둔다.

Step 2　**尾部**와 관련된 키워드 **头部**가 있는 선택지 A **它把头部伸进窗户里张望**(그는 머리 부분을 창문 안으로 들이밀어 둘러봤고)이 정답이다. A를 빈칸에 넣었을 때 '그는 머리 부분을 창문 안으로 들이밀어 둘러봤고, 꼬리 부분은 대청 마루에 늘어뜨렸다'라는 자연스러운 문맥이 된다.

2 빈칸 뒤에 나온 지시대사 这나 其中과 함께 쓰인 어휘가 키워드 단서가 되는 경우

(1)

> 　　极光现象一般出现在地球南北两极附近的高空，它一般呈带状、弧状、放射状等多样的形状，是一种等离子体现象。
>
> 　　＿＿＿＿＿＿＿＿＿，这个区域被称为极光区，在极光 ●——— Step 1 빈칸 주변에서 단서 찾기
> 区的上空，会出现来回飘动的光彩带，这便是美丽的极光。极光之所以有五彩斑斓的颜色，是因为带电粒子与不同的气体分子相互碰撞，从而撞出不同颜色的光。
>
> A 极光的形状有时会连续发生变化 ●——— Step 2 단서를 토대로 알맞은 선택지 고르기
> B 极光常出现于高磁纬度区域

해석 해설집 p.114

Step 1 　빈칸 뒤에서 나온 **这个** 바로 뒤의 **区域**를 키워드 단서로 확인해둔다.

Step 2 　**区域**를 그대로 사용한 선택지 B **极光常出现于高磁纬度区域**(오로라는 높은 자기 위도 구역에서 자주 나타나는데)가 정답이다. B를 빈칸에 넣었을 때 '오로라는 높은 자기 위도 구역에서 자주 나타나는데, 이 구역은 극광대라고 불린다'라는 자연스러운 문맥이 된다.

(2)

> 　　很多人对小说情有独钟，看小说如同探险一个新的世界，人们可以通过泛读小说自然而然地大开眼界。与其他体裁相比，＿＿＿＿＿＿＿＿，其中科幻小说的题材和 ●——— Step 1 빈칸 주변에서 단서 찾기
> 背景往往超越现实世界，更会激发人们的想象力，让读者翱翔在想象的海洋中。
>
> A 小说的题材更为丰富和新颖 ●——— Step 2 단서를 토대로 알맞은 선택지 고르기
> B 电影的票房价值取决于演员的演技

해석 해설집 p.115

Step 1 　빈칸 뒤에서 나온 **其中** 뒤의 **小说的题材**를 키워드 단서로 확인해둔다.

Step 2 　**小说的题材**를 그대로 사용한 선택지 A **小说的题材更为丰富和新颖**(소설의 소재는 더욱 풍부하고 참신한데)이 정답이다. A를 빈칸에 넣었을 때 '소설의 소재는 더욱 풍부하고 참신한데, 그중 SF 소설의 소재와 배경은 종종 현실 세계를 뛰어넘어'라는 자연스러운 문맥이 된다.

빈칸에 알맞은 선택지를 고르세요.

1-5.

　北宋时期有一位著名的画家，名叫文同，他是当时画竹子的高手，《墨竹图》便是他的传世之作。(1)＿＿＿＿＿＿＿，但其淡雅的墨色更加突出了竹子的清逸潇洒。

　为了画出栩栩如生的竹子，不论是烈日炎炎，还是刮风下雨，(2)＿＿＿＿＿＿＿。有一天，天气非常恶劣，狂风呼啸，还伴随着电闪雷鸣。人们纷纷往家里跑，(3)＿＿＿＿＿＿＿，并把这个帽子往头上一扣，毅然奔向山上的竹林。他一心想要看看风雨中的竹子是什么模样，完全顾不上湿透的衣服、满脸的雨水和湿滑的地面，上气不接下气地跑进竹林，聚精会神地观察竹子。他把竹子在风雨中摇摆、经受吹打的姿态牢牢地记在了心中。

　文同长年累月对竹子进行了细致入微的观察和研究。竹子在春夏秋冬有什么形状上的变化，在阴晴雨雪天气下有哪些颜色上的改变，在阳光照射下又有什么细节上的差异，他都了解得一清二楚。所以后来他画竹子的时候，即使没有参照物，(4)＿＿＿＿＿＿＿。

　苏轼十分欣赏文同的画作，经常与文同一同赏竹，探讨竹子的画法。当苏轼夸赞文同的画时，文同总是谦虚地说："我只不过是把心中的竹子画出来罢了。"对此，苏轼写了一篇散文，文中写道："故画竹，必先得成竹于胸中"，(5)＿＿＿＿＿＿＿。文同的绘画方式对后世影响颇深，之后文人们便把这段话转变为成语——"胸有成竹"，用以比喻办事以前已经有全面的设想和安排，对事情的成功有十分的把握。

　　A 他都会亲自去竹林边看竹子边作画

　　B 只有他不在意地拿起一顶草帽

　　C 他画的竹子虽没有缤纷的色彩

　　D 以表示对文同的赞赏

　　E 也可以把竹子画得惟妙惟肖

정답 해설집 p.115

03 문맥을 단서로 고르기

빈칸 주변의 문맥을 단서로 내용의 앞뒤 논리 관계를 파악하여 알맞은 선택지를 고르는 유형이다. 가장 많이 출제되는 유형으로, 정확한 문맥 파악을 위해서 지문을 재빨리 읽으면서 동시에 정확히 해석하는 연습을 꾸준히 해두어야 한다.

문제풀이 전략

Step 1 빈칸 주변에서 단서 찾기

빈칸 주변에 연결어나 키워드 단서가 없으면 빈칸 주변을 꼼꼼히 읽고 해석하여 문맥을 파악한다.

Step 2 단서를 토대로 알맞은 선택지 고르기

1. 빈칸이 문장의 앞부분이거나 단락의 맨 앞인 경우

   • 뒷부분의 내용을 일반화하거나 이전 상황을 나타내는 내용, 뒷부분의 조건·원인·과정·목적이 되는 내용의 선택지를 고른다.

   <u>寻访他家的人越来越多了</u>，他的家里渐渐有了看门的人和打扫卫生的人。

   그의 집을 방문하는 사람들이 점점 더 많아지자, 그의 집에는 차츰 문을 지키는 사람과 청소하는 사람이 생겨났다.

   ▶ 빈칸 뒤 他的家里渐渐有了看门的人和打扫卫生的人의 원인이 되는 내용 寻访他家的人越来越多了가 빈칸에 온다.

2. 빈칸이 문장의 뒷부분인 경우

   • 앞부분의 내용을 구체적으로 설명하거나 이후 상황을 나타내는 내용, 결과·결론 또는 근거가 되는 내용의 선택지를 고른다.

   心理学里的焦点效应，<u>指的是人们高估别人对自己的关注度的一种表现</u>。

   심리학에서의 조명 효과는 사람들이 자신에 대한 다른 사람의 관심도를 과대평가하는 현상을 가리킨다.

   ▶ 빈칸 앞 心理学里的焦点效应을 구체적으로 설명하는 내용 指的是人们高估别人对自己的关注度的一种表现이 빈칸에 온다.

3. 빈칸이 문장의 중간이거나 문장과 문장의 사이인 경우

   • 앞뒤 문맥과 상황이 연결되는 선택지, 앞부분의 내용을 구체적으로 설명하거나 결과·결론 또는 근거가 되는 선택지, 뒷부분의 조건·원인·과정·목적이 되는 내용의 선택지를 고른다.

   我们在做出评判之前，<u>务必全方位思考</u>，检查自己的观点是否客观，是否看到了对方好的一面。

   우리는 평가를 하기 전에, 반드시 다각도로 고려해야 하는데, 자신의 관점이 객관적인지, 상대방의 좋은 면을 보았는지 점검해야 한다.

   ▶ 빈칸 앞 我们在做出评判之前, 빈칸 뒤 检查自己的观点是否客观, 是否看到了对方好的一面과 상황이 연결되는 내용 务必全方位思考가 빈칸에 온다.

🎋 전략 적용

Step별 해설을 보기 전에, 문제풀이 전략에 따라 직접 빈칸에 들어갈 선택지를 골라보세요.

1 빈칸이 문장의 앞부분이거나 단락의 맨 앞인 경우

(1)

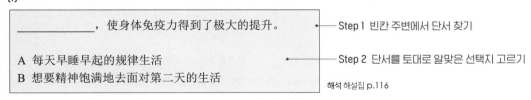

_____，使身体免疫力得到了极大的提升。 ← Step 1 빈칸 주변에서 단서 찾기

A 每天早睡早起的规律生活 ← Step 2 단서를 토대로 알맞은 선택지 고르기
B 想要精神饱满地去面对第二天的生活
해석 해설집 p.116

Step 1　빈칸 뒤가 '신체 면역력을 크게 높게 한다'라는 문맥임을 파악한다.

Step 2　선택지 A 每天早睡早起的规律生活(매일 일찍 자고 일찍 일어나는 규칙적인 생활은)가 빈칸 뒤 내용의 조건을 나타내므로 정답이다.

(2)

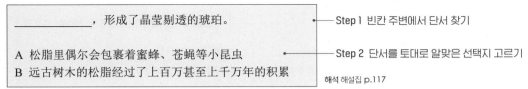

_____，形成了晶莹剔透的琥珀。 ← Step 1 빈칸 주변에서 단서 찾기

A 松脂里偶尔会包裹着蜜蜂、苍蝇等小昆虫 ← Step 2 단서를 토대로 알맞은 선택지 고르기
B 远古树木的松脂经过了上百万甚至上千万年的积累
해석 해설집 p.117

Step 1　빈칸 뒤가 '아주 맑고 투명한 호박을 형성했다'라는 문맥임을 파악한다.

Step 2　선택지 B 远古树木的松脂经过了上百万甚至上千万年的积累(옛날 나무의 송진은 백만 년 심지어 천만 년 이상의 축적을 거쳐서)가 빈칸 뒤 내용의 과정을 나타내므로 정답이다.

2 빈칸이 문장의 뒷부분인 경우

(1)

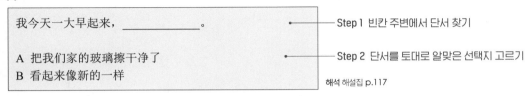

长期戴口罩，_____。 ← Step 1 빈칸 주변에서 단서 찾기

A 在做剧烈运动的时候症状更为明显 ← Step 2 단서를 토대로 알맞은 선택지 고르기
B 容易引起皮肤过敏和长痘的症状
해석 해설집 p.117

Step 1　빈칸 앞이 '장시간 마스크를 쓰는 것은'이라는 문맥임을 파악한다.

Step 2　선택지 B 容易引起皮肤过敏和长痘的症状(피부가 알레르기 반응을 보이고 여드름이 나는 증상을 쉽게 일으킨다)이 빈칸 앞 내용의 결론을 나타내므로 정답이다.

(2)

我今天一大早起来，_____。 ← Step 1 빈칸 주변에서 단서 찾기

A 把我们家的玻璃擦干净了 ← Step 2 단서를 토대로 알맞은 선택지 고르기
B 看起来像新的一样
해석 해설집 p.117

Step 1　빈칸 앞이 '나는 오늘 아침 일찍 일어나서'라는 문맥임을 파악한다.

Step 2　선택지 A 把我们家的玻璃擦干净了(우리집 유리를 깨끗하게 닦았다)가 빈칸 앞 내용의 이후 상황을 나타내므로 정답이다.

③ 빈칸이 문장의 중간이거나 문장과 문장의 사이인 경우

(1)

氢是世界上最干净的能源，＿＿＿＿＿＿，不会污染环 •——— Step 1 빈칸 주변에서 단서 찾기
境。

A 它燃烧后会生成水 •——— Step 2 단서를 토대로 알맞은 선택지 고르기
B 目标是取代石油经济体系

해석 해설집 p.117

Step 1 　빈칸 주변이 '수소는 세상에서 가장 깨끗한 에너지원인데, ＿＿＿, 환경을 오염시키지 않는다'라는 문맥임을 파악한다.

Step 2 　선택지 A 它燃烧后会生成水(그것은 연소된 후에 물을 생성하여)가 빈칸 앞뒤 내용을 연결하므로 정답이다.

(2)

创业初期，＿＿＿＿＿＿，应该要先找准定位。 •——— Step 1 빈칸 주변에서 단서 찾기

A 过度依赖网络营销 •——— Step 2 단서를 토대로 알맞은 선택지 고르기
B 为了吸引相应的目标客户

해석 해설집 p.117

Step 1 　빈칸 주변이 '창업 초기에, ＿＿＿, 먼저 포지션을 정확하게 찾아야 한다'라는 문맥임을 파악한다.

Step 2 　선택지 B 为了吸引相应的目标客户(상응하는 목표 고객을 끌어들이기 위해서는)가 빈칸 뒤 내용의 목적이 되므로 정답이다.

빈칸에 알맞은 선택지를 고르세요.

1-5.

唐代是中国古代历史上的鼎盛时期，(1)＿＿＿＿＿＿＿＿。唐三彩全名唐代三彩釉陶器，原本泛指从唐朝墓地挖掘出的陶器，后来被学者们视为一种陶瓷分类上的术语。唐三彩中较为常见的是白、黄、绿三色，然而实际上唐三彩的颜色不止这三种，"唐三彩"只是一种通俗的习惯性叫法而已。

唐三彩至今已有1300多年的历史，它汲取了中国国画、雕塑等工艺美术的特点。唐三彩大多数是用手来塑造的，(2)＿＿＿＿＿＿＿＿。它的造型丰富多彩，大体可分为人物、动物、生活用具等几大类，其中以动物居多，(3)＿＿＿＿＿＿＿＿。当时马在战场上被用作战马，在日常生活中被用作交通工具，同时又是农业生产上的重要生产力，因此已出土的唐三彩中马的造型比较多。再则是骆驼，这是由于骆驼与当时的中外贸易有很大的关联。

唐三彩的诞生与当时的技术水平和文化习俗息息相关，首先，成熟的陶瓷技术是唐三彩诞生的基础；其次，唐代的厚葬制度也是唐三彩出现的原因之一；最后，唐代各个领域的艺术和文化也促进了唐三彩制作工艺的发展。

作为传统文化遗产和工艺品，唐三彩不仅在中国的陶瓷史和美术史上占有一席之地，(4)＿＿＿＿＿＿＿＿。在丝绸之路沿途的一些国家都曾挖掘出唐三彩的碎片，由此可以看出其传播范围之广泛。

如今在中国洛阳依旧保留着复制和还原唐三彩的工艺。经过上百年的传承，(5)＿＿＿＿＿＿＿，唐三彩也得到了继承与发展。

A 工艺技巧已经达到了一定的高度

B 因此线条显得粗犷而有力

C 在中外文化交流方面也起到了相当大的作用

D 唐三彩便是这个时期出现的一种工艺品

E 这可能与当时的时代背景有关

정답 해설집 p.117

빈칸에 알맞은 선택지를 고르세요.

1-5.

　　眼保健操是以古代医学中的推拿、经络理论为基础，结合体育医疗创造的眼部穴位按摩法。教委会明确规定，小学生每上两节课就要做眼保健操。几十年来，这已成为每所学校雷打不动的眼保健项目。作为校园文化的传统，眼保健操早已融入了几代人的生活。

　　然而，近日眼保健操"无用论"成为了公众关注的焦点。有些网友认为，做眼保健操无法改善视力，而且许多学生用不干净的手接触眼睛，(1)＿＿＿＿＿＿＿。难道做了几十年的眼保健操都是白费工夫？

　　眼保健操到底有没有用，(2)＿＿＿＿＿＿＿。1959年1月7日出版的《中华眼科杂志》发表了《按摩治疗近视眼的初步经验》一文。据参与撰写文稿的老专家回忆，当时中华医学会上海分会对近视进行了调研，并在上海市推行了眼保健操。推行结果表明，眼保健操虽然不能治疗成年人已经定型的高度近视，(3)＿＿＿＿＿＿＿，缓解眼睛的疲劳。

　　具体来说，眼保健操有以下三个优点：第一，做眼保健操可以让工作了一天的眼睛得到片刻的放松；第二，按摩眼部周围能够刺激视神经，(4)＿＿＿＿＿＿＿，还能调节眼部紧张的状态；第三，眼保健操通常都会搭配柔和的音乐，这在一定程度上也可以缓解精神压力。

　　近年来，关于眼保健操对青少年轻度近视的干预效果，有研究者进行过研究。结果表明，眼保健操干预轻度近视的有效率高达85.4%。所以网上的此类谣言不可信，(5)＿＿＿＿＿＿＿，学校应保持让学生做眼保健操的传统。

A　就得从它的起源讲起

B　为了保护学生的视力

C　反而会导致眼部感染

D　通过按摩能促进眼部血液循环

E　但确实能够让学生的眼睛得到休息

6-10.

　　辣椒是我们日常生活中不可或缺的蔬菜和调味品，它营养丰富，口感极佳。辣椒因其杀菌、防腐、温胃、驱寒等功能，为人类防病、治病起到了积极作用。因此在食物中加入一点辣椒，对身体健康大有益处。

　　嗜辣的人不少，但很少有人知道辣椒的辣度与它含有的辣椒素有关。(6)＿＿＿＿＿＿，著名化学家史高维尔，在1912年设计了一套名为"史高维尔感官测试"的实验方法。该方法为：从被测物中提炼出一单位的辣椒素，将其溶解到糖水里，(7)＿＿＿＿＿＿，之后逐渐增加品尝者杯中的糖水量，直到他们无法尝出辣味为止。此时，投入的糖水量的总和为被测物的"史高维尔辣度单位"。

　　这种方法流传已久，经常被用来测试世界各地生产的辣椒的辣度。被誉为"死神辣椒"的"卡罗来纳死神"是在南卡罗莱纳州培育出的一种超级辣椒，它经过多次实验，以最高达220万史高维尔的辣度，在众多辣椒中拔得头筹，(8)＿＿＿＿＿＿。

　　然而，最近"死神辣椒"要"退位让贤"了。因为媒体报道了一种叫做"辣椒X"的新品种，它取代"死神辣椒"，成为了世界上最辣的辣椒。(9)＿＿＿＿＿＿，但经过多年培育的"辣椒X"打破了这一纪录，其辣度竟达到了318万史高维尔。这种辣椒不但会给人的味觉带来极致的体验，(10)＿＿＿＿＿＿。

　　A　被授予了"世界最辣辣椒"的称号

　　B　然后交给一些人品尝

　　C　还会让人全身上下弥漫着火辣辣的感觉

　　D　"死神辣椒"曾经获得过"吉尼斯世界纪录"

　　E　为了测量辣椒素的含量

정답 해설집 p.119

제4부분

장문 독해

독해 제4부분은 각 지문에 대한 4개의 문제를 풀어야 하는 형태로, 총 5개의 지문에 대해 81번부터 100번까지 20문제가 출제된다.

고득점 공략법 아래와 같은 세부 유형의 문제들이 출제되므로 그 공략법을 잘 익혀둔다.

고득점비책 01 **세부 내용 문제 공략하기**
고득점비책 02 **일치·불일치 문제 공략하기**
고득점비책 03 **중심 내용 문제 공략하기**

출제 유형 분석

1. **세부 내용 문제**

   지문에서 언급된 세부 내용을 제대로 파악하고 있는지를 묻는 유형이다. 의문사를 포함한 문제, 특정 핵심어구를 포함한 문제, 지문에서 언급된 표현의 의미를 묻는 문제로 출제되며, 지문 당 2~3문제 정도 출제된다.

2. **일치·불일치 문제**

   특정 대상에 대한 내용이나 지문의 내용에 대해 4개의 선택지 중 일치하거나 불일치하는 것을 선택하는 유형이다. 지문 당 0~2문제 정도 출제되고, 일치하는 것을 묻는 문제가 더 자주 출제된다.

3. **중심 내용 문제**

   특정 단락이나 지문 전체의 중심 내용이 무엇인지를 묻는 유형이다. 중심 내용 자체를 묻는 문제로 출제되거나 가장 적합한 제목을 묻는 문제로 출제되며, 지문 당 0~1문제 정도 출제된다.

제시된 Step을 적용하며 지문의 흐름에 따라 문제를 풀어나간다.

<문제지에 제시된 지문과 질문>

中国文化博大精深，井作为一种文化符号，拥有丰富的内涵，在历史、哲学、文化等各个领域都有其特定的符号意义。

自古就有"背井离乡"、"乡井"之说，由此可见，井最常见的符号意义是指代"家乡"。古人认为有井的地方就能生存，因此他们把井视为命根子。以前一个村庄通常共用一口井，久而久之，井成为了家乡的象征。古人安土重迁，把"背井离乡"看成是人生一大苦事，而他乡的一碗井水常常让人产生离愁别绪。

此外，井深入地下，因此在井底所能看到的外部世界也就很有局限性。从这种特殊的空间视野，便能引申出井的另一重符号内涵。最具代表性的就是"坐井观天"，这里的井意味着固定的生活范围对人思想的禁锢，这种束缚阻碍了人们改变现状、开创美好未来的步伐。

同时，井底是无人知晓的神秘之地，因此井也就成为了文学家借来想象的最佳工具。特别是在中国的志怪小说中，井往往是通往另一个世界的象征，由此产生了许多关于神仙、鬼怪、隐士和异人的怪谈，如《搜神记》、《西游记》等等。正史中也记录了不少与井有关的怪异事件，[81]这些与井有关的怪异事件触发了人们对未知世界的想象，井也因此披上了一层神秘的面纱。

81. 井为什么披上了一层神秘的面纱?
　A 井通往神秘的地下
　B 受神话和小说的影响
　C 有时井底闪着耀眼的银光
　D 一些怪异事件激发人的想象力

해석 해설집 p.122

Step 1 질문 또는 선택지 읽고 핵심어구 확인하기
질문이 우물은 왜 신비로운 베일 한 층을 걸치게 됐는지를 물었으므로, 神秘的面纱(신비로운 베일)를 핵심어구로 확인해둔다.

Step 2 정답의 단서 찾기
질문의 핵심어구와 관련하여, 마지막 단락에서 这些与井有关的怪异事件触发了人们对未知世界的想象，井也因此披上了一层神秘的面纱(이런 우물과 관련된 기이한 사건들은 미지의 세계에 대한 사람들의 상상을 자아냈고, 우물은 이로 인해 신비로운 베일 한 층을 걸치게 됐다)라고 한 부분을 정답의 단서로 찾는다.

Step 3 정답 고르기
정답의 단서를 통해 알 수 있는 선택지 D 一些怪异事件激发人的想象力(여러 기이한 사건들이 사람들의 상상력을 자극해서)가 정답이다.

01 세부 내용 문제 공략하기

세부 내용 문제는 지문에서 언급된 왜, 무엇이, 어떻게, 누가 등과 관련된 정보나 특정 핵심어구와 관련된 내용, 지문에서 언급된 표현의 의미를 묻는 문제이다. 질문을 읽고 질문이나 선택지의 핵심어구와 관련된 부분을 지문에서 재빨리 찾아낼 수 있어야 한다.

빈출 질문

1. 为什么/什么/怎么/谁 등과 같은 의문사를 포함한 질문
   流星体为什么会穿越地球大气层？ 유성체는 왜 지구 대기권을 통과하는가？
   "蓝海"有什么特点？ '블루오션'은 어떤 특징이 있는가？

2. 특정 핵심어구를 포함한 질문
   野生归化与放生最大的不同点在于: 야생방류와 방생의 가장 큰 차이점:
   鞭毛藻发光的原因是: 편모조가 빛을 내는 이유는:

3. 지문에서 언급된 표현의 의미를 묻는 질문
   第3段中画线词语"大放异彩"的意思是: 세 번째 단락에서 밑줄 친 어휘 '大放异彩'의 의미는:

문제풀이 전략

Step 1 질문 또는 선택지 읽고 핵심어구 확인하기

질문을 읽고 질문에서 핵심어구를 확인해둔다. 의문사를 포함한 질문이면 의문사도 주의 깊게 확인한다.

질문　家长们为什么替孩子包办所有事？　학부모들은 왜 아이들을 대신하여 모든 일을 도맡아 하는가？
　　　　　　　　　핵심어구

선택지　A 内心过于焦虑　　　마음이 지나치게 초조해서
　　　　B 为了自己省时省力　자신의 시간과 에너지를 절약하기 위해서
　　　　C 想给孩子树立好榜样　아이에게 좋은 본보기를 세워주고 싶어서
　　　　D 认为那是对孩子的爱　그것이 아이에 대한 사랑이라고 생각해서

Step 2 정답의 단서 찾기

지문에서 질문의 핵심어구가 그대로 언급됐거나 관련된 내용이 언급된 부분 주변에서 정답의 단서를 찾는다.

지문　为了省事省时间，家长们替孩子包办所有事的结果就是，自己操心受累，还阻碍了孩子的良性发展。
　　　　정답의 단서　　　　　　핵심어구가 그대로 언급된 부분

일을 줄이고 시간을 절약하기 위해, 학부모들이 아이들을 대신하여 모든 일을 도맡아 하는 것의 결과는 바로 자신도 마음 졸이며 고생하고, 아이의 순조로운 발전도 방해했다는 것이다.

Step 3 정답 고르기

정답의 단서를 통해 알 수 있는 내용이나 유추할 수 있는 내용의 선택지를 정답으로 고른다.

정답　B 为了自己省时省力　자신의 시간과 에너지를 절약하기 위해서

🎋 전략 적용

Step별 해설을 보기 전에, 문제풀이 전략에 따라 직접 정답을 골라보세요.

1 为什么/什么/怎么/谁 등과 같은 의문사를 포함한 질문

[1]

> 　　在城市里，人们常常会看到各式街头雕塑。街头雕塑，指的是在道路两侧或交叉口等位置设置的雕塑，主要是给道路上的行人观赏的。
> 　　街头雕塑可分为纪念性、主题性和装饰性雕塑。纪念性雕塑一般以历史上的人或事件为题材，真实地再现当时的历史人物和事件，展示国家的历史和民族精神。例如，在都江堰设置李冰雕塑，就是为了纪念他在都江堰水利工程的修建中所做出的杰出贡献。
> 　　主体性雕塑主要是对特定地点、环境、建筑的主题进行说明，它与周围的环境巧妙地结合，以此来突出雕塑的主题。
> 　　装饰性雕塑则主要用来装饰街道环境，它所涵盖的内容较为广泛，雕塑的体量也会因环境的不同而有所不同。
>
> 街头雕塑的作用是什么？
>
> A 教育　　　　　　　　　B 倡议
> C 观赏　　　　　　　　　D 宣传

— Step 1 질문 또는 선택지 읽고 핵심어구 확인하기
— Step 2 정답의 단서 찾기
— Step 3 정답 고르기

해석 해설집 p.122

Step 1　질문이 길거리 조각상의 역할은 무엇인지를 물었으므로, **街头雕塑的作用**(길거리 조각상의 역할)을 핵심어구로 확인해둔다.

Step 2　질문의 핵심어구와 관련하여, 첫 번째 단락의 **街头雕塑……主要是给道路上的行人观赏的**(길거리 조각상은 …… 주로 도로 위의 행인들이 감상하기 위한 것이다)에서 길거리 조각상의 역할이 언급되었으므로 이를 정답의 단서로 찾는다.

Step 3　정답의 단서를 통해 알 수 있는 선택지 C **观赏**(감상)이 정답이다.

[2]

> 　　建造音乐厅时，"听得见"通常比"看得见"更加重要。上海交响乐团音乐厅的每一个设计都有严格的声学考量。为了克服附近地铁10号线的震动干扰，一大一小两个音乐厅都使用了隔振器技术，通过在底部设置弹簧阻振器装置，成功修建了上海首个全悬浮结构的建筑。上海交响乐团音乐厅地处繁华地段，为了阻隔外部噪音，大小音乐厅的外墙都采用了双层墙设计，由两堵25厘米厚的墙与两堵墙间40厘米的空心距离组成，90厘米厚的双层墙可以有效隔绝外部声音。
> 　　上海交响乐团音乐厅的建成，能对乐团的建设和发展起到积极的作用，并且会对交响乐的推广和普及产生深远的影响。
>
> 大小两个音乐厅怎么阻隔噪音？
>
> A 使用弹簧墙　　　　　　　B 采用双层墙
> C 设置隔离板　　　　　　　D 利用消声器

— Step 1 질문 또는 선택지 읽고 핵심어구 확인하기
— Step 2 정답의 단서 찾기
— Step 3 정답 고르기

해석 해설집 p.123

Step 1　질문이 크고 작은 두 개의 콘서트 홀은 어떻게 소음을 차단하는지를 물었으므로, **阻隔噪音**(소음을 차단하다)을 핵심어구로 확인해둔다.

Step 2　질문의 핵심어구와 관련하여, 첫 번째 단락에서 **为了阻隔外部噪音, 大小音乐厅的外墙都采用了双层墙设计**(외부의 소음을 차단하기 위해 크고 작은 콘서트 홀의 외벽은 모두 이중벽 설계를 적용했다)라고 한 부분을 정답의 단서로 찾는다.

Step 3　정답의 단서를 통해 알 수 있는 선택지 B **采用双层墙**(이중벽을 적용하여)이 정답이다.

2 특정 핵심어구를 포함한 질문

[1]

酒令，是中国人在饮酒时助兴的一种特有方式。酒令的产生与中国古代酒文化的发达有很大的关系。中国具有悠久的酿酒历史，古人们历来都很喜欢喝酒。夏王朝的夏桀，曾"为酒池，可以运舟"；周王朝的穆王，曾有"酒天子"之称。他们都是中国历史上对酒情有独钟的皇帝。到了汉代，由于国家统一，经济繁荣昌盛，老百姓生活较为安定，因此饮酒之风更为盛行。西汉时的梁孝王曾召集许多名士到梁苑喝酒，并令枚乘、邹阳、韩安国等作赋玩乐。韩安国作赋不成，邹阳替他完成，韩安国被罚酒，而其他人则获得了奖赏。酒桌上的这种规则实际上已经开创了酒令的先河。

酒令的产生：

A 受当时政策的影响　　　　B 是时代发展的结果
C 源于文人雅士的爱好　　　D 与酒文化的发达有关

Step 1 질문 또는 선택지 읽고 핵심어구 확인하기
Step 2 정답의 단서 찾기
Step 3 정답 고르기

해석 해설집 p.123

Step 1 질문이 벌주놀이의 출현에 대해 물었으므로, **酒令的产生**(벌주놀이의 출현)을 핵심어구로 확인해둔다.

Step 2 질문의 핵심어구와 관련하여, 지문에서 **酒令的产生与中国古代酒文化的发达有很大的关系。**(벌주놀이의 출현은 중국 고대 술 문화의 발달과 많은 관계가 있다.)라고 한 부분을 정답의 단서로 찾는다.

Step 3 정답의 단서를 통해 알 수 있는 선택지 D **与酒文化的发达有关**(술 문화의 발달과 관련 있다)이 정답이다.

[2]

完美主义者总是对自己有很高的标准，常常陷入羞愧、缺乏自信的自我怀疑中，而且时常因为担忧犯错而无限拖延该做的事情，这会导致在他们身上出现忧郁、焦虑、沮丧等情绪。

生活中，有两招能帮我们摆脱完美主义：第一，肯定和庆祝自己的成功。美国文学家爱默生说："幸福并不意味着一切都完美，而是意味着不再把目光停留在自己的缺陷上。"我们可以在日记上记录每天取得的成就和值得骄傲的事情，或者可以写下收到的赞扬和正面的反馈。在心情低落的时候翻开日记，就能够重拾我们的自信。

第二，学会感恩。完美主义者不仅挑剔自己，还会苛待别人。每天入睡前，我们可以回忆值得感恩的事情，比如乘坐地铁时正好有空位、同事帮了一个忙等等。一个人的幸福程度与完美与否无关，而是取决于如何看待生活。因此只要以积极的心态面对一切，就能成功地摆脱完美主义。

爱默生认为幸福是：

A 成功地掩盖缺点　　　　　B 完美地结束一件事
C 不再只关注自己的缺陷　　D 来自于他人的积极评价

Step 1 질문 또는 선택지 읽고 핵심어구 확인하기
Step 2 정답의 단서 찾기
Step 3 정답 고르기

해석 해설집 p.124

Step 1 질문이 애머슨이 생각하는 행복을 물었으므로, **爱默生**(애머슨)과 **幸福**(행복)를 핵심어구로 확인해둔다.

Step 2 질문의 핵심어구와 관련하여, 두 번째 단락에서 **爱默生说："幸福并不意味着一切都完美，而是意味着不再把目光停留在自己的缺陷上。"**(에머슨이 말했다. "행복은 결코 모든 것이 완벽하고 아름다운 것을 의미하는 것이 아니라, 시선을 더 이상 자신의 결점에 머무르지 않게 하는 것을 의미한다.")이라고 한 부분을 정답의 단서로 찾는다.

Step 3 정답의 단서를 통해 유추할 수 있는 선택지 C **不再只关注自己的缺陷**(더는 자신의 결점에만 주목하지 않는 것)이 정답이다.

3 지문에서 언급된 표현의 의미를 묻는 질문

(1)

老梁买了栋带着大院子的房子。他一搬进去，就对院子进行了全面整顿，并把杂草清除后种上了新买的花。有一天，原先的房主回访，进院子后大吃一惊，便问道："那些名贵的牡丹怎么消失不见了？"老梁这才发现，自己居然把牡丹当草给割了。后来他又买了一栋房子，虽然院子更加杂乱，他却"**按兵不动**"，果然，被认为是杂草的叶片，却在春天开满了繁花；被认为是野草的植物，夏天却花团锦簇；半年都没有动静的小树的叶子，居然在秋天变成了红色。直到暮秋，老梁才认清哪些是无用的杂草，并把它们一一铲除，从而使其他珍贵的草木得以保存。

可见，只有经过长期的观察，才能分辨出真正有价值的东西。

上文中，画线词语"按兵不动"的意思是：

A 专心研究花草   B 不让士兵进屋
C 全面整顿庭院   D 任由杂草丛生

Step 1 질문 또는 선택지 읽고 핵심어구 확인하기
Step 2 정답의 단서 찾기
Step 3 정답 고르기

해석 해설집 p.124

Step 1 질문이 밑줄 친 어휘 '按兵不动'의 의미를 물었으므로, **按兵不动**(때를 기다리며 아무 행동도 하지 않다)을 핵심어구로 확인해둔다.

Step 2 질문의 핵심어구가 언급된 부분 老梁这才发现, 自己居然把牡丹当草给割了。后来他又买了一栋房子, 虽然院子更加杂乱, 他却"**按兵不动**"(라오량은 그제야 자신이 놀랍게도 모란을 풀로 여기고 베어버렸다는 것을 알게 됐다. 나중에 그는 또 다른 집을 한 채 샀다. 비록 정원은 훨씬 더 어수선했지만, 그는 오히려 '때를 기다리며 아무것도 하지 않았다')을 정답의 단서로 찾는다.

Step 3 정답의 단서를 통해 **按兵不动**은 라오량이 잡초가 아닌 풀을 베지 않도록 아무 것도 베지 않고 내버려 뒀음을 알 수 있다. 따라서 선택지 D 任由杂草丛生(잡초가 울창해지게 내버려 두다)이 정답이다.

(2)

中原大地物华天宝，人杰地灵。闻名中外的太极拳就发祥于中原地区的一个擅长打拳的武术世家。

600年前，精通家传108式长拳的陈卜向子孙们传授了习武防身的方法。陈卜的子孙们很善于钻研和改进武术，尤其是九世孙陈王廷，他天资聪颖、文武兼备、精于拳械、功夫深厚，掌握了出众的轻功绝技。陈王廷在**秉承**家传的基础上，参考当时抗倭名将戚继光的《拳经》、道家的《黄庭经》、中医的《经络学》，取其精华，去其糟粕，并结合了太极阴阳之理，创编了一种内外相合、上下相通、刚柔并济、形意结合、快慢相兼的拳种，取名为太极拳。

可以替换画线词语"秉承"的是：

A 继承   B 承诺
C 奉承   D 承受

Step 1 질문 또는 선택지 읽고 핵심어구 확인하기
Step 2 정답의 단서 찾기
Step 3 정답 고르기

해석 해설집 p.124

Step 1 질문이 밑줄 친 어휘 '秉承'을 대체할 수 있는 어휘를 물었으므로, **秉承**(계승하다)을 핵심어구로 확인해둔다.

Step 2 질문의 핵심어구가 언급된 부분 陈王廷在**秉承**家传的基础上(진왕정은 집안 대대로 계승되어 온 것을 기초로 하여)과 주변 문맥을 꼼꼼히 파악한다. 두 번째 단락에서 陈卜向子孙们传授了习武防身的方法……九世孙陈王廷(진복은 자손에게 무술을 익혀 몸을 지키는 방법을 전수했다 …… 9대손인 진왕정은)이라고 한 부분을 정답의 단서로 찾는다.

Step 3 정답의 단서를 통해 진왕정은 집안 대대로 전해져 오는 무술을 이어받았음을 알 수 있다. 따라서 '계승하다'를 대체할 수 있는 의미의 선택지 A 继承(이어받다)이 정답이다.
B 承诺(승낙하다), C 奉承(받들다)은 문맥과 어울리지 않는다. D 承受(계승하다)는 권리 또는 재산 등을 이어받는 것을 나타내며, 주로 遗产(유산), 财产(재산) 등의 어휘와 호응한다.

지문을 읽고 질문에 알맞은 선택지를 고르세요.

1-4.

　　蚂蚁是一种具有社会性的昆虫，其种类繁多，在全世界有上万种，分布极为广泛。其中，有一种独特的蚂蚁叫作切叶蚁，光看名字很多人会认为这种蚂蚁以叶子为食，其实不然，切叶蚁切树木的叶子，为的是用叶片来培育真菌，并用真菌喂养幼虫。

　　切叶蚁主要生活在南美洲的热带丛林，它们可以在几年的时间内将占地面积扩大到30~600平方米，群体数目甚至可以超过80亿。切叶蚁复杂的社会性仅次于人类，它们时常成群结队地出来活动，这时队伍被划分为负责剪叶片的中型工蚁和担任警戒工作的小型工蚁。中型工蚁剪下叶片之后会整齐地往巢穴搬运，小型工蚁则会指挥队伍，查看周围是否有敌人或障碍物，同时检查叶片是否受到污染。这足以证明切叶蚁具有无比细致的分工与社会等级。

　　对于切叶蚁来说，叶片有非常重要的意义，因为它们用叶片、昆虫尸体等有机物质培育真菌。首先它们会把叶子切成小块，再磨成浆状，把粪便浇在上面，然后从其他洞穴里把真菌搬运过来，埋在叶浆上，真菌就这样逐渐扩散开来。切叶蚁**有条不紊**地管理它们的"真菌园"，还安排专门担任警卫工作的蚂蚁来守护。

　　切叶蚁创造出的"真菌园"是一个复杂的体系。为了防止真菌过度繁殖，小型工蚁时不时把多余的真菌去除。然而有时因为小型工蚁的数量不足，难以阻止真菌泛滥，导致洞穴内大量的氧气被消耗，幼虫窒息而死，继而造成整个群体的毁灭。因此，一旦发现真菌过度繁殖的迹象，工蚁们便会携蚁后和幼蚁逃离自己的家园。由此可见切叶蚁具有高度的社会性和组织性，是自然界中协同合作的典范。

1. 切叶蚁的特点是什么？
   A 背上有翅膀　　　　　　　　　　　B 会培育真菌
   C 以叶子为食　　　　　　　　　　　D 分布范围集中

2. 中型工蚁主要担任：
   A 警戒工作　　　　　　　　　　　　B 指挥工作
   C 切叶片的工作　　　　　　　　　　D 检查叶片的工作

3. 第3段中，画线词语"有条不紊"的意思最可能是：
   A 很到位　　　　　　　　　　　　　B 条理不清
   C 有些紊乱　　　　　　　　　　　　D 很有秩序

4. 幼虫窒息而死的原因有可能是：
   A 真菌数量过多　　　　　　　　　　B 氧气过于饱和
   C 洞穴入口狭窄　　　　　　　　　　D 温度没有达标

5-8.

在日常生活及生产的各个领域中，塑料产品无处不在。当这些产品达到寿命上限或使用目的后，就会被丢弃，成为废塑料。废塑料即使被回收，也会因不能被降解而成为生活垃圾。

塑料使用一次后就会失去95%的价值，因此人们普遍认为废塑料只会造成环境污染。更好地收集和利用这些废弃物是解决全球塑料污染问题的关键。为了使不可降解塑料变废为宝，科学家们坚持不懈地探索不同的方法。将废塑料升级改造为更有利用价值的材料，可以使回收过程更具吸引力和有效性。

据《绿色化学》杂志发表的一篇研究报告，来自英国爱丁堡大学的研究人员利用细菌，把塑料瓶转化成香草香料，这是他们首次用废塑料研制出的有价值的化学制品。该项技术能够将塑料中的苯二甲酸转化为香兰素。香兰素被广泛应用于食品和化妆品行业，是一种重要的大宗化学品，主要用于制造药品、清洁用品和除草剂。全球的香兰素需求正在急速增长，而这项技术恰巧能够有效解决香兰素供给不足的问题。

在制造香兰素的过程中，研究人员将培养液加热到37摄氏度，持续加热一天，就可以把79%的苯二甲酸转化为香兰素。本被视为一无是处的废塑料，却能通过化学作用，实现一次华丽的转变。接下来，研究人员将进一步调整细菌数量，以提高转化率。相信利用自动化DNA组装设备，很快能做到这一点。对于这一项前所未有的研究成果，爱丁堡大学生物科学学院研究所博士表示，这是第一次利用生物系统，将废塑料转换成有价值的工业化学品的大胆尝试，它将对循环经济产生非常重要的影响。他还表示，利用微生物把对环境有害的废塑料转化为重要商品，是绿色化学的一种典范。该研究**颠覆**了废塑料只会造成污染的观点，并证明了作为一种新型碳资源，废塑料可用来制造高价值产品。

5. 该项研究取得了什么成果？
   A 首次发现了香兰素
   B 提高了细菌的转化率
   C 证明废塑料将造成污染
   D 用废塑料制作出化学制品

6. 根据上文，香兰素：
   A 是一种有机食品
   B 主要由香草豆制成
   C 可用于制作化妆品
   D 可以转化为废塑料

7. 第4段中，画线词语"颠覆"最可能指的是：
   A 推翻
   B 颠倒
   C 覆盖
   D 推理

8. 废塑料是通过怎样的过程变废为宝的？
   A 收缩
   B 降解
   C 化学作用
   D DNA分解

정답 해설집 p.125

고득점비책 02 일치·불일치 문제 공략하기

일치·불일치 문제는 지문 내용에 근거하여 옳은 것 또는 알 수 있는 것을 묻거나, 지문 내용과 관련하여 불일치하는 것을 묻는 문제이다. 질문 또는 선택지의 핵심어구를 지문에서 재빨리 찾아낼 수 있어야 한다.

빈출 질문

1. 일치하는 것을 묻는 질문

根据上文，下列哪项正确? 위 글에 근거하여, 다음 중 옳은 것은?
关于太空漫步，可以知道: 우주 유영에 관해, 알 수 있는 것은:
下列哪项属于生物柴油的优点? 다음 중 바이오 디젤의 장점에 속하는 것은?

2. 불일치하는 것을 묻는 질문

关于梓树，下列哪项不正确? 개오동나무에 관해, 다음 중 옳지 않은 것은?
下列哪项不属于木偶戏的特点? 다음 중 인형극의 특징에 속하지 않는 것은?
下列哪项不是活字印刷术的好处? 다음 중 활자 인쇄술의 좋은 점이 아닌 것은?

🔪 문제풀이 전략

Step 1 질문 또는 선택지 읽고 핵심어구 확인하기

먼저 질문을 읽고 핵심어구를 확인한다. 만약 질문이 핵심어구가 없이 전체 지문이나 특정 단락에 근거하여 일치/불일치하는 것을 묻는 경우, 선택지에서 핵심어구를 확인해둔다.

질문　根据上文，下列哪项正确? 위 글에 근거하여, 다음 중 옳은 것은?

선택지　A 脱气水携带方便　　탈기수는 휴대가 간편하다
　　　　B 脱气水有利于被吸收　탈기수는 흡수되는 데 유리하다
　　　　C 小白鼠喜欢喝脱气水　흰쥐는 탈기수를 마시는 것을 좋아한다
　　　　D 脱气水可增加鱼的产量　탈기수는 물고기의 생산량을 늘릴 수 있다
　　　　　　핵심어구

Step 2 정답의 단서 찾기

지문에서 질문 또는 선택지의 핵심어구가 그대로 언급됐거나 관련된 내용이 언급된 부분을 찾아 주변에서 정답의 단서를 찾는다.

지문　因为脱气水水分子排列得非常整齐，便于被人体细胞吸收。
　　　　핵심어구가 그대로 언급된 부분　　　　　　정답의 단서

탈기수는 물 분자가 가지런하게 배열되어, 인체 세포에 흡수되기 쉽다.

Step 3 정답 고르기

일치 문제는 지문의 내용과 일치하거나 이를 통해 알 수 있는 내용의 선택지를, 불일치 문제는 지문에서 언급되지 않았거나 지문과 다른 내용의 선택지를 정답으로 고른다.

정답　B 脱气水有利于被吸收　탈기수는 흡수되는 데 유리하다

🎋 전략 적용

Step별 해설을 보기 전에, 문제풀이 전략에 따라 직접 정답을 골라보세요.

1 일치하는 것을 묻는 질문

> 　　在飞行过程中，航天器要克服的难关是来自太空强辐射的影响，这种太空强辐射包括太阳电磁辐射和高能粒子辐射。太阳电磁辐射中的可见光和红外光主要影响航天器的温度，还会对高层大气的温度和密度造成影响，从而加重低轨道航天器轨道控制的负担。高能粒子辐射则会对航天器本身造成影响。高能粒子长时间环绕地球，对低轨道航天器构成严重威胁。高能粒子辐射不仅会损伤航天器的表面材料，而且会使航天器内部的太阳能电池、有机材料、半导体器件和集成电路等的性能发生改变，甚至造成永久的损伤。
>
> 根据上文，下列哪项正确？
>
> A 高能粒子辐射有害人体健康　　　B 高能粒子辐射会损伤航天器
> C 高能粒子辐射影响大气温度　　　D 高能粒子辐射减轻航天器负担

— Step 1 질문 또는 선택지 읽고 핵심어구 확인하기
— Step 2 정답의 단서 찾기
— Step 3 정답 고르기

해석 해설집 p.129

Step 1 질문이 위 글에 근거하여 옳은 것을 물었고 질문에 핵심어구가 없으므로, 선택지에서 **高能粒子辐射**(고에너지 입자 복사)를 핵심어구로 확인해둔다.

Step 2 선택지의 핵심어구와 관련하여, 지문에서 **高能粒子辐射则会对航天器本身造成影响。……高能粒子辐射不仅会损伤航天器的表面材料，而且会使航天器内部的太阳能电池、有机材料、半导体器件和集成电路等的性能发生改变，甚至造成永久的损伤。**(고에너지 입자 복사는 우주선 자체에 영향을 미친다. …… 고에너지 입자 복사는 우주선의 표면 재료를 손상시킬 뿐만 아니라, 우주선 내부의 태양에너지 전지, 유기 재료, 반도체 부품과 집적 회로 등의 성능이 변화하게 하고, 심지어 영원한 손상을 야기한다.)이라고 한 부분을 정답의 단서로 찾는다.

Step 3 정답의 단서와 내용이 일치하는 선택지 B **高能粒子辐射易损伤航天器**(고에너지 입자 복사는 우주선을 손상시킨다)가 정답이다.

2 불일치하는 것을 묻는 질문

> 　　众所周知，水是维持人体正常生理活动所必需的物质，只有保证机体有充足的水分，才能使体内产生的废物通过肾脏排出体外。从医学角度来看，任何饮品都不如白开水。白开水最容易解渴，有调节体温、输送养分及清洁身体内部的功能。而且，白开水具有较强的生物活性，有利于促进新陈代谢、能量转换、血液循环和电解质平衡。白开水中不含卡路里，因此在进入人体后，很容易透过细胞膜来增加血液中的血红蛋白含量，从而增强人体自身免疫功能，提高机体抗病毒能力。由此可见，白开水是人体所需的天然"饮料"。
>
> 下列哪项**不是喝白开水的好处**？
>
> A 调节体温　　　　　　　B 输送养分
> C 预防传染病　　　　　　D 促进新陈代谢

— Step 1 질문 또는 선택지 읽고 핵심어구 확인하기
— Step 2 정답의 단서 찾기
— Step 3 정답 고르기

해석 해설집 p.129

Step 1 질문이 끓인 물을 마시는 것의 장점이 아닌 것을 물었으므로, **喝白开水的好处**(끓인 물을 마시는 것의 장점)를 핵심어구로 확인해둔다.

Step 2 질문의 핵심어구와 관련하여, 지문에서 **白开水最容易解渴，有调节体温、输送养分及清洁身体内部的功能。……有利于促进新陈代谢、能量转换、血液循环和电解质平衡**(끓인 물은 가장 쉽게 갈증을 해소하며, 체온 조절, 영양분 전달 및 체내를 깨끗이 하는 효능이 있다. …… 신진대사 촉진, 에너지 전환, 혈액 순환과 전해질 균형에 이롭다)에서 끓인 물을 마시는 것의 장점이 언급되었으므로 이를 정답의 단서로 찾는다.

Step 3 정답의 단서에서 언급되지 않은 선택지 C **预防传染病**(전염병 예방)이 정답이다.

지문을 읽고 질문에 알맞은 선택지를 고르세요.

1-4.

　　粤剧是汉族传统戏曲之一，起源于广东佛山，因此又被称为"广东大戏"。用粤方言演唱的粤剧已有七百多年的历史了。在南宋末期，南戏传入广东，成为最早的粤剧。清朝时期，粤剧传入广西、香港、澳门、台湾等地。随后，东南亚和美洲各国华侨居住的地方也均出现了粤剧演出。

　　粤剧独特的表演艺术和表达方式，能够让故事情节和人物情感在舞台上表现得淋漓尽致。粤剧演员的表演技艺分为四大基本类别——唱、做、念、打。"唱"是指唱功，不同的角色有各不相同的演唱方式，包括用平常说话声调的平喉及用比平喉调高了八度的子喉。一般男性角色采用平喉，女性角色则用子喉来扮演。"做"是指身体表演，其中包括手势，身体姿势，抽象表演等。"念"是指说白，用说话的方式交代情节、人物思想、情感等。"打"是指用特定的武术动作表演打斗场面，例如在《水浒传》中会出现较多的打斗情节，演员则会借助道具和动作表演来演绎粤剧的"打"。

　　粤剧剧目数量众多，题材广泛，岭南文化色彩浓烈，且善于吸收外地和外国优秀文化的艺术特点，其思想内涵和编剧手法与时俱进。粤剧致力于通过对故事生动的演绎，使观众更好地理解历史故事。粤剧传统剧目中有很多生动感人的历史故事，其中最具代表性的有"四大美人戏"，包括《杨贵妃》、《貂蝉》、《王昭君》和《西施》。此外，为了反映当代的文化潮流，剧作家会选择多种多样的创作题材。因此粤剧既有服饰华丽的历史故事剧，也有反映近代民主革命斗争的现代剧。艺术和现实融为一体，给粤剧注入了活力，使粤剧这一世界非物质文化遗产得到了发展和传承。

1. 粤剧最早起源于什么时期？
   A 南宋末期
   B 明朝中期
   C 清朝末期
   D 唐朝初期

2. 关于粤剧的表演技艺，下列哪项正确？
   A "唱"是最重要的形式
   B "做"不包括抽象表演
   C 用平喉来表演男性角色
   D 武术表演是"念"的表现

3. 根据第3段，可以知道：
   A 粤剧只有历史故事剧
   B 粤剧的故事内容很悲惨
   C 粤剧有浓厚的外国文化色彩
   D 最典型的剧目是"四大美人戏"

4. 下列哪项**不属于**粤剧的特点？
   A 题材种类繁多
   B 只在广东地区演出
   C 采用不同表演方式
   D 属于世界非物质文化遗产

5-8.

为了使大学生毕业后更好更快地适应社会的节奏，许多高校都会推出一系列社会实践活动，甚至部分高校把社会实践作为大学毕业的一项必要条件。专家表示，有些高校组织社会实践的根本目的在于宣传学校，一些繁复的任务和毫无意义的活动还会给学生带来巨大的压力，进而很难让他们体会到社会实践的真正意义。

社会实践的主旨在于促进学生提前了解社会，锻炼实际技能，增强社会责任感，接触并感受社会上形形色色的人与事。学校可以设置多种多样的社会实践活动，前提是应当尊重学生的个人选择，作出正确的指导，这样才能使社会实践发挥最大的作用。

从某种层面上看，学校算是一个小型社会，但是仍旧无法与真正意义上的社会相提并论。当学生们踏入社会时，能深切感受到自身的不足之处，并体会到与其他人的差距。因此，组织有意义的社会实践活动，可以让学生把学校里学习到的专业知识充分运用到实践中，使所学的知识有用武之地。除此之外，没有课堂上的束缚，社会实践还可以充分挖掘学生的潜力，激发创新意识。

由此可见，社会实践能带来很大的益处，特别是能对学生今后的职业生涯规划起到一定的作用。当前许多学生急于找工作，从而忽略了对自我职业选择的认知，这更加凸显了社会实践活动的重要性。提前感受职业的多样性，可以切身体验社会，还可以在今后的职业生涯中明确自己想做的事，对目标的设定也会更加准确。

5. 社会实践让学生感到压力的原因是：

　A 要进行宣传　　　　　　　　　B 无法适应社会

　C 实习任务繁琐　　　　　　　　D 未达到毕业要求

6. 下列哪项**不是**社会实践的主旨？

　A 增强责任感　　　　　　　　　B 获得经济利益

　C 提前感受社会　　　　　　　　D 训练实际技能

7. 根据第3段，下列哪项正确？

　A 能在社会实践中结交朋友　　　B 社会实践能增强身体素质

　C 可在学校运用社会实践经验　　D 社会实践可以挖掘学生潜能

8. 下列哪项属于社会实践活动的优点？

　A 提早体验多种职业　　　　　　B 短期内寻找到工作

　C 令同学们刮目相看　　　　　　D 顺利找到高薪职业

정답 해설집 p.130

03 중심 내용 문제 공략하기

중심 내용 문제는 특정 단락이나 지문 전체의 주제를 묻는 문제이다. 단락이나 지문의 주제 문장을 재빨리 찾을 수 있어야 한다.

빈출 질문

1. 특정 단락의 중심 내용을 묻는 질문

   第3段主要说明了什么? 세 번째 단락이 주로 설명하는 것은 무엇인가?

   第4段主要谈的是: 네 번째 단락이 주로 말하는 것은:

2. 지문 전체의 중심 내용을 묻는 질문

   上文主要讲的是: 위 글이 주로 말하는 것은?

   上文主要想告诉我们: 위 글이 주로 우리에게 말하고자 하는 것은:

   最适合做上文标题(题目)的是: 위 글의 제목으로 가장 적절한 것은:

문제풀이 전략

Step 1 질문 또는 선택지 읽고 핵심어구 확인하기

- 특정 단락의 중심 내용을 묻는 경우 몇 번째 단락인지 확인해둔다.
- 지문 전체의 중심 내용을 묻는 경우 지문이 주로 말하고자 하는 것(主要告诉/主要说明/主要谈 등)을 묻는 것인지, 지문의 제목(标题/题目)으로 적절한 것을 묻는 것인지 확인해둔다.

  질문 　上文主要想告诉我们: 　위 글이 주로 우리에게 말하고자 하는 것은:
  　　　　　　주로 말하고자 하는 것

  선택지 A 要畅想未来的生活 　미래의 생활을 자유롭게 상상해야 한다
  　　　　B 要选择正确的方向 　올바른 방향을 선택해야 한다
  　　　　C 要具有自信的态度 　자신감 있는 태도를 가져야 한다
  　　　　D 多珍惜拥有的快乐 　가지고 있는 행복을 소중히 여겨라

Step 2 정답의 단서 찾기

- 특정 단락의 중심 내용을 묻는 경우 해당 단락을 재빨리 읽어 중심 내용을 나타내는 주제 문장을 정답의 단서로 찾는다. 주제 문장은 주로 단락의 처음이나 마지막 부분에 나오기 쉽다.
- 지문 전체의 중심 내용을 묻는 경우 주로 지문의 마지막 문제로 출제되므로, 앞의 문제들을 풀면서 읽은 내용을 토대로 지문의 중심 내용을 떠올린다. 지문 전체의 중심 내용을 드러내는 문장은 지문의 첫 단락이나 마지막 단락에 나오기 쉽다.
- 주제 문장이 명확하지 않은 경우, 단락 또는 지문 전체를 포괄할 수 있는 내용이나 반복적으로 언급되는 내용을 파악한다.

  지문 　不要过于在意已经失去的东西, 而要珍惜现在拥有的快乐。
  　　　　　　　　　　　　　　　　　　　정답의 단서

  이미 잃어버린 것에 지나치게 마음을 두지 말고, 현재 가지고 있는 행복을 소중히 여겨야 한다.

Step 3 정답 고르기

주제 문장과 내용이 일치하거나 주제 문장 또는 전체 내용을 통해 유추할 수 있는 내용의 선택지를 정답으로 고른다.

정답 　D 多珍惜拥有的快乐 　가지고 있는 행복을 소중히 여겨라

↓ 전략 적용

Step별 해설을 보기 전에, 문제풀이 전략에 따라 직접 정답을 골라보세요.

目前，各国专家正积极提倡使用绿色能源，比如用太阳能、风能等。还有一些科学家则找到了更"绿色"的方式，那就是用水藻提炼燃油。水藻是由简单的水生有机体构成的，它通过光合作用储存光能，并用光能在体内生产植物油。而植物油被转化成"生物柴油"后，可为柴油发动机提供动力。

不过要想让水藻产生优质植物油，就要解决众多问题。生产"生物柴油"，首先最重要的便是水藻品种的选择。水藻有数千个种类，选择合适的水藻种类是重中之重。其次，水藻生长的速度极快，因此必须控制好种植的数量，如果太多，阳光就会不够，造成大批水藻死亡；而如果太少，则达不到所需要的数量。要解决这个问题，需要用计算机来控制营养成分，从而控制水藻的成长速度，不过这样做会增加成本，减少经济利益。

即使成功地收获了水藻，还要面临另一个难题，那就是如何把油提取出来。从大豆、油菜等植物中提取油时一般采用冷压法，而水藻却不像大豆、油菜那样含有丰富的纤维物质，因此无法使用这种标准的[1]榨油方法。不过从理论上来说，从水藻中提炼油并没有想象的那么难，美国科学家证实，在水藻中加入[1]化学添加剂就可以提炼出油来。在水藻浆中加入[1]甲醇或者[1]乙烷是目前最好的选择，这种方式相对来说效率更高，而且还能节省成本。[2]水藻不仅能生产绿色油料，还可以吸收大量的二氧化碳，净化空气，可谓是名副其实的绿色能源。

〈1번〉
Step 1 질문 또는 선택지 읽고 핵심어구 확인하기
Step 2 정답의 단서 찾기
Step 3 정답 고르기

1. 第3段主要说明了什么？

A 合适的榨油方法　　　　B 水藻的生长速度
C 正确的藻类品种　　　　D 安全的种植基地

〈2번〉
Step 1 질문 또는 선택지 읽고 핵심어구 확인하기
Step 2 정답의 단서 찾기

2. 最适合做上文标题的是：

A 水藻带来的经济利益　　B 科技改变了人类生活
C 世界已进入绿色时代　　D 可成为绿色能源的水藻

Step 3 정답 고르기

해석 해설집 p.133

1 특정 단락의 중심 내용을 묻는 질문

Step 1 세 번째 단락의 중심 내용을 묻고 있다.

Step 2 세 번째 단락이 해조에서 기름을 짜는 방법(**榨油方法**)과 관련하여 메틸알코올(**甲醇**), 에탄(**乙烷**) 등 화학 첨가제(**化学添加剂**)를 넣는 것이 가장 좋은 방법이라고 언급하고 있다.

Step 3 따라서 선택지 A **合适的榨油方法**(기름을 짜는 적합한 방법)가 정답이다.

2 지문 전체의 중심 내용을 묻는 질문

Step 1 질문의 제목으로 적절한 것을 묻고 있다.

Step 2 지문이 해조로 액체 연료를 추출하는 친환경적인 방식을 과학자들이 찾아냈다는 내용, 우수한 해조 기름을 생산하기 위한 조건, 해조 기름을 추출하는 구체적인 방법을 차례대로 언급하고 있다. 그리고 마지막 단락에서 **水藻不仅能生产绿色油料，还可以吸收大量的二氧化碳，净化空气，可谓是名副其实的绿色能源。**(해조는 친환경적인 연료용 기름을 생산할 수 있을 뿐만 아니라, 다량의 이산화탄소를 흡수하고 공기를 정화할 수 있어서 명실상부한 친환경 에너지라고 말할 수 있다.)이라고 했다.

Step 3 따라서 이 지문의 제목으로 적절한 선택지 D **可成为绿色能源的水藻**(친환경 에너지가 될 수 있는 해조)가 정답이다.

지문을 읽고 질문에 알맞은 선택지를 고르세요.

1-4.

　　鲁班出身于世代工匠的家庭，从小就跟随家里人参加过许多土木建筑工程，因此他掌握了丰富的实践经验。

　　相传，鲁班和他的徒弟们曾接受了一项建造皇家宫殿的任务。这个宫殿需要造得无比雄伟壮观，因此工程量浩大，要采伐的木材也比较多。于是，他率领徒弟们去山上砍伐木材，可是要想砍倒又高又粗的参天大树，仅用手中的斧头是不能快速地完成的。他们干了几天几夜，也没有砍伐足够多的木材，于是鲁班开始焦急了起来。

　　一天，鲁班去山上物色用做栋梁的木材时，脚下的岩石突然松动，所幸他急忙伸手抓住了旁边的野草，没有跌落下去，但是手掌却被野草划破了，渗出了鲜血。调整了呼吸以后，鲁班扯了一把野草细细端详起来，结果发现叶子的边缘长着许多锋利的小锯齿，他用这些叶子轻轻地在手背上一划，居然又被割出了一道口子。

　　当鲁班在琢磨其中的道理时，忽然看见草丛里的蝗虫正在疯狂地咀嚼草叶，他捉住蝗虫一看，发现蝗虫的牙齿上也长着密密麻麻的小锯齿。鲁班若有所思地低头自语道："原来蝗虫是用这种锯齿来咬断草叶的，难怪吃得那么快。"他转念一想："要是我也用这种工具锯树木，岂不是很快就能把大树一分为二吗？"于是鲁班立刻请铁匠师傅打制了几十个带有小锯齿的铁片，并拿到山上去做了实验。果然，这种锯齿很快就将树木锯断了。

　　鲁班给它取名为"锯"，并给"锯"安上了一个"共"字型的把手，使其使用起来更加方便，据说这就是锯子的来历。有了锯子，砍伐木材的速度也随之加快，宏伟的宫殿也如期竣工了。

1. 鲁班感到焦虑的原因是：
   A 砍伐木材的速度过慢　　　　　　　B 对这项工程不太熟悉
   C 砍伐木头的斧头不够用　　　　　　D 建筑工程需要用特制木料

2. 关于鲁班，下列哪项正确？
   A 没能完成宫殿的修建　　　　　　　B 发现了锯齿状的植物
   C 需要采集大量的野草　　　　　　　D 在外地学习了工匠技能

3. 根据第4段，可以知道什么？
   A 木头很难被砍断　　　　　　　　　B 鲁班被蝗虫咬伤了
   C 鲁班请人做了锯齿铁片　　　　　　D 徒弟寻找到了解决方法

4. 上文主要讲的是：
   A 鲁班和家人们的故事　　　　　　　B 蝗虫和野草的共同点
   C 砍伐树木的常用工具　　　　　　　D 鲁班创造锯子的过程

5-8.

梯田主要分布在江南山岭地区，其中广西和云南居多。种植水稻需要大面积的平原，而中国的东南地区丘陵多而平原少，农民们便筑起了梯田，用堤坝蓄水，使在丘陵地带大面积种植水稻成为可能，有效解决了当地的粮食问题。

最近成为热门旅游景点的龙脊梯田位于广西龙脊镇平安村的龙脊山上。这里景色优美奇特，山里居住着大约5000名壮族和瑶族居民，给整个风景区增添了一丝民族风情，因此来往的游客络绎不绝。在不同的角度观望梯田，就会看到不同的风景，山与山之间参差不齐的排列，形成了别具一格的景观。其中"七星伴月"景观便是龙脊梯田的精华，它由七个小山顶梯田和一个大山顶梯田组成，中间的山顶相对突出，周围围着七座小山，跟星象中七星围着月亮的景象相似，故被称为"七星伴月"。大面积的梯田层层叠叠，每一层梯田如同一片片鱼鳞，把连绵起伏的龙脊山装饰成一条活灵活现的"巨龙"，到那里游览的人都会被这壮丽的景观和优美的线条所震撼。

龙脊梯田一年四季不同的神韵令人陶醉，人们在不同的月份游览会有不同的收获。从4月中旬到6月中下旬，正值灌水插秧的时期，这时整个梯田被水覆盖，阳光反射使整座山看起来闪闪发光，亮丽的银色覆盖着整个梯田；7月到9月中上旬，是水稻生长茂盛的时期，大片绿色的梯田就像是一张被折叠起来的巨型地毯；9月中下旬到11月中下旬，是水稻丰收的季节，梯田上布满金黄色的水稻，整座山像被铺上了一层黄金；12月中下旬到2月中上旬，梯田被白雪覆盖，仿佛变成了冰雪王国。不同季节的梯田总能给游客不一样的视觉享受。

游览龙脊梯田除了可以亲近大自然，观赏妙不可言的自然景观之外，还可以与当地居民交流，感受少数民族的朴实和幽默，即使独自一人在那里待上一整天，也可以沉浸在其中，**流连忘返**。

5. 第2段主要谈的是：

   A 龙脊梯田的由来　　　　　　　　　B 龙脊梯田的居民

   C 与梯田有关的成语　　　　　　　　D 梯田具有的特色景观

6. 关于龙脊梯田的四季变化，下列哪项**不正确**？

   A 四季呈现不同的颜色　　　　　　　B 冬季的梯田被白雪覆盖

   C 插秧季节的梯田是银色　　　　　　D 8月的龙脊梯田呈金黄色

7. 第4段中，画线词语"流连忘返"最可能是什么意思？

   A 忘记了返回的路　　　　　　　　　B 因留恋而不愿离去

   C 为美好事物而流泪　　　　　　　　D 一个人也不觉得孤独

8. 最适合作上文标题的是：

   A 感受梯田的魅力　　　　　　　　　B 广西的四季之美

   C 追溯梯田的起源　　　　　　　　　D 梯田未来的发展

정답 해설집 p.134

지문을 읽고 질문에 알맞은 선택지를 고르세요.

1-4.

　　电影市场步入暑期档后, 电影院也如期迎来了大量的儿童观众。这些儿童观众在为电影市场带来收益的同时, 有时也会给电影院和其他观众带来不少的麻烦。

　　由于大部分电影院里都没有儿童区, 所以成年观众不得不和儿童观众坐在一起观看电影。电影放映时, 孩子们大声喧哗, 乱踢椅背, 满场乱跑的景象**屡见不鲜**。就算家长出言警告, 威慑力也基本不会超过十分钟。这让想要安静观影的普通观众怨声载道却又无可奈何。

　　那么, 孩子们为什么会在电影院做出上述举动呢？心理学家通过实验发现, 10岁以下的儿童很难专心致志做一件事。其中3岁儿童的注意力可以维持3-5分钟, 4岁儿童可以维持10分钟, 5-6岁儿童也只能维持15分钟左右。所以很少有孩子可以在电影院安安静静地观看完一部漫长的电影。

　　既然观众被这种现象困扰, 观影体验大打折扣的情况频繁发生, 为什么电影院还是不开设儿童厅呢？对这一问题, 多名影院从业者给出了答案, 他们表示, 设立儿童厅代价高, 收益小, 很有可能入不敷出。这是因为在一般情况下, 儿童厅要比普通影厅小, 也要采用童话的装修风格, 这就会增加整体的成本。加之考虑到儿童爱四处走动的生理特点, 电影院还需要拉大座椅间的间隔, 这样一来, 儿童厅一次能够容纳的观众数量自然也会大大减少。除此之外, 为了给儿童较为充分的休息和玩耍时间, 两部电影上映的时间间隔会比普通厅长, 场次也会减少。

　　从长远角度来看, 对儿童电影的需求量决定电影院在儿童厅上的投入。只有需求量增加, 电影院的投入才会加大。

1. 在暑期, 观众会在电影院遇到什么事？
   A 孩子大声吵闹　　　　　　　　　B 观影人数太多
   C 只有儿童电影　　　　　　　　　D 票价明显上涨

2. 第2段中画线成语 "屡见不鲜" 的意思是：
   A 孩子们对新鲜的故事不感兴趣　　B 看孩子们吵闹也不会觉得新奇
   C 儿童对电影院的布局感到新鲜　　D 各种新鲜事物让儿童兴奋不已

3. 为什么有些儿童很难在电影院保持安静？
   A 社会适应能力比较差　　　　　　B 没有得到正确的指导
   C 注意力维持时间不长　　　　　　D 对外界刺激反应迟钝

4. 第4段主要介绍的是：
   A 儿童的注意力有限的原因　　　　B 儿童在电影院吵闹的原因
   C 电影院不开设儿童厅的原因　　　D 电影院选择童话风格的原因

5-8.

　　营养丰富但味道苦涩的食物，是每一个孩子都无法逃避的噩梦。很多人小时候也许都有过被父母强行喂下苦涩的蔬菜或是灌下汤药的经历。

　　然而奇怪的是，长大之后再食用苦涩的食物，好像没有童年时那么痛苦了。有人以为是记忆出现了差错，有人则以为自己的味觉开始退化了。但其实这两种认知都是错误的，研究显示，成人之后，人们之所以不再抗拒苦味，是因为唾液改变了味觉。

　　成年人吃的食物比儿童更多，更复杂，所以味觉更容易受唾液的影响。唾液作为唾液腺分泌的一种多功能体液，99%以上的成分是水，此外还有黏液、电解质、抗菌物质以及帮助消化的酶等等。人体每天会分泌大量唾液，这可以冲刷口腔，保持黏膜湿润，并预先分解食物中的营养物质。同时，一些蛋白质会对食物中的味觉受体细胞的结合产生影响，从而改变我们的口味。

　　那么，唾液会对食物的味道进行定向"改造"吗？口味不佳的食物在唾液的长期改造下也会发生变化吗？答案是会的。最新研究结果表明，如果食用苦涩食物的频率增加，人们对苦味和涩味的感知就会变弱。

　　研究人员对64名实验对象进行了一项实验。研究人员每天都让实验对象喝带有苦味的饮料，一日三次，为期一周。每次喝完饮料后，实验对象需要对饮料的苦度和涩度打分。最后，研究人员发现，唾液中富含脯氨酸的蛋白质含量明显增加，而这类蛋白质与饮料中的苦涩成分结合，阻止其与味觉受体细胞发生反应。实验结束时，人们对苦涩程度打的分数比一开始降低了不少。

　　综上所述，我们可以发现，人的味觉并非一成不变，因为唾液的分泌、摄入食物的多少和频率都会改变人们所感受到的味道。

5.　能改变成年人的味觉的是：
　　A 记忆　　　　　　　　　　　　　　B 唾液
　　C 思考方式　　　　　　　　　　　　D 童年经历

6.　下列哪项**不属于**唾液的成分？
　　A 酶　　　　　　　　　　　　　　　B 电解质
　　C 脂肪酸　　　　　　　　　　　　　D 抗菌物质

7.　如果食用苦涩食物的频率增加：
　　A 肠胃会受到损坏　　　　　　　　　B 记忆力会随之增强
　　C 唾液分泌会大幅减少　　　　　　　D 对苦涩的感知发生变化

8.　上文主要想告诉我们：
　　A 苦味食物具有杀菌功效　　　　　　B 成人的唾液分泌量更多
　　C 味觉敏感性与年龄有关　　　　　　D 唾液能够影响人的味觉

9-12.

天目茶盏是一种十分珍稀罕见的文物，在宋代被奉为国宝。遗憾的是，当今世上，现存的古代天目茶盏只有三件半。

根据记载，宋朝时期日本高僧到中国留学，归国时把充满天目山风土人情的建盏带回了日本，这就是日本将建盏称为天目茶盏的原因。日本有三件天目茶盏，第一件被东京静嘉堂文库美术馆所收藏，第二件在京都大德寺龙光院，最后一件则在大阪藤田美术馆。而杭州古越博物馆所收藏的南宋天目茶盏，是2009年上半年在杭州考古遗址出土的，仅存有约四分之一的残片。

这件残器的内部布满了斑点，外壁釉面上如同夜空星辰般的痕迹也隐约可见，这就是**"曜变"**。曜变是天目茶盏最大的特点，它是在烧制陶瓷的过程中发生的一种特殊的化学反应，具有无法复制的偶然性。在烧制瓷器的过程中，器具表面的气泡爆开，因而产生无数个华丽的釉斑。这些斑点在阳光和一定温度条件下闪烁着七彩光晕。考古学家们曾在宋代建窑遗址附近找到了数以十万计的瓷器残片，这些残片疑似是烧制时留下的失败品。有关人员推测，古代工匠在制作陶瓷时都使用木柴，很难精确控制温度，所以成品率极低。他们认为可以从这一点推断出曜变形成的原因。

比起古代，现代的烧制工艺有了巨大的进步，但一直没人能烧制出完美的天目茶盏。然而刘小祥先生的出现打破了这一局面。他凭着对茶和陶瓷的执着和喜爱，艰苦钻研了十一年，在烧坏了共计17万多只茶盏后，终于发现了曜变的形成原理，并成功烧制出了天目茶盏。他复原了天目茶盏的制作工艺，填补了这一国宝级瓷器制造工艺的空白，可谓意义非凡。

9. 日本人将建盏称为天目茶盏的原因是：
   A 它的外观像太阳的光芒　　　　　B 它是从天目山带回来的
   C 它的斑点像天空中的星星　　　　D 它是十分珍贵罕见的文物

10. 哪个城市收藏的天目茶盏有残缺？
   A 东京　　　　　　　　　　　　　B 京都
   C 大阪　　　　　　　　　　　　　D 杭州

11. 第3段中画线词语"曜变"指的是：
   A 一种化学反应　　　　　　　　　B 一种特殊颜料
   C 一种茶盏形状　　　　　　　　　D 一种奇特物质

12. 下列哪项**不是**刘小祥做的事？
   A 经历过无数次的失败　　　　　　B 发现了曜变的形成原理
   C 修复了有残缺的天目茶盏　　　　D 复原了天目茶盏的制作工艺

13-16.

　　许多人认为，只有大脑结构复杂的生物，才会进入睡眠状态，而水母这类没有复杂中枢神经的生物则不会出现睡眠的现象。那水母真的不需要睡觉吗？其实不然，水母虽然没有复杂的大脑，但它依旧可以进入睡眠状态。

　　三位研究人员发现，水母不仅能睡觉，而且它们的睡眠状态和大部分的生物相似。当夜幕降临时，水母也会像人类一样，进入深度睡眠状态。通过这个研究，他们首次揭示了没有中枢神经系统的动物也能入眠的事实。研究人员在为期六天的实验的过程中，还发现了水母的睡眠具备三个关键特征：一是显著活动较少，但不是昏迷或麻痹；二是受到外部刺激后，反应变得低下；三是缺少睡眠时，白天的活动减少。其实这些睡眠特征几乎是所有动物都有的。

　　也就是说，虽然水母和人类不同，没有集中化的神经系统，但是即便如此，当水母入睡时，它会完全处于无脑睡眠的状态。因此水母的睡眠形式证实了相关假说，即并不是集中化的神经系统才会产生睡眠需求，且睡眠的出现与高度化的复杂神经无关。换言之，从另一个角度来看，我们需要睡眠的真正原因，很可能与记忆的巩固或其他高级学习功能毫无关联。总的来说，像水母一样拥有简单神经系统的动物也睡觉，说明睡眠其实与神经元的基本特性有关。

　　这个研究刷新了人们的普遍认知：睡眠是完全由大脑控制的。因为实际上无脑生物同样可以进入睡眠。水母是一种古老的生物，且一直保持着睡眠的习惯，这是目前人类发现的最原始的睡眠形式，可见这可能是生物体长久以来自然形成的本能。

　　研究人员称，对水母的睡眠形式进行更详尽的研究，将有助于人类进一步了解睡眠的真正功能和意义。

13. 水母在什么时候睡觉？
　　A 凌晨　　　　　　　　　　　　B 夜晚
　　C 中午　　　　　　　　　　　　D 下午

14. 下列哪项属于水母的睡眠特征？
　　A 活动量受睡眠影响　　　　　　B 睡觉时会停止呼吸
　　C 容易陷入昏迷状态　　　　　　D 对刺激的反应强烈

15. 水母的睡眠形式说明：
　　A 睡眠与神经元有关　　　　　　B 水母具备模仿能力
　　C 睡眠有助于巩固记忆　　　　　D 水母有复杂的神经系统

16. 根据上文，下列哪项正确？
　　A 水母的睡眠时间受大脑控制　　B 水母具有集中化的神经系统
　　C 水母不能像其他动物一样入睡　D 水母的睡眠形式属于无脑睡眠

17-20.

　　指纹识别是将识别对象的指纹分类比对后进行判别的技术。虽然也有基于唇纹、虹膜、视网膜、等进行身份识别的技术，但指纹识别是生物体特征识别技术中最常用、最方便的一种。

　　指纹识别技术分为警用和民用两大类，根据用途不同，录指纹的方式也不同。派出所里给犯罪嫌疑人录指纹时，不但要录十个手指，还要旋转180度。因为在犯罪现场找出的指纹往往都是残缺不全的，用这些残缺的指纹在指纹库里排查嫌疑犯时，可能会出现多个结果；所以需要专家一一比对后排除。民用指纹识别技术则不然，只需录一个或两个指纹用于身份识别，用的时候也只要求有完整无缺的平面指纹。但民用指纹库也可以用在刑侦破案上，比如广州市外来人口指纹库就为抓捕犯人做出了不少贡献。

　　指纹识别技术的核心是算法，通过分析指纹的整体或局部特征，就可以可靠地确认一个人的身份。在人体成长发育的过程中，指纹有可能会变长、变宽，所以指纹算法是一种高难度的技术。但目前中国已经有了具备自主知识产权的指纹算法，在处理指纹变形等方面的技术处于世界领先水平。

　　指纹识别的另一关键技术是指纹图像采集技术，也叫"活体指纹"。以前基本上用光学技术，而现在普遍采用半导体技术。按压到采集设备上的手指指纹的脊和谷，使手指表皮和芯片之间产生不同的电容，芯片测量空间中的不同电容场就可以得到完整的指纹。这种采集技术的设备比光学方式小了几十倍，甚至可以放入手机里，使用很方便。

　　随着信用卡、手机支付等支付手段得到广泛应用，指纹识别技术成为了电子商务的"金钥匙"。银行等部门开始积极试用指纹识别技术，为用户提供指纹识别服务，进行身份确认。

　　好好保护你的手指吧，在不久的将来，指纹的用途将越来越广泛，指纹有望成为未来的万能钥匙。

17. 生物体识别技术中最常用的是：

A 步态识别 　　　　　　　　　　　B 语音识别

C 虹膜识别 　　　　　　　　　　　D 指纹识别

18. 关于民用指纹识别技术，下列哪项正确？

A 十个指头全部都要录入 　　　　　B 要求有完整无缺的指纹

C 算法比对只有两种结果 　　　　　D 民用指纹库可随便查阅

19. 下列哪项是指纹识别技术的核心？

A 指纹匹配 　　　　　　　　　　　B 指纹算法

C 图像复制 　　　　　　　　　　　D 身份识别

20. 指纹图像采集技术：

A 所采用的设备较小 　　　　　　　B 无法得到完整的指纹

C 过去多采用半导体技术 　　　　　D 采集设备不能放进手机

본 교재 동영상강의 · 무료 학습자료 제공

china.Hackers.com

본 교재 동영상강의·무료 학습자료 제공
china.Hackers.com

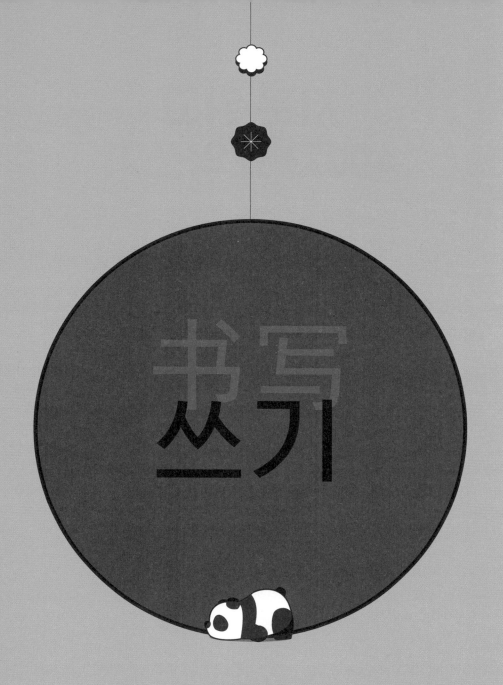

쓰기

지문 읽고 400자 요약쓰기

지문 읽고 400자 요약쓰기

쓰기는 1000자 분량의 지문을 읽고 400자 분량으로 요약하는 형태이며, 101번으로 1문제 출제된다. 제시되는 지문은 주제에 따라 일정한 전개 흐름을 갖는 성공일화, 수필, 옛날 이야기로 나눌 수 있다. 주어진 시간 안에 지문 내용을 간결하고 정확하게 요약할 수 있어야 한다.

고득점 공략법 아래와 같은 세부 유형의 지문들이 출제되므로 그 공략법을 잘 익혀둔다.

답안 작성법　　요약쓰기를 위한 답안 작성 가이드
필수 요약스킬 10

고득점비책 01　성공일화 지문 요약하기
고득점비책 02　수필 지문 요약하기
고득점비책 03　옛날 이야기 지문 요약하기

출제 유형 분석

1. **성공일화**

   중국 또는 전 세계적으로 주목할만한 업적이나 성과를 남긴 인물의 성공 스토리에 대한 내용을 담은 지문이다. 1~2회에 한 번 출제되는 지문 유형이다.

2. **수필**

   일상생활에서의 경험을 읽기 쉽게 쓴 글로 교훈이나 감동을 전하는 내용을 담은 지문이다. 2~3회에 한 번 출제되는 지문 유형이다.

3. **옛날 이야기**

   고사성어의 유래나 중국의 역사적 인물과 관련된 내용을 담은 지문이다. 5~6회에 한 번 출제되는 지문 유형이다.

Step 1 지문 읽고 스토리 흐름과 핵심표현 기억하기 [제한시간 10분]

처음 3분 동안은 지문의 주제와 스토리 흐름을 이해하고, 남은 7분 동안 구체적인 스토리와 핵심표현을 외운다.

〈문제지에 제시된 지문〉

李嘉诚3岁时家道中落，后来父亲得了重病，不久便离开了人世。刚
上了几个月中学的李嘉诚就此失学了。在兵荒马乱的岁月里，李家孤儿寡
母生活得很艰难。李嘉诚是家中长子，不得不帮母亲承担起家庭生活的重
担。一位茶楼老板看他们可怜，就让16岁的小嘉诚当跑堂。茶楼天不亮就
要开门，到午夜仍需营业，他每天都累得筋疲力尽，因此经常抱怨自己命
不好。

有一天，他因为太疲倦，当班时不小心把开水洒在地上，溅湿了客人
的衣裤。李嘉诚很紧张，站在一旁等待着客人的巴掌和老板的训斥。但
让他没想到的是，那位客人并没有责怪他，反而一再为他说情，请求老板
不要开除他。客人说：“没关系的，不过你以后要记住，做什么事都必须
细心，不集中精神怎么行呢？”李嘉诚把这些话记在了心里。从此以后，
他把“细心”当作自己的人生信条，这对他后来的事业发展起到了重要的
作用。

之后，李嘉诚辞掉了那份工作，在一个塑胶厂从推销员做到了业务经
理。三年后，他租了一间灰暗的小厂房，买了一台老掉牙的压塑机，办起
了“长江塑胶厂”。经营工厂时，他充分发挥了细心的性格特点。仔细分
析市场动态后，他发现未来塑胶花市场需求很大，于是进行了大量生产，
这为他带来了可观的收入。就这样，李嘉诚30岁时成为了千万富翁。

塑胶花畅销全球时，李嘉诚却意识到越来越多的人开始涌入这个行
业，好日子很快就会过去，如果再不做调整，不久后将会被市场淘汰。有
人说他太多虑了，但他考虑的是长远的发展。他认为有远见是经商必备的
素质。在60年代中期，内地的局势令香港社会人心惶惶，富翁们纷纷逃离
香港，争相廉价抛售房地产。但他沉着应变，仔细分析局势，认为内地肯
定会恢复安定，香港将进一步繁荣发展。在别人大量抛售房地产时，李嘉
诚却反其道而行之，积极投入到房地产行业中，将所有资金都用来收购房
地产了。朋友们纷纷劝他不要做傻事，他却说：“做生意得有长远的眼光。
我是看准了时机才买的，男子汉大丈夫还怕这点风险吗？”

李嘉诚又一次成功了。70年代初，香港房地产价格开始回升，他从
中获得了双倍的利润。直到1976年，李嘉诚公司的净产值达到5个多亿，
成为了香港最大的华资房地产实业公司。此后，李嘉诚节节高升，成为了
全球华人首富。

李嘉诚在一次采访中说过：“我时刻细心观察市场动态，每天90%以上
的时间都是用来想明年、五年后、十年后的事情。”由此可知，他之所以
能够取得如此大的成功，是因为有细心的态度和长远的眼光。

〈성공일화〉

① 주인공의 어린시절

李嘉诚은 어렸을 때 집안이 어려워짐. 아버지가 돌아가신 후, 그는 바로 失学함. 그는 장남이었기 때문에, 집안의 무거운 짐을 짊어져야 했음. 茶楼老板은 그를 가엾게 여겨서, 그에게 跑堂이 되게 함. 그는 매일 매우 지쳤고, 자주 自己命이 나쁘다고 원망함.

② 첫 번째 시련과 극복과정

어느 날, 그는 실수로 把开水洒在地上, 손님의 옷까지 젖게 함. 하지만 손님은 그를 나무라기는커녕, 그를 위해 说情함. 손님은 그에게 무슨 일을 하든지 细心해야 한다고 말함. 그 후로, 그는 ‘세심함’을 自己的人生信条로 삼음.

③ 첫 번째 성공의 결실

이후, 그는 일을 그만두고 한 공장에 갔고, 그곳에서 业务经理까지 하게 됨. 몇 년 후, 그는 스스로 한 공장을 차림. 그는 자세히 시장의 상황을 분석한 후, 장래에 塑胶花市场의 수요가 클 것을 발견했고, 바로 大量生产을 진행했으며, 可观的收入을 얻음. 그는 30살에 이미 큰 부자가 됨.

④ 두 번째 시련과 극복과정

이후 그는 갈수록 많은 사람이 이 업계에 들어와 好日子很快就会过去임을 깨달음. 당시 内地的局势은 홍콩에 이롭지 않았음. 많은 사람이 부동산을 抛售하고 있었지만, 그는 당시의 상황을 분석한 후, 모든 자금을 부동산 收购하는 데 사용함.

⑤ 두 번째 성공의 결실

결국, 그는 또 성공함. 부동산 가격이 다시 오르기 시작하며 그는 双倍的利润을 얻음. 이것은 그의 회사가 香港最大的华资房地产实业公司가 되게 하고, 또한 그가 全球华人首富가 되게 함.

⑥ 성공 요인

细心的态度와 长远的眼光이 그에게 이처럼 큰 成功을 가져다 줬음을 알 수 있음.

해석 해설집 p.149

PBT 시험에서는 답안지 여백에 외워둔 표현이나 스토리를 재빨리 적어두면 답안 작성에 도움이 된다. IBT 시험에서는 **手写输入**(필기 인식) 아이콘을 찾아 마우스로 병음을 모르는 한자부터 먼저 그려 입력해두면 답안 작성에 도움이 된다.

* 아래 모범답안을 확인하기 전 원고지(p.269)의 답안지에 스스로 지문 내용을 요약해보자.

<모범답안>

三，书写

앞면

				李	嘉	诚	的	成	功	故	事					제목
	李	嘉	诚	小	时	候	家	庭	变	得	很	困	难	，	父	亲	去	世
后	，	他	就	失	学	了	。	他	因	为	是	长	子	，	所	以	得	承	担	世
起	家	庭	的	重	担	。	茶	楼	老	板	看	他	可	怜	，	就	让	他	当
了	跑	堂	。	他	每	天	非	常	累	，	经	常	抱	怨	自	己	命	不	好 。

① 〈성공일화〉 주인공의 어린시절

뒷면

	有	一	天	，	他	不	小	心	把	开	水	洒	在	地	上	，	还	把
客	人	的	衣	服	弄	湿	了	。	但	客	人	不	仅	没	有	责	怪	他	，
还	为	他	说	情	。	客	人	对	他	说	，	做	什	么	事	都	要	细	心 。
从	此	，	他	就	把	"	细	心	"	当	作	自	己	的	人	生	信	条	。

② 첫 번째 시련과 극복과정

	之	后	，	他	辞	职	去	了	一	家	工	厂	，	在	那	里	做	到
了	业	务	经	理	。	几	年	后	，	他	自	己	开	了	一	家	工	厂 。
他	仔	细	分	析	市	场	情	况	后	，	发	现	未	来	塑	胶	花	市	场
需	求	很	大	，	便	进	行	了	大	量	生	产	，	得	到	了	可	观	的
收	入	。	他	30	岁	就	成	了	大	富	翁	。

200

③ 첫 번째 성공의 결실

	后	来	他	意	识	到	越	来	越	多	的	人	进	入	这	个	行	业 ，
好	日	子	很	快	就	会	过	去	。	当	时	内	地	的	局	势	对	香	港
不	利	。	很	多	人	都	在	抛	售	房	地	产	，	然	而	他	分	析	当
时	的	情	况	后	，	把	所	有	资	金	都	用	来	收	购	房	地	产	了 。

300

④ 두 번째 시련과 극복과정

	结	果	，	他	又	成	功	了	。	房	地	产	价	格	开	始	回	升 ，
他	获	得	了	双	倍	的	利	润	。	这	让	他	的	公	司	成	为	了	香
港	最	大	的	华	资	房	地	产	实	业	公	司	，	也	让	他	成	为	了
全	球	华	人	首	富	。

400

⑤ 두 번째 성공의 결실

	可	见	，	细	心	的	态	度	和	长	远	的	眼	光	给	他	带	来
了	如	此	大	的	成	功	。

⑥ 성공 요인

500

해석 해설집 p.150

	기억한 스토리	요약
제목	李嘉诚의 성공일화에 대한 내용이므로 '李嘉诚的成功故事(리쟈청의 성공일화)'를 제목으로 쓴다.	
① 주인공의 어린시절	李嘉诚은 어렸을 때 집안이 어려워짐. 아버지가 돌아가신 후, 그는 바로 失学함. 그는 장남이었기 때문에, 집안의 무거운 짐을 짊어져야 했음. 茶楼老板은 그를 가엽게 여겨서, 그에게 跑堂이 되게 함. 그는 매일 매우 지쳤고, 자주 自己命不好라며 원망함.	李嘉诚小时候家庭变得很困难，父亲去世后，他就失学了。他因为是长子，所以得承担起家庭的重担。茶楼老板看他可怜，就让他当了跑堂。他每天非常累，经常抱怨自己命不好。
	📍요약 포인트 · '그는 장남이었기 때문에 집안의 무거운 짐을 짊어져야 했음'과 같이 사건의 원인과 결과가 분명한 것으로 기억한 내용은 '因为……, 所以……'와 같은 인과 관계를 나타내는 연결어를 사용해서 간단히 요약한다. · 지문의 筋疲力尽과 같이 외우기 어려운 사자성어 표현은 非常累와 같은 비슷한 뜻을 가지는 쉬운 표현으로 기억하고 바꿔 쓴다.	
② 첫 번째 시련과 극복과정	어느 날, 그는 실수로 把开水洒在地上, 손님의 옷까지 젖게 함. 하지만 손님은 그를 나무라기는커녕, 그를 위해 说情함. 손님은 그에게 무슨 일을 하든지 细心해야 한다고 말함. 그 후로, 그는 '세심함'을 自己的人生信条로 삼음.	有一天，他不小心把开水洒在地上，还把客人的衣服弄湿了。但客人不仅没有责怪他，还为他说情。客人对他说，做什么事都要细心。从此，他就把"细心"当作自己的人生信条。
	📍요약 포인트 · '손님은 그를 나무라기는커녕, 그를 위해 说情함'과 같이 사건의 앞 상황보다 뒤 상황이 더 강조되거나 심화된 것으로 기억한 내용은 '不仅……, 还……'와 같은 점층 관계를 나타내는 연결어를 사용해서 간단히 요약한다. · 지문의 "没关系的, 不过你以后要记住, 做什么事必须细心, 不集中精神怎么行呢？"와 같이 큰따옴표로 표현된 인용문은 'A对B说……'와 같은 간접화법으로 간단히 요약한다.	
③ 첫 번째 성공의 결실	이후, 그는 일을 그만두고 한 공장에 갔고, 그곳에서 业务经理까지 하게 됨. 몇 년 후, 그는 스스로 한 공장을 차림. 그는 자세히 시장의 상황을 분석한 후, 장래에 塑胶花市场의 수요가 클 것을 발견했고, 바로 大量生产을 진행했으며, 可观의 收入을 얻음. 그는 30살에 이미 큰 부자가 됨.	之后，他辞职去了一家工厂，在那里做到了业务经理。几年后，他自己开了一家工厂。他仔细分析市场情况后，发现未来塑胶花市场需求很大，便进行了大量生产，得到了可观的收入。他30岁就成了大富翁。
	📍요약 포인트 · 지문의 三年后와 같이 구체적인 시간 관련 표현은 几年后와 같은 几를 사용한 시간 관련 표현으로 기억하고 바꿔 쓴다. · 지문의 长江塑胶厂과 같이 구체적인 장소 관련 표현은 一家工厂과 같은 '수량사+일반명사'의 표현으로 기억하고 바꿔 쓴다.	
④ 두 번째 시련과 극복과정	이후 그는 갈수록 많은 사람이 이 업계에 들어와 好日子很快就会过去임을 깨달음. 당시 内地의 局势은 홍콩에 이롭지 않았음. 많은 사람이 부동산을 抛售하고 있었지만, 그는 당시의 상황을 분석한 후, 모든 자금을 부동산 收购하는 데 사용함.	后来他意识到越来越多的人进入这个行业，好日子很快就会过去。当时内地的局势对香港不利。很多人都在抛售房地产，然而他分析当时的情况后，把所有资金都用来收购房地产了。
	📍요약 포인트 · '이미 큰 부자가 됨. 이후 그는 갈수록 많은 사람이 이 업계에 ~'와 같이 사건의 앞뒤 발생 순서가 명확한 것으로 기억한 내용은 '后来……'와 같은 선후 관계를 나타내는 연결어를 사용해서 간단히 요약한다. · '많은 사람은 부동산을 抛售하고 있었지만, 그는 당시의 상황을 분석한 후, 모든 자금을 부동산 收购하는 데 사용함'과 같이 사건의 앞뒤 상황이 상반되는 것으로 기억한 내용은 '……, 然而……'과 같은 반대/전환 관계를 나타내는 연결어를 사용해서 간단히 요약한다.	
⑤ 두 번째 성공의 결실	결국, 그는 또 성공함. 부동산 가격이 다시 오르기 시작하며 그는 双倍的利润을 얻음. 이것은 그의 회사가 香港最大的华资房地产实业公司가 되게 하고, 또한 그가 全球华人首富가 되게 함.	结果，他又成功了。房地产价格开始回升，他获得了双倍的利润。这让他的公司成为了香港最大的华资房地产实业公司，也让他成为了全球华人首富。
	📍요약 포인트 · '결국, 그는 또 성공함'과 같이 어떤 과정을 거쳐 도출된 결론은 结果와 같은 마무리 표현을 사용해서 간단히 요약한다. · '이것은 그의 회사가 香港最大的华资房地产实业公司가 되게 함'과 같이 어떤 일로 인해 변화가 생긴 것으로 기억한 내용은 '这让……'을 사용해서 간단히 요약한다.	
⑥ 성공 요인	细心的态度와 长远的眼光이 그에게 이처럼 큰 成功을 가져다 줬음을 알 수 있음.	可见，细心的态度和长远的眼光给他带来了如此大的成功。
	📍요약 포인트 · '细心的态度와 长远的眼光이 그에게 이처럼 큰 成功을 가져다 줬음을 알 수 있음'과 같이 사건의 결말은 可见과 같은 마무리 표현을 사용해서 간단히 요약한다.	

쓰기

해커스 HSK 6급 한 권으로 고득점 달성

1000자 분량의 지문을 읽고 400자 분량으로 요약해야 하는 쓰기 101번 문제의 답안을 올바르게 쓸 수 있도록, 정확한 답안 작성법을 알아둔다.

1 답안 작성법

1. PBT 시험에서 원고지에 답안 작성하는 방법

원고지 모양의 답안지에 한자와 문장부호 등을 형식에 맞춰 써야만 쓰기 영역에서 좋은 점수를 받을 수 있다. 따라서 400자 요약을 위한 원고지 작성법을 정확히 익혀둔다.

❶	**400자 이상의 분량 채우기** PBT 쓰기 답안지는 540자(총 27행) 분량의 원고지가 제시되며, 문장부호와 빈칸을 제외하고 400자 이상의 분량을 채워야 고득점을 받는 데 유리하다. 따라서 요약쓰기를 할 때 원고지 23~25행까지 채우는 연습을 꾸준히 한다.
❷	**제목 쓰기** 제목은 원고지 첫 행의 중간에 쓴다.
❸	**문단의 처음은 두 칸 비워두기** 문단을 시작할 때는 매번 처음 두 칸을 비우고 쓴다.
❹	**중국어는 한 칸에 한 자씩 쓰기** 중국어는 한 칸에 한 자씩 깔끔하게 쓴다. 글씨를 읽기 편하게 또박또박 쓰는 것도 채점위원들에게 좋은 점수를 받을 수 있는 팁이다.
❺	**문장부호는 한 칸에 한 자씩 쓰기** 일반적으로 중국어 문장부호는 한 칸에 한 자씩 쓴다. 단, 다음과 같은 예외도 있음을 알아둔다. ❺-1 : 모든 행의 첫 번째 칸에는 문장부호를 쓰지 않으며, 이전 행 마지막 칸에 중국어와 문장부호를 함께 쓴다. 잠깐! 큰따옴표의 시작 부분(")과 겹화살괄호의 시작 부분(《)은 행의 첫 번째 칸에 쓸 수 있다. ❺-2 : 문장부호 두 개가 연달아 나오는 경우, 한 칸에 문장부호 두 개를 함께 쓴다.
❻	**숫자는 한 칸에 두 자씩 쓰기** 숫자는 한 칸에 두 자를 한번에 쓴다.

*참고로 알파벳을 쓰는 경우, 대문자는 한 칸에 한 자씩, 소문자는 한 칸에 두 자씩 쓴다.

[예시]

❸ 문단의 처음은 두 칸 비워두기   ❻ 숫자는 한 칸에 두 자씩 쓰기   ❷ 제목 쓰기   ❹ 중국어는 한 칸에 한 자씩 쓰기   ❺ 문장부호는 한 칸에 한 자씩 쓰기   ❶ 400자 이상의 분량 채우기

						谈	天	霆	的	成	功	故	事				
✓	✓	15	岁	的	时	候	,	谈	天	霆	就	想	创	办	网	络	游	戏	公
司	。	虽	然	他	的	父	母	和	老	师	都	非	常	担	心	,	但	是	他
的	决	心	没	有	动	摇	。	刚	开	始	创	业	时	;	他	面	临	了	不
少	困	难	、	质	疑	和	拒	绝	,	但	他	的	父	亲	却	支	持	了	他。

100

"	革	命	性	突	破	".													

500

❺-1   ❺-2   ❺-1

2. IBT 시험에서 화면에 답안 입력하는 방법

컴퓨터 화면에 중국어 병음 입력기로 한자와 문장부호 등을 오타 없이 입력해야만 쓰기 영역에서 좋은 점수를 받을 수 있다. 따라서 400자 요약을 위한 IBT 답안 입력 방법을 정확히 익혀둔다.

❶	**400자 이상의 분량 채우기** IBT 시험에서는 搜狗(Sogou) 병음 입력 프로그램을 이용해 중국어를 입력하며, 400자 이상의 분량을 채워야 고득점을 받는 데 유리하다. 잠깐! 글자 수는 답안 입력칸 상단에 자동으로 체크되며, 문장부호와 띄어쓰기는 글자 수에 포함되지 않는다.
❷	**제목 쓰기** 제목은 별도의 가운데 정렬 없이 바로 입력한 후, 'ENTER'키를 눌러 다음 행에서 요약쓰기를 시작한다.
❸	**문단의 처음은 띄어쓰기 없이 답안 작성하기** 글자 수에 띄어쓰기는 포함되지 않는다. 따라서 문단을 시작할 때는 띄어쓰기 없이 바로 답안을 입력한다. 잠깐! 병음 ü를 입력하고 싶다면 영어 v를 누르면 되고, 병음을 모르는 한자는 手写输入(필기 인식) 기능을 이용해 마우스로 그려 입력할 수 있다.
❹	**문장부호는 띄어쓰기 없이 입력하기** 중국어 문장부호는 띄어쓰기 없이 입력한다. 여러 개의 문장부호를 연이어 사용하는 경우에도 문장부호 사이에 띄어쓰기를 하지 않는다.

[예시]

❶ 400자 이상의 분량 채우기　　❷ 제목 쓰기

*总数字: 114자

> 谈天霆的成功故事
>
> 15岁的时候，谈天霆就想创办网络游戏公司。虽然他的父母和老师都非常担心，但是他的决心没有动摇。刚开始创业时，他面临了不少困难、质疑和拒绝，但他的父亲却支持了他。之后，他成功创办了自己的公司，并开始关注"云电脑"领域，把精神都投入到了研发上。

❸ 문단의 처음은 띄어쓰기 없이 답안 작성하기　　　　❹ 문장부호는 띄어쓰기 없이 입력하기

❷ 문장부호 사용법

마침표 [。]	평서문 끝에 쓴다.
쉼표 [,]	문장 안에서 구나 짧은 문장 단위로 끊어갈 때 쓴다.
모점 [、]	문장 안에서 단어들을 나열할 때 쓴다. *참고로 IBT 시험에서 모점(、)을 입력하고 싶다면 '/'키 또는 '₩'키를 누르면 된다.
따옴표 [" "]	특별히 강조하고 싶은 명칭, 약칭, 전문용어 앞뒤에 쓴다. *일반적으로 따옴표는 인용문 앞뒤에 쓰이지만, 6급 요약쓰기에서는 인용문을 주로 간접화법으로 요약하기 때문에 따옴표를 인용문 앞뒤에 쓰는 경우는 거의 없음을 알아둔다.

필수 요약스킬 10

쓰기 영역은 지문을 읽고 기억한 내용을 바탕으로 400자로 요약하는 문제가 출제된다. 따라서 지문을 읽으며 파악한 내용을 간결하고 정확하게 요약하는 스킬을 익혀두도록 한다.

스킬 01	주변인물의 이름, 구체적인 장소·시간 관련 표현은	▶	일반적이고 쉬운 신분, 장소, 시간 관련 표현으로 기억하고 바꿔 쓴다.

지문		요약
唐琦和李世烨共同创立了化妆品公司。不过，三个月后公司面临了严重的信任危机，品牌形象受到了极大的损害。 탕치는 리스예와 함께 화장품 회사를 창립했다. 그러나, 삼 개월 후 회사는 심각한 신용 위기에 봉착했고, 브랜드 이미지도 극심한 손해를 입었다. **[기억한 내용]** 唐琦는 파트너와 함께 한 회사를 创立했음. 그러나 오래 지나지 않아, 公司는 어려움에 처했음.	▶	唐琦和伙伴一起创立了一家公司。不过没过多久，公司就遇到了困难。 탕치는 파트너와 함께 한 회사를 창립했다. 그러나 오래 지나지 않아, 회사는 어려움에 처했다.

➡ 지문의 **李世烨**와 같이 주변인물의 이름은 **伙伴**과 같은 신분 표현으로, **化妆品公司**와 같이 구체적인 장소 관련 표현은 **一家公司**와 같은 '수량사/지시대사+일반명사'의 표현으로, 그리고 **三个月后**와 같이 구체적인 시간 관련 표현은 **没过多久**와 같은 **久/几**를 사용한 시간 관련 표현으로 기억하고 바꿔 쓴다.

• 자주 활용할 수 있는 표현

신분 표현	**伙伴** 파트너 **夫妻俩** 부부	**同事** 동료 **邻居(们)** 이웃(들)	**朋友** 친구 **上司** 상사	**老同学** 옛 동창 **下属** 부하 직원
장소 표현	**一家公司** 한 회사 **这/那家公司** 이/그 회사	**一个地方** 한 장소 **这/那个地方** 이/저 곳	**一个国家** 한 나라 **这/那个国家** 이/그 나라	**一次活动** 한 행사 **这/那次活动** 이/저번 행사
시간 표현	**没过多久** 오래 지나지 않아 **很久以前** 오래 전에	**过了几天** 며칠이 지나 **几天后** 며칠 후에	**过了几个月** 몇 달이 지나 **几个月后** 몇 달 후	**过了几年** 몇 년이 지나 **几年后** 몇 년 후

확인학습 제시된 문장을 '기억한 내용'을 참고해 요약해보세요.

[1] 彩霞辞职后去了美国迈阿密，她在那里遇见了高中同学欣雨。
 ★ 기억한 내용 : **彩霞**는 **辞职**한 후에 한 장소에 갔고, 그녀는 그곳에서 옛 동창을 만났음.

 🖊 _____

[2] 三年后，他从欧洲读完博士回来，当了一所名牌大学的副教授。
 ★ 기억한 내용 : 몇 년 후, 그는 **读博士**를 마치고 돌아와 **副教授**가 됐음.

 🖊 _____

해석 해설집 p.151

모범답안 [1] 彩霞辞职后去了一个地方，她在那里见到了老同学。 [2] 几年后，他读完博士回来，当了副教授。

지문		요약
他在商场里到处跑，都筋疲力尽了，还是没有看到自己的偶像。他心里的希望一下子破灭了，只能心灰意冷地往回走。 그는 상가에서 여기저기를 뛰어다녀서 기진맥진했지만, 여전히 자신의 우상을 보지 못했다. 그의 마음속 희망은 단숨에 깨졌고, 그저 낙담한 채로 돌아갈 수밖에 없었다. **[기억한 내용]** 그는 商场에서 여기저기를 뛰어다녀서 매우 지쳤지만, 여전히 **自己的偶像**을 보지 못했음. 그는 낙심했음.	▶	他在商场里到处跑，都非常累了，还是没有看到自己的偶像。他很灰心。 그는 상가에서 여기저기를 뛰어다녀서 매우 지쳤지만, 여전히 자신의 우상을 보지 못했다. 그는 낙심했다.

→ 지문의 **筋疲力尽**과 같이 외우기 어려운 사자성어 표현은 **非常累**와 같은 비슷한 뜻을 가지는 쉬운 표현으로, **心灰意冷地往回走**와 같이 외우기 복잡한 표현은 **很灰心**과 같은 비슷한 뜻을 가지는 쉬운 표현으로 기억하고 바꿔 쓴다. 이처럼 지문의 외우기 어려운 한자가 포함된 복잡한 표현은 비슷한 뜻을 가지는 쉬운 표현으로 기억하고 바꿔 쓴다.

• **자주 활용할 수 있는 표현**

筋疲力尽 기진맥진하다 → **非常累** 매우 지치다

心灰意冷地往回走 낙담한 채로 돌아가다 → **很灰心** 낙심하다

兴高采烈 신바람이 나다 → **十分开心** 대단히 기쁘다

惊出了一身冷汗 놀라서 온몸에 식은땀이 흘렀다 → **吓了一跳** 깜짝 놀랐다

热泪盈眶 눈물을 글썽거리다 → **流泪** 눈물을 흘리다

感动得留下了眼泪 감동해서 눈물을 흘렸다 → **非常感动** 매우 감동했다

확인학습 제시된 문장을 '기억한 내용'을 참고해 요약해보세요.

[1] 收到女朋友送的漂亮的圆珠笔，他感到兴高采烈。
★ 기억한 내용 : 女朋友가 보낸 선물을 받고, 그는 대단히 기뻤음.

✎ _____

[2] 飞机颠簸得十分厉害，小孩子们都惊出了一身冷汗。
★ 기억한 내용 : 飞机가 심하게 颠簸해서, 아이들은 모두 깜짝 놀랐음.

✎ _____

해석 해설집 p.151

모범답안 [1] 收到女朋友送的礼物，他感到十分开心。 [2] 飞机颠簸得厉害，孩子们都吓了一跳。

지문		요약
大学里有研究音乐的音乐社、学习各类舞蹈的舞蹈社、学习摄影技术的摄影社等社团。 대학에는 음악을 연구하는 음악단, 다양한 춤을 배우는 무용단, 사진 촬영 기술을 배우는 사진단 등 동아리가 있다. **[기억한 내용]** 大学에는 여러 종류의 社团이 있음.	▶	大学里有各种各样的社团。 대학에는 여러 종류의 동아리가 있다.

→ 지문의 研究音乐的音乐社、学习各类舞蹈的舞蹈社、学习摄影技术的摄影社等과 같이 여러 개의 항목 또는 종류를 열거한 표현은 各种各样的와 같은 하나로 포괄하는 표현으로 기억하고 요약한다. 이처럼 지문의 여러 가지를 구체적으로 열거한 표현은 하나로 포괄하는 표현으로 기억하고 요약한다.

• **자주 활용할 수 있는 표현**

各种各样的 여러 종류의	**什么都** 아무것도	**不少** 적지 않은
很多 많은	**好多** 아주 많은	**许多** 대단히 많은
几乎 거의	**大部分** 대부분	**大多数** 대다수

확인학습 제시된 문장을 '기억한 내용'을 참고해 요약해보세요.

[1] 在为老冯举办退休欢送会的那一天，公司的董事长、副董事长、总经理、直属上司等领导都到场了。
★ 기억한 내용 : 老冯에게 송별회를 열어주는 그 날, 회사의 많은 领导가 모두 왔음.

✎ _____

[2] 在竣工之前，这座楼房是一个没有供水管道、没有供电线路、没有窗户、没有家具的空壳。
★ 기억한 내용 : 竣工 전에, 이 아파트는 아무것도 없는 空壳였음.

✎ _____

해석 해설집 p.151

모범답안 [1] 在为老冯举办欢送会的那一天，公司的很多领导都来了。 [2] 在竣工之前，这座楼房是一个什么都没有的空壳。

지문	요약
张宇告诉记者："如果没有我的妻子，就没有今天的我，我也不会获得如此大的成功。" 장위는 기자에게 알려줬다. "만약 제 아내가 없었다면, 오늘의 저는 없었을 것이고, 저도 이렇게 큰 성공을 얻지 못했을 것입니다." **[기억한 내용]** 그는 기자에게 만약 **妻子**가 없었다면, 자신은 이렇게 큰 **成功**을 얻지 못했을 것이라고 말했음.	他对记者说，如果没有妻子，自己就不会获得那么大的成功。 그는 기자에게 만약 아내가 없었다면, 자신은 이렇게 큰 성공을 얻지 못했을 것이라고 말했다.

→ 지문의 张宇告诉记者："……"와 같이 큰따옴표로 표현된 긴 대화문 또는 인용문은 他对记者说와 같은 '~는 ~라고 했다'와 같은 간접화법으로 간단히 요약한다. 이처럼 지문에서 큰따옴표로 표현된 긴 대화문이나 인용문과 같이 다른 사람이 말한 내용은 자신의 말로 바꿔 간접화법으로 간단히 요약한다.

• 자주 활용할 수 있는 표현

A对B说……	A는 B에게 ~라고 말했다	**A回忆说**……	A는 ~라고 회상하며 말했다
A跟B说……	A는 B에게 ~라고 말했다	**据A说**……	A의 말에 의하면~
A说……	A가 ~라고 말했다	**A问 (B)**……	A는 (B에게) ~라고 물었다

확인학습 제시된 문장을 '기억한 내용'을 참고해 요약해보세요.

[1] 老兵回忆过去的战争说："那时候的战争太惨烈了，数以万计的兄弟都成为烈士，为国捐躯了。"
★ 기억한 내용 : 그는 그 시절 **战争**은 매우 **惨烈**했고, 많은 사람이 나라를 위해 희생했다고 회상하며 말했음.

✎ ＿＿＿＿＿＿＿＿＿＿＿＿＿＿＿＿＿＿＿＿＿＿＿＿＿＿＿＿＿＿＿＿＿＿＿＿＿＿＿

[2] 叙叙跟学生说："现在浪费粮食的现象相当严重。粮食很珍贵，我们的生活完全离不开粮食，所以我们要懂得珍惜粮食。"
★ 기억한 내용 : 그녀는 학생에게 **粮食**을 **珍惜**할 줄 알아야 한다고 말했음.

✎ ＿＿＿＿＿＿＿＿＿＿＿＿＿＿＿＿＿＿＿＿＿＿＿＿＿＿＿＿＿＿＿＿＿＿＿＿＿＿＿

해석 해설집 p.151

모범답안 [1] 他回忆说，那时战争太惨烈了，很多人都为国牺牲了。 [2] 她跟学生说，要懂得珍惜粮食。

지문		요약
小李撞倒了老王，却不说一句道歉的话，头也不回地跑了出去。老王看着她的背影，气得说不出话来。 샤오리는 라오왕을 부딪혀 넘어뜨리고는 도리어 사과 한마디 하지 않고, 뒤도 돌아보지 않으며 뛰어나갔다. 라오왕은 그녀의 뒷모습을 보며, 말도 나오지 않을만큼 화가 났다. **[기억한 내용]** **小李**는 사과하지 않았고, 이것은 **老王**을 매우 화나게 했음.	▶	小李没有道歉，这让老王非常生气。 샤오리는 사과하지 않았고, 이것은 라오왕을 매우 화나게 했다.

➜ '**小李**는 사과하지 않았고, 이것은 **老王**을 매우 화나게 했음'과 같이 어떤 일로 인해 변화가 생긴 것으로 기억한 내용은 '**这让······**'을 사용해서 간단히 요약한다. 이처럼 지문에서 어떤 일로 인해 변화가 생긴 내용은 '**这让······**'을 사용해서 간단히 요약한다.

• 자주 활용할 수 있는 표현

这让······**非常生气**	이것은 ～를 매우 화나게 했다
这让······**非常失望**	이것은 ～를 매우 실망하게 했다
这让······**非常感动**	이것은 ～를 매우 감동시켰다
这让······**充满信心**	이것은 ～를 자신감이 가득하게 했다
这让······**获得成功**	이것은 ～를 성공하게 했다
这让······**感到高兴**	이것은 ～를 기쁘게 했다
这让······**明白**······	이것은 ～로 (하여금) ～을 깨닫게 했다
这让······**成为**······	이것은 ～로 (하여금) ～가 되게 했다

확인학습　제시된 문장을 '기억한 내용'을 참고해 요약해보세요.

(1) 崔钰住院的时候，老师给她送来了复习资料，同学们也给她带来了课堂笔记。她感动得流下了眼泪。

　★ 기억한 내용 : **崔钰**가 **住院**했을 때, 모두가 그녀를 도우러 왔고, 이것은 그녀를 매우 감동시켰음.

　✎ _____

(2) 那段经历告诉李真，过于在乎别人的想法，最后可能什么事也做不成。

　★ 기억한 내용 : 이것은 **李真**으로 하여금 너무 다른 사람의 생각을 **在乎**해서는 안 된다는 것을 깨닫게 했음.

　✎ _____

해석 해설집 p.152

모범답안　[1] 崔钰住院的时候，大家都来帮助她，这让她非常感动。　[2] 这让李真明白，不应该太在乎别人的想法。

사건의 원인과 결과가 분명한 내용은 ▶ 인과 관계를 나타내는 연결어를 사용해서 간단히 요약한다.

지문	요약
那时突降大雨，雨水阻挡了飞行员的视线。飞机没能按时起飞，导致了大量航班延误。 그때 갑자기 큰 비가 내렸고, 빗물이 비행기 조종사의 시야를 가렸다. 비행기는 제시간에 이륙할 수 없었고, 대량의 항공편 지연을 초래했다. **[기억한 내용]** 갑자기 **大雨**가 내렸기 때문에, 많은 **航班**이 지연됐음.	由于突然下大雨，因此很多航班延误了。 갑자기 큰 비가 내렸기 때문에, 많은 항공편이 지연됐다.

→ '갑자기 **大雨**가 내렸기 때문에, 많은 **航班**이 지연됐음'과 같이 사건의 원인과 결과가 분명한 것으로 기억한 내용은 '由于……，因此……'와 같은 인과 관계를 나타내는 연결어를 사용해서 간단히 요약한다. 이처럼 사건이 발생하게 된 원인과 그 원인에 따른 결과가 분명한 내용은 인과 관계를 나타내는 연결어를 사용해서 간단히 요약한다.

• **자주 활용할 수 있는 표현**

由于……，因此…… ~ 때문에. (그래서) ~하다

因为……，所以…… ~ 때문에. (그래서) ~하다

之所以……，是因为…… ~한 것은, ~ 때문이다

……，因此/因而…… ~ 때문에. (그래서) ~하다

……，于是 …… ~. 그래서 ~하다

[확인학습] 제시된 문장을 '기억한 내용'을 참고해 요약해보세요.

[1] 北京的交通太过拥堵，给市民的出行造成了诸多不便。市政府鼓励市民出门时多乘坐公共交通工具。

★ 기억한 내용 : 北京 교통은 혼잡하기 때문에, 정부는 시민들에게 **公共交通工具**를 많이 탈 것을 장려했음.

✐ _____

[2] 射箭队的运动员们训练刻苦，付出了许多汗水。射箭队在这届奥运会上夺取了多枚金牌。

★ 기억한 내용 : **射箭队**가 여러 **金牌**를 획득한 것은, 운동선수들이 많은 땀을 흘렸기 때문임.

✐ _____

해석 해설집 p.152

모범답안 [1] 因为北京交通拥堵，所以政府鼓励市民多乘坐公共交通工具。 [2] 射箭队之所以获得了多个金牌，是因为运动员们付出了很多汗水。

사건의 앞뒤 발생 순서가 명확한 내용은 ▶ 선후 관계를 나타내는 연결어를 사용해서 간단히 요약한다.

지문	요약

지문

他听到爷爷病倒的消息，完全没有了工作的心情，于是立刻放下手头的业务，直接赶回了老家。

그는 할아버지가 쓰러졌다는 소식을 듣고, 완전히 일할 마음이 없어졌다. 그래서 즉시 수중의 업무를 내려놓고, 바로 고향으로 돌아갔다.

[기억한 내용]
그는 할아버지가 병이 났다는 **消息**를 듣자마자 바로 **老家**로 돌아갔음.

▶

요약

他一听到爷爷生病的消息，就直接赶回了老家。

그는 할아버지가 병이 났다는 소식을 듣자마자 바로 고향으로 돌아갔다.

→ '그는 할아버지가 병이 났다는 **消息**를 듣자마자 바로 **老家**로 돌아갔음'과 같이 사건의 앞뒤 발생 순서가 명확한 것으로 기억한 내용은 '一……, 就……'와 같은 선후 관계를 나타내는 연결어를 사용해서 간단히 요약한다. 이처럼 시간의 흐름에 따라 사건의 앞과 뒤의 발생 순서가 명확한 내용은 선후 관계를 나타내는 연결어를 사용해서 간단히 요약한다.

• **자주 활용할 수 있는 표현**

一……, 就……	~하자마자 바로 ~하다
……, 然后……	~, (그) 다음 ~하다
后来……	이후 ~하다
随后, ……	뒤이어, ~하다
之后, ……	이후, ~하다

확인학습 제시된 문장을 '기억한 내용'을 참고해 요약해보세요.

(1) 小雪终于见到了多年未见的奶奶。奶奶紧紧握着小雪的双手，慢慢地走进了房间，仔细地端详了她许久。

★ 기억한 내용 : 小雪는 마침내 奶奶를 만났음. 奶奶는 小雪의 손을 잡고 방안으로 들어갔고, 그 다음 오랫동안 그녀를 봤음.

✎ _____

(2) 当猴子们看到井里的月亮时，都惊叫起来了。没过多久，众猴都不约而同地响应了老猴子的建议，加入了捞月亮的队伍中。

★ 기억한 내용 : 猴子们은 달을 보고 소리를 지르기 시작했음. 뒤이어, 그들은 老猴子의 제안에 따라, 달을 捞하기 시작했음.

✎ _____

해석 해설집 p.152

모범답안 (1) 小雪终于见到了奶奶。奶奶握着小雪的手，走进了房间，然后看了她很久。
(2) 猴子们看到月亮，都叫了起来。随后，它们按照老猴子的建议，开始捞月亮。

| 스킬 08 | 사건의 앞뒤 상황이 상반되는 내용은 | ▶ | 반대/전환 관계를 나타내는 연결어를 사용해서 간단히 요약한다. |

| 지문 | | 요약 |

在决赛中，拳王帕奎奥被对手击倒输掉了比赛。即便如此，他积极进攻的拳击风格依然赢得了大家的尊重。

결승전에서, 권투왕 파퀴아오는 상대 선수에게 녹다운 당해 시합에서 졌다. 그런데도 그의 적극적으로 공격하는 복싱 스타일은 여전히 모두의 존중을 받았다.

[기억한 내용]
帕奎奥는 비록 졌지만, 그러나 그의 拳击 스타일은 여전히 존중을 받았음.

▶

帕奎奥虽然输了，但他的拳击风格依然赢得了尊重。

파퀴아오는 비록 졌지만, 그러나 그의 복싱 스타일은 여전히 존중을 받았다.

➡ '帕奎奥는 비록 졌지만, 그러나 그의 拳击 스타일은 여전히 존중을 받았음'과 같이 사건의 앞뒤 상황이 상반되는 것으로 기억한 내용은 '虽然……, 但……'과 같은 반대/전환 관계를 나타내는 연결어를 사용해서 간단히 요약한다. 이처럼 사건의 앞과 뒤의 상황이 상반되는 내용은 반대/전환 관계를 나타내는 연결어를 사용해서 간단히 요약한다.

• 자주 활용할 수 있는 표현

虽然……，但(是)/可(是)…… 비록 ~지만, 그러나 ~이다

尽管……，但(是)…… 비록 ~지만, 그러나 ~이다

……，但(是)/可(是)…… ~, 그러나 ~이다

……，却…… ~, 오히려 ~하다

……，不过…… ~, 그러나 ~이다

……，然而…… ~지만, ~하다

확인학습

제시된 문장을 '기억한 내용'을 참고해 요약해보세요.

[1] 曼德拉在为黑人争取权利的过程中，不幸被关进了监狱，失去了自由。当时他的内心是平静的，因为他获得了尊严。
   ★ 기억한 내용 : 曼德拉는 자유를 잃었음. 그러나 그의 内心은 평온했는데, 왜냐하면 그는 尊严을 얻었기 때문임.

   🖊 _____

[2] 我们的关系并不亲密，无非是在平时打打招呼聊聊天罢了。我怎么也没想到，就是这么一个再普通不过的朋友，居然给了我巨大的帮助。
   ★ 기억한 내용 : 비록 우리 关系는 그리 亲密하지는 않았지만, 그러나 그녀는 오히려 나에게 큰 도움을 줬음.

   🖊 _____

해석 해설집 p.152

모범답안 [1] 曼德拉失去了自由，不过他的内心是平静的，因为他获得了尊严。
        [2] 尽管我们的关系不那么亲密，但是她却给了我很大的帮助。

| 스킬 **09** | 사건의 앞 상황보다 뒤 상황이 더 강조되거나 심화된 내용은 ▶ | 점층 관계를 나타내는 연결어를 사용해서 간단히 요약한다. |

지문		요약

名牌专柜的销售人员盛气凌人地顶撞了顾客，语气十分不礼貌，而且还说只把产品卖给消费积分排名前十的顾客。

명품 매장의 판매직원은 매우 거만하게 고객에게 대꾸했고, 말투는 몹시 무례했다. 게다가 상품을 마일리지 순위가 상위 십 위 안에 든 고객에게만 팔겠다고 말했다.

[기억한 내용]
销售人员은 고객에게 예의 없게 **顶撞**했을 뿐만 아니라, **产品**을 몇 사람에게만 팔겠다고 말했음.

▶

销售人员不但无礼地顶撞了顾客，还说产品只卖给几个人。

판매직원은 고객에게 예의 없게 대꾸했을 뿐만 아니라, 상품을 몇 사람에게만 팔겠다고 말했다.

➡ '**销售人员**은 고객에게 예의 없게 **顶撞**했을 뿐만 아니라, **产品**을 몇 사람에게만 팔겠다고 말했음'과 같이 사건의 앞 상황보다 뒤 상황이 더 강조되거나 심화된 것으로 기억한 내용은 '**不但**……，**还**……'와 같은 점층 관계를 나타내는 연결어를 사용해서 간단히 요약한다. 이처럼 사건의 앞보다 뒤의 상황이 더 강조되거나 심화된 내용은 점층 관계를 나타내는 연결어를 사용해서 간단히 요약한다.

• **자주 활용할 수 있는 표현**

不但……，还/而且…… ~뿐만 아니라, (게다가) ~하다
不仅……，还/而且…… ~뿐만 아니라, (게다가) ~하다
……，而且…… ~, 게다가 ~하다
……，甚至…… ~, 심지어 ~하다

확인학습

제시된 문장을 '기억한 내용'을 참고해 요약해보세요.

(1) 机智的曹冲巧妙地利用水的浮力和平衡法，称出了大象的重量，还得到了曹操和众多大臣的认可。

★ 기억한 내용 : **曹冲**은 코끼리의 **重量**을 쟀을 뿐만 아니라, 게다가 다른 사람들의 **认可**도 받았음.

✎ _____

(2) 张培萌打破了苏炳添创造的全国纪录，并且在世界田径锦标赛上获得了亚洲最好成绩，这让苏炳添感受到了前所未有的压力。

★ 기억한 내용 : **张培萌**은 **苏炳添**의 최고 기록을 깼고, 심지어 **亚洲最好成绩**를 획득했음. 이것은 **苏炳添**으로 하여금 스트레스를 받게 했음.

✎ _____

해석 해설집 p.153

모범답안 (1) 曹冲不仅称出了大象的重量，而且得到了其他人的认可。
(2) 张培萌打破了苏炳添的纪录，甚至获得了亚洲最好成绩，这让苏炳添感到了压力。

| 스킬 10 | 사건의 결말 또는 어떤 과정을 거쳐 도출된 결론은 | ▶ | '最终(마지막에)'과 같은 마무리 표현을 사용해서 간단히 요약한다. |

지문	요약
三个月以来，我们为项目付出了许多心血和汗水。在大家的努力下，项目取得了巨大的成功，而我也得到了升职的机会。 삼 개월 동안, 우리는 프로젝트를 위해 많은 심혈과 땀을 쏟았다. 모두의 노력 하에, 프로젝트는 대성공을 거뒀고, 나도 승진의 기회를 얻었다. [기억한 내용] 우리는 项目를 위해 많은 노력을 쏟았음. 마지막에, 项目는 성공을 거뒀고, 나도 升职했음.	我们为项目付出了很多努力。最终，项目取得了成功，我也升职了。 우리는 프로젝트를 위해 많은 노력을 쏟았다. 마지막에, 프로젝트는 성공을 거뒀고, 나도 승진했다.

→ '우리는 项目를 위해 많은 노력을 쏟았음. 마지막에, 项目는 성공을 거뒀고, 나도 升职했음'과 같이 사건의 결말 또는 어떤 과정을 거쳐 도출된 결론은 最终과 같은 마무리 표현을 사용해서 간단히 요약한다. 이처럼 주로 지문의 후반부에 나오는 사건의 결말 또는 어떤 과정을 거쳐 도출된 결론은 마무리 표현을 사용해서 간단히 요약한다.

• 자주 활용할 수 있는 표현

最终 마지막에	最后 최후에	结果 결국
此后 이후	从此 그 후로	终于 마침내
总之 결론적으로 말하면	总而言之 한마디로 말하면	可见 ~을 알 수 있다

확인학습   제시된 문장을 '기억한 내용'을 참고해 요약해보세요.

[1] 他觉得那座沙丘的后面会有水源，求生的欲望让他继续前行。走了将近两个小时，一片湖泊进入了他的视线。
  ★ 기억한 내용 : 그는 살고자 하는 欲望을 품고 계속해서 전진했음. 마침내, 그는 湖泊 하나를 봤음.

✎ _____

[2] 韩信率领汉军南征北战，终于打败了最强大的对手——项羽，并协助刘邦建立了汉朝。
  ★ 기억한 내용 : 韩信은 군대를 이끌고 곳곳에서 싸웠음. 최후에, 그는 汉朝를 建立하는 데 큰 공헌을 함.

✎ _____

해석 해설집 p.153

모범답안   [1] 他抱着求生的欲望继续前进。终于，他看到了一片湖泊。
          [2] 韩信带军队四处作战。最后，他为建立汉朝做出了很大的贡献。

성공일화 지문은 중국 또는 전 세계적으로 주목할만한 업적이나 성과를 남긴 인물의 성공 스토리를 담고 있다. 사용되는 어휘나 스토리 흐름이 비교적 쉽기 때문에 주인공이 어떠한 과정을 거쳐 최종적으로 성공하게 됐는지를 최대한 구체적으로 기억해서 요약해야 고득점을 달성할 수 있다.

기출 주제

- **중국의 유명 기업인 马云의 성공일화**
  창업을 꿈꿨던 马云은 자신의 이상과 다르게 영어 선생님이 됐고, 다양한 스카우트 제의에도 불구하고 몇 년 동안 아이들을 가르치며 인생 경험을 쌓음 → 창업을 하겠다는 포부를 밝혔지만 많은 사람들이 비웃음 → 창업 성공은 불가능에 가깝다는 조롱을 이겨내고 阿里巴巴라는 회사를 차려 중국의 유명 기업인이 됨

- **세계적인 모델 刘雯의 성공일화**
  어린시절 刘雯은 우연한 기회로 참가한 모델 대회에서 입상함 → 해외에서 모델 생활을 하며 여러 역경에 부딪쳤지만 끝까지 견딤 → 세계적인 모델이 됨

- **중국의 유명 고고학자 樊锦诗의 성공일화**
  어린시절 樊锦诗은 아버지의 영향으로 역사와 문화에 관심을 가짐 → 점차 소실되어 가는 둔황막고굴을 보며 그녀는 디지털 방식으로 둔황막고굴을 영구 보관할 수 있는 기술을 연구함 → '둔황의 딸'이라고 불리며 중국의 유명 고고학자가 됨

문제풀이 전략

Step 1 지문 읽고 스토리 흐름과 핵심표현 기억하기 [제한시간 10분]

- 성공일화 지문은 주인공이 어떠한 과정을 거쳐 성공하게 됐는지에 주목하며 전체적인 스토리 흐름을 기억한다.

주인공의 어린시절·청년시절	▶	시련과 극복과정	▶	성공의 결실 및 성공 요인

- 전체적인 스토리 흐름에 따라 어떤 요약스킬을 사용할지 구상하며 주인공의 이름과 핵심표현을 기억한다.
- 지문을 모두 읽은 후 주제를 잘 드러낼 수 있는 제목을 구상한다.

Step 2 기억한 내용을 바탕으로 400자 요약하기 [제한시간 35분]

- 성공일화 지문에서 자주 활용할 수 있는 제목 리스트를 사용해 답안지 맨 첫 줄에 제목을 적은 후 요약문 작성을 시작한다.

〈자주 활용할 수 있는 제목〉

~的成功故事 ~의 성공일화	~的奋斗历程 ~의 분투 과정
~是如何成功的 ~는 어떻게 성공했는가	成功来之不易 성공은 쉽게 얻어지지 않는다

Step 1 지문 읽고 스토리 흐름과 핵심표현 기억하기 [제한시간 10분]

〈문제지에 제시된 지문〉

郎朗出生于辽宁沈阳，他从小就喜欢音乐，并且在这方面很有天
赋。9岁那年，为了让他的爱好得到更好的发展，他的父亲放弃热爱的工
作，陪他去北京的中央音乐学院学习钢琴。尽管郎朗还是一个稚气未脱的
孩子，但他非常懂事，也非常刻苦，除了学习文化课以外，每天都坚持练
琴八小时以上。三个月后，他就能熟练地弹奏两首难度相当高的曲子了。

　　有一天，正当郎朗沉浸在进步的喜悦中时，住在楼下的大妈气冲冲地
敲开了他家的门。为了表达自己和邻居们的愤慨，那位大妈毫不客气地对
他说："你不要再弹琴了，你的琴声实在吓人，吵得大家都无法休息。
你以为你是贝多芬呀？趁早收起那份心吧，学琴的人多的是，你看有几个
能真正出名？"

不仅如此，在学校里，许多同学都看不起他，嘲笑他是东北土包子。
更令他难受的是，钢琴老师也泼他的冷水说："你还是回沈阳吧，以你这样
的资质，再过一百年，也不可能成为钢琴家！"他心灰意冷，回到家就哭
着对父亲说："我讨厌北京，讨厌钢琴，讨厌这里的一切。咱们回老家去
吧，我再也不学琴了。"

　　父亲听后，没有像往常那样安慰他，而是将他带到公园里的小树林，
指着其中的一棵树说："孩子，之前不少路人对这棵树指指点点。有人说，
它平淡无奇，没有什么观赏价值；有人说，它不久就会枯死，根本不会
有长大的机会；有人说，从来没见过这么丑陋的树，简直影响市容；甚
至还有人说，干脆把它挖走，免得碍眼。对于人们的评头论足，它一直
保持沉默，只管自顾自地生长，每天照样吸收阳光雨露，照样从土壤里
吸取营养。你看现在，它长得枝繁叶茂，郁郁葱葱，还开出了奇香无比的
花。"父亲顿了顿，接着说："孩子，做人就应该像这棵树，不要在乎别
人说什么，也不要抱怨命运的不公，只管自己成长。当有一天你芬芳馥郁
时，别人自然就理解你了。"听了父亲的话，他若有所思地点了点头。从
那以后，郎朗一心一意地练习钢琴。不管别人怎样打击他、讽刺他，他始
终都坚持自己心中的梦想，日复一日，年复一年地专心练琴。

　　八年后，当初这棵毫不起眼的"小树苗"长成了一棵"参天大树"。
他年仅17岁就享誉全球，受到万众瞩目，成为了世界著名的钢琴家，还
被誉为"当今世界最年轻的钢琴大师"、"钢琴的发电机"、"中国的莫扎
特"。他拿下了无数个世界第一，先后参加过2006年世界杯足球赛开幕
式、2008年诺贝尔颁奖音乐会、2008年北京奥运会开幕式、2010年上海世
博会开幕式等，还曾在美国白宫举办过专场独奏会。如今，郎朗已成为中
国的一张名片，成为世界音乐的一张名片。

　　郎朗取得如此卓越的成就，离不开那棵树给他的启示。做一棵只管成
长的树，既是一种胸怀，也是一种智慧。

해석 해설집 p.154

① 주인공의 어린시절
郎朗은 어려서부터 喜欢音乐, 또한 很有天赋함. 그가 9살 때, 아버지는 자신의 직업을 포기하고, 그를 베이징의 한 학교에 데리고 가 学习钢琴하게 함. 그는 매일 练琴을 꾸준히 했고, 얼마 지나지 않아, 곧 난도가 높은 곡을 연주할 수 있었음.

② 첫 번째 시련
어느 날, 이웃 아주머니가 그의 집에 찾아와 화를 내며 그에게 그의 琴声이 남들에게 폐를 끼친다고 말했고, 심지어 그가 나중에 出名할 수 없을 거라고 말하기도 함.

③ 두 번째 시련
학교 친구들도 그를 看不起하고, 피아노 선생님은 그가 资质이 부족해 钢琴家가 될 수 없을 것이라 말함. 이것은 그를 낙심하게 함. 그는 울면서 아버지에게 자신은 讨厌钢琴, 다시는 不学琴了라고 말함.

④ 시련 극복과정
아버지는 그를 安慰하지 않고, 오히려 그를 나무 한 그루 앞으로 데리고 감. 아버지는 그에게 예전에 적지 않은 행인이 이 나무를 못마땅하게 여겼지만, 이 나무는 계속 保持沉默하고 오로지 生长하는 데에만 집중했으며, 지금 이 나무가 아주 무성하게 자라 꽃도 피웠다고 말함. 아버지는 이어서 좋은 사람이 되는 것도 똑같으니, 在乎别人说什么하지 말고, 자신의 成长만을 신경 쓰라고 말함. 그는 고개를 끄덕임. 그 후로, 그는 몰두해서 피아노를 연습했고 다른 사람이 뭐라고 하든, 그는 자신의 꿈을 끝까지 지킴.

⑤ 성공의 결실
몇 년 후, 겨우 17살의 나이인 그는 世界著名한 피아니스트가 됨. 그는 世界第一를 수없이 거머쥐었고, 많은 중요한 활동에도 참여함. 오늘날, 그는 이미 중국과 세계 음악의 一张名片이 됨.

⑥ 성공 요인
그가 이러한 성공을 이룰 수 있었던 것은 그 나무가 준 启示이 있었기 때문임. 做一棵只管成长的树는 일종의 胸怀이자, 일종의 智慧이기도 함을 알 수 있음.

기억한 내용을 바탕으로 400자 요약하기 [제한시간 35분]

PBT 시험에서는 답안지 여백에 외워둔 표현이나 스토리를 재빨리 적어두면 답안 작성에 도움이 된다. IBT 시험에서는 **手写输入**(필기 인식) 아이콘을 찾아 마우스로 병음을 모르는 한자부터 먼저 그려 입력해두면 답안 작성에 도움이 된다.

〈답안지〉

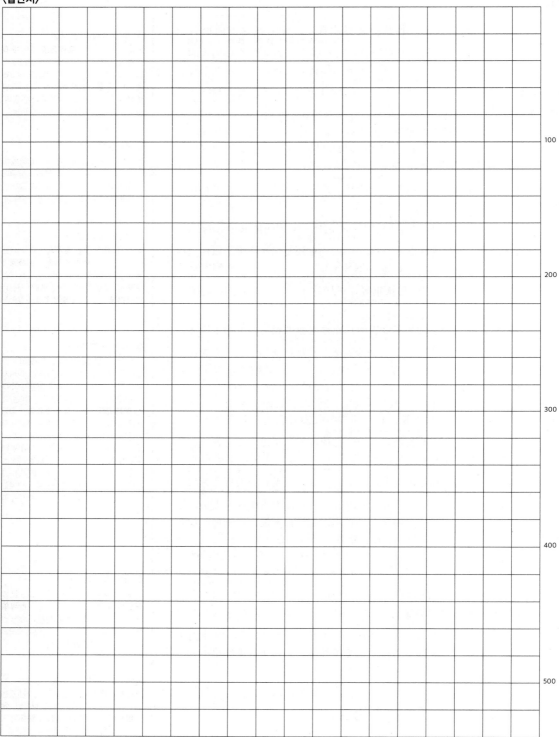

郎朗是如何成功的 — 제목

① 주인공의 어린시절
郎朗从小就喜欢音乐，而且很有天赋。在他9岁时，父亲放弃了自己的工作，陪他去北京一所学校学习钢琴。他每天坚持练琴，没过多久，就能弹难度很高的曲子了。

② 첫 번째 시련
有一天，邻居大妈来到他家，生气地对他说他的琴声打扰到了别人，甚至还说他以后不可能会出名。

③ 두 번째 시련
同学们也看不起他，钢琴老师还说他资质不够，不可能成为钢琴家。这让他感到灰心。他哭着对父亲说自己讨厌钢琴，再也不学琴了。

④ 시련 극복과정
父亲没有安慰他，而是把他带到一棵树前。父亲对他说以前不少路人不看好它，然而它一直保持沉默，只顾生长，现在它长得很茂盛，还开出了花。父亲接着说，做人也一样，别在乎别人说什么，只管自己成长。他点了点头。从此，他专心地练习钢琴，不管别人说什么，他都坚持自己的梦想。

⑤ 성공의 결실
几年后，年仅17岁的他成为了世界著名的钢琴家。他拿下了无数个世界第一，还参加了很多重要的活动。如今，他已成为中国和世界音乐的一张名片。

⑥ 성공 요인
他之所以能取得这样的成功，是因为有了那棵树的启示。可见，做一棵只管成长的树，是一种胸怀，也是一种智慧。

해석 해설집 p.155

〈모범답안 작성 해설〉

	기억한 스토리	요약
제목	郎朗의 성공일화에 대한 내용이므로 郎朗是如何成功的(랑랑은 어떻게 성공했는가)를 제목으로 쓴다.	
① 주인공의 어린시절	郎朗은 어려서부터 喜欢音乐, 또한 很有天赋함. 그가 9살 때, 아버지는 자신의 직업을 포기하고, 그를 베이징의 한 학교에 데리고 가 学习钢琴하게 함. 그는 매일 练琴을 꾸준히 했고, 얼마 지나지 않아, 곧 난도가 높은 곡을 연주할 수 있었음.	郎朗从小就喜欢音乐, 而且很有天赋。在他9岁时, 父亲放弃了自己的工作, 陪他去北京一所学校学习钢琴。他每天坚持练琴, 没过多久, 就能弹难度很高的曲子了。
	📍요약 포인트	
	· 지문의 中央音乐学院과 같이 구체적인 장소 관련 표현은 一所学校와 같은 '수량사+일반명사'의 표현으로 기억하고 바꿔 쓴다. [스킬 1] · 지문의 三个月后와 같이 구체적인 시간 관련 표현은 没过多久와 같은 久를 사용한 시간 관련 표현으로 기억하고 바꿔 쓴다. [스킬 1]	
② 첫 번째 시련	어느 날, 이웃 아주머니가 그의 집에 찾아와 화를 내며 그에게 그의 琴声이 남들에게 폐를 끼친다고 말했고, 심지어 그가 나중에 出名할 수 없을 거라고 말하기도 함.	有一天, 邻居大妈来到他家, 生气地对他说他的琴声打扰到了别人, 甚至还说他以后不可能会出名。
	📍요약 포인트	
	· '그의 琴声이 남들에게 폐를 끼친다고 말했고, 심지어 그가 나중에 出名할 수 없을 거라고 말하기도 함'과 같이 사건의 앞 상황보다 뒤 상황이 더 강조되거나 심화된 것으로 기억한 내용은 '……, 甚至……'과 같은 점층 관계를 나타내는 연결어를 사용해서 간단히 요약한다. [스킬 9]	
③ 두 번째 시련	학교 친구들도 그를 看不起하고, 피아노 선생님은 그가 资质이 부족해 钢琴家가 될 수 없을 것이라 말함. 이것은 그를 낙심하게 함. 그는 울면서 아버지에게 자신은 讨厌钢琴, 다시는 不学琴了라고 말함.	同学们也看不起他, 钢琴老师还说他资质不够, 不可能成为钢琴家。这让他感到灰心。他哭着对父亲说自己讨厌钢琴, 再也不学琴了。
	📍요약 포인트	
	· '이것은 그를 낙심하게 함'과 같이 어떤 일로 인해 변화가 생긴 것으로 기억한 내용은 '这让……'을 사용해서 간단히 요약한다. [스킬 5] · 지문의 心灰意冷과 같이 외우기 어려운 사자성어 표현은 灰心과 같은 비슷한 뜻을 가지는 쉬운 표현으로 기억하고 바꿔 쓴다. [스킬 2]	
④ 시련 극복과정	아버지는 그를 安慰하지 않고, 오히려 그를 나무 한 그루 앞으로 데리고 감. 아버지는 그에게 예전에 적지 않은 행인이 이 나무를 못마땅하게 여겼지만, 이 나무는 계속 保持沉默하고 오로지 生长에만 집중했으며, 지금 이 나무가 아주 무성하게 자라 꽃도 피웠다고 말함. 아버지는 이어서 좋은 사람이 되는 것도 똑같으니, 在乎别人说什么하지 말고, 자신의 成长만을 신경 쓰라고 말함. 그는 고개를 끄덕임. 그 후로, 그는 몰두해서 피아노를 연습했고 다른 사람이 뭐라고 하든, 그는 자신의 꿈을 끝까지 지킴.	父亲没有安慰他, 而是把他带到一棵树前。父亲对他说以前不少路人不看好它, 然而它一直保持沉默, 只顾生长, 现在它长得很茂盛, 还开出了花。父亲接着说, 做人也一样, 别在乎别人说什么, 只管自己成长。他点了点头。从此, 他专心地练习钢琴, 不管别人说什么, 他都坚持自己的梦想。
	📍요약 포인트	
	· 지문의 "孩子, 之前不少路人……开出了奇香无比的花。"와 같이 큰따옴표로 표현된 인용문은 'A对B说……'와 같은 간접화법으로 간단히 요약한다. [스킬 4] · '적지 않은 행인이 나무를 못마땅하게 여겼지만, 나무는 계속 保持沉默하고 오로지 生长에만 집중함'과 같이 사건의 앞뒤 상황이 상반되는 것으로 기억한 내용은 '……, 然而……'과 같은 반대/전환 관계를 나타내는 연결어를 사용해서 간단히 요약한다. [스킬 8] · '그는 고개를 끄덕임. 그 후로, 그는 몰두해서 피아노를 연습했고~'와 같이 어떤 과정을 거쳐 도출된 결론은 从此와 같은 마무리 표현을 사용해서 간단히 요약한다. [스킬 10]	
⑤ 성공의 결실	몇 년 후, 겨우 17살의 나이인 그는 世界著名한 피아니스트가 됨. 그는 世界第一를 수없이 거머쥐었고, 많은 중요한 활동에도 참여함. 오늘날, 그는 이미 중국과 세계 음악의 一张名片이 됨.	几年后, 年仅17岁的他成为了世界著名的钢琴家。他拿下了无数个世界第一, 还参加了很多重要的活动。如今, 他已成为中国和世界音乐的一张名片。
	📍요약 포인트	
	· 지문의 2006年世界杯足球赛开幕式、2008年诺贝尔颁奖音乐会、2008年北京奥运会开幕式、2010年上海世博会开幕式等과 같이 여러 가지를 구체적으로 열거한 표현은 很多重要的活动과 같은 하나로 포괄하는 표현으로 기억하고 요약한다. [스킬 3]	
⑥ 성공 요인	그가 이러한 성공을 이룰 수 있었던 것은 그 나무가 준 启示이 있었기 때문임. 做一棵只管成长的树는 일종의 胸怀이자, 일종의 智慧이기도 함을 알 수 있음.	他之所以能取得这样的成功, 是因为有了那棵树的启示。可见, 做一棵只管成长的树, 是一种胸怀, 也是一种智慧。
	📍요약 포인트	
	· '그가 이러한 성공을 이룰 수 있었던 것은 그 나무가 준 启示이 있었기 때문임'과 같이 사건의 원인과 결과가 분명한 것으로 기억한 내용은 '之所以……, 是因为……'와 같은 인과 관계를 나타내는 연결어를 사용해서 간단히 요약한다. [스킬 6] · '做一棵只管成长的树는 일종의 胸怀이자, 일종의 智慧이기도 함을 알 수 있음'과 같이 사건의 결말은 可见과 같은 마무리 표현을 사용해서 간단히 요약한다. [스킬 10]	

10분 동안 다음 지문을 자세히 읽은 후, 35분 동안 원고지(p.270)에 400자 이상으로 지문 내용을 요약해보세요. IBT 시험을 응시하는 경우에는 해커스중국어 사이트에서 제공하고 있는 '해커스 HSK 6급 IBT 쓰기 트레이너' 프로그램을 이용해 요약쓰기 답안을 작성해보세요.

　　福耀玻璃创始人曹德旺出生在一个富裕的家庭。他的父亲曾经是上海著名的百货店——永安百货的股东之一,一家人靠着父亲丰厚的收入过着富足又幸福的生活。后来时局动荡,上海兵荒马乱,曹德旺的父亲只能带着全家人南下回乡。然而,装着他们全部家当的运输船却沉入海底。一夜之间,家中变得一贫如洗,他们的生活跌至谷底。14岁的曹德旺不得不中途辍学,和父亲一起做生意来养家糊口。

　　曹德旺在街头卖过烟丝,凌晨贩卖过水果,甚至连拉板车、修自行车的事情都做过。长年累月食不果腹、衣不蔽体的状态让他受尽了无数白眼,尝到了人生的苦涩。但他没有抱怨,也没有逆来顺受,反而在精神和肉体的折磨中不断寻找新的出路,努力和命运抗争。奋斗到30岁时,曹德旺基本把能做的生意都做了一遍。1983年,曹德旺看中了老家的一家玻璃厂,于是将其承包了下来,开始生产水表玻璃。在这个过程中,嗅觉灵敏的曹德旺很快就发现了另一条致富之路。1993年,他成立了福耀玻璃有限公司。

　　改革开放打开了中国市场的大门,大量的进口汽车涌入了中国市场。由于当时国内的公路崎岖不平,玻璃损坏的汽车量始终居高不下。汽车玻璃的市场需求很大,而技术上的限制导致汽车玻璃只能依赖日本进口。日本产的玻璃即使成本只有一两百元,售价也要好几千元。

　　曹德旺明白,这既是机会也是挑战,就将玻璃厂的主业正式转换成汽车专用玻璃的生产。为了打破日本的技术壁垒,他从芬兰引进了最先进的设备,重金雇佣了全国各地的技术人才。前期的研发工作并不顺利,但曹德旺始终信任自己的研究团队,经过一次又一次的失败,他们终于研制出了汽车专用玻璃。到90年代初,成本不到两百元,售价控制在两千元的福耀玻璃全面占领了中国的玻璃市场,曾牢牢占领市场的日本产汽车玻璃就这样退出了中国舞台。

　　完成国内市场的快速扩张后,曹德旺又将目光转向了美国市场。他在通用汽车工厂旧址上投资修建了福耀玻璃厂,雇佣当地的工人,开始生产汽车玻璃。通过和国际汽车玻璃公司的合作,福耀玻璃厂为日后的发展打下了稳固的基础,曹德旺在合作中所展现出来的果敢态度也得到了众多同行的称赞和尊敬。"福耀"两个字凝聚了曹德旺毕生的梦想,也融汇了智慧、尊严与勇气。

　　家徒四壁时,他没有焦躁抱怨。淡定大气的曹德旺始终把目光投向未来,投向更广阔的世界。他的人生轨迹告诉我们,成功人士的经历是不可复制的,他们在成功道路上所展现出来的奋斗精神,却值得我们每个人学习。

모범답안 해설집 p.156

수필 지문은 일상생활에서의 경험을 읽기 쉽게 쓴 글로 교훈이나 감동을 전하는 내용을 담고 있다. 사용되는 어휘나 스토리 흐름이 비교적 쉽기 때문에 주요 사건의 변화와 흐름을 최대한 구체적으로 기억해서 요약해야 고득점을 달성할 수 있다.

기출 주제

- 산에서 길을 잃어 구조를 기다렸던 아버지와 아들에 대한 글

  아버지와 아들은 산에서 길을 잃어 통나무집에서 구조를 기다리는데 먹을 것이 점점 떨어짐 → 먹을 것이 다 떨어지자 아버지는 매일 산 속에서 먹을 수 있는 버섯을 찾아와 아들과 함께 먹음 → 알고보니 아버지는 아들을 위해 모든 버섯을 직접 먹어보며 식용 가능한 것을 찾았던 것이었음 → 아들을 위해서는 목숨도 아끼지 않는 아버지의 사랑을 깨달음

- 학생이 스스로 작품을 완성할 수 있도록 가르치는 자신의 수업 방식에 관한 글

  나는 학원에서 학생들에게 그림을 가르침 → 학생들이 그림을 다 그린 후에 비로소 고쳐야 할 곳을 알려주는 나의 수업 방식에 학생들은 불만을 가짐 → 나는 이런 수업 방식을 끝까지 유지하고, 학생들의 그림을 봐주지 않고 함께 그림을 그림 → 학생들은 점차 혼자서 작품을 완성할 수 있게 되고, 이런 수업 방식이 큰 도움이 된다는 것을 깨달음

- 회사 이벤트에서 직원 모두에게 인정 받은 老经理의 공헌에 대한 글

  회사에서 추첨 이벤트를 진행함 → 직원들은 소정의 돈과 함께 자신이 생각하는 우수사원의 이름을 쓴 종이를 박스에 넣었고, 추첨 결과 老经理가 뽑힘 → 알고보니 직원 모두 오랜 세월 열심히 일한 老经理의 이름을 적음 → 공헌이 크면 그만큼 받는 존중과 보답도 크다는 것을 깨달음

✔문제풀이 전략

Step 1 지문 읽고 스토리 흐름과 핵심표현 기억하기 [제한시간 10분]

- 수필 지문은 주로 사건의 '기−승−전−결'에 따라 진행되므로 주요 사건의 변화에 주목하며 전체적인 스토리 흐름을 기억한다.

| 사건의 발단 | ▶ | 사건의 전개·전환 | ▶ | 사건의 절정·결말 | ▶ | 사건이 주는 교훈·깨달음 |

- 전체적인 스토리 흐름에 따라 어떤 요약스킬을 사용할지 구상하며 주인공의 이름과 핵심표현을 기억한다.
- 지문을 모두 읽은 후 주제를 잘 드러낼 수 있는 제목을 구상한다.

Step 2 기억한 내용을 바탕으로 400자 요약하기 [제한시간 35분]

- 수필 지문에서 자주 활용할 수 있는 제목 리스트를 사용해 답안지 맨 첫 줄에 제목을 적은 후 요약문 작성을 시작한다.

〈자주 활용할 수 있는 제목〉

| ~和~的故事 ~와 ~의 이야기 | 对~的回忆 ~에 대한 추억 |
| ~的男孩/女孩 ~한 소년/소녀 | 一件难忘的事 잊지 못할 일 |

Step1 지문 읽고 스토리 흐름과 핵심표현 기억하기 [제한시간 10분]

〈문제지에 제시된 지문〉

14岁的高占喜是青海农家子弟。他参加了湖南卫视的《晚间》节目，
　주인공 이름
按照节目规则，他和城市里的一个富家少年互换了7天的人生。第一天刚
　　　　　　주인공은 부유한 가정의 아이와 인생을 바꾸게 됨
到机场，他就被"爸爸妈妈"接进了豪华车。他害羞地靠坐在真皮座椅上
默不作声，只是认真地看着窗外闪过的高楼大厦。顿时，他忍不住热泪盈
眶了。

　　这个在山沟里疯跑的、活泼开朗的孩子，曾经对城市有过无数次的幻
想。这次机缘巧合，他总算来到了城市。城市里的生活比他想象中更加
　　　　　　　　　그는 마침내 도시에 오게 됨
精彩，他住进了一栋豪华如天堂的复式公寓，睡在了一间无比舒适的大卧
도시는 상상보다 더 근사함
室。面对丰盛的晚餐，他无所适从，紧张得掉了好几次筷子。那天晚上，
"爸爸妈妈"带他去剪头发，在豪华气派的理发店里，看到镜子里的自
己，他眼里又一次盈满了泪水。

　　之后，节目的观众发现，他迅速适应了这种新生活，而完全忘记了读
　　　　　　　　　　　　　　그는 새로운 도시 생활에 적응함
书学习。茶几上放的都是他之前从未吃过的零食，墙上挂的是尺寸巨大的
液晶电视，他则靠在松软舒适的大沙发，自在地享受着这一切。除了脸颊
上两朵抹不去的高原红，他看起来完全就像是在城市里长大的孩子。正当
他尽情享受新生活时，观众们对他忧心忡忡——这个孩子就这样丧失本
　　　　　　　　　　　　시청자들은 그가 본모습을 잃어버릴까봐 걱정함
性，沉迷于吃喝玩乐的生活中了吗？

　　第五天，节目组让他去感受城市生活的另一面，于是他去卖报纸，结
果一天的所见所闻使他变得少言寡语。城市里的人行色匆匆地在马路间穿
梭，犹如他在稻田间穿梭。他还看到了天桥下的乞丐衣衫褴褛地等待施舍。
那天，他对记者说："城里也有穷人，这里的生活也不容易。"记者问："那
　　　　　　　　　　그는 도시 생활도 쉽지 않음을 발견함
你同情他们吗？"他说："不，每个人都有一双手，幸福得靠自己争取。"
　기자가 그에게 가난한 사람을 동정하는지 물음　　　　　그는 기자에게 행복은 스스로 쟁취해야 한다고 말함

　　那天晚上，节目组让观众发短信预测他最终会不会回到家乡，大多数
　　　　　　　　　　　　대다수 시청자는 그가 고향에 돌아가기를 원치 않을 것이라 생각함
观众都觉得他肯定不愿意回去。谁知结果提前揭晓——得知自己的父亲不
慎扭伤脚的消息之后，他决定立刻赶回家乡。记者问道："你为什么急着
　　　　　　　　　　　　　　　　　　　그는 급히 돌아가려 함
要走？你父亲的脚没有大碍，你又难得来一次城市。"他却只说了一句：
"我的麦子熟了。"原来他的父亲双目失明，哥哥在外地打工，弟弟年纪
尚幼，14岁的他已经成为了家里的主要劳动力。他被城市的繁华所吸引，
　　　　　　　　　　　　그는 집안의 주요 노동력이었음
但同时他眷恋着自己贫穷的家、需要照顾的父母、几亩薄田和已经成熟
的麦子。城市是他的梦，贫穷的家却是深深地植入在他血液里的责任。
　　　　　　　　　　　　　　　그는 가정에 대한 책임을 잊지 않았음
回到农村后，他暗自下了决心，要靠自己的努力改变现状。他脱去了高档
농촌으로 돌아온 후의 생활
运动鞋，换上了之前穿的旧布鞋，每天五点半起床去上学，学习之余割麦
挑水。

　　那段经历让他懂得了稳定的生活来之不易，从此他变得更加勤奋努
力，刻苦学习。他说："只有不断学习，才能真正走出大山，改变命运。"
　　　　　　　　　　　　끊임없이 공부해야만 큰 산을 넘어 운명을 바꿀 수 있다는 교훈을 줌

해석 해설집 p.162

---

① 사건의 발단

高占喜는 농촌 아이로, 그는 한 프로그램에 참여해 도시의 부유한 가정의 아이와 며칠간 **人生**을 **互换**하게 됨. 첫째 날, 그는 호화로운 차 안에 앉아 창밖을 바라보며, 갑자기 눈물을 흘림.

② 사건의 전개

그는 도시에 대해 많은 환상을 가지고 있었음. 이번 기회를 통해, 그는 마침내 **来到了城市**함. 도시 생활은 그의 상상보다 더욱 **精彩**했음. 그는 각양각색의 이전에 체험해보지 못한 생활을 경험했고, 이것은 그를 매우 흥분하게 함.

③ 사건의 전환

그는 빠르게 도시 생활에 **适应**했을 뿐만 아니라, 새로운 생활도 마음껏 누렸음. 이와 반대로, **观众**들은 그가 **本性**을 잃어버릴까봐 걱정함.

④ 사건의 절정

며칠 후, 신문을 팔러 갔을 때 그는 도시의 **生活也不容易**하다는 것을 발견함. 이어서, 기자가 그에게 가난한 사람을 **同情**하는지 묻자, 그는 아니라며 **幸福得靠自己争取**이기 때문이라고 말함.

⑤ 사건의 결말

대다수 시청자는 그가 틀림없이 **回到家乡**을 원치 않을 것이라 생각함. 뜻밖에도 그는 아버지의 소식을 듣자마자 바로 돌아가기로 결정함. 기자가 그에게 왜 이리 **急着要走** 하는지 묻자, 그는 그저 그의 보리가 익었을 뿐이라고 말함. 알고보니 그는 집안의 **主要劳动力**였음. 그는 비록 도시 생활에 매료됐지만, 자신의 집도 그리워했음. 그는 결코 가정에 대한 **责任**을 잊지 않았음. **回到农村** 후, 그는 낡은 신발로 갈아 신었고 매일 일찍 등교를 하며 남는 시간에 농사일을 했음.

⑥ 사건이 주는 교훈

그간의 경험은 그에게 안정적인 삶은 쉽게 오지 않는다는 것을 깨닫게 했기 때문에, 그는 더 열심히 공부했음. 그는 **只有不断学习，才能走出大山，改变命运**이라고 말함.

해커스 HSK 6급 한 권으로 고득점 달성 | 쓰기

PBT 시험에서는 답안지 여백에 외워둔 표현이나 스토리를 재빨리 적어두면 답안 작성에 도움이 된다. IBT 시험에서는 **手写输入**(필기 인식) 아이콘을 찾아 마우스로 병음을 모르는 한자부터 먼저 그려 입력해두면 답안 작성에 도움이 된다.

〈답안지〉

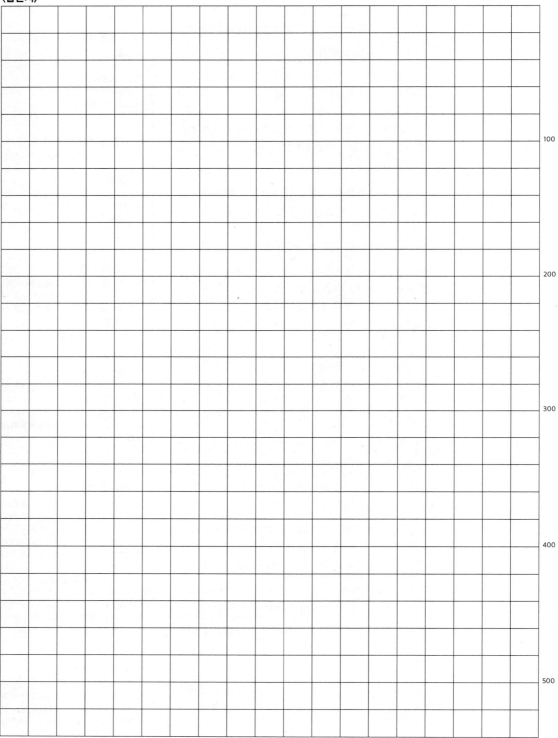

〈모범답안〉

来自农村的男孩 — 제목

高占喜是个农村孩子，他参加了一个节目，和城里有钱人家的孩子互换了几天人生。第一天，他坐在豪华车里看着窗外，突然流泪了。 — ① 사건의 발단

他对城市有过很多幻想。通过这次机会，他终于来到了城市。城市生活比他想象的更精彩。他经历了各种各样的、之前没有体验过的生活，这让他感到十分激动。 — ② 사건의 전개

他不但快速适应了城市生活，还尽情享受了新生活。与此相反，观众们很担心他会失去本性。 — ③ 사건의 전환 (200)

几天后，去卖报纸时，他发现城市的生活也不容易。随后，记者问他是否同情穷人，他说不，因为幸福得靠自己争取。 — ④ 사건의 절정

大多数观众觉得他肯定不愿意回到家乡。(300) 没想到他一听到父亲的消息，就决定马上回去。记者问他为什么急着要走，他只是说他的麦子熟了。原来他是家里的主要劳动力。他虽然被城市生活所吸引，但是也留恋自己的家。他并没有忘记对家庭的责任。回到农村后，他换上(400) 了旧鞋，每天很早去上学，剩下的时间干农活。 — ⑤ 사건의 결말

因为那段经历让他明白了稳定的生活来得不容易，所以他更加努力学习。他说只有不断学习，才能走出大山，改变命运。 — ⑥ 사건이 주는 교훈

(500)

해석 해설집 p.163

〈모범답안 작성 해설〉

	기억한 스토리	요약
제목	농촌에서 온 소년에 대한 수필이므로 来自农村的男孩(농촌에서 온 소년)를 제목으로 쓴다.	
① **사건의** **발단**	高占喜는 농촌 아이로, 그는 한 프로그램에 참여해 도시의 부유한 가정의 아이와 며칠간 人生을 互换하게 됨. 첫째 날, 그는 호화로운 차 안에 앉아 창밖을 바라보며, 갑자기 눈물을 흘림. 📍요약 포인트 · 지문의 《晚间》과 같이 구체적인 프로그램명은 一个节目와 같은 '수량사+일반명사'의 표현으로 기억하고 바꿔 쓴다. [스킬 1] · 지문의 热泪盈眶과 같이 외우기 어려운 사자성어 표현은 流泪와 같은 비슷한 뜻을 가지는 쉬운 표현으로 기억하고 바꿔 쓴다. [스킬 2]	高占喜是个农村孩子，他参加了一个节目，和城里有钱人家的孩子互换了几天人生。第一天，他坐在豪华车里看着窗外，突然流泪了。
② **사건의** **전개**	그는 도시에 대해 많은 환상을 가지고 있었음. 이번 기회를 통해, 그는 마침내 来到了城市함. 도시 생활은 그의 상상보다 더욱 精彩했음. 그는 각양각색의 이전에 체험해보지 못한 생활을 경험했고, 이것은 그를 매우 흥분하게 함. 📍요약 포인트 · 지문의 豪华如天堂的复式公寓, 一间无比舒适的大卧室, 丰盛的晚餐, 豪华气派的理发店 등과 같이 여러 가지를 구체적으로 열거한 표현은 各种各样的와 같은 하나로 포괄하는 표현으로 기억하고 요약한다. [스킬 3] · '이것은 그를 매우 흥분하게 함'과 같이 어떤 일로 인해 변화가 생긴 것으로 기억한 내용은 '这让……'을 사용해서 간단히 요약한다. [스킬 5]	他对城市有过很多幻想。通过这次机会，他终于来到了城市。城市生活比他想象的更精彩。他经历了各种各样的、之前没有体验过的生活，这让他感到十分激动。
③ **사건의** **전환**	그는 빠르게 도시 생활에 适应했을 뿐만 아니라, 새로운 생활도 마음껏 누렸음. 이와 반대로, 观众들은 그가 本性을 잃어버릴까 봐 걱정함. 📍요약 포인트 · '도시 생활에 适应했을 뿐만 아니라, 새로운 생활도 마음껏 누렸음'과 같이 사건의 앞 상황보다 뒤 상황이 더 강조되거나 심화된 것으로 기억한 내용은 '不但……, 还……'와 같은 점층 관계를 나타내는 연결어를 사용해서 간단히 요약한다. [스킬 9] · 지문의 忧心忡忡과 같이 외우기 어려운 사자성어 표현은 担心과 같은 비슷한 뜻을 가지는 쉬운 표현으로 기억하고 바꿔 쓴다. [스킬 2]	他不但快速适应了城市生活，还尽情享受了新生活。与此相反，观众们很担心他会失去本性。
④ **사건의** **절정**	며칠 후, 신문을 팔러 갔을 때 그는 도시의 生活也不容易다는 것을 발견함. 이어서, 기자가 그에게 가난한 사람을 同情하는지 묻자, 그는 아니라며 幸福得靠自己争取이기 때문이라고 말함. 📍요약 포인트 · 지문의 第五天과 같이 구체적인 시간 관련 표현은 几天后와 같은 几를 사용한 시간 관련 표현으로 기억하고 바꿔 쓴다. [스킬 1] · 기자와 아이가 나눈 긴 대화문은 'A问B……, B说……'와 같은 간접화법으로 간단히 요약한다. [스킬 4]	几天后，他去卖报纸时，他发现城市的生活也不容易。随后，记者问他是否同情穷人，他说不，因为幸福得靠自己争取。
⑤ **사건의** **결말**	대다수 시청자는 그가 틀림없이 回到家乡을 원치 않을 것이라 생각함. 뜻밖에도 그는 아버지의 소식을 듣자마자 바로 돌아가기로 결정함. 기자가 그에게 왜 이리 急着要走 하는지 묻자, 그는 그저 그의 보리가 익었을 뿐이라고 말함. 알고보니 그는 집안의 主要劳动力였음. 그는 비록 도시 생활에 매료됐지만, 자신의 집도 그리워했음. 그는 결코 가정에 대한 责任을 잊지 않았음. 回到农村 후, 그는 낡은 신발로 갈아 신었고 매일 일찍 등교를 하며 남는 시간에 농사일을 했음. 📍요약 포인트 · '아버지의 소식을 듣자마자 바로 돌아가기로 결정함'과 같이 사건의 앞뒤 발생 순서가 명확한 것으로 기억한 내용은 '一……, 就……'와 같은 선후 관계를 나타내는 연결어를 사용해서 간단히 요약한다. [스킬 7] · '그는 비록 도시 생활에 매료됐지만, 자신의 집도 그리워했음'과 같이 사건의 앞뒤 상황이 상반되는 것으로 기억한 내용은 '虽然……, 但是……'과 같은 반대/전환 관계를 나타내는 연결어를 사용해서 간단히 요약한다. [스킬 8]	大多数观众觉得他肯定不愿意回到家乡。没想到他一听到父亲的消息，就决定马上回去。记者问他为什么急着要走，他只是说他的麦子熟了。原来他是家里的主要劳动力。他虽然被城市生活所吸引，但是也留恋自己的家。他并没有忘记对家庭的责任。回到农村后，他换上了旧鞋，每天很早去上学，剩下的时间干农活。
⑥ **사건이** **주는 교훈**	그간의 경험은 그에게 안정적인 삶은 쉽게 오지 않는다는 것을 깨닫게 했기 때문에, 그는 더 열심히 공부했음. 그는 只有不断学习, 才能走出大山, 改变命运이라고 말함. 📍요약 포인트 · 지문의 来之不易와 같이 외우기 어려운 사자성어 표현은 不容易와 같은 비슷한 뜻을 가지는 쉬운 표현으로 기억하고 바꿔 쓴다. [스킬 2] · '그간의 경험은 그에게 안정적인 삶은 쉽게 오지 않는다는 것을 깨닫게 했기 때문에, 그는 더 열심히 공부했음'과 같이 사건의 원인과 결과가 분명한 것으로 기억한 내용은 '因为……, 所以……'와 같은 인과 관계를 나타내는 연결어를 사용해서 간단히 요약한다. [스킬 6]	因为那段经历让他明白了稳定的生活来得不容易，所以他更加努力学习。他说只有不断学习，才能走出大山，改变命运。

10분 동안 다음 지문을 자세히 읽은 후, 35분 동안 원고지(p.271)에 400자 이상으로 지문 내용을 요약해보세요. IBT 시험을 응시하는 경우에는 해커스중국어 사이트에서 제공하고 있는 '해커스 HSK 6급 IBT 쓰기 트레이너' 프로그램을 이용해 요약쓰기 답안을 작성해보세요.

　　大学毕业以后，我去应聘了一家外资企业。当时他们正在招聘总经理助理和普通业务员。我心想："以我的学历，挑战总经理助理应该很有把握，如果连试都不试一下，未免也太可惜了。"我过五关斩六将，不料在最后环节里被淘汰出局了。

　　当我垂头丧气地走出公司时，看到普通业务员应聘室竟然空空如也。但是回头一想，这也是意料之中的事情。谁会愿意放弃一条既可以直接向总经理学习业务，又能在短时间内得到认可的路，而去选择普通业务员的路呢？那时已经是下班高峰期，街道开始拥堵了。无论是挤公交车还是坐地铁都需要换乘，所以我打算打车回家，以此来慰藉一下自己受伤的心。碰巧这时有辆出租车从一个小巷里开出来，我连忙伸手拦下了。

　　上车后，我告诉司机要去泰晤士河，司机没有马上开车，扭头问道："你想走最短的路还是最快的路？"我感到很奇怪，便问他："最短的路难道不是最快的路吗？"司机斩钉截铁地说："当然不是，现在是下班高峰期，最短的路也是最拥挤的路，如果遇上堵车，可能会耗费一两个小时。但是如果绕道走远路，虽然路程远一些，但却能早一点到。"我想都没想就说："那就绕一下路吧。"

　　司机踩了油门向前驶去，街道两边的树木和店铺飞快地向车后闪过，我的心却因司机的话而掀起了波澜。很多人认为，总经理助理就是一条"最短的路"，因此大家都挤到这条路上，形成了激烈的竞争。我也曾向往这条看似快捷的路，结果却以失败告终。与此相反，普通业务员虽然表面上看起来就像一条"弯路"，没有和总经理共事的机会，但是可以脚踏实地从底层做起，积累更多经验，从而获得更多的升职机会。因此这条"弯路"最后反而可能会成为"最快的路"。正所谓"千里之行，始于足下"，从小事做起，终将可以成就一番事业。既然如此，我为什么不绕个道，选择那条"弯路"呢？

　　想到这里，我马上叫司机调头，重新回到了那家公司，走进了那个无人问津的普通业务员应聘室。30分钟后，我便被告知从下个月开始可以正式上班了。在工作期间，我专心工作，虚心地向其他同事学习，因此获得了很多实践机会。

　　在这个过程中，我重新审视了自己，对自己的优点和缺点有了更确切的了解，我的工作能力也得到了上司的认可。经过一年的磨练，我被提拔为小组长；次年，我又被破格提拔为组长；七年后，我凭借出色的业绩，成为了公司有史以来最年轻的高管。

　　每当回忆起那段经历，我都为自己当时做出的决定感到自豪。这个世界上没有什么是绝对的，有时"最短的路"可能是"最艰难的路"，而"弯路"可能会让你获得更快的进步，学习到更多东西，最终实现自己的价值。

모범답안 해설집 p.164

고득점비책

03 옛날 이야기 지문 요약하기

옛날 이야기 지문은 고사성어의 유래나 중국의 역사적 인물과 관련된 내용을 담고 있다. 사용되는 어휘가 비교적 어렵기 때문에 어휘나 표현을 기억하는 데 시간을 쏟기보다는 지문의 줄거리를 가능한 한 많이 기억해서 요약해야 고득점을 달성할 수 있다.

기출 주제

• 고사성어 **毛遂自荐**의 유래와 관련된 이야기

전국시대 조나라의 왕은 평원군을 초나라로 보내 진나라 군사를 격퇴하려 함 → 이때 평원군의 식객이었던 **毛遂**는 진나라 군사를 격퇴할 사람으로 자신을 추천했고 평원군은 하는 수 없이 그를 데리고 초나라에 감 → **毛遂**는 초나라에 가서 자신의 능력을 마음껏 발휘하며 활약했고, 그 결과 평원군의 인정을 받음 → 부끄러움 없이 당당하게 자신을 내세우는 행위를 일컫는 고사성어 **毛遂自荐**이 만들어짐

• 남북조 시기의 문학가 **王僧孺**와 관련된 이야기

어려서 가정 형편은 어려웠지만 총명했던 **王僧孺**는 홀로 가족의 생계를 책임져야 했음 → 그는 다른 사람들에게 책을 필사해주며 공부도 하고 돈도 벌 수 있었음 → 필사하는 동안 여러 고난을 마주쳤지만, 그는 포기하지 않고 꾸준히 필사를 하며 공부를 함 → 훗날 그는 유명한 장서가가 됐고, 당시 최고 학부인 태학의 박사가 됨

• 조조의 가장 총명한 아들 **曹冲**과 관련된 이야기

광을 지키는 병사가 쥐가 조조의 안장을 갉아먹은 것을 발견함 → 벌을 받을까 두려워하는 병사를 본 **曹冲**은 옷에 구멍을 뚫어 쥐가 갉아먹은 것처럼 만들고 아버지 조조를 찾아감 → **曹冲**은 쥐가 옷을 갉아먹었다며 어리광을 부렸고, 조조는 별일이 아니라며 아들을 위로함 → 이후 조조는 쥐가 안장을 갉아먹은 일을 알게 됐으나 별일 아니라며 너그럽게 넘어갔고, 총명한 **曹冲** 덕에 병사는 벌을 받지 않음

📝 문제풀이 전략

Step 1 지문 읽고 스토리 흐름과 핵심표현 기억하기 [제한시간 10분]

• 옛날 이야기 지문은 비교적 어려운 어휘나 표현을 사용해서 이야기가 진행되므로 전체적인 스토리를 최대한 파악하며 잘 모르는 어휘나 어려운 표현은 가능한 한 쉬운 말로 바꿔 기억한다.

| 이야기의 발단 | ▶ | 이야기의 전개·전환 | ▶ | 이야기의 절정·결말 | ▶ | 이야기와 관련된 고사성어·교훈 |

• 전체적인 스토리 흐름에 따라 어떤 요약스킬을 사용할 지 구상하며 주인공의 이름과 핵심표현을 기억한다.

• 지문의 후반에 고사성어가 언급됐다면 반드시 기억해야 하며, 지문을 모두 읽은 후 주제를 잘 드러낼 수 있는 제목을 구상한다.

Step 2 기억한 내용을 바탕으로 400자 요약하기 [제한시간 35분]

• 옛날 이야기 지문에서 자주 활용할 수 있는 제목 리스트를 사용해 답안지 맨 첫 줄에 제목을 적은 후 요약문 작성을 시작한다.

〈자주 활용할 수 있는 제목〉

지문 후반에 언급된 고사성어	关于~的故事 ~에 관한 이야기
一个~的人 ~한 사람	一则历史故事 한 편의 역사 이야기

Step1 지문 읽고 스토리 흐름과 핵심표현 기억하기 [제한시간 10분]

〈문제지에 제시된 지문〉

战国时期，燕国曾一度被齐国打败。燕昭王继承王位后，决心收拾残
〔전국시대〕 〔주인공 이름〕
局，招贤纳士，以便重振国威，向齐国报仇。为此，燕昭王向老臣郭隗求
〔주인공은 국가의 위세를 다시 세우고 싶어함〕 〔주변인물1〕
教：“现在燕国处境困难，我想广招人才帮我治理国家，你觉得怎样才能找
到真正有才能的人呢？”郭隗没有直接回答燕昭王的问题，而是给他讲了
〔주변인물1이 주인공의 질문에 바로 대답하지 않고 대신 옛날 이야기 하나를 들려줌〕
一个故事。

从前，有一个国君非常喜爱千里马，为了得到真正的千里马，他宣布
〔주변인물2는 천리마를 매우 좋아함〕
以一匹一千两黄金的价格来购买。可是千里马实在是太罕见了，寻找它就
〔주변인물2는 천 냥의 황금을 들여 천리마를 사겠다고 선포함〕
像大海捞针一样。三年过去了，国君却连千里马的影子都没有见到。国君
得不到朝思暮想的千里马，心中怏怏不乐。

有一天，一个小侍臣主动对国君说：“您把买马的任务交给我吧，我一
〔주변인물3〕 〔주변인물3이 주변인물2에게 말을 사는 임무를 맡겨 달라고 함〕
定会让您如愿以偿的。”国君见他态度诚恳、语气坚定，便答应了他的
请求。这个小侍臣东奔西走，三个月后总算打听到了一点千里马的线索，
然而当他找到千里马时，那匹马却已经死了。
〔주변인물3이 마침내 찾은 천리마는 죽어있었음〕

小侍臣并没有灰心丧气，他用五百两黄金买下了死马的骨头，兴冲冲
〔주변인물3이 오백 냥의 황금으로 죽은 말의 뼈를 삼〕
地去见了国君。见到国君，他开口就说：“我为您找到千里马了！”国君听
了大喜，迫不及待地说：“马在哪里？快牵来给我看看！”小侍臣从容地打
开包裹，把马骨献给了国君。国君一看，付出了那么大的代价，却只买到
马骨，就非常生气。他愤怒地斥责小侍臣：“我要的是能载我驰骋沙场、
日行千里的千里马，而你却花了五百两黄金买了马骨！你到底居心何
在？”小侍臣不慌不忙地解释道：“请国君先不要生气。您想要千里马，
〔주변인물2가 원하는 것은 말의 뼈가 아님〕
可过了三年还是没有买到，这并不是因为没有千里马，而是因为人们不相
信您真的会出一千两黄金。现在我用五百两黄金买下了死马的骨头，等于
向世人昭示了您购买千里马的诚意和决心。这个消息一旦传扬出去，即使
〔큰 돈을 내고 말의 뼈를 산 것은 천리마를 구하고 싶은 진심과 결심을 보여주기 위함임〕
千里马被藏匿于深山密林之间，也会有人主动把千里马给您牵来的。”果
然不出小侍臣所料，不到一年的时间里，接连有好几个人领着千里马来见
国君。

郭隗讲完这个故事，对燕昭王说：“大王若是真想招贤纳士，就先从
我开始吧。看到像我这样的人都能得到重用，那些比我更有才的人还会犹
〔주인공이 주변인물1을 중용함〕
豫吗？这就好比用五百两黄金买了马骨，显示了您的诚意，‘千里马’就
会主动找上门来。”燕昭王觉得郭隗说得有道理，便重用了他。消息传开
之后，很多有勇有谋的人士纷纷来到燕国都城，而燕昭王在这些人的协助
下，把国家治理得井井有条。
〔이후 많은 인재가 연나라에 옴〕

根据这个故事，后人引申出了“千金买骨”这个成语，现在用它来比
〔고사성어〕
喻迫切地渴求人才。
〔이 고사성어는 절실하게 인재를 갈구하는 것을 비유함〕

---

① **이야기의 발단**
战国时期에, 燕昭王은 국가의 国威를 다시 세우고 싶어함. 그래서 그는 한 老臣에게 어떻게 해야 인재를 찾을 수 있을지 물음. 노신은 直接回答하지 않고, 대신 그에게 一个故事를 말해줌.

② **이야기의 전개**
옛날에, 한 国君은 千里马를 매우 좋아해서, 그는 一千两黄金을 들여 천리마 한 필을 사겠다고 선포했지만, 몇 년이 지나도록 얻을 수 없었고, 이것은 그를 언짢게 했음.

③ **이야기의 전환**
한 小侍臣이 그에게 买马的任务를 자신에게 맡겨도 된다고 말했고, 국왕은 바로 승낙함. 몇 달 후, 어린 신하는 마침내 천리마를 찾아냈지만, 그 말은 이미 死해 있었음.

④ **이야기의 절정**
어린 신하는 결코 실망하지 않았고, 대신 五百两黄金을 들여 죽은 말의 뼈를 사서, 국왕에게 바침. 국왕은 화가 나서 그가 원하는 것은 천리마이지, 马骨가 아니라고 말함. 어린 신하는 국왕이 천리마를 사지 못한 것은 사람들이 국왕이 정말 황금 천 냥을 낼 것이라 믿지 않기 때문이며, 지금 오백 냥으로 말의 뼈를 샀으니 이제 사람들이 국왕의 诚意와 决心을 믿어줄 것이라 해명함. 아니나 다를까 일 년도 채 안 돼서, 사람들이 잇달아 천리마를 끌고 국왕을 만나러 왔음.

⑤ **이야기의 결말**
노신은 옛날 이야기를 다 말하고, 연소왕에게 인재를 구하고 싶다면 그를 먼저 重用하라며, 이렇게 하면 황금 오백 냥으로 말의 뼈를 산 것과 같아 诚意를 显示할 수 있고, '천리마는 자발적으로 찾아올 것'이라 말함. 연소왕은 일리가 있다고 생각해, 바로 노신을 중용함. 이후 많은 인재가 燕国에 왔고, 그들의 도움으로 연소왕은 나라를 잘 다스림.

⑥ **이야기와 관련된 고사성어**
이후, 사람들은 '千金买骨' 이 성어를 사용해 迫切地渴求人才하는 것을 비유함.

해석 해설집 p.170

기억한 내용을 바탕으로 400자 요약하기 [제한시간 35분]

PBT 시험에서는 답안지 여백에 외워둔 표현이나 스토리를 재빨리 적어두면 답안 작성에 도움이 된다. IBT 시험에서는 **手写输入**(필기 인식) 아이콘을 찾아 마우스로 병음을 모르는 한자부터 먼저 그려 입력해두면 답안 작성에 도움이 된다.

⟨답안지⟩

100

200

300

400

500

千金买骨

战国时期，燕昭王想要重振国威，于是他问一个老臣怎样才能找到人才。老臣没有直接回答，而是给他讲了一个故事。

从前，有个国君非常喜欢千里马，他宣布将花一千两黄金买一匹千里马，可是过了几年也没能得到，这让他感到很不高兴。

一个小侍臣跟他说可以把买马的任务交给自己，国君便答应了。几个月后，小侍臣终于找到了千里马，但是那匹马却已经死了。

小侍臣并没有失望，而是花五百两黄金买了死马的骨头，献给了国君。国君很生气，他说他想要的是千里马，而不是马骨。小侍臣解释说，国君没买到千里马，是因为人们不相信国君真的会出一千两黄金，现在用五百两买了马骨，人们就会相信国君的诚意和决心了。果然不到一年，陆续有人牵着千里马来见国君了。

老臣讲完故事，对燕昭王说，若想招人才，可以先重用他，这样做等于用五百两黄金买了马骨，显示了诚意，"千里马"就会主动找上门来。燕昭王觉得有道理，就重用了老臣。后来很多人才来到了燕国，在他们的帮助下，燕昭王把国家治理得很好。

此后，人们用"千金买骨"这个成语来比喻迫切地渴求人才。

제목

① 이야기의 발단

② 이야기의 전개

③ 이야기의 전환

200

④ 이야기의 절정

300

⑤ 이야기의 결말

400

⑥ 이야기와 관련된 고사성어

500

해석 해설집 p.171

〈모범답안 작성 해설〉

	기억한 스토리	요약
제목	고사성어 千金买骨의 유래와 관련된 옛날 이야기이므로 千金买骨(천금매골)를 제목으로 쓴다.	
① 이야기의 발단	战国时期에, 燕昭王은 국가의 国威를 다시 세우고 싶어함. 그래서 그는 한 老臣에게 어떻게 해야 인재를 찾을 수 있을지 물음. 노신은 直接回答하지 않고, 대신 그에게 一个故事을 말해줌.	战国时期, 燕昭王想要重振国威, 于是他问一个老臣怎样才能找到人才。老臣没有直接回答, 而是给他讲了一个故事。
	📍 **요약 포인트** ・'燕昭王은 국가의 国威를 다시 세우고 싶어함. 그래서 그는 한 老臣에게 어떻게 해야 인재를 찾을 수 있을지 물음'과 같이 사건의 원인과 결과가 분명한 것으로 기억한 내용은 '……, 于是……'과 같은 인과 관계를 나타내는 연결어를 사용해서 간단히 요약한다. [스킬 6] ・지문의 郭隗와 같이 주변인물의 이름은 老臣과 같은 일반적이고 쉬운 신분 관련 표현으로 기억하고 바꿔 쓴다. [스킬 1]	
② 이야기의 전개	옛날에, 한 国君은 千里马를 매우 좋아해서, 그는 一千两黄金을 들여 천리마 한 필을 사겠다고 선포했지만, 몇 년이 지나도록 얻을 수 없었고, 이것은 그를 언짢게 했음.	从前, 有个国君非常喜欢千里马, 他宣布将花一千两黄金买一匹千里马, 可是过了几年也没能得到, 这让他感到很不高兴。
	📍 **요약 포인트** ・'그는 一千两黄金을 들여 천리마 한 필을 사겠다고 선포했지만, 몇 년이 지나도록 얻을 수 없음'과 같이 사건의 앞뒤 상황이 상반되는 것으로 기억한 내용은 '……, 可是……'과 같은 반대/전환 관계를 나타내는 연결어를 사용해서 간단히 요약한다. [스킬 8] ・지문의 三年过去了와 같이 구체적인 시간 관련 표현은 过了几年과 같은 几를 사용한 시간 관련 표현으로 기억하고 바꿔 쓴다. [스킬 1] ・'이것은 그를 언짢게 했음'과 같이 어떤 일로 인해 변화가 생긴 것으로 기억한 내용은 '这让……'을 사용해서 간단히 요약한다. [스킬 5]	
③ 이야기의 전환	한 小侍臣이 그에게 买马的任务를 자신에게 맡겨도 된다고 말했고, 국왕은 바로 승낙함. 몇 달 후, 어린 신하는 마침내 천리마를 찾아냈지만, 그 말은 이미 死해있었음.	一个小侍臣跟他说可以把买马的任务交给自己, 国君便答应了。几个月后, 小侍臣终于找到了千里马, 但是那匹马却已经死了。
	📍 **요약 포인트** ・지문의 "您把买马的任务交给我吧, 我一定会让您如愿以偿的。"와 같이 큰따옴표로 표현된 인용문은 'A跟B说……'와 같은 간접화법으로 간단히 요약한다. [스킬 4] ・지문의 三个月后와 같이 구체적인 시간 관련 표현은 几个月后와 같은 几를 사용한 시간 관련 표현으로 기억하고 바꿔 쓴다. [스킬 1]	
④ 이야기의 절정	어린 신하는 결코 실망하지 않았고, 대신 五百两黄金을 들여 죽은 말의 뼈를 사서, 국왕에게 바침. 국왕은 화가 나서 그가 원하는 것은 천리마이지, 马骨가 아니라고 말함. 어린 신하는 국왕이 천리마를 사지 못한 것은 사람들이 국왕이 정말 황금 천 냥을 낼 것이라 믿지 않기 때문이며, 지금 오백 냥으로 말의 뼈를 샀으니 이제 사람들이 국왕의 诚意와 决心을 믿어줄 것이라 해명함. 아니나 다를까 일 년도 채 안 돼서, 사람들이 잇달아 천리마를 끌고 국왕을 만나러 왔음.	小侍臣并没有失望, 而是花五百两黄金买了死马的骨头, 献给了国君。国君很生气, 他说他想要的是千里马, 而不是马骨。小侍臣解释说, 国君没买到千里马, 是因为人们不相信国君真的会出一千两黄金, 现在用五百两买了马骨, 人们就会相信国君的诚意和决心了。果然不到一年, 陆续有人牵着千里马来见国君了。
	📍 **요약 포인트** ・지문의 灰心丧气와 같이 외우기 어려운 사자성어 표현은 失望과 같은 비슷한 뜻을 가지는 쉬운 표현으로 기억하고 바꿔 쓴다. [스킬 2] ・국왕과 어린 신하가 나눈 긴 대화문은 'A说……, B说……'와 같은 간접화법으로 간단히 요약한다. [스킬 4]	
⑤ 이야기의 결말	노신은 옛날 이야기를 다 말하고, 연소왕에게 인재를 구하고 싶다면 그를 먼저 重用하라며, 이렇게 하면 황금 오백 냥으로 말의 뼈를 산 것과 같이 诚意를 显示할 수 있고, '천리마'는 자발적으로 찾아올 것이라 말함. 연소왕은 일리가 있다고 생각해, 바로 노신을 중용함. 이후 많은 인재가 燕国에 왔고, 그들의 도움으로 연소왕은 나라를 잘 다스림.	老臣讲完故事, 对燕昭王说, 若想招人才, 可以先重用他, 这样做等于用五百两黄金买了马骨, 显示了诚意, "千里马"就会主动找上门来。燕昭王觉得有道理, 就重用了老臣。后来很多人才来到了燕国, 在他们的帮助下, 燕昭王把国家治理得很好。
	📍 **요약 포인트** ・'연소왕은 일리가 있다고 생각해, 바로 노신을 중용함. 이후 많은 인재가 燕国에 왔음'과 같이 사건의 앞뒤 발생 순서가 명확한 것으로 기억한 내용은 '后来……'와 같은 선후 관계를 나타내는 연결어를 사용해서 간단히 요약한다. [스킬 7] ・지문의 井井有条와 같이 외우기 어려운 사자성어 표현은 很好와 같은 비슷한 뜻을 가지는 쉬운 표현으로 기억하고 바꿔 쓴다. [스킬 2]	
⑤ 이야기와 관련된 고사성어	이후, 사람들은 '千金买骨' 이 성어를 사용해 迫切地渴求人才하는 것을 비유함.	此后, 人们用"千金买骨"这个成语来比喻迫切地渴求人才。
	📍 **요약 포인트** ・'이후, 사람들은 '千金买骨' 이 성어를 사용해 迫切地渴求人才하는 것을 비유함'과 같이 사건의 결말은 此后와 같은 마무리 표현을 사용해서 간단히 요약한다. [스킬 10]	

10분 동안 다음 지문을 자세히 읽은 후, 35분 동안 원고지(p.272)에 400자 이상으로 지문 내용을 요약해보세요. IBT 시험을 응시하는 경우에는 해커스중국어 사이트에서 제공하고 있는 '해커스 HSK 6급 IBT 쓰기 트레이너' 프로그램을 이용해 요약쓰기 답안을 작성해보세요.

　　从前，魏国有一个叫孙膑的人。他因为才智过人，受到同僚的嫉妒而被陷害入狱，之后因受到酷刑，身体残疾了。后来在齐国使者的帮助下，他才逃到了齐国，并且见到了齐国大将军田忌。田忌对孙膑的才智早有耳闻，一见面就虚心请教兵法。从此，二人开始亲近起来，田忌对孙膑以礼相待，孙膑也常为田忌出谋划策。

　　当时，齐国贵族之间最流行的娱乐项目就是赛马了。为了一赌输赢，贵族们常常一掷千金，田忌也不例外，只是他每次都会输。得知这一情况后，孙膑要求田忌下次带自己到赛马场，说不定自己能帮助田忌取得胜利。

　　一周过后，田忌带着孙膑去了赛马场。孙膑到达现场后得知，参赛者的马按照奔跑的速度分为上中下三个等级，采用三局两胜制。田忌和齐威王赛马时，孙膑在一旁留心观察，发现齐威王的马都优于田忌相同等级的马，所以田忌才会屡战屡败。

　　这一次田忌又失败了，当他垂头丧气地准备离开时被孙膑叫住了。孙膑告诉他："将军，其实您的马和齐威王的只差那么一点儿，您只要改变一下策略，就一定能赢。"田忌疑惑地看着他并问道："你有什么好的法子吗？还是说你有更快的马？"孙膑摇摇头，表示只用现在的马也可以获胜，然后就跟田忌窃窃私语了一番。

　　正当齐威王自鸣得意之时，田忌和孙膑向他走了过去。齐威王挑衅道："输了这么多次，难道你还不服气？"田忌说："是啊，咱们再比一次。"说着，他就将一大堆银钱都押了下去。信心十足的齐威王自然不甘落后，将之前赢的钱和一千两黄金放在桌子上作为赌注。

　　第一局，孙膑给田忌的下等马换上了上等马的马鞍，冒充上等马和齐威王的上等马比赛。齐威王的马出发后没过一会儿就把田忌的下等马甩得远远的。第二局，田忌的上等马被牵出来和齐威王的中等马比赛，结果田忌取得了胜利。面对这样的局面，齐威王有些不知所措。最后一局，齐威王的下等马没有敌过田忌的中等马。就这样，齐威王第一次在赛马中败给了田忌。

　　齐威王想不通田忌为什么会赢，就召见他一问究竟。田忌将孙膑的策略告诉了齐威王，齐威王大吃一惊，立刻要求见孙膑。孙膑见到齐威王后不卑不亢，谈及赛马策略时，孙膑说："赛马如打仗，要有纵观大局的眼光，需要根据对方和自己的实力来调整战略，这样才能减少损失。"齐威王恍然大悟，当即命孙膑为军师，让他协助田忌打仗。此后，齐国凭借孙膑的军事战略取得了无数次的胜利。

모범답안 해설집 p.172

* 실제 시험을 보는 것처럼 시간에 맞춰 실전모의고사를 풀어보세요.
* 교재에 수록된 실전모의고사 3회분은 해커스중국어(china.Hackers.com)에서
  IBT로도 풀어보실 수 있습니다.

실전모의고사

1, 2, 3

잠깐! 테스트 전 확인 사항

1. 휴대 전화의 전원을 끄셨나요?

2. 답안지, 연필, 지우개가 준비되셨나요?

3. 시계가 준비되셨나요? (제한시간 약 135분)

실전모의고사

1

답안지 작성법

汉语水平考试 HSK（六级）答题卡

수험자 정보를 기입하세요.

고사장 정보를 기입하세요.

请填写考生信息

请按照考试证件上的姓名填写：수험표 낭의 영문 이름을 기입하세요.

姓名	KIM JEE YOUNG

如果有中文姓名，请填写：중문 이름이 있다면 기입하세요.

中文姓名	金 志 玲

수험 번호를 쓰고 마킹하세요.

考生序号	6	[0] [1] [2] [3] [4] [5] [6] [7] [8] [9]
	O	[0] [1] [2] [3] [4] [5] [6] [7] [8] [9]
	2	[0] [1] [2] [3] [4] [5] [6] [7] [8] [9]
	5	[0] [1] [2] [3] [4] [5] [6] [7] [8] [9]
	9	[0] [1] [2] [3] [4] [5] [6] [7] [8] [9]

请填写考点信息

고사장 번호를 쓰고 마킹하세요.

考点序号	8	[0] [1] [2] [3] [4] [5] [6] [7] [8] [9]
	1	[0] [1] [2] [3] [4] [5] [6] [7] [8] [9]
	5	[0] [1] [2] [3] [4] [5] [6] [7] [8] [9]
	O	[0] [1] [2] [3] [4] [5] [6] [7] [8] [9]
	3	[0] [1] [2] [3] [4] [5] [6] [7] [8] [9]
	O	[0] [1] [2] [3] [4] [5] [6] [7] [8] [9]
	O	[0] [1] [2] [3] [4] [5] [6] [7] [8] [9]

국적 번호를 쓰고 마킹하세요.

国籍	5	[0] [1] [2] [3] [4] [5] [6] [7] [8] [9]
	2	[0] [1] [2] [3] [4] [5] [6] [7] [8] [9]
		[0] [1] [2] [3] [4] [5] [6] [7] [8] [9]

나이를 쓰고 마킹하세요.

年龄	2	[0] [1] [2] [3] [4] [5] [6] [7] [8] [9]
	3	[0] [1] [2] [3] [4] [5] [6] [7] [8] [9]

해당하는 낭별에 마킹하세요.

性别	男 [1] 女 [2]

注意　请用2B铅笔这样写：■ 2B 연필로 마킹하세요.

답안 마킹시 답안표기 방향에 주의하세요.

一、听力 듣기

제1부분

1. [A] [B] [C] [D]
2. [A] [B] [C] [D]
3. [A] [B] [C] [D]
4. [A] [B] [C] [D]
5. [A] [B] [C] [D]

6. [A] [B] [C] [D]
7. [A] [B] [C] [D]
8. [A] [B] [C] [D]
9. [A] [B] [C] [D]
10. [A] [B] [C] [D]

11. [A] [B] [C] [D]
12. [A] [B] [C] [D]
13. [A] [B] [C] [D]
14. [A] [B] [C] [D]
15. [A] [B] [C] [D]

제2부분

16. [A] [B] [C] [D]
17. [A] [B] [C] [D]
18. [A] [B] [C] [D]
19. [A] [B] [C] [D]
20. [A] [B] [C] [D]

21. [A] [B] [C] [D]
22. [A] [B] [C] [D]
23. [A] [B] [C] [D]
24. [A] [B] [C] [D]
25. [A] [B] [C] [D]

26. [A] [B] [C] [D]
27. [A] [B] [C] [D]
28. [A] [B] [C] [D]
29. [A] [B] [C] [D]
30. [A] [B] [C] [D]

제3부분

31. [A] [B] [C] [D]
32. [A] [B] [C] [D]
33. [A] [B] [C] [D]
34. [A] [B] [C] [D]
35. [A] [B] [C] [D]

36. [A] [B] [C] [D]
37. [A] [B] [C] [D]
38. [A] [B] [C] [D]
39. [A] [B] [C] [D]
40. [A] [B] [C] [D]

41. [A] [B] [C] [D]
42. [A] [B] [C] [D]
43. [A] [B] [C] [D]
44. [A] [B] [C] [D]
45. [A] [B] [C] [D]

46. [A] [B] [C] [D]
47. [A] [B] [C] [D]
48. [A] [B] [C] [D]
49. [A] [B] [C] [D]
50. [A] [B] [C] [D]

二、阅读 독해

제1부분

51. [A] [B] [C] [D]
52. [A] [B] [C] [D]
53. [A] [B] [C] [D]
54. [A] [B] [C] [D]
55. [A] [B] [C] [D]

56. [A] [B] [C] [D]
57. [A] [B] [C] [D]
58. [A] [B] [C] [D]
59. [A] [B] [C] [D]
60. [A] [B] [C] [D]

제2부분

61. [A] [B] [C] [D]
62. [A] [B] [C] [D]
63. [A] [B] [C] [D]
64. [A] [B] [C] [D]
65. [A] [B] [C] [D]

66. [A] [B] [C] [D]
67. [A] [B] [C] [D]
68. [A] [B] [C] [D]
69. [A] [B] [C] [D]
70. [A] [B] [C] [D]

제3부분

71. [A] [B] [C] [D] [E]
72. [A] [B] [C] [D] [E]
73. [A] [B] [C] [D] [E]
74. [A] [B] [C] [D] [E]
75. [A] [B] [C] [D] [E]

76. [A] [B] [C] [D] [E]
77. [A] [B] [C] [D] [E]
78. [A] [B] [C] [D] [E]
79. [A] [B] [C] [D] [E]
80. [A] [B] [C] [D] [E]

제4부분

81. [A] [B] [C] [D]
82. [A] [B] [C] [D]
83. [A] [B] [C] [D]
84. [A] [B] [C] [D]
85. [A] [B] [C] [D]

86. [A] [B] [C] [D]
87. [A] [B] [C] [D]
88. [A] [B] [C] [D]
89. [A] [B] [C] [D]
90. [A] [B] [C] [D]

91. [A] [B] [C] [D]
92. [A] [B] [C] [D]
93. [A] [B] [C] [D]
94. [A] [B] [C] [D]
95. [A] [B] [C] [D]

96. [A] [B] [C] [D]
97. [A] [B] [C] [D]
98. [A] [B] [C] [D]
99. [A] [B] [C] [D]
100. [A] [B] [C] [D]

三、书写 쓰기

101.

			卧	薪	尝	胆									

不要写到框线以外！ 넌 밖으로 작성하지 않도록 주의하세요!

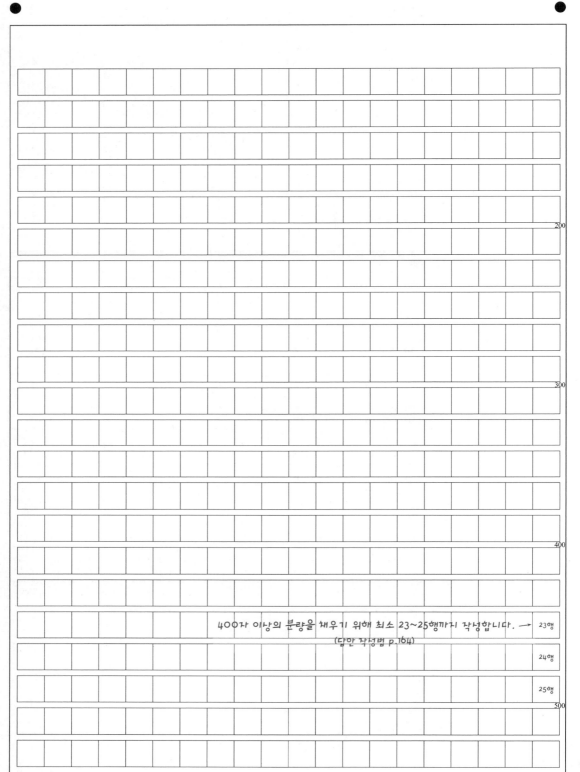

200

300

400

400자 이상의 분량을 채우기 위해 최소 23~25행까지 작성합니다. → 23행

(답안 작성법 p.164)

24행

25행

500

不要写到框线以外!

실전모의고사 1 답안지

汉语水平考试 HSK（六级）答题卡

请按照考试证件上的姓名填写：

姓名

如果有中文姓名，请填写：

中文姓名

考生序号
[0] [1] [2] [3] [4] [5] [6] [7] [8] [9]
[0] [1] [2] [3] [4] [5] [6] [7] [8] [9]
[0] [1] [2] [3] [4] [5] [6] [7] [8] [9]
[0] [1] [2] [3] [4] [5] [6] [7] [8] [9]
[0] [1] [2] [3] [4] [5] [6] [7] [8] [9]

请填写考点信息

考点序号
[0] [1] [2] [3] [4] [5] [6] [7] [8] [9]
[0] [1] [2] [3] [4] [5] [6] [7] [8] [9]
[0] [1] [2] [3] [4] [5] [6] [7] [8] [9]
[0] [1] [2] [3] [4] [5] [6] [7] [8] [9]
[0] [1] [2] [3] [4] [5] [6] [7] [8] [9]
[0] [1] [2] [3] [4] [5] [6] [7] [8] [9]
[0] [1] [2] [3] [4] [5] [6] [7] [8] [9]

国籍
[0] [1] [2] [3] [4] [5] [6] [7] [8] [9]
[0] [1] [2] [3] [4] [5] [6] [7] [8] [9]
[0] [1] [2] [3] [4] [5] [6] [7] [8] [9]

年龄
[0] [1] [2] [3] [4] [5] [6] [7] [8] [9]
[0] [1] [2] [3] [4] [5] [6] [7] [8] [9]

性别　　　　男 [1]　　　　女 [2]

注意　请用2B铅笔这样写：■

一、听力

1. [A] [B] [C] [D]
2. [A] [B] [C] [D]
3. [A] [B] [C] [D]
4. [A] [B] [C] [D]
5. [A] [B] [C] [D]

6. [A] [B] [C] [D]
7. [A] [B] [C] [D]
8. [A] [B] [C] [D]
9. [A] [B] [C] [D]
10. [A] [B] [C] [D]

11. [A] [B] [C] [D]
12. [A] [B] [C] [D]
13. [A] [B] [C] [D]
14. [A] [B] [C] [D]
15. [A] [B] [C] [D]

16. [A] [B] [C] [D]
17. [A] [B] [C] [D]
18. [A] [B] [C] [D]
19. [A] [B] [C] [D]
20. [A] [B] [C] [D]

21. [A] [B] [C] [D]
22. [A] [B] [C] [D]
23. [A] [B] [C] [D]
24. [A] [B] [C] [D]
25. [A] [B] [C] [D]

26. [A] [B] [C] [D]
27. [A] [B] [C] [D]
28. [A] [B] [C] [D]
29. [A] [B] [C] [D]
30. [A] [B] [C] [D]

31. [A] [B] [C] [D]
32. [A] [B] [C] [D]
33. [A] [B] [C] [D]
34. [A] [B] [C] [D]
35. [A] [B] [C] [D]

36. [A] [B] [C] [D]
37. [A] [B] [C] [D]
38. [A] [B] [C] [D]
39. [A] [B] [C] [D]
40. [A] [B] [C] [D]

41. [A] [B] [C] [D]
42. [A] [B] [C] [D]
43. [A] [B] [C] [D]
44. [A] [B] [C] [D]
45. [A] [B] [C] [D]

46. [A] [B] [C] [D]
47. [A] [B] [C] [D]
48. [A] [B] [C] [D]
49. [A] [B] [C] [D]
50. [A] [B] [C] [D]

二、阅读

51. [A] [B] [C] [D]
52. [A] [B] [C] [D]
53. [A] [B] [C] [D]
54. [A] [B] [C] [D]
55. [A] [B] [C] [D]

56. [A] [B] [C] [D]
57. [A] [B] [C] [D]
58. [A] [B] [C] [D]
59. [A] [B] [C] [D]
60. [A] [B] [C] [D]

61. [A] [B] [C] [D]
62. [A] [B] [C] [D]
63. [A] [B] [C] [D]
64. [A] [B] [C] [D]
65. [A] [B] [C] [D]

66. [A] [B] [C] [D]
67. [A] [B] [C] [D]
68. [A] [B] [C] [D]
69. [A] [B] [C] [D]
70. [A] [B] [C] [D]

71. [A] [B] [C] [D] [E]
72. [A] [B] [C] [D] [E]
73. [A] [B] [C] [D] [E]
74. [A] [B] [C] [D] [E]
75. [A] [B] [C] [D] [E]

76. [A] [B] [C] [D] [E]
77. [A] [B] [C] [D] [E]
78. [A] [B] [C] [D] [E]
79. [A] [B] [C] [D] [E]
80. [A] [B] [C] [D] [E]

81. [A] [B] [C] [D]
82. [A] [B] [C] [D]
83. [A] [B] [C] [D]
84. [A] [B] [C] [D]
85. [A] [B] [C] [D]

86. [A] [B] [C] [D]
87. [A] [B] [C] [D]
88. [A] [B] [C] [D]
89. [A] [B] [C] [D]
90. [A] [B] [C] [D]

91. [A] [B] [C] [D]
92. [A] [B] [C] [D]
93. [A] [B] [C] [D]
94. [A] [B] [C] [D]
95. [A] [B] [C] [D]

96. [A] [B] [C] [D]
97. [A] [B] [C] [D]
98. [A] [B] [C] [D]
99. [A] [B] [C] [D]
100. [A] [B] [C] [D]

三、书写

101.

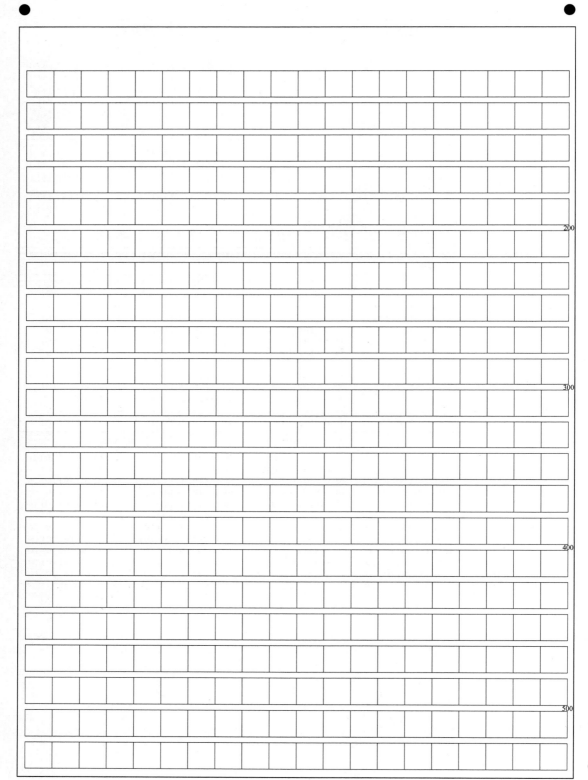

不要写到框线以外!

汉语水平考试

HSK（六级）

注　意

一、HSK（六级）分三部分：

　　1.听力（50题，约35分钟）

　　2.阅读（50题，50分钟）

　　3.书写（1题，45分钟）

二、听力结束后，有5分钟填写答题卡。

三、全部考试约140分钟（含考生填写个人信息时间5分钟）。

일반버전

고사장 소음 버전

一、听力

第一部分

第1-15题：请选择符合短文内容的一项。

1. A 梁园的整体风格素雅
   B 梁园里总共有五个池塘
   C 保留最多的是清代的园林
   D 唐代岭南文人曾住在梁园

2. A 研究人员要严谨认真
   B 蚂蚁是很好的研究对象
   C 蚂蚁会自行调整前行速度
   D 移动时蚂蚁的密度不断减小

3. A 采诗官不能调查民意
   B 周朝的采诗官人数最多
   C 周朝的文官设立了采诗官制度
   D 诗歌能够真实地表现社会风气

4. A 渭河出现了清晰的界限
   B 渭河是泾河的第一大支流
   C 两条河水同流一河就能相融
   D "泾渭分明"的成语来源于长江

5. A 列车的标识码是二维码
   B 车次由字母和数字组成
   C 标识码只用在铁路部门
   D 每趟列车有多个标识码

6. A 老年人要多和家人接触
   B 不是所有的人都感到孤独
   C 就业状况对中年人没有影响
   D 年轻人只要有朋友就不会孤独

7. A 高盐食物会诱发胰腺疾病
   B 高盐食物有可能损坏大脑
   C 不摄入盐分就不会患高血压
   D 长期摄入高盐食物会引发癌症

8. A 击鞠在唐朝时尤为盛行
   B 击鞠是现代的马球运动
   C 击鞠仅仅是一项娱乐活动
   D 击鞠在某一次战争中被发明

9. A 数字人民币的制作成本很高
   B 使用数字人民币需要手续费
   C 老年人无法使用数字人民币
   D 数字人民币使支付变得更便利

10. A 机器人都可以感知到方位
    B 电子皮肤可使机器人更好地延伸
    C 电子皮肤不能让机器人感知疼痛
    D 电子皮肤因结构复杂而不易被加工

11. A 宠粮安全是养宠人的唯一难题
    B 宠物服务薄弱的问题已被解决
    C 京东只打造线上消费和服务平台
    D 该服务将覆盖宠物生活的全方面

12. A 《红楼梦》的前后作者不同
    B 每个人的说话的风格都不相同
    C 有些专家所说的话不一定正确
    D "作者识别"的案例只有《红楼梦》

13. A 处在困难时不要泄气
    B 成功处世的方法最为重要
    C 每个人都要以成功处世为目标
    D 人们无法一直保持谦虚的心态

14. A 火龙果长在树枝上
    B 多吃火龙果有益于健康
    C 火龙果因外形像火而得名
    D 火龙果中红皮红果最好吃

15. A 弟弟最后没有吃亏
    B 郑板桥去打了官司
    C 弟弟希望哥哥能为他说话
    D 郑板桥的利益受到了损害

第二部分

第16-30题：请选择正确答案。

16. A 卫生条件不达标
    B 原本就打算转型
    C 响应国家的号召
    D 刚好更换了设备

17. A 成立了新的部门
    B 动员了所有的员工
    C 从国外引进了新技术
    D 使用了闲置的生产设备

18. A 减少了产品种类
    B 开拓了国外的市场
    C 获得了国际机构的认可
    D 提高了国内市场的占有率

19. A 生产团队
    B 技术团队
    C 研究团队
    D 销售团队

20. A 要做到遵纪守法
    B 要提升企业文化
    C 要有社会责任感
    D 要起到模范作用

21. A 改善了比赛制度
    B 出台了新的政策
    C 延期举办了测试赛
    D 赛前开展了冰上运动

22. A 曾经流行一时
    B 人才储备不足
    C 装备不够先进
    D 举办经验丰富

23. A 动作十分优美
    B 适合在现场观看
    C 是非常激烈的项目
    D 被称为"冰上的围棋"

24. A 推动了中西文化交流
    B 解决了困难时期的问题
    C 鼓励全民投身于体育事业
    D 使人被运动员的精神所鼓舞

25. A 花样滑冰教练
    B 短道速滑运动员
    C 冬残奥会副主席
    D 冬奥会组委会主席

26. A 零件加工人员不足
    B 数控机床精度较低
    C 很难满足工业需求
    D 要达到很高的精度

27. A 处理好细节和误差
    B 降低零件的制造成本
    C 消除机床本身的缺陷
    D 提高加工过程中的温度

28. A 零件都是免检产品
   B 只需检查个别零件
   C 专检师进行最后的检查
   D 需要通过两个检查过程

29. A 有胆量才能成功
   B 胆大比心细重要
   C 需要彻底掌握技能
   D 有技术不如有胆量

30. A 总爱跟人较劲儿
   B 不喜欢与他人竞争
   C 是零件公司的老板
   D 在技能比赛中拿了奖

第三部分

31. A 可降低人工费
    B 可保护个人信息
    C 点餐形式更简单
    D 点餐时不需要排长队

32. A 降低了餐厅的运营效率
    B 无法满足线下点餐的需求
    C 是目前最为先进的点餐方式
    D 不必关注餐厅的微信公众号

33. A 消费者认可扫码点餐
    B 餐厅的服务费将会提高
    C 扫码点餐已成为红海市场
    D 扫码点餐虽方便却仍有争议

34. A 海洋
    B 湖泊
    C 天堂
    D 天湖

35. A 湖边有几个牧场
    B 冬季的景色最美
    C 生长着许多种动植物
    D 是世界上最深的湖泊

36. A 1月到3月
    B 5月到7月
    C 7月到9月
    D 9月到10月

37. A 能检测体脂指数
    B 可以随时测量血压
    C 操作方法十分复杂
    D 可以更多地消耗卡路里

38. A 心率检测
    B 卡路里检测
    C 肌肉密度检测
    D 睡眠质量检测

39. A 每日的心率值
    B 血压的平均值
    C 平时的运动量
    D 小程序里的数据

40. A 一共走过34个地区
    B 是明代著名的文人
    C 用了34年游历四方
    D 没有记下他的所见所闻

41. A 里面有神龙
    B 里面有一处缝隙
    C 经常有怪物出现
    D 位于中国湖北省

42. A 紧张
    B 惆怅
    C 羞涩
    D 陶醉

43. A 徐霞客的生平

   B 村民们非常好客

   C 徐霞客探索麻叶洞

   D 麻叶洞是一个著名的景点

44. A 在水下进行冬眠

   B 像人类一样需要睡眠

   C 经常因疲劳而打瞌睡

   D 花朵在晚上闭合早上开放

45. A 有很高的经济价值

   B 经常受到蝴蝶的干扰

   C 一般不会在白天开放

   D 傍晚日落时气孔会闭合

46. A 睡莲分布在世界各地

   B 开闭和阳光的照射无关

   C 睡莲的根经常被用作药材

   D 大多数睡莲叶片不会下垂

47. A 睡莲的花粉传播方式

   B 睡莲的昼夜开闭规律

   C 睡莲被称为花魁的原因

   D 最适宜采摘睡莲的时期

48. A 极容易被损坏

   B 左右毛笔的价格

   C 需要用专用油保养

   D 笔尖含有毒性物质

49. A 要用温水浸泡

   B 用开水化开笔锋

   C 浸泡时间要长一些

   D 笔锋朝下插在杯子里

50. A 防止笔毫脱落

   B 防止笔毫污染宣纸

   C 防止墨汁滴落到衣物上

   D 防止笔毫与墨汁粘在一起

二、 阅 读

第一部分

第51-60题：请选择有语病的句子。

51. A 经常摄入膳食纤维可以有效缓解便秘症状。
    B 抛开根深蒂固的偏见才能感受到多元的世界。
    C 蛇在捕食的时候会缠绕的方法，使猎物窒息而死亡。
    D 位于郊区的这栋别墅有三层，每一层的装修风格都不一样。

52. A 只要心中有信念，遇到挫折时就能从原地爬起来。
    B 这幅画作上的人物栩栩如生，仿佛都能马上开口说话。
    C 玫瑰的刺不仅能够保持水分，还能保护自己不受外部侵害。
    D 他一向积极帮助有困难的同学，所以获得了优秀班干部的环节。

53. A 没有被喊到名字的患者请在门外等候，不要刻意走动。
    B 瑞丽是西南部最大的内陆口岸，也是重要的珠宝集散中心。
    C 经过这次洪灾，他意识到了加固堤坝是防洪工作的重中之重。
    D 他赤手空拳与歹徒搏斗，在极度危险的情况下救出了这对母子。

54. A 作家在创作新作品的过程中需要耗费大量的时间和精力。
    B 倘若资金链断裂，现金周转不畅，公司遭受了很大的亏损。
    C 为了防止忘记与他人的约定，他常常在手机备忘录上记录日程。
    D 从对两千多名大学生的调查结果来看，近六成的人身上存在容貌焦虑的现象。

55. A 用户满意度调查显示，这次新教材的评价比上一版教材的评价非常高。
    B 手机是现代人生活中必不可少的存在，很多人没有了手机就会感到六神无主。
    C 走路的姿态可以影响一个人的整体气质，因此最好养成走路时抬头挺胸的习惯。
    D 潜水逐渐成为一项极具人气的运动项目，但只有经过专业训练的人才能进行深度潜水。

56. A 铸造一枚硬币要经过十几道复杂的工序，且每道工序的要求都十分严格。
    B 突如其来的海啸毁灭了村民的家园，他们只能眼睁睁地看着房子被海水淹没。
    C 世界各地有数不清的天主教堂，其中位于梵蒂冈的圣彼得大教堂是一座规模最大的。
    D 北欧风是起源于斯堪的纳维亚半岛的装饰设计风格，具有简洁且贴近自然的艺术特点。

57. A 那个曾经无人问津的边陲小镇在短短二十年间飞速发展，如今已高楼林立，成为了重要的经济中心。
    B 火山喷发是地壳运动的一种表现形式，喷发出的岩浆温度最高可达1300℃，岩浆所经之处都会变成火海。
    C 稀释后的核废水被排入大海中，不仅给海洋生物带来了伤害巨大的，也对我们人类今后的生活造成了威胁。
    D 荔枝产于中国的南方，是一种果肉甘甜的水果。关于荔枝栽培和食用的历史，可以追溯到两千多年前的汉代。

58. A 此方案考虑得比较周全，且各方面构思合理，具有一定的代表性，满足了统筹兼顾、全面协调的要求。

B 如果想在奥数比赛中获得高名次，不仅要具备敏锐的思维和严密的思考能力，还要提高解题方法和效率。

C 这次暴雨很可能会诱发山洪、滑坡等地质灾害，因此气象台将暴雨黄色预警信号升级为暴雨橙色预警信号。

D 辣椒含有大量的维生素C和丰富的膳食纤维，并且含有容易被人体吸收的胡萝卜素，是一种富含多样元素的蔬菜。

59. A 越来越多的人热衷于收看真人秀节目，因为真人秀没有台本，从而能激发出嘉宾之间意想不到的互动。

B 人在压力大的时候可以听一些舒缓的轻音乐，这能使身心得到一定的放松，并且还能有效加剧焦虑的情绪。

C 由于疫情持续加重，防护服和口罩处于供不应求的状态，很多工厂放下了原先的产业，投身于防疫用品的制造中。

D 研究表明，多次被闹钟惊醒后，大脑会产生叫"腺苷"的物质，这种物质会让人感到更加困倦，进而导致慢性疲劳。

60. A 炎热的夏季会影响人的情绪，浮躁的心情会使我们无法好好处理事情，越是这样，我们越要保持内心的平和。

B 有时候，给予他人一些力所能及的帮助，反而会让我们的内心得到治愈，就算只是件小事，也能照亮他人的内心。

C 写日记是个良好的生活习惯，你可以记录生活中的美好瞬间，也可以记录悲伤的点滴，这些都将成为你珍贵的回忆。

D 一切事物的发展都是有起有伏、波浪式前进的，这是由于事物的内部矛盾以及自然和社会的种种外因影响所决定的。

第二部分

第61-70题：请选择正确的词汇。

61. 近年来，颜色各样、____各异的电动滑板车尤为____。但它并非是横空出世的新发明。早在1919至1922年期间，德国的克虏伯就发明了____现代电动滑板车的代步工具，当时的使用人群主要是邮差和交警，这种代步工具提高了他们的工作效率。

    A 样式   散步   带领   B 款式   盛行   类似

    C 模式   传播   联络   D 仪式   盛开   响应

62. 坚持低碳饮食法的人，在短期内会出现戒断综合征，症状越重就说明人体对碳水化合物的____越强。人体大部分的能量来自于碳水化合物，____减少了碳水化合物的摄入，就____需要增加脂肪的摄取量，以保证能量的正常供给。

    A 依靠   以免   无非   B 依托   如果   恰巧

    C 依赖   倘若   不免   D 依据   万一   公然

63. 当涂民歌是安徽马鞍山的地方传统音乐，早在六朝时期就有对它的____。当涂民歌直到20世纪50年代末期发展至鼎盛阶段。它数量众多、题材广泛、内容____，是当涂人民智慧的____，具有高度的历史、文化和艺术价值。

    A 记载   异彩纷呈   结晶   B 记忆   根深蒂固   构造

    C 记性   日新月异   结论   D 记录   得天独厚   理想

64. 中国疾病预防控制中心提醒，在洪涝灾害发生以后，饮食卫生状况____、环境污染加重、____大量滋生、受灾人群____等因素，都容易引发不同种类的疾病。因此相关部门要提前做好传染病的____工作。

    A 简化   喉咙   密集   保卫

    B 进化   棉花   精密   守护

    C 严重   纤维   严密   预防

    D 恶化   细菌   稠密   防治

65. 疾风知劲草，患难见真情。友谊是一种纯洁的____，它就像洁白无瑕的玉石，不允许任何人玷污。它可以____你心中的冰雪，可以____你爱的力量，____可以将"迷途的羔羊"引入正确的道路。

    A 心境   溶解   予以   便

    B 感情   融化   赋予   亦

    C 气氛   消融   授予   愈

    D 情谊   腐蚀   给予   皆

66. 王玉平研究员____了能源供需格局产生的变化以及国际能源发展的____趋势，要求全面制定能源安全的新____。他以"新能源"为切入点，分析了美国页岩气革命、可再生能源革命和全球能源基本趋势，____了全球能源发展的影响因素和未来趋势。

A 陈述　　　　　　可观　　　　　　地址　　　　　　思考
B 概述　　　　　　壮观　　　　　　方向　　　　　　开放
C 描述　　　　　　微观　　　　　　战役　　　　　　展示
D 阐述　　　　　　宏观　　　　　　战略　　　　　　展望

67. 2003年11月，中国美术学院接受了著名收藏家赵树同教授捐赠的47000多件皮影及相关文物，并建立了____国内最大的皮影艺术博物馆。该馆____具规模，____了从明清到现代的全国各地的皮影。这些皮影历史悠久、种类繁多、刻工____、造型奇特。

A 迄今为止　　　　颇　　　　　　　收藏　　　　　　精致
B 与生俱来　　　　岂　　　　　　　收集　　　　　　精简
C 相见恨晚　　　　正　　　　　　　招收　　　　　　精通
D 接踵而至　　　　非　　　　　　　征收　　　　　　精确

68. 有一个郑国人去集市买鞋之前，先用绳子量好了脚的尺寸，____出门前却把绳子落在了家里。到了集市，当他看好一双鞋，要____出小绳时才发现没有带来，便____回家取小绳，但是回来时集市已经关门了。见此____，有人说他直接试穿那双鞋就好了，大家听完都嘲笑了郑国人的愚蠢。

A 可惜　　　　　　溶　　　　　　　预先　　　　　　情景
B 不料　　　　　　掏　　　　　　　随即　　　　　　情形
C 尚且　　　　　　揉　　　　　　　务必　　　　　　情感
D 即便　　　　　　坠　　　　　　　悍然　　　　　　情调

69. 成功是____努力的结果，成功是人生价值的实现，成功是每一个人的渴望。人生____又短暂，任何人都经历过或大或小的成功。可是面对成功，不同的人会有不同的____，也就会出现不同的____。智者保持冷静，不急不躁；愚者却沉醉于一时的成功，最终迷失自我。

A 勤奋　　　　　　持久　　　　　　心得　　　　　　回报
B 勤劳　　　　　　充实　　　　　　心血　　　　　　节奏
C 辛勤　　　　　　漫长　　　　　　心态　　　　　　结局
D 勤俭　　　　　　肥沃　　　　　　心灵　　　　　　焦点

70. "郑和下西洋"是人类历史上一次大规模远航，时至今日，中外人士对此仍然表示____和赞叹。郑和船队二百多____木帆船的结构设计和航海____是远航得以成功的基础。但是，当时水手们的驾船技术和航海经验却面临过____的考验。尽管如此，"郑和下西洋"为加强中外文明的交流做出了____的贡献。

A 崇敬　　　　　　枚　　　　　　　地位　　　　　　严密　　　　　　有力
B 尊敬　　　　　　栋　　　　　　　时机　　　　　　严厉　　　　　　巨大
C 称赞　　　　　　幢　　　　　　　起因　　　　　　严寒　　　　　　奇妙
D 钦佩　　　　　　艘　　　　　　　性能　　　　　　严峻　　　　　　杰出

第三部分

第71-80题：请选择正确的句子。

71-75.

　　打折是商家贩卖商品时最常用的手段之一，小到街头商贩，大到百货公司，打折现象随处可见。有些大型购物中心会通过赠送礼品、打折促销等方式吸引大量消费者。打折商品的价格往往从五折开始起跳，(71)＿＿＿＿＿＿＿＿。很多人会产生疑惑，这样打折下去，商家还有利润可赚吗？如此盛行的打折现象，可以从经济学的角度找出其中的原理。

　　经济学中存在这样一个概念——消费者剩余。消费者剩余指的是消费者愿意为商品支付的最高价格与商品的实际市场价格之间的差额。譬如，有件上衣原价为500元，打折时只花320元就买到了，一共省下了180元，(72)＿＿＿＿＿＿＿＿。作为消费者，他们并不在意产品的真正成本是多少，往往只关心与自己相关的剩余数额。

　　与消费者剩余相对应的是生产者剩余。比如上面所说的那件上衣成本是200元，最后出售的价格是320元，那么生产者剩余就是120元。早些年，商品一打折就被抢购一空，"薄利多销"的理念被商家和消费者双双认可。由此可见，生产者剩余哪怕少一点，(73)＿＿＿＿＿＿＿＿，以更多的销量获得更多的生产者剩余。

　　商家期望利益最大化，(74)＿＿＿＿＿＿＿＿。因此，打折这种看似商家对消费者进行利益让步的行为，也能被理解为商家吸引消费者的主要手段之一。商品的打折既能让消费者获得更多的消费者剩余，同时也能让商家获得预期的生产者剩余。总的来说，(75)＿＿＿＿＿＿＿＿。

　　A　这时省下的数额就是消费者剩余
　　B　这是一个双赢的经济现象
　　C　商家也希望能增加销量
　　D　消费者能买到很多物美价廉的东西
　　E　而消费者则希望效用最大化

76-80.

三国时期，周瑜对诸葛亮心生嫉妒。为了刁难诸葛亮，周瑜要求诸葛亮在十日之内赶制出十万支箭。诸葛亮欣然答应了，(76)_____。在周瑜看来，诸葛亮无论如何也不可能在几天之内造出十万支箭。

当天晚上，周瑜派鲁肃到诸葛亮的住处查看动静，打探情况。诸葛亮见到鲁肃就说："三日之内造出十万支箭是不可能的。希望你能借给我二十艘船只，每艘船只上配置三十多名士兵，(77)_____。此外，船上配备千余束草把，分别竖在船的两舷。到第三日肯定可以得到十万支箭。"鲁肃虽然答应了诸葛亮的要求，但并不明白诸葛亮的用意。

诸葛亮借得船只和士兵后按兵不动，直到第三天凌晨，他秘密邀请鲁肃上船。鲁肃被弄得莫名其妙，只得跟着去看个究竟。江面雾气很重，漆黑一片。诸葛亮命令用长绳将二十只船连在一起，(78)_____。快要接近曹操军营时，诸葛亮下令将船只按头西尾东一字摆开，又命令士兵击鼓呐喊，故意作出一种进攻的声势。(79)_____，然而诸葛亮却安然地坐在船内喝酒。

此时，曹操听到鼓声，以为遭到埋伏，便急忙调动一万多名弓箭手朝江中放箭。霎时间，箭如飞蝗般射在船上的草把和布幔上。日出雾散，(80)_____，诸葛亮这才命令船队离开。他还让士兵大喊："谢曹丞相赐箭。"当曹操得知真相时，诸葛亮的取箭船队已经驶去二十多里，要追也来不及了。

A 船身两侧都插满了曹军射来的箭

B 然后驶向曹操的军营

C 船只全用青布盖住

D 鲁肃见状很是担忧

E 并表示只要给他三天时间就可以

第四部分

第81-100题：请选择正确答案。

81-84.

中国云南西双版纳的15头大象向西行进，途中一只小象因误吃酒糟而醉酒，脱离了象群队伍。小象清醒过来后，却不慌不忙并且迅速地找到了象队，重返象群。没有任何通讯工具的小象是如何做到的呢？其实大象是群居动物，人们一直以为它只是体型庞大且笨重，却不知大象能够有序和谐地组织群体生活都是与它们的身体特点有关的。

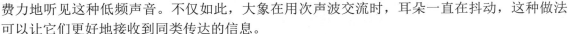

首先，大象具备惊人的听觉能力，能清晰听到同类发出的次声波。大象有两颗象牙，象牙共振时会发出声音，象牙越长，声音就越低。这种声音在20赫兹以下，被称为次声波。人类所听到的声音是在20到20万赫兹之间，因此人类不能听到大象的次声波，而大象却能不费力地听见这种低频声音。不仅如此，大象在用次声波交流时，耳朵一直在抖动，这种做法可以让它们更好地接收到同类传达的信息。

其次，大象拥有巨大的脚板，一群大象同时跺脚时会产生非常剧烈的地面震动，并发出"隆隆"的响声，大象还可以通过脚板来感知到地面传来的震动。如果大象之间的距离太远或者遇到紧急情况，次声波不能满足交流时，它们会使用这种跺脚的方式来完成信息传播。相对于次声波交流，这种方式可以传播得更遥远，最远可以传播到32千米之外的地方。这种情况下，大象不是用耳朵接收声音信号，而是用脚板感知到远处传来的地面震动的同时，通过骨骼把声音信号传递到大脑进行分析判断。它们还可以借助脸上的扩音脂肪来扩大这种震动的声音，让自己感受得更清晰。

除此以外，大象天生具有超强的嗅觉基因，它们能隔着冰找到食物，还能闻到100米之外的爆炸物的气味。它们的嗅觉比人类灵敏2.8万倍。大象可以利用灵敏的鼻子，根据路上所留下的粪便气味而得知附近存在着其他大象，还能根据气味预测周围隐藏的危险，从而通知象群尽快撤离。

81. 大象能发出次声波，是因为：
   A 有聪明的大脑
   B 具有庞大的体型
   C 能感知地面的信息
   D 象牙可以进行共振

82. 下列哪项属于大象的交流方式？
   A 抖动耳朵发送信息
   B 用扩音脂肪发出声音
   C 用跺脚完成远距离交流
   D 口中发出"隆隆"的叫声

83. 根据上文，大象有什么特点？
   A 喜爱独居生活
   B 有敏锐的嗅觉
   C 只用耳朵传导声音
   D 具有发出超声波的能力

84. 最适合做上文的标题是：
   A 大象神奇的耳朵
   B 次声波对大象的影响
   C 云南西双版纳大象之旅
   D 大象鲜为人知的身体秘密

85-88.

近日，科学家们在《生物科学》月刊上联名发表了关于地球健康状况的文章。文章指出，人类无节制地开发和使用资源，导致地球的健康状况每况愈下。因此，若想从根本上改变这一切，就需要适当整顿当前的资源开发方式，合理地开发和运用新能源。

新能源又被称为非常规能源，指的是常规能源之外的能源形式。常规能源包括石油、天然气还有化石能源等资源，在日常生活中已得到了广泛的应用。而非常规能源则指太阳能、风能、氢能等尚未被大规模运用，且还在持续研究开发阶段的资源。

虽说随着科技的发展和人们对环境的重视，新能源也逐渐被应用了起来，但是在新能源的发展过程中，相关领域的研究一直没有太大的起色。由此可见要让新能源彻底取代常规能源，仍然需要很长的时间。那么发展新能源为何这么难呢？

以化石能源为例，化石能源作为常规能源，本身就存在于地球上，是现成的资源，而新能源则完全和科技**挂钩**，开发新能源，就需要更多的技术、成本和时间来确保其稳定、可持续的发展。如今人类最看好的新能源，一个是太空发电，另一个是可控核聚变。拿太空发电来说，世界上第一个太空发电站已经在中国重庆开建了，美国也将启动太空发电站的计划。不过真正关系到人类可持续发展的则是可控核聚变。可控核聚变又称"人造太阳"，能持续稳定地输出能量，且不产生核废料和温室气体。但是由于种种技术问题，可控核聚变始终可望而不可及。新能源的开发过程虽然漫长而艰难，但其美好前景吸引各国科学家奋力探讨。

如何克服科技上的难点，发挥新能源的优势，仍是一个需要持续研究和探讨的问题。若能充分发挥新能源的优势，将对地球资源的保护起到莫大的作用。

85. 地球健康状况不佳的原因是什么？
    A 降雨量减少　　　　　　　　B 过度开采资源
    C 荒漠面积减少　　　　　　　D 新能源使用过度

86. 常规能源是一种：
    A 被广泛应用的能源　　　　　B 技术不成熟的能源
    C 还在研究阶段的能源　　　　D 可以尽情使用的能源

87. 第4段中，画线词语"挂钩"最可能是什么意思？
    A 存在联系　　　　　　　　　B 相互渗透
    C 容易混淆　　　　　　　　　D 互相抵制

88. 上文中举可控核聚变的例子是为了说明：
    A 气候危机很紧急　　　　　　B 开发新能源很艰难
    C 加强国际合作的重要性　　　D 建太空发电站的过程复杂

89-92.

　　宫灯是中国独具特色的传统手工艺品，已成为中国传统文化的一个符号。在古代，宫廷里使用的灯，被称为"宫灯"，它除了照明功能之外，还用来显示帝王的富贵和奢华。直到今天，在一些豪华殿堂和住宅，仍能发现宫灯造型的装饰品。

　　宫灯在中国已有上千年的历史。相传，东汉光武帝刘秀定都洛阳，统一天下后，为庆贺这一功业，在宫廷里张灯结彩，大摆宴席，盏盏宫灯，各呈艳姿。这是历史上第一次出现宫灯。后来宫灯的制作工艺传入民间。到唐朝时天下太平，经济复苏，宫灯更是大放异彩，盛极一时。每到元宵佳节，街头巷尾红灯高挂，各类宫灯吸引了观灯的群众，因此元宵节也被称为"灯节"。

　　宫灯主要以细木为框架，框架上雕刻着花纹，并在骨架之间镶以绢纱和玻璃，在上面绘以山水、花鸟、人物故事等彩色图案。宫灯选料十分细致，大多选用红木、紫檀木、楠木等贵重木料，甚至选用昂贵的金银来装饰，显得格外艳丽端庄。宫灯在制作工艺上十分精巧，雕、镂、刻、画等技艺缺一不可。

　　正统的宫灯造型为八角形、六角形和四角形，根据灯上的图案内容，分别具有龙凤呈祥、福寿延年、吉祥如意等不同寓意。现在的宫灯种类很多，人们通过挂不同样式的宫灯，来寄托心中的愿望。如若希望家庭和睦，可以挂一盏"一团和气灯"；希望出门在外的家人能够平安，可以选择挂"四季平安灯"；家里有学生，可以挂"九子登科灯"。

　　制作工艺精巧的宫灯造型美观大方，文化内涵深厚，耐人寻味，是集知识性、观赏性、娱乐性为一体的完美艺术作品。

89. 根据上文，"宫灯"为什么具有这一名称？
　　A　它有照明的功能　　　　　　B　它是住宅的装饰品
　　C　它刚开始在宫廷里使用　　　D　它曾是珍贵的宫廷贡品

90. 唐朝时期的宫灯：
　　A　非常盛行　　　　　　　　　B　图案和色彩单一
　　C　只在元宵节使用　　　　　　D　推动了经济发展

91. 下列哪项属于宫灯的制作特点？
　　A　大多为圆型　　　　　　　　B　制作工艺简单
　　C　主要采用珍贵木材　　　　　D　用绳子镶在骨架间

92. 通过不同的宫灯样式，可以知道什么？
　　A　人们对生活的期望　　　　　B　各种宫灯的价格差异
　　C　宫灯具体的制作时期　　　　D　当时人们喜欢的样式

93-96.

当遭受疾病或者身体出现残缺时，人们通常会寻求医生的帮助，而野生动物却不能，因此等待它们的很可能就只有死亡。然而3D打印技术的出现给动物们带来了新的希望。人类可以通过3D打印技术，为身体残缺的动物制作假肢，让动物们重新获得灿烂的生命。

2018年，受伤9年的大象莫娜第一次穿上了假肢，它也是世界上第一个穿上3D打印假肢的动物。然而仅仅在几年前，动物的身体一旦有残缺，存活的几率就会变得相当小，这是因为四肢残缺的动物即使没有马上失去生命，在行动上也依然不便，长期不正常的行走姿势会让它们的腿部和脊椎变形，从而患上新的疾病。

在3D打印技术应用于打印假肢前，假肢都是手工制作的，因为每个动物的受伤情况不同，无法批量生产假肢。为一只动物制作假肢所需要的时间至少是15个小时，而且价格昂贵，因此很少有人特意为动物制作手工假肢。

如今，3D打印技术的广泛应用能让受伤的动物们轻轻松松获得假肢。3D打印的假肢从扫描到成型，只需要1个小时，价格也从以前的天价降到几百块。除了缩短制作时间和节约成本外，3D打印技术还有其他方面的优势。首先，有了3D打印技术，可以按需制作假肢，这一点很重要，因为随着动物的生长，假肢需要进行多次调整。第二，3D打印材料的发展意味着这些假肢不仅可以模仿缺失部分的自然功能，还可以与动物的身体结构相结合。第三，3D打印技术允许制作出结构和性能高度复杂的假肢。

3D打印技术虽然在1986年就已被研制出来，但直到最近才被用在动物救治上。现在除了假肢，还可以打印出骨头、肌肉和软骨，植入动物体内时都能正常运作，这是再生医学的一个重大进展。尽管这项技术到真正实施还需要一段时间的探究，但至少为医学领域打开了新的大门。

动物受到致命伤害时，能够利用现有最发达的3D打印技术进行救治，是人类做的最伟大的事情之一。相信3D打印技术将会越来越成熟，能够救助更多动物，使大自然更加生机勃勃、绚丽多彩。

93. 动物身体有残缺时，存活几率小的原因是什么？
   A 缺失必要的营养　　　　　　　　B 无法及时被人发现
   C 装配的假肢质量不好　　　　　　D 身体变形导致新的疾病

94. 手工制作的假肢：
   A 广受欢迎　　　　　　　　　　　B 不能被大量生产
   C 制作时间最多半天　　　　　　　D 与动物有机结构相结合

95. 下列哪项不属于用3D打印的假肢的特点？
   A 制作时间短　　　　　　　　　　B 可进行多次调整
   C 可模仿残缺部位的功能　　　　　D 已长期用于动物救治上

96. 第4段主要谈的是：
   A 动物假肢的新功能　　　　　　　B 3D打印技术的优点
   C 动物受伤时的急救方法　　　　　D 对3D打印技术未来的展望

97-100.

　　他为了生存，独自一人来到芝加哥谋生。他由于没有特长，被所有他去应聘的企业拒之门外。一天，他看见楼下肥皂专卖店的生意很好，老板都忙不过来，就鼓起勇气对老板说，自己失业了，可以帮他的忙，并表示不要任何报酬。老板见他非常有诚意，就答应了他，并提出每天支付5美元作为报酬。就这样，他在芝加哥安定了下来。

　　后来，在销售过程中，他意外地发现当地经营发酵粉的生意利润比较高。于是他兴致勃勃地掏出所有的积蓄，购买了一大批发酵粉。可是接下来的情况却出乎他的意料，经营发酵粉只不过是"看上去很美"的事，实际上却并非如此。在当地，做发酵粉生意的人非常多，竞争远比肥皂生意激烈，而自己既没有固定的客户也没有营业场所，根本不是竞争者的对手。他意识到自己在经营前没有对市场进行充分的调查，才导致了这样的后果。

　　发酵粉若不及时处置就会变质。在绝望之际，他决定将错就错，索性将身边仅有的两大箱口香糖拿出来作为礼物。他给来光顾的客户都赠送了两包口香糖。由于有了"额外的礼物"，前来购买的客户渐渐多了起来，很快，他手中的发酵粉销售一空。

　　发酵粉生意不仅没有带来损失，反而让他赚了一大笔钱，这让他兴奋不已，于是他决定"一错到底"。这一次，他发现口香糖比发酵粉市场前景更好，就用赚来的钱办起了一家小型的口香糖厂，取名为"黄箭"口香糖。可是当时要在口香糖市场占有一席之地并不容易，因此他决定冒一次险，按照电话簿上的地址，给每人寄去4块口香糖和一份意见书。这个方式几乎耗尽了他的所有财产。冒险有时果然会带来惊喜，在他耗光所有资金后，一张张订货单被寄送了过来，一夜之间，他的口香糖开始风靡全国。"黄箭"口香糖年销量达到了90亿块。这家企业很快成为了世界最大的营销单一产品的公司。

　　他就是一错再错，错中求胜的美国"箭牌"口香糖创始人威廉·瑞格理。如果瑞格理第一次犯错后没有用口香糖吸引客户，或在第二次危机中不采用免费发放口香糖的方式，那么这些经历都足以让他成为绝对的失败者。正是因为他正视了自己的"错误"，用智慧巧妙应对，把握了危机中的机会，才能不断创造出奇迹，一步步让自己走向成功。

97. 为什么说发酵粉生意只是"看上去很美"？
　　A 发酵粉需求量大　　　　　　　B 发酵粉包装精美
　　C 发酵粉生意竞争激烈　　　　　D 制作口香糖需要发酵粉

98. 创办"黄箭"口香糖以后，瑞格理：
　　A 还清了背负的债务　　　　　　B 重新开始了发酵粉生意
　　C 给每人免费寄送口香糖　　　　D 短期内在全国各地开分店

99. 瑞格理生意成功的秘诀是什么？
　　A 把危机化为机遇　　　　　　　B 不断向现实妥协
　　C 有乐于奉献的精神　　　　　　D 有强大的资金来源

100.关于威廉·瑞格理，下列哪项正确？
　　A 出生于美国芝加哥　　　　　　B 发酵粉生意赔钱了
　　C 原来是做肥皂生意的　　　　　D 创办了"箭牌"口香糖

三、书写

第101题：缩写。

(1)请仔细阅读下面的材料，阅读时间为10分钟，阅读时不能做笔记。

(2)10分钟后，会收回阅读材料。请将材料内容缩写成400字左右的短文，写作时间为35分钟。

(3)短文需要拟标题。缩写时请不要随意加入自己的观点。

(4)请把答案直接写在答题卡的相应位置上。

敏静是个沉默寡言，性格比较内向的女孩，一说话就脸红，更不用说主动与人聊天了。她说话的声音跟蚊子一样小，所以小时候我们给她起了一个外号叫"小蚊子"。她本来学的是会计专业，财务工作十分适合她细致沉稳的性格，但看到周围有很多人争先恐后地投向保险行业，敏静也有些沉不住气了，便跃跃欲试。

她满怀信心地对我说："我知道自己不善言辞，而卖保险需要跟很多人打交道。我选择做保险业务就是为了挑战自己，努力克服自身弱点，让自己能够更加全面地发展。我不信自己做不好，我既不口吃也不笨，肯定没问题的。"面对如此执着的她，我心里明知道保险行业很不适合她，但是也不敢让她自信心受挫，于是不作声，只是默默地支持了她。

我一直以为，经过一段时间的锻炼，敏静一定可以战胜自己的弱点，为自己的人生赢得喝彩。谁知当我一个月后再次见到她时，还没来得及问近况，她竟"哇"地一声坐到地上大哭了起来。我一脸茫然，以为她出了什么大事。

原来，敏静卖保险时遇到了太多的困难和尴尬的情况。她试着给别人介绍保险，但由于性格内向，不善交际，也不懂得如何说服别人，导致她处处碰壁。她人脉资源不够丰富，于是就通过同学介绍，接触到了很多陌生人。她为做好这份工作做了不少准备，也经常遭到冷漠的拒绝，甚至是讥讽。她脸皮比较薄，又不是那种伶牙俐齿的人，其中的苦楚可想而知。

做保险业务的那段时间，敏静没有丝毫进步，反而失去了信心。她沮丧地说："我觉得自己真是太糟糕了，笨嘴笨舌，什么都做不好！"我看着她的样子，很是心疼。为了让她重拾信心，我对她说："人生最智慧的做法不是打着'挑战自我'的旗号向自己的弱点宣战，而是善于回避弱点，把自己的长处最大限度地发挥出来。每个人的天赋都不同，完全没有必要拿自己的短处去跟别人的长处较量。只要把自己的长处发挥到极致，就可以取得成功。"

听了我的话以后，敏静点了点头说："你说得对！总跟自己的弱点较劲，就会被挫败感所困扰。只有做自己擅长的事，才能如鱼得水，成为最好的自己。"不久后，敏静辞去了保险工作，进入一家大企业担任了财务管理一职。半年间，她在工作上没有出现任何纰漏，老板特别欣赏她一丝不苟的态度。她也从中获得了成就感和认同感。

人生如花，不是所有的人都要开出一模一样的花朵，只要有自己的风采和亮点，你就是独一无二的那一朵。懂得全力发挥自己的长处，就能让你成为人生赢家。

정답 해설집 p.178

실전모의고사
2

실전모의고사 2 답안지

汉语水平考试 HSK（六级）答题卡

<table>
<tr><td colspan="2" align="center">请填写考生信息</td><td colspan="2" align="center">请填写考点信息</td></tr>
</table>

请按照考试证件上的姓名填写：

姓名

如果有中文姓名，请填写：

中文姓名

考生序号

[0] [1] [2] [3] [4] [5] [6] [7] [8] [9]
[0] [1] [2] [3] [4] [5] [6] [7] [8] [9]
[0] [1] [2] [3] [4] [5] [6] [7] [8] [9]
[0] [1] [2] [3] [4] [5] [6] [7] [8] [9]
[0] [1] [2] [3] [4] [5] [6] [7] [8] [9]

考点序号

[0] [1] [2] [3] [4] [5] [6] [7] [8] [9]
[0] [1] [2] [3] [4] [5] [6] [7] [8] [9]
[0] [1] [2] [3] [4] [5] [6] [7] [8] [9]
[0] [1] [2] [3] [4] [5] [6] [7] [8] [9]
[0] [1] [2] [3] [4] [5] [6] [7] [8] [9]
[0] [1] [2] [3] [4] [5] [6] [7] [8] [9]
[0] [1] [2] [3] [4] [5] [6] [7] [8] [9]

国籍

[0] [1] [2] [3] [4] [5] [6] [7] [8] [9]
[0] [1] [2] [3] [4] [5] [6] [7] [8] [9]
[0] [1] [2] [3] [4] [5] [6] [7] [8] [9]

年龄

[0] [1] [2] [3] [4] [5] [6] [7] [8] [9]
[0] [1] [2] [3] [4] [5] [6] [7] [8] [9]

性别　　　　男 [1]　　　　女 [2]

注意　请用2B铅笔这样写：■

一、听力

1. [A] [B] [C] [D]
2. [A] [B] [C] [D]
3. [A] [B] [C] [D]
4. [A] [B] [C] [D]
5. [A] [B] [C] [D]

6. [A] [B] [C] [D]
7. [A] [B] [C] [D]
8. [A] [B] [C] [D]
9. [A] [B] [C] [D]
10. [A] [B] [C] [D]

11. [A] [B] [C] [D]
12. [A] [B] [C] [D]
13. [A] [B] [C] [D]
14. [A] [B] [C] [D]
15. [A] [B] [C] [D]

16. [A] [B] [C] [D]
17. [A] [B] [C] [D]
18. [A] [B] [C] [D]
19. [A] [B] [C] [D]
20. [A] [B] [C] [D]

21. [A] [B] [C] [D]
22. [A] [B] [C] [D]
23. [A] [B] [C] [D]
24. [A] [B] [C] [D]
25. [A] [B] [C] [D]

26. [A] [B] [C] [D]
27. [A] [B] [C] [D]
28. [A] [B] [C] [D]
29. [A] [B] [C] [D]
30. [A] [B] [C] [D]

31. [A] [B] [C] [D]
32. [A] [B] [C] [D]
33. [A] [B] [C] [D]
34. [A] [B] [C] [D]
35. [A] [B] [C] [D]

36. [A] [B] [C] [D]
37. [A] [B] [C] [D]
38. [A] [B] [C] [D]
39. [A] [B] [C] [D]
40. [A] [B] [C] [D]

41. [A] [B] [C] [D]
42. [A] [B] [C] [D]
43. [A] [B] [C] [D]
44. [A] [B] [C] [D]
45. [A] [B] [C] [D]

46. [A] [B] [C] [D]
47. [A] [B] [C] [D]
48. [A] [B] [C] [D]
49. [A] [B] [C] [D]
50. [A] [B] [C] [D]

二、阅读

51. [A] [B] [C] [D]
52. [A] [B] [C] [D]
53. [A] [B] [C] [D]
54. [A] [B] [C] [D]
55. [A] [B] [C] [D]

56. [A] [B] [C] [D]
57. [A] [B] [C] [D]
58. [A] [B] [C] [D]
59. [A] [B] [C] [D]
60. [A] [B] [C] [D]

61. [A] [B] [C] [D]
62. [A] [B] [C] [D]
63. [A] [B] [C] [D]
64. [A] [B] [C] [D]
65. [A] [B] [C] [D]

66. [A] [B] [C] [D]
67. [A] [B] [C] [D]
68. [A] [B] [C] [D]
69. [A] [B] [C] [D]
70. [A] [B] [C] [D]

71. [A] [B] [C] [D] [E]
72. [A] [B] [C] [D] [E]
73. [A] [B] [C] [D] [E]
74. [A] [B] [C] [D] [E]
75. [A] [B] [C] [D] [E]

76. [A] [B] [C] [D] [E]
77. [A] [B] [C] [D] [E]
78. [A] [B] [C] [D] [E]
79. [A] [B] [C] [D] [E]
80. [A] [B] [C] [D] [E]

81. [A] [B] [C] [D]
82. [A] [B] [C] [D]
83. [A] [B] [C] [D]
84. [A] [B] [C] [D]
85. [A] [B] [C] [D]

86. [A] [B] [C] [D]
87. [A] [B] [C] [D]
88. [A] [B] [C] [D]
89. [A] [B] [C] [D]
90. [A] [B] [C] [D]

91. [A] [B] [C] [D]
92. [A] [B] [C] [D]
93. [A] [B] [C] [D]
94. [A] [B] [C] [D]
95. [A] [B] [C] [D]

96. [A] [B] [C] [D]
97. [A] [B] [C] [D]
98. [A] [B] [C] [D]
99. [A] [B] [C] [D]
100. [A] [B] [C] [D]

三、书写

101.

不要写到框线以外！

不要写到框线以外!

汉语水平考试

HSK（六级）

注　意

一、HSK（六级）分三部分：

　　1. 听力（50题，约35分钟）

　　2. 阅读（50题，50分钟）

　　3. 书写（1题，45分钟）

二、听力结束后，有5分钟填写答题卡。

三、全部考试约140分钟（含考生填写个人信息时间5分钟）。

일반버전

고사장 소음 버전

一、听力

第一部分

第1-15题：请选择符合短文内容的一项。

1. A 泥塑属于现代工艺
   B 泥塑里含有棉花纤维
   C 泥塑是一种高科技产品
   D 泥塑作品中人物形象价值更高

2. A 苗族人普遍崇尚白色
   B 服饰图案能完全被解读
   C 苗族妇女的服饰样式多
   D 苗族服饰的制作工艺已失传

3. A 老人不用主动开阔视野
   B "旅居养老"受时间限制
   C "旅居养老"需要付出代价
   D "旅居养老"能满足养生需求

4. A 机器鱼没能跟上鱼群
   B 游速快的鱼队动作不同步
   C 机器鱼具有较高的社会性
   D 机器鱼可以模仿真鱼游动

5. A 该系统制作成本不高
   B 该系统无法探测砍伐行为
   C 该系统可以向地面发射炮弹
   D 该系统可提高植树造林的效率

6. A 大脑通过分类来处理信息
   B 需要区分处理信息的工具
   C 分类弱化了人的应对能力
   D 中年人喜欢购买各种家具

7. A 教会大学的学位服样式多样
   B 学分制只有短短几十年历史
   C 学位服在世界各地广泛流行
   D 1994年之前学位服未得到普及

8. A 时间紧迫时无法正常工作
   B 外部提醒可以让人专心工作
   C 无法通过时间管理减少任务
   D 大脑的提醒功能比外部提醒可靠

9. A 匡衡年轻时家境贫寒
   B 匡衡是东汉时期著名学者
   C 邻居经常偷别人家的蜡烛
   D "凿壁偷光"指光明正大地学习

10. A 最好在9小时以内进食
    B 该方法有一定的副作用
    C 这是一种健康的减肥方法
    D 规定的时间以外不能喝水

11. A 人们大多缺乏联想能力
    B 外界刺激与有机体无关
    C 条件反射是高级神经活动
    D 条件反射常常在短期内形成

12. A 没有大气就没有人类
    B 大气状态不会发生变化
    C 大气的成分始终保持一致
    D 鱼的繁衍生息可以离开水

13. A 家长要多到公园锻炼身体

B 应该培养城市儿童的环保意识

C 散步时能给孩子讲解一些知识

D 增强孩子的思维能力尤为重要

14. A 垃圾分类早已被广泛接受

B 垃圾分类对社会发展有益

C 人们需要定期清理居住环境

D 专家呼吁人们重视污染问题

15. A 小王说话很机智

B 小王不会随机应变

C 居民自己解决了问题

D 三个女士对小王很反感

第二部分

第16-30题：请选择正确答案。

16. A 皮影博物馆解说员
    B 中国工艺美术大师
    C 皮影戏表演策划者
    D 皮影博物馆艺术顾问

17. A 红白喜事的减少
    B 皮革价格的上涨
    C 电影电视的出现
    D 城市人口的增加

18. A 使用两根手指操作
    B 是一项简单的工作
    C 这道工艺用的是羊皮
    D 是制作皮影的基本功

19. A 制作时无需运用色彩
    B 有二十四道制作工序
    C 非常讲究雕刻的线条
    D 要雕刻出人物性格特征

20. A 大力扩大皮影戏的传播范围
    B 传统工艺与现代艺术的结合
    C 将皮影戏融入到电视电影中
    D 使皮影戏走出农村进入城市

21. A 没有真实性
    B 具有有限的记忆
    C 可多角度欣赏事物
    D 能够长时间记录细节

22. A 构图讲究四分法
    B 都注重事物的美感
    C 不需要分析事物的本质
    D 使用抽象画派的光影手法

23. A 绘画技能有待提升
    B 无法专注于两件事
    C 想拓展私人定制服务
    D 缺乏天马行空的想象力

24. A 没有自己的空间
    B 找不到喜欢的事情
    C 来自金钱上的压力
    D 偶尔与外界失去联系

25. A 网络绘画服务
    B 定制插画业务
    C 艺术摄影服务
    D 肖像插画业务

26. A 完全解放人脑
    B 没有经济意义
    C 消耗能源较多
    D 不需要驾驶员

27. A 使环境不受污染
    B 等待的时间变长
    C 提高电动汽车的销量
    D 降低汽车的运输效率

28. A 云计算

B 区块链

C 人工智能

D 控制工程

29. A 自动驾驶决定城市的繁华

B 自动驾驶不影响交通环境

C 自动驾驶会使城市管理更轻松

D 自动驾驶是智慧城市的重要一环

30. A 赶不上世界的潮流

B 已被全面投入使用

C 对生态环境有负面影响

D 是未来出行方式的大势所趋

第三部分

第31-50题：请选择正确答案。

31. A 九寨沟的水里杂质最少
    B 九寨沟的水味道最甘甜
    C 九寨沟的水景最为美丽
    D 九寨沟的水来源于长江

32. A 九寨沟盛产茶叶
    B 九寨沟的云景壮观
    C 九寨沟的山十分陡峭
    D 九寨沟是大自然的杰作

33. A 建筑美学价值
    B 科学研究价值
    C 传统文化价值
    D 水力资源价值

34. A 鸿雁主要用来搬运书籍
    B 古人利用鸿雁传递消息
    C 关于鸿雁的一个成语典故
    D 古代流通书籍的一种方式

35. A 寄递信件
    B 汇兑业务
    C 存款取款
    D 邮寄物品

36. A 民信局起源于商朝
    B 民信局由官方经营
    C 民信局的数量并不多
    D 民信局延伸到了国外

37. A 10%
    B 13%
    C 30%
    D 50%

38. A 吊桥一般比石桥更安全
    B 生理反应会影响人的认知
    C 走石桥的人喜欢上了女助手
    D 选择吊桥的人更具有冒险精神

39. A 女助手非常有魅力
    B 该实验不具有普遍性
    C 危险的情境能促进感情发展
    D 情绪体验一般是自发形成的

40. A 准确性高
    B 互动性强
    C 性价比高
    D 可塑性强

41. A 文字结合了平面图像
    B 用文字描述抽象事物
    C 更符合成年人的心理特性
    D 可提高儿童的学习积极性

42. A 使人迅速解答数学题
    B 让学生对物理感兴趣
    C 可展示肉眼看不到的事物
    D 可实际进行危险的化学实验

43. A AR技术的开发成本

　　B AR技术的发展历程

　　C AR技术处理大数据的原理

　　D AR技术在教育行业中的应用

44. A 对老人起了好奇心

　　B 根本没有理会老人

　　C 觉得老人骄傲自满

　　D 十分佩服老人的棋艺

45. A 左宗棠去新疆打仗了

　　B 左宗棠不再和任何人下棋了

　　C 左宗棠成为了"天下第一棋手"

　　D 左宗棠要求和老人再下一盘棋

46. A 老人

　　B 左宗棠

　　C 不相上下

　　D 无法比较

47. A 左宗棠在新疆打了败仗

　　B 左宗棠拆了老人的牌子

　　C 老人的棋艺原本不如左宗棠

　　D 老人一开始就认出了左宗棠

48. A 从未尝试过戒烟

　　B 认为烟草价格过高

　　C 会选用多种不同的品牌

　　D 喜欢烟草带来的美妙感受

49. A 脂褐素

　　B 多巴胺

　　C 内啡肽

　　D 血清素

50. A 服用戒烟药物

　　B 到医院接受治疗

　　C 陪同事去吸烟区

　　D 想抽烟时就吃零食

二、 阅 读

第一部分

第51-60题：请选择有语病的句子。

51. A 一个人的食相，往往会暴露他的性格特点和个人修养。
    B 玻璃是以多种无机矿物作为主要原料，加入少量辅助原料制成的。
    C 常年居住在海滨城市的他惯了海鲜，所以去超市时会忍不住购买海产品。
    D 长江江豚被誉称为"水中大熊猫"，是国家一级保护动物，也是全球濒危物种之一。

52. A 这部战争片在塑造人物形象方面所提供的经验非常宝贵。
    B 每到惊蛰前后，成千上万的鹭鸟千里迢迢从东南亚飞回象山林场。
    C 该文件就经济领域中的一些问题，作出了深刻的说明和详细的规定。
    D 在经济不景气的环境下，如果申请不到银行贷款，这个企业最终会颠倒。

53. A 这种新型飞机可在复杂的气象条件下执行物资和人员的长距离。
    B 既然有充裕的资金和优良的师资队伍，建立一所新学校就变得轻而易举了。
    C 在全球经济日益萎缩的情况下，如何解决失业问题已成为各国面临的最大难题。
    D 据《尚书》记载，东方夷人部落民风朴素、待人谦虚，因此该部落被称为"君子之国"。

54. A 在职工代表大会上，我们向厂方明确提出了关于工资制度改革的意见。
    B 新疆火焰山位于吐鲁番盆地的北部边缘，那里的天气一年四季都无比炎热极了。
    C 书法是中国优秀的传统文化，在教育部的支持下，中小学书法教育正在蓬勃发展。
    D 我们需要能深度学习的人工智能为我们提供协助，让我们的生活变得更加便捷轻松。

55. A 在社区工作人员的正确指导和居民们的积极配合下，街道被打扫得整整齐齐。
    B 这位建筑师工作出色，他独特的设计风格已被有关单位采用并受到了业界的关注。
    C "鼎"是中国古代用来煮东西的器具，但它不仅是用来烹饪的工具，而且还是一种礼器。
    D 巴尔扎克是法国伟大的批判现实主义作家，他创作的众多作品流传至今，深受读者喜爱。

56. A 市场上各式各样的假冒伪劣商品层出不穷，有关部门提醒消费者要提高警惕，以防上当受骗。
    B 离数学竞赛只剩一周了，我们的时间很紧迫，任务也十分沉着，我们要抓紧最后的机会反复练习。
    C 根据部分出版机构的调查，儿童的阅读启蒙期在2-3岁之间，并且阅读时长是随着年龄的增长而增加的。
    D 多家生产厂商陆续推出新车型后，消费者再次将目光投向新能源车，不少新能源车的销量增长了15%左右。

57. A 《舌尖上的中国》这部风靡海内外的纪录片，用独特的拍摄手法，给观众带来了心灵的震撼。
    B 古代神话虽然奇幻无比，但仍然来源于现实生活，反映了先民们征服自然、追求美好生活的愿望。
    C 中国科学院的最新研究发现，喜马拉雅山冰川退缩、冰湖溃决的危险性增大，这种情况引起了民众的关注。
    D 在科技发展的大环境下，如不加快脚步进行创新，落后的技术被新技术将取代，守旧的公司也无法在市场上立足。

58. A 在人体免疫力大幅受损的情况下，"超级细菌"会更轻易进入身体，使病情加重，加速病人的死亡。

B 微信一经推出，以其强大的即时通信功能，受到了广大群众的热爱，并迅速地融入到了人们的生活中。

C 为纪念建校90周年，"我爱校园"歌唱比赛将于10月28日举行了，届时校长以及各位教授也将登台参加比赛。

D 师范专业的学生不管是本科生还是专科生，毕业后如要从事教育行业，都要通过考试取得教师资格证书才能上岗。

59. A 疲劳过度易引发各种疾病，通常表现为新陈代谢失调、免疫力下降等症状，严重者甚至可能会猝死。

B 据资料显示，若父母性格温和、情绪平稳，孩子往往幸福感更强，抗压能力更突出，看待世界的视野也更广阔。

C 至于中国住房产业进入商品化时代以来，国内房地产市场的竞争日趋白热化，中国的房地产业已经全面开启了品牌时代。

D 日前，考古学家在内蒙古发掘文化遗址时，发现了一座具备室温调节功能的房址。经鉴定，这是一处史前时期的"空调房"。

60. A 专家建议，新家装修后一个月内不要把窗户闭塞，要保持室内空气流通，以有效去除室内残留的甲醛。

B 一位科学家在《天文物理》发表研究成果，认为在太阳系可能存在"第九大行星"，其质量约为地球的10倍。

C 面对经济全球化带来的机遇和挑战，正确的选择是充分利用一切机遇，共同应对一切挑战，引导好经济全球化走向。

D 春节是团圆的节日，但对于住在养老院的老人来说，春节往往是情绪波动的敏感期，一些老人会因无法与家人团聚而闹情绪。

第二部分

第61-70题：请选择正确的词汇。

61. 经常坐高铁的人只要留心观察，就会发现钢轨并没有直接____在地面上，而是在钢轨下放了整体道床。这是因为通过扩大接触____，能把全部压力分散传递到整个路基上，____防止产生高低不平的沉陷。

    A 扎　　　　堆积　　　　况且　　　　B 摆　　　　体积　　　　反之
    C 铺　　　　面积　　　　进而　　　　D 卷　　　　部位　　　　从而

62. 设计____精美的网络游戏、精准推送的短视频、不断更新的社交软件，让青少年容易____其中，沉溺于上网。这最终导致他们依赖网络来逃避现实生活、沉迷于虚拟世界，从而造成恶性____。比起成年人，这种现象在青少年中更为常见。

    A 逐年　　　　堕入　　　　遵循　　　　B 日益　　　　陷入　　　　循环
    C 越发　　　　踏入　　　　跟踪　　　　D 迟早　　　　嵌入　　　　残留

63. 研究表明，当人遭到拒绝时，大脑所表现出来的活动____类似于遭受身体疼痛。从人类的发展史来看，被拒绝是一件十分糟糕的事。在原始时代，____被某个部落拒绝，就意味着丧失了获得食物的____，被拒绝的人将很难继续生存下去。

    A 本事　　　　宁可　　　　机遇　　　　B 方式　　　　固然　　　　时机
    C 状态　　　　倘若　　　　契机　　　　D 模式　　　　假若　　　　机会

64. 体操竞技动作____炫目、动态感十足，且技术难度大，因此评分愈加困难，历届奥运会上质疑裁判评分不公的情况____发生。为了让赛事更加____，奥运会体操项目引进了AI评分辅助系统，结合AI和裁判的判断，再经裁判____判断，打出运动员的最终分数。

    A 华丽　　　　时常　　　　公正　　　　综合
    B 奢侈　　　　往常　　　　公然　　　　整顿
    C 豪华　　　　时而　　　　公道　　　　处置
    D 优雅　　　　不时　　　　公平　　　　合并

65. 商业太空游正从科幻走向现实。____多家企业积极开发飞行器，推出各类产品，试图____先机。然而不是所有人都能享受太空游，因为几分钟的太空游票价过于____，而且太空旅行前，乘客得先接受____培训，包括在各种状态下的操作、应急准备、宇航服穿脱、进出舱等。

    A 历来　　　　盛行　　　　可贵　　　　一下子
    B 近来　　　　占领　　　　昂贵　　　　一系列
    C 向来　　　　贯彻　　　　合理　　　　一大笔
    D 近日　　　　施加　　　　低廉　　　　一连串

66. 学习应把思考作为基础，只埋头学习，不去思考，就谈不上真正的学习。思考方式会＿＿＿地划分优秀的人和平庸的人。犹太人相当重视与孩子的＿＿＿沟通，孩子可以与父母交流和讨论任何问题。这不仅能＿＿＿孩子的思考能力，还有利于孩子全身心地＿＿＿到学习中去。

A 自然而然	思想	培养	投入
B 顺其自然	思绪	反思	预料
C 无动于衷	思维	复活	凝聚
D 南辕北辙	思路	得罪	琢磨

67. 夏季在市中心逛街时会觉得天气十分＿＿＿，在郊外游玩时却明显感觉凉爽一些。究其原因，是"热岛效应"＿＿＿了这一切。"热岛效应"指的是一个地区的温度明显高于周围地区的现象，形成这种现象的原因是城市人口过于密集，从而集中＿＿＿能源并释放出大量的热。这是城市气候最显著的＿＿＿之一。

A 燥热	足以	浪费	特点
B 亲热	致使	损坏	特性
C 炎热	导致	消耗	特征
D 酷热	大致	放任	特色

68. 独处的人往往会被视为孤独内向。其实＿＿＿，独处本身是一种美，它不同于孤独寂寞、忧郁哀怨，它是一种轻松的、淡淡的、静静的美。独处时可以回忆过去，＿＿＿未来，也可以喝一杯好茶，读一本好书，置身于自己的世界，找回＿＿＿的自我。如此一来，独处将会变成一件＿＿＿为惬意的事。

A 不妨	展望	纯粹	便
B 势必	爱戴	纯洁	皆
C 未必	憧憬	单纯	亦
D 不然	向往	纯真	颇

69. 白茶属微发酵茶，其独特的制作＿＿＿保留了茶叶中大量的营养成分，所以白茶具有良好的保健＿＿＿。品质好的白茶适宜＿＿＿，以陈为贵，存放时间越长，价值越高。白茶越陈越耐泡，＿＿＿纯正而浓郁，非常有益于健康。因此关于白茶有这样一句俗话，"一年茶，三年药，七年宝"。

A 技工	措施	储蓄	滋味
B 工艺	功效	储存	味道
C 手法	作用	储藏	味觉
D 装备	后果	保存	香味

70. 以前有两个书法家，一个极认真地＿＿＿古人，另一个正好相反，自己独成一派。有一天，第一个书法家＿＿＿第二个书法家："请问，你的字有哪一笔是古人的？"第二个书法家并不生气，而是笑眯眯地＿＿＿了一句："你的作品究竟有哪一＿＿＿是自己的？"第一个书法家听了，顿时＿＿＿。

A 模拟	责怪	分解	株	一目了然
B 崇拜	讥笑	补充	堆	根深蒂固
C 模仿	嘲笑	反问	幅	哑口无言
D 效仿	责备	落实	束	理所当然

第三部分

第71-80题：请选择正确的句子。

71-75.

　　一个健康的人，若喝了足够的水，即使一段时间内不进食也能维持生命。一般情况下，不喝水的话最多只能活三天，如果在酷热的沙漠中，不到两个小时，(71)＿＿＿＿＿＿＿＿。可见，水是人类生命的源泉，是维持生命的重要物质。自古就有"药补不如食补，食补不如水补"的说法。早在明朝医学家李时珍编著的巨著《本草纲目》中，就把与水有关的内容收录在了第一章。

　　(72)＿＿＿＿＿＿＿＿。水是体液的重要成分，也是传送养分、排泄体内废物、消化食物、润滑关节以及调节体温所需的物质。水是含有溶解性矿物质的血液系统的一部分，它同钙、镁一样，(73)＿＿＿＿＿＿＿＿。

　　喝足够的水有利于防病治病，比如既可以预防感冒，又可以让感冒患者早日康复。究其原因，感冒大多由病毒引起，而皮肤和黏膜是人体免疫系统的第一道防线，能够防御病毒和细菌的入侵。足够的饮水量可以使皮肤和黏膜保持湿润，(74)＿＿＿＿＿＿＿＿。不仅如此，多喝水可以延缓衰老。人体衰老的过程就是脱水的过程，老年人皱纹增多就是皮肤干燥、脱水的结果。加之随着年龄的增长，(75)＿＿＿＿＿＿＿＿。各个年龄段的体内含水比重大体如下：胎儿90%，初生婴儿80%，青少年75%，成年人70%，老年人小于65%。因此，老年人尤其要养成喝水的习惯。

　　A　对维持身体组织的正常运作必不可少

　　B　水是人体不可或缺的存在

　　C　死神就会降临

　　D　水占人体体重的比例会逐渐下降

　　E　有利于阻止病毒和细菌入侵

76-80.

宵禁指禁止夜间活动，是一种在戒严期间禁止夜间行动的法律行为，(76)＿＿＿＿＿＿＿。在漫长的历史进程中，中国大多数朝代都限制了人们的夜间活动，只有在诸如元宵节这样的特殊节日，才允许人们在夜间外出走动。

唐朝是宵禁制度较为严格的朝代。唐朝实行坊市制，"坊"是里巷的意思，多用于街巷的名称；"市"是指聚集货物、进行交易的场所。当时长安街有十二条大街，街道整齐划一，房屋结构像棋局。唐朝严格的宵禁制度是在坊市制的基础上自然形成的。每当夜幕降临，
街上就会响起鸣街鼓，提醒人们城门即将关闭，禁止出入城市。鸣街鼓不仅是城门及宫门开启或关闭的信号，(77)＿＿＿＿＿＿＿。在规范的宵禁制度下，白天车水马龙，商人络绎不绝的长安街，一到晚上就变得清冷寂静。

宵禁给人们的生活带来的影响并不大，然而对于靠黑夜的掩护实施违法行为的人来说，宵禁则成了很大的障碍。因此宵禁制度在当时还起到了防贼的作用。另外，赌博是被历代法律所禁止的，(78)＿＿＿＿＿＿＿，大多在晚上聚集赌博，而宵禁制度的严格实行打击了赌徒的聚赌行为，维护了城市的治安。

到了宋代，由于夜市的出现，官府逐渐放宽了严格的宵禁制度，(79)＿＿＿＿＿＿＿。到了辛亥革命时期，宵禁制度才被彻底废除。如今，在一些特殊情况下也会实行宵禁，例如在传染病盛行的时期，许多国家都限制了夜间活动，(80)＿＿＿＿＿＿＿，阻止传染病的扩散。

A 开始允许少数商人在晚上进行商业活动

B 同时也是宵禁开始与结束的标志

C 其根本目的就是减少不必要的人际交往

D 一般在国家紧急状态或战争状态下实行

E 赌徒为了避开士兵的抓捕

第四部分

第81-100题：请选择正确答案。

81-84.

相信很多人都听说过"磁悬浮"这个词。磁悬浮是利用磁力使物体处于一个无摩擦、无接触悬浮平衡状态的技术。磁悬浮听起来简单，但是其具体特性的实现却经历了一段漫长的岁月。磁悬浮技术是集电磁学、电子技术、控制工程、信号处理、机械学、动力学等领域为一体的机电一体化高新技术。

我们看到的那些磁悬浮车通常都是奔驰在铁轨上的磁悬浮列车，而近日大众汽车公司成功地展示出了一款能够行驶在马路上的"磁悬浮车"。它的原创设计则是来自中国成都的一位大学生——王佳，她的磁悬浮车一经出世就引起了很大的反响。因为这款外型类似于一个巨型圆球并且没有车轮的磁悬浮车，其悬浮行驶时的高度距离地面大概有30到60厘米左右。它运用尖端科技，巧妙地利用了地下的磁性矿物使地面和车身之间形成磁场，地面和车身的磁力同极相斥，从而让车能够悬浮在地面上。

仅从外观上来看，磁悬浮车看似不是很坚固，但实际上恰恰相反，它具有极强的安定性。它不仅拐弯性能非常出色，而且还装有车载传感器来探测路面障碍，从而能够自动减缓行驶速度，避免发生事故。此外，它还具有尖端的自驾性能，甚至可以通过声控系统自动识别信息、自动导航，最终到达目的地。

这款前卫的出行工具具有高端的性能和个性化的外形设计，将引领一种新的流行趋势。

81. 根据上文，磁悬浮技术原理不包含下列哪个领域？
   A 机械学
   B 电磁学
   C 动力学
   D 流体学

82. "磁悬浮车"是谁设计的？
   A 国家铁路局
   B 成都某大学
   C 一个大学生
   D 大众汽车公司

83. 磁悬浮车能悬浮在地面的原理是：
   A 空气的对流现象
   B 地面和车身之间的磁场
   C 几种能量之间的相互转化
   D 车轮和地面之间的摩擦力

84. 第3段主要介绍的是：
   A 磁悬浮车的机动性能
   B 磁悬浮车的驱动能量
   C 磁悬浮车的起飞功能
   D 磁悬浮车的行驶高度

85-88.

柳公权是唐代的书法名家，他的书法以楷书著称。他很小就开始读书写文章，并且还能写一手好字，于是他变得骄傲起来。

在某个夏日的午后，柳公权和同龄的孩子们在树下比书法，一个卖豆腐脑的老人兴致勃勃地看着他们练字，时不时评价几句。柳公权写好字后得意地对老人说："老爷爷，你看看我写的字是不是棒极了？"老人皱了皱眉头，心想："虽然柳公权字写得确实很好，但是他如此骄傲，这样下去注定难成大器。"老人便对柳公权说他的字软塌塌的，无形无体，并不好看。柳公权不服气，让老人写个字看看，老人却悠悠地说："我只是个粗人，写不好字，但是城里有一个人，他用脚写都比你写得好。"

第二天，柳公权一大早便到了城里，只见一棵大槐树下挂着一个幌子，上面写着"字画汤"三个字。虽然只是三个字，他却能看出其笔锋苍劲有力。一位没有双臂的瘦弱老头赤脚坐在地上，左脚按纸，右脚夹着毛笔写对联，这个老人挥洒自如地写字，周围人纷纷鼓掌喝彩。他潇洒的书法使柳公权大为震撼。柳公权想拜老人为师，并希望老人能给自己传授秘诀，于是"扑通"一下跪在断臂老人面前。

老人示意柳公权起身，并慌忙地对他说："我只是个孤苦的废人，怎能为人师表呢？"在柳公权的苦苦哀求下，老人只好铺了一张纸给他写了一段话，大意为老人练了五十多年的字，他家有八个大水缸，为了研墨练字，他用尽了八缸水，不仅如此，他每日在院子外的水池中洗砚，乃至池水变黑，因此他才能达到如今这样的水平。柳公权磕头谢过老人，依依不舍地回到了家里。

老人的话给了柳公权很多启发。自那以后，他不再骄傲放纵，而是日复一日发奋练字，手上磨出了厚厚的老茧，甚至手肘把衣服全都磨破了，他也毫不在意。他心中只有一个目标，就是要练出一手真正让人认可的好字。在坚持不懈的努力下，他的书法终于自成一派，他也成为了唐代著名的书法家。

85. 卖豆腐脑的老人说柳公权的字不好看是因为：

　　A 柳公权过于骄傲　　　　　　　B 老人喜欢其他字体
　　C 柳公权的字没有笔力　　　　　D 老人觉得自己的字更好看

86. 看到没有双臂的老人，柳公权为什么感到震撼？

　　A 老人文武双全　　　　　　　　B 老人是大书法家
　　C 老人的书法很潇洒　　　　　　D 老人用嘴练习书法

87. 柳公权得到的秘诀是：

　　A 熬夜练习　　　　　　　　　　B 借鉴他人之长
　　C 坚持不懈地练字　　　　　　　D 有知足常乐的心态

88. 根据上文，下列哪项不正确？

　　A 柳公权书法自成一派　　　　　B 柳公权对自己很自信
　　C 柳公权从小就会写书法　　　　D 柳公权受到了所有人的谴责

89-92.

最近，市场上兴起了一股地摊经济的热潮，这有助于临时解决就业及经济问题。地摊经济不受时间和空间的限制，将原本只允许在规定区域内经营的地摊直接延伸到路边。这一经济形势的独特优势在于，经营者可以在门槛低灵活度高的环境下进行创业和再就业，这在一定程度上激发了国家经济的活力。由于不用缴纳大量的租金，地摊经济实现了很多人从零起点创业的愿望。

在新冠疫情的猛烈冲击之下，地摊经济成为了提高低收入人群整体收入的一个对策。成都市对地摊经济"开放绿灯"之后，阿里巴巴就针对地摊经济发布了"帮扶计划"，为地摊摊主们提供了经营方面的支持，其他企业也争先恐后加入了对地摊经济的帮扶之中。就这样，地摊经济不仅实现了小摊贩的成功再就业，还为企业巨头们提供了大量的用户，可谓一箭双雕。

小小的地摊看似平凡，但正是因为其物品定价低的特点，使得地摊能够拥有广泛的群众基础。地摊经济所带来的积极影响不可小觑。首先，地摊的存在方便了市民的购物活动；其次，地摊经济解决了部分人员的就业问题。最后，地摊经济还迎合了低收入阶层的消费需求，是对城市消费层次的有力补充。在城市发展过程中参差不齐的收入造成了较大的消费差距，地摊经济正好可以填补这种差距，这也是地摊经济能够长期存在的市场依据。

从短期来看，地摊经济确实为促进城市经济循环做出了很大的贡献，但是也有许多不容忽视的弊端。因此地摊经济若想与城市更好地共存，必然要进行多方面的管理，只有这样，才能长期持续并健康地发展。

89. 地摊经济的特点是：
    A 可以在路边做生意　　　　　　B 需要大量租金来创业
    C 对时间有很大的限制　　　　　D 只允许低收入人群创业

90. 阿里巴巴为地摊经济做了什么？
    A 宣布了帮扶计划　　　　　　　B 培养了优秀人才
    C 提供了后勤支援　　　　　　　D 对地摊"开放绿灯"

91. 地摊经济能够长期存在的依据是：
    A 可以得到不菲的收入　　　　　B 政府给予了大力支持
    C 市民们偏爱地摊小商品　　　　D 弥补了部分人的消费差距

92. 根据上文，下列哪项是地摊经济的优点？
    A 稳定了社会秩序　　　　　　　B 提供了创业机会
    C 彻底解决了就业问题　　　　　D 使市民不用出门购物

93-96.

俗话说"赠人玫瑰，手留余香"，乐于助人既能帮助到别人，又能收获满足感。然而，在帮助别人的过程中，有些人非但没有获得快乐，反而被别人的情绪带着走，结果导致身心俱疲。从心理学的角度来说，这种现象被称为"同理心耗竭"。

同理心指心理换位、将心比心，即站在他人的角度和立场，理解他人的内心感受。同理心较强的人能够从他人的表情、语言等多方面判断其情绪，以此作为行事依据，进而设身处地地感受和体谅他人。同理心是一种可贵的能力，但不需要总是具有同理心，因为一个人的精力是有限的，持续关心别人、提供帮助时，这份关怀之心迟早会耗竭。

心理咨询师、医生、护工、社会工作者等人群是同理心耗竭的高发人群。面对需要帮助的人，专业的助人工作者会打开自己的同理心，提供各种新的情感联结，比如依赖、支持和信任，但在这种情感联结的压力下，他们的情感逐渐枯萎并耗竭。这是因为助人工作者需要提供的情感联结比普通人更多，所以同理心耗竭的症状也会更加明显。不过在日常生活中，即使不是专业的助人工作者，大多数人平时也可能会有类似的感受：安慰身边一个极度悲伤的朋友时，就会不断调动起自己生命中类似的悲伤经历，结果安慰到最后，连自己也跟着大哭起来。

为了避免同理心耗竭，最重要的是要找到同理心的边界。在心理咨询中对时间和空间设定严格的限制，比如与咨询师每周以固定的时间和频率在限定空间见面，这是为了使咨询师在工作时避免过于消耗精力。就如同心理咨询中的种种设置一样，普通人也需要明确边界。人的同理心不是取之不尽、用之不竭的，因此要找到自己同理心的边界，既不要拒人于千里之外，也不要过分介入他人的情感。此外，要明确自己的责任范围，提出建议，给予支持和陪伴，但不能过度干涉别人的选择，更不应该代替他人承受痛苦和烦恼。

93. 根据上文，同理心强的人有什么特点？
   A 性格敏感
   B 精力比较充沛
   C 能为别人着想
   D 容易对人发脾气

94. 第3段主要谈的是：
   A 同理心的重要性
   B 同理心耗竭的定义
   C 防止同理心耗竭的方法
   D 容易面临同理心耗竭的人

95. 如何避免同理心耗竭？
   A 随时提供咨询
   B 设定心理边界
   C 拒人于千里之外
   D 尽量少帮助他人

96. "赠人玫瑰，手留余香"的意思最可能是：
   A 赠人玫瑰以获得夸奖
   B 帮助别人从而获得满足
   C 同情他人导致心理耗竭
   D 送人玫瑰以后得到感谢

97-100.

中国空间站天和核心舱近日迎来了远道而来的"访客"——天舟二号货运飞船。天舟二号在海南文昌发射场成功发射。在此次发射中，天舟二号的主要任务是"送快递"——不仅要为空间站运行提供补给，还要给航天员带去生活必需品。为了将更多"太空快递"及时、安全地送达，天舟二号具备了一身本领。

在"吃"上，天舟二号带去了各种美味可口的佳肴，其中不乏传统的中式菜品，如鱼香肉丝、宫保鸡丁等。这些食品不仅有主副之分，还讲究荤素搭配，让航天员在品尝美食的过程中一解思乡之情；在"穿"上，天舟二号携带了航天员出舱活动时穿的舱外航天服。舱外航天服有100多公斤重，共分为6层，具有防辐射、抵抗外界高低温、调整压力等作用，还具备生命保障系统，将航天器的很多功能浓缩到其中。

除了生活物资外，天舟二号还带有推进剂，在对接期间为天和核心舱进行燃料加注与姿态控制。此外，天舟二号内装有实验资料、实验设备等物资，届时由航天员在轨取出并安装。与载人飞船不同，天舟二号只运货、不送人，因此大家亲切地称它为空间站的"快递小哥"。从地面"发货"到顺利"签收"仅耗时约8个小时。天舟二号与天和核心舱的交会对接，实现了空间站物资的快速补给。

空间交会对接是实现空间站和空间运输系统的装配、回收、补给、维修、航天员交换及营救等在轨服务的先决条件。快速交会对接技术不仅能缩短航天员在飞船狭小空间中滞留的时间，减少不必要的体力与精力付出，也可以保证包括生物制剂在内的"时鲜货"尽快送达空间站。在安全方面，一旦空间站等航天器突遇紧急情况，快速交会对接可以做出迅速反应，向空间站提供各种急需物资或救助被困的航天员。

97. 天舟二号执行了哪项工作？
    A 搭载了多名航天员　　　　　　　B 为空间站提供了物资
    C 帮航天员寄送了快递　　　　　　D 把航天员接回了地球

98. 关于舱外航天服，下列哪项正确？
    A 只能防高温　　　　　　　　　　B 总共有8层
    C 能控制压力　　　　　　　　　　D 重量比较轻

99. 天舟二号是怎么实现空间站物资的快速补给的？
    A 调整飞行速度　　　　　　　　　B 安装生命保障系统
    C 由航天员直接控制　　　　　　　D 与天和核心舱交会对接

100.快速交会对接的主要作用是：
    A 缩短航天员的滞留时间　　　　　B 加强宇航员之间的沟通
    C 减少核心舱燃料加注成本　　　　D 控制天舟二号的运行轨道

三、书写

第101题：缩写。

(1) 请仔细阅读下面的材料，阅读时间为10分钟，阅读时不能做笔记。

(2) 10分钟后，会收回阅读材料。请将材料内容缩写成400字左右的短文，写作时间为35分钟。

(3) 短文需要拟标题。缩写时请不要随意加入自己的观点。

(4) 请把答案直接写在答题卡的相应位置上。

祖逖出身于范阳祖氏，是东晋时期杰出的军事家。然而祖逖小时候是个淘气的孩子，那时他不爱读书也不爱习武，只喜欢整天到处去玩，或是爬爬树，或是掏掏鸟窝。这使他从小就形成了豁达且不拘小节的性格，却也让他在学问上落后于他人。

成年后，祖逖慷慨又有志气，经常接济家境贫困的人，因此深受乡亲们的喜爱。然而当时的国家连年征战，民不聊生，他的力量在乱世中显得极其微薄。他这才明白，对于处在动乱中的国家来说，自己慷慨解囊的行为只不过是九牛一毛罢了，想要解决根本问题，就必须成为国家的栋梁。

他意识到自己知识的缺乏，深感不读书无以报效国家，于是就奋发起来。他广泛阅读书籍，涉猎古今，成为了学富五车的有志青年。但是他并没有骄傲自满，而是经常向他人请教。他曾几次进出京都洛阳，了解他的人都评价说，祖逖才华与勇气兼备，将来一定会成为有用的人才。在祖逖24岁的时候，有人推荐他去做官，他却觉得自己的学问还差得太远，所以就没有答应。

那时，祖逖有一个感情深厚的好友刘琨，他们俩人志同道合，在很多方面观点一致。他们有共同的远大理想，就是建功立业、复兴晋国，成为国家的栋梁之材。因此他们二人经常聚在一起读书，讨论国家大事，希望国家能够强盛，百姓能够安居乐业。他们总是秉烛夜谈，不知不觉就谈到很晚。

一天深夜，祖逖突然听到了公鸡的叫声，他踢醒正打瞌睡的刘琨，问道："你刚才听到鸡叫声了吗？"睡眼惺忪的刘琨说："都这么晚了，怎么可能听到鸡叫声？你肯定听错了。"祖逖说："我没听错，我认为这是老天让我们早起习武的信号。从今以后听见鸡叫声，咱们就起床习武吧。"刘琨欣然同意了。两人走到院子里，拔出剑来练武。直到曙光初露，他们才收剑回屋了。从那天起，无论是酷暑还是寒冬，祖刘二人只要听到鸡叫声，就会迅速起床练剑，从不间断。

功夫不负有心人，多年不间断的训练让他们两个人成为了文武双全的高手。他们文能笔下生花，武能带兵打仗。之后，刘琨成为了征北中郎将，兼管并、冀、幽三州的军事；祖逖曾经担任过多个官职，还被封为镇西将军，实现了他报效国家的愿望。建武元年，祖逖率领部队进行北伐，数年间收复黄河以南大片领土，还得到了众多百姓的拥护和爱戴。

这段典故出自于《晋书·祖逖传》，是成语"闻鸡起舞"的来历，现在用"闻鸡起舞"来比喻奋发向上、坚持不懈的精神。这个成语告诉世人，如果想实现自己的目标，就要做出不懈的努力。

정답 해설집 p.238

실전모의고사

3

실전모의고사 3 답안지

汉语水平考试 HSK（六级）答题卡

注意　请用2B铅笔这样写：■

一、听力

1. [A] [B] [C] [D]
2. [A] [B] [C] [D]
3. [A] [B] [C] [D]
4. [A] [B] [C] [D]
5. [A] [B] [C] [D]

6. [A] [B] [C] [D]
7. [A] [B] [C] [D]
8. [A] [B] [C] [D]
9. [A] [B] [C] [D]
10. [A] [B] [C] [D]

11. [A] [B] [C] [D]
12. [A] [B] [C] [D]
13. [A] [B] [C] [D]
14. [A] [B] [C] [D]
15. [A] [B] [C] [D]

16. [A] [B] [C] [D]
17. [A] [B] [C] [D]
18. [A] [B] [C] [D]
19. [A] [B] [C] [D]
20. [A] [B] [C] [D]

21. [A] [B] [C] [D]
22. [A] [B] [C] [D]
23. [A] [B] [C] [D]
24. [A] [B] [C] [D]
25. [A] [B] [C] [D]

26. [A] [B] [C] [D]
27. [A] [B] [C] [D]
28. [A] [B] [C] [D]
29. [A] [B] [C] [D]
30. [A] [B] [C] [D]

31. [A] [B] [C] [D]
32. [A] [B] [C] [D]
33. [A] [B] [C] [D]
34. [A] [B] [C] [D]
35. [A] [B] [C] [D]

36. [A] [B] [C] [D]
37. [A] [B] [C] [D]
38. [A] [B] [C] [D]
39. [A] [B] [C] [D]
40. [A] [B] [C] [D]

41. [A] [B] [C] [D]
42. [A] [B] [C] [D]
43. [A] [B] [C] [D]
44. [A] [B] [C] [D]
45. [A] [B] [C] [D]

46. [A] [B] [C] [D]
47. [A] [B] [C] [D]
48. [A] [B] [C] [D]
49. [A] [B] [C] [D]
50. [A] [B] [C] [D]

二、阅读

51. [A] [B] [C] [D]
52. [A] [B] [C] [D]
53. [A] [B] [C] [D]
54. [A] [B] [C] [D]
55. [A] [B] [C] [D]

56. [A] [B] [C] [D]
57. [A] [B] [C] [D]
58. [A] [B] [C] [D]
59. [A] [B] [C] [D]
60. [A] [B] [C] [D]

61. [A] [B] [C] [D]
62. [A] [B] [C] [D]
63. [A] [B] [C] [D]
64. [A] [B] [C] [D]
65. [A] [B] [C] [D]

66. [A] [B] [C] [D]
67. [A] [B] [C] [D]
68. [A] [B] [C] [D]
69. [A] [B] [C] [D]
70. [A] [B] [C] [D]

71. [A] [B] [C] [D] [E]
72. [A] [B] [C] [D] [E]
73. [A] [B] [C] [D] [E]
74. [A] [B] [C] [D] [E]
75. [A] [B] [C] [D] [E]

76. [A] [B] [C] [D] [E]
77. [A] [B] [C] [D] [E]
78. [A] [B] [C] [D] [E]
79. [A] [B] [C] [D] [E]
80. [A] [B] [C] [D] [E]

81. [A] [B] [C] [D]
82. [A] [B] [C] [D]
83. [A] [B] [C] [D]
84. [A] [B] [C] [D]
85. [A] [B] [C] [D]

86. [A] [B] [C] [D]
87. [A] [B] [C] [D]
88. [A] [B] [C] [D]
89. [A] [B] [C] [D]
90. [A] [B] [C] [D]

91. [A] [B] [C] [D]
92. [A] [B] [C] [D]
93. [A] [B] [C] [D]
94. [A] [B] [C] [D]
95. [A] [B] [C] [D]

96. [A] [B] [C] [D]
97. [A] [B] [C] [D]
98. [A] [B] [C] [D]
99. [A] [B] [C] [D]
100. [A] [B] [C] [D]

三、书写

101.

不要写到框线以外！

不要写到框线以外!

汉语水平考试

HSK（六级）

注　意

一、HSK（六级）分三部分：

　　1.听力（50题，约35分钟）

　　2.阅读（50题，50分钟）

　　3.书写（1题，45分钟）

二、听力结束后，有5分钟填写答题卡。

三、全部考试约140分钟（含考生填写个人信息时间5分钟）。

一、听 力

第 一 部 分

第1-15题：请选择符合短文内容的一项。

1. A 内壶画属于钢笔画
   B 艺术家要有敬业精神
   C 内壶画绘制形状单一
   D 内壶画艺术家为数不多

2. A 该书中不包含农副产品的加工
   B 该书是目前中国最古老的农书
   C 该书介绍了古代农业发达的原因
   D 该书记载了长江流域的农业情况

3. A 古代人们喜欢观星望月
   B 纪限仪用来验定二十四节气
   C 北京古观象台已经不复存在
   D 明清时期可以测定天体的经纬度

4. A 窑洞是盆地特有的建筑
   B 窑洞是现代建筑的产物
   C 窑洞湿气大且隔热能力差
   D 窑洞利用了得天独厚的地理优势

5. A 植物之间可以用香气传达信息
   B 开发新农药对农业发展很重要
   C 科学家认为虫害使农作物减产
   D 有些植物的化合物对人体有害

6. A 上班时不宜驾驶私家车
   B 学校提倡低碳生活方式
   C 市民们十分注重低碳环保
   D 所有人家中都安装了节能设备

7. A 空中物流已经投入使用
   B 地上的交通量逐渐减少
   C 生产空中出租车的成本过高
   D 目前多家公司在开发飞行汽车

8. A 无人机可以直接扑灭山火
   B 消防员能提前探测到灾情
   C 物联网传感器可有效控制火势
   D 该方案可以减少山火造成的损失

9. A 说真话需要更长的回应时间
   B 说谎是一种抑制情绪的过程
   C 说谎时需抑制真实的原始反应
   D 过度抑制思维的过程有害健康

10. A 小满时节农事繁忙
    B 南北气候差异不大
    C 小满是第十八个节气
    D 小满后温差会越来越大

11. A 皮肤缺油会导致毛孔粗大
    B 肤色暗沉与水分不足有关
    C 油分越多越有助于肌肤保湿
    D 专家建议人们尽量不要熬夜

12. A 祝融号可往返火星六次
    B 祝融号共搭载了六台设备
    C 祝融号的任务是寻找水源
    D 地形相机能直接拍摄火星内部

13. A 言行举止要得当
    B 气质是与生俱来的
    C 气质不受外貌的影响
    D 要保持积极的生活态度

14. A 廉颇立功次数更多
    B 蔺相如不想让出官职
    C 两人都是齐国的重臣
    D 廉颇觉得蔺相如不如自己

15. A 乞丐手里只有四块钱
    B 男的看上的车正在打折
    C 男的想给乞丐买一辆车
    D 乞丐以为车子就两元钱

第二部分

第16-30题：请选择正确答案。

16. A 已被人们所抛弃
    B 有待提高使用效率
    C 使生活变得更加便利
    D 处理方式具有明显优势

17. A 被禁止使用了
    B 限塑标准提高了
    C 降解技术不先进
    D 受到了成本的限制

18. A 都能起到环保作用
    B 开发过程比较顺利
    C 不适合目前的大环境
    D 降解后会产生严重恶臭

19. A 具有稳定性
    B 表面是绿色
    C 价格相对较高
    D 应用领域狭窄

20. A 改变了产业格局
    B 研发了代塑新材料
    C 更换了塑料生产设备
    D 缩小了塑料的使用领域

21. A 主创团队选中了她
    B 外形符合节目的要求
    C 想挑战新的节目类型
    D 在主持人大赛中获过奖

22. A 语气活泼开朗
    B 倾向于知性风格
    C 容易被观众接纳
    D 没有局限于特定风格

23. A 补充许多专业知识
    B 以传统模式进行采访
    C 结合嘉宾的经历和人生
    D 保留观众对嘉宾的固有印象

24. A 多主持安静的节目
    B 通过节目丰富经历
    C 稳定自己的主持风格
    D 做《正大综艺》主持人

25. A 精通乒乓球技术
    B 主持风格比较固定
    C 曾经是电台著名主持人
    D 访谈时投入到对方的故事中

26. A 开始收取入场费
    B 增设了几个别馆
    C 对文物数量更加重视
    D 功能得到了更充分的发挥

27. A 统一博物馆的风格
    B 积极利用媒体宣传
    C 挖掘文物背后的故事
    D 保证文物在国内顺利展出

28. A 是不可再生的

B 有统一的分类方法

C 体现了古代人的文化生活

D 不是所有文物都具有历史价值

29. A 红色甘肃

B 书法源流

C 古生物化石

D 丝绸之路文明

30. A 深受观众的欢迎

B 是筹划已久的展览

C 介绍甘肃的地理地貌

D 展示自然资源的开发过程

第三部分

第31-50题：请选择正确答案。

31. A 为了保护周边植物
    B 为了防止天敌入侵
    C 为了确保花瓣得以成熟
    D 为了给下一代争取生存空间

32. A 岩蔷薇的花季
    B 岩蔷薇的栽培技术
    C 岩蔷薇的生存战略
    D 植物界中的优胜劣汰

33. A 坚硬如石
    B 壳外有隔热层
    C 主要用于制作香料
    D 很难在岩石缝中生存

34. A 利用了空气中的氧气
    B 提高了获取新能源的成本
    C 能够在温度极低地区发挥效果
    D 可能会使医学研究发生很大变化

35. A 能持续发电2个月以上
    B 是目前最低成本的发明
    C 不能为电子设备提供电力
    D 只能短暂地产生少量电流

36. A 传统电池的优势
    B 新蛋白质纳米线的应用
    C 空气中的水分可以发电
    D 石墨烯是发电的好材料

37. A 妄自菲薄
    B 地位一定很高
    C 认为自己有价值
    D 受过良好的教育

38. A 产生厌倦情绪
    B 自卑且自暴自弃
    C 加紧提升自己的能力
    D 争取获得更高的社会地位

39. A 爱过去的自己
    B 爱现在的自己
    C 爱未来的自己
    D 爱周围所有人

40. A 用蜡笔来绘制图像
    B 用冷却的蜡进行印染
    C 蜡烛融化后产生轨迹
    D 点蜡的地方染不上颜色

41. A 走向不可人为掌控
    B 在极低的温度下印染出来
    C 在蜡自然裂开的过程中出现
    D 布料的图案被冷冻后自然生成

42. A 毛笔
    B 竹签
    C 石针
    D 钢刀

43. A 成本较低
   B 将面临失传
   C 既古老又现代
   D 不符合现代审美

44. A 自控力差
   B 心情低落
   C 假期过短
   D 压力较大

45. A 不愿意出门
   B 厌食症状突出
   C 身体素质下降
   D 患抑郁症的风险更高

46. A 能够以身作则
   B 可以充分发挥抽象思维
   C 能平衡休息与学习的时间
   D 对智力开发具有显著效果

47. A 要严格遵守家庭规则
   B 需要没收孩子的手机
   C 懂得支配自己的时间
   D 提前预防手机成瘾问题

48. A 老师
   B 产婆
   C 律师
   D 中医

49. A 付昂贵的医药费
   B 给他建一个房子
   C 在山坡上种杏树
   D 不用做任何事情

50. A 画蛇添足
   B 急功近利
   C 见多识广
   D 誉满杏林

二、 阅 读

第一部分

第51-60题：请选择有语病的句子。

51. A 西双版纳是中国热带生态系统保存最完整的地区。
    B 在辩论赛上，人们各抒己见，都清晰地表达了自己的想法。
    C 一只蚁后一天可以产下三万只白蚁卵，这可谓是一个惊人的数字。
    D 他加入了呐喊的队伍，热烈的呼喊声他的情绪不知不觉间高涨了起来。

52. A 定期存款、活期存款及现金仍是家庭资产的主要形式。
    B 张家界得天独厚的地理环境孕育出了无数优美的风景。
    C 况且她在这次比赛中只获得季军，也值得我们为她用力鼓掌。
    D 为了促进两国关系持续平稳发展，两国领导人在今晨进行了会晤。

53. A 公然讥笑他人不仅被视为不道德的表现，还会让人觉得没有礼貌。
    B 他虽然第二天就要离职了，但依旧把当天负责的工作做很仔细处理得。
    C 为了保护近海鱼类资源，三亚政府专门出台了严禁在近海捕捞的规定。
    D 从小在艺术的熏陶下成长的孩子对艺术的敏锐度和审美水平会更高一些。

54. A 除夕这一天，人们辞旧迎新，聚在一起吃团圆饭，一家人其乐融融。
    B 语言暴力也是一种暴力行为，它会给人的心理和精神造成带来极大的伤害。
    C 人们冲动购物时，虽可以获得一时的快感，但在清醒之后往往会有更大的空虚感。
    D 在"黑色星期五"这个大采购的日子，美国很多商场都会推出大量的打折和优惠活动。

55. A 毕加索抽象画的主要特点是灵活地运用空间、色彩、线条等造型价值。
    B 出入公共场合时必须要佩戴口罩，并且在封闭空间内尽量不要与他人进行交谈。
    C 主要讲述故宫文物修复工作的纪录片《我在故宫修文物》受到了大众极大的欢迎和关注。
    D 史莱姆是一种介于液体和固体之间的黏胶玩具，由于触感让人感到舒适，所以被当作解压玩具。

56. A 在这次考试中作弊的学生，即便考出了不错的分数，也会受到成绩被取消的处罚。
    B 植物的根茎在水中浸泡一段时间以后会产生气泡，是二氧化碳，这说明植物也会呼吸。
    C 工作时认真投入，并保持一丝不苟的工作态度，是员工对自己和公司负责任的典型表现。
    D 极简主义是一种追求简约的生活风格，意义在于舍弃不需要的物品的同时，对自我进行深度的探索。

57. A 保护和修复生态环境已空前绝后，只有加大保护力度，才能给我们的子孙后代留下一片青山绿水。
    B 青少年的违法犯罪行为有内因和外因两个因素，因此要结合自身、家庭、学校和社会等多方面来进行预防。
    C 鳄鱼捕捉到大型猎物以后，若无法直接吞下，就会通过飞速旋转身体的方法来分割猎物，然后再一点点吃掉。
    D 中国古代货币种类繁多，且历史悠久。它具有布币、刀币、白银等多种形式，其中白银是明代最主要的流通货币。

58. A 城市绿化具有创造性和艺术性，它不仅能使城市充满生机，还能给人们繁忙的生活增添色彩。

B 流行病的蔓延，交通业和航空业受到了极大的影响，甚至许多相关从业人员失去了自己的工作。

C 方言一般根据地域而有所不同，地域相邻的人所使用的方言很相似，但是细分下来又有一些不同之处。

D 现在的年轻人习惯熬夜，许多人说熬夜是对自己的一种"精神补偿"，因为白天被工作占据，所以更加珍惜夜晚的时间。

59. A 不要让自卑的想法支配你的大脑，长期自卑会使你心里充满负面情绪，逐渐对所有事情失去兴趣。

B 剪彩是二十世纪以来盛行的一种仪式，它象征着顺利，经常出现在建筑物落成、展览会开幕仪式等场合。

C 他们屡屡是无话不谈的挚友，可频繁的争吵和一次又一次的误会使他们两个人渐行渐远。这不禁令人唏嘘。

D 他说，除了生老病死带来的痛苦之外，别的痛苦大都是人的悲观意识造成的，由此可见，保持乐观的态度非常重要。

60. A 如果在室外的时候遇到冰雹天气，一定要迅速找到遮挡物，尽量远离路灯等照明工具，以免发生触电事故。

B 九十年代的追星族一般通过购买磁带来收听喜欢的歌曲，如今的追星族则只要有网络就能获得丰富的音乐资源。

C 旅行能使人感受到其他国家的风土人情，通过接触当地人，人们可以体会到许多从书本上学不到的知识和经验。

D 中国最著名的纺织品莫过于丝绸，中国的丝绸有大概五千年左右的历史，丝绸交易带动了东西方文化的交流与交通的发展。

第二部分

第61-70题：请选择正确的词汇。

61. 鸟欲高飞先振翅，人求____先读书。有道是"书山有路勤为径，学海无涯苦作舟"，自古圣贤都有过为读书而____的过往。由此可见，读书与成长密不可分，人类的成长需要汲取书籍的____。

A	进步	各抒己见	养料	B	上进	废寝忘食	养分
C	更新	孜孜不倦	营养	D	绽放	竭尽全力	教养

62. 近日文化主管部门和其他有关部门共同进行了非物质文化____调查，共同负责整理工作中所取得的资料，并对资料进行____保存，防止____或流失。这些资料中记录了众多文化产物的相关实物图片，具有重大意义。

A	科目	稳妥	问世	B	财产	适宜	毁损
C	精华	妥当	淘汰	D	遗产	妥善	损坏

63. 游戏成瘾，学术名称为"游戏____"，已被世界卫生组织界定为一种疾病。在2019年世界卫生组织召开的第七十二____世界卫生大会上，"游戏成瘾"作为新增疾病，被列入了世卫组织指定的《国际疾病分类》修正案中，相关决议从2022年1月1日起正式____。

A	障碍	届	生效	B	中毒	番	生存
C	意识	顿	生育	D	思维	批	生锈

64. 近日，丹东鸭绿江口湿地观鸟节盛大开幕。近千名鸟类爱好者____了200多万只水鸟振翅翱翔的____景象。鸭绿江口湿地是世界上最重要的鸟类____停歇地之一，为环境教育和____旅游提供了良好的平台。

A	观赏	乐观	迁移	活力
B	目睹	壮观	迁徙	生态
C	发呆	美观	迁就	风光
D	看待	壮丽	变迁	生物

65. 翼展45米、表面布满太阳能电池板的彩虹太阳能无人机应用____广阔，其机载系统简单，没有其他加油装置也能____机体的正常运行。彩虹太阳能无人机____航时超长，完成持续性任务时无需____更替和轮换。它将为未来无人机发展方向起到重要的示范作用。

A	前景	保持	由于	频繁
B	范围	保重	连同	屡次
C	远见	保障	尚且	繁忙
D	前程	保卫	固然	繁华

66. 历代文人参与琴谱创作和____资料的编纂整理的过程，可以说是古琴艺术传承至今的重要因素。但在近现代，古琴却____遭遇险境。一百多年前，尤其是在中国走向现代化的历史____时期，传统文化曾被很多人视为是封建的、落后的，甚至是____的。在传统文化振兴的如今，古琴文化才得以传承与发展。

A	文物	历来	取代	腐旧
B	文艺	顿时	过滤	腐败
C	文具	日益	转移	腐烂
D	文献	一度	转折	腐朽

67. 吸烟者____停用尼古丁，香烟里让人____的物质可能会使其出现躯体、认知和心理方面的不适：比如出现胃肠道不适，焦虑和烦躁不安等现象。这一系列的戒断反应一般是从停止吸烟数小时后开始出现，两周后达到____。若在高峰期间出现强烈的不适症状，就需要____就医，以防出现更为严重的情况。

A	即将	着迷	高潮	时常
B	时而	诱惑	高压	势必
C	一律	约束	高原	随即
D	一旦	上瘾	高峰	及早

68. 在一个智慧城市中，各种基础设施是____建设在一起的，具有极强的相互关联性。现在有些交通设施在某种程度上已经____了弹性的交通系统，比如用大数据管控信号灯和路况的方式，极大地缩短了通行时间。但其他领域的应用目前还处于____阶段，若要完善，仍需____的分析和研究。

A	始终	展现	幼稚	深奥
B	几乎	呈现	脆弱	剧烈
C	接连	实现	初步	深层
D	完全	兑现	苦闷	雄厚

69. 唐太宗身边有几位____他的大臣，其中一位是____的魏征。唐太宗一有____，他便会立即指出。有一天，本该去打猎的唐太宗想偷懒，不料却被魏征发现，魏征苦口婆心地____了唐太宗。唐太宗这才意识到，自己作为一国之君更应该注意言行举止，并要以身作则。

A	监视	朴实	误差	说服
B	督促	正义	偏差	劝导
C	监督	忠实	过失	劝诫
D	鞭策	旺盛	失误	观望

70. 人之所以会迷失方向，____是因为没有明确的目标。____没有目标，人就会变得越来越____。为了不在迷茫的漩涡中盘旋，需要坚定自己的____和理想，并为此付诸实践和努力。即便当下的理想看起来很渺小，但只要一步一个脚印往前走，就能够寻找到前进的方向，从而翻开人生____的篇章。

A	归根结底	倘若	茫然	志气	崭新
B	总而言之	假如	盲目	正气	新颖
C	一如既往	固然	哄然	士气	全新
D	众所周知	进而	盎然	风气	新型

第三部分

第71-80题：请选择正确的句子。

71-75.

扁鹊是春秋战国时期的名医，(71)＿＿＿＿＿＿＿，所以享有"神医"的美称。相传扁鹊有两个兄弟也和扁鹊一样精通医术。一天，魏文王向扁鹊说："你们家三个兄弟都精通医术，(72)＿＿＿＿＿＿＿？"没想到扁鹊摇了摇头说："恰恰相反，我是医术最差的一个。"魏文王对此感到非常困惑，于是让扁鹊说明原因。

原来，扁鹊的大哥给人治病，是在人发病之前，那时人们还不知道自己将会身患疾病。扁鹊的大哥通过调节体弱之人的饮食、起居和生活习惯，使疾病还在萌芽状态时就得到控制，因此扁鹊大哥的医术在家中是最受认可的。(73)＿＿＿＿＿＿＿，并不觉得大哥是名医。

扁鹊的二哥给人治病，则是在发病初期，那时病人的症状还不是很明显，因此病人也感受不到很大的痛苦。而二哥只用一些简单的治疗手段，(74)＿＿＿＿＿＿＿，就可以将疾病根除。村里的人都认为扁鹊的二哥只会治一点小病，他们有什么小病都会去找二哥治疗，但是二哥的名气还是比较小。

而扁鹊给人治病，都是在病人病情危重的时候，那时病人痛苦万分，病人的家属们也满心焦虑。在治疗过程中，扁鹊会在经脉上穿刺，用针放血，以毒攻毒，甚至进行大手术。病人家属们看到扁鹊用这些方法，使病人的病情得到缓解或得到治愈，(75)＿＿＿＿＿＿＿，认为他才是真正能够救人性命的名医。

魏文王听后恍然大悟，意识到事后控制不如事中控制，事中控制不如事前控制。

A 你必定是医术最精湛的那个吧

B 便觉得扁鹊拯救了病人的生命

C 如通过吃药或者食物理疗等方法

D 可惜人们看不到其中的深意

E 他什么病都能治好

76-80.

茶叶源于中国，它早期被用作祭品，西汉中期被用作药材，西汉后期进一步发展为宫廷高级饮料，直到西晋以后才普及于民间。如今用茶叶制成的茶饮料被认为是世界三大饮料之一。

茶叶根据不同的发酵程度，可被加工成绿茶、红茶、乌龙茶等多种茶。茶叶的发酵原理在于通过改变茶叶细胞中的儿茶素，(76)＿＿＿＿＿＿＿＿。这种氧化作用会影响茶叶的颜色。未经发酵的茶叶是绿色的，发酵愈多颜色变得愈红。因此只要看茶汤的颜色是偏绿还是偏红，(77)＿＿＿＿＿＿＿＿。

茶叶的香气也与发酵程度有关，有些散发出清爽的菜香，有些弥漫着芬芳的花香，有些则在完全发酵时会有糖香。此外，发酵愈少，茶愈接近自然植物的风味，发酵愈多，离自然植物的味道愈远。

根据品种、制作方式以及产品外形，中国茶叶可分为"六大系"，包括绿茶、黄茶、红茶、乌龙茶、黑茶和白茶。绿茶是指不发酵的茶，即发酵度为零；黄茶是微发酵的茶；红茶为全发酵茶，多作为奶茶原料；乌龙茶属于半发酵茶，(78)＿＿＿＿＿＿＿＿，既有绿茶的醇厚，又有红茶的甘甜；黑茶原料较粗较老，加工时堆积发酵时间长，导致叶色呈暗褐色，故被称为"黑茶"；白茶是轻度发酵的茶，加工时不炒不揉，(79)＿＿＿＿＿＿＿＿，从而使茶叶背面的白色茸毛完整地保留下来。

茶从古至今都是人们喜爱的饮品，除了香味浓郁之外，(80)＿＿＿＿＿＿＿＿，常喝茶有助于预防各种疾病。

A 就可以知道该茶的发酵程度

B 茶还有很好的保健功效

C 促进茶叶内一系列氧化作用

D 味道介于绿茶和红茶之间

E 只需要把茶叶晒干或用弱火烘干

第四部分

第81-100题：请选择正确答案。

81-84.

睡眠是我们日常生活中极其重要的组成部分，拥有高质量的睡眠，可以使我们第二天的精神状态得到显著的提高。

想要拥有高质量的睡眠，就需要了解人的睡眠规律。一般来说，凌晨5点到晚上9点是人类进行活动并且产生能量的时间段，晚上9点到凌晨5点则是细胞进行分裂，把身体能量转化为新生细胞的阶段，因此夜晚是人体细胞推陈出新的时段。如果新生细胞的数量赶不上死亡的细胞，就会导致人体早衰和患病。这种昼夜节律的现象，使生物体的生理机能建立规律的周期，从而能够适应外界环境的昼夜变化。在此周期中，进行细胞分裂的睡眠阶段尤为重要。

人的睡眠大体来说分为深睡眠和浅睡眠两种状态，同时又具体划分为入睡期、浅睡期、熟睡期、深睡期、以及快速眼动期五个阶段。其中，第三阶段和第四阶段不易被叫醒，因为此时的眼球已经没有了快速跳动的状态，人也就进入了比较深度的睡眠状态。睡眠过程中，每个阶段都会出现，深睡眠和浅睡眠的状态也会反复交替。其中，深睡眠一般被称为黄金睡眠时期，只占据整个睡眠周期的25%。在深睡眠状态下，大脑皮层细胞处于充分休息的状态，因此对消除疲劳，恢复精力，增强免疫力等有着显著的作用。而浅睡眠则是刚进入睡眠状态的时期，此时的睡眠状态很不稳定。如果长期处于浅睡眠状态，就会出现多梦的现象，因此浅睡眠对缓解人体疲劳的作用甚微。

为了得到优质睡眠，做好万全的入睡准备是很有必要的。在刚入睡的3个小时里，深睡眠几乎占据了90%，因此提前做好入睡准备相当重要。首先，睡觉前应该关闭所有的电子产品和灯，不让视觉受到光线的刺激；其次，要调整好合适的温度，因为卧室温度过高或过低容易影响人的睡眠；最后，寝具是否舒适也是保证良好睡眠的关键因素，使用适合自己的寝具可以让人更快地进入睡眠状态。

人的一生中有三分之一的时间都在睡眠中度过，可想而知睡眠对我们有多重要，拥有良好的睡眠习惯，才能拥有健康的体魄。

81. 晚上10点是什么时间段？
    A 细胞入睡的时间段
    B 细胞分裂的时间段
    C 细胞适应外界的时间段
    D 细胞产生能量的时间段

82. 可以恢复活力的状态是：
    A 浅睡眠
    B 慢睡眠
    C 深睡眠
    D 短睡眠

83. 下列哪项不属于入睡前的准备？
    A 关灯后再入睡
    B 关闭手机和电脑
    C 饮用大量的矿泉水
    D 使用舒适的床上用品

84. 上文主要想告诉我们什么？
    A 睡眠的重要性
    B 熬夜带来的危害
    C 细胞的分裂过程
    D 深睡眠和浅睡眠的区别

85-88.

如今，人脸识别技术普遍应用于手机解锁、身份验证、上班打卡等领域，在生活和工作环境中大放异彩。它能够精准高效地识别人脸、测量体温，因此也为疫情防控做出了积极贡献。与此同时，技术应用过程中涉及的用户隐私、信息保护问题也面临着越来越大的挑战。如何确保企业合法使用人脸识别技术，成为了业界关注的话题。

近日，一起人脸识别事件引发了社会的广泛议论——某卫浴品牌多个门店在消费者不知情的情况下，利用摄像头违规窃取人脸数据。一旦顾客进入门店，摄像头就会抓取并自动生成编号，偷偷获取顾客的人脸信息。事实上，这已不是人脸识别首次被推上风口浪尖。《人脸识别应用公众调研报告》显示，有九成以上的受访者使用过人脸识别，其中超六成的人认为目前存在人脸识别技术滥用、强迫使用、非法采集等问题。

由于人脸识别技术引发了许多问题，人们逐渐对该技术产生了抵触情绪。部分公众警惕人脸识别，一方面是因为在互联网时代，他们更加重视个人数据等隐私的保护，而人脸暴露度较高，比其他生物体特征数据更容易被采集。另一方面则是因为诸如用户名、手机号、电子邮箱等个人数据容易被变更，而面部识别信息具有唯一性、不可更改性，一旦被收集就可能永久有效。如果不法分子倒卖、肆意合成或滥用人脸数据，公众将遭受直接影响。

为了保证个人信息安全，多地政府已出台了相关政策，对公共场所人脸识别设备的安设作出了专门规定：在公共场所安装图像采集、个人身份识别设备，应当为维护公共安全所必需，遵守相关规定，并设置明显的提示标识；所收集的个人图像和身份特征信息只能用于维护公共安全的目的，不得对外公开或者向他人提供。专家指出，随着相关法律法规逐步完善，人脸识别技术应用有望得到良性管控，在不侵犯个人隐私、保护数据安全的前提下继续发挥积极作用。

85. 人脸识别技术主要应用于：
   A 监测表情   B 保护隐私
   C 更改信息   D 解锁手机

86. 人们认为人脸识别技术存在的问题是什么？
   A 随意给顾客编号   B 非法采集人脸信息
   C 设置范围不够广泛   D 不能识别不清晰的人脸

87. 大众对人脸识别产生警戒感是因为：
   A 缺乏安全性   B 会泄露通讯地址
   C 采集方法过于复杂   D 会影响手机的使用

88. 关于人脸识别的相关法规，下列哪项正确？
   A 不能应用在公共场所   B 设备的设置有数量限制
   C 可向熟人提供相关信息   D 一定要设置鲜明的标志

89-92.

今有高考，古有科举。"高考"是高中毕业生为进入大学学习而参加的选拔性考试。通过高考，学生们能根据自己的水平进入理想的大学，学习自己感兴趣的专业。科举制则是中国历史上选拔官员的一种基本制度。古代职业种类不多，读书都是为了未来能够在朝廷获得一官半职，因此与现在的高考不同，古代人参加科举是为了当官。由此可见，科举制对古代读书人有着重要的意义。

科举制创始于隋朝，确立于唐朝，完备于宋朝，直到清朝末年才被废除。在隋朝以前，朝廷的官员大多从贵族的后代中选拔，只要是贵族，无论品行优劣，都可以当官。当时权贵在朝廷上为所欲为，而许多出身卑微但有真才实学的人，却不能担任高官，这种选拔人才的制度体现了绝对的不公平。于是皇帝就废除了原来的制度，采用分科考试的方式选拔官员，从而奠定了科举制的基础。

在唐朝，科举制得到了继承和完善，唐太宗大大扩充了科举制的考试范围，增加了考试科目，给有才能的人提供了参加考试的机会。然而当时的录取条件极其严格，因此有不少考生早已白发苍苍却依旧赴京赶考。到了唐朝中后期，科举制新增了武举和殿试，前者即武术的科举考试，主要是骑马、射箭等与身体技能有关的考试。后者是科举考试的最后一关，需要在宫中应试，由皇帝亲自监考，并当场宣布成绩。

与唐朝相比，宋朝的科举制有了进一步的发展。宋朝科举制分为州试、省试和殿试三级，宋朝首创了"糊名法"，所有考卷的姓名栏都需要被遮盖住，批卷的官员无法知道试卷的主人，从而有效地防止了作弊和官员受贿的现象。

科举制在一定程度上有利于教育和文化的发展，并且能最大程度地实现官员选拔的公平性。但与此同时，它也阻碍了科技和文艺的发展。知识分子把精力都集中于考试上，而考试内容严重脱离实际，不利于国家的发展。科举制在明朝时期便渐渐凸显弊端，到了清朝就被彻底废除，从此科举制退出了历史舞台。

89. 关于武举，下列哪项正确？
   A 首创于宋朝　　　　　　　　B 由皇帝监考
   C 设有射箭科目　　　　　　　D 有利于文学的发展

90. 科举制形成之前，朝廷选拔官员的方式是什么？
   A 从贵族子女中选拔　　　　　B 官员之间互相推荐
   C 通过殿试的方式选拔　　　　D 广纳有真才实学的人

91. 为了有效防止考场上的作弊行为，宋朝时期：
   A 扩充了考试范围　　　　　　B 采用了"糊名法"
   C 实行了州试和省试　　　　　D 完全废除了科举制度

92. 最适合做上文标题的是：
   A 科举制对儒教的影响　　　　B 科举制的复活与强化
   C 科举制经久不衰的秘诀　　　D 古代科举制的历史进程

93-96.

　　若到天津旅游，游客必去的一个景点就是中华老字号——"狗不理"包子店。"狗不理"包子是中国天津的一道闻名中外的传统小吃，主要由面粉、猪肉等材料制作而成。"狗不理"包子至今已有100多年的历史，是"天津三绝"之首，就连清朝的慈禧太后品尝过后都赞不绝口。"狗不理"包子一开始并不是叫"狗不理"的，而是从人们口中传来传去，自然而然就有了这个名字。

　　据说"狗不理"包子的创始人高贵友出生于天津，他有一个小名叫"狗子"，因为父母期望他能像小狗一样好养活。高贵友14岁时，便到了城里的一家小食店当服务员，因心灵手巧又勤学好问，加上师

傅们的指点，高贵友做包子的手艺不断长进，不久后就练就了一手好活。三年满师后，高贵友独自开了一家专营包子的小吃铺——"德聚号"。由于高贵友手艺好，做事认真，制作的包子口感柔软，色香味形都独具特色，生意十分兴隆。光顾的人越来越多，高贵友忙得顾不上跟顾客说话，这样一来，吃包子的人都戏弄他说狗子卖包子，不理人。久而久之，人们都叫他"狗不理"，并把他经营的包子店称作"狗不理"包子店，而原店铺字号渐渐被人们淡忘了。

　　"狗不理"包子出名以后，许多店都纷纷模仿，因此"狗不理"包子现在也成为了人们对天津包子的普遍认知。"狗不理"包子的外形可以被模仿，可是它内在的味道却不易被超越，那是因为它有着独特的制作秘诀。"狗不理"包子的馅儿非常讲究，需要用浓郁的骨头汤把肉煮熟，并且根据季节的差异改变肉馅肥瘦搭配的比例：冬天肥肉较多，夏天肥肉较少，这样才能保证包子不显油腻，且软嫩适口；馅儿要斩得细而匀，再加点葱和姜来调味；发面不能太老，包子皮要薄而且有韧性；包子皮上的褶是要用手指尖捏的，一定是12个褶，不多不少，让包子看起来就像一朵绽放的菊花一样。"狗不理"包子如此讲究的制作工艺奠定了其天津小吃之最的地位。

　　这道小吃不仅在中国，在海外也同样获得了人们的赞赏和喜爱。随着"狗不理"包子店的发展，技师们致力于在原有的基础上精心研制更加符合现代人口味的"狗不理"包子。

93. "德聚号"是：
　　A "天津三绝"的别名　　　　　　　　B 高贵友打工的小吃店
　　C "狗不理"开的最初的店名　　　　　D "狗不理"包子的一个新品种

94. 高贵友的包子店为什么被称为"狗不理"包子店？
　　A 他卖包子时不理睬人　　　　　　　B 原店铺字号含义不好
　　C 他的包子连小狗也不吃　　　　　　D 慈禧太后御赐了这个名字

95. 第3段写包子的制作秘诀是为了说明：
　　A "狗不理"包子名字的由来　　　　　B "狗不理"包子拥有很高地位的原因
　　C "狗不理"包子价格昂贵的主要原因　D 高贵友经营"狗不理"包子店的初衷

96. 第4段主要谈的是：
　　A "狗不理"包子店的营业情况　　　　B "狗不理"包子店的发展方向
　　C "狗不理"包子店的搬迁历史　　　　D "狗不理"包子店的海外业绩

97-100.

　　"万物皆可盲盒"是大家熟悉的流行语。继口红机、娃娃机后，盲盒成了又一款"不确定消费"的网红产品。所谓盲盒原来指的是一个玩具盒子，里面装有不同款式的玩具，消费者不知道里面装有哪一款，只有打开才知道自己抽到了什么。不确定性的刺激会加强人们重复尝试的欲望，因此盲盒容易成为让人上瘾的存在。就从这一点来看，这与买彩票颇为相似，都带有赌运气的成分。

　　盲盒令人着迷的点就在这里，人们不知道自己最终选的是否是自己心仪的，而在打开的那一刻，有种等待彩票开奖的兴奋，惊喜或是失落就在开盒的那一瞬间，所以人们会一个接一个地买，直到买到自己喜欢的为止。

　　很多企业和商家看到盲盒的商机，纷纷采用盲盒这一销售模式。因此盲盒已经从玩具领域扩展至食品、服装、化妆品、图书、文具等多个领域，甚至"旅游盲盒"的出现也引来了一番抢购和关注。无论盲盒里装的东西怎么变，这种充满不确定性的盲抽模式都屡试不爽。

　　毫无疑问，盲盒经济已经成为网红经济的新风向，它反映出了当前年轻消费者的文化消费需求。作为潮流的代表，盲盒经济仍有很大的市场空间，但是也引来了社会各界的质疑。有些人认为这些盲盒让年轻人成了"赌徒"。此外，随着盲盒的延伸，许多粗制滥造产品和虚假产品混入市场，二手市场炒出天价，甚至如"宠物盲盒"等不为公共道德所接受的形式，频频抹黑盲盒经济，使盲盒经济遭受批评。

　　为了避免盲盒经济扰乱市场，应该加大力度整治其野蛮生长，为了防止盲盒经济博彩化，要积极打击金融诈骗，处理不透明的经济行为，维护消费者的合法权益。应该在规范市场产品的基础上，发挥盲盒经济的正向功能，挖掘文化和情感价值，满足人们新的消费需求。唯有如此，盲盒经济才能作为一种新的消费模式，健康持续地发展下去。

97. 盲盒为什么会让人上瘾？
　　A 款式新颖　　　　　　　　　B 实用性强
　　C 可以抽中彩票　　　　　　　D 让人有刺激感

98. 根据上文，下列哪项不是盲盒涉及的领域？
　　A 家具　　　　　　　　　　　B 食品
　　C 服装　　　　　　　　　　　D 宠物

99. 为了让盲盒经济更好地发展，应该：
　　A 促进盲盒博彩化　　　　　　B 大幅提高盲盒价格
　　C 开发更多类型的产品　　　　D 解决不当的经济行为

100.上文最可能会出现在哪类杂志上？
　　A 科普杂志　　　　　　　　　B 旅游杂志
　　C 经济杂志　　　　　　　　　D 娱乐杂志

三、书 写

第101题：缩写。

(1) 请仔细阅读下面的材料，阅读时间为10分钟，阅读时不能做笔记。

(2) 10分钟后，会收回阅读材料。请将材料内容缩写成400字左右的短文，写作时间为35分钟。

(3) 短文需要拟标题。缩写时请不要随意加入自己的观点。

(4) 请把答案直接写在答题卡的相应位置上。

一想到中国最出名的万能调料，大多数人脑海中都会浮现出同一个名字——"老干妈"辣椒酱。"老干妈"既是炒菜不可或缺的良方，更是拌面拌饭的绝佳拍档。"老干妈"的创始人名叫陶华碧，她充满传奇色彩的创业经历一直为人们所津津乐道。

陶华碧早年的经历可谓是坎坷不已。1947年，她出生在贵州省一个偏僻的农村。小时候她家境贫寒，家徒四壁，经常食不果腹，更别说去学校读书了。20岁的时候，陶华碧嫁给了一名地质队的队员，然而天有不测风云，丈夫几年后因病去世，留下了陶华碧和两个孩子。为了养家糊口，她打过工，也摆过地摊。

1989年，为了获得稳定的收入，陶华碧用捡来的砖头，在贵阳的街边亲手盖了一间小房子，并用自己的积蓄开了一家名为"实惠餐厅"的小吃店。考虑到只有她一个人经营小吃店，她便选择只卖凉粉。她的凉粉主要以特制的辣椒酱为辅助酱料。味美价廉的凉粉吸引了不少顾客，她的生意也越来越兴隆。

一天早上，陶华碧身体不舒服，就没有做辣椒酱。没想到顾客们得知没有辣椒酱后，纷纷离去。看到这一幕，陶华碧突然明白，小吃店受欢迎的原因就在于特制的辣椒酱。从此之后，她就开始埋头研究起了辣椒酱。她的辣椒酱变得更加美味和独特，也愈发受到了顾客的喜爱。吃完凉粉，再打包点辣椒酱成为了顾客们必做的事情，甚至有些人上门就是为了买辣椒酱。

陶华碧知道机会来了，她开始把重心转向辣椒酱，认真筹备起了专门生产辣椒酱的公司。刚开始，她需要亲自背着辣椒酱向各大食品商店和饭店推销。不到一周的时间，产品脱销不说，追加订单就像雪花一样纷至沓来。

1997年8月，陶华碧的公司正式挂牌，旗下的工人也达到了200多人。这时，陶华碧迎来了管理上的压力，公司的运营需要正规化，各种文件都需要她亲自审阅批准。这对于目不识丁的陶华碧来说实在是太难了。好在她有着朴素又实用的选人标准，选出来的人都对公司的管理和发展起了莫大的作用。她始终不忘初心，坚持"质量第一，顾客利益优先"的原则。经过多年的艰苦经营，她的公司已经发展成为了中国的优质企业。

陶华碧开始创业时已年过四十，但她在没有任何社会资源的情况下独自打拼，成功打造了"老干妈"品牌，并成就了一番事业。她身上有许多值得我们学习的地方。她曾经说："只要有想做的事，什么时候开始都不算晚；只要善于观察，就能发现属于自己的机会。"

정답 해설집 p.298

쓰기 영역 고득점을 위해 아래의 빈 원고지를 활용하여 요약쓰기 연습을 하세요.

■ 400자 이상 채우는 문제풀이 스텝 요약쓰기

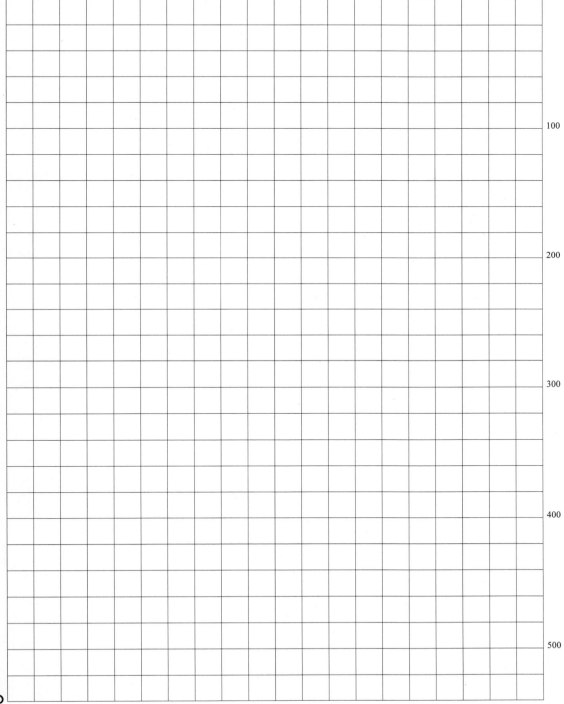

■ 고득점비책 01 실전연습문제 요약쓰기

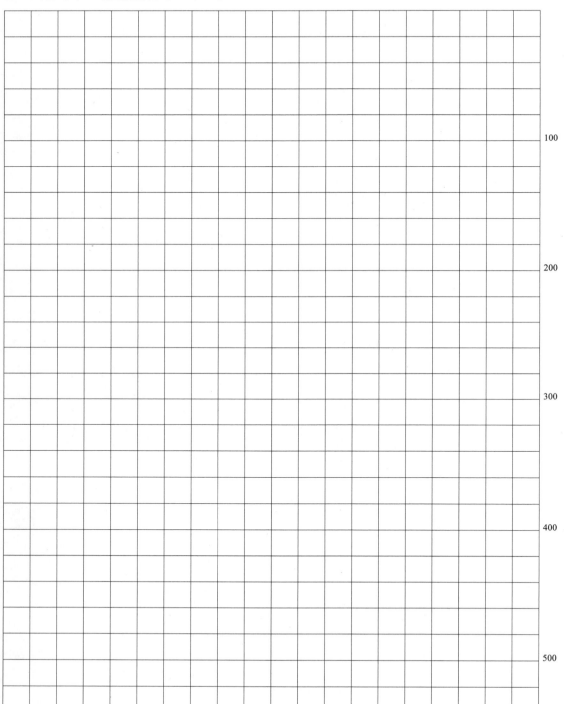

100

200

300

400

500

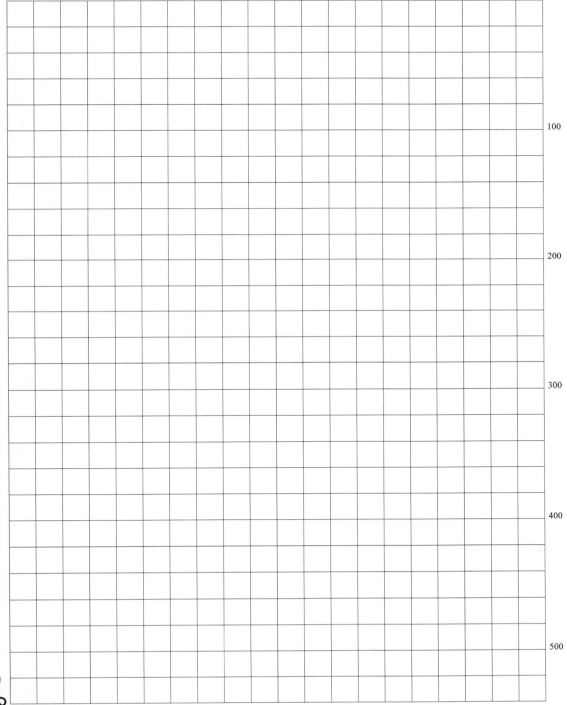

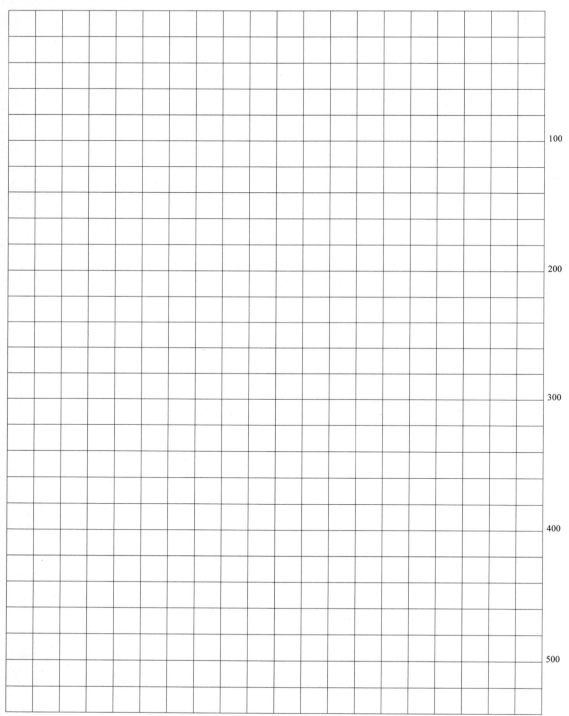

100

200

300

400

500

■ 쓰기 원고지

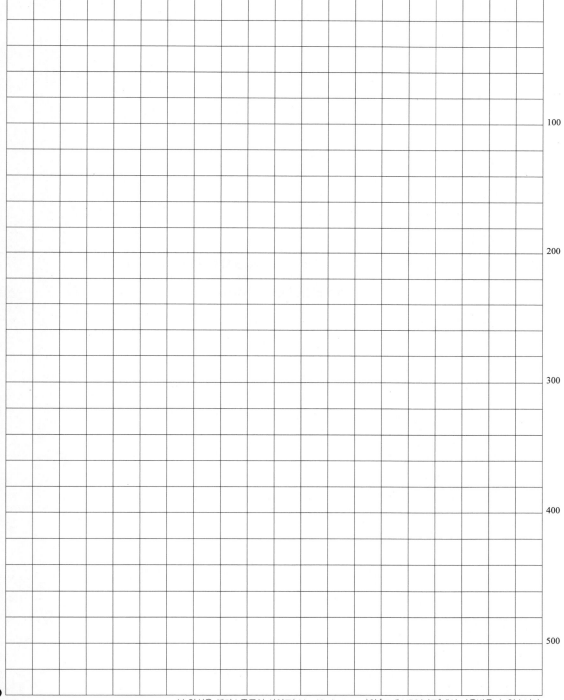

100

200

300

400

500

자르는 선

* 본 양식은 해커스중국어 사이트(china.Hackers.com)의 [교재 MP3/자료]에서 다운받을 수 있습니다.

중국어도 역시 1위 해커스중국어
약 900여 개의 체계적인 무료 학습자료

분야 / 레벨	공통	회화	HSK	HSKK/TSC
공통	철저한 성적분석 **무료 레벨테스트** 	빠르게 궁금증 해결 **1:1 학습 케어** 	HSK 전 급수 **프리미엄 모의고사** 	TSC 급수별 **발음 완성 트레이너**
초급	초보자가 꼭 알아야 할 **초보 중국어 단어** 	기초 무료 강의 제공 **초보 중국어 회화** 	HSK 4급 쓰기+어휘 완벽 대비 **쓰기 핵심 문장 연습** 	TSC 급수별 **만능 표현** **& 필수 암기 학습자료**
중급	매일 들어보는 **사자성어 & 한자상식** 	입이 트이는 자동발사 **중국어 팟캐스트** 	기본에서 실전까지 마무리 **HSK 무료 강의** 	HSKK/TSC 실전 정복! **고사장 소음 버전 MP3** 
고급	실생활 고급 중국어 완성! **중국어 무료 강의** 	상황별 다양한 표현 학습 **여행/비즈니스 중국어** 	HSK 고득점을 위한 **무료 쉐도잉 프로그램** 	고급 레벨을 위한 **TSC 무료 학습자료**

중국어 인강 **1위 해커스중국어**　　china.Hackers.com ▾　검색

해커스중국어
사이트 바로가기 ▶

중국어도 역시

1위 해커스중국어

중국어인강
1위

소비자 만족지수
1위

강의 만족도
96.4%

[인강] 주간동아 선정 2019 한국 브랜드 만족지수 교육(중국어인강) 부문 1위
[소비자만족지수] 한경비즈니스 선정 2017 소비자가 뽑은 소비자만족지수, 교육(중국어학원)부문 1위 해커스중국어
[만족도] 해커스중국어 2020 강의 수강생 대상 설문조사 취합 결과

중국어인강 **1위** 해커스의 저력, **HSK 합격자로 증명합니다.**

HSK 4급 환급 신청자
합격 점수
평균 256점

* 성적 미션 달성자

HSK 5급 환급 신청자
합격 점수
평균 240점

* 성적 미션 달성자

2주 만에 HSK 4급 261점 합격

HSK 4급 (2020.05.09) 汉语水平考试

듣기	독해	쓰기	총점
86	100	75	**총점**
			261

HSK 환급반 수강생 김*빈님 후기

이미 많은 선배들이 **해커스중국어**에서 **고득점으로 HSK 졸업** 했습니다.

HSK 6급
최종 실전 마무리!

다음 단계를
추천하는 교재

베스트셀러
1위

해커스 HSK 6급 실전모의고사
고득점을 향한 막판 10일!

· HSK 6급 **최신 경향 분석 반영**
· **실전모의고사 6회분** 수록
· 모의고사용/문제별 분할/고사장/고난도 어휘집 MP3 제공

교재와 함께
무료 매일 학습 콘텐츠로 중국어 완벽 마스터!

· 매일 HSK 6급 필수 어휘
· 매일 한자 Quiz
· 해커스 HSK 기출 사자성어

해커스 중국어

HSK 6급

한 권으로 고득점 달성

해커스중국어 교재 시리즈

HSK 단어장	해커스 HSK 1-4급 단어장	해커스 HSK 5급 단어장	해커스 HSK 6급 단어장	해커스 HSK 1-4급 단어장 [큰글씨 확대판]	해커스 HSK 5급 단어장 [큰글씨 확대판]	해커스 HSK 6급 단어장 [큰글씨 확대판]
HSK 기본서	해커스 HSK 1-2급 한 권으로 가뿐하게 합격	해커스 HSK 3급 한 권으로 합격	해커스 HSK 4급 한 권으로 합격	해커스 HSK 5급 한 권으로 정복	해커스 HSK 6급 한 권으로 고득점 달성	해커스 HSK 7-9급 한 권으로 마스터
HSK 실전서	해커스 HSK 3급 실전모의고사	해커스 HSK 4급 실전모의고사	해커스 HSK 5급 실전모의고사	해커스 해설이 상세한 HSK 6급 실전모의고사	해커스 해설이 상세한 HSK 7-9급 실전모의고사	
HSKK 기본서	해커스 HSKK 중급 10일 만에 딸 수 있다!	**TSC 기본서**	해커스 TSC 3급 "니하오"를 몰라도 20일 만에 딸 수 있다!	해커스 TSC 한 권으로 끝내기	**중국어 문법**	99포인트로 마스터하는 해커스 중국어 문법
중국어 회화	해커스 중국어 첫걸음	 해커스 자동발사 중국어 첫걸음 1탄 / 해커스 자동발사 중국어 첫걸음 2탄	해커스 왕초보 중국어회화 10분의 기적 기초중국어 말하기	해커스 중국어회화 10분의 기적 패턴으로 말하기	해커스 중국어회화 10분의 기적 상황별로 말하기

13720

ISBN 979-11-379-0438-5

9 791137 904385

해커스 중국어

중국어

HSK 6급

한 권으로 고득점달성

기본에서
실전까지
한 달 완성

**전면개정
최신판**

베스트셀러
1위

前 HSK 채점위원 리우윈(刘云), 해커스 HSK연구소 공저

해설집

추가 자료 해커스중국어 china.Hackers.com

ⓔ 본 교재 인강(할인쿠폰 수록)   교재 무료 MP3   HSK IBT 실전모의고사(교재 수록 1~3회)   추가 IBT 실전모의고사(1회)   쓰기 원고지 PDF
해커스 HSK IBT 쓰기 트레이너   6급 필수어휘 2500 PDF 및 MP3   무료 받아쓰기&쉐도잉 프로그램   알아두면 시험이 쉬워지는 배경지식 PDF

해커스

교보문고 HSK/중국어시험 베스트셀러 HSK모의고사/테스트 분야 1위(2022.06.17. 온라인 주간집계 기준)

해커스 중국어 HSK6급

한 권으로 고득점 달성

200% 활용법!

교재 무료 MP3 [학습용/복습용/실전모의고사/핵심어휘집/필수어휘 2500]

방법 1 해커스중국어(china.Hackers.com) 접속 후 로그인 ▶
페이지 상단 [교재/MP3 → 교재 MP3/자료] 클릭 ▶ 본 교재 선택 후 이용하기

방법 2 [해커스 ONE] 앱 다운로드 후 로그인 ▶ 나의 관심학습과정 [중국어] 선택 ▶
[교재·MP3] 클릭 ▶ 본 교재 선택 후 이용하기

▲ [해커스 ONE]
앱 다운받기

HSK 6급 필수어휘 2500 & 알아두면 시험이 쉬워지는 배경지식 [PDF]
쓰기 원고지 & 나만의 단어 암기 노트 [PDF]

이용방법 해커스중국어(china.Hackers.com) 접속 후 로그인 ▶
페이지 상단 [교재/MP3 → 교재 MP3/자료] 클릭 ▶ 본 교재 선택 후 이용하기

무료 HSK 6급 받아쓰기 & 쉐도잉 프로그램

이용방법 해커스중국어(china.Hackers.com) 접속 후 로그인 ▶ 페이지 상단 [iBT 학습하기] ▶
[HSK 받아쓰기&쉐도잉] 클릭 ▶ 본 교재 선택 후 이용하기

해커스 HSK 6급 IBT 쓰기 트레이너

이용방법 해커스중국어(china.Hackers.com) 접속 후 로그인 ▶ 페이지 상단 [iBT 학습하기] ▶
[HSK iBT 쓰기 트레이너] 클릭 ▶ 교재 구매 인증 코드 입력 후 이용하기

해커스 HSK 6급 IBT 모의고사 [교재 수록 1~3회 + 온라인 추가 1회]

이용방법 해커스중국어(china.Hackers.com) 접속 후 로그인 ▶
페이지 상단 [교재/MP3 → 교재 MP3/자료] 클릭 ▶ 본 교재 내 모의고사 항목의 [혜택 받기] 클릭

본 교재 인강 30% 할인쿠폰

64EF 5A32 DD6C E3CR *쿠폰 유효기간 : 쿠폰 등록 후 30일

▲ 쿠폰 등록하기

이용방법 해커스중국어(china.Hackers.com) 접속 후 로그인 ▶ 나의강의실 ▶내 쿠폰 확인하기 ▶ 쿠폰번호 등록

* 해당 쿠폰은 HSK 6급 단과 강의 구매 시 사용 가능합니다.
* 본 쿠폰은 1회에 한해 등록 가능합니다.
* 이외 쿠폰 관련 문의는 해커스중국어 고객센터(T.02-537-5000)으로 연락 바랍니다.

중국어도 역시 1위 해커스중국어
약 900여 개의 체계적인 무료 학습자료

분야 / 레벨	공통	회화	HSK	HSKK/TSC
공통	철저한 성적분석 **무료 레벨테스트** 	빠르게 궁금증 해결 **1:1 학습 케어** 	HSK 전 급수 **프리미엄 모의고사** 	TSC 급수별 **발음 완성 트레이너** 
초급	초보자가 꼭 알아야 할 **초보 중국어 단어** 	기초 무료 강의 제공 **초보 중국어 회화** 	HSK 4급 쓰기+어휘 완벽 대비 **쓰기 핵심 문장 연습** 	TSC 급수별 **만능 표현** **& 필수 암기 학습자료** 
중급	매일 들어보는 **사자성어 & 한자상식** 	입이 트이는 자동발사 **중국어 팟캐스트** 	기본에서 실전까지 마무리 **HSK 무료 강의** 	HSKK/TSC 실전 정복! **고사장 소음 버전 MP3** 
고급	실생활 고급 중국어 완성! **중국어 무료 강의** 	상황별 다양한 표현 학습 **여행/비즈니스 중국어** 	HSK 고득점을 위한 **무료 쉐도잉 프로그램** 	고급 레벨을 위한 **TSC 무료 학습자료**

중국어 인강 **1위** 해커스중국어 china.Hackers.com ▾ 검색

해커스중국어
사이트 바로가기 ▶

해커스 중국어 HSK 6급

한 권으로 **고득점**달성

해설집

해커스

듣기

제1부분

정답이 들리는 문제풀이 스텝 해석 p.27

A 영객송은 황산 정상에 위치해 있다 **B 영객송은 모양 때문에 붙여진 이름이다** C 영객송의 나이는 백 살밖에 되지 않았다 D 영객송은 가장 높은 황산 소나무이다	영객송은 황산에 위치하며, 황산 소나무의 대표이자 황산 전체의 상징이기도 한데, 영객송의 모양이 마치 주인이 한쪽 팔을 뻗어 황산에 관광 온 손님을 환영하는 것 같기 때문에 붙여진 이름이다. 영객송의 높이는 10m이고, 나무의 나이는 최소한 이미 800년이 되었으며, 국내외에서의 인지도가 매우 높다.

어휘　선택지　**迎客松** yíngkèsōng 圀 영객송[중국 황산에 위치한 소나무]　**位于** wèiyú 图 ~에 위치하다　**黄山** Huángshān 고유 황산　**山顶** shāndǐng 圀 산 정상
　　　　形状 xíngzhuàng 圀 모양
　　　단문　**代表** dàibiǎo 圀 대표　**整个** zhěnggè 전체의　**象征** xiàngzhēng 圀 상징　**主人** zhǔrén 圀 주인　**伸** shēn 图 뻗다　**臂膀** bìbǎng 圀 팔
　　　　游览 yóulǎn 图 관광하다

고득점비책 01 ┃ 특정 대상 설명 단문 공략하기 p.28

mp3 바로듣기 ▶

전략 적용 해석 p.29

A 6월 6일에는 이사를 할 수 없다 **B 6월 6일에는 옷을 햇볕에 말리기 적합하다** C 6월 6일에는 방을 청소하기에 적합하지 않다 D 6월 6일에는 새 가구를 사도 된다	6월 6일은 중국의 일부 소수민족의 전통 기념일이며, '용포 말리는 날'이라고도 불린다. 이날에, 사람들은 집안에 있는 모든 옷을 꺼내 햇볕에 말리는데, 집 안은 마치 이사하는 것 같다. 어떤 사람은 가구도 꺼내서 햇볕에 말리고 싶어 하는데, 그들은 이날 햇빛에 말린 물건은 일 년 동안 망가지지 않고, 품질이 새것 같을 것이라고 믿는다.

어휘　선택지　**搬家** bānjiā 图 이사하다　**晒** shài 图 햇볕에 말리다　**不宜** bùyí 图 적합하지 않다
　　　단문　**少数民族** shǎoshùmínzú 圀 소수민족　**传统** chuántǒng 圀 전통적인　**称** chēng 图 부르다　**龙袍** lóngpáo 圀 용포　**似的** shìde 图 (마치) ~과 같다
　　　　恨不得 hènbude 图 ~하고 싶다　★**品质** pǐnzhì 圀 품질
　　　　　　　　　　　　　　6급 빈출어휘

실전연습문제 p.29

1 B	2 D	3 C	4 B

1

A 字写得好的人智商高 **B 可通过书法表达情感** C 书法与汉字笔顺有关 D 书法作品反映了社会变迁	A 글씨를 잘 쓰는 사람은 IQ가 높다 **B 서예를 통해 감정을 표현할 수 있다** C 서예는 한자 획순과 관련이 있다 D 서예 작품은 사회 변화를 반영했다
书法，就字义来讲是写字的方法。文字本来只有传达思想的符号功能，写字似乎不需要有什么"法"。但对汉字来说则不然，汉字有其独特的结构特点，因此还具有美学价值，字写得好就会产生强烈的艺术感染力。三千多年来，中国书法被历代学者们用作抒发情感的载体，并发展成一项专门的艺术。	서예(书法)란, 글자의 뜻에 따르면 글씨를 쓰는 방법을 말한다. 문자는 본래 생각을 전달하는 기호의 기능만 있을 뿐, 글씨를 쓰는 것에 어떠한 '법칙'은 필요하지 않았던 것으로 보인다. 그러나 한자로 말하자면 그렇지 않다. 한자는 독특한 구조적 특징이 있는데, 이 때문에 미학적 가치도 있으며, 글씨를 잘 쓰면 강렬한 예술적 감화력이 생긴다. 3천여 년 동안, 중국의 서예는 역대 학자들의 감정을 표출하는 매개체로 사용되었고, 하나의 전문 예술로 발전했다.

해설　3개의 선택지에 공통적으로 书法(서예)가 있으므로 书法에 대한 설명 단문이 나올 것을 예측한다. 음성에서 언급된 中国书法被历代学者们用作抒发情感的载体와 내용이 일치하는 선택지 B 可通过书法表达情感을 정답으로 고른다.

어휘	

어휘

선택지 ★**智商** zhìshāng 명 IQ(지능 지수) ★**书法** shūfǎ 명 서예 **表达** biǎodá 통 표현하다 **情感** qínggǎn 명 감정 **笔顺** bǐshùn 명 획순

作品 zuòpǐn 명 작품 **反映** fǎnyìng 통 반영하다 **变迁** biànqiān 통 변화하다, 변천하다

단문 **文字** wénzì 명 글자 **传达** chuándá 통 전달하다 **思想** sīxiǎng 명 생각 ★**符号** fúhào 명 기호 **功能** gōngnéng 명 기능

似乎 sìhū 부 ~으로 보이다, ~인 것 같다 **不然** bùrán 접 그렇지 않다 **独特** dútè 형 독특하다 **结构** jiégòu 명 구조 **价值** jiàzhí 명 가치

强烈 qiángliè 형 강렬하다 **感染力** gǎnrǎnlì 명 감화력 ★**历代** lìdài 명 역대 **抒发** shūfā 통 (감정을) 표출하다 **载体** zàitǐ 명 매개체

项 xiàng 양 [조항, 조목을 세는 단위]

2

A 这种胶带的价格十分昂贵	A 이 테이프의 가격은 아주 비싸다
B 这种胶带还没有申请专利	B 이 테이프는 아직 특허를 신청하지 않았다
C 这种胶带尚未被广泛使用	C 이 테이프는 아직 널리 사용되지 않는다
D 这种胶带简化了修补工程	**D 이 테이프는 보수 공사를 간소화했다**

"路面修补胶带"主要由沥青基的高分子聚合物以及玻璃纤维复合而成。它的使用方法非常简单，只需要撕掉上面的保护膜，然后把它覆盖在需要修补的路面上，最后将胶带和路面压平即可。这种胶带大大提升了路面修补工程的效率。	'도로 보수 테이프'는 주로 아스팔트 베이스의 고분자 화합물 및 유리 섬유가 결합되어 만들어진다. 도로 보수 테이프의 사용 방법은 매우 간단한데, 위쪽의 보호막을 뜯어서 보수가 필요한 도로 위에 덮은 후, 마지막으로 테이프와 도로를 눌러서 평평하게 만들어 주기만 하면 된다. 이 테이프는 도로 보수 공사의 효율을 크게 향상시켰다.

해설 모든 선택지에 공통적으로 这种胶带(이 테이프)가 있으므로 胶带에 대한 설명 단문이 나올 것을 예측한다. 음성에서 언급된 这种胶带大大提升了路面修补工程的效率.와 내용이 일치하는 선택지 D 这种胶带简化了修补工程을 정답으로 고른다.

어휘

선택지 **胶带** jiāodài 명 테이프 ★**昂贵** ángguì 형 비싸다 ★**专利** zhuānlì 명 특허 **尚未** shàngwèi 아직 ~하지 않다

广泛 guǎngfàn 형 (범위가) 넓다 ★**简化** jiǎnhuà 통 간소화하다 **修补工程** xiūbǔ gōngchéng 명 보수 공사

단문 **沥青基** lìqīngjī 명 아스팔트 베이스, 아스팔트 **高分子聚合物** gāofēnzǐ jùhéwù 명 고분자 화합물 **以及** yǐjí 접 및 **玻璃** bōli 명 유리

★**纤维** xiānwéi 명 섬유 **复合** fùhé 통 결합하다 **撕** sī 통 뜯다 ★**膜** mó 명 막 ★**覆盖** fùgài 통 덮다 **压平** yāpíng 눌러서 평평하게 만들다

提升 tíshēng 통 향상시키다 **效率** xiàolǜ 명 효율

3

A 猴面包树生长周期长	A 바오밥나무는 성장 주기가 길다
B 猴面包树是猴子的主食	B 바오밥나무는 원숭이의 주식이다
C 猴面包树里的水可用来解渴	**C 바오밥나무 안의 물은 갈증을 해소하는 데 쓸 수 있다**
D 猴面包树中能提炼少量石油	D 바오밥나무에서 소량의 석유를 추출할 수 있다

猴面包树分布地局限于气候炎热、干燥的地区。它是最长寿的植物之一，在恶劣的环境中，其寿命仍可达五千年左右。它能在树干里储存大约三百升的水，如果在热带草原旅行时干渴难耐，只需用小刀在树干上挖一个洞，就可以畅饮一番了。因此人们把猴面包树称之为"生命之树"。	바오밥나무의 분포지는 기후가 무덥고 건조한 지역에 국한되어 있다. 바오밥나무는 가장 오래 사는 식물 중 하나로, 열악한 환경 속에서도 바오밥나무의 수명은 5천 년 정도에 이른다. 바오밥나무는 대략 300리터의 물을 나무 줄기 속에 저장할 수 있는데, 만약 열대초원을 여행할 때 갈증이 나 견디기 어렵다면, 작은 칼을 이용해 나무 줄기에 구멍을 하나 뚫기만 하면, 한바탕 실컷 마실 수 있다. 이 때문에 사람들은 바오밥나무를 '생명의 나무'라고 부른다.

해설 모든 선택지에 공통적으로 猴面包树(바오밥나무)가 있으므로 猴面包树에 대한 설명 단문이 나올 것을 예측한다. 음성에서 언급된 如果在热带草原旅行时干渴难耐，只需用小刀在树干上挖一个洞，就可以畅饮一番了와 내용이 일치하는 선택지 C 猴面包树里的水可用来解渴를 정답으로 고른다.

어휘

선택지 **猴面包树** hóumiànbāo shù 명 바오밥나무 **生长** shēngzhǎng 통 성장하다 ★**周期** zhōuqī 명 주기 **猴子** hóuzi 명 원숭이

主食 zhǔshí 명 주식 **解渴** jiěkě 통 갈증을 해소하다 ★**提炼** tíliàn 통 추출하다 **石油** shíyóu 명 석유

단문 **分布地** fēnbùdì 명 분포지 **局限** júxiàn 통 국한하다 ★**炎热** yánrè 형 무덥다 **干燥** gānzào 형 건조하다 **地区** dìqū 명 지역

长寿 chángshòu 형 오래 살다 **恶劣** èliè 형 열악하다 **寿命** shòumìng 명 수명 **树干** shùgàn 명 나무 줄기 ★**储存** chǔcún 통 저장하다

升 shēng 양 리터(L) **干渴** gānkě 형 갈증이 나다 **难耐** nánnài 견디기 어렵다 **挖** wā 통 뚫다 **洞** dòng 명 구멍

畅饮 chàngyǐn 통 실컷 마시다 ★**番** fān 양 바탕 **称** chēng 통 부르다

4

A 武陵源植被稀少	A 무릉원은 식물이 희귀하다
B 武陵源的峰林气势壮观	**B 무릉원의 봉림은 기세가 장관이다**

C 石英砂岩只分布在湖南地区 D 武陵源被列入野生动物保护区	C 석영사암은 후난 지방에만 분포해 있다 D 무릉원은 야생 동물 보호 구역으로 지정됐다
武陵源风景区位于湖南省西北部，风景区内有三千多座造型奇异、气势壮观的峰林。武陵源因奇特的石英砂岩大峰林，先后被列入"世界自然遗产"及"世界地质公园"。它有泰山之雄，华山之险，峨眉之幽，庐山之奇，所以它的美不能简单地用"山清水秀"来形容和概括。	무릉원 관광지구는 후난성 서북부에 위치하며, 관광지구 내에는 형상이 독특하고 기세가 장관을 이루는 봉림이 3000개가 넘게 있다. 무릉원은 기묘한 석영사암대봉림으로 인해 '세계자연유산' 및 '세계지질공원'으로 잇따라 지정되었다. 석영사암대봉림은 타이산의 웅장함, 화산의 험준함, 어메이산의 그윽함, 루산의 진기함이 있기 때문에, 석영사암 대봉림의 아름다움을 간단하게 '산수의 풍경이 아름답다'라고 묘사하고 요약할 수 없다.

해설 3개의 선택지에 공통적으로 **武陵源**(무릉원)이 있으므로 **武陵源**에 대한 설명 단문이 나올 것을 예측한다. 음성에서 언급된 **武陵源风景区……有三千多座造型奇异、气势壮观的峰林**과 내용이 일치하는 선택지 **B 武陵源的峰林气势壮观**을 정답으로 고른다.

어휘 선택지 **武陵源** Wǔlíngyuán [고유] 무릉원[중국 후난(**湖南**)성의 자연유적] **植被** zhíbèi [명] 식물, 초목 **稀少** xīshǎo [형] 희귀하다
峰林 fēnglín [명] 봉림[산봉우리 숲] ★**气势** qìshì [명] 기세 ★**壮观** zhuàngguān [형] 장관이다
石英砂岩 shíyīng shāyán [명] 석영사암[석영 성분의 모래입자로 구성된 퇴적암] **分布** fēnbù [동] 분포하다
被列入 bèi lièrù ~로 지정되다, 등록되다 **野生** yěshēng [형] 야생의

단문 **风景区** fēngjǐngqū [명] 관광지구 **位于** wèiyú [동] ~에 위치하다 ★**造型** zàoxíng [명] 형상 **奇异** qíyì [형] 독특하다 **奇特** qítè [형] 기묘하다
先后 xiānhòu [부] 잇따라 ★**遗产** yíchǎn [명] 유산 **地质** dìzhì [명] 지질 **泰山** Tàishān [고유] 타이산[중국 산둥(**山东**)성 중부에 위치한 산]
华山 Huàshān [고유] 화산[중국 산시(**陕西**)성 동부에 위치한 산] **峨眉** Éméi [고유] 어메이산[중국 쓰촨(**四川**)성 남서쪽에 위치한 산]
庐山 Lúshān [고유] 루산[중국 장시(**江西**)성 북부에 위치한 산] **山清水秀** shānqīngshuǐxiù [성] 산수의 풍경이 아름답다
形容 xíngróng [동] 묘사하다 **概括** gàikuò [동] 요약하다

고득점비책 02 | 정보 전달 단문 공략하기 p.30

mp3 바로듣기 ▶

전략 적용 해석

p.31

A 신제품을 개발하는 것은 매우 힘들다 B 칩은 네트워크 효율을 떨어트렸다 **C 이 칩은 도청을 방지할 수 있다** D 5G 네트워크는 이미 완전히 보편화되었다	최근, 미국 연구원이 신형 밀리미터파 무선 마이크로칩을 개발해냈다. 이 칩은 신호 차단을 효과적으로 방지하면서 5G 네트워크 효율을 떨어트리지 않는 무선 전송 방식을 구현해 냈다. 이 기술은 고주파 무선 신호를 도청하는 것을 매우 힘들게 했다.

어휘 선택지 **开发** kāifā [동] 개발하다 (6급 빈출어휘) ★**艰难** jiānnán [형] 힘들다 **芯片** xīnpiàn [명] 칩 **网络** wǎngluò [명] 네트워크 **效率** xiàolǜ [명] 효율
★**防止** fángzhǐ [동] 방지하다 **窃听** qiètīng [동] 도청하다 ★**普及** pǔjí [동] 보편화시키다

단문 **研究人员** yánjiū rényuán [명] 연구원 **新型** xīnxíng [형] 신형의 **毫米波** háomǐbō [명] 밀리미터파[밀리미터의 파장을 가진 전기진동파]
微芯片 wēixīnpiàn [명] 마이크로칩 **实现** shíxiàn [동] 구현하다 **信号** xìnhào [명] 신호 **拦截** lánjié [동] 차단하다 **传输** chuánshū [동] 전송하다
项 xiàng [양] [조항, 조목을 세는 단위] **高频** gāopín [명] 고주파

실전연습문제 p.31

1 C 2 B 3 D 4 C

1 A 糖的变质速度较快 B 无糖食品脂肪含量低 **C 有些无糖食品热量高** D 购买零食时要确认商标	A 설탕의 변질 속도는 비교적 빠르다 B 무가당 식품은 지방 함량이 낮다 **C 일부 무가당 식품은 열량이 높다** D 간식을 구매할 때 상표를 확인해야 한다
目前市面上的很多无糖食品确实不含糖，但它们也是用粮食做的，所以碳水化合物和脂肪含量并不比其他食品低。此外，有些无糖食品为了让口感变得更好，会额外添加一些油脂，最终导致其热量比普通食品更	현재 시중에 나와 있는 많은 무가당 식품들은 확실히 설탕이 들어 있지는 않지만, 무가당 식품도 곡물을 사용해 만든 것이기 때문에 탄수화물과 지방 함량이 다른 식품보다 결코 낮지 않다. 이 외에, 일부 무가당 식품은 식감을 더 좋게 하기 위해서 추가로 약간의 기름을

高。对此专家建议，挑选无糖食品时要留意包装上的食品成分表。

첨가해, 결국 열량이 일반 식품보다 더 높아지는 것을 초래한다. 이에 대해, 전문가들은 무설탕 식품을 고를 때 포장에 부착된 식품 성분표에 주의를 기울여야 한다고 조언했다.

해설 선택지에 糖(설탕), 无糖食品(무가당 식품), 零食(간식)과 같은 어휘들이 있으므로, 식품과 관련된 정보 전달 단문이 나올 것을 예측한다. 음성에서 언급된 有些无糖食品……最终导致其热量比普通食品更高와 내용이 일치하는 선택지 C 有些无糖食品热量高를 정답으로 고른다.

어휘 선택지 ★变质 biànzhì 圖변질되다 无糖食品 wútáng shípǐn 圖무가당 식품 ★脂肪 zhīfáng 圖지방 含量 hánliàng 圖함량
热量 rèliàng 圖열량 购买 gòumǎi 圖구매하다 零食 língshí 圖간식 确认 quèrèn 圖확인하다 商标 shāngbiāo 圖상표

단문 目前 mùqián 圖현재 市面 shìmiàn 圖시중 粮食 liángshi 圖곡물 碳水化合物 tànshuǐ huàhéwù 圖탄수화물 此外 cǐwài 圖이 외에
口感 kǒugǎn 圖식감 ★额外 éwài 圖추가의 添加 tiānjiā 圖첨가하다 油脂 yóuzhī 圖기름, 지방 导致 dǎozhì 圖초래하다
专家 zhuānjiā 圖전문가 挑选 tiāoxuǎn 圖고르다 留意 liúyì 圖주의를 기울이다 ★包装 bāozhuāng 圖포장 成分 chéngfèn 圖성분

2
A 该指数与室外温度无关	A 이 지수는 실외 온도와 무관하다
B 该指数一级时风险最低	**B 이 지수가 1단계일 때 위험이 가장 낮다**
C 蚊子容易破坏生态平衡	C 모기는 생태 균형을 파괴하기 쉽다
D 夏季要注意防治病虫害	D 여름철에는 병충해 방제에 주의해야 한다

北京市疾病预防控制中心和北京市气象局联合发布了"蚊虫叮咬指数"。该指数以天气状况和室外温度来判断蚊虫的活动情况，对未来三天的蚊虫叮咬风险进行预报。该指数共分五个等级，不同等级下提出相应的个人防护建议，如一级时叮咬风险最低，可正常开展各项户外活动。

베이징시 질병예방통제센터와 베이징시 기상청은 '모기 물림 지수'를 공동 발표했다. 이 지수는 날씨 상황과 실외 온도로 모기의 활동 상황을 판단해, 앞으로 3일간 모기에 물릴 위험에 대해 예보한다. 이 지수는 총 5단계로 나뉘는데, 단계에 따라 상응하는 개인 보호 권고 사항이 주어진다. 예를 들어 1단계일 때는 물릴 위험이 가장 낮아, 정상적으로 각종 야외 활동을 진행할 수 있다.

해설 선택지에 蚊子(모기), 病虫害(병충해)와 같은 어휘들이 있으므로, 해충과 관련된 정보 전달 단문이 나올 것을 예측한다. 음성에서 언급된 如一级时叮咬风险最低와 내용이 일치하는 선택지 B 该指数一级时风险最低를 정답으로 고른다.

어휘 선택지 指数 zhǐshù 圖지수 风险 fēngxiǎn 圖위험 破坏 pòhuài 圖파괴하다 ★生态 shēngtài 圖생태 平衡 pínghéng 圖균형이 맞다
防治 fángzhì 圖방제하다, 예방 치료하다

단문 ★疾病 jíbìng 圖질병 预防 yùfáng 圖예방하다 控制 kòngzhì 圖통제하다 中心 zhōngxīn 圖센터 气象局 qìxiàngjú 圖기상청, 기상국
联合 liánhé 圖공동하다 ★发布 fābù 圖발표하다 叮咬 dīngyǎo 圖물다 状况 zhuàngkuàng 圖상황 未来 wèilái 圖앞으로의
预报 yùbào 圖예보하다 等级 děngjí 圖단계, 등급 ★相应 xiāngyìng 圖상응하다 防护 fánghù 圖보호하다 ★开展 kāizhǎn 圖진행하다
项 xiàng 圖[조항, 조목을 세는 단위]

3
A 该模式能远程操控集装箱	A 이 모델은 원격으로 컨테이너를 조종할 수 있다
B 运输货物需要大量配套设施	B 화물을 운송하려면 많은 부대시설이 필요하다
C 快递系统能解决的问题较少	C 택배 시스템이 해결할 수 있는 문제는 비교적 적다
D 智慧物流系统有利于降低成本	**D 스마트 물류 시스템은 비용 절감에 도움이 된다**

在传统物流行业，分拣过程需要人工对货物进行扫码、分拣、入库，再手动录入系统，不但效率低，还容易出错。如今智慧物流系统被广泛应用，它具有思维、感知、学习和推理判断能力，并能自行解决物流中出现的某些问题，因此能够提高物流效率，降低物流成本，还能为生活提供各种便利。

전통 물류업계에서는 분류 과정에서 수동으로 물건의 바코드를 스캔하고, 분류하고, 입고하고, 다시 수동으로 시스템에 입력해야 하는데, 비효율적일 뿐만 아니라 실수하기도 쉬웠다. 오늘날 스마트 물류 시스템이 광범위하게 응용되고 있는데, 이는 사고, 감지, 학습과 추리 판단 능력을 갖추고 있으며, 물류에서 나타나는 일부 문제를 스스로 해결할 수 있기 때문에, 물류 효율을 높이고 물류 비용을 절감할 수 있으며, 생활에도 각종 편리함을 제공할 수 있다.

해설 선택지에 集装箱(컨테이너), 货物(화물), 快递(택배), 物流系统(물류 시스템)과 같은 어휘들이 있으므로, 물류와 관련된 정보 전달 단문이 나올 것을 예측한다. 음성에서 언급된 智慧物流系统……能够提高物流效率, 降低物流成本과 내용이 일치하는 선택지 D 智慧物流系统有利于降低成本을 정답으로 고른다.

어휘 선택지 ★模式 móshì 圖모델 远程 yuǎnchéng 圖원격의, 원거리의 操控 cāokòng 圖조종하다 集装箱 jízhuāngxiāng 圖컨테이너
运输 yùnshū 圖운송하다 货物 huòwù 圖화물 配套设施 pèitào shèshī 圖부대시설 快递 kuàidì 圖택배 系统 xìtǒng 圖시스템
智慧 zhìhuì 스마트 (한) 有利 yǒulì 圖도움이 되다 ★成本 chéngběn 圖비용

단문 传统 chuántǒng 圖전통적인 行业 hángyè 圖업계 分拣 fēnjiǎn 분류하다 ★人工 réngōng 圖수동의, 인공의
扫码 sǎo mǎ 바코드를 스캔하다, QR코드를 스캔하다 入库 rù kù 입고하다 录入 lùrù 圖입력하다 效率 xiàolǜ 圖효율 如今 rújīn 圖오늘날

广泛 guǎngfàn 圈 광범위하다　应用 yìngyòng 圈 응용하다　★思维 sīwéi 圈 사고하다, 생각하다　★推理 tuīlǐ 圈 추리하다
某些 mǒuxiē 일부　★便利 biànlì 圈 편리하다

4		
A 该机器人能预测台风		A 이 로봇은 태풍을 예측할 수 있다
B 计算机技术有待更新换代		B 컴퓨터 기술은 업그레이드될 필요가 있다
C 该机器人将会处理太空垃圾		**C 이 로봇은 우주 쓰레기를 처리할 것이다**
D 该装备的腿是用章鱼触角做的		D 이 장비의 다리는 문어 촉수로 만든 것이다

近日，一个研究团队研发了一款新型仿生机器人。该机器人身形近似于大象鼻子或章鱼触角，既柔软到可以伸缩，又可以有力地抓取东西。在视野盲区，它还可以利用安装在末端的摄像头，灵活地绕过障碍物。据研究团队介绍，该机器人日后将被广泛应用于清理太空垃圾的领域，为保持太空清洁做出贡献。		최근, 한 연구 단체가 신형 생체 모방 로봇을 연구 개발했다. 이 로봇의 외형은 코끼리 코나 문어 촉수와 흡사한데, 늘었다 줄었다 할 수 있을 정도로 유연하고 물건을 힘있게 움켜쥘 수도 있다. 시야 사각지대에서는 기계 끝 부분에 설치된 카메라를 이용해, 장애물을 민첩하게 우회할 수 있다. 연구 단체는 이 로봇이 이후 우주 쓰레기 청소 영역에 널리 사용될 것이며, 우주의 청결을 유지하는 데 기여할 것이라고 소개했다.

해설 　선택지에 机器人(로봇), 技术(기술), 装备(장비)와 같은 어휘들이 있으므로, 로봇과 관련된 정보 전달 단문이 나올 것을 예측한다. 음성에서 언급된 该机器人日后将被广泛应用于清理太空垃圾的领域, 为保持太空清洁做出贡献과 내용이 일치하는 선택지 C 该机器人将会处理太空垃圾를 정답으로 고른다.

어휘　선택지 机器人 jīqìrén 圈 로봇　预测 yùcè 圈 예측하다　台风 táifēng 圈 태풍　计算机 jìsuànjī 圈 컴퓨터　有待 yǒudài 圈 ~할 필요가 있다
更新换代 gēngxīnhuàndài 圈 업그레이드하다, 낡은 것을 새것으로 바꾸다　处理 chǔlǐ 圈 처리하다　★太空 tàikōng 圈 우주
装备 zhuāngbèi 圈 장비　章鱼 zhāngyú 圈 문어　触角 chùjiǎo 圈 촉수
단문 团队 tuánduì 圈 단체　仿生 fǎngshēng 생체를 모방하다　大象 dàxiàng 圈 코끼리　柔软 róuruǎn 圈 유연하다
伸缩 shēnsuō 圈 늘었다 줄었다 하다, 신축성이 있다　抓取 zhuāqǔ 圈 움켜 쥐다　★视野 shìyě 圈 시야　盲区 mángqū 圈 사각지대
利用 lìyòng 圈 이용하다　安装 ānzhuāng 圈 설치하다　末端 mòduān 圈 끝 부분　摄像头 shèxiàngtóu 圈 카메라, 캠
灵活 línghuó 圈 민첩하다　绕 rào 圈 우회하다　★障碍物 zhàng'àiwù 圈 장애물　广泛 guǎngfàn 圈 (범위가) 넓다
应用 yìngyòng 圈 사용하다　★清理 qīnglǐ 圈 청소하다　领域 lǐngyù 圈 영역　保持 bǎochí 圈 유지하다　★清洁 qīngjié 圈 청결하다
贡献 gòngxiàn 圈 기여

고득점비책 03 | 의견 주장 단문 공략하기 p.32

mp3 바로듣기 ▶

전략 적용 해석
p.33

A 리더는 모범 직원에게 관심을 가져야 한다		부서의 리더는 다음 몇 가지를 실행해야 한다. 회사 규정과 제도를 준수
B 부서의 리더는 부하 직원을 존중해야 한다		하여 솔선수범의 역할을 해야 한다. 자신의 외적인 이미지에 신경을 써
C 부하 직원은 과도한 책임을 질 필요가 없다		야 하고, 옷차림이 너무 캐주얼해서는 안 된다. 부하 직원을 존중하며,
D 외적인 이미지는 업무 효율에 영향을 끼친다		적극적으로 부하 직원의 업무 성과를 인정해 주어야 한다. 부하 직원
		과 더욱 소통하여, 업무 과정을 제때에 파악하는 것을 보장해야 한다.

어휘　선택지 领导 lǐngdǎo 圈 리더　劳动模范 láodòng mófàn 圈 모범 직원　部门 bùmén 圈 부서　★下属 xiàshǔ 圈 부하 직원
承担 chéngdān 圈 (책임을) 지다　形象 xíngxiàng 圈 이미지　效率 xiàolǜ 圈 효율　6급 빈출어휘
단문 遵守 zūnshǒu 圈 준수하다　规章 guīzhāng 圈 규정　制度 zhìdù 圈 제도　模范带头 mófàn dàitóu 솔선수범하다　★认可 rènkě 圈 인정하다
成果 chéngguǒ 圈 성과　沟通 gōutōng 圈 소통하다　★确保 quèbǎo 圈 보장하다　掌握 zhǎngwò 圈 파악하다　进程 jìnchéng 圈 과정

실전연습문제 p.33

1 C	2 A	3 D	4 D

1		
A 父母一定要少发脾气		A 부모는 반드시 화를 적게 내야 한다
B 千万不能过分迁就孩子		B 절대로 아이에게 지나치게 맞춰주면 안 된다

C 要避免对孩子施加冷暴力 D 父母应该对孩子因材施教	**C** 아이에게 정신적 폭력을 가하는 것을 피해야 한다 D 부모는 아이의 눈높이에 맞춰 가르쳐야 한다
通常来说，孩子爱发脾气是生理和心理逐渐发育的表现。孩子也有自己的想法和需求，但是又不能正确地表达出来，就会产生挫败感和无力感，变得容易发脾气。当孩子发脾气时，父母不应该以暴制暴，羞辱或打骂孩子，也不应该不闻不问，施加冷暴力，而是要根据具体的行为特点，找出最佳解决方案。	일반적으로 아이가 화를 잘 내는 것은 생리적, 심리적으로 점차 성장하는 것을 나타낸다. 아이도 자신의 생각과 욕구가 있지만 정확히 표현해 낼 수 없어 좌절감과 무력감이 생기게 되고, 쉽게 화를 내게 된다. 아이가 화를 낼 때, 부모는 폭력에 폭력으로 대처하고, 창피를 주거나 때리고 욕해서는 안 되고, 나 몰라라 하거나 정신적 폭력을 가해서도 안 되며, 구체적인 행동 특성에 따라 최선의 해결 방안을 찾아야 한다.

해설　선택지에 要/应该(~해야 한다)와 같은 어휘가 있으므로 의견 주장 단문이 나올 것을 예측한다. 음성에서 언급된 父母……也不应该不闻不问, 施加冷暴力와 내용이 일치하는 선택지 C 要避免对孩子施加冷暴力를 정답으로 고른다.

어휘　선택지 发脾气 fā píqi 화를 내다　过分 guòfèn 圆 지나치다　迁就 qiānjiù 圆 맞춰주다, 끌려가다　避免 bìmiǎn 圆 피하다
　　　　★施加 shījiā (압력이나 영향 등을) 가하다　冷暴力 lěngbàolì 정신적 폭력　因材施教 yīncáishījiào 눈높이에 맞춰 가르치다
　　　 단문 通常 tōngcháng 일반적으로　★生理 shēnglǐ 圆 생리　心理 xīnlǐ 圆 심리　逐渐 zhújiàn 점차　发育 fāyù 圆 성장하다
　　　　表现 biǎoxiàn 圆 나타내다　★需求 xūqiú 圆 욕구　表达 biǎodá 圆 표현하다　挫败感 cuòbàigǎn 圆 좌절감　无力感 wúlìgǎn 무력감
　　　　打骂 dǎ mà 때리고 욕하다　不闻不问 bùwénbùwèn 圆 나 몰라라 하다, 일절 간섭하지 않다　具体 jùtǐ 圆 구체적이다　行为 xíngwéi 圆 행동
　　　　方案 fāng'àn 圆 방안

2	**A** 要适当改变旧观念 B 做事应当讲究实效 C 全局意识必不可少 D 细节一定决定成败	A 낡은 관념을 적절히 바꿔야 한다 B 일을 할 때는 마땅히 실제 효과를 중요시해야 한다 C 거시적 관점이 없어서는 안 된다 D 사소한 부분이 반드시 성패를 좌우한다

卷柏缺水时，会自行拔出根，将自己卷成一个圆球，随风移动，遇到水分充足的地方，便会迅速扎根。卷柏是因为懂得变通，才使自己生存下来了。对于个人而言，不妨像卷柏一样，学会变通，放弃或适当改变根深蒂固的旧观念，就可以更好地主宰自己的命运，离成功更近一些。	부처손은 물이 부족할 때, 스스로 뿌리를 뽑고 자신을 둥글게 말아 바람을 타고 움직이다가 수분이 충분한 곳에 이르면 바로 신속하게 뿌리를 내린다. 부처손은 융통성을 발휘할 줄 알기 때문에, 자신을 살아남게 했다. 한 사람에게 있어, 부처손처럼 융통성을 발휘할 줄 알고 뿌리 깊은 낡은 관념을 버리거나 적절히 바꿀 줄 안다면, 자신의 운명을 더 잘 통제할 수 있고, 성공에 좀 더 가까이 다가갈 수 있다.

해설　선택지에 要(~해야 한다), 应当(마땅히 ~해야 한다)과 같은 어휘가 있으므로, 의견 주장 단문이 나올 것을 예측한다. 음성에서 언급된 适当改变根深蒂固的旧观念, 就可以更好地主宰自己的命运, 离成功更近一些와 내용이 일치하는 선택지 A 要适当改变旧观念을 정답으로 고른다.

어휘　선택지 观念 guānniàn 관념　讲究 jiǎngjiu 圆 중요시하다　实效 shíxiào 圆 실제 효과　全局意识 quánjú yìshi 거시적 관점
　　　　细节 xìjié 圆 사소한 부분　成败 chéngbài 圆 성패
　　　 단문 卷柏 juǎnbǎi 圆 부처손[부처손과의 여러해살이풀]　自行 zìxíng 圆 스스로　根 gēn 圆 뿌리　卷 juǎn 圆 말다　移动 yídòng 圆 움직이다
　　　　★充足 chōngzú 圆 충분하다　迅速 xùnsù 圆 신속하다　扎根 zhāgēn 圆 뿌리를 내리다　变通 biàntōng 圆 융통성을 발휘하다
　　　　★生存 shēngcún 圆 살아남다　★根深蒂固 gēnshēndìgù 뿌리가 깊다　主宰 zhǔzǎi 圆 통제하다　命运 mìngyùn 圆 운명

3	A 飞翔是鸟类的本能 B 鸵鸟本应该练习飞翔 C 人们要多关注他人的长处 **D** 发挥长处比克服缺点更重要	A 나는 것은 조류의 본능이다 B 타조는 나는 연습을 해야 한다 C 사람들은 다른 사람의 장점에 더 관심을 가져야 한다 **D** 장점을 발휘하는 것이 단점을 극복하는 것보다 더 중요하다

鸵鸟不会飞翔，但是善于奔跑。如果它认为"不会飞"是一个需要克服的缺陷，而将所有的精力都放在练习飞翔上，那么它就不会成为跑得最快的鸟类。人亦是如此，我们往往总是盯着自己的短处，殊不知发展自身的长项，才是走向成功的基础。	타조는 날지 못하지만, 달리는 것에 능하다. 만약 타조가 '날지 못하는 것'을 극복해야 할 단점이라고 여기고, 모든 에너지를 나는 것을 연습하는 데에만 썼다면, 타조는 가장 빨리 달리는 조류가 되지 못했을 것이다. 사람도 그렇다. 우리는 종종 자신의 단점만을 눈여겨보는데, 자신의 장점을 발전시키는 것이 성공으로 향하는 기초라는 것을 전혀 모르고 있다.

해설　선택지에 应该/要(~해야 한다)와 같은 어휘가 있으므로 의견 주장 단문이 나올 것을 예측한다. 음성에서 언급된 我们往往总是盯着自己的短处, 殊不知发展自身的长项, 才是走向成功的基础와 내용이 일치하는 선택지 D 发挥长处比克服缺点更重要를 정답으로 고른다.

어휘　선택지　★飞翔 fēixiáng 图 날다　本能 běnnéng 图 본능　鸵鸟 tuóniǎo 图 타조　关注 guānzhù 图 관심을 가지다　发挥 fāhuī 图 발휘하다
　　　　　　克服 kèfú 图 극복하다
　　　　단문　善于 shànyú 图 ~에 능하다　奔跑 bēnpǎo 图 달리다　★缺陷 quēxiàn 图 단점　精力 jīnglì 图 에너지　★亦 yì 图 ~도
　　　　　　★盯 dīng 图 눈여겨보다　殊不知 shūbùzhī 图 전혀 모르다　长项 chángxiàng 图 장점, 잘하는 일

4

A 不要过分追求完美	A 지나치게 완벽을 추구하지 마라
B 国家应该鼓励就业	B 국가는 취업을 장려해야 한다
C 要尽量减少失败因素	C 실패 요인을 되도록 줄여야 한다
D 创新的路上充满了挑战	**D 혁신의 길에는 도전이 가득하다**

| 在竞争激烈的现代社会，创新能力是一个国家必备的软实力。然而，创新是一个极其艰难的过程，也不会一帆风顺，它需要坚持不懈的精神和迎难而上的品质。虽然创新路上布满了荆棘，失败更是家常便饭，但是正因如此，创新精神才更加可贵。 | 경쟁이 치열한 현대 사회에서, 혁신 능력은 한 국가가 반드시 갖춰야 할 소프트 파워이다. 그러나 혁신은 굉장히 힘든 과정이고, 순탄하지도 않으며, 끝까지 해 나가는 정신과 어려움에 굴복하지 않는 인품이 필요하다. 비록 혁신의 길에는 난관이 가득하고, 실패는 더욱 흔한 일이지만, 이렇기 때문에 혁신 정신은 더욱 더 소중하다. |

해설　선택지에 不要(~하지 마라), 应该/要(~해야 한다)와 같은 어휘가 있으므로, 의견 주장 단문이 나올 것을 예측한다. 음성에서 언급된 创新路上布满了荆棘，失败更是家常便饭과 내용이 일치하는 선택지 D 创新的路上充满了挑战을 정답으로 고른다.

어휘　선택지　过分 guòfèn 图 지나치다　追求 zhuīqiú 图 추구하다　完美 wánměi 图 완벽하다　★就业 jiùyè 图 취업하다　尽量 jǐnliàng 图 되도록
　　　　　　因素 yīnsù 图 요인　创新 chuàngxīn 图 혁신하다　充满 chōngmǎn 图 가득하다　挑战 tiǎozhàn 图 도전하다
　　　　단문　激烈 jīliè 图 치열하다　现代 xiàndài 图 현대　必备 bìbèi 图 반드시 갖추다　软实力 ruǎnshílì 图 소프트 파워　极其 jíqí 图 굉장히
　　　　　　★艰难 jiānnán 图 힘들다　★一帆风顺 yìfānfēngshùn 图 (일이) 순탄하게 진행되다
　　　　　　坚持不懈 jiānchíbúxiè 图 (느슨해지지 않고) 끝까지 해 나가다　精神 jīngshén 图 정신
　　　　　　★迎难而上 yíngnán'érshàng 图 어려움에 굴복하지 않다　品质 pǐnzhì 图 인품　布满 bùmǎn 图 가득하다, 널리 퍼져 있다　荆棘 jīngjí 图 난관
　　　　　　家常便饭 jiāchángbiànfàn 图 흔한 일, 다반사　可贵 kěguì 图 소중하다

고득점비책 04 | 설화·이야기 단문 공략하기　p.34

mp3 바로듣기 ▶

전략 적용 해석
p.35

A 두루미는 먹이를 소중히 여긴다	어느 날, 여우가 두루미를 초대해 밥을 먹었는데, 여우는 평평한 접시에 고깃국을 조금 담아 내놓았다. 두루미는 부리가 뾰족하고 길어서, 접시의 고깃국을 조금도 마시지 못했다. 여우는 넓고 큰 입을 벌려, 국을 아주 빠르게 다 마셨고, 가식적으로 두루미에게 물었다. "고깃국은 입맛에 맞으세요?"
B 고깃국은 맛이 없다	
C 여우는 일처리가 꼼꼼하다	
D 여우는 매우 가식적이다	

어휘　선택지　仙鹤 xiānhè 图 두루미　爱惜 àixī 图 소중히 여기다　粮食 liángshi 图 먹이, 양식　狐狸 húli 图 여우　办事 bànshì 图 일을 처리하다
　　　　　　周到 zhōudào 图 꼼꼼하다　虚伪 xūwěi 图 가식적이다 6급 빈출어휘
　　　　단문　★端 duān 图 내놓다　平底 píngdǐ (바닥이) 평평한　盛 chéng 图 담다　尖 jiān 图 뾰족하다　张开 zhāngkāi 벌리다　阔 kuò 图 넓다
　　　　　　假惺惺 jiǎxīngxīng 图 가식적인 모양, 위선적인 모습　口味 kǒuwèi 图 입맛, 맛

실전연습문제　p.35

| 1 D | 2 B | 3 A | 4 C |

1

A 吴承恩曾提倡多阅读	A 오승은은 독서를 권장했다
B 吴承恩不愿意过得舒坦	B 오승은은 편안하게 생활하기를 원하지 않았다
C 《西游记》的撰写历时七十年	C <서유기>의 집필은 70년이 걸렸다
D 《西游记》在撰写途中被中断过	**D <서유기>는 집필 도중에 중단된 적이 있다**

吴承恩从小博览群书，尤其爱看神话故事。少年时期他因文才出众而在故乡出了名，然而他的一生并不平坦。他在科举中屡遭挫折，长期以卖文为生。官场的失意和生活的贫困，使他通过志怪小说来表达内心的不满。四十二岁时他写出了《西游记》的初稿，后来因故中断，直到七十岁高龄才得以着力撰写并完成了《西游记》。	오승은은 어릴 적부터 많은 책을 읽었고, 특히 신화를 즐겨 읽었다. 어린 시절 그는 글재주가 뛰어나 고향에서 유명했지만, 그의 일생은 결코 순탄치 않았다. 그는 과거 시험에서 여러 번 좌절을 맛봤고, 오랜 기간 글을 팔아 생활했다. 관료 사회에서의 낙담과 생활의 빈곤은 그로 하여금 지괴소설을 통해 마음속의 불만을 나타내게 했다. 그는 마흔 두 살에 <서유기>의 초고를 완성했고, 그 후 사정으로 인해 중단했다가, 일흔 살의 고령자가 되어서야 비로소 <서유기>를 집필하고 완성하는 데 전력을 다할 수 있었다.

해설　선택지에 吴承恩(오승은), 西游记(서유기)가 있으므로 설화·이야기 단문이 나올 것을 예측한다. 음성에서 언급된《西游记》的初稿, 后来因故中断과 내용이 일치하는 선택지 D《西游记》在撰写途中被中断过를 정답으로 고른다.

어휘　선택지　吴承恩 Wú Chéng'ēn [고유] 오승은[중국 명나라 시기 문학자]　提倡 tíchàng [동] 권장하다　舒坦 shūtan [형] 편안하다
　　　　撰写 zhuànxiě [동] 집필하다　历时 lìshí [동] (시간이) 걸리다　★中断 zhōngduàn [동] 중단되다
　　　단문　博览群书 bólǎnqúnshū [성] 많은 책을 읽다　神话 shénhuà [명] 신화　文才 wéncái [명] 글재주　★故乡 gùxiāng [명] 고향
　　　　平坦 píngtǎn [형] 순탄하다　屡遭 lǚ zāo 여러 번 당하다　★挫折 cuòzhé [동] 좌절하다　官场 guānchǎng [명] 관료 사회　失意 shīyì [동] 낙담하다
　　　　贫困 pínkùn [형] 빈곤하다　志怪小说 zhìguài xiǎoshuō [명] 지괴소설[기괴한 이야기를 적은 소설]　表达 biǎodá [동] 나타내다
　　　　初稿 chūgǎo [명] 초고　高龄 gāolíng [명] 고령자　着力 zhuólì [동] 전력을 다하다

2

A 驴和老虎是朋友 **B 驴没有其他本事** C 老虎没有达到目的 D 树林已经完全被破坏了	A 당나귀와 호랑이는 친구이다 **B 당나귀는 다른 능력이 없다** C 호랑이는 목적을 달성하지 못했다 D 숲은 이미 완전히 파괴되었다
从前有一个地方没有驴，后来有人带了一头驴并把它放在了山脚下。老虎看到这个陌生动物以后，就躲在树林里偷偷观察。有一天驴叫了一声，老虎吓得拔腿就跑。后来老虎也熟悉了驴，开始慢慢接近驴。驴就对老虎叫了一声，结果老虎说，你也就只会叫叫嘛，然后就把驴吃掉了。	옛날 어느 지역에는 당나귀가 없었는데, 후에 누군가가 당나귀 한 마리를 가져와 산기슭에 풀어 놓았다. 호랑이는 이 낯선 동물을 본 이후, 숲 속에 숨어서 몰래 관찰했다. 어느 날 당나귀가 울자 호랑이는 놀라서 재빨리 달아났다. 이후 호랑이는 당나귀가 우는 것에 점점 익숙해졌고, 서서히 당나귀에게 접근하기 시작했다. 당나귀는 호랑이를 향해 울었지만, 호랑이는 너는 그저 울 줄만 알잖아라고 말하며 바로 당나귀를 잡아먹었다.

해설　선택지에 驴(당나귀), 老虎(호랑이)가 있으므로 설화·이야기 단문이 나올 것을 예측한다. 음성에서 언급된 驴就对老虎叫了一声, 结果老虎说, 你也就只会叫叫嘛와 내용이 일치하는 선택지 B 驴没有其他本事를 정답으로 고른다.

어휘　선택지　驴 lǘ [명] 당나귀　本事 běnshi [명] 능력　达到 dádào [동] 달성하다　树林 shùlín [명] 숲　破坏 pòhuài [동] 파괴하다
　　　단문　从前 cóngqián [명] 옛날　山脚 shānjiǎo [명] 산기슭　陌生 mòshēng [형] 낯설다　躲 duǒ [동] 숨다　偷偷 tōutōu [부] 몰래
　　　　观察 guānchá [동] 관찰하다　吓 xià [동] 놀라다　拔腿就跑 bátuǐ jiù pǎo 재빨리 달아나다　接近 jiējìn [동] 접근하다

3

A 财主的想法不现实 B 财主对建筑材料不满意 C 工匠无心满足财主的要求 D 盖楼的目的是为了迎接贵宾	**A 부자의 생각은 비현실적이다** B 부자는 건축 재료에 불만족한다 C 장인은 부자의 요구 사항을 만족시킬 마음이 없다 D 건물을 짓는 목적은 귀빈을 맞이하기 위함이다
以前有一个财主生性愚钝，他羡慕别人宽敞明亮的三层新屋，于是找工匠给自己盖一模一样的房子。可刚盖到第一层，他就责怪工匠没有在半空中建起第三层，因为他要的是第三层，而不是第一层。很显然，他的愿望根本无法实现。因此，如今就用"空中楼阁"来比喻虚幻的事物或脱离实际的空想。	예전에 어떤 부자는 천성이 우둔했는데, 그는 다른 사람의 넓고 밝은 3층짜리 새집이 부러워서, 장인에게 모양이 완전히 같은 집을 지어 달라고 했다. 그러나 막 1층을 지었을 때, 그는 공중에 3층부터 세우지 않았다며 장인을 원망했다. 왜냐하면 그가 원하는 것은 3층이지, 1층이 아니었기 때문이다. 분명히, 그의 바람은 전혀 실현될 수 없다. 이 때문에, 오늘날 허황된 사물이나 현실과 동떨어진 공상을 '공중누각'이라는 말로 비유한다.

해설　선택지에 财主(부자), 工匠(장인)이 있으므로 설화·이야기 단문이 나올 것을 예측한다. 음성에서 언급된 如今就用"空中楼阁"来比喻虚幻的事物或脱离实际的空想과 내용이 일치하는 선택지 A 财主的想法不现实을 정답으로 고른다.

어휘　선택지　财主 cáizhu [명] 부자　现实 xiànshí [형] 현실적이다　建筑 jiànzhù [동] 건축하다　工匠 gōngjiàng [명] 장인　满足 mǎnzú [동] 만족시키다
　　　　盖 gài [동] (건물을) 짓다　迎接 yíngjiē [동] 맞이하다　贵宾 guìbīn [명] 귀빈

단문 **生性** shēngxìng 몡 천성 **愚钝** yúdùn 톙 우둔하다 ★**宽敞** kuānchang 톙 넓다 **明亮** míngliàng 톙 밝다

一模一样 yìmúyíyàng 톙 모양이 완전히 같다 **责怪** zéguài 동 원망하다 **显然** xiǎnrán 톙 분명하다 **愿望** yuànwàng 몡 바람

根本 gēnběn 囝 전혀 **实现** shíxiàn 동 실현하다 **如今** rújīn 몡 오늘날

空中楼阁 kōngzhōnglóugé 몡 공중누각[아무런 근거 혹은 토대가 없는 사물이나 이론을 비유적으로 이르는 말]

★**比喻** bǐyù 동 비유하다 **虚幻** xūhuàn 톙 허황되다 **事物** shìwù 몡 사물 ★**脱离** tuōlí 동 동떨어지다 **空想** kōngxiǎng 몡 공상

4

A 神农氏是古代名医	A 신농씨는 고대의 명의이다
B 首领们都自称"药王神"	B 수장들은 모두 스스로를 '약의 신'이라 일컬었다
C 神农氏教人们耕种的方法	**C 신농씨는 사람들에게 농사를 짓는 방법을 가르쳤다**
D 当时的百姓十分畏惧神灵	D 당시의 백성들은 신을 매우 두려워했다

神农氏是古代部落联盟的首领，他发明了农具，还向人们传授了耕种、制陶、纺织及用火的方法，因此被尊为农业之神。当时很多人因病死去，他觉得自己有保护百姓的职责，所以踏遍千山万水，寻找治疗疾病的药草。他试过百草，多次中毒，最后因尝断肠草而逝世。为了纪念他的功劳，人们奉他为"药王神"。	신농씨는 고대 부족 연맹의 수장인데, 그는 농기구를 발명하고 사람들에게 농사, 도자기 제작, 방직 및 불을 사용하는 방법을 전수하여 농업의 신으로 추앙을 받았다. 당시 많은 사람들이 병으로 죽었는데, 그는 자신이 백성을 보호할 책임이 있다고 생각하여, 수없이 많은 산과 강 곳곳을 돌아다니며, 병을 치료할 약초를 찾아다녔다. 그는 온갖 풀을 시험해 보고 여러 번 중독되기도 했는데, 결국에는 단장초를 먹음으로 인해 세상을 떠났다. 그의 공로를 기념하기 위해, 사람들은 그를 '약의 신'으로 섬겼다.

해설 선택지에 神农氏(신농씨), 首领(수장), 百姓(백성)이 있으므로 설화·이야기 단문이 나올 것을 예측한다. 음성에서 언급된 神农氏……传授了耕种、制陶、纺织及用火的方法와 내용이 일치하는 선택지 C 神农氏教人们耕种的方法를 정답으로 고른다.

어휘 선택지 **神农氏** Shénnóngshì 고유 신농씨[고대 중국의 전설 속 인물] **首领** shǒulǐng 몡 수장 **自称** zìchēng 동 스스로 일컫다 **耕种** gēngzhòng 동 농사를 짓다 ★**畏惧** wèijù 동 두려워하다 **神灵** shénlíng 몡 신(령)

단문 **部落** bùluò 몡 부족 **联盟** liánméng 몡 연맹 **发明** fāmíng 동 발명하다 ★**传授** chuánshòu 동 전수하다 **制陶** zhì táo 도자기를 제작하다 ★**纺织** fǎngzhī 동 방직하다 **农业** nóngyè 몡 농업 **踏遍** tàbiàn 동 곳곳을 돌아다니다 **千山万水** qiānshānwànshuǐ 수없이 많은 산과 강 **寻找** xúnzhǎo 동 찾다 **治疗** zhìliáo 동 치료하다 **中毒** zhòngdú 동 중독되다 **断肠草** duànchángcǎo 몡 단장초[독성이 매우 강한 독초] **逝世** shìshì 동 세상을 떠나다 **纪念** jìniàn 동 기념하다 **功劳** gōngláo 몡 공로 **奉** fèng 동 섬기다

제1부분 실전테스트 p.36

mp3 바로듣기 ▶

1 A	2 B	3 D	4 D	5 A	6 D	7 D	8 C	9 B	10 B
11 D	12 C	13 D	14 A	15 C					

1

A 应该学会独立思考	**A 자주적으로 생각하는 법을 배워야 한다**
B 不要随意传播谣言	B 유언비어를 함부로 퍼뜨리지 마라
C 人都有权利评价别人	C 사람은 모두 다른 사람을 평가할 권리가 있다
D 必须勇敢地坚持真理	D 반드시 용감하게 진리를 고수해야 한다

具备独立思考的能力对人们至关重要，只有不断学习新的知识，才能提高这种能力。因为丰富的学识可以开阔眼界，增强人们的判断力。最重要的是，这可以避免对荒唐的传言或谣言信以为真，从而失去理智，无法冷静思考。	자주적으로 생각하는 능력을 갖추는 것은 사람들에게 있어 매우 중요한데, 새로운 지식을 끊임없이 배워야만 이러한 능력을 향상시킬 수 있다. 왜냐하면 풍부한 학식은 견문을 넓혀 사람들의 판단력을 강화할 수 있기 때문이다. 가장 중요한 것은, 자주적으로 생각하는 능력을 갖추면 터무니없는 소문이나 유언비어를 진실이라고 믿어서 이성을 잃고 냉정하게 생각하지 못하는 것을 피할 수 있다.

해설 선택지에 应该(~해야 한다), 不要(~하지 마라), 必须(반드시 ~해야 한다)와 같은 어휘가 있으므로, 의견 주장 단문이 나올 것을 예측한다. 음성에서 언급된 具备独立思考的能力对人们至关重要와 내용이 일치하는 선택지 A 应该学会独立思考를 정답으로 고른다.

어휘 선택지 **独立** dúlì 톙 자주적으로 하다 **思考** sīkǎo 동 생각하다 ★**随意** suíyì 囝 함부로 **传播** chuánbō 동 퍼뜨리다 **谣言** yáoyán 몡 유언비어 **权利** quánlì 몡 권리 **评价** píngjià 동 평가하다 **真理** zhēnlǐ 몡 진리

단문 **具备** jùbèi 동 갖추다 **至关重要** zhìguān zhòngyào 매우 중요하다 **不断** búduàn 囝 끊임없이 ★**开阔** kāikuò 동 넓히다

6급 빈출어휘

眼界 yǎnjiè 몡 견문　增强 zēngqiáng 툉 강화하다　判断力 pànduànlì 몡 판단력　避免 bìmiǎn 툉 피하다　荒唐 huāngtáng 톙 터무니없다

传言 chuányán 몡 소문　谣言 yáoyán 몡 유언비어　信以为真 xìnyǐwéizhēn 툉 진실이라고 믿다　失去 shīqù 툉 잃다　★理智 lǐzhì 몡 이성

2

A 庑殿建筑代表了现代建筑	A 무전식 건축 양식은 현대 건축물을 대표한다
B 庑殿建筑和皇家建筑有关	**B 무전식 건축 양식은 황실 건축과 관련이 있다**
C 庑殿建筑起源于清朝末年	C 무전식 건축 양식은 청나라 말기에 기원했다
D 庑殿建筑象征着富裕阶层	D 무전식 건축 양식은 부유 계층을 상징한다

庑殿建筑是古代房屋中等级最高的一种建筑形式。在等级森严的封建社会，它被用在宫殿、坛庙、重要门楼等皇家建筑上，但不适用于官府、商家、民宅等非皇家建筑。作为统治阶级的象征，庑殿建筑既具备气势浩大、富丽堂皇的特质，也拥有独树一帜的艺术价值。

무전식 건축 양식은 고대 가옥에서 등급이 가장 높은 건축 형식이다. 계급이 엄격한 봉건 사회에서 무전식 건축 양식은 궁전, 단묘, 중요한 문루 등의 황실 건축물에 사용되었지만, 관청, 상점, 민가 등 황실 건축물이 아닌 곳에는 사용되지 않았다. 통치 계급의 상징으로서, 무전식 건축 양식은 기세가 드높고, 웅장하고 화려하다는 특징을 지니고 있으며, 독보적인 예술 가치도 가지고 있다.

해설　모든 선택지에 공통적으로 庑殿建筑(무전식 건축 양식)이 있으므로 庑殿建筑에 대한 설명 단문이 나올 것을 예측한다. 음성에서 언급된 庑殿建筑……它被用在宫殿、坛庙、重要门楼等皇家建筑上과 내용이 일치하는 선택지 B 庑殿建筑和皇家建筑有关을 정답으로 고른다.

어휘　선택지　庑殿建筑 wǔdiàn jiànzhù 몡 무전식 건축 양식[지붕의 네 면이 모두 경사진 형태로 이루어진 중국의 전통 건축 양식]

代表 dàibiǎo 툉 대표하다　现代 xiàndài 몡 현대　建筑 jiànzhù 몡 건축물 툉 건축하다　起源于 qǐyuán yú ~에 기원하다

清朝 Qīngcháo 고유 청나라[중국 역사상의 한 국가]　末年 mònián 몡 말기, 말년　皇家 huángjiā 몡 황실　象征 xiàngzhēng 툉 상징하다

★富裕 fùyù 톙 부유하다　★阶层 jiēcéng 몡 계층

단문　房屋 fángwū 몡 가옥　等级 děngjí 몡 등급, 계급　形式 xíngshì 몡 형식　森严 sēnyán 톙 엄격하다　封建社会 fēngjiàn shèhuì 몡 봉건 사회

★宫殿 gōngdiàn 몡 궁전　坛庙 tánmiào 몡 단묘[역대 제왕들에게 제사를 지내던 곳]

门楼 ménlóu 몡 문루[대궐의 문 또는 성문 위에 지은 다락집]　适用 shìyòng 툉 사용하다, 적용하다　官府 guānfǔ 몡 관청

商家 shāngjiā 몡 상점　民宅 mínzhái 몡 민가　非 fēi 툉 ~(이)가 아니다　作为 zuòwéi 게 ~로서　统治 tǒngzhì 툉 통치하다　阶级 jiējí 몡 계급

具备 jùbèi 툉 지니다　★气势 qìshì 몡 기세　★浩大 hàodà 톙 드높다　富丽堂皇 fùlìtánghuáng 톙 웅장하고 화려하다　特质 tèzhì 몡 특징

★拥有 yōngyǒu 툉 가지다　独树一帜 dúshùyízhì 톙 독보적이다　价值 jiàzhí 몡 가치

3

A 厦门的湖泊清澈见底	A 샤먼의 호수는 맑고 투명해서 바닥이 보인다
B 技术创新是企业的生命	B 기술 혁신은 기업의 생명이다
C 水路运输十分耗费人力	C 수로 운송은 인력이 매우 소모된다
D 青少年发明了清扫机器人	**D 청소년이 청소 로봇을 발명했다**

厦门有很多湖泊，湖里的垃圾严重影响了湖泊的环境。清洁工人划船打捞这些垃圾，耗费了大量的人力和物力。后来，几个中学生发明了一种能够清理水面的机器人，大大减轻了工人的负担。他们的发明获得了青少年科技创新大赛二等奖。

샤먼에는 호수가 많은데, 호수의 쓰레기는 호수의 환경에 심각한 영향을 끼쳤다. 청소부는 배를 저어 이 쓰레기들을 건져내는데, 많은 인력과 물자가 소모됐다. 그 후로 몇몇 중학생들이 수면을 깨끗이 청소할 수 있는 로봇을 발명했고, 노동자들의 부담을 크게 덜어주었다. 그들의 발명품은 청소년 과학 기술 혁신 대회에서 2등상을 받았다.

해설　선택지에 技术创新(기술 혁신), 机器人(로봇)과 같은 어휘들이 있으므로, 과학 기술과 관련된 정보 전달 단문이 나올 것을 예측한다. 음성에서 언급된 几个中学生发明了一种能够清理水面的机器人과 내용이 일치하는 선택지 D 青少年发明了清扫机器人을 정답으로 고른다.

어휘　선택지　厦门 Xiàmén 고유 샤먼[중국 푸젠(福建)성에 위치한 도시]　★湖泊 húpō 몡 호수　★清澈 qīngchè 톙 맑고 투명하다

★创新 chuàngxīn 몡 혁신　企业 qǐyè 몡 기업　运输 yùnshū 툉 운송하다　★耗费 hàofèi 툉 소모하다　青少年 qīngshàonián 몡 청소년

发明 fāmíng 툉 발명하다　清扫机器人 qīngsǎo jīqìrén 몡 청소 로봇

단문　清洁工人 qīngjié gōngrén 몡 청소부　划船 huá chuán 배를 젓다　打捞 dǎlāo 툉 (물속의 것을) 건져 내다　物力 wùlì 몡 물자

★清理 qīnglǐ 툉 청소하다　减轻 jiǎnqīng 툉 덜어주다　★负担 fùdān 몡 부담　科技 kējì 몡 과학 기술

4

A 该大学音乐专业很突出	A 이 대학교의 음악 대학은 뛰어나다
B 该大学创作了新的校歌	B 이 대학교는 새로운 교가를 작곡했다
C 该大学的建筑物十分美观	C 이 대학교의 건축물은 매우 아름답다
D 该大学的录取通知书很新颖	**D 이 대학교의 입학 통지서는 매우 참신하다**

东南大学本年度的录取通知书不仅美观大方，还具有听觉元素，它一亮相，就引起了网友的赞叹。打开通知书的蓝色封套后，大气磅礴的东南大学校歌随即响起，这一情景令人震撼。网友将这份录取通知书称为"神奇的音乐盒子"。	둥난 대학교의 이번 연도 입학 통지서는 아름답고 세련될 뿐만 아니라 청각적 요소도 갖추고 있어, 이것은 등장하자마자 네티즌들의 감탄을 자아냈다. 통지서의 푸른색 봉투를 열면 기세가 드높은 둥난 대학교 교가가 바로 울려 퍼지는데, 이 광경은 사람들을 놀라게 한다. 네티즌들은 이 입학 통지서를 '신기한 음악 상자'라고 부른다.

해설 모든 선택지에 공통적으로 该大学(이 대학교)가 있으므로 특정 大学에 대한 설명 단문이 나올 것을 예측한다. 음성에서 언급된 东南大学本年度的录取通知书不仅美观大方，还具有听觉元素와 내용이 일치하는 선택지 D 该大学的录取通知书很新颖을 정답으로 고른다.

어휘 선택지 突出 tūchū 图 뛰어나다 ★创作 chuàngzuò 图 작곡하다, 창작하다 建筑物 jiànzhùwù 图 건축물
★美观 měiguān 图 (형식·구성 등이) 아름답다 录取通知书 lùqǔ tōngzhīshū 图 입학 통지서 ★新颖 xīnyǐng 图 참신하다
단문 年度 niándù 图 연도 大方 dàfang 图 세련되다 听觉 tīngjué 图 청각 ★元素 yuánsù 图 요소 亮相 liàngxiàng 图 등장하다
网友 wǎngyǒu 图 네티즌 ★赞叹 zàntàn 图 감탄하다 封套 fēngtào 图 봉투 大气磅礴 dàqìpángbó 图 기세가 드높다
★随即 suíjí 图 바로 情景 qíngjǐng 图 광경 震撼 zhènhàn 图 놀라게 하다, 뒤흔들다 称 chēng 图 부르다 ★神奇 shénqí 图 신기하다

5
A 不少人被困在废墟中	A 많은 사람이 폐허 속에 갇혔다
B 体育馆共有八根柱子	B 체육관은 총 8개의 기둥이 있다
C 消防员已经扑灭大火	C 소방대원은 이미 큰불을 진화했다
D 发生事故应立即报警	D 사고가 발생하면 즉시 신고해야 한다

深圳市体育馆发生坍塌，多名维修工人被困在废墟之下，消防部门接到报警后，立即赶往现场处理。据了解，坍塌前体育馆正进行维修改造，当时体育馆仅靠几根柱子支撑。可能是屋顶超过了柱子的承重极限，最终导致事故发生。	선전시 체육관에 붕괴가 발생하여 여러 명의 수리공이 폐허에 갇혔는데, 소방 부서는 신고를 받은 후, 즉시 현장으로 서둘러 출동하여 처리했다. 붕괴 전 체육관은 한창 수리와 리모델링을 하고 있었는데, 당시 체육관은 겨우 기둥 몇 개로만 지탱되고 있었던 것으로 알려졌다. 아마도 지붕이 기둥의 최대 하중을 초과하여, 결국 사고 발생을 초래했을 것이다.

해설 선택지에 大火(큰불), 事故(사고)와 같은 어휘들이 있으므로, 특정 사고와 관련된 정보 전달 단문이 나올 것을 예측한다. 음성에서 언급된 多名维修工人被困在废墟之下와 내용이 일치하는 선택지 A 不少人被困在废墟中을 정답으로 고른다.

어휘 선택지 废墟 fèixū 图 폐허 柱子 zhùzi 图 기둥 消防员 xiāofángyuán 图 소방대원 扑灭 pūmiè 图 (불을) 진화하다 ★事故 shìgù 图 사고
立即 lìjí 图 즉시 报警 bàojǐng 图 (경찰 등에) 신고하다
단문 深圳市 Shēnzhènshì 교위 선전시[중국 광둥(广东)성에 위치한 도시] 坍塌 tāntā 图 붕괴되다 维修工人 wéixiū gōngrén 图 수리공
消防部门 xiāofáng bùmén 图 소방 부서 赶往 gǎnwǎng 서둘러 출동하다, 서둘러 가다 ★现场 xiànchǎng 图 현장 处理 chǔlǐ 图 처리하다
正 zhèng 图 마침 维修 wéixiū 图 수리하다 改造 gǎizào 图 리모델링하다 靠 kào 图 의지하다 ★支撑 zhīchēng 图 지탱하다
屋顶 wūdǐng 图 지붕 承重极限 chéngzhòng jíxiàn 图 최대 하중 导致 dǎozhì 图 초래하다

6
A 造谣者一定要受到严惩	A 유언비어를 퍼뜨리는 사람은 반드시 엄벌을 받아야 한다
B 患者难以分辨药品的真假	B 환자는 약품의 진위를 구분하기 어렵다
C 群众要掌握一定的医学常识	C 대중은 어느 정도의 의학 상식을 습득해야 한다
D 有些关于健康的说法很荒唐	**D 건강과 관련된 일부 견해는 너무 터무니없다**

类似于"绿豆汤治百病"，"酸奶能预防癌症"这类关于健康的说法曾流行一时。对没有专业知识的普通群众来说，的确很难识别其真假。但在专业人士眼里，这些说法没有任何科学性，过于荒谬，百分之百属于谣言。	'녹두탕이 만병을 치료한다', '요구르트가 암을 예방한다'와 같은 건강에 관한 견해가 예전에 한때 유행했다. 전문 지식이 없는 일반 대중들은 확실히 그것의 진위를 분별하기가 어렵다. 하지만 전문가의 눈에 이러한 견해는 어떠한 과학성도 없으며 너무나도 터무니없고, 완전히 유언비어에 속한다.

해설 선택지에 要(~해야 한다)와 같은 어휘가 있으므로 의견 주장 단문이 나올 것을 예측한다. 음성에서 언급된 关于健康的说法……这些说법没有任何科学性，过于荒谬와 내용이 일치하는 선택지 D 有些关于健康的说法很荒唐을 정답으로 고른다.

어휘 선택지 造谣 zàoyáo 图 유언비어를 퍼뜨리다 严惩 yánchéng 图 엄벌을 받다 ★患者 huànzhě 图 환자 ★分辨 fēnbiàn 图 구분하다
★群众 qúnzhòng 图 대중 掌握 zhǎngwò 图 습득하다 常识 chángshí 图 상식 荒唐 huāngtáng 图 터무니없다
단문 类似于 lèisì yú ~와 같다 绿豆汤 lǜdòutāng 图 녹두탕 百病 bǎibìng 图 만병 酸奶 suānnǎi 图 요구르트 预防 yùfáng 图 예방하다
癌症 áizhèng 图 암 专业知识 zhuānyè zhīshi 图 전문 지식 的确 díquè 图 확실히 ★识别 shíbié 图 분별하다
专业人士 zhuānyè rénshì 图 전문가 ★过于 guòyú 图 너무나 荒谬 huāngmiù 图 터무니없다 属于 shǔyú 图 ~에 속하다
谣言 yáoyán 图 유언비어

7

A 红色的云意味着天气晴朗
B 观测云层应该依靠科学方法
C 书中记载了古代各种气象特征
D 古人预测天气的方式仍有价值

A 붉은색 구름은 날씨가 쾌청하다는 것을 의미한다
B 구름층을 관측하는 것은 과학적인 방법을 바탕으로 해야 한다
C 책에 고대의 각종 기상 특징이 기록되어 있다
D 옛사람들이 날씨를 예측하던 방식은 여전히 가치가 있다

据唐朝《相雨书》记载，云中若出现黑色和红色，就会下冰雹。这类云等同于现在的雹云。雹云的底部为黑色，上部会隐约出现红色。现在进行人工防雹作业时，也必须先判断是否有雹云。由此看来，唐代推测天气的方法至今仍有很高的价值。

당나라 <상우서>의 기록에 따르면, 구름 속에 만약 검은색과 붉은색이 나타난다면 우박이 내린다고 한다. 이러한 구름은 오늘날의 우박 구름과 일치한다. 우박 구름의 밑부분은 검은색이고, 윗부분은 붉은색이 희미하게 나타난다. 오늘날 인위적으로 우박을 억제하는 작업을 할 때에도, 우박 구름이 있는지를 반드시 먼저 판단해야 한다. 이로 미루어 보아, 당나라 시대에 날씨를 추측하던 방법은 지금까지도 여전히 높은 가치를 지니고 있다.

해설 선택지에 云(구름), 天气(날씨), 气象(기상)과 같은 어휘들이 있으므로, 날씨와 관련된 정보 전달 단문이 나올 것을 예측한다. 음성에서 언급된 唐代推测天气的方法至今仍有很高的价值과 내용이 일치하는 선택지 D 古人预测天气的方式仍有价值를 정답으로 고른다.

어휘 선택지 ★意味着 yìwèizhe 圖 의미하다　★晴朗 qínglǎng 圐 쾌청하다　观测 guāncè 圐 관측하다　★依靠 yīkào 圐 바탕으로 하다
★记载 jìzǎi 圐 기록하다　★气象 qìxiàng 圐 기상　特征 tèzhēng 圐 특징　价值 jiàzhí 圐 가치

단문 唐朝 Tángcháo 교위 당나라[중국 역사상의 한 국가]　★冰雹 bīngbáo 圐 우박　等同 děngtóng 圐 일치하다　雹云 báoyún 圐 우박 구름
隐约 yǐnyuē 圐 희미하다　★人工 réngōng 圐 인위적인　防雹 fáng báo 우박을 억제하다
唐代 Tángdài 圐 당나라 시대, 당대[중국 역사상의 한 시대]　★推测 tuīcè 圐 추측하다　至今 zhìjīn 圐 지금까지

8

A 耐火宣纸的制作工艺复杂
B 耐火宣纸使用了传统材料
C 耐火宣纸适合用来保存文献
D 耐火宣纸是历史学家发现的

A 내화성 선지의 제작 공정은 복잡하다
B 내화성 선지는 전통적인 재료를 사용했다
C 내화성 선지는 문헌을 보존하는 데에 사용하기 적합하다
D 내화성 선지는 역사학자가 발견한 것이다

耐火宣纸，是用新型无机纳米材料——羟基磷灰石制成的宣纸。这种薄薄的宣纸，能经受住明火几小时甚至几天的燃烧，用此类宣纸可以确保重要文献不会在火灾中受损。实验人员还通过在高温箱里模拟老化实验，发现这种宣纸可以在5000年后依然保持洁白光亮。

내화성 선지는, 신형 무기 나노 소재인 수산화 인회석으로 만든 선지이다. 이 얇은 선지는 불에서 몇 시간 심지어 며칠 동안 연소해도 견뎌 낼 수 있어서, 이런 선지를 사용하면 중요한 문헌이 화재로 손상되지 않는 것을 보장할 수 있다. 연구자는 고온 테스트 챔버에서의 모의 노화 테스트를 통해, 이 선지는 5000년 후에도 여전히 새하얗게 빛날 수 있다는 것을 발견했다.

해설 모든 선택지에 공통적으로 耐火宣纸(내화성 선지)가 있으므로 耐火宣纸에 대한 설명 단문이 나올 것을 예측한다. 음성에서 언급된 用此类宣纸可以确保重要文献不会在火灾中受损과 내용이 일치하는 선택지 C 耐火宣纸适合用来保存文献를 정답으로 고른다.

어휘 선택지 耐火 nài huǒ 내화성이 있다　宣纸 xuānzhǐ 圐 선지[중국 안후이(安徽)성의 쉬안청(宣城)시에서 생산되는 고급 종이]
制作 zhìzuò 圐 제작하다, 만들다　工艺 gōngyì 圐 공정　传统 chuántǒng 圐 전통적인　保存 bǎocún 圐 보존하다　文献 wénxiàn 圐 문헌
历史学家 lìshǐxuéjiā 圐 역사학자

단문 新型 xīnxíng 圐 신형의　无机 wújī 圐 무기의　纳米材料 nàmǐ cáiliào 圐 나노 소재
羟基磷灰石 qiǎngjī línhuīshí 圐 수산화 인회석[암석 혹은 골격, 치아에서 발견되는 무기물질]　薄 báo 圐 얇다
经受住 jīngshòu zhù 견뎌 내다　燃烧 ránshāo 圐 연소하다　★确保 quèbǎo 圐 보장하다　实验人员 shíyàn rényuán 圐 연구자, 실험자
高温箱 gāowēnxiāng 圐 고온 테스트 챔버[실험 장비 중 하나]　依然 yīrán 圐 여전히　洁白 jiébái 圐 새하얗다　光亮 guāngliàng 圐 빛나다

9

A 无花果树寿命短
B 无花果具有医药价值
C 无花果树的果肉口感不佳
D 温热地区不适合无花果树生长

A 무화과 나무는 수명이 짧다
B 무화과는 약용 가치가 있다
C 무화과 나무의 과육은 맛이 좋지 않다
D 온열대 지방은 무화과 나무가 자라기 적합하지 않다

无花果树大多生长在热带和温带地区，其寿命很长，一般可达数十年。无花果树的果实甘甜可口且营养丰富。无花果富含维生素A和维生素C等营养成分，并具有生津开胃的功能，因此也常常被用在中医药材中。

무화과 나무는 대부분 열대 지방과 온대 지방에서 자라며 수명이 매우 긴데, 보통 수십 년에 달한다. 무화과 나무의 열매는 달콤하고 맛있으며 영양도 풍부하다. 무화과에는 비타민 A와 비타민 C 등 영양 성분이 풍부하게 들어있고, 침의 분비를 촉진하여 식욕을 증진시키는 효능도 가지고 있어서 중의학 약재로도 자주 사용된다.

해설 모든 선택지에 공통적으로 无花果(무화과)가 있으므로 无花果에 대한 설명 단문이 나올 것을 예측한다. 음성에서 언급된 无花果……具有生津开胃的功能, 因此也常常被用在中医药材中과 내용이 일치하는 선택지 B 无花果具有医药价值를 정답으로 고른다.

어휘 선택지 无花果 wúhuāguǒ 圆 무화과 寿命 shòumìng 圆 수명 医药价值 yīyào jiàzhí 圆 약용 가치 果肉 guǒròu 圆 과육
　　　 口感 kǒugǎn 圆 맛, 식감 生长 shēngzhǎng 圆 자라다
　　 단문 果实 guǒshí 圆 열매 甘甜 gāntián 圆 달콤하다 ★可口 kěkǒu 圆 맛있다 营养 yíngyǎng 圆 영양 富含 fùhán 圆 풍부하게 들어있다
　　　 ★维生素 wéishēngsù 圆 비타민 成分 chéngfèn 圆 성분 生津 shēngjīn 침이나 체액의 분비를 촉진하다
　　　 开胃 kāiwèi 圆 식욕을 증진시키다 功能 gōngnéng 圆 효능 药材 yàocái 圆 약재

10　A 该探测器采集到了铁矿　　　　　　　A 이 탐측기는 철광을 채집했다
　　　B 火星上可能具有水资源　　　　　**B 화성은 수자원을 보유하고 있을 가능성이 있다**
　　　C 火星的气候相对更湿润　　　　　　C 화성의 기후는 상대적으로 더 습윤하다
　　　D 有些星球不适合人类生存　　　　　D 어떤 행성들은 인류가 생존하기에 적합하지 않다

美国科学家团队通过火星探测轨道飞行器的影像和光谱数据，首次在火星的中纬度地区发现了大量的纯净地下水冰。这些水冰不仅有助于寻觅火星气候演变的踪迹，还有望成为将来登陆火星的宇航员和火星移民的水源。　｜　미국 과학자 팀은 화성정찰위성의 영상과 스펙트럼 데이터를 통해, 처음으로 화성의 중위도 지역에서 대량의 깨끗한 지하 얼음을 발견했다. 이 얼음들은 화성 기후 변화의 종적을 찾는 데 도움이 될 뿐만 아니라, 미래에 화성에 상륙할 우주 비행사와 화성 이민자들의 수원이 될 가능성이 있다.

해설 선택지에 探测器(탐측기), 火星(화성), 星球(행성)과 같은 어휘들이 있으므로, 우주와 관련된 정보 전달 단문이 나올 것을 예측한다. 음성에서 언급된 这些水冰……有望成为将来登陆火星的宇航员和火星移民的水源과 내용이 일치하는 선택지 B 火星上可能具有水资源을 정답으로 고른다.

어휘 선택지 探测器 tàncèqì 圆 탐측기 ★采集 cǎijí 圆 채집하다 铁矿 tiěkuàng 圆 철광 火星 huǒxīng 圆 화성 水资源 shuǐzīyuán 圆 수자원
　　　 相对 xiāngduì 圆 상대적이다 湿润 shīrùn 圆 습윤하다 星球 xīngqiú 圆 행성 人类 rénlèi 圆 인류 ★生存 shēngcún 圆 생존하다
　　 단문 团队 tuánduì 圆 팀 火星探测轨道飞行器 huǒxīng tàncè guǐdào fēixíngqì 圆 화성정찰위성 影像 yǐngxiàng 圆 영상
　　　 光谱数据 guāngpǔ shùjù 圆 스펙트럼 데이터 首次 shǒucì 圆 처음 中纬度 zhōngwěidù 圆 중위도 地区 dìqū 圆 지역
　　　 纯净 chúnjìng 圆 (성분이) 깨끗하다 寻觅 xúnmì 圆 찾다 ★演变 yǎnbiàn 圆 변화하다 踪迹 zōngjì 圆 종적
　　　 有望 yǒuwàng 圆 가능성이 있다 登陆 dēnglù 圆 상륙하다 宇航员 yǔhángyuán 圆 우주 비행사 移民 yímín 圆 이민자
　　　 水源 shuǐyuán 圆 수원

11　A 紫砂壶属于现代工艺品　　　　　　　A 자사호는 현대 공예품에 속한다
　　　B 紫砂壶主要用来加工茶叶　　　　　　B 자사호는 찻잎을 가공하는 데에 주로 쓰인다
　　　C 紫砂壶常由紫色变成玉色　　　　　　C 자사호는 보통 보라색에서 옥색으로 변한다
　　　D 紫砂壶在拍卖市场大受欢迎　　　　**D 자사호는 경매 시장에서 큰 인기를 끌고 있다**

紫砂壶是中国特有的一种陶土工艺品，也是举世公认的质地最好的茶具。用紫砂壶泡出的茶"色香味俱全"，还能长时间保持茶叶的最佳状态，因此精致的紫砂壶备受人们的青睐。特别是在拍卖市场，由名家大师制作的紫砂壶往往一壶难求。　｜　자사호는 중국 고유의 자토 공예품으로, 전 세계에서 인정받는 품질이 가장 좋은 다기이기도 하다. 자사호로 우려낸 차는 '색과 향과 맛이 모두 완벽'하며, 찻잎의 가장 좋은 상태를 오랜 시간 동안 유지할 수도 있어서, 정교한 자사호는 사람들에게 인기가 많다. 특히 경매 시장에서, 명인이 제작한 자사호는 항상 구하기 힘들다.

해설 모든 선택지에 공통적으로 紫砂壶(자사호)가 있으므로 紫砂壶에 대한 설명 단문이 나올 것을 예측한다. 음성에서 언급된 在拍卖市场, 由名家大师制作的紫砂壶往往一壶难求와 내용이 일치하는 선택지 D 紫砂壶在拍卖市场大受欢迎을 정답으로 고른다.

어휘 선택지 紫砂壶 zǐshāhú 圆 자사호[중국 장쑤(江苏)성 이싱(宜兴)시에서 나는 도자기] 属于 shǔyú 圆 ~에 속하다 现代 xiàndài 圆 현대
　　　 ★工艺品 gōngyìpǐn 圆 공예품 ★加工 jiāgōng 圆 가공하다 ★玉 yù 圆 옥 拍卖市场 pāimài shìchǎng 圆 경매 시장
　　 단문 陶土 táotǔ 圆 자토[도자기의 원료로 쓰는 진흙] ★公认 gōngrèn 圆 인정하다 质地 zhìdì 圆 품질 茶具 chájù 圆 다기
　　　 泡出 pàochu 우려내다 俱全 jùquán 圆 모두 완벽하다, 모두 갖추다 保持 bǎochí 圆 유지하다 状态 zhuàngtài 圆 상태
　　　 ★精致 jīngzhì 圆 정교하다 青睐 qīnglài 圆 인기, 호감 制作 zhìzuò 圆 제작하다

12　A 这条铁路能够通往国外　　　　　　　A 이 철도는 해외로 통할 수 있다
　　　B 这座桥的建造成本很低　　　　　　　B 이 다리의 건설 비용은 매우 낮다
　　　C 这座桥的跨度位居世界首位　　　　**C 이 다리의 경간은 세계 1위를 차지했다**
　　　D 穿越峡谷后可直接到达海边　　　　　D 협곡을 통과하고 나면 바로 해변에 도착할 수 있다

在被怒江峡谷隔开的悬崖峭壁上，大瑞铁路的怒江四线铁路钢梁正在建设中。这是一座世界上跨度最大的铁路拱桥，该桥上的铁路通车后，从昆明到边境城市瑞丽只需要四个小时，货运量也将达到一千两百万吨，运输成本也能降低将近一半。

누장 협곡에 의해 분리된 깎아지른 듯한 절벽 위에, 다루이 철도의 누장 4차선 철도 교량이 건설 중이다. 이것은 세계에서 경간이 가장 긴 아치형 철도 교량으로, 이 다리 위의 철도가 개통되면 쿤밍에서 변방 도시 루이리까지 4시간 밖에 걸리지 않으며, 화물 운송량 또한 1200만 톤에 이를 것이고, 운송 비용도 거의 절반으로 줄일 수 있을 것이다.

해설 선택지에 铁路(철도), 桥(다리), 跨度(경간)와 같은 어휘들이 있으므로, 철도와 관련된 정보 전달 단문이 나올 것을 예측한다. 음성에서 언급된 这是一座世界上跨度最大的铁路拱桥와 내용이 일치하는 선택지 C 这座桥的跨度位居世界首位를 정답으로 고른다.

어휘 선택지 铁路 tiělù 圆 철도 通往 tōngwǎng ~로 통하다 建造 jiànzào 圆 건설하다 ★成本 chéngběn 圆 비용
跨度 kuàdù 圆 경간[다리, 건물 따위의 기둥과 기둥 사이의 거리] 穿越 chuānyuè (어떤 지역을) 통과하다 ★峡谷 xiágǔ 圆 협곡
到达 dàodá 圆 도착하다
단문 怒江 Nùjiāng 교유 누장[중국 서남부에서 발원하여 미얀마로 유입되는 강 이름] 隔开 gékāi 분리하다
悬崖峭壁 xuányá qiàobì 깎아지른 듯한 절벽 大瑞铁路 Dà Ruì tiělù 교유 다루이 철도[중국 다리(大理)시와 루이리(瑞丽)시를 잇는 철도]
拱桥 gǒngqiáo 圆 아치형 교량 通车 tōngchē 圆 개통하다 昆明 Kūnmíng 교유 쿤밍[중국 윈난(云南)성의 성도] 边境 biānjìng 圆 변방
瑞丽 Ruìlì 교유 루이리[중국 윈난(云南)성에 위치한 도시] 货运量 huòyùnliàng 圆 화물 운송량 达到 dádào 圆 이르다 吨 dūn 圆 톤(ton)
运输 yùnshū 圆 운송하다 ★将近 jiāngjìn 閉 거의 ~에 이르다

13
A 东西南北与太阳有关
B 一声巨响吵醒了人们
C 盘古的眼睛变成了大地
D 盘古用身体支撑了天地

A 동서남북은 태양과 관계가 있다
B 큰 소리가 사람들을 깨웠다
C 반고의 눈이 대지로 변했다
D 반고는 몸으로 하늘과 땅을 지탱했다

传说中，天和地本合在一起，里面沉睡着叫盘古的巨人。有一天盘古突然醒了，见周围一片黑暗，就用大斧头乱挥，只听一声巨响，天和地分开了。他怕天地还会合拢，就用自己的身体支撑着。后来，他的眼睛变成了太阳和月亮，四肢变成了东西南北，肌肤变成了大地，血液和汗水变成了江海。

전설 속 하늘과 땅은 원래 합쳐져 있었는데, 그 안에 반고라 불리는 거인이 깊이 잠들어 있었다. 어느 날 반고가 갑자기 잠에서 깼는데, 주위가 캄캄한 것을 보고 큰 도끼를 마구 휘두르자, 큰 소리가 들리고, 하늘과 땅이 갈라졌다. 그는 하늘과 땅이 다시 합쳐질까 봐 자신의 몸을 사용해 지탱했다. 이후, 그의 눈은 해와 달이 되었고, 팔다리는 동서남북이 되었으며, 피부는 대지가 되고, 피와 땀은 강과 바다가 되었다.

해설 선택지에 人们(사람들), 盘古(반고)가 있으므로, 설화·이야기 단문이 나올 것을 예측한다. 음성에서 언급된 他怕天地还会合拢,就用自己的身体支撑着.와 내용이 일치하는 선택지 D 盘古用身体支撑了天地를 정답으로 고른다.

어휘 선택지 巨响 jùxiǎng 圆 큰 소리 吵醒 chǎoxǐng 시끄러워 잠이 깨다 盘古 Pángǔ 교유 반고[중국의 신화에서 천지개벽의 시조로 전해지는 인물]
★支撑 zhīchēng 圆 지탱하다
단문 沉睡 chénshuì 깊이 잠들다 黑暗 hēi'àn 圆 캄캄하다 斧头 fǔtóu 圆 도끼 挥 huī 圆 휘두르다 分开 fēnkāi 圆 갈라지다
合拢 hélǒng 圆 합치다 ★四肢 sìzhī 圆 팔다리, 사지 血液 xuèyè 圆 피, 혈액 汗水 hànshuǐ 圆 땀

14
A 白色毛发其实是一种错觉
B 北极熊的毛发有两种颜色
C 北极熊的毛发是实心的透明体
D 透明毛发能使北极熊伪装自己

A 흰 털은 사실 착시 현상이다
B 북극곰의 털은 두 가지 색깔이 있다
C 북극곰의 털은 속이 찬 투명체이다
D 투명한 털은 북극곰이 자신을 위장하게 할 수 있다

北极熊的毛发其实是无色透明的中空小管子，外观通常为白色，只是在氧化后可能会变成淡黄色、褐色或者灰色。人类肉眼所看到的白色，其实是北极熊的毛在阳光折射后形成的颜色。这种空心透明的毛发可以防水隔热，对生活在寒冷极地的北极熊十分有利。

북극곰의 털은 사실 무색 투명한 속이 빈 작은 파이프 형태로, 외관은 보통 흰색인데, 산화 후에 연노란색, 갈색 혹은 회색으로 변할 수 있다. 사람이 육안으로 본 흰색은, 사실 북극곰의 털이 햇빛에 굴절된 후 형성된 색깔이다. 이런 속이 비고 투명한 털은 방수와 단열을 할 수 있어, 몹시 추운 극지에서 생활하는 북극곰에게 아주 유리하다.

해설 3개의 선택지에 공통적으로 北极熊(북극곰)이 있으므로 北极熊에 대한 설명 단문이 나올 것을 예측한다. 음성에서 언급된 人类肉眼所看到的白色,其实是北极熊的毛在阳光折射后形成的颜色.와 내용이 일치하는 선택지 A 白色毛发其实是一种错觉을 정답으로 고른다.

어휘 선택지 毛发 máofà 圆 털 错觉 cuòjué 圆 착시, 착각 北极熊 běijíxióng 圆 북극곰 实心 shíxīn 圆 속이 찬 透明 tòumíng 圆 투명하다
伪装 wěizhuāng 圆 위장하다

단문　**中空** zhōngkōng 웹 속이 빈　**管子** guǎnzi 웹 파이프　**通常** tōngcháng 웹 보통　**氧化** yǎnghuà 웹 산화하다　**淡** dàn 웹 (색깔이) 연하다
褐色 hèsè 웹 갈색　**肉眼** ròuyǎn 웹 육안　**折射** zhéshè 웹 굴절하다　**形成** xíngchéng 웹 형성하다　**空心** kōngxīn 웹 속이 빈
防水 fáng shuǐ 방수하다　**隔热** gérè 웹 단열하다　**寒冷** hánlěng 웹 몹시 춥다　**极地** jídì 웹 극지[남극과 북극 사이의 지역]
有利 yǒulì 웹 유리하다

15

A 可乐会产生碱性物质	A 콜라는 알칼리성 물질을 만들어낼 수 있다
B 喝完饮料要立刻漱口	B 음료를 마시고 바로 양치질을 해야 한다
C 吃水果后不宜立即刷牙	**C 과일을 먹은 후 바로 양치질을 하는 것은 좋지 않다**
D 细菌分解食物后产生糖	D 세균은 음식을 분해한 후 당분을 생성한다

喝可乐或吃水果后不应立即刷牙，这是因为糖分被细菌分解后会产生腐蚀牙釉质的酸，此时刷牙就会损坏牙釉质。过一段时间后，唾液就会发挥缓和液的作用，中和口腔内的酸碱值，这时就可以放心刷牙了。	콜라를 마시거나 과일을 먹은 후 바로 양치질을 하면 안 된다. 이는 당분이 세균에 의해 분해된 후 에나멜질을 부식시키는 산을 생성하는데, 이때 양치질을 하면 에나멜질이 손상되기 때문이다. 시간이 좀 지나고 나면 타액이 완화액 역할을 하여 구강 내의 알칼리수치를 중화하는데, 이때는 안심하고 양치질을 해도 된다.

해설　선택지에 漱口(양치질을 하다), 刷牙(양치질을 하다)와 같은 어휘들이 있으므로, 양치질에 대한 정보 전달 단문이 나올 것을 예측한다. 음성에서 언급된 吃水果后不应立即刷牙와 내용이 일치하는 선택지 C 吃水果后不宜即刷牙를 정답으로 고른다.

어휘　선택지　**碱性** jiǎnxìng 웹 알칼리성　**物质** wùzhì 웹 물질　**立刻** lìkè 웹 바로　**漱口** shù kǒu 양치질을 하다, 가글을 하다
不宜 bùyí 웹 ~하는 것은 좋지 않다　**立即** lìjí 웹 바로　★**细菌** xìjūn 웹 세균　★**分解** fēnjiě 웹 분해하다　**食物** shíwù 웹 음식
단문　**糖分** tángfèn 웹 당분　★**腐蚀** fǔshí 웹 부식하다　**牙釉质** yáyòuzhì 웹 에나멜질[치아를 형성하는 유백색의 반투명한 물질]
★**损坏** sǔnhuài 웹 손상시키다　**唾液** tuòyè 웹 타액　**缓和** huǎnhé 웹 완화시키다　**中和** zhōnghé 웹 중화하다　**口腔** kǒuqiāng 웹 구강
酸碱值 suānjiǎnzhí 웹 알칼리수치

정답이 들리는 문제풀이 스텝 해석

p.39

16. A 가사가 우아하고 고상하다
    B 전통 도덕 관념에 부합한다
    C 배우가 비교적 매력이 있다
    D 다른 전통극으로부터 독립적이다

17. **A 열심히 배우고 연습한다**
    B 장점을 발견한다
    C 문화를 많이 공부한다
    D 명인의 연기를 모방한다

18. A 부녀
    B 숙부와 조카
    C 스승과 제자
    D 친구

19. A 이미 멸종 위기에 처했다
    B 리듬을 반드시 늦춰야 한다
    C 시대와 더불어 발전해야 한다
    D 외국에서 더욱 인기가 있다

20. **A 어릴 때부터 훈련해야 한다**
    B 정부가 주도한다
    C 대중 매체 홍보를 늘린다
    D 더 많은 극장을 짓는다

16-20번 문제는 다음 인터뷰를 들어보세요.

남: 저명한 경극 연기 예술가이신 장춘추 선생님을 환영합니다. 안녕하세요. 경극은 중국 문화의 보배이고, 중국 전통극 문화의 결정체이기도 한데요. 선생님께서는 경극이 지금까지 인기가 많은 원인이 무엇이라고 생각하십니까?

여: 경극은 중국의 가장 영향력 있고 가장 대표성을 지닌 연극 종류입니다. [16]경극이 이렇게 인기가 많은 이유는 먼저 다른 전통극의 장점을 받아들이고 흡수하는 것에 뛰어나다는 데에 있습니다. 다음으로, 경극의 줄거리는 대부분 실생활과 밀접해 있고, 가사가 통속적이며 이해하기 쉽다는 것입니다. 관객이 어떠한 직업에 종사하든, 문화 수준이 어떻든지에 상관없이 모두 이해할 수 있습니다. 더욱 중요한 것은 [16]경극이 중화민족의 일관된 도덕 기준에 부합하며, 아름다움을 널리 알리고 거짓과 추악을 비판하고, 대중들의 공정, 정의, 자유 등 아름다운 생활에 대한 추구와 동경을 만족시켰다는 것입니다.

남: 선생님께서는 6살 때부터 예술계에 종사하기 시작하셨는데요. 지금까지 이미 80여 년이 되었습니다. 80여 년의 예술 생활 중, 선생님께서는 일련의 대표적인 인물상을 성공적으로 창조해 내어 수많은 관객의 사랑을 받으셨습니다. 선생님의 경험에 비추어 볼 때, 어떻게 해야 경극을 잘 부를 수 있나요?

여: 경극은 '배역'의 예술입니다. 같은 극이라도 서로 다른 깊이의 배우가 연기를 하면 관객에게 완전히 다른 느낌을 가져다줄 수 있습니다. [17]경극 예술에서 성과를 내고 싶다면, 배우는 반드시 열심히 배우고 연습하며 기꺼이 공을 들여야 합니다. 메이란팡 선생님께서는 평생 동안 극을 연기하셨는데, 자신의 연기에 대해 한 번도 만족하신 적이 없습니다. 선생님께서는 항상 끊임없이 공연 중에 결점을 발견해서 자신의 연기가 더욱 완벽해지도록 했습니다.

남: [18]선생님께서는 메이란팡 선생님을 따라서 예술을 배우시고, 메이파 경극을 깊이 전수받으셨죠. 하지만, 선생님께서는 결코 메이 선생님의 예술 형식에 국한되지 않고, 이것을 기초로 하여 경극 예술에 대해 적절한 혁신을 이루어서, 점차 자신만의 예술 스타일을 형성하셨습니다. 선생님께서 보시기에, 사회의 변화에 따라 경극도 어느 정도 변화가 있어야 할까요?

여: [19]경극은 반드시 시대와 더불어 발전해야 합니다. 먼저, 오래된 극은 새롭게 불러야 합니다. 좋은 전통극 레퍼토리에 대해서는 끊임없이 개선하고 부족한 점을 보충해야 합니다. 그 다음으로, 극은 템포가 빨라야 합니다. 과거 전통극 공연은 리듬이 너무 느렸어요. 현재 생활 리듬이 빨라졌으니, 그에 걸맞게 극의 리듬도 템포가 빨라야 합니다. 생각해보세요. 연극이 만약 너무 느슨하다면, 서너 시간 동안 불렀을 때, 무대 아래 관객들이 몇 명이나 앉아 있을 수 있겠습니까?

남: 선생님께서 보시기에, 우리는 어떠한 조치를 취해야 경극 예술을 더욱 잘 보급하고 널리 알릴 수 있을까요?

여: 만약 [20]경극을 널리 알리고 보급하려면, 먼저 인재 육성을 중시해야 합니다. 저는 경극을 기초 교육 교과 과정에 포함시키고, 우리의 아이들이 가장 기본적인 경극 상식을 이해하게 하는 것부터 시작해서, 계획적이고 규칙적으로 경극 예술을 학습하고 감상하게 할 수 있다고 생각합니다.

16. 경극이 줄곧 인기가 있는 원인은 무엇인가?
17. 여자는 경극 배우가 어떻게 해야 성과를 얻을 수 있다고 생각하는가?

18. 메이란팡 선생과 여자는 무슨 관계인가?
19. 경극에 관해, 다음 중 옳은 것은?
20. 여자는 어떻게 경극을 보급해야 한다고 생각하는가?

어휘

선택지 唱词 chàngcí 뎽 가사　优美 yōuměi 뎽 우아하다　高雅 gāoyǎ 뎽 고상하고 우아하다　传统 chuántǒng 뎽 전통적이다　道德 dàodé 뎽 도덕
魅力 mèilì 뎽 매력　独立 dúlì 뎽 독립하다　戏曲 xìqǔ 뎽 (중국의) 전통극　勤学苦练 qín xué kǔ liàn 열심히 배우고 연습하다
模仿 mófǎng 뎽 모방하다　演技 yǎnjì 뎽 연기　叔侄 shūzhí 뎽 숙부와 조카　师徒 shītú 뎽 스승과 제자　濒临 bīnlín 뎽 처하다
灭绝 mièjué 뎽 멸종하다　★节奏 jiézòu 뎽 리듬　放缓 fàng huǎn 늦추다　与时俱进 yǔshí jùjìn 시대와 더불어 발전하다
抓 zhuā 뎽 훈련하다, 매진하다　政府 zhèngfǔ 뎽 정부　★主导 zhǔdǎo 뎽 주도하다　媒体 méitǐ 뎽 대중 매체　宣传 xuānchuán 뎽 홍보하다
建设 jiànshè 뎽 짓다　剧院 jùyuàn 뎽 극장

인터뷰 瑰宝 guībǎo 뎽 보배　★精华 jīnghuá 뎽 결정체, 정화　至今 zhìjīn 뎽 지금까지　代表 dàibiǎo 뎽 대표하다　剧种 jùzhǒng 뎽 연극의 종류
在于 zàiyú 뎽 ~에 있다　善于 shànyú 뎽 ~에 뛰어나다　吸纳 xīnà 뎽 흡수하다　★情节 qíngjié 뎽 줄거리　贴近 tiējìn 뎽 밀접하다
现实生活 xiànshí shēnghuó 뎽 실생활　★通俗 tōngsú 뎽 통속적이다　从事 cóngshì 뎽 종사하다　程度 chéngdù 뎽 수준
★一贯 yíguàn 뎽 일관되다　弘扬 hóngyáng 뎽 널리 알리다　真善美 zhēn shàn měi 아름다움, 진선미　★批判 pīpàn 뎽 비판하다
假丑恶 jiǎ chǒu è 거짓과 추악　满足 mǎnzú 뎽 만족시키다　老百姓 lǎobǎixìng 뎽 대중　公平 gōngpíng 뎽 공정하다　★正义 zhèngyì 뎽 정의
自由 zìyóu 뎽 자유　追求 zhuīqiú 뎽 추구하다　★向往 xiàngwǎng 뎽 동경하다　从艺 cóngyì 뎽 예술계에 종사하다　如今 rújīn 뎽 지금
年头 niántóu 뎽 년　生涯 shēngyá 뎽 생활　★塑造 sùzào 뎽 창조하다　一系列 yíxìliè 일련의　经典 jīngdiǎn 뎽 대표적인　形象 xíngxiàng 뎽 인물상
广大 guǎngdà 뎽 (사람 수가) 많다　角儿 juér 뎽 배역　层次 céngcì 뎽 깊이, 등급　成就 chéngjiù 뎽 성과　舍得 shěde 뎽 기꺼이 하다
下功夫 xià gōngfu 뎽 공을 들이다　一辈子 yíbèizi 뎽 평생　不断 búduàn 뎽 끊임없이　更趋 gèng qū 더욱 ~하게 되다　完美 wánměi 뎽 완벽하다
★跟随 gēnsuí 뎽 따라가다　派 pài 뎽 파　真传 zhēnchuán 뎽 전수　局限 júxiàn 뎽 국한하다　路子 lùzi 뎽 형식　适当 shìdàng 뎽 적절하다
革新 géxīn 뎽 혁신하다　逐渐 zhújiàn 뎽 점차　形成 xíngchéng 뎽 형성하다　风格 fēnggé 뎽 스타일　剧目 jùmù 뎽 레퍼토리
改进 gǎijìn 뎽 개선하다　填补 tiánbǔ 뎽 보충하다　欠缺 qiànquē 뎽 부족한 점　紧凑 jǐncòu 뎽 (템포가) 빠르다, 촘촘하다
★相应 xiāngyìng 뎽 걸맞다　松散 sōngsǎn 뎽 느슨하다　采取 cǎiqǔ 뎽 취하다　措施 cuòshī 뎽 조치　★普及 pǔjí 뎽 보급하다
弘扬 hóngyáng 뎽 널리 알리다　培养 péiyǎng 뎽 육성하다　纳入 nàrù 뎽 포함시키다　课程 kèchéng 뎽 교과 과정　基本 jīběn 뎽 기본적인
常识 chángshí 뎽 상식　规律 guīlǜ 뎽 규칙　欣赏 xīnshǎng 뎽 감상하다

고득점비책 01 | 예술·스포츠 관련자 인터뷰 공략하기　p.42

mp3 바로듣기 ▶

전략 적용 해석

p.43

1. A 무녀
   B 공작새의 왕
   C 춤의 요정
   D 민족 무용 황후

2. A 중국 전통 무용의 상징이다
   B 동양에서 가장 좋은 무용 소재이다
   C 여자의 첫 번째 무용 이름이다
   D 문인과 선비들이 찬양하는 대상이다

3. A 전환 절차를 숙지한다
   B 평소 훈련에 열중한다
   C 대자연에 대해 매우 민감하다
   D 아버지의 다년간의 지도가 있었다

4. A 외국 무용을 참고했다
   B 첨단 기술의 제작 방법을 채택했다
   C 스태프가 많은 노력을 쏟았다
   D 성공적으로 전통과 현대 예술을 융합했다

5. A 방송 시간이 탄력적이다
   B 진정으로 사람을 감동시킬 수 없다

1-5번 문제는 다음 인터뷰를 들어보세요.

남: 저희는 오늘 국내외에서 명성을 떨치고 있는 바이족 무용가 양리핑 선생님을 초대했습니다. 양 선생님, 안녕하세요! [1]선생님께서는 많은 칭호를 갖고 계시는데, '춤의 요정', '공작새의 왕' 등등이 그 예인데요. 선생님께서는 어떤 칭호를 가장 좋아하시나요?

여: [1]저희 지역은 춤을 잘 추는 여자를 '무녀'라고 부르는 것을 좋아합니다. 이것이 저와 더욱 잘 부합하는 것 같군요.

남: 선생님께서는 기예가 절정에 이른 무용 작품들을 많이 가지고 계십니다. <공작새의 영혼>, <나무 두 그루>, <월광>등이 그 예인데, 하지만 선생님께서는 특히 공작새에 애정을 쏟으시는 것 같습니다. 맞습니까?

여: 맞습니다. 먼저 저는 공작새가 대자연의 걸작이라고 생각하고, 우리 민족은 공작새를 매우 좋아합니다. 공작새는 우리의 토템이며, 우리에게 행운을 가져다줍니다. 다음으로 공작새는 타고난 연기자입니다. 우아하게 날개를 펼칠 뿐만 아니라, 어깨를 가볍게 떨기도 하는데, 이러한 동작은 모두 무용으로 표현하기 아주 적합합니다. 이 때문에 [2]저는 공작새가 동양에서 가장 좋은 무용 소재라고 생각합니다.

남: 선생님의 무용에는 많은 주제가 포함되어 있는데, 이러한 주제는 대다수가 생명, 자연, 사랑 등의 방면에 집중되어 있습니다. 선생님의 무용도 자연의 기운이 충만한데요. [3]선생님께서는 어떻게 자연

C 또 다른 느낌이 있다
D 현장의 장점을 가지고 있다

을 무용에 녹아 들게 하셨나요?

여: [3]저의 생활은 자연과 아주 가깝고, 게다가 저는 자연에 대해 매우 민감한데, 대자연을 보기만 하면 바로 영감이 생겨서, 그것을 모두 무용으로 구현하는 겁니다. 공작새와 달에 대한 사랑을 나타내는 독무가 그 예인데, 모두 대자연을 소재로 창작한 것입니다.

남: 선생님께서는 중국 원시 가무의 선도자이자 실행자인데요. 선생님의 대표작인 <윈난영상>이 바로 가장 좋은 구현입니다. [4]선생님께서는 <윈난영상>의 성공에 어떤 원인이 있다고 생각하십니까?

여: 우리는 원시의 향토 가무의 정수를 무용 속에 응용했고, 이는 <윈난영상>이 성공할 수 있었던 큰 배경입니다. 윈난에는 20여 개의 소수민족이 있는데, 모든 민족은 그들만의 독특한 스타일과 문화를 가지고 있습니다. 그리고 오리지널 민족 요소를 남겨두기 위해서, 무용수의 70%를 현지 본토 무용수로 구성했습니다. 하지만 저는 근본적인 원인은 아무래도 [4]저희가 전통과 현대 예술을 완벽하게 하나로 융합했기 때문이라고 생각합니다.

남: 많은 관객들이 텔레비전으로 보는 무용에는 진정으로 사람을 감동시킬 수 있는 것이 적다고 생각하는데, 왜 이런 느낌이 드는 걸까요?

여: 만약 텔레비전이라는 방식으로 무용을 보여준다면, 현장과 무대의 많은 장점을 잃어버릴 수 있습니다. 무대는 무대만의 느낌이 있죠. 사실 우리 민족의 민간 무용은 마을에서 보는 것이 가장 좋습니다. 하지만 [5]저는 텔레비전과 영화도 좋다고 생각하고, 훌륭한 감독이 촬영한 무용도 또 다른 느낌이 있다고 생각합니다.

1. 다음 중 여자의 칭호가 아닌 것은?
2. 공작새에 관해, 알 수 있는 것은?
3. 여자는 왜 자연을 무용에 융합할 수 있었는가?
4. <윈난영상>이 성공한 원인은 무엇인가?
5. 여자는 '텔레비전의 무용'에 대해 어떻게 생각하는가?

어휘

선택지 巫女 wūnǚ 몡 무녀   孔雀 kǒngquè 몡 공작새   精灵 jīnglíng 몡 요정   皇后 huánghòu 몡 황후   象征 xiàngzhēng 몡 상징   ★舞蹈 wǔdǎo 몡 무용
★题材 tícái 몡 소재   文人雅士 wénrén yǎshì 문인과 선비들   赞美 zànměi 동 찬양하다   对象 duìxiàng 몡 대상   转换 zhuǎnhuàn 동 전환하다
程序 chéngxù 몡 절차   热衷 rèzhōng 동 열중하다   训练 xùnliàn 동 훈련하다   敏感 mǐngǎn 톙 민감하다   教导 jiàodǎo 동 지도하다
借鉴 jièjiàn 동 참고하다   采用 cǎiyòng 동 채택하다   制作人员 zhìzuò rényuán 스태프   融合 rónghé 동 융합하다   播放 bōfàng 동 방송하다
灵活 línghuó 톙 탄력적이다, 융통성 있다   打动 dǎdòng 동 감동시키다   ★现场 xiànchǎng 몡 현장   优势 yōushì 몡 장점

인터뷰 享誉 xiǎngyù 동 명성을 떨치다   舞蹈家 wǔdǎojiā 몡 무용가   ★称号 chēnghào 몡 칭호   出神入化 chūshén rùhuà 젱 (기예가) 절정에 이르다
钟情 zhōngqíng 동 애정을 쏟다   杰作 jiézuò 몡 걸작   图腾 túténg 몡 토템[원시사회의 씨족의 상징물]   ★吉祥 jíxiáng 톙 행운이다
★天生 tiānshēng 톙 타고난   优雅 yōuyǎ 톙 우아하다   开屏 kāi píng 날개를 펴다   抖肩 dǒu jiān 어깨를 떨다   表现 biǎoxiàn 동 표현하다
★涉及 shèjí 동 포함되다   主题 zhǔtí 몡 주제   集中 jízhōng 동 집중하다   充满 chōngmǎn 동 충만하다   灵气 língqì 몡 기운   融入 róngrù 녹아 들다
接近 jiējìn 동 가깝다   ★灵感 línggǎn 몡 영감   体现 tǐxiàn 동 구현하다   表达 biǎodá 동 나타내다   热爱 rè'ài 동 열렬히 사랑하다
★创作 chuàngzuò 동 창작하다   中国原生态歌舞 Zhōngguó yuánshēngtài gēwǔ 중국 원시 가무   倡导者 chàngdǎozhě 몡 선도자
以及 yǐjí 젭 ~이자, ~와   实践者 shíjiànzhě 실행자   代表作 dàibiǎozuò 몡 대표작   ★展现 zhǎnxiàn 동 구현하다   乡土 xiāngtǔ 몡 향토
精髓 jīngsuǐ 몡 정수   应用 yìngyòng 동 응용하다   背景 bèijǐng 몡 배경   风格 fēnggé 몡 스타일   保留 bǎoliú 동 남겨두다
原汁原味 yuánzhī yuánwèi 오리지널   ★元素 yuánsù 몡 요소   当地 dāngdì 몡 현지   构成 gòuchéng 동 구성하다   完美 wánměi 톙 완벽하다
★呈现 chéngxiàn 동 보이다   失去 shīqù 동 잃어버리다   舞台 wǔtái 몡 무대   导演 dǎoyǎn 몡 감독   拍 pāi 동 촬영하다
★看待 kàndài 동 ~에 대해 생각하다

★ 6급 빈출어휘

1 B	2 D	3 B	4 C	5 A

1-5

第1到5题，请听下面一段采访。

男：今天我们有幸邀请到了"体操女王"程菲。你是如何走上体操这条道路的？

女：我的父母对运动很感兴趣，⁴小时候，父亲将我送去学习乒乓球。可是根据我的表现，老师认为我在体操方面会更具优势，便推荐我去学习体操。于是我7岁的时候开始就进行了体操训练。

男：你还记得当时你是如何接受训练的吗？

女：我当时只有7岁，成为了体校最年幼的学生，教练和同学们都对我很好。我记得训练的日子很艰苦，每一天都咬紧牙关练习，后来我13岁时进入了国家队。¹国家队的老师认为我的腿部力量强劲，便针对我的情况让我专攻自由体操和跳马这两个领域。

男：说到跳马，就不得不说一说以你的名字命名的高难度动作²"程菲跳"，你能介绍一下"程菲跳"的由来吗？

女：在澳大利亚墨尔本举行的第38届世界体操锦标赛上，我在跳马项目中做了踺子后手翻转体180度接前直空翻540度的动作，²这个动作本来是男子跳马的一个高难度动作，我也是经过长时间的努力，才掌握了这个技术。因动作难度高，当时国际体操会决定直接用我的名字命名这个动作，便有了今天的"程菲跳"。我很感谢体育界对我有如此高的评价。

男：无论在国内比赛还是在国际比赛中，你都取得了很多辉煌的成就。在备战的过程中，你是如何减压的？

女：每次备战都会让我承受各方面的压力，但我会不断地调整自己的心态。³体操运动对运动员身体的灵活度和敏捷性要求很高，体操的特殊性导致运动员的运动生涯很短暂，大多20岁就退役了。我一直鞭策自己要在有限的时间里，尽最大的努力去练好体操。此外，我对天文学很感兴趣，我房间阳台上摆着一架天文望远镜，闲暇的时候，我就会用它来看星宿，这能让我感到轻松很多。

男：退役以后，你的生活有什么变化吗？

女：⁵从国家队退役后，我回到了我的母校任教，我现在在武汉体育学院担任体操教练。⁵虽然我的比赛使命已经完成，但是我依然希望能继续为国家的体操事业贡献自己的力量。在学校教导学生的时候，我仍然会亲自上前示范，让学生可以更加清晰地领会体操动作。

1-5번 문제는 다음 인터뷰를 들어보세요.

남: 오늘 저희는 '체조 여왕' 청페이씨를 초대할 수 있게 되어 영광입니다. 당신은 어떻게 체조의 길로 들어서게 됐습니까?

여: 제 부모님께서는 운동에 흥미가 있으셨는데, ⁴어릴 때 아버지께서 제게 탁구를 배우러 가게 하셨습니다. 그러나 제 활약을 보시곤, 선생님께서 제가 체조 쪽에 더 유리할 것이라 생각하셨고, 바로 제게 체조를 배울 것을 추천하셨습니다. 그래서 저는 7살에 체조 훈련을 시작하게 되었습니다.

남: 그 당시 당신이 어떻게 훈련을 받았는지 기억하십니까?

여: 당시 저는 겨우 7살이었는데, 체육 전문 학원에서 가장 어린 학생이었고, 코치님과 학생들도 모두 제게 잘해줬습니다. 저는 훈련하는 날들이 고생스러웠다고 기억하는데, 매일 이를 악물고 연습했고, 훗날 저는 13살에 국가대표팀에 들어가게 됐습니다. ¹국가대표팀의 선생님께서는 제 다리 힘이 강하다고 생각하셨고, 제 상황에 맞게 마루 운동과 도마 두 영역을 전공하게 해주셨습니다.

남: 도마를 이야기하자니, 당신의 이름을 따 이름을 지은 고난도 동작 ²'청페이 기술'을 이야기할 수밖에 없군요. '청페이 기술'의 유래를 소개해주실 수 있나요?

여: 호주 멜버른에서 열린 제38회 세계체조선수권대회에서, 저는 도마 종목에서 덤블링을 한 후 손을 짚어 몸을 180도 비틀고 이어서 앞을 곧게 향한 상태로 공중회전 540도를 도는 동작을 했습니다. ²이 동작은 원래 남자 도마의 고난도 동작이었는데, 저도 오랜 시간의 노력을 통해 이 기술을 습득했습니다. 동작의 난도가 높았기 때문에, 당시 국제체조연맹에서 바로 제 이름을 따 이 기술의 이름으로 지었고, 그렇게 지금의 '청페이 기술'이 있게 되었습니다. 저는 스포츠계에서 저를 이렇게 높게 평가해준 것에 대해 매우 감사합니다.

남: 국내 경기 또는 국제 경기를 불문하고, 당신은 많은 눈부신 성과를 거뒀습니다. 시합을 준비하는 과정에서, 당신은 어떻게 부담을 줄였나요?

여: 매번 시합 준비는 제게 다방면의 부담을 감내하게 하지만, 저는 끊임없이 제 심리 상태를 컨트롤했습니다. ³체조 운동은 운동선수 신체의 유연성과 민첩성에 대한 요구가 높고, 체조의 특수성은 운동선수의 선수 생활을 짧아지게 하는데, 대부분 20세에 은퇴합니다. 저는 제한된 시간 안에, 모든 노력을 쏟아 체조를 훈련하도록 계속 자신을 채찍질했습니다. 이 밖에도, 저는 천문학에 관심이 있어서 제 방 베란다에 천문망원경을 놓고, 여가 시간에 망원경으로 별자리를 보는데, 이렇게 하면 편안함을 많이 느낍니다.

남: 은퇴 이후, 당신의 생활에는 어떠한 변화가 있었습니까?

여: ⁵국가대표팀에서 은퇴한 후, 저는 제 모교로 돌아가 교직을 맡았습니다. 저는 지금 우한체육대학에서 체조 코치를 맡고 있습니다. ⁵비록 제 경기의 사명은 이미 다했지만, 저는 여전히 국가의 체조 사업을 위해 제 힘을 계속 바치고 싶습니다. 학교에서 학생들을 지도할 때, 저는 아직도 앞으로 나가 직접 시범을 보여주곤 하며, 학생들이 체조 동작을 더 명확하게 이해할 수 있도록 합니다.

어휘 体操 tǐcāo 圏 체조 表现 biǎoxiàn 圏 활약하다, 표현하다 优势 yōushì 圏 유리, 우세 推荐 tuījiàn 圏 추천하다 训练 xùnliàn 圏 훈련하다
年幼 nián yòu 어리다 教练 jiàoliàn 圏 코치 日子 rìzi 圏 날 艰苦 jiānkǔ 圏 고생스럽다 咬紧牙关 yǎojǐn yáguān 이를 악물다 力量 lìliàng 圏 힘
强劲 qiángjìng 圏 강하다 针对 zhēnduì 圏 맞추다 专攻 zhuāngōng 圏 전공하다 自由体操 zìyóu tǐcāo 圏 마루 운동 跳马 tiàomǎ 圏 (운동 종목의) 도마
领域 lǐngyù 圏 영역 ★命名 mìngmíng 圏 이름 짓다 澳大利亚 Àodàlìyà 고유 호주 墨尔本 Mò'ěrběn 고유 멜버른 届 jiè 圏 회 [경기, 시합 등을 세는 데 쓰임]

世界体操锦标赛 shìjiè tǐcāo jǐnbiāosài 몡 세계체조선수권대회　项目 xiàngmù 몡 종목　毽子 jiànzi 몡 덤블링　翻 fān 됭 비틀다, 돌다　直 zhí 혱 곧다
空翻 kōngfān 공중회전　掌握 zhǎngwò 됭 습득하다, 정복하다　评价 píngjià 됭 평가　取得 qǔdé 됭 거두다　★辉煌 huīhuáng 혱 눈부시다
成就 chéngjiù 몡 성과　备战 bèizhàn 됭 시합을 준비하다　承受 chéngshòu 됭 감내하다　不断 búduàn 튄 끊임없이
调整 tiáozhěng 됭 컨트롤하다, 조절하다　★心态 xīntài 몡 심리 상태　灵活度 línghuódù 몡 유연성　敏捷性 mǐnjiéxìng 몡 민첩성
特殊性 tèshūxìng 몡 특수성　导致 dǎozhì 됭 ~되게 하다　生涯 shēngyá 몡 생활　退役 tuìyì 됭 은퇴하다　★鞭策 biāncè 됭 채찍질하다
有限 yǒuxiàn 혱 제한이 있다　练 liàn 됭 훈련하다　此外 cǐwài 몡 이밖에　天文学 tiānwénxué 몡 천문학　阳台 yángtái 몡 베란다　摆 bǎi 됭 놓다
望远镜 wàngyuǎnjìng 몡 망원경　闲暇 xiánxiá 몡 여가　星宿 xīngxiù 몡 별자리　任教 rènjiào 됭 교직을 맡다　担任 dānrèn 됭 맡다
★使命 shǐmìng 몡 사명　依然 yīrán 튄 여전히　贡献 gòngxiàn 됭 바치다, 공헌하다　教导 jiàodǎo 됭 지도하다　亲自 qīnzì 튄 직접
★示范 shìfàn 됭 시범을 보이다　★清晰 qīngxī 혱 명확하다　领会 lǐnghuì 됭 이해하다

1-5번 선택지의 力量(힘), 跳马(도마), 自由操(마루 운동), 奥运会(올림픽), 体操(체조), 比赛(경기)를 통해 인터뷰 대상이 체조와 관련된 스포츠 관련자임을 예측할 수 있다. 따라서 스포츠 관련자 인터뷰가 나올 것을 대비해서 듣는다.

1　问：女的为什么选择跳马这个体操项目？　　질문: 여자는 왜 체조 종목으로 도마를 선택했는가?

A 当时最年幼　　　　　B 腿部力量强劲
C 对跳马最感兴趣　　　D 跳马最容易得分

A 당시 제일 어렸다　　　　　　B 다리 힘이 강하다
C 도마에 관심이 제일 많다　　　D 도마가 득점하기 가장 쉽다

해설　여자의 말에서 언급된 国家队的老师认为我的腿部力量强劲，便针对我的情况让我专攻自由体操和跳马这两个领域。를 듣고, 선택지 B 腿部力量强劲을 정답의 후보로 확인해둔다. 질문이 여자가 체조 종목으로 도마를 선택한 이유를 물었으므로, 선택지 B를 정답으로 고른다.

어휘　跳马 tiàomǎ 몡 (운동 종목의) 도마　体操 tǐcāo 몡 체조　项目 xiàngmù 몡 종목　年幼 nián yòu 어리다　力量 lìliàng 몡 힘　强劲 qiángjìng 혱 강하다

2　问：关于"程菲跳"，下列哪项正确？　　질문: '청페이 기술'에 관해, 다음 중 옳은 것은?

A 容易被掌握　　　　　　　　A 쉽게 습득할 수 있다
B 属于自由操　　　　　　　　B 마루 운동에 속한다
C 在奥运会首次亮相　　　　　C 올림픽에서 처음 선보인다
D 原本不是女子体操动作　　　D 원래 여자 체조 동작이 아니다

해설　남자의 말에서 언급된 "程菲跳"와 여자의 말에서 언급된 这个动作本来是男子跳马的一个高难度动作를 듣고, 선택지 D 原本不是女子体操动作를 정답의 후보로 확인해둔다. 질문이 '청페이 기술'에 관해 옳은 것을 물었으므로, 선택지 D를 정답으로 고른다.

어휘　掌握 zhǎngwò 됭 습득하다, 정복하다　属于 shǔyú 됭 ~에 속하다　自由操 zìyóu cāo 몡 마루 운동　奥运会 Àoyùnhuì 고유 올림픽
首次 shǒucì 처음　亮相 liàngxiàng 됭 선보이다

3　问：女的认为，体操运动员有什么特点？　　질문: 여자는 체조 운동선수가 어떤 특징이 있다고 생각하는가?

A 喜爱天文学　　　　　　A 천문학을 좋아한다
B 身体灵活度好　　　　　B 신체 유연성이 좋다
C 男女比例不平衡　　　　C 남녀 비율이 고르지 않다
D 容易拉伤腿部肌肉　　　D 다리 근육을 쉽게 다칠 수 있다

해설　여자의 말에서 언급된 体操运动对运动员身体的灵活度和敏捷性要求很高를 듣고, 선택지 B 身体灵活度好를 정답의 후보로 확인해둔다. 질문이 여자가 생각하는 체조 운동선수의 특징을 물었으므로, 선택지 B를 정답으로 고른다.

어휘　天文学 tiānwénxué 몡 천문학　灵活度 línghuódù 몡 유연성　比例 bǐlì 몡 비율　平衡 pínghéng 혱 고르다, 균형이 맞다　拉伤 lāshāng 다치다
肌肉 jīròu 몡 근육

4　问：女的最开始接触的是什么运动？　　질문: 여자가 맨 처음 접한 것은 어떤 운동인가?

A 跳马　　　　　　B 跳水
C 乒乓球　　　　　D 自由体操

A 도마　　　　　B 다이빙
C 탁구　　　　　D 마루 운동

해설　여자의 말에서 언급된 小时候，父亲将我送去学习乒乓球를 듣고, 선택지 C 乒乓球를 정답의 후보로 확인해둔다. 질문이 여자가 맨 처음 접한 운동을 물었으므로, 선택지 C를 정답으로 고른다. 참고로, 네 번째 문제의 단서는 인터뷰 초·중반에 언급되기도 한다.

어휘　接触 jiēchù 됭 접하다　跳马 tiàomǎ 몡 (운동 종목의) 도마　跳水 tiàoshuǐ 됭 다이빙하다　自由体操 zìyóu tǐcāo 몡 마루 운동

5	问：女的是如何安排退役生活的？	질문: 여자는 은퇴 생활을 어떻게 보내고 있는가?

A 投身于体操教育　　　　　　　　　　　　　**A 체조 교육에 헌신한다**
B 为国家体操队捐钱　　　　　　　　　　　　 B 국가 체조 팀을 위해 돈을 기부한다
C 偶尔参加国内比赛　　　　　　　　　　　　 C 가끔 국내 경기에 참가한다
D 研究高难度体操动作　　　　　　　　　　　 D 고난도의 체조 동작을 연구한다

해설 여자의 말에서 언급된 从国家队退役后，我回到了我的母校任教……虽然我的比赛使命已经完成，但是我依然希望能继续为国家的体操事业贡献自己的力量。을 듣고, 선택지 A 投身于体操教育를 정답의 후보로 확인해둔다. 질문이 여자는 은퇴 생활을 어떻게 보내고 있는지 물었으므로, 선택지 A를 정답으로 고른다.

어휘 退役 tuìyì 圄 은퇴하다　投身 tóushēn 圄 헌신하다　队 duì 圐 팀　捐 juān 圄 기부하다

고득점비책 02 | 비즈니스 관련자 인터뷰 공략하기　p.46

mp3 바로듣기 ▶　

전략 적용 해석

p.47

1. A 검색 엔진 속도는 더 빨라야 한다
   B 구글 검색 엔진이 가장 좋다
   C 국내에는 아직 검색 엔진이 없다
   D 검색에 2,3초를 소비해야 한다

2. A 매일 잠을 이루지 못한다
   B 바이두는 음성 검색을 지원하지 않는다
   C 검색 엔진을 개발할 방법이 없다
   D 시장 수요는 계속 변화한다

3. A 확고한 것
   B 복잡한 것
   C 순조로운 것
   D 아름다운 것

4. A 군사 계획
   B 국가 전력 공급 계획
   C 구글과 야후를 끌어내리려는 계획
   D 신속하게 검색 엔진을 개발하려는 계획

5. **A 신념과 혁신**
   B 총명함과 지혜
   C 시장에 대한 통찰력
   D 적응 능력과 판단력

1-5번 문제는 다음 인터뷰를 들어보세요.

여: 오늘 저희는 바이두의 창시자 리엔홍 선생님을 모셨습니다. 그가 우리에게 공유하는 초기 창업 과정을 들어보도록 하죠. 선생님께서는 검색 속도를 끊임없이 높이는 것에 대해 말씀하신 적이 있는데, 이것은 선생님의 위기감으로부터 나온 것이 맞습니까?

남: 맞습니다. 저는 그 당시 매일 잠을 이루지 못했고, 저희가 어떻게 해야 할지 줄곧 생각하고 있었습니다. [1]제가 막 귀국했을 때는, 사람들이 키워드를 하나 입력하면 검색 엔진의 로딩 아이콘이 계속 뱅글뱅글 돌기만 하고, 2,3초를 기다리는 것은 당연하다고 여겼기 때문입니다.

여: 그럼 선생님께서는 검색 엔진은 어떠해야 한다고 생각하셨습니까?

남: [1]검색 엔진은 이것보다 훨씬 빨라야 했습니다. 그래서 저희는 평균 검색 속도를 무조건 1초 이내로 단축하는 것을 목표로 세웠습니다. 그 다음, 1초로 줄인 것은 부족해, 0.8초로 줄였고, 마지막에는 성공적으로 0.2초대로 줄였습니다.

여: 속도를 높이고 난 후, 사업 상으로 다른 어려움은 없었습니까?

남: 역경과 어려움은 계속 있었습니다. [2]어려움은 시장의 수요가 계속 변화한다는 것에 있었습니다. 음성 검색과 같은 기능이 그 예입니다. 사실 저는 현재 바이두의 음성 검색 정확도에 대해 매우 만족하지 못합니다. 저는 앞으로 사람들이 검색을 할 때, 문자를 입력할 뿐만 아니라 음성, 심지어 사진을 사용하는 것이 더 익숙해질 수도 있다는 것을 알고 있습니다. 그래서 이 방면에 대해 우리는 개발을 더 진행해야 합니다.

여: 개발에 대해 말하자니, '번개 작전'을 말하지 않을 수가 없군요. 이 이름은 꽤나 군사적인 색채를 띠고 있는 것처럼 들리는데, 왜 '번개 작전'이라고 부르나요?

남: 당시에는 번개처럼 신속하게 쟁취하고 싶었습니다. [3]검색 엔진 개발 자체가 매우 복잡한 기술이고, 성장부터 숙달될 때까지 보통 4년의 시간이 필요합니다. 2000년 초, 검색 엔진 시장에는 일찌감치 구글, 야후 등 세계적인 강력한 라이벌들이 있었는데, 당시 바이두는 작은 회사일 뿐이었습니다. 그래서 [4]저희는 '번개 작전'을 제기해서 4년의 법칙을 깨고 9개월이란 시간으로 원래 4년이 필요한 검색 엔진 개발을 완성하기로 결정했습니다.

여: 많은 사람들은 당신이 영리하기 때문에 무수한 모험 속에서 균형을 잃지 않고, 지금까지 성공적으로 걸어올 수 있었다고 말합니다. 이 의견에 동의하십니까?

남: ⁵'영리함'은 당연히 기초 조건이지만, 이는 당신이 반드시 성공한다고 보장할 수는 없습니다. 저는 한 가지 신념을 늘 가지고 있는데, 그것은 명확한 발전 방향이 있어야만, 다른 사람보다 더 잘 해낼 수 있다는 것입니다. 게다가 우리는 유일무이한 거대한 시장을 가지고 있는데, 많은 새로운 문제들을 우리가 먼저 맞닥뜨릴 수 있습니다. 이는 즉 다른 사람들이 아직 맞닥뜨리지 못했을 때 우리가 이미 맞닥뜨렸다면 우리가 먼저 해결해야 하고, 이때 혁신이 생긴다는 것입니다. ⁵신념이 있고, 혁신하는 것이 영리한 것보다 더 중요하겠지요.

1. 남자는 막 귀국했을 때 검색 엔진에 대해 어떤 견해가 있었는가?
2. 남자는 왜 어려움을 느꼈는가?
3. 검색 엔진 개발은 어떠한 일인가?
4. 대화에 근거하여, '번개 작전'이 가리키는 것은 무엇인가?
5. 남자가 생각하는 성공의 비결은 무엇인가?

어휘	
선택지	**搜索引擎** sōusuǒ yǐnqíng 검색 엔진 **谷歌** Gǔgē [고유] 구글(Google) **耗时** hào shí 시간을 소비하다 **开发** kāifā 图 개발하다 **市场** shìchǎng 图 시장 ★**需求** xūqiú 图 수요 ★**坚定** jiāndìng 확고하다 **美妙** měimiào 图 아름답다, 미묘하다 **军事** jūnshì 图 군사 **供应** gōngyìng 공급하다 **迅速** xùnsù 图 신속하다 **信念** xìnniàn 图 신념 ★**创新** chuàngxīn 图 혁신 **智慧** zhìhuì 图 지혜 **洞察力** dòngchálì 图 통찰력
인터뷰	**百度** Bǎidù [고유] 바이두[중국의 검색 포털 사이트] **创始人** chuàngshǐrén 图 창시자 **分享** fēnxiǎng 图 공유하다 ★**创业** chuàngyè 图 창업하다 **历程** lìchéng 图 과정 **危机感** wēijīgǎn 图 위기감 **输入** shūrù 图 입력하다 **关键词** guānjiàncí 图 키워드 **加载图标** jiāzài túbiāo 图 로딩 아이콘 **目标** mùbiāo 图 목표 **平均** píngjūn 图 평균의 ★**压缩** yāsuō 图 단축하다 **提升** tíshēng 图 높이다 **痛苦** tòngkǔ 图 어렵다, 고통스럽다 **在于** zàiyú 图 ~에 있다 **功能** gōngnéng 图 기능 **整体** zhěngtǐ 图 전체 **文字** wénzì 图 문자 **闪电** shǎndiàn 图 번개 **色彩** sècǎi 图 색채 **成长** chéngzhǎng 图 성장하다 **成熟** chéngshú 图 숙달되다 **雅虎** Yǎhǔ [고유] 야후(Yahoo) **强劲** qiángjìng 图 강력하다 **对手** duìshǒu 图 라이벌 **打破** dǎpò 图 (기록을) 깨다 **定律** dìnglǜ 图 법칙 **冒险** màoxiǎn 图 모험하다 **不至于** bú zhìyú ~하지 않는다 **失衡** shīhéng 图 균형을 잃다 **明确** míngquè 图 명확하다 **独一无二** dúyīwúèr 图 유일무이하다 **巨大** jùdà 图 거대하다 **碰** pèng 图 맞닥뜨리다

6급 빈출어휘

실전연습문제 p.49

1 D	2 A	3 B	4 C	5 D

1 - 5

第1到5题，请听下面一段采访。

女：海尔最近一直受到世界的关注，海尔从创立到现在，业务上有了怎样的突破呢？

男：⁵海尔本是一个传统型家电公司。在上世纪八十年代末以制造冰箱起家，后来各大厂商纷纷投入到冰箱生产中，我们便开始注重产品的质量，进而延伸到服务方面，并提出永远满足用户需求的概念。如今，海尔跟上时代的脚步，利用互联网的优势，成功转型为物联网生态品牌企业。

女：¹海尔转型以后，主要涉及哪些业务呢？

男：¹海尔为用户提供衣、食、住、娱的智慧全场景解决方案，全面提升用户的消费体验。总的来说，就是作为美好生活解决方案服务商，海尔帮助企业和用户建立联系，让他们达到"零距离"的沟通。

女：海尔是中国首创的物联网生态品牌，并且在全球处于领先地位。²海尔的成功有什么秘诀吗？

男：²永远聚焦用户，永远满足用户的需求。海尔现在实行独有的"人单合一"管理模式，它不同于一般意义上的竞争方式或组织形式，也不同于传统的业

1-5번 문제는 다음 인터뷰를 들어보세요.

여: 하이얼은 최근 계속 세계의 관심을 받고 있는데요. 하이얼은 설립부터 지금까지, 사업적으로 어떤 진전이 있었나요?

남: ⁵하이얼은 원래 전통적인 가전 회사입니다. 지난 세기 80년대 말에 냉장고 제조로 시작했으며, 그 후 여러 큰 제조업체들이 잇달아 냉장고 생산에 뛰어들었는데, 저희는 제품의 품질에 중점을 두기 시작했고, 더 나아가 서비스 분야까지 확대하여 항상 소비자의 요구를 만족시켜준다는 컨셉을 제기했습니다. 오늘날, 하이얼은 시대의 흐름에 맞추어, 인터넷의 장점을 이용해 성공적으로 사물 인터넷 생태계 브랜드 기업으로 체제를 전환했습니다.

여: ¹하이얼은 체제를 전환한 이후, 주로 어떤 사업을 다루고 있나요?

남: ¹하이얼은 소비자를 위해 의류, 음식, 주거, 오락의 전방위적 스마트 솔루션을 제공하여, 소비자의 소비 경험을 전반적으로 향상시킵니다. 종합적으로 말하자면, 행복한 생활 솔루션 서비스 업체로서, 하이얼은 기업과 소비자의 관계 형성을 도와, 그들이 '제로 거리' 소통을 할 수 있게 해줍니다.

여: 하이얼은 중국 최초의 사물 인터넷 생태계 브랜드이며, 게다가 세계적으로 선두적 지위에 있습니다. ²하이얼의 성공에는 어떤 비결이 있습니까?

남: ²항상 소비자에게 초점을 맞추고, 항상 소비자의 요구를 만족시켰습니다. 하이얼은 현재 고유의 '인단합일' 관리 모델을 실행하

务模式和盈利范畴，而是顺应互联网时代的"零距离"、"去中心化"的特征。让员工和用户直接沟通，真正了解用户的需求，切实解决用户的问题。

女：您能详细解释一下"人单合一"的管理模式吗？

男：[3]"人单合一"中的"人"指员工；"单"指用户价值；"合一"，指员工的价值实现与创造的用户价值合一。"人单合一"的基本含义就是，每个员工都直接接面对用户，创造用户价值，并在为用户创造价值的过程中实现自己的价值。员工并不从属于岗位，而是因用户而存在，有"单"才有"人"。与传统模式不同，[3]员工不再是被动执行者，而是拥有自主决策和分配权力的创业者兼合伙人。

女：海尔已经在发挥品牌价值和创新管理模式上取得了相当好的成绩，那么下一步将会如何发展呢？

男：我们希望能起到领头的作用，在更多领域创立生态品牌，把原来单打独斗的企业联合成一个生态共同体，实现企业和用户共赢。我始终相信"人的价值第一"，[4]海尔会继续跟随时代的脚步，不断创新，努力实现用户和员工的价值最大化。

고 있는데, 이것은 일반적인 의미의 경쟁 방식 혹은 조직 형태와 다르고, 전통적인 사업 모델과 이익 유형과도 다르며, 인터넷 시대에 순응하는 '제로 거리', '탈중심화'가 특징입니다. 이는 직원이 소비자와 직접 소통하여, 소비자의 요구를 진정으로 이해하고, 소비자의 문제를 실제적으로 해결하게 합니다.

여: '인단합일'의 관리 모델에 대해 자세하게 설명해주실 수 있나요?

남: [3]'인단합일'에서 '인'은 직원을 뜻하고, '단'은 소비자 가치를 뜻합니다. '합일'은 직원의 가치 실현과 창조해낸 소비자 가치가 하나가 되는 것을 의미합니다. '인단합일'의 기본적인 의미는 모든 직원이 직접 소비자와 대면하여 소비자 가치를 창조하는 것이며, 또한 소비자를 위해 가치를 창조하는 과정 속에서 자신의 가치를 실현시키는 것입니다. 직원은 직장에만 소속되는 것이 아니라, 소비자로 인해 존재하는 것이기에, '단'이 있어야 비로소 '인'이 있는 것입니다. 전통 모델과 다른 점은 [3]직원이 더 이상 수동적인 실행자가 아니라, 자주적 의사 결정 및 분배 권한을 가진 창업자 겸 파트너라는 것입니다.

여: 하이얼은 이미 브랜드 가치 발휘와 관리 모델 혁신에서 상당히 좋은 성과를 냈는데, 그렇다면 다음 단계에서는 어떻게 발전해 나갈 것인가요?

남: 저희는 리드하는 역할을 하고 싶습니다. 더 많은 분야에서 생태계 브랜드를 설립하고, 기존의 홀로 싸우는 기업들을 하나의 생태계 공동체로 연합하여, 기업과 소비자 모두 이익을 얻게 하고 싶습니다. 저는 언제나 '사람의 가치가 제일이다'라는 말을 믿으며, [4]하이얼은 계속해서 시대의 흐름에 따라, 끊임없이 혁신하고 소비자와 직원의 가치 극대화 실현을 위해 노력할 것입니다.

어휘

关注 guānzhù 图 관심을 가지다　★创立 chuànglì 图 설립하다　业务 yèwù 图 사업, 업무　★突破 tūpò 图 새로운 진전을 이루다
传统 chuántǒng 图 전통적이다　年代 niándài 图 연대　制造 zhìzào 图 제조하다　起家 qǐjiā 图 (사업을) 시작하다　厂商 chǎngshāng 图 제조업체
纷纷 fēnfēn 图 잇달아　投入 tóurù 图 뛰어들다　生产 shēngchǎn 图 생산하다　★注重 zhùzhòng 图 중점을 두다　进而 jìn'ér 图 더 나아가
★延伸 yánshēn 图 확대하다　满足 mǎnzú 图 만족시키다　用户 yònghù 图 소비자　★需求 xūqiú 图 요구　概念 gàiniàn 图 컨셉, 개념
如今 rújīn 图 오늘날　利用 lìyòng 图 이용하다　优势 yōushì 图 장점　转型 zhuǎnxíng 图 체제를 전환하다
物联网 wùliánwǎng 图 사물 인터넷[인터넷을 기반으로 모든 사물을 연결하여 정보를 상호 소통하는 지능형 기술 및 서비스]　★生态 shēngtài 图 생태계
品牌 pǐnpái 图 브랜드　企业 qǐyè 图 기업　★涉及 shèjí 图 다루다　智慧全场景解决方案 zhìhuì quán chǎngjǐng jiějué fāng'àn 전방위적 스마트 솔루션
提升 tíshēng 图 향상시키다　消费 xiāofèi 图 소비하다　体验 tǐyàn 图 경험하다　作为 zuòwéi 图 ~로서　建立 jiànlì 图 형성하다
达到 dádào 图 ~하다, 이루다　沟通 gōutōng 图 소통하다　首创 shǒuchuàng 图 최초로 만들다　领先 lǐngxiān 图 선두에 서다　地位 dìwèi 图 지위
秘诀 mìjué 图 비결　聚焦 jùjiāo 图 초점을 맞추다　★实行 shíxíng 图 실행하다　★模式 móshì 图 모델　意义 yìyì 图 의미　组织 zǔzhī 图 조직
形式 xíngshì 图 형태　盈利 yínglì 图 이익　范畴 fànchóu 图 유형　顺应 shùnyìng 图 순응하다　中心 zhōngxīn 图 중심　特征 tèzhēng 图 특징
员工 yuángōng 图 직원　★切实 qièshí 图 실제적이다　价值 jiàzhí 图 가치　实现 shíxiàn 图 실현하다　创造 chuàngzào 图 창조하다
基本 jīběn 图 기본적인　★含义 hányì 图 내포된 의미　面对 miànduì 图 대면하다　属于 shǔyú 图 ~에 소속되다　★岗位 gǎngwèi 图 직장
存在 cúnzài 图 존재하다　被动 bèidòng 图 수동적이다　执行者 zhíxíngzhě 图 실행자　★拥有 yōngyǒu 图 가지다　★自主 zìzhǔ 图 자주적으로 하다
★决策 juécè 图 의사 결정하다　分配 fēnpèi 图 분배하다　权力 quánlì 图 권한　创业者 chuàngyèzhě 图 창업자　兼 jiān 图 겸하다
合伙人 héhuǒrén 图 파트너　发挥 fāhuī 图 발휘하다　★创新 chuàngxīn 图 혁신하다　相当 xiāngdāng 图 상당히　领头 lǐngtóu 图 리드하다
领域 lǐngyù 图 분야　单打独斗 dān dǎ dú dòu 홀로 싸우다　联合 liánhé 图 연합하다　共赢 gòngyíng 图 모두 이익을 얻다　始终 shǐzhōng 图 언제나
★跟随 gēnsuí 图 따라가다　脚步 jiǎobù 图 흐름, 발전 과정　不断 búduàn 图 끊임없이

1-5번 선택지의 智慧(스마트), 新型科技(신형 과학 기술), 先进企业(선진 기업)를 통해 인터뷰 대상이 첨단 기술과 관련된 비즈니스 관련자임을 예측할 수 있다. 따라서 비즈니스 관련자 인터뷰가 나올 것을 대비해서 듣는다.

1	问：转型后的海尔主要为用户提供什么样的服务？	질문：体制를 전환한 후의 하이얼은 소비자들을 위해 어떤 서비스를 주로 제공하는가？
	A 增加国际配送服务 B 解决基本的衣食住行	A 국제 배송 서비스를 늘린다 B 기본적인 의식주를 해결한다

C 帮助用户之间建立联系 | C 소비자 간의 관계 형성을 도와준다
D 提供智慧全场景解决方案 | **D 전방위적 스마트 솔루션을 제공한다**

해설 여자의 말에서 언급된 海尔转型以后와 남자의 말에서 언급된 海尔为用户提供衣、食、住、娱的智慧全场景解决方案을 듣고, 선택지 D 提供智慧全场景解决方案을 정답의 후보로 확인해둔다. 질문이 체제를 전환한 후의 하이얼이 소비자들을 위해 주로 제공한 서비스가 무엇인지 물었으므로, 선택지 D를 정답으로 고른다.

어휘 转型 zhuǎnxíng 圖 체제를 전환하다 ★用户 yònghù 圖 소비자 配送 pèisòng 圖 배송하다 基本 jīběn 圖 기본적인 建立 jiànlì 圖 형성하다
智慧全场景解决方案 zhìhuì quán chǎngjǐng jiějué fāng'àn 전방위적 스마트 솔루션

---

2 问：根据对话，海尔的成功秘诀是什么？ | 질문: 대화에 근거하여, 하이얼의 성공 비결은 무엇인가?

A 以用户为中心   B 引进新型科技 | **A 소비자 중심**   B 신형 과학 기술 도입
C 采用流行模式   D 改善产品质量 | C 트렌디한 모델 적용   D 제품 품질 개선

해설 여자의 말에서 언급된 해尔的成功有什么秘诀吗?와 남자의 말에서 언급된 永远聚焦用户，永远满足用户的需求。를 듣고, 선택지 A 以用户为中心을 정답의 후보로 확인해둔다. 질문이 하이얼의 성공 비결이 무엇인지 물었으므로, 선택지 A를 정답으로 고른다.

어휘 秘诀 mìjué 圖 비결 中心 zhōngxīn 圖 중심 引进 yǐnjìn 圖 도입하다 新型 xīnxíng 圖 신형의 科技 kējì 圖 과학기술 采用 cǎiyòng 圖 적용하다
★模式 móshì 圖 모델 改善 gǎishàn 圖 개선하다

---

3 问：关于"人单合一"模式，下列哪项正确？ | 질문: '인단합일' 모델에 관해, 다음 중 옳은 것은?

A 大部分企业都采用 | A 대부분의 기업이 모두 적용한다
B 员工拥有自主决策权 | **B 직원이 자주적 의사 결정권을 갖는다**
C 与传统业务模式类似 | C 전통적인 사업 모델과 비슷하다
D "单"指的是"员工" | D '단'은 '직원'을 뜻한다

해설 남자의 말에서 언급된 "人单合一"와 员工不再是被动执行者，而是拥有自主决策和分配权力的创业者兼合伙人을 듣고, 선택지 B 员工拥有自主决策权을 정답의 후보로 확인해둔다. 질문이 '일단합일' 모델에 관해 옳은 것을 물었으므로, 선택지 B를 정답으로 고른다.

어휘 ★模式 móshì 圖 모델 企业 qǐyè 圖 기업 采用 cǎiyòng 圖 적용하다 员工 yuángōng 圖 직원 ★拥有 yōngyǒu 圖 가지다
★自主 zìzhǔ 圖 자주적으로 하다 决策权 juécèquán 圖 의사 결정권 传统 chuántǒng 圖 전통적이다 业务 yèwù 圖 사업 ★类似 lèisì 圖 비슷하다

---

4 问：对于海尔未来的发展，男的有什么想法？ | 질문: 하이얼의 미래 발전에 대해, 남자는 어떤 견해가 있는가?

A 积极进军海外市场 | A 적극적으로 해외 시장에 진출한다
B 向员工提供更多福利 | B 직원에게 더 많은 복지를 제공한다
C 永不止步地保持创新 | **C 지속적으로 혁신하는 것을 유지한다**
D 发展成世界级的先进企业 | D 세계적인 선진 기업이 되도록 발전한다

해설 남자의 말에서 언급된 海尔会继续跟随时代的脚步，不断创新，努力实现用户和员工的价值最大化를 듣고, 선택지 C 永不止步地保持创新을 정답의 후보로 확인해둔다. 질문이 하이얼의 미래 발전에 대한 남자의 견해를 물었으므로, 선택지 C를 정답으로 고른다.

어휘 未来 wèilái 圖 미래 进军 jìnjūn 圖 진출하다, 진군하다 市场 shìchǎng 圖 시장 ★福利 fúlì 圖 복지 永不止步 yǒng bù zhǐbù 지속적으로
保持 bǎochí 圖 유지하다 ★创新 chuàngxīn 圖 혁신하다 ★先进 xiānjìn 圖 선진적이다 企业 qǐyè 圖 기업

---

5 问：海尔转型前，主要涉及哪个生产领域？ | 질문: 하이얼은 체제를 전환하기 전, 주로 어느 생산 분야를 다뤘는가?

A 服装   B 钢铁 | A 의상   B 철강
C 食品   **D 家电** | C 식품   **D 가전**

해설 남자의 말에서 언급된 海尔本是一个传统型家电公司。를 듣고, 선택지 D 家电을 정답의 후보로 확인해둔다. 질문이 체제를 전환하기 전 하이얼이 주로 어느 생산 분야를 다뤘는지 물었으므로, 선택지 D를 정답으로 고른다. 참고로, 맨 마지막 문제의 단서는 인터뷰 초·중반에 언급되기도 한다.

어휘 转型 zhuǎnxíng 圖 체제를 전환하다 ★涉及 shèjí 圖 다루다 生产 shēngchǎn 圖 생산하다 领域 lǐngyù 圖 분야 服装 fúzhuāng 圖 의상, 복장
钢铁 gāngtiě 圖 철강, 강철

전략 적용 해석

1. A 그는 독서를 좋아하게 됐다
   B 그는 다시 공부할 필요가 없어졌다
   C 그는 지방 사립 선생님이 됐다
   D 그는 중산대학 중어중문학과에 붙었다

2. A 전공 과목의 요구 사항을 만족할 수 있다
   B 사람들의 확산적 사고를 기른다
   C 반성하고 비판하는 능력을 유지한다
   D 더 많은 단편적 지식을 검색한다

3. A 지식 탐구
   B 수양
   C 읽기
   D 오락

4. A 만화책에 빠져든다
   B 기억력을 컴퓨터에 맡긴다
   C 자신의 견해를 잘 표현한다
   D 온전한 문장 한 편을 쓸 수 없다

5. A 자율적 기억력을 키울 수 있다
   B 자신의 독서 스타일을 형성할 수 있다
   C 고전 명작류 서적을 좋아하게 될 수 있다
   D 이상적인 오락 효과를 달성할 수 있다

1-5번 문제는 다음 인터뷰를 들어보세요.

여: 천 교수님, 안녕하세요! 교수님께서는 어떻게 베이징대학교 중어중문학과 교수님이 되셨나요?

남: 제 부모님께서는 모두 고향 학교의 국어 선생님이셨는데, 책을 상당히 많이 보관하셨습니다. 제게 있어서, 독서를 좋아하는 것은 아주 자연스러운 일이었고, 15살에 저는 지방 사립 선생님이 되었습니다. [1]1977년, 중국에서 대입 시험이 부활했고, 제 운명은 이것 때문에 바뀌게 됐습니다. 저는 중산대학교의 중어중문학과에 들어갔고, 단숨에 석사까지 졸업했습니다. 당시 제 글 하나가 베이징대학교의 왕 교수님 눈에 들었는데, 그래서 저는 베이징대학교 중어중문학과의 박사 과정 학생이 됐고, [1]그 후 순조롭게 베이징대학교의 교수가 됐습니다.

여: 교수님께서는 독서하는 것을 아주 좋아하시는데, 독서는 당신에게 있어 무엇을 의미합니까?

남: 저는 독서가 정신적 활동이라고 생각합니다. 사실 독서 자체는 결코 대단한 것이 아닌데, 하지만 이 행위는 당신이 자율적으로 사고하고 있다는 것을 의미하고, 당신이 문제의 또 다른 답을 찾기 위해 탐색하고 있으며, 자신의 삶을 위해 또 다른 가능성을 찾고 있다는 것을 의미합니다. 따라서 제게 있어, [2]독서의 의미는 사고하고 반성하고 비판하는 능력을 유지하는 것입니다.

여: 교수님께서는 독서의 핵심 기능이 무엇이라고 생각하십니까?

남: [3]저는 독서의 가장 핵심적인 기능은 결코 지식을 탐구하는 것이 아니라, 자기 수양이라고 생각합니다. 현대 사회에서, '지식 탐구' 기능은 아주 쉽게 실현됩니다. '지식 탐구'라는 방면은 이미 '검색'에 의해 대체되었기 때문입니다. 만약 어떤 정보를 찾아보고 싶다면, 키워드를 입력하기만 하면 빠르게 관련 정보를 찾아낼 수 있습니다. 하지만 '수양'은 완전히 다릅니다. 수양은 '검색'처럼 키워드 몇 개로 해낼 수 없습니다.

여: 교수님께서도 방금 현대인은 대부분 검색을 통해 지식을 얻는다는 것을 언급하셨는데, 하지만 현대인들은 과도하게 검색에만 의존하고, 독서를 경시하기도 합니다. 이런 현상에 대해 어떤 견해가 있으십니까?

남: 부정할 수 없는 것은, 현대화된 지식 탐구 방식은 지식의 전파에 많은 편리함을 가져다주었다는 겁니다. 하지만 약간의 폐해도 존재합니다. 첫 번째는 사고가 분산된다는 것인데, 이는 학생들을 일정 시간 내에 한 가지 일에 집중할 수 없게 합니다. 두 번째는 [4]표현의 단편화입니다. 사람들은 웨이보에서 농담 몇 마디 쓰는 것은 잘하지만, 온전한 글 한 편을 쓰지 못합니다. 세 번째는 자율적 기억력의 감퇴입니다. 전 세계 사람들은 모두 동일하게, 기억력을 완전히 컴퓨터에 의존합니다.

여: 그렇다면 독서에 관해, 모두에게 조언을 좀 해주실 수 있나요?

남: '좋은 책 읽기'와 '독서를 좋아하기', 이 두 가지를 하나로 결합해야 합니다. 자신이 좋아하는 책을 읽고 자신을 위해 독서하는 것, 이것이 제 기본적인 입장입니다. '좋은 책 읽기'를 하려면 가장 기본적인 고전 명작이 필요한데, 고전 저서는 여전히 읽을 가치가 있습니다. 그리고 [5]'독서를 좋아해야' 하는 이유는 책을 많이 읽게 되면, 자신의 취향이 점차 형성되고, 자신의 시야도 끊임없이 넓어지기 때문입니다.

1. 대입 시험이 부활하면서 왜 남자의 운명이 바뀌었는가?
2. 남자는 독서의 의미가 무엇이라고 생각하는가?
3. 독서의 가장 핵심적인 기능은 무엇인가?
4. 남자의 말에 근거하여, 표현의 단편화는 어떤 현상이 있는가?
5. 남자는 '독서를 좋아하기'의 장점이 무엇이라고 생각하는가?

어휘

선택지　**乡镇** xiāngzhèn 몡 규모가 작은 지방 도시　**民办** mínbàn 몡 사립의　**系** xì 몡 학과　**满足** mǎnzú 동 만족하다　**培养** péiyǎng 동 기르다
发散思维 fāsàn sīwéi 몡 확산적 사고　**保持** bǎochí 동 유지하다　**反省** fǎnxǐng 동 반성하다　★**批判** pīpàn 동 비판하다　**检索** jiǎnsuǒ 동 검색하다
片段 piànduàn 몡 단편　**求知** qiúzhī 동 지식을 탐구하다　★**修养** xiūyǎng 몡 수양　**娱乐** yúlè 몡 오락　**漫画书** mànhuàshū 몡 만화책
着迷 zháomí 동 빠져들다　**记忆力** jìyìlì 몡 기억력　★**擅长** shàncháng 동 잘하다　**表达** biǎodá 동 표현하다　**完整** wánzhěng 혱 온전하다
★**自主** zìzhǔ 동 자율적으로 하다　**形成** xíngchéng 동 형성하다　**风格** fēnggé 몡 스타일　**经典著作** jīngdiǎn zhùzuò 고전 명작
★**书籍** shūjí 몡 서적　**达到** dádào 동 달성하다

인터뷰　**家乡** jiāxiāng 몡 고향　**藏** cáng 동 보관하다　★**颇** pō 팀 상당히　**顺理成章** shùnlǐchéngzhāng 솅 자연스럽다, 이치에 맞으면 저절로 되기 마련이다
恢复 huīfù 동 부활하다　**高考** gāokǎo 몡 대입 시험　**命运** mìngyùn 몡 운명　**一口气** yìkǒuqì 몡 단숨에　**看中** kànzhòng 동 눈에 들다, 마음에 들다
★**意味着** yìwèizhe 동 의미하다　**精神** jīngshén 몡 정신　★**本身** běnshēn 몡 자체　**了不起** liǎobuqǐ 혱 대단하다　**行为** xíngwéi 몡 행위
思考 sīkǎo 동 사고하다　**寻找** xúnzhǎo 동 찾다　★**探索** tànsuǒ 동 탐색하다　**意义** yìyì 몡 의미　**功能** gōngnéng 몡 기능
★**并非** bìngfēi 결코 ~이 아니다　**自我修养** zìwǒ xiūyǎng 몡 자기 수양　**现代** xiàndài 몡 현대　**实现** shíxiàn 동 실현하다
取代 qǔdài 동 대체하다　**查找** cházhǎo 동 찾아보다　**输入** shūrù 동 입력하다　**关键词** guānjiàncí 몡 키워드　**相关** xiāngguān 동 관련되다
★**过度** guòdù 혱 과도하다　★**依赖** yīlài 동 의존하다　**忽视** hūshì 동 경시하다　**现象** xiànxiàng 몡 현상　**否认** fǒurèn 동 부정하다
传播 chuánbō 동 전파하다　**弊端** bìduān 몡 폐해　★**思维** sīwéi 몡 사고　**发散** fāsàn 동 분산하다　**集中** jízhōng 동 집중하다
片断化 piànduànhuà 동 단편화　**微博** Wēibó 고유 웨이보[중국 SNS의 일종]　**俏皮话** qiàopíhuà 몡 농담　**衰退** shuāituì 동 감퇴하다
结合 jiéhé 동 결합하다　**基本** jīběn 혱 기본적인　**立场** lìchǎng 몡 입장　**经典著作** jīngdiǎn zhùzuò 고전 명작　**值得** zhídé 동 ~할 가치가 있다
逐渐 zhújiàn 팀 점차　**口味** kǒuwèi 몡 취향　**不断** búduàn 팀 끊임없이　**开阔** kāikuò 동 넓어지다　★**视野** shìyě 몡 시야
表现 biǎoxiàn 동 드러나다

실전연습문제　p.53

| 1 A | 2 B | 3 C | 4 B | 5 D |

1-5

第1到5题，请听下面一段采访。

女：作为《文艺报》的总编辑，您主编过许多优秀的图书，其中印象最深的是什么呢？

男：我曾担任过第一套《新中国70年优秀文学作品库》的主编，书里收录了70年来获得过奖项的百余篇佳作，其中不乏获得历届中短篇小说奖和鲁迅文学奖的作品。[1]文学是永不变质的，它的艺术质感可以表现出我们的生活以及思想，还能够写出人的一生。作为一个编辑，我时常在文学的海洋里徜徉，每一本书带给我的影响都是不容忽视的。

女：[2]您在编辑图书的时候有什么甄选标准吗？

男：[2]我比较重视作品的原创性和艺术性。许多作家的作品经过很长的岁月，依旧能给人们留下深刻的印象，这便是文学的力量。有些作家虽然早已不在人世，但是他们的作品和塑造的人物仍然活在人们的心中，这是因为他们创作出了深入人心的艺术作品。在甄选《文艺报》作品的时候，我也会时常考虑到作品的内涵及其带给读者的影响。

女：[3]听说您在进入报社工作之前，曾在中国作家协会创研部工作过，那段经历对您有什么帮助吗？

1~5번 문제는 다음 인터뷰를 들어보세요.

여：<문예보>의 편집장으로서, 편집장님께서는 많은 우수한 도서 편집을 총괄하셨는데, 그중 가장 인상 깊었던 것은 무엇입니까?

남：저는 <신중국 70년 우수 문학 작품집>의 첫 번째 세트의 편집 총괄을 담당했었는데, 70년 동안 상을 받은 적이 있는 백여 편의 뛰어난 작품들을 책에 수록했습니다. [1]문학은 영원히 변질되지 않고, 문학의 예술적 생동감은 우리의 생활과 사상을 드러낼 수 있으며, 한 사람의 일생도 써낼 수 있습니다. 한 명의 편집자로서, 저는 늘 문학이란 바다에서 노닐고 있는데요. 각각의 책이 저에게 주는 모든 영향을 중시하지 않을 수 없습니다.

여：[2]편집장님께서는 책을 편집할 때 어떤 선정 기준이 있습니까?

남：[2]저는 작품의 독창성과 예술성을 비교적 중시합니다. 많은 작가들의 작품은 긴 세월이 지나도 여전히 사람들에게 깊은 인상을 남기는데, 이것이 바로 문학의 힘입니다. 어떤 작가는 비록 이미 세상에 없지만, 그들의 작품과 창조해낸 인물은 오히려 여전히 사람들의 마음속에 살아있는데, 이것은 그들이 마음 깊숙이 파고드는 예술 작품을 창작해냈기 때문입니다. <문예보> 작품을 선정할 때, 저는 작품의 의미와 그것이 독자에게 가져올 영향을 항상 고려합니다.

여：[3]편집장님께서 신문사에 들어가 일하기 전에, 중국작가협회의 창작연구부에서 일하신 적이 있다고 들었습니다. 그때의 경험이 편집장님에게 어떤 도움을 주었나요?

男：在中国作家协会工作的时候，我得到了较为全面的训练，这对之后掌握报社的业务范围和工作标准起到了很大的作用，也让我少走了弯路。那段经历让我更加深刻地认识到了我和文学是密不可分的。

女：除了总编辑，您还兼有作家这个身份，您认为当作家和当总编辑，哪个更难一些呢？

男：说实话都挺难的。作家面对的是无数新的构思以及反复的修改，是一种名副其实的创造性劳动。因此一旦写作停滞，就容易被人淡忘，从而产生焦虑。而 [4]总编辑则要带领团队策划选题，保障报纸的学术性和专业性，还要加强与学术界、文学界的联系，因此要耗费的精力比单纯的写作多得多。

女：管理着一个大报社，还兼顾写作，您的业余生活是如何安排的呢？

男：在业余时间里我比较喜欢写写评论，或者看看散文和小说。[5]毕竟管理文学类报社，需要不断地汲取新的知识，并在此基础上体会多种多样的作品。我认为这是一个需要不断积累知识的过程，只有这样才能使《文艺报》走得越来越远。

남: 중국작가협회에서 일할 때, 저는 비교적 전면적인 훈련을 받았습니다. 이 경험이 이후 신문사의 업무 범위와 일 기준을 파악하는 데 아주 큰 역할을 했고, 시행착오도 덜 겪게 했습니다. 그때의 경험은 저로 하여금 저와 문학은 서로 떼려야 뗄 수 없는 관계라는 것을 더욱 깊이 인식하게 했습니다.

여: 편집장을 제외하고, 편집장님께서는 작가의 신분도 겸하고 계신데, 작가와 편집장 중, 더 어려운 것은 무엇이라고 생각하십니까?

남: 솔직히 말하면 모두 매우 어렵습니다. 작가가 직면하는 것은 무수한 새로운 구상과 반복되는 수정인데, 이는 명실상부한 창조성 노동입니다. 그렇기 때문에 일단 글 쓰는 것이 정체되면 사람들에게 쉽게 잊혀짐으로써, 초조함이 생기게 됩니다. 반면 [4]편집장은 팀을 이끌며 기획하고 주제를 선정해야 하며, 신문의 학술성과 전문성을 보장해야 합니다. 그리고 학술계, 문학계와의 연결도 강화해야 합니다. 이 때문에 소모하는 에너지가 단순히 글을 쓰는 것보다는 더 많습니다.

여: 큰 신문사를 관리하시면서 동시에 글도 쓰시는데, 편집장님의 여가 생활은 어떻게 안배되나요?

남: 여가 시간에 저는 칼럼을 쓰거나, 산문과 소설을 보는 것을 비교적 좋아합니다. [5]문학 계열의 신문사를 관리한다는 것은 결국, 끊임없이 새로운 지식을 습득하고 이를 바탕으로 여러 가지 작품을 이해해야 한다는 것입니다. 저는 이것이 끊임없이 지식을 쌓는 과정이라고 생각하며, 이렇게 해야만 <문예보>가 더욱더 멀리 나아갈 수 있다고 생각합니다.

어휘　作为 zuòwéi 께 ~로서　**总编辑** zǒngbiānjí 명 편집장　**主编** zhǔbiān 명 편집을 총괄하다　**担任** dānrèn 통 담당하다　**套** tào 양 세트　**文学** wénxué 명 문학
作品库 zuòpǐnkù 명 작품집　**收录** shōulù 통 수록하다　**奖项** jiǎngxiàng 명 상　**佳作** jiāzuò 명 뛰어난 작품　**不乏** bùfá 매우 많다　**历届** lìjiè 명 역대의
作品 zuòpǐn 명 작품　★**变质** biànzhì 통 변질되다　**质感** zhìgǎn 명 생동감　**表现** biǎoxiàn 통 드러내다　**以及** yǐjí 접 ~과　**思想** sīxiǎng 명 사상
编辑 biānjí 명 편집자 통 편집하다　★**时常** shícháng 부 늘　**徜徉** chángyáng 통 노닐다　**不容忽视** bùróng hūshì 중시하지 않을 수 없다
甄选 zhēnxuǎn 통 선정하다　**原创性** yuánchuàngxìng 명 독창성　**岁月** suìyuè 명 세월　**依旧** yījiù 부 여전히　**深刻** shēnkè 형 깊다　**力量** lìliàng 명 힘
★**塑造** sùzào 통 창조하다　★**创作** chuàngzuò 통 창작하다　★**内涵** nèihán 명 (안에 담겨있는) 의미　**报社** bàoshè 명 신문사　**协会** xiéhuì 명 협회
创研部 chuàngyánbù 명 창작연구부　**训练** xùnliàn 통 훈련하다　**掌握** zhǎngwò 통 파악하다　**业务** yèwù 명 업무　**范围** fànwéi 명 범위
走弯路 zǒu wānlù 시행착오를 겪다　**密不可分** mìbùkěfēn 형 서로 떼려야 뗄 수 없다　**兼有** jiān yǒu 겸하다　**身份** shēnfèn 명 신분
说实话 shuō shíhuà 솔직히 말하면　**面对** miànduì 통 직면하다　**无数** wúshù 무수하다　★**构思** gòusī 통 구상하다　**反复** fǎnfù 통 반복하다
修改 xiūgǎi 통 수정하다　★**名副其实** míngfùqíshí 명실상부하다　**创造性** chuàngzàoxìng 명 창조성　**劳动** láodòng 명 노동　★**一旦** yídàn 부 일단
写作 xiězuò 통 글을 쓰다　**停滞** tíngzhì 통 정체되다　**淡忘** dànwàng 통 잊혀지다　**焦虑** jiāolǜ 통 초조하다　★**带领** dàilǐng 통 이끌다
★**团队** tuánduì 명 팀　**策划** cèhuà 통 기획하다　**选题** xuǎntí 통 주제를 선정하다　★**保障** bǎozhàng 통 보장하다　**学术性** xuéshùxìng 명 학술성
加强 jiāqiáng 통 강화하다　**耗费** hàofèi 통 소모하다　**精力** jīnglì 명 에너지　**单纯** dānchún 통 단순하다　**兼顾** jiāngù 통 동시에 ~을 하다
业余 yèyú 명 여가의　★**评论** pínglùn 명 칼럼　★**散文** sǎnwén 명 산문　**毕竟** bìjìng 부 결국　**不断** búduàn 끊임없이　**汲取** jíqǔ 통 습득하다
体会 tǐhuì 통 이해하다　**多种多样** duōzhǒng duōyàng 여러 가지

1–5번 선택지의 文学(문학), 图书(도서), 编辑(편집하다, 편집자), 杂志(잡지), 报纸(신문)을 통해 인터뷰 대상이 편집과 관련된 언론인임을 예측할 수 있다. 따라서 언론인 인터뷰가 나올 것을 대비해서 듣는다.

1	问：男的对文学有什么看法？	질문: 남자는 문학에 대해 어떤 견해가 있는가?
	A 文学永恒不变	**A 문학은 영원히 변하지 않는다**
	B 文学要有灵感	B 문학은 영감이 있어야 한다
	C 文学有许多限制	C 문학은 많은 제한이 있다
	D 文学作品内容要丰富	D 문학 작품의 내용은 풍부해야 한다

해설　남자의 말에서 언급된 文学是永不变质的를 듣고, 선택지 A 文学永恒不变을 정답의 후보로 확인해둔다. 질문이 문학에 대한 남자의 견해를 물었으므로, 선택지 A를 정답으로 고른다.

어휘　**文学** wénxué 명 문학　★**永恒** yǒnghéng 영원히 변하지 않다　★**灵感** línggǎn 명 영감　**限制** xiànzhì 명 제한　**作品** zuòpǐn 명 작품

2 问：男的挑选作品时会考虑什么？ | 질문: 남자가 작품을 고를 때 무엇을 고려하는가?

A 是否获过奖　**B 是否有艺术感**
C 是否有年代感　D 是否具有代表性

A 상을 받은 적이 있는지　**B 예술성이 있는지**
C 시대감이 있는지　D 대표성이 있는지

해설　여자의 말에서 언급된 **您在编辑图书的时候有什么甄选标准吗?**와 남자의 말에서 언급된 **我比较重视作品的原创性和艺术性。**을 듣고, 선택지 B **是否有艺术感**을 정답의 후보로 확인해둔다. 질문이 남자가 작품을 고를 때 고려하는 것을 물었으므로, 선택지 B를 정답으로 고른다.

어휘　**挑选** tiāoxuǎn[동] 고르다　**获奖** huò jiǎng 상을 받다　**年代感** niándàigǎn[명] 시대감　**代表性** dàibiǎoxìng[명] 대표성

3 问：男的进入报社之前担任过什么职位？ | 질문: 남자는 신문사에 들어가기 전에 어떤 직책을 맡았는가?

A 图书管理员　B 编辑部部长
C 作家协会员工　D 杂志社主任编辑

A 도서 관리원　B 편집부 부장
C 작가협회 직원　D 잡지사의 주임 편집자

해설　여자의 말에서 언급된 **听说您在进入报社工作之前，曾在中国作家协会创研部工作过**를 듣고, 선택지 C **作家协会员工**을 정답의 후보로 확인해둔다. 질문이 남자가 신문사에 들어가기 전에 어떤 직책을 맡았는지 물었으므로, 선택지 C를 정답으로 고른다.

어휘　**报社** bàoshè[명] 신문사　**担任** dānrèn[동] 맡다　★**职位** zhíwèi[명] 직책　**编辑** biānjí[동] 편집하다[명] 편집자　★**协会** xiéhuì[명] 협회　**员工** yuángōng[명] 직원　**主任** zhǔrèn[명] 주임

4 问：关于总编辑的工作，下列哪项不正确？ | 질문: 편집장의 일에 관해, 다음 중 옳지 않은 것은?

A 需策划选题
B 要不断修改作品
C 保障报纸的专业性
D 加强与学界的联系

A 주제 선정을 기획해야 한다
B 끊임없이 작품을 수정해야 한다
C 신문의 전문성을 보장한다
D 학계와의 연결을 강화한다

해설　남자의 말에서 언급된 **总编辑则要带领团队策划选题，保障报纸的学术性和专业性，还要加强与学术界、文学界的联系**를 듣고, 선택지 A **需策划选题**, C **保障报纸的专业性**, D **加强与学界的联系**를 정답의 후보로 확인해둔다. 질문이 편집장의 일에 관해 옳지 않은 것을 물었으므로, 언급되지 않은 선택지 B **要不断修改作品**을 정답으로 고른다.

어휘　**总编辑** zǒngbiānjí[명] 편집장　★**策划** cèhuà[동] 기획하다　**选题** xuǎntí[동] 주제를 선정하다　**不断** búduàn[부] 끊임없이　**修改** xiūgǎi[동] 수정하다　★**保障** bǎozhàng[동] 보장하다　**加强** jiāqiáng[동] 강화하다

5 问：男的认为，管理报社的过程中需要做什么？ | 질문: 남자는 신문사를 관리하는 과정에서 무엇을 해야 한다고 생각하는가?

A 持续地进行创作　B 灵活地指挥团队
C 准备充足的资金　**D 感受多样的作品**

A 계속해서 창작을 진행한다　B 융통성 있게 팀을 리드한다
C 충분한 자금을 준비한다　**D 다양한 작품을 경험한다**

해설　남자의 말에서 언급된 **毕竟管理文学类报社，需要不断地汲取新的知识，并在此基础上体会多种多样的作品。**을 듣고, 선택지 D **感受多样的作品**을 정답의 후보로 확인해둔다. 질문이 남자가 신문사를 관리하는 과정에서 해야 한다고 생각하는 것을 물었으므로, 선택지 D를 정답으로 고른다.

어휘　**持续** chíxù[동] 계속 유지하다　★**创作** chuàngzuò[동] 창작하다　**灵活** línghuó[형] 융통성 있다　**指挥** zhǐhuī[동] 리드하다, 지휘하다　**团队** tuánduì[명] 팀　★**充足** chōngzú[형] 충분하다　**资金** zījīn[명] 자금　**感受** gǎnshòu[동] 경험하다　**作品** zuòpǐn[명] 작품

고득점비책 04 | 특정 분야 전문가 인터뷰 공략하기 p.54

mp3 바로듣기 ▶

전략 적용 해석

p.55

1. A 1만 제곱미터
B 2만 제곱미터
C 3만 제곱미터
D 4만 제곱미터

1-5번 문제는 다음 인터뷰를 들어보세요.
여: 오늘 우리의 게스트는 수집가 마웨이두 선생님이시며, 선생님께서는 중국의 첫 번째 사립 박물관인 관푸 박물관의 주인이십니다. 하지만 이 박물관은 현재 철거로 인해 이전해야 할 운명 앞에 놓여

2. A 현재 상황에 매우 만족한다
   B 취미가 책임으로 바뀌었다
   C 스트레스를 감당할 수 없다
   D 원동력이 점차 사라진다

3. A 가족의 유산을 계승한다
   B 사회 인사가 기증한다
   C 당시 문화재가 저렴했다
   D 개인 소득이 높다

4. **A 대체로 멀리한다**
   B 열심히 창작한다
   C 문학을 좋아한다
   D 극본을 쓰고 있다

5. A 다섯 개가 넘는다
   B 무료로 개방한다
   C 면적이 점점 커진다
   D 인지도가 향상됐다

있습니다. 마 선생님, 이번이 선생님 박물관의 세 번째 이전인데요. 느낌이 어떠십니까?

남: 사실 설령 이곳을 철거하지 않더라도, 나중에 새로 지어야 했어서, 여러 해 전부터 저희는 이미 계획이 있었습니다. ¹저희의 최종적인 목표는 3만 제곱미터 정도의 가장 대표적이고 국제적인 박물관을 짓는 것입니다.

여: 선생님의 관푸 박물관은 15년 전에 설립되었는데, 15년 동안 선생님의 마음가짐에 변화가 있지는 않으셨나요?

남: 처음에는 제 개인적인 취미였죠. 저는 제 즐거움을 대중에게 전달하길 바랐습니다. 저는 비교적 운이 좋게도 신중국의 첫 번째 사립 박물관을 설립했고, 이 박물관은 나날이 커져갔습니다. 이때, ²저는 점점 취미가 가장 중요한 것이 아니라고 느꼈고, 취미가 나중에는 책임으로 바뀌게 되었어요. 저는 기왕 역사가 저에게 이러한 기회를 주었으니, 이 일을 잘 해서, 원만한 마침표를 찍어야 한다고 생각했습니다.

여: 박물관 설립 초기에 선생님께서는 겨우 35세였습니다. 하지만 선생님의 소장품은 이미 어느 정도의 규모를 형성했어서, 박물관 규모의 전시를 뒷받침할만한 충분한 양의 전시품이 있었습니다. 선생님께선 어떻게 해내신 겁니까?

남: 제가 그때는 출판사에서 일을 했는데, 그 십 년은 마침 중국 문화재가 가장 침체기에 처했던 십 년이었습니다. ³길고 긴 10년 동안, 문화재의 가격도 거의 변동되지 않았죠. 만약 이 10년 동안 변동이 있었다면, 저는 이것들을 사지 못했을 거예요.

여: 선생님께서는 출판사에서 일할 때, 소설도 쓰시고 극본도 쓰셨는데요. 그렇다면 선생님께선 지금 여전히 계속 문학을 좋아하십니까?

남: ⁴저는 문학 분야를 떠난 후에, 소설은 쳐다보지도 않았습니다. 왜냐하면 저는 문화재 그리고 박물관과 관련된 지식을 쌓아야 해서 시간을 내야 했기 때문이죠. 저는 먼저 소설을 멀리했고, 그 다음에는 드라마를 멀리했습니다. 문화재에 푹 빠져서, 오직 박물관을 만드는 것에만 몰두했습니다.

여: 선생님께서 첫 번째 박물관을 열었을 때, 오늘날 전국 곳곳에 분관이 생길 거라고 생각하셨나요?

남: 생각하지 못했습니다. 그때는 당연히 생각할 수 없었고요. 현재 ⁵저희 분관의 수도 많지는 않은데, 총 3개가 분포되어 있고 각각 샤먼, 항저우와 하얼빈에 있습니다. 하지만 ⁵박물관의 인지도가 매우 크게 향상되었고, 브랜드 가치도 더욱더 커졌습니다. 저는 박물관도 하나의 브랜드가 되어, 사람들에게 박물관이 사회를 위해 공헌하는 가치를 알게 해주고 싶습니다.

1. 남자는 최종적으로 얼마나 큰 박물관을 짓고 싶어하는가?
2. 남자는 그의 마음가짐에 어떤 변화가 생겼다고 생각하는가?
3. 남자는 어떻게 35세에 많은 소장품을 가질 수 있었는가?
4. 남자가 현재 문학을 대하는 태도는 어떠한가?
5. 관푸 박물관의 분관에 관해, 알 수 있는 것은 무엇인가?

어휘
선택지 平米 píngmǐ 몡 제곱미터 ★现状 xiànzhuàng 몡 현재 상황 兴趣 xìngqù 몡 취미 承受 chéngshòu 통 감당하다 ★动力 dònglì 몡 원동력
逐渐 zhújiàn 톈 점차 消失 xiāoshī 통 사라지다 ★继承 jìchéng 통 계승하다 ★遗产 yíchǎn 몡 유산 捐赠 juānzèng 통 기증하다
★文物 wénwù 몡 문화재 基本 jīběn 튄 거의 远离 yuǎnlí 통 멀리하다 ★创作 chuàngzuò 통 창작하다 文学 wénxué 몡 문학
★剧本 jùběn 몡 극본 开放 kāifàng 통 개방하다 面积 miànjī 몡 면적 知名度 zhīmíngdù 몡 인지도

인터뷰 嘉宾 jiābīn 몡 게스트 收藏家 shōucángjiā 몡 수집가 私立 sīlì 몡 사립 博物馆 bówùguǎn 몡 박물관 主人 zhǔrén 몡 주인
目前 mùqián 몡 현재 面临 miànlín 통 앞에 놓여 있다 拆迁 chāiqiān 통 철거하고 이주하다 命运 mìngyùn 몡 운명 感受 gǎnshòu 몡 느낌
★即便 jíbiàn 젭 설령 ~하더라도 盖 gài 통 (집을) 짓다 ★规划 guīhuà 몡 계획 终极 zhōngjí 몡 최종 目标 mùbiāo 몡 목표
★规范 guīfàn 몡 대표적이다 创办 chuàngbàn 통 설립하다 ★心态 xīntài 몡 마음가짐 ★乐趣 lèqù 몡 즐거움 ★传达 chuándá 통 전달하다
幸运 xìngyùn 톈 운이 좋다 成立 chénglì 통 설립하다 壮大 zhuàngdà 톈 크다, 강건하다 渐渐 jiànjiàn 튄 점점 ★机遇 jīyù 몡 기회
★圆满 yuánmǎn 톈 원만하다 句号 jùhào 몡 마침표 收藏 shōucáng 통 소장하다 形成 xíngchéng 통 형성하다 规模 guīmó 몡 규모
展品 zhǎnpǐn 몡 전시품 ★支撑 zhīchēng 통 뒷받침하다 陈列 chénliè 통 전시하다 出版社 chūbǎnshè 몡 출판사 恰恰 qiàqià 튄 마침

低谷 dīgǔ 圆침체기 ★漫长 màncháng 圈길다 浮动 fúdòng 圈변동하다 领域 lǐngyù 圈분야 相关 xiāngguān 圈관련되다
腾 téng 圈(시간 따위를) 내다 一头栽到 yì tóu zāi dào ~에 푹 빠지다 一门心思 yìménxīnsī 圈몰두하다 分馆 fēnguǎn 圈분관
分布 fēnbù 圈분포하다 厦门 Xiàmén 圈四샤먼[중국 푸젠(福建)성에 위치한 도시] 杭州 Hángzhōu 圈四항저우[중국 저장(浙江)성의 성도]
哈尔滨 Hā'ěrbīn 圈四하얼빈[중국 헤이룽장(黑龙江)성의 성도] 品牌 pǐnpái 圈브랜드 价值 jiàzhí 圈가치 贡献 gòngxiàn 圈공헌하다
★拥有 yōngyǒu 圈가지다 藏品 cángpǐn 圈소장품 对待 duìdài 圈대하다

실전연습문제 p.57

| 1 D | 2 D | 3 C | 4 B | 5 A |

1-5

第1到5题，请听下面一段采访。

女：今天我们邀请到了著名的中医汤一新老师，汤老，您好。首先我们要恭喜您的《大国仁术》成功出版，可以给我们介绍一下这本书吗？

男：¹《大国仁术》以新冠疫情为背景，从中医的视角和思路记述了中医梦的艰辛历程。¹这本书主要围绕中医学被边缘化的问题，将理论和实际联系起来，用实际案例说明了中医学的作用。

女：除了这本著作，您提出的"脾阴虚"理论也备受关注。这是一个什么样的概念，又有哪些临床症状呢？

男：顾名思义，²"脾阴虚"就是把阴阳理论应用在了脾脏上。我们常说的"阳气有余，阴气不足"讲的就是胃的阳气过剩，脾脏的阴气不足。在临床上多表现出胃口不佳，神情倦怠，饭后腹胀，手足烦热等。根据个人体质不同，可能还会出现其他症状。

女：那么要如何进行治疗呢？

男：我们主要采用养脾阴的中药，包括山药、茯苓、石斛、玉竹、黄精等，这些都是滋养脾阴的好药材。除了对药材的选用，²在临床上还要具体情况具体分析，分清个体机理差异，考虑病情深浅，予以不同的处方和治疗。

女：如此说来，中医的诊治方法也是非常科学的，³对一些"中医不科学"的主张，您是如何看待的呢？

男：³我一直强调中医学和西医学一样都是科学。目前尚有一些人认为中医不科学，但是通过本次疫情的临床治疗，我认为已经用实例证明了中医也是科学治疗方法的这一事实。

女：和中医学常常一起提到的概念就是"养生"，能和我们分享一下您的养生理念吗？

男：我的养生理念其实很简单，就是顺应天意，知足常乐。⁴保持心情舒畅和心态平稳，就是最高层次的养生理念，这也是中医学临床实践的具体指导。

女：最后我们希望您根据过去几十年的从医经历，给中医药行业的年轻人一些建议。

男：⁵我希望新一代的中医学继承者们首先能够保持高尚的医德，并且⁵在继承中医学传统的同时，能够将中医学理念传播到海外，让更多的人得以受益。

1-5번 문제는 다음 인터뷰를 들어보세요.

여: 오늘 저희는 저명한 중의사이신 탕이신 선생님을 초대했는데요. 탕 선생님, 안녕하세요. 먼저 <대국인술>의 성공적인 출간을 축하드립니다. 저희에게 이 책에 대해 소개해주실 수 있을까요?

남: ¹<대국인술>은 신종 코로나 바이러스 발생 상황을 배경으로 하고, 중의사의 시각과 사고로 중의학 꿈의 고된 과정을 기술하였습니다. ¹이 책은 중의학 소외 문제를 중심으로, 이론과 현실을 연결시켜 실제 사례를 이용해 중의학의 기능을 설명했습니다.

여: 이 책 외에도, 선생님께서 제시한 '비음허' 이론도 주목을 받았습니다. 이 이론은 어떤 개념이고, 또 어떤 임상 증상이 있나요?

남: 말 그대로, ²'비음허'는 음양 이론을 비장에 적용한 것입니다. 우리가 흔히 말하는 '양기는 남고, 음기가 부족하다'는 것은 위의 양기가 과잉된다는 것이고, 비장의 음기가 부족하다는 것입니다. 임상에서 입맛이 좋지 않고 나른하며, 식사 후 배가 더부룩하고 손과 발에 열이 많은 등의 증상으로 많이 나타납니다. 개인의 체질의 차이에 따라 다른 증상도 나타날 수 있습니다.

여: 그렇다면 치료는 어떻게 진행하나요?

남: 저희는 주로 비음을 기르는 중국 의약을 사용하는데, 산약, 복령, 석곡, 둥굴레, 황정 등이 있습니다. 이것들은 모두 비음을 보양하는 좋은 약재들입니다. 약재의 선택과 사용 외에도, ²임상에서는 구체적인 상황을 분석해 개인 메커니즘의 차이를 명확히 구별하고, 병세의 정도를 고려해 서로 다른 처방과 치료를 해주어야 합니다.

여: 이렇게 말씀하시니, 중의학의 진료 방법도 매우 과학적이네요. ³'중의학은 과학적이지 않다'라는 일부 주장에 대해서, 선생님께서는 어떻게 생각하시나요?

남: ³저는 늘 중의학은 양의학과 마찬가지로 과학적이라고 강조합니다. 지금까지도 몇몇 사람들은 중의학이 과학적이지 않다고 여기지만, 이번 전염병 발생 상황에서의 임상치료를 통해, 저는 중의학도 과학적인 치료 방법이라는 사실이 실제 사례로 증명되었다고 생각합니다.

여: 중의학과 자주 함께 언급되는 개념이 바로 '양생'인데, 선생님의 양생 이념을 저희와 공유할 수 있을까요?

남: 제 양생 이념은 사실 간단한데, 바로 자연의 이치에 순응하고, 이미 가진 것에 만족하는 것입니다. ⁴마음을 편하게 하고 심리 상태를 평온하게 유지하는 것이 바로 가장 높은 차원의 양생 이념이고, 이는 중의학 임상 실험의 구체적인 가르침이기도 합니다.

여: 마지막으로 저희는 선생님께서 지난 몇 십 년 동안의 의료 종사 경력에 근거해서, 중의학 업계의 젊은이들에게 약간의 조언을 해주시기 바랍니다.

남: ⁵저는 신세대의 중의학 계승자들은 먼저 숭고한 의사로서의 도덕심을 유지하고, ⁵중의학의 전통을 계승하는 동시에 중의학의 이념을 해외에 전파하고 더 많은 사람들이 도움을 받을 수 있게 하기를 바랍니다.

어휘　恭喜 gōngxǐ圖 축하하다　出版 chūbǎn圖 출간하다　新冠疫情 xīnguān yìqíng圖 신종 코로나 바이러스 발생 상황　背景 bèijǐng圖 배경
艰辛 jiānxīn圖 고되다　历程 lìchéng圖 과정　围绕 wéirào圖 중심으로 하다　边缘化 biānyuánhuà 소외되다, 비주류화하다　理论 lǐlùn圖 이론
案例 ànlì圖 사례　著作 zhùzuò圖 책　脾阴虚 píyīnxū 비음허[비위의 음액이 부족한 병증]　备受 bèi shòu 빠짐없이 받다　关注 guānzhù圖 주목하다
概念 gàiniàn圖 개념　临床症状 línchuáng zhèngzhuàng 임상 증상[질환이 있을 때 신체에 발생하는 증상]　顾名思义 gùmíngsīyì圖 말 그대로
应用 yìngyòng圖 적용하다　脾脏 pízàng圖 비장[왼쪽 신장과 횡격막 사이에 있는 장기]　阳气 yángqì圖 양기　阴气 yīnqì圖 음기　不足 bùzú圖 부족하다
胃 wèi圖 위　过剩 guòshèng圖 과잉되다　表现 biǎoxiàn圖 나타나다　胃口 wèikǒu圖 입맛　倦怠 juàndài圖 나른하다　腹胀 fù zhàng 배가 더부룩하다
治疗 zhìliáo圖 치료하다　山药 shānyao圖 산약[마의 뿌리]　茯苓 fúlíng圖 복령[소나무 뿌리에 기생하는 진균의 일종]
石斛 shíhú圖 석곡[외떡잎식물 난초목 난초과의 상록 여러해살이풀]　玉竹 yùzhú圖 둥굴레　黄精 huángjīng圖 황정　滋养 zīyǎng圖 보양하다
具体 jùtǐ圖 구체적이다　分析 fēnxī圖 분석하다　分清 fēnqīng圖 명확히 구별하다　★个体 gètǐ圖 개인　机理 jīlǐ圖 메커니즘　病情 bìngqíng圖 병세
予以 yǔyǐ圖 ～을 주다　诊治 zhěnzhì圖 진료하다　主张 zhǔzhāng圖 주장　★看待 kàndài圖 ～에 대해 생각하다　强调 qiángdiào圖 강조하다
目前 mùqián圖 지금　事实 shìshí圖 사실　养生 yǎngshēng圖 양생하다[병에 걸리지 않고 건강하게 오래 살도록 몸 관리를 잘하다]
分享 fēnxiǎng圖 공유하다　理念 lǐniàn圖 이념　顺应 shùnyìng圖 순응하다　天意 tiānyì圖 자연의 이치
★知足常乐 zhīzúchánglè 이미 가진 것에 만족하다　保持 bǎochí圖 유지하다　舒畅 shūchàng圖 편하다　★心态 xīntài圖 심리 상태
平稳 píngwěn圖 평온하다　★层次 céngcì圖 차원　实践 shíjiàn圖 실험하다, 실천하다　指导 zhǐdǎo圖 가르치다　行业 hángyè圖 업계
★继承 jìchéng圖 계승하다　★高尚 gāoshàng圖 숭고하다　传统 chuántǒng圖 전통　传播 chuánbō圖 전파하다

1-5번 선택지의 西医学(양의학), 中医学(중의학), 治疗(치료하다), 养生(양생하다)을 통해 인터뷰 대상이 의학과 관련된 전문가임을 예측할 수 있다. 따라서 특정 분야 전문가 인터뷰가 나올 것을 대비해서 듣는다.

1　问：关于《大国仁术》，可以知道什么？　　　　질문: <대국인술>에 관해, 알 수 있는 것은 무엇인가?

　　A 其内容晦涩难懂　　　　　　　　　　　　　A 내용이 어렵고 이해하기 힘들다
　　B 是关于西医学的著作　　　　　　　　　　　B 양의학에 관한 책이다
　　C 讲述中医学的发展历程　　　　　　　　　　C 중의학의 발전 과정을 서술한다
　　D 成功地结合了理论和实际　　　　　　　　**D 성공적으로 이론과 현실을 결합했다**

해설　남자의 말에서 언급된《大国仁术》……这本书主要围绕中医学被边缘化的问题, 将理论和实际联系起来, 用实际案例说明了中医学的
　　作用。을 듣고, 선택지 D 成功地结合了理论和实际를 정답의 후보로 확인해둔다. 질문이 <대국인술>에 관해 알 수 있는 것이 무엇인지 물었
　　으므로, 선택지 D를 정답으로 고른다.

어휘　晦涩 huìsè圖 (언어·문장 등이) 어렵다　西医学 xīyīxué圖 양의학　著作 zhùzuò圖 책　讲述 jiǎngshù圖 서술하다　中医学 zhōngyīxué圖 중의학
　　历程 lìchéng圖 과정　结合 jiéhé圖 결합하다　理论 lǐlùn圖 이론

2　问：在临床上，如何治疗"脾阴虚"？　　　　질문: 임상에서 어떻게 '비음허'를 치료하는가?

　　A 改善虚弱的体质　　　　　　　　　　　　　A 허약한 체질을 개선한다
　　B 缓解阳气过剩的症状　　　　　　　　　　　B 양기 과잉 증상을 완화시킨다
　　C 解决手脚冰凉的问题　　　　　　　　　　　C 손발이 차가운 문제를 해결한다
　　D 对不同患者进行对症下药　　　　　　　　**D 환자마다 증상에 따라 약을 처방한다**

해설　남자의 말에서 언급된 "脾阴虚"와 在临床上还要具体情况具体分析, 分清个体机理差异, 考虑病情深浅, 予以不同的处方和治疗를 듣고,
　　선택지 D 对不同患者进行对症下药를 정답의 후보로 확인해둔다. 질문이 임상에서 어떻게 '비음허'를 치료하는지 물었으므로, 선택지 D를 정
　　답으로 고른다.

어휘　临床 línchuáng圖 임상하다[환자를 진료하거나 의학을 연구하기 위하여 병상에 임하다]　治疗 zhìliáo圖 치료하다
　　脾阴虚 píyīnxū 비음허[비위의 음액이 부족한 병증]　改善 gǎishàn圖 개선하다　虚弱 xūruò圖 허약하다　体质 tǐzhì圖 체질
　　缓解 huǎnjiě圖 완화시키다　阳气 yángqì圖 양기　过剩 guòshèng圖 과잉되다　症状 zhèngzhuàng圖 증상　患者 huànzhě圖 환자
　　对症下药 duìzhèngxiàyào圖 증상에 따라 약을 처방하다

3　问：男的怎样看待"中医不科学"的主张？　　질문: 남자는 '중의학은 과학적이지 않다'라는 주장에 대해 어떻
　　　　　　　　　　　　　　　　　　　　　　　게 생각하는가?

　　A 该观点不无道理　　　　　　　　　　　　　A 해당 관점이 일리가 없는 것은 아니다
　　B 这种说法仍有待考究　　　　　　　　　　　B 이런 견해는 여전히 자세히 연구해야 할 필요가 있다

C 认为中医学具有科学性	**C 중의학이 과학적이라고 생각한다**
D 没有具体证据推翻这种学说	D 이러한 학설을 뒤집을 구체적인 증거가 없다

해설 여자의 말에서 언급된 **对一些"中医不科学"的主张，您是如何看待的呢?**와 남자의 말에서 언급된 **我一直强调中医学和西医学一样都是科学。**를 듣고, 선택지 C **认为中医学具有科学性**을 정답의 후보로 확인해둔다. 질문이 남자는 '중의학은 과학적이지 않다'라는 주장에 대해 어떻게 생각하는지 물었으므로, 선택지 C를 정답으로 고른다.

어휘 ★**看待** kàndài[동]~에 대해 생각하다 **主张** zhǔzhāng[명]주장 **考究** kǎojiu[동]자세히 연구하다 **具体** jùtǐ[형]구체적이다 **证据** zhèngjù[명]증거 **推翻** tuīfān[동]뒤집다 **学说** xuéshuō[명]학설

4 问：关于男的所说的养生理念，下列哪项正确？	질문: 남자가 말한 양생 이념에 관해, 다음 중 옳은 것은?
A 先解决温饱问题	A 먼저 먹고 사는 문제를 해결한다
B 保持良好的心态	**B 좋은 심리 상태를 유지한다**
C 对目标坚持不懈	C 목표를 향하여 꾸준히 해 나가다
D 感受美好的自然	D 아름다운 자연을 느낀다

해설 남자의 말에서 언급된 **保持心情舒畅和心态平稳，就是最高层次的养生理念**을 듣고, 선택지 B **保持良好的心态**를 정답의 후보로 확인해둔다. 질문이 남자가 말한 양생 이념에 관해 옳은 것을 물었으므로, 선택지 B를 정답으로 고른다.

어휘 **养生** yǎngshēng[동]양생하다[병에 걸리지 않고 건강하게 오래 살도록 몸 관리를 잘하다] **理念** lǐniàn[명]이념 **温饱问题** wēnbǎo wèntí[명]먹고 사는 문제 **保持** bǎochí[동]유지하다 **良好** liánghǎo[형]좋다 **心态** xīntài[명]심리 상태 **目标** mùbiāo[명]목표 **坚持不懈** jiānchíbúxiè[성](나태하지 않고) 꾸준히 해 나가다 **感受** gǎnshòu[동]느끼다

5 问：男的对后辈有什么期待？	질문: 남자는 후배들에게 어떤 기대가 있는가?
A 将中医学发扬光大	**A 중의학을 더욱 확대 발전시킨다**
B 加强中医临床实践	B 중의학의 임상 실험을 강화한다
C 注重国内的中医学研究	C 국내의 중의학 연구를 중시한다
D 让更多的人参与到养生中	D 더 많은 사람을 양생에 참여시킨다

해설 남자의 말에서 언급된 **我希望新一代的中医学继承者们……在继承中医学传统的同时，能够将中医学理念传播到海外，让更多的人得以受益**를 듣고, 선택지 A **将中医学发扬光大**를 정답의 후보로 확인해둔다. 질문이 남자는 후배들에게 어떤 기대가 있는지 물었으므로, 선택지 A를 정답으로 고른다.

어휘 **后辈** hòubèi[명]후배 **期待** qīdài[동]기대하다 **发扬光大** fāyángguāngdà[성]더욱 확대 발전시키다 **实践** shíjiàn[동]실험하다, 실천하다 **注重** zhùzhòng[동]중시하다 **参与** cānyù[동]참여하다

제2부분 실전테스트 p.58

mp3 바로듣기 ▸

1 C	2 C	3 A	4 D	5 D	6 C	7 A	8 B	9 B	10 D
11 A	12 D	13 B	14 A	15 C					

1-5

第1到5题，请听下面一段采访。

女：今天我们邀请到的嘉宾是"鲍师傅"品牌的创始人鲍才胜先生。鲍先生，您为什么将创业起点选在北京呢？

男：很多人都觉得像北京、上海这样的大城市竞争会很激烈，但我的想法稍微有点不一样。[1]人口多、竞争激烈意味着更多的发展潜力和机会。为了充分利用这种机会，我将创业起点选在了北京。[2]我的第一家

1-5번 문제는 다음 인터뷰를 들어보세요.

여: 오늘 저희가 초대한 게스트는 '바오스푸' 브랜드의 창업자인 바오차이성 선생님입니다. 바오 선생님, 선생님께서는 왜 창업의 출발점을 베이징으로 선택하셨나요?

남: 많은 사람들이 베이징, 상하이 같은 대도시는 경쟁이 아주 치열할 것이라고 생각하지만, 저의 생각은 조금 다릅니다. [1]인구가 많고, 경쟁이 치열하다는 것은 더 많은 발전 잠재력과 기회를 의미합니다. 이런 기회를 충분히 활용하기 위해서, 저는 창업의 출발점을 베이징으로 선택했습니다. [2]저의 첫 가게는 대학가 인근에 열었는

店开在大学城附近，当时推出的单品"肉松小贝"深受学生喜爱，于是我们就将它定成了主打产品。后来，生意越来越兴旺，我们在天津、上海都开了分店。不过说实话，那时候房租不贵，工资成本低，所以我们才能发展得比较快。

女："鲍师傅"糕点的味道得到了大众的认可，³秘诀是什么？

男：³我们一直遵循品质优先的原则。为了保证食物的新鲜度和口感，我们通常会选择质量一流的原材料。比如说制作糕点时，我们一般都会购买农村生产的土鸡蛋。"鲍师傅"主要以手工制作为主，所以大部分糕点不含有添加剂，对人的健康没有任何不良的影响。由于保质期较短，当天没有卖出去的产品全部都会被扔掉。

女："鲍师傅"品牌越来越火，这种情况下，做加盟店能获得更多的收益，但是⁴您为什么坚持只做直营店呢？

男：⁴直营店更便于管理，能够直接控制产品的原材料、配方、口味等。这对于做饮食行业的人来说很重要。品牌一定要注重口碑，要坚持走少而精的路线。

女：不少人将您的店定义为"网红店"，您怎么看？

男：其实，我不喜欢"网红店"这个名称，听起来好像是昙花一现的东西。我只想一步一个脚印下去，给大家做出最美味最健康的糕点。而⁵我的理想就是争取将"鲍师傅"打造为流芳百世的百年老店。

데, 당시 내놓은 메뉴 '로우송 샤오베이'는 학생들의 사랑을 많이 받았고, 그래서 저희는 그것을 주력 상품으로 정했습니다. 후에 장사가 점점 번창하면서 저희는 톈진, 상하이에도 지점을 열었습니다. 하지만 솔직히 말하면, 그때는 임대료도 비싸지 않았고, 임금 비용도 낮았기 때문에, 저희는 비교적 빠르게 발전할 수 있었습니다.

여: '바오스푸' 디저트의 맛은 대중들의 인정을 받았는데, ³비결이 무엇인가요?

남: ³저희는 항상 품질 우선의 원칙을 따랐습니다. 음식의 신선도와 맛을 보장하기 위해, 저희는 일반적으로 품질이 일류인 원재료를 선택합니다. 디저트를 만들 때, 일반적으로 농촌에서 생산된 토종란을 구입하는 것이 그 예입니다. '바오스푸'는 주로 수작업 제조 위주이기 때문에, 대부분의 디저트에는 첨가물이 함유되어 있지 않고, 사람들의 건강에 어떠한 나쁜 영향도 끼치지 않습니다. 유통기한이 짧기 때문에, 당일에 팔리지 않은 상품은 모두 버려집니다.

여: '바오스푸' 브랜드는 점점 인기를 얻고 있는데요. 이런 상황에서, 가맹점을 운영하면 더욱 많은 수익을 얻을 수 있을텐데, ⁴선생님께서는 왜 직영점 운영만 고집하시는 건가요?

남: ⁴직영점은 관리하기에 더욱 편리하고, 제품의 원재료, 배합 방법, 맛 등을 직접 컨트롤할 수 있습니다. 이것은 요식업계에 종사하는 사람에게 있어 아주 중요합니다. 브랜드는 반드시 입소문을 신경써야 하며, 점포 수가 적을지라도 실속이 있는 길을 걸어가야 합니다.

여: 많은 사람들이 선생님의 가게를 '왕홍 가게'로 정의하는데, 어떻게 생각하시나요?

남: 사실 저는 '왕홍 가게'라는 명칭을 좋아하지 않습니다. 마치 잠깐 나타났다가 바로 사라져 버릴 것처럼 들리니까요. 저는 그저 하나하나 착실하게 해 나가고 싶고, 사람들에게 가장 맛있고 가장 건강한 디저트를 만들어 주고 싶습니다. 그리고 ⁵저의 꿈은 바로 노력하며 '바오스푸'를 훌륭한 명성이 후세까지 전해지는 백 년 노포로 만드는 것입니다.

어휘   嘉宾 jiābīn 阌 게스트   品牌 pǐnpái 阌 브랜드   创始人 chuàngshǐrén 阌 창업자   ★创业 chuàngyè 阌 창업하다   起点 qǐdiǎn 阌 출발점
　　 竞争 jìngzhēng 阌 경쟁하다   激烈 jīliè 阌 치열하다   ★意味着 yìwèizhe 阌 의미하다   ★潜力 qiánlì 阌 잠재력   充分 chōngfèn 阌 충분히
　　 利用 lìyòng 阌 활용하다   大学城 dàxuéchéng 阌 대학가   推出 tuīchū 阌 내놓다   单品 dānpǐn 阌 메뉴, 아이템   喜爱 xǐ'ài 阌 사랑하다
　　 定成 dìngchéng ~로 정하다   主打 zhǔdǎ 阌 주력하다   兴旺 xīngwàng 阌 번창하다   天津 Tiānjīn 阌 톈진[중국 4대 직할시 중 하나]
　　 分店 fēndiàn 阌 지점   说实话 shuō shíhuà 솔직히 말하면   房租 fángzū 阌 임대료   ★成本 chéngběn 阌 비용   糕点 gāodiǎn 阌 디저트
　　 ★认可 rènkě 阌 인정하다   秘诀 mìjué 阌 비결   ★遵循 zūnxún 阌 따르다   ★品质 pǐnzhì 阌 품질   ★优先 yōuxiān 阌 우선하다   原则 yuánzé 阌 원칙
　　 保证 bǎozhèng 阌 보장하다   食物 shíwù 阌 음식   新鲜度 xīnxiāndù 阌 신선도   口感 kǒugǎn 阌 맛   通常 tōngcháng 阌 일반적으로
　　 质量 zhìliàng 阌 품질   一流 yīliú 阌 일류의   原材料 yuáncáiliào 阌 원재료   制作 zhìzuò 阌 만들다, 제조하다   购买 gòumǎi 阌 구입하다
　　 农村 nóngcūn 阌 농촌   生产 shēngchǎn 阌 생산하다   土鸡蛋 tǔjīdàn 阌 토종란   手工 shǒugōng 阌 수작업   含有 hán yǒu 阌 함유하다
　　 添加剂 tiānjiājì 阌 첨가물   保质期 bǎozhìqī 阌 유통기한   扔掉 rēngdiào 阌 버리다   加盟店 jiāméngdiàn 阌 가맹점   ★收益 shōuyì 阌 수익
　　 直营店 zhíyíngdiàn 阌 직영점   ★便于 biànyú 阌 편리하다   控制 kòngzhì 阌 컨트롤하다   配方 pèifāng 阌 배합 방법   口味 kǒuwèi 阌 맛
　　 ★饮食 yǐnshí 阌 요식, 음식   行业 hángyè 阌 업계   ★注重 zhùzhòng 阌 신경을 쓰다   口碑 kǒubēi 阌 입소문
　　 少而精 shǎo ér jīng 적지만 실속이 있다, 양보다 질   ★定义 dìngyì 阌 정의하다   网红店 wǎnghóngdiàn 阌 왕홍 가게[인터넷에서 인기 있는 가게]
　　 名称 míngchēng 阌 명칭   昙花一现 tánhuāyíxiàn 阌 (사람이나 사물이) 잠깐 나타났다가 바로 사라져 버리다
　　 一步一个脚印 yíbù yíge jiǎoyìn 하나 하나 착실하게 해 나가다   美味 měiwèi 阌 맛있는 요리   争取 zhēngqǔ 阌 노력하여 목적을 달성하다
　　 打造 dǎzào 阌 만들다   流芳百世 liúfāngbǎishì 훌륭한 명성을 후세에 전하다

1-5번 선택지의 餐饮业(요식업), 调料(양념), 直营店(직영점)을 통해 인터뷰 대상이 직영점을 운영하는 요식업 회사와 관련된 비즈니스 관련자임을 예측할 수 있다. 따라서 비즈니스 관련자 인터뷰가 나올 것을 대비해서 듣는다.

1	问：男的为什么选择在北京创业？	질문: 남자는 왜 베이징에서 창업하는 것을 선택했는가?
	A 家人都在北京生活	A 가족들이 모두 베이징에서 생활하고 있다
	B 想在北京购买房子	B 베이징에서 집을 사고 싶다

C 大城市潜在机会多	C 대도시는 잠재적 기회가 많다
D 北京的餐饮业发达	D 베이징의 요식업이 발달했다

해설　남자의 말에서 언급된 人口多、竞争激烈意味着更多的发展潜力和机会。为了充分利用这种机会，我将创业起点选在了北京。을 듣고, 선택지 C 大城市潜在机会多 대도시는 잠재적 기회가 많다를 정답의 후보로 확인해둔다. 질문이 남자는 왜 베이징에서 창업하는 것을 선택했는지 물었으므로, 선택지 C를 정답으로 고른다.

어휘　★创业 chuàngyè 图 창업하다　购买 gòumǎi 图 사다　潜在 qiánzài 图 잠재적인　餐饮业 cānyǐnyè 图 요식업　发达 fādá 图 발달하다

2　问：“鲍师傅”创业初期的情况怎么样？　질문: '바오스푸' 창업 초기의 상황은 어떠했는가?

A 很难招到职员	A 직원을 모집하기 힘들다
B 没有租房费用	B 월세가 없다
C 主打产品很受欢迎	**C 주력 상품이 많은 인기를 끈다**
D 难以承担工资成本	D 임금 비용을 감당하기 힘들다

해설　남자의 말에서 언급된 我的第一家店开在大学城附近, 当时推出的单品“肉松小贝”深受学生喜爱, 于是我们就将它定成了主打产品。을 듣고, 선택지 C 主打产品很受欢迎 주력 상품이 많은 인기를 끈다를 정답의 후보로 확인해둔다. 질문이 '바오스푸' 창업 초기의 상황은 어떠했는지 물었으므로, 선택지 C를 정답으로 고른다.

어휘　招 zhāo 图 모집하다　职员 zhíyuán 图 직원　房租 fángzū 图 월세　主打 zhǔdǎ 图 주력하다　承担 chéngdān 图 감당하다　★成本 chéngběn 图 비용

3　问：根据这段话，下列哪项是“鲍师傅”做糕点的秘诀？　질문: 대화에 근거하여, 다음 중 '바오스푸'가 디저트를 만드는 비결은?

A 严格把控品质	**A 엄격하게 품질을 관리한다**
B 使用机器制作	B 기계를 사용하여 제조한다
C 添加特制调料	C 특제 양념을 첨가한다
D 借鉴他人经验	D 다른 사람의 경험을 참고로 한다

해설　여자의 말에서 언급된 秘诀是什么？와 남자의 말에서 언급된 我们一直遵循品质优先的原则。를 듣고, 선택지 A 严格把控品质을 정답의 후보로 확인해둔다. 질문이 '바오스푸'가 디저트를 만드는 비결을 물었으므로, 선택지 A를 정답으로 고른다.

어휘　糕点 gāodiǎn 图 디저트　秘诀 mìjué 图 비결　把控 bǎ kòng 관리하다　★品质 pǐnzhì 图 품질　机器 jīqì 图 기계　制作 zhìzuò 图 제조하다　添加 tiānjiā 图 첨가하다　调料 tiáoliào 图 양념　★借鉴 jièjiàn 图 참고로 하다

4　问：“鲍师傅”为什么只做直营店？　질문: '바오스푸'는 왜 직영점만 운영하는가?

A 直营店交的税少	A 직영점이 내는 세금이 적다
B 直营店的经营成本低	B 직영점의 운영 비용이 낮다
C 直营店更有利于赢利	C 직영점이 이윤을 얻기에 더 유리하다
D 直营店管理起来更方便	**D 직영점이 관리하기에 더 편리하다**

해설　여자의 말에서 언급된 您为什么坚持只做直营店呢？와 남자의 말에서 언급된 直营店更便于管理를 듣고, 선택지 D 直营店管理起来更方便을 정답의 후보로 확인해둔다. 질문이 '바오스푸'는 왜 직영점만 운영하는지 물었으므로, 선택지 D를 정답으로 고른다.

어휘　直营店 zhíyíngdiàn 图 직영점　税 shuì 图 세금　经营 jīngyíng 图 운영하다　★成本 chéngběn 图 비용　有利 yǒulì 图 유리하다　赢利 yínglì 图 이윤을 얻다

5　问：对于“鲍师傅”这家店，男的有什么理想？　질문: '바오스푸' 가게에 대해, 남자는 어떤 꿈이 있는가?

A 多开几家加盟店	A 몇 개의 가맹점을 더 낸다
B 将生意做到国外	B 해외에서 장사를 할 것이다
C 盈利比去年翻一番	C 이윤을 작년보다 배로 늘린다
D 建立经久不衰的店	**D 오랜 세월이 지나도 쇠퇴하지 않는 가게를 만든다**

해설　남자의 말에서 언급된 我的理想就是争取将“鲍师傅”打造为流芳百世的百年老店을 듣고, 선택지 D 建立经久不衰的店을 정답의 후보로 확인해둔다. 질문이 '바오스푸' 가게에 대해, 남자는 어떤 꿈이 있는지 물었으므로, 선택지 D를 정답으로 고른다.

어휘　加盟店 jiāméngdiàn 图 가맹점　翻 fān 图 (양이) 늘다　★番 fān 图 배　建立 jiànlì 图 만들다　经久不衰 jīngjiǔbùshuāi 图 오랜 세월이 지나도 쇠퇴하지 않는다

第6到10题，请听下面一段采访。

男：您的新作《朵朵》得到了很多关注，其中，⁶您选择女儿朵朵作为拍摄对象一事更是引发了大众的好奇心。您可以透露一下这样做的原因吗？

女：相信每个父母都想用自己擅长的方式记录子女的成长，我也不例外。⁶刚开始我只是想记录女儿成长的每一刻，当时并没想到要以她为模特进行创作，但随着拍摄的深入，不知不觉就产生了创作的欲望。

男：拍摄时，朵朵不会抵触镜头吗？

女：⁷小时候，她对自己被拍感到陌生，所以有时面对镜头会露出不情愿的表情。这时我就会尊重她的想法，停止拍摄。⁷现在，她已经非常适应镜头的存在了，而且还充满自信。常年出镜让她对自己的状态特别满意。大到自己的外貌、身材，小到脸上的小雀斑。

男：您拍的照片对朵朵产生了什么影响？

女：我经常邀请她对我拍摄的照片进行评价，因此她对拍摄越来越感兴趣，还会偶尔给我提出一些十分有意思的建议。随着年龄的增长，她的感觉变得更敏锐了，能比一般人更迅速地捕捉到美好的瞬间。⁸我觉得这些年的拍摄让她对美的认知比一般人要深刻得多，不会让她的想象力受到限制。

男：照片呈现出来的情绪都很平和，这与你们的生活环境有很大关系吧？

女：⁹我们居住在桂林，生活节奏很慢，也挺悠闲的。一到夏天，我们常去漓江游泳、划船、跳水。因为我们能从大自然中获得力量，净化心灵，所以与大自然的关系也会变得更加亲密。

男：您未来的创作方向是什么？

女：我一直喜欢以女性作为拍摄对象。但¹⁰下一步我想摆脱这个舒适区，进行各种各样的尝试，争取拍出不同风格的作品。

6-10번 문제는 다음 인터뷰를 들어보세요.

남: 당신의 신작<뒤뒤>가 많은 관심을 받고 있습니다. 그중, ⁶촬영 대상으로 딸 뒤뒤를 선택한 일이 대중들의 호기심을 더욱 유발했는데요. 이렇게 한 이유를 밝혀주실 수 있나요?

여: 모든 부모는 자신이 잘하는 방식으로 자녀의 성장을 기록하고 싶어 하리라 믿는데, 저도 예외는 아닙니다. ⁶처음 시작할 때 저는 그저 딸이 성장하는 매 순간을 기록하고 싶었고, 당시에는 딸을 모델로 삼아 제작할 생각이 결코 없었지만, 촬영에 깊이 파고들면서 저도 모르게 제작 의욕이 생겼습니다.

남: 촬영할 때, 뒤뒤가 렌즈에 위화감을 느끼지는 않았나요?

여: ⁷어릴 때 뒤뒤는 자신이 찍히는 것을 낯설게 느껴서, 가끔 렌즈를 마주하면 내키지 않는다는 표정을 짓곤 했습니다. 이때 저는 뒤뒤의 생각을 존중했고, 촬영을 멈췄습니다. ⁷지금 뒤뒤는 이미 렌즈의 존재에 매우 적응했고, 게다가 자신감도 충만합니다. 일 년 내내 작품에 출연하면서 뒤뒤는 자신의 상태에 아주 만족해했습니다. 크게는 자신의 외모, 몸매부터 작게는 얼굴의 작은 주근깨까지요.

남: 당신이 찍은 사진은 뒤뒤에게 어떤 영향을 끼쳤습니까?

여: 저는 뒤뒤에게 제가 찍은 사진에 대해서 평가를 해달라고 자주 요청하는데, 이 때문에 그녀가 촬영에 대해 점점 흥미를 가지게 되었고, 또 가끔 저에게 아주 흥미로운 몇몇 제안도 합니다. 나이가 들수록, 그녀의 감각은 더 날카로워졌고, 보통 사람보다 더욱 재빠르게 아름다운 순간을 포착할 수 있게 되었습니다. ⁸저는 이 몇 년간의 촬영이 뒤뒤의 미에 대한 인식이 보통 사람보다 더 깊어지게 했고, 그녀의 상상력에 제약을 받지 않게 했다고 생각합니다.

남: 사진에서 드러나는 정서가 아주 평화로운데, 이것은 당신들의 생활 환경과 큰 관련이 있나요?

여: ⁹저희는 구이린에 거주하고 있는데, 생활 리듬이 매우 느리고 또 아주 여유롭습니다. 여름이 되면 저희는 리장에 자주 가서 수영을 하고, 배를 타고, 다이빙을 합니다. 저희는 대자연으로부터 힘을 얻고 마음을 정화할 수 있기 때문에, 대자연과의 관계도 더욱 친밀해지게 되었습니다.

남: 당신의 앞으로의 제작 방향은 무엇입니까?

여: 저는 줄곧 여성을 촬영 대상으로 삼는 것을 좋아했습니다. 하지만 ¹⁰앞으로 이 익숙한 분야에서 벗어나 다양한 시도를 해보고 싶고, 다른 스타일의 작품을 찍으려 노력할 것입니다.

어휘　新作 xīnzuò 阌 신작　关注 guānzhù 阌 관심을 받다　作为 zuòwéi 阌 ~으로 삼다　拍摄 pāishè 阌 촬영하다　对象 duìxiàng 阌 대상　引发 yǐnfā 阌 유발하다
好奇心 hàoqíxīn 阌 호기심　★透露 tòulù 阌 밝히다　★擅长 shàncháng 阌 잘하다　记录 jìlù 阌 기록하다　成长 chéngzhǎng 阌 성장하다
例外 lìwài 阌 예외로 하다　模特 mótè 阌 모델　★创作 chuàngzuò 阌 제작하다, 창작하다　深入 shēnrù 阌 깊이 파고들다
不知不觉 bùzhībùjué 阌 자기도 모르게　★欲望 yùwàng 阌 의욕　抵触 dǐchù 阌 위화감을 느끼다　★镜头 jìngtóu 阌 (카메라 등의) 렌즈
陌生 mòshēng 阌 낯설다　面对 miànduì 阌 마주하다　露出 lùchu (표정 등을) 짓다　情愿 qíngyuàn 阌 내키다, 진심으로 원하다　表情 biǎoqíng 阌 표정
停止 tíngzhǐ 阌 멈추다　存在 cúnzài 阌 존재하다　充满 chōngmǎn 阌 충만하다　常年 chángnián 阌 일 년 내내　出镜 chūjìng 阌 작품에 출연하다
状态 zhuàngtài 阌 상태　外貌 wàimào 阌 외모　身材 shēncái 阌 몸매　雀斑 quèbān 阌 주근깨　评价 píngjià 阌 평가하다
增长 zēngzhǎng 阌 (나이가) 들다, 늘어나다　★敏锐 mǐnruì 阌 날카롭다　★迅速 xùnsù 阌 재빠르다　★捕捉 bǔzhuō 阌 포착하다　美好 měihǎo 阌 아름답다
★瞬间 shùnjiān 阌 순간　认知 rènzhī 阌 인식하다　深刻 shēnkè 阌 깊다　想象力 xiǎngxiànglì 阌 상상력　限制 xiànzhì 阌 제약
★呈现 chéngxiàn 阌 드러나다　情绪 qíngxù 阌 정서　平和 pínghé 阌 평화롭다　居住 jūzhù 阌 거주하다
桂林 Guìlín 고유 구이린[중국 광시(广西)에 있는 저명한 명승지 중 하나]　★节奏 jiézòu 阌 리듬　悠闲 yōuxián 阌 여유롭다
漓江 Líjiāng 고유 리장[중국 구이린(桂林)에 위치한 강]　划 huá 阌 타다　跳水 tiàoshuǐ 阌 다이빙하다　力量 lìliàng 阌 힘　净化 jìnghuà 阌 정화하다
★心灵 xīnlíng 阌 마음　★亲密 qīnmì 阌 친밀하다　未来 wèilái 阌 앞으로의　作为 zuòwéi 阌 ~으로 삼다　★摆脱 bǎituō 阌 벗어나다
舒适区 shūshìqū 阌 익숙한 분야　各种各样 gèzhǒnggèyàng 阌 다양하다　★尝试 chángshì 阌 시도해보다　争取 zhēngqǔ 阌 실현하기 위해 노력하다
风格 fēnggé 阌 스타일　作品 zuòpǐn 阌 작품

6-10번 선택지의 **摄影集**(사진집), **摄影展览**(사진 전시회), **拍摄**(촬영하다), **艺术**(예술)를 통해 인터뷰 대상이 사진 촬영과 관련된 예술가임을 예측할 수 있다. 따라서 예술가 인터뷰가 나올 것을 대비해서 듣는다.

---

6 问: 女的选择女儿作为拍摄对象的动机是什么? 질문: 여자가 딸을 촬영 대상으로 선택한 계기는 무엇인가?

A 创作摄影集	B 开摄影展览
C 记录女儿成长	D 教会女儿摄影

A 사진집을 제작한다	B 사진 전시회를 연다
C 딸의 성장을 기록한다	D 딸에게 촬영하는 것을 가르친다

해설 남자의 말에서 언급된 **您选择女儿朵朵作为拍摄对象**과 여자의 말에서 언급된 **刚开始我只是想记录女儿成长的每一刻**를 듣고, 선택지 C 记录女儿成长을 정답의 후보로 확인해둔다. 질문이 여자가 딸을 촬영 대상으로 선택한 계기가 무엇인지 물었으므로, 선택지 C를 정답으로 고른다.

어휘 作为 zuòwéi 통 ~으로 삼다 拍摄 pāishè 통 촬영하다 对象 duìxiàng 명 대상 ★动机 dòngjī 명 계기 ★创作 chuàngzuò 통 제작하다, 창작하다
摄影集 shèyǐngjí 명 사진집 摄影 shèyǐng 통 사진을 찍다 展览 zhǎnlǎn 통 전시하다 记录 jìlù 통 기록하다 成长 chéngzhǎng 통 성장하다

---

7 问: 现在女儿对于拍摄是什么态度? 질문: 현재 딸은 촬영에 대한 태도가 어떠한가?

A 不再排斥	B 不太理解
C 极其厌恶	D 难以接受

A 더 이상 거부하지 않는다	B 별로 이해하지 못한다
C 몹시 싫어한다	D 받아들이기 어렵다

해설 여자의 말에서 언급된 **小时候,她对自己被拍感到陌生……现在,她已经非常适应镜头的存在了,而且还充满自信。**을 듣고, 선택지 A 不再排斥을 정답의 후보로 확인해둔다. 질문이 현재 딸이 촬영에 대한 태도가 어떠한지 물었으므로, 선택지 A를 정답으로 고른다.

어휘 拍摄 pāishè 통 촬영하다 ★排斥 páichì 통 거부하다 极其 jíqí 부 몹시 厌恶 yànwù 통 싫어하다 难以 nányǐ 부 ~하기 어렵다

---

8 问: 拍摄对女儿有什么影响? 질문: 촬영은 딸에게 어떤 영향을 끼쳤는가?

A 对艺术产生很大兴趣	A 예술에 대해 큰 흥미가 생긴다
B 对美的看法更加深刻	**B 미에 대한 견해가 더욱 깊어진다**
C 愿意学习摄影新技术	C 촬영 신기술을 배우기를 원한다
D 表达能力有很大提高	D 표현 능력이 크게 향상되었다

해설 여자의 말에서 언급된 **我觉得这些年的拍摄让她对美的认知比一般人要深刻得多,不会让她的想象力受到限制。**을 듣고, 선택지 B 对美的看法更加深刻을 정답의 후보로 확인해둔다. 질문이 촬영은 딸에게 어떤 영향을 끼쳤는지 물었으므로, 선택지 B를 정답으로 고른다.

어휘 深刻 shēnkè 형 깊다 摄影 shèyǐng 통 촬영하다 表达 biǎodá 통 표현하다

---

9 问: 女的的居住环境有什么特点? 질문: 여자의 거주 환경은 어떤 특징이 있는가?

A 人口密度很高	**B 令人感到惬意**
C 位于繁华地带	D 交通非常便利

A 인구 밀도가 높다	**B 편안함을 느끼게 한다**
C 번화한 지역에 위치한다	D 교통이 매우 편리하다

해설 여자의 말에서 언급된 **我们居住在桂林,生活节奏很慢,也挺悠闲的。**를 듣고, 선택지 B 令人感到惬意를 정답의 후보로 확인해둔다. 질문이 여자의 거주 환경은 어떤 특징이 있는지 물었으므로, 선택지 B를 정답으로 고른다.

어휘 ★居住 jūzhù 거주하다 人口 rénkǒu 명 인구 ★密度 mìdù 명 밀도 惬意 qièyì 편안하다 位于 wèiyú 통 ~에 위치하다
★繁华 fánhuá 번화하다 地带 dìdài 명 지역 ★便利 biànlì 편리하다

---

10 问: 女的对未来的创作有什么设想? 질문: 여자는 앞으로의 제작에 대해 어떤 구상이 있는가?

A 继续跟拍女儿	A 계속 딸을 촬영한다
B 记录城市的变迁	B 도시의 변화를 기록한다
C 拍摄罕见的风光	C 보기 드문 경치를 촬영한다
D 从多方面进行尝试	**D 다양한 방면에서 시도를 한다**

해설 여자의 말에서 언급된 **下一步我想摆脱这个舒适区,进行各种各样的尝试**을 듣고, 선택지 D 从多方面进行尝试을 정답의 후보로 확인해둔다. 질문이 여자는 앞으로의 제작에 대해 어떤 구상이 있는지 물었으므로, 선택지 D를 정답으로 고른다.

어휘 未来 wèilái 명 앞으로의 ★创作 chuàngzuò 통 제작하다, 창작하다 设想 shèxiǎng 통 구상하다 记录 jìlù 통 기록하다

变迁 biànqiān 图 변화하다, 변천하다　拍摄 pāishè 图 촬영하다　★罕见 hǎnjiàn 图 보기 드물다　★风光 fēngguāng 图 경치

★尝试 chángshì 图 시도해보다

11 - 15

第11到15题，请听下面一段采访。

女：¹⁵今天我们的嘉宾是"种养建"模式的开创者罗先生。罗先生，您能为我们简要介绍一下"种养建"模式吗？

男："种养建"是一种对养殖业很有利的循环经济模式。其中，"种"指的是种桑树；"养"就是用桑叶养蚕和养羊；"建"就是建羊圈和沼气池。具体流程较为复杂，先把羊圈排出的废物和污物收集起来，然后通过管道把它们排放到沼气池里。做完这一步后，最后会以发酵的方式生产出沼气。¹¹这样生产出的沼气既可以用于照明和煮饭，又可以用来种桑树。如果桑树长得好，桑叶长得多，又可以用桑叶来养蚕、养羊。

女：这种模式听起来很有发展潜力。对了，您可以讲讲您是如何学习种桑和养蚕技术的吗？

男：¹²我能学习到种桑和养蚕技术，主要是因为有政府的大力支持。那时候，有关部门大力发展种桑养蚕，不仅组织养蚕大户到其他乡镇的蚕桑示范园参观学习，还派专业技术人员实地指导桑园建设。所以¹²我经常抽出时间去其他乡镇参观学习。

女：在养蚕的同时养羊，您当时是怎么想到的呢？

男：秋天气温比较低，蚕茧量也低，效益比前几季差得多。所以¹³我决定秋季不养蚕。但是这样做的话，桑叶只能被白白浪费了，于是我就想到用桑叶喂羊的方法。桑叶中蛋白质的含量高，富含钙、钾、镁等无机盐。经检测，用桑叶养出来的羊，肉质好，且含有较高的蛋白质、氨基酸等营养成分。

女：对于这一模式今后的发展，您有什么设想呢？

男：¹⁴"种养建"模式提高了农民的经济收入，¹⁴最关键的是，它还保护了环境，这是它相较于其他模式的最大优势。因此我打算扩大养殖规模，和其他村民一起合作，成立微型企业，拓展养殖业务。

11-15번 문제는 다음 인터뷰를 들어보세요.

여: ¹⁵오늘 저희의 게스트는 '종양건' 모델의 창시자이신 뤄 선생님입니다. 뤄 선생님, 저희에게 '종양건' 모델을 간단명료하게 소개해주실 수 있나요?

남: '종양건'은 양식업에 도움이 되는 순환 경제 모델입니다. 그중, '종'은 뽕나무를 심는 것을 가리킵니다. '양'은 뽕잎으로 누에와 양을 기르는 것입니다. '건'은 양 우리와 메탄가스 탱크를 건설하는 것입니다. 구체적인 과정은 비교적 복잡한데, 먼저 양 우리에서 배출되는 폐기물과 오물을 모은 후, 배관을 통해 그것들을 메탄가스 탱크로 배출합니다. 이 과정이 끝난 후, 마지막에 발효 방식으로 메탄가스를 생산해 냅니다. ¹¹이렇게 생산해 낸 메탄가스는 불을 밝히고 밥을 짓는 데 사용할 수 있을 뿐만 아니라, 뽕나무를 심는 데에도 사용할 수 있습니다. 만약 뽕나무가 잘 자라고 뽕잎이 많이 자라면, 또 뽕잎으로 누에를 기르고 양을 기를 수 있습니다.

여: 이러한 모델은 매우 발전 잠재력이 있는 것처럼 들립니다. 참, 선생님께서는 어떻게 뽕나무를 심고 누에를 기르는 기술을 배우게 되셨는지 이야기해주실 수 있나요?

남: ¹²제가 뽕나무를 심고 누에를 기르는 기술을 배울 수 있었던 것은 주로 정부의 대대적인 지원이 있었기 때문입니다. 그 당시에, 관련 부서에서 뽕나무를 심고 누에를 기르는 것을 대대적으로 발전시켰는데, 누에를 기르는 단위를 구성해서 다른 소도시의 누에와 뽕나무 시범지를 견학 학습하게 했을 뿐만 아니라, 전문 기술 인력을 파견하여 현장에서 뽕나무 밭 건설을 지도하게 했습니다. 그래서 ¹²저는 자주 시간을 내 다른 소도시에 가서 견학 학습을 했습니다.

여: 누에를 기르는 동시에 양을 기르는 것을 선생님께서는 당시 어떻게 생각해내셨나요?

남: 가을은 기온이 비교적 낮고 누에고치의 양도 적어지는데요. 수익성이 전분기보다 훨씬 나쁩니다. 그래서 ¹³저는 가을에 누에를 기르지 않기로 결정했습니다. 그러나 이렇게 한다면 뽕잎이 헛되이 낭비되는데, 그래서 저는 뽕잎으로 양을 기르는 방법을 생각하게 되었습니다. 뽕잎은 단백질 함량이 높고, 칼슘, 칼륨, 마그네슘 등의 무기 염류가 풍부하게 함유되어 있습니다. 검사를 통해, 뽕잎으로 길러낸 양은 육질이 좋고, 비교적 높은 단백질, 아미노산 등의 영양 성분이 함유되어 있는 것으로 나타났습니다.

여: 이 모델의 향후 발전에 대하여, 선생님께서는 어떤 구상이 있으신가요?

남: ¹⁴'종양건' 모델은 농민의 경제적 수입을 높였는데, ¹⁴가장 중요한 것은 '종양건' 모델이 환경도 보호했다는 것인데요. 이것은 다른 모델과 비교했을 때 가장 큰 장점입니다. 그래서 저는 양식 규모를 확대하고 다른 마을 사람들과 함께 협력하여, 영세 기업을 만들고, 양식 사업을 확대해 나갈 계획입니다.

어휘　嘉宾 jiābīn 图 게스트　种养建 zhòng yǎng jiàn 종양건[种植养殖建设(심고 기르고 건설하다)의 줄임말]　★模式 móshì 图 모델
开创者 kāichuàngzhě 图 창시자　简要 jiǎnyào 图 간단명료하다　养殖业 yǎngzhíyè 图 양식업　有利 yǒulì 图 도움이 되다　★循环 xúnhuán 图 순환하다
桑树 sāngshù 图 뽕나무　桑叶 sāngyè 图 뽕잎　蚕 cán 图 누에　羊 yáng 图 양　羊圈 yángjuàn 图 양 우리　沼气池 zhǎoqìchí 图 메탄가스 탱크
具体 jùtǐ 图 구체적이다　流程 liúchéng 图 과정　排出 páichu 배출하다　废物 fèiwù 图 폐기물　污物 wūwù 图 오물　收集 shōují 图 모으다
管道 guǎndào 图 배관　★排放 páifàng 图 배출하다　发酵 fājiào 图 발효하다　生产 shēngchǎn 图 생산하다　照明 zhàomíng 图 불을 밝히다, 밝게 비추다
煮饭 zhǔ fàn 밥을 짓다　★潜力 qiánlì 图 잠재력　政府 zhèngfǔ 图 정부　大力 dàlì 图 대대적으로　部门 bùmén 图 부서　组织 zǔzhī 图 구성하다
大户 dàhù 图 (어떤 분야에서 비중이 큰 생산) 단위　乡镇 xiāngzhèn 图 소도시　示范园 shìfànyuán 图 시범지　派 pài 图 파견하다
人员 rényuán 图 인력, 인원　实地 shídì 图 현장에서　指导 zhǐdǎo 图 지도하다　桑园 sāngyuán 图 뽕나무 밭　建设 jiànshè 图 건설하다

抽出 chōuchu (시간을) 내다　气温 qìwēn 圄 기온　蚕茧 cánjiǎn 圄 누에고치　★效益 xiàoyì 圄 수익성　季 jì 圄 분기　白白 báibái 圄 헛되이

喂 wèi 圄 기르다　★蛋白质 dànbáizhì 圄 단백질　含量 hánliàng 圄 함량　富含 fùhán 圄 풍부하게 함유하다　★钙 gài 圄 칼슘　钾 jiǎ 圄 칼륨

镁 měi 圄 마그네슘　无机盐 wújīyán 圄 무기염류　检测 jiǎncè 圄 검사하다　肉质 ròuzhì 圄 육질　氨基酸 ānjīsuān 圄 아미노산　营养 yíngyǎng 圄 영양

成分 chéngfèn 圄 성분　设想 shèxiǎng 圄 구상하다　农民 nóngmín 圄 농민　相较于 xiāngjiào yú ~과 비교하다　优势 yōushì 圄 장점

扩大 kuòdà 圄 확대하다　养殖 yǎngzhí 圄 양식하다　规模 guīmó 圄 규모　村民 cūnmín 圄 마을 사람　合作 hézuò 圄 협력하다　成立 chénglì 圄 만들다

微型企业 wēixíng qǐyè 圄 영세 기업[경영 규모가 작은 기업]　拓展 tuòzhǎn 圄 확대해 나가다　业务 yèwù 圄 사업, 업무

11-15번 선택지의 **农业**(농업), **栽培**(재배하다)를 통해 인터뷰 대상이 농업과 관련된 전문가임을 예측할 수 있다. 따라서 특정 분야 전문가 인터뷰가 나올 것을 대비해서 듣는다.

11　问：根据这段话，下列哪项属于沼气的作用？　　질문: 이 글에 근거하여, 다음 중 메탄가스의 활용에 속하는 것은?

A 照明和煮饭　　　　　　　　　　　　　　　A 불을 밝히는 것과 밥을 짓는 것
B 暖气的供给　　　　　　　　　　　　　　　B 난방의 공급
C 用沼渣种花　　　　　　　　　　　　　　　C 메탄 찌꺼기를 사용해서 꽃을 심는 것
D 用沼液养鱼　　　　　　　　　　　　　　　D 메탄 액을 사용해서 물고기를 기르는 것

해설　남자의 말에서 언급된 这样生产出的沼气既可以用于照明和煮饭을 듣고, 선택지 A 照明和煮饭을 정답의 후보로 확인해둔다. 질문이 메탄가스의 활용에 속하는 것을 물었으므로, 선택지 A를 정답으로 고른다.

어휘　沼气 zhǎoqì 圄 메탄가스　照明 zhàomíng 圄 불을 밝히다, 밝게 비추다　煮饭 zhǔ fàn 밥을 짓다　暖气 nuǎnqì 圄 난방　★供给 gōngjǐ 圄 공급하다
沼渣 zhǎozhā 圄 메탄 찌꺼기　沼液 zhǎoyè 圄 메탄 액

12　问：男的是怎么学到种桑养蚕技术的？　　질문: 남자는 어떻게 뽕나무를 심고 누에를 기르는 기술을 배웠는가?

A 积极询问亲戚朋友　　　　　　　　　　　A 적극적으로 친척과 친구에게 물어본다
B 阅读最新农业书籍　　　　　　　　　　　B 최신 농업 서적을 읽는다
C 观看技术指导视频　　　　　　　　　　　C 기술 지도 동영상을 본다
D 到其他乡镇学习取经　　　　　　　　　　D 다른 소도시에 가서 경험을 배워온다

해설　남자의 말에서 언급된 我能学习到种桑和养蚕技术와 我经常抽出时间去其他乡镇参观学习을 듣고, 선택지 D 到其他乡镇学习取经을 정답의 후보로 확인해둔다. 질문이 남자는 어떻게 뽕나무를 심고 누에를 기르는 기술을 배웠는지 물었으므로, 선택지 D를 정답으로 고른다.

어휘　桑 sāng 圄 뽕나무　蚕 cán 圄 누에　询问 xúnwèn 圄 물어보다　农业 nóngyè 圄 농업　★书籍 shūjí 圄 서적　指导 zhǐdǎo 圄 지도하다
★视频 shìpín 圄 동영상　乡镇 xiāngzhèn 圄 소도시　取经 qǔjīng 圄 경험을 배워오다

13　问：男的为什么决定养羊？　　질문: 남자는 왜 양을 기르기로 결정했는가?

A 羊肉价格上涨　　　　B 充分利用桑叶　　　　A 양고기 가격이 오른다　　　B 뽕잎을 충분히 이용한다
C 羊肉味道鲜美　　　　D 桑园场地空着　　　　C 양고기 맛이 좋다　　　　　D 뽕나무 밭 자리가 비어 있다

해설　남자의 말에서 언급된 我决定秋季不养蚕。但是这样做的话, 桑叶只能被白白浪费了, 于是我就想到用桑叶喂羊的方法。를 듣고, 선택지 B 充分利用桑叶를 정답의 후보로 확인해둔다. 질문이 남자는 왜 양을 기르기로 결정했는지 물었으므로, 선택지 B를 정답으로 고른다.

어휘　上涨 shàngzhǎng (물가가) 오르다　充分 chōngfèn 圄 충분히　利用 lìyòng 圄 이용하다　桑叶 sāngyè 圄 뽕잎　鲜美 xiānměi 圄 맛이 좋다
桑园 sāngyuán 圄 뽕나무 밭　场地 chǎngdì 圄 자리

14　问：男的认为"种养建"模式最大的优势是什么？　　질문: 남자는 '종양건' 모델의 가장 큰 장점은 무엇이라고 생각하는가?

A 具有环保意义　　　B 运用先进技术　　　　A 환경 보호의 의미를 가진다　B 선진 기술을 활용한다
C 减少经济损失　　　D 养殖规模很大　　　　C 경제적 손실을 줄인다　　　　D 양식 규모가 크다

해설　남자의 말에서 언급된 "种养建"模式……最关键的是, 它还保护了环境을 듣고, 선택지 A 具有环保意义를 정답의 후보로 확인해둔다. 질문이 남자는 '종양건' 모델의 가장 큰 장점이 무엇이라고 생각하는지 물었으므로, 선택지 A를 정답으로 고른다.

어휘 **种养建** zhòng yǎng jiàn 종양건[**种植养殖建设**(심고 기르고 건설하다)의 줄임말] ★**模式** móshì 圆 모델 **优势** yōushì 圆 장점 **意义** yìyì 圆 의미
运用 yùnyòng 图 활용하다 ★**先进** xiānjìn 圆 선진적이다 **损失** sǔnshī 圆 손실을 보다 **养殖** yǎngzhí 图 양식하다 **规模** guīmó 圆 규모

15	问：关于男的，下列哪项正确？	질문: 남자에 관해, 다음 중 옳은 것은?
	A 一直从事草原畜牧业	A 줄곧 초원에서 목축업에 종사했다
	B 精通植物的栽培方法	B 식물의 재배 방법에 통달한다
	C 是"种养建"模式的首创者	**C '종양건' 모델의 창시자이다**
	D 并不想推广"种养建"模式	D '종양건' 모델을 널리 보급할 생각이 결코 없다

해설 여자의 말에서 언급된 今天我们的嘉宾是"种养建"模式的开创者罗先生。을 듣고, 선택지 C 是"种养建"模式的首创者를 정답의 후보로
확인해둔다. 질문이 남자에 관해 옳은 것을 물었으므로, 선택지 C를 정답으로 고른다. 참고로, 맨 마지막 문제의 단서는 인터뷰 초·중반에 언
급되기도 한다.

어휘 **从事** cóngshì 图 종사하다 **畜牧业** xùmùyè 圆 목축업 ★**精通** jīngtōng 图 통달하다 **植物** zhíwù 圆 식물 ★**栽培** zāipéi 图 재배하다
★**模式** móshì 圆 모델 **首创者** shǒuchuàngzhě 圆 창시자 **推广** tuīguǎng 图 널리 보급하다

제3부분

정답이 들리는 문제풀이 스텝 해석

p.61

31. **A** 쓰임이 많다
    B 가격이 비싸다
    C 잘 살아남는다
    D 생산량이 많다

32. A 색깔은 빨간색이다
    B 외국인이 이름 지었다
    C 가장 처음 당근에서 발견됐다
    D 과학자는 호칭을 바꿀 계획이다

33. A 당근이 변형되지 않았다
    B 색깔에 큰 변화가 없다
    C 수분 함량이 크게 줄어들지 않았다
    D 카로틴 함량은 거의 변하지 않는다

31-33번 문제는 다음 내용을 들어보세요.

[31]당근은 사람들이 자주 먹는 채소이며, 수분이 많은 동물의 사료이기도 하다. 따라서 많은 국가들은 대규모로 당근을 재배한다. 당근은 영양가가 높을 뿐만 아니라 다량의 카로틴을 함유하고 있다.

카로틴은 노란색 색소인데, [32]이런 색소가 당근에서 처음 발견되었기 때문에 카로틴(胡萝卜素)이라고 불리게 되었다. 사실, 다른 식물도 카로틴을 함유하고 있지만, 함유량이 당근만 못하다.

당근은 영양가가 높을 뿐만 아니라 많은 장점도 갖고 있다. 당근은 적응력이 높고, 병충해가 적으며, 게다가 익히거나 말리는 것에 상관없이, 당근의 카로틴 함량은 거의 변화가 없는 것이 그 예다. 만약 공기를 차단한다면 장기간 보관할 수도 있다. 1938년에 어떤 사람이 1824년 북극탐험대를 위해 준비한 당근 통조림을 가져와 분석을 했다. 이 통조림들은 비록 한 세기가 더 지났지만 그 안의 [33]카로틴 함량은 뜻밖에도 새 통조림과 거의 차이가 없었다. 이는 당근이 장기간 저장하기 적합하다는 사실도 증명했다.

31. 당근은 왜 대규모로 재배되는가?
32. 카로틴에 관해, 다음 중 옳은 것은?
33. 당근을 오래 저장할 수 있다는 가장 좋은 증거는 무엇인가?

어휘 선택지 用途 yòngtú 쓰임 成活 chénghuó 살아남다 ★产量 chǎnliàng 생산량 ★命名 mìngmíng 이름 짓다 最初 zuìchū 가장 처음 胡萝卜 húluóbo 당근 变形 biànxíng 변형하다 胡萝卜素 húluóbosù 카로틴 含量 hánliàng 함량

장문 蔬菜 shūcài 채소 多汁 duō zhī 수분이 많다, 즙이 많다 饲料 sìliào 사료 大面积 dà miànjī 대규모 (면적) ★种植 zhòngzhí 재배하다 营养价值 yíngyǎng jiàzhí 영양가 色素 sèsù 색소 不如 bùrú ~만 못하다 病虫害 bìngchónghài 병충해 煮熟 zhǔ shú (끓여서) 익히다 晒干 shàigān (햇볕에) 말리다 隔绝 géjué 차단하다 保存 bǎocún 보존하다 ★北极 běijí 북극 探险队 tànxiǎnduì 탐험대 罐头 guàntou 통조림 化验 huàyàn (화학) 분석하다 ★差别 chābié 차이 证明 zhèngmíng 증명하다 증거 存储 cúnchǔ 저장하다

고득점비책 01 | 설명문 공략하기 p.64

mp3 바로듣기

전략 적용 해석

p.65

1. A 피아노 악보를 찾아낸다
   B 선생님에게 가르침을 받는다
   C 처음부터 다시 친다
   D 나가서 산책을 한다

2. A 대뇌의 주의력을 집중한다
   B 적합한 물리적 방법
   C 어릴 때부터 피아노 치는 것을 배운다
   D 동작을 반복하는 횟수

3. **A** 근육 기억은 쉽게 사라지지 않는다
   B 근육 기억은 소모하는 에너지가 많다
   C 근육 기억은 형성된 후 사용 효율이 높다
   D 근육 기억은 형성된 후 여전히 대뇌의 지시가 필요하다

4. A 신체의 잠재력
   B 어떻게 효율적으로 기억하는가

1-4번 문제는 다음 내용을 들어보세요.

모두가 알고 있듯, 기억은 대뇌로부터 이루어진다. 그러나 반드시 신체가 개입해야 하는 기능과 운동을 기억해야 할 때, 대뇌의 기억 기능 외에 [4]근육도 기억 기능을 자발적으로 작동할 수 있다는 것을 아는 사람은 매우 드물다.

근육 기억이라는 개념은 생소해 보이지만, 생활 속에서 이미 어디서든 자주 볼 수 있다. 춤을 추는 것, 젓가락을 사용하는 것, 악기를 연주하는 것이 그 예인데, 이러한 것들은 모두 근육 기억의 협력이 필요하다. 피아노 치는 것을 예로 들면, 때때로 한 곡을 절반쯤 치다가 갑자기 뒷부분이 어떻게 해도 기억나지 않을 때가 있다. 이때 당신이 아무리 머리를 쥐어짜며 생각한다고 해도 소용이 없을 것이다. 그러나 [1]만약 처음부터 다시 한 번 친다면 방금 기억나지 않았던 부분을 자연스럽게 쳐 내려갈 가능성이 높다. 이런 상황이 바로 당신 신체의 근육 기억이 작용한 것이다.

사실상, 근육 기억은 대뇌부터 근육에 이르기까지의 계속해서 끊임없이 피드백이 반복되는 과정이다. 우리가 어떤 동작을 여러 번 반복할

C 악기를 배우는 것의 장점
D 근육의 기억 기능

때, 대뇌와 근육 사이의 피드백과 지시는 더욱 빈번해지는데, 결국 우리의 대뇌는 중앙신경계를 거치는 하나의 길을 만든다. 이때부터 근육의 동작은 더 이상 하나하나 대뇌의 지시를 받을 필요가 없이 자동적으로 진행할 수 있게 되는 것이다. 따라서 [2]근육 기억을 형성하는 데 있어 가장 중요한 요소는 바로 동작의 반복 횟수이다.

[3]근육 기억은 특징이 있는데, 그것은 바로 형성되고 난 후에는 쉽게 잊어버리지 않는다는 것이다. 설령 한 사람이 오랫동안 어떤 동작을 반복하지 않더라도, 근육 기억은 여전히 사람의 몸 속에 저장되어 있어 다시 사용하려고 할 때 자동으로 활성화된다.

1. 피아노를 칠 때 갑자기 악보가 생각나지 않는 경우, 어떻게 하는 것이 가장 좋은가?
2. 근육 기억을 구성하는 데 있어서 가장 중요한 것은 무엇인가?
3. 이 장문에 근거하여, 다음 중 옳은 것은?
4. 이 장문이 주로 설명하는 것은 무엇인가?

어휘 | 선택지 **琴谱** qínpǔ 圀 피아노 악보　**集中** jízhōng 圄 집중하다　**注意力** zhùyìlì 圀 주의력　**物理** wùlǐ 圀 물리　**重复** chóngfù 圄 반복하다
消失 xiāoshī 圄 사라지다　★**消耗** xiāohào 圄 소모하다　**能量** néngliàng 圀 에너지　★**指示** zhǐshì 圄 지시　**潜能** qiánnéng 圀 잠재력
记忆 jìyì 圀 기억　**乐器** yuèqì 圀 악기　**肌肉** jīròu 圀 근육　**功能** gōngnéng 圀 기능　6급 빈출어휘

장문 | **参与** cānyù 圄 개입하다　**技能** jìnéng 圀 기능, 솜씨　**自觉** zìjué 閏 자발적으로　**启动** qǐdòng 圄 작동하다　**看似** kànsì (마치) ~해 보이다
陌生 mòshēng 圄 생소하다　★**演奏** yǎnzòu 圄 연주하다　**配合** pèihé 圄 협력하다　★**曲子** qǔzi 圀 곡　**绞尽脑汁** jiǎojìnnǎozhī 머리를 쥐어짜다
事实上 shìshí shang 사실상　**持续** chíxù 圄 계속하다　★**反馈** fǎnkuì 圄 피드백하다　★**循环** xúnhuán 圄 반복하다, 순환하다
★**频繁** pínfán 圄 빈번하다　**创建** chuàngjiàn 圄 만들다　**穿过** chuānguò 거치다　**中央神经系统** zhōngyāng shénjīng xìtǒng 중앙신경계
路径 lùjìng 圀 길　**自动** zìdòng 閏 자동(적)으로　**建立** jiànlì 圄 형성하다　**形成** xíngchéng 圄 형성하다　★**即便** jíbiàn 圈 설령 ~하더라도
依然 yīrán 閏 여전히　★**储存** chǔcún 圄 저장하다　**激活** jīhuó 圄 활성화하다　**谱子** pǔzi 圀 악보

실전연습문제 p.67

| 1 D | 2 B | 3 D | 4 D | 5 C | 6 D | 7 A |

1-3

第1到3题，请听下面一段材料。

　　最近一项调查显示，自由职业者的数量已超过了1亿，"零工经济"得到了前所未有的发展。零工经济本质上是一种短期工作形式，指的是用时间短且灵活的工作形式取代朝九晚五，利用互联网和移动技术快速匹配供需方的雇佣方式。[1]零工经济与自由职业者的崛起，与共享经济的发展密不可分。

　　零工经济并不等于打零工。打零工是因为生存压力所迫，用自己的体力劳动和时间获取收益。零工经济则不然，它更偏向于提供知识、技能、经验等无形产品，[2]其核心在于分享自己的空闲资源或特长，实现个人价值。

　　零工经济不仅仅是一个时髦词汇，还是对现代劳动力市场状况的准确描述。[3]这一经济模式打破了传统的雇佣方式，是人力资源的一种新型分配形式。如今企业的边界逐渐变得不清晰，过去依赖企业才能完成的商业行为，现在可以由个人独立完成。企业可以根据自身需求，选择弹性的用工方式，有效地节约人力成本。因此，[3]企业对员工的雇佣合同制度逐渐向平台对个人的交易模式进行转变。

1-3번 문제는 다음 내용을 들어보세요.

최근 한 조사에 따르면, 프리랜서의 수는 이미 1억 명을 넘어섰으며, '긱 이코노미'는 역사상 유례없는 발전을 이룬 것으로 드러났다. 긱 이코노미는 본질적으로는 일종의 단기 근무 형태이며, 시간이 짧고 유연한 근무 형태로 아침 9시에서 오후 5시까지 근무하던 것을 대체하여, 인터넷과 모바일 기술을 이용해 공급자와 수요자를 빠르게 매칭시키는 고용 방식을 가리킨다. [1]긱 이코노미와 프리랜서의 부상은 공유 경제의 발전과 서로 떼려야 뗄 수 없는 밀접한 관계이다.

긱 이코노미는 일용직 노동과 같지 않다. 일용직 노동은 생존 압박에 쫓겨 자신의 육체 노동과 시간으로 수익을 내는 것이기 때문이다. 긱 이코노미는 그렇지 않은데, 이는 지식, 스킬, 경험 등 무형의 상품을 제공하는 데 더욱 편향되어 있으며, [2]그 핵심은 자신의 여유 자원이나 특기를 공유하고 개인의 가치를 실현하는 데 있다.

긱 이코노미는 하나의 유행어일 뿐만 아니라 현대 노동 시장 상황에 대한 정확한 묘사이다. [3]이 경제 모델은 전통적인 고용 방식을 타파했으며, 인적 자원의 신식 분배 형태이다. 오늘날 기업의 경계선은 점점 모호해져, 과거 기업에 의존해야 가능했던 비즈니스 행위가 이제는 개인에 의해 독자적으로 완성할 수 있게 됐다. 기업은 자신의 수요에 따라 탄력적인 고용 방식을 선택할 수 있으며, 효과적으로 인건비를 절약할 수 있다. 이 때문에, [3]기업과 직원 간의 고용 계약 제도는 점차 플랫폼과 개인 간의 거래 모델로 바뀌고 있다.

어휘 | **显示** xiǎnshì 圄 드러나다　**自由职业者** zìyóu zhíyèzhě 圀 프리랜서　**亿** yì 㟃 억

零工经济 línggōng jīngjì 긱 이코노미[산업 현장에서 필요에 따라 단기로 계약을 맺고 일을 맡기는 경제 형태]

前所未有 qiánsuǒwèiyǒu 圈 역사상 유례가 없다　**本质** běnzhì 圆 본질　**形式** xíngshì 圆 형태　**灵活** línghuó 圈 유연하다　取代 qǔdài 圈 대체하다

朝九晚五 zhāo jiǔ wǎn wǔ 아침 9시에서 오후 5시까지 근무하다　利用 lìyòng 圈 이용하다　互联网 hùliánwǎng 圆 인터넷

移动技术 yídòng jìshù 圆 모바일 기술　匹配 pǐpèi 圈 매칭시키다　供需方 gōngxūfāng 공급자와 수요자　雇佣 gùyōng 圈 고용하다

崛起 juéqǐ 圈 부상하다　共享经济 gòngxiǎng jīngjì 圆 공유 경제　密不可分 mìbùkěfēn 圈 서로 떼려야 뗄 수 없다　等于 děngyú 圈 ~과 같다

打零工 dǎ línggōng 일용직 노동을 하다　生存 shēngcún 圈 생존하다　劳动 láodòng 圆 노동　★收益 shōuyì 圆 수익　不然 bùrán 圈 그렇지 않다

核心 héxīn 圆 핵심　在于 zàiyú 圈 ~에 있다　分享 fēnxiǎng 圈 공유하다　空闲资源 kòngxián zīyuán 圆 여유 자원　特长 tècháng 圆 특기

实现 shíxiàn 圈 실현하다　价值 jiàzhí 圆 가치　时髦词汇 shímáo cíhuì 圆 유행어　现代 xiàndài 圆 현대　市场 shìchǎng 圆 시장

状况 zhuàngkuàng 圆 상황　描述 miáoshù 圈 묘사하다　★模式 móshì 圆 모델　传统 chuántǒng 圈 전통적이다　新型 xīnxíng 圈 신식의

分配 fēnpèi 圈 분배하다　如今 rújīn 圆 오늘날　企业 qǐyè 圆 기업　★边界 biānjiè 圆 경계선　逐渐 zhújiàn 圈 점점　★清晰 qīngxī 圈 뚜렷하다

★依赖 yīlài 圈 의존하다　商业 shāngyè 圆 비즈니스　行为 xíngwéi 圆 행위　独立 dúlì 圈 독자적으로 하다　★需求 xūqiú 圆 수요　★弹性 tánxìng 圆 탄력성

人力成本 rénlì chéngběn 圆 인건비　员工 yuángōng 圆 직원　合同 hétong 圆 계약　制度 zhìdù 圆 제도　平台 píngtái 圆 플랫폼

★交易 jiāoyì 圈 거래하다　转变 zhuǎnbiàn 圈 바뀌다

---

1 问：零工经济有什么特点？　质문: 긱 이코노미는 어떤 특징이 있는가?

A 市场需求不大	A 시장의 수요가 크지 않다
B 工作形式相对固定	B 근무 형태가 상대적으로 고정되어 있다
C 是互联网教育的延伸	C 인터넷 교육의 연장이다
D 与共享经济的发展有关	**D 공유 경제의 발전과 관계가 있다**

해설　음성에서 언급된 零工经济与自由职业者的崛起，与共享经济的发展密不可分。을 듣고 선택지 D 与共享经济的发展有关을 정답의 후보로 확인해둔다. 질문이 긱 이코노미는 어떤 특징이 있는지 물었으므로, 선택지 D를 정답으로 고른다.

어휘　零工经济 línggōng jīngjì 긱 이코노미[산업 현장에서 필요에 따라 단기로 계약을 맺고 일을 맡기는 경제 형태]　市场 shìchǎng 圆 시장
★需求 xūqiú 圆 수요　相对 xiāngduì 圈 상대적이다　固定 gùdìng 圈 고정하다　互联网 hùliánwǎng 圆 인터넷　延伸 yánshēn 圈 연장하다
共享经济 gòngxiǎng jīngjì 圆 공유 경제

---

2 问：关于零工经济，下列哪项正确？　질문: 긱 이코노미에 관해, 다음 중 옳은 것은?

A 与打零工没有本质区别	A 일용직 노동과 본질적인 차이가 없다
B 其核心在于分享空闲资源	**B 그 핵심은 여유 자원을 공유하는 데 있다**
C 偏向于支持高新技术行业	C 첨단 기술 업계를 지원하는 쪽으로 편향되어 있다
D 可让人在短期内获得财务自由	D 단기간에 재정적 독립을 얻게 할 수 있다

해설　음성에서 언급된 其核心在于分享自己的空闲资源或特长을 듣고 선택지 B 其核心在于分享空闲资源을 정답의 후보로 확인해둔다. 질문
이 긱 이코노미에 관해 옳은 것을 물었으므로, 선택지 B를 정답으로 고른다.

어휘　打零工 dǎ línggōng 일용직 노동을 하다　本质 běnzhì 圆 본질　核心 héxīn 圆 핵심　在于 zàiyú 圈 ~에 있다　分享 fēnxiǎng 圈 공유하다
空闲资源 kòngxián zīyuán 圆 여유 자원　高新技术 gāoxīn jìshù 圆 첨단 기술　行业 hángyè 圆 업계　财务自由 cáiwù zìyóu 재정적 독립

---

3 问：这段话主要讲的是什么？　질문: 이 장문이 주로 설명하는 것은 무엇인가?

A 最新经济制度	A 최신 경제 제도
B 打零工的弊端	B 일용직 노동의 폐단
C 零工经济不是共享经济	C 긱 이코노미는 공유 경제가 아니다
D 零工经济所带来的变化	**D 긱 이코노미가 가져온 변화**

해설　음성에서 언급된 这一经济模式打破了传统的雇佣方式，是人力资源的一种新型分配形式。……企业对员工的雇佣合同制度逐渐向平
台对个人的交易模式进行转变을 듣고 선택지 D 零工经济所带来的变化를 정답의 후보로 확인해둔다. 질문이 이 장문이 주로 설명하는 것
이 무엇인지 물었으므로, 선택지 D를 정답으로 고른다.

어휘　制度 zhìdù 圆 제도　弊端 bìduān 圆 폐단　共享经济 gòngxiǎng jīngjì 圆 공유 경제

第4到7题，请听下面一段材料。

如果有机会近距离观察灰雁，就会发现它们上下喙的外部边缘是锯齿状的，这样的构造能让灰雁轻松地咬断嫩枝和青草。不过，这不是真正意义上的牙齿，科学家们称之为⁴齿状喙。很多鸟类口中都有或大或小、高低不平的刺，这些刺形状像牙，⁴可以确保咬住的东西不会掉出来。但是这也不能算是牙齿。

如今的鸟类都没有牙，然而根据鸟类化石可知，大部⁵中生代鸟类是有牙齿的。鸟类的牙齿有着久远的历史。古代鸟类体型极其巨大，⁵上下颌有锯齿状的骨头突出，而且还非常锋利，这让它们能轻松地咬住食物。但随着时间的推移，牙齿数量逐渐减少，乃至消失，原先锋利的牙齿演变成了轻便的齿状喙。

⁶现在的鸟为什么失去了这些有用的牙齿？与爬行动物和哺乳动物不同，鸟类在进化过程中丧失了制造牙釉质的能力。牙釉质是牙齿外层坚硬的"白色外套"，能起到保护牙齿的作用。⁶鸟类失去了牙釉质，牙齿得不到保护，因此鸟类的牙齿也就遭到了严重的损坏。

但是⁷这种演变对鸟类也有好处。没有牙齿也就不需要强大的下颌和相应的肌肉，这有助于减轻鸟类头部的重量，而⁷利于飞行。

4-7번 문제는 다음 내용을 들어보세요.

회색기러기를 가까이 관찰할 기회가 있다면, 위아래 부리의 외부 가장자리가 톱니 모양인 것을 발견할 수 있는데, 이러한 구조는 회색기러기가 여린 가지와 풀을 쉽게 물어뜯을 수 있도록 한다. 하지만, 이는 진정한 의미의 이빨이 아니며, 과학자들은 이것을 ⁴치아형 부리라 부른다. 많은 새들의 주둥이에는 크고 작은 높낮이가 균등하지 않은 가시가 있는데, 이러한 가시의 생김새는 마치 이빨과 같아, ⁴물고 있는 것이 빠져 나오지 않도록 보장할 수 있다. 하지만 그렇다고 이것을 이빨이라고 할 수는 없다.

오늘날의 조류는 모두 이빨이 없지만, 조류 화석에 의하면 대부분의 ⁵중생대 조류가 이빨을 가지고 있었던 것을 알 수 있다. 고대 조류의 이빨은 오래된 역사를 가지고 있다. 고대 조류는 몸집이 몹시 거대하고, ⁵위아래턱에 툭 튀어나온 톱니 모양의 뼈가 있으며, 게다가 매우 날카로운데, 이것은 이들이 음식을 쉽게 물 수 있게 했다. 하지만 시간이 흐르면서 이빨의 수는 점점 줄어들고, 더 나아가 사라지면서 본래의 날카로웠던 이빨이 편리한 치아형 부리로 변화했다.

⁶지금의 새는 왜 이처럼 유용한 이빨을 잃었을까? 파충류나 포유류와 달리 조류는 진화 과정에서 에나멜질 제조 능력을 상실했다. 에나멜질은 이빨 겉의 단단한 '흰색 외투'로, 이빨을 보호하는 역할을 할 수 있다. ⁶조류는 에나멜질을 잃어 이빨이 보호를 받지 못했고, 이 때문에 조류의 이빨도 심각한 손상을 입었다.

하지만 ⁷이런 변화가 조류에게 좋은 점도 있다. 이빨이 없으면 강한 아래턱과 그에 상응하는 근육도 필요 없어지는데, 이는 조류 머리의 무게를 줄여주어 ⁷비행에 도움이 된다.

어휘 观察 guānchá 图 관찰하다 灰雁 huīyàn 图 회색기러기 喙 huì 图 부리 ★边缘 biānyuán 图 가장자리 锯齿状 jùchǐ zhuàng 图 톱니 모양 咬断 yǎoduàn 물어뜯다 嫩枝 nèn zhī 여린 가지 意义 yìyì 图 의미 牙齿 yáchǐ 图 이빨 称 chēng 图 부르다 齿状喙 chǐ zhuàng huì 图 치아형 부리 平 píng 图 균등하다 ★刺 cì 图 가시 形状 xíngzhuàng 图 생김새 ★确保 quèbǎo 图 보장하다 ★化石 huàshí 图 화석 极其 jíqí 图 몹시 巨大 jùdà 图 거대하다 颌 hé 图 턱 骨头 gǔtou 图 뼈 突出 tūchū 图 툭 튀어나오다 ★锋利 fēnglì 图 날카롭다 咬住 yǎozhù 图 꽉 물다 食物 shíwù 图 음식 逐渐 zhújiàn 图 점점 消失 xiāoshī 图 사라지다 ★原先 yuánxiān 图 본래 ★演变 yǎnbiàn 图 변화하다 轻便 qīngbiàn 图 편리하다 失去 shīqù 图 잃다 爬行动物 páxíng dòngwù 图 파충류 哺乳动物 bǔrǔ dòngwù 图 포유동물 ★进化 jìnhuà 图 진화하다 ★丧失 sàngshī 图 상실하다 制造 zhìzào 图 제조하다, 만들다 牙釉质 yáyòuzhì 图 에나멜질[치아를 형성하는 유백색의 반투명한 물질] ★坚硬 jiānyìng 图 단단하다 遭到 zāodào 图 입다, 당하다 ★损坏 sǔnhuài 图 손상시키다 ★相应 xiāngyìng 图 상응하다 肌肉 jīròu 图 근육 重量 zhòngliàng 图 무게

---

4 问：关于灰雁的齿状喙，可以知道什么？

| A 形状像钉子 | B 高低都相同 |
| C 可以算作牙齿 | **D 有利于咬住东西** |

질문: 회색기러기의 치아형 부리에 관해, 알 수 있는 것은 무엇인가?

| A 생김새가 마치 못과 같다 | B 높낮이가 모두 일치한다 |
| C 이빨이라 할 수 있다 | **D 물건을 물고 있기 좋다** |

해설 음성에서 언급된 齿状喙······可以确保咬住的东西不会掉出来를 듣고 선택지 D 有利于咬住东西를 정답의 후보로 확인해둔다. 질문이 회색기러기의 치아형 부리에 관해 알 수 있는 것이 무엇인지 물었으므로, 선택지 D를 정답으로 고른다.

어휘 灰雁 huīyàn 图 회색기러기 喙 huì 图 부리 形状 xíngzhuàng 图 생김새 钉子 dīngzi 图 못 牙齿 yáchǐ 图 이빨 咬住 yǎozhù 꽉 물다

---

5 问：关于中生代鸟类牙齿的特点，下列哪项不正确？

| A 骨头突出 | B 非常锋利 |
| **C 形状规则** | D 能轻松咬住食物 |

질문: 중생대 조류 이빨의 특징에 관해, 다음 중 옳지 않은 것은?

| A 뼈가 툭 튀어나왔다 | B 매우 날카롭다 |
| **C 생김새가 규칙적이다** | D 음식을 쉽게 꽉 물 수 있다 |

해설 음성에서 언급된 中生代鸟类······上下颌有锯齿状的骨头突出，而且还非常锋利，这让它们能轻松地咬住食物를 듣고 지문에서 언급된 선택지 A 骨头突出, B 非常锋利, D 轻松咬住食物를 정답의 후보로 확인해둔다. 질문이 중생대 조류 이빨의 특징에 관해 옳지 않은 것을 물었으므로, 지문에서 언급되지 않은 선택지 C 形状规则을 정답으로 고른다.

어휘 牙齿 yáchǐ 图 이빨 骨头 gǔtou 图 뼈 突出 tūchū 图 툭 튀어나오다 ★锋利 fēnglì 图 날카롭다 规则 guīzé 图 규칙적이다 食物 shíwù 图 음식

6 问：现在的鸟类为什么没有牙齿？ | 질문: 오늘날 조류는 왜 이빨이 없는가?

A 牙釉质太厚	B 不需要牙釉质
C 没有完全进化	**D 失去了牙釉质**

A 에나멜질이 너무 두껍다	B 에나멜질이 필요하지 않다
C 완전히 진화하지 않았다	**D 에나멜질을 잃었다**

해설　음성에서 언급된 现在的鸟为什么失去了这些有用的牙齿?……鸟类失去了牙釉质, 牙齿得不到保护, 因此鸟类的牙齿也就遭到了严重的损坏。를 듣고 선택지 D 失去了牙釉质을 정답의 후보로 확인해둔다. 질문이 오늘날 조류는 왜 이빨이 없는지 물었으므로, 선택지 D를 정답으로 고른다.

어휘　牙釉质 yáyòuzhì 圓에나멜질[치아를 형성하는 유백색의 반투명한 물질]　★进化 jìnhuà 圖진화하다　失去 shīqù 圖잃다

7 问：鸟类牙齿的退化有什么好处？ | 질문: 조류 이빨의 퇴화는 어떤 좋은 점이 있는가?

A 对飞行有利	B 减轻腿部重量
C 增强肌肉力量	D 减少食物的摄入量

A 비행에 도움이 된다	B 다리의 무게를 줄인다
C 근육의 힘을 강화한다	D 음식 섭취량을 줄인다

해설　음성에서 언급된 这种演变对鸟类也有好处。没有牙齿……利于飞行을 듣고 선택지 A 对飞行有利를 정답의 후보로 확인해둔다. 질문이 조류 이빨의 퇴화는 어떤 좋은 점이 있는지 물었으므로, 선택지 A를 정답으로 고른다.

어휘　退化 tuìhuà 圖퇴화하다　有利 yǒulì 圖도움이 되다　重量 zhòngliàng 圓무게　增强 zēngqiáng 圖강화하다　肌肉 jīròu 圓근육　力量 lìliàng 圓힘
摄入量 shèrùliàng 圓섭취량

고득점비책 02 | 논설문 공략하기 p.68

mp3 바로듣기 ▶

전략 적용 해석

p.69

1. A 친구의 영향을 받는다
   B 부모가 단속이 엄격하다
   C 심리적 전환점에 처해 있다
   D 어린 시절로 돌아가고 싶다

2. A 높은 관심을 유지한다
   B 관심을 가지되 간섭하지 않는다
   C 부모의 지위를 지켜야 한다
   D 반드시 아이가 자유롭도록 내버려둬야 한다

3. **A 연약하다**
   B 거만하다
   C 유연하다
   D 충동적이다

4. A 마음대로 하다
   B 칭찬하다
   C 부정적이다
   D 객관적이다

1-4번 문제는 다음 내용을 들어보세요.

　　어떻게 청소년을 교육하느냐는 매우 중요한 문제이다. 어떤 학부모는 중학교 1학년에 들어간 딸이 더 이상 그녀와 함께 쇼핑하기를 원하지 않으며, 엄마와 함께 물건을 사는 것이 몹시 창피하다고 생각한다고 한다. 어떤 학부모는 [1]올해 13살 된 아들의 성격이 갑자기 크게 변해서 도저히 이해할 수 없을 정도라고 한다. 공부라는 두 글자를 꺼내기만 해도 귀를 막고 방 안으로 숨어 문을 잠그고 나오지 않는다고 한다. [1]이러한 것들은 모두 사춘기가 초래한 것이다. 사춘기는 인생의 첫 번째 심리적 전환점이다. 이 시기의 아이는 점차 '자아'라는 개념을 형성하게 된다. 그들은 이미 어린아이처럼 응석부리거나 제멋대로 할 수 없게 되었고, 성인의 자유도 아직 누릴 수 없기 때문에, 자아 정체성에 결함이 나타날 수 있다.

　　그러므로, [2]청소년의 부모로서, 자세를 낮추고 아이에게 관심을 가지되 지나치게 간섭하지 말아야 한다. 청소년은 이미 독립적인 자아 의식을 형성했기 때문에, 그들을 아무것도 모르는 어린아이처럼 대하면 안 되고, 높은 권위 의식으로 그들을 억압해서도 안 되며 그들에 대한 평가는 더욱 주의해야 한다. 게다가 [3]사춘기 아이의 심리는 비교적 연약해서 자신에 대한 타인의 견해와 평가에 매우 신경을 쓴다. 만약 부모가 줄곧 과도한 부정적인 평가를 한다면 아이가 비교적 나쁜 자아 평가를 형성하게 하고, 심지어 자신감을 상실할 수 있다. 결론적으로 말하면, 청소년기는 아이의 성장에 아주 중요해서, [4]부모는 아이에 대해 최대한 객관적인 평가를 해야 하며, 그들이 건강한 자존감을 형성할 수 있도록 도와주어야 한다.

1. 아이는 사춘기 때 왜 성격이 변하는가?
2. 사춘기의 아이를 대하려면 부모는 어떤 자세를 취해야 하는가?
3. 사춘기의 아이는 어떤 심리적 특징을 가지고 있는가?
4. 부모는 어떻게 아이를 평가해야 하는가?

어휘	선택지	**管制** guǎnzhì 圖 단속하다　**心理** xīnlǐ 圓 심리　**转折点** zhuǎnzhédiǎn 圓 전환점　**保持** bǎochí 圖 유지하다　**关注** guānzhù 圖 관심을 가지다

干涉 gānshè 圖 간섭하다　★**维护** wéihù 圖 지키다　**地位** dìwèi 圓 지위　**放任** fàngrèn 圖 내버려두다　**脆弱** cuìruò 圖 연약하다

灵活 línghuó 圖 유연하다　★**冲动** chōngdòng 圖 충동적이다　★**随意** suíyì 圖 마음대로 하다　**赞美** zànměi 圖 칭찬하다

负面 fùmiàn 圖 부정적이다　**客观** kèguān 圖 객관적이다　⑥6급 빈출어휘

장문　**青少年** qīngshàonián 圓 청소년　**反映** fǎnyìng 圖 전달하다, 반영하다　**步入** bùrù 圖 들어가다　**愿意** yuànyì 圖 ~하기를 원하다

没面子 méi miànzi 圖 창피하다　**性情** xìngqíng 圓 성격　**不可理喻** bùkělǐyù 圖 도저히 이해할 수 없다　**捂住** wǔzhù 圖 막다　**躲** duǒ 圖 숨다

锁 suǒ 圖 잠그다　**青春期** qīngchūnqī 圓 사춘기　**形成** xíngchéng 圖 형성하다　**概念** gàiniàn 圓 개념　**撒娇** sājiāo 圖 응석부리다

任性 rènxìng 圖 제멋대로 하다　**享有** xiǎngyǒu 圖 누리다　**自我认同感** zìwǒ rèntónggǎn 圓 자아 정체성　**缺失** quēshī 圓 결함

作为 zuòwéi 圖 ~으로서　**姿态** zītài 圓 자세　**过分** guòfèn 圖 지나치다　**独立** dúlì 圖 독립하다　**一无所知** yìwúsuǒzhī 아무것도 모르다

对待 duìdài 圖 대하다　**高高在上** gāogāozàishàng 圖 높다[지도자 등이 높은 자리에만 앉아 현실과 민중에 관심이 없는 것을 묘사함]

权威 quánwēi 圓 권위　**打压** dǎyā 圖 억압하다　**评价** píngjià 圖 평가　★**在意** zàiyì 圖 신경을 쓰다　★**丧失** sàngshī 圖 상실하다

总之 zǒngzhī 圖 결론적으로 말하면　**自我价值感** zìwǒ jiàzhígǎn 圓 자존감　**面对** miànduì 圖 대하다　**摆出** bǎichu 취하다

실전연습문제 p.71

1 A	2 C	3 B	4 B	5 C	6 C	7 D

1-3

第1到3题，请听下面一段材料。

大部分人身上都存在或多或少的"精神内耗"问题。人在进行自我控制的时候需要消耗心理资源，当资源不足时，就会处于一种所谓[1]内耗的状态，长期如此会让人感到疲惫不堪。

这种疲惫并非身体劳累所致，而是一种心理上的主观感受，是个体在心理方面的损耗导致的一种状态。[2]焦虑、犹豫、纠结、自责等这些看不见的内耗正在击垮很多人的生活。人的精力是有限的，如果把大部分精力都用在自我内耗上，会让人变得更加厌恶自己。

[3]那么应该怎样摆脱这种精神内耗呢？首先，用激励的方式刺激行动。有些人之所以想得太多，就是因为对过去和未来太过在意，而忽略了当下的行动。因此不妨把目标拆分细化，变成一个个小任务，每完成一个任务就给自己一个奖励。每次的小成功带给你的成就感将给你带来积极的力量。其次，要学会接纳自己。合理审视自己，正视自身的缺点，欣赏优点，这是减少内耗的关键。尝试这些简单的方法，从心态上改变自己，[3]及早摆脱精神内耗，更加快乐地面对生活。

1-3번 문제는 다음 내용을 들어보세요.

대부분의 사람에게는 많든 적든 '멘탈 내적 소모'의 문제가 존재한다. 사람은 자기 통제를 할 때 심리적 자원을 소모해야 하는데, 자원이 부족할 때는 이른바 [1]내적 소모 상태에 처하게 되고, [1]장기간 이럴 경우 사람이 견디지 못할 정도로 피곤하다고 느끼게 만든다.

이러한 피곤함은 결코 육체적 피로가 가져오는 것이 아니라, 심리상의 주관적인 느낌으로, 개인의 심리적 손실로 초래되는 상태이다. [2]초조함, 망설임, 갈등, 자책 등 이러한 보이지 않는 내적 소모는 많은 사람의 삶을 무너뜨리고 있다. 사람의 에너지는 한정되어 있는데, 만약 대부분의 에너지를 내적 소모에 쏟으면, 자신을 더 미워하게 된다.

[3]그렇다면 이런 멘탈 내적 소모에서 어떻게 벗어나야 할까? 우선, 격려를 하는 방식으로 행동을 자극한다. 어떤 사람들이 너무 많은 생각을 하는 것은 과거와 미래를 너무 과하게 신경 써서, 오히려 현재의 행동을 소홀히 했기 때문이다. 따라서 목표를 분리하고 세분화하여 하나하나의 작은 임무로 만들고, 매번 작은 임무를 완수할 때마다 스스로에게 상을 줘도 좋다. 매번 작은 성공이 주는 성취감은 당신에게 긍정적인 힘을 가져올 것이다. 그다음, 자기 자신을 받아들일 줄 알아야 한다. 합리적으로 자신을 살펴보고, 자신의 단점을 직시하며, 장점을 높이 평가하는 것이 내적 소모를 줄이는 관건이다. 이런 간단한 방법들을 시도하여, 마음가짐에서부터 자신을 바꿔 [3]하루빨리 멘탈 내적 소모에서 벗어나 더욱 행복하게 생활에 임해야 한다.

어휘　**存在** cúnzài 圖 존재하다　**精神内耗** jīngshén nèihào 圓 멘탈 내적 소모　**控制** kòngzhì 圖 통제하다　★**消耗** xiāohào 圖 소모하다　**心理** xīnlǐ 圓 심리

资源 zīyuán 圓 자원　**不足** bùzú 圖 부족하다　**所谓** suǒwèi 圖 이른바　**状态** zhuàngtài 圓 상태　**疲惫不堪** píbèibùkān 圖 견디지 못할 정도로 피곤하다

★**并非** bìngfēi 圖 결코 ~이 아니다　**劳累** láolèi 圖 피로하다　**主观** zhǔguān 圖 주관적이다　**感受** gǎnshòu 圓 느낌　★**个体** gètǐ 圓 개인

损耗 sǔnhào 圓 손실　**导致** dǎozhì 圖 초래하다　**焦虑** jiāolǜ 圖 초조하다　**犹豫** yóuyù 圖 망설이다　**纠结** jiūjié 圖 갈등하다　**自责** zìzé 圖 자책하다

击垮 jī kuǎ 무너뜨리다　**精力** jīnglì 圓 에너지　**厌恶** yànwù 圖 미워하다　★**摆脱** bǎituō 圖 벗어나다　★**激励** jīlì 圖 격려하다　**刺激** cìjī 圖 자극하다

行动 xíngdòng 圖 행동　**未来** wèilái 圓 미래　★**在意** zàiyì 圖 신경을 쓰다　**忽略** hūlüè 圖 소홀히 하다　★**不妨** bùfáng 圖 (~하는 것도) 좋다

目标 mùbiāo 圓 목표　**拆分** chāifēn 圖 분리하다　★**奖励** jiǎnglì 圖 상을 주다　**成就感** chéngjiùgǎn 圓 성취감　**力量** lìliàng 圓 힘　**接纳** jiēnà 圖 받아들이다

合理 hélǐ 圖 합리적이다　**审视** shěnshì 圖 살펴보다　**欣赏** xīnshǎng 圖 높이 평가하다　**心态** xīntài 圓 마음가짐　**及早** jízǎo 圖 하루빨리

1 问：关于精神内耗，可以知道什么？

A **让人极度疲惫**
B 可能会随时爆发
C 与身体劳累有关
D 容易引发家庭矛盾

질문: 멘탈 내적 소모에 관해, 알 수 있는 것은 무엇인가?

A **사람을 극도로 피곤하게 한다**
B 언제든지 폭발할 수 있다
C 신체의 피로와 관련이 있다
D 가정 불화를 일으키기 쉽다

해설 음성에서 언급된 内耗的状态，长期如此会让人感到疲惫不堪을 듣고 선택지 A 让人极度疲惫를 정답의 후보로 확인해둔다. 질문이 멘탈 내적 소모에 관해 알 수 있는 것이 무엇인지 물었으므로, 선택지 A를 정답으로 고른다.

어휘 精神内耗 jīngshén nèihào 몡 멘탈 내적 소모 疲惫 píbèi 혱 피곤하다 随时 suíshí 븻 언제든지 ★爆发 bàofā 몡 폭발하다
劳累 láolèi 혱 피로하다 家庭矛盾 jiātíng máodùn 몡 가정 불화

2 问：下列哪项不属于精神内耗的表现？

A 犹豫　　　　　　　　B 焦虑
C **冲动**　　　　　　　D 纠结

질문: 다음 중 멘탈 내적 소모의 표출에 속하지 않는 것은?

A 망설이다　　　　　　B 초조하다
C **충동적이다**　　　　D 갈등하다

해설 음성에서 언급된 焦虑、犹豫、纠结、自责等这些看不见的内耗正在击垮很多人的生活。를 듣고 지문에서 언급된 선택지 A犹豫, B焦虑, D纠结를 정답의 후보로 확인해둔다. 질문이 멘탈 내적 소모의 표출에 속하지 않는 것을 물었으므로, 지문에서 언급되지 않은 선택지 C冲动을 정답으로 고른다.

어휘 属于 shǔyú 용 ~에 속하다 表现 biǎoxiàn 몡 표출하다 犹豫 yóuyù 혱 망설이다 焦虑 jiāolǜ 혱 초조하다 ★冲动 chōngdòng 혱 충동적이다
纠结 jiūjié 용 갈등하다

3 问：这段话主要谈的是什么？

A 一定要提升自身能力
B **要尽量摆脱精神内耗**
C 运动有助于放松心情
D 要学会接受他人的意见

질문: 이 장문에서 주로 이야기하는 것은 무엇인가?

A 반드시 자신의 능력을 끌어올려야 한다
B **되도록 멘탈 내적 소모에서 벗어나야 한다**
C 운동은 마음을 편안하게 하는 데 도움이 된다
D 다른 사람의 의견을 수용하는 법을 배워야 한다

해설 음성에서 언급된 那么应该怎样摆脱这种精神内耗呢?와 及早摆脱精神内耗, 更加快乐地面对生活를 듣고 선택지 B要尽量摆脱精神内耗를 정답의 후보로 확인해둔다. 질문이 이 장문에서 주로 이야기하는 것이 무엇인지 물었으므로, 선택지 B를 정답으로 고른다.

어휘 提升 tíshēng 용 끌어올리다 尽量 jǐnliàng 븻 되도록 ★摆脱 bǎituō 용 벗어나다

---

4 - 7

第4到7题，请听下面一段材料。

　　如今，越来越多智慧餐厅的出现方便了人们的就餐，也提高了有关行业的工作效率。⁴自动化、智能化、无人化的智慧餐厅日益兴盛，逐渐成为了餐饮业升级转型的趋势之一。积极推动智慧餐厅对城市现代化的发展尤为重要。

　　在餐厅后厨，机械手臂从架子上端出一盘盘菜品；在就餐区，送菜机器人把美味佳肴送到顾客面前，这是不少智慧餐厅的日常画面。⁵举海底捞为例，该企业自主研发的智慧餐厅管理系统是后厨智能设备的大脑。系统会收集厨房各个环节的数据并进行分析，实时监控厨房的运行状态、生产状况、库存情况等。如果有菜品快到保质期，它就会自动识别并提前处理掉。

　　⁶与传统餐厅相比，智慧餐厅能更好地保障食品安全。比如利用餐盘上的识别码，可以实现对菜品信息的数字化管控；利用全自动出菜机，可以减少人为操作的失误。此外，智慧餐厅的服务也更适应顾客的个性化需

4-7번 문제는 다음 내용을 들어보세요.

오늘날, 점점 더 많은 스마트 레스토랑의 등장은 사람들의 식사를 편리해지게 했고, 관련 업계의 업무 효율도 향상시켰다. ⁴자동화, 지능화, 무인화된 스마트 레스토랑은 나날이 번창하여, 점차 요식 업계의 업그레이드 및 변화 추세 중 하나가 되었다. 스마트 레스토랑을 적극적으로 추진하는 것은 도시 현대화의 발전에 있어 특히 중요하다.

레스토랑의 주방에서는, 로봇 팔이 선반에서 요리를 한 접시씩 내놓는다. 식사 구역에서는, 서빙 로봇이 맛있는 요리를 고객 앞으로 가져다주는데, 이는 많은 스마트 레스토랑의 일상적인 모습이다. ⁵하이디라오를 예로 들면, 이 기업이 자주적으로 연구 개발한 스마트 레스토랑 관리 시스템은 주방 스마트 설비의 브레인이다. 시스템은 주방 각 부분의 데이터를 수집해 분석하고, 주방의 운영 상태, 생산 상황, 재고 상황 등을 실시간으로 모니터링한다. 만약 유통 기한이 다 돼가는 요리가 있으면, 시스템이 자동으로 인식하고 미리 처리한다.

⁶스마트 레스토랑은 전통 레스토랑에 비해 식품 안전을 더 잘 보장할 수 있다. 접시에 있는 식별 번호를 이용해, 요리 정보에 대한 디지털화 관리를 실현할 수 있는 것이 그 예다. 전자동식 요리 머신을 이용하면, 사람이 일할 때 발생할 수 있는 실수를 줄일 수 있다. 이외에, 스

求，能够让顾客获得更多元、更有趣的用餐体验。
⁷未来智慧餐厅还有广阔的应用空间，因此大型餐饮企业应该持续在创新技术方面发力，继续推动创新和新技术方面的投入，优化业务管理系统和智慧餐厅技术，带动整个餐饮业提质增效。

마트 레스토랑의 서비스도 고객의 개성화 요구에 맞게, 고객으로 하여금 더욱 다양하고, 더욱 재미있는 식사 체험을 얻을 수 있게 한다.
[7]미래의 스마트 레스토랑은 풍부한 응용 가능성도 있기 때문에 대형 요식 기업들은 지속적으로 혁신 기술 방면에 힘을 쏟아야 하고, 혁신과 신기술 방면의 투자를 계속 추진하여, 업무 관리 시스템과 스마트 레스토랑 기술을 최적화해서 요식 업계 전체의 품질 향상과 효율 증대를 이끌어 나가야 한다.

어휘   如今 rújīn 圆오늘날   智慧餐厅 zhìhuì cāntīng 圆스마트 레스토랑   就餐 jiùcān 圆식사를 하다   行业 hángyè 圆업계   效率 xiàolǜ 圆효율
   自动化 zìdònghuà 圆자동화하다   智能化 zhìnénghuà 지능화하다   无人化 wúrénhuà 圆무인화하다   ★日益 rìyì 圆나날이   兴盛 xīngshèng 圆번창하다
   逐渐 zhújiàn 圆점차   升级 shēngjí 圆업그레이드하다   转型 zhuǎnxíng 圆변화하다, 전환하다   趋势 qūshì 圆추세   推动 tuīdòng 圆추진하다
   现代化 xiàndàihuà 圆현대화하다   尤为 yóuwéi 圆특히   ★机械 jīxiè 圆로봇, 기계   手臂 shǒubì 圆팔   菜品 càipǐn 圆요리   机器人 jīqìrén 로봇
   佳肴 jiāyáo 圆맛있는 요리   海底捞 hǎidǐlāo 圆하이디라오[중국 훠궈 전문 레스토랑 체인점]   企业 qǐyè 圆기업   ★自主 zìzhǔ 圆자주적으로 하다
   研发 yánfā 圆연구 개발하다   系统 xìtǒng 圆시스템   设备 shèbèi 圆설비   收集 shōují 圆수집하다   ★环节 huánjié 圆부분   数据 shùjù 圆데이터
   分析 fēnxi 圆분석하다   监控 jiānkòng 圆모니터링하다   ★运行 yùnxíng 圆운영하다   状态 zhuàngtài 圆상태   生产 shēngchǎn 圆생산하다
   状况 zhuàngkuàng 圆상황   库存 kùcún 圆재고   保质期 bǎozhìqī 圆유통 기한   ★识别 shíbié 圆인식하다   传统 chuántǒng 圆전통적이다
   ★保障 bǎozhàng 圆보장하다   利用 lìyòng 圆이용하다   餐盘 cānpán 圆접시   识别码 shíbiémǎ 圆식별 번호   数字化 shùzìhuà 圆디지털화하다
   管控 guǎnkòng 圆관리하다   出菜机 chūcàijī 圆요리 머신   失误 shīwù 圆실수   个性化 gèxìnghuà 圆개성화하다   ★需求 xūqiú 圆요구
   体验 tǐyàn 圆체험하다   未来 wèilái 圆미래   ★广阔 guǎngkuò 圆풍부하다, 넓다   应用 yìngyòng 圆응용하다   空间 kōngjiān 圆가능성, 공간
   大型 dàxíng 圆대형의   持续 chíxù 圆지속하다   ★创新 chuàngxīn 圆혁신하다   投入 tóurù 圆투자하다   优化 yōuhuà 圆최적화하다
   业务 yèwù 圆업무   带动 dàidòng 圆이끌어 나가다   整个 zhěnggè 圆전체의   提质增效 tí zhì zēng xiào 품질을 향상시키고 효율을 증대하다

---

4   问：下列哪项不是餐饮业升级转型的趋势？   질문: 다음 중 요식 업계의 업그레이드 및 변화 추세가 아닌 것은?

A 无人化   B 人工化   A 무인화   B 인공화
C 自动化   D 智能化   C 자동화   D 지능화

해설   음성에서 언급된 自动化、智能化、无人化的智慧餐厅日益兴盛，逐渐成为了餐饮业升级转型的趋势之一。를 듣고 선택지 A 无人化, C 自动化, D 智能化를 정답의 후보로 확인해둔다. 질문이 요식 업계의 업그레이드 및 변화 추세가 아닌 것을 물었으므로, 지문에서 언급되지 않은 선택지 B 人工化를 정답으로 고른다.

어휘   餐饮业 cānyǐnyè 圆요식 업계   升级 shēngjí 圆업그레이드하다   转型 zhuǎnxíng 圆변화하다, 전환하다   趋势 qūshì 圆추세
   无人化 wúrénhuà 圆무인화하다   人工化 réngōnghuà 圆인공화하다   自动化 zìdònghuà 圆자동화하다   智能化 zhìnénghuà 圆지능화하다

---

5   问：这段话中举海底捞为例，想说明什么？   질문: 이 장문이 하이디라오를 예로 들어, 설명하려는 것은 무엇인가?

A 海底捞菜肴鲜美   A 하이디라오의 요리는 맛이 대단히 좋다
B 海底捞服务周全   B 하이디라오의 서비스는 빈틈없다
C 智慧餐厅的运作原理   C 스마트 레스토랑의 운영 원리
D 传统餐厅有许多缺点   D 전통 레스토랑은 많은 결점이 있다

해설   음성에서 언급된 举海底捞为例，该企业自主研发的智慧餐厅管理系统是后厨智能设备的大脑。系统会收集厨房各个环节的数据并进行分析，实时监控厨房的运行状态、生产状况、库存情况等。를 듣고 선택지 C 智慧餐厅的运作原理를 정답의 후보로 확인해둔다. 질문이 이 장문은 하이디라오를 예로 들어 설명하려는 것이 무엇인지 물었으므로, 선택지 C를 정답으로 고른다.

어휘   海底捞 hǎidǐlāo 圆하이디라오[중국 훠궈 전문 레스토랑 체인점]   菜肴 càiyáo 圆요리   鲜美 xiānměi 圆맛이 대단히 좋다
   周全 zhōuquán 圆빈틈없다   智慧餐厅 zhìhuì cāntīng 圆스마트 레스토랑   运作 yùnzuò 圆운영되다   ★原理 yuánlǐ 圆원리
   传统 chuántǒng 圆전통적이다

---

6   问：与传统餐厅相比，智慧餐厅有什么特点？   질문: 스마트 레스토랑은 전통 레스토랑에 비해 어떤 특징이 있는가?

A 机器失误较多   A 로봇의 실수가 비교적 많다
B 价格更加低廉   B 가격이 더욱 저렴하다
C 能更好地保障食品安全   C 식품 안전을 더욱 잘 보장할 수 있다
D 服务难以满足顾客的需求   D 서비스가 고객의 요구를 만족시키기 어렵다

해설   음성에서 언급된 与传统餐厅相比，智慧餐厅能更好地保障食品安全。을 듣고 선택지 C 能更好地保障食品安全을 정답의 후보로 확인해

둔다. 질문이 스마트 레스토랑은 전통 레스토랑에 비해 어떤 특징이 있는지 물었으므로, 선택지 C를 정답으로 고른다.

어휘 机器 jīqì 圏 로봇, 기계　★失误 shīwù 圏 실수　低廉 dīlián 圏 저렴하다　保障 bǎozhàng 圏 보장하다　满足 mǎnzú 만족시키다
★需求 xūqiú 圏 요구

---

7 问：关于智慧餐厅，可以知道什么？ | 질문: 스마트 레스토랑에 관해, 알 수 있는 것은 무엇인가?

A 要积极推广新产品　　　　　　　　　　A 적극적으로 새로운 상품을 홍보해야 한다
B 不需要投入高成本　　　　　　　　　　B 높은 비용을 투자할 필요가 없다
C 需要大量人力物力　　　　　　　　　　C 많은 인력과 물자가 필요하다
D 有广阔的应用空间　　　　　　　　　**D 풍부한 응용 가능성이 있다**

해설 음성에서 언급된 未来智慧餐厅还有广阔的应用空间을 듣고 선택지 D 有广阔的应用空间을 정답의 후보로 확인해둔다. 질문이 스마트 레
스토랑에 관해 알 수 있는 것이 무엇인지 물었으므로, 선택지 D를 정답으로 고른다.

어휘 推广 tuīguǎng 圏 홍보하다　投入 tóurù 圏 투자하다　★成本 chéngběn 圏 비용　物力 wùlì 圏 물자　★广阔 guǎngkuò 圏 풍부하다, 넓다
应用 yìngyòng 圏 응용하다, 활용하다　空间 kōngjiān 圏 가능성, 공간

고득점비책 03 | 이야기 공략하기 p.72

mp3 바로듣기 ▶

전략 적용 해석
p.73

1. A 시험 성적이 거짓이다
   B 학생은 선생님을 미워한다
   C 자주 무단 결석하는 사람이 있다
   D 학생 간에 갈등이 있다

2. **A 싫어하는 사람**
   B 숭배하는 사람
   C 신뢰하는 사람
   D 무서워하는 사람

3. A 학생들끼리 사이좋게 지내야 한다
   B 어떤 사람이 타인의 미움을 받는가
   C 부지런하지 않으면 성공할 수 없다
   D 어떻게 해야 학습 효율을 향상시킬 수 있는가

4. A 작은 실수가 훗날 큰 영향을 미친다
   B 작은 것에 가려서 전체를 보지 못 한다
   C 콩 심은 데 콩 나고, 팥 심은 데 팥 난다
   D 지성이면 감천이다

1-4번 문제는 다음 내용을 들어보세요.
[1]어떤 학급에서 학생 간에 갈등이 생겨 선생님을 놀라게 했다. 하루는 수업을 할 때, 선생님은 모든 사람에게 종이를 한 장씩 나눠주면서 전체 학급 학생에게 [2]싫어하는 사람의 이름을 빠르게 써 내라고 했다. 어떤 학생들은 곰곰이 생각해 겨우 한 명을 생각해냈고, 어떤 학생은 심지어 한 명도 생각해내지 못했다. 하지만 또 다른 어떤 학생들은 단번에 열다섯 명 정도를 나열해낼 수 있었다. 시간이 흐른 뒤, 선생님은 종이를 걷어 통계와 분석을 진행했다. [3]그 결과 나열해낸 사람 수가 가장 많은 사람이 바로 가장 사람들의 호감을 얻지 못하는 사람이라는 것을 발견했다. 그리고 싫어하는 사람이 없는 학생 혹은 싫어하는 사람이 적은 학생은 그를 미워하는 사람도 적었다. 그래서 선생님은 학생들이 타인에게 가하는 비판은 사실 그들 자신에 대한 비판이라는 결론을 얻었다. 다른 학생에게 우호적인 학생은 대체적으로 학생들의 호감을 얻었고, 다른 학생에게 까다로운 학생은 학생들에게 쉽게 받아들여지지 않았다. 이를 통해 알 수 있는 것은, [4]당신이 타인에게 대하는 것처럼 타인도 당신을 대할 것이라는 것이다.

1. 무슨 일이 선생님을 놀라게 했는가?
2. 선생님은 학생들에게 무엇을 쓰라고 했는가?
3. 통계 결과는 모두에게 무엇을 알려주었는가?
4. 이 이야기는 주로 우리에게 무엇을 알려주고 싶어하는가?

어휘 선택지 虚假 xūjiǎ 圏 거짓이다　旷课 kuàngkè 圏 무단 결석하다　矛盾 máodùn 圏 갈등　厌恶 yànwù 圏 싫어하다　★崇拜 chóngbài 圏 숭배하다
信赖 xìnlài 圏 신뢰하다　★畏惧 wèijù 圏 무서워하다　和睦相处 hémù xiāngchǔ 사이좋게 지내다　勤奋 qínfèn 圏 부지런하다　效率 xiàolǜ 圏 효율
失之毫厘, 差以千里 shīzhīháolí, chàyǐqiānlǐ 圏 작은 실수가 훗날 큰 영향을 미치다
一叶障目, 不见泰山 yíyèzhàngmù, bújiàntàishān 圏 작은 것에 가려서 전체를 보지 못 한다
种瓜得瓜, 种豆得豆 zhòngguādéguā, zhòngdòudédòu 圏 콩 심은 데 콩 나고, 팥 심은 데 팥 난다
精诚所至, 金石为开 jīngchéngsuǒzhì, jīnshíwéikāi 圏 지성이면 감천이다
장문 惊动 jīngdòng 圏 놀라게 하다　左思右想 zuǒsīyòuxiǎng 圏 곰곰이 생각하다　一口气 yìkǒuqì 圏 단번에　统计 tǒngjì 圏 통계하다
分析 fēnxī 圏 분석하다　正 zhèng 圏 바로　结论 jiélùn 圏 결론　★批判 pīpàn 圏 비판하다　★大体 dàtǐ 圏 대체로　苛刻 kēkè 圏 까다롭다, 박하다
接纳 jiēnà 圏 받아들이다　⌐6급 빈출어휘

1 B	2 D	3 C	4 A	5 D	6 C	7 D

1-3

第1到3题，请听下面一段材料。

　　管仲和鲍叔牙都是春秋时期的齐国人。鲍叔牙年轻时就很欣赏管仲的才学。[1]管仲家里很贫穷，又要奉养母亲，鲍叔牙就找管仲一起投资做生意，本钱都由他出，而在分利的时候，管仲总要多拿一些。鲍叔牙却从来不因管仲拿得多而说他贪财。

　　管仲曾替鲍叔牙办过几件事，可是事情都没办好，反而弄得更糟糕。但是鲍叔牙并不认为管仲无能，因为他知道事情总有不顺的时候。[2]管仲曾三次当官，而每次都被罢官。鲍叔牙认为管仲并不是没有才干，只是还没有得到发挥才能的机会。管仲曾三次去打仗，但每次都中途逃跑，鲍叔牙也不认为他胆小怕死，因为他知道管仲要奉养老母亲。鲍叔牙对管仲了解得如此深透，所以管仲感慨地说："生我的是父母，了解我的人是鲍叔牙。"

　　后来齐国发生内乱，齐桓公要把管仲处以极刑，鲍叔牙却竭力向齐桓公推荐管仲做宰相，而自己心甘情愿做管仲的下属。有了鲍叔牙的举荐，管仲当上了齐国的宰相，辅佐齐桓公成为春秋五霸之首。

　　管仲和鲍叔牙之间深厚的友情已是代代流传的佳话，[3]人们常常用"管鲍之交"来形容朋友之间深厚的交情。

1-3번 문제는 다음 내용을 들어보세요.

　　관중과 포숙아는 모두 춘추 시대 제나라 사람이다. 포숙아는 젊었을 때부터 관중의 재능과 학식을 높게 평가했다. [1]관중은 집이 매우 가난했고 모친도 봉양해야 했다. 포숙아는 관중을 찾아가 함께 투자하여 장사를 하자고 했고, 사업 밑천을 그가 다 댔지만, 이윤을 나눌 때는 관중이 늘 더 많이 챙겨갔다. 그렇지만 포숙아는 관중이 많이 챙겨갔다고 해서 그가 재물을 탐낸다고 말한 적이 한 번도 없었다.

　　관중은 포숙아를 대신하여 몇 가지 일을 해 주었는데, 하지만 일을 제대로 처리하지 않아 오히려 더 엉망으로 만들었다. 그러나 포숙아는 관중이 결코 무능하다고 생각하지 않았다. 왜냐하면 그는 일이 순조롭지 않을 때가 있다는 것을 알았기 때문이다. [2]관중은 세 번이나 관리가 되었지만 번번이 파면당했다. 그러나 포숙아는 관중이 결코 능력이 없는 것이 아니라, 단지 재능을 발휘할 기회를 아직 얻지 못했다고 생각했다. 관중은 전쟁에 세 번 나갔지만 번번이 중도에 도망쳤는데, 포숙아는 그가 겁이 많고 죽음을 두려워한다고 생각하지 않았다. 왜냐하면 그는 관중이 노모를 봉양해야 하는 것을 알고 있었기 때문이다. 포숙아는 관중에 대해 이처럼 잘 알고 있었고, 그래서 관중은 "나를 낳은 사람은 부모이지만, 나를 이해하는 사람은 포숙아."라고 감격하여 말했다.

　　훗날 제나라에 내란이 발생하자, 제환공은 관중을 극형에 처하려고 했지만 포숙아는 전력을 다해 제환공에게 관중을 재상으로 추천했고, 자신은 기꺼이 관중의 부하가 되었다. 포숙아의 추천으로 관중은 제나라의 재상이 되어 제환공을 춘추오패의 수장이 되도록 보좌했다.

　　관중과 포숙아의 두터운 우정은 대대로 전해져 내려오는 미담으로, [3]사람들은 흔히 '관포지교'라는 말로 친구 사이의 두터운 친분을 나타낸다.

어휘 **管仲** Guǎn Zhòng 고유 관중[중국 춘추시대 제나라의 정치가]　**鲍叔牙** Bào Shūyá 고유 포숙아[중국 춘추시대 제나라의 대부]
春秋时期 Chūnqiū shíqī 춘추 시대[중국 역사상의 한 시대]　**齐国** Qíguó 고유 제나라[중국 역사상의 한 국가]　**欣赏** xīnshǎng 통 높게 평가하다
才学 cáixué 명 재능과 학식　**贫穷** pínqióng 형 가난하다　**奉养** fèngyǎng 통 봉양하다　**投资** tóuzī 통 투자하다　**本钱** běnqián 명 밑천
贪财 tāncái 통 재물을 탐내다　**反而** fǎn'ér 튀 오히려　**糟糕** zāogāo 형 엉망이다　**官** guān 명 관리　**罢官** bàguān 통 파면하다　**才干** cáigàn 명 능력
发挥 fāhuī 통 발휘하다　**打仗** dǎzhàng 통 전쟁하다　**中途** zhōngtú 명 중도　**逃跑** táopǎo 통 도망치다　★**感慨** gǎnkǎi 통 감격하다
齐桓公 Qíhuángōng 고유 제환공[중국 춘추시대 제나라의 군주]　**推荐** tuījiàn 통 추천하다　**宰相** zǎixiàng 명 재상
心甘情愿 xīngānqíngyuàn 통 기꺼이 원하다　★**下属** xiàshǔ 명 부하　**举荐** jǔjiàn 통 추천하다　**辅佐** fǔzuǒ 통 보좌하다
春秋五霸 Chūnqiū wǔbà 통 춘추오패[중국 춘추시대 5인의 패자]　**首** shǒu 수장, 우두머리　**深厚** shēnhòu 형 두텁다　**流传** liúchuán 통 전해지다
佳话 jiāhuà 명 미담　**形容** xíngróng 통 나타내다, 묘사하다　**交情** jiāoqing 명 친분

1　问：关于管仲，可以知道什么？

질문: 관중에 관해, 알 수 있는 것은 무엇인가?

A 生性贪婪
B 需要照顾老母亲
C 经常与鲍叔牙攀比
D 是春秋时期的鲁国人

A 천성이 탐욕스럽다
B 노모를 보살펴야 한다
C 자주 포숙아와 비교한다
D 춘추 시대 노나라 사람이다

해설 음성에서 언급된 **管仲家里很贫穷，又要奉养母亲**을 듣고 선택지 B 需要照顾老母亲을 정답의 후보로 확인해둔다. 질문이 관중에 관해 알 수 있는 것이 무엇인지 물었으므로, 선택지 B를 정답으로 고른다.

어휘 **生性** shēngxìng 명 천성　**贪婪** tānlán 형 탐욕스럽다　**攀比** pānbǐ 통 비교하다　**春秋时期** Chūnqiū shíqī 명 춘추 시대[중국 역사상의 한 시대]
鲁国 Lǔguó 고유 노나라[중국 역사상의 한 국가]

2 问：鲍叔牙认为管仲为什么三次被罢官？ | 질문: 포숙아는 관중이 왜 세 번 파면됐다고 생각하는가?

A 胆小怕死
B 经济压力过大
C 失去了领导的信任
D 未得到发挥才干的机会

A 겁이 많고 죽음을 두려워한다
B 경제적 스트레스가 너무 크다
C 지도자의 신임을 잃었다
D 능력을 발휘할 기회를 얻지 못했다

해설 음성에서 언급된 管仲曾三次当官, 而每次都被罢官。鲍叔牙认为管仲并不是没有才干, 只是还没有得到发挥才能的机会。를 듣고 선택지 D 未得到发挥才干的机会를 정답의 후보로 확인해둔다. 질문이 포숙아는 관중이 왜 세 번 파면됐다고 생각하는지 물었으므로, 선택지 D를 정답으로 고른다.

어휘 失去 shīqù 통 잃다 领导 lǐngdǎo 명 지도자 信任 xìnrèn 통 신임하다 发挥 fāhuī 통 발휘하다 才干 cáigàn 명 능력

3 问：根据这段话, "管鲍之交" 指的是什么？ | 질문: 이 장문에 근거하여, '관포지교'가 가리키는 것은 무엇인가?

A 点头之交
B 忘年之交
C 朋友之间深厚的友谊
D 实际上并不亲密的关系

A 인사나 하는 사이
B 나이 차이에 구애받지 않고 맺어진 우정
C 친구 사이의 두터운 우정
D 실제로는 결코 친하지 않은 사이

해설 음성에서 언급된 人们常常用"管鲍之交"来形容朋友之间深厚的交情을 듣고 선택지 C 朋友之间深厚的友谊를 정답의 후보로 확인해둔다. 질문이 이 장문에 근거하여 '관포지교'가 가리키는 것이 무엇인지 물었으므로, 선택지 C를 정답으로 고른다.

어휘 点头之交 diǎntóuzhījiāo 명 인사나 하는 사이 忘年之交 wàngniánzhījiāo 명 나이 차이에 구애받지 않고 맺어진 우정 深厚 shēnhòu 형 두텁다 ★亲密 qīnmì 형 친하다

4-7

第4到7题，请听下面一段材料。

　　陶行知先生是近代著名的教育家、思想家。有一次，陶先生有机会在武汉大学演讲。他走上讲台，不慌不忙地从箱子里拿出一只大公鸡。台下的听众全愣住了，不知道陶先生接下来要干什么，只见⁴陶先生从容不迫地掏出一把米放在桌上，然后⁴按住公鸡的头，强迫它吃米，可是公鸡怎么也不吃。他又掰开公鸡的嘴，把米硬往嘴里塞，公鸡拼命挣扎，还是不肯吃。陶先生把鸡放在桌子上，轻轻地松开手，后退几步，公鸡便开始吃起米来。

　　陶先生这才开始演讲。⁵他说教育就跟喂鸡一样，老师强迫学生去学习，把知识硬灌输给学生，学生会不情愿，即使学了也是食而不化；但是如果让学生自由学习，充分发挥主观能动性，效果一定会好很多。他说完，台下掌声雷动，⁶都为陶先生别出心裁的演讲方式叫好。

　　陶行知先生的这一举动，形象地说明了在教育中主观能动性的重要性。⁷如果老师能退一步，让学生自己去学习、去发现，他们掌握的知识就会更加牢固和全面，对学习也更加有兴趣，更主动自觉。

4-7번 문제는 다음 내용을 들어보세요.

　　타오싱즈 선생은 근대의 유명한 교육자이자 사상가이다. 한 번은 타오 선생이 우한 대학에서 강연을 할 기회가 있었다. 그는 강단에 올라서서 침착하게 상자에서 큰 수탉 한 마리를 꺼냈다. 무대 아래에 있던 청중들은 모두 어안이 벙벙해져서, 타오 선생이 이어서 무엇을 하려는지 모른 채로 ⁴타오 선생이 태연자약하게 쌀을 한 줌 꺼내 탁자 위에 둔 후 ⁴수탉의 머리를 누르고, 강제로 쌀을 먹게 했지만 수탉은 어떻게 해도 먹지 않는 것만 쳐다볼 뿐이었다. 그는 다시 수탉의 주둥이를 열어, 쌀을 주둥이 안으로 억지로 집어넣었지만, 수탉은 필사적으로 몸부림치며 여전히 먹으려 하지 않았다. 타오 선생이 닭을 책상에 두고, 가볍게 손을 떼고 몇 걸음 뒤로 물러나자 수탉은 바로 쌀을 먹기 시작했다.

　　타오 선생은 그제서야 강연을 시작했다. ⁵그는 교육이란 닭에게 먹이를 주는 것과 같아, 교사가 학생에게 강제로 공부를 시키고 억지로 지식을 학생에게 주입하면 학생은 원치 않을 것이고, 설령 공부했다 해도 배운 것을 자기 것으로 만들지 못할 것이라고 했다. 그러나 만약 학생이 자유롭게 공부하게 하고, 주체적 능동성을 충분히 발휘하게 하면 효과가 분명히 훨씬 좋을 것이라고 했다. 그가 말을 마치자, 강단 아래에서 박수 소리가 우레와 같이 울려 퍼졌고, ⁶모두 타오 선생의 독창적인 강연 방식에 갈채를 보냈다.

　　타오싱즈 선생의 이런 행동은 교육에서의 주체적 능동성의 중요성을 생동감 있게 설명했다. ⁷만약 선생님이 한발 물러서서 학생이 스스로 학습하고 발견하게 할 수 있다면, 그들이 습득한 지식은 더욱 견고해지고 완전해질 것이며, 공부에도 더욱 흥미가 생기고, 더욱 능동적이고 자발적이게 될 것이다.

어휘 陶行知 Táo Xíngzhī 고유 타오싱즈[20세기 초 중국의 교육자] 近代 jìndài 명 근대 思想家 sīxiǎngjiā 명 사상가 演讲 yǎnjiǎng 통 강연하다
不慌不忙 bùhuāngbùmáng 성 침착하다 愣住 lèngzhù 어안이 벙벙하다 从容不迫 cóngróngbúpò 성 태연자약하다, 침착하다 ★掏 tāo 통 꺼내다
★强迫 qiǎngpò 통 강제로 시키다 掰开 bāikai 열다 硬 yìng 부 억지로 塞 sāi 통 집어넣다 ★拼命 pīnmìng 부 필사적으로 挣扎 zhēngzhá 통 몸부림치다
后退 hòutuì 통 뒤로 물러나다 喂 wèi 통 먹이를 주다 灌输 guànshū 통 주입하다 情愿 qíngyuàn 통 ~을 원하다

食而不化 shíérbúhuà 图 배운 것을 자기 것으로 만들지 못하다　自由 zìyóu 图 자유롭다　充分 chōngfèn 图 충분하다　发挥 fāhuī 图 발휘하다
主观能动性 zhǔguān néngdòngxìng 주체적 능동성　雷动 léidòng 图 우레와 같이 울려 퍼지다　别出心裁 biéchūxīncái 图 독창적이다
叫好 jiàohǎo 图 갈채를 보내다　★举动 jǔdòng 图 행동　形象 xíngxiàng 图 생동감 있다　掌握 zhǎngwò 图 습득하다　★牢固 láogù 图 견고하다
主动 zhǔdòng 图 능동적이다　自觉 zìjué 图 자발적이다

4　问：为了让公鸡吃米，陶先生做了什么？　　　质문: 수탉이 쌀을 먹게 하기 위해서, 타오 선생은 무엇을 했는가?

　A **直接按住公鸡的头**　　　　　　　　　　　A **수탉의 머리를 직접 눌렀다**
　B 要求观众保持安静　　　　　　　　　　　　B 청중에게 조용히 할 것을 요구했다
　C 让公鸡自己跳上桌子　　　　　　　　　　　C 수탉이 스스로 책상에 뛰어 오르게 했다
　D 准备了不同品种的米　　　　　　　　　　　D 다른 품종의 쌀을 준비했다

해설　음성에서 언급된 陶先生……按住公鸡的头, 强迫它吃米를 듣고 선택지 A 直接按住公鸡的头를 정답의 후보로 확인해둔다. 질문이 수탉에게 쌀을 먹기 위해서 타오 선생이 무엇을 했는지 물었으므로, 선택지 A를 정답으로 고른다.

어휘　保持 bǎochí 图 유지하다　跳 tiào 图 뛰어 오르다　★品种 pǐnzhǒng 图 품종

5　问：根据这段话，可以知道什么？　　　　　질문: 이 장문에 근거하여, 알 수 있는 것은 무엇인가?

　A 观众们都感到苦恼　　　　　　　　　　　　A 청중들은 모두 괴롭다고 느꼈다
　B 公鸡和陶先生是好搭档　　　　　　　　　　B 수탉과 타오 선생은 좋은 파트너이다
　C 陶先生上课时总会带上公鸡　　　　　　　　C 타오 선생은 수업할 때 늘 수탉을 가지고 다닌다
　D **喂鸡与教育学生有相似之处**　　　　　　D **닭에게 먹이를 주는 것과 학생을 교육하는 것은 비슷한 점이
　　　　　　　　　　　　　　　　　　　　　　　있다**

해설　음성에서 언급된 他说教育就跟喂鸡一样을 듣고 선택지 D 喂鸡与教育学生有相似之处를 정답의 후보로 확인해둔다. 질문이 이 장문에 근거하여 알 수 있는 것이 무엇인지 물었으므로, 선택지 D를 정답으로 고른다.

어휘　苦恼 kǔnǎo 图 괴롭다　搭档 dādàng 图 파트너　喂 wèi 图 먹이를 주다　相似 xiāngsì 图 비슷하다

6　问：关于陶先生，下列哪项正确？　　　　　질문: 타오 선생에 관해, 다음 중 옳은 것은?

　A 他缺乏幽默感　　　　　　　　　　　　　　A 그는 유머 감각이 부족하다
　B 他喜欢捉弄别人　　　　　　　　　　　　　B 그는 다른 사람을 놀리는 것을 좋아한다
　C **他的演讲风格较为独特**　　　　　　　　C **그의 강연 스타일은 비교적 독특하다**
　D 他带来了自己养的公鸡　　　　　　　　　　D 그는 자신이 기르던 수탉을 가져왔다

해설　음성에서 언급된 都为陶先生别出心裁的演讲方式叫好를 듣고 선택지 C 他的演讲风格较为独特를 정답의 후보로 확인해둔다. 질문이 타오 선생에 관해 옳은 것을 물었으므로, 선택지 C를 정답으로 고른다.

어휘　缺乏 quēfá 图 부족하다　幽默感 yōumògǎn 图 유머 감각　捉弄 zhuōnòng 图 놀리다　演讲 yǎnjiǎng 图 강연하다　风格 fēnggé 图 스타일
　　　独特 dútè 图 독특하다

7　问：这段话主要想告诉我们什么？　　　　　질문: 이 장문은 주로 우리에게 무엇을 알려주고 싶어 하는가?

　A 要多方面培养学生的兴趣　　　　　　　　　A 다방면으로 학생의 흥미를 길러야 한다
　B 教育理念决定国家的未来　　　　　　　　　B 교육 이념이 국가의 미래를 결정한다
　C 教育制度已经得到了改善　　　　　　　　　C 교육 제도는 이미 개선되었다
　D **老师应该让学生主动去学习**　　　　　　D **선생님은 학생이 능동적으로 공부하게 해야 한다**

해설　음성에서 언급된 如果老师能退一步, 让学生自己去学习、去发现, 他们掌握的知识就会更加牢固和全面, 对学习也更加有兴趣, 更主动自觉。를 듣고 선택지 D 老师应该让学生主动去学习를 정답의 후보로 확인해둔다. 질문이 이 장문은 주로 우리에게 무엇을 알려주고 싶어 하는지 물었으므로, 선택지 D를 정답으로 고른다.

어휘　培养 péiyǎng 图 기르다　理念 lǐniàn 图 이념　未来 wèilái 图 미래　制度 zhìdù 图 제도　改善 gǎishàn 图 개선하다　主动 zhǔdòng 图 능동적이다

듣기

제3부분　해커스 **HSK 6급** 한 권으로 고득점 달성

| 1 B | 2 B | 3 A | 4 D | 5 A | 6 C | 7 A | 8 C | 9 D | 10 A |
| 11 D | 12 D | 13 A | 14 A | 15 C | 16 B | 17 C | 18 B | 19 D | 20 C |

1 - 3

第1到3题，请听下面一段材料。

　　[1]中国民间有"夏练三伏"的说法，意思是夏季最热的三伏天是锻炼身体的好时机。在炎热的夏季，不喜欢体育锻炼的人，会以自己怕热的借口拒绝运动。但其实在这样的天气下，越不活动，身体适应外界环境的能力就越差。人如果在较热的环境下锻炼，会扩张皮下血管，加速汗腺的开放，同时也会提高散热和调节体温的能力。

　　[2]王丽仙是一位太极拳爱好者，凌晨五点，她就和伙伴们来到柯岩风景区门口，一起切磋练习，一直到七点才结束。[2]她表示，三伏天锻炼身体的感觉特别好，虽然汗流浃背，但感觉很舒畅。

　　绍兴市中心医院的中医师王越凤说，"夏练三伏"是祖先在长期锻炼过程中总结出来的经验，有一定的科学道理。[3]在夏天锻炼能加速新陈代谢，加快血液循环，有助于排出体内毒素。但是他还提醒道，[3]应避免在暴晒、封闭且高温的环境下运动。如果短时间内大量出汗，就容易出现低盐、四肢发软等症状，反而得不偿失。

1-3번 문제는 다음 내용을 들어보세요.

　　[1]중국 민간에는 '여름에는 삼복에 신체 단련을 한다'라는 말이 있는데, 여름 중 가장 더운 삼복날이 신체를 단련하기에 좋은 시기라는 뜻이다. 무더운 여름에, 체력 단련을 좋아하지 않는 사람은 자신이 더위를 탄다는 핑계로 운동을 거부할 것이다. 그러나 사실 이런 날씨에 활동을 하지 않을수록, 신체가 외부 환경에 적응하는 능력은 더 떨어진다. 사람이 만약 비교적 더운 환경에서 단련을 한다면, 피하 혈관을 확장시키고 땀샘의 개방을 가속시킬 수 있으며, 동시에 열을 발산하고 체온을 조절하는 능력도 향상시킬 수 있다.

　　[2]왕리셴은 태극권 애호가로, 새벽 5시에 그녀와 친구들은 커옌 풍경구 입구로 와서 함께 연구하며 연습을 하는데, 7시가 되어서야 끝이 난다. [2]그녀는 삼복날 신체를 단련하는 느낌이 아주 좋고, 비록 땀이 비 오듯 하지만 느낌이 상쾌하다고 말했다.

　　사오싱 시 센터 병원의 중의사인 왕웨펑은, '여름에는 삼복에 신체 단련을 한다'가 선조들이 오랜 기간 단련하는 과정에서 총정리해낸 경험으로, 어느 정도 과학적인 일리가 있다고 말했다. [3]여름에 단련하면 신진대사를 가속시킬 수 있고, 혈액 순환을 빠르게 할 수 있으며, 체내 독소를 배출하는 데 도움이 된다. 그러나 그는 [3]강한 햇볕이 내리 쬐고, 폐쇄적이며 고온인 환경에서 운동하는 것을 피해야 한다고도 당부했다. 만약 짧은 시간 내에 많은 땀을 흘리면, 체내 염도가 낮아지고 팔다리에 힘이 풀리는 등의 증상이 쉽게 나타날 수 있어, 도리어 얻는 것보다 잃는 것이 더 많아진다.

어휘　★**民间** mínjiān 圐 민간　**三伏** sānfú 圐 삼복[초복·중복·말복의 통칭]　**夏季** xiàjì 圐 여름　★**时机** shíjī 圐 시기　★**炎热** yánrè 圐 무덥다
　　　怕热 pà rè 더위를 타다　★**借口** jièkǒu 圐 핑계　★**外界** wàijiè 圐 외부　★**扩张** kuòzhāng 圐 확장하다　**皮下血管** píxià xuèguǎn 圐 피하 혈관
　　　加速 jiāsù 圐 가속하다　**开放** kāifàng 圐 개방하다　**散热** sàn rè 열을 발산하다　★**调节** tiáojié 圐 조절하다　**体温** tǐwēn 圐 체온　**太极拳** tàijíquán 圐 태극권
　　　★**凌晨** língchén 圐 새벽　**伙伴** huǒbàn 圐 친구, 동료
6급 빈출어휘
　　　柯岩风景区 Kēyán Fēngjǐngqū 교윤 커옌 풍경구[중국 저장(浙江)성 사오싱(绍兴) 시에 있는 중국 국가 공인 관광지]　**切磋** qiēcuō 圐 연구하다
　　　汗流浃背 hànliújiābèi 圐 땀이 비 오듯 하다　**舒畅** shūchàng 圐 상쾌하다　**绍兴市** Shàoxīngshì 교윤 사오싱 시[중국 저장(浙江)성에 위치한 도시]
　　　中心 zhōngxīn 圐 센터　★**祖先** zǔxiān 圐 선조　**道理** dàolǐ 圐 일리　★**新陈代谢** xīnchén dàixiè 圐 신진대사　**加快** jiākuài 圐 가속시키다
　　　血液 xuèyè 圐 혈액　★**循环** xúnhuán 圐 순환하다　**排出** páichū 배출하다　**体内毒素** tǐnèi dúsù 圐 체내 독소　**避免** bìmiǎn 圐 피하다
　　　暴晒 bàoshài 圐 강한 햇볕이 내리 쬐다　★**封闭** fēngbì 圐 폐쇄하다　★**四肢** sìzhī 圐 팔다리　**发软** fāruǎn 힘이 풀리다　★**症状** zhèngzhuàng 圐 증상
　　　反而 fǎn'ér 囝 도리어　**得不偿失** débùchángshī 圐 얻는 것보다 잃는 것이 더 많다

1	问：根据这段话，"夏练三伏"是什么意思？	질문: 이 장문에 근거하여, '여름에는 삼복에 신체 단련을 한다'는 무슨 의미인가?

A 锻炼不应该半途而废
B 夏天最热时适合锻炼
C 要坚持自己的锻炼方式
D 夏天锻炼要注意控制时间

A 단련하는 것을 도중에 포기해서는 안 된다
B 여름에 가장 더울 때 단련하기 적합하다
C 자신의 단련 방식을 유지해야 한다
D 여름에 단련할 때는 시간 조절에 주의해야 한다

해설　음성에서 언급된 中国民间有"夏练三伏"的说法,意思是夏季最热的三伏天是锻炼身体的好时机。를 듣고, 선택지 B 夏天最热时适合锻炼를 정답의 후보로 확인해둔다. 질문이 이 장문에 근거하여 '여름에는 삼복에 신체 단련을 한다'는 무슨 의미인지 물었으므로, 선택지 B를 정답으로 고른다.

어휘　**三伏** sānfú 圐 삼복[초복·중복·말복의 통칭]　★**半途而废** bàntú'érfèi 圐 도중에 포기하다　**控制** kòngzhì 圐 조절하다

2 问：在炎热的天气下锻炼，王丽仙感觉怎么样？　　질문: 무더운 날씨에 단련하는 것에 대해 왕리셴의 느낌은 어떠한가?

A 心情激动	**B 感到畅快**	A 기분이 흥분된다	**B 상쾌하다고 느낀다**
C 肠胃难受	D 呼吸困难	C 장과 위가 불편하다	D 호흡하는 것이 어렵다

해설 음성에서 언급된 王丽仙……她表示,三伏天锻炼身体的感觉特别好,虽然汗流浃背,但感觉很舒畅。을 듣고, 선택지 B 感到畅快를 정답의 후보로 확인해둔다. 질문이 무더운 날씨에 단련하는 것에 대한 왕리셴의 느낌을 물었으므로, 선택지 B를 정답으로 고른다.

어휘 ★炎热 yánrè [형] 무덥다　畅快 chàngkuài [형] 상쾌하다　肠胃 chángwèi [명] 장과 위　呼吸 hūxī 호흡하다

3 问：在夏天锻炼时，要注意什么？　　질문: 여름에 단련할 때, 무엇을 주의해야 하는가?

A 避免暴晒环境	**A 강한 햇볕이 내리 쬐는 환경을 피한다**
B 及时补充营养	B 제때에 영양을 보충한다
C 应在室内进行	C 실내에서 진행해야 한다
D 注意天气变化	D 날씨 변화에 주의한다

해설 음성에서 언급된 在夏天锻炼……应避免在暴晒、封闭且高温的环境下运动을 듣고, 선택지 A 避免暴晒环境를 정답의 후보로 확인해둔다. 질문이 여름에 단련할 때 무엇을 주의해야 하는지 물었으므로, 선택지 A를 정답으로 고른다.

어휘 避免 bìmiǎn [동] 피하다　暴晒 bàoshài [동] 강한 햇볕이 내리 쬐다　及时 jíshí [부] 제때에　补充 bǔchōng [동] 보충하다　营养 yíngyǎng [명] 영양
室内 shìnèi [명] 실내

4 - 6

第4到6题，请听下面一段材料。

死海位于亚洲西部，巴勒斯坦和约旦的交界处。在无边无际的死海中，没有一只鱼虾，一片水草，甚至连海边也寸草不生，这也正是死海得名的原因。然而，令人惊叹的是，人们在这无鱼无草的海水里，竟能够自由漂浮。即使是完全不会游泳的人，[*]也总能浮在水面上，不用担心被淹死。

[6]死海为什么会有这么大的浮力呢？这是因为海水的盐度很高。据统计，死海的水里含有大量的矿物质：有135.46亿吨氯化钠；有63.7亿吨氯化钙；有20亿吨氯化钾；另外还有溴、锶等。并且把各种盐类加在一起，占死海全部海水的23%～25%。这样一来，[4]海水的密度大于人体的密度，因此人一到死海里就会漂起来，而不是沉下去。死海的矿物质来源于它的源头——约旦河，河水本身含有很多的矿物质，在河水流入死海时，水分不断蒸发，矿物质沉淀下来，经年累月，越积越多。但是死海的蒸发量大于从约旦河输入的水量，这种情况造成了海面日趋下降。长此下去，在不久的将来，[5]死海南部较浅的地方将会永远消失；较深的北部，在数百年后也可能干涸。到那时，死海就真的"死"了。

4-6번 문제는 다음 내용을 들어보세요.

사해는 아시아 서부의 팔레스타인과 요르단의 경계 부분에 위치해 있다. 끝없이 넓은 사해에는 물고기 한 마리, 수초 하나 없고, 심지어 해변가조차 풀 한 포기 자라지 않는데, 이것이 바로 사해라는 이름을 얻게 된 이유이다. 그러나 사람들을 놀라게 하는 것은, 사람들이 이 물고기도 풀도 없는 바닷물에서 자유로이 떠다닐 수 있다는 것이다. 설령 수영을 전혀 못하는 사람이라 할지라도 항상 물에 떠 있을 수 있어서, 익사할 걱정을 하지 않아도 된다.

[6]사해는 왜 이렇게 부력이 강할까? 이는 바닷물의 염도가 매우 높기 때문이다. 통계에 따르면, 사해의 물에는 다양한 광물질이 함유되어 있는데, 염화나트륨 135.46억 톤, 염화칼슘 63.7억 톤, 염화칼륨 20억 톤, 이외에 브롬, 스트론튬 등이 있다. 그리고 각종 염류를 합치면 사해 전체 바닷물의 23%에서 25%를 차지한다. 이리하여 [4]바닷물의 밀도가 인체의 밀도보다 커서, 사람은 사해에서 떠오르게 되고 가라앉지 않는 것이다. 사해의 광물질은 그것의 발원지인 요르단 강에서 유래한 것으로, 강물 자체에 매우 많은 광물질이 함유되어 있다. 강물이 사해로 흘러 들어갈 때, 수분은 끊임없이 증발하고 광물질은 쌓이게 되며 오랜 세월이 지나 축적될수록 더 많아진다. 그러나 사해의 증발량은 요르단 강으로부터 들어오는 물의 양보다 많은데, 이런 상황은 해수면이 갈수록 낮아지는 것을 초래했다. 이대로 가다간, 머지 않은 미래에 [5]사해 남부의 비교적 얕은 곳은 영원히 사라지고, 비교적 깊은 북부는 수백 년 뒤에 말라버릴 수도 있다. 그때가 되면, 사해는 정말 "죽은" 것이다.

어휘 死海 Sǐhǎi [고유] 사해[생물이 살지 못하는 염호]　巴勒斯坦 Bālèsītǎn [고유] 팔레스타인　约旦 Yuēdàn [고유] 요르단　交界处 jiāojièchù [명] 경계 부분
无边无际 wúbiānwújì [성] 끝없이 넓다　鱼虾 yúxiā [명] 물고기, 어류　片 piàn [양] [조각·면적 등을 세는 단위]
寸草不生 cùncǎobùshēng [성] 풀 한 포기도 자라지 않는다　惊叹 jīngtàn [동] 놀라다　自由 zìyóu [형] 자유롭다　★漂浮 piāofú [동] 떠다니다
淹死 yānsǐ 익사하다　浮力 fúlì [명] 부력　盐度 yándù [명] 염도　★统计 tǒngjì [동] 통계하다　矿物质 kuàngwùzhì [명] 광물질　亿 yì [수] 억　吨 dūn [양] (ton)
氯化钠 lǜhuànà [명] 염화나트륨　氯化钙 lǜhuàgài [명] 염화칼슘　氯化钾 lǜhuàjiǎ [명] 염화칼륨　溴 xiù [명] 브롬(Br)　锶 sī [명] 스트론튬(Sr)　占 zhàn [동] 차지하다
★密度 mìdù [명] 밀도　★来源 láiyuán [동] 유래하다　源头 yuántóu [명] 발원지　★本身 běnshēn [대] 그 자체　不断 búduàn [부] 끊임없이
★蒸发 zhēngfā [동] 증발하다　★沉淀 chéndiàn [동] 쌓이다　经年累月 jīngniánlěiyuè [성] 오랜 세월이 지나다　输入 shūrù [동] 들어오다　浅 qiǎn [형] 얕다
消失 xiāoshī [동] 사라지다　干涸 gānhé [동] (물이) 마르다

4	问：关于死海，下列哪项正确？	질문: 사해에 관해, 다음 중 옳은 것은?

A 死海的源头是尼罗河　　　　　　　A 사해의 발원지는 나일강이다
B 不会游泳的人会被淹死　　　　　　B 수영할 줄 모르는 사람은 익사할 수 있다
C 死海的南部较深北部较浅　　　　　C 사해의 남부는 비교적 깊고 북부는 비교적 얕다
D 死海的密度大于人体的密度　　　**D 사해의 밀도는 인체의 밀도보다 크다**

해설　음성에서 언급된 海水的密度大于人体的密度를 듣고 선택지 D 死海的密度大于人体的密度를 정답의 후보로 확인해둔다. 질문이 사해에 관해 옳은 것을 물었으므로, 선택지 D를 정답으로 고른다.

어휘　死海 Sǐhǎi 고유 사해[생물이 살지 못하는 염호]　源头 yuántóu 몡 발원지　尼罗河 Níluóhé 고유 나일강　淹死 yānsǐ 익사하다　浅 qiǎn 톙 얕다　★密度 mìdù 몡 밀도

5	问：这段话中的"死海就真的'死'了"，是什么意思？	질문: 이 장문에서 '사해는 정말 '죽은' 것이다'는 무슨 의미인가?

A 死海有可能会枯竭　　　　　　　**A 사해는 아마 고갈될 것이다**
B 死海的源头将会干涸　　　　　　　B 사해의 발원지가 말라버릴 것이다
C 死海中将不再有生物　　　　　　　C 사해에는 더 이상 생물이 없을 것이다
D 死海里的矿物质将会消失　　　　　D 사해의 광물질이 사라질 것이다

해설　음성에서 언급된 死海南部较浅的地方将会永远消失；较深的北部，在数百年后也可能干涸를 듣고 선택지 A 死海有可能会枯竭를 정답의 후보로 확인해둔다. 질문이 이 장문에서 '사해는 정말 '죽은' 것이다'가 무슨 의미인지 물었으므로, 선택지 A를 정답으로 고른다.

어휘　枯竭 kūjié 톙 고갈되다　干涸 gānhé 톙 (물이) 마르다　★生物 shēngwù 몡 생물　矿物质 kuàngwùzhì 몡 광물질　消失 xiāoshī 사라지다

6	问：这段话主要讲的是什么？	질문: 이 장문이 주로 설명하는 것은 무엇인가?

A 不在死海游泳的理由　　　　　　　A 사해에서 수영하지 않는 이유
B 死海的水温较高的原理　　　　　　B 사해의 수온이 비교적 높은 원리
C 死海具有强大浮力的原因　　　　**C 사해가 강한 부력을 가지고 있는 원인**
D 死海成为著名景点的故事　　　　　D 사해가 유명한 명소가 된 이야기

해설　음성에서 언급된 死海为什么会有这么大的浮力呢?를 듣고 선택지 C 死海具有强大浮力的原因을 정답의 후보로 확인해둔다. 질문이 이 장문이 주로 설명하는 것이 무엇인지 물었으므로, 선택지 C를 정답으로 고른다.

어휘　死海 Sǐhǎi 고유 사해[생물이 살지 못하는 염호]　理由 lǐyóu 몡 이유　★原理 yuánlǐ 몡 원리　浮力 fúlì 몡 부력　景点 jǐngdiǎn 몡 명소

7 - 9

第7到9题，请听下面一段材料。

　　"唐宋八大家"之一的⁷王安石从少年时便胸怀大志，在名师杜子野先生门下学习。一日，王安石得知⁷李白梦见自己所用的笔头上长了一朵美丽的花，从此才思横溢，后来名闻天下。于是他问先生人世间是否真的有生花笔，先生回答说："当然有啊！只是有的笔头会长花，有的笔头不会长，用我们的肉眼难以分辨罢了。"接着，先生拿来一大捆毛笔，对王安石说："这是999支毛笔，其中有一支是生花笔，究竟是哪一支，连我也辨不清楚。⁸你只有用每支笔去写文章，写秃一支再换一支，如此一直写下去，定能从中寻得生花笔。"

　　从此，⁷王安石按照先生的教导，勤练文章，可是用这些笔写出来的文章仍然一般，也就是说还没有从中找到生花笔。又过了好久，王安石把先生送给他的998支毛笔都写秃了，只剩下一支。一天深夜，他提起第999支毛笔时，突然觉得文思泉涌，行笔如云，写出了一篇

7-9번 문제는 다음 내용을 들어보세요.

　　'당송팔대가' 중의 한 사람인 ⁷왕안석은 어릴 때부터 가슴에 큰 뜻을 품고 유명한 스승 두자야 밑에서 공부했다. 어느 날, 왕안석은 ⁷이백이 꿈에서 자신이 사용하는 붓끝에 아름다운 꽃 한 송이가 핀 것을 본 후로부터 문예 창작력이 넘쳐흐르고, 그 후에 이름이 세상에 널리 퍼지게 된 것을 알게 되었다. 그래서 그는 스승님에게 세상에 정말 생화필이 있는지 물었고, 스승님은 "당연히 있지! 다만 어떤 붓끝에는 꽃이 피고, 어떤 붓끝에는 피지 않아서, 우리 육안으로는 분별하기 어려울 따름이란다."라고 답했다. 이어서 스승님은 붓을 한아름 가져와 왕안석에게 "이것은 999자루의 붓이고 이 중 한 자루가 생화필인데 도대체 어느 자루인지 나조차도 분간할 수 없구나. ⁸너는 모든 붓을 사용해서 글을 쓰고, 한 자루를 쓰다가 붓털이 다 빠지면 다시 다른 한 자루로 바꾸어라. 이렇게 계속 쓰다 보면 반드시 이 중에서 생화필을 찾아낼 수 있을 것이다."라고 말했다.

　　이때부터 ⁷왕안석은 스승님의 가르침에 따라 부지런히 글 쓰는 것을 훈련했지만 이 붓들로 쓴 글은 여전히 평범했다. 즉 그중에서 아직 생화필을 찾지 못한 것이었다. 또 한참이 지난 후, 왕안석은 스승님이 그에게 준 998자루의 붓을 모두 붓털이 빠질 만큼 썼고, 오직 한 자루만

颇有见地的策论。他高兴地大声喊道："我找到生花笔了！"可见，世间并无生花笔，⁹所谓生花妙笔源于勤勉，唯有勤奋和坚持才能让我们获得成功。

남았다. 어느 깊은 밤 그가 999번째 붓을 들어올렸을 때, 문득 영감이 샘솟는 것을 느꼈고, 붓을 매우 아름답게 움직여, 상당한 견문이 있는 책론을 써냈다. 그는 기뻐하며 큰소리로 "내가 생화필을 찾았다!"라고 소리쳤다. 이처럼 세상에 생화필은 결코 없지만, ⁹뛰어난 글재주란 근면함에서 비롯된 것으로, 오직 부지런함과 꾸준함만이 비로소 우리를 성공하게 할 수 있음을 알 수 있다.

어휘   唐宋八大家 Táng Sòng bā dà jiā 圐 당송팔대가[당송 시대의 대표적인 문학가 8명]   王安石 Wáng Ānshí 교유 왕안석[북송의 유명한 정치가이자 문학가]
胸怀大志 xiōnghuáidàzhì 가슴에 큰 뜻을 품다   杜子野 Dù Zǐyě 교유 두자야[북송의 학자]   李白 Lǐ Bái 이백[당나라의 저명한 시인]
朵 duǒ 窗 송이[꽃·구름 등을 세는 단위]   才思 cáisī 窗 문예 창작력   横溢 héngyì 窗 넘쳐흐르다   名闻天下 míngwéntiānxià 窗 이름이 세상에 널리 퍼지다
生花笔 shēnghuābǐ 窗 생화필[꽃이 피는 붓, 걸출한 글쓰기 재능을 비유함]   肉眼 ròuyǎn 窗 육안   ★分辨 fēnbiàn 窗 분별하다
罢了 bàle 图 단지 ~일 따름이다   捆 kǔn 窗 아름, 다발   支 zhī 窗 자루   秃 tū 窗 털이 빠지다   寻得 xún dé 찾아내다   勤练 qín liàn 부지런히 훈련하다
深夜 shēnyè 窗 깊은 밤   文思泉涌 wénsīquányǒng 窗 영감이 샘솟다   行笔 xíng bǐ (글이나 그림을 그리기 위해) 붓을 움직이다   如云 rú yún 매우 아름답다
★颇 pō 图 상당히   见地 jiàndì 窗 견문   策论 cèlùn 窗 책론[고대의 정치 문제를 논하여 조정에 바친 글]   喊 hǎn 窗 소리치다
可见 kějiàn 窗 ~임을 알 수 있다   所谓 suǒwèi 窗 ~란, 이른바   生花妙笔 shēnghuāmiàobǐ 窗 뛰어난 글재주   源于 yuányú ~에서 비롯되다
勤勉 qínmiǎn 窗 근면하다   勤奋 qínfèn 窗 부지런하다

---

7 问：根据这段话，下列哪项不正确？   질문: 이 장문에 근거하여, 다음 중 옳지 않은 것은?

A 世上确实有生花笔	**A 세상에는 확실히 생화필이 있다**
B 李白梦见笔头生花了	B 이백은 꿈에서 붓끝에 꽃이 자란 것을 봤다
C 王安石是杜子野的学生	C 왕안석은 두자야의 학생이다
D 王安石相信了老师的话	D 왕안석은 스승님의 말을 믿었다

해설   음성에서 언급된 王安石从少年时便胸怀大志, 在名师杜子野先生门下学习와 李白梦见自己所用的笔头上长了一朵美丽的花 그리고 王安石按照先生的教导, 勤练文章을 듣고 지문 내용과 일치하는 선택지 B 李白梦见了笔头生花, C 王安石是杜子野的学生, D 王安石相信了老师的话를 정답의 후보로 확인해둔다. 질문이 이 장문에 근거하여 옳지 않은 것을 물었으므로, 지문에서 언급되지 않은 선택지 A 世上确实有生花笔를 정답으로 고른다.

어휘   生花笔 shēnghuābǐ 窗 생화필[꽃이 피는 붓으로 걸출한 글쓰기 재능을 비유함]   李白 Lǐ Bái 교유 이백[당나라의 저명한 시인]
王安石 Wáng Ānshí 교유 왕안석[북송의 유명한 정치가이자 문학가]   杜子野 Dù Zǐyě 교유 두자야[북송의 학자]

---

8 问：关于杜子野，可以知道什么？   질문: 두자야에 관해, 알 수 있는 것은 무엇인가?

A 最终发现了生花笔	A 마지막에 생화필을 발견했다
B 写出了著名的策论	B 유명한 책론을 써냈다
C 知道生花笔的真正含义	**C 생화필의 진정한 함의를 안다**
D 能分辨出哪支毛笔是生花笔	D 어떤 붓이 생화필인지 분별할 수 있다

해설   음성에서 언급된 你只有用每支笔去写文章, 写秃一支再换一支, 如此一直写下去, 定能从中寻得生花笔。를 듣고 선택지 C 知道生花笔的真正含义를 정답의 후보로 확인해둔다. 질문이 두자야에 관해 알 수 있는 것이 무엇인지 물었으므로, 선택지 C를 정답으로 고른다.

어휘   策论 cèlùn 窗 책론[고대의 정치 문제를 논하여 조정에 바친 글]   ★含义 hányì 窗 함의   ★分辨 fēnbiàn 窗 분별하다   支 zhī 窗 자루

---

9 问：这段话主要想告诉我们什么？   질문: 이 장문은 주로 우리에게 무엇을 알려주고 싶어 하는가?

A 浅尝辄止的态度	A 조금 해보고 중도에 그만두는 태도
B 知难而退的智慧	B 불리함을 깨닫고 물러서는 지혜
C 明察秋毫的眼力	C 세세한 것도 놓치지 않는 안목
D 锲而不舍的精神	**D 포기하지 않고 끝까지 정진하는 정신**

해설   음성에서 언급된 所谓生花妙笔源于勤勉, 唯有勤奋和坚持才能让我们获得成功을 듣고 선택지 D 锲而不舍的精神을 정답의 후보로 확인해둔다. 질문이 이 장문은 주로 우리에게 무엇을 알려주고 싶어 하는지 물었으므로, 선택지 D를 정답으로 고른다.

어휘   浅尝辄止 qiǎnchángzhézhǐ 窗 조금 해보고 중도에 그만두다   知难而退 zhīnán'értuì 窗 불리함을 깨닫고 물러서다   智慧 zhìhuì 窗 지혜
明察秋毫 míngcháqiūháo 窗 세세한 것도 놓치지 않다   眼力 yǎnlì 窗 안목   ★锲而不舍 qiè'érbùshě 窗 포기하지 않고 끝까지 정진하다
精神 jīngshén 窗 정신

第10到13题，请听下面一段材料。

国际空间站由多个国家共同建造和维护，是一种在近地轨道上长时间运行的载人航天器。它是一个拥有现代化科研设备的空间实验室，可开展大规模的科学研究，也可以供人们长期在太空轨道上进行对地观测和天文观测。它的大小相当于两个足球场，可以同时容纳六位宇航员。[10]国际空间站在距离地面约四百公里的高空中运行，是人类历史上规模最庞大、[10]设施最先进的航天器。

[11]国际空间站每天绕着地球航行，飞一圈大约需要九十分钟。因此，在空间站二十四小时内能够目睹十五次日出和十五次日落。不过，[12]宇航员的生物钟仍与地球上昼夜交替的节奏一致，因此空间站依旧采用世界标准时间来安排宇航员的作息时间。

[13]联盟号飞船是首个能够运送宇航员往返国际空间站的载人飞船。宇航员抵达空间站后，通常会在站内工作和生活好几个月。在此期间，联盟号飞船会对接在空间站上。宇航员完成任务后，会乘坐同一艘飞船返回地球。

10-13번 문제는 다음 내용을 들어보세요.

국제 우주 정거장은 여러 나라가 공동으로 짓고 관리하는데, 근지구 궤도에서 장시간 운행하는 유인 우주 비행체이다. 이는 현대화된 과학 연구 설비를 갖춘 우주 실험실로, 대규모 과학 연구를 진행할 수 있고, 사람들이 장기간 우주 궤도에서 지구에 대한 관측과 천문 관측을 진행할 수 있게 한다. 국제 우주 정거장의 크기는 축구장 2개와 비슷하며, 동시에 우주 비행사 6명을 수용할 수 있다. [10]국제 우주 정거장은 지면으로부터 약 400km 떨어진 고공에서 운행하며, 인류 역사상 규모가 가장 방대하고, [10]시설이 가장 선진적인 우주 비행체이다.

[11]국제 우주 정거장은 매일 지구를 돌며 운행하는데, 한 바퀴를 도는 데 대략 90분이 걸린다. 따라서 우주 정거장에서는 24시간 안에 15번의 일출과 15번의 일몰을 목격할 수 있다. 그러나 [12]우주 비행사의 생체 시계는 여전히 지구에서 낮과 밤이 바뀌는 리듬과 일치하는데, 이 때문에 우주 정거장은 여전히 세계 표준 시간을 채택하여 우주 비행사의 근무 시간과 휴식 시간을 배분하고 있다.

[13]소유즈 우주선은 최초로 우주 비행사를 수송하여 국제 우주 정거장을 왕복할 수 있는 유인 우주선이다. 우주 비행사들은 우주 정거장에 도착한 후, 보통 정거장 안에서 몇 달 동안 일하고 생활한다. 이 기간에 소유즈 우주선은 우주 정거장에 도킹한다. 우주 비행사는 임무를 완수한 후, 같은 우주선을 타고 지구로 되돌아간다.

어휘 　**空间站** kōngjiānzhàn 圐 우주 정거장　**建造** jiànzào 圏 짓다　★**维护** wéihù 圏 관리하다　★**轨道** guǐdào 圐 궤도　★**运行** yùnxíng 圏 운행하다
　　航天器 hángtiānqì 圐 우주 비행체[인공 위성, 우주선, 우주 정거장 등을 통칭하는 말]　★**拥有** yōngyǒu 圏 갖추다　**现代化** xiàndàihuà 圏 현대화하다
　　科研 kēyán 과학 연구를 하다　**设备** shèbèi 圐 설비　**空间** kōngjiān 圐 우주, 공간　**实验室** shíyànshì 圐 실험실　★**开展** kāizhǎn 圏 진행하다, 전개하다
　　规模 guīmó 圐 규모　**太空** tàikōng 圐 우주　**对地** duì dì 지구에 대한　**观测** guāncè 圐 관측　**天文** tiānwén 圐 천문
　　相当于 xiāngdāng yú ~와 비슷하다　**容纳** róngnà 圏 수용하다　**宇航员** yǔhángyuán 圐 우주 비행사　**地面** dìmiàn 圐 지면　**约** yuē 圐 약
　　高空 gāokōng 圐 고공　**人类** rénlèi 圐 인류　★**庞大** pángdà 圏 방대하다　**设施** shèshī 圐 시설　★**先进** xiānjìn 圏 선진적이다　**绕** rào 圏 돌다
　　★**航行** hángxíng 圏 운행하다　**圈** quān 圐 바퀴　**目睹** mùdǔ 圏 목격하다　**日出** rìchū 일출　**日落** rìluò 圐 일몰하다　**生物钟** shēngwùzhōng 圐 생체 시계
　　★**昼夜** zhòuyè 圐 낮과 밤　★**交替** jiāotì 圏 바뀌다　**节奏** jiézòu 圐 리듬　★**依旧** yījiù 圐 여전히　**采用** cǎiyòng 圏 채택하다
　　★**作息** zuòxī 圏 근무하고 휴식하다　**联盟号飞船** Liánménghào fēichuán 교유 소유즈 우주선[구 소련 시절 개발된 우주선]　**运送** yùnsòng 圏 수송하다
　　往返 wǎngfǎn 圏 왕복하다　**载人飞船** zàirén fēichuán 圐 유인 우주선　**抵达** dǐdá 圏 도착하다　**通常** tōngcháng 圐 보통　**期间** qījiān 圐 기간
　　对接 duìjiē 圏 도킹하다[우주선이 우주 공간에서 다른 비행체와 결합하는 것]　★**艘** sōu 圐 척[선박을 헤아리는 데 쓰임]　**返回** fǎnhuí 圏 되돌아가다

10　问：关于国际空间站，下列哪项正确？　　질문: 국제 우주 정거장에 관해, 다음 중 옳은 것은?

A 内部设施非常先进	**A 내부 시설이 매우 선진적이다**
B 时速可达四百公里	B 시속이 400km에 달한다
C 由一个国家独立建造	C 한 국가가 독자적으로 짓는다
D 面积相当于一个足球场	D 면적이 축구장 한 개와 비슷하다

해설 음성에서 언급된 国际空间站……设施最先进的航天器를 듣고, 선택지 A 内部设施非常先进을 정답의 후보로 확인해둔다. 질문이 국제 우주 정거장에 관해 옳은 것을 물었으므로, 선택지 A를 정답으로 고른다.

어휘 　**空间站** kōngjiānzhàn 圐 우주 정거장　**设施** shèshī 圐 시설　★**先进** xiānjìn 圏 선진적이다　**时速** shísù 圐 시속　**独立** dúlì 圏 독자적으로 하다
　　建造 jiànzào 圏 짓다　**面积** miànjī 圐 면적　**相当于** xiāngdāng yú ~와 비슷하다

11　问：为什么一天内能在空间站目睹多次日出？　　질문: 왜 우주 정거장에서 하루 안에 여러 번의 일출을 목격할 수 있는가?

A 空间站位于赤道的附近	A 우주 정거장은 적도 부근에 위치한다
B 空间站能够反射太阳光	B 우주 정거장은 햇빛을 반사할 수 있다
C 空间站离太阳的距离非常近	C 우주 정거장은 태양에서 거리가 매우 가깝다
D 空间站绕地球飞行的速度快	**D 우주 정거장은 지구를 돌며 비행하는 속도가 빠르다**

해설 음성에서 언급된 国际空间站每天绕着地球航行，飞一圈大约需要九十分钟。因此，在空间站二十四小时内能够目睹十五次日出和十
五次日落。를 듣고, 선택지 D 空间站绕地球飞行的速度快를 정답의 후보로 확인해둔다. 질문이 우주 정거장에서 하루 안에 여러 번의 일출
을 목격할 수 있는 이유를 물었으므로, 선택지 D를 정답으로 고른다.

어휘 目睹 mùdǔ 图 목격하다　日出 rìchū 일출하다　位于 wèiyú 图 ~에 위치하다　赤道 chìdào 图 적도　★反射 fǎnshè 图 반사하다

---

12 | 问：宇航员在空间站的作息情况如何？ | 질문: 우주 비행사의 우주 정거장에서의 근무와 휴식 상황은
어떠한가？

A 天天昼夜不分	A 매일 낮과 밤을 구분하지 않는다
B 感觉较为混乱	B 비교적 혼란스럽다고 느낀다
C 睡眠时间更长	C 수면 시간이 더 길다
D 和在地球时类似	**D 지구에 있을 때와 비슷하다**

해설 음성에서 언급된 宇航员的生物钟仍与地球上昼夜交替的节奏一致，因此空间站依旧采用世界标准时间来安排宇航员的作息时间을
듣고, 선택지 D 和在地球时类似를 정답의 후보로 확인해둔다. 질문이 우주 비행사의 우주 정거장에서의 근무와 휴식 상황은 어떠한지 물었
으므로, 선택지 D를 정답으로 고른다.

어휘 宇航员 yǔhángyuán 图 우주 비행사　作息 zuòxī 图 근무하고 휴식하다　★昼夜 zhòuyè 낮과 밤　混乱 hùnluàn 图 혼란스럽다
睡眠 shuìmián 图 수면　★类似 lèisì 图 비슷하다

---

13 | 问：关于联盟号飞船，可以知道什么？ | 질문: 소유즈 우주선에 관해, 알 수 있는 것은 무엇인가？

A 负责接送宇航员	**A 우주 비행사를 맞이하고 보내는 것을 책임진다**
B 是空间站的核心	B 우주 정거장의 핵심이다
C 可以飞行好几个月	C 몇 개월 동안 비행할 수 있다
D 能容纳一名宇航员	D 우주 비행사 한 명을 수용할 수 있다

해설 음성에서 언급된 联盟号飞船是首个能够运送宇航员往返国际空间站的载人飞船。을 듣고, 선택지 A 负责接送宇航员을 정답의 후보로
확인해둔다. 질문이 소유즈 우주선에 관해 알 수 있는 것이 무엇인지 물었으므로, 선택지 A를 정답으로 고른다.

어휘 联盟号飞船 Liánménghào fēichuán 고유 소유즈 우주선[구 소련 시절 개발된 우주선]　接送 jiēsòng 맞이하고 보내다　核心 héxīn 图 핵심
飞行 fēixíng 图 비행하다　容纳 róngnà 图 수용하다

---

14 - 17

第14到17题，请听下面一段材料。

　　如何让学生自觉主动地完成作业，是学校和家长共
同为之困扰的问题。教育部发布文件，明确规定了中小
学布置作业的标准，禁止将学生作业变成家长作业。这
一波杜绝"家长作业"的操作，让家长松了一口气。因
为14"学生作业变家长作业"已成为家长最反感的现象之
一。没有家长参与的话，学生很难在短时间内完成名目
繁多的作业。

　　学校让家长一同参与到校内教育的初衷是希望家长
配合学校，督促孩子及时完成作业。这本来是件好事，
但15一些学校和老师过度强调家长的参与，并把学生的作
业压力转移到了家长身上，让家长不堪重负。

　　16新的政策令家长拍手叫好，但16后期如何落实更为
关键。评价作业时，只注重形式和结果的话，就会让孩
子滋生过度依赖的心理，甚至促使一些家长花钱找更专
业的"代工"来完成作业，造成得不偿失的局面。

　　教育学家陶行知有句名言："真教育是心心相印的
活动。唯独从心里发出来，才能达到心灵的深处"。17无

14-17번 문제는 다음 내용을 들어보세요.

　　어떻게 하면 학생이 자발적이고 능동적으로 숙제를 끝낼 수 있도록
할지는 학교와 학부모를 함께 곤혹스럽게 하는 문제이다. 교육부는 문
건을 발표해 초·중학교에서 숙제를 내주는 기준을 명확히 규정했고,
학생들의 숙제가 학부모의 숙제가 되게 하는 것을 금지했다. '학부모
숙제'를 근절하는 이 조치는 학부모들을 한시름 놓게 했다. 왜냐하면
14'학생들의 숙제가 학부모의 숙제가 되는 것'은 이미 학부모가 가장 반
감을 가지는 현상 중 하나가 되었기 때문이다. 학부모들의 참여가 없다
면, 학생들은 짧은 시간 안에 온갖 숙제들을 끝내기 어렵다.

　　학교가 학부모를 교내 교육에 함께 참여시키는 것의 취지는 학부모
가 학교에 협조하여 아이들이 숙제를 제때 끝내도록 독촉하길 바란 것
이었다. 이것은 본래 좋은 일이지만, 15몇몇 학교와 교사가 학부모의 참
여를 지나치게 강조할 뿐만 아니라, 학생들의 숙제 압박을 학부모에게
돌리면서, 학부모가 부담을 이겨내지 못하게 했다.

　　16새로운 정책은 학부모들이 박수 갈채를 보내게 하지만, 16이후에 어
떻게 실현할 것인가가 더욱 관건이다. 숙제를 평가할 때 형식과 결과만
을 중시한다면, 학생들에게 과도한 의존 심리가 생기게 할 것이며, 심지
어 일부 학부모들이 돈을 들여 더 전문적인 '대리인'을 찾아 숙제를 완성
하도록 하게 하여, 얻는 것보다 잃는 것이 더 많은 상황을 초래할 것이다.

论是家长还是老师，只有齐心协力，积极引导，才能让孩子们自主地完成学业。

'진정한 교육은 마음이 통하는 활동이다. 오직 마음 속에서 우러나와야만 영혼의 깊은 곳까지 도달할 수 있다.'라는 교육학자 타오싱즈의 명언이 있다. [17]학부모이건 교사이건, 한마음 한뜻으로 함께 노력하고 적극적으로 이끌어야만, 비로소 아이들이 자주적으로 숙제를 끝내게 할 수 있다.

어휘 自觉 zìjué 형 자발적이다 主动 zhǔdòng 형 능동적이다 家长 jiāzhǎng 명 학부모 困扰 kùnrǎo 동 곤혹스럽게 하다 教育部 jiàoyùbù 명 교육부
★发布 fābù 동 발표하다 文件 wénjiàn 명 문건 明确 míngquè 형 명확하다 ★布置 bùzhì 동 내주다 波 bō 양 [어떤 사물이나 상황이 변화한 횟수]
★杜绝 dùjué 동 근절하다 ★操作 cāozuò 동 조치하다 松一口气 sōng yì kǒu qì 한시름 놓게 하다 ★反感 fǎngǎn 동 반감을 가지다
现象 xiànxiàng 명 현상 参与 cānyù 동 참여하다 名目繁多 míngmùfánduō 온갖, 수많은 一同 yìtóng 부 함께 初衷 chūzhōng 명 취지, 본래의 뜻
配合 pèihé 동 협조하다 督促 dūcù 동 독촉하다 及时 jíshí 부 제때에 ★过度 guòdù 형 지나치다 强调 qiángdiào 동 강조하다 ★转移 zhuǎnyí 동 돌리다
不堪重负 bùkānzhòngfù 부담을 이겨내지 못하다 ★政策 zhèngcè 명 정책 拍手叫好 pāishǒujiàohǎo 박수 갈채를 보내다
后期 hòuqī 명 이후, 나중 落实 luòshí 동 실현하다 评价 píngjià 동 평가하다 ★注重 zhùzhòng 동 중시하다 形式 xíngshì 명 형식
滋生 zīshēng 동 생기다, 일으키다 ★依赖 yīlài 동 의존하다 心理 xīnlǐ 명 심리 促使 cùshǐ 동 (~하도록) 하다 代工 dàigōng 명 대리인
造成 zàochéng 동 초래하다 得不偿失 débùchángshī 얻는 것보다 잃는 것이 더 많다 局面 júmiàn 명 상황
陶行知 Táo Xíngzhī 고유 타오싱즈[20세기 초 중국의 교육가] 名言 míngyán 명 명언 心心相印 xīnxīnxiāngyìn 마음이 통하다 ★唯独 wéidú 부 오직
达到 dádào 동 도달하다 心灵 xīnlíng 명 영혼 深处 shēnchù 명 깊은 곳 齐心协力 qíxīnxiélì 한마음 한뜻으로 함께 노력하다 引导 yǐndǎo 동 이끌다
★自主 zìzhǔ 동 자주적으로 하다 学业 xuéyè 명 숙제, 학업

14 问：对于"学生作业变成家长作业"，家长大多持什么态度？
질문: '학생의 숙제가 학부모의 숙제가 되는 것'에 대해, 학부모들은 대부분 어떤 태도를 보이는가?

A 非常反感　　　　　　B 敷衍了事
C 犹豫不决　　　　　　D 积极响应

A 매우 반감을 가진다　　B 얼렁뚱땅 해치운다
C 결정을 내리지 못하고 주저한다　　D 적극적으로 호응한다

해설 음성에서 언급된 "学生作业变家长作业"已成为家长最反感的现象之一를 듣고, 선택지 A 非常反感을 정답의 후보로 확인해둔다. 질문이 '학생의 숙제가 학부모의 숙제가 되는 것'에 대해 학부모들은 대부분 어떤 태도를 보이는지 물었으므로, 선택지 A를 정답으로 고른다.

어휘 ★反感 fǎngǎn 동 반감을 가지다 敷衍了事 fūyǎnliǎoshì 성 일을 얼렁뚱땅 해치우다 犹豫不决 yóuyùbùjué 성 결정을 내리지 못하고 주저하다
响应 xiǎngyìng 동 호응하다

15 问：过度强调家长参与学校教育导致了什么后果？
질문: 학부모의 학교 교육 참여를 지나치게 강조한 것은 어떤 결과를 초래했는가？

A 降低了教学的效率
B 培养了孩子的独立性
C 让家长面临更多作业压力
D 加大了教师批改作业的负担

A 교육의 효율을 떨어뜨렸다
B 아이의 독립심을 키웠다
C 학부모가 더 많은 숙제 스트레스에 직면하게 한다
D 교사의 숙제 채점 부담을 가중시켰다

해설 음성에서 언급된 一些学校和老师过度强调家长的参与,并把学生的作业压力转移到了家长身上,让家长不堪重负를 듣고, 선택지 C 让家长面临更多作业压力를 정답의 후보로 확인해둔다. 질문이 학부모의 학교 교육 참여를 지나치게 강조한 것은 어떤 결과를 초래했는지 물었으므로, 선택지 C를 정답으로 고른다.

어휘 效率 xiàolǜ 명 효율 培养 péiyǎng 동 키우다 独立性 dúlìxìng 명 독립심 面临 miànlín 동 직면하다 批改 pīgǎi 동 채점하다, 첨삭하다
★负担 fùdān 명 부담

16 问：新政策出台后，最关键的是什么？
질문: 새로운 정책이 공포된 후, 가장 관건인 것은 무엇인가？

A 怎么理解　　　　　　B 如何落实
C 执行过程　　　　　　D 认可程度

A 어떻게 이해할 것인가　　B 어떻게 실현할 것인가
C 집행 과정　　　　　　D 인지도

해설 음성에서 언급된 新的政策……后期如何落实更为关键를 듣고, 선택지 B 如何落实을 정답의 후보로 확인해둔다. 질문이 새로운 정책이 공포된 후 가장 관건인 것이 무엇인지 물었으므로, 선택지 B를 정답으로 고른다.

어휘 ★政策 zhèngcè 명 정책 出台 chūtái 동 공포하다 落实 luòshí 동 실현하다 ★执行 zhíxíng 동 집행하다 认可程度 rènkě chéngdù 인지도

17 问：下列哪项属于说话人的建议？ | 질문: 다음 중 화자의 제안에 속하는 것은?

A 要尊重孩子的想法	A 아이들의 생각을 존중해야 한다
B 必须给孩子减轻负担	B 반드시 아이에게 부담을 줄여줘야 한다
C 家长要与学校同心并力	**C 학부모는 학교와 하나로 뭉쳐 함께 노력해야 한다**
D 学校需要做好本职工作	D 학교는 본 업무를 잘 해야 한다

해설 음성에서 언급된 无论是家长还是老师，只有齐心协力，积极引导，才能让孩子们自主地完成学业。를 듣고, 선택지 C 家长要与学校同心并力를 정답의 후보로 확인해둔다. 질문이 화자의 제안에 속하는 것을 물었으므로, 선택지 C를 정답으로 고른다.

어휘 属于 shǔyú 图 ~에 속하다 ★负担 fùdān 图 부담 同心并力 tóngxīnbìnglì 图 하나로 뭉쳐 함께 노력하다 本职工作 běnzhí gōngzuò 图 본 업무

18 - 20

第18到20题，请听下面一段材料。

　　东莞的赛龙舟是一项大型体育活动，也是东莞最热闹的景致。赛龙舟又称龙舟竞渡。东莞人赛龙舟，不是一两天，而是一个月，故称龙舟月。[18]从每年的农历五月初一开始，东莞就开始为期一个月的龙舟竞渡。

　　东莞龙舟月是东莞影响面最广、参加人数最多的传统文化活动。[20]龙舟的竞赛形式有两种：一是友谊赛，群众称之为"趁景"，不设奖品，也不需要主办单位组织，两条或两条以上的龙舟在江面上相遇，就会自发地进行比赛。这种比赛没有固定的时间和路线，聚散自由。而另一种比赛形式则较为正规，称为[19]"放标"。

　　[19]比赛时间一到，参赛龙舟汇集于出发地点，按抽签挑到的水道线，一字横排于江面上。此时龙舟上的运动员们精神百倍，岸上的人群翘首以待，静候发令。时间一到，鸣炮开赛，这个仪式叫"放头"，是竞赛过程中最令人兴奋的一环。岸上的人群通常会就地组成啦啦队，喝彩助威。经过几个小时的竞赛，参赛的龙舟队伍往往难分胜负，并列第一的情况时有出现。[20]最后是颁奖环节，最终获奖的龙舟要绕场一周，以示答谢，比赛也由此结束。

18-20번 문제는 다음 내용을 들어보세요.

　　둥관의 용선 경주는 대형 스포츠 행사이며, 둥관에서 가장 떠들썩한 광경이기도 하다. 용선 경주는 용선 경기라고 부르기도 한다. 둥관 사람들은 용선 경주를 하루 이틀이 아닌 한 달을 하기 때문에 이를 용선월이라고 부른다. [18]매년 음력 5월 1일부터 둥관은 한 달간의 용선 경기를 시작한다.

　　둥관의 용선월은 둥관에서 영향력이 가장 크고 참여하는 사람이 가장 많은 전통 문화 행사이다. [20]용선의 경기 형식은 두 가지가 있다. 하나는 우정 경기이다. 군중들은 이를 '진경'이라 부르는데, 경품이 마련되어 있지 않고 주최 기관 결성도 필요 없으며, 두 척 또는 두 척 이상의 용선이 강물 위에서 만나면 자연스럽게 경기를 진행한다. 이러한 경기는 고정된 시간과 코스가 없고, 모이고 흩어지는 것이 자유롭다. 그러나 또 다른 종류의 경기 형식은 비교적 정식적인데, [19]'방표'라고 불린다.

　　[19]경기 시간이 되면 시합에 참가하는 용선들이 출발 지점에 모여, 추첨에 따라 코스를 고르고, 일자가 되도록 강물 위에 가로로 줄을 선다. 이때 용선 위의 선수들은 기합이 잔뜩 들어가 있고, 기슭의 사람들은 목을 빼고 조용히 신호를 기다린다. 시간이 되면 포성이 울리고 경기가 시작되는데, 이 의식은 '방두'라 불리며, 경기 과정 중 가장 신나는 부분이다. 기슭의 사람들은 보통 그 자리에서 응원단을 구성해 환호하며 응원한다. 몇 시간 동안 경기를 펼치다 보면, 경기에 출전한 용선팀끼리 종종 승부를 가리지 못해 나란히 1등이 되는 상황이 생길 때가 있다. [20]마지막은 시상의 일환으로 최후에 상을 받은 용선이 감사를 표하기 위해 경기장을 한 바퀴 돌면, 경기도 마무리된다.

어휘 东莞 Dōngguǎn 교유 둥관[중국 광둥(广东)성에 위치한 도시] 赛龙舟 sàilóngzhōu 图 용선 경주[중국 민간의 전통놀이] 景致 jǐngzhì 图 광경
称 chēng 图 부르다 竞渡 jìngdù 图 용선 경기를 하다 ★农历 nónglì 图 음력 为期 wéiqī 图 기한으로 하다 传统 chuántǒng 图 전통적이다
竞赛 jìngsài 图 경기하다 形式 xíngshì 图 형식 ★群众 qúnzhòng 图 군중 主办单位 zhǔbàn dānwèi 图 주최 기관 组织 zǔzhī 图 결성하다
★自发 zìfā 图 자연적인 固定 gùdìng 图 고정되다 聚散 jù sàn 모이고 흩어지다 自由 zìyóu 图 자유롭다 正规 zhèngguī 图 정식의 汇集 huìjí 图 모이다
抽签 chōuqiān 图 추첨하다 挑 tiāo 图 고르다 水道线 shuǐdàoxiàn 图 (경기의) 코스 一横 héng 图 가로의
精神百倍 jīngshénbǎibèi 图 기합이 잔뜩 들어가있다 岸 àn 图 (산·해안 등의) 기슭 翘首以待 qiáoshǒuyǐdài 图 목을 빼고 기다리다
静候 jìnghòu 图 조용히 기다리다 发令 fālìng 图 신호를 주다 鸣炮 míngpào 포성이 울리다 开赛 kāisài 图 경기가 시작되다 仪式 yíshì 图 의식
就地 jiùdì 图 그 자리에서 组成 zǔchéng 图 구성하다 啦啦队 lālāduì 图 응원단 喝彩 hècǎi 图 환호하다 助威 zhùwēi 图 응원하다
★胜负 shèngfù 图 승부 并列 bìngliè 图 나란히 늘어놓다 颁奖 bānjiǎng 图 시상하다 ★环节 huánjié 图 일환 绕 rào 图 돌다
答谢 dáxiè 图 감사를 표하다

18 问：下列哪一天属于龙舟月？ | 질문: 다음 중 어느 날이 용선월에 속하는가?

A 农历三月初一	**B 农历五月初十**	A 음력 3월 1일	**B 음력 5월 10일**
C 农历八月初八	D 农历十月初六	C 음력 8월 8일	D 음력 10월 6일

해설 음성에서 언급된 从每年的农历五月初一开始，东莞就开始为期一个月的龙舟竞渡。를 듣고, 선택지 B 农历五月初十을 정답의 후보로 확인해둔다. 질문이 용선월은 언제인지 물었으므로, 선택지 B를 정답으로 고른다.

19	问：关于比赛方式，可以知道什么？	질문: 경기 방식에 관해, 알 수 있는 것은 무엇인가?
	A 一共有三种比赛方式	A 모두 세 가지의 경기 방식이 있다
	B 岸上的群众不能出声	B 기슭 위의 군중들은 소리를 낼 수 없다
	C "趁景"是正规的比赛方式	C '진경'은 정식적인 경기 방식이다
	D "放标"通过抽签选择水道线	**D '방표'는 추첨으로 코스를 고른다**

해설 음성에서 언급된 "**放标**"······**比赛时间一到, 参赛龙舟汇集于出发地点, 按抽签挑到的水道线**을 듣고, 선택지 D "**放标**"**通过抽签选择水道线**을 정답의 후보로 확인해둔다. 질문이 경기 방식에 관해 알 수 있는 것이 무엇인지 물었으므로, 선택지 D를 정답으로 고른다.

어휘 **岸** àn 몡 기슭 ★**群众** qúnzhòng 몡 군중 **抽签** chōuqiān 통 추첨하다 **水道线** shuǐdàoxiàn 몡 (경기의) 코스 **正规** zhèngguī 톙 정식의

20	问：这段话主要介绍的是什么？	질문: 이 장문이 주로 소개하는 것은 무엇인가?
	A 龙舟竞渡的起源	A 용선 경기의 기원
	B 龙舟竞渡的发展史	B 용선 경기의 발전사
	C 龙舟竞渡的形式和过程	**C 용선 경기의 형식과 과정**
	D 龙舟竞渡的申遗可能性	D 용선 경기의 세계 문화유산 등재 가능성

해설 음성에서 언급된 **龙舟的竞赛形式有两种**과 **最后是颁奖环节**를 듣고, 선택지 C **龙舟竞渡的形式和过程**을 정답의 후보로 확인해둔다. 질문이 이 장문이 주로 소개하는 것이 무엇인지 물었으므로, 선택지 C를 정답으로 고른다.

어휘 **竞渡** jìngdù 통 용선 경기를 하다 ★**起源** qǐyuán 몡 기원 **形式** xíngshì 몡 형식 **申遗** shēn yí 세계 문화유산에 등재 신청을 하다

독해

제1부분

시간을 단축하는 문제풀이 스텝 해석

p.81

51. A 표를 검사할 때 당신은 자신의 기차표를 보여줄 것이 요구됩니다.
    B 불필요한 오해를 저지하기 위해 친구 사이에서는 많이 소통해야 한다.
    C 반려 동물에게는 생존의 권리가 있어, 사람은 그들을 학대하거나 유기해서는 안 된다.
    D 인플레이션을 야기하는 직접적인 원인은 국가 화폐 발행량의 증가이다.

어휘 检票 jiǎnpiào 图 표를 검사하다　出示 chūshì 图 보여주다, 제시하다　沟通 gōutōng 图 소통하다　★制止 zhìzhǐ 图 저지하다　必要 bìyào 图 필요하다
★生存 shēngcún 图 생존하다　权利 quánlì 图 권리　人类 rénlèi 图 사람　虐待 nüèdài 图 학대하다　造成 zàochéng 图 야기하다
通货膨胀 tōnghuò péngzhàng 图 인플레이션　★货币 huòbì 图 화폐　★发行 fāxíng 图 발행하다

고득점비책 01 | 주어·술어·목적어가 틀린 문장 고르기 p.90

실전연습문제 p.93

1 B	2 A	3 D	4 D	5 D

1

A

　(사람이 흥분할 때),　// 인체에서는 // (~하다) 분비되다　아드레날린이
(当人感到兴奋的时候)，// 人体 / （会） 分泌 / 肾上腺素。
　부사어　　　　　　　　주어　부사어　술어　　목적어

해석 사람이 흥분할 때, 인체에서는 아드레날린이 분비된다.

해설 술어 分泌(분비되다), 목적어 肾上腺素(아드레날린)가 문맥상 자연스럽게 어울리고, 개사 当이 이끄는 当人感到兴奋的时候(사람이 흥분할 때) 또한 문장 맨 앞에서 부사어로 적절하게 쓰였다. 따라서 틀린 부분이 없다.

어휘 ★分泌 fēnmì 图 분비하다　肾上腺素 shènshàngxiànsù 图 아드레날린

B

　(노트북 안의)　(~할 수 있다) 방출해내다　(뇌세포 분열에 영향을 미치는)　물질을
(手提电脑中的) （能） 释放出 / （影响大脑细胞分裂的） 物质。
　관형어　　　　　부사어　술어+보어　　관형어　　　　　　　목적어

해석 노트북 안의 뇌세포 분열에 영향을 미치는 물질을 방출해낼 수 있다.

해설 **주어가 없어 틀린 경우**
술어 释放(방출하다)과 연결되는 주어가 없어서 틀린 문장이다. 辐射(방사능은)와 같은 주어가 있어야 한다.

옳은 문장 手提电脑中的辐射能释放出影响大脑细胞分裂的物质。
　　　　　노트북 안의 방사능은 뇌세포 분열에 영향을 미치는 물질을 방출해낼 수 있다.

어휘 手提电脑 shǒutí diànnǎo 图 노트북　★释放 shìfàng 图 방출하다　★细胞 xìbāo 图 세포　分裂 fēnliè 图 분열하다　物质 wùzhì 图 물질
辐射 fúshè 图 방사능 ⤶ 6급 빈출어휘

C

　(촌장의 인솔 하에),　// 우리는 // 왔다 /　(무릉도원 같은)　작은 마을에
(在村长的带领下)，// 我们 / 来到了 / （这个世界桃源般的） 小镇。
　부사어　　　　　　　주어　술어+보어+了　　관형어　　　　　목적어

해석	촌장의 인솔 하에, 우리는 무릉도원 같은 작은 마을에 왔다.

해설	주어 我们(우리는), 술어 来(오다), 목적어 小镇(작은 마을에)이 문맥상 자연스럽게 어울린다. 개사 在가 이끄는 **在村长的带领下**(촌장의 인솔 하에) 또한 문장 맨 앞에서 부사어로 적절하게 쓰였다. 따라서 틀린 부분이 없다.

어휘	村长 cūnzhǎng 명 촌장 ★带领 dàilǐng 통 인솔하다 世外桃源 shìwàitáoyuán 명 무릉도원 小镇 xiǎozhèn 명 작은 마을

D

	(앞으로 3일 동안),	//	란저우는 /	(여전히)	(~할 것이다)	지속되다 /	(35℃ 이상의)	고온이
	(未来三天内),	//	兰州 /	(依旧)	(会)	持续 /	(三十五摄氏度以上的)	高温。
	부사어		주어	부사어	부사어	술어	관형어	목적어

해석	앞으로 3일 동안, 란저우는 여전히 35℃ 이상의 고온이 지속될 것이다.

해설	주어 兰州(란저우는), 술어 持续(지속되다), 목적어 高温(고온이)이 문맥상 자연스럽게 어울린다. 기간을 나타내는 未来三天内(앞으로 3일 동안)가 문장 맨 앞에서 부사어로 적절히 쓰였고, 부사 依旧(여전히), 조동사 会(~할 것이다) 또한 술어 持续 앞 부사어로 문맥상 적절하게 쓰였다. 따라서 틀린 부분이 없다. 참고로 부사어의 어순은 기본적으로 부사→조동사→개사구라는 점을 알아둔다.

어휘	未来 wèilái 명 앞으로의 兰州 Lánzhōu 고유 란저우[중국의 지명] ★依旧 yījiù 뷔 여전히 持续 chíxù 통 지속하다
	★摄氏度 shèshìdù 명 섭씨온도['℃'로 표기함]

2

A

	이 영화는 /	이야기 했다 /	(위대한)	모성애를,	//	내포한다 /	포함했다 /	(깊은)	의미를
	这部电影 /	讲述了 /	(伟大的)	母爱,	//	蕴含 /	包括了 /	(深刻的)	意义。
	주어	술어+了	관형어	목적어		술어	술어+了	관형어	목적어

해석	이 영화는 위대한 모성애를 이야기했고, 깊은 의미를 내포한다 포함했다.

해설	**불필요한 술어가 1개 더 있어 틀린 경우**
	목적어 意义(의미를)와 연결되는 술어는 蕴含(내포한다)인데, 술어가 될 수 있는 包括(포함한다)가 불필요하게 1개 더 있어서 틀린 문장이다. 참고로 뒤 절에서는 주어 这部电影(이 영화는)이 생략됐다.
	옳은 문장 这部电影讲述了伟大的母爱, 蕴含了深刻的意义。
	이 영화는 위대한 모성애를 이야기했고, 깊은 의미를 내포했다.

어휘	讲述 jiǎngshù 통 이야기하다 伟大 wěidà 형 위대하다 蕴含 yùnhán 통 내포하다 包括 bāokuò 통 포함하다 深刻 shēnkè 형 깊다
	意义 yìyì 명 의미

B

	치아의 에나멜질은 /	~이다 /	(사람의 신체 골질 중 가장 단단한)	조직,	//	이는	감싸고 있다 /	상아질 외부를
	牙釉质 /	是 /	(人体骨质中最坚硬的)	组织,	//	它	覆盖在 /	牙本质外。
	주어	술어	관형어	목적어		주어	술어+보어	목적어

해석	치아의 에나멜질은 사람의 신체 골질 중 가장 단단한 조직이며, 이는 상아질 외부를 감싸고 있다.

해설	술어 是(~이다)과 연결되는 주어 牙釉质(치아의 에나멜질은), 목적어 组织(조직)이 동격이다. 관형어 人体骨质中最坚硬的(사람의 신체 골질 중 가장 단단한)가 목적어 组织 앞에 적절하게 쓰였고, 보어 在도 술어 覆盖(감싸다)와 위치를 나타내는 목적어 牙本质外(상아질 외부를) 사이에 적절하게 쓰였다. 따라서 틀린 부분이 없다.

어휘	牙釉质 yáyòuzhì 명 치아의 에나멜질[치아를 형성하는 유백색의 반투명한 물질] 骨质 gǔzhì 명 골질[뼈를 구성하는 물질]
	★坚硬 jiānyìng 형 단단하다 组织 zǔzhī 명 조직 ★覆盖 fùgài 통 감싸다 牙本质 yáběnzhì 명 상아질

C

	(~해야 한다) 능숙하다 /	(문제 속에서)	발견하다 /	의문점을.	//	(열심히) 돌파하다 /	문제점에.	찾다 /	(문제의)	해결 방안을
	(要) 善于 /	(从问题中)	发现 /	疑点,	//	(努力) 攻克 /	难点,	//	寻找 /	(问题的)	解决方案。
	부사어 술어	부사어	술어	목적어		부사어 술어	목적어		술어	관형어	목적어
			목적어(술목구)							

해석	문제 속에서 의문점을 발견하는 것에 능숙해야 하고, 열심히 문제점에 돌파하여, 문제의 해결 방안을 찾아야 한다.

해설	각 절의 술어, 목적어가 각각 문맥상 자연스럽게 어울린다. 따라서 틀린 부분이 없다. 참고로 위 문장에서와 같이 주어가 불특정 다수일 경우에는 주어가 생략될 수 있다.

어휘	善于 shànyú 통 능숙하다 疑点 yídiǎn 명 의문점 ★攻克 gōngkè 통 돌파하다 难点 nándiǎn 명 문제점 寻找 xúnzhǎo 통 찾다
	方案 fāng'àn 명 방안

D

	롤러코스터는 /	~이다 /	(자극적인)	놀이기구.	//	승객들은 /	(롤러코스터를 탄 후에)	(쉽게)	느낀다 /	현기증을
	过山车 /	是 /	(一种刺激的)	游乐设施,	//	乘客 /	(乘坐过山车后)	(容易)	感到 /	头晕目眩。
	주어	술어	관형어	목적어		주어	부사어	부사어	술어	목적어

해석	롤러코스터는 자극적인 놀이기구여서, 승객들은 롤러코스터를 탄 후에 쉽게 현기증을 느낀다.

해설 앞 절의 술어 是(~이다)과 연결되는 주어 过山车(롤러코스터는), 목적어 游乐设施(놀이기구)이 동격이고, 뒤 절의 주어 乘客(승객들은), 술어 感到(느낀다), 목적어 头晕目眩(현기증을)도 문맥상 자연스럽게 어울린다. 乘坐过山车后(롤러코스터를 탄 후에), 容易(쉽게)도 술어 感到 앞 부사어로 문맥상 적절히 쓰였다. 따라서 틀린 부분이 없다.

어휘 过山车 guòshānchē 몡 롤러코스터　刺激 cìjī 통 자극하다　游乐设施 yóulè shèshī 몡 놀이기구　乘坐 chéngzuò 통 타다
头晕目眩 tóuyūnmùxuàn 셍 현기증이 나다, 머리가 아찔하고 눈 앞이 캄캄하다

3

A

(곧)	(머지않아 ~이다)	졸업하다	.	나는	방황한다	(인생의 갈림길에서).	(~않다)	알다	(~해야 한다)	어느 길로 가야 할지
(马上)	(就要)	毕业	了,	我	徘徊	(在人生的十字路口),	(不)	知	(该)	何去何从。
부사어	부사어	술어	了	주어	술어	보어	부사어	술어	부사어	술어 목적어

해석 머지않아 곧 졸업인데, 나는 인생의 갈림길에서 방황하고 있고, 어느 길로 가야 할지 모르겠다.

해설 주어 我(나는), 술어 徘徊(방황한다)가 문맥상 자연스럽게 어울리고 '부사+동사' 형태의 不知(모른다), 목적어 该何去何从(어느 길로 가야 할지)도 주어와 문맥상 자연스럽게 어울린다. 또한 자주 함께 쓰여 상황이 곧 발생할 것임을 나타내는 就要……了(머지않아 ~이다)도 문맥상 적절하게 쓰였다. 따라서 틀린 부분이 없다.

어휘 徘徊 páihuái 통 방황하다　人生 rénshēng 몡 인생　十字路口 shízì lùkǒu 몡 갈림길　何去何从 héqùhécóng 어느 길로 갈 것인가

B

(다원화된)	사회에서는	나타났다	(점점 더 많은)	프리랜서가.	심지어	생겼다	(많은)	신종 직업이
(多元化的)	社会	出现了	(越来越多的)	自由职业者,	甚至	产生了	(许多)	新兴职业。
관형어	주어	술어+了	관형어	목적어	접속사	술어+了	관형어	목적어

해석 다원화된 사회에서는 점점 더 많은 프리랜서가 나타났고, 심지어 많은 신종 직업이 생겼다.

해설 주어 社会(사회에서는), 술어 出现(나타나다), 목적어 自由职业者(프리랜서가)가 문맥상 자연스럽게 어울리고, 술어 产生(생기다), 목적어 新兴职业(신종 직업이)도 문맥상 자연스럽게 어울린다. 접속사 甚至(심지어) 또한 문맥상 적절하게 쓰였다. 따라서 틀린 부분이 없다.

어휘 ★多元化 duōyuánhuà 통 다원화된　越来越 yuèláiyuè 점점 더　自由职业者 zìyóu zhíyèzhě 몡 프리랜서　产生 chǎnshēng 통 생기다
新兴 xīnxīng 톙 신종의, 새로 생긴　职业 zhíyè 몡 직업

C

(짐을 가득 싣고 돌아온)	배가	~에 정박해 있다	부둣가.	부둣가 사람들은	(~하고 있다)	내리다	(바다 건너편에서 온)	화물을
(一艘满载而归的)	船舶	停靠在	码头,	码头工人们	(正在)	装卸	(来自大洋彼岸的)	货物。
관형어	주어	술어+보어	목적어	주어	부사어	술어	관형어	목적어

해석 짐을 가득 싣고 돌아온 배가 부둣가에 정박해 있고, 부둣가 사람들은 바다 건너편에서 온 화물을 내리고 있다.

해설 앞 절의 주어 船舶(배가), 술어 停靠(정박하다)가 문맥상 자연스럽게 어울리고, 뒤 절의 주어 码头工人们(부둣가 사람들은), 술어 装卸(내리다), 목적어 货物(화물을)도 문맥상 자연스럽게 어울린다. 또한 앞 절에서 관형어 一艘满载而归的(짐을 가득 싣고 돌아온)도 주어 船舶 앞에서 문맥상 적절하게 쓰였다. 따라서 틀린 부분이 없다.

어휘 ★艘 sōu 양 척[선박을 헤아리는 데 쓰임]　满载而归 mǎnzài'érguī 물건을 가득 싣고 돌아오다　★船舶 chuánbó 몡 배　★码头 mǎtou 몡 부둣가
★装卸 zhuāngxiè (짐을) 내리다　大洋彼岸 dàyáng bǐ'àn 바다 건너편　货物 huòwù 몡 화물

D

(고궁의)	겨울은	~이다	(설경을 감상하는)	최고의 장소.	새하얀 눈이	덮고 있다	옛 건축물 위를.	(또)	있다	한 운치
(故宫的)	冬天	是	(欣赏雪景的)	最佳地点,	皑皑白雪	覆盖在	古建筑上,	(别)	有	一番韵味。
관형어	주어	술어	관형어	목적어	주어	술어+보어	목적어	부사어	술어	목적어

주어(주술목구)

해석 고궁의 겨울은 설경을 감상하는 최고의 장소이며, 새하얀 눈이 옛 건축물 위를 덮고 있는 것이 또 다른 운치가 있다.

해설 **주어, 술어, 목적어가 서로 문맥상 어울리지 않아 틀린 경우**
술어가 是인데 주어 冬天(겨울은)과 목적어 最佳地点(최고의 장소)이 동격이 아니어서 틀린 문장이다. 주어 자리에 故宫(고궁은)이 와야 最佳地点과 동격이 되어 옳은 문장이 된다.

옳은 문장 冬天的故宫是欣赏雪景的最佳地点, 皑皑白雪覆盖在古建筑上, 别有一番韵味。
　　　　　 겨울의 고궁은 설경을 감상하는 최고의 장소이며, 새하얀 눈이 옛 건축물 위를 덮고 있는 것이 또 다른 운치가 있다.

어휘 故宫 Gùgōng 고유 고궁　欣赏 xīnshǎng 통 감상하다　皑皑白雪 ái'ái báixuě 새하얀 눈　覆盖 fùgài 통 덮다　建筑 jiànzhù 몡 건축물
★番 fān 양 종류　韵味 yùnwèi 몡 운치

A

(신선한)	음식을	(상온에)	오래 두다.	// (~할 수 있다)	~해서 부패하고	변질되다	그래서 생기다	악취가, //
(新鲜的)	食物	(在常温下)	存放过久, //	(会)	因 腐败	变质	而 产生	恶臭, //
관형어	주어	부사어	술어+보어	부사어	접속사 술어1	술어2	접속사 술어	목적어

그렇기 때문에	(가장 좋게는)	(음식을)	~에 넣다 / 냉장고	냉장하다 / 보관하다
因此	(最好)	(把食物)	放进 / 冰箱	冷藏 / 保存。
접속사	부사어	把+행위의 대상	술어1+보어 목적어	술어2 술어3

해석 신선한 음식을 상온에 오래 두는 것은 부패하고 변질되어 악취가 생길 수 있고, 그렇기 때문에 음식을 냉장고에 넣어 냉장 보관하는 것이 가장 좋다.

해설 두 번째 절의 술어1 腐败(부패하고), 술어2 变质(변질되다)이 행위가 발생하는 시간순으로 적절하게 쓰였다. 자주 짝을 이루어 쓰이는 연결어 '因A而B(A해서 B하다)'도 문맥상 적절하게 쓰였다. 또한 뒤 절은 개사 把가 쓰인 把자문인데, '把+행위의 대상'인 把食物(음식을), 술어1 放(넣다), 술어2 冷藏(냉장하다), 술어3 保存(보관하다)이 문맥상 자연스럽게 어울린다. 따라서 틀린 부분이 없다. 참고로 두 번째 절에서는 주어 食物(음식은)가 생략됐다.

어휘 食物 shíwù 몡 음식   常温 chángwēn 몡 상온   腐败 fǔbài 동 부패하다   ★变质 biànzhì 동 변질되다   产生 chǎnshēng 동 생기다
恶臭 èchòu 몡 악취   冷藏 lěngcáng 동 냉장하다   保存 bǎocún 동 보관하다

B

불안한 기분은	(~할 수 있다) 야기하다 /	불면증,	면역력 저하 등의 문제를 //	(이런 기분이 생기는 것을 피하기 위해서), //
焦虑情绪 /	(会) 引起 /	失眠、	免疫力低下等问题。//	(为了避免产生这种情绪), //
주어	부사어 술어		목적어	부사어

우리는 /	(~하지 말아야 한다) 걱정하다 /	(너무 먼)	일을. //	잘 보내다 /	(현재의)	삶을 /	(그저)	그만이다
我们 /	(不应该) 担忧 /	(太遥远的)	事情, //	过好 /	(当下的)	生活 /	(就)	行了。
주어	부사어 술어	관형어	목적어	술어+보어	관형어	목적어	부사어	술어+了
				주어(주술구)				

해석 불안한 기분은 불면증, 면역력 저하 등의 문제를 야기할 수 있다. 이런 기분이 생기는 것을 피하기 위해서, 우리는 너무 먼 일을 걱정하지 말아야 하며, 그저 현재의 삶을 잘 보내면 그만이다.

해설 각 절의 주어, 술어, 목적어가 각각 문맥상 자연스럽게 어울린다. 목적을 나타내는 부사어 为了避免产生这种情绪(이런 기분이 생기는 것을 피하기 위해서)도 두 번째 문장 맨 앞에서 부사어로 문맥상 적절하게 쓰였다. 따라서 틀린 부분이 없다.

어휘 焦虑 jiāolǜ 톙 불안하다   情绪 qíngxù 몡 기분   失眠 shīmián 동 잠을 이루지 못하다   免疫力 miǎnyìlì 몡 면역력   避免 bìmiǎn 동 피하다
担忧 dānyōu 동 걱정하다   ★遥远 yáoyuǎn 톙 (시간이나 거리가) 아득히 멀다   当下 dāngxià 몡 현재

C

(여행 비수기 때의)	호텔은 /	~할 뿐만 아니라	가격이 /	(성수기 때보다)	저렴하다. //	게다가	있다 /	(다양한 종류의)	호텔 룸이 /	제공하다 /
(旅游淡季时的)	酒店 /	不仅	价格 /	(比旺季时的)	低廉, //	而且	有 /	(多种类型的)	酒店房间 /	供 /
관형어	주어	접속사	주어	比+비교의 대상	술어	접속사	술어1	관형어	목적어	술어2
				술어(주술구)						

사람들이 /	선택하다. //	(이로써 알 수 있다), //	비수기 여행은 /	~이다 /	(나쁘지 않은)	선택
人 /	选择, //	(由此可见), //	淡季旅游 /	是 /	(一个不错的)	选择。
주어 술어		부사어	주어	술어	관형어	목적어
목적어(주술구)						

해석 여행 비수기 때의 호텔은 가격이 성수기 때보다 저렴할 뿐만 아니라, 사람들이 선택할 수 있도록 제공되는 다양한 종류의 호텔 룸이 있다. 이로써 비수기 여행은 나쁘지 않은 선택임을 알 수 있다.

해설 자주 짝을 이루어 쓰이는 연결어 '不仅A, 而且B(A할 뿐만 아니라 게다가 B하다)'가 문맥상 적절하게 쓰였다. 세 번째 절에서 술어 是(~이다)과 연결되는 주어 淡季旅游(비수기 여행은), 목적어 选择(선택)가 동격이고, 개사 由가 이끄는 由此可见(이로써 알 수 있다)도 淡季旅游是一个不错的选择(비수기 여행은 나쁘지 않은 선택임을) 앞에서 부사어로 적절하게 쓰였다. 따라서 틀린 부분이 없다. 참고로 동사 有(있다) 및 供(제공하다)이 쓰인 문장은 有가 연동문에서 술어1로 쓰인 경우이다.

어휘 淡季 dànjì 몡 비수기   旺季 wàngjì 몡 성수기   低廉 dīlián 톙 저렴하다   类型 lèixíng 몡 유형
供 gōng 동 (상대방이 이용할 수 있도록 어떤 조건을) 제공하다   由此可见 yóu cǐ kějiàn 이로써 알 수 있다

D

세균은 /	~이다 /	(많은 질병의)	병원체. //	(~할 수 있다)	(다양한 방식을 통해)	개최하다 /	전파를. //
细菌 /	是 /	(许多疾病的)	病原体, //	(可)	(通过多种方式)	举行 /	传播, //
주어	술어	관형어	목적어	부사어	부사어	술어	목적어

그 전염성은 /	있다 /	(상당한)	위험이. //	그래서	우리는 /	(~해야 한다)	(일상생활 속에서)	기르다 /	(좋은)	위생 습관을.
其传染性 /	有 /	(一定的)	危害, //	所以	我们 /	(要)	(在日常生活中)	养成 /	(良好的)	卫生习惯。
주어	술어	관형어	목적어	접속사	주어	부사어	부사어	술어	관형어	목적어

해석 세균은 많은 질병의 병원체이고, 다양한 방식을 통해 전파를 개최할 수 있으며, 그 전염성은 상당히 위험하다. 그래서 우리는 일상생활 속에서 좋은 위생 습관을 길러야 한다.

해설 **술어가 전체 문맥에 어울리지 않아 틀린 경우**

술어 举行(개최하다)이 세균이 다양한 방식을 통해 전파될 수 있다는 문맥에 어울리지 않아 틀린 문장이다. 进行(진행되다)과 같은 어휘를 써야 한다.

옳은 문장 细菌是许多疾病的病原体，可通过多种方式**进行**传播，其传染性有一定的危害，所以我们要在日常生活中养成良好的卫生习惯。

세균은 많은 질병의 병원체이고, 다양한 방식을 통해 전파가 **진행**될 수 있으며, 그 전염성은 상당히 위험하다. 그래서 우리는 일상생활 속에서 좋은 위생 습관을 길러야 한다.

어휘 ★细菌 xìjūn 圈 세균 ★疾病 jíbìng 圈 질병 病原体 bìngyuántǐ 圈 병원체[질병의 원인이 되는 본체] 传播 chuánbō 圄 전파하다
传染性 chuánrǎnxìng 圈 전염성 危害 wēihài 圄 위험을 끼치다 日常 rìcháng 圈 일상의 良好 liánghǎo 圈 좋다
卫生习惯 wèishēng xíguàn 圈 위생 습관

5

A

도시화의 추이는	빨라지게 했다	(도시 인구 수의)	증가를.	그리고	초래했다		대기 오염, 소음 공해, 수자원 부족,
城市化进程 /	加快了	（城市人口数量的）	增长， //	并	导致了 /		大气污染、噪音污染、水资源短缺、
주어	술어+了	관형어	목적어	접속사	술어+了		목적어

교통 체증 등의 다양한 문제를
交通拥堵等多种问题。
목적어

해석 도시화의 추이는 도시 인구 수의 증가를 빨라지게 했고 대기 오염, 소음 공해, 수자원 부족, 교통 체증 등의 다양한 문제를 초래했다.

해설 주어 城市化进程(도시화의 추이는), 술어 加快(빨라지게 하다), 목적어 增长(증가를)이 문맥상 자연스럽게 어울리고, 또다른 술어 导致(초래하다), 목적어 大气污染、噪音污染、水资源短缺、交通拥堵等多种问题(대기 오염, 소음 공해, 수자원 부족, 교통 체증 등의 다양한 문제를)도 문맥상 자연스럽게 어울린다. 또한 점진적 관계를 나타내는 접속사 并(그리고)도 문맥상 적절하게 쓰였다. 따라서 틀린 부분이 없다.

어휘 进程 jìnchéng 圈 추이 人口 rénkǒu 圈 인구 增长 zēngzhǎng 圄 증가하다 导致 dǎozhì 圄 초래하다 大气 dàqì 圈 대기 ★噪音 zàoyīn 圈 소음
水资源 shuǐ zīyuán 圈 수자원 短缺 duǎnquē 圄 부족하다 拥堵 yōngdǔ 圄 길이 막히다

B

(한번 ~하면)	내리다 /	결심을 /	(~하면 안 된다)	미루다.	미루는 것	(~할 뿐이다)	~하게 하다	일이	(전부)	~에 쌓여 있다	한군데	
（一旦）	下定 /	决心 /	（就）（别）	拖延，	拖延	（只会）	让 /	事情	（全部）	堆积在	一起。	//
부사어	술어+보어	목적어	부사어 부사어	술어	주어	부사어	술어1	목적어 주어	부사어	술어2+보어	목적어	

(일이 점점 쌓이고 많아질수록),	당신은 /	(더욱)	(어렵게)	찾다	(문제를 해결하는)	실마리를
（当事情越积越多时）， //	你 /	（就）（更）	（不容易）	找到 /	（解决问题的）	头绪。
부사어	주어	부사어 부사어	부사어	술어+보어	관형어	목적어

해석 한번 결심을 하면 미뤄서는 안 된다. 미루는 것은 일이 전부 한군데에 쌓이게만 할 뿐이다. 일이 점점 쌓이고 많아질수록, 당신은 문제 해결의 실마리를 더욱 찾기 어렵다.

해설 각 절의 주어, 술어, 목적어가 각각 문맥상 자연스럽게 어울린다. 첫 번째 문장은 사역동사 让(~하게 하다)이 사용된 겸어문으로 술어1 让, 목적어 겸 주어인 事情(일이), 술어2 堆积(쌓이다)가 문맥상 자연스럽게 어울린다. 두 번째 문장에서 当事情越积越多时(일이 점점 쌓이고 많아질수록)도 문장 맨 앞에서 부사어로 적절하게 쓰였다. 따라서 틀린 부분이 없다.

어휘 一旦 yídàn 圄 한번 ~하면 下决心 xià juéxīn 결심하다 ★拖延 tuōyán 圄 미루다 ★堆积 duījī 圄 (사물이) 쌓이다 积 jī 圄 쌓다
头绪 tóuxù 圈 실마리

C

다이아몬드는 /	~이다 /	(현재 알려진 가장 견고한)	자연 생성 물질,	없다	물건은	(~할 수 있다)	(다이아몬드에)	내다	흠집을.
钻石 /	是 /	（目前已知的最坚硬的）	自然生成物质， //	没有	东西	（可以）	（在钻石上）	划出 /	痕迹，
주어	술어	관형어	목적어	술어1	목적어 주어	부사어	부사어	술어2+보어	목적어

(만약)	(~할 수 있다)	내다	흠집을.	그러면	그것은	(아마도)	~이다	가짜 다이아몬드
若 /	（能）	划出 /	痕迹， //	那	它 /	（很可能）	是 /	假钻石。
접속사	부사어	술어+보어	목적어	접속사	주어	부사어	술어	목적어

해석 다이아몬드는 현재 알려진 가장 견고한 자연 생성 물질이며, 다이아몬드에 흠집을 낼 수 있는 물건은 없다. 만약 흠집을 낼 수 있다면, 그것은 아마도 가짜 다이아몬드일 것이다.

해설 각 절의 주어, 술어, 목적어가 각각 문맥상 자연스럽게 어울리고, 자주 함께 쓰이는 연결어 '若……，那……(만약~그러면~)'도 문맥상 적절하게 쓰였다. 따라서 틀린 부분이 없다. 참고로 술어1 没有(없다)는 겸어동사로 사용됐다는 것을 알아둔다.

어휘 ★钻石 zuànshí [명] 다이아몬드 目前 mùqián [명] 현재 ★坚硬 jiānyìng [형] 견고하다 生成 shēngchéng [동] 생성되다 物质 wùzhì [명] 물질 划 huá [동] (흠집을) 내다 ★痕迹 hénjì [명] 흠집 若 ruò [접] 만약

D (아이들을 위해) 조성하다 / (좋은) 환경을, // 자유롭게 하다 / (그들의) 천성을, // (~할 수 있다) 불러일으키다 / (더 뛰어난) 창의력과 상상력을, //

(为孩子) 创造 / (良好的) 环境，// 释放 / (他们的) 天性，// (可以) 激发 / (更多的) 创造力和想象力，//

부사어 술어 관형어 목적어 술어 관형어 목적어 부사어 술어 관형어 목적어

주어(술목구)

[그렇지만] (과도하게) 방임하다 / 아이들을 / (오히려) (~할 수 있다) 초래하다 / (안 좋은) 성과를

[不过] (过度) 放任 / 孩子 / (反而) (会) 造成 / (不好的) 成果。

접속사 부사어 술어 목적어 부사어 부사어 술어 관형어 목적어

주어(술목구)

해석 아이들을 위해 좋은 환경을 조성하고 그들의 천성을 자유롭게 하는 것은 더 뛰어난 창의력과 상상력을 불러일으킬 수 있지만, 과도하게 아이들을 방임하는 것은 오히려 안 좋은 성과를 초래할 수 있다.

해설 **술어, 목적어가 서로 문맥상 어울리지 않아 틀린 경우**

뒤 절에서 술어 造成(초래하다)과 목적어 成果(성과를)가 서로 문맥상 어울리지 않아 틀린 문장이다. 목적어 자리에 后果(결과를)와 같은 어휘가 와야 한다. 참고로 造成 뒤에는 부정적인 결과나 상황을 나타내는 어휘가 자주 오고, 后果는 주로 좋지 않은 결과를 나타낸다.

옳은 문장 为孩子创造良好的环境，释放他们的天性，可以激发更多的创造力和想象力，不过过度放任孩子反而会造成不好的后果。

아이들을 위해 좋은 환경을 조성하고 그들의 천성을 자유롭게 하는 것은 더 뛰어난 창의력과 상상력을 불러일으킬 수 있지만, 과도하게 아이들을 방임하는 것은 오히려 안 좋은 결과를 초래할 수 있다.

어휘 创造 chuàngzào [동] 조성하다, 만들다 良好 liánghǎo [형] 좋다 ★释放 shìfàng [동] 자유롭게 하다, 석방하다 天性 tiānxìng [명] 천성 ★激发 jīfā [동] (감정을) 불러일으키다 创造力 chuàngzàolì [명] 창의력 想象力 xiǎngxiànglì [명] 상상력 ★过度 guòdù [형] 과도하다 放任 fàngrèn [동] 방임하다 反而 fǎn'ér [부] 오히려 造成 zàochéng [동] 초래하다 成果 chéngguǒ [명] 성과 后果 hòuguǒ [명] (안 좋은) 결과

고득점비책 02 | 관형어·부사어·보어가 틀린 문장 고르기 p.94

실전연습문제 p.97

1 A　2 C　3 C　4 B　5 D

1

A (아이의 학습 관리에 대해서), // 부모는 / (~해야 한다) 스스로 발 벗고 나서다

(对孩子的学习管理上)，// 父母 / (应该) 亲力亲为。

부사어 주어 부사어 술어

해석 아이의 학습 관리에 대해서, 부모는 스스로 발 벗고 나서야 한다.

해설 **부사어 자리의 개사구에서 문맥에 맞지 않는 개사가 사용되어 틀린 경우**

개사 对(~에 대해서)가 쓰여 '아이의 학습 관리에 대해서, 부모는 스스로 발 벗고 나서야 한다'라는 어색한 문맥이 되어 틀린 문장이다. 对 대신에 在(~에 있어서)가 와야 한다.

옳은 문장 在孩子的学习管理上，父母应该亲力亲为。

아이의 학습 관리에 있어서, 부모는 스스로 발 벗고 나서야 한다.

어휘 亲力亲为 qīnlìqīnwéi [성] 스스로 발 벗고 나서다, 자신이 친히 하다

B (인류의) 많은 성과는, // (모두) ~과 떼려야 뗄 수 없다 / (과학기술의) 발전

(人类的) 众多成就，// (都) 离不开 / (科学技术的) 发展。

관형어 주어 부사어 술어+보어 관형어 목적어

해석 인류의 많은 성과는 모두 과학기술의 발전과 떼려야 뗄 수 없다.

해설	주어 众多成就(많은 성과는), '술어+보어'인 离不开(~과 떼려야 뗄 수 없다), 목적어 发展(발전)이 문맥상 자연스럽게 어울린다. 관형어 人类的(인류의)가 주어 众多成就 앞에, 科学技术的(과학기술의)가 목적어 发展 앞에 문맥상 적절하게 쓰였다. 따라서 틀린 부분이 없다.
어휘	人类 rénlèi 圖 인류 成就 chéngjiù 圖 성과

C	(위챗 모멘트에 대해서), // 많은 사람은 / 유지한다 / (긍정도 부정도 하지 않는) 태도를
	(对于微信朋友圈), // 很多人 持 (既不肯定也不否定的) 态度。
	부사어 주어 술어 관형어 목적어

해석	위챗 모멘트에 대해서, 많은 사람들은 긍정도 부정도 하지 않는 태도를 유지하고 있다.
해설	주어 很多人(많은 사람은), 술어 持(유지한다), 목적어 态度(태도를)가 문맥상 자연스럽게 어울린다. 개사 对于가 이끄는 对于微信朋友圈(위챗 모멘트에 대해서)도 문장 맨 앞에서 부사어로 적절하게 쓰였다. 또한 관형어 既不肯定也不否定的(긍정도 부정도 하지 않는)에서 자주 짝을 이루어 쓰이는 연결어 '既A也B(A하기도 하고 B하기도 하다)'도 문맥상 적절하게 쓰였다. 따라서 틀린 부분이 없다.
어휘	微信朋友圈 Wēixìn péngyouquān 고유 위챗 모멘트[중국의 메신저 '위챗'에 있는 소셜 미디어 기능 중 하나] 持 chí 圖 유지하다 否定 fǒudìng 圖 부정하다

D	(태풍의 영향을 받음으로 인해), // 상하이 정부는 / 결정했다 / 시내의 모든 지하철이 / 잠시 중단하다 / 하루 동안 운행하는 것을
	(由于受台风的影响), // 上海政府 / 决定 / 市内所有地铁 / 暂停 / 运行一天。
	부사어 주어 술어 주어 술어 목적어(술어+보어)
	목적어(주술목구)

해석	태풍의 영향을 받음으로 인해, 상하이 정부는 시내의 모든 지하철이 하루 동안 운행하는 것을 잠시 중단하기로 결정했다.
해설	주어 上海政府(상하이 정부는), 술어 决定(결정했다), 주술목구 형태의 목적어 市内所有地铁暂停运行一天(시내의 모든 지하철이 하루 동안 운행하는 것을 잠시 중단하기로)이 문맥상 자연스럽게 어울린다. 원인을 나타내는 개사구 由于受台风的影响(태풍의 영향을 받음으로 인해)도 문장 맨 앞에서 부사어로 적절하게 쓰였다. 따라서 틀린 부분이 없다.
어휘	台风 táifēng 圖 태풍 政府 zhèngfǔ 圖 정부 所有 suǒyǒu 圖 모든 暂停 zàntíng 圖 잠시 중단하다 6급 빈출어휘 ★运行 yùnxíng 圖 운행하다

2

A	(통계에 따르면), // (중국의) 빛 자원은 / (주로) ~에 분포되어 있다 / 서북 지역
	(据统计), // (中国的) 光照资源 / (主要) 分布在 / 西北地区。
	부사어 관형어 주어 부사어 술어+보어 목적어

해석	통계에 따르면, 중국의 빛 자원은 주로 서북 지역에 분포되어 있다.
해설	주어 光照资源(빛 자원은), 술어 分布(분포한다)가 문맥상 자연스럽게 어울리고, 보어 在(~에)도 술어 分布와 위치를 나타내는 목적어 西北地区(서북 지역) 사이에 적절하게 쓰였다. 개사 据가 이끄는 据统计(통계에 따르면) 또한 문장 맨 앞에서 부사어로 적절하게 쓰였다. 따라서 틀린 부분이 없다.
어휘	★统计 tǒngjì 圖 통계하다 光照 guāngzhào 圖 비추다 资源 zīyuán 圖 자원 分布 fēnbù 圖 분포하다 地区 dìqū 圖 지역

B	(전염병 발생 기간에), // 만약 ~한다면 생기다 / (몸이 불편한 어떤) 상황이, // (~하세요) (즉시) 진찰을 받다
	(在疫情期间), // 若 出现 / (任何身体不适的) 现象, // (请) (及时) 就医。
	부사어 접속사 술어 관형어 목적어 请 부사어 술어

해석	전염병 발생 기간에, 몸이 불편한 어떤 상황이 생긴다면, 즉시 진찰을 받으세요.
해설	술어 出现(생기다), 목적어 现象(현상이)이 서로 문맥상 자연스럽게 어울리고, 관형어 任何身体不适的(몸이 불편한 어떤)가 목적어 现象 앞에 문맥상 적절하게 쓰였다. 가정을 나타내는 접속사 若(만약 ~한다면) 또한 문맥상 적절하게 쓰였다. 따라서 틀린 부분이 없다.
어휘	疫情 yìqíng 圖 전염병 발생 상황 期间 qījiān 圖 기간 若 ruò 圖 만약 ~한다면 现象 xiànxiàng 圖 상황, 현상 就医 jiùyī 圖 진찰을 받다

C	(박물관 해설자의 해설), // 관객들은 / 알게 됐다 / (중국 문화의) 유구함을
	(博物馆讲解员的解说), // 观众们 / 了解到了 / (中国文化的) 源远流长。
	주어 술어+보어+了 관형어 목적어

해석	박물관 해설자의 해설, 관객들은 중국 문화의 유구함을 알게 되었다.
해설	**부사어 자리의 개사구에서 개사가 빠져 있어 틀린 경우** 문맥상 '박물관 해설자의 해설'이 아닌 '박물관 해설자의 해설을 통해'가 돼야 하는데 '~을 통해'에 해당하는 개사가 빠져 있어 틀린 문장이다. 博物馆讲解员的解说(박물관 해설자의 해설) 앞에 通过(~을 통해)가 있어야 한다. 참고로 通过博物馆讲解员的解说(박물관 해설자의 해설을 통해)는 개사구로, 문장 전체를 꾸며주는 부사어로 쓰인다.

옳은 문장 通过博物馆讲解员的解说，观众们了解到了中国文化的源远流长。

박물관 해설자의 해설을 통해, 관객들은 중국 문화의 유구함을 알게 되었다.

어휘 博物馆 bówùguǎn 圈 박물관　讲解员 jiǎngjiěyuán 圈 해설자　解说 jiěshuō 圈 해설하다　源远流长 yuányuǎnliúcháng 圈 유구하다

D	'중국 4대 발명'이라는 이 표현은.	//	(처음)	(영국의 중국학 학자 조셉 에드킨스가)	제기했다 /
	"中国四大发明"这一说法， 주어	//	(最早) [是] 부사어　[是]	(由英国汉学家艾约瑟) (강조내용)	提出 / [的]。 술어+보어　[的]

해석 '중국 4대 발명'이라는 이 표현은, 영국의 중국학 학자 조셉 에드킨스가 처음 제기했다.

해설 위 문장은 是……的 강조구문이 사용된 문장으로, 是, 강조내용 由英国汉学家艾约瑟(영국의 중국학 학자 조셉 에드킨스가), '술어+보어'인 提出(제기했다), 的가 순서대로 잘 배치되었고, 是과 的 사이에 있는 '술어+보어' 提出의 주체가 英国汉学家艾约瑟임을 강조하여 문맥상 자연스럽게 어울린다. 따라서 틀린 부분이 없다. 참고로 주어에서 사용된 这(이)는 바로 앞의 "中国四大发明"('중국 4대 발명')을 한 번 더 지칭했다.

어휘 发明 fāmíng 圈 발명　说法 shuōfa 圈 표현　提出 tíchu 제기하다

3

A	(진정한)	문화는	(~할 것이다)	(한층 더)	촉진하다 /	(우리 사회의 물질 문명과 정신 문명의)	발전을
	(真正的) 관형어	文化 / 주어	(会) 부사어	(更好地) 부사어	促进 / 술어	(我们社会物质文明与精神文明的) 관형어	发展。 목적어

해석 진정한 문화는 우리 사회의 물질 문명과 정신 문명의 발전을 한층 더 촉진할 것이다.

해설 주어 文化(문화는), 술어 促进(촉진하다), 목적어 发展(발전을)이 문맥상 자연스럽게 어울린다. 조동사 会(~할 것이다), '부사+형용사+地'인 更好地(한층 더) 또한 술어 促进 앞 부사어로 문맥상 적절하게 쓰였다. 따라서 틀린 부분이 없다. 참고로 부사어 중 更好地는 술어와 의미적으로 더욱 밀접하여 술어 促进 바로 앞에 위치했다.

어휘 促进 cùjìn 圈 촉진하다　物质 wùzhì 圈 물질　文明 wénmíng 圈 문명　精神 jīngshén 圈 정신

B	중국은	/ ~이다	태양 에너지 자원 대국.	//	갖추고 있다	(태양광 발전 기술을 폭넓게 활용할 수 있는)	유리한 조건을
	中国 주어	是 / 술어	太阳能资源大国， 목적어	//	具备了 술어+了	(广泛应用光伏发电技术的) 관형어	有利条件。 목적어

해석 중국은 태양 에너지 자원 대국이고, 태양광 발전 기술을 폭넓게 활용할 수 있는 유리한 조건을 갖추고 있다.

해설 술어 是(~이다)과 연결되는 주어 中国(중국은), 목적어 太阳能资源大国(태양 에너지 자원 대국)가 동격이다. 술어 具备(갖추고 있다), 목적어 有利条件(유리한 조건을) 또한 문맥상 자연스럽게 어울린다. 따라서 틀린 부분이 없다. 참고로 두 번째 절에서는 주어 中国가 생략됐다.

어휘 太阳能 tàiyángnéng 圈 태양 에너지　资源 zīyuán 圈 자원　具备 jùbèi 圈 갖추다　广泛 guǎngfàn 圈 폭넓다　应用 yìngyòng 圈 활용하다
光伏发电 guāngfú fādiàn 圈 태양광 발전　有利 yǒulì 圈 유리하다

C	경찰은	(성공적으로)	찾아냈다 /	(5명의 마약 판매 용의자의)	은신처를.	//	(목격자의 상세한 진술을 토대로)
	警察 / 주어	(成功) 부사어	找到了 / 술어+보어+了	(5名贩毒嫌疑人的) 관형어	藏身之处， 목적어	//	(按照目击证人的详细描述)。

해석 경찰은 5명의 마약 판매 용의자의 은신처를 성공적으로 찾아냈다. 목격자의 상세한 진술을 토대로.

해설 **부사어의 위치가 잘못되어 틀린 경우**
개사구 按照目击证人的详细描述(목격자의 상세한 진술을 토대로)가 술어 找(찾다)보다 뒤에 위치해서 틀린 문장이다. 按照目击证人的详细描述가 술어 找 보다 앞에 위치해야 한다.

옳은 문장 按照目击证人的详细描述，警察成功找到了5名贩毒嫌疑人的藏身之处。

목격자의 상세한 진술을 토대로, 경찰은 5명의 마약 판매 용의자의 은신처를 성공적으로 찾아냈다.

어휘 贩毒 fàndú 마약을 판매하다　嫌疑人 xiányírén 圈 용의자　藏身之处 cángshēn zhī chù 은신처　目击证人 mùjī zhèngrén 圈 목격자
描述 miáoshù 圈 진술하다, 묘사하다

D	(컴퓨터 응용 기술의)	보급과 향상.	//	(모든 기업이 고품질로 작업을 완성하는 데)	제공했다 /	좋은 조건을
	(计算机应用技术的) 관형어	普及和提高， 주어	//	(为每个企业高质量地完成工作) 부사어	提供了 / 술어+了	良好条件。 목적어

해석 컴퓨터 응용 기술의 보급과 향상은, 모든 기업이 고품질의 작업을 완성하는 데 좋은 조건을 제공했다.

해설 주어 普及和提高(보급과 향상은), 술어 提供(제공하다), 목적어 良好条件(좋은 조건을)이 문맥상 자연스럽게 어울린다. 개사 为가 이끄는 为每个企业高质量地完成工作(모든 기업이 고품질로 작업을 완성하는 데)도 술어 提供 앞 부사어로 문맥상 적절하게 쓰였다. 따라서 틀린 부분이 없다.

어휘 　**计算机** jìsuànjī 몡 컴퓨터　**应用** yìngyòng 몡 응용하다　★**普及** pǔjí 몡 보급하다　**企业** qǐyè 몡 기업　**良好** liánghǎo 몡 좋다

4

A

유인 우주비행 기술은, // (~이면서) ~이다 / (국가의 첨단 과학 기술 수준이 확연히 향상된)　중요한 상징 //

载人航天技术，//　（既）　是 / （国家高新科技水平明显提高的）　重要标志，//
　　주어　　　　　부사어　술어　　　　　　　관형어　　　　　　　　목적어

(~또한) ~이다 (국가의 종합 국력이 현저하게 강화된)　중요한 구현

（也）　是 / （国家综合国力显著增强的）　重要体现。
부사어　술어　　　　　관형어　　　　　　　목적어

해석　유인 우주비행 기술은 국가의 첨단 과학 기술 수준이 확연히 향상되었다는 중요한 상징이면서, 국가의 종합 국력이 현저하게 강화되었다는 중요한 구현이다.

해설　술어 **是**(~이다)과 연결되는 주어 **载人航天技术**(유인 우주비행 기술은), 목적어 **重要标志**(중요한 상징)이 동격이고, 또다른 술어 **是**과 연결되는 생략된 주어 **载人航天技术**와 목적어 **重要体现**(중요한 구현)도 동격이다. 자주 짝을 이루어 쓰이는 연결어 '**既**A**也**B(A하기도 하고 B하기도 하다)' 또한 문맥상 적절하게 쓰였다. 따라서 틀린 부분이 없다. 참고로 두 번째 **是** 앞에 있는 주어 **载人航天技术**는 앞 절의 주어와 같아서 생략됐다.

어휘　**载人** zài rén 유인, 사람을 태우다　★**航天** hángtiān 몡 우주 비행하다　**高新科技** gāoxīn kējì 첨단 과학 기술　**明显** míngxiǎn 몡 확연하다
标志 biāozhì 몡 상징　**综合** zōnghé 몡 종합하다　★**显著** xiǎnzhù 몡 현저하다　**增强** zēngqiáng 몡 강화하다　**体现** tǐxiàn 몡 구현하다

B

(곤경에 처했을 때) (~할 필요 없다) 낙담하다. / 좌절과 실패는 / (때때로) ~할 수 있다 ~에게 가져다주다 / 사람 (많은 값비싼) 경험과 교훈.

（面临困境时）　（不必）　泄气，//　挫折和失败 / （往往）　（可以）　带给 / 人 / （很多昂贵的）　经验和教训，//
　　부사어　　　　부사어　술어　　　　주어　　　부사어　부사어　술어+보어　목적어　　관형어　　　　목적어

우리는 / (마땅히 ~해야 한다) ~하는 데 용감하다 / 받아들이다 / 도전을. (적극적으로) 찾다 / 해결 방안을

我们 / （应该）　勇于 / 接受 / 挑战，//　（积极）　寻找 / 解决方法。
주어　　부사어　술어　　술어　목적어　　부사어　술어　　목적어
　　　　　　　　　목적어(술목구)

해석　곤경에 처했을 때 낙담할 필요 없다. 좌절과 실패는 때때로 사람에게 많은 값비싼 경험과 교훈을 가져다 줄 수 있어, 우리는 도전을 용감히 받아들이고, 적극적으로 해결 방안을 찾아야 한다.

해설　**관형어가 문맥에 어울리지 않아 틀린 경우**
관형어 **很多昂贵的**(많은 값비싼)에서 **昂贵的**(값비싼)는 물건 또는 비용의 값이 비싼 것을 나타내므로 목적어 **经验和教训**(경험과 교훈을)과 문맥상 어울리지 않아 틀린 문장이다. **昂贵**의 대신에 **珍贵的**(귀중한)와 같은 어휘가 와야 한다.

　　　옳은 문장　面临困境时不必泄气，挫折和失败往往可以带给人很多珍贵的经验和教训，我们应该勇于接受挑战，积极寻找解决方法。
곤경에 처했을 때 낙담할 필요 없다. 좌절과 실패는 때때로 사람에게 많은 귀중한 경험과 교훈을 가져올 수 있어, 우리는 도전을
용감히 받아들이고, 적극적으로 해결 방안을 찾아야 한다.

어휘　**面临** miànlín 몡 처하다　**泄气** xièqì 몡 낙담하다　★**挫折** cuòzhé 몡 좌절하다　★**昂贵** ángguì 몡 값비싼　**教训** jiàoxùn 몡 교훈
★**勇于** yǒngyú 몡 ~하는 데 용감하다　**挑战** tiǎozhàn 몡 도전　**寻找** xúnzhǎo 몡 찾다　★**珍贵** zhēnguì 몡 귀중하다

C

소비자는 / (~해야 한다) (상점 판촉 앞에서) 유지하다 (이성적인) 소비 관념. (~하면 안 된다) (쉽게) (상점의 노림수에 의해) 농락되다. //

消费者 / （应该）　（在商家促销面前）保持 / （理性的）消费观念，//　（不要）（轻易）（被商家的把戏）玩弄，//
　주어　　　부사어　　　　부사어　　　　술어　　　관형어　　목적어　　　　부사어　부사어　　被+행위의 주체　　술어

(~해야 한다) (가능한) ~하게 하다 (자신의) 소비 가성비가 / 도달하다 / 최대치에

（要）　（尽量）　使 / （自己的）消费性价比 / 达到 / 最大化。
부사어　부사어　술어1　관형어　　목적어　　술어2　목적어
　　　　　　　　　　　　　주어

해석　소비자는 상점 판촉 앞에서 이성적인 소비 관념을 유지해야 하고, 쉽게 상점의 노림수에 의해 농락당하면 안 되며, 가능한 자신의 소비 가성비가 최대치에 도달하게 해야 한다.

해설　위 문장은 개사 **被**가 쓰인 **被**자문으로, 주어 **消费者**(소비자는), '**被**+행위의 주체'인 **被商家的把戏**(상점의 노림수에 의해), 술어 **玩弄**(농락되다)이 문맥상 자연스럽게 어울린다. 또한 위 문장은 사역동사 **使**이 사용된 겸어문으로, 주어 **消费者**, 술어1 **使**(~하게 하다), 목적어 겸 주어인 **消费性价比**(소비 가성비가), 술어2 **达到**(도달하다), 목적어 **最大化**(최대치에)도 모두 문맥상 자연스럽게 어울린다. 따라서 틀린 부분이 없다.

어휘　**消费者** xiāofèizhě 몡 소비자　**商家** shāngjiā 몡 상점　**促销** cùxiāo 몡 판촉하다　**保持** bǎochí 몡 유지하다　**理性** lǐxìng 몡 이성적이다
把戏 bǎxì 몡 노림수　**玩弄** wánnòng 몡 농락하다　**达到** dádào 몡 도달하다

D

航空公司	规定	（国内航班起飞前30分钟）	停止	办理登记手续，//	因此	（最好）	（在起飞前两小时）
항공사는	규정한다	(국내 항공편 이륙 30분 전에)	중지하다	탑승수속을 밟는 것을.	그래서 (~하는 것이 가장 좋다)	(이륙 2시간 전에)	
주어	술어	부사어	술어	목적어(술목구)	접속사	부사어	부사어

到达	机场。	此外，	（登机后）	（要）	（认真）	阅读	注意事项。
도착하다	공항에	이 외에,	(탑승 후에)	(~해야 한다)	(열심히)	읽는다	주의 사항을
술어	목적어	접속사	부사어	부사어	부사어	술어	목적어

해석   항공사는 국내 항공편 이륙 30분 전에 탑승 수속을 밟는 것을 중지한다고 규정하고 있다. 그래서 이륙 2시간 전 공항에 도착하는 것이 가장 좋다. 이 외에, 탑승 후에는 주의 사항을 열심히 읽어야 한다.

해설   첫 번째 문장과 두 번째 문장 모두 주어, 술어, 목적어가 각각 문맥상 자연스럽게 어울린다. 인과 관계를 나타내는 접속사 因此(그래서)와 앞 내용과 다른 측면의 상황임을 나타내는 접속사 此外(이 외에)도 문맥상 적절하게 쓰였다. 따라서 틀린 부분이 없다. 참고로 첫 번째 문장의 뒤 절과 두 번째 문장의 주어는 비행기를 타려는 사람임을 문맥상 분명하게 알 수 있으므로 생략됐다.

어휘   航空公司 hángkōng gōngsī 명 항공사   停止 tíngzhǐ 동 중지하다   办理 bànlǐ 동 (수속을) 밟다   登机 dēngjī 동 탑승하다   手续 shǒuxù 명 수속
到达 dàodá 동 도착하다   ★事项 shìxiàng 명 사항

5

A

（日常生活中）	（不要）	虚伪做作，//	（要）	做到	诚实和正直，//	（能够）	抵挡住	诱惑，//
(일상생활에서는)	(~하지 마라)	가식적으로 꾸며내다.	(~해야 한다)	~해내다	성실하고 정직하다.	(~할 수 있다)	저항하다	유혹에.
부사어	부사어	술어	부사어	술어+보어	목적어	부사어	술어+보어	목적어

敢于	讲	真话，//	表现出	（自己真实的）	一面。
~하는 것에 거침없다	말하다	진실을.	표현해내다	(자신의 진실한)	면을
술어	술어	목적어(술목구)	술어+보어	관형어	목적어

해석   일상생활에서는 가식적으로 꾸며내지 말고, 성실하고 정직해야 하며, 유혹에 저항하고 진실을 말하는 것에 거침없어야 하고, 자신의 진실한 면을 표현해내야 한다.

해설   각 절의 술어, 목적어가 모두 문맥상 자연스럽게 어울린다. 따라서 틀린 부분이 없다. 참고로 위와 같은 객관적 사실이나 명언 등을 나타내는 문장에서는 주어가 종종 생략된다는 점을 알아둔다.

어휘   日常 rìcháng 명 일상의   虚伪 xūwěi 형 허위적이다   做作 zuòzuo 형 가식적이다   正直 zhèngzhí 형 정직하다   抵挡 dǐdǎng 동 저항하다
诱惑 yòuhuò 동 유혹하다   敢于 gǎnyú 동 ~하는 것에 거침없다   表现 biǎoxiàn 동 표현하다   真实 zhēnshí 형 진실하다

B

用	（地球上最大的）	望远镜，//	（也）	（不能）	（直接）	观测	（其他恒星世界的）	星星，//	那么	有
사용한다	(지구상에서 가장 큰)	망원경을.	(~도)	(~할 수 없다)	(직접)	관측하다	(다른 항성 세계의)	별을.	그렇다면	있다
술어	관형어	목적어	부사어	부사어	부사어	술어	관형어	목적어	접속사	술어1

什么理由	认为	（太阳系的）	构成	是	宇宙中独一无二的	呢？
무슨 이유가	~라고 여긴다	(태양계의)	구조가	~이다	우주에서 유일무이한 것	~입니까
목적어	술어2	관형어	주어	술어	목적어	
				목적어(주술목구)		

해석   지구상에서 가장 큰 망원경을 사용해도, 다른 항성 세계의 별을 직접 관측할 수 없는데, 그렇다면 태양계의 구조가 우주에서 유일무이한 것이라고 여길만한 무슨 이유가 있겠는가?

해설   술어 用(사용한다), 목적어 望远镜(망원경)이 문맥상 자연스럽게 어울리고, 술어 观测(관측하다), 목적어 星星(별을)도 문맥상 자연스럽게 어울린다. 또한 술어 认为(~라고 여긴다), 주술목구 형태의 목적어 太阳系的构成是宇宙中独一无二的(태양계의 구조가 우주에서 유일무이한 것이다) 또한 문맥상 자연스럽게 어울린다. 따라서 틀린 부분이 없다. 참고로 동사 有(있다) 및 认为가 쓰인 문장은 有가 연동문에서 술어1로 쓰인 경우이다.

어휘   望远镜 wàngyuǎnjìng 명 망원경   观测 guāncè 동 관측하다   恒星 héngxīng 명 항성   理由 lǐyóu 명 이유   太阳系 tàiyángxì 명 태양계
构成 gòuchéng 명 구조   ★宇宙 yǔzhòu 명 우주   独一无二 dúyīwú'èr 형 유일무이하다

C

（近几年），//	（中国的）	经济水平	（已）	（大大）	提高，//	（产品的）	科技含量	（不断）	增加，//
(최근 몇 년간),	(중국의)	경제 수준은	(이미)	(크게)	향상됐다.	(제품의)	과학 기술적 요소가	(끊임없이)	증가했다.
부사어	관형어	주어	부사어	부사어	술어	관형어	주어	부사어	술어

可持续发展力	（日益）	增强，//	（距离人均GDP翻两番的）	目标	（已经）	不远了。
지속 가능한 발전력이	(나날이)	강화되다.	(1인당 평균 GDP 네 배 증가까지의)	목표가	(벌써)	멀지 않게 됐다
주어	부사어	술어	관형어	주어	부사어	술어+了

해석 최근 몇 년간, 중국의 경제 수준은 이미 크게 향상됐고, 제품에 포함된 과학 기술적 요소가 끊임없이 증가했으며, 지속 가능한 발전력이 나날이 강화되어, 1인당 평균 GDP 네 배 증가까지의 목표가 벌써 멀지 않게 됐다.

해설 각 절의 주어, 술어가 각각 문맥상 자연스럽게 어울린다. 기간을 나타내는 近几年(최근 몇 년)도 문장 맨 앞에서 부사어로 적절하게 쓰였고, 술어와 의미적으로 밀접한 부사 大大(크게), 不断(끊임없이), 日益(나날이), 已经(벌써) 또한 각 절의 술어 提高(향상됐다), 增加(증가했다), 增强(강화되다), 不远(멀지 않다) 앞 부사어로 문맥상 적절히 쓰였다. 따라서 틀린 부분이 없다.

어휘 **大大** dàdà 图 크게　**产品** chǎnpǐn 图 제품　**科技含量** kēji hánliàng (제품 등에 포함된) 과학 기술적 요소　**不断** búduàn 图 끊임없이
持续 chíxù 图 지속하다　★**日益** rìyì 图 나날이　**人均** rénjūn 图 1인당 평균으로 계산하다　**翻** fān 图 배로 증가하다　★**番** fān 图 2배, 배수
目标 mùbiāo 图 목표

D	중추절은	/ ~이다 /	(중국의)	전통 명절.	//	(매년 음력 8월 15일이면),	//	마을에서는	집집마다	/	(모두)	(~한다)	즐겁게 한자리에 모이다.	//
	中秋节	/ 是 /	(中国的)	传统节日,	//	(在每年农历八月十五日),	//	(村里)	家家户户	/	(都)	(会)	欢聚一堂,	//
	주어	술어	관형어	목적어		부사어		부사어	주어		부사어	부사어	술어	

(저녁 밥을 먹고 난 후),	//	(노인과 아이 할 것 없이)	~에 모여 있다	/	한곳에.	//	(한순간)	떠들썩해져 온다
(吃过晚饭后),	//	(老老少少)	聚在	/	一起,	//	(一时间)	热闹下来。
부사어		부사어	술어+보어		목적어		부사어	술어+보어

해석 중추절은 중국의 전통 명절이다. 매년 음력 8월 15일이면, 마을에서는 집집마다 모두 즐겁게 한자리에 모이는데, 저녁밥을 먹고 난 후, 노인과 아이 할 것 없이 한곳에 모여 있으면, 한순간 떠들썩해져 온다.

해설 **보어가 문맥에 어울리지 않아 틀린 경우**
'술어+보어'인 热闹下来(떠들썩해져 온다)에서 보어 下来(~해 온다)가 모두가 저녁을 먹고 한곳에 모이면 얼마 지나지 않아 곧 떠들썩해진다는 문맥과 어울리지 않아 틀린 문장이다. 보어 下来 대신에 起来(~하기 시작한다)가 와야 한다. 참고로 보어 下来는 주로 이전부터 지금까지 계속되어 오거나, 하고 있는 동작이 완성됨을 나타낸다.

옳은 문장 中秋节是中国的传统节日, 在每年农历八月十五日, 村里家家户户都会欢聚一堂, 吃过晚饭后, 老老少少聚在一起, 一时间 热闹起来。
중추절은 중국의 전통 명절이다. 매년 음력 8월 15일이면, 마을에서는 집집마다 모두 즐겁게 한자리에 모이는데, 저녁밥을 먹고 난 후, 노인과 아이 할 것 없이 한곳에 모여 있으면, 한순간 떠들썩해지기 시작한다.

어휘 **中秋节** Zhōngqiūjié 교유 중추절[음력 8월 15일]　**传统** chuántǒng 图 전통적이다　★**农历** nónglì 图 음력　**家家户户** jiājiāhùhù 图 집집마다
欢聚一堂 huānjùyìtáng 图 즐겁게 한자리에 모이다　**老老少少** lǎolǎoshàoshào 图 노인과 아이 할 것 없이　**聚** jù 图 모이다
一时间 yìshíjiān 图 한순간

고득점비책 03 | 了·접속사의 오용, 의미 중복으로 틀린 문장 고르기 p.98

실전연습문제 p.101

1 B	2 B	3 D	4 C	5 D

1	**A**	몸이	/ (~인지 아닌지) 건강하다.	//	달려있다	(평소 운동을 부지런히 했는지 안 했는지에)
		身体	/ (是否) 健康,	//	取决	/ (于平时有没有勤于锻炼)。
		주어	부사어 술어		술어	보어
			주어(주술구)			

해석 몸이 건강한지 아닌지는 평소 운동을 부지런히 했는지 안 했는지에 달려있다.

해설 주술구 형태의 주어 身体是否健康(몸이 건강한지 아닌지는)에서 '긍정+부정' 형태의 부사 是否(~인지 아닌지)가 사용되었고, 개사구 형태의 보어 于平时有没有勤于锻炼(평소 운동을 부지런히 했는지 안 했는지에)에도 '긍정+부정' 형태의 有没有(~ 했는지 안 했는지)가 쓰여 자연스러운 문맥이 되었다. 따라서 틀린 부분이 없다.

어휘 **取决于** qǔjué yú ~에 달려있다　**勤于** qínyú 부지런히 ~을 하다

B	(다음 주 토요일에).	//	(희생자의)	가족들은	(~할 것이다)	참석했다	/	(엄숙한)	장례식에
	（下周六），	//	（遇难者的）	家属们	（将要）	出席了	/	（隆重的）	葬礼。
	부사어		관형어	주어	부사어	술어+了		관형어	목적어

해석 다음 주 토요일에 희생자의 가족들은 엄숙한 장례식에 참석했할 것이다.

해설 **조사 了가 문맥에 맞지 않게 사용되어 틀린 경우**
동작의 완료를 나타내는 了가 미래에 발생할 일을 나타내는 부사 将要(~할 것이다)와 문맥상 어울리지 않아 틀린 문장이다. 了가 없어야 문맥상 자연스럽다.

옳은 문장 下周六，遇难者的家属们将要出席隆重的葬礼。
다음 주 토요일에, 희생자의 가족들은 엄숙한 장례식에 참석할 것이다.

어휘 遇难者 yùnànzhě 몡 희생자 家属 jiāshǔ 몡 가족 出席 chūxí 동 참석하다 ★隆重 lóngzhòng 톙 엄숙하다 葬礼 zànglǐ 몡 장례식   (6급 빈출어휘)

C	중약은	(~할 뿐만 아니라)	(~할 수 있다)	(일반 항생제와)	어깨를 겨루다.	(게다가)	부작용이	적다.	/	생산 비용이	(비교적)	싸다.
	中药	不仅	（能）	（与一般抗生素）	媲美，	// 而且	副作用	小，	//	成本	（较）	低。
	주어	접속사	부사어	부사어	술어	접속사	주어	술어		주어	부사어	술어
							술어(주술구)				술어(주술구)	

해석 중약은 일반 항생제와 어깨를 겨룰 수 있을 뿐만 아니라, 부작용이 적고 생산 비용도 비교적 싸다.

해설 주어 中药(중약)와 각각의 술어 媲美(어깨를 겨루다), 副作用小(부작용이 적다), 成本较低(생산 비용이 비교적 싸다)가 문맥상 자연스럽게 어울린다. 자주 짝을 이루어 쓰이는 연결어 '不仅A，而且B(A할 뿐만 아니라, 게다가 B하다)'도 문맥상 적절하게 쓰였다. 따라서 틀린 부분이 없다. 참고로 副作用小，成本较低는 주술구 형태의 술어이다.

어휘 中药 zhōngyào 몡 중약 抗生素 kàngshēngsù 몡 항생제 媲美 pìměi 동 어깨를 겨루다 副作用 fùzuòyòng 몡 부작용
★成本 chéngběn 몡 생산 비용

D	이허위안은	~이다	(가장 완벽하게 보존된)	행궁 후원.	//	(~에 의해 ~되다)	~라고 부르다	/	'황실 정원 박물관'.
	颐和园	是	（一座保存最完整的）	行宫御苑，	//	（被）	誉为	/	"皇家园林博物馆"。
	주어	술어	관형어	목적어		被	술어+보어		목적어

해석 이허위안은 가장 완벽하게 보존된 행궁 후원이고, '황실 정원 박물관'이라고 불린다.

해설 술어 是(~이다)과 연결되는 주어 颐和园(이허위안은), 목적어 行宫御苑(행궁 후원)이 동격이다. 또한 위 문장은 개사 被가 쓰인 被자문인데, 주어 颐和园, 개사 被, '술어+보어' 형태인 誉为(~라고 부르다), 목적어 "皇家园林博物馆"("황실 정원 박물관")이 문맥상 자연스럽게 어울린다. 따라서 틀린 부분이 없다.

어휘 颐和园 Yíhéyuán 고유 이허위안[베이징에 있는 공원] 保存 bǎocún 동 보존하다 完整 wánzhěng 톙 완벽하다 行宫 xínggōng 몡 행궁
御苑 yùyuàn 몡 후원 誉为 yùwéi ~라고 부르다 皇家 huángjiā 몡 황실 ★园林 yuánlín 몡 정원 博物馆 bówùguǎn 몡 박물관

2

A	(현재는)	없다	/	(검증을 이겨낼)	높은 수준의 학술 논문이	/	증명하다	유전자 변형 음식이	/	(~할 수 있다)	유발하다	암을
	（目前）	没有	/	（一篇经得起考验的）	高质量学术论文	/	证明	转基因食物	/	（能）	致	癌。
	부사어	술어1		관형어	목적어 / 주어		술어2	주어		부사어	술어	목적어
											목적어(주술목구)	

해석 현재는 유전자 변형 음식이 암을 유발할 수 있다는 것을 증명한, 검증을 이겨낼 높은 수준의 학술 논문이 없다.

해설 위 문장은 동사 没有(없다)가 사용된 겸어문으로, 목적어 겸 주어인 高质量学术论文(높은 수준의 학술 논문이), 술어2 证明(증명하다), 목적어 转基因食物能致癌(유전자 변형 음식이 암을 유발할 수 있다는 것을)가 문맥상 자연스럽게 어울린다. 시간사 目前(현재는) 또한 술어1 没有 앞의 부사어로 적절하게 쓰였다. 따라서 틀린 부분이 없다. 참고로 위 문장의 주어가 世上(세계에는)이라는 것을 문맥상 분명하게 알 수 있으므로, 주어는 생략되었다. 그리고 술어1 没有는 让, 使과 같은 겸어 동사로 사용됐다는 것을 알아둔다.

어휘 目前 mùqián 몡 현재 经得起 jīng de qi 이겨내다 ★考验 kǎoyàn 동 검증하다 质量 zhìliàng 몡 수준, 품질 学术 xuéshù 몡 학술
论文 lùnwén 몡 논문 转基因 zhuǎn jīyīn 유전자 변형 食物 shíwù 몡 음식 致癌 zhì ái 암을 유발하다

B	(~하기만 하면)	모두가	(다)	(~하기를 원하다)	(서로)	이해하다	그리고	포용하다	(다른 사람의)	단점을.	//	(비로소)	(~할 수 있다)	사이 좋게 지내다
	只要	大家	（都）	（愿意）	（互相）	体谅	和	包容	（他人的）	缺点，	//	（才）	（可以）	相处得很融洽。
	접속사	주어	부사어	부사어	부사어	술어	접속사	술어	관형어	목적어		부사어	부사어	술어+得+보어

해석 모두가 다 서로 다른 사람의 단점을 이해하고 포용하기를 원하기만 하면, 비로소 사이 좋게 지낼 수 있다.

해설 **접속사가 문맥에 맞지 않게 사용되어 틀린 경우**

접속사 **只要**(~하기만 하면)가 사용되어 '모두가 다 서로 다른 사람의 단점을 이해하고 포용하기를 원하기만 하면, 비로소 사이 좋게 지낼 수 있다'라는 어색한 문맥이 되어 틀린 문장이다. **只要** 대신에 유일한 조건을 나타내는 **只有**(~해야지만)가 와야 한다. 참고로 **只有**는 **才**와, **只要**는 **就**와 자주 짝을 이뤄 사용한다는 점을 알아둔다.

옳은 문장 只有**大家都愿意互相体谅和包容他人的缺点，才可以相处得很融洽。**
모두가 다 서로 다른 사람의 단점을 이해하고 포용하기를 원해야지만, 비로소 사이 좋게 지낼 수 있다.

어휘 ★**体谅** tǐliàng[동] (남의 입장에서) 이해하다 **包容** bāoróng[동] 포용하다 **相处** xiāngchǔ[동] 함께 지내다 ★**融洽** róngqià[형] 사이가 좋다

C
양가는 / ~이다 / (중국 북방의 가장 대표적인) 민족춤 종류 중 하나, // 각 지역마다 / 있다 / (다른) 스타일이
秧歌 / 是 /（中国北方最具代表性的）民族舞种之一，// 每个地区 / 有 /（不同的）风格样式。
주어 술어 관형어 목적어 주어 술어 관형어 목적어

해석 양가는 중국 북방의 가장 대표적인 민족춤 종류 중 하나인데, 각 지역마다 다른 스타일이 있다.

해설 앞 절의 술어 **是**(~이다)과 연결되는 주어 **秧歌**(양가는), 목적어 **民族舞种之一**(민속춤 종류 중 하나)가 동격이다. 뒤 절의 주어 **每个地区**(각 지역마다), 술어 **有**(있다), 목적어 **风格样式**(스타일이)이 문맥상 자연스럽게 어울린다. 따라서 틀린 부분이 없다.

어휘 **秧歌** Yāngge[고유] 양가[중국 북방에서 널리 유행하는 민간 가무의 일종] **代表性** dàibiǎoxìng[명] 대표성 **地区** dìqū[명] 지역
风格 fēnggé[명] 스타일 **样式** yàngshì[명] 스타일

D
얼음 조각은, // (글자 그대로) (바로) ~이다 / (얼음에 각종 형태를 조각하는) 예술 형식, // (~할 수 있다) ~으로 구분하다 / 입체 조각, 양각과 투각
冰雕，//（顾名思义）（就）是 /（在冰上雕刻出各种形状的）艺术形式，//（可） 分为 / 圆雕、浮雕和透雕。
주어 부사어 부사어 술어 관형어 목적어 부사어 술어+보어 목적어

해석 얼음 조각은 글자 그대로 얼음에 각종 형태를 조각하는 예술 형식이며, 입체 조각, 양각과 투각으로 구분할 수 있다.

해설 술어 **是**(~이다)과 연결되는 주어 **冰雕**(얼음 조각은), 목적어 **艺术形式**(예술 형식)이 동격이다. '술어+보어'인 **分为**(~로 구분하다), 목적어 **圆雕、浮雕和透雕**(입체 조각, 양각과 투각)도 문맥상 자연스럽게 어울린다. 따라서 틀린 부분이 없다. 참고로 두 번째 절에서는 주어 **冰雕**가 생략됐다.

어휘 **冰雕** bīngdiāo[명] 얼음 조각 **顾名思义** gùmíngsīyì[성] 글자 그대로 ★**雕刻** diāokè[동] 조각하다 **形状** xíngzhuàng[명] 형태 **形式** xíngshì[명] 형식
圆雕 yuándiāo[명] 입체 조각 **浮雕** fúdiāo[명] 양각[평평한 면에 글자나 그림 무늬 따위를 볼록하게 깎아 돋보이게 나타내는 조각 기법]
透雕 tòudiāo[명] 투각[재료를 완전히 뚫거나 도려내어 표현하는 조각 기법]

3

A
세계 각국은 / 빈부가 / 고르지 않다, // 생활 수준의 격차가 / (비교적) 크다, // 원인은 / ~에 있다 / (생산성의) 차이
世界各国 / 贫富 / 不均，// 生活水平差距 /（较）大，// 原因 / 在于 /（生产率的）差别。
주어 주어 술어 (술어(주술구)) 주어 부사어 술어 (술어(주술구)) 주어 술어 관형어 목적어

해석 세계 각국은 빈부가 고르지 않고, 생활 수준의 격차가 비교적 큰데, 원인은 생산성의 차이에 있다.

해설 각 절의 주어, 술어가 각각 문맥상 자연스럽게 어울린다. 따라서 틀린 부분이 없다. 참고로 **贫富不均**(빈부가 고르지 않다), **生活水平差距较大**(생활 수준의 격차가 비교적 크다)는 주술구 형태의 술어이다.

어휘 **贫富** pínfù[명] 빈부 **均** jūn[형] 고르다 **差距** chājù[명] 격차 **在于** zàiyú[동] ~에 있다 **生产率** shēngchǎnlǜ[명] 생산성 ★**差别** chābié[명] 차이

B
(작가가 자신과 독자 사이에 연결되는 것이 있다고 깊게 느낄 때), // 그는 / (바로) (~할 수 있다) 얻다 / 영감과 힘을
（当一个作家深切地感受到自己与读者有所联系的时候），// 他 /（便） （能） 获得 / 灵感和力量。
부사어 주어 부사어 부사어 술어 목적어

해석 작가가 자신과 독자 사이에 연결되는 것이 있다고 깊게 느낄 때, 영감과 힘을 얻을 수 있다.

해설 주어 **他**(그는), 술어 **获得**(얻다), 목적어 **灵感和力量**(영감과 힘을)이 문맥상 자연스럽게 어울린다. 개사 **当**이 이끄는 **当一个作家深切地感受到自己与读者有所联系的时候**(작가가 자신과 독자 사이에 연결되는 것이 있다고 깊게 느낄 때)도 문장 맨 앞에서 부사어로 적절히 쓰였고 부사 **便**(바로), 조동사 **能**(~할 수 있다) 또한 술어 **获得** 앞 부사어로 문맥상 적절하게 쓰였다. 따라서 틀린 부분이 없다.

어휘 **深切** shēnqiè[형] 깊다 ★**灵感** línggǎn[명] 영감 **力量** lìliàng[명] 힘

C
스완 테라코타 기예는 / 가지고 있다 / (인문성, 지역성, 민족성의) 특징을, // (창작에 있어서) 사용한다 / (독특한) 제작 기법을
石湾陶塑技艺 / 具有 /（人文性、地方性、民族性的）特点，//（在创作上）采用 /（独特的）制作手法。
주어 술어 관형어 목적어 부사어 술어 관형어 목적어

해석 스완 테라코타 기예는 인문성, 지역성, 민족성의 특징을 가지고 있고, 창작에 있어서 독특한 제작 기법을 사용한다.

해설 | 주어 石湾陶塑技艺(스완 테라코타 기예는), 술어 具有(가지고 있다), 목적어 特点(특징을)이 문맥상 자연스럽게 어울리고 뒤 절의 술어 采用(사용한다), 목적어 制作手法(제작 기법을) 또한 문맥상 자연스럽게 어울린다. 개사 在가 이끄는 在创作上(창작에 있어서)도 술어 采用 앞 부사어로 적절히 쓰였다. 따라서 틀린 부분이 없다.

어휘 | 石湾 Shíwān [고유] 스완[중국의 지명] 陶塑 táosù [명] 테라코타[점토로 빚어서 구워낸 사람이나 동물 형상] 技艺 jìyì [명] 기예
人文性 rénwénxìng [명] 인문성 ★创作 chuàngzuò [명] 창작하다 采用 cǎiyòng [동] 사용하다, 취하다 独特 dútè [형] 독특하다
制作 zhìzuò [동] 제작하다 ★手法 shǒufǎ [명] 기법

	(몇 번의 실패를 겪은 후), //	(실패가 되풀이 되지 않는 것을 피하기 위해). //	(모든 일을 하기 전에)	그는	(모두)	(~한다)	심사숙고하다. //
D	(经历了几次失败后), //	(为了避免不重蹈覆辙), //	(做每一件事情之前)	他	(都)	(会)	深思熟虑, //
	부사어	부사어	부사어	주어	부사어	부사어	술어

신중하게 고려한 다음 행동한다
三思而后行。
술어

해석 | 몇 번의 실패를 겪은 후, 실패가 되풀이 되지 않는 것을 피하기 위해, 그는 모든 일을 하기 전에 심사숙고하고, 신중하게 고려한 다음 행동한다.

해설 | **이중부정의 형태로 의미가 중복되어 틀린 경우**
避免(피하다)과 不(~않다)가 함께 쓰여 '실패가 되풀이되지 않는 것을 피한다'라는 어색한 문맥이 되었으므로 틀린 문장이다. 避免과 不 중 하나만 있어야 문맥상 자연스럽다.

옳은 문장 | 经历了几次失败后, 为了避免重蹈覆辙, 做每一件事情之前他都会深思熟虑, 三思而后行。
몇 번의 실패를 겪은 후, 실패가 되풀이 되는 것을 피하기 위해, 그는 모든 일을 하기 전에 심사숙고하고, 신중하게 고려한 다음 행동한다.

어휘 | 避免 bìmiǎn [동] 피하다 重蹈覆辙 chóngdǎofùzhé [성] 실패를 다시 되풀이하다 深思熟虑 shēnsīshúlǜ [성] 심사숙고하다
三思而后行 sānsī ér hòuxíng 신중하게 고려한 다음 행동하다

---

4 A

많은 사람이	좋아하다	질경이를. //	~이기 때문에	이 식물은	(조리를 거친 후)	(~할 수 있다) 식용하다. //	맛이	독특하다. //
很多人	喜欢	车前草, //	因为	这种植物	(经过烹饪后)	(可以) 食用, //	味道	独特, //
주어	술어	목적어	접속사	주어	부사어	술어	주어 술어
							술어(주술구)

(~도) 있다 / (훌륭한) 건강 증진 효과가
(还) 有 / (很好的) 保健功效。
부사어 술어 관형어 목적어

해석 | 많은 사람들은 질경이를 좋아하는데, 이 식물은 조리를 거친 후 식용할 수 있고, 맛이 독특하며, 훌륭한 건강 증진 효과도 있기 때문이다.

해설 | 인과 관계를 나타내는 접속사 因为(~이기 때문에)가 문맥상 적절하게 쓰였다. 또한 시기를 나타내는 부사어 经过烹饪后(조리를 거친 후), 조동사 可以(~할 수 있다)도 술어 食用(식용하다) 앞 부사어로 문맥상 적절하게 쓰였다. 따라서 틀린 부분이 없다.

어휘 | 车前草 Chēqiáncǎo [고유] 질경이[식물의 한 종류] 植物 zhíwù [명] 식물 ★烹饪 pēngrèn [동] 조리하다, 요리하다 食用 shíyòng [동] 식용하다
独特 dútè [형] 독특하다 保健 bǎojiàn [동] 건강을 증진하다 ★功效 gōngxiào [명] 효과

B

(루쉰 기념관에 우뚝 솟은)	이 동상은. //	[바진 등 유명한 작가들이]	제의하고. /	(루쉰을 열렬히 사랑하는 국내외 인사들이)	모금하다 /
(矗立在鲁迅纪念馆的)	这座铜像, //	[是] (由巴金等著名作家)	倡议、/	(由热爱鲁迅的国内外人士)	集资 /
관형어	주어	[是] (강조내용)	술어	(강조내용)	술어1

30만 위안을 / 만들다
30万元 / 铸成 / [的]
목적어 술어2 [的]

해석 | 루쉰 기념관에 우뚝 솟은 이 동상은 바진 등 유명한 작가들이 제의하고, 루쉰을 열렬히 사랑하는 국내외 인사들이 30만 위안을 모금하여 만들었다.

해설 | 위 문장은 是……的 강조구문이 사용된 문장으로, 倡议(제의하다)의 행위자가 巴金等著名作家(바진 등 유명한 작가들)이고, 集资30万元铸成(30만 위안을 모금하여 만들다)의 행위자가 热爱鲁迅的国内外人士(루쉰을 열렬히 사랑하는 국내외 인사들)임을 강조했다. 관형어 矗立在鲁迅纪念馆的(루쉰 기념관에 우뚝 솟은)도 주어 这座铜像(이 동상은) 앞에 알맞게 배치되었다. 따라서 틀린 부분이 없다.

어휘 | 矗立 chùlì [동] 우뚝 솟다 鲁迅 Lǔ Xùn [고유] 루쉰[중국의 문학가, 사상가 겸 혁명가] 纪念馆 jìniànguǎn [명] 기념관 铜像 tóngxiàng [명] 동상
巴金 Bā Jīn [고유] 바진[중국 현대 작가] 倡议 chàngyì [동] 제의하다 热爱 rè'ài [동] 열렬히 사랑하다 ★人士 rénshì [명] 인사 集资 jízī [동] 모금하다
铸成 zhùchéng (주조하여) 만들다

C

(企业经营者素质的)	高低 /	(对企业利润的增长)	有 /	(重要的)	影响, //	之所以	提高 /	(经营者的)	素质 /
(기업 경영인의 자질의)	높고 낮음은 /	(기업의 이윤 증가에 대해)	미친다 /	(중요한)	영향을. //	~한 이유는	향상시키다 /	(경영인의)	자질을 /
관형어	주어	부사어	술어	관형어	목적어	접속사	술어	관형어	목적어

주어(술목구)

是 /	(许多企业的)	当务之急。
~이다 /	많은 기업의	급선무
술어	관형어	목적어

해석 기업 경영인의 자질의 높고 낮음은 기업의 이윤 증가에 대해 중요한 영향을 미치는데, 경영인의 자질을 향상시키는 것은 많은 기업의 급선무인 이유는.

해설 **접속사가 문맥에 맞지 않게 사용되어 틀린 경우**
접속사 之所以(~한 이유는)가 사용되어 '기업 경영인의 자질의 높고 낮음은 기업의 이윤 증가에 대해 중요한 영향을 미치는데, 경영인의 자질을 향상시키는 것은 많은 기업의 급선무인 이유는'이라는 어색한 문맥이 되어 틀린 문장이다. 之所以 대신에 所以(그래서)와 같은 어휘가 와야 한다.

　　　　옳은 문장 企业经营者素质的高低对企业利润的增长有重要的影响, **所以**提高经营者的素质是许多企业的当务之急。
　　　　기업 경영인의 자질의 높고 낮음은 기업의 이윤 증가에 대해 중요한 영향을 미치는데, 그래서 경영인의 자질을 향상시키는 것은 많은 기업의 급선무이다.

어휘 企业 qǐyè 📖 기업　经营者 jīngyíngzhě 📖 경영인　★素质 sùzhì 📖 자질　利润 lìrùn 📖 이윤　之所以 zhīsuǒyǐ 📖 ~한 이유는
当务之急 dāngwùzhījí 📖 급선무

D

(在夏季), //	许多人 /	(为图凉快), //	(会)	(在游玩时)	(把脚)	泡进 /	(冰凉的)	溪水里, //
(여름에), //	많은 사람들은 /	(시원해지기 위해), //	(~한다)	(놀 때)	(발을)	~에 넣는다 /	(시원한)	시냇물. //
부사어	주어	부사어	부사어	부사어	把+행위의 대상	술어+보어	관형어	목적어

但	(事实上)	这种做法 /	(容易)	阻碍 /	脚部血液循环。
하지만	(실제로)	이런 방법은 /	(쉽게)	방해한다 /	발 부위의 혈액 순환을
접속사	부사어	주어	부사어	술어	목적어

해석 여름에 많은 사람들은 시원해지기 위해 놀 때 발을 시원한 시냇물에 넣는데, 하지만 실제로 이런 방법은 쉽게 발 부위의 혈액 순환을 방해한다.

해설 위 문장은 개사 把가 쓰인 把자문으로, '把+행위의 대상'인 把脚(발을), '술어+보어'인 泡进(~에 넣는다), 목적어 溪水里(시냇물)가 문맥상 자연스럽게 어울린다. 조동사 会(~한다)와 개사 在 이끄는 부사어 在游玩时(놀 때)도 把 앞 부사어로 적절하게 배치되었고, 전환을 나타내는 접속사 但(하지만)도 문맥상 적절하게 쓰였다. 따라서 틀린 부분이 없다.

어휘 溪水 xīshuǐ 📖 시냇물　★阻碍 zǔ'ài 📖 방해하다　血液 xuèyè 📖 혈액　★循环 xúnhuán 📖 순환하다

5 **A**

那个画家 /	凭借 /	(自己的)	生活积累和艺术感觉, //	使 /	传统文化内涵及现代人文精神 /	(在画面上)
그 화가는 /	~에 기반하여 /	(자신의)	생활 경험과 예술 감각, //	~하게 한다 /	전통 문화 내용과 현대 인류 문화 정신이 /	(화면 속에서)
주어	술어	관형어	목적어	술어1	목적어	부사어

목적어 주어

得到了 /	充分体现。
됐다 /	충분한 구현을
술어2+了	목적어

해석 그 화가는 자신의 생활 경험과 예술 감각에 기반하여, 전통 문화 내용과 현대 인류 문화 정신이 화면 속에서 충분히 구현되게 했다.

해설 위 문장은 사역동사 使가 사용된 겸어문으로, 주어 那个画家(그 화가), 술어1 使(~하게 한다), 목적어 겸 주어인 传统文化内涵及现代人文精神(전통 문화 내용과 현대 인류 문화 정신이), 술어2 得到(되다)가 문맥상 모두 자연스럽게 어울린다. 따라서 틀린 부분이 없다.

어휘 凭借 píngjiè 📖 ~에 기반하다　传统 chuántǒng 📖 전통적이다　★内涵 nèihán 📖 내용, 의미　现代 xiàndài 📖 현대　人文 rénwén 📖 인류 문화
精神 jīngshén 📖 정신　充分 chōngfèn 📖 충분하다　体现 tǐxiàn 📖 구현하다

B

(家庭教育和学校教育最大的)	区别 /	是, //	家庭教育 /	没有 /	教材,	没有 /	课堂, //	其关键 /
(가정 교육과 학교 교육의 가장 큰)	차이는 /	~이다. //	가정 교육은 /	없다 /	교재가,	없다 /	교실이. //	이것의 핵심은 /
관형어	주어	술어	주어	술어	목적어	술어	목적어	주어

목적어(주술목구)

(就)	在于 /	(父母的)	榜样作用。
(바로)	~에 있다 /	(부모의)	본보기 역할
부사어	술어	관형어	목적어

해석 가정 교육과 학교 교육의 가장 큰 차이는 가정 교육은 교재와 교실이 없다는 것이고, 가정 교육의 핵심은 바로 부모의 본보기 역할에 있다.

해설 앞 절의 술어 是(~이다)과 연결되는 주어 区别(차이는), 목적어 家庭教育没有教材, 没有课堂(가정 교육은 교재와 교실이 없다는 것)이 동격이다. 뒤 절의 주어 其关键(가정 교육의 핵심은), 술어 在于(~에 있다), 목적어 榜样作用(본보기 역할) 또한 문맥상 자연스럽게 어울린다. 따라서 틀린 부분이 없다.

어휘 家庭 jiātíng 圓 가정 教材 jiàocái 圓 교재 课堂 kètáng 圓 교실 在于 zàiyú 圆 ~에 있다 ★榜样 bǎngyàng 圆 본보기

C 날씨 조건은 / (우주선 발사에) 매우 중요하다 // 새벽 무렵은 날씨 상황이 / (비교적) 안정적이다. / 구름층이 (비교적) 적다. //

天气条件 / （对于航天发射）至关重要。// 凌晨时分 天气状况 / （比较）稳定， // 云层 / （较） 少， //
주어   부사어   술어   주어   주어   부사어 술어   주어   부사어 술어
                                                     술어(주술구)   술어(주술구)

유리하다 / (로켓 발사 및 신호 전송에)

有利 / （于火箭发射及信号的传播）。
술어   보어

해석 날씨 조건은 우주선 발사에 매우 중요하다. 새벽 무렵은 날씨 상황이 비교적 안정적이고, 구름층이 비교적 적어서, 로켓 발사 및 신호 전송에 유리하다.

해설 앞 문장의 주어 天气条件(날씨 조건은), 술어 至关重要(매우 중요하다)가 문맥상 자연스럽게 어울리고 뒤 문장의 주어, 술어 또한 각각 문맥상 자연스럽게 어울린다. 대상을 나타내는 부사어 对于航天发射(우주선 발사는) 또한 술어 重要 앞 부사어로 문맥상 적절하게 쓰였다. 따라서 틀린 부분이 없다. 참고로 부사어의 어순은 기본적으로 부사→조동사→개사구이지만, 대상을 나타내는 개사구는 예외적으로 부사 앞에 위치할 수 있다는 점을 알아둔다.

어휘 航天发射 hángtiān fāshè 우주선 발사 至关 zhìguān 매우 ★凌晨 língchén 圆 새벽 时分 shífēn 圆 무렵 状况 zhuàngkuàng 圆 상황 稳定 wěndìng 圆 안정적이다 有利 yǒulì 圆 유리하다 火箭 huǒjiàn 圆 로켓 信号 xìnhào 圆 신호 传播 chuánbō 圆 전송하다

D [물론 ~지만] (현대 사회에서 빠르게 발전한) 과학 기술은 / (~할 수 있다) ~하게 하다 / 우리가 / 이해했다 / (다양한) 첨단 기술 제품을. //

固然 （现代社会高速发展的）科技技术 / （可以） 使 / 我们 / 见识到 / （多样的） 科技产品， //
접속사   관형어   주어   부사어 술어1 목적어 술어2+보어 관형어   목적어
                                                        주어

어떤 제품은 [심지어] (~할 수 있다) 바꾸다 (사람들의) 생활 방식을

有些产品 / 甚至 （可以）改变 / （人类的）生活方式。
주어   접속사 부사어 술어   관형어   목적어

해석 물론 현대 사회에서 빠르게 발전한 과학 기술은 우리가 다양한 첨단 기술 제품을 이해할 수 있게 하지만, 어떤 제품은 심지어 사람들의 생활 방식을 바꿀 수 있다.

해설 접속사가 불필요하게 사용되어 틀린 경우
접속사 固然(물론 ~지만)이 사용되어 '물론 현대 사회에서 빠르게 발전한 과학 기술은 우리가 다양한 첨단 기술 제품을 이해할 수 있게 하지만, 어떤 제품은 심지어 사람들의 생활 방식을 바꿀 수 있다'라는 어색한 문맥이 되어 틀린 문장이다. 固然이 없어야 자연스러운 문맥이 된다.

옳은 문장 现代社会高速发展的科学技术可以使我们见识到多样的科技产品，有些产品甚至可以改变人类的生活方式。
현대 사회에서 빠르게 발전한 과학 기술은 우리가 다양한 첨단기술 제품을 이해할 수 있게 하고, 어떤 제품은 심지어 사람들의 생활 방식을 바꿀 수 있다.

어휘 固然 gùrán 圆 물론 ~지만 现代 xiàndài 圆 현대 科技 kējì 圆 첨단 기술 产品 chǎnpǐn 圆 제품 人类 rénlèi 圆 사람

고득점비책 04 | 把·被·比자문, 겸어문, 연동문이 틀린 문장 고르기 p.102

실전연습문제 p.105

1 A	2 B	3 B	4 C	5 D

1

A

(요 몇 년 동안의 꾸준한 노력을 통해),	//	그는	(빚을)	(작년에)	(모두)	상환했다
(经过这几年不懈的努力),	//	他	(把债务)	(去年)	(都)	偿还了。
부사어		주어	把+행위의 대상		부사어	술어+了

해석   요 몇 년 동안의 꾸준한 노력을 통해, 그는 빚을 작년에 상환했다.

해설   **把자문에서 부사어의 위치가 틀린 경우**
시간을 나타내는 명사 去年(작년에)이 '把+행위의 대상' 보다 뒤에 위치해서 틀린 문장이다. 去年이 把 또는 주어 他(그는) 앞에 와야 한다. 참고로 부사 都는 술어와 의미적으로 밀접하여 술어 偿还(상환하다) 바로 앞에 위치했고, 去年과 같이 시간을 나타내는 부사어는 주어 앞에 위치할 수도 있다는 것을 알아둔다.

옳은 문장   经过这几年不懈的努力, 他去年把债务都偿还了。
요 몇 년 동안의 꾸준한 노력을 통해, 그는 작년에 빚을 모두 상환했다.

어휘   不懈 búxiè 圈 꾸준하다   债务 zhàiwù 圈 빚   偿还 chánghuán 圈 (빚을) 상환하다, 갚다

B

태풍은 /	가지고 있다 /	거대한 에너지를,	//	(태풍 앞에서)	사람들은 /	(그야말로)	깃털처럼 가볍다
台风 /	具有 /	巨大能量,	//	(在台风面前)	人们 /	(简直)	轻如鸿毛。
주어	술어	목적어		부사어	주어	부사어	술어

해석   태풍은 거대한 에너지를 가지고 있어, 태풍 앞에서 사람들은 그야말로 깃털처럼 가볍다.

해설   각 절의 주어, 술어, 목적어가 문맥상 자연스럽게 어울린다. 개사 在가 이끄는 在台风面前(태풍 앞에서) 또한 뒤 절 맨 앞에서 부사어로 적절하게 쓰였다. 따라서 틀린 부분이 없다.

어휘   台风 táifēng 圈 태풍   巨大 jùdà 圈 거대하다   ★能量 néngliàng 圈 에너지   简直 jiǎnzhí 圈 그야말로   (6급 빈출어휘)
轻如鸿毛 qīngrúhóngmáo 圈 깃털처럼 가볍다

C

백합은 /	자란다 /	(중국, 일본, 미주와 유럽 등 온대 지역에서)
百合花 /	生长 /	(在中国、日本、美洲和欧洲等温带地区)。
주어	술어	보어

해석   백합은 중국, 일본, 미주와 유럽 등 온대 지역에서 자란다.

해설   주어 百合花(백합은), 술어 生长(자란다)이 문맥상 자연스럽게 어울린다. 보어 在中国、日本、美洲和欧洲等温带地区(중국, 일본, 미주와 유럽 등 온대 지역에서) 또한 술어 生长 뒤에 적절하게 쓰였다. 따라서 틀린 부분이 없다.

어휘   生长 shēngzhǎng 圈 자라다   欧洲 Ōuzhōu 교유 유럽   温带 wēndài 圈 온대   地区 dìqū 圈 지역

D

경극은 /	기원했다 /	(청나라 건룡시기에),	//	이것의 전통 작품은 /		달한다 /	천여 개에
京剧 /	起源 /	(于清朝乾隆时期),	//	其传统剧目 /	(就)	多达 /	一千多个。
주어	술어	보어		주어	부사어	술어	목적어

해석   경극은 청나라 건룡시기에 기원했고, 경극의 전통 작품은 천여 개에 달한다.

해설   앞 절의 주어 京剧(경극은), 술어 起源(기원했다)이 문맥상 자연스럽게 어울리고, 뒤 절의 주어 其传统剧目(이것의 전통 작품은), 술어 多达(달한다), 목적어 一千多个(천여 개에)도 문맥상 자연스럽게 어울린다. 앞 절에서 개사 于가 이끄는 개사구 于清朝乾隆时期(청나라 건룡시기에) 또한 술어 起源 뒤의 보어로 적절하게 쓰였다. 따라서 틀린 부분이 없다.

어휘   ★起源 qǐyuán 圈 기원하다   清朝 Qīngcháo 교유 청나라[중국 역사상의 한 국가]   乾隆 Qiánlóng 교유 건룡[청나라 고종(高宗)의 연호]
传统 chuántǒng 圈 전통적이다   剧目 jùmù 圈 작품

2

A

(브로콜리의)	영양가 및 질병 예방 효과는	/	(모두)	(월등히)	뛰어넘는다 /	다른 채소를
(西蓝花的)	营养价值及防病作用	/	(都)	(远远)	超出 /	其他蔬菜。
관형어	주어		부사어	부사어	술어	목적어

해석   브로콜리의 영양가 및 질병 예방 효과는 모두 다른 채소를 월등히 뛰어넘는다.

해설   주어 营养价值及防病作用(영양가 및 질병 예방 효과는), 술어 超出(뛰어넘는다), 목적어 其他蔬菜(다른 채소를)가 문맥상 자연스럽게 어울리고, 부사 都(모두), 远远(월등히)도 술어 超出 앞 부사어로 문맥상 적절하게 쓰였다. 따라서 틀린 부분이 없다.

어휘   西蓝花 xīlánhuā 圈 브로콜리   营养 yíngyǎng 圈 영양   价值 jiàzhí 圈 가치   防病 fáng bìng 질병을 예방하다   超出 chāochū 圈 뛰어넘다
蔬菜 shūcài 圈 채소

B	(그들의)	이야기는 /	(작가에 의해) /	~이 되었다 /	(국내외에서 잘 팔리는 한 편의)	저명한 소설
	(他们的)	故事 /	(被一个作家) /	成为了 /	(一部畅销国内外的)	著名小说。
	관형어	주어	被+행위의 주체	술어+了	관형어	목적어

해석 그들의 이야기는 작가에 의해 국내외에서 잘 팔리는 한 편의 저명한 소설이 되었다.

해설 **被자문에서 술어가 행위를 나타내는 동사가 아니어서 틀린 경우**
위 문장은 被자문인데, 成为(~가 되다)가 著名小说(저명한 소설)에 대한 구체적인 행위를 나타내지 않아 틀린 문장이다. 成为 대신에 写成(~로 쓰다)과 같은 어휘가 와야 한다.

옳은 문장 他们的故事被一个作家写成了一部畅销国内外的著名小说。
그들의 이야기는 작가에 의해 국내외에서 잘 팔리는 한 편의 저명한 소설로 쓰여졌다.

어휘 ★畅销 chàngxiāo 图 잘 팔리다

C	파리는 /	(비록	(오직) 가진다 /	(한 달 정도의)	수명을,	(하지만)	가지고 있다 /	(놀라운)	번식 능력을
	苍蝇 /	虽然	(只) 有 /	(一个月左右的)	寿命, //	但是	有着 /	(惊人的)	繁殖能力。
	주어	접속사	부사어 술어	관형어	목적어	접속사	술어+着	관형어	목적어

해석 파리는 비록 수명이 오직 한 달 정도 밖에 안 되지만, 놀라운 번식 능력을 가지고 있다.

해설 주어 苍蝇(파리는), 술어 有(가진다), 목적어 寿命(수명을)이 문맥상 자연스럽게 어울리고, 또다른 술어 有, 목적어 繁殖能力(번식 능력을)도 문맥상 자연스럽게 어울린다. 또한 자주 짝을 이루어 쓰이는 연결어 '虽然A, 但是B(비록 A하지만 B하다)'도 문맥상 적절하게 쓰였다. 따라서 틀린 부분이 없다.

어휘 苍蝇 cāngying 图 파리 寿命 shòumìng 图 수명 惊人 jīngrén 图 놀라운 ★繁殖 fánzhí 图 번식하다

D	아인슈타인은 /	(1905년과 1915년에)	제기했다 /	특수 상대성 이론과 일반 상대성 이론을
	爱因斯坦 /	(于1905年和1915年)	提出了 /	狭义相对论和广义相对论。
	주어	부사어	술어+보어+了	목적어

해석 아인슈타인은 1905년과 1915년에 특수 상대성 이론과 일반 상대성 이론을 제기했다.

해설 주어 爱因斯坦(아인슈타인은), '술어+보어'인 提出(제기하다), 목적어 狭义相对论和广义相对论(특수 상대성 이론과 일반 상대성 이론을)이 문맥상 자연스럽게 어울린다. 개사 于가 이끄는 于1905年和1915年(1905년과 1915년에)도 提出 앞 부사어로 문맥상 적절하게 쓰였다. 따라서 틀린 부분이 없다.

어휘 爱因斯坦 Àiyīnsītǎn 고유 아인슈타인 提出 tíchu 제기하다 狭义相对论 xiáyì xiāngduìlùn 특수 상대성 이론
广义相对论 guǎngyì xiāngduìlùn 일반 상대성 이론

3

A	고양이는 /	~이다 /	(활발하고 영리하며 사람에게 호감을 사는)	동물 //	(그것의)	외모는 /	(매우)	귀엽다
	猫 /	是 /	(一种活泼机灵又惹人喜爱的)	动物, //	(它的)	外形 /	(非常)	可爱。
	주어	술어	관형어	목적어	관형어	주어	부사어	술어

해석 고양이는 활발하고 영리하며 사람에게 호감을 사는 동물이고, 고양이의 외모는 매우 귀엽다.

해설 앞 절의 술어 是(~이다)과 연결되는 주어 猫(고양이는), 목적어 动物(동물)가 동격이고, 뒤 절의 주어 外形(외모는), 술어 可爱(귀엽다)도 문맥상 자연스럽게 어울린다. 관형어 一种活泼机灵又惹人喜爱的(활발하고 영리하며 사람에게 호감을 사는) 또한 목적어 动物 앞에 문맥상 적절하게 쓰였다. 따라서 틀린 부분이 없다.

어휘 ★机灵 jīling 图 영리하다, 약삭빠르다 惹 rě 图 어떤 감정을 불러일으키다 外形 wàixíng 图 외모

B	수염고래는 /	~이다 /	(몸집이 거대한)	수중 생물, //	(하지만)	바다에는 /	(~도)	있다 /	(그것보다 매우 큰)	백상아리가
	须鲸 /	是 /	(体形庞大的)	水中生物, //	但是	海洋中 /	(还)	有 /	(比它非常大的)	大白鲨。
	주어	술어	관형어	목적어	접속사	주어	부사어	술어	관형어	목적어

해석 수염고래는 몸집이 거대한 수중 생물이다. 하지만 바다에는 그것보다 매우 큰 백상아리도 있다.

해설 **比자문에서 비교의 의미가 없는 정도부사가 사용되어 틀린 경우**
比자문에 비교의 의미가 없는 정도부사 非常(매우)이 사용되어 틀린 문장이다. 非常 대신 비교의 의미가 있는 부사 更(더)과 같은 부사가 와야 한다.

옳은 문장 须鲸是体形庞大的水中生物, 但是海洋中还有比它更大的大白鲨。
수염고래는 몸집이 거대한 수중 생물이다. 하지만 바다에는 그것보다 더 큰 백상아리도 있다.

어휘 须鲸 xūjīng 图 수염고래 ★庞大 pángdà 图 거대하다 ★生物 shēngwù 图 생물 大白鲨 dàbáishā 图 백상아리

C

햄스터는	(음식을 먹을 때마다)	좋아한다	(음식물을)	~에 저장하다	볼주머니 속.,	이것은	~라고 할 수 있다	(일종의 타고난)	습성
仓鼠	(每次进食时)	(都) 喜欢	(把食物)	储存到	颊囊中，，	这	算是	(一种天生的)	习性。
주어	부사어	부사어 술어	把+행위의 대상	술어+보어	목적어	주어	술어	관형어	목적어
				목적어					

해석 햄스터는 음식을 먹을 때마다 음식물을 볼주머니 속에 저장하는 걸 좋아하는데, 이것은 일종의 타고난 습성이라고 할 수 있다.

해설 뒤 절의 주어 这(이것은), 술어 算是(~라고 할 수 있다), 목적어 习性(습성)이 문맥상 자연스럽게 어울린다. 앞 절의 목적어에는 개사 把가 쓰였는데, '把+행위의 대상'인 把食物(음식물을), 술어 储存(저장하다)이 문맥상 자연스럽게 어울린다. 따라서 틀린 부분이 없다.

어휘 仓鼠 cāngshǔ 圆 햄스터 进食 jìnshí 圆 음식을 먹다 食物 shíwù 圆 음식물 ★储存 chǔcún 圆 저장하다
颊囊 jiánáng 圆 (다람쥐·원숭이 따위의) 볼주머니 ★天生 tiānshēng 圆 타고난

D

고쟁과 공후 이 두 악기는	~이다	(고대의)	일품 악기.	오직	(궁궐과 부잣집에서)	(비로소)	(~할 수 있다)	보다
古筝和箜篌这两种乐器	是	(古代的)	极品乐器，，	只有	(在宫廷和大户人家)	(才)	(能)	看到。
주어	술어	관형어	목적어	접속사	부사어	부사어	부사어	술어+보어

해석 고쟁과 공후 이 두 악기는 고대의 일품 악기여서, 오직 궁궐과 부잣집에서만 비로소 볼 수 있었다.

해설 술어 是(~이다)과 연결되는 주어 古筝和箜篌这两种乐器(고쟁과 공후 이 두 악기는), 목적어 极品乐器(일품 악기)가 동격이고, 장소를 나타내는 개사구 在宫廷和大户人家(궁궐과 부잣집에서), 부사 才(비로소), 조동사 能(~할 수 있다)이 술어 看(보다) 앞 부사어로 문맥상 적절하게 쓰였다. 자주 짝을 이루어 쓰이는 연결어 '只有A, 才B(오직 A해야만 비로소 B하다)'도 문맥상 적절하게 쓰였다. 따라서 틀린 부분이 없다. 참고로 부사어의 어순은 기본적으로 부사→조동사→개사구이지만, 장소를 나타내는 개사구는 예외적으로 부사어 중 가장 앞에 위치할 수 있다는 점을 알아둔다.

어휘 古筝 gǔzhēng 圆 고쟁[탄현악기의 한 종류] 箜篌 kōnghóu 圆 공후[현악기의 한 종류] 乐器 yuèqì 圆 악기 古代 gǔdài 圆 고대 极品 jípǐn 圆 일품
宫廷 gōngtíng 圆 궁궐 大户人家 dàhù rénjiā 부잣집

4

A

사람들이	(대량으로)	배출하다	온실 가스를.	초래한다	(지구가 따뜻해지고, 빙하가 녹고, 해수면이 상승하고, 생물이 멸종하는)	사태가
人们	(大量)	排放	温室气体，，	导致	(全球变暖、冰川消融、海平面上升、物种灭绝的)	事件
주어	부사어	술어	목적어	술어	관형어	주어
		주어(주술목구)			목적어(주술구)	

(빈번히)	발생하다
(频频)	发生。
부사어	술어

해석 사람들이 온실 가스를 대량으로 배출하는 것은 지구가 따뜻해지고, 빙하가 녹고, 해수면이 상승하고, 생물이 멸종하는 사태가 빈번히 발생하는 것을 초래한다.

해설 주술목구 형태의 주어 人们大量排放温室气体(사람들이 온실 가스를 대량으로 배출하는 것은), 술어 导致(초래한다), 주술구 형태의 목적어 全球变暖、冰川消融、海平面上升、物种灭绝的事件频频发生(지구가 따뜻해지고, 빙하가 녹고, 해수면이 상승하고, 생물이 멸종하는 사태가 빈번히 발생하는 것을)이 문맥상 자연스럽게 어울린다. 따라서 틀린 부분이 없다. 참고로 목적어는 주어 事件(사태가), 술어 发生(발생하다)으로 이루어진 주술구 형태이다. 이와 같이 술어가 导致일 경우, 뒤에 목적어는 구나 절이 올 수 있다는 점을 알아둔다.

어휘 ★排放 páifàng 圆 배출하다 气体 qìtǐ 圆 가스 导致 dǎozhì 圆 초래하다 暖 nuǎn 圆 따뜻하다 冰川 bīngchuān 圆 빙하
消融 xiāoróng 圆 녹다, 용해되다 海平面 hǎipíngmiàn 圆 해수면 上升 shàngshēng 圆 상승하다 物种 wùzhǒng 圆 생물의 종, 종족
灭绝 mièjué 圆 멸종하다 ★事件 shìjiàn 圆 사태 频频 pínpín 圆 빈번히

B

(전문적인 설계를 거쳐).	(알루미늄 차체, 방폭 타이어, 샤프트 드라이브 등의 첨단 기법을 하나로 모은)	공유 자전거는.	가지게 되었다
(经过专业设计)，，	(集全铝车身、防爆轮胎、轴传动等高科技手段于一体的)	共享单车，，	具备了
부사어	관형어	주어	술어+了

(견고하여 오래 쓸 수 있고, 유지 비용이 적게 든다는) 장점을	
(坚固耐用，维护成本低的)	优点。
관형어	목적어

해석 전문적인 설계를 거쳐, 알루미늄 차체, 방폭 타이어, 샤프트 드라이브 등의 첨단 기법을 하나로 모은 공유 자전거는 견고하여 오래 쓸 수 있고, 유지 비용이 적게 든다는 장점을 가지게 되었다.

해설 주어 共享单车(공유 자전거는), 술어 具备(가지다), 목적어 优点(장점을)이 문맥상 자연스럽게 어울린다. 관형어 集全铝车身、防爆轮胎、轴传动等高科技手段于一体的(알루미늄 차체, 방폭 타이어, 샤프트 드라이브 등의 첨단 기법을 하나로 모은)와 坚固耐用, 维护成本低的(견고하여 오래 쓸 수 있고, 유지 비용이 적게 든다) 또한 각각 주어 共享单车와 목적어 优点 앞에서 문맥상 적절하게 쓰였다. 따라서 틀린 부분이 없다.

어휘 设计 shèjì 동 설계 | 集…于一体 jí…yú yìtǐ ~을 하나로 모으다 | 铝 lǚ 명 알루미늄 | 车身 chēshēn 명 차체 | 防爆 fáng bào 방폭하다
轮胎 lúntāi 명 타이어 | 轴传动 zhóuchuándòng 명 샤프트 드라이브[자전거의 무체인 구동 방식] | 高科技 gāokējì 첨단 기술
手段 shǒuduàn 명 기법 | 共享单车 gòngxiǎng dānchē 공유 자전거 | ★坚固 jiāngù 형 견고하다 | ★耐用 nàiyòng 형 오래 쓸 수 있다
★维护 wéihù 동 유지하고 보호하다 | ★成本 chéngběn 명 비용

C

중국 상하이는	~이다	(19세기 이래 동서 문화의)	교류의 장.	(~에 의해 ~되다)	~라고 부르다	'현대 중국의 열쇠'
中国上海	是	(十九世纪以来东西文化的)	交汇之处,	(被)	称为	"现代中国的钥匙",
주어	술어	관형어	목적어	부사어	술어+보어	목적어

(상하이의 이국적인 느낌이 충만한)	건축물은	많은 외국인 관광객을	느낀다	친근함을
(上海充满异国风情的)	建筑	许多外国游客	感到	亲切。
관형어	주어	주어	술어	목적어

해석 중국 상하이는 19세기 이래 동서 문화 교류의 장이어서, '현대 중국의 열쇠'라고 불린다. 상하이의 이국적인 느낌이 충만한 건축물은 많은 외국인 관광객을 친근함을 느낀다.

해설 **사역의 의미를 가진 술어가 없어 틀린 경우**
'상하이의 이국적인 느낌이 충만한 건축물은 많은 외국인 관광객을 친근감을 느낀다'라는 어색한 문맥이므로 틀린 문장이다. 让(~로 하여금 ~하게 하다)과 같이 사역의 의미를 가지는 술어가 있어야 한다.

옳은 문장 中国上海是十九世纪以来东西文化的交汇之处, 被称为"现代中国的钥匙", 上海充满异国风情的建筑让许多外国游客感到亲切。
중국 상하이는 19세기 이래 동서 문화 교류의 장이어서, '현대 중국의 열쇠'라고 불린다. 상하이의 이국적인 느낌이 충만한 건축물은 많은 외국인 관광객으로 하여금 친근함을 느끼게 한다.

어휘 以来 yǐlái 명 이래 | 交汇 jiāohuì 동 교류하다 | 称 chēng 동 부르다 | 现代 xiàndài 명 현대 | 充满 chōngmǎn 동 충만하다 | 异国 yìguó 명 이국
风情 fēngqíng 명 느낌 | 建筑 jiànzhù 명 건축물 | 亲切 qīnqiè 형 친근하다

D

덴마크 과학자 에르스텟은	(한 실험에서),	(우연히) ~하게 하다	(전기가 통하는)	도선을	~에 가까이 하다	나침반.	발견했다
丹麦科学家奥斯特	(在一次实验中),	(偶然) 让	(通电的)	导线	靠近	指南针,	发现了
주어	부사어	부사어 술어1	관형어	목적어	술어2	목적어	술어+了

전기가	(~할 수 있다)	발생시키다	자성을	이 발견은	(인류가 대규모로 전기 에너지를 이용하도록)	열어줬다	문을
电	(可以)	产生	磁。	这个发现	(为人类大规模利用电能)	打开了	大门。
주어	부사어	술어	목적어	주어	부사어	술어+了	목적어
		목적어(주술목구)					

해석 덴마크 과학자 에르스텟은 한 실험에서, 우연히 전기가 통하는 도선을 나침반에 가까이 하여, 전기가 자성을 발생시킬 수 있다는 것을 발견했다. 이 발견은 인류가 대규모로 전기 에너지를 이용하도록 문을 열어줬다.

해설 앞 문장은 사역동사 让이 사용된 겸어문으로, 주어 丹麦科学家奥斯特(덴마크 과학자 에르스텟은), 술어1 让(~하게 하다), 목적어 겸 주어인 导线(도선을), 술어2 靠近(~에 가까이 하다), 목적어 指南针(나침반)이 모두 문맥상 자연스럽게 어울리고, 뒤 문장의 주어, 술어, 목적어도 모두 문맥상 자연스럽게 어울린다. 따라서 틀린 부분이 없다. 참고로 술어 发现(발견하다)의 목적어는 주어 电(전기가), 술어 产生(발생시키다), 목적어 磁(자성을)로 이루어진 주술목구 형태이다. 이와 같이 술어가 发现일 경우, 뒤에 목적어는 구나 절이 올 수 있다는 점을 알아둔다.

어휘 丹麦 Dānmài 고유 덴마크 | 奥斯特 Àosītè 고유 에르스텟[덴마크의 과학자] | 实验 shíyàn 명 실험 | 偶然 ǒurán 부 우연히 | 导线 dǎoxiàn 명 도선
靠近 kàojìn 동 가까이 다가가다 | 指南针 zhǐnánzhēn 명 나침반 | 产生 chǎnshēng 동 발생시키다 | 磁 cí 명 자성 | 人类 rénlèi 명 인류
规模 guīmó 명 규모 | 利用 lìyòng 동 이용하다

5

A

(지구상의 3분의 1의)	지역은	(매우)	메마르다.	(한눈에 봐도),	~이 없다	(조금의 생명의)	흔적이,
(地球上三分之一的)	地域	[是] (非常)	干旱 [的],	(一眼望去),	没有	(一点生命的)	痕迹,
관형어	주어	[是] 부사어	술어 [的]		술어	관형어	목적어

(오직)	~가 있다	갈라진 땅 혹은 끝없는 누런 모래
(只)	有	干裂的土地或漫漫的黄沙。
부사어	술어	목적어

해석 지구상의 3분의 1의 지역은 매우 메말랐다. 한눈에 봐도 조금의 생명의 흔적도 없고, 오직 갈라진 땅이나 끝없는 누런 모래만이 있다.

해설 是……的 구문이 사용되어 是과 的 사이에 있는 非常干旱(매우 메마르다)를 설명했다. 관형어 一点生命的(조금의 생명의)가 목적어 痕迹(흔적이) 앞에서 문맥상 적절하게 쓰였다. 따라서 틀린 부분이 없다. 참고로 위 문장에서와 같이 是……的 구문은 설명의 어기를 나타내기도 한다.

어휘	地域 dìyù 圐 지역　★干旱 gānhàn 圐 메마르다　一眼望去 yīyǎn wàng qù 한눈에 봐도　★痕迹 hénjì 圐 흔적　干裂 gānliè 圐 (건조하여) 갈라지다
	土地 tǔdì 圐 땅　黄沙 huángshā 圐 누런 모래, 황사

B

창장 대교는	/	길고 평평하다,	//	구조는	/	~로 나뉜다	/	2개의 층,	//	위층 교면은	/	~이다	/	도시 간선도로,	//
长江大桥	/	长而平坦,	//	构造	/	分为	/	两层,	//	上层桥面	/	为	/	城市主干道,	//
주어		술어		주어		술어+보어		목적어		주어		술어		목적어	
						술어(주술목구)									

아래층 교면은	/	~이다	/	2개의 철로,	//	다리 밑 하천면에는	/	(~도)	(~할 수 있다)	통행하다	/	큰 증기선이
下层桥面	/	为	/	双线铁轨,	//	桥底河面	/	(又)	(可以)	通行	/	大轮船。
주어		술어		목적어		주어		부사어	부사어	술어		목적어

해석	창장 대교는 길고 평평하며, 구조는 2개의 층으로 나뉜다. 위층 교면은 도시 간선도로이고, 아래층 교면은 2개의 철로이다. 다리 밑 하천면에는 큰 증기선이 통행할 수도 있다.
해설	각 절의 주어, 술어, 목적어가 각각 문맥상 자연스럽게 어울린다. 부사 又(~도), 조동사 可以(~할 수 있다)도 술어 通行(통행하다) 앞 부사어로 문맥상 적절하게 쓰였다. 따라서 틀린 부분이 없다.
어휘	大桥 dàqiáo 圐 대교　★平坦 píngtǎn 圐 평평하다　构造 gòuzào 圐 구조　桥面 qiáomiàn 圐 교면, 교량의 노면　主干道 zhǔgàndào 圐 간선 도로
	铁轨 tiěguǐ 圐 철로　通行 tōngxíng 圐 통행하다　轮船 lúnchuán 圐 증기선

C

한 둥지의 갈색제비는	/	(한 여름에)	(~할 수 있다)	먹어 치우다	/	(65000여 마리의)	메뚜기를,	//
一窝土燕	/	(在一个夏季)	(能)	吃掉	/	(65000多只)	蝗虫,	//
주어		부사어	부사어	술어+보어		관형어	목적어	

(한 둥지의 갈색제비가 번식기 동안 먹어 치운 메뚜기의 머리와 꼬리를)	(이어지게)	나열하면,	//	~에 이르다	/	3km
(将一窝土燕在整个繁殖期中所吃掉的蝗虫头尾)	(相接)	排列,	//	可达	/	3公里之长。
将+행위의 대상	부사어	술어		술어		보어

해석	한 둥지의 갈색제비는 한여름에 65000여 마리의 메뚜기를 먹어 치울 수 있고, 한 둥지의 갈색제비가 번식기 동안 먹어 치운 메뚜기의 머리와 꼬리를 전부 이어지게 나열하면, 3km에 이른다.
해설	뒤 절은 개사 将이 쓰인 문장으로, '将+행위의 대상'인 将一窝土燕在整个繁殖期中所吃掉的蝗虫头尾(한 둥지의 갈색제비가 번식기 동안 먹어 치운 메뚜기의 머리와 꼬리를), 술어 排列이 문맥상 자연스럽게 어울린다. 앞 절에서 시기를 나타내는 개사구 在一个夏季(한 여름에), 조동사 能(~할 수 있다) 또한 술어 吃(먹는다) 앞 부사어로 문맥상 적절하게 쓰였다. 따라서 틀린 부분이 없다. 참고로 부사어의 어순은 기본적으로 조동사→개사구이지만, 시기를 나타내는 개사구는 예외적으로 부사어 중 가장 앞에 위치할 수 있다는 점을 알아둔다.
어휘	★窝 wō 圐 둥지　土燕 tǔyàn 圐 갈색제비　蝗虫 huángchóng 圐 메뚜기　整个 zhěnggè 圐 전체의　★繁殖 fánzhí 圐 번식하다
	头尾 tóuwěi 圐 머리와 꼬리　相接 xiāng jiē 서로 이어지다

D

(신농이 밖에서 솥에 물을 끓이고 있을 때),	//	(마침)	있다	잎사귀 몇 개가	~으로 날아 들어오다	솥 안,	신농이	(바로)
(有一次神农在外用锅煮水时),	//	(刚好)	有	几片叶子	飘入	锅中,	神农	(就)
부사어		부사어	술어1	목적어 주어	술어2+보어	목적어	주어	부사어

맛보다	한 모금 마셨다,	//	(갑자기)	느꼈다	몸과 마음이	즐겁다	힘이	넘쳐흐르다	그리고	(이를)	~라고 이름 짓다	'차'
尝尝	喝了一口,	//	(顿时)	觉得	身心	愉悦、	精力	充沛	并	(将其)	命名为	"茶"。
술어1	술어2+了+보어		부사어	술어	주어	술어	주어	술어	접속사	将+행위의 대상	술어+보어	목적어
					목적어(주술구+주술구)							

해석	신농이 밖에서 솥에 물을 끓이고 있을 때, 마침 잎사귀 몇 개가 솥 안으로 날아 들어왔다. 신농이 바로 한 모금 마시려고 맛보았는데, 갑자기 몸과 마음이 즐겁고 힘이 넘쳐흐른다고 느껴서, 이를 '차'라고 이름 지었다.
해설	**연동문에서 술어들이 문맥에 맞지 않게 사용되어 틀린 경우**
	목적을 나타내는 연동문에서 목적을 나타내는 술어는 술어2 자리에 와야 하는데, 尝尝(맛보다)이 喝了一口(한 모금 마셨다) 앞에 위치해서 틀린 문장이다. '맛보려고 한 모금 마셨다'라는 의미가 되도록 喝了一口→尝尝 순서로 나열돼야 한다.
	옳은 문장 有一次神农在外用锅煮水时, 刚好有几片叶子飘入锅中, 神农就喝了一口尝尝, 顿时觉得身心愉悦, 精力充沛, 并将其命名
	为"茶"。
	신농이 밖에서 솥에 물을 끓이고 있을 때, 마침 잎사귀 몇 개가 솥 안으로 날아 들어왔다. 신농이 바로 맛보려고 한 모금 마셨는데,
	갑자기 몸과 마음이 즐겁고 힘이 넘쳐흐른다고 느껴서, 이를 '차'라고 이름 지었다.
어휘	神农 Shénnóng 고유 신농[중국 전설 속의 제왕]　锅 guō 圐 솥　煮 zhǔ 圐 끓이다　片 piàn 圐 개, 조각　飘 piāo 圐 흩날리다　顿时 dùnshí 图 갑자기
	愉悦 yúyuè 圐 즐겁다　精力 jīnglì 圐 힘　充沛 chōngpèi 圐 넘쳐흐르다　★命名 mìngmíng 圐 이름 짓다

| 1 D | 2 D | 3 C | 4 C | 5 A | 6 B | 7 D | 8 B | 9 A | 10 D |

1

A

(~않다)	(서둘러)	훈련하다	~한다면.		~할 방법이 없다	(시합에서)	거두다	좋은 성적을
(不)	(抓紧)	训练 /	的话, //	(就)	无法 /	(在比赛中)	取得 /	好成绩。
부사어	부사어	술어	[的话]	부사어	술어	부사어	술어	목적어

목적어(술목구)

해석 서둘러 훈련을 하지 않는다면, 시합에서 좋은 성적을 거둘 방법이 없다.

해설 술어 无法(~할 방법이 없다), 목적어 在比赛中取得好成绩(시합에서 좋은 성적을 거둘)가 문맥상 자연스럽게 어울린다. 가정을 나타내는 조사 的话(~한다면)도 문맥상 자연스럽게 어울린다. 따라서 틀린 부분이 없다. 참고로 위 문장에서와 같이 주어가 불특정 다수일 경우에는 주어가 생략될 수 있다는 점을 알아둔다.

어휘 抓紧 zhuājǐn 图 서둘러 하다　训练 xùnliàn 图 훈련하다

B

코끼리는	(~할 수 있다)	의지하여	귀에	방출하다	(자신의 신진대사가 발생시킨 열량의)	절반을
大象 /	(能)	靠 /	耳朵 /	释放 /	(自身新陈代谢所产生的热量的)	一半。
주어	부사어	술어1	목적어	술어2	관형어	목적어

해석 코끼리는 귀로 자신의 신진대사가 발생시킨 열량의 절반을 방출할 수 있다.

해설 주어 大象(코끼리는), 술어1 靠(의지하여), 목적어 耳朵(귀에), 술어2 释放(방출하다), 목적어 (热量的)一半((열량의) 절반을)이 모두 문맥상 자연스럽게 어울린다. 관형어 自身新陈代谢所产生的热量的(자신의 신진대사가 발생시킨 열량의) 또한 목적어 一半 앞에서 문맥상 적절하게 쓰였다. 따라서 틀린 부분이 없다. 참고로 위 문장은 연동문으로, 술어1 靠는 술어2 释放의 수단 또는 방법을 나타낸다.

어휘 大象 dàxiàng 图 코끼리　靠 kào 图 의지하다　★释放 shìfàng 图 방출하다　★新陈代谢 xīnchéndàixiè 图 신진대사
产生 chǎnshēng 图 발생시키다　热量 rèliàng 图 열량　6급 빈출어휘

C

칭하이 호수는	~이다	(중국에서 가장 큰)	함수호.	(멀리)	바라보면.	경치가	(매우)	장관이다
青海湖 /	是 /	(中国最大的)	咸水湖, //	(远远)	望去, //	景色 /	(十分)	壮观。
주어	술어	관형어	목적어	부사어	술어+보어	주어	부사어	술어

술어(주술구)

해석 칭하이 호수는 중국에서 가장 큰 함수호이고, 멀리 바라보면 경치가 매우 장관이다.

해설 술어 是(~이다)과 연결되는 주어 青海湖(칭하이 호수는), 목적어 咸水湖(함수호)가 동격이다. 술어 望去(바라보면), 주술구 형태의 술어 景色十分壮观(경치가 매우 장관이다) 또한 생략된 주어 青海湖와 문맥상 자연스럽게 어울린다. 따라서 틀린 부분이 없다. 참고로 景色十分壮观(경치가 매우 장관이다)은 주어가 景色(경치가), 술어가 壮观(장관이다)인 주술구 형태이다.

어휘 青海湖 Qīnghǎihú 교육 칭하이 호수　咸水湖 xiánshuǐhú 图 함수호[염분이 많은 호수]　★壮观 zhuàngguān 图 장관이다

D

(몇 년간의 근면함과 노력을 거쳐),	~하게 하다	(그의)	학술 논문은	(마침내)	(잡지에)	등재했다
(经过几年的辛勤和努力), //	使 /	(他的)	学术论文 /	(终于)	(在杂志上)	刊登了。
부사어	술어1	관형어	목적어	부사어	부사어	술어2+了
			주어			

해석 몇 년간의 근면함과 노력을 거쳐, 그의 학술 논문은 마침내 잡지에 등재하게 했다.

해설 **사역의 의미를 가진 술어가 불필요하게 사용되어 틀린 경우**
使이 사용되어 '몇 년간의 근면함과 노력을 거쳐, 그의 학술 논문은 마침내 잡지에 등재하게 했다'라는 어색한 문맥이므로 틀린 문장이다. 使이 없어야 자연스러운 문맥이 된다.

옳은 문장 经过几年的辛勤和努力, 他的学术论文终于在杂志上刊登了。
　　　　　　몇 년간의 근면함과 노력을 거쳐, 그의 학술 논문은 마침내 잡지에 등재됐다.

어휘 辛勤 xīnqín 图 근면하다　学术 xuéshù 图 학술　论文 lùnwén 图 논문　杂志 zázhì 图 잡지　刊登 kāndēng 图 등재하다

독해

제1부분

해커스 HSK 6급 한 권으로 고득점 달성

2 **A**

(야생화 훈련을 받았던 모든)	판다는.	//	(모두)	습득했다	/	(야외에서 생존하는)	기술을
(但凡接受野化训练的)	熊猫，	//	(都)	学会了	/	(在野外生存的)	技能。
관형어	주어		부사어	술어+了		관형어	목적어

해석 야생화 훈련을 받았던 모든 판다는 모두 야외에서 생존하는 기술을 습득했다.

해설 주어 熊猫(판다는), 술어 学会(습득하다), 목적어 技能(기술을)이 문맥상 자연스럽게 어울린다. 관형어 但凡接受野化训练的(야생화 훈련을 받았던 모든)가 주어 熊猫 앞에서, 관형어 在野外生存的(야외에서 생존하는)가 목적어 技能 앞에서 각각 문맥상 적절하게 쓰였다. 따라서 틀린 부분이 없다.

어휘 但凡 dànfán 團 모든　野化 yěhuà 야생화　训练 xùnliàn 團 훈련하다　野外 yěwài 團 야외　★生存 shēngcún 團 생존하다　技能 jìnéng 團 기술

B

(의학적으로 영향이 가장 광범위한)	병원체는	/ ~이다	(헬리코박터 파일로리라고 불리는)	세균.
(在医学上影响最广泛的)	病原体	/ 是 /	(一种名为幽门螺杆菌的)	细菌。
관형어	주어	술어	관형어	목적어

해석 의학적으로 영향이 가장 광범위한 병원체는 헬리코박터 파일로리라고 불리는 세균이다.

해설 술어 是(~이다)과 연결되는 주어 病原体(병원체는), 목적어 细菌(세균)이 동격이다. 관형어 在医学上影响最广泛的(의학적으로 영향이 가장 광범위한)과 一种名为幽门螺杆菌的(헬리코박터 파일로리라고 불리는) 또한 각각 주어 病原体, 목적어 细菌 앞에 적절하게 쓰였다. 따라서 틀린 부분이 없다.

어휘 广泛 guǎngfàn 團 광범위하다　病原体 bìngyuántǐ 團 병원체[병의 원인이 되는 본체]　幽门螺杆菌 yōuménluó gǎnjūn 團 헬리코박터 파일로리　★细菌 xìjūn 團 세균

C

직원은	/ (~할 수 있다)	(비밀번호 인증, 안면 혹은 지문 인식 방식을 통해)	로그인하다	/ 새로운 시스템에
工作人员	/ (可以)	(通过验证密码、识别人脸或指纹的方式)	登录	/ 新系统。
주어	부사어	부사어	술어	목적어

해석 직원은 비밀번호 인증, 안면 혹은 지문 인식 방식을 통해 새로운 시스템에 로그인할 수 있다.

해설 주어 工作人员(직원은), 술어 登录(로그인하다), 목적어 新系统(새로운 시스템에)이 문맥상 자연스럽게 어울린다. 조동사 可以(~할 수 있다), 개사구 通过验证密码、识别人脸或指纹的方式(비밀번호 인증, 안면 혹은 지문 인식 방식을 통해) 또한 술어 登录 앞 부사어로 문맥상 적절하게 쓰였다. 따라서 틀린 부분이 없다.

어휘 工作人员 gōngzuò rényuán 團 직원　★验证 yànzhèng 團 인증하다　★识别 shíbié 團 인식하다　指纹 zhǐwén 團 지문　登录 dēnglù 團 로그인하다　系统 xìtǒng 團 시스템

D

계면 활성 성분은	/ (~할 수 있다)	(두피 위에 들러붙은 기름기와)	(서로)	결합한다.	//	(여기서부터)	한다	/ 세정 작용을
表面活性成分	/ (可)	(与附着在头皮上的油脂)	(相)	结合，	//	(从此)	起到	/ 清洁功效。
주어	부사어	부사어	부사어	술어		부사어	술어+보어	목적어

해석 계면 활성 성분은 두피 위에 들러붙은 기름기와 서로 결합하여, 여기서부터 세정 작용을 할 수 있다.

해설 **부사어가 문맥에 어울리지 않아 틀린 경우**
부사어 从此(여기서부터)가 쓰여 '계면 활성 성분은 두피 위에 들러붙은 기름기와 서로 결합하여, 여기서부터 세정 작용을 할 수 있다'라는 어색한 문맥이 되어 틀린 문장이다. 从此 대신에 从而(이로써)과 같은 어휘가 와야 한다.

옳은 문장 表面活性成分可与附着在头皮上的油脂相结合，从而起到清洁功效。
　　　　　계면 활성 성분은 두피 위에 들러붙은 기름기와 서로 결합하여, 이로써 세정 작용을 할 수 있다.

어휘 表面活性成分 biǎomiàn huóxìng chéngfèn 계면 활성 성분　附着 fùzhuó 團 들러붙다　油脂 yóuzhī 團 기름기　结合 jiéhé 團 결합하다　从此 cóngcǐ 團 여기서부터　清洁功效 qīngjié gōngxiào 團 세정 작용

3 **A**

24절기는	/ ~이다	(중국 고대 노동자가 오랜 시간 축적한)	경험	~이자	(지혜의)	결정체
二十四节气	/ 是 /	(中国古代劳动人民长期积累的)	经验	和	(智慧的)	结晶。
주어	술어	관형어	목적어	접속사	관형어	목적어

해석 24절기는 중국 고대 노동자가 오랜 시간 축적한 경험이자 지혜의 결정체이다.

해설 술어 是(~이다)과 연결되는 주어 二十四节气(24절기는), 목적어 经验(경험), 结晶(결정체)이 동격이다. 관형어 中国古代劳动人民长期积累的(중국 고대 노동자가 오랜 시간 축적한)가 목적어 经验 앞에, 관형어 智慧的(지혜의)가 목적어 结晶 앞에서 각각 문맥상 적절하게 쓰였다. 따라서 틀린 부분이 없다.

어휘 节气 jiéqi 團 절기　劳动人民 láodòng rénmín 團 노동자　智慧 zhìhuì 團 지혜　结晶 jiéjīng 團 결정체

B	관련 부서는 /	(춘원 기간에)	높였다 / 교통 감시 및 관리의 강도를, //	이 때문에	사고율이 /	줄었다 / 50%
	有关部门 /	(在春运期间)	加大了 / 交通监管力度, //	因此	事故率 /	减少了 / 50%。
	주어	부사어	술어+了 목적어	접속사	주어	술어+了 목적어

해석 관련 부서는 춘원 기간에 교통 감시 및 관리의 강도를 높였는데, 이 때문에 사고율이 50% 줄었다.

해설 앞 절의 주어 有关部门(관련 부서는), 술어 加大(높이다), 목적어 交通监管力度(교통 감시 및 관리의 강도를)가 문맥상 자연스럽게 어울리고, 뒤 절의 주어 事故率(사고율이), '술어+了'인 减少了(줄었다), 목적어 50%도 문맥상 자연스럽게 어울린다. 시기를 나타내는 부사어 在春运期间(춘원 기간에)이 술어 加大 앞 부사어로 적절히 쓰였고, 인과를 나타내는 접속사 因此(이 때문에)도 문맥상 적절하게 쓰였다. 따라서 틀린 부분이 없다. 참고로 减少와 같이 정도 또는 수량의 변화를 나타내는 술어의 목적어로 백분율과 수량사가 올 수 있다는 점을 알아둔다.

어휘 部门 bùmén 몡 부서 春运 chūnyùn 몡 춘윈[春节 전후 기간의 운수 업무] 期间 qījiān 몡 기간 监管 jiānguǎn 통 감시 관리하다
力度 lìdù 몡 강도 事故率 shìgùlǜ 사고율

C	(정부가 PC방 프랜차이즈 경영 제도를 실행한 후),	요구한다 / (반드시) (실명제로)	사용자가 / 인터넷을 하다. //	또한	사용 / 정품 소프트웨어를
	(政府实行网吧连锁经营制度后),	要求 / (必须) (以实名制)	用户 / 上网, //	并	使用 / 正版软件。
	부사어	술어1	목적어 주어 술어2	접속사	술어3 목적어

해석 정부는 PC방 프랜차이즈 경영 제도를 실행한 후, 반드시 실명제로 사용자가 인터넷을 하고, 또한 정품 소프트웨어를 사용할 것을 요구했다.

해설 **부사어의 위치가 잘못되어 틀린 경우**
술어2 上网과 의미상으로 밀접한 부사 必须(반드시), 개사구 以实名制(실명제로)이 上网(인터넷을 하다) 바로 앞에 위치해야 하는데, 주어 用户(사용자) 보다 앞에 위치해서 틀린 문장이다. 참고로 부사어를 통해 주어가 政府(정부)임을 알 수 있으므로, 주어가 생략됐다.

옳은 문장 政府实行网吧连锁经营制度后, 要求用户必须以实名制上网, 并使用正版软件。
정부는 PC방 프랜차이즈 경영 제도를 실행한 후, 사용자가 반드시 실명제로 인터넷을 하고, 또한 정품 소프트웨어를 사용할 것을 요구했다.

어휘 政府 zhèngfǔ 몡 정부 ★实行 shíxíng 통 실행하다 网吧 wǎngbā 몡 PC방 连锁经营 liánsuǒ jīngyíng 프랜차이즈 경영 制度 zhìdù 몡 제도
实名制 shímíngzhì 몡 실명제 ★用户 yònghù 몡 사용자 正版 zhèngbǎn 몡 정품 软件 ruǎnjiàn 몡 소프트웨어

D	(이 집을 위해), //	어머니는 / 마다하지 않다 / 수고로움을. //	(밤낮으로) 열심히 일한다, //	(원래 희고 깨끗했던)	두 손은 / (본인도 모르는 사이에) 가득 생겼다 /
	(为了这个家), //	母亲 / 不辞 / 辛苦, //	(日夜) 操劳, //	(原本白皙的)	双手 / (不知不觉间) 长满了 /
	부사어	주어 술어 목적어	부사어 술어	관형어	주어 부사어 술어+보어+了

굳은살이
老茧。
목적어

해석 이 집을 위해 어머니는 수고로움을 마다하지 않고 밤낮으로 열심히 일하셨는데, 원래 희고 깨끗했던 두 손은 본인도 모르는 사이에 굳은살이 가득 생겼다.

해설 첫 번째 절의 주어 母亲(어머니는), 술어 不辞(마다하지 않다), 목적어 辛苦(수고로움을)가 문맥상 자연스럽게 어울리고, 두 번째 절의 술어 操劳(열심히 일한다)도 생략된 주어 母亲과 문맥상 자연스럽게 어울린다. 세 번째 절의 주어 双手(두 손은), '술어+보어+了'인 长满了(가득 생겼다), 목적어 老茧(굳은살이)도 문맥상 자연스럽게 어울린다. 또한 개사 为了가 이끄는 为了这个家(이 집을 위해)가 문장 맨 앞에서 부사어로 적절하게 쓰였다. 따라서 틀린 부분이 없다.

어휘 不辞 bùcí 통 마다하지 않다 日夜 rìyè 몡 밤낮 操劳 cāoláo 통 열심히 일하다 白皙 báixī 혱 희고 깨끗하다
不知不觉 bùzhībùjué 젱 본인도 모르는 사이에 老茧 lǎojiǎn 몡 굳은살

4	A	(실속을 추구하는 소비자 심리에 맞추기 위해), //	알리바바는 /	(쌍11 쇼핑절에)	선보였다 / 매우 많은 특가 상품을
		(为了迎合消费者图实惠的心理), //	阿里巴巴 /	(在双十一购物节)	推出了 / 众多特价商品。
		부사어	주어	부사어	술어+了 목적어

해석 실속을 추구하는 소비자 심리에 맞추기 위해, 알리바바는 쌍11 쇼핑절에 매우 많은 특가 상품을 선보였다.

해설 주어 阿里巴巴(알리바바는), 술어 推出(선보이다), 목적어 众多特价商品(매우 많은 특가 상품을)이 문맥상 자연스럽게 어울린다. 개사 为了가 이끄는 为了迎合消费者图实惠的心理(실속을 추구하는 소비자 심리에 맞추기 위해) 또한 문장 맨 앞에서 부사어로 적절히 쓰였다. 따라서 틀린 부분이 없다. 참고로 迎合(맞추다)와 心理(심리)는 '迎合……心理(~한 심리에 맞추다)'라는 형태로 자주 사용된다는 점을 알아둔다.

어휘 迎合 yínghé 통 맞추다 消费者 xiāofèizhě 몡 소비자 图 tú 통 추구하다 ★实惠 shíhuì 몡 실속 心理 xīnlǐ 몡 심리
阿里巴巴 Ālǐbābā 고유 알리바바[중국 최대의 전자상거래 회사] 双十一购物节 shuāng shíyī gòuwùjié 쌍11 쇼핑절[매년 11월 11일에 열리는 중국 인터넷 쇼핑몰 할인행사의 날] 推出 tuīchū 통 선보이다 众多 zhòngduō 혱 매우 많다 特价 tèjià 몡 특가 商品 shāngpǐn 몡 상품

B

| 멀티족은 / 가리킨다 / | | (여러 종류의 직업과 다양화된 수입원을 가진) | 젊은이를. // | 그들은 / 사랑한다 / 삶. // | ~하는 것에 용감하다 / 도전 |

斜杠青年	指	(拥有多种职业和多样化收入来源的)	年轻人, //	他们 / 热爱 / 生活, //	勇于 / 挑战。
주어	술어	관형어	목적어	주어 / 술어 / 목적어	술어 / 목적어

해석 멀티족은 여러 종류의 직업과 다양화된 수입원을 가진 젊은이를 가리키며, 그들은 삶을 사랑하고, 도전하는 것에 용감하다.

해설 첫 번째 절의 주어 斜杠青年(멀티족은), 술어 指(가리킨다), 목적어 年轻人(젊은이를)이 문맥상 자연스럽게 어울린다. 두 번째 절의 주어 他们(그들은), 술어 热爱(사랑한다), 목적어 生活(삶을) 또한 문맥상 자연스럽게 어울리고, 세 번째 절의 술어 勇于(~하는 것에 용감하다)와 목적어 挑战(도전)도 문맥상 자연스럽게 어울린다. 따라서 틀린 부분이 없다. 참고로 세 번째 절에서는 주어 他们이 생략됐다.

어휘 斜杠青年 xié gàng qīngnián 멀티족[한 가지 직업에 국한되지 않고 여러 직업을 가지는 젊은이를 가리킴] ★拥有 yǒngyǒu 圄 가지다
收入来源 shōurù láiyuán 圄 수입원 热爱 rè'ài 圄 사랑하다 ★勇于 yǒngyú 圄 ~하는 것에 용감하다 挑战 tiǎozhàn 圄 도전하다

C

| (재해 이후 재건 작업의 가장 주요한) | 점은 / | ~에 있다 / | (사람들의 경제 생활을) | (~해야 한다) | (점차) | 회복하다 / 원래 상태. | 그래서 필요하다 / |

(灾后重建工作最主要的)	部分	在于	(把人们的经济生活)	(要)	(逐渐)	恢复 / 原状, //	因此 需要 /
관형어	주어	술어	把+행위의 대상	부사어	부사어	술어 / 목적어	접속사 술어
				목적어(술목구)			

| (다방면의) | 공동 지원이 |

(多方的)	共同援助。
관형어	목적어

해석 재해 이후 재건 작업의 가장 주요한 점은 사람들의 경제 생활을 점차 원래 상태로 회복해야 하는 데에 있다. 그래서 다방면의 공동 지원이 필요하다.

해설 **把자문에서 부사어의 위치가 틀린 경우**
앞 절의 목적어 把人们的经济生活要逐渐恢复原状(사람들의 경제 생활을 점차 원래 상태로 회복해야 하는 데)에서 조동사 要(~해야 한다)가 '把+행위의 대상'보다 뒤에 있으므로 틀린 문장이다. 要가 把 앞에 와야 한다. 참고로 부사 逐渐(점차)은 술어와 의미적으로 밀접해서 把 뒤, 술어 恢复(회복하다) 바로 앞에 위치했다.

옳은 문장 灾后重建工作最主要的部分在于要把人们的经济生活逐渐恢复原状，因此需要多方的共同援助。
재해 이후 재건 작업의 가장 주요한 점은 사람들의 경제 생활을 점차 원래 상태로 회복해야 하는 데에 있다. 그래서 다방면의 공동 지원이 필요하다.

어휘 灾 zāi 圄 재해 重建 chóng jiàn 재건하다 逐渐 zhújiàn 圄 점차 恢复 huīfù 圄 회복하다 原状 yuánzhuàng 圄 원래 상태 援助 yuánzhù 圄 지원하다

D

| 저명한 고생물학자인 싱리다는 / | (중국 서부 지역에서) | 발견했다 / | (공룡의) | 발자취를. // | 이 발견은 / | (공룡 연구에 있어) |

著名古生物学家邢立达 /	(在中国西部地区)	发现了 /	(恐龙的)	足迹, //	这一发现 /	(对恐龙的研究)
주어	부사어	술어+了	관형어	목적어	주어	부사어

| 가지고 있다 / | (중대한) | 의의를 |

有着 /	(重大的)	意义。
술어+着	관형어	목적어

해석 저명한 고생물학자인 싱리다는 중국 서부 지역에서 공룡의 발자취를 발견했는데, 이 발견은 공룡 연구에 있어 중대한 의의를 가지고 있다.

해설 앞 절의 주어 著名古生物学家邢立达(저명한 고생물학자인 싱리다는), 술어 发现(발견하다), 목적어 足迹(발자취를)가 문맥상 자연스럽게 어울린다. 뒤 절의 주어 这一发现(이 발견은), 술어 有(가진다), 목적어 意义(의의를) 또한 문맥상 자연스럽게 어울린다. 따라서 틀린 부분이 없다.

어휘 古生物 gǔshēngwù 圄 고생물 邢立达 Xíng Lìdá 교유 싱리다[중국의 저명한 고대 생물학자] 地区 dìqū 圄 지역 恐龙 kǒnglóng 圄 공룡
足迹 zújì 圄 발자취 重大 zhòngdà 圄 중대하다 意义 yìyì 圄 의의

---

5 **A**

| (정보 시대에), // | 한 사람이 / | (~인지 아닌지) 가지고 있다 / 신속하게 유효한 정보를 포착하는 것. // | 결정한다 / | 그 발전 방향과 성과의 크기를 |

(在信息时代), //	一个人 /	(是否) 具有 / 迅速捕捉有效信息, //	决定了 /	其发展方向和成就的大小。
부사어	주어	부사어 술어 목적어	술어+了	목적어
		주어(주술목구)		

해석 정보 시대에, 한 사람이 신속하게 유효한 정보를 포착하는 것을 가지고 있는지 아닌지는, 그 발전 방향과 성과의 크기를 결정한다.

해설 **주어, 술어, 목적어가 문맥에 서로 어울리지 않아 틀린 경우**
주술목구 형태의 주어에서 주어 一个人(한 사람이), 술어 具有(가지고 있다), 목적어 迅速捕捉有效信息(신속하게 유효한 정보를 포착하는 것)가 서로 문맥상 어울리지 않아 틀린 문장이다. 목적어 迅速捕捉有效信息 뒤에 的能力(~하는 능력)와 같은 어휘가 와야 한다.

옳은 문장 在信息时代，一个人是否具有迅速捕捉有效信息的能力，决定了其发展方向和成就的大小。
정보 시대에, 한 사람이 신속하게 유효한 정보를 포착하는 능력을 가지고 있는지 아닌지는, 그 발전 방향과 성과의 크기를 결정한다.

어휘 　迅速 xùnsù 圏 신속하다　★捕捉 bǔzhuō 圄 포착하다　成就 chéngjiù 圓 성과

B

셰익스피어는	/	말했다. //	질투란	/	~이다 /	(초록색 눈을 가진)	악마. //	(의지가 결연하지 않은) 사람은	/	(반드시)	(~할 것이다)	~이 되다 /
莎士比亚	/	说，//	嫉妒	是	/	(一只长着绿色眼睛的)	魔鬼，//	(意志不坚定的) 人	/	(一定)	(会)	成为 /
주어		술어	주어	술어		관형어	목적어	관형어 　　주어		부사어	부사어	술어

목적어(주술목구+주술목구)

(그 손 안의)	희생양이
(它手中的)	牺牲品。
관형어	목적어

해석 　셰익스피어는, 질투란 초록색 눈을 가진 악마이며, 의지가 결연하지 않은 사람은 반드시 그 손 안의 희생양이 될 것이라고 말했다.

해설 　주어 莎士比亚(셰익스피어는), 술어 说(말했다), 목적어 嫉妒是一只长着绿色眼睛的魔鬼, 意志不坚定的人一定会成为它手中的牺牲品(질투란 초록색 눈을 가진 악마이며, 의지가 결연하지 않은 사람은 반드시 그 손 안의 희생양이 될 것이라고)이 문맥상 자연스럽게 어울린다. 따라서 틀린 부분이 없다. 참고로 목적어는 주어 嫉妒(질투란), 술어 是(~이다), 목적어 魔鬼(악마)로 이루어진 주술목구와 주어 人(사람은), 술어 成为(~이 된다), 목적어 牺牲品(희생양이)으로 이루어진 주술목구가 연결된 형태이다. 이와 같이 술어가 说일 경우, 뒤에 목적어는 구나 절이 올 수 있다는 점을 알아둔다.

어휘 　莎士比亚 Shāshìbǐyà 교유 셰익스피어　★嫉妒 jídù 图 질투하다　魔鬼 móguǐ 圓 악마　★意志 yìzhì 圓 의지　★坚定 jiāndìng 圈 결연하다
　牺牲品 xīshēngpǐn 圓 희생양

C

후환용 교수는	/	~이다 /	(중국 현대 인문 지리학과 자연 지리학의)	권위자. //	(~라고 말할 수 있다)	(그의)	명성은 /
胡焕庸教授	/	是	/	(中国现代人文地理学和自然地理学的)	泰斗，//	(可以说)	(他的)	大名 /
주어		술어		관형어	목적어	부사어	관형어 　　주어

모르는 사람이 없다

无人不知，无人不晓。
술어

해석 　후환용 교수는 중국 현대 인문 지리학과 자연 지리학의 권위자이며, 그의 명성은 모르는 사람이 없다고 말할 수 있다.

해설 　앞 절의 술어 是(~이다)과 연결되는 주어 胡焕庸教授(후환용 교수는), 목적어 泰斗(권위자)가 동격이다. 뒤 절의 주어 大名(명성은), 술어 无人不知, 无人不晓(모르는 사람이 없다) 또한 문맥상 자연스럽게 어울린다. 따라서 틀린 부분이 없다.

어휘 　现代 xiàndài 圓 현대　人文 rénwén 圓 인문　地理学 dìlǐxué 圓 지리학　泰斗 tàidǒu 圓 권위자　大名 dàmíng 圓 명성
　无人不知, 无人不晓 wúrén bù zhī, wúrén bù xiǎo 모르는 사람이 없다

D

(원시인이 구멍을 뚫는데 사용하는)	돌은	/	(매우)	정교하다.	/ 그것은	/	(완벽하게)	단단히 결합하고 있다	/ 구멍을 뚫는 도구와. //	이는	/	반영해냈다 /
(原始居民用于钻孔的)	石头	/	(非常)	精细，	它	/	(完美)	贴合着	/	钻孔工具，//	这	/	反映出了 /
관형어	주어		부사어	술어	주어		부사어	술어+着		목적어	주어		술어+보어+了

(재료에 대한 원시인들의 뛰어난)	인지 능력을
(原始居民对材料高超的)	认知能力。
관형어	목적어

해석 　원시인이 구멍을 뚫는데 사용하는 돌은 매우 정교하다. 그것은 구멍을 뚫는 도구와 완벽하게 단단히 결합하고 있으며, 이는 재료에 대한 원시인들의 뛰어난 인지 능력을 반영해냈다.

해설 　각 절의 주어, 술어, 목적어가 문맥상 자연스럽게 어울린다. 原始居民对材料高超的(재료에 대한 원시인들의 뛰어난)도 세 번째 절의 목적어 认知能力(인지 능력을) 앞 관형어로 문맥상 적절하게 쓰였다. 따라서 틀린 부분이 없다.

어휘 　★原始居民 yuánshǐ jūmín 圓 원시인　钻孔 zuān kǒng 구멍을 뚫다　石头 shítou 圓 돌　精细 jīngxì 圈 정교하다　完美 wánměi 圈 완벽하다
　贴合 tiēhé 단단히 결합하다　工具 gōngjù 圓 도구　反映 fǎnyìng 圄 반영하다　★高超 gāochāo 圈 뛰어나다　认知 rènzhī 圄 인지하다

---

6 **A**

(정보가 끊임없이 변화하는 인터넷 시대에), //	얻다	/ (더욱 많은)	액티브 유저를	/	(트래픽을 필요로 하는 많은 회사에게)	갖는다 /	(중요한)	의미를
(在信息千变万化的互联网时代)，//	争取	/ (更多)	活跃用户	/	(对很多需要流量的公司)	有 /	(重要的)	意义。
부사어	술어	관형어	목적어		부사어	술어	관형어	목적어
			주어(술목구)					

해석 　정보가 끊임없이 변화하는 인터넷 시대에, 더욱 많은 액티브 유저를 얻는 것은 트래픽을 필요로 하는 많은 회사에게 중요한 의미를 갖는다.

해설 　술목구로 이루어진 주어 争取更多活跃用户(더욱 많은 액티브 유저를 얻는 것은), 술어 有(갖는다), 목적어 意义(의미를)가 문맥상 자연스럽게 어울린다. 또한 시기를 나타내는 在信息千变万化的互联网时代(정보가 끊임없이 변화하는 인터넷 시대에)가 문장 맨 앞에서 부사어로 적절하게 쓰였고, 대상을 나타내는 对很多需要流量的公司(트래픽을 필요로 하는 많은 회사에게)도 술어 有 앞 부사어로 문맥상 적절하게 쓰였다. 따라서 틀린 부분이 없다.

어휘	千变万化 qiānbiànwànhuà 圖 끊임없이 변화하다　时代 shídài 圖 시대　争取 zhēngqǔ 얻다
	活跃用户 huóyuè yònghù 액티브 유저[해당 콘텐츠를 일정 기간 동안 실제로 이용하는 사용자]　流量 liúliàng 圖 트래픽, 유동량　意义 yìyì 圖 의미

B

(자신의 꿈을 실현하기 위해서),	//	그는	/ 돌볼 틈이 없다 /	(부모의)	반대를,	//	(혼자)	타고	기차를	갔다
(为了实现自己的愿望),	//	他	顾不上	(父母的)	反对,	//	(一个人)	坐	火车	去了
부사어		주어	술어+보어	관형어	목적어		부사어	술어1	목적어	술어2+了

(외진)	시베이 산간 지역에 / 교육 지원을 했다
(那个偏远的)	西北山区　支教。
관형어	목적어　　　술어3

해석　자신의 꿈을 실현하기 위해서, 그는 부모의 반대를 돌볼 틈이 없고, 혼자 기차를 타고 외진 시베이 산간 지역에 가서 교육 지원을 했다.

해설　**술어가 전체 문맥에 어울리지 않아 틀린 경우**

앞 절에서 '술어+보어'인 顾不上(돌볼 틈이 없다)이 사용되어 '그는 부모의 반대를 돌볼 틈이 없고, 혼자 기차를 타고 외진 시베이 산간 지역에 가서 교육 지원을 했다'라는 어색한 문맥이 되어 틀린 문장이다. 顾不上 대신에 不顾(아랑곳하지 않다)와 같은 어휘가 와야 한다. 참고로 顾不上은 시간이 촉박하거나 상황이 여의치 않아 어떤 것을 할 수 없는 것을 나타낸다.

옳은 문장　为了实现自己的愿望, 他不顾父母的反对, 一个人坐火车去了那个偏远的西北山区支教。

자신의 꿈을 실현하기 위해서, 그는 부모의 반대에도 아랑곳하지 않고, 혼자 기차를 타고 외진 시베이 산간 지역에 가서 교육 지원을 했다.

어휘　实现 shíxiàn 圖 실현하다　愿望 yuànwàng 圖 꿈　顾不上 gù bu shang 돌볼 틈이 없다　偏远 piānyuǎn 圖 외지다　山区 shānqū 圖 산간 지역

支教 zhījiào 圖 교육 지원을 하다　不顾 búgù 圖 아랑곳하지 않다

C

생물학자는 / 발견했다. //	쥐로 인한 피해가 심각한 지역은 / 있다 /	(한 가지 공통된)	특징이. /	그것은 /	(바로)	~이다 /
生物学家 / 发现, //	鼠害严重的地方 / 有 /	(一个共同的)	特点, //	那 /	(就)	是 /
주어　　　술어	주어　　　술어(주술목구)	관형어	목적어	주어	부사어	술어
	목적어(주술목구)					

뱀들이 / (~에 의해) (대량으로) 잡혀 죽이다. //	먹이 사슬이 / 당했다 / 심각한 파괴를
蛇类 / (被) (大量) 捕杀, //	食物链 / 遭到 / 严重破坏。
주어　被　부사어　술어	주어　　　술어　　목적어
목적어(주술구)	목적어(주술목구)

해석　생물학자는 쥐로 인한 피해가 심각한 지역은 한 가지 공통된 특징이 있다는 것을 발견했는데, 그것은 바로 뱀들이 대량으로 잡혀 죽임을 당해, 먹이 사슬이 심각한 파괴를 당했다는 것이다.

해설　앞 절의 주어 生物学家(생물학자는), 술어 发现(발견했다), 목적어 鼠害严重的地方有一个共同的特点(쥐로 인한 피해가 심각한 지역은 한 가지 공통된 특징이 있다는 것을)이 문맥상 자연스럽게 어울린다. 뒤 절의 술어 是(~이다)과 연결되는 주어 那(그것은)와 주술구 형태의 목적어 蛇类被大量捕杀(뱀들이 대량으로 잡혀 죽임을 당한다), 주술목구 형태의 목적어 食物链遭到严重破坏(먹이 사슬이 심각한 파괴를 당했다)가 동격이다. 따라서 틀린 부분이 없다. 참고로 뒤 절의 주어 那는 바로 앞의 一个共同的特点(한 가지 공통된 특징)을 가리킨다.

어휘　★生物 shēngwù 圖 생물　鼠害 shǔhài 쥐로 인한 피해　蛇 shé 圖 뱀　捕杀 bǔshā 잡아 죽이다　食物链 shíwùliàn 먹이 사슬

破坏 pòhuài 圖 파괴하다

D

(이 낯선 도시에 온 후),	//	(끊임없이 솟아오르는) 고향을 그리워하는 마음은 / ~로 하여금 ~하게 하다 /	나	/ 깨닫게 했다 /
(来到这个陌生的城市后),	//	(不断涌出的)　　思乡之情　/　让	/ 我	/ 明白了 /
부사어		관형어　　　　주어　　　술어1	목적어 주어	술어2+了

('고개를 들어 밝은 달을 바라보고, 고개를 숙여 고향을 그리워하네'라는 말의)	진정한 함의를
(那句 "举头望明月, 低头思故乡" 的)	真正含义。
관형어	목적어

해석　이 낯선 도시에 온 후, 끊임없이 솟아오르는 고향을 그리워하는 마음은 나로 하여금 '고개를 들어 밝은 달을 바라보고, 고개를 숙여 고향을 그리워하네'라는 말의 진정한 함의를 깨닫게 했다.

해설　사역동사 让이 사용된 겸어문으로, 주어 思乡之情(고향을 그리워하는 마음은), 술어1 让(~로 하여금 ~하게 하다), 목적어 겸 주어인 我(나), 술어2 明白(깨닫다), 목적어 真正含义(진정한 함의를)가 모두 문맥상 자연스럽게 어울린다. 시기를 나타내는 来到这个陌生的城市后(이 낯선 도시에 온 후) 또한 문장 맨 앞에서 부사어로 적절히 쓰였다. 따라서 틀린 부분이 없다.

어휘　陌生 mòshēng 圖 낯설다　不断 búduàn 圖 끊임없이　涌出 yǒngchu 솟아오르다　思乡之情 sīxiāng zhī qíng 고향을 그리워하는 마음

★故乡 gùxiāng 圖 고향　★含义 hányì 圖 함의

A

(딱 한 번)	온도가 떨어지는 것은	(~않다)	가지고 있다	(그렇게 큰)	참고 가치를,	//	과학자들은	(결코)	(~할 수 없다)	(이것을)	삼다 /
(仅仅一次的)	降温	/ (不)	具有	/ (太大的)	参考价值,	//	科学家们	/ (并)	(不能)	(以此)	为 /
관형어	주어	부사어	술어	관형어	목적어		주어	부사어	부사어	부사어	술어

증거로,	//	부인하다	(지구 온난화의)	사실을
证据,	//	否认	(全球变暖的)	事实。
목적어		술어	관형어	목적어

해석 딱 한 번 온도가 떨어지는 것은 그렇게 큰 참고 가치를 가지고 있지 않아서, 과학자들은 결코 이것을 증거로 삼아 지구 온난화의 사실을 부인할 수 없다.

해설 첫 번째 절의 주어 降温(온도가 떨어지는 것은), 술어 具有(가지고 있다), 목적어 参考价值(참고 가치를)이 문맥상 자연스럽게 어울리고, 두 번째 절의 주어 科学家们(과학자들은), 술어 为(삼다), 목적어 证据(증거로)와 세 번째 절의 술어 否认(부인하다), 목적어 事实(사실을)도 문맥상 자연스럽게 어울린다. 또한 부사 并(결코), 조동사 不能(~할 수 없다), 개사구 以此(이것을)도 두 번째 절의 술어 为 앞에서 부사→조동사→개사구 순으로 알맞게 배치되었고, 자주 짝을 이루어 쓰이는 표현 '以A为B(A를 B로 삼다)'도 문맥상 적절하게 쓰였다. 따라서 틀린 부분이 없다.

어휘 **参考** cānkǎo 图 참고하다 **价值** jiàzhí 图 가치 **证据** zhèngjù 图 증거 **否认** fǒurèn 图 부인하다 **全球变暖** quánqiúbiànnuǎn 图 지구 온난화 **事实** shìshí 图 사실

B

만약~라면	(외출할 때)	휴대하다 /	(많은 자질구레한)	물건을.	//	~하고	(~하지 않다)	잘 계획하다	(가방의)	내부 공간을.	//
如果	(出门时)	携带 /	(很多零碎的)	东西,	//	而	(没有)	规划好 /	(包的)	内部空间,	//
접속사	부사어	술어	관형어	목적어		접속사	부사어	술어+보어	관형어	목적어	

(바로)	(어렵다)	(빠르게)	찾아내다 /	(자신이 필요한)	물건을
(就)	(很难)	(快速)	找到 /	(自己需要的)	东西
부사어	부사어	부사어	술어+보어	관형어	목적어

해석 만약 외출할 때 많은 자질구레한 물건을 휴대하는데, 가방의 내부 공간을 잘 계획하지 않는다면, 자신이 필요한 물건을 바로 빠르게 찾아내기 어렵다.

해설 각 절의 술어와 목적어가 문맥상 자연스럽게 어울리고, 가정을 나타내는 접속사 如果(만약~라면)도 문맥상 적절하게 쓰였다. 따라서 틀린 부분이 없다. 참고로 위 문장에서와 같이 주어가 불특정 다수인 경우에는 주어가 생략될 수 있다는 점을 알아둔다.

어휘 ★**携带** xiédài 图 휴대하다 **零碎** língsuì 图 자질구레하다 ★**规划** guīhuà 图 계획하다 **内部** nèibù 图 내부 **空间** kōngjiān 图 공간

C

(국내외를 휩쓴 이)	다큐멘터리 영화는.	//	사용하다	장면을	보여줬다	요리 기술을.	//	사용하다	맛있는 음식을	불러일으켰다	향수를. //
(这部风靡海内外的)	纪录片,	//	用	镜头	展示了	烹饪技术,	//	用	美食	引出了	乡愁, //
관형어	주어		술어1	목적어	술어2+了	목적어		술어1	목적어	술어2+보어+了	목적어

(관객에게)	가지고 왔다	(마음의)	울림을
(给观众)	带来了 /	(心灵上的)	震撼。
부사어	술어+보어+了	관형어	목적어

해석 국내외를 휩쓴 이 다큐멘터리 영화는 장면을 통해 요리 기술을 보여줬고, 맛있는 음식으로 향수를 불러일으켜, 관객에게 마음의 울림을 가지고 왔다.

해설 주어 纪录片(다큐멘터리 영화는)과 각각의 술어, 목적어가 문맥상 자연스럽게 어울린다. 대상을 나타내는 개사구 给观众(관객에게) 또한 '술어+보어'인 带来(가지고 온다) 앞 부사어로 문맥상 적절하게 쓰였다. 따라서 틀린 부분이 없다.

어휘 **风靡** fēngmǐ 图 휩쓸다 **纪录片** jìlùpiàn 图 다큐멘터리 영화 ★**镜头** jìngtóu 图 장면, 렌즈 ★**展示** zhǎnshì 图 보여주다 ★**烹饪** pēngrèn 图 요리하다 **美食** měishí 图 맛있는 음식 **乡愁** xiāngchóu 图 향수[고향을 그리워하는 마음] **心灵** xīnlíng 图 마음 ★**震撼** zhènhàn 图 울리다, 뒤흔들다

D

모두의 예상을 뛰어넘은 것은	/ ~이다.	//	(올해 중점적으로 진행한)	탐사 작업이	(결코)	(~하지 않았다)	얻다	(미리 기대했던)	성과를. //
出乎大家意料的	/ 是,	//	(今年重点进行的)	勘探工作	(并)	(没有)	取得	(预期的)	成效, //
주어	술어		관형어	주어	부사어	부사어	술어	관형어	목적어

목적어(주술목구)

전체 광산물의 양은	(~할 것이다)	(작년보다)	배로 적어지다
总体矿产量 /	(可能)	(比去年)	少一倍。
주어	부사어	부사어	술어+보어

해석 모두의 예상을 뛰어넘은 것은 올해 중점적으로 진행한 탐사 작업이 결코 미리 기대했던 성과를 얻지 못했다는 것이고, 전체 광산물의 양은 작년보다 배로 적어질 것이다.

해설 **보어가 문맥에 어울리지 않아 틀린 경우**
뒤 절의 보어 一倍(배로)가 광산물의 양이 줄어든다는 문맥에 어울리지 않으므로 틀린 문장이다. 一倍 대신에 一半(절반만큼)이 와야 한다. 참고로 위 문장에서와 같이 술어 少(적어지다) 뒤 보어로는 분수나 백분율, 수량사가 올 수 있다는 점을 알아둔다.

해커스 HSK 6급 한 권으로 고득점 달성

제1부분

동안

옳은 문장　出乎大家意料的是，今年重点进行的勘探工作并没有取得预期的成效，总体矿产量可能比去年少一半。
　　　　　모두의 예상을 뛰어넘은 것은 올해 중점적으로 진행한 탐사 작업이 결코 미리 기대했던 성과를 얻지 못했다는 것이고, 전체 광산
　　　　　물의 양은 작년보다 절반만큼 적어질 것이다.

어휘　出乎 chūhū 圄 뛰어넘다　意料 yìliào 圄 예상하다　勘探 kāntàn 圄 탐사하다　★预期 yùqī 圄 미리 기대하다　★成效 chéngxiào 圄 성과
　　　矿产 kuàngchǎn 圄 광산

8

A

（심해 해저에는）	/ 있다 /	（많은 신기한）	생물이.	//	그들은	/ （~할 수 있다）	（화학 작용을 통해）	내다	/ 빛을.	//
深海海底	/ 有 /	（许多神奇的）	生物，	//	它们	/ （可以）	（通过化学作用）	发出	/ 光，	//
주어	술어	관형어	목적어		주어	부사어	부사어	술어+보어	목적어	

（이러한 약하거나 강한）	빛은	/ ~로 하여금 ~하게 하다	/ 사람	/ 신기하다고 여기다
（这些或是微弱或是强烈的）	光	/ 令	/ 人	/ 称奇。
관형어	주어	술어1	목적어 주어	술어2

해석　심해 해저에는 많은 신기한 생물이 있는데, 그들은 화학 작용을 통해 빛을 낼 수 있으며, 이러한 약하거나 강한 빛은 사람으로 하여금 신기하
　　　다고 여기게 한다.

해설　각 절의 주어, 술어, 목적어가 모두 문맥상 자연스럽게 어울린다. 조동사 可以(~할 수 있다), 개사구 通过化学作用(화학 작용을 통해) 또한 두 번째
　　　절의 술어 发(내다) 앞 부사어로 문맥상 적절하게 쓰였다. 따라서 틀린 부분이 없다.

어휘　深海 shēnhǎi 圄 심해　★神奇 shénqí 圄 신기하다　★生物 shēngwù 圄 생물　化学 huàxué 圄 화학　微弱 wēiruò 圄 약하다
　　　强烈 qiángliè 圄 강하다　称奇 chēngqí 圄 신기하다고 여기다

B

（강이나 호수에서 서식하는 오리너구리의）	생김새 특징은	/ （더）	비슷하다	/ 조류와.	//	이와 반대로	대부분의 생물학자들은	/ （단호하게）	（~않다）
（栖息在河流、湖泊中的鸭嘴兽的）	长相特点	/ （更）	接近	/ 鸟类，	//	反之	大部分生物学家	/ （坚决）	（不）
관형어	주어	부사어	술어	목적어		접속사	주어	부사어	부사어

동의하다	/ （그것을）	/ ~로 분류하다	/ 포유동물
同意	/ （把它）	/ 归到	/ 哺乳动物里面。
술어	把+행위의 대상	술어+보어	목적어
	목적어(술목구)		

해석　강이나 호수에서 서식하는 오리너구리의 생김새 특징은 조류와 더 비슷한데, 이와 반대로 대부분의 생물학자들은 단호하게 그것을 포유동
　　　물로 분류하는 것에 동의하지 않는다.

해설　**접속사가 문맥에 맞지 않게 사용되어 틀린 경우**
　　　접속사 反之(이와 반대로)이 사용되어 '오리너구리의 생김새 특징은 조류와 더 비슷한데, 이와 반대로 대부분의 생물학자들은 단호하게 그것
　　　을 포유동물로 분류하는 것에 동의하지 않는다'라는 어색한 문맥이 되어 틀린 문장이다. 反之 대신에 所以(그래서)와 같은 어휘가 와야 한다.

옳은 문장　栖息在河流、湖泊中的鸭嘴兽的长相特点更接近鸟类，所以大部分生物学家坚决不同意把它归到哺乳动物里面。
　　　　　강이나 호수에서 서식하는 오리너구리의 생김새 특징은 조류와 더 비슷한데, 그래서 대부분의 생물학자들은 단호하게
　　　　　그것을 포유동물로 분류하는 것에 동의하지 않는다.

어휘　栖息 qīxī 圄 서식하다　★湖泊 húpō 圄 호수　鸭嘴兽 yāzuǐshòu 圄 오리너구리　长相 zhǎngxiàng 圄 생김새　接近 jiējìn 圄 비슷하다
　　　鸟类 niǎolèi 圄 조류　★反之 fǎnzhī 圄 이와 반대로　★生物 shēngwù 圄 생물　坚决 jiānjué 圄 단호하다　归 guī 圄 분류하다
　　　哺乳动物 bǔrǔdòngwù 圄 포유동물

C

（현재）	많은 젊은이는	/ 가진다	/ （꼭 필요로 하지 않거나 사용하지 않는 것 혹은 유행이 지나버린 물건들을 전부 버리는）	'단사리'의	생활 태도를.	//
（现今）	很多年轻人	/ 持有	/ （将那些不必需、不使用或者过时的东西统统舍弃的）	"断舍离"	生活态度，	//
부사어	주어	술어	관형어		목적어	

보내고 있다	/ （간소하고 홀가분한）	생활을.
过着	/ （简单清爽的）	生活。
술어+着	관형어	목적어

해석　현재 많은 젊은이는 꼭 필요로 하지 않거나 사용하지 않는 것 혹은 유행이 지나버린 물건들을 전부 버리는 '단사리'의 생활 태도를 가지고, 간
　　　소하고 홀가분한 생활을 보내고 있다.

해설　주어 很多年轻人(많은 젊은이는), 술어 持有(가진다), 목적어 "断舍离"生活态度('단사리'의 생활 태도를)가 문맥상 자연스럽게 어울리고, 술어 过
　　　(보내다), 목적어 生活(생활을)도 서로 문맥상 자연스럽게 어울린다. 또한 시간사 现今(현재)이 문장 맨 앞에서 부사어로 적절히 쓰였고, 개사
　　　将이 이끄는 将那些不必需、不使用或者过时的东西统统舍弃的(꼭 필요로 하지 않거나 사용하지 않는 것 혹은 유행이 지나버린 물건들을 전부 버리
　　　는)도 목적어 "断舍离"生活态度 앞에서 관형어로 문맥상 적절히 쓰였다. 따라서 틀린 부분이 없다.

어휘　持有 chíyǒu 图 (어떤 관점·태도 등을) 가지다　必需 bìxū 图 꼭 필요로 하다　统统 tǒngtǒng 图 전부　舍弃 shěqì 图 버리다
　　　断舍离 duànshělí 단사리[일상에서 불필요한 것들을 끊고, 버리고, 집착에서 벗어나는 것을 지향하는 정리 방법]　清爽 qīngshuǎng 图 홀가분하다

D　　〈불사조의 노래〉는　 /　 ~이다　 /　 (한족 전통의)　 /　 민간 취타악 합주곡.　 //　 그것은 / 사용해서 /　 (유쾌한)　 /　 선율로 /　 표현했다 /
　　　《百鸟朝凤》 /　 是 /　 (一首汉族传统的) /　 民间吹打乐合奏曲, //　 它 / 用 /　 (欢快的) /　 旋律 /　 表达了 /
　　　　주어　　 술어　　　　 관형어　　　　　　　 목적어　　　　　　 주어　술어1　 관형어　 목적어　　술어2+了

　　　　자연에 대한 사랑과 아름다운 생활에 대한 사람들의 동경을
　　　人们对大自然的热爱和美好生活的向往。
　　　　　　　　　　　목적어

해석　〈불사조의 노래〉는 한족 전통의 민간 취타악 합주곡으로, 그것은 유쾌한 선율로 자연에 대한 사랑과 아름다운 생활에 대한 사람들의 동경
　　　을 표현했다.

해설　앞 절의 술어 是(~이다)과 연결되는 주어《百鸟朝凤》(〈불사조의 노래〉는), 목적어 民间吹打乐合奏曲(민간 취타악 합주곡)가 동격이다. 뒤 절의 주
　　　어 它(그것은), 술어1 用(사용해서), 목적어 旋律(선율을), 술어2 表达(표현하다), 목적어 人们对大自然的热爱和美好生活的向往(자연에 대한 사
　　　랑과 아름다운 생활에 대한 사람들의 동경을) 또한 문맥상 자연스럽게 어울린다. 따라서 틀린 부분이 없다. 참고로 뒤 절은 연동문으로, 술어1 用은
　　　술어2 表达의 수단 또는 방법을 나타낸다.

어휘　首 shǒu 図 [시·노래 등을 세는 단위]　传统 chuántǒng 图 전통적이다　★民间 mínjiān 图 민간
　　　吹打乐 chuīdǎyuè 취타악[관악기와 타악기의 합주]　合奏曲 hézòuqǔ 图 합주곡　欢快 huānkuài 图 유쾌하다　★旋律 xuánlǜ 图 선율
　　　表达 biǎodá 图 표현하다　热爱 rè'ài 图 사랑하다　★向往 xiàngwǎng 图 동경하다

9　A　　(새벽녘에 우리를 깨우는 소음이든지 아니면 교통을 방해하는 바리케이드든지),　 //　 아무튼　 /　 이번 철거 행위는　 /　 지장을 줬다 /
　　　(不管是清晨惊醒我们的噪音，还是阻碍交通的路障),　 //　 总之 / 这次拆迁行动 /　 干扰了 /
　　　　　　　　　　　　　　　　　부사어　　　　　　　　　　　　　　　 접속사　 주어　　　　　　 술어+了

　　　(우리 일상생활의)　 　 모든 모든 방면
　　　(我们日常生活的) 　 每个方方面面。
　　　　　관형어　　　　　　　 목적어

해석　새벽녘에 우리를 깨우는 소음이든지 아니면 교통을 방해하는 바리케이드든지, 아무튼 이번 철거 행위는 우리 일상생활의 모든 모든 방면에
　　　지장을 줬다.

해설　인접한 두 어휘의 의미가 유사하여 의미 중복으로 틀린 경우
　　　每个(모든)와 의미가 유사한 方方面面(모든 방면)이 함께 사용되어 의미가 중복되므로 틀린 문장이다. 문맥상 每个가 없어야 한다.

　　　옳은 문장　不管是清晨惊醒我们的噪音，还是阻碍交通的路障，总之这次拆迁行动干扰了我们日常生活的方方面面。
　　　　　　　　　새벽녘에 우리를 깨우는 소음이든지 아니면 교통을 방해하는 바리게이트든지, 아무튼 이번 철거 행위는 우리 일상생활의 모든
　　　　　　　　　방면에 지장을 줬다.

어휘　★清晨 qīngchén 図 새벽녘　惊醒 jīngxǐng 图 놀래 깨우다　★噪音 zàoyīn 図 소음　★阻碍 zǔ'ài 图 방해하다　路障 lùzhàng 図 바리케이드
　　　总之 zǒngzhī 図 아무튼　拆迁 chāiqiān 图 집을 철거하고 이주하다　行动 xíngdòng 図 행위　★干扰 gānrǎo 图 지장을 주다
　　　日常 rìcháng 図 일상의　方方面面 fāngfāngmiànmiàn 図 모든 방면

B　　이 휴대폰은　 (~하자마자) 출시되다　 /　 (바로)　 (크게)　 받다　 /　 소비자의 환영을.　 //　 (지금의 추세로 보면),　 //
　　　这款手机 /　 (一) 上市 /　 (就) (大) 受 /　 消费者欢迎, //　 (从现在的趋势来看), //
　　　　주어　　　 부사어　 술어　 부사어　부사어 술어　 목적어　　　　　　　 부사어

　　　(이 제품의)　 연간 판매량이 /　 넘는다 /　 500만 대가 /　 조금의 ~도 없다 /　 반전
　　　(该产品的) 年销量 /　 超过 /　 500万台 /　 [是] 毫无 /　 悬念 [的]。
　　　　관형어　　 주어　　 술어　 목적어　　　　 [是]　 술어　　 목적어　 [的]
　　　　　　　　 주어(주술목구)

해석　이 휴대폰은 출시되자마자 바로 소비자의 환영을 크게 받았는데, 지금의 추세로 보면 이 제품의 연간 판매량이 500만대가 넘는 것에는 조금
　　　의 반전도 없을 것이다.

해설　주어 这款手机(이 휴대폰은), 술어 上市(출시되다)과 술어 受(받다), 목적어 消费者欢迎(소비자의 환영을)이 문맥상 자연스럽게 어울린다. 뒤 절의
　　　주어 该产品的年销量超过500万台(이 제품의 연간 판매량이 500만대가 넘는 것은), 술어 毫无(조금의 ~도 없다), 목적어 悬念(반전)도 문맥상 자연스
　　　럽게 어울린다. 또한 뒤 절은 是……的 구문이 사용되어 毫无悬念(조금의 반전도 없다)이 일종의 견해임을 나타냈다. 따라서 틀린 부분이 없다.
　　　참고로 위 문장에서와 같이 是……的 구문은 견해나 판단의 어기를 나타내기도 한다.

어휘	款 kuǎn 영[어떤 양식이나 스타일을 셀 때 쓰는 단위] **上市** shàngshì 통출시하다 **消费者** xiāofèizhě 명소비자 **趋势** qūshì 명추세
	产品 chǎnpǐn 명제품 **年销量** niánxiāoliàng 명연간 판매량 ★**毫无** háo wú 조금의 ~도 없다 **悬念** xuánniàn 명반전, 스릴

	(모델이 입은 프릴 디자인이 있는) 원피스는. // (신고 있는 캐주얼감이 충만한 캔버스화와) 코디되어 있다 / 함께. // 드러냈다 /
C	(模特身上带有荷叶边设计的) **连衣裙,** // (与脚上休闲感十足的帆布鞋) **搭配在** / 一起, // **展现出了** /
	관형어 　　　　　　주어 　　　　　　부사어 　　　술어+보어 목적어 술어+보어+了

（강렬한） 대비감. // ~해 보이다 / 매우 트렌디하다
(强烈的) 对比感, // **看起来** / **非常时髦。**
　관형어　목적어　　술어+보어　　목적어

해석	모델이 입은 프릴 디자인이 있는 원피스는 신고 있는 캐주얼감이 충만한 캔버스화와 함께 코디되어 있어 강렬한 대비감을 드러냈는데, 매우 트렌디해 보인다.
해설	주어 **连衣裙**(원피스는), 술어 **搭配**(코디되다)가 문맥상 자연스럽게 어울린다. 술어 **展现**(드러내다)와 목적어 **对比感**(대비감을), 술어 **看**이 이끄는 **看起来非常时髦**(매우 트렌디해 보인다) 또한 주어 **连衣裙**과 문맥상 자연스럽게 어울린다. 따라서 틀린 부분이 없다.
어휘	**模特** mótè 명모델 **荷叶边** héyèbiān 프릴 **设计** shèjì 명디자인 **连衣裙** liányīqún 명원피스 **休闲感** xiūxiángǎn 명캐주얼감
	★**十足** shízú 형충만하다 **帆布鞋** fānbùxié 명캔버스화 ★**搭配** dāpèi 통코디되다 ★**展现** zhǎnxiàn 통드러내다 **强烈** qiángliè 형강렬하다
	对比感 duìbǐgǎn 명대비감 **时髦** shímáo 형트렌디하다

	(수년간의 연구와 현장 조사를 거쳐), // 지질학자와 내진 전문가는 / 발견했다 / 현상 하나를. // (즉) 건물이 / (지진파의 충격을 받을 때), //
D	(经过多年的研究和实地考察), // 地质学家和抗震专家 / 发现了 / 一个现象, // (即) 房屋 / (受地震波冲击时), //
	부사어 　　　　　　　　　주어 　　　　　술어+了 목적어 부사어 주어 　　부사어

(모든 모퉁이에서) (모두) (가능하다) (~할 수 있다) 발생하다 / 흔들림이
(在任何角落) (都) (可能) (会) 发生 / 晃动。
부사어　　부사어 부사어 부사어 술어 목적어

해석	수년간의 연구와 현장 조사를 거쳐, 지질학자와 내진 전문가는 현상 하나를 발견했는데, 즉 건물이 지진파의 충격을 받을 때 모든 모퉁이에서 흔들림이 발생할 수 있다는 것이다.
해설	앞 절의 주어 **地质学家和抗震专家**(지질학자와 내진 전문가는), 술어 **发现**(발견하다), 목적어 **一个现象**(현상 하나를)이 문맥상 자연스럽게 어울린다. 뒤 절의 술어 **发生**(발생하다), 목적어 **晃动**(흔들림이)도 문맥상 자연스럽게 어울린다. 또한 시점을 나타내는 **受地震波冲击时**(지진파의 충격을 받을 때), 범위를 나타내는 개사구 **在任何角落**(모든 모퉁이에서), 부사 **都**(모두), 조동사 **可能**(가능하다)과 **会**(~할 수 있다)도 뒤 절의 술어 **发生** 앞에서 '시기를 나타내는 부사어→개사구→부사→조동사' 순으로 알맞게 배치되었다. 따라서 틀린 부분이 없다. 참고로 부사어는 기본적으로 부사→조동사→개사구 순으로 배치하지만, 시기를 나타내는 부사어는 부사어들 중 가장 앞에 위치할 수 있으며, 在로 시작하여 범위를 나타내는 개사구가 예외적으로 부사 앞에 위치할 수 있다는 점을 알아둔다.
어휘	★**考察** kǎochá 통조사하다 **地质** dìzhì 명지질학 **抗震** kàngzhèn 통내진하다, 지진에 견디다 **专家** zhuānjiā 명전문가 **现象** xiànxiàng 명현상
	地震波 dìzhènbō 명지진파 ★**冲击** chōngjī 통충격을 입게 하다 ★**角落** jiǎoluò 명모퉁이 **晃动** huàngdòng 통흔들리다

---

10 **A**

	모기는 / 몸에 / 지니고 있다 / 여러 종류의 세균과 바이러스를. // 만약 (모기에게 물리고 난 후) 나타나다 / (붉어지고 가려워지는 것 이외의) 다른 증상이. //
	蚊子 / **身上** / **携带着** / **多种细菌和病毒,** // **如果** (被蚊虫叮咬后) **出现** / (红痒之外的) **其他症状,** //
	주어 　주어　 술어+着 목적어 접속사 부사어 술어 관형어 목적어
	술어(주술구)

(~하세요) (즉시) 진료를 받다. // 받다 / 전문적인 치료를
(请) (及时) 就医, // **接受** / **专业治疗。**
请　부사어　술어 술어 목적어

해석	모기는 몸에 여러 종류의 세균과 바이러스를 지니고 있으니, 만약 모기에게 물리고 난 후 붉어지고 가려워지는 것 이외의 다른 증상이 나타난다면, 즉시 진료를 받고 전문적인 치료를 받으세요.
해설	각 절의 주어, 술어, 목적어가 모두 문맥상 자연스럽게 어울린다. 가정을 나타내는 접속사 **如果**(만약) 또한 문맥상 적절히 쓰였다. 따라서 틀린 부분이 없다.
어휘	**蚊子** wénzi 명모기 ★**携带** xiédài 통지니다 ★**细菌** xìjūn 명세균 **病毒** bìngdú 명바이러스 **叮咬** dīngyǎo 통물다 **痒** yǎng 형가렵다
	★**症状** zhèngzhuàng 명증상 **就医** jiùyī 통진료를 받다 **治疗** zhìliáo 통치료하다

B	(현재), //	(수질 오염 정비 업무가 직면한)	상황은 /	(매우)	심각하다. //	(대규모의 공업화 생산으로 배출된)	폐수는, //
	(目前), //	(水污染治理工作面临的)	形势 /	(十分)	严峻, //	(大规模的工业化生产排出的)	污水, //
	부사어	관형어	주어	부사어	술어	관형어	주어

(지표수 및 지하수의 수질에 미치는)	영향이	(모두)	(매우)	두드러진다
(对地表水以及地下水水质的)	影响 /	(都)	(极其)	突出。
관형어	주어	부사어	부사어	술어
		술어(주술구)		

해석 현재 수질 오염 정비 업무가 직면한 상황은 매우 심각한데, 대규모의 공업화 생산으로 배출된 폐수는 지표수 및 지하수의 수질에 미치는 영향이 매우 두드러진다.

해설 앞 절의 주어 形势(상황은), 술어 严峻(심각하다)이 문맥상 자연스럽게 어울리고, 뒤 절의 주어 污水(폐수는), 주술구 형태의 술어 对地表水以及地下水水质的影响都极其突出(지표수 및 지하수의 수질에 미치는 영향이 매우 두드러진다)도 문맥상 자연스럽게 어울린다. 또한 시간사 目前(현재)도 문장 맨 앞에서 부사어로 적절히 쓰였다. 따라서 틀린 부분이 없다.

어휘 目前 mùqián 圀 현재 ★治理 zhìlǐ 圄 정비하다 面临 miànlín 圄 직면하다 形势 xíngshì 圀 상황 严峻 yánjùn 圀 심각하다 规模 guīmó 圀 규모 工业化 gōngyèhuà 圄 공업화하다 生产 shēngchǎn 圄 생산하다 排出 páichū (폐기·오수 따위를) 배출하다 污水 wūshuǐ 圀 폐수 地表水 dìbiǎoshuǐ 圀 지표수 以及 yǐjí 圙 및 地下水 dìxiàshuǐ 圀 지하수 极其 jíqí 團 매우 突出 tūchū 두드러지다

C	이멍산 세계 지질 공원은	/ ~이다	(이멍산 전체의)	핵심. //	~이다	(자연 풍경과 전형적인 문화 요소의)	집적지. //
	沂蒙山世界地质公园	/ 是	(整个沂蒙山的)	核心, //	是	(自然风光和典型文化元素的)	集中地, //
	주어	술어	관형어	목적어	술어	관형어	목적어

(동시에)	(또) ~이다	세계의 유명한 양생의 성지.	(이 때문에)	매료시켰다	방방곡곡의 관광객들을
同时	(还) 是	/ 世界著名养生圣地, //	因此	吸引了	/ 八方来客。
접속사	부사어 술어	목적어	접속사	술어+了	목적어

해석 이멍산 세계 지질 공원은 이멍산 전체의 핵심으로, 자연 풍경과 전형적인 문화 요소의 집적지인 동시에 또 세계의 유명한 양생의 성지이기도 해서 방방곡곡의 관광객들을 매료시켰다.

해설 각각의 술어 是(~이다)과 연결되는 주어 沂蒙山世界地质公园(이멍산 세계 지질 공원은)과 목적어 核心(핵심), 集中地(집적지), 世界著名养生圣地(세계의 유명한 양생의 성지)가 모두 동격이고, 술어 吸引(매료시키다)와 목적어 八方来客(방방곡곡의 관광객들을)도 문맥상 자연스럽게 어울린다. 접속사 同时(동시에)과 因此(이 때문에) 또한 문맥상 적절히 쓰였다. 따라서 틀린 부분이 없다.

어휘 沂蒙山 Yíméngshān 교유 이멍산[중국 산둥성 린이(临沂)시에 있는 산] 地质 dìzhì 圀 지질 整个 zhěnggè 圀 전체의 核心 héxīn 圀 핵심 ★风光 fēngguāng 圀 풍경 ★典型 diǎnxíng 圀 전형적인 ★元素 yuánsù 圀 요소 集中地 jízhōngdì 圀 집적지 养生 yǎngshēng 圄 양생하다 圣地 shèngdì 圀 성지 八方 bāfāng 圀 방방곡곡

D	(직원들이 아침 일찍 일어나서 출근하는 스트레스를 완화시키기 위해), //	몇몇 회사들은	/ 개최했다	탄력근무제를. //	(이 제도에서는), //	(~하기만 하면)
	(为了缓解员工早起上班的压力), //	一些公司	举行了	/ 弹性工作制, //	(在该制度下), //	只要
	부사어	주어	술어+了	목적어	부사어	접속사

근무 시간이	/ 8시간 채워지다. //	직원들은	(~할 수 있다)	(자유롭게)	선택하다 /	출퇴근 시간을
工作时间	/ 满八小时, //	员工	(便) (可以)	(自由)	选择 /	上下班时间。
주어	술어+보어	주어	부사어 부사어	부사어	술어	목적어

해석 직원들이 아침 일찍 일어나서 출근하는 스트레스를 완화시키기 위해, 몇몇 회사들은 탄력근무제를 개최했다. 이 제도에서는 근무 시간이 8시간 채워지기만 하면, 직원들은 출퇴근 시간을 자유롭게 선택할 수 있다.

해설 **술어, 목적어가 문맥상 서로 어울리지 않아 틀린 경우**
앞 절에서 술어 举行(개최하다)과 목적어 弹性工作制(탄력근무제를)이 서로 문맥상 어울리지 않아 틀린 문장이다. 술어 자리에 实行(실행하다)과 같은 어휘가 와야 한다.

옳은 문장 为了缓解员工早起上班的压力, 一些公司实行了弹性工作制, 在该制度下, 只要工作时间满八小时, 员工便可以自由选择上下班时间。
직원들이 아침 일찍 일어나서 출근하는 스트레스를 완화시키기 위해, 몇몇 회사들은 탄력근무제를 실행했다. 이 제도에서는 근무 시간이 8시간 채워지기만 하면, 직원들은 출퇴근 시간을 자유롭게 선택할 수 있다.

어휘 缓解 huǎnjiě 圄 완화시키다 员工 yuángōng 圀 직원 弹性工作制 tánxìng gōngzuòzhì 圀 탄력근무제 制度 zhìdù 圀 제도 自由 zìyóu 圀 자유롭다 ★实行 shíxíng 圄 실행하다

제2부분

시간을 단축하는 문제풀이 스텝 해석

> 61. 엄하게 자녀를 꾸짖는 것은 대부분의 부모들이 아이를 키우고 아이의 잘못을 **바로잡는** 방법 중 하나이다. **속담**에 이런 말이 있다. 매로 키운 자식은 효자가 되고, 응석받이로 키운 자식은 불효자가 된다. 하지만 아이를 나무라는 것도 방법을 중시해야 한다. 만약 방법이 잘못되면, 아이의 행동에 규범적인 영향을 미치지 못할 뿐만 아니라, **예상하지** 못한 결과를 얻을 수도 있다.
>
> | A | 바로잡다 | 속담 | 예상하지 |
> |---|---|---|---|
> | B | 정정하다 | 우화 | 상상하지 |
> | C | 개선하다 | 방언 | 예산하지 |
> | D | 시정하다 | 성어 | 예측하지 |

어휘　지문　★严厉 yánlì 웹 엄하다　培养 péiyǎng 통 키우다　纠正 jiūzhèng 통 바로잡다　★俗话 súhuà 명 속담

棒头出孝子, 箸头出忤逆 bàngtóu chū xiàozǐ, zhùtóu chū wǔnì 매로 키운 자식은 효자가 되고, 응석받이로 키운 자식은 불효자가 된다

★指责 zhǐzé 통 나무라다, 책망하다　★注重 zhùzhòng 통 중시하다　一旦 yídàn 뷔 만약, 일단　行为 xíngwéi 몡 행동

★规范 guīfàn 몡 규범적이다　意料 yìliào 통 예상하다

선택지　更正 gēngzhèng 통 정정하다　改进 gǎijìn 통 개선하다　改正 gǎizhèng 통 시정하다　寓言 yùyán 몡 우화　★方言 fāngyán 몡 방언

成语 chéngyǔ 몡 성어　设想 shèxiǎng 통 상상하다　★预算 yùsuàn 몡 예산하다　估计 gūjì 통 예측하다

고득점비책 01 | 유의어 공략하기 p.110

전략 적용 해석

1.

(1) 만약 우리가 맛보고 즐길 줄 모른다면, 맛있는 요리가 **포함하고 있는** 독특한 풍미를 경험할 수 없으며, 더 나아가 인생의 풍부하고 다채로운 맛을 느낄 수 없을 것이다.

A 포함하고 있는	B 포위하고 있는
C 포괄하고 있는	D 포장하고 있는

어휘　享受 xiǎngshòu 통 즐기다　体会 tǐhuì 통 경험하다, 느끼다　佳肴 jiāyáo 몡 맛있는 요리　包含 bāohán 통 포함하다　独特 dútè 웹 독특하다

★风味 fēngwèi 명 풍미　丰富多彩 fēngfùduōcǎi 풍부하고 다채롭다　滋味 zīwèi 명 맛　包围 bāowéi 통 포위하다

包括 bāokuò 통 포괄하다　包裹 bāoguǒ 통 포장하다 　6급 빈출어휘

(2) 이번 국제 대회에서 우승을 차지하기 위해서, 그는 고생을 마다하지 않고 **반복해서** 모든 무용 동작을 연습했다.

A 중첩해서	B 미뤄서
C 반복해서	D 연기해서

어휘　夺 duó 통 차지하다, 쟁취하다　冠军 guànjūn 몡 우승　不辞劳苦 bùcíláokǔ 졍 고생을 마다하지 않다　重复 chóngfù 통 반복하다, 중복하다

★舞蹈 wǔdǎo 몡 무용　重叠 chóngdié 통 중첩하다　★拖延 tuōyán 통 미루다, 끌다　延迟 yánchí 통 연기하다

2.

(1) 전지는 중국 민간 예술 중에서 지역성이 가장 **뚜렷하고**, 역사 문화적 의미가 가장 풍부하며 가장 대표성을 갖춘 미술 형태이다.

A 뚜렷하고	B 명쾌하고
C 현명하고	D 명확하고

어휘　剪纸 jiǎnzhǐ 몡 전지[사람·사물의 형상을 종이로 오리는 민간 공예]　★民间 mínjiān 몡 민간　地域性 dìyùxìng 명 지역성

★鲜明 xiānmíng 웹 뚜렷하다　★内涵 nèihán 몡 의미　代表性 dàibiǎoxìng 명 대표성　美术 měishù 명 미술　★形态 xíngtài 명 형태

明快 míngkuài 웹 명쾌하다　英明 yīngmíng 웹 현명하다　明确 míngquè 웹 명확하다

(2) 다이어트 중인 사람이 만약 음식을 **적절하게** 조절하는 동시에, 유산소 운동을 적당히 결합한다면, 다이어트를 성공할 수 있을 뿐만 아니라, 다이어트 이후의 체중도 자리잡게 할 수 있을 것이다.

A 수지에 맞게
C 합법적이게
B 알맞게
D 적절하게

어휘 **合理** hélǐ 웹 적절하다 **食物** shíwù 웹 음식 **适当** shìdàng 웹 적당하다 **结合** jiéhé 결합하다 **有氧运动** yóuyǎng yùndòng 웹 유산소 운동
巩固 gǒnggù 자리잡다, 굳히다 **合算** hésuàn 웹 수지에 맞다 **合法** héfǎ 웹 합법적이다

---

3. 사람의 두 발은 근면 성실한 '나이 든 황소'처럼, 몸의 전체 **무게를** 지탱하며 우리를 걷고 탐험하도록 이끈다.

A 수량을
C 역량을
B 무게를
D 분량을

어휘 **勤恳** qínkěn 웹 근면 성실하다 **老黄牛** lǎohuángniú 웹 나이 든 황소, 묵묵히 성실하게 일하는 사람[비유적 표현] **承载** chéngzài 웹 지탱하다
重量 zhòngliàng 웹 무게 ★**带领** dàilǐng 웹 이끌다 ★**探索** tànsuǒ 웹 탐험하다, 탐색하다 **力量** lìliàng 웹 역량 **分量** fēnliàng 웹 분량

---

4. 외래종의 침입은 원래의 생태 균형을 **마구잡이로** 파괴하고, 현지 생태계에 지울 수 없는 영향을 준다. 이 때문에 각국은 모두 유사한 사건의 발생을 방지하는 엄격한 세관 시스템을 갖추고 있다.

A 대체로
C 대개
B 대략
D 마구잡이로

어휘 **入侵** rùqīn 웹 침입하다 **大肆** dàsì 웹 마구잡이로 **破坏** pòhuài 웹 파괴하다 **生态平衡** shēngtài pínghéng 웹 생태 균형 **当地** dāngdì 웹 현지
★**生态** shēngtài 웹 생태계 **不可磨灭** bùkěmómiè 웹 지울 수 없다 **海关** hǎiguān 웹 세관 **系统** xìtǒng 웹 시스템 ★**防止** fángzhǐ 웹 방지하다
★**类似** lèisì 웹 유사하다 ★**事件** shìjiàn 웹 사건 ★**大致** dàzhì 웹 대체로 **大抵** dàdǐ 웹 대개

실전연습문제 p.113

1 D	2 C	3 A	4 D	5 B

1

植物学家在非洲沙漠地区发现了一种古怪的植物：它如章鱼般趴在沙地上，低矮而粗壮。它是世界上唯一永不落叶的**珍贵**植物——百岁兰。百岁兰是植物界的活化石。它长有两片终生不停**生长**的宽大叶子，叶子底部有不断分裂新细胞的组织，因而具有**顽强**的生命力。

식물학자는 아프리카 사막 지역에서 괴상한 식물 한 종류를 발견했다. 그것은 문어처럼 모래 바닥에 엎드려 있으며, 낮고 우람했다. 그것은 세상에서 유일하게 영원히 잎이 떨어지지 않는 **진귀한** 식물인 웰위치아이다. 웰위치아는 식물계의 살아 있는 화석이다. 그것은 평생 끊임없이 **자라는** 두 개의 넓은 잎을 가지고 있고, 잎의 밑바닥에는 계속해서 새로운 세포를 분열하는 조직이 있어서, **굳센** 생명력을 가진다.

A 珍重	生效	坚韧 ✓	A 소중히 하는	효력이 발생하는	강인한
B 稀奇 ✓	生育	坚强 ✓	B 희귀한	출산하는	굳센
C 难得	生产	强大 ✓	C 얻기 어려운	생산하는	강대한
D 珍贵 ✓	**生长 ✓**	**顽强 ✓**	**D 진귀한**	**자라는**	**굳센**

어휘 지문 **非洲** Fēizhōu 고유 아프리카 **沙漠** shāmò 웹 사막 **地区** dìqū 웹 지역 **古怪** gǔguài 웹 괴상하다 **章鱼** zhāngyú 웹 문어 **趴** pā 웹 엎드리다
低矮 dī'ǎi 웹 낮다 **粗壮** cūzhuàng 웹 우람하다 **唯一** wéiyī 웹 유일한 ★**珍贵** zhēnguì 웹 진귀하다
百岁兰 bǎisuìlán 웹 웰위치아[아프리카에서 발견된 겉씨식물] ★**化石** huàshí 웹 화석 **终生** zhōngshēng 웹 평생 **生长** shēngzhǎng 웹 자라다
宽大 kuāndà 웹 넓다 **不断** búduàn 웹 끊임없이 **分裂** fēnliè 웹 분열하다 ★**细胞** xìbāo 웹 세포 **组织** zǔzhī 웹 조직
★**顽强** wánqiáng 웹 굳세다
선택지 **珍重** zhēnzhòng 웹 소중히 하다 **稀奇** xīqí 웹 희귀하다 ★**难得** nándé 웹 얻기 어렵다 **生效** shēngxiào 웹 효력이 발생하다
生育 shēngyù 웹 출산하다 **生产** shēngchǎn 웹 생산하다 ★**坚韧** jiānrèn 웹 강인하다 **坚强** jiānqiáng 웹 굳세다 **强大** qiángdà 웹 강대하다

해설 첫째 빈칸 선택지가 모두 '소중하다, 귀하다'와 관련된 의미의 형용사 또는 동사이다. 빈칸은 관형어 자리이므로, 빈칸 뒤의 목적어 植物(식물)과 의

미적으로 호응하는 선택지 B 稀奇(희귀한), D 珍贵(진귀한)를 정답의 후보로 고른다. '그것은 세상에서 유일하게 영원히 잎이 떨어지지 않는 _____ 식물인 웰위치아이다.'라는 문맥과도 자연스럽다.

참고로 A 珍重(소중히 하는)은 주로 人才(인재), 友情(우정) 등의 어휘와 호응한다. 그리고 C 难得(얻기 어려운)는 주로 술어로 사용되며, 관형어로 사용될 때에는 반드시 뒤에 조사 的를 붙여야 한다.

둘째 빈칸 선택지가 모두 공통글자 生을 포함하여 '살다, 생기다'와 관련된 의미의 동사 유의어이다. 빈칸은 관형어 자리이므로, 빈칸 뒤의 목적어 宽大叶子(넓은 잎)와 의미적으로 호응하는 선택지 D 生长(자라는)이 정답이다. '그것은 평생 끊임없이 _____ 두 개의 넓은 잎을 가지고 있고'라는 문맥과도 자연스럽다.

*둘째 빈칸에서는 D밖에 정답이 될 수 없기 때문에, 실제 시험에서는 선택지 D를 정답으로 고르고 바로 다음 문제로 넘어간다.

셋째 빈칸 선택지가 모두 공통글자 坚 또는 强을 포함하여 '강인하다, 굳세다'와 관련된 의미의 형용사 유의어이다. 빈칸은 관형어 자리이므로, 빈칸 뒤의 목적어 生命力(생명력)와 의미적으로 호응하는 선택지 A 坚韧(강인한), B 坚强(굳센), C 强大(강대한), D 顽强(굳센)을 정답의 후보로 고른다. '잎의 밑바닥에는 계속해서 새로운 세포를 분열하는 조직이 있어서, _____ 생명력을 가진다'라는 문맥과도 자연스럽다.

2

人生的速度是由快慢相结合的，快有快的好，慢有慢的妙。快使人在竞争中**占据**优势，慢使人对生活有更**透彻**的理解，快是一种前进的动力，慢是一种精神的放松，快慢结合才能控制好人生的速度。因此，人生路上要调整好**节奏**，时而快时而慢，**踏实**地走好每一步。

인생의 속도는 빠름과 느림이 서로 결합된 것으로, 빠름은 빠름의 좋은 점이 있고, 느림은 느림의 좋은 점이 있다. 빠름은 사람으로 하여금 경쟁 속에서 우위를 **차지하게** 하고, 느림은 사람으로 하여금 삶에 대해 더욱 **확실한** 이해를 하게 한다. 빠름은 앞으로 나아가는 원동력이고, 느림은 정신적 여유이다. 빠름과 느림이 결합되어야 비로소 인생의 속도를 잘 제어할 수 있다. 이 때문에, 인생의 길 위에서 **리듬을** 잘 조절해야 하는데, 때로는 빠르게 때로는 느리게, 매 걸음을 착실하게 잘 걸어야 한다.

A 占领	鲜明	礼节	结实
B 占有 ✓	明确 ✓	环节	扎实 ✓
C 占据 ✓	**透彻 ✓**	**节奏 ✓**	**踏实 ✓**
D 霸占	清晰 ✓	情节	坚实

A 점령하다	선명한	예절을	튼튼하게
B 점유하다	명확한	일환을	착실하게
C 차지하다	**확실한**	**리듬을**	**착실하게**
D 점거하다	뚜렷한	줄거리를	견고하게

어휘 지문 结合 jiéhé 통 결합하다 妙 miào 형 좋다 ★占据 zhànjù 통 차지하다 优势 yōushì 우위 透彻 tòuchè 형 확실하다
★动力 dònglì 명 원동력 精神 jīngshén 정신 控制 kòngzhì 통 제어하다 调整 tiáozhěng 통 조절하다 ★节奏 jiézòu 명 리듬
时而 shí'ér 때로는 ★踏实 tāshi 형 착실하다

선택지 占领 zhànlǐng 통 점령하다 占有 zhànyǒu 통 점유하다 霸占 bàzhàn 점거하다 ★鲜明 xiānmíng 형 선명하다
明确 míngquè 명확하다 ★清晰 qīngxī 형 뚜렷하다 礼节 lǐjié 명 예절 ★环节 huánjié 명 일환 ★情节 qíngjié 명 줄거리
结实 jiēshi 튼튼하다 扎实 zhāshi 착실하다 ★坚实 jiānshí 견고하다

해설 **첫째 빈칸** 선택지가 모두 공통글자 占을 포함하여 '차지하다, 점령하다'와 관련된 의미의 동사 유의어이다. 빈칸은 술어 자리이므로, 빈칸 뒤의 목적어 优势(우위를)와 의미적으로 호응하는 선택지 B 占有(점유하다), C 占据(차지하다)를 정답의 후보로 고른다. '빠름은 사람으로 하여금 경쟁 속에서 우위를 _____ 게 하고'라는 문맥과도 자연스럽다.

참고로 A 占领(점령하다)과 D 霸占(점거하다)은 주로 土地(토지), 领土(영토) 등의 어휘와 호응한다.

둘째 빈칸 선택지가 모두 '명확하다, 분명하다'와 관련된 의미의 형용사 유의어이다. 빈칸은 관형어 자리이므로, 빈칸 뒤의 목적어 理解(이해를)와 의미적으로 호응하는 선택지 B 明确(명확한), C 透彻(확실한), D 清晰(뚜렷한)를 정답의 후보로 고른다. '느림은 사람으로 하여금 삶에 대해 더욱 _____ 이해를 하게 한다'라는 문맥과도 자연스럽다.

참고로 A 鲜明(선명하다)은 주로 색이 뚜렷하다는 의미로 사용되며, 风格(양식) 또는 主题(주제) 등의 어휘와 호응하여 모호하지 않고 명확하다는 의미로도 사용된다.

셋째 빈칸 선택지가 모두 공통글자 节를 포함한 명사 유의어이다. 빈칸 앞의 술어 调整(조절하다)과 의미적으로 호응하는 선택지 C 节奏(리듬을), D 情节(줄거리) 중에서 '인생의 길 위에서 _____ 잘 조절해야 하는데'라는 문맥에 어울리는 C 节奏가 정답이다.

*셋째 빈칸에서는 C밖에 정답이 될 수 없기 때문에, 실제 시험에서는 선택지 C를 정답으로 고르고 바로 다음 문제로 넘어간다.

넷째 빈칸 선택지가 모두 공통글자 实을 포함하여 '충실하다'와 관련된 의미의 형용사 유의어이다. 빈칸은 부사어 자리이므로, 빈칸 뒤의 술어 走(걷다)와 의미적으로 호응하는 선택지 B 扎实(착실하게), C 踏实(착실하게)을 정답의 후보로 고른다. '때로는 빠르게 때로는 느리게, 매 걸음을 _____ 잘 걸어야 한다'라는 문맥과도 자연스럽다.

3

济南三大名胜之一的趵突泉，具有"天下第一泉"的**美称**。它是最早见于古代文献的济南名泉。所谓"趵突"，即跳跃奔突之意，**反映**了趵突泉喷涌不息的特点。趵突泉水从地下石灰岩溶洞中涌出，水**清澈**见底，水质状况良好，含有的细菌量极低，是理想的**天然**饮用水。

지난의 3대 명소 중 하나인 바오투취안은 '천하제일 샘'이라는 **아름다운 이름을** 가지고 있다. 바오투취안은 고대 문헌에서 처음 나타난 지난의 유명한 샘이다. 소위 '바오투'란, 도약하고 질주한다는 의미로, 바오투취안이 쉬지 않고 용솟음치는 특징을 **반영했다.** 바오투취안의 물은 지하 석회암 종유동에서 쏟아져 나오는데, 물이 **맑고 투명하여** 바닥이 보이고 수질 상태가 양호하며, 함유하고 있는 세균량이 극히 낮아, 이상적인 **천연** 식수이다.

A	美称 ✓	反映 ✓	清澈 ✓	天然 ✓
B	称号 ✓	反馈	清晰	必然
C	称呼 ✓	反抗	清醒	偶然
D	称谓 ✓	反驳	清淡	显然

A	아름다운 이름을	반영하다	맑고 투명하여	천연
B	칭호를	피드백하다	뚜렷하여	필연
C	호칭을	반항하다	정신이 들며	우연
D	명칭을	반박하다	담백하여	분명

어휘 지문 济南 Jǐnán [고유] 지난[중국 산둥(山东)성의 성도] 名胜 míngshèng 몡 명소
趵突泉 Bàotūquán [고유] 바오투취안[산둥(山东)성 지난(济南)시에 있는 샘] 美称 měichēng 몡 아름다운 이름 文献 wénxiàn 몡 문헌
★跳跃 tiàoyuè 동 도약하다 奔突 bēntū 동 질주하다 反映 fǎnyìng 동 반영하다 喷涌 pēnyǒng 동 용솟음치다
石灰岩 shíhuīyán 석회암 溶洞 róngdòng 몡 종유동[지하수가 석회암 지대를 용해하여 생긴 동굴] 涌出 yǒngchu 쏟아져 나오다
★清澈 qīngchè 톙 맑고 투명하다 状况 zhuàngkuàng 몡 상태 良好 liánghǎo 톙 양호하다 ★细菌 xìjūn 몡 세균
天然 tiānrán 톙 천연적이다 饮用水 yǐnyòngshuǐ 몡 식수
선택지 ★称号 chēnghào 몡 칭호 称呼 chēnghu 몡 호칭 称谓 chēngwèi 몡 명칭 ★反馈 fǎnkuì 몡 피드백하다 反抗 fǎnkàng 동 반항하다
★反驳 fǎnbó 동 반박하다 清晰 qīngxī 톙 뚜렷하다 ★清醒 qīngxǐng 동 정신이 들다 清淡 qīngdàn 톙 담백하다
必然 bìrán 톙 필연적이다 偶然 ǒurán 톙 우연하다 显然 xiǎnrán 톙 분명하다

해설 첫째 빈칸
선택지가 모두 공통글자 称을 포함하여 '부르다'와 관련된 의미의 명사 유의어이다. 빈칸 앞의 술어 具有(가지고 있다)와 의미적으로 호응하는 선택지 A 美称(아름다운 이름을), B 称号 (칭호를), C 称呼(호칭을), D 称谓(명칭을)를 정답의 후보로 고른다. '천하제일 샘'이라는 ＿＿＿ 가지고 있다'라는 문맥과도 모두 자연스럽다.

둘째 빈칸
선택지가 모두 공통글자 反을 포함한 동사 유의어이다. 빈칸은 술어 자리이므로, 빈칸 뒤의 목적어 特点(특징을)과 의미적으로 호응하는 선택지 A 反映(반영하다)이 정답이다. '소위 '바오투'란, 도약하고 질주한다는 의미로, 바오투취안이 쉬지 않고 용솟음치는 특징을 ＿＿＿ 했다.'라는 문맥과도 자연스럽다.

*둘째 빈칸에서는 A밖에 정답이 될 수 없기 때문에, 실제 시험에서는 선택지 A를 정답으로 고르고 바로 다음 문제로 넘어간다.

셋째 빈칸
선택지가 모두 공통글자 清을 포함한 형용사 유의어이다. 빈칸은 술어 자리이므로, 빈칸 앞의 주어 水(물이)와 의미적으로 호응하는 선택지 A 清澈(맑고 투명하여)가 정답이다. '물이 ＿＿＿ 바닥이 보이고'라는 문맥과도 자연스럽다.

넷째 빈칸
선택지가 모두 공통글자 然을 포함한 형용사 유의어이다. 빈칸은 관형어 자리이므로, 빈칸 뒤의 목적어 饮用水(식수)와 의미적으로 호응하는 선택지 A 天然(천연)이 정답이다. '함유하고 있는 세균량이 극히 낮아, 이상적인 ＿＿＿ 식수이다'라는 문맥과도 자연스럽다.

4

即使血液中心的血资源匮乏，政府也仍坚持提倡**无偿**献血，不会给献血者提供经济奖励。这是因为道德动机和经济动机之间存在一定的关联性，当人们因献血得到一笔奖金时，献血就从一种**高尚**的道德慈善行为变成了**谋求**利益的交易行为，这就会让人有意识地**权衡**利弊。

설령 혈액 센터의 혈액 자원이 부족하더라도, 정부는 변함없이 **무상** 헌혈을 장려하며, 헌혈자에게 경제적 보상을 제공하지 않는다. 그 이유는 도덕적 동기와 경제적 동기 사이에 일정한 연관성이 있기 때문인데, 사람들이 헌혈을 함으로 인해 돈을 받았을 때, 헌혈은 곧 하나의 **고상한** 도덕적인 자선 행위에서 이익을 **모색하는** 거래 행위로 바뀌게 되고, 이는 곧 사람이 의식적으로 이해득실을 **따지게** 한다.

A	无辜	高贵	力求	衡量 ✓
B	无私	崇高 ✓	征求	平衡
C	无知	高明	追求 ✓	测量
D	无偿 ✓	高尚 ✓	谋求 ✓	权衡 ✓

A	무고한	고귀한	몹시 애쓰는	비교하다
B	사심이 없는	숭고한	구하는	균형 있게 하다
C	무지한	출중한	추구하는	측량하다
D	무상	고상한	모색하는	따지다

어휘 지문 血液 xuèyè 몡 혈액 中心 zhōngxīn 몡 센터 资源 zīyuán 몡 자원 匮乏 kuìfá 톙 부족하다 政府 zhèngfǔ 몡 정부 提倡 tíchàng 동 장려하다
无偿 wúcháng 톙 무상의 献血 xiàn xuè 동 헌혈하다 ★奖励 jiǎnglì 동 보상하다, 장려하다 道德 dàodé 몡 도덕 ★动机 dòngjī 몡 동기
存在 cúnzài 동 있다, 존재하다 关联性 guānliánxìng 몡 연관성 奖金 jiǎngjīn 몡 돈, 상금 ★高尚 gāoshàng 톙 고상하다
慈善 císhàn 자선을 베풀다 行为 xíngwéi 몡 행위 谋求 móuqiú 동 모색하다 利益 lìyì 몡 이익 ★交易 jiāoyì 동 거래하다
★意识 yìshi 몡 의식 权衡 quánhéng 동 따지다, 가늠하다 利弊 lìbì 몡 이해득실

선택지 无辜 wúgū 圖 무고하다 无私 wúsī 圖 사심이 없다 无知 wúzhī 圖 무지하다 高贵 gāoguì 圖 고귀하다 崇高 chónggāo 圖 숭고하다
★高明 gāomíng 圖 출중하다 力求 lìqiú 圖 몹시 애쓰다 征求 zhēngqiú 圖 구하다 追求 zhuīqiú 圖 추구하다 衡量 héngliáng 圖 비교하다
平衡 pínghéng 圖 균형 있게 하다 ★测量 cèliáng 圖 측량하다

해설

첫째 빈칸
선택지가 모두 공통글자 无를 포함하여 '없다'와 관련된 의미의 형용사 유의어이다. 빈칸은 관형어 자리이므로, 빈칸 뒤의 목적어 献血(헌혈)와 의미적으로 호응하는 선택지 D 无偿(무상)이 정답이다. '정부는 변함없이 _____ 헌혈을 장려하며'라는 문맥과도 자연스럽다.
참고로 无偿献血(무상 헌혈)는 자주 한 단어처럼 사용된다.
*첫째 빈칸에서는 D밖에 정답이 될 수 없기 때문에, 실제 시험에서는 선택지 D를 정답으로 고르고 바로 다음 문제로 넘어간다.

둘째 빈칸
선택지가 모두 공통글자 高를 포함하여 '고급스럽다'와 관련된 의미의 형용사 유의어이다. 빈칸은 관형어 자리이므로, 빈칸 뒤의 목적어 道德慈善行为(도덕적인 자선 행위)와 의미적으로 호응하는 선택지 B 崇高(숭고한), D 高尚(고상한)을 정답의 후보로 고른다. '헌혈은 곧 하나의 _____ 도덕적인 자선 행위에서……'라는 문맥과도 자연스럽다.
참고로 A 高贵(고귀한)는 정신적으로 높고 숭고한 가치가 있다는 것을 가리키며, 주로 品质(품성), 气质(자질) 등의 어휘와 호응한다.

셋째 빈칸
선택지가 모두 공통글자 求를 포함하여 '추구하다'와 관련된 의미의 동사 유의어이다. 빈칸은 술어 자리이므로, 빈칸 뒤의 목적어 利益(이익을)와 의미적으로 호응하는 선택지 C 追求(추구하는), D 谋求(모색하는)를 정답의 후보로 고른다. '이익을 _____ 거래 행위로 바뀌게 되고'라는 문맥과도 자연스럽다.
참고로 A 力求(몹시 애쓰다)는 주로 实效(실효) 등의 어휘와 호응하고, B 征求(구하다)는 주로 意见(의견) 등의 어휘와 호응한다.

넷째 빈칸
선택지가 모두 공통글자 衡 또는 量을 포함하여 '저울질하다, 가늠하다'와 관련된 의미의 동사 유의어이다. 빈칸은 술어 자리이므로, 빈칸 뒤의 목적어 利弊(이해득실을)와 의미적으로 호응하는 선택지 A 衡量(비교하다), D 权衡(따지다)을 정답의 후보로 고른다. '이는 곧 사람이 의식적으로 이해득실을 _____ 게 한다'라는 문맥과도 자연스럽다.

5

在生活中，人们往往**忽略**细节，总是把自己的**目标锁定**在干大事上，却不知细节决定事情的**成败**。然而所谓的大事，**根本**就是由众多细节串联起来的。老子也**曾经**强调过细节的重要性：“天下难事，必作于易；天下大事，必作于细。”可见做事时，无论事情是大是小，都要注重细节的把控。

생활 속에서, 사람들은 종종 사소한 부분을 **간과하고**, 항상 자신의 목표를 굉장한 일을 하는 것에 **고정시키지만**, 도리어 사소한 부분이 일의 **성패를** 결정한다는 것을 알지 못한다. 그러나 소위 중대한 일이란, **근본은** 많은 사소한 부분들로 연결되어 있다는 것이다. 노자 역시 **일찍이** 사소한 부분의 중요성을 강조했다. '천하의 어려운 일은 반드시 쉬운 일에서 비롯되고, 천하의 중대한 일은 반드시 사소한 일에서 비롯된다.' 이로써 일을 할 때에는, 큰일이든 작은 일이든 사소한 부분을 파악하는 것을 중시해야 한다는 것을 알 수 있다.

A 忽视 ✓	稳固	成就	本质 ✓	一经
B 忽略 ✓	**锁定 ✓**	**成败 ✓**	**根本 ✓**	**曾经 ✓**
C 疏忽 ✓	冻结	成果 ✓	本领	仍然
D 省略	固定 ✓	成效	本身 ✓	依然

A 경시하고	안정시키다	성취를	본질은	하자마자
B 간과하고	**고정시키다**	**성패를**	**근본은**	**일찍이**
C 등한시하고	동결하다	성과를	재능은	아직도
D 생략하고	고정하다	효능을	그 자체는	여전히

어휘

지문
往往 wǎngwǎng 圓 종종 ★忽略 hūlüè 圖 간과하다 细节 xìjié 圓 사소한 부분 目标 mùbiāo 圓 목표 锁定 suǒdìng 圖 고정시키다
成败 chéngbài 圓 성패 大事 dàshì 圓 굉장한 일 ★本身 běnshēn 圓 그 자체 串联 chuànlián 圖 연결하다
老子 Lǎozǐ 교圓 노자[중국 춘추 시대의 사상가] 曾经 céngjīng 圓 일찍이 强调 qiángdiào 圖 강조하다
可见 kějiàn 圓 이로써 ~임을 알 수 있다 ★注重 zhùzhòng 圖 중시하다 把控 bǎ kòng 파악하다

선택지
忽视 hūshì 圖 경시하다 疏忽 shūhu 圖 등한시하다 省略 shěnglüè 圖 생략하다 稳固 wěngù 圖 안정시키다 ★冻结 dòngjié 圖 동결하다
固定 gùdìng 圖 고정하다 成就 chéngjiù 圓 성취 成果 chéngguǒ 圓 성과 成效 chéngxiào 圓 효능 本质 běnzhì 圓 본질
本领 běnlǐng 圓 재능 根本 gēnběn 圓 근본 一经 yìjīng 圓 하자마자 仍然 réngrán 圓 아직도 依然 yīrán 圓 여전히

해설

첫째 빈칸
선택지가 모두 공통글자 忽 또는 略를 포함하여 '소홀히 하다, 생략하다'와 관련된 의미의 동사 유의어이다. 빈칸은 술어 자리이므로, 빈칸 뒤의 목적어 细节(사소한 부분을)와 의미적으로 호응하는 선택지 A 忽视(경시하고), B 忽略(간과하고), C 疏忽(등한시하고), D 省略(생략하고) 중에서 '사람들은 종종 사소한 부분을 _____'라는 문맥에 어울리는 것은 A 忽视, B 忽略, C 疏忽이므로 이를 정답의 후보로 고른다.

둘째 빈칸
선택지 A, B, D는 공통글자 固 또는 定을 포함한 동사 유의어이고, C는 '동결하다'라는 의미의 동사이다. 빈칸은 술어 자리이므로, 빈칸 앞의 행위의 대상이자 문맥상 목적어인 目标(목표를)와 의미적으로 호응하는 선택지 B 锁定(고정시키다), D 固定(고정하다)을 정답의 후보로 고른다. '항상 자신의 목표를 굉장한 일을 하는 것에 _____지만'이라는 문맥과도 자연스럽다.

셋째 빈칸
선택지가 모두 공통글자 成을 포함한 어휘로 A, B, C는 '성취, 성과'와 관련된 의미의 명사 유의어이고, D는 '효능'이라는 의미의 명사이다. 빈칸 앞의 술어 决定(결정하다)과 의미적으로 호응하는 선택지 B 成败(성패를), C 成果(성과를)를 정답의 후보로 고른다. '사람들은 …… 도리어 사소한 부분이 일의 _____ 결정한다는 것을 알지 못한다'라는 문맥과도 자연스럽다.

넷째 빈칸
선택지가 모두 공통글자 本을 포함하여 '근본'과 관련된 의미의 어휘로, A, B, C는 명사이고, D는 대사이다. '_____ 많은 사소한 부분들로 연결되어 있다는 것이다'라는 문맥에 어울리는 선택지 A 本质(본질은), B 根本(근본은), D 本身(그 자체는)을 정답의 후보로 고른다.

다섯째 선택지가 모두 공통글자 经 또는 然을 포함한 부사 유의어이다. 빈칸은 부사어 자리이므로, 빈칸 뒤의 **强调过**(강조했다)와 의미적으로 호응하는 선택지 B **曾经**(일찍이)이 정답이다. '노자 역시 ＿＿＿＿ 사소한 부분의 중요성을 강조했다.'라는 문맥과도 자연스럽다.

빈칸　참고로 A 一经(하자마자)은 주로 就와 호응하여 사용하고, D 依然(여전히)은 동태조사 过와 호응하지 않는다.

*따라서 모든 빈칸에서 정답 후보를 포함하는 선택지 B가 정답이다.

고득점비책 02 | 의미가 다른 어휘 공략하기 p.114

전략 적용 해석
p.115

1. 알로카시아 잎에서 스며 나오는 이슬과 줄기 안에서 <u>분비되는</u> 진액은 모두 독이 있는 물질이다.

   A 전수되는 B 분비되는
   C 개방되는 D 회복되는

   어휘　滴水观音 dīshuǐ guānyīn 圖 알로카시아[식물의 일종]　叶片 yèpiàn 圖 잎, 잎의 편평한 곳　渗出 shènchu 스며 나오다　露水 lùshui 圖 이슬
   茎 jīng 圖 줄기　分泌 fēnmì 圄 분비하다　汁液 zhīyè 圖 진액, 즙　毒 dú 圖 독　物质 wùzhì 圖 물질　传授 chuánshòu 圄 전수하다
   开放 kāifàng 圄 개방하다　恢复 huīfù 圄 회복하다

2. 이 논문은 대중 매체의 좋은 점과 나쁜 점에 대한 관점이 <u>모호해서</u>, 참고 자료로 삼기에 적절하지 않다.

   A 힘이 없어서 B 희미해서
   C 모호해서 D 가난해서

   어휘　论文 lùnwén 圖 논문　大众媒体 dàzhòng méitǐ 圖 대중 매체　利弊 lìbì 圖 좋은 점과 나쁜 점　观点 guāndiǎn 圖 관점　模糊 móhu 圄 모호하다
   不宜 bùyí 圄 ~하기에 적절하지 않다　作为 zuòwéi 圄 ~으로 삼다　参考 cānkǎo 圄 참고하다　资料 zīliào 圖 자료　乏力 fálì 圄 힘이 없다
   隐约 yǐnyuē 圄 희미하다　贫乏 pínfá 圄 가난하다

3. 봄은 파인애플을 먹기 가장 적합한 계절이다. 이 계절의 파인애플은 냄새가 향기롭고, 새콤달콤하며 맛있는데, 영양 <u>가치</u>도 매우 높다.

   A 가치 B 포화
   C 원소 D 에너지원

   어휘　食用 shíyòng 圄 먹다　菠萝 bōluó 圖 파인애플　★气味 qìwèi 圖 냄새　芳香 fāngxiāng 圄 향기롭다　★可口 kěkǒu 圄 맛있다
   营养 yíngyǎng 圖 영양　价值 jiàzhí 圖 가치　饱和 bǎohé 圄 포화하다　★元素 yuánsù 圖 원소　能源 néngyuán 圖 에너지원

4. 운동선수 류상은 일찍이 허들 종목에서 <u>여러 차례</u> 세계 최고 기록을 세웠다. 이 스포츠는 운동선수에 대한 기술적인 요구가 높아, 운동선수는 전문적이고 체계적인 훈련을 거쳐야만 비교적 높은 수준에 도달할 수 있다.

   A 차라리 B 여러 차례
   C 여전히 D 날로

   어휘　跨栏 kuàlán 圖 허들을 넘다　项目 xiàngmù 圖 종목, 항목　屡次 lǚcì 圄 여러 차례　创造 chuàngzào 圄 세우다　纪录 jìlù 圖 최고 기록
   系统 xìtǒng 圄 체계적이다　训练 xùnliàn 圄 훈련하다　达到 dádào 圄 도달하다　索性 suǒxìng 圄 차라리　★仍旧 réngjiù 圄 여전히
   ★日益 rìyì 圄 날로

5. 일을 할 때에는 변함없는 마음과 끈기가 있어야 한다. 모든 일은 하지 말든지, 아니면 제대로 해내야 한다. 어려움이 닥쳤다고 물러나서도, <u>중도에 포기해서도</u> 안 된다.

   A 고의로 소란을 피워서도 B 부주의하여 상대방이 미리 알아차리도록 해서도
   C 갖은 방법을 다 써서도 D 중도에 포기해서도

   어휘　恒心 héngxīn 圖 변함없는 마음　韧性 rènxìng 圖 끈기　退 tuì 圄 물러나다　★半途而废 bàntú'érfèi 圄 중도에 포기하다
   无理取闹 wúlǐqǔnào 圄 고의로 소란을 피우다　打草惊蛇 dǎcǎojīngshé 圄 부주의하여 상대방이 미리 알아채도록 하다
   千方百计 qiānfāngbǎijì 圄 갖은 방법을 다 쓰다

6. 한 번의 사업을 성공하고 싶다면, 먼저 명확한 계획이 있어야 하고, 적극적인 마음가짐도 있어야 한다.

A 파

B 통

C 번

D 편

어휘 **成就** chéngjiù 图 성공하다 ★**番** fān 図 번, 차례[시간이나 힘을 비교적 많이 소모하거나, 과정이 완결되는 행위를 셀 때 쓰임]
明确 míngquè 图 명확하다 **心态** xīntài 圆 마음가짐 **派** pài 図 파[주의·사상 또는 행동 등의 차이에 따라 갈라진 사람의 집단을 세는 단위]
卷 juǎn 図 통, 권[원통형으로 말아 놓은 물건을 세는 단위]

실전연습문제 p.117

1 A	2 C	3 A	4 B	5 D

1
宠物已然成为了一种很重要的陪伴，是人们缓解工作
压力和孤独感的精神依靠。"它经济"是指年轻人将
情感<u>寄托</u>于宠物，不惜为自己的萌宠购置各类宠物用
品的消费现象。很多人平日里<u>省吃俭用</u>，对宠物却可
以一掷千金。如今，宠物<u>市场</u>日渐呈现出专业化和精
细化的趋势。

반려동물은 이미 중요한 동반자가 됐으며, 사람들이 업무 스트레스
와 고독감을 완화하는 정신적 버팀목이다. '펫코노미'는 젊은 사람
들이 감정을 반려동물에 **담아**, 자신의 귀여운 반려동물을 위해 각종
반려동물 용품을 사들이는 것을 아끼지 않는 소비 현상을 가리킨다.
많은 사람들이 평소에는 **절약해서 생활해도**, 반려동물에 대해서는
오히려 돈을 물 쓰듯 할 수 있다. 오늘날, 반려동물 **시장은** 나날이 전
문화되고 정교화되는 추세를 보인다.

A **寄托** ✓	**省吃俭用** ✓	**市场** ✓
B 衬托	一举两得	模式
C 依托 ✓	知足常乐	产业 ✓
D 委托	锲而不舍	缺口

A 담아	절약해서 생활해도	시장은
B 부각시켜	일거양득이어도	양식은
C 의지하여	만족을 알면 항상 즐거워도	산업은
D 위탁하여	인내심을 갖고 일을 계속해도	빈틈은

어휘 지문 **宠物** chǒngwù 圆 반려동물 **已然** yǐrán 图 이미 ~하다 **缓解** huǎnjiě 图 완화하다 **孤独感** gūdúgǎn 圆 고독감 **精神** jīngshén 圆 정신
★**依靠** yīkào 圆 버팀목 **它经济** tājīngjì 圆 펫코노미[반려동물과 관련한 시장 또는 산업] **寄托** jìtuō 图 (감정·기대 등을) 담다
萌宠 méngchǒng 圆 귀여운 반려동물 **购置** gòuzhì 图 사들이다 **消费** xiāofèi 图 소비하다 **现象** xiànxiàng 圆 현상 **平日** píngrì 圆 평소
省吃俭用 shěngchījiǎnyòng 圆 절약해서 생활하다 **一掷千金** yízhìqiānjīn 圆 돈을 물 쓰듯 하다 **如今** rújīn 圆 오늘날
市场 shìchǎng 圆 시장 **日渐** rìjiàn 图 나날이 ★**呈现** chéngxiàn 图 보이다 **趋势** qūshì 圆 추세

선택지 **衬托** chèntuō 图 부각시키다 ★**依托** yītuō 图 의지하다 **委托** wěituō 图 위탁하다 **一举两得** yìjǔliǎngdé 圆 일거양득
知足常乐 zhīzúchánglè 圆 만족을 알면 항상 즐겁다 **锲而不舍** qiè'érbùshě 圆 인내심을 갖고 일을 계속하다 ★**模式** móshì 圆 양식
★**产业** chǎnyè 圆 산업 **缺口** quēkǒu 圆 빈틈

해설 첫째
빈칸
선택지가 모두 공통글자 托을 포함한 동사 유의어이다. 빈칸은 술어 자리이므로, 빈칸 앞의 행위의 대상이자 문맥상 목적어인 情感(감정
을)과 의미적으로 호응하는 선택지 A 寄托(담아), C 依托(의지하여)를 정답의 후보로 고른다. "'펫코노미'는 젊은 사람들이 감정을 반려동
물에 _____, 자신의 귀여운 반려동물을 위해 각종 반려동물 용품을 사들이는 것을 아끼지 않는 소비 현상을 가리킨다.'라는 문맥과도
자연스럽다.

둘째
빈칸
선택지가 모두 의미가 다른 성어이다. '많은 사람들이 평소에는 _____, 반려동물에 대해서는 오히려 돈을 물 쓰듯 할 수 있다.'라는 문
맥에 어울리는 선택지 A 省吃俭用(절약해서 생활해도)이 정답이다.

*둘째 빈칸에서는 A밖에 정답이 될 수 없기 때문에, 실제 시험에서는 선택지 A를 정답으로 고르고 바로 다음 문제로 넘어간다.

셋째
빈칸
선택지가 모두 의미가 다른 명사이다. 빈칸 앞의 명사 宠物(반려동물)와 나란히 쓰일 때 자연스럽고, '오늘날, 반려동물 _____ 나날이 전
문화되고 정교화되는 추세를 보인다.'라는 문맥에 어울리는 선택지 A 市场(시장), C 产业(산업)를 정답의 후보로 고른다.

2

箜篌是中国古代传统拨弦乐器，是宫廷庆典和**宴会**的"**座上客**"。这一曾经**辉煌**一时的古老乐器，在千百年的时光流转中，**遭遇**了盛极而衰的**命运**——在唐代达到鼎盛后，从14世纪开始就不再流行，**以致**慢慢消失，现在只能在壁画上看到一些箜篌的图样。

공후는 중국 고대 전통 현악기이며, 궁중 연회와 **축하연**의 '환영받는 손님'이다. 이전에 한동안 **휘황찬란했**던 이 오래된 악기는 수천 수백 년의 세월이 흐르는 동안, 크게 번성했다가 쇠하는 운명을 **맞닥뜨**렸다. 당나라 시대 때 흥성한 후, 14세기부터는 더 이상 유행하지 않았고, 천천히 사라지게 **되어**, 지금은 벽화에서만 몇몇 공후의 설계도를 볼 수 있다.

A 仪式 ✔	嘈杂	响应	即便
B 酒席	美满	遭受 ✔	连同
C 宴会 ✔	**辉煌** ✔	**遭遇** ✔	**以致** ✔
D 朝堂 ✔	狼狈	遭殃	何况

A 의례	떠들썩했다	호응하다	~하더라도
B 술자리	아름답고 원만했다	만나다	~와 더불어
C 축하연	**휘황찬란했다**	**맞닥뜨리다**	**~이 되어**
D 조정	매우 난처했다	피해를 보다	더군다나

어휘

지문 **箜篌** kōnghóu 몡 공후[옛날 현악기의 하나] **传统** chuántǒng 휑 전통적인 **拨弦乐器** bōxián yuèqì 현악기
宫廷庆典 gōngtíng qìngdiǎn 궁중 연회 **宴会** yànhuì 몡 축하연 **座上客** zuòshàngkè 환영 받는 손님, 귀한 손님
曾经 céngjīng 児 이전에 ★**辉煌** huīhuáng 휑 휘황찬란하다 **时光** shíguāng 몡 세월 **流转** liúzhuǎn 툉 흐르다, 전전하다
★**遭遇** zāoyù 툉 맞닥뜨리다 **盛极而衰** shèng jí ér shuāi 크게 번성했다가 쇠하다 **命运** mìngyùn 몡 운명
唐代 Tángdài 고윾 당나라 시대[중국 역사상의 한 시대] **达到** dádào 툉 ~되다, 도달하다 **鼎盛** dǐngshèng 휑 흥성하다 ★**以致** yǐzhì 톕 ~이 되다
消失 xiāoshī 툉 사라지다 **壁画** bìhuà 몡 벽화 **图样** túyàng 몡 설계도, 도안

선택지 **仪式** yíshì 몡 의례 **酒席** jiǔxí 몡 술자리 **朝堂** cháotáng 몡 조정 ★**嘈杂** cáozá 휑 떠들썩하다 **美满** měimǎn 휑 아름답고 원만하다
狼狈 lángbèi 휑 매우 난처하다 **响应** xiǎngyìng 툉 호응하다 ★**遭受** zāoshòu 툉 (불행 또는 손해를) 만나다 **遭殃** zāoyāng 툉 피해를 입다
★**即便** jíbiàn 톕 설령 ~하더라도 ★**连同** liántóng 톕 ~와 더불어 **何况** hékuàng 톕 더군다나

해설

첫째 빈칸 선택지가 모두 의미가 다른 명사이다. '공후는 중국 고대 전통 현악기이며, 궁중 연회와 _____의 '환영받는 손님'이다.'라는 문맥에 어울리는 선택지 A 仪式(의례), B 酒席(술자리), C 宴会(축하연), D 朝堂(조정)을 정답의 후보로 고른다.

둘째 빈칸 선택지가 모두 의미가 다른 형용사이다. '이전에 한동안 _____던 이 오래된 악기는 ……'이라는 문맥에 어울리는 선택지 C 辉煌(휘황찬란했다)이 정답이다.
참고로 A 嘈杂(떠들썩하다)는 시끌벅적하여 소리가 시끄럽고 소란스럽다는 것을 가리키며, 주로 声音(소리) 등의 어휘와 호응한다.
*둘째 빈칸에서는 C밖에 정답이 될 수 없기 때문에, 실제 시험에서는 선택지 C를 정답으로 고르고 바로 다음 문제로 넘어간다.

셋째 빈칸 선택지 B, C, D는 공통글자 遭를 포함하여 '만나다, 당하다'와 관련된 의미의 동사 유의어이고, A는 '호응하다'라는 의미의 동사이다. 빈칸은 술어 자리이므로, 빈칸 뒤의 목적어 命运(운명을)과 의미적으로 호응하는 선택지 B 遭受(만나다), C 遭遇(맞닥뜨리다)를 정답의 후보로 고른다. '수천 수백 년의 세월이 흐르는 동안, 크게 번성했다가 쇠하는 운명을 _____렸다'라는 문맥과도 자연스럽다.

넷째 빈칸 선택지가 모두 의미가 다른 접속사이다. '천천히 사라지게 _____, 지금은 벽화에서만 몇몇 공후의 설계도를 볼 수 있다'라는 문맥에 어울리는 선택지 C 以致(~이 되어)이 정답이다.

3

春秋时期，息国与较强的郑国相邻。一次，两国之间发生**争执**，息国一怒之下出兵侵略了郑国。不料郑国**轻而易举**地打败了息国，很多人认为息国对自己的实力没有正确的判断，**果然**不久以后息国就被其他国家灭国了。息国不能正确**评估**自己能力的这个行为被称为"自不量力"，这便是成语"自不量力"的来历。

춘추 시대에, 식나라는 비교적 강한 정나라와 인접해 있었다. 한번은, 양국 간에 **논쟁이** 발생했고, 식나라는 홧김에 군대를 출동시켜 정나라를 침략했다. 예상외로 정나라는 **매우 수월하게** 식나라를 물리쳤다. 많은 사람들은 식나라가 자신의 실력에 대해 정확한 판단을 하지 않았다고 생각했는데, **역시나** 얼마 지나지 않아 식나라는 다른 나라에 의해 멸망했다. 식나라가 자신의 능력을 정확하게 **평가하지** 못한 이 행위는 '자신의 역량을 가늠하지 못한 것'이라고 불렸는데, 이것이 바로 성어 '자불양력'의 유래이다.

A 争执 ✔	**轻而易举** ✔	**果然** ✔	**评估** ✔
B 事故	讨价还价	从此	估量 ✔
C 迹象	饱经沧桑	公然	抢救
D 纠纷	爱不释手	毅然	批发

A 논쟁이	**매우 수월하게**	**역시나**	**평가하지**
B 사고가	값을 흥정하게	이로부터	예측하지
C 징조가	온갖 풍파를 다 겪게	공공연히	구조하지
D 갈등이	잠시도 손에서 놓지 않게	의연히	도매하지

어휘

지문 **春秋时期** Chūnqiū shíqī 고윾 춘추 시대[중국 역사상의 한 시대] **息国** Xīguó 고윾 식나라[중국 역사상의 한 국가]
郑国 Zhèngguó 고윾 정나라[중국 역사상의 한 국가] **争执** zhēngzhí 툉 논쟁하다 **一怒之下** yí nù zhī xià 홧김에
出兵 chūbīng 툉 군대를 출동시키다 **侵略** qīnlüè 툉 침략하다 ★**不料** búliào 児 예상외로 **轻而易举** qīng'éryìjǔ 솅 매우 수월하다
打败 dǎbài 툉 물리치다 ★**实力** shílì 몡 실력 **判断** pànduàn 툉 판단 **果然** guǒrán 児 역시나 **灭** miè 툉 멸망하다

★评估 pínggū 圖평가하다　行为 xíngwéi 圖행위　自不量力 zìbúliànglì 圖자신의 역량을 가늠하지 못하다, 자불양력　成语 chéngyǔ 圖성어
★来历 láilì 圖유래

선택지　★事故 shìgù 圖사고　迹象 jìxiàng 圖징조　★纠纷 jiūfēn 圖갈등　讨价还价 tǎojiàhuánjià 값을 흥정하다
饱经沧桑 bǎojīngcāngsāng 온갖 풍파를 다 겪다　爱不释手 àibúshìshǒu 圖잠시도 손에서 놓지 않다　公然 gōngrán 圖공공연히
毅然 yìrán 圖의연히　估量 gūliang 圖예측하다　抢救 qiǎngjiù 圖구조하다　批发 pīfā 圖도매하다

해설

첫째 빈칸　선택지 B, C, D는 의미가 다른 명사이고, A는 '논쟁하다'라는 의미의 동사이다. 빈칸은 목적어 자리이므로, 빈칸 앞의 술어 发生(발생했고)과 의미적으로 호응하는 선택지 A 争执(논쟁이), B 事故(사고가), D 纠纷(갈등이) 중에서 '한번은, 양국 간에 _____ 발생했고, 식나라는 홧김에 군대를 출동시켜 정나라를 침략했다'라는 문맥에 어울리는 것은 A 争执, D 纠纷이므로 이를 정답의 후보로 고른다.
참고로 B 事故는 주로 交通事故(교통 사고)와 같이 안전과 관련되면서 예상치 못한 의외의 사고나 재난을 나타낸다.

둘째 빈칸　선택지가 모두 의미가 다른 성어이다. '예상외로 정나라는 _____ 식나라를 물리쳤다'라는 문맥에 어울리는 선택지 A 轻而易举(매우 수월하게)가 정답이다.
*둘째 빈칸에서는 A밖에 정답이 될 수 없기 때문에, 실제 시험에서는 선택지 A를 정답으로 고르고 바로 다음 문제로 넘어간다.

셋째 빈칸　선택지 A, C, D는 공통글자 然을 포함한 부사 유의어이고, B는 '이로부터'라는 의미의 부사이다. '많은 사람들은 식나라가 자신의 실력에 대해 정확한 판단을 하지 않았다고 생각했는데, _____ 얼마 지나지 않아 식나라는 다른 나라에 의해 멸망했다.'라는 문맥에 어울리는 선택지 A 果然(역시나)이 정답이다.
참고로 B 从此(이로부터)는 명확한 어느 시점부터 그 이후를 나타내므로 명확하지 않은 시점을 나타내는 不久以后(얼마 지나지 않아)와 함께 쓰일 수 없다.

넷째 빈칸　선택지가 모두 의미가 다른 동사이다. 빈칸은 술어 자리이므로, 빈칸 뒤의 목적어 能力(능력을)와 의미적으로 호응하는 선택지 A 评估(평가하지), B 估量(예측하지)을 정답의 후보로 고른다. '식나라가 자신의 능력을 정확하게 _____ 못한 이 행위는 '자신의 역량을 가늠하지 못한 것'이라고 불렸는데'라는 문맥과도 자연스럽다.

4

"双手兼用可提升大脑功能"这一认知长期占据公众视野，有不少人力求通过双手兼用，来增强记忆力，重新塑造神经环路，提升思维能力。大脑的结构和功能的确会因为某些新经历和多种形式的训练而发生变化，但经过几轮研究，一些神经学家认为，双手兼用并不一定能让人变聪明。

'양손을 함께 사용하는 것은 대뇌의 기능을 끌어올릴 수 있다'라는 이 인식은 긴 시간 동안 대중의 관심을 차지했고, 양손을 함께 사용하는 것을 통해, 기억력을 강화하고 신경 회로를 다시 만들어 사고력을 끌어올리려 몹시 애쓰는 적지 않은 사람들이 있다. 대뇌의 구조와 기능은 확실히 몇몇 새로운 경험과 다양한 형식의 훈련으로 인해 변화가 발생할 수 있지만, 몇 차례 연구를 거쳐, 일부 신경 학자들은 양손을 함께 사용하는 것이 반드시 사람을 똑똑하게 변하게 하는 것은 아니라고 주장했다.

A 地位	达成	愈加	顿
B 视野 ✓	**力求 ✓**	**的确 ✓**	**轮 ✓**
C 主流	达到	逐步 ✓	阵
D 眼色	谋求 ✓	依旧	批

A 지위를	달성한	더욱	끼니/번
B 관심을	**몹시 애쓰는**	**확실히**	**차례**
C 주류를	도달한	서서히	바탕
D 안목을	도모한	여전히	묶음

어휘

지문　兼用 jiānyòng 圖함께 사용하다, 겸용하다　提升 tíshēng 圖끌어올리다　功能 gōngnéng 圖기능　★占据 zhànjù 圖차지하다
★视野 shìyě 圖(사상에 대한) 관심, 시야　力求 lìqiú 圖몹시 애쓰다　增强 zēngqiáng 圖강화하다　记忆力 jìyìlì 圖기억력
★塑造 sùzào 圖만들다　神经环路 shénjīng huánlù 圖신경 회로　思维能力 sīwéi nénglì 圖사고력　结构 jiégòu 圖구조
的确 díquè 圖확실히　某些 mǒu xiē 몇몇　形式 xíngshì 圖형식　训练 xùnliàn 圖훈련하다　轮 lún 圖차례

선택지　地位 dìwèi 圖지위　★主流 zhǔliú 圖주류　眼色 yǎnsè 圖안목　谋求 móuqiú 圖도모하다　达到 dádào 圖도달하다
★达成 dáchéng 圖달성하다　逐步 zhúbù 圖서서히, 점차　愈加 yùjiā 圖더욱　★依旧 yījiù 圖여전히　顿 dùn 圖끼니, 번　阵 zhèn 圖바탕
批 pī 圖묶음

해설

첫째 빈칸　선택지가 모두 의미가 다른 명사이다. 빈칸 앞 관형어 公众(대중)과 의미상으로 호응하는 선택지 A 地位(지위를), B 视野(관심을) 중에서 '이 인식(양손을 함께 사용하는 것은 대뇌의 기능을 끌어올릴 수 있다)은 긴 시간 동안 대중의 _____ 차지했고'라는 문맥과 어울리는 B 视野가 정답이다.
*첫째 빈칸에서는 B밖에 정답이 될 수 없기 때문에, 실제 시험에서는 선택지 B를 정답으로 고르고 바로 다음 문제로 넘어간다.

둘째 빈칸　선택지가 모두 공통글자 求 또는 达를 포함한 동사 유의어이다. '사고력을 끌어올리려 _____ 적지 않은 사람들이 있다'라는 문맥에 어울리는 선택지 B 力求(몹시 애쓰는), D 谋求(도모한)를 정답의 후보로 고른다.
참고로 A 达成(달성하다)은 협상이나 담판 등을 통해 얻는 것을 나타내며, 주로 谅解(양해), 协议(합의) 등의 어휘와 호응한다. C 达到(도달하다)는 일정 수준에 도달하는 것을 나타내며, 주로 水平(수준), 高度(고도) 등의 어휘와 호응한다.

셋째
빈칸
선택지가 모두 의미가 다른 부사이다. '대뇌의 구조와 기능은 _____ 몇몇 새로운 경험과 다양한 형식의 훈련으로 인해 변화가 발생할 수 있지만'이라는 문맥에 어울리는 선택지 B 的确(확실히), C 逐步(서서히)를 정답의 후보로 고른다.

넷째
빈칸
선택지가 모두 의미가 다른 양사이다. 빈칸 뒤의 명사 研究(연구)와 함께 쓰이는 양사 B 轮(차례)이 정답이다.
참고로 A 顿(끼니/번)은 식사 또는 질책이나 권고를 세는 양사이고, C 阵(바탕)은 잠시 동안 지속되는 일이나 동작을 세는 양사이다. 그리고 D 批(묶음)는 사람의 무리 또는 물건의 무더기와 같은 대량의 화물을 세는 양사이다.

5

二战时期，英军根据从战场飞回的飞机，统计出战斗机**受损**最多的部位在机翼，于是他们决定改进该部位的保护**装备**，但这其实是统计的偏差，因为其他部位中弹的飞机**显然**大多都坠毁了。可见当取得资讯的**渠道**仅来自于"幸存者"时，此资讯会与实际情况存在偏差，这就是**所谓**的幸存者偏差。

제2차 세계 대전 시기에, 영국군은 전쟁터로부터 돌아온 항공기에 근거하여, 전투기가 **손상**이 가장 많은 부분이 날개라는 통계를 냈다. 그래서 그들은 이 부분의 보호 **장비**를 개선하기로 결정했지만, 이것은 사실 통계의 오차이다. 왜냐하면 다른 부분에 미사일을 맞은 항공기는 **분명히** 대부분 추락하여 부서졌기 때문이다. 이로써 정보를 얻는 **경로가** 오직 '생존자'로부터일 때, 그 정보는 실제 상황과 오차가 존재한다는 것을 알 수 있으며, 이를 **이른바** 생존자의 오차라고 한다.

A	损耗 ✓	器材	分明 ✓	见解	公正	A 파손	기자재를	분명히	견해가	공정한
B	毁坏 ✓	武器	明确	途径 ✓	片面	B 파손	무기를	명확히	경로가	단편적인
C	损坏 ✓	技术 ✓	鲜明	轨道	个别	C 손상	기술을	선명히	궤도가	개별적인
D	**受损 ✓**	**装备 ✓**	**显然 ✓**	**渠道 ✓**	**所谓 ✓**	**D 손상**	**장비를**	**분명히**	**경로가**	**이른바**

어휘 지문 **二战** Èrzhàn 고유 제2차 세계 대전 **战场** zhànchǎng 명 전쟁터 ★**统计** tǒngjì 통 통계를 내다 **战斗机** zhàndòujī 명 전투기 **受损** shòusǔn 통 손상되다 ★**部位** bùwèi 명 부분 **翼** yì 명 날개 **改进** gǎijìn 통 개선하다 **装备** zhuāngbèi 명 장비 **偏差** piānchā 명 오차 **中弹** zhòng dàn 미사일을 맞다 **显然** xiǎnrán 형 분명하다 **坠毁** zhuìhuǐ 통 추락하여 부서지다 **可见** kějiàn 이로써 ~임을 알 수 있다 **资讯** zīxùn 명 정보 ★**渠道** qúdào 명 경로 **幸存者** xìngcúnzhě 명 생존자 **存在** cúnzài 통 존재하다 **所谓** suǒwèi 명 이른바

선택지 **损耗** sǔnhào 통 파손되다 **毁坏** huǐhuài 통 파손하다 ★**损坏** sǔnhuài 통 손상시키다 ★**器材** qìcái 명 기자재 ★**武器** wǔqì 명 무기 ★**分明** fēnmíng 형 분명하다 **明确** míngquè 형 명확하다 ★**鲜明** xiānmíng 형 선명하다 **见解** jiànjiě 명 견해 ★**途径** tújìng 명 경로 ★**轨道** guǐdào 명 궤도 ★**公正** gōngzhèng 형 공정하다 **片面** piànmiàn 형 단편적이다 **个别** gèbié 형 개별적이다

해설 첫째 빈칸 선택지가 모두 공통글자 损 또는 坏를 포함하여 '파손하다, 손상시키다'와 관련된 의미의 동사 유의어이다. '영국군은 …… 전투기가 _____이 가장 많은 부분이 날개라는 통계를 냈다'라는 문맥에 어울리는 선택지 A 损耗(파손), B 毁坏(파손), C 损坏(손상), D 受损(손상)을 정답의 후보로 고른다.

둘째 빈칸 선택지가 모두 의미가 다른 명사이다. 빈칸 앞의 술어 保护(보호하다)와 결합하여 한 단어처럼 사용되는 선택지 C 技术(기술을), D 装备(장비를)를 정답의 후보로 고른다. '그들은 이 부분의 보호 _____ 개선하기로 결정했지만'이라는 문맥과도 자연스럽다.

셋째 빈칸 선택지 A, B, C는 공통글자 明을 포함하여 '명확하다'와 관련된 의미의 형용사 유의어이고, D는 '분명하다'라는 의미의 형용사이다. '왜냐하면 다른 부분에 미사일을 맞은 항공기는 _____ 대부분 추락하여 부서졌기 때문이다'라는 문맥에 어울리는 선택지 A 分明(분명히), D 显然(분명히)을 정답의 후보로 고른다.
참고로 B 明确(명확하다)는 요구나 관점 등이 확고한 것을 나타내며, 주로 要求(요구), 目标(목표) 등의 어휘와 호응한다.

넷째 빈칸 선택지가 모두 의미가 다른 명사이다. '정보를 얻는 _____ 오직 '생존자'로부터일 때'라는 문맥에 어울리는 선택지 B 途径(경로가), D 渠道(경로가)를 정답의 후보로 고른다.

다섯째 빈칸 선택지가 모두 의미가 다른 형용사이다. '이로써 정보를 얻는 경로가 오직 '생존자'로부터일 때, 그 정보는 실제 상황과 오차가 존재한다는 것을 알 수 있으며, 이를 _____ 생존자의 오차라고 한다.'라는 문맥에 어울리는 선택지 D 所谓(이른바)가 정답이다.

*따라서 모든 빈칸에서 정답 후보를 포함하는 선택지 D가 정답이다.

제2부분 실전테스트 p.118

1 A	2 C	3 B	4 A	5 A	6 D	7 C	8 D	9 C	10 B

1

为了帮助人们进一步了解植物和昆虫生物学，科学家们**不断**钻研，终于发明出了一种可以检测湿度和温度的微型传感器。这种传感器一般会**安装**在大黄蜂的身上，它可以在不影响大黄蜂**飞行**模式的情况下，搜集植物和昆虫的健康状况数据。

사람들이 식물과 곤충 생물학을 한층 더 이해하도록 돕기 위해서, 과학자들은 **끊임없이** 깊이 연구하여, 마침내 습도와 온도를 측정할 수 있는 마이크로 센서를 발명해냈다. 이 센서는 일반적으로 호박벌의 몸통에 **고정시키는데**, 이것은 호박벌의 **비행** 패턴에 영향을 주지 않는 상황에서, 식물과 곤충의 건강 상태 데이터를 수집할 수 있다.

A	不断 ✓	安装 ✓	飞行 ✓	A 끊임없이	고정시키는데	비행
B	持续 ✓	操纵	飞翔	B 지속해서	조종하는데	비상
C	顿时	装置 ✓	飞跃	C 즉시	설치하는데	비약
D	十足	旋转	飞舞	D 충분히	도는데	흩날리는

어휘

지문　昆虫 kūnchóng 몡 곤충　生物学 shēngwùxué 몡 생물학　不断 búduàn 팀 끊임없이　★钻研 zuānyán 통 깊이 연구하다
发明 fāmíng 통 발명하다　检测 jiǎncè 통 측정하다　湿度 shīdù 몡 습도　微型 wēixíng 몡 마이크로　传感器 chuángǎnqì 몡 센서
安装 ānzhuāng 통 고정시키다　大黄蜂 dàhuángfēng 몡 호박벌　飞行 fēixíng 몡 비행하다　★模式 móshì 몡 패턴
状况 zhuàngkuàng 몡 상태　数据 shùjù 몡 데이터
6급 빈출어휘
선택지　持续 chíxù 통 지속하다　★顿时 dùnshí 팀 즉시　十足 shízú 몡 충분하다　操纵 cāozòng 통 조종하다　装置 zhuāngzhì 통 설치하다
旋转 xuánzhuǎn 통 돌다　★飞翔 fēixiáng 통 비상하다　飞跃 fēiyuè 통 비약하다　飞舞 fēiwǔ 통 흩날리다

해설

첫째 빈칸　선택지가 모두 의미가 다른 어휘로, A, C는 부사, B는 동사, D는 형용사이다. '과학자들은 ＿＿＿＿ 깊이 연구하여, 마침내 습도와 온도를 측정할 수 있는 마이크로 센서를 발명해냈다'라는 문맥에 어울리는 선택지 A 不断(끊임없이), B 持续(지속해서)를 정답의 후보로 고른다. 참고로 D 十足(충분하다)는 주로 十足的理由(충분한 이유), 信心十足(자신감이 충분하다)와 같이 관형어 또는 술어로 사용된다.

둘째 빈칸　선택지 A, C는 공통글자 装을 포함하여 '설치하다'와 관련된 의미의 동사 유의어이고, B, D는 의미가 다른 동사이다. 빈칸은 술어 자리이므로, 빈칸 뒤의 보어 在大黄蜂的身上(호박벌의 몸통에)과 의미적으로 호응하는 선택지 A 安装(고정시키는데), C 装置(설치하는데)을 정답의 후보로 고른다. '이것(센서)은 일반적으로 호박벌의 몸통에 ＿＿＿＿'라는 문맥과도 자연스럽다.

셋째 빈칸　선택지가 모두 공통글자 飞를 포함하여 '날다'와 관련된 의미의 동사 유의어이다. 빈칸은 관형어 자리이므로, 빈칸 뒤의 목적어 模式(패턴)과 결합하여 한 단어처럼 사용될 수 있는 선택지 A 飞行(비행)이 정답이다. 참고로 飞行은 주로 하늘을 나는 동작을 객관적으로 묘사할 때 사용한다.
참고로 B 飞翔(비상하다)은 주로 하늘을 향해 날아가고 있는 상황을 묘사할 때 사용한다.
*따라서 모든 빈칸에서 정답 후보를 포함하는 선택지 A가 정답이다.

2

帐篷是野外露营的必备工具之一。如果只是在郊外的公园扎营，那么选择能够**遮挡**风雨的帐篷即可，不必苛求其他方面的**性能**；然而如果在荒郊野外，就要准备一**顶**结实的专业**帐篷**了，这样做可以防止意想不到的事故发生。

텐트는 야외 캠핑에서 반드시 갖춰야 하는 도구 중 하나이다. 만약 단지 교외의 공원에서 야영하는 것이라면, 비바람을 **막을** 수 있는 텐트를 선택하면 되고, 다른 방면의 **성능을** 지나치게 요구할 필요 없다. 그러나 만약 황량한 야외에서라면, 튼튼한 전문 텐트 한 **채**를 준비해야 하는데, 이렇게 해야 예상하지 못한 사고의 발생을 방지할 수 있다.

A	回避	功能 ✓	捧	A 회피하다	기능을	움큼
B	避免	性质	枝	B 모면하다	성질을	가지
C	遮挡 ✓	性能 ✓	顶 ✓	C 막다	성능을	채
D	遮蔽 ✓	职能	副	D 가리다	직능을	쌍

어휘

지문　帐篷 zhàngpeng 몡 텐트　野外 yěwài 몡 야외　露营 lùyíng 통 캠핑하다　必备 bìbèi 통 반드시 갖추다　工具 gōngjù 몡 도구
郊外 jiāowài 몡 교외　扎营 zhāyíng 통 야영하다　遮挡 zhēdǎng 통 막다　即可 jí kě ~하면 된다　苛求 kēqiú 통 지나치게 요구하다
★性能 xìngnéng 몡 성능　荒郊 huāngjiāo 몡 황량한 야외　顶 dǐng 몡 채[꼭대기가 있는 물건을 세는 단위]　结实 jiēshi 몡 튼튼하다
★防止 fángzhǐ 통 방지하다　意想 yìxiǎng 통 예상하다　★事故 shìgù 몡 사고
선택지　★回避 huíbì 통 회피하다　避免 bìmiǎn 통 모면하다　遮蔽 zhēbì 통 가리다　功能 gōngnéng 몡 기능　性质 xìngzhì 몡 성질
职能 zhínéng 몡 직능[직책과 기능]　★捧 pěng 통 움큼[두 손으로 떠받치거나 움켜 뜰 수 있는 물건에 쓰임]　★枝 zhī 몡 가지　★副 fù 몡 쌍

해설

첫째 빈칸　선택지 A, B는 공통글자 避를 포함하여 '피하다'와 관련된 의미의 동사 유의어이고, C, D는 공통글자 遮를 포함하여 '막다'와 관련된 의미의 동사 유의어이다. 빈칸은 술어 자리이므로, 빈칸 뒤의 목적어 风雨(비바람을)와 의미적으로 호응하는 선택지 C 遮挡(막다), D 遮蔽(가리다)를 정답의 후보로 고른다. '교외의 공원에서 야영하는 것이라면, 비바람을 ＿＿＿＿ 수 있는 텐트를 선택하면 되고'라는 문맥과도 자연스럽다.
참고로 A 回避(회피하다)는 주로 어떤 상황이나 대상에게서 비켜나 물러선다는 의미를 나타낼 때 사용한다.

둘째 빈칸 선택지 A, C, D는 공통글자 能을 포함하여 '능력, 기능'과 관련된 의미의 명사 유의어이고, B는 '성질'이라는 의미의 명사이다. '비바람을 막을 수 있는 텐트를 선택하면 되고, 다른 방면의 ＿＿＿＿ 지나치게 요구할 필요 없다'라는 문맥에 어울리는 선택지 A 功能(기능을), C 性能(성능을)을 정답의 후보로 고른다.

셋째 빈칸 선택지가 모두 의미가 다른 양사이다. 빈칸 뒤의 명사 帐篷(텐트)과 함께 쓰이는 양사 C 顶(채)이 정답이다.
A 捧(움큼)은 두 손으로 떠받치거나 움켜 뜰 수 있는 물건을 세는 양사이고, B 枝(가지)은 꽃 또는 긴 막대 모양의 물건을 세는 양사이다. 그리고 D 副(쌍)는 한 쌍으로 되어 있는 물건을 세는 양사이다.

*따라서 모든 빈칸에서 정답 후보를 포함하는 선택지 C가 정답이다.

3

电视机从五十年代开始大规模地普及，猛烈地**冲击**了电影市场。在这之后的五年间，电影票房下降了将近一半。为了改变这种局面，片商只能重新制定电影的拍摄**策略**，努力为观众提供无法在电视**屏幕**上获得的全新的视觉体验。

텔레비전은 50년대부터 대규모로 보급되기 시작하여, 맹렬하게 영화 시장을 **강타**했다. 그 이후 5년간, 영화 흥행 수입은 거의 절반으로 떨어졌다. 이러한 국면을 바꾸기 위해, 배급사는 영화 촬영 **전략**을 다시 세워, 관객들에게 텔레비전 **화면**에서는 얻을 수 없는 완전히 새로운 시각적 체험을 제공하도록 노력할 수밖에 없었다.

A	刺激 ✓	策划	屏障	A 자극하다	기획을	장벽
B	**冲击** ✓	**策略** ✓	**屏幕** ✓	**B 강타하다**	**전략을**	**화면**
C	冲动	战略 ✓	频道 ✓	C 충동적이다	전략을	채널
D	打击 ✓	部署	字幕	D 타격을 주다	배치를	자막

어휘

지문 年代 niándài 몡 연대　規模 guīmó 몡 규모　★普及 pǔjí 됭 보급되다　★猛烈 měngliè 혱 맹렬하다　★冲击 chōngjī 됭 강타하다
市场 shìchǎng 몡 시장　票房 piàofáng 몡 흥행 수입　下降 xiàjiàng 됭 떨어지다　★将近 jiāngjìn 뷔 거의　局面 júmiàn 몡 국면
片商 piànshāng 몡 배급사　制定 zhìdìng 됭 세우다　拍摄 pāishè 됭 촬영하다　★策略 cèlüè 몡 전략　★屏幕 píngmù 몡 화면
视觉 shìjué 몡 시각　体验 tǐyàn 됭 체험하다

선택지 刺激 cìjī 됭 자극하다　★冲动 chōngdòng 혱 충동적이다　★打击 dǎjī 됭 타격을 주다　★策划 cèhuà 됭 기획하다　战略 zhànlüè 몡 전략
部署 bùshǔ 됭 배치하다　★屏障 píngzhàng 몡 장벽　频道 píndào 몡 채널　字幕 zìmù 몡 자막

해설

첫째 빈칸 선택지 B, C, D는 공통글자 冲 또는 击을 포함한 어휘로 '충돌하다, 공격하다'와 관련된 의미의 동사 유의어이고, A는 '자극하다'라는 의미의 동사이다. 빈칸은 술어 자리로, 빈칸 앞의 주어 电视机(텔레비전은) 그리고 빈칸 뒤의 목적어 电影市场(영화 시장을)과 의미적으로 호응하는 선택지 A 刺激(자극하다), B 冲击(강타하다), D 打击(타격을 주다)를 정답의 후보로 고른다. '텔레비전은 50년대부터 대규모로 보급되기 시작하여, 맹렬하게 영화 시장을 ＿＿＿＿했다.'라는 문맥과도 자연스럽다.

둘째 빈칸 선택지 A, D는 의미가 다른 동사이고, B, C는 공통글자 略를 포함하여 '전략'과 관련된 의미의 명사 유의어이다. 빈칸 앞의 술어 制定(세우)과 의미적으로 호응하는 선택지 B 策略(전략을), C 战略(전략을)를 정답의 후보로 고른다. '배급사는 영화 촬영 ＿＿＿＿ 다시 세워'라는 문맥과도 자연스럽다.
참고로 A 策划(기획하다)는 策划书(기획안)로 사용하는 경우가 아니면 주로 술어로 사용한다.

셋째 빈칸 선택지 A, B, D는 공통글자 屏 또는 幕을 포함한 명사 유의어이고, C는 의미가 다른 명사이다. 빈칸 앞의 명사 电视(텔레비전)과 결합하여 한 단어처럼 사용되는 선택지 B 屏幕(화면), C 频道(채널)를 정답의 후보로 고른다. '관객들에게 텔레비전 ＿＿＿＿에서는 얻을 수 없는 완전히 새로운 시각적 체험을 제공하도록 노력할 수밖에 없었다'라는 문맥과도 자연스럽다.

*따라서 모든 빈칸에서 정답 후보를 포함하는 선택지 B가 정답이다.

4

"深蓝之境"是一个沉浸式的海洋互动展，它用数字技术复原了海洋**生态**场景，并且在展区内还有一个能与鱼类进行互动的**区域**。在这种高科技的支持下，参观者能够获得极其**美妙**的视觉享受，这正是"深蓝之境"与传统水族馆的**差别**。

'헤븐리블루'는 몰입식 해양 체험 전시로, 디지털 기술을 사용하여 해양 **생태** 모습을 복원했다. 게다가 전시 구역 내에는 물고기들과 교류할 수 있는 **구역**도 있다. 이런 첨단 기술의 지원 아래, 관람객들은 몹시 **아름답고 기묘한** 시각적 즐거움을 얻을 수 있는데, 이것이 바로 '헤븐리블루'와 전통적인 수족관의 **차이**이다.

A	生态 ✓	区域 ✓	美妙 ✓	差别 ✓	A 생태	구역	아름답고 기묘한	차이
B	生育	范畴	逼真 ✓	区分	B 출산	범주	마치 진짜와 같은	구분
C	生理	领域	真实 ✓	分歧	C 생리	영역	진실한	불일치
D	生机	场所 ✓	精致	划分	D 생기	장소	정교한	구별

어휘

지문 深蓝之境 Shēnlán zhī jìng 고유 헤븐리블루[중국 상하이(上海)에서 진행된 몰입식 해양 체험 전시]　沉浸式 chénjìnshì 몡 몰입식
互动展 hùdòngzhǎn 몡 체험 전시　复原 fùyuán 됭 복원하다　★生态 shēngtài 몡 생태　场景 chǎngjǐng 몡 모습　展区 zhǎnqū 몡 전시 구역
互动 hùdòng 됭 교류하다　★区域 qūyù 몡 구역　高科技 gāokējì 몡 첨단 기술　参观者 cānguānzhě 몡 관람객　极其 jíqí 뷔 몹시

★美妙 měimiào 톙 아름답고 기묘하다　享受 xiǎngshòu 톙 즐겁다　传统 chuántǒng 톙 전통적이다　水族馆 shuǐzúguǎn 톙 수족관

★差别 chābié 톙 차이

선택지 生育 shēngyù 톙 출산하다　生理 shēnglǐ 톙 생리　★生机 shēngjī 톙 생기　★范畴 fànchóu 톙 범주　领域 lǐngyù 톙 영역

★场所 chǎngsuǒ 톙 장소　逼真 bīzhēn 톙 마치 진짜와 같다　真实 zhēnshí 톙 진실하다　精致 jīngzhì 톙 정교하다　区分 qūfēn 톙 구분하다

分歧 fēnqí 톙 불일치　★划分 huàfēn 톙 구별하다

해설

첫째 빈칸
선택지가 모두 공통글자 生을 포함한 어휘로, A, C, D는 '삶'과 관련된 의미의 명사 유의어이고, B는 '출산하다'라는 의미의 동사이다. 빈칸 앞의 명사 海洋(해양)과 결합하여 한 단어처럼 사용되는 선택지 A 生态(생태)가 정답이다. '디지털 기술을 사용하여 해양 ＿＿＿ 모습을 복원했다'라는 문맥과도 자연스럽다.

*첫째 빈칸에서는 A밖에 정답이 될 수 없기 때문에, 실제 시험에서는 선택지 A를 정답으로 고르고 바로 다음 문제로 넘어간다.

둘째 빈칸
선택지가 모두 '구역, 범위'와 관련된 의미의 명사 유의어이다. '게다가 전시 구역 내에는 물고기들과 교류할 수 있는 ＿＿＿도 있다'라는 문맥에 어울리는 선택지 A 区域(구역), D 场所(장소)를 정답의 후보로 고른다.
B 范畴(범주)는 동일한 성질을 가진 부류나 범위를 나타내고, C 领域(영역)는 한 나라의 주권이 미치는 범위 또는 학술 사상이나 사회 활동의 범위를 나타낸다.

셋째 빈칸
선택지 B, C는 공통글자 真을 포함하여 '진실하다'와 관련된 의미의 형용사 유의어이고, A, D는 의미가 다른 형용사이다. 빈칸은 관형어 자리로, 빈칸 뒤의 목적어 视觉享受(시각적 즐거움)와 의미적으로 호응하는 선택지 A 美妙(아름답고 기묘한), B 逼真(마치 진짜와 같은), C 真实(진실한)을 정답의 후보로 고른다. '관람객들은 몹시 ＿＿＿ 시각적 즐거움을 얻을 수 있는데'라는 문맥과도 자연스럽다. 참고로 美妙는 들은 것이나 본 것이 아름답고 기묘하다는 뜻으로 사용된다.
참고로 D 精致(정교하다)은 형태나 모양이 정교하다는 것을 나타내며, 주로 花纹(무늬), 图案(도안), 工艺品(공예품) 등의 어휘와 호응한다.

넷째 빈칸
선택지 A, C는 '차이, 다름'과 관련된 의미의 명사 유의어이고, B, D는 공통글자 分을 포함하여 '구분하다'와 관련된 의미의 동사 유의어이다. '이것이 바로 '헤븐리블루'와 전통적인 수족관의 ＿＿＿이다'라는 문맥에 어울리는 선택지 A 差别(차이)가 정답이다.

5

防晒产品一般分为物理防晒剂和化学防晒剂。其中，物理防晒剂里含有很多极其细小的**粉末**，它们能反射紫外线，**从而**起到防晒作用。与化学防晒剂相比，物理防晒剂对皮肤很**温和**，但是防晒力一般都不高，同时也比较**油腻**。

자외선 차단 제품은 일반적으로 물리적 자외선 차단제와 화학적 자외선 차단제로 구분된다. 그중, 물리적 자외선 차단제에는 매우 미세한 **가루가** 함유되어 있는데, 그 가루들은 자외선을 반사시킬 수 있고, **그리하여** 자외선을 차단하는 역할을 한다. 화학적 자외선 차단제와 비교하면, 물리적 자외선 차단제가 피부에는 **순하**지만, 일반적으로 자외선 차단력은 높지 않으며, 동시에 또 비교적 **기름지다**.

A	粉末 ✓	从而 ✓	温和 ✓	油腻 ✓
B	疙瘩	进而 ✓	温柔	黏稠 ✓
C	颗粒 ✓	然而	温暖	肥沃
D	尘土	因而 ✓	温顺	光滑

A	가루가	그리하여	순하다	기름지다
B	뾰루지가	더 나아가	다정하다	끈적하다
C	알갱이가	그러나	따뜻하다	비옥하다
D	흙먼지가	그래서	온순하다	매끄럽다

어휘

지문
防晒产品 fángshài chǎnpǐn 톙 자외선 차단 제품　物理 wùlǐ 톙 물리　防晒剂 fángshàijì 톙 자외선 차단제　化学 huàxué 톙 화학

含有 hányǒu 톙 함유하다　极其 jíqí 톙 매우　细小 xìxiǎo 톙 미세하다　★粉末 fěnmò 톙 가루　★反射 fǎnshè 톙 반사하다

紫外线 zǐwàixiàn 톙 자외선　★温和 wēnhé 톙 순하다　防晒力 fángshàilì 톙 자외선 차단력　油腻 yóunì 톙 기름지다

선택지
疙瘩 gēda 톙 뾰루지　颗粒 kēlì 톙 알갱이　尘土 chéntǔ 톙 흙먼지　★进而 jìn'ér 톙 더 나아가　温柔 wēnróu 톙 다정하다

温暖 wēnnuǎn 톙 따뜻하다　温顺 wēnshùn 톙 온순하다　黏稠 niánchóu 톙 끈적하다　★肥沃 féiwò 톙 비옥하다

光滑 guānghuá 톙 매끄럽다

해설

첫째 빈칸
선택지가 모두 의미가 다른 명사이다. 빈칸 앞의 관형어 细小的(미세한)와 의미적으로 호응하는 선택지 A 粉末(가루가), C 颗粒(알갱이가)를 정답의 후보로 고른다. '물리적 자외선 차단제에는 매우 미세한 ＿＿＿ 함유되어 있는데'라는 문맥과도 자연스럽다.

둘째 빈칸
선택지가 모두 공통글자 而를 포함한 접속사로, A, B, D는 순접을 나타내는 접속사이고, C는 역접을 나타내는 접속사이다. '물리적 자외선 차단제에는 매우 미세한 가루가 함유되어 있는데, 그 가루들은 자외선을 반사시킬 수 있고, ＿＿＿ 자외선을 차단하는 역할을 한다.'라는 문맥에 어울리는 선택지 A 从而(그리하여), B 进而(더 나아가), D 因而(그래서)을 정답의 후보로 고른다.

셋째 빈칸
선택지가 모두 공통글자 温을 포함하여 '따뜻하다, 온화하다'와 관련된 의미의 형용사 유의어이다. 빈칸은 술어 자리로, 빈칸 앞의 주어 物理防晒剂(물리적 자외선 차단제가)와 의미적으로 호응하는 선택지 A 温和(순하다)가 정답이다. '화학적 자외선 차단제와 비교하면, 물리적 자외선 차단제가 피부에는 ＿＿＿지만'이라는 문맥과도 자연스럽다.

*셋째 빈칸에서는 A밖에 정답이 될 수 없기 때문에, 실제 시험에서는 선택지 A를 정답으로 고르고 바로 다음 문제로 넘어간다.

넷째 빈칸
선택지가 모두 의미가 다른 형용사이다. 빈칸은 술어 자리로, 빈칸 앞의 주어 物理防晒剂(물리적 자외선 차단제가)와 의미적으로 호응하는 선택지 A 油腻(기름지다), B 黏稠(끈적하다)를 정답의 후보로 고른다. '물리적 자외선 차단제가 …… 동시에 또 비교적 ＿＿＿'라는 문맥과도 자연스럽다.

참고로 C 肥沃(비옥하다)는 땅이 기름진 것을 나타내며, 주로 土地(토지) 등의 어휘와 호응한다. D 光滑(매끄럽다)는 물체의 표면이 미끄럽고 반질반질한 것을 나타낸다.

6

在经济学领域，"独角兽"这个词被用来形容**创立**时间短，但市场估值超过10亿美元的企业，这些企业具有很强的**爆发**力。近来，独角兽企业在北京如雨后春笋般**诞生**、聚集、成长，呈现出了一派**欣欣向荣**的景象。

경제학 분야에서 '유니콘'이라는 이 단어는 **창립** 기간은 짧지만, 시장 가치가 1억 달러가 넘는 기업을 묘사할 때 사용되는데, 이러한 기업들은 강한 **폭발**력을 가지고 있다. 최근, 유니콘 기업은 베이징에서 우후죽순처럼 **생겨나고**, 집결되고, 성장하며, **활기차게 번창하는** 모습을 보이고 있다.

A 创新	分裂	出版	任重道远
B 创建 ✓	战斗 ✓	出现 ✓	理直气壮
C 创作	爆炸	产生	优胜劣汰
D 创立 ✓	**爆发 ✓**	**诞生 ✓**	**欣欣向荣 ✓**

A 혁신	분열	출판하고	책임이 막중한
B 창설	전투	출현하고	당당한
C 창작	폭발	나타나고	우승열패하는
D 창립	폭발	생기고	활기차게 번창하는

어휘 지문 　**领域** lǐngyù 몡 분야 　**独角兽** dújiǎoshòu 몡 유니콘 　**形容** xíngróng 동 묘사하다 　★**创立** chuànglì 동 창립하다
市场估值 shìchǎng gūzhí 몡 시장 가치 　**亿** yì 주 억 　**企业** qǐyè 몡 기업 　★**爆发** bàofā 동 폭발하다 　★**近来** jìnlái 몡 최근
如……般 rú……bān ~처럼 　**雨后春笋** yǔhòuchūnsǔn 정 우후죽순 　★**诞生** dànshēng 동 생기다 　**聚集** jùjí 동 집결되다
成长 chéngzhǎng 동 성장하다 　★**呈现** chéngxiàn 동 보이다 　★**一派** yí pài [(동작·상황·기분 등이) 가득차거나 넘쳐남을 나타냄]
欣欣向荣 xīnxīnxiàngróng 정 활기차게 번창하다 　**景象** jǐngxiàng 몡 모습

선택지 　★**创新** chuàngxīn 동 혁신하다 　**创建** chuàngjiàn 동 창설하다 　★**创作** chuàngzuò 동 창작하다 　**分裂** fēnliè 동 분열하다
战斗 zhàndòu 동 전투하다 　★**爆炸** bàozhà 동 폭발하다 　**出版** chūbǎn 동 출판하다 　**出现** chūxiàn 동 출현하다
任重道远 rènzhòngdàoyuǎn 정 책임이 막중하다 　**理直气壮** lǐzhíqìzhuàng 정 당당하다
优胜劣汰 yōushèngliètài 정 우승열패하다, 나은 자는 이기고 못한 자는 패하다

해설 첫째 빈칸 　선택지가 모두 공통글자 创을 포함한 동사 유의어이다. 빈칸은 관형어 자리로, 빈칸 뒤의 명사 时间(기간)과 결합하여 한 단어처럼 사용되는 선택지 B 创建(창설), C 创作(창작), D 创立(창립) 중에서 "유니콘"이라는 이 단어는 ＿＿＿ 기간은 짧지만, 시장 가치가 1억 달러가 넘는 기업을 묘사할 때 사용되는데'라는 문맥과 어울리는 것은 B 创建, D 创立이므로 이를 정답의 후보로 고른다.

둘째 빈칸 　선택지 A는 '분열하다'라는 의미의 동사이고, B는 '전투, 전투하다'라는 의미의 명사 겸 동사이다. 그리고 C, D는 공통글자 爆를 포함하여 '폭발하다'와 관련된 의미의 동사 유의어이다. 빈칸 뒤의 명사 力(력)와 결합하여 한 단어처럼 사용되는 선택지 B 战斗(전투), C 爆炸(폭발), D 爆发(폭발) 중에서 '이러한(창립 기간은 짧지만 시장 가치가 1억 달러가 넘는) 기업들은 강한 ＿＿＿력을 가지고 있다'라는 문맥과 어울리는 것은 B 战斗, D 爆发이므로 이를 정답의 후보로 고른다.
참고로 爆炸力는 구체적인 사물을 물리적으로 터뜨릴 수 있는 힘을 나타낸다.

셋째 빈칸 　선택지 A는 '출판하다'라는 의미의 동사이고, B, C, D는 '나타나다'와 관련된 의미의 동사 유의어이다. 빈칸은 술어 자리로, 빈칸 앞의 부사어 如雨后春笋般(우후죽순처럼)과 의미적으로 호응하는 선택지 B 出现(출현하고), D 诞生(생기고)을 정답의 후보로 고른다. '최근, 유니콘 기업은 베이징에서 우후죽순처럼 ＿＿＿, 집결되고, 성장하며'라는 문맥과도 자연스럽다.
참고로 C 产生(나타나다)은 如雨后春笋般과 의미적으로 호응하지 않는다. 产生은 뒤에 목적어가 오거나 被产生과 같은 형태로 사용된다.

넷째 빈칸 　선택지가 모두 의미가 다른 성어이다. '최근, 유니콘 기업은 베이징에서 …… ＿＿＿ 모습을 보이고 있다.'라는 문맥에 적합한 선택지 D 欣欣向荣(활기차게 번창하는)이 정답이다.

*따라서 모든 빈칸에서 정답 후보를 포함하는 선택지 D가 정답이다.

7

很多植物都有最佳采摘时期。春笋的上市时间只有两周，过了这段时间，笋子就会越变越细，这是纤维变老、**品质**下降的标志；蕨菜一般在三月初登场，到月底就变得**罕见**了；柳叶发出嫩芽时就要赶紧**掐**下来，不再当令，入口就会觉得粗涩，**滋味**全无了。

많은 식물들은 모두 최적의 채취 시기가 있다. 봄 죽순이 시장에 나오는 기간은 오직 2주뿐으로, 이 기간이 지나면 죽순은 점점 가늘어지는데, 이는 섬유질이 딱딱해지고, **품질이** 떨어졌다는 지표이다. 고사리는 일반적으로 3월 초에 등장하며, 월말이 되면 **보기 드물어**진다. 버드나무 잎은 새싹이 나올 때 서둘러 **꺾어**내야 하는데, 제철이 아니면 입에 넣었을 때 거칠게 느껴지고, **맛이** 완전히 없어진다.

A	品种	可见	提	滋润
B	品德	偏见	捏 ✓	意味
C	品质 ✓	罕见 ✓	掐 ✓	滋味 ✓
D	质量 ✓	常见 ✓	拧	趣味

A	품종	~을 알 수 있다	들어	윤기가
B	품성	편견	집어	의미가
C	품질	보기 드물어	꺾어	맛이
D	질	흔히 보여	비틀어	흥미가

어휘 지문   **最佳** zuìjiā 최적이다   **采摘** cǎizhāi 圄 채취하다   **春笋** chūnsǔn 圄 봄 죽순   **上市** shàngshì 시장에 나오다   **笋子** sǔnzi 죽순
★**纤维** xiānwéi 圄 섬유질   ★**品质** pǐnzhì 圄 품질   **标志** biāozhì 圄 지표   **蕨菜** juécài 고사리   **登场** dēngchǎng 圄 등장하다
罕见 hǎnjiàn 圄 보기 드물다   **柳叶** liǔyè 圄 버드나무 잎   **嫩芽** nènyá 圄 새싹   **赶紧** gǎnjǐn 圄 서둘러   **掐** qiā 圄 꺾다
当令 dānglìng 圄 제철이다   **粗涩** cū sè 거칠다   **滋味** zīwèi 圄 맛

선택지   ★**品种** pǐnzhǒng 圄 품종   ★**品德** pǐndé 圄 품성   **质量** zhìliàng 圄 질, 질량   **可见** kějiàn 쳽 ~을 알 수 있다   ★**偏见** piānjiàn 圄 편견
常见 chángjiàn 흔히 보이다   **提** tí 圄 들다   ★**捏** niē 圄 집다   ★**拧** níng 圄 비틀다   ★**滋润** zīrùn 윤기나다   **意味** yìwèi 圄 의미
★**趣味** qùwèi 圄 흥미

해설 첫째 빈칸   선택지가 모두 공통글자 品 또는 质을 포함한 명사 유의어이다. 빈칸 뒤의 술어 下降(떨어졌다)과 의미적으로 호응하는 선택지 C 品质(품질이), D 质量(질이)을 정답의 후보로 고른다. '이 기간이 지나면 죽순은 점점 가늘어지는데, 이는 섬유질이 딱딱해지고, ＿＿＿ 떨어졌다는 지표이다'라는 문맥과도 자연스럽다.

둘째 빈칸   선택지가 모두 공통글자 见을 포함하여 '보다'와 관련된 의미의 어휘로, A는 접속사, B는 명사, C는 형용사, D는 '부사+동사' 형태의 어휘이다. 빈칸은 보어 자리로, 구조조사 得 뒤에서 보어가 될 수 있는 선택지 C 罕见(보기 드물어), D 常见(흔히 보여)을 정답의 후보로 고른다. '고사리는 일반적으로 3월 초에 등장하며, 월말이 되면＿＿＿진다.'라는 문맥과도 자연스럽다.
참고로 A 可见(~을 알 수 있다)은 접속사이므로 보어가 될 수 없고, B 偏见(편견)은 명사이므로 보어가 될 수 없다.

셋째 빈칸   선택지가 모두 의미가 다른 동사이다. 빈칸은 술어 자리로, 빈칸 뒤의 보어 下来(내리다)와 의미적으로 호응하는 선택지 B 捏(집어), C 掐(꺾어), D 拧(비틀어)을 정답의 후보로 고른다. '버드나무 잎은 새싹이 나올 때 서둘러＿＿＿내야 하는데'라는 문맥과도 자연스럽다.

넷째 빈칸   선택지 A는 '윤기나다'라는 의미의 형용사이고, B, C, D는 공통글자 味를 포함한 명사 유의어이다. '입에 넣었을 때 거칠게 느껴지고, ＿＿＿ 완전히 없어진다'라는 문맥에 어울리는 선택지는 C 滋味(맛이)가 정답이다.

*따라서 모든 빈칸에서 정답 후보를 포함하는 선택지 C가 정답이다.

---

8 西北农林科技大学**培育**出了土豆的**新品种**——"**紫玫瑰二号**"，这是该大学在农业方面取得的**重大进展**。近日，中国农业农村部来到该大学，对此项目进行了实地考察。结束考察后，他们给该大学**授予**了资格证书，这意味着这个新品种土豆得到了大面积种植的**许可**。

시베이 농림 과학 기술 대학은 감자의 새로운 품종인 '보라색 장미 2호'를 **배양**해냈는데, 이는 이 대학이 농업 방면에서 얻은 중대한 **진전**이다. 최근, 중국 농업농촌부는 이 대학에 와서, 이 프로젝트에 대해 현장 답사를 진행했다. 답사가 끝난 후, 그들은 이 대학에게 자격 증서를 **수여**했는데, 이는 이 새로운 품종의 감자가 대규모 면적 재배의 **허가**를 받았음을 의미한다.

A	培养 ✓	起源	批准	表决
B	栽培 ✓	改革	承诺	决策
C	发育	成果 ✓	颁发 ✓	认可
D	培育 ✓	进展 ✓	授予 ✓	许可 ✓

A	길러	기원	허가	표결을
B	재배해	개혁	승낙	결정을
C	발육해	성과	수여	인가를
D	배양해	진전	수여	허가를

어휘 지문   **西北农林科技大学** Xīběi Nónglín Kējì Dàxué 교육 시베이 농림 과학 기술 대학   ★**培育** péiyù 圄 배양하다   **土豆** tǔdòu 圄 감자
★**品种** pǐnzhǒng 圄 품종   **紫** zǐ 圄 보라색   **玫瑰** méigui 圄 장미   **农业** nóngyè 圄 농업   **取得** qǔdé 얻다   **重大** zhòngdà 중대하다
★**进展** jìnzhǎn 圄 진전하다   **农业农村部** Nóngyè nóngcūnbù 교육 (중국) 농업농촌부   **项目** xiàngmù 圄 프로젝트
实地考察 shídì kǎochá 현장 답사   **授予** shòuyǔ 圄 (상장·명예·학위 등을) 수여하다   **资格** zīgé 자격   **证书** zhèngshū 圄 증서
★**意味着** yìwèizhe 圄 의미하다   **大面积** dàmiànjī 대규모 면적   **种植** zhòngzhí 재배하다   **许可** xǔkě 圄 허가하다

선택지   **培养** péiyǎng 圄 기르다   **栽培** zāipéi 圄 재배하다   ★**发育** fāyù 圄 발육하다   ★**起源** qǐyuán 圄 기원   **改革** gǎigé 圄 개혁하다
成果 chéngguǒ 圄 성과   **批准** pīzhǔn 圄 허가하다   **承诺** chéngnuò 圄 승낙하다   **颁发** bānfā 圄 (훈장·상장·증서 등을) 수여하다
表决 biǎojué 圄 표결하다   **决策** juécè 圄 결정하다   ★**认可** rènkě 圄 인가하다

해설 첫째 빈칸   선택지 A, B, D는 '기르다'와 관련된 의미의 동사 유의어이고, C는 '발육하다'라는 의미의 동사이다. 빈칸은 술어 자리로, 빈칸 뒤의 목적어 新品种(새로운 품종)과 의미적으로 호응하는 선택지 A 培养(길러), B 栽培(재배해), D 培育(배양해)를 정답의 후보로 고른다. '시베이 농림 과학 기술 대학은 감자의 새로운 품종인 '보라색 장미 2호'를 ＿＿＿냈는데'라는 문맥과도 자연스럽다.

둘째 빈칸   선택지가 모두 의미가 다른 어휘로, A, C는 명사이고, B, D는 동사이다. 빈칸 앞의 重大(중대하다)와 의미적으로 호응하는 선택지 B 改革(개혁), C 成果(성과), D 进展(진전) 중에서 '이(감자의 새로운 품종인 '보라색 장미 2호'를 배양해낸 것)는 이 대학이 농업 방면에서 얻은 중대한 ＿＿＿이다'라는 문맥에 어울리는 것은 C 成果, D 进展이므로 이를 정답의 후보로 고른다.

참고로 B 改革(개혁)는 주로 制度(제도), 方案(방안) 등의 어휘와 호응한다.

셋째 빈칸
선택지 A, B는 '허가하다'와 관련된 의미의 동사 유의어이고, C, D는 '수여하다'와 관련된 의미의 동사 유의어이다. 빈칸은 술어 자리로, 빈칸 뒤의 목적어 资格证书(자격 증서를)와 의미적으로 호응하는 선택지 C 颁发(수여), D 授予(수여)를 정답의 후보로 고른다. '그들은 이 대학에게 자격 증서를 _____ 했는데'라는 문맥과도 자연스럽다.
참고로 A 批准(허가하다)은 资格(자격)와는 호응하지만 证书(증서)와는 호응하지 않는다. B 承诺(승낙하다)는 주로 어떤 일을 하자는 제안을 들어주거나 그렇게 하겠다고 약속하는 것을 나타낸다.

넷째 빈칸
선택지 A, B는 공통글자 决를 포함하여 '결정하다'와 관련된 의미의 동사 유의어이고, C, D는 공통글자 可를 포함하여 '허가하다'와 관련된 의미의 동사 유의어이다. 빈칸은 목적어 자리로, 빈칸 앞의 술어 得到(받았다)와 의미적으로 호응하는 선택지 C 认可(인가를), D 许可(허가를)를 정답의 후보로 고른다. '이(농업농촌부가 이 대학에게 자격 증서를 수여한 것)는 이 새로운 품종의 감자가 대규모 면적 재배의 _____ 받았음을 의미한다'라는 문맥에 어울리는 것은 D 许可이므로 D가 정답이다.
참고로 C 认可(인가하다)는 보통 사람이나 기관의 결정을 인정하여 그렇게 하도록 허락하는 것을 나타내기 때문에, 土豆(감자가)가 认可를 받는 대상이 될 수 없다.

*따라서 모든 빈칸에서 정답 후보를 포함하는 선택지 D가 정답이다.

9

四川地区降水**充沛**，河流众多，生态环境多种多样，因此吸引了**络绎不绝**的中外游客。这里的气温深受气候和地形的影响，比如说亚热带季风气候与盆地地形带来了**炎热**，而雪山高峰又带来了酷寒。由于地势险峻，到这里的游客都**不免**发出"蜀道之难，难于上青天"的感叹。

쓰촨 지역은 강수가 **넘쳐흐르고**, 강이 매우 많으며 생태 환경이 다양하다. 이 때문에 **끊이지 않는** 국내외 여행객들을 끌어모았다. 이곳의 기온은 기후와 지형의 영향을 깊이 받는데, 아열대 계절풍 기후와 분지 지형이 **무더위를** 가져왔고, 설산 고봉은 혹한을 가져온 것이 그 예이다. 지대가 험준하기 때문에, 이곳에 온 여행객들은 모두 '촉도의 고됨이 푸른 하늘을 오르는 것보다 어렵구나'라는 감탄이 나오는 것을 **피할 수 없다**.

A 充实	举足轻重	亲热	不愧	
B 充足 ✓	川流不息 ✓	热烈	不禁 ✓	
C 充沛 ✓	络绎不绝 ✓	炎热 ✓	不免 ✓	
D 充分	日新月异	热门	不顾	

A 충실하고	매우 중요한 위치에 있는	친근함	~에 부끄럽지 않다	
B 충분하고	끊임없이 오가는	열렬함	참지 못한다	
C 넘쳐흐르고	**끊이지 않는**	**무더위**	**피할 수 없다**	
D 충분하고	나날이 새로워지는	인기 있는 것	아랑곳하지 않다	

어휘

지문
四川 Sìchuān [고유] 쓰촨[중국의 지명] 地区 dìqū 명 지역 降水 jiàngshuǐ 명 강수[비, 눈 등이 내리는 것] 充沛 chōngpèi 형 넘쳐흐르다
河流 héliú 명 강 ★生态 shēngtài 명 생태 ★络绎不绝 luòyìbùjué 정 (왕래가) 끊이지 않다 气温 qìwēn 명 기온 地形 dìxíng 명 지형
亚热带 yàrèdài 명 아열대 季风 jìfēng 명 계절풍 ★盆地 péndì 명 분지 ★炎热 yánrè 형 무덥다 ★高峰 gāofēng 명 고봉[높은 산봉우리]
酷寒 kùhán 형 혹한하다 地势 dìshì 명 지대 险峻 xiǎnjùn 형 험준하다 不免 bùmiǎn 형 피할 수 없다
蜀道 Shǔdào [고유] 촉도[쓰촨으로 통하는 험준한 길을 부르는 명칭] 感叹 gǎntàn 통 감탄하다

선택지
★充实 chōngshí 형 충실하다 ★充足 chōngzú 형 충분하다 充分 chōngfēn 형 충분하다
★举足轻重 jǔzúqīngzhòng 정 매우 중요한 위치에 있다 川流不息 chuānliúbùxī 정 끊임없이 오가다
日新月异 rìxīnyuèyì 정 나날이 새로워지다 亲热 qīnrè 형 친근하다 热烈 rèliè 형 열렬하다 ★热门 rèmén 명 인기 있는 것
不愧 búkuì 부 ~에 부끄럽지 않다 ★不禁 bùjīn 부 참지 못하고 不顾 búgù 부 아랑곳하지 않다

해설

첫째 빈칸
선택지가 모두 공통글자 充을 포함하여 '충분하다'와 관련된 의미의 형용사 유의어이다. 빈칸은 술어 자리로, 빈칸 앞의 주어 降水(강수가)와 의미적으로 호응하는 선택지 B 充足(충분하고), C 充沛(넘쳐흐르고)를 정답의 후보로 고른다. '쓰촨 지역은 강수가 _____, 강이 매우 많으며 생태 환경이 다양하다'라는 문맥과도 자연스럽다.
참고로 D 充分(충분하다)은 주로 理由(이유), 准备(준비), 休息(휴식) 등과 같이 추상적인 어휘와 호응한다.

둘째 빈칸
선택지가 모두 의미가 다른 성어이다. '쓰촨 지역은 …… 생태 환경이 다양하다. 이 때문에 _____ 국내외 여행객들을 끌어모았다.'라는 문맥에 어울리는 선택지 B 川流不息(끊임없이 오가는), C 络绎不绝(끊이지 않는)를 정답의 후보로 고른다.

셋째 빈칸
선택지가 모두 공통글자 热을 포함하고 있으며, A, B, C는 형용사 유의어이고 D는 '인기 있는 것'이라는 의미의 명사이다. '이곳의 기온은 기후와 지형의 영향을 깊이 받는데, 예를 들면 아열대 계절풍 기후와 분지 지형이 _____ 가져왔고'라는 문맥에 어울리는 선택지 C 炎热(무더위)가 정답이다.

*셋째 빈칸에서는 C밖에 정답이 될 수 없기 때문에, 실제 시험에서는 선택지 C를 정답으로 고르고 바로 다음 문제로 넘어간다.

넷째 빈칸
선택지가 모두 공통글자 不를 포함하고 있으며, A, B, C는 부사 유의어이고 D는 '아랑곳하지 않다'라는 의미의 동사이다. 빈칸은 부사어 자리로, 빈칸 뒤의 술어 发出(나오다)와 의미적으로 호응하는 선택지 B 不禁(참지 못하고), C 不免(피할 수 없다)을 정답의 후보로 고른다. '지대가 험준하기 때문에, 이곳에 온 여행객들은 모두 '촉도의 고됨이 푸른 하늘을 오르는 것보다 어렵구나'라는 감탄이 나오는 것을 _____'라는 문맥과도 자연스럽다.

10

中国的扫地机器人**产业**仍处于发展初期，大部分家庭还是**倾向**于采用人工清洁的方式，因此扫地机器人在服务类家电消费市场的**渗透**率并不高。但是最近业内**人士**表示，在未来五年内，中国的扫地机器人市场会迎来很大的发展，将会帮助人们从繁重的家务劳动中**解放**出来。

중국의 로봇 청소기 **산업은** 여전히 발전 초기에 있으며, 대부분의 가정은 여전히 인력으로 청소하는 방식을 채택하는 **경향이 있다**. 이 때문에 로봇 청소기의 서비스류 가전제품 소비 시장의 **침투**율은 결코 높지 않다. 그러나 최근 업계 내 **인사들은** 향후 5년 내에, 중국의 로봇 청소기 시장이 큰 발전을 맞이할 것이고, 사람들이 고된 가사 노동에서 **해방되어** 나올 수 있도록 도와줄 것이라고 밝혔다.

A 行业 ✔	偏向 ✔	占有 ✔	绅士	注释	A 업계는	~하는 쪽으로 쏠리다	점유	신사들	풀이하여
B 产业 ✔	**倾向 ✔**	**渗透 ✔**	**人士 ✔**	**解放 ✔**	**B 산업은**	**경향이 있다**	**침투**	**인사들은**	**해방되어**
C 事业 ✔	倾斜	蔓延	人员 ✔	开放	C 사업은	경사가 지다	만연	인원들은	개방되어
D 物业	倾听	流通	法人	排放	D 부동산은	경청을 하다	유통	법인들은	배출되어

어휘 지문 **扫地机器人** sǎodì jīqìrén 圀 로봇 청소기 ★**产业** chǎnyè 圀 산업 **家庭** jiātíng 圀 가정 ★**倾向** qīngxiàng 圀 경향이 있다
采用 cǎiyòng 圀 채택하다 ★**人工** réngōng 圀 인력 ★**清洁** qīngjié 圀 깨끗하다 **家电** jiādiàn 圀 가전제품[家用电器의 줄임말]
消费 xiāofèi 圀 소비하다 **市场** shìchǎng 圀 시장 **渗透** shèntòu 圀 침투하다 **业内** yènèi 圀 업계 내 ★**人士** rénshì 圀 인사
未来 wèilái 圀 향후의 **繁重** fánzhòng 圀 고되다 **家务** jiāwù 圀 가사 **劳动** láodòng 圀 노동 ★**解放** jiěfàng 圀 해방하다

선택지 **行业** hángyè 圀 업계 **物业** wùyè 圀 부동산 **偏向** piānxiàng 圀 ~하는 쪽으로 쏠리다 **倾斜** qīngxié 圀 경사지다 ★**倾听** qīngtīng 圀 경청하다
占有 zhànyǒu 圀 점유하다 ★**蔓延** mànyán 圀 만연하다 ★**流通** liútōng 圀 유통하다 **绅士** shēnshì 圀 신사 **人员** rényuán 圀 인원
法人 fǎrén 圀 법인 **注释** zhùshì 圀 풀이하다 **开放** kāifàng 圀 개방하다 ★**排放** páifàng 圀 배출하다

해설 첫째 빈칸 선택지가 모두 공통글자 业를 포함한 명사 유의어이다. '중국의 로봇 청소기 _____ 여전히 발전 초기에 있으며'라는 문맥에 어울리는 선택지 A 行业(업계는), B 产业(산업은), C 事业(사업은)를 정답의 후보로 고른다.

둘째 빈칸 선택지 A, B는 공통글자 向을 포함하여 '경향'과 관련된 의미의 동사 유의어이고, C, D는 공통글자 倾을 포함한 동사 유의어이다. '대부분의 가정은 여전히 인력으로 깨끗하게 만드는 방식을 채택하는 _____'라는 문맥에 어울리는 선택지 A 偏向(~하는 쪽으로 쏠리다), B 倾向(경향이 있다)을 정답의 후보로 고른다.

셋째 빈칸 선택지가 모두 의미가 다른 동사이다. 빈칸 뒤의 率(비율)와 결합하여 한 단어로 사용되는 선택지 A 占有(점유), B 渗透(침투), D 流通(유통) 중에서 '로봇 청소기의 서비스류 가전제품 소비 시장의 _____율은 결코 높지 않다'라는 문맥과 어울리는 것은 A 占有, B 渗透이므로 이를 정답의 후보로 고른다.

넷째 빈칸 선택지가 모두 공통글자 人 또는 士을 포함한 명사 유의어이다. 빈칸 앞의 业内(업계 내)와 의미적으로 호응하는 선택지 B 人士(인사들은), C 人员(인원들은)을 정답의 후보로 고른다. '그러나 최근 업계 내 _____ …… 라고 밝혔다.'라는 문맥과도 자연스럽다.

다섯째 빈칸 선택지 B, C, D는 공통글자 放을 포함한 동사 유의어이고, A는 '풀이하다'라는 의미의 동사이다. 빈칸은 술어 자리로, 빈칸 뒤의 보어 出来(나오다)와 의미적으로 호응하는 선택지 B 解放(해방되어)이 정답이다. '향후 5년 내에, 중국의 로봇 청소기 시장이 큰 발전을 맞이할 것이고, 사람들이 고된 가사 노동에서 _____ 나올 수 있도록 도와줄 것이라고 밝혔다'라는 문맥과도 자연스럽다.

*따라서 모든 빈칸에서 정답 후보를 포함하는 선택지 B가 정답이다.

제3부분

시간을 단축하는 문제풀이 스텝 해석
p.121

⁷¹사람이 하품하는 것은 피곤하고 자고 싶기 때문이다. 하지만, **(71) A 사자, 얼룩말 등 야생동물이 입을 벌려 하품하는 것의 의미는 오히려 이 것과 많이 다르다.** ⁷²일부 맹수들은 공격을 시작하기 전에 항상 입을 크게 벌리고, **(72) B 깊게 숨을 들이마시며 하품을 한다.** 이것의 역할은 체내의 이산화탄소를 배출하고 신선한 산소를 흡입하여 장시간 잠복으로 인해 경직된 근육이 이완되게 하고 갑작스러운 습격을 위해 힘을 축적해 놓는 것이다.

몇 마리의 사자가 분산하여 잠복할 때에는, 잇달아 하품하는 방식을 이용해 서로 호응하고, 이로써 조직적으로 공격한다. 때로는, 사자들의 왕이 하품하는 것을 통해 집단의 움직임을 평정하기도 한다. ⁷³때로는 수사자와 새끼 사자를 데리고 있는 암사자가 동시에 하품하는데, **(73) E 이는 잠재된 침입자의 주의력을 분산시키기 위해서이고**, 이렇게 하여 새끼 사자가 피해 당하지 않게 보호한다.

⁷⁴하품하는 것은 야생동물 사이에서 일종의 수화이기도 하다. 얼룩말은 위험 상황이 닥쳤을 때, 바로 입을 벌려 동료들에게 수화를 하고, 그리하여 경보를 보낸다. 상황이 긴급할수록 얼룩말의 입은 더 크게 벌어지고, 반대의 경우엔 작아진다. 이와 동시에, **(74) D 얼룩말은 귀를 흔드는 방식으로 수화에 호응하기도 한다.** ⁷⁴귀가 뒤로 젖혀지면 적의 움직임이 있다는 것을 나타내고, 귀가 위를 향해 똑바로 세워지면 환영과 안부를 나타낸다.

⁷⁵어떤 짐승에게 있어서, **(75) C 그들의 '우두머리'나 '연장자' 앞에서 하품하는 것은** ⁷⁵예의 없는 행동이며 벌을 받게 된다. 그래서 '항렬'이 낮은 짐승은 하품할 때 항상 머리를 한쪽으로 돌려서 '연장자'와 '우두머리'의 시선을 피하고, 입을 살짝 벌리거나 혹은 입술로 이빨을 가리면서 몰래 하품을 한다.

A 사자, 얼룩말 등 야생동물이 입을 벌려 하품하는 것의 의미는 오히려 이것과 많이 다르다
B 깊게 숨을 들이마시며 하품을 한다
C 그들의 '우두머리'나 '연장자' 앞에서 하품하는 것은
D 얼룩말은 귀를 흔드는 방식으로 수화에 호응하기도 한다
E 이는 잠재된 침입자의 주의력을 분산시키기 위해서이고

어휘 打哈欠 dǎ hāqian 하품하다　困倦 kùnjuàn 圈 피곤하다　狮子 shīzi 사자　斑马 bānmǎ 얼룩말　野兽 yěshòu 圈 야생동물
★含义 hányì 의미, 함의　远非 yuǎn fēi 많이 다르다, 절대 ~가 아니다　猛兽 měngshòu 圈 맹수　★攻击 gōngjī 圈 공격하다
★排除 páichú 圈 배출하다　二氧化碳 èryǎnghuàtàn 圈 이산화탄소　★氧气 yǎngqì 圈 산소　潜伏 qiánfú 圈 잠복하다　僵硬 jiāngyìng 圈 경직되다
肌肉 jīròu 圈 근육　★袭击 xíjī 圈 습격하다　积蓄 jīxù 圈 축적하다　力量 lìliàng 圈 힘　★分散 fēnsàn 圈 분산하다　频频 pínpín 閏 잇달아
彼此 bǐcǐ 団 서로　呼应 hūyìng 圈 호응하다　组织 zǔzhī 圈 조직하다　平息 píngxī 圈 평정하다　群体 qúntǐ 圈 집단
躁动 zàodòng 圈 (쉬지 않고) 움직이다　雄 xióng 圈 수컷의　入侵者 rùqīnzhě 圈 침입자　幼 yòu (나이가) 어리다　免遭 miǎn zāo 당하지 않다
侵害 qīnhài 圈 피해를 끼치다　哑语 yǎyǔ 圈 수화　警报 jǐngbào 圈 경보　紧急 jǐnjí 圈 긴급하다　反之 fǎnzhī 이와 반대로　扇动 shāndòng 圈 흔들다
配合 pèihé 圈 호응하다, 조화를 이루다　贴 tiē (몸에) 가까이하다, 붙이다　敌情 díqíng 圈 적의 움직임, 적의 상황　朝 cháo 团 ~을 향해
★竖 shù 圈 똑바로 세우다　问候 wènhòu 圈 안부를 묻다　兽类 shòulèi 圈 짐승　首领 shǒulǐng 圈 우두머리　长辈 zhǎngbèi 圈 연장자
行为 xíngwéi 圈 행동　惩罚 chéngfá 圈 벌하다　辈分 bèifen 圈 항렬　扭 niǔ 圈 돌리다　避开 bìkai 피하다　视线 shìxiàn 圈 시선　嘴唇 zuǐchún 圈 입술
遮 zhē 圈 가리다　牙齿 yáchǐ 圈 이빨　偷偷 tōutōu 閏 몰래

고득점비책 01 | 연결어를 단서로 고르기 p.122

전략 적용 해석
p.123

1.
(1) 이번 전화 미팅을 통과해야지만, <u>그는 비로소 해외로 가서 정식 면접에 참여할 기회를 얻을 수 있다.</u> 전화 미팅은 이번 주 수요일 10시에 진행하기로 정해졌다.

　　A 그는 비로소 해외로 가서 정식 면접에 참여할 기회를 얻을 수 있다　B 내 마음은 틀림없이 답답하고 울적할 것이다

　　어휘　轮 lún 圈 번째　会谈 huìtán 圈 미팅하다　面试 miànshì 圈 면접을 보다　必然 bìrán 圈 틀림없다
　　　　闷闷不乐 mènmènbúlè 圈 (마음이) 답답하고 울적하다

(2) 장 부인은 놀라 어리둥절해서, 뭐라 말해야 할지 몰랐다. 화가는 고개를 흔들며 차분하게 말했다. "그녀는 어리석은 게 아니라, <u>두 눈이 아예 보이지 않는 거예요.</u>"

　　A 그러나 생각해보니 어차피 이 그림들을 원하는 사람도 없어요　　B 두 눈이 아예 보이지 않는 거예요

어휘 　太太 tàitai 圐 부인[결혼한 여자에 대한 존칭]　呆 dāi 圐 어리둥절하다　摇 yáo 圐 흔들다　平静 píngjìng 圐 차분하다　糊涂 hútu 圐 어리석다
　　　　根本 gēnběn 圐 아예　反正 fǎnzhèng 圐 어차피

(3) 비록 금붕어와 대다수 수생 동물은 모두 눈꺼풀이 없지만, 그러나 그들의 안구 표면에는 눈을 보호하는 투명한 보호막이 있다.

　　A 하지만 수생 동물은 두 눈을 크게 뜨고 잠을 잔다　　　　　　　B 그러나 그들의 안구 표면에는 눈을 보호하는 투명한 보호막이 있다

　어휘 　金鱼 jīnyú 圐 금붕어　水生动物 shuǐshēng dòngwù 圐 수생 동물[수중에서 생활하는 동물]　眼睑 yǎnjiǎn 圐 눈꺼풀　眼球 yǎnqiú 圐 안구
　　　　表面 biǎomiàn 圐 표면　透明 tòumíng 圐 투명하다　保护层 bǎohùcéng 圐 보호막　睁 zhēng 圐 (눈을) 크게 뜨다

2.

(1) 일부 노인들은 자신이 처한 환경에 불만족하지만 어찌할 능력이 없어서, 그저 과거의 기억 속에서 위안을 찾을 수밖에 없다. 따라서 노인들은 자신의 생활을 풍부하게 해야 한다.

　　A 그저 과거의 기억 속에서 위안을 찾을 수밖에 없다　　　　　　B 한가로운 시간에 자신이 흥미를 느끼는 일을 한다

　어휘 　★处境 chǔjìng 圐 (처한) 환경[주로 불리한 상황]　无能为力 wúnéngwéilì 圐 어찌할 능력이 없다　寻找 xúnzhǎo 圐 찾다
　　　　安慰 ānwèi 圐 위안하다　闲暇时光 xiánxiá shíguāng 한가로운 시간

(2) 명나라 시대의 중국 수공예는 매우 발달했다. 당시의 자수 공예는 송나라 시대의 우수한 전통을 이어받았고, 게다가 한층 더 발전했다.

　　A 자수 공예는 주로 예술 장식에 사용하고　　　　　　　　B 당시의 자수 공예는 송나라 시대의 우수한 전통을 이어받았고

　어휘 　明代 Míngdài 圐 명나라 시대[중국 역사상의 한 시대]　手工艺 shǒugōngyì 圐 수공예　极其 jíqí 圐 매우　发达 fādá 圐 발달하다
　　　　刺绣 cìxiù 圐 자수하다　工艺 gōngyì 圐 공예　★继承 jìchéng 圐 이어받다　宋代 Sòngdài 圐 송나라 시대[중국 역사상의 한 시대]
　　　　优良 yōuliáng 圐 우수하다　传统 chuántǒng 圐 전통　更上一层楼 gèngshàng yìcénglóu 圐 한층 더 발전하다　装饰 zhuāngshì 圐 장식

(3) 만약 부모가 무턱대고 걱정하며 적절치 않게 지도하면, 아이들로 하여금 새 학기에 대해 부정적인 정서가 생기게 할 수 있고, 아이가 학교 생활에 적응하는 것에 영향을 줄 수 있다.

　　A 아이들로 하여금 새 학기에 대해 부정적인 정서가 생기게 하고　　　B 개학 이후에는 수업 템포가 빠르고 효율이 높고

　어휘 　假如 jiǎrú 圐 만약　一味 yíwèi 圐 무턱대고　担忧 dānyōu 圐 걱정하다　★引导 yǐndǎo 圐 지도하다　消极 xiāojí 圐 부정적이다, 소극적이다
　　　　情绪 qíngxù 圐 정서　课堂 kètáng 圐 수업　★节奏 jiézòu 圐 템포, 리듬　效率 xiàolǜ 圐 효율

6급 빈출어휘

실전연습문제 p.125

1 B	2 E	3 C	4 A	5 D

1 - 5

(1) **B** 许多人认为科学很难，[1]其实在日常生活中，我们常常能接触到一些科学原理。比如，在天气干燥的秋冬季节，我们容易碰到这种现象：梳头时感觉头发一直往上"飘"；脱毛衣的时候出现闪光和劈里啪啦的响声；见面握手时，瞬间感到指尖刺痛等等。这些就是我们常说的静电现象。

当处于静止状态或者不流动的电荷，聚集在某个物体表面时，就会形成静电。[2]只要控制好静电，**(2) E 它就可以为人类做出贡献**。静电印花、静电喷涂、静电除尘等技术都是静电被广泛应用的例子。[3]静电甚至开始在海水淡化、农药喷洒、人工降雨、低温冷冻等方面大显身手。

(1) **B** 많은 사람들은 과학이 어렵다고 생각하지만, [1]사실 일상생활에서, 우리는 여러 가지 과학 원리를 자주 접할 수 있다. 예를 들면, 날씨가 건조한 가을, 겨울철에, 우리는 머리를 빗을 때 머리카락이 계속 위로 '흩날리'거나, 스웨터를 벗을 때 섬광과 타닥거리는 소리가 나거나, 만나서 악수를 할 때 순간적으로 손가락 끝에 찌르는 듯한 아픔을 느끼는 등의 현상을 쉽게 맞닥뜨린다. 이러한 것들이 바로 우리가 흔히 말하는 정전기 현상이다.

정지 상태에 있거나 흐르지 않는 전하가 어떤 물체의 표면에 모여 있을 때, 정전기를 형성한다. [2]정전기를 잘 통제하기만 하면, **(2) E 그것은 인류에 공헌할 수 있다**. 정전기 날염, 정전기 분사도장, 정전기 먼지 제거 등의 기술은 모두 정전기가 광범위하게 응용된 예이다. [3]정전기는 심지어 바닷물 담수화, 농약 살포, 인공 강우, 저온 냉동 등의 방면에서 큰 활약을 하기 시작했다.

³然而，__(3) C 静电还会带来一定的危害__。它的第一种危害来源于带电体之间的相互作用。比如飞机机体与空气、水汽或灰尘摩擦时会带电，从而干扰飞机无线电设备的正常工作。静电的第二种危害是，静电火花可能会点燃某些易燃物而引发爆炸。平时我们脱衣服时产生的火花对人体没有影响，但是这样的火花在煤矿区域就会引起瓦斯爆炸。

　　__(4) A 由于随时随地都有可能产生静电__，⁴因此完全消除静电几乎是不可能的，但是可以采取一些措施来控制静电的发生。冬天触碰门把手时，就容易因静电而产生触电的感觉。为了避免这种情况，可以在出门前先洗一下手，或者涂抹护手霜来保持双手湿润；或者尽量不穿用化纤面料制成的衣服；又或者可以先用木质小物件、棉布等碰一下门把手，再用手触碰。__(5) D 这些行为消除了部分静电__，⁵进而减少了产生静电的概率。

A 由于随时随地都有可能产生静电
B 许多人认为科学很难
C 静电还会带来一定的危害
D 这些行为消除了部分静电
E 它就可以为人类做出贡献

³그러나, __(3) C 정전기는 어느 정도의 위해도 가져올 수 있다__. 정전기의 첫 번째 위해는 대전체 간의 상호 작용에서부터 온다. 비행기 기체가 공기, 수증기 또는 먼지와 마찰할 때 전기를 띠고, 그로 인해 비행기 무선 전신 설비의 정상 작동을 방해하는 것이 그 예다. 정전기의 두 번째 위해는 정전기 불꽃이 일부 인화성 물질에 불을 붙여 폭발을 야기할 수 있다는 것이다. 평소 우리가 옷을 벗을 때 생기는 불꽃은 인체에 영향을 주지 않지만, 탄광 구역에서라면 이러한 불꽃은 가스 폭발을 일으킬 수 있다.

　　__(4) A 언제 어디서나 정전기가 생길 수 있기__ 때문에, ⁴따라서 정전기를 완전히 없애는 것은 거의 불가능하다. 하지만 약간의 조치를 취해 정전기의 발생을 억제할 수 있다. 겨울에 문 손잡이를 만질 때, 정전기 때문에 감전되는 느낌이 쉽게 생긴다. 이러한 상황을 피하기 위해서는 외출하기 전에 먼저 손을 씻거나, 핸드크림을 발라서 손이 촉촉하도록 유지하면 된다. 또는 되도록 화학 섬유 옷감으로 만들어진 옷을 입지 않거나, 또는 나무 재질로 된 소품, 면포 등으로 먼저 문 손잡이를 건드리고 다시 손으로 만지면 된다. __(5) D 이런 행동들은 일부 정전기를 없애서__, ⁵더 나아가 정전기가 발생할 확률을 감소시켰다.

A 언제 어디서나 정전기가 생길 수 있기 때문에
B 많은 사람들은 과학이 어렵다고 생각하지만
C 정전기는 어느 정도의 위해도 가져올 수 있다
D 이런 행동들은 일부 정전기를 없애서
E 그것은 인류에 공헌할 수 있다

어휘　接触 jiēchù 图 접하다　★原理 yuánlǐ 圀 원리　干燥 gānzào 闧 건조하다　碰 pèng 图 (우연히) 맞닥뜨리다, 만지다　现象 xiànxiàng 圀 현상

梳头 shūtóu 머리를 빗다　飘 piāo 圀 흩날리다　毛衣 máoyī 圀 스웨터　闪光 shǎnguāng 圀 섬광

劈里啪啦 pīlipālā 의성 타닥[폭죽 따위가 연속으로 터지는 소리]　响声 xiǎngshēng 圀 소리　握手 wòshǒu 图 악수하다　★瞬间 shùnjiān 圀 순간

指尖 zhǐjiān 圀 손가락의 끝　★刺 cì 图 찌르다　静电 jìngdiàn 圀 정전기　静止 jìngzhǐ 图 정지하다　状态 zhuàngtài 圀 상태

流动 liúdòng 图 흐르다　电荷 diànhè 圀 전하[물체가 띠고 있는 정전기의 양]　聚集 jùjí 图 모이다　某个 mǒuge 団 어떤　表面 biǎomiàn 圀 표면

形成 xíngchéng 图 형성하다　控制 kòngzhì 图 통제하다　人类 rénlèi 圀 인류　贡献 gòngxiàn 圀 공헌　印花 yìnhuā 圀 날염하다

喷涂 pēntú 图 분사도장하다　除尘 chúchén 图 먼지를 제거하다　广泛 guǎngfàn 圀 광범위하다　应用 yìngyòng 圀 응용하다

淡化 dànhuà 图 담수화하다　农药 nóngyào 圀 농약　喷洒 pēnsǎ 图 살포하다　人工降雨 réngōng jiàngyǔ 인공 강우　冷冻 lěngdòng 圀 냉동하다

大显身手 dàxiǎnshēnshǒu 젤 큰 활약을 하다, 크게 솜씨를 떨치다　危害 wēihài 圀 위해를 주다　★来源 láiyuán 圀 ~에서부터 오다, 기원하다

带电体 dàidiàntǐ 대전체[전기를 띠고 있는 물체]　相互作用 xiānghù zuòyòng 상호 작용　机体 jītǐ 圀 (비행기 등의) 기체　水汽 shuǐqì 圀 수증기

灰尘 huīchén 圀 먼지　★摩擦 mócā 图 마찰하다　★干扰 gānrǎo 图 방해하다　无线电 wúxiàndiàn 圀 무선 전신　设备 shèbèi 圀 설비

火花 huǒhuā 圀 불꽃　点燃 diǎnrán 图 불을 붙이다　易燃物 yìránwù 圀 인화성 물질　引发 yǐnfā 图 야기하다　★爆炸 bàozhà 图 폭발하다

煤矿 méikuàng 圀 탄광　★区域 qūyù 圀 구역　引起 yǐnqǐ 图 일으키다　瓦斯 wǎsī 圀 가스　随时随地 suíshísuídì 圀 언제 어디서나

★消除 xiāochú 图 없애다　采取 cǎiqǔ 图 취하다　措施 cuòshī 圀 조치　触碰 chùpèng 图 만지다, 접촉하다　把手 bǎshou 圀 손잡이

避免 bìmiǎn 图 피하다　涂抹 túmǒ 图 바르다　护手霜 hùshǒushuāng 圀 핸드크림　保持 bǎochí 图 유지하다　湿润 shīrùn 圀 촉촉하다

尽量 jǐnliàng 图 되도록　化纤 huàxiān 圀 화학 섬유　面料 miànliào 圀 옷감　制成 zhìchéng 만들어 내다　木质 mù zhì 나무 재질의

小物件 xiǎowùjiàn 圀 소품　棉布 miánbù 圀 면포　行为 xíngwéi 圀 행동　概率 gàilǜ 圀 확률

해설　(1) 빈칸 바로 뒤에 '반대/전환'을 나타내는 연결어 其实(사실)이 있고, 빈칸 뒤가 '사실 일상생활에서, 우리는 여러 가지 과학 원리를 자주 접할 수 있다'라는 문맥임을 확인해둔다. 선택지 B 许多人认为科学很难(많은 사람들은 과학이 어렵다고 생각하지만)이 빈칸 뒤 내용과 반대/전환되므로 정답이다.

　　(2) 빈칸 앞에 '조건'을 나타내는 연결어 只要(~하기만 하면)가 있고, '정전기를 잘 통제하기만 하면'이라는 문맥임을 확인해둔다. 선택지 E 它就可以为人类做出贡献(그것은 인류에 공헌할 수 있다)이 只要와 자주 짝을 이루어 사용되는 就를 포함하고 문맥과도 자연스러우므로 정답이다.

　　(3) 빈칸 바로 앞에 '반대/전환'을 나타내는 연결어 然而(그러나)이 있고, 빈칸 앞이 '정전기는 심지어 바닷물 담수화, 농약 살포, 인공 강우, 저온 냉동 등의 방면에서 큰 활약을 하기 시작했다'라는 문맥임을 확인해둔다. 선택지 C 静电还会带来一定的危害(정전기는 어느 정도의 위해도 가져올 수 있다)가 빈칸 앞 내용과 반대/전환되므로 정답이다.

　　(4) 빈칸 바로 뒤에 '결론'을 나타내는 연결어 因此(따라서)가 있고, '따라서 정전기를 완전히 없애는 것은 거의 불가능하다'라는 문맥임을 확인해둔다. 선택지 A 由于随时随地都有可能产生静电(언제 어디서나 정전기가 생길 수 있기 때문에)이 因此와 자주 짝을 이루어 사용되는 由于를 포함하므로 정답이다.

(5) 빈칸 바로 뒤에 '점층'을 나타내는 연결어 进而(더 나아가)이 있고, 빈칸 뒤 내용이 '더 나아가 정전기가 발생할 확률을 감소시켰다'라는 문맥임을 확인해둔다. 선택지 D 这些行为消除了部分静电(이런 행동들은 일부 정전기를 없애서)이 빈칸 뒤 내용과 자연스럽게 이어지므로 정답이다.

고득점비책 02 | 키워드를 단서로 고르기 p.126

전략 적용 해석

p.127

1.

(1) 늪은 땅의 표면이 오랜 시간 동안 얕은 물로 덮여 형성된 구역이다. 늪의 토양은 수분이 포화되어 있고, 안에는 다량의 친수성 늪 생물이 자라고 있다. 이는 늪이 고요한 녹지처럼 보여지게 하지만, 사실 그 아래는 '끝이 없는 심연'이다.

늪은 비록 위험성을 가지고 있지만, 지역 생태 균형을 유지할 수 있다. 끊임없이 수분을 증발시키는 것을 통해, 늪은 대기의 습도를 높이고 강우 조절을 할 수 있는데, 이는 산림과 농작물의 성장에 도움을 준다. 이와 동시에, 늪에는 다량의 약용 식물도 있어서, <u>사람들은 이런 식물 자원을 합리적으로 활용할 수 있다</u>.

A 이런 동물 자원의 보호도 강화해야 한다   **B 사람들은 이런 식물 자원을 합리적으로 활용할 수 있다**

어휘 沼泽 zhǎozé 圆 늪   地表 dìbiǎo 圆 땅의 표면   浅 qiǎn 圆 얕다   ★覆盖 fùgài 圄 덮다   形成 xíngchéng 圄 형성하다   ★区域 qūyù 圆 구역
     ★土壤 tǔrǎng 圆 토양   饱和 bǎohé 圄 포화 상태이다   生长 shēngzhǎng 圄 자라다, 성장하다
     喜水性沼生生物 xǐshuǐxìng zhǎoshēng shēngwù 친수성 늪 생물[물에 친화적인 늪 생물]   导致 dǎozhì 圄 ~되게 하다
     片 piàn [면적 등을 세는 단위]   平静 píngjìng 圄 고요하다   实则 shízé 圄 사실   深渊 shēnyuān 圆 심연   保持 bǎochí 圄 유지하다
     地区 dìqū 圆 지역   生态平衡 shēngtài pínghéng 圆 생태 균형   ★蒸发 zhēngfā 圄 증발하다   湿度 shīdù 圆 습도   ★调节 tiáojié 圄 조절하다
     降雨 jiàng yǔ 강우하다, 비를 내리다   药用 yàoyòng 圆 약용   植物 zhíwù 圆 식물   合理 hélǐ 圄 합리적이다   利用 lìyòng 圄 활용하다
     资源 zīyuán 圆 자원

(2) 초나라에는 섭공이라고 불리는 사람이 있었는데, 그는 항상 다른 사람에게 자신은 용이란 생물을 정말 좋아한다고 말했고, 심지어 집을 꾸밀 때에는 공예가가 곳곳에 용을 새기게 하여, 집 안을 마치 용궁과 같이 장식했다.

천궁의 진짜 용은 이 소식을 듣고서 이 사람을 꼭 만나봐야겠다고 말했고, 하늘에서부터 내려와 섭공의 집으로 갔다. <u>그는 머리 부분을 창문 안으로 들이밀어 둘러봤고</u>, 꼬리 부분은 대청 마루에 늘어뜨렸다. 섭공은 진짜 용을 보고는 얼굴빛이 하얗게 질리고, 넋이 나갈 정도로 놀랐다. 알고 보니 그는 입에 발린 말로 말만 했을 뿐이지, 진짜로 용을 좋아하는 것이 아니었다.

A 그는 머리 부분을 창문 안으로 들이밀어 둘러봤고   B 그는 실망한 얼굴로 섭공을 바라봤고

어휘 楚国 Chǔguó 고유 초나라[중국 역사상의 한 국가]   叶公 Yè Gōng 고유 섭공[초나라의 인물 '심저량(沈诸梁)'을 가리킴]   龙 lóng 圆 용
     ★生物 shēngwù 圆 생물   装修 zhuāngxiū 圄 (집을) 꾸미다   房子 fángzi 圆 집   工匠 gōngjiàng 圆 공예가   处处 chùchù 圆 곳곳에
     ★雕刻 diāokè 圄 (문양이나 글자를) 새기다   装饰 zhuāngshì 圄 장식하다   龙宫 lónggōng 圆 용궁   伸 shēn 圄 (신체 일부를) 내밀다
     张望 zhāngwàng 圄 둘러보다   拖 tuō 圄 늘어뜨리다   厅堂 tīngtáng 圆 대청   地板 dìbǎn 圆 마루   吓 xià 圄 놀라다
     惊慌失色 jīnghuāngshīsè 圄 몹시 놀라 얼굴빛이 하얗게 질리다   魂不附体 húnbúfùtǐ 圄 넋이 나가다
     口头 kǒutóu 圆 입에 발린 말, (말할 때의) 입   ★而已 éryǐ 国 ~뿐이다   非 fēi 圄 ~이 아니다

2.

(1) 오로라 현상은 일반적으로 지구의 남극과 북극 근처 고공에서 나타난다. 오로라는 일반적으로 띠 모양, 활 모양, 방사형 모양 등 다양한 모양을 보이며, 일종의 플라즈마 현상이다.

<u>오로라는 높은 자기 위도 구역에서 자주 나타나는데</u>, 이 구역은 극광대라고 불린다. 극광대의 상공에는 이리저리 나풀거리는 광채 띠가 나타나는데, 이것이 바로 아름다운 오로라이다. 오로라가 오색찬란한 색깔을 가지는 것은 전류가 흐르는 입자가 다른 기체 분자와 상호 충돌하여, 다른 색깔의 빛으로 부딪쳐 나가기 때문이다.

A 오로라의 모양은 어떨 때는 연속적으로 변화할 수 있는데   **B 오로라는 높은 자기 위도 구역에서 자주 나타나는데**

어휘 极光 jíguāng 圆 오로라, 극광   现象 xiànxiàng 圆 현상   两极 liǎngjí 圆 남극과 북극   呈 chéng 圄 보이다, 나타나다   带状 dài zhuàng 띠 모양
     弧状 hú zhuàng 활 모양   放射状 fàngshè zhuàng 방사형 모양   形状 xíngzhuàng 圆 모양
     等离子体 děnglízǐtǐ 플라즈마[초고온에서 음전하를 가진 전자와 양전하를 띤 이온으로 분리된 기체 상태]
     磁纬度 cíwěidù 자기 위도[자기장이 수평선과 이루는 각도로부터 계산된 위도]   ★区域 qūyù 圆 구역   称 chēng 圄 부르다
     飘动 piāodòng 圄 나풀거리다   光彩 guāngcǎi 圆 광채   五彩斑斓 wǔcǎi bānlán 오색찬란하다   带电 dàidiàn 圄 전류가 흐르다
     粒子 lìzǐ 圆 입자   气体 qìtǐ 圆 기체   分子 fēnzǐ 圆 분자   碰撞 pèngzhuàng 圄 충돌하다   撞 zhuàng 圄 부딪치다   连续 liánxù 圄 연속하다

(2) 　많은 사람들이 소설에 푹 빠져 있는데, 소설을 보는 것은 마치 새로운 세계를 탐험하는 것과 같아, 사람들은 소설을 폭넓게 읽는 것을 통해 자연스럽게 시야를 크게 넓힐 수 있다. 다른 장르와 비교하면, <u>소설의 소재는 더욱 풍부하고 참신한데</u>, 그중 SF 소설의 소재와 배경은 종종 현실 세계를 뛰어넘어, 사람들의 상상력을 더욱 불러일으키고 독자가 상상의 바다에서 훨훨 날게 한다.

　　A 소설의 소재는 더욱 풍부하고 참신한데　　　　　　　　　**B 영화의 흥행 성적은 배우의 연기에 달려있는데**

어휘　**情有独钟** qíngyǒudúzhōng [성] (감정이) 푹 빠져 있다, 각별한 애정을 보이다　**探险** tànxiǎn [동] 탐험하다　**泛读** fàndú [동] 폭넓게 읽다
　　　自然而然 zìrán'érrán [부] 자연스럽게　**眼界** yǎnjiè [명] 시야　★**体裁** tǐcái [명] 장르, 체재　★**题材** tícái [명] (문학에서의) 소재
　　　★**新颖** xīnyǐng [형] 참신하다　**科幻小说** kēhuàn xiǎoshuō [명] SF 소설[공상 과학 소설]　**背景** bèijǐng [명] (영화, 드라마 등의) 배경
　　　★**超越** chāoyuè [동] 뛰어넘다, 초월하다　**现实** xiànshí [명] 현실　★**激发** jīfā [동] (감정 등을) 불러일으키다　**想象力** xiǎngxiànglì [명] 상상력
　　　翱翔 áoxiáng [동] 훨훨 날다　**票房价值** piàofáng jiàzhí [명] 흥행 성적, 흥행 수입　**取决于** qǔjué yú ~에 달려 있다　**演技** yǎnjì [명] 연기

실전연습문제 p.129

| 1 C | 2 A | 3 B | 4 E | 5 D |

1 - 5

　　北宋时期有一位著名的画家，名叫文同，他是当时画竹子的高手，《墨竹图》便是他的传世之作。<u>(1) C 他画的竹子虽没有缤纷的色彩</u>，[1]但其淡雅的墨色更加突出了竹子的清逸潇洒。

　　为了画出栩栩如生的竹子，[2]不论是烈日炎炎，还是刮风下雨，<u>(2) A 他都会亲自去竹林边看竹子边作画</u>。有一天，天气非常恶劣，狂风呼啸，还伴随着电闪雷鸣。人们纷纷往家里跑，<u>(3) B 只有他不在意地拿起一顶草帽</u>，并[3]把这个帽子往头上一扣，毅然奔向山上的竹林。他一心想要看看风雨中的竹子是什么模样，完全顾不上湿透的衣服、满脸的雨水和湿滑的地面，上气不接下气地跑进竹林，聚精会神地观察竹子。他把竹子在风雨中摇摆、经受吹打的姿态牢牢地记在了心中。

　　文同长年累月对竹子进行了细致入微的观察和研究。竹子在春夏秋冬有什么形状上的变化，在阴晴雨雪天气下有哪些颜色上的改变，在阳光照射下又有什么细节上的差异，他都了解得一清二楚。所以后来他画竹子的时候，[4]即使没有参照物，<u>(4) E 也可以把竹子画得惟妙惟肖</u>。

　　[5]苏轼十分欣赏文同的画作，经常与文同一同赏竹，探讨竹子的画法。[5]当苏轼夸赞文同的画时，文同总是谦虚地说："我只不过是把心中的竹子画出来罢了。"对此，苏轼写了一篇散文，文中写道："故画竹，必先得成竹于胸中"，<u>(5) D 以表示对文同的赞赏</u>。文同的绘画方式对后世影响颇深，之后文人们便把这段话转变为成语——"胸有成竹"，用以比喻办事以前已经有全面的设想和安排，对事情的成功有十分的把握。

　　북송 시기에 저명한 화가 한 명이 있었는데, 이름은 문동이다. 그는 당시 대나무 그리기의 고수였는데, <묵죽도>가 바로 후세에 전해진 그의 작품이다. <u>(1) C 그가 그린 대나무는 비록 화려한 색깔은 없</u>지만, [1]그러나 그 담아한 묵색은 대나무의 산뜻함과 멋스러움을 한층 두드러지게 했다.

　　생동감이 넘치는 대나무를 그려내기 위해서, [2]더위가 기승을 부리든 바람이 불고 비가 오든 상관없이, <u>(2) A 그는 직접 죽림에 가서 대나무를 보며 그림을 그렸다</u>. 어느 날, 날씨가 매우 나빴는데, 거센 바람은 휙휙 소리를 냈고, 천둥번개까지 동반했다. 사람들은 잇달아 집으로 뛰어갔고, <u>(3) B 오직 그만이 아무렇지 않게 밀짚모자 하나를 집어 들었는데</u>, [3]이 모자를 머리 위로 쓰더니, 의연하게 산 위의 죽림을 향해 질주했다. 그는 오직 비바람 속의 대나무는 어떤 모양인지 보고 싶은 마음 뿐이어서, 흠뻑 젖은 옷, 온 얼굴의 빗물과 미끄러운 땅은 전혀 신경 쓰지도 않고 숨이 차도록 죽림으로 뛰어가, 정신을 집중해 대나무를 관찰했다. 그는 대나무가 비바람 속에서 흔들리고, 폭풍우가 휘몰아치는 것을 견디는 자태를 마음속에 단단히 기억했다.

　　문동은 오랜 세월 대나무에 대해 매우 정밀하고 자세한 관찰과 연구를 진행했다. 대나무가 봄, 여름, 가을, 겨울에는 어떠한 외관상의 변화가 있는지, 흐리고, 맑고, 비가 오고, 눈이 오는 날씨에는 어떠한 색상의 변화가 있는지, 햇살이 비칠 때에는 어떤 사소한 부분에서의 차이가 있는지, 그는 아주 분명하게 이해했다. 그래서 나중에 그가 대나무를 그릴 때, [4]설령 참고 대상이 없더라도, <u>(4) E 대나무를 진짜처럼 그릴 수 있었다</u>.

　　[5]소식은 문동의 회화 작품을 매우 마음에 들어 했는데, 항상 문동과 함께 대나무를 감상하며, 대나무의 화법을 탐구했다. [5]소식이 문동의 그림을 극찬할 때면, 문동은 언제나 겸손하게 말했다. "저는 오직 마음속의 대나무를 그려냈을 뿐입니다." 이에 대해, 소식은 산문 한 편을 썼는데, 글에서 '대나무를 그리려면, 반드시 대나무가 마음속에서 먼저 완성돼야 한다.'라는 말 <u>(5) D 로 문동에 대한 칭찬을 나타냈다</u>. 문동의 그림 그리는 방식은 후세에 상당히 영향을 미쳤는데, 이후 문인들은 이 이야기를 '흉유성죽'이라는 성어로 바꿔, 일을 처리하기 전에 이미 전반적으로 구상하고 준비를 해, 일의 성공에 대해 충분히 가능성이 있음을 비유할 때 사용했다.

A 他都会亲自去竹林边看竹子边作画	A 그는 직접 죽림에 가서 대나무를 보며 그림을 그렸다
B 只有他不在意地拿起一顶草帽	B 오직 그만이 아무렇지 않게 밀짚모자 하나를 집어 들었는데
C 他画的竹子虽没有缤纷的色彩	C 그가 그린 대나무는 비록 화려한 색깔은 없지만
D 以表示对文同的赞赏	D ~로 문동에 대한 칭찬을 나타냈다
E 也可以把竹子画得惟妙惟肖	E 대나무를 진짜처럼 그릴 수 있었다

어휘 北宋时期 Běi Sòng shíqī 圆 북송 시기[중국 역사상의 한 시기]　竹子 zhúzi 圆 대나무　高手 gāoshǒu 圆 고수　传世 chuánshì 冕 후세에 전해지다
缤纷 bīnfēn 圆 화려하다　色彩 sècǎi 圆 색깔　淡雅 dànyǎ 圆 담아하다　墨色 mòsè 圆 묵색　突出 tūchū 圆 두드러지게 하다
清逸 qīngyì 圆 (맑고) 산뜻하다　潇洒 xiāosǎ 圆 멋스럽다　栩栩如生 xǔxǔrúshēng 圆 생동감이 넘치다　烈日炎炎 lièrìyányán 더위가 기승을 부리다
亲自 qīnzì 圆 직접　竹林 zhúlín 圆 죽림　恶劣 èliè 圆 나쁘다, 열악하다　狂风 kuángfēng 圆 거센 바람　呼啸 hūxiào 圆 (바람이) 휙휙 소리를 내다
★伴随 bànsuí 冕 동반하다　电闪雷鸣 diànshǎn léimíng 천둥 번개가 치다　纷纷 fēnfēn 圆 잇달아　不在意 bú zàiyì 아무렇지 않다, 개의치 않다
顶 dǐng 圆 [뚜껑이 있는 물건을 세는 단위]　草帽 cǎomào 圆 밀짚모자　扣 kòu 冕 씌우다　毅然 yìrán 冕 의연하게　★模样 múyàng 圆 모양
顾不上 gù bu shang 신경 쓰지도 않다　湿透 shītòu 흠뻑 젖다　湿滑 shī huá 미끄럽다　上气不接下气 shàngqì bù jiē xiàqì 숨이 차다
聚精会神 jùjīnghuìshén 정신을 집중하다　观察 guānchá 冕 관찰하다　摇摆 yáobǎi 冕 흔들거리다　经受 jīngshòu 冕 견디다
吹打 chuīdǎ 圆 (폭풍우가) 휘몰아치다　★姿态 zītài 圆 자태　牢 láo 圆 단단하다　长年累月 chángniánlěiyuè 오랜 세월
细致入微 xìzhì rùwēi 정밀하고 자세하다　形状 xíngzhuàng 圆 (물체의) 외관　照射 zhàoshè 圆 비치다　细节 xìjié 圆 사소한 부분　差异 chāyì 圆 차이
一清二楚 yìqīngèrchǔ 아주 분명하다　参照物 cānzhàowù 圆 참고 대상　惟妙惟肖 wéimiàowéixiào 묘사를 잘해서 진짜와 꼭 같다
苏轼 Sū Shì 교유 소식(북송 시기의 유명한 문학가)　欣赏 xīnshǎng 冕 마음에 들다　一同 yìtóng 冕 함께　探讨 tàntǎo 冕 탐구하다
夸赞 kuāzàn 冕 극찬하다　谦虚 qiānxū 冕 겸손하다　罢了 bàle 조 단지 ~일 뿐이다　★散文 sǎnwén 圆 산문　胸 xiōng 圆 마음, 가슴
赞赏 zànshǎng 冕 칭찬하다　绘画 huìhuà 冕 그림을 그리다　★颇 pō 冕 상당히　转变 zhuǎnbiàn 冕 바꾸다　成语 chéngyǔ 圆 성어
胸有成竹 xiōngyǒuchéngzhú 흉유성죽, 대나무를 그리기 전에 마음속에 이미 대나무의 형상이 있다　★比喻 bǐyù 冕 비유하다
设想 shèxiǎng 冕 구상하다　把握 bǎwò 圆 성공의 가능성

해설 (1) 빈칸 뒤에 墨色(묵색)와 '반대/전환'을 나타내는 연결어 但(그러나)이 있고, '그러나 그 담아한 묵색은 대나무의 산뜻함과 멋스러움을 한층 두드러지게 했다'라는 문맥임을 확인해둔다. 선택지 C 他画的竹子虽没有缤纷的色彩(그가 그린 대나무는 비록 화려한 색깔은 없지만)가 墨色와 관련된 키워드 色彩(색깔)가 있는 동시에 但과 자주 짝을 이루어 사용되는 虽를 포함하고 있으므로 정답이다.

(2) 빈칸 앞에 '조건'을 나타내는 연결어 不论(~하든 상관없이)이 있고, '더위가 기승을 부리든 바람이 불고 비가 오든 상관없이'라는 문맥임을 확인해둔다. 선택지 A 他都会亲自去竹林边看竹子边作画(그는 직접 죽림에 가서 대나무를 보며 그림을 그렸다)가 不论과 자주 짝을 이루어 사용되는 都를 포함하고 문맥과도 자연스러우므로 정답이다.

(3) 빈칸 뒤 把这个帽子往头上一扣(이 모자를 머리 위로 쓰더니)에서 这个 뒤의 帽子를 키워드 단서로 확인해둔다. 帽子와 관련된 키워드 草帽가 있는 선택지 B 只有他不在意地拿起一顶草帽(오직 그만이 아무렇지 않게 밀짚모자 하나를 집어 들었는데)를 정답으로 고른다.

(4) 빈칸 앞에 '양보'를 나타내는 연결어 即使(설령 ~하더라도)이 있고, 빈칸 앞 내용이 '설령 참고 대상이 없더라도'라는 문맥임을 확인해둔다. 선택지 E 也可以把竹子画得惟妙惟肖(대나무를 진짜처럼 그릴 수 있었다)가 即使과 자주 짝을 이루어 사용되는 也를 포함하고 문맥과도 자연스러우므로 정답이다.

(5) 빈칸 앞에서 언급된 欣赏(마음에 들다)과 夸赞(극찬하다)을 키워드 단서로 확인해둔다. 欣赏, 夸赞과 관련된 키워드 赞赏(칭찬하다)이 있는 선택지 D 以表示对文同的赞赏(~로 문동에 대한 칭찬을 나타냈다)이 정답이다. D를 빈칸에 넣었을 때 '소식은 문동의 회화 작품을 매우 마음에 들어 했는데 …… 소식이 문동의 그림을 극찬할 때면 …… (글에서 '대나무를 그리려면, 반드시 대나무가 마음속에서 먼저 완성돼야 한다.'라는 말)로 문동에 대한 칭찬을 나타냈다'라는 자연스러운 문맥이 된다.

고득점비책 03 | 문맥을 단서로 고르기　p.130

전략 적용 해석
p.131

1.

(1) 매일 일찍 자고 일찍 일어나는 규칙적인 생활은 신체 면역력을 크게 높이게 한다.

　A 매일 일찍 자고 일찍 일어나는 규칙적인 생활은　　　B 에너지가 넘치게 다음날을 맞이하고 싶다면

　어휘　规律 guīlǜ 圆 규칙적인　免疫力 miǎnyìlì 圆 면역력　精神 jīngshén 圆 에너지　饱满 bǎomǎn 圆 (기운이) 넘치다, 가득차다

(2) 옛날 나무의 송진은 백만 년 심지어 천만 년 이상의 축적을 거쳐서, 아주 맑고 투명한 호박을 형성했다.

　　A 송진 속에는 가끔 꿀벌, 파리 등 작은 곤충이 감싸져 있는데　　　　B 옛날 나무의 송진은 백만 년 심지어 천만 년 이상의 축적을 거쳐서

어휘　远古 yuǎngǔ 명 아주 옛날　松脂 sōngzhī 명 송진　形成 xíngchéng 통 형성하다　晶莹剔透 jīngyíngtītòu 형 아주 맑고 투명하다
　　　琥珀 hǔpò 명 (보석의 한 종류인) 호박　包裹 bāoguǒ 통 감싸다　蜜蜂 mìfēng 명 꿀벌　苍蝇 cāngying 명 파리　昆虫 kūnchóng 명 곤충

2.

(1) 장시간 마스크를 쓰는 것은, 피부가 알레르기 반응을 보이고 여드름이 나는 증상을 쉽게 일으킨다.

　　A 격렬한 운동을 할 때 증상이 더욱 뚜렷해진다　　　　B 피부가 알레르기 반응을 보이고 여드름이 나는 증상을 쉽게 일으킨다

어휘　口罩 kǒuzhào 명 마스크　过敏 guòmǐn 통 알레르기 반응을 보이다　长痘 zhǎng dòu 여드름이 나다　★症状 zhèngzhuàng 명 증상
　　　★剧烈 jùliè 형 격렬하다　明显 míngxiǎn 형 뚜렷하다　　　6급 빈출어휘

(2) 나는 오늘 아침 일찍 일어나서, 우리집 유리를 깨끗하게 닦았다.

　　A 우리집 유리를 깨끗하게 닦았다　　　　B 마치 새것 같아 보였다

어휘　一大早 yí dà zǎo 아침 일찍　玻璃 bōli 명 유리

3.

(1) 수소는 세상에서 가장 깨끗한 에너지원인데, 그것은 연소된 후에 물을 생성하여, 환경을 오염시키지 않는다.

　　A 그것은 연소된 후에 물을 생성하여　　　　B 목표는 석유 경제 체제를 대체하는 것이어서

어휘　氢 qīng 명 수소　能源 néngyuán 명 에너지원　燃烧 ránshāo 통 연소하다　生成 shēngchéng 통 생성하다　目标 mùbiāo 명 목표
　　　取代 qǔdài 통 대체하다　石油 shíyóu 명 석유　★体系 tǐxì 명 체제, 체계

(2) 창업 초기에, 상응하는 목표 고객을 끌어들이기 위해서는, 먼저 포지션을 정확하게 찾아야 한다.

　　A 과도하게 온라인 마케팅에 의존하고　　　　B 상응하는 목표 고객을 끌어들이기 위해서는

어휘　★创业 chuàngyè 통 창업하다　相应 xiāngyìng 통 상응하다　目标 mùbiāo 명 목표　客户 kèhù 명 고객　定位 dìngwèi 명 포지션
　　　★过度 guòdù 형 과도하다　★依赖 yīlài 통 의존하다　网络营销 wǎngluò yíngxiāo 온라인 마케팅

실전연습문제　p.133

1 D	2 B	3 E	4 C	5 A

1-5

[1]唐代是中国古代历史上的鼎盛时期，(1) D 唐三彩便是这个时期出现的一种工艺品。[1]唐三彩全名唐代三彩釉陶器，原本泛指从唐朝墓地挖掘出的陶器，后来被学者们视为一种陶瓷分类上的术语。唐三彩中较为常见的是白、黄、绿三色，然而实际上唐三彩的颜色不止这三种，"唐三彩"只是一种通俗的习惯性叫法而已。

　　唐三彩至今已有1300多年的历史，它汲取了中国国画、雕塑等工艺美术的特点。[2]唐三彩大多数是用手来塑造的，(2) B 因此线条显得粗犷而有力。[3]它的造型丰富多彩，大体可分为人物、动物、生活用具等几大类，其中以动物居多，(3) E 这可能与当时的时代背景有关。当时马在战场上被用作战马，在日常生活中被用作交通工具，同时又是农业生产上的重要生产力，因此已出土的唐三彩中马的造型比较多。再则是骆驼，这是由于骆驼与当时的中外贸易有很大的关联。

[1]당대는 중국 고대 역사상 흥성하는 시기였는데, (1) D 당삼채는 바로 이 시기에 만들어진 공예품이다. [1]당삼채의 정식 명칭은 당대삼채유도기이고, 원래 일반적으로는 당대 묘지에서 발굴해낸 도기를 가리켰는데, 나중에 학자들에 의해 도자기 분류상의 전문 용어로 간주됐다. 당삼채에서 비교적 흔히 보이는 것은 백색, 황색, 녹색 세 가지 색이지만, 실제로 당삼채의 색깔은 이 세 종류에 그치지 않고, '당삼채'는 그저 통속적인 습관성 호칭일 뿐이다.

당삼채는 지금까지 1300여 년의 역사를 가지고 있으며, 당삼채는 중국화, 조소 등 공예 미술의 특징을 흡수했다. [2]당삼채의 대다수는 손으로 빚어서 만들었고, (2) B 이 때문에 선이 거칠고 힘이 있어 보인다. [3]당삼채의 형상은 풍부하고 다채로우며, 대체로 인물, 동물, 생활 용품 등 몇 가지 종류로 나눌 수 있다. 그중 동물이 대다수를 차지하는데, (3) E 이것은 아마도 당시의 시대적 배경과 관련이 있을 것이다. 그 당시 말은 전쟁터에서 군마로 쓰였고, 일상생활에서는 교통 수단으로 쓰이는 동시에 또 농업 생산상의 중요한 생산력이었다. 이 때문에 이미 출토된 당삼채 중에서는 말의 형상이 비교적 많다. 다음으로는 낙타인데, 이는 낙타가 당시의 중외 무역과 큰 관련이 있었기 때문이다.

唐三彩的诞生与当时的技术水平和文化习俗息息相关，首先，成熟的陶瓷技术是唐三彩诞生的基础；其次，唐代的厚葬制度也是唐三彩出现的原因之一；最后，唐代各个领域的艺术和文化也促进了唐三彩制作工艺的发展。

作为传统文化遗产和工艺品，[4]唐三彩不仅在中国的陶瓷史和美术史上占有一席之地，**(4) C 在中外文化交流方面**也起到了相当大的作用。在丝绸之路沿途的一些国家都曾挖掘出唐三彩的碎片，由此可以看出其传播范围之广泛。

如今在中国洛阳依旧保留着复制和还原唐三彩的工艺。[5]经过上百年的传承，**(5) A 工艺技巧已经达到了一定的高度**，[5]唐三彩也得到了继承与发展。

A 工艺技巧已经达到了一定的高度
B 因此线条显得粗犷而有力
C 在中外文化交流方面也起到了相当大的作用
D 唐三彩便是这个时期出现的一种工艺品
E 这可能与当时的时代背景有关

당삼채의 탄생은 당시의 기술 수준 및 문화 풍습과 매우 관련이 있다. 먼저, 숙련된 도자기 기술은 당삼채 탄생의 기반이었다. 그 다음, 당대의 호화로운 장례 제도 또한 당삼채가 만들어진 원인 중 하나였다. 마지막으로, 당대 각 분야의 예술과 문화도 당삼채 제작 공예의 발전을 촉진시켰다.

전통 문화 유산 및 공예품으로서, [4]당삼채는 중국 자기사와 미술사에서 일정한 지위를 차지하고 있을 뿐만 아니라, **(4) C 중외 문화 교류 방면에서도 상당히 큰 역할을 했다**. 실크로드 주변의 몇몇 국가에서도 일찍이 당삼채의 조각이 발굴됐는데, 이로부터 그 보급 범위가 광범위했다는 것을 알 수 있다.

오늘날 중국 뤄양에는 여전히 당삼채를 복제하고 복원하는 수공예가 보존되어 있다. [5]백 년 이상의 전수와 계승을 거쳐, **(5) A 수공예 기법은 이미 일정한 수준에 도달했고**, [5]당삼채도 계승과 발전이 됐다.

A 수공예 기법은 이미 일정한 수준에 도달했고
B 이 때문에 선이 거칠고 힘이 있어 보인다
C 중외 문화 교류 방면에서도 상당히 큰 역할을 했다
D 당삼채는 바로 이 시기에 만들어진 공예품이다
E 이것은 아마도 당시의 시대적 배경과 관련이 있을 것이다

어휘 唐代 Tángdài 圈당대, 당나라 시대[중국 역사상의 한 시대] 鼎盛 dǐngshèng 흥성하다
唐三彩 tángsāncǎi 圈당삼채[세 가지 빛깔의 잿물로 만든 당나라 도자기의 하나] ★工艺品 gōngyìpǐn 圈공예품 全名 quánmíng 圈정식 명칭
釉 yòu 圈유약[도자기의 몸에 덧씌우는 약] 陶器 táoqì 圈도기 泛指 fànzhǐ 圈일반적으로 ~을 가리키다 墓地 mùdì 圈묘지 ★挖掘 wājué 圈발굴하다
视为 shìwéi ~로 간주하다 ★陶瓷 táocí 圈도자기 分类 fēnlèi 圈분류하다 术语 shùyǔ 圈전문 용어 较为 jiàowéi 圈비교적
★不止 bùzhǐ 圈~에 그치지 않다 通俗 tōngsú 圈통속적이다 叫法 jiàofǎ 圈호칭 而已 éryǐ 圈다만 ~뿐이다 至今 zhìjīn 圈지금까지
汲取 jíqǔ 圈흡수하다 ★雕塑 diāosù 圈조소 美术 měishù 圈미술 显得 xiǎnde 圈~처럼 보이다 粗犷 cūguǎng 圈거칠다
★造型 zàoxíng 圈형상 丰富多彩 fēngfùduōcǎi 圈풍부하고 다채롭다 大体 dàtǐ 圈대체로 居多 jūduō 圈대다수를 차지하다 背景 bèijǐng 圈배경
战场 zhànchǎng 圈전쟁터 战马 zhànmǎ 圈군마 交通工具 jiāotōng gōngjù 圈교통 수단 农业 nóngyè 圈농업 生产 shēngchǎn 圈생산하다
出土 chūtǔ 圈출토하다 骆驼 luòtuo 圈낙타 贸易 màoyì 圈무역 关联 guānlián 圈관련있다 ★诞生 dànshēng 圈탄생하다 ★习俗 xísú 圈풍습
息息相关 xīxīxiāngguān 매우 관련이 있다 成熟 chéngshú 圈숙련되다 厚葬 hòuzàng 圈호화롭게 장례를 치르다 制度 zhìdù 圈제도
领域 lǐngyù 圈분야 促进 cùjìn 圈촉진하다 制作 zhìzuò 圈제작하다 工艺 gōngyì 圈공예, 수공예 作为 zuòwéi 圈~로서
传统 chuántǒng 圈전통이다 ★遗产 yíchǎn 圈유산 占 zhàn 圈차지하다 相当 xiāngdāng 圈상당히 丝绸之路 sīchóu zhī lù 圈실크로드
沿途 yántú 圈(도로) 주변 碎片 suìpiàn 圈조각 由此 yóucǐ 이로부터 传播 chuánbō 圈보급하다 范围 fànwéi 圈범위
广泛 guǎngfàn 圈광범위하다 如今 rújīn 圈오늘날 洛阳 Luòyáng 교유뤄양[중국의 도시] ★依旧 yījiù 圈여전히 保留 bǎoliú 圈보존하다
复制 fùzhì 圈복제하다 ★还原 huányuán 圈복원하다 传承 chuánchéng 圈전수하고 계승하다 ★技巧 jìqiǎo 圈기법 达到 dádào 圈도달하다
高度 gāodù 圈수준, 고도 ★继承 jìchéng 圈계승하다

해설 (1) 빈칸 바로 앞에서 언급된 **时期**(시기)와 빈칸 바로 뒤에서 언급된 **唐三彩**(당삼채)를 키워드 단서로 확인해둔다. **时期, 唐三彩**를 그대로 사용한 선택지 D **唐三彩便是这个时期出现的一种工艺品**(당삼채는 바로 이 시기에 만들어진 공예품이다)이 정답이다. D를 빈칸에 넣었을 때 '당대는 중국 고대 역사상 흥성하는 시기였는데, 당삼채는 바로 이 시기에 만들어진 공예품이다. 당삼채의 정식 명칭은 당대삼채유도기이고'라는 자연스러운 문맥이 된다.

(2) 빈칸 앞이 '당삼채의 대다수는 손으로 빚어서 만들었고'라는 문맥임을 파악한다. 선택지 B **因此线条显得粗犷而有力**(이 때문에 선이 거칠고 힘이 있어 보인다)가 빈칸 앞 내용의 결과를 나타내므로 정답이다.

(3) 빈칸 앞이 '당삼채의 형상은 풍부하고 다채로우며, 대체로 인물, 동물, 생활 용품 등 몇 가지 종류로 나눌 수 있다. 그중 동물이 대다수를 차지하는데'라는 문맥임을 파악한다. 선택지 E **这可能与当时的时代背景有关**(이것은 아마도 당시의 시대적 배경과 관련이 있을 것이다)이 빈칸 앞 내용의 근거를 나타내므로 정답이다.

(4) 빈칸 앞에 '점층'을 나타내는 연결어 **不仅**(~뿐만 아니라)이 있고, 빈칸 앞 내용이 '당삼채는 중국 자기사와 미술사에서 일정한 지위를 차지하고 있을 뿐만 아니라'라는 문맥임을 확인해둔다. 선택지 C **在中外文化交流方面也起到了相当大的作用**(중외 문화 교류 방면에서도 상당히 큰 역할을 했다)이 **不仅**과 자주 짝을 이루어 사용되는 **也**를 포함하고 문맥과도 자연스러우므로 정답이다.

(5) 빈칸 주변이 '백 년 이상의 전수와 계승을 거쳐, _____, 당삼채도 계승과 발전이 됐다'라는 문맥임을 파악한다. 선택지 A **工艺技巧已经达到了一定的高度**(수공예 기법은 이미 일정한 수준에 도달했고)가 빈칸 앞뒤 내용을 연결하므로 정답이다.

| 1 C | 2 A | 3 E | 4 D | 5 B | 6 E | 7 B | 8 A | 9 D | 10 C |

1-5

　　眼保健操是以古代医学中的推拿、经络理论为基础，结合体育医疗创造的眼部穴位按摩法。教委会明确规定，小学生每上两节课就要做眼保健操。几十年来，这已成为每所学校雷打不动的眼保健项目。作为校园文化的传统，眼保健操早已融入了几代人的生活。

　　然而，近日眼保健操"无用论"成为了公众关注的焦点。有些网友认为，[1]做眼保健操无法改善视力，而且许多学生用不干净的手接触眼睛，<u>(1) C 反而会导致眼部感染</u>。难道做了几十年的眼保健操都是白费工夫？

　　[2]眼保健操到底有没有用，<u>(2) A 就得从它的起源讲起</u>。1959年1月7日出版的《中华眼科杂志》发表了《按摩治疗近视眼的初步经验》一文。据参与撰写文稿的老专家回忆，当时中华医学会上海分会对近视进行了调研，并在上海市推行了眼保健操。推行结果表明，[3]眼保健操虽然不能治疗成年人已经定型的高度近视，<u>(3) E 但确实能够让学生的眼睛得到休息</u>，缓解眼睛的疲劳。

　　具体来说，眼保健操有以下三个优点：第一，做眼保健操可以让工作了一天的眼睛得到片刻的放松；第二，[4]按摩眼部周围能够刺激视神经，<u>(4) D 通过按摩能促进眼部血液循环</u>，还能调节眼部紧张的状态；第三，眼保健操通常都会搭配柔和的音乐，这在一定程度上也可以缓解精神压力。

　　近年来，关于眼保健操对青少年轻度近视的干预效果，有研究者进行过研究。结果表明，眼保健操干预轻度近视的有效率高达85.4%。所以网上的此类谣言不可信，<u>(5) B 为了保护学生的视力</u>，[5]学校应保持让学生做眼保健操的传统。

A 就得从它的起源讲起
B 为了保护学生的视力
C 反而会导致眼部感染
D 通过按摩能促进眼部血液循环
E 但确实能够让学生的眼睛得到休息

눈 보건 체조는 고대 의학 중 지압, 경락 이론을 기초로 하여, 스포츠 의료를 결합해 만든 눈 혈자리 마사지법이다. 교육위원회는 초등학생들이 매 두 교시마다 눈 보건 체조를 해야 한다고 명확하게 규정했다. 몇십 년 이래로, 이는 이미 각 학교의 변하지 않는 눈 보건 항목이 되었다. 학내 문화의 전통으로서, 눈 보건 체조는 일찍이 몇 세대 사람들의 생활 속에 스며들었다.

그러나, 최근 눈 보건 체조 '무용론'이 대중들이 관심을 갖는 쟁점이 되었다. 몇몇 네티즌은 [1]눈 보건 체조를 하는 것은 시력을 개선할 수 없고, 또한 많은 학생들이 깨끗하지 않은 손으로 눈을 만지는 것은 (1) C 오히려 눈 감염을 초래할 것이라고 생각한다. 설마 몇십 년 간 했던 눈 보건 체조가 모두 헛수고였다는 것일까?

[2]눈 보건 체조가 과연 쓸모가 있는지 없는지는 (2) A 그것의 기원에서부터 말해야 한다. 1959년 1월 7일에 출간된 <중화 안과 잡지>에서 <근시안 안마 치료의 초보적 경험>이라는 글 한 편이 발표됐다. 원고를 쓰는데 참여한 경험 많은 전문가의 기억에 따르면, 당시 중국 의학 협회 상하이 지부에서 근시에 대해 조사 연구를 진행했고, 아울러 상하이 시에 눈 보건 체조를 보급했다. 보급 결과, [3]눈 보건 체조는 비록 성인들의 이미 정형화된 고도 근시를 치료할 수는 없었지만, (3) E 그러나 확실히 학생들의 눈이 휴식을 취하게 할 수 있고, 눈의 피로를 완화시킬 수 있다는 것이 드러났다.

구체적으로 말하자면, 눈 보건 체조는 아래 3가지 장점을 가지고 있다. 첫째, 눈 보건 체조를 하면 하루 종일 일했던 눈을 잠시 쉬게 할 수 있다. 둘째, [4]눈 주위를 마사지하는 것은 시신경을 자극시킬 수 있는데, (4) D 마사지를 통해 눈의 혈액 순환을 촉진할 수 있고, 또 눈의 긴장 상태를 조절할 수 있다. 셋째, 눈 보건 체조는 보통 부드러운 음악과 함께 하는데, 이는 정신적 스트레스를 어느 정도 완화시킬 수도 있다.

최근 몇 년 간, 청소년의 경도 근시에 대한 눈 보건 체조의 관여 효과에 관해 어떤 연구자들이 연구를 진행했다. 그 결과, 눈 보건 체조가 경도 근시에 관여하는 유효율이 85.4%에 달한다는 것이 드러났다. 그래서 온라인상의 이러한 유언비어는 믿을 수 없으며, (5) B 학생들의 시력을 보호하기 위해, [5]학교는 반드시 학생들이 눈 보건 체조를 하게 하는 전통을 유지해야 한다.

A 그것의 기원에서부터 말해야 한다
B 학생들의 시력을 보호하기 위해
C 오히려 눈 감염을 초래할 것이다
D 마사지를 통해 눈의 혈액 순환을 촉진할 수 있고
E 그러나 확실히 학생들의 눈이 휴식을 취하게 할 수 있고

어휘　眼保健操 yǎnbǎo jiàncāo (근시를 예방하기 위한) 눈 보건 체조　推拿 tuīná 图 지압하다　经络 jīngluò 图 경락　理论 lǐlùn 图 이론
　　　结合 jiéhé 图 결합하다　创造 chuàngzào 图 만들어내다　眼部 yǎnbù 图 눈 (부분)　穴位 xuéwèi 图 혈자리　按摩 ànmó 图 마사지하다
　　　教委会 jiàowěihuì 图 교육위원회[教育委员会(교육위원회)의 줄임말]　明确 míngquè 图 명확하다　所 suǒ 图 채[집이나 학교 등을 셀 때 쓰임]
　　　雷打不动 léidǎbúdòng 변하지 않다, 어떤 상황에서도 변경되지 않는다　项目 xiàngmù 图 항목　作为 zuòwéi 团 ~로서　传统 chuántǒng 图 전통
　　　融入 róngrù 图 스며들다　无用论 wúyònglùn 图 무용론[필요 없다고 주장하는 의견]　公众 gōngzhòng 图 대중　关注 guānzhù 图 관심을 가지다
　　　焦点 jiāodiǎn 图 쟁점　网友 wǎngyǒu 图 네티즌　改善 gǎishàn 图 개선하다　★视力 shìlì 图 시력　接触 jiēchù 图 만지다, 접촉하다　反而 fǎn'ér 图 오히려
　　　导致 dǎozhì 图 초래하다　★感染 gǎnrǎn 图 감염되다　白费工夫 báifèi gōngfu 헛수고하다　★起源 qǐyuán 图 기원　出版 chūbǎn 图 출간하다
　　　眼科 yǎnkē 图 안과　发表 fābiǎo 图 발표하다　治疗 zhìliáo 图 치료하다　近视眼 jìnshìyǎn 图 근시안　初步 chūbù 图 초보적인　参与 cānyù 图 참여하다

撰写 zhuànxiě 圖 (문장을) 쓰다　文稿 wéngǎo 圖 원고　专家 zhuānjiā 圖 전문가　分会 fēnhuì 圖 (위원회·협회 등의) 지부　调研 diàoyán 圖 조사 연구하다
推行 tuīxíng 圖 보급하다　表明 biǎomíng 圖 (분명하게) 드러내다　定型 dìngxíng 圖 (사물의 특징이) 정형화되다　高度 gāodù 圖 고도의
缓解 huǎnjiě 圖 완화하다　疲劳 píláo 圖 피로하다　★片刻 piànkè 圖 잠시　刺激 cìjī 圖 자극시키다　视神经 shìshénjīng 圖 시신경
促进 cùjìn 圖 촉진하다　血液 xuèyè 圖 혈액　★循环 xúnhuán 圖 순환하다　★调节 tiáojié 圖 조절하다　状态 zhuàngtài 圖 상태
通常 tōngcháng 圖 보통　搭配 dāpèi 圖 함께하다, 조합하다　柔和 róuhé 圖 부드럽다　程度 chéngdù 圖 정도　精神 jīngshén 圖 정신
青少年 qīngshàonián 圖 청소년　轻度 qīngdù 圖 경도의　干预 gānyù 圖 관여하다　效果 xiàoguǒ 圖 효과
有效率 yǒuxiàolǜ 圖 유효율[효력이나 효과가 있는 비율이나 정도]

해설 (1) 빈칸 앞이 '눈 보건 체조를 하는 것은 시력을 개선할 수 없고, 또한 많은 학생들이 깨끗하지 않은 손으로 눈을 만지는 것은'이라는 문맥임을 파악한다. 선택지 C 反而会导致眼部感染(오히려 눈 감염을 초래할 것이다)이 빈칸 앞 내용의 결과를 나타내므로 정답이다.

(2) 빈칸 앞이 '눈 보건 체조가 과연 쓸모가 있는지 없는지'라는 문맥임을 파악한다. 선택지 A 就得从它的起源讲起(그것의 기원에서부터 말해야 한다)가 빈칸 앞 내용을 구체적으로 설명하므로 정답이다.

(3) 빈칸 앞에 '반대/전환'을 나타내는 연결어 虽然(비록~이지만)이 있고, 빈칸 앞 내용이 '눈 보건 체조는 비록 성인들의 이미 정형화된 고도 근시를 치료할 수는 없지만'이라는 문맥임을 확인해둔다. 선택지 E 但确实能够让学生的眼睛得到休息(그러나 확실히 학생들의 눈이 휴식을 취하게 할 수 있고)가 虽然과 자주 짝을 이루어 사용되는 但을 포함하고 문맥과도 자연스러우므로 정답이다.

(4) 빈칸 바로 앞에서 언급된 按摩(마사지하다)와 眼部(눈)를 키워드 단서로 확인해둔다. 按摩, 眼部를 그대로 사용한 선택지 D 通过按摩能促进眼部血液循环(마사지를 통해 눈의 혈액 순환을 촉진할 수 있고)이 정답이다. D를 빈칸에 넣었을 때 '눈 주위를 마사지하는 것은 시신경을 자극시킬 수 있는데, 마사지를 통해 눈의 혈액 순환을 촉진할 수 있고'라는 자연스러운 문맥이 된다.

(5) 빈칸 뒤가 '학교는 반드시 학생들이 눈 보건 체조를 하게 하는 전통을 유지해야 한다'라는 문맥임을 파악한다. 선택지 B 为了保护学生的视力(학생들의 시력을 보호하기 위해)가 빈칸 뒤 내용의 목적을 나타내므로 정답이다.

6 - 10

辣椒是我们日常生活中不可或缺的蔬菜和调味品，它营养丰富，口感极佳。辣椒因其杀菌、防腐、温胃、驱寒等功能，为人类防病、治病起到了积极作用。因此在食物中加入一点辣椒，对身体健康大有益处。

嗜辣的人不少，但很少有人知道辣椒的辣度与它含有的辣椒素有关。(6) E 为了测量辣椒素的含量，[6]著名化学家史高维尔，在1912年设计了一套名为"史高维尔感官测试"的实验方法。该方法为：从被测物中提炼出一单位的辣椒素，将其溶解到糖水里，(7) B 然后交给一些人品尝，[7]之后逐渐增加品尝者杯中的糖水量，直到他们无法尝出辣味为止。此时，投入的糖水量的总和为被测物的"史高维尔辣度单位"。

这种方法流传已久，经常被用来测试世界各地生产的辣椒的辣度。被誉为"死神辣椒"的"卡罗来纳死神"是在南卡罗莱纳州培育出的一种超级辣椒，它经过多次实验，[8]以最高达220万史高维尔的辣度，在众多辣椒中拔得头筹，(8) A 被授予了"世界最辣辣椒"的称号。

然而，最近"死神辣椒"要"退位让贤"了。因为媒体报道了一种叫做"辣椒X"的新品种，它取代"死神辣椒"，成为了世界上最辣的辣椒。(9) D "死神辣椒"曾经获得过"吉尼斯世界纪录"，[9]但经过多年培育的"辣椒X"打破了这一纪录，其辣度竟达到了318万史高维尔。[10]这种辣椒不但会给人的味觉带来极致的体验，(10) C 还会让人全身上下弥漫着火辣辣的感觉。

고추는 우리의 일상생활에서 없어서는 안 될 채소이자 향신료로, 영양이 풍부하고, 식감이 아주 좋다. 고추는 세균을 죽이고, 부패를 방지하며, 위를 따뜻하게 하고, 추위를 쫓는 등의 효능으로 인해, 인류가 병을 예방하고 병을 치료하는 데 긍정적인 효과가 있다. 따라서 음식에 약간의 고추를 첨가하면, 신체 건강에 있어 크게 이점이 있다.

매운 것을 즐기는 사람들은 적지 않지만, 고추의 매운 정도가 고추가 함유한 캡사이신과 관계가 있다는 것을 아는 사람은 드물다. (6) E 캡사이신의 함량을 측정하기 위해, [6]저명한 화학자 스코빌은 1912년에 '스코빌 감각 기관 테스트'라는 이름의 실험 방법을 설계했다. 이 방법은 피측정물에서 한 단위의 캡사이신을 추출해내어 그것을 설탕물에 녹인 후, (7) B 그리고 나서 몇 명의 사람들에게 시식하게 하고, [7]후에 그들이 매운 맛을 느낄 수 없을 때까지 [7]시식자 컵 속의 설탕물 양을 점점 증가시키는 것이다. 이때, 투입한 설탕물 양의 총량이 피측정물의 '스코빌 매움 지수 단위'이다.

이런 방법은 이미 오래 전부터 전해져, 세계 각지에서 생산된 고추의 매움 지수를 측정하는 데에 자주 사용되어 왔다. '사신 고추'라고 일컬어지는 '캐롤라이나 리퍼'는 사우스캐롤라이나 주에서 재배해낸 슈퍼 고추인데, 이는 수 차례의 실험을 거쳐 [8]최고 220만 스코빌에 달하는 매움 지수로 인해 수많은 고추 가운데 1등으로 뽑혔고, (8) A '세계에서 가장 매운 고추'라는 칭호를 얻었다.

하지만, 최근 '사신 고추'는 '자리에서 물러나 다른 이에게 양보'해야 될 것이다. 매스컴에서 '페퍼 X'라고 불리는 새로운 품종을 보도했는데, 그것이 '사신 고추'를 대체하여 세계에서 가장 매운 고추가 되었기 때문이다. (9) D '사신 고추'는 이전에 '기네스 세계 기록'을 얻었었는데, [9]그러나 다년간의 재배를 거친 '페퍼 X'는 이 기록을 깨뜨렸고, 그 매움 지수는 놀랍게도 318만 스코빌에 달했다. [10]이 고추는 사람의 미각에 극한의 경험을 가져다줄 뿐만 아니라, (10) C 사람으로 하여금 온몸이 화끈거리는 느낌으로 가득차게 만들 수 있다.

A 被授予了"世界最辣辣椒"的称号
B 然后交给一些人品尝
C 还会让人全身上下弥漫着火辣辣的感觉
D "死神辣椒"曾经获得过"吉尼斯世界纪录"
E 为了测量辣椒素的含量

A '세계에서 가장 매운 고추'라는 칭호를 얻었다
B 그리고 나서 몇 명의 사람들에게 시식하게 하고
C 사람으로 하여금 온몸이 화끈거리는 느낌으로 가득차게 만들 수 있다
D '사신 고추'는 이전에 '기네스 세계 기록'을 얻었었는데
E 캡사이신의 함량을 측정하기 위해

어휘 **辣椒** làjiāo 圐 고추 **不可或缺** bùkěhuòquē 圐 없어서는 안 된다 **蔬菜** shūcài 圐 채소 **调味品** tiáowèipǐn 圐 향신료, 조미료 **营养** yíngyǎng 圐 영양
口感 kǒugǎn 圐 식감 **佳** jiā 圐 좋다 **杀菌** shājūn 圐 세균을 죽이다 **防腐** fángfǔ 圐 부패를 방지하다 **驱寒** qū hán 추위를 쫓다
功能 gōngnéng 圐 효능, 기능 **食物** shíwù 圐 음식 **加入** jiārù 圐 첨가하다 **益处** yìchù 圐 이점, 장점 **嗜** shì 圐 즐기다 **含有** hán yǒu 함유하다
辣椒素 làjiāosù 圐 캡사이신 **有关** yǒuguān 圐 관계가 있다 **★测量** cèliáng 圐 측정하다 **含量** hánliàng 圐 함량 **化学家** huàxuéjiā 圐 화학자
史高维尔 Shǐgāowéiěr 고유 스코빌[미국의 화학자] **设计** shèjì 圐 설계하다 **套** tào 圐 채, 세트 **感官** gǎnguān 圐 감각 기관 **测试** cèshì 圐 테스트하다
实验 shíyàn 圐 실험 **被测物** bèicèwù 圐 피측정물[측정을 받는 대상] **提炼** tíliàn 圐 추출하다 **单位** dānwèi 圐 단위 **溶解** róngjiě 圐 녹이다
★品尝 pǐncháng 圐 시식하다, 맛보다 **逐渐** zhújiàn 圐 점점 **投入** tóurù 圐 투입하다 **总和** zǒnghé 圐 총량 **流传** liúchuán 圐 전해지다
生产 shēngchǎn 圐 생산하다 **誉为** yùwéi 圐 (~라고) 일컫다 **死神** sǐshén 圐 사신
卡罗来纳死神 Kǎluóláinà sǐshén 고유 캐롤라이나 리퍼[미국 퍼커버트 페퍼 컴퍼니가 개발한 고추의 한 종류]
南卡罗莱纳州 Nánkǎluóláinà zhōu 고유 사우스캐롤라이나 주[미국 남부에 위치한 주] **★培育** péiyù 圐 재배하다 **超级** chāojí 圐 슈퍼(super), 최고의
拔 bá 圐 뽑다 **头筹** tóuchóu 圐 1등 **授予** shòuyǔ 圐 주다 **★称号** chēnghào 圐 (주로 영광스런) 칭호 **退位** tuìwèi 圐 자리에서 물러나다
让贤 ràngxián 圐 다른 사람에게 (지위를) 양보하다 **媒体** méitǐ 圐 매스컴 **报道** bàodào 圐 보도하다 **★品种** pǐnzhǒng 圐 품종 **取代** qǔdài 圐 대체하다
吉尼斯世界纪录 Jínísī Shìjiè Jìlù 고유 기네스 세계 기록 **打破** dǎpò 圐 깨뜨리다 **纪录** jìlù 圐 최고 기록 **达到** dádào 圐 달하다 **味觉** wèijué 圐 미각
极致 jízhì 圐 극한 **体验** tǐyàn 圐 경험하다 **弥漫** mímàn 圐 (연기·먼지·냄새 등이) 가득차다 **火辣辣** huǒlàlà 圐 화끈거리다

해설 (6) 빈칸 뒤가 '저명한 화학자 스코빌은 1912년에 '스코빌 감각 기관 테스트'라는 이름의 실험 방법을 설계했다'라는 문맥임을 파악한다. 선택지 E 为
了测量辣椒素的含量(캡사이신의 함량을 측정하기 위해)이 빈칸 뒤 내용의 목적을 나타내므로 정답이다.

(7) 빈칸 뒤가 '후에 …… 시식자 컵 속의 설탕물 양을 점점 증가시키는 것이다'라는 문맥임을 파악하고, 品尝者(시식자)를 키워드 단서로 확인해둔
다. 빈칸 뒤 내용의 이전 상황을 나타내면서, 品尝者와 관련된 키워드 品尝(시식하다)이 있는 선택지 B 然后交给一些人品尝(그리고 나서 몇 명의
사람들에게 시식하게 하고)이 정답이다.

(8) 빈칸 앞이 '최고 220만 스코빌에 달하는 매움 지수로 인해 수많은 고추 가운데 1등으로 뽑혔고'라는 문맥임을 파악한다. 선택지 A 被授予了"世
界最辣辣椒"的称号(세계에서 가장 매운 고추'라는 칭호를 얻었다)가 빈칸 앞 내용의 이후 상황을 나타내므로 정답이다.

(9) 빈칸 뒤에서 언급된 纪录(기록)와 '반대/전환'을 나타내는 연결어 但(그러나)을 확인해둔다. 선택지 D "死神辣椒"曾经获得过"吉尼斯世界纪
录"('사신 고추'는 이전에 '기네스 세계 기록'을 얻었었는데)가 纪录를 그대로 사용하고 빈칸 뒤 내용과 반대/전환되므로 정답이다.

(10) 빈칸 앞에 '점층'을 나타내는 연결어 不但(~뿐만 아니라)이 있고, 빈칸 앞 내용이 '이 고추는 사람의 미각에 극한의 경험을 가져다줄 뿐만 아니라'
라는 문맥임을 확인해둔다. 선택지 C 还会让人全身上下弥漫着火辣辣的感觉(사람으로 하여금 온몸이 화끈거리는 느낌으로 가득차게 만들 수 있다)가
不但과 자주 짝을 이루어 사용되는 还를 포함하고 문맥과도 자연스러우므로 정답이다.

제4부분

시간을 단축하는 문제풀이 스텝 해석

p.137

중국 문화는 넓고 심오하다. 우물은 일종의 문화적 상징으로서 많은 함의를 가지고 있으며 역사, 철학, 문화 등 각 영역에서 모두 특정한 상징적 의미를 가지고 있다.

예로부터 '우물을 등지고 고향을 떠나다(背井离乡)', '고향(乡井)'이라는 말이 있는데, 이를 통해 우물의 가장 흔한 상징적 의미는 '고향'을 가리킨 다는 것을 알 수 있다. 옛사람들은 우물이 있는 곳에서는 생존할 수 있다고 생각해서 그들은 우물을 생명줄로 여겼다. 예전에는 하나의 마을이 보통 하나의 우물을 함께 사용했는데, 오랜 세월이 흐르면서, 우물은 고향의 상징이 됐다. 옛사람들은 오랫동안 살아온 고향을 쉽사리 떠나려고 하지 않 았으며, '우물을 등지고 고향을 떠나는 것'을 인생에서 크나큰 괴로움으로 봤고, 타향의 우물물은 항상 사람들로 하여금 떠나온 슬픔이 생기게 했다.

이 밖에도, 우물은 지하 깊이 들어가 있어서, 우물 바닥에서 바라볼 수 있는 외부 세계 역시 제한적이다. 이런 특수한 공간적 시야로부터 우물의 또 다른 상징적 함의를 파생해낼 수 있다. 가장 대표성을 가진 것이 바로 '우물에 앉아서 하늘을 보다(坐井观天)'인데, 여기서 우물은 고정적인 생활 범위가 사람의 의식을 속박하는 것을 의미하고, 이러한 구속은 사람이 현 상태를 변화시키고, 아름다운 미래의 발돋움을 시작하는 것을 방해한다.

동시에, 우물 바닥은 아무도 모르는 신비한 곳이어서, 우물은 문학가들이 상상을 불러일으키는 가장 좋은 도구가 됐다. 특히 중국의 지괴소설에 서, 우물은 항상 다른 세계로 통하는 상징이었고, 그로 인해 매우 많은 신선, 요괴, 은둔자와 기인들에 관한 괴담이 생겼다. 『수신기』, 『서유기』 등 이 그 예이다. 정사 중에서도 우물과 관련된 적지 않은 기이한 사건들이 기록되어 있는데, [81]이런 우물과 관련된 기이한 사건들은 미지의 세계에 대 한 사람들의 상상을 자아냈고, 우물은 이로 인해 신비로운 베일 한 층을 걸치게 됐다.

81. 우물은 왜 신비로운 베일 한 층을 걸치게 됐는가?

    A 우물이 신비의 지하로 통해서   B 신화와 소설의 영향을 받아서
    C 가끔씩 우물 바닥에서 눈부신 은색 빛이 반짝여서   **D 여러 기이한 사건들이 사람들의 상상력을 자극해서**

어휘   ★博大精深 bódàjīngshēn 혱 넓고 심오하다   ★井 jǐng 몡 우물   ★符号 fúhào 몡 상징, 기호   丰富 fēngfù 몡 많다

     ★内涵 nèihán 몡 함의, 내포적 의미   领域 lǐngyù 몡 영역   ★特定 tèdìng 혱 특정한   意义 yìyì 몡 의미

     背井离乡 bèijǐnglíxiāng 우물을 등지고 고향을 떠나다   乡井 xiāngjǐng 몡 고향   家乡 jiāxiāng 몡 고향   ★生存 shēngcún 몡 생존하다

     命根子 mìnggēnzi 생명줄   村庄 cūnzhuāng 몡 마을   通常 tōngcháng 몡 보통   久而久之 jiǔ'érjiǔzhī 오랜 세월이 흐르다

     象征 xiàngzhēng 몡 상징   安土重迁 āntǔzhòngqiān 오랫동안 살아온 고향을 쉽사리 떠나려 하지 않다   离愁别绪 líchóu biéxù 떠나온 슬픔

     此外 cǐwài 이 밖에도   局限性 júxiànxìng 제한적   特殊 tèshū 혱 특수하다   空间 kōngjiān 몡 공간   ★视野 shìyě 몡 시야

     引申 yǐnshēn 몡 파생하다   代表性 dàibiǎoxìng 몡 대표성   坐井观天 zuòjǐngguāntiān 몡 우물에 앉아서 하늘을 보다, 우물 안 개구리

     ★意味着 yìwèizhe 몡 의미하다   固定 gùdìng 혱 고정된   范围 fànwéi 몡 범위   思想 sīxiǎng 몡 의식, 사상   禁锢 jìngù 몡 속박하다

     ★束缚 shùfù 몡 구속하다   ★阻碍 zǔ'ài 몡 방해하다   ★现状 xiànzhuàng 몡 현 상태   开创 kāichuàng 몡 시작하다   ★未来 wèilái 몡 미래

     步伐 bùfá 몡 발돋움, 발걸음   无人知晓 wúrénzhīxiǎo 아무도 모른다   神秘 shénmì 혱 신비하다   想象 xiǎngxiàng 몡 상상하다

     志怪小说 zhìguài xiǎoshuō 지괴소설[중국 위(魏)·진(晋)·육조(六朝) 시대의 기괴한 일들을 적어 놓은 소설]   神仙 shénxiān 몡 신선

     鬼怪 guǐguài 몡 요괴   隐士 yǐnshì 몡 은둔자   异人 yìrén 몡 기인   怪谈 guàitán 몡 괴담   正史 zhèngshǐ 몡 정사[기전체로 기술된 중국 역대의 역사]

     记录 jìlù 몡 기록하다   怪异 guàiyì 혱 기이하다   ★事件 shìjiàn 몡 사건   触发 chùfā 몡 자아내다   披上 pīshang 걸치다

     面纱 miànshā 몡 베일, 면사포   神话 shénhuà 몡 신화   闪 shǎn 몡 반짝이다   耀眼 yàoyǎn 몡 눈부시다   银 yín 몡 은색, 은

     ★激发 jīfā 몡 (감정을) 자극하다

고득점비책 01 | 세부 내용 문제 공략하기 p.138

전략 적용 해석

p.139

1.

(1) 도시에서 사람들은 각종 스타일의 길거리 조각상을 자주 볼 수 있다. 길거리 조각상은 도로 양옆 혹은 교차로 등의 위치에 설치한 조각상을 가리키며, 주로 도로 위의 행인들이 감상하기 위한 것이다.

     길거리 조각상은 기념성, 테마성 그리고 장식성 조각상으로 나눌 수 있다. 기념성 조각상은 일반적으로 역사상의 인물이나 사건을 소재로 하 고, 거짓없이 당시의 역사적 인물과 사건을 재현하여, 나라의 역사와 민족 정신을 나타낸다. 예를 들어, 두장옌에 리빙 조각상을 설치한 것은 그 가 두장옌의 수리 공사 건설 속에서 이뤄낸 뛰어난 공헌을 기념하기 위해서이다.

     테마성 조각상은 주로 특정 소재지, 환경, 건축물의 테마에 대해 설명하는데, 이것이 주위의 환경과 정교하게 결합함으로써, 조각상의 테마를 돋보이게 한다.

장식성 조각상은 주로 거리 환경을 장식하기 위해 쓰이는데, 이 조각상이 담고 있는 내용은 비교적 광범위하며 조각상의 규모도 환경의 차이로 인해 차이가 날 수 있다.

길거리 조각상의 역할은 무엇인가?

A 교육   B 건의
C 감상   D 홍보

어휘 各式 gèshì 각종 스타일 街头 jiētóu 길거리 ★雕塑 diāosù 조각상 侧 cè 옆 交叉口 jiāochākǒu 교차로 位置 wèizhì 위치
★设置 shèzhì 설치하다 行人 xíngrén 행인 观赏 guānshǎng 감상하다 纪念 jìniàn 기념하다 主题 zhǔtí 테마
装饰 zhuāngshì 장식하다 ★事件 shìjiàn 사건 ★题材 tícái (문학이나 예술 작품의) 소재 真实 zhēnshí 거짓없다
再现 zàixiàn 재현하다 人物 rénwù 인물 ★展示 zhǎnshì 나타내다 精神 jīngshén 정신 都江堰 Dūjiāngyàn 두장옌
李冰 Lǐ Bīng 리빙[중국 전국시대 진나라의 수리학자] 水利 shuǐlì 수리[식용, 관개용, 공업용 등 물을 이용하는 일] 工程 gōngchéng 공사
★杰出 jiéchū 뛰어난 贡献 gòngxiàn 공헌하다 ★特定 tèdìng 특정한 建筑 jiànzhù 건축물 巧妙 qiǎomiào 정교하다
结合 jiéhé 결합하다 突出 tūchū 돋보이게 하다 涵盖 hángài 담고 있다 广泛 guǎngfàn 광범위하다 体量 tǐliàng (건축물의) 규모
倡议 chàngyì 건의하다 宣传 xuānchuán 홍보하다

(2) 콘서트 홀을 지을 때, '들리는 것'이 통상적으로 '보이는 것'보다 더 중요하다. 상하이 교향악단 콘서트 홀의 설계 하나하나는 음향학을 엄격히 고려했다. 근처 지하철 10호선의 진동의 방해를 극복하기 위해, 크고 작은 두 개의 콘서트 홀에 모두 방진기 기술을 사용했고, 바닥에 스프링 진동 차단 장치를 설치하는 것을 통해, 상하이 최초로 완전히 떠 있는 구조의 건축물을 성공적으로 건축했다. 상하이 교향악단 콘서트 홀은 번화한 지역에 있어, 외부의 소음을 차단하기 위해 크고 작은 콘서트 홀의 외벽은 모두 이중벽 설계를 적용했는데, 25센티미터 두께의 두 개의 벽과 두 벽 사이의 40센티미터의 빈 공간으로 구성된, 90센티미터 두께의 이중벽은 효과적으로 외부의 소리를 차단할 수 있다.

상하이 교향악단 콘서트 홀의 완공은 악단의 설립과 발전에 긍정적인 작용을 할 수 있고, 또 교향악의 보급과 대중화에 깊고 큰 영향을 미칠 것이다.

크고 작은 두 개의 콘서트 홀은 어떻게 소음을 차단하는가?

A 스프링 벽을 사용하여   **B 이중벽을 적용하여**
C 격리판을 설치하여   D 소음기를 이용하여

어휘 建造 jiànzào 짓다 音乐厅 yīnyuètīng 콘서트 홀 通常 tōngcháng 통상적으로 更加 gèngjiā 더
交响乐团 jiāoxiǎngyuè tuán 교향악단 设计 shèjì 설계하다 考量 kǎoliàng 고려하다 克服 kèfú 극복하다
震动 zhèndòng 진동하다 干扰 gānrǎo 방해하다 隔振器 gézhènqì 방진기 ★设置 shèzhì 설치하다 弹簧 tánhuáng 스프링
阻振器 zǔzhènqì 진동 차단기 装置 zhuāngzhì 장치 ★修建 xiūjiàn 건축하다 悬浮 xuánfú 뜨다 结构 jiégòu 구조
建筑 jiànzhù 건축물 繁华 fánhuá 번화하다 地段 dìduàn 지역 阻隔 zǔgé 차단하다 ★噪音 zàoyīn 소음
采用 cǎiyòng 적용하다, 채택하다 厘米 límǐ 센티미터(cm) 空心 kōngxīn (속이) 비다 组成 zǔchéng 구성하다
有效 yǒuxiào 효과적이다 隔绝 géjué 차단하다 建设 jiànshè 설립하다 推广 tuīguǎng 보급하다 ★普及 pǔjí 대중화하다
深远 shēnyuǎn 깊고 크다 隔离板 gélíbǎn 격리판 利用 lìyòng 이용하다 消声器 xiāoshēngqì 소음기

2.

(1) 벌주놀이는 중국인들이 술을 마실 때 흥을 돋우는 고유의 방법이다. 벌주놀이의 출현은 중국 고대 술 문화의 발달과 많은 관계가 있다. 중국은 유구한 양조 역사를 가지고 있으며, 옛사람들은 대로로 술 마시는 것을 좋아했다. 하왕조의 걸왕은 '술을 부은 연못에, 배를 띄울 수 있었다'. 주왕조의 목왕은 '술 황제'라는 칭호가 있었다. 그들은 모두 중국 역사상 술에 대한 감정이 각별했던 황제이다. 한대에 이르러, 국가가 통일되어 경제가 번영하며 크게 발전해 나가고, 백성들의 생활이 비교적 안정되다 보니 술을 마시는 풍습이 더욱 성행했다. 서한 시기의 양효왕은 일찍이 많은 이름난 선비들을 불러 모아 양원에서 술을 마셨는데, 매승, 추양, 한안국 등에게 시를 짓게 하며 놀았다. 한안국이 시를 짓지 못하자 추양이 그를 대신해 완성했고 한안국은 벌주를 받았으며, 다른 사람들은 상을 받았다. 술자리에서의 이런 규칙은 사실상 이미 벌주놀이의 시작을 열었던 것이다.

벌주놀이의 출현은:

A 당시 정책의 영향을 받았다   B 시대가 발전한 결과이다
C 문인과 선비들의 취미에서 기원했다   **D 술 문화의 발달과 관련 있다**

어휘 酒令 jiǔlìng 벌주놀이 饮酒 yǐn jiǔ 술을 마시다 助兴 zhùxìng 흥을 돋우다 发达 fādá 발달하다 悠久 yōujiǔ 유구하다
酿酒 niàngjiǔ 양조하다, 술을 담그다 历来 lìlái 대로로 夏 Xià 하나라[중국 최초의 왕조] 王朝 wángcháo 왕조
夏桀 Xià Jié 걸왕[중국 하왕조의 최후의 왕] 池 chí 연못 ★舟 zhōu 배 周 Zhōu 주나라[중국 고대 국가 중 하나]
穆王 Mù wáng 목왕[중국 주왕조의 제5대 왕] 天子 tiānzǐ 황제 ★称号 chēnghào 칭호
情有独钟 qíngyǒudúzhōng 감정이 각별하다 ★皇帝 huángdì 황제 汉代 Hàndài 한대, 한나라 시대[중국 역사상의 한 시대]
统一 tǒngyī 통일하다 繁荣 fánróng 번영하다 昌盛 chāngshèng 크게 발전하다 老百姓 lǎobǎixìng 백성
安定 āndìng (생활이나 형세가) 안정하다 风 fēng 풍습 盛行 shèngxíng 성행하다

梁孝王 Liáng xiàowáng [교유] 양효왕[중국 전한의 황족·제후왕]　召集 zhàojí [동] 불러 모으다　名士 míngshì [명] 이름난 선비
梁苑 Liángyuàn [교유] 양원[중국 양효왕이 세운 죽원]　枚乘 Méi Chéng [교유] 매승[한나라의 문인]　邹阳 Zōu Yáng [교유] 추양[한나라의 문인]
韩安国 Hán Ānguó [교유] 한안국[한나라의 문인]　作赋 zuò fù 시를 짓다　玩乐 wánlè [동] 놀다　替 tì [동] 대신하다　罚 fá [동] 벌하다
★奖赏 jiǎngshǎng [동] 상을 주다　规则 guīzé [명] 규칙　开创 kāichuàng [동] (새로운 국면을) 열다　先河 xiānhé [명] 시작　★政策 zhèngcè [명] 정책
源于 yuányú ~에서 기원하다　雅士 yǎshì [명] (풍류를 즐기는) 선비

(2)　완벽주의자는 늘 자신에 대해 높은 기준이 있으며, 부끄러움과 자신감 부족이라는 자기 의심에 자주 빠진다. 게다가 항상 실수할까 봐 걱정하기 때문에 해야 할 일을 끝없이 미루는데, 이는 그들에게 우울, 초조, 낙담 등의 정서가 생기는 것을 야기할 수 있다.

　생활 속에서, 우리가 완벽주의를 벗어날 수 있게 도울 수 있는 두 가지 방법이 있다. 첫째, 자신의 성공을 인정하고 축하하는 것이다. 미국의 문학가인 에머슨이 말했다. "행복은 결코 모든 것이 완벽하고 아름다운 것을 의미하는 것이 아니라, 시선을 더 이상 자신의 결점에 머무르지 않게 하는 것을 의미한다." 우리는 일기에 매일 얻은 성과와 자랑할 만한 일을 기록할 수 있고, 또는 받은 칭찬과 긍정적인 피드백을 쓸 수 있다. 기분이 우울할 때 일기를 펼치면, 우리의 자신감을 다시 얻을 수 있다.

　둘째, 감사하는 법을 배우는 것이다. 완벽주의자는 자신을 지나치게 책망할 뿐만 아니라 다른 사람도 냉정하게 대한다. 매일 잠들기 전에, 우리는 감사할 만한 일을 떠올려 볼 수 있다. 지하철을 탔을 때 마침 자리가 있던 것, 동료가 일을 도와준 것 등이 그 예이다. 한 사람의 행복한 정도는 완벽함의 여부와 관계가 없고, 어떻게 삶을 바라보느냐에 따라 결정된다. 따라서 긍정적인 마음으로 모든 것을 마주하면, 성공적으로 완벽주의를 벗어날 수 있다.

에머슨이 생각하는 행복은:
A 단점을 성공적으로 감추는 것　　　　　　　　　　　B 한 가지 일을 완벽하고 아름답게 끝내는 것
C 더는 자신의 결점에만 주목하지 않는 것　　　　　　D 다른 사람의 긍정적인 평가로부터 오는 것

어휘　完美主义 wánměi zhǔyì 완벽주의　★陷入 xiànrù [동] (불리한 지경에) 빠지다　羞愧 xiūkuì [형] 부끄러워하다　缺乏 quēfá [동] 부족하다
★时常 shícháng [부] 항상　担忧 dānyōu [동] 걱정하다　★拖延 tuōyán [동] 미루다　★导致 dǎozhì [동] 야기하다　忧郁 yōuyù [형] 우울하다
焦虑 jiāolǜ [형] 초조하다　★沮丧 jǔsàng [형] 낙담하다　情绪 qíngxù [명] 정서　★摆脱 bǎituō [동] 벗어나다　庆祝 qìngzhù [동] 축하하다
文学家 wénxuéjiā [명] 문학가　爱默生 Àimòshēng [교유] 에머슨[미국의 작가이자 사상가]　★意味着 yìwèizhe [동] 의미하다　★目光 mùguāng [명] 시선
停留 tíngliú [동] 머물다　★缺陷 quēxiàn [명] 결점　记录 jìlù [동] 기록하다　成就 chéngjiù [명] 성과　骄傲 jiāo'ào [형] 자랑하다
赞扬 zànyáng [동] 칭찬하다　正面 zhèngmiàn [명] 긍정적인 면　反馈 fǎnkuì [명] 피드백하다　翻 fān [동] 펼치다　★拾 shí [동] 얻다, 줍다
感恩 gǎn'ēn [동] (은혜에) 감사하다　★挑剔 tiāoti [동] 지나치게 책망하다　苛待 kēdài [동] 냉정하게 대하다　入睡 rùshuì [동] 잠들다
程度 chéngdù [명] 정도　看待 kàndài [동] 바라보다　★心态 xīntài [명] 마음　★掩盖 yǎngài [동] 감추다　关注 guānzhù [동] 주목하다
评价 píngjià [동] 평가하다

3.
(1)　라오량은 큰 정원이 딸린 집을 한 채 샀다. 그는 이사하자마자 정원을 전반적으로 손보았고, 잡초를 완전히 없앤 후 새로 산 꽃을 심었다. 어느 날, 전 집주인이 방문했는데 정원에 들어온 후 깜짝 놀라며 물었다. "그 진귀한 모란꽃들은 왜 사라지고 보이지 않나요?" 라오량은 그제야 자신이 놀랍게도 모란을 풀로 여기고 베어버렸다는 것을 알게 됐다. 나중에 그는 또 다른 집을 한 채 샀다. 비록 정원은 훨씬 더 어수선했지만, 그는 오히려 '때를 기다리며 아무 행동도 하지 않았다'. 아니나 다를까, 잡초로 여겨지던 잎사귀는 봄에 갖가지 꽃을 피웠고, 야생 풀로 여겨지던 식물은 여름에 오색찬란하여 매우 화려했고, 반년 내내 기척이 없던 작은 나무의 잎은 놀랍게도 가을에 빨갛게 변했다. 늦가을이 되어서야, 라오량은 어떤 것들이 쓸모없는 잡초인지 분명히 알게 됐고, 그것들을 일일이 제거했으며, 그리하여 다른 진귀한 풀과 나무가 보존되게 했다.

　이로써, 긴 시간의 관찰을 거쳐야만 진정으로 가치 있는 물건을 판별해낼 수 있다는 것을 알 수 있다.

위 글에서, 밑줄 친 어휘 '按兵不动'의 의미는:
A 화초를 연구하는 것에 몰두하다　　　　　　　　　　B 병사가 집에 들어오지 못하게 하다
C 정원을 전면적으로 정비하다　　　　　　　　　　　　D 잡초가 울창해지게 내버려 두다

어휘　★栋 dòng [양] 채, 동[건물을 세는 단위]　整顿 zhěngdùn [동] 손보다, 정비하다　杂草 zácǎo [명] 잡초　★清除 qīngchú [동] 완전히 없애다
★原先 yuánxiān [명] 전, 본래　回访 huífǎng [동] 방문하다　名贵 míngguì [형] 진귀하다　牡丹 mǔdān [명] 모란　消失 xiāoshī [동] 사라지다
居然 jūrán [부] 놀랍게도　★割 gē [동] 베다　杂乱 záluàn [형] 어수선하다　按兵不动 ànbīngbúdòng [성어] 때를 기다리며 아무 행동도 하지 않다
果然 guǒrán [부] 아니나 다를까　叶片 yèpiàn [명] 잎사귀　繁花 fánhuā [명] 갖가지 꽃　花团锦簇 huātuánjǐncù [성어] 오색찬란하여 매우 화려하다
★动静 dòngjing [명] 기척　暮秋 mùqiū [명] 늦가을　认清 rènqīng 분명히 알다　铲除 chǎnchú [동] 제거하다　★珍贵 zhēnguì [형] 진귀하다
保存 bǎocún [동] 보존하다　长期 chángqī [명] 긴 시간　观察 guānchá [동] 관찰하다　★分辨 fēnbiàn [동] 판별하다　价值 jiàzhí [명] 가치
专心 zhuānxīn [동] 몰두하다　士兵 shìbīng [명] 병사　丛生 cóngshēng [동] 울창하다

(2)　중원 대지는 진귀한 자연의 보물이며, 뛰어난 인물이 많이 나고 땅의 기운이 좋다. 중국과 외국에서 유명한 태극권은 바로 중원 지역의 권법에 정통한 무술 가문에서 발원했다.

　600년 전, 집안 대대로 내려오는 108식 장권을 통달한 진복은 자손에게 무술을 익혀 몸을 지키는 방법을 전수했다. 진복의 자손은 무술을 깊이 연구하고 개선하는 데 능숙했다. 특히 9대손인 진왕정은 타고난 자질이 총명하고 문무를 겸비했고, 권법과 무기에 정통하며 무술 솜씨가 탄탄했고, 뛰어난 경공 필살기를 마스터했다. 진왕정은 집안 대대로 계승되어 온 것을 기초로 하여, 당시 왜나라에 맞섰던 명장 척계광의 <권경>, 도

가의 <황정경>, 중의학의 <경락학>을 참고했고, 그것들의 정수를 취하고 쓸모 없는 것을 버려, 태극음양의 이치를 결합하며 안과 밖이 서로 어울리고 위와 아래가 서로 통하며, 강함과 부드러움이 공존하고 형식과 의미가 결합하며, 빠름과 느림을 모두 가지는 권법을 창작했고, 태극권이라 이름 붙였다.

밑줄 친 어휘 '秉承'을 대체할 수 있는 어휘는:

A 이어받다

B 승낙하다

C 받들다

D 계승하다

어휘　**中原** Zhōngyuán 고유 중원[중국 황허의 중류와 하류에 걸친 땅]　**物华天宝** wùhuátiānbǎo 정 지극히 진귀한 보물

人杰地灵 rénjiédìlíng 정 뛰어난 인물이 많이 나고 땅의 기운이 좋다　**闻名** wénmíng 동 유명하다　**太极拳** tàijíquán 명 태극권

发祥 fāxiáng 동 발원하다　★**擅长** shàncháng 동 정통하다　**打拳** dǎquán 권법을 연마하다　**武术** wǔshù 명 무술

世家 shìjiā 이름 있는 가문　★**精通** jīngtōng 동 통달하다　**家传** jiāchuán 집안 대대로 내려오다　**长拳** chángquán 명 장권[중국 권술의 일종]

★**传授** chuánshòu 동 전수하다　**习武** xí wǔ 무술을 익히다　**防身** fángshēn 동 몸을 지키다　**善于** shànyú 동 ~에 능숙하다

★**钻研** zuānyán 동 깊이 연구하다　**改进** gǎijìn 동 개선하다　**世** shì 명 대, 세　**天资聪颖** tiānzīcōngyǐng 정 타고난 자질이 총명하다

兼备 jiānbèi 동 겸비하다　**精于** jīngyú ~에 정통하다　**拳械** quán xiè 권법과 무기　**深厚** shēnhòu 정 탄탄하다

掌握 zhǎngwò 동 마스터하다, 장악하다　**出众** chūzhòng 정 (남보다) 뛰어나다　**绝技** juéjì 명 필살기　**秉承** bǐngchéng 동 계승하다

参考 cānkǎo 동 참고하다　**倭** Wō 고유 왜나라[고대 일본을 일컫는 말]　**名将** míngjiàng 명장

取其精华, 去其糟粕 qǔqíjīnghuá, qùqízāopò 정 정수를 취하고, 쓸모 없는 것을 버리다　**结合** jiéhé 동 결합하다

创编 chuàngbiān 동 창작하다　**替换** tìhuàn 동 대체하다　★**继承** jìchéng 동 이어받다　**承诺** chéngnuò 동 승낙하다　**奉承** fèngcheng 동 받들다

承受 chéngshòu 동 이겨내다

실전연습문제 p.142

1 B	2 C	3 D	4 A	5 D	6 C	7 A	8 C

1-4

蚂蚁是一种具有社会性的昆虫，其种类繁多，在全世界有上万种，分布极为广泛。其中，有一种独特的蚂蚁叫作切叶蚁，光看名字很多人会认为这种蚂蚁以叶子为食，其实不然，[1]切叶蚁切树木的叶子，为的是用叶片来培育真菌，并用真菌喂养幼虫。

切叶蚁主要生活在南美洲的热带丛林，它们可以在几年的时间内将占地面积扩大到30~600平方米，群体数目甚至可以超过80亿。切叶蚁复杂的社会性仅次于人类，它们时常成群结队地出来活动，这时[2]队伍被划分为负责剪叶片的中型工蚁和担任警戒工作的小型工蚁。中型工蚁剪下叶片之后会整齐地往巢穴搬运，小型工蚁则会指挥队伍，查看周围是否有敌人或障碍物，同时检查叶片是否受到污染。这足以证明切叶蚁具有无比细致的分工与社会等级。

对于切叶蚁来说，叶片有非常重要的意义，因为它们用叶片、昆虫尸体等有机物质培育真菌。首先[3]它们会把叶子切成小块，再磨成浆状，把粪便浇在上面，然后从其他洞穴里把真菌搬运过来，埋在叶浆上，真菌就这样逐渐扩散开来。切叶蚁<u>有条不紊</u>地管理它们的"真菌园"，还安排专门担任警卫工作的蚂蚁来守护。

개미는 사회성을 가진 곤충으로, 그 종류가 대단히 많아 전 세계에만 종 이상이 있고, 매우 광범위하게 분포되어 있다. 그중, 가위개미(切叶蚁)라고 불리는 독특한 개미가 있는데, 이름만 보고 많은 사람들이 이 개미가 잎사귀(叶子)를 먹이로 삼는다고 생각하지만, 사실은 그렇지 않다. [1]가위개미가 나무의 잎사귀를 자르는 것은 잎사귀를 이용해 곰팡이를 배양하고, 또 곰팡이를 이용해 유충을 양육하기 위해서이다.

가위개미는 주로 남아메리카의 열대 정글에서 생활하는데, 그들은 몇 년 내에 차지하는 점유 면적을 30~600제곱미터까지 넓힐 수 있으며, 군체 수는 심지어 80억 마리가 넘을 수도 있다. 가위개미의 복잡한 사회성은 인류에 못지않으며, 이 개미들은 자주 한데 모여 무리를 이루어 활동한다. 이때 [2]행렬은 잎사귀를 자르는 것을 책임지는 중형 일개미와 경계 업무를 담당하는 소형 일개미로 나뉜다. 중형 일개미는 잎사귀를 자른 뒤 가지런히 둥지로 운반하고, 소형 일개미는 행렬을 지휘하는데, 주변에 적이나 장애물이 있는지 살피며, 동시에 잎사귀가 오염이 되었는지 검사한다. 이는 가위개미가 아주 뛰어난 세밀한 분업과 사회적 등급이 있다는 것을 증명하기에 충분하다.

가위개미에게 있어서 잎사귀는 매우 중요한 의미가 있는데, 그들은 잎사귀, 곤충 시체 등의 유기물질을 이용해 곰팡이를 배양하기 때문이다. 먼저 [3]그들은 잎사귀를 작은 조각으로 자르고, 걸쭉한 액체의 형태로 갈아, 대소변을 위에 뿌린다. 그 다음에 다른 동굴에서 곰팡이를 운반해 와, 걸쭉한 액체 위에 묻히는데, 곰팡이는 이렇게 점차 확산되어 나간다. 가위개미는 <u>조리 있고 질서 정연하게</u> 그들의 '곰팡이 밭'을 관리하며, 전담으로 경비 업무를 하는 개미까지 배치해 보호한다.

切叶蚁创造出的"真菌园"是一个复杂的体系。为了防止真菌过度繁殖，小型工蚁时不时把多余的真菌去除。然而有时因为小型工蚁的数量不足，⁴难以阻止真菌泛滥，导致洞穴内大量的氧气被消耗，幼虫窒息而死，继而造成整个群体的毁灭。因此，一旦发现真菌过度繁殖的迹象，工蚁们便会携蚁后和幼蚁逃离自己的家园。由此可见切叶蚁具有高度的社会性和组织性，是自然界中协同合作的典范。

가위개미가 창조해낸 '곰팡이 밭'은 하나의 복잡한 체계이다. 곰팡이가 과다하게 번식하는 것을 방지하기 위해, 소형 일개미는 종종 여분의 곰팡이를 제거한다. 하지만 때로는 소형 일개미의 수가 부족하기 때문에 ⁴곰팡이의 범람을 막기 어려워, 동굴 내 대량의 산소가 소모되어 유충이 질식해 죽게 되고, 뒤이어 군체 전체의 소멸을 야기한다. 그러므로 일단 곰팡이가 과도하게 번식하는 징조를 발견하면, 일개미들은 여왕개미와 어린개미를 데리고 자신들의 집에서 도망친다. 이로써 가위개미는 높은 사회성과 조직성을 가지고 있고, 자연계에서 협동과 협력의 본보기라는 것을 알 수 있다.

어휘　★蚂蚁 mǎyǐ 몡 개미　具有 jùyǒu 통 가지다　昆虫 kūnchóng 몡 곤충　种类 zhǒnglèi 몡 종류　繁多 fánduō 대단히 많다　分布 fēnbù 통 분포하다
极为 jíwéi 뤤 매우　广泛 guǎngfàn 휑 광범위하다　独特 dútè 휑 독특하다　切叶蚁 qiēyèyǐ 가위개미[잎꾼개미라고도 불림]
不然 bùrán (사실은) 그렇지 않다　切 qiē 통 자르다　叶片 yèpiàn 몡 잎사귀　★培育 péiyù 통 배양하다　真菌 zhēnjūn 몡 곰팡이
喂养 wèiyǎng 통 양육하다　幼虫 yòuchóng 몡 유충　南美洲 Nán Měizhōu 고유 남아메리카　丛林 cónglín 몡 정글　占地面积 zhàndì miànjī 점유 면적
扩大 kuòdà 통 넓히다　平方米 píngfāngmǐ 몡 제곱미터　群体 qúntǐ 몡 군체　数目 shùmù 몡 수　亿 yì 주 억　次于 cìyú ~에 못지않다　人类 rénlèi 몡 인류
★时常 shícháng 뤤 자주　成群结队 chéngqúnjiéduì 젱 한데 모여 무리를 이루다　★队伍 duìwu 몡 행렬　★划分 huàfēn 통 나누다
担任 dānrèn 통 담당하다　警戒 jǐngjiè 통 경계하다　整齐 zhěngqí 휑 가지런하다　巢穴 cháoxué 몡 둥지　搬运 bānyùn 통 운반하다
指挥 zhǐhuī 통 지휘하다　敌人 dírén 몡 적　障碍物 zhàng'àiwù 몡 장애물　★足以 zúyǐ ~하기에 충분하다　★无比 wúbǐ 휑 아주 뛰어나다
★细致 xìzhì 휑 세밀하다　分工 fēngōng 통 분업　等级 děngjí 몡 등급　意义 yìyì 몡 의미　尸体 shītǐ 몡 시체　有机物质 yǒujī wùzhì 유기물질
磨 mò 통 갈다　浆 jiāng 몡 걸쭉한 액체　粪便 fènbiàn 몡 대소변　浇 jiāo 통 (액체를) 뿌리다　洞穴 dòngxué 몡 동굴　埋 mái 통 묻다　逐渐 zhújiàn 뤤 점차
★扩散 kuòsàn 통 확산하다　有条不紊 yǒutiáobùwěn 젱 조리 있고 질서 정연하다　警卫 jǐngwèi 통 경비하다　守护 shǒuhù 통 보호하다
创造 chuàngzào 통 창조하다　★体系 tǐxì 몡 체계　防止 fángzhǐ 통 방지하다　★过度 guòdù 휑 과다하다　★繁殖 fánzhí 통 번식하다
时不时 shíbùshí 뤤 종종　多余 duōyú 휑 여분의　去除 qùchú 통 제거하다　不足 bùzú 휑 부족하다　阻止 zǔzhǐ 통 막다　泛滥 fànlàn 통 범람하다
导致 dǎozhì 통 ~가 되다　★氧气 yǎngqì 몡 산소　★消耗 xiāohào 통 소모하다　窒息 zhìxī 통 질식하다　继而 jì'ér 뤤 뒤이어　造成 zàochéng 통 야기하다
整个 zhěnggè 휑 전체의　毁灭 huǐmiè 통 소멸하다　一旦 yídàn 뤤 일단　迹象 jìxiàng 몡 징조　携 xié 통 데리고　蚁后 yǐhòu 여왕개미
逃离 táolí 통 도망치다　可见 kějiàn ~임을 알 수 있다　组织性 zǔzhīxìng 몡 조직성　协同 xiétóng 통 협동하다　合作 hézuò 통 협력하다
典范 diǎnfàn 몡 본보기

1　切叶蚁的特点是什么？

가위개미의 특징은 무엇인가?

A 背上有翅膀　　　　　**B 会培育真菌**
C 以叶子为食　　　　　D 分布范围集中

A 등에 날개가 있다　　　　**B 곰팡이를 배양할 수 있다**
C 잎사귀를 먹이로 삼는다　D 분포하는 범위가 집중되어 있다

해설　질문이 가위개미의 특징이 무엇인지를 물었으므로, 질문의 핵심어구 切叶蚁的特点과 관련된 내용을 지문에서 재빨리 찾는다. 첫 번째 단락의 切叶蚁切树木的叶子，为的是用叶片来培育真菌에서 가위개미의 특징이 언급되었으므로, 선택지 B 会培育真菌이 정답이다.

어휘　切叶蚁 qiēyèyǐ 가위개미[잎꾼개미라고도 불림]　背 bèi 몡 등　翅膀 chìbǎng 몡 날개　★培育 péiyù 통 배양하다　真菌 zhēnjūn 몡 곰팡이
分布 fēnbù 통 분포하다　范围 fànwéi 몡 범위　集中 jízhōng 통 집중되다

2　中型工蚁主要担任：

중형 일개미가 주로 담당하는 것은:

A 警戒工作　　　　　B 指挥工作
C 切叶片的工作　　D 检查叶片的工作

A 경계 업무　　　　　　　B 지휘 업무
C 잎사귀를 자르는 업무　D 잎사귀를 검사하는 업무

해설　질문이 중형 일개미가 주로 담당하는 것을 물었으므로, 질문의 핵심어구 中型工蚁와 관련된 내용을 지문에서 재빨리 찾는다. 두 번째 단락에서 队伍被划分为负责剪叶片的中型工蚁라고 했으므로, 선택지 C 切叶片的工作가 정답이다.

어휘　担任 dānrèn 통 담당하다　警戒 jǐngjiè 통 경계하다　指挥 zhǐhuī 통 지휘하다　切 qiē 통 자르다　叶片 yèpiàn 몡 잎사귀　检查 jiǎnchá 통 검사하다

3　第3段中，画线词语"有条不紊"的意思最可能是：

세 번째 단락에서, 밑줄 친 어휘 '有条不紊'의 의미로 가장 가능성이 큰 것은:

A 很到位　　　　　B 条理不清
C 有些紊乱　　　　**D 很有秩序**

A 매우 정확하다　　　B 맥락이 명확하지 않다
C 다소 무질서하다　　**D 매우 질서 있다**

해설　질문이 세 번째 단락에서 밑줄 친 어휘 '有条不紊'의 의미를 물었으므로, 有条不紊이 언급된 부분을 지문에서 재빨리 찾는다. 세 번째 단락에서 它们会把叶子切成小块，再磨成浆状，将粪便浇在上面，然后从其他洞穴里把真菌搬运过来，埋在叶浆上，真菌就这样逐渐扩散开

来。切叶蚁有条不紊地管理它们的"真菌园"이라고 했으므로, 문맥상 有条不紊은 개미들이 꼼꼼하고 체계적으로 그들의 '곰팡이 밭'을 관리하는 모습을 나타낸다는 것을 알 수 있다. 따라서 선택지 D 很有秩序가 정답이다.

어휘 有条不紊 yǒutiáobùwěn 圆조리 있고 질서 정연하다　到位 dàowèi 圆정확하다　条理 tiáolǐ 圆(생각·글 등의) 맥락　紊乱 wěnluàn 圆무질서하다
　　　秩序 zhìxù 圆질서

4

幼虫窒息而死的原因有可能是：	유충이 질식해서 죽는 원인으로 가능성이 큰 것은：
A 真菌数量过多	**A 곰팡이의 수량이 너무 많아서**
B 氧气过于饱和	B 산소가 지나치게 포화해서
C 洞穴入口狭窄	C 동굴의 입구가 협소해서
D 温度没有达标	D 온도가 기준에 도달하지 못해서

해설 질문이 유충이 질식해서 죽는 원인을 물었으므로, 핵심어구 幼虫窒息而死와 관련된 내용을 지문에서 재빨리 찾는다. 마지막 단락에서 难以阻止真菌泛滥，导致洞穴内大量的氧气被消耗，幼虫窒息而死라고 했으므로, 선택지 A 真菌数量过多가 정답이다.

어휘 幼虫 yòuchóng 圆유충　窒息 zhìxī 圆질식하다　真菌 zhēnjūn 圆곰팡이　★氧气 yǎngqì 圆산소　★过于 guòyú 凰지나치게
　　　饱和 bǎohé 圆포화 상태에 이르다　洞穴 dòngxué 圆동굴　★狭窄 xiázhǎi 圆협소하다　达标 dábiāo 圆기준에 도달하다

---

5 - 8

在日常生活及生产的各个领域中，塑料产品无处不在。当这些产品达到寿命上限或使用目后，就会被丢弃，成为废塑料。废塑料即使被回收，也会因不能被降解而成为生活垃圾。

塑料使用一次后就会失去95%的价值，因此[7]人们普遍认为废塑料只会造成环境污染。更好地收集和利用这些废弃物是解决全球塑料污染问题的关键。[8]为了使不可降解塑料变废为宝，科学家们坚持不懈地探索不同的方法。将废塑料升级改造为更有利用价值的材料，可以使回收过程更具吸引力和有效性。

据《绿色化学》杂志发表的一篇研究报告，来自英国爱丁堡大学的[5]研究人员利用细菌，把塑料瓶转化成香草香料，这是他们首次用废塑料制出的有价值的化学制品。该项技术能够将塑料中的苯二甲酸转化为香兰素。[6]香兰素被广泛应用于食品和化妆品行业，是一种重要的大宗化学品，主要用于制造药品、清洁用品和除草剂。全球的香兰素需求正在急速增长，而这项技术恰巧能够有效解决香兰素供给不足的问题。

在制造香兰素的过程中，研究人员将培养液加热到37摄氏度，持续加热一天，就可以把79%的苯二甲酸转化为香兰素。[8]本被视为一无是处的废塑料，却能通过化学作用，实现一次华丽的转变。接下来，研究人员将进一步调整细菌数量，以提高转化率。相信利用自动化DNA组装设备，很快能做到这一点。对于这一项前所未有的研究成果，爱丁堡大学生物科学学院研究所博士表示，这是第一次利用生物系统，将废塑料转换成有价值的工业化学品的大胆尝试，它将对循环经济产生非常重要的影响。他还表示，利用微生物把对环境有害的废塑料转化为重要商品，是绿色化学的一种典范。[7]该研究颠覆了废塑料只会造成污染的观点，并证明了作为一种新型碳资源，废塑料可用来制造高价值产品。

일상생활 및 생산 각 분야에서, 플라스틱 제품은 없는 곳이 없다. 이러한 제품들은 수명의 한계나 사용 목적에 도달한 후에는 버려져서 폐플라스틱이 된다. 폐플라스틱은 회수된다고 하더라도, 분해될 수 없기 때문에 생활 폐기물이 된다.

플라스틱은 한번 사용되면 95%의 가치를 잃기 때문에, [7]사람들은 보통 폐플라스틱이 환경 오염을 야기한다고 생각한다. 이런 폐기물을 더 잘 수집하고 이용하는 것은 전 세계 플라스틱 오염 문제를 해결하는 관건이다. [8]분해될 수 없는 폐플라스틱이 가치 있는 것으로 만들어지게 하기 위해, 과학자들은 꾸준히 각기 다른 방법을 탐색하고 있다. 폐플라스틱을 좀 더 이용할 가치가 있는 재료로 업그레이드하고 개조하면, 회수 과정이 더욱 매력적이고 효율성이 있게 할 수 있다.

<녹색 화학> 잡지에 발표된 한 편의 연구 보고서에 따르면, 영국 에든버러대에서 온 [5]연구원들이 세균을 이용해, 페트병을 바닐라 향료로 전환했는데, 이것은 그들이 처음으로 폐플라스틱을 이용해 개발해 낸 가치가 있는 화학 제품이다. 이 기술은 플라스틱 속의 테레프탈산을 바닐린으로 변하게 할 수 있다. [6]바닐린은 식품과 화장품 업계에 광범위하게 활용되고 있으며, 중요한 주요 화학품인데, 주로 약품, 청소 용품 그리고 제초제를 제조하는 데 쓰인다. 전 세계의 바닐린 수요는 급속도로 증가하고 있는데, 이 기술은 마침 바닐린 공급 부족 문제를 효과적으로 해결할 수 있다.

바닐린을 제조하는 과정에서, 연구원들은 배양액을 섭씨 37도까지 가열하여, 하루 동안 가열을 지속하면, 79%의 테레프탈산을 바닐린으로 전환할 수 있다. [8]장점이라고는 하나도 없다고 여겨지는 폐플라스틱이 화학 작용을 통해, 화려한 변화를 실현시킬 수 있게 되는 것이다. 앞으로, 연구원들은 전환율을 높이기 위해 세균 수를 한층 더 조절할 것이다. 자동화 DNA 조립 설비를 이용하면, 이것이 금방 가능할 것이라고 믿는다. 전대미문의 이 연구 성과에 대하여, 에든버러대 생물과학대학 연구소 박사는 이것은 처음으로 생물 체계를 이용해 폐플라스틱을 가치가 있는 공업용 화학품으로 전환하는 대담한 시도이며, 순환 경제에 매우 중요한 영향을 끼칠 것이라고 표명했다. 그는 또, 미생물을 이용해 환경에 유해한 폐플라스틱을 중요한 상품으로 전환하는 것은 녹색 화학의 본보기라고 표명했다. [7]이 연구는 폐플라스틱이 오염만 야기한다는 관점을 뒤집었고, 새로운 유형의 탄소 자원으로서, 폐플라스틱이 높은 가치의 제품을 제조하는 데 사용될 수 있다는 것을 증명했다.

어휘 生产 shēngchǎn 圆생산하다　领域 lǐngyù 圆분야　塑料 sùliào 圆플라스틱　无处不在 wúchù búzài 없는 곳이 없다　达到 dádào 圆도달하다
　　　寿命 shòumìng 圆수명　上限 shàngxiàn 圆한계　丢弃 diūqì 圆버리다　废塑料 fèisùliào 圆폐플라스틱　★回收 huíshōu 圆회수하다

降解 jiàngjiě 圐 분해하다　**失去** shīqù 圐 잃다　**价值** jiàzhí 圐 가치　**造成** zàochéng 圐 야기하다　**收集** shōují 圐 수집하다　**利用** lìyòng 圐 이용하다

废弃物 fèiqìwù 圐 폐기물　**变废为宝** biàn fèi wéi bǎo 폐기물을 이용하여 가치가 있는 것으로 만들다　**坚持不懈** jiānchíbúxiè 圐 꾸준히 해 나가다

★**探索** tànsuǒ 圐 탐색하다　**升级** shēngjí 圐 업그레이드하다　**改造** gǎizào 圐 개조하다　**吸引力** xīyǐnlì 圐 매력　**有效性** yǒuxiàoxìng 圐 효율성

绿色化学 lǜsè huàxué 녹색 화학[환경에 미치는 부정적인 효과가 적은 화학 기술 및 화학 산업의 총칭]　**发表** fābiǎo 圐 발표하다　**报告** bàogào 圐 보고서

爱丁堡大学 Àidīngbǎo dàxué 고육 에든버러대[영국의 한 대학교]　**研究人员** yánjiū rényuán 圐 연구원　★**细菌** xìjūn 圐 세균　**转化** zhuǎnhuà 圐 전환하다

香草 xiāngcǎo 圐 바닐라　**香料** xiāngliào 圐 향료　**首次** shǒucì 처음　**研制** yánzhì 圐 개발하다, 연구 제작하다　**化学** huàxué 圐 화학

苯二甲酸 běnèrjiǎsuān 圐 테레프탈산　**香兰素** xiānglánsù 圐 바닐린　**广泛** guǎngfàn 圐 광범위하다　**应用** yìngyòng 圐 활용하다

化妆品 huàzhuāngpǐn 圐 화장품　**行业** hángyè 圐 업계　**大宗** dàzōng 圐 주요한, 대량의　**制造** zhìzào 圐 제조하다　★**清洁** qīngjié 圐 청결하다

除草剂 chúcǎojì 圐 제초제　★**需求** xūqiú 圐 수요　**增长** zēngzhǎng 圐 증가하다　★**恰巧** qiàqiǎo 圐 마침　★**供给** gōngjǐ 圐 공급하다

不足 bùzú 圐 부족하다　**培养液** péiyǎngyè 圐 배양액　**加热** jiārè 圐 가열하다　★**摄氏度** shèshìdù 圐 섭씨　**持续** chíxù 圐 지속하다

一无是处 yīwúshìchù 圐 장점이라고는 하나도 없다　**实现** shíxiàn 圐 실현하다　★**华丽** huálì 圐 화려하다　**转变** zhuǎnbiàn 圐 변화하다

调整 tiáozhěng 圐 조절하다　**自动化** zìdònghuà 圐 자동화하다　**组装** zǔzhuāng 圐 조립하다　**设备** shèbèi 圐 설비

前所未有 qiánsuǒwèiyǒu 圐 전대미문의　**成果** chéngguǒ 圐 성과　★**生物** shēngwù 圐 생물　**研究所** yánjiūsuǒ 圐 연구소　**系统** xìtǒng 圐 체계

大胆 dàdǎn 圐 대담하다　★**尝试** chángshì 圐 시도해 보다　★**循环** xúnhuán 圐 순환하다　**微生物** wēishēngwù 圐 미생물　**商品** shāngpǐn 圐 상품

典范 diǎnfàn 圐 본보기　**颠覆** diānfù 圐 (관점을) 뒤집다　**观点** guāndiǎn 圐 관점　**作为** zuòwéi 刀 ~로서　**新型** xīnxíng 圐 새로운 유형의

资源 zīyuán 圐 자원

5　该项研究取得了什么成果?　　　　　이 연구는 어떤 성과를 얻었는가?

A 首次发现了香兰素　　　　　　　　　A 처음으로 바닐린을 발견했다

B 提高了细菌的转化率　　　　　　　　B 세균의 전환율을 높였다

C 证明废塑料将造成污染　　　　　　　C 폐플라스틱이 오염을 야기할 것이라는 것을 증명했다

D 用废塑料制作出化学制品　　　　　**D 폐플라스틱을 이용해 화학 제품을 제작했다**

해설　질문이 이 연구가 어떤 성과를 얻었는지를 물었으므로, 질문의 핵심어구 研究와 관련된 내용을 지문에서 재빨리 찾는다. 세 번째 단락에서 研究人员利用细菌, 把塑料瓶转化成香草香料, 这是他们首次用废塑料研制出的有价值的化学制品이라고 했으므로, 선택지 D 用废塑料制作出化学制品이 정답이다.

어휘　成果 chéngguǒ 圐 성과　首次 shǒucì 처음　香兰素 xiānglánsù 圐 바닐린　提高 tígāo 圐 높이다　★细菌 xìjūn 圐 세균　转化率 zhuǎnhuàlǜ 圐 전환율
　　　废塑料 fèisùliào 圐 폐플라스틱　造成 zàochéng 圐 야기하다　制作 zhìzuò 圐 제작하다　化学 huàxué 圐 화학　制品 zhìpǐn 圐 제품

6　根据上文, 香兰素:　　　　　　　　위 글에 근거하여, 바닐린은:

A 是一种有机食品　　　　　　　　　　A 유기농 식품이다

B 主要由香草豆制成　　　　　　　　　B 주로 바닐라빈으로 만들어진다

C 可用于制作化妆品　　　　　　　　**C 화장품 제조에 사용될 수 있다**

D 可以转化为废塑料　　　　　　　　　D 폐플라스틱으로 전환될 수 있다

해설　질문이 바닐린에 대해 물었으므로, 질문의 핵심어구 香兰素와 관련된 내용을 지문에서 재빨리 찾는다. 세 번째 단락에서 香兰素被广泛应用于食品和化妆品行业라고 했으므로, 선택지 C 可用于制作化妆品이 정답이다.

어휘　有机食品 yǒujī shípǐn 유기농 식품　香草豆 xiāngcǎodòu 圐 바닐라빈　制成 zhìchéng 만들어지다　制作 zhìzuò 圐 제조하다
　　　化妆品 huàzhuāngpǐn 圐 화장품　转化 zhuǎnhuà 圐 전환하다

7　第4段中, 画线词语 "颠覆" 最可能指的是:　네 번째 단락에서, 밑줄 친 단어 '颠覆'가 가리키는 것으로 가장 가능성이 큰 것은:

A 推翻　　　　　　B 颠倒　　　　　　**A 뒤엎다**　　　　　　B 뒤바뀌다

C 覆盖　　　　　　　D 推理　　　　　　C 덮다　　　　　　　D 추리하다

해설　질문이 네 번째 단락에서 '颠覆'가 가리키는 것으로 가장 가능성이 큰 것을 물었으므로, 颠覆가 언급된 부분을 지문에서 재빨리 찾는다. 네 번째 단락에서 该研究颠覆了废塑料只会造成污染的观点이라고 했고, 두 번째 단락에서 人们普遍认为废塑料只会造成环境污染이라고 했으므로, 문맥상 颠覆는 폐플라스틱이 환경을 오염시킨다는 사람들의 기존 인식을 뒤엎었다는 것을 나타내는 말임을 알 수 있다. 따라서 선택지 A 推翻이 정답이다.

어휘　颠覆 diānfù 圐 (관점을) 뒤집다　推翻 tuīfān 圐 (기존의 이론을) 뒤엎다　颠倒 diāndǎo 圐 (상하·전후의 위치가 원래와 달리) 뒤바뀌다
　　　★覆盖 fùgài 圐 덮다　★推理 tuīlǐ 圐 추리하다

8	废塑料是通过怎样的过程变废为宝的?	폐플라스틱은 어떠한 과정을 통해 가치가 있는 것으로 만들어지는가?

A 收缩	B 降解	A 수축	B 분해
C 化学作用	D DNA分解	**C 화학 작용**	D DNA분해

해설 질문이 폐플라스틱이 어떠한 과정을 통해 가치가 있는 것으로 만들어지는지를 물었으므로, 질문의 핵심어구 过程, 变废为宝와 관련된 내용을 지문에서 재빨리 찾는다. 두 번째 단락에서 为了使不可降解塑料变废为宝, 科学家们坚持不懈地探索不同的方法。라고 언급한 후, 네 번째 단락에서 本被视为一无是处的废塑料, 却能通过化学作用, 实现一次华丽的转变。이라고 했으므로, 선택지 C 化学作用이 정답이다.

어휘 **变废为宝** biàn fèi wéi bǎo 폐기물을 이용하여 가치가 있는 것으로 만들다 **收缩** shōusuō 圈 수축하다 **降解** jiàngjiě 圈 분해하다
分解 fēnjiě 圈 분해하다

고득점비책 02 | 일치·불일치 문제 공략하기 p.144

전략 적용 해석

p.145

1. 비행 과정 중, 우주선이 극복해야 할 난관은 우주의 강한 복사로부터 오는 영향인데, 이런 우주의 강한 복사는 태양 전자파 복사와 고에너지 입자 복사를 포함한다. 태양 전자파 복사의 가시광선과 적외선은 주로 우주선의 온도에 영향을 미치고, 상층 대기의 온도와 밀도에도 영향을 미침으로써 따라서 저궤도 우주선의 궤도 통제 부담을 가중시킨다. 고에너지 입자 복사는 우주선 자체에 영향을 미친다. 고에너지 입자가 장시간 지구 주위를 돌면, 저궤도 우주선에 심각한 위협을 초래한다. 고에너지 입자 복사는 우주선의 표면 재료를 손상시킬 뿐만 아니라, 우주선 내부의 태양에너지 전지, 유기 재료, 반도체 부품과 집적 회로 등의 성능이 변화되게 하고, 심지어 영원한 손상을 야기한다.

지문에 근거하여, 다음 중 옳은 것은?
A 고에너지 입자 복사는 인체 건강에 유해하다
B 고에너지 입자 복사는 우주선을 손상시킨다
C 고에너지 입자 복사는 대기 온도에 영향을 미친다
D 고에너지 입자 복사는 우주선의 부담을 줄인다

어휘 **航天器** hángtiānqì 圆 우주선 ★**克服** kèfú 圈 극복하다 ★**难关** nánguān 圆 난관 ★**太空** tàikōng 圆 우주
★**辐射** fúshè 圆(에너지, 미립자 등이) 복사하다, 방사하다 **包括** bāokuò 圈 포함하다 **太阳电磁辐射** tàiyáng diàncí fúshè 태양 전자파 복사
高能粒子辐射 gāonéng lìzi fúshè 고에너지 입자 복사 **可见光** kějiànguāng 圆 가시광선 **红外光** hóngwàiguāng 圆 적외선 ★**密度** mìdù 圆 밀도
造成 zàochéng 圈 미치다, 야기하다 ★**轨道** guǐdào 圆 궤도 **控制** kòngzhì 圈 통제하다 ★**负担** fùdān 圆 부담 ★**本身** běnshēn 圆 그 자체
环绕 huánrào 圈 (둘레를) 돌다 **构成** gòuchéng 圈 초래하다 **威胁** wēixié 圈 위협하다 **损伤** sǔnshāng 圈 손상되다 **表面** biǎomiàn 圆 표면
内部 nèibù 圆 내부 **太阳能电池** tàiyángnéng diànchí 태양에너지 전지 **有机** yǒujī 圆 유기의 **半导体器件** bàndǎotǐ qìjiàn 圆 반도체 부품
集成电路 jíchéng diànlù 圆 집적 회로 ★**性能** xìngnéng 圆 성능
6급 빈출어휘

2. 모두가 알다시피, 물은 인체가 정상적인 생리 활동을 유지하는 데 반드시 필요한 물질이다. 유기체에 충분한 수분이 있도록 보장해야만, 체내에 생성된 노폐물이 신장을 통해 체외로 배출되게 할 수 있다. 의학적인 관점에서 보면, 어떤 음료도 끓인 물만 못하다. 끓인 물은 가장 쉽게 갈증을 해소하며, 체온 조절, 영양분 전달 및 체내를 깨끗이 하는 효능이 있다. 게다가 끓인 물은 생물학적 활성이 비교적 강하고, 신진대사 촉진, 에너지 전환, 혈액 순환과 전해질 균형에 이롭다. 끓인 물은 열량이 없어서 체내에 들어온 후, 세포막을 통과하여 혈액 내의 헤모글로빈 함량을 쉽게 증가시킨다. 그렇게 함으로써 체내의 자가 면역 기능을 강화하고, 유기체의 항바이러스 능력을 높인다. 이로부터 끓인 물은 인체가 필요로 하는 천연 '음료'임을 알 수 있다.

다음 중 끓인 물을 마시는 것의 장점이 아닌 것은?
A 체온 조절
B 영양분 전달
C 전염병 예방
D 신진대사 촉진

어휘 ★**众所周知** zhòngsuǒzhōuzhī 모두가 알다 ★**维持** wéichí 유지하다 ★**生理** shēnglǐ 圆 생리 **物质** wùzhì 圆 물질 **机体** jītǐ 圆 유기체
★**充足** chōngzú 충분하다 **废物** fèiwù 圆 노폐물 **肾脏** shènzàng 圆 신장 **排出** páichu 배출하다 **角度** jiǎodù 圆 관점
不如 bùrú 圖 ~만 못하다 **白开水** báikāishuǐ 圆 끓인 물 **解渴** jiěkě 圈 갈증을 해소하다 ★**调节** tiáojié 圈 조절하다 **输送** shūsòng 圈 전달하다
养分 yǎngfèn 圆 영양분 **清洁** qīngjié 깨끗이 하다 **内部** nèibù 圆 내부 **功能** gōngnéng 圆 효능 ★**生物** shēngwù 圆 생물
促进 cùjìn 圈 촉진하다 ★**新陈代谢** xīnchéndàixiè 圆 신진대사 **能量** néngliàng 圆 에너지 **血液循环** xuèyè xúnhuán 혈액순환
电解质 diànjiězhì 圆 전해질 **平衡** pínghéng 圈 균형있게 하다 **卡路里** kǎlùlǐ 圆 열량 **细胞膜** xìbāomó 圆 세포막
血红蛋白 xuèhóngdànbái 圆 헤모글로빈 **增强** zēngqiáng 圈 강화하다 ★**免疫** miǎnyì 圈 면역하다 **病毒** bìngdú 圆 바이러스
可见 kějiàn 圖 ~임을 알 수 있다 **预防** yùfáng 圈 예방하다 **传染病** chuánrǎnbìng 圆 전염병

1 A	2 C	3 D	4 B	5 C	6 B	7 D	8 A

1-4

粤剧是汉族传统戏曲之一，起源于广东佛山，因此又被称为"广东大戏"。用粤方言演唱的粤剧已有七百多年的历史了。[1]在南宋末期，南戏传入广东，成为最早的粤剧。清朝时期，粤剧传入广西、香港、澳门、台湾等地。随后，[4]东南亚和美洲各国华侨居住的地方也均出现了粤剧演出。

粤剧独特的表演艺术和表达方式，能够让故事情节和人物情感在舞台上表现得淋漓尽致。[2]粤剧演员的表演技艺分为四大基本类别——唱、做、念、打。"唱"是指唱功，不同的角色有各不相同的演唱方式，包括用平常说话声调的平喉及用比平喉调高了八度的子喉。[2]一般男性角色采用平喉，女性角色则用子喉来扮演。"做"是指身体表演，其中包括手势，身体姿势，抽象表演等。"念"是指说白，用说话的方式交代情节、人物思想、情感等。"打"是指用特定的武术动作表演打斗场面，例如在《水浒传》中会出现较多的打斗情节，演员则会借助道具和动作表演来演绎粤剧的"打"。

粤剧剧目数量众多，题材广泛，岭南文化色彩浓烈，且善于吸收外地和外国优秀文化的艺术特点，其思想内涵和编剧手法与时俱进。粤剧致力于通过对故事生动的演绎，使观众更好地理解历史故事。[3]粤剧传统剧目中有很多生动感人的历史故事，其中最具代表性的有"四大美人戏"，包括《杨贵妃》、《貂蝉》、《王昭君》和《西施》。此外，为了反映当代的文化潮流，剧作家会选择多种多样的创作题材。因此粤剧既有服饰华丽的历史故事剧，也有反映近代民主革命斗争的现代剧。艺术和现实融为一体，给粤剧注入了活力，使粤剧这一世界非物质文化遗产得到了发展和传承。

월극은 한족의 전통 희곡 중 하나로, 광둥 포산에서 기원했고, 이로 인해 '광둥 가극'으로도 불린다. 광둥(粤) 방언을 사용해 공연하는 월극은 이미 7백여 년의 역사가 있다. [1]남송 말기에, 남극이 광둥으로 전해 들어와 최초의 월극이 되었다. 청나라 시기에는 월극이 광시, 홍콩, 마카오, 대만 등 지역으로 전해 들어왔다. 뒤이어, [4]동남아시아와 미주 각 국 화교들이 거주하는 곳에도 월극 공연이 모두 출현했다.

월극의 독특한 공연 예술과 표현 방식은 줄거리와 인물 감정이 무대 위에서 남김없이 다 표현되게 할 수 있다. [2]월극 배우의 공연 기예는 노래, 동작, 낭독, 무술의 4대 기본 유형으로 나뉜다. '노래'는 가창력을 가리킨다. 각기 다른 배역은 저마다 다른 공연 방식이 있는데, 평상시 말하는 음높이인 평후를 사용하는 것과 평후보다 8도 높은 자후를 사용하는 것을 포함한다. [2]보통 남성 배역은 평후를 적용하고, 여성 배역은 자후를 사용해 역할을 맡는다. '동작'이란 신체 연기를 가리키는데, 그중 손짓, 몸의 자세, 추상적인 연기 등이 포함되어 있다. '낭독'은 독백을 가리키고, 말하는 방식을 사용해 줄거리, 인물 사상, 감정 등을 설명한다. '무술'은 특정한 무술 동작으로 싸우는 장면을 연출하는 것을 가리키는데, 예를 들어 <수호전>에서 비교적 많은 싸움 줄거리가 출현하고, 배우들은 도구와 동작 연기의 도움을 받아 월극의 '무술'을 연출한다.

월극은 레퍼토리 수가 매우 많고 소재가 광범위하며, 링난 문화의 색채가 농후하다. 또한 외지와 외국의 우수한 문화의 예술 특징을 잘 받아들였고, 그 사상의 의미와 각본을 쓰는 기법이 시대와 더불어 발전했다. 월극은 이야기에 대한 생동감 있는 연출을 통해, 관중들이 역사 이야기를 더 잘 이해할 수 있도록 하는 데 힘썼다. [3]월극 전통 레퍼토리 중에는 많은 생동적이고 감동적인 역사 이야기가 있는데, 그중 가장 대표성을 가진 것이 '4대 미인극'이고, <양귀비>, <초선>, <왕소군>과 <서시>를 포함한다. 이 밖에, 그 시대의 문화 흐름을 반영하기 위해 극작가들은 가지각색의 창작 소재를 선택했다. 따라서 월극은 복식이 화려한 역사 이야기극도 있고, 근대 민주 혁명 투쟁을 반영한 현대극도 있다. 예술과 현실이 하나로 어우러진 것은 월극에 활력을 주입했고, 세계무형문화재인 월극이 발전되고 전승되게 했다.

어휘　粤剧 yuèjù 圐 월극[광둥성 지방극 중 하나]　传统 chuántǒng 圐 전통적이다　戏曲 xìqǔ 圐 중국의 전통적인 희곡　★起源 qǐyuán 圐 기원하다
广东 Guǎngdōng 고유 광둥[중국의 성(지방 행정 구역) 중 하나]　佛山 Fóshān 고유 포산[중국 광둥(广东)성의 한 지역]　称 chēng 圐 부르다
大戏 dàxì 圐 가극　粤 Yuè 고유 광둥(广东)성의 별칭　★方言 fāngyán 圐 방언　演唱 yǎnchàng 圐 공연하다　传入 chuánrù 전해 들어오다
广西 Guǎngxī 고유 광시[중국의 자치구 중 하나]　香港 Xiānggǎng 고유 홍콩　澳门 Àomén 고유 마카오　台湾 Táiwān 고유 대만　随后 suíhòu 圐 뒤이어
东南亚 Dōngnán Yà 圐 동남아시아　美洲 Měizhōu 圐 미주[아메리카주]　华侨 huáqiáo 圐 화교　★居住 jūzhù 圐 거주하다　★均 jūn 圐 모두
独特 dútè 圐 독특하다　表达 biǎodá 圐 표현하다　★情节 qíngjié 圐 줄거리　人物 rénwù 圐 인물　情感 qínggǎn 圐 감정　表现 biǎoxiàn 圐 표현하다
淋漓尽致 línlíjìnzhì 圐 남김없이 다 드러내다　技艺 jìyì 圐 기예　基本 jīběn 圐 기본의　念 niàn 圐 낭독하다　打 dǎ 圐 무술을 이용하여 공격하다
唱功 chànggōng 圐 가창력　角色 juésè 圐 배역　包括 bāokuò 圐 포함하다　平常 píngcháng 圐 평상시　声调 shēngdiào 圐 음높이, 성조
平喉 pínghóu 圐 평후[안정되고 낮은 소리]　子喉 zǐhóu 圐 자후[가성과 같이 매끄러운 소리]　一般 yìbān 圐 보통이다
采用 cǎiyòng 圐 적용하다, 골라서 쓰다　★扮演 bànyǎn 圐 역할을 맡다　手势 shǒushì 圐 손짓　姿势 zīshì 圐 자세　抽象 chōuxiàng 圐 추상적이다
说白 shuōbái 圐 독백[전통극・오페라 중에서 노래 가사 부분을 제외한 대사]　★交代 jiāodài 圐 설명하다　思想 sīxiǎng 圐 사상　★特定 tèdìng 圐 특정한
武术 wǔshù 圐 무술　打斗 dǎdòu 圐 싸우다, 싸움하다　★场面 chǎngmiàn 圐 장면　借助 jièzhù 圐 도움을 받다　道具 dàojù 圐 도구
★演绎 yǎnyì 圐 연출하다　剧目 jùmù 圐 레퍼토리　★题材 tícái 圐 소재　广泛 guǎngfàn 圐 광범위하다
岭南 Lǐngnán 고유 링난[중국 우링(五岭) 이남 지역]　色彩 sècǎi 圐 색채　浓烈 nóngliè 圐 농후하다　善于 shànyú 圐 ~을 잘하다
吸收 xīshōu 圐 받아들이다　★内涵 nèihán 圐 (내포된) 의미　编剧 biānjù 圐 각본을 쓰다　★手法 shǒufǎ 圐 기법
与时俱进 yǔ shí jù jìn 시대와 더불어 발전하다　★致力 zhìlì 圐 힘쓰다　生动 shēngdòng 圐 생동감 있다　代表性 dàibiǎoxìng 圐 대표성

此外 cǐwài🅐이 밖에　反映 fǎnyìng🅑반영하다　★当代 dāngdài🅐그 시대　★潮流 cháoliú🅑(사회적) 흐름, 조류　剧作家 jùzuòjiā🅐극작가

多种多样 duōzhǒng duōyàng 가지각색의　★创作 chuàngzuò🅑창작하다　服饰 fúshì🅐복식　★华丽 huálì🅐화려하다　近代 jìndài🅐근대

民主 mínzhǔ🅐민주이다　革命 gémìng🅑혁명하다　斗争 dòuzhēng🅑투쟁하다　现代剧 xiàndàijù🅐현대극　现实 xiànshí🅐현실

融 róng🅑어우러지다　注入 zhùrù🅑주입하다　★活力 huólì🅐활력　非物质文化遗产 fēiwùzhì wénhuà yíchǎn🅐무형문화재

传承 chuánchéng🅑전승하다

---

1 粤剧最早起源于什么时期？　　　　　　　　　월극은 어느 시기에 처음 기원했는가?

A 南宋末期　　　　　　B 明朝中期　　　　　　A 남송 말기　　　　　　B 명나라 중기

C 清朝末期　　　　　　D 唐朝初期　　　　　　C 청나라 말기　　　　　　D 당나라 초기

해설　질문이 월극이 어느 시기에 처음 기원했는지를 물었으므로, 질문의 핵심어구 粤剧最早起源과 관련된 내용을 지문에서 재빨리 찾는다. 첫 번째 단락에서 在南宋末期,南戏传入广东,成为最早的粤剧。라고 했으므로, 선택지 A 南宋末期가 정답이다.

어휘　粤剧 yuèjù🅐월극[광둥성 지방극 중 하나]　★起源 qǐyuán🅑기원하다　朝 cháo🅐나라, 왕조

---

2 关于粤剧的表演技艺，下列哪项正确？　　　　월극의 공연 기예에 관하여, 다음 중 옳은 것은?

A "唱"是最重要的形式　　　　　　　　　　　A '노래'는 가장 중요한 형식이다

B "做"不包括抽象表演　　　　　　　　　　　B '동작'은 추상적인 연기를 포함하지 않는다

C 用平喉来表演男性角色　　　　　　　　　　C 평후를 사용해 남성의 배역을 연기한다

D 武术表演是"念"的表现　　　　　　　　　　D 무술 연기는 '낭독'의 표현이다

해설　질문이 월극의 공연 기예에 관하여 옳은 것을 물었으므로, 질문의 핵심어구 粤剧的表演技艺와 관련된 내용을 지문에서 재빨리 찾는다. 두 번째 단락에서 粤剧演员的表演技艺分为四大基本类别——唱、做、念、打。……一般男性角色采用平喉,女性角色则用子喉来扮演。이라고 했으므로, 선택지 C 用平喉来表演男性角色가 정답이다.

어휘　技艺 jìyì🅐기예　形式 xíngshì🅐형식　包括 bāokuò🅑포함하다　抽象 chōuxiàng🅐추상적이다　平喉 pínghóu🅐평후[안정되고 낮은 소리]

角色 juésè🅐배역　武术 wǔshù🅐무술　念 niàn🅑낭독하다　表现 biǎoxiàn🅐표현

---

3 根据第3段，可以知道：　　　　　　　　　세 번째 단락에 근거하여, 알 수 있는 것은:

A 粤剧只有历史故事剧　　　　　　　　　　　A 월극에는 역사 이야기극만 있다

B 粤剧的故事内容很悲惨　　　　　　　　　　B 월극의 이야기 내용은 비참하다

C 粤剧有浓厚的外国文化色彩　　　　　　　　C 월극은 농후한 외국의 문화 색채를 가지고 있다

D 最典型的剧目是"四大美人戏"　　　　　　　D 가장 전형적인 레퍼토리는 '4대 미인극'이다

해설　질문이 세 번째 단락에 근거하여 알 수 있는 것을 물었다. 질문에 핵심어구가 없으므로 선택지의 핵심어구 历史故事剧,内容很悲惨,外国文化色彩,典型剧目와 관련된 내용을 지문에서 재빨리 찾는다. 세 번째 단락에서 粤剧传统剧目中有很多生动感人的历史故事,其中最具代表性的有"四大美人戏"라고 했으므로, 선택지 D 最典型的剧目是"四大美人戏"가 정답이다.

어휘　悲惨 bēicǎn🅐비참하다　★浓厚 nónghòu🅐농후하다　色彩 sècǎi🅐색채　★典型 diǎnxíng🅐전형적인　剧目 jùmù🅐레퍼토리

---

4 下列哪项不属于粤剧的特点？　　　　　　　다음 중 월극의 특징에 속하지 않는 것은?

A 题材种类繁多　　　　　　　　　　　　　　A 소재의 종류가 대단히 많다

B 只在广东地区演出　　　　　　　　　　　　B 광둥 지역에서만 공연한다

C 采用不同表演方式　　　　　　　　　　　　C 다른 연기 방식을 적용한다

D 属于世界非物质文化遗产　　　　　　　　　D 세계무형문화재에 속한다

해설　질문이 월극의 특징에 속하지 않는 것을 물었다. 질문에 핵심어구가 없으므로 각 선택지의 핵심어구 题材,广东地区,不同表演方式,世界非物质文化遗产과 관련된 내용을 지문에서 재빨리 찾는다. 첫 번째 단락에서 东南亚和美洲各国华侨居住的地方也均出现了粤剧演出라고 했으므로, 지문의 내용과 일치하지 않는 선택지 B 只在广东地区演出가 정답이다. 참고로 A는 세 번째 단락에서 粤剧剧目数量众多,题材广泛이라고 했으므로 오답이다. C는 두 번째 단락에서 粤剧演员的表演技艺分为四大基本类别와 不同的角色有各不相同的演唱方式이라고 했으므로 오답이다. D는 마지막 단락에서 使粤剧这一世界非物质文化遗产得到了发展和传承이라고 했으므로 오답이다.

5 - 8

为了使大学生毕业后更好更快地适应社会的节奏，许多高校都会推出一系列社会实践活动，甚至部分高校把社会实践作为大学毕业的一项必要条件。专家表示，有些高校组织社会实践的根本目的在于宣传学校，⁵一些繁复的任务和毫无意义的活动还会给学生带来巨大的压力，进而很难让他们体会到社会实践的真正意义。

⁶社会实践的主旨在于促进学生提前了解社会，锻炼实际技能，增强社会责任感，接触和感受社会上形形色色的人与事。学校可以设置多种多样的社会实践活动，前提是应当尊重学生的个人选择，作出正确的指导，这样才能使社会实践发挥最大的作用。

从某种层面上看，学校算是一个小型社会，但是仍旧无法与真正意义上的社会相提并论。当学生们踏入社会时，能深切感受到自身的不足之处，并体会到与其他人的差距。因此，组织有意义的社会实践活动，可以让学生把学校里学习到的专业知识充分运用到实践中，使所学的知识有用武之地。除此之外，没有课堂上的束缚，⁷社会实践还可以充分挖掘学生的潜力，激发创新意识。

由此可见，⁸社会实践能带来很大的益处，特别是能对学生今后的职业生涯规划起到一定的作用。当前许多学生急于找工作，从而忽略了对自我职业选择的认知，这更加凸显了社会实践活动的重要性。⁸提前感受职业的多样性，可以切身体验社会，还可以在今后的职业生涯中明确自己想做的事，对目标的设定也会更加准确。

대학생이 졸업한 후 사회의 흐름에 더 잘 더 빨리 적응하게 하도록, 많은 고등교육기관은 모두 일련의 사회 실습 활동을 내놓았고, 심지어 일부 고등교육기관은 사회 실습을 대학 졸업의 필요조건으로 삼기도 한다. 전문가들은 몇몇 고등교육기관이 사회 실습을 조직한 근본적인 목적은 학교 홍보에 있고, ⁵번잡한 업무와 조금도 의미가 없는 활동은 학생들에게 막대한 스트레스를 가져다주며, 더 나아가 그들이 사회 실습의 진정한 의미를 체득하게 만들기 어렵다고 말했다.

⁶사회 실습의 취지는 학생들이 사회를 미리 이해하고 실질적인 기능을 단련하며, 사회적 책임감을 강화하고 사회에서의 여러 종류의 사람과 일을 접하고 느껴보는 것을 촉진하는 데 있다. 학교에서는 여러 가지의 사회 실습 활동을 마련할 수 있는데, 전제는 학생 개인의 선택을 존중해야 하고, 올바른 지도를 하는 것으로, 이렇게 해야만 사회 실습이 가장 큰 효과를 발휘하게 할 수 있다.

어느 측면에서 보면, 학교는 하나의 소규모 사회라고 할 수 있지만, 여전히 진정한 의미의 사회와 동일하게 취급할 수 없다. 학생들은 사회에 발을 디딜 때, 자신의 부족한 점을 깊이 느낄 수 있고, 또한 다른 사람들과의 격차를 체득하게 된다. 그러므로 의미 있는 사회 실습 활동을 조직하는 것은 학생들로 하여금 학교에서 배운 전문 지식을 실습에서 충분히 활용하게 할 수 있고, 배운 지식이 펼쳐질 기회가 있게 한다. 이 외에도 교실이라는 속박이 없어, ⁷사회 실습은 학생의 잠재력을 충분히 발굴할 수도 있으며, 창조적인 의식을 불러일으킨다.

이로부터 ⁸사회 실습은 매우 큰 이점을 가져올 수 있고, 특히 학생들의 향후 직장 생활 계획에 있어서 상당한 역할을 할 수 있음을 알 수 있다. 현재 많은 학생들은 일을 찾기에 급급하여, 자신의 직업 선택에 대한 인지를 소홀히 했고, 이는 사회 실습 활동의 중요성을 더욱 부각시켰다. ⁸미리 직업의 다양성을 느끼면 사회를 몸소 체험할 수 있고, 앞으로의 직장 생활 속에서 자신이 하고 싶은 일을 명확하게 할 수 있으며, 목표에 대한 설정도 한층 정확해질 수 있다.

어휘 ★节奏 jiézòu 명 흐름, 리듬 一系列 yíxìliè 일련의 社会实践活动 shèhuì shíjiàn huódòng 명 사회 실습 활동 作为 zuòwéi 통 ~으로 삼다
必要 bìyào 형 필요하다 专家 zhuānjiā 명 전문가 组织 zǔzhī 통 조직하다 根本 gēnběn 형 근본적인 在于 zàiyú 통 ~에 있다
宣传 xuānchuán 통 홍보하다 繁复 fánfù 형 번잡하다 ★毫无 háowú 통 조금도 ~이 없다 意义 yìyì 명 의미 巨大 jùdà 형 막대하다
★进而 jìn'ér 접 더 나아가 体会 tǐhuì 통 체득하다 主旨 zhǔzhǐ 명 취지 促进 cùjìn 통 촉진하다 锻炼 duànliàn 통 단련하다
实际技能 shíjì jìnéng 실질적인 기능 增强 zēngqiáng 통 강화하다 接触 jiēchù 통 접하다 感受 gǎnshòu 통 느끼다
形形色色 xíngxíngsèsè 형 여러 종류의 ★设置 shèzhì 통 마련하다, 설치하다 ★前提 qiántí 명 전제 指导 zhǐdǎo 통 지도하다 发挥 fāhuī 통 발휘하다
某 mǒu 대 어느 层面 céngmiàn 명 측면 小型 xiǎoxíng 형 소규모 ★仍旧 réngjiù 부 여전히 无法 wúfǎ 통 ~할 수 없다
相提并论 xiāngtíbìnglùn 통 동일하게 취급하다 深切 shēnqiè 형 깊다 不足 bùzú 형 부족하다 差距 chājù 명 격차 充分 chōngfèn 형 충분하다
运用 yùnyòng 통 활용하다 用武之地 yòngwǔ zhī dì 지식이나 재능을 펼칠 기회 ★束缚 shùfù 통 속박하다 ★挖掘 wājué 통 발굴하다
★潜力 qiánlì 명 잠재력 激发 jīfā 통 불러일으키다 ★创新 chuàngxīn 통 창조하다 ★意识 yìshí 명 의식 可见 kějiàn 통 ~임을 알 수 있다
益处 yìchù 명 이점 生涯 shēngyá 명 생활, 생애 ★规划 guīhuà 명 계획 ★当前 dāngqián 명 현재 ★忽略 hūlüè 통 소홀히 하다
认知 rènzhī 통 인지하다 凸显 tūxiǎn 통 부각시키다 多样性 duōyàngxìng 명 다양성 体验 tǐyàn 통 체험하다 目标 mùbiāo 명 목표
设定 shèdìng 통 설정하다 更加 gèngjiā 부 한층

---

5 社会实践让学生感到压力的原因是：

A 要进行宣传   B 无法适应社会

C 实习任务繁琐   D 未达到毕业要求

사회 실습이 학생들로 하여금 스트레스를 느끼게 하는 원인은:

A 홍보를 진행해야 한다   B 사회에 적응할 수 없다

C 실습 업무가 번거롭다   D 졸업 요구에 도달하지 못한다

해설 질문이 사회 실습이 학생들로 하여금 스트레스를 느끼게 하는 원인을 물었으므로, 질문의 핵심어구 **社会实践**, **压力**와 관련된 내용을 지문에서 재빨리 찾는다. 첫 번째 단락에서 **一些繁复的任务和毫无意义的活动还会给学生带来巨大的压力**라고 했으므로, 선택지 C **实习任务繁琐**가 정답이다.

어휘 **实践** shíjiàn [동] 실습하다 **宣传** xuānchuán [동] 홍보하다 **实习** shíxí [동] 실습하다 **繁琐** fánsuǒ [형] 번거롭다 **达到** dádào [동] 도달하다

---

6 下列哪项**不是**社会实践的主旨？

A 增强责任感 **B 获得经济利益**
C 提前感受社会 D 训练实际技能

다음 중 사회 실습의 취지가 **아닌** 것은?

A 책임감을 강화한다 **B 경제적 이익을 얻는다**
C 미리 사회를 느낀다 D 실질적 기능을 훈련한다

해설 질문이 사회 실습의 취지가 아닌 것을 물었으므로, 질문의 핵심어구 **社会实践的主旨**과 관련된 내용을 지문에서 재빨리 찾는다. 두 번째 단락에서 **社会实践的主旨在于促进学生提前了解社会，锻炼实际技能，增强社会责任感，接触并感受社会上形形色色的人与事。**이라고 했으므로, 지문에서 언급되지 않은 선택지 B **获得经济利益**가 정답이다.

어휘 **主旨** zhǔzhǐ [명] 취지 **增强** zēngqiáng [동] 강화하다 **利益** lìyì [명] 이익 **感受** gǎnshòu [동] 느끼다 **训练** xùnliàn [동] 훈련하다 **技能** jìnéng [명] 기능

---

7 根据第3段，下列哪项正确？

A 能在社会实践中结交朋友
B 社会实践能增强身体素质
C 可在学校运用社会实践经验
D 社会实践可以挖掘学生潜能

세 번째 단락에 근거하여, 다음 중 옳은 것은?

A 사회 실습 중에 친구를 사귈 수 있다
B 사회 실습은 신체 소양을 강화시킬 수 있다
C 학교에서 사회 실습 경험을 활용할 수 있다
D 사회 실습은 학생의 잠재력을 발굴할 수 있다

해설 질문이 세 번째 단락에 근거하여 옳은 것을 물었다. 질문에 핵심어구가 없으므로, 각 선택지의 핵심어구 **结交朋友**, **增强身体素质**, **在学校运用社会实践知识**, **挖掘学生潜能**을 지문에서 재빨리 찾는다. 세 번째 단락에서 **社会实践还可以充分挖掘学生的潜力**라고 했으므로, 선택지 D **社会实践可以挖掘学生潜能**이 정답이다. 참고로 A와 B는 관련 내용이 언급되지 않았으므로 오답이다. C는 세 번째 단락에서 **可以让学生把学校里学习到的专业知识充分运用到实践中**이라고 했으므로 오답이다.

어휘 **结交** jiéjiāo [동] 사귀다 **增强** zēngqiáng [동] 강화하다 **身体素质** shēntǐ sùzhì [명] 신체 소양 **运用** yùnyòng [동] 활용하다 ★**挖掘** wājué [동] 발굴하다 **潜能** qiánnéng [명] 잠재력

---

8 下列哪项属于社会实践活动的优点？

A 提早体验多种职业
B 短期内寻找到工作
C 令同学们刮目相看
D 顺利找到高薪职业

다음 중 사회 실습 활동의 장점에 속하는 것은?

A 다양한 직업을 앞당겨 체험한다
B 단기간에 직장을 찾는다
C 학교 친구들로 하여금 괄목상대하게 한다
D 순조롭게 높은 급여의 직업을 찾는다

해설 질문이 사회 실습 활동의 장점에 속하는 것을 물었으므로, 핵심어구 **社会实践活动的优点**과 관련된 내용을 지문에서 재빨리 찾는다. 마지막 단락의 **社会实践能带来很大的益处……提前感受职业的多样性，可以切身体验社会**에서 사회 실습 활동의 장점이 언급되었으므로 선택지 A **提早体验多种职业**가 정답이다.

어휘 **提早** tízǎo [동] 앞당기다 **体验** tǐyàn [동] 체험하다 **短期** duǎnqī [명] 단기간 **刮目相看** guāmùxiāngkàn [성] 괄목상대하다, 새로운 안목으로 대하다 **高薪** gāoxīn [명] 높은 급여

고득점비책 03 | 중심 내용 문제 공략하기 p.148

전략 적용 해석

p.149

현재, 각국의 전문가들은 친환경 에너지를 사용하는 것을 적극적으로 권장하고 있는데, 태양 에너지나 풍력 에너지 등을 사용하는 것이 그 예이다. 또한 일부 과학자들은 더 '친환경적인' 방식을 찾았는데, 그것은 바로 해조를 이용해 액체 연료를 추출하는 것이다. 해조는 간단한 수생 유기체로 구성되어 있어, 광합성을 통해 빛 에너지를 저장하고, 빛 에너지로 체내에서 식물성 기름을 생산할 수 있다. 그리고 식물성 기름이 '바이오디젤'로 전환된 후에는 디젤 엔진에 동력을 제공할 수 있다.

다만 해조가 우수한 품질의 식물성 기름을 생산해내게 하고 싶다면, 수많은 문제를 해결해야 한다. '바이오디젤' 생산에 우선적으로 제일 중요한 것은 바로 해조 품종의 선택이다. 해조는 수천 가지 종류가 있는데, 적합한 해조 종류를 선택하는 것이 가장 중요한 것이다. 그 다음으로 해조가 성장하는 속도는 매우 빨라서, 재배 수량을 반드시 잘 조절해야 한다. 만약 너무 많으면, 햇빛이 부족해져 많은 해조의 폐사를 일으킬 수 있고, 만약 너무 적으면, 필요로 하는 수량에 미치지 못하게 된다. 이러한 문제를 해결하려면 컴퓨터를 이용해 영양 성분을 조절하고, 그리하여 해조의 성장 속도를 조절해야 한다. 하지만 이렇게 하면 생산 비용이 증가하여, 경제적 이익은 줄어들 수 있다.

비록 성공적으로 해조를 수확했더라도 또 다른 난제에 직면하게 되는데, 그것은 바로 어떻게 기름을 추출하는지이다. 콩, 청경채 등 식물에서 기름을 추출할 때는 일반적으로 저온 압착 방식을 이용하는데, 해조는 콩, 청경채 같이 이런 섬유질이 풍부한 물질과 달라서, 이런 표준적인 [1]기름 짜는 방법을 사용할 수 없다. 하지만 이론상으로 말하자면, 해조에서 기름을 추출하는 것은 상상하는 것만큼 그렇게 어렵지 않다. 미국의 과학자는 해조에 [1]화학 첨가제를 넣으면 기름을 추출할 수 있다는 사실을 증명했다. 해조액에 [1]메틸알코올 혹은 [1]에탄을 넣는 것은 현재 가장 좋은 선택이며, 이 방식이 상대적으로 효율이 더 높고, 게다가 생산 비용을 절약할 수 있다. [2]해조는 친환경적인 연료용 기름을 생산할 수 있을 뿐만 아니라, 다량의 이산화탄소를 흡수하고 공기를 정화할 수 있어서 명실상부한 친환경 에너지라고 말할 수 있다.

1. 세 번째 단락이 주로 설명하는 것은 무엇인가?
   A 기름을 짜는 적합한 방법　　　　　　　　　　　　　B 해조의 성장 속도
   C 정확한 해조류 품종　　　　　　　　　　　　　　　　D 안전한 재배 토지

2. 위 글의 제목으로 가장 적절한 것은:
   A 해조가 가져다준 경제 이익　　　　　　　　　　　　B 과학 기술이 인류의 삶을 변화시켰다
   C 세계는 이미 친환경 시대로 진입했다　　　　　　　　**D 친환경 에너지가 될 수 있는 해조**

어휘　**目前** mùqián 圓 현재　**专家** zhuānjiā 圓 전문가　**提倡** tíchàng 圓 권장하다　**绿色** lǜsè 圓 친환경적인　**能源** néngyuán 圓 에너지
　　　水藻 shuǐzǎo 圓 해조　★**提炼** tíliàn 圓 추출하다　**燃油** rányóu 圓 액체 연료　**有机体** yǒujītǐ 圓 유기체　**构成** gòuchéng 圓 구성하다
　　　光合作用 guānghé zuòyòng 圓 광합성　★**储存** chǔcún 圓 저장하다　**光能** guāngnéng 圓 빛 에너지　**生产** shēngchǎn 圓 생산하다
　　　植物油 zhíwùyóu 圓 식물성 기름　**生物柴油** shēngwù cháiyóu 圓 바이오디젤　**柴油** cháiyóu 圓 디젤　**发动机** fādòngjī 圓 엔진
　　　★**动力** dònglì 圓 동력　★**品种** pǐnzhǒng 圓 품종　**种类** zhǒnglèi 圓 종류　**生长** shēngzhǎng 圓 성장하다　**控制** kòngzhì 圓 조절하다
　　　★**种植** zhòngzhí 圓 재배하다　**造成** zàochéng 圓 일으키다, 야기하다　**大批** dàpī 圓 많은　**计算机** jìsuànjī 圓 컴퓨터　**营养** yíngyǎng 圓 영양
　　　成分 chéngfèn 圓 성분　★**成本** chéngběn 圓 생산 비용　**利益** lìyì 圓 이익　**收获** shōuhuò 圓 수확하다　**面临** miànlín 圓 직면하다
　　　提取 tíqǔ 圓 추출하다　**油菜** yóucài 圓 청경채　★**纤维** xiānwéi 圓 섬유질　**榨油** zhà yóu 기름을 짜다　**理论** lǐlùn 圓 이론　**想象** xiǎngxiàng 圓 상상하다
　　　★**证实** zhèngshí 圓 사실을 증명하다　**化学** huàxué 圓 화학　**添加剂** tiānjiājì 圓 첨가제　**甲醇** jiǎchún 圓 메틸알코올　**乙烷** yǐwán 圓 에탄
　　　相对 xiāngduì 圓 상대적이다　**效率** xiàolǜ 圓 효율　**油料** yóuliào 圓 연료용 기름　**吸收** xīshōu 圓 흡수하다
　　　★**二氧化碳** èryǎnghuàtàn 圓 이산화탄소　**净化** jìnghuà 圓 정화하다　★**名副其实** míngfùqíshí 圓 명실상부하다　**藻类** zǎolèi 圓 해조류
　　　★**基地** jīdì 圓 토지, 기지　★**标题** biāotí 圓 제목　**人类** rénlèi 圓 인류　6급 빈출어휘

실전연습문제 p.150

| 1 A | 2 B | 3 C | 4 D | 5 D | 6 D | 7 B | 8 A |

1 - 4

　　鲁班出身于世代工匠的家庭，从小就跟随家里人参加过许多土木建筑工程，因此他掌握了丰富的实践经验。

　　相传，鲁班和他的徒弟们曾接受了一项建造皇家宫殿的任务。这个宫殿需要造得无比雄伟壮观，因此工程量浩大，要采伐的木材也比较多。于是，他率领徒弟们去山上砍伐木材，可是[1]要想砍倒又高又粗的参天大树，仅用手中的斧头是不能快速地完成的。他们干了几天几夜，也没有砍伐足够多的木材，于是鲁班开始焦急了起来。

　　노반은 대대로 장인인 집안의 출신으로, 어릴 때부터 집안 식구들을 따라 많은 토목 건축물 공사에 참여했고, 이 때문에 그는 풍부한 실제 경험을 획득했다.

　　노반과 그의 제자들은 황실의 궁전을 건축하는 임무를 받았다고 전해진다. 이 궁전은 비할 바 없이 웅장하고 장대하게 만들어져야 했는데, 이 때문에 공사량이 거대하고 벌채할 목재도 비교적 많았다. 이에 그는 제자들을 이끌고 산에 가서 목재를 베려고 했는데, [1]높고 굵은 거목을 찍어 넘어뜨리려면, 손에 있는 도끼만으로는 빠르게 완성할 수 없었다. 그들은 몇날 며칠 밤을 일하고도 충분히 많은 목재를 베지 못했고, 그리하여 노반은 초조해지기 시작했다.

一天，鲁班去山上物色用做栋梁的木材时，脚下的岩石突然松动，所幸他急忙伸手抓住了旁边的野草，没有跌落下去，但是手掌却被野草划破了，渗出了鲜血。调整了呼吸以后，²鲁班扯了一把野草细细端详起来，结果²发现叶子的边缘长着许多锋利的小锯齿，他用这些叶子轻轻地在手背上一划，居然又被割出了一道口子。

当鲁班在琢磨其中的道理时，忽然看见草丛里的蝗虫正在疯狂地咀嚼草叶，他捉住蝗虫一看，发现蝗虫的牙齿上也长着密密麻麻的小锯齿。鲁班若有所思地低头自语道："原来蝗虫是用这种锯齿来咬断草叶的，难怪吃得那么快。"他转念一想："要是我也用这种工具锯树木，岂不是很快就能把大树一分为二吗？"于是³鲁班立刻请铁匠师傅打制了几十个带有小锯齿的铁片，并拿到山上去做了实验。果然，这种锯齿很快就将树木锯断了。

⁴鲁班给它取名为"锯"，并给"锯"安上了一个"共"字型的把手，使其使用起来更加方便，据说⁴这就是锯子的来历。有了锯子，砍伐木材的速度也随之加快，宏伟的宫殿也如期竣工了。

어느 날, 노반이 산에 가서 기둥으로 쓰일 목재를 물색할 때, 발 밑의 암석이 갑자기 흔들렸다. 다행히 그는 급히 손을 뻗어 옆에 있는 들풀을 붙잡아 떨어지지 않았지만 손바닥은 들풀에 의해 찢겨 피가 베어 나왔다. 호흡을 가다듬은 후, ²노반은 들풀 한 움큼을 뜯어서 자세히 살펴봤는데, 그 결과 ²잎의 가장자리에 날카로운 작은 톱니가 많이 자라 있는 것을 발견했고, 그는 이 잎들로 가볍게 손등에 한 번 그어 봤는데, 뜻밖에도 또 한 군데가 베였다.

노반이 그 이치를 생각하고 있을 때, 갑자기 풀숲의 메뚜기가 풀잎을 미친 듯이 씹고 있는 것을 봤고, 그는 메뚜기를 잡아서 보니, 메뚜기의 이빨에도 촘촘한 작은 톱니가 자라 있는 것을 발견했다. 노반은 어떤 생각에 잠긴 듯 고개를 숙이며 중얼거렸다. '알고 보니 메뚜기는 이런 톱니로 풀잎을 물어뜯었구나. 어쩐지 그렇게 빨리 먹더라니.' 그는 정신을 차리고 생각했다. '나도 이런 공구로 나무를 톱질한다면, 큰 나무를 빨리 둘로 나눌 수 있지 않을까?' 그리하여 ³노반은 즉시 대장장이 선생에게 작은 톱니가 달린 철편 수십 개를 만들 것을 부탁했고, 산에 가지고 가서 실험을 했다. 역시나, 이 톱니는 나무를 빨리 잘랐다.

⁴노반은 그것을 '톱'이라고 이름을 짓고, '톱'에 '공(共)'자 모양의 손잡이를 달아 사용하는 데 있어 한층 편리하게 했다. 전해지는 말에 의하면 ⁴이것이 바로 톱의 유래라고 한다. 톱이 생기니, 목재를 베는 속도도 덩달아 빨라졌고, 웅장한 궁궐도 기한대로 준공됐다.

어휘 | 鲁班 Lǔ Bān [고유] 노반[중국 고대의 걸출한 목수] ★出身 chūshēn [동] ~ 출신이다 ★世代 shìdài [명] 대대로 工匠 gōngjiàng [명] 장인
家庭 jiātíng [명] 집안 ★跟随 gēnsuí [동] 따라가다 建筑 jiànzhù [명] 건축물 工程 gōngchéng [명] 공사 掌握 zhǎngwò [동] 획득하다
实践经验 shíjiàn jīngyàn [명] 실제 경험 相传 xiāngchuán [동] ~라고 전해지다 徒弟 túdì [명] 제자 建造 jiànzào [동] 건축하다 皇家 huángjiā [명] 황실
★宫殿 gōngdiàn [명] 궁전 ★无比 wúbǐ [동] 비할 바가 없다 雄伟 xióngwěi [형] 웅장하다 ★壮观 zhuàngguān [형] 장대하다 浩大 hàodà [형] 거대하다
采伐 cǎifá [동] 벌채하다 木材 mùcái [명] 목재 率领 shuàilǐng [동] 이끌다 砍伐 kǎnfá [동] (나무를) 베다 砍 kǎn [동] 찍다 粗 cū [형] 굵다
参天大树 cāntiān dàshù [거목[하늘을 찌를 듯한 큰 나무] 斧头 fǔtóu [명] 도끼 足够 zúgòu [동] 충분하다 焦急 jiāojí [형] 초조하다
物色 wùsè [동] 물색하다 栋梁 dòngliáng [명] 기둥 岩石 yánshí [명] 암석 突然 tūrán [형] 갑작스럽다 松动 sōngdòng [동] 흔들리다 急忙 jímáng [부] 급히
伸手 shēnshǒu [동] 손을 뻗다 抓住 zhuāzhù [동] 붙잡다 野草 yěcǎo [명] 들풀 跌落 diēluò [동] 떨어지다 划破 huápò [동] 베다 鲜血 xiānxuè [명] 피
调整 tiáozhěng [동] 가다듬다, 조절하다 呼吸 hūxī [동] 호흡하다 扯 chě [동] 뜯다 端详 duānxiáng [동] 자세히 살펴보다 ★边缘 biānyuán [명] 가장자리
★锋利 fēnglì [형] 날카롭다 锯齿 jùchǐ [명] 톱니 手背 shǒubèi [명] 손등 居然 jūrán [부] 뜻밖에 ★割 gē [동] 베다 ★琢磨 zuómo [동] 생각하다
道理 dàolǐ [명] 이치 忽然 hūrán [부] 갑자기 草丛 cǎocóng [명] 풀숲 蝗虫 huángchóng [명] 메뚜기 疯狂 fēngkuáng [형] 미치다 ★咀嚼 jǔjué [동] 씹다
草叶 cǎoyè [명] 풀잎 牙齿 yáchǐ [명] 이빨 密密麻麻 mìmimámá [형] 촘촘하다 若有所思 ruòyǒusuǒsī [어떤 생각에 잠긴 듯하다
低头 dītóu [동] 고개를 숙이다 自语 zìyǔ [동] 중얼거리다 咬断 yǎoduàn [물어뜯다 难怪 nánguài [동] 어쩐지 转念 zhuǎnniàn [동] 정신을 차리다
工具 gōngjù [명] 공구 锯 jù [동] 톱질하다 岂不是 qǐbúshì [~하지 않겠는가? 立刻 lìkè [부] 즉시 铁匠 tiějiàng [명] 대장장이 打制 dǎzhì [동] 만들다
铁片 tiěpiàn [명] 철편 实验 shíyàn [명] 실험 果然 guǒrán [부] 역시나 把手 bǎshou [명] 손잡이 据说 jùshuō [동] 전해지는 말에 의하면 锯子 jùzi [명] 톱
★来历 láilì [명] 유래 随之 suízhī [덩달아, 이에 따라 加快 jiākuài [동] 빠르게 하다 ★宏伟 hóngwěi [형] 웅장하다 如期 rúqī [부] 기한대로
竣工 jùngōng [동] 준공되다

---

1 | 鲁班感到焦虑的原因是：

A 砍伐木材的速度过慢
B 对这项工程不太熟悉
C 砍伐木头的斧头不够用
D 建筑工程需要用特制木料

노반이 마음을 졸인 원인은:

A 목재를 베는 속도가 너무 느려서
B 이 공사에 대해 충분히 알지 못해서
C 나무를 벨 도끼가 부족해서
D 건축물 공사에 특제 목재를 사용해야 해서

해설 | 질문이 노반이 마음을 졸인 원인을 물었으므로, 질문의 핵심어구 焦虑와 관련된 내용을 지문에서 재빨리 찾는다. 두 번째 단락에서 要想砍倒又高又粗的参天大树，仅用手中的斧头是不能快速地完成的。他们干了几天几夜，也没有砍伐足够多的木材，于是鲁班开始焦急了起来。라고 했으므로，선택지 A 砍伐木材的速度过慢이 정답이다.

어휘 | 鲁班 Lǔ Bān [고유] 노반[중국 고대의 걸출한 목수] 焦虑 jiāolǜ [동] 마음 졸이다 砍伐 kǎnfá [동] (나무를) 베다 工程 gōngchéng [명] 공사
斧头 fǔtóu [명] 도끼 建筑 jiànzhù [명] 건축물

2 关于鲁班，下列哪项正确？

A 没能完成宫殿的修建
B 发现了锯齿状的植物
C 需要采集大量的野草
D 在外地学习了工匠技能

노반에 관하여, 다음 중 옳은 것은?

A 궁궐 건설을 완성하지 못했다
B 톱니 모양의 식물을 발견했다
C 대량의 들풀을 채집해야 했다
D 외지에서 장인 기술을 배웠다

해설 질문이 노반에 관하여 옳은 것을 물었다. 질문에 핵심어구가 없으므로 각 선택지의 핵심어구 **宫殿的修建, 锯齿状的植物, 野草, 工匠技能**과 관련된 내용을 지문에서 재빨리 찾는다. 세 번째 단락에서 **鲁班……发现叶子的边缘长着许多锋利的小锯齿**이라고 했으므로, 선택지 B **发现了锯齿状的植物**가 정답이다. 참고로 A는 마지막 단락에서 **宏伟的宫殿也如期竣工了**라고 했으므로 오답이다. C와 D는 관련 내용이 지문에서 언급되지 않았으므로 오답이다.

어휘 ★**宫殿** gōngdiàn [명] 궁궐 ★**修建** xiūjiàn [동] 건설하다 **锯齿** jùchǐ [명] 톱니 ★**采集** cǎijí [동] 채집하다 **野草** yěcǎo [명] 들풀 **工匠** gōngjiàng [명] 장인 **技能** jìnéng [명] 기술

3 根据第4段，可以知道什么？

A 木头很难被砍断
B 鲁班被蝗虫咬伤了
C 鲁班请人做了锯齿铁片
D 徒弟寻找到了解决方法

네 번째 단락에 근거하여, 알 수 있는 것은 무엇인가?

A 나무는 절단되기 매우 어렵다
B 노반은 메뚜기에게 물려 상처가 났다
C 노반은 톱니 철편을 만들어 달라고 부탁했다
D 제자는 해결 방법을 찾아냈다

해설 질문이 네 번째 단락에 근거하여 알 수 있는 것을 물었다. 질문에 핵심어구가 없으므로 각 선택지의 핵심어구 **很难被砍断, 被蝗虫咬伤, 锯齿铁片, 徒弟**와 관련된 내용을 재빨리 파악한다. 네 번째 단락에서 **鲁班立刻请铁匠师傅打制了几十个带有小锯齿的铁片**이라고 했으므로, 선택지 C **鲁班请人做了锯齿铁片**이 정답이다. 참고로 A는 네 번째 단락에서 **这种锯齿很快就将树木锯断了**라고 했으므로 오답이다. B와 D는 관련 내용이 지문에서 언급되지 않았으므로 오답이다.

어휘 **木头** mùtou [명] 나무 **砍断** kǎnduàn 절단하다 **蝗虫** huángchóng [명] 메뚜기 **咬伤** yǎoshāng 물어서 상처를 내다 **锯齿** jùchǐ [명] 톱니 **铁片** tiěpiàn [명] 철편 **徒弟** túdì [명] 제자 **寻找** xúnzhǎo [동] 찾다

4 上文主要讲的是：

A 鲁班和家人们的故事
B 蝗虫和野草的共同点
C 砍伐树木的常用工具
D 鲁班创造锯子的过程

위 글이 주로 말하고자 하는 것은:

A 노반과 가족들의 이야기
B 메뚜기와 들풀의 공통점
C 나무를 베는 데 자주 쓰이는 도구
D 노반이 톱을 발명해낸 과정

해설 질문이 지문의 중심 내용을 물었다. 지문이 노반이 황실의 궁전을 건축해야 하는데 목재를 베는 속도가 느려 초조해한다는 내용, 우연한 기회로 톱니 모양의 식물을 발견한 내용, 톱니가 달린 철편을 제작해 나무를 빠르게 자를 수 있었다는 내용을 차례대로 언급하고 있다. 그리고 마지막 단락에서 **鲁班给它取名为"锯"……这就是锯子的来历**라고 했다. 따라서 선택지 D **鲁班创造锯子的过程**이 정답이다.

어휘 **野草** yěcǎo [명] 들풀 **砍伐** kǎnfá [동] 나무를 베다 **常用** chángyòng 늘 쓰다 **工具** gōngjù [명] 도구 **创造** chuàngzào [동] 발명하다 **锯子** jùzi [명] 톱

5-8

梯田主要分布在江南山岭地区，其中广西和云南居多。种植水稻需要大面积的平原，而中国的东南地区丘陵多而平原少，农民们便筑起了梯田，用堤坝蓄水，使在丘陵地带大面积种植水稻成为可能，有效解决了当地的粮食问题。

最近成为热门旅游景点的龙脊梯田位于广西龙脊镇平安村的龙脊山上。这里[5]景色优美奇特，山里居住着大约5000名壮族和瑶族居民，给整个风景区增添了一丝民族风情，因此来往的游客络绎不绝。在不同的角度观望梯田，就会看到不同的风景，[5]山与山之间参差不齐的排列，形成了别具一格的景观。其中"七星伴月"景观便

계단식 논은 주로 장난 산봉우리 지역에 분포해 있으며, 그중에서도 광시와 윈난이 대부분이다. 벼를 재배하려면 넓은 면적의 벌판이 필요한데, 중국의 동남부 지역은 언덕이 많고 벌판이 적어서 농민들은 계단식 논을 건설했고, 제방을 이용해 저수하여, 언덕지대의 넓은 면적에서 벼 재배를 가능하게 했고, 현지의 식량 문제를 효과적으로 해결했다.

최근 인기 있는 관광 명소가 된 룽지 계단식 논은 광시 룽지진 핑안촌의 룽지산에 위치해 있다. 이곳의 [5]경치는 아름답고 특이하며, 산속에 대략 5000명의 장족과 요족 주민들이 거주하고 있어, 전체적인 풍경에 민족의 지역적 특색을 더했고, 이 때문에 오가는 관광객이 끊이지 않는다. 다른 각도에서 계단식 논을 바라보면, 다른 풍경을 볼 수 있고, [5]산과 산 사이의 가지런하지 못한 배열이 독특한 모습을 지닌 경관을 형성한다. 그중 '칠성반월' 경관은 룽지 계단식 논의 정수인데, 이것은

是龙脊梯田的精华，它由七个小山顶梯田和一个大山顶梯田组成，⁵中间的山顶相对突出，周围围着七座小山，跟星象中七星围着月亮的景象相似，故被称为"七星伴月"。大面积的⁵梯田层层叠叠，每一层梯田如同一片片鱼鳞，把连绵起伏的龙脊山装饰成一条活灵活现的"巨龙"，⁸到那里游览的人都会被这壮丽的景观和优美的线条所震撼。

⁶龙脊梯田一年四季不同的神韵令人陶醉，人们在不同的月份游览会有不同的收获。从4月中旬到6月中下旬，正值灌水插秧的时期，这时整个梯田被水覆盖，阳光反射使整座山看起来闪闪发光，亮丽的银色覆盖着整个梯田；⁶7月到9月中上旬，是水稻生长茂盛的时期，大片绿色的梯田就像是一张被折叠起来的巨型地毯；9月中下旬到11月中下旬，是水稻丰收的季节，梯田上布满金黄色的水稻，整座山像被铺上了一层黄金；12月中下旬到2月中上旬，梯田被白雪覆盖，仿佛变成了冰雪王国。不同季节的梯田总能给游客不一样的视觉享受。

⁸游览龙脊梯田除了可以亲近大自然，观赏妙不可言的自然景观之外，还可以与当地居民交流，感受少数民族的朴实和幽默，⁷即使独自一人在那里待上一整天，也可以沉浸在其中，<u>流连忘返</u>。

7개의 작은 산봉우리 계단식 논과 1개의 큰 산봉우리 계단식 논으로 구성되어 있다. ⁵중간의 산봉우리는 상대적으로 튀어나왔고, 주위는 7개의 작은 산으로 둘러쌓여 있어, 별자리 모양 중 북두칠성이 달을 둘러싸고 있는 모습과 비슷해 '칠성반월'이라고 불린다. 넓은 면적의 ⁵계단식 논은 층층이 겹쳐져 있어, 매 층의 계단식 논은 마치 조각 조각의 물고기 비늘과 같아, 끊임없이 높았다 낮았다 하는 룽지산을 생동감이 넘치는 '거대한 용'처럼 장식한다. ⁸그곳에 가서 여행하는 사람은 모두 이 웅장하고 아름다운 경관과 우아한 윤곽에 감동한다.

⁶룽지 계단식 논은 사시사철 다른 신비롭고 고상한 운치로 사람을 도취시키며, 사람들은 여행하는 달마다 다른 수확을 얻을 수 있다. 4월 중순부터 6월 중하순까지는 마침 물을 대어 모내기를 하는 시기인데, 이때 계단식 논 전체가 물로 덮여, 햇빛이 반사되어 온 산이 반짝반짝 광채를 내게 하고, 밝고 아름다운 은빛이 계단식 논 전체를 덮는다. ⁶7월부터 9월 초중순에는 벼가 우거지게 자라는 시기여서, 넓은 녹색의 계단식 논은 거대한 접힌 카펫과 같다. 9월 중하순부터 11월 중하순까지는 벼가 풍작을 이루는 계절이어서, 계단식 논 위에 황금색 벼가 가득 퍼지는데, 산 전체는 황금이 한층 깔린 것 같다. 12월 중하순부터 2월 초중순까지는 계단식 논이 흰 눈으로 덮여, 마치 겨울 왕국으로 변한 것 같다. 다른 계절의 계단식 논은 늘 관광객에게 똑같지 않은 시각적 즐거움을 준다.

⁸룽지 계단식 논을 여행하는 것은 자연과 친해져, 말로 표현할 수 없을 정도로 훌륭한 자연경관을 감상할 수 있는 것 이외에도, 현지 주민과 교류하며 소수민족의 소박함과 유머도 느낄 수 있다. ⁷그곳에서 온종일 혼자서 머물더라도, 그 속에 심취하여, 집에 돌아가는 것을 잊을 수도 있다.

어휘　梯田 tītián 圏 계단식 논　分布 fēnbù 图 분포하다　江南 Jiāngnán 교유 쟝난[양쯔강 하류 이남의 지역]　山岭 shānlǐng 圏 산봉우리　地区 dìqū 圏 지역　广西 Guǎngxī 교유 광시[중국의 자치구 중 하나]　云南 Yúnnán 교유 윈난[중국의 성(지방 행정 구역) 중 하나]　★种植 zhòngzhí 통 재배하다　水稻 shuǐdào 圏 벼　面积 miànjī 圏 면적　★平原 píngyuán 圏 벌판　丘陵 qiūlíng 圏 언덕　农民 nóngmín 圏 농민　堤坝 dībà 圏 제방　蓄水 xù shuǐ 저수하다　解决 jiějué 통 해결하다　当地 dāngdì 圏 현지　粮食 liángshi 圏 식량　★热门 rèmén 圏 인기 있는 것　旅游景点 lǚyóu jǐngdiǎn 圏 관광 명소　龙脊梯田 Lóngjǐ tītián 교유 룽지 계단식 논[광시(广西)에 위치한 거대한 계단식 논]　位于 wèiyú 통 ~에 위치하다　镇 zhèn 圏 진[중국 행정 구역 단위의 하나, 한국의 '읍'에 해당]　优美 yōuměi 圏 아름답다　奇特 qítè 圏 특이하다　★居住 jūzhù 통 거주하다　壮族 Zhuàngzú 圏 장족　瑶族 Yáozú 교유 요족　★居民 jūmín 圏 주민　整个 zhěnggè 圏 전체의　风景 fēngjǐng 圏 풍경　增添 zēngtiān 통 더하다　风情 fēngqíng 圏 지역적 특색　★络绎不绝 luòyìbùjué 젱 왕래가 잦아 끊이지 않다　角度 jiǎodù 圏 각도　观望 guānwàng 통 바라보다　参差不齐 cēncībùqí 젱 가지런하지 못하다　形成 xíngchéng 통 형성하다　别具一格 biéjùyìgé 젱 독특한 모습을 지니다　景观 jǐngguān 圏 경관　★精华 jīnghuá 圏 정수　山顶 shāndǐng 圏 산봉우리　组成 zǔchéng 통 구성하다　突出 tūchū 통 튀어나오다　围 wéi 통 둘러싸다　星象 xīngxiàng 圏 별자리 모양　七星 qīxīng 圏 북두칠성　月亮 yuèliang 圏 달　景象 jǐngxiàng 圏 모습　相似 xiāngsì 통 비슷하다　称 chēng 통 부르다　层叠 céngdié 통 층층이 겹치다　如同 rútóng 통 마치 ~와 같다　鱼鳞 yúlín 圏 물고기 비늘　连绵 liánmián 통 끊임없다　起伏 qǐfú 통 (산이나 언덕 등의 지세가) 높았다 낮았다 하다　装饰 zhuāngshì 통 장식하다　活灵活现 huólínghuóxiàn 젱 생동감이 넘치다　游览 yóulǎn 통 여행하다　壮丽 zhuànglì 圏 웅장하고 아름답다　线条 xiàntiáo 圏 윤곽　震撼 zhènhàn 통 감동시키다, 뒤흔들다　神韵 shényùn 圏 신비롭고 고상한 운치　陶醉 táozuì 통 도취하다　收获 shōuhuò 圏 수확　中旬 zhōngxún 圏 중순　灌水 guànshuǐ 圏 물을 대다　插秧 chāyāng 통 모내기를 하다　★覆盖 fùgài 통 덮다　反射 fǎnshè 통 반사하다　闪闪 shǎnshǎn 圏 반짝반짝하다　发光 fāguāng 통 광채를 내다　亮丽 liànglì 圏 밝고 아름답다　生长 shēngzhǎng 통 자라다　茂盛 màoshèng 圏 우거지다　折叠 zhédié 통 접다　地毯 dìtǎn 圏 카펫　★丰收 fēngshōu 圏 풍작을 이루다　布满 bùmǎn 통 가득 퍼지다　★铺 pū 통 깔다　黄金 huángjīn 圏 황금　白雪 báixuě 圏 흰 눈　仿佛 fǎngfú 튄 마치　视觉 shìjué 圏 시각　享受 xiǎngshòu 통 즐겁다, 누리다　亲近 qīnjìn 통 친해지다　观赏 guānshǎng 통 감상하다　妙不可言 miàobùkěyán 젱 말로 표현할 수 없을 정도로 훌륭하다　感受 gǎnshòu 통 느끼다　朴实 pǔshí 圏 소박하다　独自 dúzì 튄 혼자서　沉浸 chénjìn 통 심취하다　流连忘返 liúliánwàngfǎn 젱 경치에 취해 집에 돌아가는 것을 잊다

5　第2段主要谈的是：

A 龙脊梯田的由来
B 龙脊梯田的居民
C 与梯田有关的成语
D 梯田具有的特色景观

두 번째 단락에서 주로 말하는 것은:

A 룽지 계단식 논의 유래
B 룽지 계단식 논의 주민
C 계단식 논과 연관된 성어
D 계단식 논이 가지고 있는 특별한 경관

해설   질문이 두 번째 단락의 중심 내용을 물었다. 룽지 계단식 논의 아름답고 특이한 경치(景色优美奇特)와 관련하여 가지런하지 못한 산과 산 사이의 배열(山与山之间参差不齐的排列), 튀어나온 중간의 산봉우리(中间的山顶相对突出), 층층이 겹쳐져 있는 계단식 논(梯田层层叠叠)을 언급하고 있으므로, 선택지 D 梯田具有的特色景观이 정답이다.

어휘   龙脊梯田 Lóngjǐ tītián 圆 룽지 계단식 논[광시(广西)에 위치한 거대한 논]　由来 yóulái 圆 유래　★居民 jūmín 圆 주민
      有关 yǒuguān 圆 ~과 연관되다　成语 chéngyǔ 圆 성어　具有 jùyǒu 圆 가지다　特色 tèsè 圆 특별함

---

6 关于龙脊梯田的四季变化，下列哪项**不正确**？

    A 四季呈现不同的颜色
    B 冬季的梯田被白雪覆盖
    C 插秧季节的梯田是银色
    D 8月的龙脊梯田呈金黄色

룽지 계단식 논의 사계절 변화에 관하여, 다음 중 옳지 않은 것은?

    A 사계절이 각기 다른 색을 나타낸다
    B 겨울철의 계단식 논은 흰 눈으로 덮인다
    C 모내기를 하는 계절의 계단식 논은 은색이다
    D 8월의 룽지 계단식 논은 황금색을 띈다

해설   질문이 룽지 계단식 논의 사계절 변화에 관하여 옳지 않은 것을 물었으므로, 질문의 핵심어구 龙脊梯田的四季变化와 관련된 내용을 지문에서 재빨리 찾는다. 세 번째 단락에서 龙脊梯田一年四季不同的神韵令人陶醉……7月到9月中上旬，是水稻生长茂盛的时期，大片绿色的梯田就像是一张被折叠起来的巨型地毯이라고 했으므로, 지문의 내용과 일치하지 않는 선택지 D 8月的龙脊梯田呈金黄色가 정답이다.

어휘   ★呈现 chéngxiàn 圆 나타내다　冬季 dōngjì 圆 겨울철　白雪 báixuě 圆 흰 눈　★覆盖 fùgài 圆 덮다　插秧 chāyāng 圆 모내기를 하다

---

7 第4段中，画线词语"流连忘返"最可能是什么意思？

    A 忘记了返回的路
    B 因留恋而不愿离去
    C 为美好事物而流泪
    D 一个人也不觉得孤独

네 번째 단락에서, 밑줄 친 단어 '流连忘返'의 의미는 무엇일 가능성이 큰가?

    A 돌아가는 길을 잊었다
    B 미련을 가져서 떠나고 싶지 않다
    C 아름다운 사물 때문에 눈물을 흘린다
    D 아무도 외롭다고 느끼지 않는다

해설   질문이 네 번째 단락에서 流连忘返의 의미는 무엇일 가능성이 큰지를 물었으므로, 流连忘返이 언급된 부분을 지문에서 재빨리 찾는다. 네 번째 단락에서 即使独自一人在那里待上一整天，也可以沉浸其中，流连忘返이라고 했으므로, 문맥상 流连忘返은 룽지 계단식 논의 매력에 빠져 그곳을 떠나고 싶지 않다는 것을 나타내는 말임을 알 수 있다. 따라서 선택지 B 因留恋而不愿离去가 정답이다.

어휘   流连忘返 liúliánwàngfǎn 圆 경치에 취해 집에 돌아가는 것을 잊다　返回 fǎnhuí 圆 돌아가다　★留恋 liúliàn 圆 미련을 가지다　离去 líqù 떠나다
      事物 shìwù 圆 사물　流泪 liú lèi 눈물을 흘리다　★孤独 gūdú 圆 외롭다

---

8 最适合作上文标题的是：

    A 感受梯田的魅力
    B 广西的四季之美
    C 追溯梯田的起源
    D 梯田未来的发展

위 글의 제목으로 가장 적절한 것은:

    A 계단식 논의 매력을 느끼다
    B 광시장족자치구의 사계절의 아름다움
    C 계단식 논의 기원을 거슬러 올라가다
    D 계단식 논의 미래 발전

해설   질문이 위 글의 제목으로 가장 적절한 것을 물었으므로, 지문 전체의 중심 내용을 재빨리 파악한다. 두 번째 단락에서 到那里游览的人都会被这壮丽的景观和优美的线条所震撼이라고 했고, 마지막 단락에서 游览龙脊梯田除了可以亲近大自然，观赏妙不可言的自然景观之外，还可以与当地居民交流，感受少数民族的朴实和幽默라고 하는 등 지문 전체에 걸쳐 인기 있는 관광 명소인 룽지 계단식 논에서 느낄 수 있는 다양한 매력에 대해 설명하고 있으므로, 선택지 A 感受梯田的魅力가 정답이다.

어휘   ★标题 biāotí 圆 제목　感受 gǎnshòu 圆 느끼다　梯田 tītián 圆 계단식 논　魅力 mèilì 圆 매력　广西 Guǎngxī 고유 광시[중국의 자치구 중 하나]
      追溯 zhuīsù 圆 거슬러 올라가다　★起源 qǐyuán 圆 기원　未来 wèilái 圆 미래

제4부분   실전테스트 p.152

1 A	2 B	3 C	4 C	5 B	6 C	7 D	8 D	9 B	10 D
11 A	12 C	13 B	14 A	15 A	16 D	17 D	18 B	19 B	20 A

¹电影市场步入暑期档后，电影院也如期迎来了大量的儿童观众。这些儿童观众在为电影市场带来收益的同时，有时也会给电影院和其他观众带来不少的麻烦。

²由于大部分电影院里都没有儿童区，所以成年观众不得不和儿童观众坐在一起观看电影。¹/²电影放映时，孩子们大声喧哗，²乱踢椅背，满场乱跑的景象屡见不鲜。就算家长出言警告，威慑力也基本不会超过十分钟。²这让想要安静观影的普通观众怨声载道却又无可奈何。

那么，孩子们为什么会在电影院做出上述举动呢？心理学家通过实验发现，³10岁以下的儿童很难专心致志做一件事。其中3岁儿童的注意力可以维持3-5分钟，4岁儿童可以维持10分钟，5-6岁儿童也只能维持15分钟左右。所以很少有孩子可以在电影院安安静静地观看完一部漫长的电影。

既然观众被这种现象困扰，观影体验大打折扣的情况频繁发生，⁴为什么电影院还是不开设儿童厅呢？对这一问题，多名影院从业者给出了答案，他们表示，设立儿童厅代价高，收益小，很有可能入不敷出。这是因为在一般情况下，儿童厅要比普通影厅小，也要采用童话的装修风格，这就⁴会增加整体的成本。加之考虑到儿童爱四处走动的生理特点，电影院还需要拉大座椅间的间隔，这样一来，儿童厅一次⁴能够容纳的观众数量自然也会大大减少。除此之外，为了给儿童较为充分的休息和玩耍时间，两部电影上映的时间间隔会比普通厅长，⁴场次也会减少。

从长远角度来看，对儿童电影的需求量决定电影院在儿童厅上的投入。只有需求量增加，电影院的投入才会加大。

---

¹영화 시장이 여름 방학 시즌에 접어든 후, 영화관도 예정대로 많은 어린이 관객을 맞이했다. 이 어린이 관객들은 영화 시장에 수익을 가져오는 동시에, 때때로 영화관과 다른 관객에게 적지 않은 불편함을 가져오기도 한다.

²대부분의 영화관 안에는 어린이 구역이 없기 때문에, 성인 관객은 어쩔 수 없이 어린이 관객과 함께 앉아 영화를 관람해야 한다. ¹/²영화가 상영될 때, 아이들이 큰 소리로 떠들고, ²의자 등받이를 마구 걷어차고, 온 영화관을 마구 뛰어다니는 모습을 흔히 볼 수 있다. 설령 부모들이 경고의 말을 하더라도, 통제력은 기본적으로 10분도 넘기지 못한다. ²이것은 조용히 영화를 감상하고 싶은 일반 관객의 원성이 자자하게 하지만 또 어찌할 방법이 없다.

그러면, 아이들은 왜 영화관에서 위에서 언급한 행동을 하는 걸까? 심리학자는 실험을 통해, ³10살 이하의 어린이는 한 가지 일을 온전히 몰두해서 하는 것이 어렵다는 것을 발견했다. 그중 3살 어린이의 주의력은 3~5분간 유지될 수 있고, 4살 어린이는 10분간 유지될 수 있으며, 5~6세의 어린이도 15분 정도만 유지할 수 있다. 그래서 영화관에서 긴 영화 한 편을 조용히 다 관람할 수 있는 아이들은 적다.

관객이 이러한 현상에 시달린 이상 영화 감상 체험이 대대적으로 줄어드는 상황이 빈번하게 발생하는데, ⁴영화관은 왜 아직도 어린이관을 만들지 않는 걸까? 이 문제에 대해, 여러 명의 영화관 종사자가 답을 내놓았는데, 그들은 어린이관을 설치하는 것은 비용이 비싸고 수익이 적어, 수지가 맞지 않을 가능성이 있을 것이라고 말했다. 이것은 일반적인 상황에서, 어린이관은 일반 상영관보다 작아야 하고, 동화적인 인테리어 스타일을 선택해야 하는데, 이런 것들이 ⁴전체 원가를 증가시킬 수 있기 때문이다. 게다가 아이들의 사방팔방 돌아다니는 것을 좋아하는 생리적 특징을 고려하면, 영화관은 의자 사이의 간격을 크게 넓힐 필요가 있는데, 이렇게 되면 어린이관이 ⁴한 번에 수용할 수 있는 관객 수도 자연적으로 크게 줄어든다. 이 밖에도, 어린이에게 비교적 충분한 휴식과 놀이 시간을 주기 위해, 영화 두 편의 상영 시간 간격이 일반 상영관보다 길어지게 되고, ⁴상영 횟수도 줄어들 것이다.

장기적인 관점에서 볼 때, 어린이 영화에 대한 수요량은 영화관의 어린이관에 대한 투자를 결정한다. 수요량이 증가해야만, 영화관의 투자도 비로소 확대될 것이다.

어휘　市场 shìchǎng 圐 시장　步入 bùrù 圐 접어들다　暑期档 shǔqī dàng 여름 방학 시즌　如期 rúqī 圐 예정대로　迎来 yínglái 맞이하다
大量 dàliàng 圐 많은　★收益 shōuyì 圐 수익　观看 guānkàn 圐 관람하다　放映 fàngyìng 圐 상영하다　喧哗 xuānhuá 圐 떠들다
椅背 yǐbèi 圐 의자 등받이　景象 jǐngxiàng 圐 모습　屡见不鲜 lǚjiànbùxiān 圐 흔히 볼 수 있다　就算 jiùsuàn 圐 설령 ~이라도　家长 jiāzhǎng 圐 부모
出言 chūyán 圐 말을 하다　警告 jǐnggào 圐 경고하다　威慑力 wēishèlì 圐 통제력　基本 jīběn 圐 기본적으로　普通 pǔtōng 圐 일반적이다
怨声载道 yuànshēngzàidào 圐 원성이 자자하다　无可奈何 wúkěnàihé 圐 어찌할 방법이 없다　上述 shàngshù 圐 위에서 언급한
★举动 jǔdòng 圐 행동　心理学家 xīnlǐxuéjiā 圐 심리학자　实验 shíyàn 圐 실험　专心致志 zhuānxīnzhìzhì 圐 온전히 몰두하다　★维持 wéichí 圐 유지하다
★漫长 màncháng 圐 (시간·공간이) 길다　现象 xiànxiàng 圐 현상　困扰 kùnrǎo 圐 시달리다　体验 tǐyàn 圐 체험하다
大打折扣 dàdǎzhékòu 대대적으로 줄어들다　★频繁 pínfán 圐 빈번하다　开设 kāishè 圐 만들다　从业者 cóngyèzhě 圐 종사자
★设立 shèlì 圐 설치하다　★代价 dàijià 圐 비용　入不敷出 rùbùfūchū 圐 수지가 맞지 않다　影厅 yǐngtīng 圐 상영관
采用 cǎiyòng 圐 선택하다　童话 tónghuà 圐 동화　装修 zhuāngxiū 圐 인테리어 하다　风格 fēnggé 圐 스타일　整体 zhěngtǐ 圐 전체
★成本 chéngběn 圐 원가　四处走动 sìchù zǒudòng 圐 사방팔방 돌아다니다　★生理 shēnglǐ 圐 생리　座椅 zuòyǐ 圐 (등받이가 있는) 의자
★间隔 jiàngé 圐 간격　容纳 róngnà 圐 수용하다　充分 chōngfèn 圐 충분하다　玩耍 wánshuǎ 圐 놀다　上映 shàngyìng 圐 상영하다
场次 chǎngcì 圐 상영 횟수　长远 chángyuǎn 圐 장기적이다　角度 jiǎodù 圐 관점　★需求 xūqiú 圐 수요　投入 tóurù 圐 투자하다

6급 빈출어휘

---

1 在暑期，观众会在电影院遇到什么事？　여름 방학 기간에, 관객은 영화관에서 어떤 일을 맞닥뜨리는가?

A 孩子大声吵闹

B 观影人数太多

C 只有儿童电影

D 票价明显上涨

A 아이가 큰 소리로 소란을 피우는 것

B 영화를 관람하는 사람 수가 너무 많은 것

C 어린이 영화만 있는 것

D 표 값이 확연하게 오르는 것

해설　질문이 여름 방학 기간에 관객은 영화관에서 어떤 일을 맞닥뜨리는지를 물었으므로, 질문의 핵심어구 暑期, 电影院과 관련된 내용을 지문에서 재빨리 찾는다. 첫 번째 단락에서 电影市场步入暑期档后, 电影院也如期迎来了大量的儿童观众。이라고 했고, 두 번째 단락에서 电影放映时, 孩子们大声喧哗라고 했으므로, 선택지 A 孩子大声吵闹가 정답이다.

어휘　暑期 shǔqī 圓 여름 방학 기간　吵闹 chǎonào 圄 소란을 피우다　明显 míngxiǎn 圓 확연하다　上涨 shàngzhǎng 圄 오르다

2　第2段中画线成语"屡见不鲜"的意思是：　　두 번째 단락에서 밑줄 친 성어 '屡见不鲜'의 의미는:

　A 孩子们对新鲜的故事不感兴趣　　　　　　　A 아이들은 새로운 이야기에 흥미를 느끼지 않는다

　B 看孩子们吵闹也不会觉得新奇　　　　　　**B 아이들이 소란 피우는 것을 봐도 새롭다고 느끼지 않는다**

　C 儿童对电影院的布局感到新鲜　　　　　　　C 어린이들은 영화관 배치에 대해 신선함을 느낀다

　D 各种新鲜事物让儿童兴奋不已　　　　　　　D 각종 새로운 사물은 어린이들을 계속 흥분하게 한다

해설　질문이 두 번째 단락에서 밑줄 친 성어 屡见不鲜의 의미를 물었으므로, 屡见不鲜이 언급된 부분을 지문에서 재빨리 찾는다. 두 번째 단락에서 由于大部分电影院里都没有儿童区, 所以成年观众不得不和儿童观众坐在一起观看电影。电影放映时, 孩子们大声喧哗, 乱踢椅背, 满场乱跑的景象屡见不鲜。……这让想要安静观影的普通观众怨声载道却又无可奈何。라고 했으므로, 문맥상 屡见不鲜은 아이들이 떠드는 것을 봐도 새롭다고 느끼지 않는 것을 나타내는 말임을 알 수 있다. 따라서 선택지 B 看孩子们吵闹也不会觉得新奇가 정답이다.

어휘　成语 chéngyǔ 圓 성어　屡见不鲜 lǚjiànbùxiān 圄 흔히 볼 수 있다　新奇 xīnqí 圓 새롭다　★布局 bùjú 圓 배치　事物 shìwù 圓 사물

3　为什么有些儿童很难在电影院保持安静？　　왜 몇몇 어린이는 영화관에서 조용히 하기 힘든가?

　A 社会适应能力比较差　　　　　　　　　　　A 사회 적응 능력이 비교적 좋지 않기 때문에

　B 没有得到正确的指导　　　　　　　　　　　B 올바른 지도를 받지 못했기 때문에

　C 注意力维持时间不长　　　　　　　　　　**C 주의력 유지 시간이 길지 않기 때문에**

　D 对外界刺激反应迟钝　　　　　　　　　　　D 외부 자극에 대한 반응이 느리기 때문에

해설　질문이 왜 어린이가 영화관에서 조용히 하기 힘든지 물었으므로, 질문의 핵심어구 儿童, 保持安静과 관련된 내용을 지문에서 재빨리 찾는다. 세 번째 단락에서 10岁以下的儿童很难专心致志做一件事。其中3岁儿童的注意力可以维持3-5分钟, 4岁儿童可以维持10分钟, 5-6岁儿童也只能维持15分钟左右。所以很少有孩子可以在电影院安安静静地观看完一部漫长的电影。이라고 했으므로, 선택지 C 注意力维持时间不长이 정답이다.

어휘　指导 zhǐdǎo 圄 지도하다　★维持 wéichí 圄 유지하다　★外界 wàijiè 圓 외부　刺激 cìjī 圓 자극　反应 fǎnyìng 圓 반응　★迟钝 chídùn 圓 느리다, 둔하다

4　第4段主要介绍的是：　　네 번째 단락이 주로 소개하는 것은:

　A 儿童的注意力有限的原因　　　　　　　　　A 어린이의 주의력에 한계가 있는 이유

　B 儿童在电影院吵闹的原因　　　　　　　　　B 어린이가 영화관에서 소란을 피우는 이유

　C 电影院不开设儿童厅的原因　　　　　　　**C 영화관에서 어린이관을 만들지 않는 이유**

　D 电影院选择童话风格的原因　　　　　　　　D 영화관이 동화적인 스타일을 선택한 이유

해설　질문이 네 번째 단락의 중심 내용을 물었다. 영화관이 어린이관을 만들지 않는 이유(为什么电影院还是不开设儿童厅呢?)와 관련하여 원가 증가(会增加整体的成本), 한 번에 수용할 수 있는 관객수의 감소(能够容纳的观众数量自然也会大大减少), 상영 횟수의 감소(场次也会减少)를 언급하고 있으므로, 선택지 C 电影院不开设儿童厅的原因이 정답이다.

어휘　有限 yǒuxiàn 圓 한계가 있다　吵闹 chǎonào 圄 소란을 피우다　开设 kāishè 圄 만들다　★童话 tónghuà 圓 동화　风格 fēnggé 圓 스타일

---

5 - 8

营养丰富但味道苦涩的食物，是每一个孩子都无法逃避的噩梦。很多人小时候也许都有过被父母强行喂下苦涩的蔬菜或是灌下汤药的经历。

然而奇怪的是，长大之后再食用苦涩的食物，好像没有童年时那么痛苦了。有人以为是记忆出现了差错，有人则以为自己的味觉开始退化了。但其实这两种认知都是错误的，研究显示，5/8成人之后，人们之所以不再抗拒苦味，是因为唾液改变了味觉。

영양이 풍부하지만 맛이 쓰고 떫은 음식은 모든 아이가 피할 수 없는 악몽이다. 많은 사람은 어릴 때 부모에 의해 강제로 쓰고 떫은 채소를 먹거나 탕약을 마신 경험이 있을 것이다.

그러나 이상한 것은 어른이 된 후에 다시 쓰고 떫은 음식을 먹으면, 어린 시절만큼 그렇게 고통스러운 것 같지 않다는 것이다. 어떤 사람은 기억에 착오가 생겼다고 생각하고, 어떤 사람은 자신의 미각이 퇴화하기 시작했다고 생각한다. 하지만 사실 이 두 가지 인식은 모두 틀린 것인데, 연구에서 5/8성인이 된 후, 사람들이 더 이상 쓴맛을 거부하지 않는 것은 타액이 미각을 변화시켰기 때문이라고 밝혔다.

成年人吃的食物比儿童更多，更复杂，所以味觉更容易受唾液的影响。⁶唾液作为唾液腺分泌的一种多功能体液，⁶99%以上的成分是水，此外还有黏膜、电解质、抗菌物质以及帮助消化的酶等等。人体每天会分泌大量唾液，这可以冲刷口腔，保持黏膜湿润，并预先分解食物中的营养物质。同时，一些蛋白质会对食物中的味觉受体细胞的结合产生影响，从而改变我们的口味。

那么，唾液会对食物的味道进行定向"改造"吗？口味不佳的食物在唾液的长期改造下也会发生变化吗？答案是会的。最新研究结果表明，⁷如果食用苦涩食物的频率增加，人们对苦味和涩味的感知就会变弱。

研究人员对64名实验对象进行了一项实验。研究人员每天都让实验对象喝带有苦味的饮料，一日三次，为期一周。每次喝完饮料后，实验对象需要对饮料的苦度和涩度打分。最后，研究人员发现，唾液中富含脯氨酸的蛋白质含量明显增加，而这类蛋白质与饮料中的苦涩成分结合，阻止其与味觉受体细胞发生反应。实验结束时，人们对苦涩程度打的分数比一开始降低了不少。

综上所述，我们可以发现，人的味觉并非一成不变，因为⁸唾液的分泌、摄入食物的多少和频率都会改变人们所感受到的味道。

성인이 먹는 음식은 어린이보다 더 많고 더 복잡해서, 미각이 타액의 영향을 더 쉽게 받는다. ⁶타액은 침샘이 분비하는 일종의 다기능 체액으로서, ⁶99% 이상의 성분은 물이고, 이 이외에도 점액, 전해질, 항균 물질 및 소화를 돕는 효소 등등이 있다. 인체는 매일 다량의 타액을 분비하는데, 이것은 구강을 씻어 낼 수 있고, 점막을 촉촉하게 유지시키며, 음식물 속의 영양물질을 미리 분해할 수 있다. 동시에, 일부 단백질은 음식물 속의 미각 수용체 세포의 결합에 영향을 줘, 우리의 입맛을 바꿀 수 있다.

그렇다면, 타액은 음식의 맛을 일정하게 '개조'하는 것일까? 맛이 좋지 않은 음식은 타액의 장기적인 개조하에 변화가 생기는 것일까? 답은 그럴 수 있다는 것이다. 최신 연구 결과에서 ⁷만약 쓰고 떫은 음식을 먹는 빈도가 증가한다면, 쓴맛과 떫은 맛에 대한 사람들의 감각과 지각이 약해지는 것으로 나타났다.

연구원은 64명의 실험 대상에게 실험을 진행했다. 연구원은 매일 실험 대상에게 쓴맛이 나는 음료를 마시도록 했는데, 하루 세 번, 일주일 동안 진행했다. 매번 음료를 마시고 난 후, 실험 대상은 음료의 쓴 정도와 떫은 정도에 대해 점수를 매겨야 했다. 최종적으로, 연구원은 타액 속에 다량 함유된 프롤린의 단백질 함량이 확연하게 증가했고, 이런 종류의 단백질은 음료 속의 쓰고 떫은 성분과 결합해, 미각 수용체 세포와 반응이 일어나는 것을 막는다는 것을 발견했다. 실험이 끝났을 때, 사람들이 쓰고 떫은 정도에 대해 매긴 점수는 시작했을 때보다 많이 낮아졌다.

앞서 말한 내용을 종합해 보면, 우리는 사람의 미각은 결코 불변하지 않는다는 것을 알 수 있다. 왜냐하면 ⁸타액의 분비, 음식 섭취의 많고 적음과 빈도 모두 사람들이 느끼는 맛을 변화시킬 수 있기 때문이다.

어휘 　營養 yíngyǎng 圖 영양　苦涩 kǔsè 圖 쓰고 떫다　食物 shíwù 圖 음식　逃避 táobì 피하다　噩梦 èmèng 圖 악몽　强行 qiángxíng 강제로
喂 wèi 圖 먹이다　蔬菜 shūcài 圖 채소　灌 guàn 圖 (액체를) 마시다, 부어 넣다　汤药 tāngyào 圖 탕약　食用 shíyòng 圖 먹다　痛苦 tòngkǔ 圖 고통스럽다
记忆 jìyì 圖 기억　差错 chācuò 圖 착오　味觉 wèijué 圖 미각　退化 tuìhuà 圖 퇴화하다　认知 rènzhī 圖 인식하다　显示 xiǎnshì 圖 밝히다
成人 chéngrén 圖 성인이 되다　抗拒 kàngjù 圖 거부하다　苦味 kǔwèi 圖 쓴맛　唾液 tuòyè 圖 타액　成年人 chéngniánrén 圖 성인
作为 zuòwéi 꾀 ~로서　唾液腺 tuòyèxiàn 圖 침샘　分泌 fēnmì 圖 분비하다　功能 gōngnéng 圖 기능　体液 tǐyè 圖 체액　成分 chéngfèn 圖 성분
此外 cǐwài 圖 이 이외에　黏液 niányè 圖 침샘　电解质 diànjiězhì 圖 전해질　抗菌 kàngjūn 圖 항균　物质 wùzhì 圖 물질　以及 yǐjí 圖 및
消化 xiāohuà 圖 소화하다　酶 méi 圖 효소　冲刷 chōngshuā 圖 씻어 내다　口腔 kǒuqiāng 圖 구강　保持 bǎochí 圖 유지하다　黏膜 niánmó 圖 점막
湿润 shīrùn 圖 촉촉하다　预先 yùxiān 圖 미리　分解 fēnjiě 圖 분해하다　★蛋白质 dànbáizhì 圖 단백질　受体 shòutǐ 圖 수용체　★细胞 xìbāo 圖 세포
结合 jiéhé 圖 결합하다　口味 kǒuwèi 圖 입맛　定向 dìngxiàng 圖 일정한 방향을 향하다　改造 gǎizào 圖 개조하다　佳 jiā 圖 좋다
表明 biǎomíng 圖 나타내다　★频率 pínlǜ 圖 빈도　涩味 sèwèi 圖 떫은 맛　感知 gǎnzhī 圖 감각과 지각　弱 ruò 圖 약하다　实验 shíyàn 圖 실험
对象 duìxiàng 圖 대상　为期 wéiqī 圖 ~동안 하다　打分 dǎfēn 圖 점수를 매기다　富含 fùhán 圖 다량 함유하다　脯氨酸 fǔ'ānsuān 圖 프롤린[아미노산의 하나]
含量 hánliàng 圖 함량　明显 míngxiǎn 圖 확연하다　阻止 zǔzhǐ 圖 막다　反应 fǎnyìng 圖 반응하다　程度 chéngdù 圖 정도　分数 fēnshù 圖 점수
综上所述 zōngshàng suǒshù 앞서 말한 내용을 종합하다　★并非 bìngfēi 圖 결코 ~이 아니다　摄入 shèrù 圖 섭취하다　感受 gǎnshòu 圖 느끼다

---

5 能改变成年人的味觉的是：　　　　　　　　성인의 미각을 바꿀 수 있는 것은:

A 记忆　　　　　　　　**B 唾液**　　　　　　A 기억　　　　　　　　**B 타액**
C 思考方式　　　　　　D 童年经历　　　　　C 사고방식　　　　　　D 어린 시절의 경험

해설 　질문이 성인의 미각을 바꿀 수 있는 것을 물었으므로, 질문의 핵심어구 能改变成年人的味觉的와 관련된 내용을 지문에서 재빨리 찾는다. 두번째 단락에서 成人之后, 人们之所以不再抗拒苦味,是因为唾液改变了味觉라고 했으므로, 선택지 B 唾液가 정답이다.

어휘 　成年人 chéngniánrén 圖 성인　味觉 wèijué 圖 미각　记忆 jìyì 圖 기억　唾液 tuòyè 圖 타액　思考 sīkǎo 圖 사고　童年 tóngnián 圖 어린 시절

---

6 下列哪项不属于唾液的成分？　　　　　　다음 중 타액의 성분에 속하지 않는 것은?

A 酶　　　　　　　　　B 电解质　　　　　　A 효소　　　　　　　　B 전해질
C 脂肪酸　　　　　　D 抗菌物质　　　　　**C 지방산**　　　　　　D 항균 물질

질문이 타액의 성분에 속하지 않는 것을 물었으므로, 질문의 핵심어구 唾液的成分과 관련된 내용을 지문에서 재빨리 찾는다. 세 번째 단락에서 唾液……99%以上的成分是水, 此外还有黏液、电解质、抗菌物质以及帮助消化的酶等等이라고 했으므로, 지문에서 언급되지 않은 선택지 C 脂肪酸이 정답이다.

어휘 成分 chéngfèn 뎅 성분　酶 méi 뎅 효소　电解质 diànjiězhì 뎅 전해질　脂肪酸 zhīfángsuān 뎅 지방산　抗菌 kàngjūn 뎅 항균　物质 wùzhì 뎅 물질

---

7 如果食用苦涩食物的频率增加：

A 肠胃会受到损坏
B 记忆力会随之增强
C 唾液分泌会大幅减少
D 对苦涩的感知发生变化

만약 쓰고 떫은 음식을 먹는 빈도가 증가하면：

A 위장이 손상을 입을 수 있다
B 기억력도 이에 따라 강화될 수 있다
C 타액 분비가 대폭 감소될 수 있다
D 쓰고 떫은 것에 대한 감각과 지각에 변화가 생길 수 있다

해설 질문이 만약 쓰고 떫은 음식을 먹는 빈도가 증가하면 어떻게 되는지를 물었으므로, 질문의 핵심어구 食用苦涩食物的频率增加와 관련된 내용을 지문에서 재빨리 찾는다. 네 번째 단락에서 如果食用苦涩食物的频率增加, 人们对苦味和涩味的感知就会变弱라고 했으므로, 선택지 D 对苦涩的感知发生变化가 정답이다.

어휘 食用 shíyòng 뎅 먹다　苦涩 kǔsè 뎅 쓰고 떫다　食物 shíwù 뎅 음식　★频率 pínlǜ 뎅 빈도　肠胃 chángwèi 뎅 위장　★损坏 sǔnhuài 뎅 손상하다　记忆力 jìyìlì 뎅 기억력　随之 suízhī 이에 따라　增强 zēngqiáng 뎅 강화하다　★分泌 fēnmì 뎅 분비하다　大幅 dàfú 뎅 대폭　感知 gǎnzhī 뎅 감각과 지각

---

8 上文主要想告诉我们：

A 苦味食物具有杀菌功效
B 成人的唾液分泌量更多
C 味觉敏感性与年龄有关
D 唾液能够影响人的味觉

위 글이 주로 우리에게 말하고자 하는 것은：

A 쓴 음식은 살균 효능이 있다
B 성인의 타액 분비량이 더 많다
C 미각의 민감도는 연령과 관계가 있다
D 타액은 사람의 미각에 영향을 줄 수 있다

해설 질문이 지문의 중심 내용을 물었다. 지문이 성인은 어린이보다 쓴 음식을 잘 먹는데 그 이유가 타액 때문이라는 연구 결과, 타액의 구체적인 성분, 타액 및 미각과 관련한 실험 내용을 차례대로 언급하고 있다. 그리고 두 번째 단락에서 成人之后, 人们之所以不再抗拒苦味, 是因为唾液改变了味觉라고 했고, 마지막 단락에서 唾液的分泌、摄入食物的多少和频率都会改变人们所感受到的味道라고 했다. 따라서 선택지 D 唾液能够影响人的味觉가 정답이다.

어휘 杀菌 shājūn 뎅 살균하다　★功效 gōngxiào 뎅 효능　★分泌 fēnmì 뎅 분비하다　敏感 mǐngǎn 뎅 민감하다

---

9 - 12

天目茶盏是一种十分珍稀罕见的文物，在宋代被奉为国宝。遗憾的是，当今世上，现存的古代天目茶盏只有三件半。

根据记载，[9]宋朝时期日本高僧到中国留学，归国时把充满天目山风土人情的建盏带回了日本，这就是日本将建盏称为天目茶盏的原因。日本有三件天目茶盏，第一件被东京静嘉堂文库美术馆所收藏，第二件在京都大德寺龙光院，最后一件则在大阪藤田美术馆。而[10]杭州古越博物馆所收藏的南宋天目茶盏，是2009年上半年在杭州考古遗址出土的，[10]仅存有约四分之一的残片。

这件残器的内部布满了斑点，外壁釉面上如同夜空星辰般的痕迹也隐约可见，[11]这就是"曜变"。曜变是天目茶盏最大的特点，它是在烧制陶瓷的过程中发生的[11]一种特殊的化学反应，具有无法复制的偶然性。在烧制瓷器的过程中，器具表面的气泡爆开，因而产生无数个华丽的釉斑。这些斑点在阳光和一定温度条件下闪烁着七彩光晕。考古学家们曾在宋代建窑遗址附近找到了

천목 찻잔은 매우 진귀하고 보기 드문 문물로, 송대에는 국보로 받들어졌다. 유감스럽게도, 현존하는 고대 천목 찻잔은 오직 세 점 반뿐이다.

기록에 따르면, [9]송나라 시기에 일본 고승이 중국에 유학을 왔고, 귀국할 때 천목산의 풍토와 인심이 가득 찬 건잔을 일본에 가지고 돌아갔는데, 이것이 바로 일본이 건잔을 천목 찻잔으로 부르게 된 원인이다. 일본에는 세 점의 천목 찻잔이 있는데, 첫 번째 잔은 도쿄 세이카토 분코 미술관에 보관되어 있고, 두 번째 잔은 교토 다이도쿠지 료코인에 있으며, 마지막 한 잔은 오사카 후지타 미술관에 있다. 한편 [10]항저우 고대 월나라 박물관이 소장하고 있는 남송 천목 찻잔은 2009년 상반기에 항저우 고고학 유적지에서 출토된 것으로, [10]약 4분의 1의 파편만 겨우 남아 있다.

이 완전하지 않은 잔의 내부에는 얼룩이 가득 퍼져 있고, 외부 유약 표면에는 마치 밤하늘의 별과 같은 흔적도 희미하게 볼 수 있는데, [11]이것이 바로 '요변'이다. 요변은 천목 찻잔의 가장 큰 특징으로, 도자기를 굽는 과정 중 발생하는 [11]일종의 특수한 화학 반응인데, 복제할 수 없다는 우연성을 가진다. 자기를 굽는 과정 중, 잔 표면의 기포가 터져서, 무수한 화려한 유약 얼룩이 생긴다. 이러한 얼룩은 햇빛과 일정한 온도 조건에서 다채로운 빛으로 반짝인다. 고고학자들은 이전에

数以十万计的瓷器残片，这些残片疑似是烧制时留下的失败品。有关人员推测，古代工匠在制作陶瓷时都使用木柴，很难精确控制温度，所以成品率极低。他们认为可以从这一点推断出曜变形成的原因。

比起古代，现代的烧制工艺有了巨大的进步，但一直没人能烧制出完美的¹²天目茶盏。然而¹²刘小祥先生的出现打破了这一局面。他凭着对茶和陶瓷的执着和喜爱，¹²艰苦钻研了十一年，在烧坏了共计17万多只茶盏后，终于发现了曜变的形成原理，并成功烧制出了天目茶盏。¹²他复原了天目茶盏的制作工艺，填补了这一国宝级瓷器制造工艺的空白，可谓意义非凡。

송대의 젠야오 유적 부근에서 수십만의 자기 파편을 찾아냈는데, 이러한 파편은 구울 때 남겨진 실패작인 것으로 보인다. 관계자는 고대 공예가들이 도자기를 만들 때 모두 장작을 사용했는데, 온도를 정확하게 조절하기 어려워서, 제품 완성률이 매우 낮았을 것이라고 추측한다. 그들은 이 점으로부터 요변이 형성된 원인을 추론해낼 수 있다고 생각한다.

고대에 비해서, 현대의 굽는 기술은 대단한 발전을 이루었지만, 줄곧 완벽한 천목 찻잔을 구워낼 수 있는 사람이 없었다. 그러나 ¹²류샤오샹 선생의 출현은 이러한 국면을 타파했다. 그는 차와 도자기에 대한 고집과 사랑으로 ¹²11년 동안 힘들고 어렵게 연구했는데, 총 17만여 점의 찻잔을 태워버린 후에야, 마침내 요변의 형성 원리를 발견했으며, 천목 찻잔을 성공적으로 구워 냈다. ¹²그는 천목 찻잔의 제작 기술을 복원했고, 국보급 자기 제조 기술의 공백을 메웠는데, 의미가 뜻깊다고 할 수 있다.

어휘

天目茶盏 tiānmù cházhǎn 몡 천목 찻잔　★珍稀 zhēnxī 톙 진귀하다　★罕见 hǎnjiàn 톙 보기 드물다　★文物 wénwù 몡 문물
宋代 Sòngdài 고유 송대, 송나라 시대[중국 역사상의 한 시대]　奉为 fèngwéi ~으로 받들다　国宝 guóbǎo 몡 국보　遗憾 yíhàn 톙 유감스럽다
当今 dāngjīn 몡 오늘날　世上 shìshàng 몡 세상　★记载 jìzǎi 통 기록하다　宋朝时期 Sòngcháo shíqī 송나라 시기[중국 역사상의 한 시기]
高僧 gāosēng 몡 고승[덕이 높은 승려]　充满 chōngmǎn 통 가득 차다　天目山 Tiānmùshān 고유 천목산[중국 저장(浙江)성에 있는 산]
风土人情 fēngtǔrénqíng 몡 풍토와 인심　建盏 jiànzhǎn 건잔[중국 푸젠(福建)성에서 만든 천목 찻잔]　称 chēng 통 부르다
东京 Dōngjīng 고유 도쿄[일본의 수도]　静嘉堂文库 Jìngjiātáng wénkù 고유 세이카토분코[도쿄 세타가야구 오카모토에 위치한 미술관]
美术馆 měishùguǎn 몡 미술관　★收藏 shōucáng 통 보관하다　京都 Jīngdū 고유 교토[일본의 지명]　大德寺 Dàdé Sì 고유 다이토쿠지, 대덕사[일본의 사찰]
龙光院 Lóngguāngyuàn 료코인, 용광원[다이토쿠지에 있는 원찰]　大阪 Dàbǎn 고유 오사카[일본의 지명]　藤田 Téngtián 고유 후지타[일본의 지명]
杭州 Hángzhōu 고유 항저우[중국의 지명]　古越 Gǔyuè 고유 고대 월나라[중국 역사상의 한 국가]　博物馆 bówùguǎn 몡 박물관
南宋 Nánsòng 고유 남송[중국 역사상의 한 시대]　★考古 kǎogǔ 몡 고고학　遗址 yízhǐ 몡 유적지　出土 chūtǔ 통 출토하다　残片 cánpiàn 몡 파편
残 cán 톙 완전하지 않다　器 qì 몡 잔, 그릇　内部 nèibù 몡 내부　布满 bùmǎn 가득 퍼지다　斑点 bāndiǎn 몡 얼룩　外壁 wàibì 몡 외부, 외벽
釉面 yòumiàn 몡 유약 표면[유약을 바른 표면]　如同 rútóng 통 마치 ~와 같다　夜空 yèkōng 몡 밤하늘　星辰 xīngchén 몡 별　★痕迹 hénjì 몡 흔적
隐约 yǐnyuē 톙 희미하다　曜变 yàobiàn 몡 요변[도자기를 구울 때, 가마 속에서 변화가 생겨 구워낸 도자기에 예기치 못한 변형이 일어나는 일]
烧制 shāozhì (가마에 넣어) 굽다　★陶瓷 táocí 몡 도자기　特殊 tèshū 톙 특수하다　化学 huàxué 몡 화학　反应 fǎnyìng 통 반응하다
具有 jùyǒu 통 가진다　复制 fùzhì 통 복제하다　偶然性 ǒuránxìng 몡 우연성　瓷器 cíqì 몡 자기, 도자기　器具 qìjù 몡 잔, 그릇　表面 biǎomiàn 몡 표면
气泡 qìpào 몡 기포　爆 bào 통 터지다　无数 wúshù 톙 무수하다　★华丽 huálì 톙 화려하다　釉斑 yòu bān 유약 얼룩　★闪烁 shǎnshuò 통 반짝이다
七彩光晕 qīcǎi guāngyùn 다채로운 빛　建窑遗址 Jiànyáo yízhǐ 고유 젠야오 유적[중국 푸젠(福建)성에 위치한 가마 유적지]
数以十万计 shù yǐ shí wàn jì 수십만　疑似 yísì ~으로 보이다　有关人员 yǒuguān rényuán 관계자　★推测 tuīcè 통 추측하다
工匠 gōngjiàng 몡 공예가　制作 zhìzuò 통 만들다　木柴 mùchái 몡 장작　★精确 jīngquè 톙 정확하다　成品率 chéngpǐnlǜ 몡 제품 완성률
推断 tuīduàn 통 추론하다　形成 xíngchéng 통 형성하다　现代 xiàndài 몡 현대　工艺 gōngyì 몡 기술　巨大 jùdà 톙 대단하다　进步 jìnbù 통 발전하다
完美 wánměi 톙 완벽하다　打破 dǎpò 통 타파하다　局面 júmiàn 몡 국면　凭着 píngzhe ~으로　★执着 zhízhuó 톙 고집스럽다　喜爱 xǐ'ài 통 사랑하다
艰苦 jiānkǔ 톙 힘들고 어렵다　★钻研 zuānyán 통 (깊이) 연구하다　烧坏 shāohuài 태우다, 소실되다　共计 gòngjì 통 합계하다　★原理 yuánlǐ 몡 원리
复原 fùyuán 통 복원하다　填补 tiánbǔ 통 메우다　制造 zhìzào 통 제조하다　★空白 kòngbái 몡 공백　意义非凡 yìyì fēifán 의미가 뜻깊다

9

日本人将建盏称为天目茶盏的原因是：

A 它的外观像太阳的光芒
B 它是从天目山带回来的
C 它的斑点像天空中的星星
D 它是十分珍贵罕见的文物

일본인이 건잔을 천목 찻잔이라고 부르는 이유는:

A 외관이 태양의 광선과 비슷하기 때문에
B 천목산에서 가져온 것이기 때문에
C 얼룩이 하늘의 별과 비슷하기 때문에
D 매우 진귀하고 보기 드문 문물이기 때문에

해설　질문이 일본인이 건잔을 천목 찻잔이라고 부르는 이유를 물었으므로, 질문의 핵심어구 将建盏称为天目茶盏과 관련된 내용을 지문에서 재빨리 찾는다. 두 번째 단락에서 宋朝时期日本高僧到中国留学，归国时把充满天目山风土人情的建盏带回了日本，这就是日本将建盏称为天目茶盏的原因이라고 했으므로, 선택지 B 它是从天目山带回来的가 정답이다.

어휘　建盏 jiànzhǎn 몡 건잔[중국 푸젠(福建)성에서 만든 천목 찻잔]　称为 chēngwéi 통 ~라고 부르다, 칭하다　天目茶盏 tiānmù cházhǎn 몡 천목 찻잔
★光芒 guāngmáng 몡 광선　天目山 Tiānmùshān 고유 천목산[중국 저장(浙江)성에 있는 산]　斑点 bāndiǎn 몡 얼룩　天空 tiānkōng 몡 하늘
★珍贵 zhēnguì 톙 진귀하다　★罕见 hǎnjiàn 톙 보기 드물다　★文物 wénwù 몡 문물

10 哪个城市收藏的天目茶盏有残缺？　　　　어느 도시에서 보관하고 있는 천목 찻잔이 훼손됐는가?

A 东京　　　　B 京都　　　　　　A 도쿄　　　　B 교토

C 大阪　　　　**D 杭州**　　　　　C 오사카　　　　**D 항저우**

해설　질문이 어느 도시에서 보관하고 있는 천목 찻잔이 훼손됐는지를 물었으므로, 질문의 핵심어구 天目茶盏有残缺와 관련된 내용을 지문에서 재빨리 찾는다. 두 번째 단락에서 杭州古越博物馆所收藏的南宋天目茶盏……仅存有约四分之一的残片이라고 했으므로, 선택지 D 杭州가 정답이다.

어휘　★收藏 shōucáng 圖 보관하다　残缺 cánquē 圖 훼손되다　东京 Dōngjīng 교유 도쿄[일본의 수도]　京都 Jīngdū 교유 교토[일본의 지명]

　　　大阪 Dàbǎn 교유 오사카[일본의 지명]　杭州 Hángzhōu 교유 항저우[중국의 지명]

---

11 第3段中画线词语"曜变"指的是：　　　세 번째 단락의 밑줄 친 단어 '曜变'이 가리키는 것은:

A 一种化学反应　　B 一种特殊颜料　　　**A 일종의 화학 반응**　　B 일종의 특수한 물감

C 一种茶盏形状　　　D 一种奇特物质　　　C 일종의 찻잔 형태　　　D 일종의 기묘한 물질

해설　질문이 세 번째 단락의 밑줄 친 단어 '曜变'이 가리키는 것을 물었으므로, 曜变이 언급된 부분을 지문에서 재빨리 찾는다. 세 번째 단락에서 这就是"曜变"。曜变是……一种特殊的化学反应이라고 했으므로, 선택지 A 一种化学反应이 정답이다.

어휘　曜变 yàobiàn 圖 요변[도자기를 구울 때, 가마 속에서 변화가 생겨 구워낸 도자기가 예기치 못한 변형이 일어나는 일]　化学 huàxué 圖 화학

　　　反应 fǎnyìng 圖 반응하다　特殊 tèshū 圖 특수하다　颜料 yánliào 圖 물감　形状 xíngzhuàng 圖 형태　奇特 qítè 圖 기묘하다　物质 wùzhì 圖 물질

---

12 下列哪项**不是**刘小祥做的事？　　　다음 중 류샤오샹이 한 일이 **아닌** 것은?

A 经历过无数次的失败　　　　A 무수한 실패를 경험했다

B 发现了曜变的形成原理　　　B 요변의 형성 원리를 발견했다

C 修复了有残缺的天目茶盏　**C 훼손된 천목 찻잔을 수리해 복원했다**

D 复原了天目茶盏的制作工艺　D 천목 찻잔의 제작 기술을 복원했다

해설　질문이 류샤오샹이 한 일이 아닌 것을 물었으므로, 질문의 핵심어구 刘小祥과 관련된 내용을 지문에서 재빨리 찾는다. 마지막 단락에서 刘小祥先生이라고 언급한 후, 艰苦钻研了十一年, 在烧坏了共计17万多只茶盏后, 终于发现了曜变的形成原理……他复原了天目茶盏的制作工艺라고 했으므로, 지문에서 언급되지 않은 선택지 C 修复了有残缺的天目茶盏이 정답이다.

어휘　无数 wúshù 圖 무수하다　形成 xíngchéng 圖 형성하다　★原理 yuánlǐ 圖 원리　★修复 xiūfù 圖 수리하여 복원하다　残缺 cánquē 圖 훼손되다

　　　复原 fùyuán 圖 복원하다　制作 zhìzuò 圖 제작하다　工艺 gōngyì 圖 기술

---

13 - 16

许多人认为，只有大脑结构复杂的生物，才会进入睡眠状态，而水母这类没有复杂中枢神经的生物则不会出现睡眠的现象。那水母真的不需要睡觉吗？其实不然，水母虽然没有复杂的大脑，但它依旧可以进入睡眠状态。

三位研究人员发现，水母不仅能睡觉，而且它们的睡眠状态和大部分的生物相似。[13]当夜幕降临时，水母也会像人类一样，进入深度睡眠状态。通过这个研究，他们首次揭示了没有中枢神经系统的动物也能入眠的事实。研究人员在为期六天的实验的过程中，还发现了[14]水母的睡眠具备三个关键特征：一是显著活动较少，但不是昏迷或麻痹；二是受到外部刺激后，反应变得低下；三是[14]缺少睡眠时，白天的活动减少。其实这些睡眠特征几乎是所有动物都有的。

많은 사람은 대뇌 구조가 복잡한 생물만 수면 상태에 진입할 수 있고, 해파리 같은 복잡한 중추 신경이 없는 생물은 수면 현상이 나타나지 않을 것이라 생각한다. 그렇다면 해파리는 정말 잠이 필요 없을까? 사실은 그렇지 않다. 해파리는 비록 복잡한 뇌가 없지만, 여전히 수면 상태에 진입할 수 있다.

세 명의 연구원들은 해파리가 잠을 잘 수 있을 뿐만 아니라, 해파리들의 수면 상태가 대부분의 생물과 유사하다는 것을 발견했다. [13]어둠이 찾아올 때, 해파리도 인간처럼 깊은 수면 상태에 들어간다. 이 연구를 통해, 그들은 중추 신경 계통이 없는 동물도 잠에 들 수 있다는 사실을 처음으로 밝혀냈다. 연구원들은 6일을 기한으로 하는 실험 과정 중, [14]해파리의 수면은 세 가지 중요한 특징을 가지고 있다는 것도 발견했다. 첫 번째는 뚜렷한 활동이 비교적 적지만 의식 불명이거나 마비된 것은 아니라는 것이고, 두 번째는 외부 자극을 받은 후 반응이 저하된다는 것이다. 세 번째는 [14]수면이 모자랄 때, 낮 활동이 감소했다는 것이다. 사실 이러한 수면 특징은 거의 모든 동물이 대부분 가지고 있는 것이다.

也就是说，虽然水母和人类不同，没有集中化的神经系统，但是即便如此，¹⁶当水母入睡时，它会完全处于无脑睡眠的状态。因此¹⁵水母的睡眠形式证实了相关假说，即并不是集中化的神经系统才会产生睡眠需求，且睡眠的出现与高度化的复杂神经无关。换言之，从另一个角度来看，我们需要睡眠的真正原因，很可能与记忆的巩固或其他高级学习功能毫无关联。总的来说，¹⁵像水母一样拥有简单神经系统的动物也睡觉，说明睡眠其实与神经元的基本特性有关。

这个研究刷新了人们的普遍认知：睡眠是完全由大脑控制的。因为实际上无脑生物同样可以进入睡眠。水母是一种古老的生物，且一直保持着睡眠的习惯，这是目前人类发现的最原始的睡眠形式，可见这可能是生物体长久以来自然形成的本能。

研究人员称，对水母的睡眠形式进行更详尽的研究，将有助于人类进一步了解睡眠的真正功能和意义。

다시 말해서, 해파리는 인간과 달리 집중화된 신경 계통이 없지만, 설령 그렇다 하더라도 ¹⁶해파리가 잠을 때, 완전히 무뇌 수면의 상태에 처할 수 있다. 따라서 ¹⁵해파리의 수면 형태는 관련 가설을 증명한다. 즉, 집중화된 신경 계통만이 수면 욕구를 만들어내는 것이 아니며, 수면의 발생은 고도화된 복잡한 신경과 무관하다는 것이다. 다시 말해, 다른 관점에서 봤을 때, 우리가 수면을 필요로 하는 진정한 이유는 기억 강화나 다른 고급 학습 기능과는 전혀 관련이 없을 가능성이 크다. 결론적으로, ¹⁵해파리처럼 간단한 신경 계통을 가진 동물도 잠을 잔다는 것은 수면이 사실은 신경 세포의 기본적인 특성과 관련이 있다는 것을 말해준다.

이 연구는 수면은 대뇌가 완전히 제어하는 것이라는 사람들의 보편적인 인식을 쇄신했는데, 실제로 무뇌 생물도 똑같이 수면에 진입할 수 있기 때문이다. 해파리는 오래된 생물이며, 계속해서 수면하는 습관을 유지해 오고 있는데, 이는 현재 인류가 발견한 가장 원시적인 수면 형태로, 이것은 아마도 생물체가 장기간 자연스럽게 형성한 본능이라는 것을 알 수 있다.

연구원들은 해파리의 수면 형태에 대해 더욱 철저한 연구를 하는 것이, 인간이 수면의 진정한 기능과 의미를 한층 더 이해하는 데에 도움이 될 것이라고 한다.

어휘
大脑 dànǎo 圏 대뇌　结构 jiégòu 圏 구조　★生物 shēngwù 圏 생물　睡眠 shuìmián 圏 수면　状态 zhuàngtài 圏 상태　水母 shuǐmǔ 圏 해파리
中枢 zhōngshū 圏 중추　★神经 shénjīng 圏 신경　现象 xiànxiàng 圏 현상　依旧 yījiù 圏 여전히　相似 xiāngsì 圏 유사하다　夜幕 yèmù 圏 어둠, 밤의 장막
★降临 jiànglín 圏 찾아오다, 내려오다　人类 rénlèi 圏 인간, 인류　首次 shǒucì 처음　揭示 jiēshì 圏 밝히다
中枢神经系统 zhōngshū shénjīng xìtǒng 圏 중추 신경 계통　事实 shìshí 圏 사실　为期 wéiqī 圏 기한으로 하다　实验 shíyàn 圏 실험
具备 jùbèi 圏 가지고 있다　特征 tèzhēng 圏 특징　★显著 xiǎnzhù 圏 뚜렷하다　★昏迷 hūnmí 圏 의식불명이다　麻痹 mábì 圏 마비되다
刺激 cìjī 圏 자극하다　反应 fǎnyìng 圏 반응하다　低下 dīxià 圏 저하되다　集中化 jízhōnghuà 집중화되다　即便 jíbiàn 圏 설령 ~하더라도
无脑睡眠 wúnǎo shuìmián 圏 무뇌 수면　形式 xíngshì 圏 형태　★证实 zhèngshí 圏 (사실을) 증명하다　相关 xiāngguān 圏 관련되다
假说 jiǎshuō 圏 가설　记忆 jìyì 圏 기억　巩固 gǒnggù 圏 강화하다, 공고하게 하다　高级 gāojí 圏 고급의　功能 gōngnéng 圏 기능
★毫无 háowú 圏 전혀 ~이 없다　总的来说 zǒngde láishuō 결론적으로, 종합적으로 말하면　★拥有 yōngyǒu 圏 가지다　神经元 shénjīngyuán 圏 신경 세포
基本 jīběn 圏 기본적인　特性 tèxìng 圏 특성　刷新 shuāxīn 圏 쇄신하다, 갱신하다　控制 kòngzhì 圏 제어하다　古老 gǔlǎo 圏 오래되다
保持 bǎochí 圏 유지하다　目前 mùqián 圏 현재　★原始 yuánshǐ 圏 원시적이다　可见 kějiàn 圏 ~임을 알 수 있다　生物体 shēngwùtǐ 圏 생물체
称 chēng 圏 말하다　详尽 xiángjìn 圏 철저하다　意义 yìyì 圏 의미

---

13 水母在什么时候睡觉?　　해파리는 언제 잠을 자는가?

A 凌晨　　　　　　**B 夜晚**　　　A 새벽녘　　　　　　　**B 밤**
C 中午　　　　　　D 下午　　　　C 정오　　　　　　　　D 오후

해설 질문이 해파리가 언제 잠을 자는지를 물었다. 해파리가 잠을 자는 시간대와 관련된 내용을 지문에서 재빨리 찾는다. 두 번째 단락에서 当夜幕降临时, 水母也会像人类一样, 进入深度睡眠状态。라고 했으므로, 선택지 B 夜晚이 정답이다.

어휘 水母 shuǐmǔ 圏 해파리　★凌晨 língchén 圏 새벽녘　夜晚 yèwǎn 圏 밤

---

14 下列哪项属于水母的睡眠特征?　　다음 중 해파리의 수면 특징에 속하는 것은?

A 活动量受睡眠影响　B 睡觉时会停止呼吸　　**A 활동량은 수면의 영향을 받는다**　B 잠을 잘 때 호흡을 멈춘다
C 容易陷入昏迷状态　D 对刺激的反应强烈　　C 의식불명 상태에 빠지기 쉽다　D 자극에 대한 반응이 강하다

해설 질문이 해파리의 수면 특징에 속하는 것을 물었으므로, 질문의 핵심어구 水母的睡眠特征과 관련된 내용을 지문에서 재빨리 찾는다. 두 번째 단락에서 水母的睡眠具备三个关键特征……缺少睡眠时, 白天的活动减少라고 했으므로, 선택지 A 活动量受睡眠影响이 정답이다.

어휘 睡眠 shuìmián 圏 수면　特征 tèzhēng 圏 특징　呼吸 hūxī 圏 호흡하다　★陷入 xiànrù 圏 빠지다　★昏迷 hūnmí 圏 의식불명이다
状态 zhuàngtài 圏 상태　刺激 cìjī 圏 자극하다　反应 fǎnyìng 圏 반응하다　强烈 qiángliè 圏 강하다

15

水母的睡眠形式说明：

A 睡眠与神经元有关
B 水母具备模仿能力
C 睡眠有助于巩固记忆
D 水母有复杂的神经系统

해파리의 수면 형태가 설명하는 것은:

A 수면은 신경 세포와 관련이 있다
B 해파리는 모방 능력을 가지고 있다
C 수면은 기억을 공고히 하는 데 도움이 된다
D 해파리는 복잡한 신경 계통을 가진다

해설　질문이 해파리의 수면 형태가 설명하는 것을 물었으므로, 질문의 핵심어구 睡眠形式과 관련된 내용을 지문에서 재빨리 찾는다. 세 번째 단락에서 水母的睡眠形式证实了相关假说라고 언급한 후, 像水母一样拥有简单神经系统的动物也睡觉, 说明睡眠其实与神经元的基本特性有关이라고 했으므로, 선택지 A 睡眠与神经元有关이 정답이다.

어휘　形式 xíngshì 圀형태　神经元 shénjīngyuán 圀신경 세포　具备 jùbèi 圄가지고 있다　模仿 mófǎng 圄모방하다　巩固 gǒnggù 圄공고히하다　记忆 jìyì 圀기억　★神经 shénjīng 圀신경　系统 xìtǒng 圀계통

16

根据上文，下列哪项正确？

A 水母的睡眠时间受大脑控制
B 水母具有集中化的神经系统
C 水母不能像其他动物一样入睡
D 水母的睡眠形式属于无脑睡眠

위 글에 근거하여, 다음 중 옳은 것은?

A 해파리의 수면 시간은 대뇌의 제어를 받는다
B 해파리는 집중화된 신경 계통을 가지고 있다
C 해파리는 다른 동물들처럼 잠에 들 수 없다
D 해파리의 수면 형태는 무뇌 수면에 속한다

해설　질문이 위 글에 근거하여 옳은 것을 물었다. 질문에 핵심어구가 없으므로 각 선택지의 핵심어구 睡眠时间受大脑控制, 集中化的神经系统, 像其他动物一样入睡, 无脑睡眠과 관련된 내용을 지문에서 재빨리 찾는다. 세 번째 단락에서 当水母入睡时, 它会完全处于无脑睡眠的状态라고 했으므로, 선택지 D 水母的睡眠形式属于无脑睡眠이 정답이다. 참고로 A는 네 번째 단락에서 这个研究刷新了人们的普遍认知：睡眠是完全由大脑控制的。라고 했으므로 오답이다. B는 세 번째 단락에서 水母和人类不同, 没有集中化的神经系统이라고 했으므로 오답이다. C는 두 번째 단락에서 水母不仅能睡觉, 而且它们的睡眠状态和大部分的生物相似라고 했으므로 오답이다.

어휘　控制 kòngzhì 圄제어하다　集中化 jízhōnghuà 집중화되다　形式 xíngshì 圀형태　无脑睡眠 wúnǎo shuìmián 圀무뇌 수면

---

17 – 20

　　指纹识别是将识别对象的指纹分类比对后进行判别的技术。虽然也有基于唇纹、虹膜、视网膜等进行身份识别的技术，但¹⁷指纹识别是生物体特征识别技术中最常用、最方便的一种。

　　指纹识别技术分为警用和民用两大类，根据用途不同，录指纹的方式也不同。派出所给犯罪嫌疑人录指纹时，不但要录十个手指，还要旋转180度。因为在犯罪现场找出的指纹往往都是残缺不全的，用这些残缺的指纹在指纹库里排查嫌疑犯时，可能会出现多个结果，所以需要专家一一比对后排除。¹⁸民用指纹识别技术则不然，只需录一个或两个指纹用于身份识别，用的时候也¹⁸只要求有完整无缺的平面指纹。但民用指纹库也可以用在刑侦破案上，比如广州市外来人口指纹库就为抓捕犯人做出了不少贡献。

　　¹⁹指纹识别技术的核心是算法，通过分析指纹的整体或局部特征，就可以可靠地确认一个人的身份。在人体成长发育的过程中，指纹有可能会变长、变宽，所以指纹算法是一种高难度的技术。但目前中国已经有了具备自主知识产权的指纹算法，在处理指纹变形等方面的技术处于世界领先水平。

　　지문 인식은 식별 대상의 지문을 분류하고 비교 대조한 후 판별하는 기술이다. 비록 입술 무늬, 홍채, 망막 등에 근거하여 신원을 식별하는 기술도 있지만, ¹⁷지문 인식은 생체 특징 인식 기술 중 가장 자주 쓰이고 가장 편리한 것이다.

　　지문 인식 기술은 크게 경찰용과 민간용 두 종류로 나뉘는데, 용도가 다름에 따라, 지문을 채취하는 방식도 다르다. 파출소에서 범죄 용의자에게 지문을 채취할 때에는 손가락 10개를 채취해야 할 뿐만 아니라 180도로 돌려야 한다. 왜냐하면 범죄 현장에서 찾아낸 지문이 종종 훼손되어 완전하지 않기 때문으로, 이러한 훼손된 지문으로 지문 데이터베이스에서 용의자를 차례차례 조사할 경우, 여러 결과가 나올 수 있어서, 전문가들이 일일이 비교 대조한 후 배제해야 한다. ¹⁸민간용 지문 인식 기술은 그렇지 않다. 한 개 혹은 두 개의 지문만을 채취해 신원 식별에 사용하고, 사용할 때에도 ¹⁸오직 완전무결한 평면 지문만 요구한다. 그러나 민간용 지문 데이터베이스는 형사 사건을 해결하는 데에도 사용될 수 있는데, 광저우시의 유입 인구 지문 데이터베이스가 범인을 체포하는 데 적지 않은 공헌을 했던 것이 그 예이다.

　　¹⁹지문 인식 기술의 핵심은 알고리즘으로, 지문의 전체 또는 부분 특징을 분석하는 것을 통해 한 사람의 신원을 확실하게 확인할 수 있다. 인체가 성장하고 자라는 과정에서, 지문이 길어지고 넓어질 수 있어서, 지문 알고리즘은 일종의 고난도 기술이다. 하지만 현재 중국은 이미 자체적으로 지식재산권을 갖춘 지문 알고리즘을 보유하고 있어서, 지문 변형을 해결하는 등의 분야에서의 기술이 세계 선두 수준에 있다.

指纹识别的另一关键技术是[20]指纹图像采集技术，也叫"活体指纹"。以前基本上用光学技术，而现在普遍采用半导体技术。按压到采集设备上的手指指纹的脊和谷，使手指表皮和芯片之间产生不同的电容，芯片测量空间中的不同电容场就可以得到完整的指纹。[20]这种采集技术的设备比光学方式小了几十倍，甚至可以放入手机里，使用很方便。

随着信用卡、手机支付等支付手段得到广泛应用，指纹识别技术成为了电子商务的"金钥匙"。银行等部门开始积极试用指纹识别技术，为用户提供指纹识别服务，进行身份确认。

好好保护你的手指吧，在不久的将来，指纹的用途将越来越广泛，指纹有望成为未来的万能钥匙。

지문 인식의 또 다른 중요한 기술은 [20]지문 형상 채취 기술로, '생체 지문'이라고도 부른다. 예전에는 기본적으로 광학 기술을 사용했지만, 지금은 보편적으로 반도체 기술을 적용한다. 채집 장비를 누르는 손가락 지문의 오목한 부분과 돌출된 부분이 손가락 표피와 칩 사이에 서로 다른 전정 용량을 생기게 하고, 칩의 측정 공간 안의 서로 다른 전정 용량 장이 완전한 지문을 얻을 수 있게 한다. [20]이러한 채집 기술의 장비는 광학 방식보다 수십 배나 작고, 심지어 휴대폰에 넣을 수 있어서 사용하기에 편리하다.

신용카드, 모바일 지불 등의 지불 수단이 광범위하게 사용됨에 따라, 지문 인식 기술은 전자 상거래의 '황금 열쇠'가 됐다. 은행 등의 기관은 적극적으로 지문 인식 기술을 쓰기 시작했는데, 가입자에게 지문 인식 서비스를 제공하여, 신원 확인을 한다.

당신의 손가락을 잘 보호하라. 멀지 않은 미래에, 지문의 용도는 점점 광범위해질 것이고, 지문이 미래의 마스터 키가 될 가능성이 있다.

어휘 | 指纹 zhǐwén 圆 지문 ★识别 shíbié 圆 인식하다 对象 duìxiàng 圆 대상 分类 fēnlèi 圆 분류하다 比对 bǐduì 비교 대조하다
判别 pànbié 판별하다 基于 jīyú 洲 ~에 근거하다 唇纹 chúnwén 圆 입술 무늬 虹膜 hóngmó 圆 홍채 视网膜 shìwǎngmó 圆 망막
身份 shēnfèn 圆 신원 生物体 shēngwùtǐ 圆 생체 特征 tèzhēng 圆 특징 警用 jǐngyòng 圆 경찰용 民用 mínyòng 圆 민간용 用途 yòngtú 圆 용도
录 lù 圆 채취하다 派出所 pàichūsuǒ 圆 파출소 犯罪嫌疑人 fànzuì xiányírén 圆 범죄 용의자 手指 shǒuzhǐ 圆 손가락 旋转 xuánzhuǎn 圆 돌리다
犯罪 fànzuì 圆 범죄를 저지르다 ★现场 xiànchǎng 圆 현장 残缺 cánquē 圆 훼손되다 指纹库 zhǐwénkù 圆 지문 데이터베이스
排查 páichá 차례차례 조사하다 嫌疑犯 xiányífàn 圆 용의자 专家 zhuānjiā 圆 전문가 ★排除 páichú 圆 배제하다 不然 bùrán 圆 그렇지 않다
★平面 píngmiàn 圆 평면 完整无缺 wánzhěngwúquē 圆 완전무결하다 刑侦 xíngzhēn 圆 형사 사건을 수사하다 破案 pò'àn 圆 형사 사건을 해결하다
广州 Guǎngzhōu 교류 광저우[중국의 지명] 外来人口 wàilái rénkǒu 圆 유입 인구 抓捕 zhuābǔ 圆 체포하다 犯人 fànrén 圆 범인 贡献 gòngxiàn 圆 공헌
核心 héxīn 圆 핵심 算法 suànfǎ 圆 알고리즘 分析 fēnxi 圆 분석하다 整体 zhěngtǐ 圆 전체 ★局部 júbù 圆 부분 可靠 kěkào 圆 확실하다
确认 quèrèn 圆 확인하다 成长 chéngzhǎng 圆 성장하다 发育 fāyù 圆 자라다 宽 kuān 圆 넓다 目前 mùqián 圆 현재 具备 jùbèi 圆 갖추다
★自主 zìzhǔ 圆 자체적으로 하다 产权 chǎnquán 圆 재산권 处理 chǔlǐ 圆 해결하다 领先 lǐngxiān 圆 선두에 서다 图像 túxiàng 圆 형상
★采集 cǎijí 圆 채취하다 活体 huótǐ 圆 생체 基本 jīběn 圆 기본적인 光学 guāngxué 圆 광학[빛의 거동과 특성을 연구하는 분야]
采用 cǎiyòng 圆 적용하다, 채택하다 半导体 bàndǎotǐ 圆 반도체 按压 ànyā 圆 누르다 设备 shèbèi 圆 장비 脊 jǐ 圆 오목한 부분 谷 gǔ 圆 돌출된 부분
表皮 biǎopí 圆 표피 芯片 xīnpiàn 圆 칩 电容 diànróng 圆 전정 용량[단위 전압 당 물체가 저장하거나 물체에서 분리하는 전하의 양]
★测量 cèliáng 圆 측정하다 空间 kōngjiān 圆 공간 电容场 diànróngchǎng 圆 전정 용량장[전정 용량의 힘이 전달되는 공간] 支付 zhīfù 圆 지불하다
广泛 guǎngfàn 圆 광범위하다 应用 yìngyòng 圆 사용하다 电子商务 diànzǐ shāngwù 圆 전자 상거래 部门 bùmén 圆 기관
★用户 yònghù 圆 가입자 有望 yǒuwàng 圆 가능성이 있다 未来 wèilái 圆 미래의 万能钥匙 wànnéng yàoshi 圆 마스터 키

---

17 | 生物体识别技术中最常用的是： | 생체 인식 기술 중에서 가장 자주 사용되는 것은:

A 步态识别 | B 语音识别 | A 걸음걸이 인식 | B 음성 인식
C 虹膜识别 | **D 指纹识别** | C 홍채 인식 | **D 지문 인식**

해설 | 질문이 생체 인식 기술 중에서 가장 자주 사용되는 것을 물었으므로, 질문의 핵심어구 生物体识别技术中最常用的와 관련된 내용을 지문에서 재빨리 찾는다. 첫 번째 단락에서 指纹识别是生物体特征识别技术中最常用、最方便的一种이라고 했으므로, 선택지 D 指纹识别가 정답이다.

어휘 | 生物体 shēngwùtǐ 圆 생체 ★识别 shíbié 圆 인식하다 步态 bùtài 圆 걸음걸이 语音 yǔyīn 圆 음성 虹膜 hóngmó 圆 홍채 指纹 zhǐwén 圆 지문

---

18 | 关于民用指纹识别技术，下列哪项正确？ | 민간용 지문 인식 기술에 관하여, 다음 중 옳은 것은?

A 十个指头全部都要录入 | A 손가락 10개를 모두 채취해야 한다
B 要求有完整无缺的指纹 | **B 완전무결한 지문을 요구한다**
C 算法比对只有两种结果 | C 알고리즘이 비교 대조하는 것은 오직 두 가지 결과만 있다
D 民用指纹库可随便查阅 | D 민간용 지문 데이터베이스는 마음대로 열람할 수 있다

해설 | 질문이 민간용 지문 인식 기술에 관하여 옳은 것을 물었으므로, 질문의 핵심어구 民用指纹识别技术와 관련된 내용을 지문에서 재빨리 찾는다. 두 번째 단락에서 民用指纹识别技术……只要求有完整无缺的平面指纹이라고 했으므로, 선택지 B 要求有完整无缺的指纹이 정답이다.

民用 mínyòng 園민간용 指头 zhǐtou 園손가락 录入 lùrù 園채취하다, (컴퓨터에) 입력하다 完整无缺 wánzhěngwúquē 園완전무결하다
算法 suànfǎ 園알고리즘 比对 bǐduì 園비교 대조하다 指纹库 zhǐwénkù 園지문 데이터베이스 查阅 cháyuè 園열람하다

19	下列哪项是指纹识别技术的核心？	다음 중 지문 인식 기술의 핵심인 것은?
	A 指纹匹配 **B 指纹算法**	A 지문 매칭 **B 지문 알고리즘**
	C 图像复制 D 身份识别	C 형상 복제 D 신원 식별

해설 질문이 지문 인식 기술의 핵심인 것을 물었으므로, 질문의 핵심어구 指纹识别技术的核心과 관련된 내용을 지문에서 재빨리 찾는다. 세 번째 단락에서 指纹识别技术的核心是算法라고 했으므로, 선택지 B 指纹算法가 정답이다.

어휘 核心 héxīn 園핵심 匹配 pǐpèi 園매칭하다 算法 suànfǎ 園알고리즘 图像 túxiàng 園형상 复制 fùzhì 園복제하다 身份 shēnfèn 園신원

20	指纹图像采集技术：	지문 형상 채취 기술은：
	A 所采用的设备较小	**A 적용된 장비가 비교적 작다**
	B 无法得到完整的指纹	B 완전한 지문을 얻을 수 없다
	C 过去多采用半导体技术	C 과거에 반도체 기술을 많이 적용했다
	D 采集设备不能放进手机	D 채취 장비는 휴대폰에 넣을 수 없다

해설 질문이 지문 형상 채집 기술에 대해 물었으므로, 질문의 핵심어구 指纹图像采集技术와 관련된 내용을 지문에서 재빨리 찾는다. 네 번째 단락에서 指纹图像采集技术라고 언급한 후, 这种采集技术的设备比光学方式小了几十倍라고 했으므로, 선택지 A 所采用的设备较小가 정답이다.

어휘 ★采集 cǎijí 園채취하다 采用 cǎiyòng 園적용하다, 채택하다 设备 shèbèi 園장비 完整 wánzhěng 園완전하다 半导体 bàndǎotǐ 園반도체

400자 이상 채우는 문제풀이 스텝 해석

지문

p.161

李嘉诚3岁时家道中落，后来父亲得了重病，不久便离开了人世。刚上了几个月中学的李嘉诚就此失学了。在兵荒马乱的岁月里，李家孤儿寡母生活得很艰难。李嘉诚是家中长子，不得不帮母亲承担起家庭生活的重担。一位茶楼老板看他们可怜，就让16岁的小嘉诚当跑堂。茶楼天不亮就要开门，到午夜仍需营业，他每天都累得筋疲力尽，因此经常抱怨自己命不好。

有一天，他因为太疲倦，当班时不小心把开水洒在地上，溅湿了客人的衣裤。李嘉诚很紧张，站在一旁等待着客人的巴掌和老板的训斥。但让他没想到的是，那位客人并没有责怪他，反而一再为他说情，请求老板不要开除他。客人说："没关系的，不过你以后要记住，做什么事都必须细心，不集中精神怎么行呢？"李嘉诚把这些话记在了心里。从此以后，他把"细心"当作自己的人生信条，这对他后来的事业发展起到了重要的作用。

之后，李嘉诚辞掉了那份工作，在一个塑胶厂从推销员做到了业务经理。三年后，他租了一间灰暗的小厂房，买了一台老掉牙的压塑机，办起了"长江塑胶厂"。经营工厂时，他充分发挥了细心的性格特点。仔细分析市场动态后，他发现未来塑胶花市场需求很大，于是进行了大量生产，这为他带来了可观的收入。就这样，李嘉诚30岁时成为了千万富翁。

塑胶花畅销全球时，李嘉诚却意识到越来越多的人开始涌入这个行业，好日子很快就会过去，如果再不做调整，不久后将会被市场淘汰。有人说他太多虑了，但他考虑的是长远的发展。他认为有远见是经商必备的素质。在60年代中期，内地的局势令香港社会人心惶惶，富翁们纷纷逃离香港，争相廉价抛售房地产。但他沉着应变，仔细分析局势，认为内地肯定会恢复安定，香港将进一步繁荣发展。在别人大量抛售房地产时，李嘉诚却反其道而行之，积极投入到房地产行业中，将所有资金都用来收购房地产了。朋友们纷纷劝他不要做傻事，他却说："做生意得有长远的眼光。我是看准了时机才买的，男子汉大丈夫还怕这点风险吗？"

李嘉诚又一次成功了。70年代初，香港房地产价格开始回升，他从中获得了双倍的利润。直到1976年，李嘉诚公司的净产值达到5个多亿，成为了香港最大的华资房地产实业公司。此后，李嘉诚节节高升，成为了全球华人首富。

李嘉诚在一次采访中说道："我时刻细心观察市场动态，每天90%以上的时间都是用来想明年、五年后、十年后的事情。"由此可知，他之所以能够取得如此大的成功，是因为有细心的态度和长远的眼光。

리쟈청은 3살 때 집안 형편이 기울었다. 이후 아버지는 큰 병에 걸렸고, 머지않아 곧 세상을 떠났다. 중학교에 입학한 지 몇 개월이 채 안 된 리쟈청은 그대로 학업을 중단했다. 전란으로 세상이 어수선한 시절에, 리씨 집안에 남겨진 자식과 홀어머니는 힘들게 살았다. 리쟈청은 집안의 장남이어서, 어머니를 도와 집안 생활의 무거운 짐을 짊어지지 않을 수 없었다. 한 찻집 사장님은 그들을 가엾게 여겨서, 16살의 어린 쟈청을 종업원이 되게 했다. 찻집은 날이 밝기도 전에 문을 열고, 한밤중이 돼도 여전히 영업해야 했다. 그는 매일 피곤해서 기진맥진했고, 이로 인해 그는 자주 자신의 운명이 나쁘다며 원망했다.

어느 날, 그는 너무 피곤해서 일을 할 때 실수로 끓는 물을 바닥에 쏟아, 손님의 옷을 적셨다. 리쟈청은 긴장했고, 한쪽에 서서 손님의 따귀와 사장님의 꾸짖음을 기다리고 있었다. 그런데 그가 예상치 못했던 것은 그 손님은 그를 전혀 나무라지 않았고, 오히려 그를 위해 거듭 사정하며, 사장에게 그를 해고하지 말라고 부탁한 것이었다. 손님은 말했다. "괜찮단다. 다만 앞으로는 네가 무슨 일을 하든지 반드시 세심해야 한다는 것을 기억하거라. 정신을 집중하지 않으면 어떻게 하니?" 리쟈청은 이 말을 마음속에 새겼다. 이때부터, 그는 '세심함'을 자신의 인생 신조로 삼았으며, 이것은 훗날 그의 사업 발전에 중요한 영향을 끼쳤다.

이후, 리쟈청은 그 일을 그만뒀고, 한 플라스틱 공장에서 판매원으로 시작해서 업무 관리자까지 하게 됐다. 삼 년 후, 그는 어둑한 작은 공장 건물에 세를 들었고, 낡은 압축기 한 대를 사서 '창장 플라스틱공장'을 세웠다. 공장을 운영할 때, 그는 세심한 성격 특성을 충분히 발휘했다. 자세히 시장의 동향을 분석한 후, 그는 장래에 플라스틱 꽃 시장의 수요가 클 것을 발견했고, 대량생산을 진행했으며, 이것은 그에게 엄청난 수입을 가져다 줬다. 이렇게, 리쟈청은 30살에 천만장자가 됐다.

플라스틱 꽃이 전 세계적으로 잘 팔릴 때, 리쟈청은 오히려 갈수록 많은 사람이 이 업계에 몰려와 좋은 시절은 곧 지나갈 것이고, 만약 다시 바로잡지 않으면 머지않아 시장에서 도태될 것임을 깨달았다. 누군가는 그가 너무 지나치게 걱정한다고 말했지만, 그가 고려한 것은 장기적 발전이었다. 그는 멀리 내다보는 안목이 사업을 할 때 반드시 갖춰야 할 자질이라고 여겼다. 60년대 중반에, 중국 내륙의 정세는 홍콩 사회를 두려움에 떨게 했고, 부자들은 잇달아 홍콩을 달아나며 앞다투어 부동산을 헐값으로 처분했다. 하지만 그는 침착하게 변화에 대처하며 정세를 자세히 분석했고, 중국 내륙이 분명히 안정을 되찾을 것이며, 홍콩은 더욱 번영하고 발전할 것이라 여겼다. 다른 사람들이 대량으로 부동산을 처분할 때, 리쟈청은 오히려 반대로 행동하며 적극적으로 부동산 업계에 뛰어들어, 모든 자금을 부동산 매입하는 데 사용했다. 친구들은 잇달아 어리석은 짓을 하지 말라고 그를 설득했지만, 그는 오히려 말했다. "사업을 하려면 마땅히 장기적 안목이 있어야 하지. 나는 시기를 정확하게 판단하고 샀다네. 사내대장부가 어찌 이 정도 위험을 두려워하겠는가?"

리쟈청은 또 한 번 성공했다. 70년대 초, 홍콩의 부동산 가격은 다시 오르기 시작했고, 그는 그 가운데서 두 배의 이윤을 얻었다. 1976년에 리쟈청 회사의 순 생산액은 5억 이상에 달했고, 홍콩 최대의 해외 화교 자본 부동산 사업회사가 됐다. 이후, 리쟈청은 승승장구하여 전 세계적인 화교 갑부가 됐다.

리쟈청은 한 인터뷰에서 말한 적이 있다. "저는 언제나 세심히 시장의 동향을 관찰하고, 매일 90% 이상의 시간을 모두 내년, 오 년 후, 십 년 후의 일을 생각하는 데 사용합니다." 이로써, 그가 이처럼 큰 성공을 거둘 수 있었던 것은 세심한 태도와 장기적 안목이 있었기 때문임을 알 수 있다.

家道中落 jiādàozhōngluò 圖 집안 형편이 기울다　　失学 shīxué 圖 학업을 중단하다　　兵荒马乱 bīnghuāngmǎluàn 圖 전란으로 세상이 어수선하다

★岁月 suìyuè 圖 시절, 세월　　孤儿寡母 gū'érguǎmǔ 圖 남겨진 자식과 홀어머니　　★艰难 jiānnán 圖 힘들다　　承担 chéngdān 圖 짊어지다

重担 zhòngdàn 圖 무거운 짐　　茶楼 chálóu 圖 찻집　　老板 lǎobǎn 圖 사장　　跑堂 pǎotáng 圖 종업원　　营业 yíngyè 圖 영업하다

筋疲力尽 jīnpílìjìn 圖 기진맥진하다　　抱怨 bàoyuàn 圖 원망하다　　疲倦 píjuàn 圖 피곤하다　　当班 dāngbān 圖 일을 하다　　开水 kāishuǐ 圖 끓는 물

洒 sǎ 圖 쏟다　　溅湿 jiàn shī 적시다　　巴掌 bāzhang 圖 따귀, 손바닥　　训斥 xùnchì 圖 꾸짖다　　责怪 zéguài 圖 나무라다　　反而 fǎn'ér 圖 오히려

一再 yízài 圖 거듭　　说情 shuōqíng 圖 사정하다　　请求 qǐngqiú 圖 부탁하다　　开除 kāichú 圖 해고하다　　细心 xìxīn 圖 세심하다

集中 jízhōng 圖 집중하다　　精神 jīngshén 圖 정신　　信条 xìntiáo 圖 신조　　塑胶 sùjiāo 圖 플라스틱　　推销员 tuīxiāoyuán 圖 판매원

业务 yèwù 圖 업무　　晦暗 huì'àn 圖 어둑하다　　老掉牙 lǎodiàoyá 圖 낡다　　压塑机 yāsùjī 圖 압축기　　经营 jīngyíng 圖 운영하다

充分 chōngfèn 圖 충분하다　　发挥 fāhuī 圖 발휘하다　　分析 fēnxī 圖 분석하다　　动态 dòngtài 圖 동향　　★需求 xūqiú 圖 수요

可观 kěguān 圖 엄청나다　　千万富翁 qiānwàn fùwēng 圖 천만장자　　★畅销 chàngxiāo 圖 잘 팔리다　　★意识 yìshí 圖 깨닫다　　涌入 yǒngrù 圖 몰리다

行业 hángyè 圖 업계　　调整 tiáozhěng 圖 바로잡다　　淘汰 táotài 圖 도태하다　　多虑 duōlǜ 圖 지나치게 걱정하다　　经商 jīngshāng 圖 사업하다

★素质 sùzhì 圖 자질　　内地 nèidì 圖 (중국) 내륙　　局势 júshì 圖 정세　　人心惶惶 rénxīnhuánghuáng 圖 두려움에 떨다　　纷纷 fēnfēn 圖 잇달아

逃离 táolí 圖 달아나다　　争相 zhēngxiāng 圖 앞다투어　　廉价 liánjià 圖 헐값이다　　抛售 pāoshòu 圖 처분하다　　房地产 fángdìchǎn 圖 부동산

★沉着 chénzhuó 圖 침착하다　　应变 yìngbiàn 圖 변화에 대처하다　　恢复 huīfù 圖 되찾다, 회복하다　　繁荣 fánróng 圖 번영하다

反其道而行之 fǎnqídào érxíngzhī 반대로 행동하다　　投入 tóurù 圖 뛰어들다　　收购 shōugòu 圖 매입하다　　傻 shǎ 圖 어리석다

★眼光 yǎnguāng 圖 안목　　看准 kànzhǔn 圖 정확히 판단하다　　★时机 shíjī 圖 시기　　风险 fēngxiǎn 圖 위험　　回升 huíshēng 圖 다시 오르다

利润 lìrùn 圖 이윤　　净产值 jìngchǎnzhí 圖 순 생산액　　达到 dádào 圖 달하다　　华资 huázī 圖 해외 화교 자본　　节节高升 jiéjiégāoshēng 승승장구하다

首富 shǒufù 圖 갑부　　采访 cǎifǎng 圖 인터뷰하다　　时刻 shíkè 圖 언제나

李嘉诚的成功故事	리쟈청의 성공일화
李嘉诚小时候家庭变得很困难，父亲去世后，他就失学了。他因为是长子，所以得承担起家庭的重担。茶楼老板看他可怜，就让他当了跑堂。他每天非常累，经常抱怨自己命不好。 　　有一天，他不小心把开水洒在地上，还把客人的衣服弄湿了。但客人不仅没有责怪他，还为他说情。客人对他说，做什么事都要细心。从此，他就把"细心"当作自己的人生信条。 　　之后，他辞职去了一家工厂，在那里做到了业务经理。几年后，他自己开了一家工厂。他仔细分析市场情况后，发现未来塑胶花市场需求很大，便进行了大量生产，得到了可观的收入。他30岁就成了大富翁。 　　后来他意识到越来越多的人进入这个行业，好日子很快就会过去。当时内地的局势对香港不利。很多人都在抛售房地产，然而他分析当时的情况后，把所有资金都用来收购房地产了。 　　结果，他又成功了。房地产价格开始回升，他获得了双倍的利润。这让他的公司成为了香港最大的华资房地产实业公司，也让他成为了全球华人首富。 　　可见，细心的态度和长远的眼光给他带来了如此大的成功。	리쟈청은 어렸을 때 집안이 어려워졌다. 아버지가 돌아가신 후, 그는 바로 학업을 중단했다. 그는 장남이었기 때문에, 집안의 무거운 짐을 짊어져야 했다. 찻집 사장님은 그를 가엾게 여겨서, 그에게 종업원이 되게 했다. 그는 매일 매우 지쳤고, 자주 자신의 운명이 나쁘다며 원망했다. 　　어느 날, 그는 실수로 끓는 물을 바닥에 쏟아, 손님의 옷까지 젖게 했다. 하지만 손님은 그를 나무라기는커녕, 그를 위해 사정했다. 손님은 그에게 무슨 일을 하든지 세심해야 한다고 말했다. 그 후로, 그는 '세심함'을 자신의 인생 신조로 삼았다. 　　이후, 그는 일을 그만두고 한 공장에 갔고, 그곳에서 업무 관리자까지 하게 됐다. 몇 년 후, 그는 스스로 한 공장을 차렸다. 그는 자세히 시장의 상황을 분석한 후, 장래에 플라스틱 꽃 시장의 수요가 클 것을 발견했고, 바로 대량 생산을 진행했으며, 엄청난 수입을 얻었다. 그는 30살에 이미 큰 부자가 됐다. 　　이후 그는 갈수록 많은 사람이 이 업계에 들어와 좋은 시절은 곧 지나갈 것임을 깨달았다. 당시 중국 내륙의 정세는 홍콩에 이롭지 않았다. 많은 사람이 부동산을 처분하고 있었지만, 그는 당시의 상황을 분석한 후, 모든 자금을 부동산 매입하는 데 사용했다. 　　결국, 그는 또 성공했다. 부동산 가격이 다시 오르기 시작하며 그는 두 배의 이윤을 얻었다. 이것은 그의 회사가 홍콩 최대의 해외 화교 자본 부동산 사업회사가 되게 하고, 또한 그가 전 세계적인 화교 갑부가 되게 했다. 　　세심한 태도와 장기적 안목이 그에게 이처럼 큰 성공을 가져다 줬음을 알 수 있다.

去世 qùshì 圖 돌아가시다　　失学 shīxué 圖 학업을 중단하다　　承担 chéngdān 圖 짊어지다　　重担 zhòngdàn 圖 무거운 짐　　茶楼 chálóu 圖 찻집

老板 lǎobǎn 圖 사장　　跑堂 pǎotáng 圖 종업원　　抱怨 bàoyuàn 圖 원망하다　　开水 kāishuǐ 圖 끓는 물　　洒 sǎ 圖 쏟다　　责怪 zéguài 圖 나무라다

说情 shuōqíng 圖 사정하다　　细心 xìxīn 圖 세심하다　　信条 xìntiáo 圖 신조　　辞职 cízhí 圖 일을 그만두다　　业务 yèwù 圖 업무　　分析 fēnxī 圖 분석하다

塑胶 sùjiāo 圖 플라스틱　　★需求 xūqiú 圖 수요　　可观 kěguān 圖 엄청나다　　★意识 yìshí 圖 깨닫다　　行业 hángyè 圖 업계　　内地 nèidì 圖 (중국) 내륙

局势 júshì 圖 정세　　抛售 pāoshòu 圖 처분하다　　房地产 fángdìchǎn 圖 부동산　　收购 shōugòu 圖 매입하다　　回升 huíshēng 圖 다시 오르다

利润 lìrùn 圖 이윤　　华资 huázī 圖 해외 화교 자본　　首富 shǒufù 圖 갑부　　可见 kějiàn 圖 ~을 알 수 있다　　★眼光 yǎnguāng 圖 안목

6급 빈출어휘

스킬 1
p.166

(1) 차이샤는 직장을 그만둔 후에 미국 마이애미에 갔고, 그녀는 그곳에서 고등학교 동창 신위를 만났다.

　모범답안 차이샤는 직장을 그만둔 후에 한 장소에 갔고, 그녀는 그곳에서 옛 동창을 만났다.

　어휘　**辞职** cízhí 통 직장을 그만두다　**迈阿密** Mài'āmì 고유 마이애미[미국의 도시 이름]

(2) 삼 년 후, 그는 유럽에서 박사과정 공부를 마치고 돌아와 한 명문대학의 부교수가 됐다.

　모범답안 몇 년 후, 그는 박사과정 공부를 마치고 돌아와 부교수가 됐다.

　어휘　**欧洲** Ōuzhōu 고유 유럽　**读博士** dú bóshì 박사과정을 공부하다　**所** suǒ 양 동[집이나 학교 등을 셀 때 쓰임]

　　　　名牌大学 míngpái dàxué 명 명문대학　★**副** fù 형 부, 보조의

스킬 2
p.167

(1) 여자친구가 보낸 예쁜 볼펜을 받고, 그는 신바람이 났다.

　모범답안 여자친구가 보낸 선물을 받고, 그는 대단히 기뻤다.

　어휘　**圆珠笔** yuánzhūbǐ 명 볼펜　**兴高采烈** xìnggāocǎiliè 성 신바람이 나다

(2) 비행기가 매우 심하게 요동쳐서, 어린 아이들은 모두 놀라서 온몸에 식은땀이 흘렀다.

　모범답안 비행기가 심하게 요동쳐서, 아이들은 모두 깜짝 놀랐다.

　어휘　★**颠簸** diānbǒ 통 요동하다　**惊** jīng 통 놀라다　**冷汗** lěnghàn 명 식은땀　**吓** xià 통 놀라다

스킬 3
p.168

(1) 라오펑에게 퇴직 송별회를 열어주는 그 날, 회사의 회장, 부회장, 사장, 직속 상사 등 임원이 모두 참석했다.

　모범답안 라오펑에게 송별회를 열어주는 그 날, 회사의 많은 임원이 모두 왔다.

　어휘　**退休** tuìxiū 통 퇴직하다　**直属** zhíshǔ 형 직속의　**领导** lǐngdǎo 명 임원

(2) 준공 전에, 이 아파트는 수도관도 없고 전기 공급로도 없으며, 창문도 없고 가구도 없는 빈 껍데기였다.

　모범답안 준공 전에, 이 아파트는 아무것도 없는 빈 껍데기였다.

　어휘　**竣工** jùngōng 통 준공하다　**楼房** lóufáng 명 아파트　**空壳** kōngké 명 빈 껍데기

스킬 4
p.169

(1) 노병은 지난 전쟁 시기를 회상하며 말했다. "그 시절 전쟁은 매우 참혹했고, 수만에 이르는 형제가 모두 열사가 되어 나라를 위해 목숨을 바쳤다."

　모범답안 그는 그 시절 전쟁은 매우 참혹했고, 많은 사람이 나라를 위해 희생했다고 회상하며 말했다.

　어휘　**战争** zhànzhēng 명 전쟁　**惨烈** cǎnliè 통 참혹하다　**数以万计** shùyǐwànjì 수만에 이르다　**兄弟** xiōngdì 명 형제

　　　　烈士 lièshì 명 열사[정의로운 일을 위해 생명을 바친 사람]　**为国捐躯** wèiguójuānqū 통 나라를 위해 목숨을 바치다

　　　　牺牲 xīshēng 통 희생하다

(2) 쉬쉬는 학생들에게 말했다. "현재 식량을 낭비하는 현상이 상당히 심각해요. 식량은 귀중하며, 우리의 생활은 식량과 절대 떼려야 뗄 수 없어요. 그러므로 우리는 식량을 소중히 여길 줄 알아야 해요."

　모범답안 그녀는 학생에게 식량을 소중히 여길 줄 알아야 한다고 말했다.

　어휘　**粮食** liángshi 명 식량　**现象** xiànxiàng 명 현상　**相当** xiāngdāng 부 상당히　★**珍贵** zhēnguì 형 귀중하다　**珍惜** zhēnxī 통 소중히 여기다

해커스 HSK 6급 한 권으로 고득점 달성 [쓰기]

(1) 추이위가 병원에 입원했을 때, 선생님은 그녀에게 복습 자료를 보내왔고, 친구들도 그녀에게 수업 시간 필기를 가져다 줬다. 그녀는 감동해서 눈물을 흘렸다.

모범답안 추이위가 병원에 입원했을 때, 모두가 그녀를 도우러 왔고, 이것은 그녀를 매우 감동시켰다.

어휘   资料 zīliào 몡 자료   课堂 kètáng 몡 수업 시간   眼泪 yǎnlèi 몡 눈물

(2) 그 경험은 리전에게 지나치게 다른 사람의 생각을 신경 쓰다 보면, 결국에는 어떤 일도 이룰 수 없다는 것을 알려줬다.

모범답안 이것은 리전으로 하여금 너무 다른 사람의 생각을 신경 써서는 안 된다는 것을 깨닫게 했다.

어휘   ★过于 guòyú 閉 지나치게   在乎 zàihu 통 신경 쓰다

---

(1) 베이징의 교통은 너무 혼잡해서, 시민들의 외출에 많은 불편을 야기했다. 시 정부는 시민들이 밖으로 나갈 때 대중교통 수단을 많이 탈 것을 장려했다.

모범답안 베이징 교통은 혼잡하기 때문에, 정부는 시민들에게 대중교통 수단을 많이 탈 것을 장려했다.

어휘   拥堵 yōngdǔ 통 (많은 교통량이나 사람들로) 혼잡하다   出行 chūxíng 통 외출하다   造成 zàochéng 통 야기하다   政府 zhèngfǔ 몡 정부
       工具 gōngjù 몡 수단

(2) 양궁팀의 운동선수들은 열심히 훈련했고, 많은 땀을 흘렸다. 양궁팀은 이번회 올림픽에서 여러 개의 금메달을 쟁취할 수 있었다.

모범답안 양궁팀이 여러 금메달을 획득한 것은, 운동선수들이 많은 땀을 흘렸기 때문이다.

어휘   射箭队 shèjiànduì 양궁팀   训练 xùnliàn 통 훈련하다   刻苦 kèkǔ 혱 열심히 하다   汗水 hànshuǐ 몡 땀
       届 jiè 먕 회[정기 회의·졸업 연차 등을 세는 데 쓰임]   奥运会 Àoyùnhuì 교유 올림픽   夺取 duóqǔ 통 쟁취하다
       ★枚 méi 먕 개[작은 조각으로 된 사물을 세는 단위]   金牌 jīnpái 몡 금메달

---

(1) 샤오쉐는 마침내 여러 해 동안 만나지 못했던 할머니를 만났다. 할머니는 샤오쉐의 양손을 꽉 잡으며, 천천히 방안으로 들어가, 그녀를 한참 동안 자세히 봤다.

모범답안 샤오쉐는 마침내 할머니를 만났다. 할머니는 샤오쉐의 손을 잡고 방안으로 들어갔고, 그 다음 오랫동안 그녀를 봤다.

어휘   紧紧 jǐnjǐn 꽉   握 wò 통 (손으로) 잡다   端详 duānxiang 통 자세히 보다   许久 xǔjiǔ 몡 한참 동안

(2) 원숭이들은 우물 안의 달을 봤을 때, 모두 놀라 비명을 지르기 시작했다. 얼마 지나지 않아, 많은 원숭이는 모두 약속이나 한 듯이 늙은 원숭이의 제안에 응하며, 달 건지기 대열에 합류했다.

모범답안 원숭이들은 달을 보고 소리를 지르기 시작했다. 뒤이어, 그들은 늙은 원숭이의 제안에 따라, 달을 건지기 시작했다.

어휘   猴子 hóuzi 몡 원숭이   ★井 jǐng 몡 우물   惊 jīng 통 놀라다   不约而同 bùyuē'értóng 젱 약속이나 한 듯이 행동이 일치하다
       响应 xiǎngyìng 통 응하다   ★捞 lāo 통 건지다   ★队伍 duìwu 몡 대열

---

(1) 만델라는 흑인을 위해 권리를 쟁취하는 과정에서, 불행하게 감옥에 갇혔고 자유를 잃었다. 당시 그의 마음은 평온했는데, 왜냐하면 그는 존엄성을 얻었기 때문이다.

모범답안 만델라는 자유를 잃었다. 그러나 그의 마음은 평온했는데, 왜냐하면 그는 존엄성을 얻었기 때문이다.

어휘   曼德拉 Màndélā 교유 만델라[남아프리카공화국 최초의 흑인 대통령이 된 흑인 인권 운동가]   争取 zhēngqǔ 통 쟁취하다
       权利 quánlì 몡 권리   不幸 búxìng 통 불행하다   监狱 jiānyù 몡 감옥   自由 zìyóu 몡 자유   平静 píngjìng 혱 평온하다
       尊严 zūnyán 몡 존엄성

(2) 우리의 사이는 결코 친밀하지 않았고, 단지 평소에 인사를 나누고 잡담이나 할 뿐이었다. 나는 이렇게 평범하기 그지없던 친구가 뜻밖에 내게 막대한 도움을 줄 것이라곤 전혀 생각조차 못했다.

모범답안 비록 우리 사이는 그리 친밀하지는 않았지만, 그러나 그녀는 오히려 나에게 큰 도움을 줬다.

어휘   ★亲密 qīnmì 혱 친밀하다   无非……罢了 wúfēi……bàle 단지 ~일 뿐이다   居然 jūrán 閉 뜻밖에   巨大 jùdà 혱 막대하다

스킬 9

p.174

(1) 기지가 넘치는 조충은 물의 부력과 평형법을 교묘하게 이용해 코끼리의 무게를 쟀고, 조조와 많은 대신의 인정도 받았다.

모범답안 조충은 코끼리의 무게를 쟀을 뿐만 아니라, 게다가 다른 사람들의 인정도 받았다.

어휘 ★**机智** jīzhì 웹 기지가 넘치다　**曹冲** Cáo Chōng 고유 조충[위나라 황제 조조의 아들]　**巧妙** qiǎomiào 웹 교묘하다　**浮力** fúlì 웹 부력
平衡法 pínghéngfǎ 웹 평형법　**称** chēng 图 재다　**大象** dàxiàng 웹 코끼리　**重量** zhòngliàng 웹 무게
曹操 Cáo Cāo 고유 조조[위나라의 초대 황제]　★**大臣** dàchén 웹 대신　★**认可** rènkě 图 인정하다

(2) 장페이멍은 쑤빙톈이 세운 전국 최고 기록을 깼고, 또한 세계 육상 선수권대회에서 아시아 최고 성적을 획득했다. 이것은 쑤빙톈으로 하여금 전에 없던 스트레스를 받게 했다.

모범답안 장페이멍은 쑤빙톈의 최고 기록을 깼고, 심지어 아시아 최고 성적을 획득했다. 이것은 쑤빙톈으로 하여금 스트레스를 받게 했다.

어휘 **打破** dǎpò 图 깨다　**创造** chuàngzào 图 세우다　**纪录** jìlù 웹 최고 기록
世界田径锦标赛 Shìjiè tiánjìng jǐnbiāosài 고유 세계 육상 선수권대회　**感受** gǎnshòu 图 (영향을) 받다

스킬 10

p.175

(1) 그는 그 모래 언덕 뒤에 수원이 있으리라 생각했고, 살고자 하는 욕망은 그를 계속해서 전진하게 했다. 거의 두 시간을 걸었더니, 호수 하나가 그의 시선에 들어왔다.

모범답안 그는 살고자 하는 욕망을 품고 계속해서 전진했다. 마침내, 그는 호수 하나를 봤다.

어휘 **沙丘** shāqiū 웹 모래 언덕　**求生** qiúshēng 图 살고자 하다　★**欲望** yùwàng 웹 욕망　★**将近** jiāngjìn 图 거의
片 piàn 웹 조각·면적 등을 세는 단위　★**湖泊** húpō 웹 호수　**视线** shìxiàn 웹 시선

(2) 한신은 한군을 이끌고 각지를 돌아다니며 수많은 전투를 치렀고, 드디어 가장 강력한 상대인 항우를 물리치고 유방을 도와서 한나라를 세웠다.

모범답안 한신은 군대를 이끌고 곳곳에서 싸웠다. 최후에, 그는 한나라를 세우는 데 큰 공헌을 했다.

어휘 **韩信** Hán Xìn 고유 한신[중국 한나라 초의 무장]　**率领** shuàilǐng 图 이끌다
南征北战 nánzhēngběizhàn 웹 각지를 돌아다니며 수많은 전투를 치르다　**对手** duìshǒu 웹 상대
项羽 Xiàng Yǔ 고유 항우[중국 진나라 말기의 무장]　★**协助** xiézhù 图 돕다　**刘邦** Liú Bāng 고유 유방[한나라의 제1대 황제]
建立 jiànlì 图 세우다　**汉朝** Hàncháo 고유 한나라[중국 역사상의 한 국가]　**军队** jūnduì 웹 군대　**四处** sìchù 웹 곳곳에
贡献 gòngxiàn 图 공헌하다

쓰기

해커스 HSK 6급 한 권으로 고득점 달성

전략 적용 해석

지문

郎朗出生于辽宁沈阳，他从小就喜欢音乐，并且在这方面很有天赋。9岁那年，为了让他的爱好得到更好的发展，他的父亲放弃热爱的工作，陪他去北京的中央音乐学院学习钢琴。尽管郎朗还是一个稚气未脱的孩子，但他非常懂事，也非常刻苦，除了学习文化课以外，每天都坚持练琴八小时以上。三个月后，他就能熟练地弹奏两首难度相当高的曲子了。

有一天，正当郎朗沉浸在进步的喜悦中时，住在楼下的大妈气冲冲地敲开了他家的门。为了表达自己和邻居们的愤慨，那位大妈毫不客气地对他说："你不要再弹琴了，你的琴声实在吓人，吵得大家都无法休息。你以为你是贝多芬呀？趁早收起那份心吧，学琴的人多的是，你看有几个能真正出名？"

不仅如此，在学校里，许多同学都看不起他，嘲笑他是东北土包子。更令他难受的是，钢琴老师也泼他的冷水说："你还是回沈阳吧，以你这样的资质，再过一百年，也不可能成为钢琴家！"他心灰意冷，回到家就哭着对父亲说："我讨厌北京，讨厌钢琴，讨厌这里的一切。咱们回老家去吧，我再也不学琴了。"

父亲听后，没有像往常那样安慰他，而是将他带到公园里的小树林，指着其中的一棵树说："孩子，之前不少路人对这棵树指指点点。有人说，它平淡无奇，没有什么观赏价值；有人说，它不久就会枯死，根本不会有长大的机会；有人说，从来没见过这么丑陋的树，简直影响市容；甚至还有人说，干脆把它挖走，免得碍眼。对于人们的评头论足，它一直保持沉默，只管自顾自地生长，每天照样吸收阳光雨露，照样从土壤里吸取营养。你看现在，它长得枝繁叶茂，郁郁葱葱，还开出了奇香无比的花。"父亲顿了顿，接着说："孩子，做人就应该像这棵树，不要在乎人说什么，也不要抱怨命运的不公，只管自己成长。当有一天你芬芳馥郁时，别人自然就理解你了。"听了父亲的话，他若有所思地点了点头。从那以后，郎朗一心一意地练习钢琴。不管别人怎样打击他、讽刺他，他始终都坚持自己心中的梦想，日复一日，年复一年地专心练琴。

八年后，当初这棵毫不起眼的"小树苗"长成了一棵"参天大树"。他年仅17岁就享誉全球，受到万众瞩目，成为了世界著名的钢琴家，还被誉为"当今世界最年轻的钢琴大师"、"钢琴的发电机"、"中国的莫扎特"。他拿下了无数个世界第一，先后参加过2006年世界杯足球赛开幕式、2008年诺贝尔颁奖音乐会、2008年北京奥运会开幕式、2010年上海世博会开幕式等，还曾在美国白宫举办过专场独奏会。如今，郎朗已成为中国的一张名片，成为世界音乐的一张名片。

랑랑은 랴오닝의 선양에서 태어났다. 그는 어려서부터 음악을 좋아했고, 또한 이 분야에 천부적인 자질이 있었다. 9살이었던 그 해에, 그의 취미를 더욱 발전시키기 위해, 그의 아버지는 좋아하는 직업을 포기하고, 그를 베이징의 중앙음악대학에 데리고 가 피아노를 배우게 했다. 비록 랑랑은 여전히 어린 티를 벗지 못한 아이였지만, 그는 매우 철이 들었고, 매우 열심히 했다. 교양 과목을 배우는 것 이외에도, 매일 피아노 연습을 여덟 시간 이상씩 꾸준히 했다. 삼 개월 후, 그는 곧 난도가 상당히 높은 두 곡을 능숙하게 연주할 수 있었다.

어느 날, 랑랑이 발전의 기쁨에 빠져있을 때 즈음, 아래 층에 사는 아주머니가 잔뜩 화가 나서 씩씩거리며 그의 집 문을 두드렸다. 자신과 이웃들의 분노를 나타내기 위해, 그 아주머니는 인정사정없이 그에게 말했다. "너는 다시는 피아노를 치지 말아라. 네 피아노 소리는 정말이지 소름이 끼치고, 시끄러워서 다들 쉴 수가 없구나. 너는 네가 베토벤이라 생각하는 거니? 일찌감치 그 마음을 접으렴. 피아노를 배우는 사람이 얼마나 많은데, 너가 봤을 때는 몇 명이나 정말로 유명해질 수 있을 것 같니?"

그뿐만 아니라, 학교에서 많은 학교 친구들도 모두 그를 얕보고, 그가 동북의 촌놈이라며 비웃었다. 그를 더욱 참기 어렵게 했던 것은 피아노 선생님도 그에게 찬물을 끼얹으며 말한 것이었다. "너는 선양으로 돌아가는 게 낫겠구나. 네 이런 자질로는 백 년이 지나도, 피아니스트가 될 수 없어!" 그는 낙담했고, 집에 돌아가자마자 울면서 아버지에게 말했다. "저는 베이징이 싫어요. 피아노도 싫고, 이곳의 모든 게 다 싫어요. 우리 고향으로 돌아가요. 저 다시는 피아노를 배우지 않을래요."

아버지는 듣고 나서 평소처럼 그를 위로하지 않았고, 오히려 그를 공원의 작은 숲으로 데리고 가서, 그중의 나무 한 그루를 가리키며 말했다. "얘야. 예전에 적지 않은 행인이 이 나무를 향해 손가락질했었다. 어떤 사람은 이 나무가 평범해 관상 가치가 없다고 했고, 어떤 사람은 이 나무가 얼마 안 가서 시들어 죽을 거라며, 아예 자랄 기회가 없을 것이라 했단다. 어떤 사람은 이렇게 흉측한 나무는 본 적이 없다며, 그야말로 도시 미관에 영향을 준다고 말했고, 심지어 어떤 사람은 차라리 이 나무를 파내서 눈에 거슬리지 않게 하자고 말했단다. 사람들이 이러쿵저러쿵 떠드는 것에 대해 이 나무는 계속 침묵을 유지하고 오로지 스스로에게만 집중하여 자랐으며, 매일 변함없이 햇빛과 비이슬을 흡수하고 변함없이 토양에서 양분을 얻었단다. 네가 보기에 지금 이 나무는 가지와 잎이 무성하게 자란 데다가 울창하며, 아주 향기롭기 그지없는 꽃도 피웠잖니." 아버지는 잠시 멈췄다가 다시 이어서 말했다. "얘야. 좋은 사람이 되는 것은 마땅히 이 나무 같아야 한단다. 다른 사람이 뭐라고 하든 신경 쓰지 말고, 운명의 불공평함을 원망하지도 말고, 오로지 자신의 성장만을 신경 쓰거라. 어느 날 네 향기가 짙어졌을 때, 다른 사람들은 자연스럽게 너를 이해하게 될 거란다." 아버지의 말을 듣고, 그는 생각에 잠긴 듯 고개를 끄덕였다. 그날 이후, 랑랑은 전심전력으로 피아노를 연습했다. 다른 사람이 어떻게 그를 공격하고 비꼬든, 그는 한결같이 자신의 마음속 꿈을 끝까지 지키며 하루하루, 한 해 한 해 몰두해서 피아노 연습을 했다.

팔 년 후, 당초 볼품없던 '작은 묘목'은 '하늘 높이 우뚝 솟은 거목'으로 자랐다. 그는 겨우 17살의 나이였지만 전 세계에 명성을 떨치고, 온 세상 사람들의 주목을 받으며 세계적으로 저명한 피아니스트가 됐으며, 또한 '현재 세계에서 가장 어린 피아니스트', '피아노 발전기', '중국의 모차르트'라 불렸다. 그는 세계 일등을 수없이 거머쥐었고, 잇따라 2006년 월드컵 개막식, 2008년 노벨 시상 음악회, 2008년 베이징 올림픽 개막식, 2010년 상하이 세계전시회 개막식 등에 참여했으며, 미국 백악관에서 특별 공연 독주회를 열기도 했다. 오늘날, 랑랑은 이미 중국의 명함이 됐으며, 세계 음악의 명함이 됐다.

| 郎朗取得如此卓越的成就，离不开那棵树给他的启示。做一棵只管成长的树，既是一种胸怀，也是一种智慧。 | 랑랑이 이처럼 뛰어난 업적을 이룰 수 있었던 것은 그 나무가 그에게 준 깨달음과 떼려야 뗄 수가 없다. 성장에만 집중하는 나무가 되는 것은 일종의 포부이자, 일종의 지혜이기도 하다. |

어휘

辽宁 Liáoníng [고유] 랴오닝[중국의 성(지방 행정 구역) 중 하나]　沈阳 Shěnyáng [고유] 선양[중국 랴오닝(辽宁)성의 시]　★天赋 tiānfù [명] 천부적인 자질
热爱 rè'ài [동] (열렬히) 좋아하다　稚气未脱 zhìqìwèituō 어린 티를 벗지 못하다　刻苦 kèkǔ [형] 열심히 하다　熟练 shúliàn [형] 능숙하다
弹奏 tánzòu [동] 연주하다　相当 xiāngdāng [부] 상당히　★曲子 qǔzi [명] 곡　沉浸 chénjìn [동] (분위기나 생각에) 빠지다　★喜悦 xǐyuè [형] 기쁘다
气冲冲 qìchōngchōng [형] 잔뜩 화가 나서 씩씩거리다　愤慨 fènkǎi [형] 분노하다　吓人 xiàrén [동] 소름이 끼치다　吵 chǎo [형] 시끄럽다
贝多芬 Bèiduōfēn [고유] 베토벤　趁早 chènzǎo [부] 일찌감치　看不起 kànbuqǐ 얕보다　嘲笑 cháoxiào [동] 비웃다　土包子 tǔbāozi [명] 촌놈
★泼 pō [동] 끼얹다　资质 zīzhì [명] 자질　心灰意冷 xīnhuīyìlěng [형] 낙담하다　★往常 wǎngcháng [명] 평소　安慰 ānwèi [동] 위로하다
平淡无奇 píngdànwúqí [형] 평범하다　观赏 guānshǎng [동] 관상하다　枯 kū [형] 시들다　丑陋 chǒulòu [형] 흉측하다　简直 jiǎnzhí [부] 그야말로
市容 shìróng [명] 도시 미관　干脆 gāncuì [부] 차라리　挖 wā [동] 파내다　免得 miǎnde [접] ~하지 않게　碍眼 àiyǎn [동] 눈에 거슬리다
评头论足 píngtóulùnzú [동] 이러쿵저러쿵 떠들다　保持 bǎochí [동] 유지하다　沉默 chénmò [동] 침묵하다　吸收 xīshōu [동] 흡수하다
阳光雨露 yángguāng yǔlù 햇빛과 비이슬　照样 zhàoyàng [부] 변함없이　★土壤 tǔrǎng [명] 토양　吸取 xīqǔ [동] 얻다　营养 yíngyǎng [명] 양분
枝繁叶茂 zhīfányèmào 가지와 잎이 무성하다　郁郁葱葱 yùyùcōngcōng [형] 울창하다[초목이 울창하고 짙푸른 모양]　★无比 wúbǐ [형] 그지없다
顿 dùn [동] 잠시 멈추다　在乎 zàihu [동] 신경 쓰다　抱怨 bàoyuàn [동] 원망하다　芬芳馥郁 fēnfāngfùyù 향기가 짙다　6급 빈출어휘
若有所思 ruòyǒusuǒsī 생각에 잠긴 듯하다　★打击 dǎjī [동] 공격하다　讽刺 fěngcì [동] 비꼬다　始终 shǐzhōng [부] 한결같이
专心 zhuānxīn [동] 몰두하다　★当初 dāngchū [명] 당초　享誉 xiǎngyù [동] 명성을 떨치다　万众瞩目 wànzhòngzhǔmù 온 세상 사람들이 주목하다
莫扎特 Mòzhātè [고유] 모차르트　世界杯足球赛 Shìjièbēi zúqiúsài [고유] 월드컵　开幕式 kāimùshì [명] 개막식　诺贝尔 Nuòbèi'ěr [고유] 노벨
颁奖 bānjiǎng [동] 시상하다　白宫 Báigōng [고유] 백악관　独奏会 dúzòuhuì [명] 독주회　如今 rújīn [명] 오늘날　★卓越 zhuóyuè [형] 뛰어나다
成就 chéngjiù [명] 업적　★启示 qǐshì [명] 깨달음　胸怀 xiōnghuái [명] 포부

모범답안　　p.179

郎朗是如何成功的	랑랑은 어떻게 성공했는가
郎朗从小就喜欢音乐，而且很有天赋。在他9岁时，父亲放弃了自己的工作，陪他去北京一所学校学习钢琴。他每天坚持练琴，没过多久，就能弹难度很高的曲子了。 　有一天，邻居大妈来到他家，生气地对他说他的琴声打扰到了别人，甚至还说他以后不可能会出名。 　同学们也看不起他，钢琴老师还说他资质不够，不可能成为钢琴家。这让他感到灰心。他哭着对父亲说自己讨厌钢琴，再也不学琴了。 　父亲没有安慰他，而是把他带到一棵树前。父亲对他说以前不少路人不看好它，然而它一直保持沉默，只顾生长，现在它长得很茂盛，还开出了花。父亲接着说，做人也一样，别在乎别人说什么，只管自己成长。他点了点头。从此，他专心地练习钢琴，不管别人说什么，他都坚持自己的梦想。 　几年后，年仅17岁的他成为了世界著名的钢琴家。他拿下了无数个世界第一，还参加了很多重要的活动。如今，他已成为中国和世界音乐的一张名片。 　他之所以能取得这样的成功，是因为有了那棵树的启示。可见，做一棵只管成长的树，是一种胸怀，也是一种智慧。	랑랑은 어려서부터 음악을 좋아했고, 또한 천부적인 자질이 있었다. 그가 9살 때, 아버지는 자신의 직업을 포기하고, 그를 베이징의 한 학교에 데리고 가 피아노를 배우게 했다. 그는 매일 피아노 연습을 꾸준히 했고, 얼마 지나지 않아, 곧 난도가 높은 곡을 연주할 수 있었다. 　어느 날, 이웃 아주머니가 그의 집에 찾아와 화를 내며 그에게 그의 피아노 소리가 남들에게 폐를 끼친다고 말했고, 심지어 그가 나중에 유명해질 수 없을 거라고 말하기도 했다. 　학교 친구들도 그를 얕보고, 피아노 선생님은 그가 자질이 부족해 피아니스트가 될 수 없을 것이라 말했다. 이것은 그를 낙심하게 했다. 그는 울면서 아버지에게 자신은 피아노가 싫고, 다시는 피아노를 배우지 않겠다고 말했다. 　아버지는 그를 위로하지 않고, 오히려 그를 나무 한 그루 앞으로 데리고 갔다. 아버지는 그에게 예전에 적지 않은 행인이 이 나무를 못마땅하게 여겼지만, 이 나무는 계속 침묵을 유지하고 오로지 자라는 것에만 집중했으며, 지금 이 나무가 아주 무성하게 자라 꽃도 피웠다고 말했다. 아버지는 이어서 좋은 사람이 되는 것도 똑같으니, 다른 사람이 뭐라고 하든 신경 쓰지 말고, 자신의 성장만을 신경 쓰라고 말했다. 그는 고개를 끄덕였다. 그 후로, 그는 몰두해서 피아노를 연습했고 다른 사람이 뭐라고 하든, 그는 자신의 꿈을 끝까지 지켰다. 　몇 년 후, 겨우 17살의 나이인 그는 세계적으로 저명한 피아니스트가 됐다. 그는 세계 일등을 수없이 거머쥐었고, 많은 중요한 활동에도 참여했다. 오늘날, 그는 이미 중국과 세계 음악의 명함이 됐다. 　그가 이러한 성공을 이룰 수 있었던 것은 그 나무가 준 깨달음이 있었기 때문이다. 성장에만 집중하는 나무가 되는 것은 일종의 포부이자, 일종의 지혜이기도 함을 알 수 있다.

어휘

★天赋 tiānfù [명] 천부적인 자질　所 suǒ [양] 채, 동[집이나 학교 등을 셀 때 쓰임]　★曲子 qǔzi [명] 곡　看不起 kànbuqǐ 얕보다　资质 zīzhì [명] 자질
灰心 huīxīn [동] 낙심하다　安慰 ānwèi [동] 위로하다　保持 bǎochí [동] 유지하다　沉默 chénmò [명] 침묵하다　茂盛 màoshèng [형] 무성하다
在乎 zàihu [동] 신경 쓰다　专心 zhuānxīn [동] 몰두하다　如今 rújīn [명] 오늘날　★启示 qǐshì [명] 깨달음　可见 kějiàn [접] ~을 알 수 있다
胸怀 xiōnghuái [명] 포부

지문

福耀玻璃创始人曹德旺出生在一个富裕的家庭。他的父亲曾经是上海著名的百货店——永安百货的股东之一，一家人靠着父亲丰厚的收入过着富足又幸福的生活。后来时局动荡，上海兵荒马乱，曹德旺的父亲只能带着全家人南下回乡。然而，装着他们全部家当的运输船却沉入海底。一夜之间，家中变得一贫如洗，他们的生活跌至谷底。14岁的曹德旺不得不中途辍学，和父亲一起做生意来养家糊口。

曹德旺在街头卖过烟丝，凌晨贩卖过水果，甚至连拉板车、修自行车的事情都做过。长年累月食不果腹、衣不蔽体的状态让他受尽了无数白眼，尝到了人生的苦涩。但他没有抱怨，也没有逆来顺受，反而在精神和肉体的折磨中不断寻找新的出路，努力和命运抗争。奋斗到30岁时，曹德旺基本把能做的生意都做了一遍。1983年，曹德旺看中了老家的一家玻璃厂，于是将其承包了下来，开始生产水表玻璃。在这个过程中，嗅觉灵敏的曹德旺很快就发现了另一条致富之路。1993年，他成立了福耀玻璃有限公司。

改革开放打开了中国市场的大门，大量的进口汽车涌入了中国市场。由于当时国内的公路崎岖不平，玻璃损坏的汽车量始终居高不下。汽车玻璃的市场需求很大，而技术上的限制导致汽车玻璃只能依赖日本进口。日本产的玻璃即使成本只有一两百元，售价也要好几千元。

曹德旺明白，这既是机会也是挑战，就将玻璃厂的主业正式转换成汽车专用玻璃的生产。为了打破日本的技术壁垒，他从芬兰引进了最先进的设备，重金雇佣了全国各地的技术人才。前期的研发工作并不顺利，但曹德旺始终信任自己的研究团队，经过一次又一次的失败，他们终于研制出了汽车专用玻璃。到90年代初，成本不到两百元，售价控制在两千元的福耀玻璃全面占领了中国的玻璃市场，曾牢牢占领市场的日本产汽车玻璃就这样退出了中国舞台。

完成国内市场的快速扩张后，曹德旺又将目光转向了美国市场。他在通用汽车工厂旧址上投资修建了福耀玻璃厂，雇佣当地的工人，开始生产汽车玻璃。通过和国际汽车玻璃公司的合作，福耀玻璃厂为日后的发展打下了稳固的基础，曹德旺在合作中所展现出来的果敢态度也得到了众多同行的称赞和尊敬。"福耀"两个字凝聚了曹德旺毕生的梦想，也融汇了智慧、尊严与勇气。

家徒四壁时，他没有焦躁抱怨。淡定大气的曹德旺始终把目光投向未来，投向更广阔的世界。他的人生轨迹告诉我们，成功人士的经历是不可复制的，他们在成功道路上所展现出来的奋斗精神，却值得我们每个人学习。

푸야오 유리의 창시자 차오더왕은 부유한 가정에서 태어났다. 그의 아버지는 일찍이 상하이의 유명 백화점인 용안 백화점의 주주 중 하나여서, 일가족이 아버지의 두둑한 수입에 기대어 풍요롭고 행복한 생활을 보냈다. 이후 시국이 불안하고 상하이가 전란으로 세상이 어수선해지자, 차오더왕의 아버지는 온 가족들을 데리고 남쪽으로 귀향할 수밖에 없었다. 그런데, 그들의 전 재산을 실은 운송선박이 바닷속으로 가라앉았다. 하룻밤 사이에, 집안이 찢어지게 가난해지면서 그들의 삶은 밑바닥으로 떨어졌다. 14살의 차오더왕은 부득이하게 중도에 학업을 그만두고, 아버지와 함께 장사하면서 가까스로 가족들을 부양했다.

차오더왕은 길거리에서 살담배를 팔았고, 새벽에는 과일을 판매했으며 심지어 짐수레를 끄는 일, 자전거를 수리하는 일까지 해봤다. 오랜 세월 동안 배불리 먹지 못하고, 극히 가난한 상태는 그로 하여금 무수한 무시를 지긋지긋하게 겪으며, 인생의 쓴맛을 보게 했다. 그러나 그는 원망하지 않고, 역경에 처해 순종하는 태도를 보이지도 않았으며, 오히려 정신과 육체의 고통 속에서 끊임없이 새로운 활로를 찾고, 운명과 싸우려 노력했다. 분투하며 30살이 됐을 때, 차오더왕은 할 수 있는 장사를 거의 다 한 번씩 해봤다. 1983년, 차오더왕은 고향의 한 유리 공장이 마음에 들었고, 유리 공장의 하청을 받아, 수도 계량기 유리를 생산하기 시작했다. 이 과정에서, 감각이 민감한 차오더왕은 머지않아 부자가 되는 다른 길 하나를 발견했다. 1993년, 그는 푸야오 유리 유한회사를 설립했다.

개혁개방은 중국 시장의 문을 열었고, 대량의 수입 자동차가 중국 시장으로 몰려들었다. 당시 중국 국내의 도로는 울퉁불퉁하고 평탄하지 않았기 때문에, 유리가 파손되는 자동차 수량이 한결같이 떨어지지 않았다. 자동차 유리의 시장은 수요가 높았지만, 기술적인 한계는 자동차 유리가 일본 수입에만 의존하도록 만들었다. 일본산 유리는 설령 원가가 고작 일이백 위안일지라도, 판매 가격은 몇천 위안이었다.

차오더왕은 이것이 기회이자 도전임을 깨달았고, 유리 공장의 본업을 정식으로 자동차 전용 유리 생산으로 전환했다. 일본의 기술 장벽을 허물기 위해, 그는 핀란드에서 가장 선진적인 설비를 들여왔고, 거금으로 전국 각지의 기술 인재를 고용했다. 초기의 연구개발 작업은 결코 순조롭지 못했으나, 차오더왕은 한결같이 자신의 연구팀을 믿었고, 한 번 또 한 번의 실패를 거쳐, 그들은 마침내 자동차 전용 유리를 연구 제작해냈다. 90년대 초가 되어, 원가는 이백 위안이 채 안 되고, 판매 가격은 이천 위안으로 통제하던 푸야오 유리가 전면적으로 중국 유리 시장을 점령했고, 일찍이 시장을 확고히 점령했던 일본산 자동차 유리는 이렇게 중국 무대에서 물러났다.

국내 시장의 빠른 확장을 마친 후, 차오더왕은 시선을 다시 미국 시장으로 돌렸다. 그는 제너럴모터스 공장 옛터에 푸야오 유리 공장을 투자 건설하고, 현지 노동자를 고용해 자동차 유리 생산을 시작했다. 국제적인 자동차 유리 회사와의 협력을 통해, 푸야오 유리 공장은 향후의 발전을 위해 견고한 기반을 다졌고, 차오더왕이 협력에서 드러낸 과감한 태도는 많은 동종업자의 칭찬과 존경을 받았다. '푸야오' 두 글자는 차오더왕 일생의 꿈을 응집했고 또한 지혜, 존엄성과 용기를 융합시켰다.

집안이 너무 가난해 가진 것이 아무것도 없을 때, 그는 초조해하거나 원망하지 않았다. 침착하고 당당했던 차오더왕은 한결같이 시선을 미래로 돌렸고, 더 넓은 세상으로 돌렸다. 그의 인생 궤적은 우리에게 성공한 인사들의 경험은 복제할 수 있는 것이 아니나, 그들이 성공의 과정에서 보여준 분투 정신은 우리 모두가 배울 만한 가치가 있음을 알려준다.

어휘   玻璃 bōli 圐 유리   创始人 chuàngshǐrén 圐 창시자   ★富裕 fùyù 圐 부유하다   股东 gǔdōng 圐 주주   动荡 dòngdàng 圐 (정세·상황 등이) 불안하다

兵荒马乱 bīnghuāngmǎluàn 圐 전란으로 세상이 어수선하다   装 zhuāng 圐 담다   家当 jiādàng 圐 재산   运输船 yùnshūchuán 圐 운송선박

一贫如洗 yìpínrúxǐ 圐 찢어지게 가난하다   ★跌 diē 圐 떨어지다   谷底 gǔdǐ 圐 밑바닥   辍学 chuòxué 圐 중도에 학업을 그만두다

养家糊口 yǎngjiāhúkǒu 圐 가까스로 가족을 부양하다   烟丝 yānsī 圐 살담배[썰어 놓은 담배]   ★凌晨 língchén 圐 새벽

贩卖 fànmài 圐 (불법적인 것을) 판매하다   长年累月 chángniánlěiyuè 圐 오랜 세월   食不果腹 shíbùguǒfù 圐 배불리 먹지 못하다

衣不蔽体 yībúbìtǐ 圐 극히 가난하다   白眼 báiyǎn 圐 무시, 백안시   苦涩 kǔsè 圐 쓰다   抱怨 bàoyuàn 圐 원망하다

逆来顺受 nìláishùnshòu 圐 역경에 처해 순종하는 태도를 보이다   反而 fǎn'ér 圐 오히려   精神 jīngshén 圐 정신   折磨 zhémó 圐 고통스럽게 하다

寻找 xúnzhǎo 圐 찾다   出路 chūlù 圐 활로   奋斗 fèndòu 圐 분투하다   承包 chéngbāo 圐 하청을 받다   ★嗅觉 xiùjué 圐 감각, 후각

★灵敏 língmǐn 圐 민감하다   改革开放 gǎigé kāifàng 圐 개혁개방   进口 jìnkǒu 圐 수입하다   涌入 yǒngrù 圐 몰려오다   崎岖 qíqū 圐 울퉁불퉁하다

★损坏 sǔnhuài 圐 파손하다   始终 shǐzhōng 圐 한결같이   居高不下 jūgāobúxià (높은 수준에서) 떨어지지 않다   ★需求 xūqiú 圐 수요

限制 xiànzhì 圐 한계   ★依赖 yīlài 圐 의존하다   ★成本 chéngběn 圐 원가   挑战 tiǎozhàn 圐 도전   壁垒 bìlěi 圐 장벽   芬兰 Fēnlán 교유 핀란드

★先进 xiānjìn 圐 선진적이다   设备 shèbèi 圐 설비   重金 zhòngjīn 圐 거금   雇佣 gùyōng 圐 고용하다   信任 xìnrèn 圐 믿다   团队 tuánduì 圐 팀

研制 yánzhì 圐 연구 제작하다   控制 kòngzhì 圐 통제하다   全面 quánmiàn 圐 전면적이다   占领 zhànlǐng 圐 점령하다   牢牢 láoláo 확고히

★扩张 kuòzhāng 圐 확장하다   ★目光 mùguāng 圐 시선   通用汽车 Tōngyòngqìchē 교유 제너럴모터스[미국의 자동차 제조사]

投资 tóuzī 圐 투자하다   ★修建 xiūjiàn 圐 건설하다   当地 dāngdì 圐 현지   合作 hézuò 圐 협력하다   ★展现 zhǎnxiàn 圐 드러내다

同行 tóngháng 圐 동종업자   称赞 chēngzàn 圐 칭찬하다   尊敬 zūnjìng 圐 존경하다   ★凝聚 níngjù 圐 응집하다   毕生 bìshēng 圐 일생

融汇 rónghuì 圐 융합하다   尊严 zūnyán 圐 존엄성   勇气 yǒngqì 圐 용기   家徒四壁 jiātúsìbì 圐 집안이 너무 가난해 가진 것이 아무것도 없다

焦躁 jiāozào 圐 초조하다   淡定 dàndìng 圐 침착하다   ★广阔 guǎngkuò 圐 넓다   ★人士 rénshì 圐 인사   复制 fùzhì 圐 복제하다

지문	기억한 스토리
지문에서 반드시 외워야 할 핵심표현이에요.	제목 –

지문		기억한 스토리
福耀玻璃创始人曹德旺出生在一个富裕的家庭。他的父亲曾经是上海著名的百货店——永安百货的股东之一，一家人靠着父亲丰厚的收入过着富足又幸福的生活。后来时局动荡，上海兵荒马乱，曹德旺的父亲只能带着全家人南下回乡。然而，装着他们全部家当的运输船却沉入海底。一夜之间，家中变得一贫如洗，他们的生活跌至谷底。14岁的曹德旺不得不中途辍学，和父亲一起做生意来养家糊口。	① 주인공의 어린시절 및 첫 번째 시련	曹德旺은 富裕的家庭에서 태어났고, 그의 아버지는 한때 한 백화점의 股东이었음. 온 가족이 고향으로 이사하는 도중에 전 재산을 잃어버렸고, 그 후로 집안이 가난해짐. 그래서 그는 14살 때 부득이하게 학업을 포기하고, 아버지와 함께 做生意해야 함.
曹德旺在街头卖过烟丝，凌晨贩卖过水果，甚至连拉板车、修自行车的事情都做过。长年累月食不果腹、衣不蔽体的状态让他受尽了无数白眼，尝到了人生的苦涩。但他没有抱怨，也没有逆来顺受，反而在精神和肉体的折磨中不断寻找新的出路，努力和命运抗争。奋斗到30岁时，曹德旺基本把能做的生意做了一遍。1983年，曹德旺看中了老家的一家玻璃厂，于是将其承包了下来，开始生产水表玻璃。在这个过程中，嗅觉灵敏的曹德旺很快就发现了另一条致富之路。1993年，他成立了福耀玻璃有限公司。	② 첫 번째 시련 극복과정	그는 많은 막노동을 했고, 많은 고생을 맛봄. 그러나 그는 抱怨하지 않고, 寻找新的出路하려고 노력함. 30살 때, 그는 할 수 있는 장사를 거의 다 한 번씩 해봄. 이후, 그는 한 유리 공장의 承包를 받았고, 자신의 유리 회사도 成立함.
改革开放打开了中国市场的大门，大量的进口汽车涌入了中国市场。由于当时国内的公路崎岖不平，玻璃损坏的汽车量始终居高不下。汽车玻璃的市场需求很大，而技术上的限制导致汽车玻璃只能依赖日本进口。日本产的玻璃即使成本只有一两百元，售价也要好几千元。	③ 두 번째 시련	改革开放 후, 대량의 进口汽车가 중국 시장에 들어옴. 당시 技术는 한계가 있었기 때문에, 자동차 유리는 日本에서 进口할 수밖에 없었음. 成本이 고작 일이백 위안인 자동차 유리는 오히려 비싸게 팔렸음.
曹德旺明白，这既是机会也是挑战，就将玻璃厂的主业正式转换成汽车专用玻璃的生产。为了打破日本的技术壁垒，他从芬兰引进了最先进的设备，重金雇佣了全国各地的技术人才。前期的研发工作并不顺利，但曹德旺始终信任自己的研究团队，经过一次又一次的失败，他们终于研制出了汽车专用玻璃。到90年代初，成本不到两百元，售价控制在两千元的福耀玻璃全面占领了中国的玻璃市场，曾牢牢占领市场的日本产汽车玻璃就这样退出了中国舞台。	④ 두 번째 시련 극복과정	이것은 그가 새로운 기회를 보게 했고, 그래서 그는 자동차 유리를 生产하기로 결정함. 그는 외국에서 설비를 引进했고, 많은 人才도 모집함. 노력을 거쳐, 그는 가격에 경쟁력이 있는 자동차 유리를 생산해냄. 결국 그의 유리는 신속하게 中国市场을 占领했고, 日本产은 도리어 退出了中国舞台함.
完成国内市场的快速扩张后，曹德旺又将目光转向了美国市场。他在通用汽车工厂旧址上投资修建了福耀玻璃厂，雇佣当地的工人，开始生产汽车玻璃。通过和国际汽车玻璃公司的合作，福耀玻璃厂为日后的发展打下了稳固的基础，曹德旺在合作中所展现出来的果敢态度也得到了众多同行的称赞和尊敬。"福耀"两个字凝聚了曹德旺毕生的梦想，也融汇了智慧、尊严与勇气。	⑤ 성공의 결실	이후 그는 성공적으로 美国市场에 진출함. 그는 국제적인 자동차 유리 회사와 合作해 이후의 발전을 위해 稳固的基础를 다짐. 이 과정에서, 그는 많은 동종업자의 尊敬을 받음.
家徒四壁时，他没有焦躁抱怨。淡定大气的曹德旺始终把目光投向未来，投向更广阔的世界。他的人生轨迹告诉我们，成功人士的经历是不可复制的，他们在成功道路上所展现出来的奋斗精神，却值得我们每个人学习。	⑥ 성공 요인	가정 형편이 어려울 때, 그는 원망하지 않고, 한결같이 시선을 投向未来함. 그의 이야기는 우리에게 비록 다른 사람의 성공 경험은 不可复制이지만, 奋斗精神은 우리가 学习할 만한 가치가 있음을 알려줌.

요약 [모범답안1 (80점 고득점용)]	요약 포인트
曹德旺的奋斗历程	曹德旺의 성공일화에 대한 내용이므로 曹德旺的奋斗历程(차오더왕의 분투과정)을 제목으로 쓴다.
曹德旺出生在富裕的家庭，他的父亲曾是一家百货店的股东。全家人在搬回家乡的途中失去了全部财产，从此家里变得很穷。所以他14岁时不得不放弃学业，和父亲一起做生意。	• 지문의 永安百货와 같이 구체적인 장소 관련 표현은 一家百货店과 같은 '수량사+일반명사'의 표현으로 기억하고 바꿔 쓴다. [스킬 1] • 지문의 一贫如洗와 같이 외우기 어려운 사자성어 표현은 很穷과 같은 비슷한 뜻을 가지는 쉬운 표현으로 기억하고 바꿔 쓴다. [스킬 2]
他做过很多苦力活，吃过很多苦，但他没有抱怨，而是努力寻找新的出路。30岁时，他把能做的生意都做了一遍。之后，他承包了一家玻璃厂，还成立了自己的玻璃公司。	• 지문의 在街头卖过烟丝，凌晨贩卖过水果，甚至连拉板车、修自行车的事情과 같이 여러 가지를 구체적으로 열거한 표현은 很多苦力活와 같은 하나로 포괄하는 표현으로 기억하고 요약한다. [스킬 3] • '할 수 있는 장사는 거의 다 한 번씩 해봄. 이후, 그는 한 유리 공장의 承包를 받아~'와 같이 사건의 앞뒤 발생 순서가 명확한 것으로 기억한 내용은 '之后，……'와 같은 선후 관계를 나타내는 연결어를 사용해서 간단히 요약한다. [스킬 7]
改革开放后，大量的进口汽车进入了中国市场。当时因为技术有限，汽车玻璃只能从日本进口。成本只有一两百元的汽车玻璃，却卖得很贵。	• '成本이 고작 일이백 위안인 자동차 유리는 오히려 비싸게 팔렸음'과 같이 사건의 앞뒤 상황이 상반되는 것으로 기억한 내용은 '……，却……'와 같은 반대/전환 관계를 나타내는 연결어를 사용해서 간단히 요약한다. [스킬 8]
这让他看到了新的机会，于是他决定生产汽车玻璃。他从国外引进了设备，还招了很多人才。经过努力，他生产出了价格有竞争力的汽车玻璃。结果他的玻璃迅速占领了中国市场，日本产的则退出了中国舞台。	• '이것은 그가 새로운 기회를 보게 함'과 같이 어떤 일로 인해 변화가 생긴 것으로 기억한 내용은 '这让……'을 사용해서 간단히 요약한다. [스킬 5] • '그가 새로운 기회를 보게 했고, 그래서 그는 자동차 유리를 생산하기로 결정함'과 같이 사건의 원인과 결과가 분명한 것으로 기억한 내용은 '……，于是……'과 같은 인과 관계를 나타내는 연결어를 사용해서 간단히 요약한다. [스킬 6] • '그는 가격에 경쟁력이 있는 자동차 유리를 생산해냄. 결국 그의 유리는 신속하게 中国市场을 占领했음'과 같이 어떤 과정을 거쳐 도출된 결론은 结果와 같은 마무리 표현을 사용해서 간단히 요약한다. [스킬 10]
后来他成功进入美国市场。他和国际汽车玻璃公司合作，为之后的发展打下了稳固的基础。在此过程中，他得到了许多同行的尊敬。	• '신속하게 中国市场을 占领했고 ~ 이후 성공적으로 美国市场에 진출함'과 같이 사건의 앞뒤 발생 순서가 명확한 것으로 기억한 내용은 '后来……'와 같은 선후 관계를 나타내는 연결어를 사용해서 간단히 요약한다. [스킬 7]
家境困难时，他没有抱怨，而是始终把目光投向未来。他的故事告诉我们，虽然别人的成功经历不可复制，但是他们的奋斗精神值得我们学习。	• 지문의 家徒四壁와 같이 외우기 어려운 사자성어 표현은 家境困难과 같은 비슷한 뜻을 가지는 쉬운 표현으로 기억하고 바꿔 쓴다. [스킬 2] • '비록 다른 사람의 성공 경험은 不可复制이지만, 奋斗精神은 우리가 학습할 만한 가치가 있음'과 같이 사건의 앞뒤 상황이 상반되는 것으로 기억한 내용은 '虽然……，但是……'과 같은 반대/전환 관계를 나타내는 연결어를 사용해서 간단히 요약한다. [스킬 8]

曹德旺的奋斗历程

曹德旺出生在富裕的家庭，他的父亲曾是一家百货店的股东。全家人在搬回家乡的途中失去了全部财产，从此家里变得很穷。所以他14岁时不得不放弃学业，和父亲一起做生意。

他做过很多苦力活，吃过很多苦，但他没有抱怨，而是努力寻找新的出路。30岁时，他把能做的生意都做了一遍。之后，他承包了一家玻璃厂，还成立了自己的玻璃公司。

改革开放后，大量的进口汽车进入了中国市场。当时因为技术有限，汽车玻璃只能从日本进口。成本只有一两百元的汽车玻璃，却卖得很贵。

这让他看到了新的机会，于是他决定生产汽车玻璃。他从国外引进了设备，还招了很多人才。经过努力，他生产出了价格有竞争力的汽车玻璃。结果他的玻璃迅速占领了中国市场，日本产的则退出了中国舞台。

后来他成功进入美国市场。他和国际汽车玻璃公司合作，为之后的发展打下了稳固的基础。在此过程中，他得到了许多同行的尊敬。

家境困难时，他没有抱怨，而是始终把目光投向未来。他的故事告诉我们，虽然别人的成功经历不可复制，但是他们的奋斗精神值得我们学习。

차오더왕의 분투 과정

차오더왕은 부유한 가정에서 태어났고, 그의 아버지는 한때 한 백화점의 주주였다. 온 가족이 고향으로 이사하는 도중에 전 재산을 잃어버렸고, 그 후로 집안이 가난해졌다. 그래서 그는 14살 때 부득이하게 학업을 포기하고, 아버지와 함께 장사해야 했다.

그는 많은 막노동을 했고, 많은 고생을 맛봤다. 그러나 그는 원망하지 않고, 새로운 활로를 찾으려고 노력했다. 30살 때, 그는 할 수 있는 장사를 거의 다 한 번씩 해봤다. 이후, 그는 한 유리 공장의 하청을 받았고, 자신의 유리 회사도 설립했다.

개혁개방 후, 대량의 수입 자동차가 중국 시장에 들어왔다. 당시 기술은 한계가 있었기 때문에, 자동차 유리는 일본에서 수입할 수밖에 없었다. 원가가 고작 일이백 위안인 자동차 유리는 오히려 비싸게 팔렸다.

이것은 그가 새로운 기회를 보게 했고, 그래서 그는 자동차 유리를 생산하기로 결정했다. 그는 외국에서 설비를 들여왔고, 많은 인재도 모집했다. 노력을 거쳐, 그는 가격에 경쟁력이 있는 자동차 유리를 생산해냈다. 결국 그의 유리는 신속하게 중국 시장을 점령했고, 일본산은 도리어 중국 무대에서 물러났다.

이후 그는 성공적으로 미국 시장에 진출했다. 그는 국제적인 자동차 유리 회사와 협력해 이후의 발전을 위해 견고한 기반을 다졌다. 이 과정에서, 그는 많은 동종업자의 존경을 받았다.

가정 형편이 어려울 때, 그는 원망하지 않고, 한결같이 시선을 미래로 돌렸다. 그의 이야기는 우리에게 비록 다른 사람의 성공 경험은 복제할 수 없지만, 그들의 분투 정신은 우리가 배울 만한 가치가 있음을 알려준다.

어휘 奋斗 fèndòu 图 분투하다 ★富裕 fùyù 图 부유하다 股东 gǔdōng 图 주주 财产 cáichǎn 图 재산 苦力活 kǔlìhuó 图 막노동
抱怨 bàoyuàn 图 원망하다 寻找 xúnzhǎo 图 찾다 出路 chūlù 图 활로 承包 chéngbāo 图 하청을 받다 玻璃 bōli 图 유리
改革开放 gǎigé kāifàng 图 개혁개방 进口 jìnkǒu 图 수입하다 ★成本 chéngběn 图 원가 设备 shèbèi 图 설비 迅速 xùnsù 图 신속하다
占领 zhànlǐng 图 점령하다 合作 hézuò 图 협력하다 同行 tóngháng 图 동종업자 尊敬 zūnjìng 图 존경하다 始终 shǐzhōng 图 한결같이
★目光 mùguāng 图 시선 复制 fùzhì 图 복제하다 精神 jīngshén 图 정신

모범답안 2 (60점용)

曹德旺的奋斗历程

　曹德旺家里原来很有钱，但是全家人回家乡的时候失去了所有财产，家里变得很穷。所以他不得不放弃学业，和父亲一起做生意。

　他吃过很多苦，但是变得更加努力了。30岁之前他做过很多生意。之后，他承包了一家玻璃厂，还成立了自己的公司。

　改革开放后，大量的进口汽车进入了中国。当时因为技术问题，汽车玻璃只能从日本进口。日本产的玻璃成本很低，但是卖得很贵。

　他看到了新的机会，就决定生产汽车玻璃。他引进了设备，还招了很多人才。经过努力，他终于生产出了比日本产便宜的汽车玻璃。他的玻璃很快就占领了中国市场。

　后来他去了美国，通过和其他公司合作，为将来打下了基础，也得到了许多人的肯定。

　生活困难时，他没有抱怨，而是一直看向未来。他的故事告诉我们，别人的奋斗精神值得我们学习。

차오더왕의 분투 과정

차오더왕 집안은 원래 돈이 많았지만, 온 가족이 고향에 돌아갈 때 전 재산을 잃어버렸고, 집안이 가난해졌다. 그래서 그는 부득이하게 학업을 포기하고, 아버지와 함께 장사해야 했다.

그는 많은 고생을 맛봤지만, 더욱 노력하게 됐다. 30살 이전에 그는 많은 장사를 해봤다. 이후, 그는 한 유리 공장의 하청을 받았고, 자신의 회사도 설립했다.

개혁개방 후, 대량의 수입 자동차가 중국에 들어왔다. 당시 기술 문제 때문에, 자동차 유리는 일본에서 수입할 수밖에 없었다. 일본산 유리는 원가가 낮지만, 비싸게 팔렸다.

그는 새로운 기회를 보게 됐고, 바로 자동차 유리를 생산하기로 결정했다. 그는 설비를 들여왔고, 많은 인재도 모집했다. 노력을 거쳐, 그는 마침내 일본산보다 저렴한 자동차 유리를 생산해냈다. 그의 유리는 빠르게 중국 시장을 점령했다.

이후 그는 미국에 가서 다른 회사와의 협력을 통해, 장래를 위해 기반을 다졌고, 많은 사람의 인정도 받았다.

생활이 어려울 때, 그는 원망하지 않고, 늘 미래를 바라봤다. 그의 이야기는 우리에게 다른 사람의 분투 정신은 우리가 배울 만한 가치가 있음을 알려준다.

어휘 　**奋斗** fèndòu 图 분투하다　**财产** cáichǎn 图 재산　**承包** chéngbāo 图 하청을 받다　**玻璃** bōli 图 유리　**改革开放** gǎigé kāifàng 图 개혁개방

进口 jìnkǒu 图 수입하다　★**成本** chéngběn 图 원가　**设备** shèbèi 图 설비　**占领** zhànlǐng 图 점령하다　**合作** hézuò 图 협력하다

抱怨 bàoyuàn 图 원망하다　**精神** jīngshén 图 정신

전략 적용 해석

지문   p.183

14岁的高占喜是青海农家子弟。他参加了湖南卫视的《晚间》节目，按照节目规则，他和城市里的一个富家少年互换了7天的人生。第一天刚到机场，他就被"爸爸妈妈"接进了豪华车。他害羞地靠坐在真皮座椅上默不作声，只是认真地看着窗外闪过的高楼大厦。顿时，他忍不住热泪盈眶了。

这个在山沟里疯跑的、活泼开朗的孩子，曾经对城市有过无数次的幻想。这次机缘巧合，他总算来到了城市。城市里的生活比他想象中更加精彩，他住进了一栋豪华如天堂的复式公寓，睡在了一间无比舒适的大卧室。面对丰盛的晚餐，他无所适从，紧张得掉了好几次筷子。那天晚上，"爸爸妈妈"带他去剪头发，在豪华气派的理发店里，看到镜子里的自己，他眼里又一次盈满了泪水。

之后，节目的观众发现，他迅速适应了这种新生活，而完全忘记了读书学习。茶几上放的都是他之前从未吃过的零食，墙上挂的是尺寸巨大的液晶电视，他则靠在松软舒适的大沙发，自在地享受着这一切。除了脸颊上两朵抹不去的高原红，他看起来完全就像是在城市里长大的孩子。正当他尽情享受新生活时，观众们对他忧心忡忡——这个孩子就这样丧失本性，沉迷于吃喝玩乐的生活中了吗？

第五天，节目组让他去感受城市生活的另一面，于是他去卖报纸，结果一天的所见所闻使他变得少言寡语。城市里的人行色匆匆地在马路间穿梭，犹如他在稻田间穿梭。他还看到了天桥下的乞丐衣衫褴褛地等待施舍。那天，他对记者说："城里也有穷人，这里的生活也不容易。"记者问："那你同情他们吗？"他说："不，每个人都有一双手，幸福得靠自己争取。"

那天晚上，节目组让观众发短信预测他最终会不会回到家乡，大多数观众都觉得他肯定不愿意回去。谁知结果提前揭晓——得知自己的父亲不慎扭伤脚的消息之后，他决定立刻赶回家乡。记者问道："你为什么急着要走？你父亲的脚没有大碍，你又难得来一次城市。"他却只说了一句："我的麦子熟了。"原来他的父亲双目失明，哥哥在外地打工，弟弟年纪尚幼，14岁的他已经成为了家里的主要劳动力。他被城市的繁华所吸引，但同时他眷恋着自己贫穷的家、需要照顾的父母、几亩薄田和已经成熟的麦子。城市是他的梦，贫穷的家却是深深地植入在他血液里的责任。回到农村后，他暗自下了决心，要靠自己的努力改变现状。他脱去了高档运动鞋，换上了之前穿的旧布鞋，每天五点半起床去上学，学习之余割麦挑水。

14살의 가오잔시는 칭하이 농가의 자제였다. 그는 후난 위성방송의 <완젠>이라는 프로그램에 참여해서, 프로그램 규칙에 따라 그는 도시의 부잣집 소년 한 명과 7일 동안 인생을 바꾸게 됐다. 첫째 날 공항에 막 도착하자마자, 그는 '아빠 엄마'에 의해 호화로운 차에 태워졌다. 그는 수줍은 듯 진짜 가죽 의자에 기대앉아 아무 말도 하지 않고, 그저 진지하게 창밖으로 스쳐 지나가는 고층빌딩을 바라봤다. 문득, 그는 참지 못하고 눈물을 글썽거렸다.

산골짜기에서 뛰어놀고, 활발하며 명랑했던 이 아이는 일찍이 도시에 대해 무수한 환상을 가지고 있었다. 이번에 기회와 인연이 우연히 맞아, 그는 마침내 도시에 오게 된 셈이다. 도시에서의 생활은 그의 상상보다 더욱 근사했는데, 그는 천국처럼 호화로운 복층 아파트에 살게 됐고, 더할 나위 없이 편한 커다란 침실에서 자게 됐다. 성대한 저녁 식사를 마주하자 그는 어찌할 바를 몰랐고, 몇 번이나 젓가락을 떨어뜨릴 만큼 긴장했다. 그날 저녁, '아빠 엄마'는 그를 데리고 머리를 자르러 갔다. 화려하고 근사한 미용실에서 거울 속의 자신을 보고, 그의 눈에는 또 한 번 눈물이 가득찼다.

이후, 프로그램의 시청자들은 그가 빠르게 이 새로운 생활에 적응해, 책을 읽고 공부하는 것을 완전히 잊었다는 것을 발견했다. 찻상 위에 놓여 있는 것은 모두 그가 이제껏 먹어보지 못한 간식들이었고, 벽에 걸려 있는 것은 크기가 거대한 액정 텔레비전이었다. 그는 푹신하고 편안한 큰 소파에 기대, 자유롭게 이 모든 것을 누렸다. 볼에 지워지지 않는 두 점의 홍조를 제외하면, 그는 완전히 도시에서 자란 아이 같아 보였다. 그가 마음껏 새로운 생활을 누리고 있을 때 즈음, 시청자들은 그에 대해 걱정스러워했다. "이 아이는 이렇게 본모습을 잃어버리고, 먹고 마시고 놀며 즐기는 생활에 빠지는 걸까?"

닷샛날, 프로그램 팀은 그가 도시 생활의 다른 면을 느끼도록 했고, 그래서 그는 신문을 팔러 갔는데, 결국 하루 동안 보고 들은 것은 그를 과묵해지게 했다. 도시의 사람들이 분주하게 서두르며 대로변 사이에서 왔다 갔다 하는 것은 마치 그가 논 사이에서 왔다 갔다 하는 것과 같았다. 그는 육교 아래의 거지들이 남루한 옷차림으로 시주를 기다리는 것도 봤다. 그날, 그는 기자에게 말했다. "도시에도 가난한 사람이 있네요. 이곳의 생활도 쉽지 않군요." 기자가 물었다. "그러면 너는 그들을 동정하니?" 그가 말했다. "아니요. 누구나 양손이 있잖아요. 행복은 스스로 쟁취해야죠."

그날 저녁, 프로그램 팀은 시청자에게 그가 마지막에 고향으로 돌아갈 것인지 예측해서 문자를 보내게 했다. 대부분의 시청자는 그가 틀림없이 돌아가기를 원치 않을 것이라 생각했다. 누가 결과가 앞당겨 밝혀질 것을 알았겠는가. 자신의 아버지가 부주의로 발목을 접질렀다는 소식을 안 후에, 그는 즉시 고향으로 돌아가기로 결정했다. 기자가 물었다. "너는 왜 그렇게 급하게 가려고 하니? 네 아버지의 발목은 큰 지장이 없고, 너도 어렵게 도시에 한 번 온 거잖니." 그러나 그는 그저 한마디 말만 했다. "제 보리가 익었는걸요." 알고보니 그의 아버지는 두 눈을 실명했고, 형은 외지에서 일하고 있으며, 동생은 아직 나이가 어려서, 14살인 그는 벌써 집안의 주요 노동력이 됐던 것이다. 그는 번화한 도시에 매료됐지만, 동시에 그는 자신의 가난한 집, 돌봐드려야 하는 부모님, 몇 묘의 메마른 밭과 이미 익은 보리를 그리워했다. 도시는 그의 꿈이었지만, 가난한 집은 그의 핏속까지 깊게 뿌리 박힌 책임이었다. 농촌으로 돌아온 후, 그는 속으로 자신의 노력에 기대어 현재 상황을 바꾸겠다고 결심을 내렸다. 그는 고급 운동화를 벗고, 이전에 신던 낡은 헝겊신발로 갈아 신었으며, 매일 다섯 시 반에 일어나 등교를 하고, 학업시간 외에는 보리를 베고 물을 길었다.

那段经历让他懂得了稳定的生活来之不易，从此他变得更加勤奋努力，刻苦学习。他说："只有不断学习，才能真正走出大山，改变命运。"

그간의 경험은 그에게 안정적인 삶은 쉽게 이루어지지 않는다는 것을 깨닫게 했다. 그때부터 그는 더 꾸준히 노력하고, 열심히 공부하게 됐다. 그는 말했다. "끊임없이 공부해야만, 진정으로 큰 산을 넘어 운명을 바꿀 수 있다."

어휘
青海 Qīnghǎi [고유] 칭하이[중국의 성(지방 행정 구역) 중 하나] 湖南 Húnán [고유] 후난[중국의 성(지방 행정 구역) 중 하나] 卫视 wèishì [명] 위성방송
规则 guīzé [명] 규칙 互换 hùhuàn [동] 바꾸다 豪华 háohuá [형] 호화롭다 高楼大厦 gāolóu dàshà [명] 고층빌딩 ★顿时 dùnshí [부] 문득
忍不住 rěn bu zhù 참지 못하다 热泪盈眶 rèlèiyíngkuàng [성] 눈물을 글썽거리다 山沟 shāngōu [명] 산골짜기 疯跑 fēngpǎo 뛰어놀다
★开朗 kāilǎng [형] 명랑하다 幻想 huànxiǎng [명] 환상 机缘 jīyuán [명] 기회와 인연 巧合 qiǎohé [형] 우연히 맞다 总算 zǒngsuàn [부] 마침내 ~한 셈이다
★栋 dòng [양] 동[건물을 세는 단위] ★天堂 tiāntáng [명] 천국 公寓 gōngyù [명] 아파트 ★无比 wúbǐ [형] 더할 나위 없다 舒适 shūshì [형] 편안하다
卧室 wòshì [명] 침실 丰盛 fēngshèng [형] 성대하다 无所适从 wúsuǒshìcóng [성] 어찌할 바를 모르다 气派 qìpài [형] 근사하다
盈满 yíngmǎn 가득차다 泪水 lèishuǐ [명] 눈물 迅速 xùnsù [형] 빠르다 茶几 chájī [명] 찻상 零食 língshí [명] 간식 墙 qiáng [명] 벽
巨大 jùdà [형] 거대하다 液晶 yèjīng [명] 액정 松软 sōngruǎn [형] 푹신하다 享受 xiǎngshòu [동] 누리다 脸颊 liǎnjiá [명] 볼 朵 duǒ [양] 점
抹 mǒ [동] 지우다 高原红 gāoyuánhóng [명] 홍조 尽情 jìnqíng [부] 마음껏 忧心忡忡 yōuxīnchōngchōng [성] 걱정스럽다
★丧失 sàngshī [동] 잃어버리다 沉迷 chénmí [동] 빠지다 吃喝玩乐 chīhēwánlè [성] 먹고 마시고 놀며 즐기다 组 zǔ [명] 팀 感受 gǎnshòu [동] 느끼다
所见所闻 suǒjiànsuǒwén [성] 보고 들은 것 少言寡语 shǎoyánguǎyǔ [성] 과묵하다 行色匆匆 xíngsècōngcōng [성] 분주하게 서두르다
穿梭 chuānsuō [동] 왔다 갔다 하다 ★犹如 yóurú [동] 마치 ~와 같다 稻田 dàotián [명] 논 天桥 tiānqiáo [명] 육교 乞丐 qǐgài [명] 거지
褴褛 lánlǚ [형] 남루하다 施舍 shīshě [동] 시주하다 争取 zhēngqǔ [동] 쟁취하다 预测 yùcè [동] 예측하다 揭晓 jiēxiǎo [동] 밝히다
不慎 bùshèn 부주의하다 扭伤 niǔshāng 접지르다 大碍 dà'ài [명] 큰 지장 难得 nándé [형] ~하기 어렵다 打工 dǎgōng [동] 일하다
劳动力 láodònglì [명] 노동력 繁华 fánhuá [형] 번화하다 眷恋 juànliàn [동] 그리워하다 亩 mǔ [양] 묘[중국식 토지 면적의 단위]
薄田 bótián [명] 메마른 밭 成熟 chéngshú [형] (과실, 곡식 등이) 익다 血液 xuèyè [명] 피 农村 nóngcūn [명] 농촌 暗自 ànzì [부] 속으로
决心 juéxīn [명] 결심 ★现状 xiànzhuàng [명] 현재의 상황 高档 gāodàng [형] 고급의 布鞋 bùxié [명] 헝겊신발 ★割 gē [동] 베다
挑 tiāo [동] (물을) 긷다, 선택하다 稳定 wěndìng [형] 안정되다 来之不易 láizhībúyì [성] 쉽게 이루어지지 않는다 勤奋 qínfèn [형] 꾸준하다
刻苦 kèkǔ [형] 열심히 하다 *6급 빈출어휘*

모범답안 p.185

来自农村的男孩

高占喜是个农村孩子，他参加了一个节目，和城里有钱人家的孩子互换了几天人生。第一天，他坐在豪华车里看着窗外，突然流泪了。

他对城市有过很多幻想。通过这次机会，他终于来到了城市。城市生活比他想象的更精彩。他经历了各种各样的、之前没有体验过的生活，这让他感到十分激动。

他不但快速适应了城市生活，还尽情享受了新生活。与此相反，观众们很担心他会失去本性。

几天后，去卖报纸时，他发现城市的生活也不容易。随后，记者问他是否同情穷人，他说不，因为幸福得靠自己争取。

大多数观众觉得他肯定不愿意回到家乡。没想到他一听到父亲的消息，就决定马上回去。记者问他为什么急着要走，他只是说他的麦子熟了。原来他是家里的主要劳动力。他虽然被城市生活所吸引，但是也留恋自己的家。他并没有忘记对家庭的责任。回到农村后，他换上了旧鞋，每天很早去上学，剩下的时间干农活。

因为那段经历让他明白了稳定的生活来得不容易，所以他更加努力学习。他说只有不断学习，才能走出大山，改变命运。

농촌에서 온 소년

가오잔시는 농촌 아이로, 그는 한 프로그램에 참여해 도시의 부유한 가정의 아이와 며칠간 인생을 바꾸게 됐다. 첫째 날, 그는 호화로운 차 안에 앉아 창밖을 바라보며, 갑자기 눈물을 흘렸다.

그는 도시에 대해 많은 환상을 가지고 있었다. 이번 기회를 통해, 그는 마침내 도시에 오게 됐다. 도시 생활은 그의 상상보다 더욱 근사했다. 그는 각양각색의 이전에 체험해보지 못한 생활을 경험했고, 이것은 그를 매우 흥분하게 했다.

그는 빠르게 도시 생활에 적응했을 뿐만 아니라, 새로운 생활도 마음껏 누렸다. 이와 반대로, 시청자들은 그가 본모습을 잃어버릴까봐 걱정했다.

며칠 후, 신문을 팔러 갔을 때 그는 도시의 생활도 쉽지 않다는 것을 발견했다. 이어서, 기자가 그에게 가난한 사람을 동정하는지 묻자, 그는 아니라며 행복은 스스로 쟁취해야 하기 때문이라고 말했다.

대다수 시청자는 그가 틀림없이 고향에 돌아가기를 원치 않을 것이라 생각했다. 뜻밖에도 그는 아버지의 소식을 듣자마자 바로 돌아가기로 결정했다. 기자가 그에게 왜 이리 급하게 가려고 하는지 묻자, 그는 그저 그의 보리가 익었을 뿐이라고 말했다. 알고보니 그는 집안의 주요 노동력이었다. 그는 비록 도시 생활에 매료됐지만, 자신의 집도 그리워했다. 그는 결코 가정에 대한 책임을 잊지 않았다. 농촌으로 돌아온 후, 그는 낡은 신발로 갈아 신었고 매일 일찍 등교를 하며 남는 시간에 농사일을 했다.

그간의 경험은 그에게 안정적인 삶은 쉽게 오지 않는다는 것을 깨닫게 했기 때문에, 그는 더 열심히 공부했다. 그는 오직 끊임없이 공부해야만, 큰 산을 넘어 운명을 바꿀 수 있다고 말했다.

어휘
农村 nóngcūn [명] 농촌 ★人家 rénjiā [명] 가정 豪华 háohuá [형] 호화롭다 幻想 huànxiǎng [명] 환상 体验 tǐyàn [동] 체험하다
尽情 jìnqíng [부] 마음껏 享受 xiǎngshòu [동] 누리다 争取 zhēngqǔ [동] 쟁취하다 劳动力 láodònglì [명] 노동력 ★留恋 liúliàn 그리워하다
稳定 wěndìng [형] 안정되다

지문

大学毕业以后，我去应聘了一家外资企业。当时他们正在招聘总经理助理和普通业务员。我心想："以我的学历，挑战总经理助理应该很有把握，如果连试都不试一下，未免也太可惜了。"我过五关斩六将，不料在最后环节里被淘汰出局了。

当我垂头丧气地走出公司时，看到普通业务员应聘室竟然空空如也。但是回头一想，这也是意料之中的事情。谁会愿意放弃一条既可以直接向总经理学习业务，又能在短时间内得到认可的路，而去选择普通业务员的路呢？那时已经是下班高峰期，街道开始拥堵了。无论是挤公交车还是坐地铁都需要换乘，所以我打算打车回家，以此来慰藉一下自己受伤的心。碰巧这时有辆出租车从一个小巷里开出来，我连忙伸手拦下了。

上车后，我告诉司机要去泰晤士河，司机没有马上开车，扭头问道："你想走最短的路还是最快的路？"我感到很奇怪，便问他："最短的路难道不是最快的路吗？"司机斩钉截铁地说："当然不是，现在是下班高峰期，最短的路也是最拥挤的路，如果遇上堵车，可能会耗费一两个小时。但是如果绕道走远路，虽然路程远一些，但却能早一点到。"我想都没想就说："那就绕一下路吧。"

司机踩了油门向前驶去，街道两边的树木和店铺飞快地向车后闪过，我的心因司机的话而掀起了波澜。很多人认为，总经理助理就是一条"最短的路"，因此大家都挤到这条路上，形成了激烈的竞争。我也曾向往这条看似快捷的路，结果却以失败告终。与此相反，普通业务员虽然表面上看起来就像一条"弯路"，没有和总经理共事的机会，但是可以脚踏实地从底层做起，积累更多经验，从而获得更多的升职机会。因此这条"弯路"最后反而可能会成为"最快的路"。正所谓"千里之行，始于足下"，从小事做起，终将可以成就一番事业。既然如此，我为什么不绕个道，选择那条"弯路"呢？

想到这里，我马上叫司机调头，重新回到了那家公司，走进了那个无人问津的普通业务员应聘室。30分钟后，我便被告知从下个月开始可以正式上班了。在工作期间，我专心工作，虚心地向其他同事学习，因此获得了很多实践机会。

在这个过程中，我重新审视了自己，对自己的优点和缺点有了更确切的了解，我的工作能力也得到了上司的认可。经过一年的磨练，我被提拔为小组长；次年，我又被破格提拔为组长；七年后，我凭借出色的业绩，成为了公司有史以来最年轻的高管。

每当回忆起那段经历，我都为自己当时做出的决定感到自豪。这个世界上没有什么是绝对的，有时"最短的路"可能是"最艰难的路"，而"弯路"可能会让你获得更快的进步，学习到更多东西，最终实现自己的价值。

대학 졸업 후, 나는 한 외자기업에 지원하러 갔다. 당시 그들은 마침 CEO 보좌직과 일반 사무직을 모집하고 있었다. 나는 마음속으로 생각했다. '내 학력으로, CEO 보좌직에 도전하는 것은 분명히 가능성이 있을 거야. 만약 시도도 해보지 않는다면, 아무래도 너무 아쉬울거야.' 나는 많은 난관을 극복했지만, 뜻밖에도 마지막 단계에서 탈락해 떨어졌다.

내가 의기소침하게 회사를 걸어 나올 때, 일반 사무직 지원실이 의외로 텅 비어 있는 것을 봤다. 그러나 돌이켜 생각해보니, 이것도 예상 가능한 일이었다. 누가 CEO에게 직접 업무를 배울 수도 있고, 또 짧은 시간 내에 인정을 받을 수도 있는 길을 포기하고, 일반 사무직의 길을 선택하겠는가? 그때는 이미 러시아워라, 도로가 막히기 시작했다. 버스를 비집고 타든 지하철을 타든 간에 모두 환승해야 해서, 나는 택시를 타고 집에 가려 했고, 이것으로 내 상처받은 마음을 위로하려고 했다. 때마침 이때 택시 한 대가 골목에서 나왔고, 나는 급히 손을 뻗어 세웠다.

차에 탄 후, 나는 기사에게 템스강에 가겠다고 말했다. 기사는 바로 차를 몰지 않고, 고개를 돌려 물었다. "당신은 가장 짧은 길로 가고 싶나요 아니면 가장 빠른 길로 가고 싶나요?" 나는 의아해서, 바로 그에게 물었다. "가장 짧은 길이 가장 빠른 길 아닌가요?" 기사는 단호하게 말했다. "당연히 아니죠. 지금은 러시아워라, 가장 짧은 길은 가장 혼잡한 길이기도 해요. 만약 차가 막히면, 한두 시간이 걸릴 수 있어요. 하지만 만약 돌아서 먼길로 간다면, 비록 거리는 조금 멀지만 오히려 좀 더 일찍 도착할 수 있어요." 나는 생각할 것도 없이 말했다. "그럼 길을 좀 돌아가죠."

기사가 가속페달을 밟고 앞을 향해 달렸다. 거리 양쪽의 나무와 점포들이 쏜살같이 차 뒤로 스쳐 지나갔고, 나의 마음은 도리어 기사의 말로 인해 파도가 일었다. 많은 사람은 CEO 보좌직이 하나의 '가장 짧은 길'이라 여겼기 때문에, 모두 이 길로 비집고 들어왔고, 치열한 경쟁이 이뤄졌다. 나도 보기에 마치 빨라 보이는 이 길을 갈망했으나, 결국 실패로 끝났다. 이와 반대로, 일반 사무직은 비록 겉으로는 하나의 '돌아가는 길'로 보이며, CEO와 함께 일할 기회도 없지만, 그러나 착실하게 밑바닥부터 하기 시작한다면 더 많은 경험을 쌓을 수 있으므로, 더 많은 승진 기회를 얻을 수 있다. 그래서 이 '돌아가는 길'의 최후는 오히려 '가장 빠른 길'이 될 수 있는 것이다. 소위 '천 리 길도 한 걸음부터 시작된다'라고, 작은 일부터 시작하면 장차 큰일을 이룰 수 있을 것이다. 기왕 이렇게 된 이상, 나는 왜 길을 우회해 그 '돌아가는 길'을 선택하지 않는가?

여기까지 생각하고, 나는 바로 기사에게 유턴해달라고 해서, 그 회사로 다시 돌아가 아무도 관심을 두지 않은 일반 사무직 지원실에 걸어 들어갔다. 30분 후, 나는 바로 다음 달부터 정식으로 출근해도 된다는 통지를 받았다. 일하는 기간에, 나는 일에 몰두하며 다른 동료들에게 겸손하게 배웠기 때문에, 많은 실천의 기회를 얻었다.

이 과정에서 나는 자신을 다시 자세히 살펴봤고, 자신의 장점과 단점에 대해 더욱 정확히 이해하게 됐으며, 나의 업무 능력도 상사의 인정을 받았다. 일 년의 단련을 거쳐, 나는 파트장으로 발탁됐다. 이듬해에, 나는 또 전례를 깨뜨리며 팀장으로 발탁됐다. 칠 년 후, 나는 뛰어난 업적을 기반으로, 회사 역사 이래 최연소 임원이 됐다.

그 경험을 회상할 때마다, 나는 당시 내가 내렸던 결정에 대해 자랑스럽게 생각한다. 이 세상에는 어떤 것도 절대적인 것은 없다. 때로는 '가장 짧은 길'이 '가장 힘든 길'일 수 있고, '돌아가는 길'이 당신에게 더 빠른 발전을 얻고 더 많은 것들을 배우게 하여, 결국에는 자신의 가치를 실현하게 할 수 있다.

어휘   **外资** wàizī 圐 외자[외국자본]   **企业** qǐyè 圐 기업   **总经理助理** zǒngjīnglǐ zhùlǐ 圐 CEO 보좌직   **业务员** yèwùyuán 圐 사무직   **学历** xuélì 圐 학력
挑战 tiǎozhàn 圐 도전하다   **把握** bǎwò 圐 (성공의) 가능성   **未免** wèimiǎn 凰 아무래도 ~이다

过五关斩六将 guòwǔguān zhǎnliùjiàng 많은 난관을 극복하다   ★**不料** búliào 圐 뜻밖에   ★**环节** huánjié 圐 단계   ★**淘汰** táotài 圐 탈락하다
出局 chūjú 圐 떨어지다   **垂头丧气** chuítóusàngqì 圐 의기소침하다   **空空如也** kōngkōngrúyě 圐 텅 비어 있다   **意料** yìliào 圐 예상하다
★**认可** rènkě 圐 인정하다   **下班高峰期** xiàbān gāofēngqī 圐 러시아워[출퇴근이나 통학 따위로 교통이 몹시 혼잡한 시간]
拥堵 yōngdǔ 圐 (길이) 막히다   **换乘** huànchéng 圐 환승하다   **打车** dǎchē 圐 택시를 타다   **慰藉** wèijiè 圐 위로하다   **受伤** shòushāng 圐 상처받다
碰巧 pèngqiǎo 凰 때마침   **小巷** xiǎoxiàng 圐 골목   **连忙** liánmáng 凰 급히   **伸手** shēnshǒu 圐 손을 뻗다   **拦** lán 圐 세우다
泰晤士河 Tàiwùshìhé 교유 템스강[영국 잉글랜드 중남부를 흐르는 강]   **扭头** niǔtóu 圐 고개를 돌리다   **斩钉截铁** zhǎndīngjiétiě 圐 (언행이) 단호하다
拥挤 yōngjǐ 圐 혼잡하다   ★**耗费** hàofèi 圐 걸리다   **绕道** ràodào 圐 돌아가다   **踩** cǎi 圐 밟다   **油门** yóumén 圐 가속페달   **驶** shǐ 圐 달리다
店铺 diànpù 圐 점포   **飞快** fēikuài 圐 쏜살같다   **掀起** xiānqǐ 圐 일다   **波澜** bōlán 圐 파도   **形成** xíngchéng 圐 이루어지다   **激烈** jīliè 圐 치열하다
★**向往** xiàngwǎng 圐 갈망하다   **快捷** kuàijié 圐 빠르다   **告终** gàozhōng 圐 끝나다   **弯路** wānlù 圐 돌아가는 길   **脚踏实地** jiǎotàshídì 圐 착실하다
升职 shēngzhí 圐 승진하다   **反而** fǎn'ér 凰 오히려   **千里之行，始于足下** qiānlǐzhīxíng, shǐyúzúxià 천 리 길도 한 걸음부터 시작된다
成就 chéngjiù 圐 이루다   ★**番** fān 圐 차례   ★**事业** shìyè 圐 큰일   **调头** diàotóu 圐 유턴하다   **无人问津** wúrénwènjīn 圐 아무도 관심을 두지 않다
专心 zhuānxīn 圐 몰두하다   **虚心** xūxīn 圐 겸손하다   **实践** shíjiàn 圐 실천하다   **审视** shěnshì 圐 자세히 살펴보다   **确切** quèqiè 圐 정확하다
磨练 móliàn 圐 단련하다   **提拔** tíbá 圐 발탁하다   **小组长** xiǎozǔzhǎng 圐 파트장   **破格** pògé 圐 전례를 깨뜨리다   **组长** zǔzhǎng 圐 팀장
凭借 píngjiè 圐 ~ 을 기반으로 하다   **出色** chūsè 圐 뛰어나다   **有史以来** yǒushǐyǐlái 圐 역사 이래   **高管** gāoguǎn 圐 (기업의 고위) 임원
自豪 zìháo 圐 자랑스럽게 생각하다   **绝对** juéduì 圐 절대적인   ★**艰难** jiānnán 圐 힘들다   **实现** shíxiàn 圐 실현하다

지문		기억한 스토리
지문에서 반드시 외워야 할 핵심표현이에요.	제목	—
大学毕业以后，我去应聘了一家外资企业。当时他们正在招聘总经理助理和普通业务员。我心想："以我的学历，挑战总经理助理应该很有把握，如果连试都不试一下，未免也太可惜了。"我过五关斩六将，不料在最后环节里被淘汰出局了。	① 사건의 발단	大学毕业 后，나는 한 회사에 应聘하러 감. 나는 자신에 대한 믿음이 있었기 때문에, 목표는 당연히 总经理助理였음. 나는 순조롭게 많은 단계를 통과했지만, 결국 채용되지 못함.
当我垂头丧气地走出公司时，看到普通业务员应聘室竟然空空如也。但是回头一想，这也是意料之中的事情。谁会愿意放弃一条既可以直接向总经理学习业务，又能在短时间内得到认可的路，而去选择普通业务员的路呢？那时已经是下班高峰期，街道开始拥堵了。无论是挤公交车还是坐地铁都需要换乘，所以我打算打车回家，以此来慰藉一下自己受伤的心。碰巧这时有辆出租车从一个小巷里开出来，我连忙伸手拦下了。	② 사건의 전개	회사를 떠날 때, 나는 普通业务员에 아무도 지원하러 가지 않은 것을 발견함. 당시는 마침 퇴근 시간이어서, 길에 차가 많았음. 버스 혹은 지하철을 타면 모두 换乘해야 했기 때문에, 나는 打车回家하기로 결정함.
上车后，我告诉司机要去泰晤士河，司机没有马上开车，扭头问道："你想走最短的路还是最快的路？"我感到很奇怪，便问他："最短的路难道不是最快的路吗？"司机斩钉截铁地说："当然不是，现在是下班高峰期，最短的路也是最拥挤的路，如果遇上堵车，可能会耗费一两个小时。但是如果绕道走远路，虽然路程远一些，但却能早一点到。"我想都没想就说："那就绕一下路吧。"	③ 사건의 전환	上车 后，나는 司机에게 목적지를 알려줌. 기사는 바로 차를 몰지 않았음. 그는 나에게 最短의 路로 갈지 아니면 最快의 路로 갈지 물었고, 이것은 나를 의아하게 함. 기사는 퇴근 시간에 가장 짧은 길로 가면 오히려 더 긴 시간이 걸린다고 말했음. 그래서 나는 远路로 가는 것을 선택함.
司机踩了油门向前驶去，街道两边的树木和店铺飞快地向车后闪过，我的心却因司机的话而掀起了波澜。很多人认为，总经理助理就是一条"最短的路"，因此大家都挤到这条路上，形成了激烈的竞争。我也曾向往这条看似快捷的路，结果却以失败告终。与此相反，普通业务员虽然表面上看起来就像一条"弯路"，没有和总经理共事的机会，但是可以脚踏实地从底层做起，积累更多经验，从而获得更多的升职机会。因此这条"弯路"最后反而可能会成为"最快的路"。正所谓"千里之行，始于足下"，从小事做起，终将可以成就一番事业。既然如此，我为什么不绕个道，选择那条"弯路"呢？	④ 사건의 절정	기사의 말은 나에게 하나의 이치를 깨닫게 함. 总经理助理는 '最短의 路'와 같아, 모두가 다 비집고 들어오고 싶어 하기 때문에 경쟁이 치열함. 그러나 普通业务员은 비록 '弯路'이지만, 더 많은 经验을 쌓을 수 있음. 기왕 이렇게 된 이상, 나는 왜 '돌아가는 길'을 선택하지 않는가?
想到这里，我马上叫司机调头，重新回到了那家公司，走进了那个无人问津的普通业务员应聘室。30分钟后，我便被告知从下个月开始可以正式上班了。在工作期间，我专心工作，虚心地向其他同事学习，因此获得了很多实践机会。 　　在这个过程中，我重新审视了自己，对自己的优点和缺点有了更确切的了解，我的工作能力也得到了上司的认可。经过一年的磨练，我被提拔为小组长；次年，我又被破格提拔为组长；七年后，我凭借出色的业绩，成为了公司有史以来最年轻的高管。	⑤ 사건의 결말	그리하여 나는 그 회사로 重新回到함. 잠시 후, 나는 일반 사무직에 성공적으로 합격함. 일하는 기간에, 나는 专心工作하며 많은 实践机会를 얻었음. 일하면서 나는 자신을 더욱 이해하게 됐고, 工作能力도 상사의 认可를 받을 수 있었으며, 연속해 승진하기도 함. 몇 년 후, 나는 회사의 最年轻한 高管이 됨.
每当回忆起那段经历，我都为自己当时做出的决定感到自豪。这个世界上没有什么是绝对的，有时"最短的路"可能是"最艰难的路"，而"弯路"可能会让你获得更快的进步，学习到更多东西，最终实现自己的价值。	⑥ 사건이 주는 깨달음	결론적으로 말하면, 나는 당시의 决定에 대해 자랑스럽게 생각함. 어떤 것도 绝对的인 것은 없으며, 때로는 '弯路'가 사람에게 更快的 진보를 얻고, 自己的价值를 실현하게 할 수 있음.

요약 [모범답안1 (80점 고득점용)]	요약 포인트
一件难忘的事	주인공인 我가 얻은 깨달음에 대한 수필이므로 一件难忘的事(잊지 못할 일)을 제목으로 쓴다.
大学毕业后，我去应聘了一家公司。我对自己很有信心，所以目标自然是总经理助理。我顺利通过了很多环节，然而最后没有被录取。	• 지문의 过五关斩六将과 같이 외우기 어려운 한자 표현은 很多环节와 같은 비슷한 뜻을 가지는 쉬운 표현으로 기억하고 바꿔 쓴다. [스킬 2] • '나는 순조롭게 많은 단계를 통과했지만, 결국 채용되지 못함'과 같이 사건의 앞뒤 상황이 상반되는 것으로 기억한 내용은 '……，然而……'와 같은 반대/전환 관계를 나타내는 연결어를 사용해서 간단히 요약한다. [스킬 8]
离开公司时，我发现没人去应聘普通业务员。当时正是下班时间，路上车很多。由于坐公交车或地铁都得换乘，因此我决定打车回家。	• 지문의 空空如也와 같이 외우기 어려운 사자성어 표현은 没人去와 같은 비슷한 뜻을 가지는 쉬운 표현으로 기억하고 바꿔 쓴다. [스킬 2] • '버스 혹은 지하철을 타면 모두 换乘해야 했기 때문에, 나는 打车回家하기로 결정함'과 같이 사건의 원인과 결과가 분명한 것으로 기억한 내용은 '由于……，因此……'와 같은 인과 관계를 나타내는 연결어를 사용해서 간단히 요약한다. [스킬 6]
上车后，我告诉司机目的地，司机却没有马上开车。他问我走最短的路还是走最快的路，这让我感到很奇怪。司机说下班时间走最短的路反倒花更长时间，因此我选择了走远路。	• 지문의 泰晤士河와 같이 구체적인 장소 관련 표현은 目的地와 같은 일반적이고 쉬운 장소 관련 표현으로 기억하고 바꿔 쓴다. [스킬 1] • 지문의 "你想走最短的路还是最快的路?"와 같이 큰따옴표로 표현된 인용문은 'A问……'과 같은 간접화법으로 간단히 요약한다. [스킬 4] • '이것은 나를 의아하게 함'과 같이 어떤 일로 인해 변화가 생긴 것으로 기억한 내용은 '这让……'을 사용해서 간단히 요약한다. [스킬 5]
司机的话让我明白了一个道理。总经理助理像是"最短的路"，因为大家都想挤进来，所以竞争激烈。而普通业务员虽然是"弯路"，但能积累更多经验。既然这样，我为什么不选择"弯路"？	• '모두가 다 비집고 들어오고 싶어하기 때문에 竞争이 치열함'과 같이 사건의 원인과 결과가 분명한 것으로 기억한 내용은 '因为……，所以……'와 같은 인과 관계를 나타내는 연결어를 사용해서 간단히 요약한다. [스킬 6] • '普通业务员은 비록 '弯路'이지만, 更多经验을 쌓을 수 있음'과 같이 사건의 앞뒤 상황이 상반되는 것으로 기억한 내용은 '虽然……，但……'과 같은 반대/전환 관계를 나타내는 연결어를 사용해서 간단히 요약한다. [스킬 8]
于是我重新回到了那家公司。过了一会儿，我成功应聘上了普通业务员。在工作期间，我专心工作，获得了很多实践机会。 在工作中，我更了解自己了，工作能力也得到了上司的认可，还连续升职了。几年后，我成为了公司最年轻的高管。	• 지문의 30分钟后와 같이 구체적인 시간 관련 표현은 过了一会儿과 같은 일반적이고 쉬운 시간 관련 표현으로 기억하고 바꿔 쓴다. [스킬 1] • 지문의 '经过一年的磨练，我被提拔为小组长; 次年，我又被破格提拔为组长'과 같이 여러 가지를 구체적으로 열거한 표현은 连续升职了와 같은 하나로 포괄하는 표현으로 기억하고 요약한다. [스킬 3]
总之，我为当时的决定感到自豪。没有什么是绝对的，有时"弯路"能让人获得更快的进步，实现自己的价值。	• '결론적으로 말하면, 나는 당시의 决定에 대해 자랑스럽게 생각함'과 같이 사건의 결말은 总之와 같은 마무리 표현을 사용해서 간단히 요약한다. [스킬 10]

모범답안 1 [80점 고득점용]

								一	件	难	忘	的	事						
		大	学	毕	业	后	，	我	去	应	聘	了	一	家	公	司	。	我	对
自	己	很	有	信	心	，	所	以	目	标	自	然	是	总	经	理	助	理	。
我	顺	利	通	过	了	很	多	环	节	，	然	而	最	后	没	有	被	录	取
员	。	离	开	公	司	时	，	我	发	现	没	人	去	应	聘	普	通	业	务
公	交	车	或	地	铁	都	得	换	乘	，	因	此	我	决	定	打	车	回	家
		上	车	后	，	我	告	诉	司	机	目	的	地	，	司	机	却	没	有
马	上	开	车	。	他	问	我	走	最	短	的	路	还	是	走	最	快	的	路
这	让	我	感	到	很	奇	怪	。	司	机	说	下	班	时	间	走	最	短	的
路	反	倒	花	更	长	时	间	，	因	此	我	选	择	了	走	远	路	。	
		司	机	的	话	让	我	明	白	了	一	个	道	理	。	总	经	理	助
理	像	是	"	最	短	的	路	"	，	因	为	大	家	都	想	挤	进	来	， 所
以	竞	争	激	烈	。	而	普	通	业	务	员	虽	然	是	"	弯	路	"	， 但
能	积	累	更	多	经	验	。	既	然	这	样	，	我	为	什	么	不	选	择
"	弯	路	"	？															
		于	是	我	重	新	回	到	了	那	家	公	司	。	过	了	一	会	儿
我	成	功	应	聘	上	了	普	通	业	务	员	。	在	工	作	期	间	，	我
专	心	工	作	，	获	得	了	很	多	实	践	机	会	。					
		在	工	作	中	，	我	更	了	解	自	己	了	，	工	作	能	力	也
得	到	了	上	司	的	认	可	，	还	连	续	升	职	了	。	几	年	后	，
我	成	为	了	公	司	最	年	轻	的	高	管	。							
		总	之	，	我	为	当	时	的	决	定	感	到	自	豪	。	没	有	什
么	是	绝	对	的	，	有	时	"	弯	路	"	能	让	人	获	得	更	快	的
进	步	，	实	现	自	己	的	价	值	。									

잊지 못할 일

대학 졸업 후, 나는 한 회사에 지원하러 갔다. 나는 자신에 대한 믿음이 있었기 때문에, 목표는 당연히 CEO 보좌직이었다. 나는 순조롭게 많은 단계를 통과했지만, 결국 채용되지 못했다.

회사를 떠날 때, 나는 일반 사무직에 아무도 지원하러 가지 않은 것을 발견했다. 당시는 마침 퇴근 시간이어서, 길에 차가 많았다. 버스 혹은 지하철을 타면 모두 환승해야 했기 때문에, 나는 택시를 타고 집에 가기로 결정했다.

차에 탄 후, 나는 기사에게 목적지를 알려줬다. 기사는 바로 차를 몰지 않았다. 그는 나에게 가장 짧은 길로 갈지 아니면 가장 빠른 길로 갈지를 나를 의아하게 했다. 기사는 퇴근 시간에 가장 짧은 길로 가면 오히려 더 긴 시간이 걸린다고 말했다. 그래서 나는 먼길로 가는 것을 선택했다.

기사의 말은 나에게 하나의 이치를 깨닫게 했다. CEO 보좌직은 '가장 짧은 길'과 같아, 모두가 다 비집고 들어오고 싶어하기 때문에 경쟁이 치열하고. 그러나 일반 사무직은 비록 '돌아가는 길'이지만, 더 많은 경험을 쌓을 수 있다. 기왕 이렇게 된 이상, 나는 왜 '돌아가는 길'을 선택하지 않는가?

그리하여 나는 그 회사로 다시 돌아갔다. 잠시 후, 나는 일반 사무직에 성공적으로 합격했다. 일하는 기간에, 나는 일에 몰두하며 많은 실천의 기회를 얻었다.

일하면서 나는 자신을 더욱 이해하게 됐고, 업무 능력도 상사의 인정을 받을 수 있었으며, 연속해 승진하기도 했다. 몇 년 후, 나는 회사의 최연소 임원이 됐다.

결론적으로 말하면, 나는 당시의 결정에 대해 자랑스럽게 생각한다. 어떤 것도 절대적인 것은 없으며, 때로는 '돌아가는 길'이 사람에게 더 빠른 발전을 얻고, 자신의 가치를 실현하게 할 수 있다.

어휘 **目标** mùbiāo 閚 목표 **总经理助理** zǒngjīnglǐ zhùlǐ 閚 CEO 보좌직 ★**环节** huánjié 閚 단계 **录取** lùqǔ 閚 채용하다 **业务员** yèwùyuán 閚 사무직
换乘 huànchéng 閚 환승하다 **打车** dǎchē 閚 택시를 타다 **反倒** fǎndào 閚 오히려 **激烈** jīliè 閚 치열하다 **弯路** wānlù 閚 돌아가는 길
专心 zhuānxīn 閚 몰두하다 **实践** shíjiàn 閚 실천하다 ★**认可** rènkě 閚 인정하다 **连续** liánxù 閚 연속하다 **升职** shēngzhí 閚 승진하다
高管 gāoguǎn 閚 (기업의 고위) 임원 **总之** zǒngzhī 閚 결론적으로 말하면 **自豪** zìháo 閚 자랑스럽게 생각하다 **绝对** juéduì 閚 절대적인
实现 shíxiàn 閚 실현하다

모범답안 2 (60점용)

一件难忘的事

　　大学毕业后，我去应聘了一家公司。我对自己很有信心，所以应聘了总经理助理，但是最后失败了。

　　离开公司时，我发现没人去应聘普通业务员。当时正是下班时间，我决定坐出租车回家。

　　上车后，司机问我走最短的路还是最快的路。司机说下班时间走最短的路，可能会花更长时间。因此我最后选择了走远路。

　　司机的话让我明白了一个道理。总经理助理像是“最短的路”，竞争激烈。而普通业务员虽然是“弯路”，但努力工作的话，可以积累更多经验。

　　我回到那家公司，并成功应聘上了普通业务员。工作期间，我非常努力，获得了很多机会。

　　我的工作能力得到了上司的肯定。后来我成为了公司最年轻的高管。

　　可见，没有什么事情是绝对的，“弯路”也可以让人进步，实现自己的价值。

잊지 못할 일

대학 졸업 후, 나는 한 회사에 지원하러 갔다. 나는 자신에 대해 믿음이 있었기 때문에, CEO 보좌직에 지원했지만, 결국 실패했다.

회사를 떠날 때, 나는 일반 사무직에 아무도 지원하지 않은 것을 발견했다. 당시는 마침 퇴근 시간이어서, 나는 택시를 타고 집에 가기로 결정했다.

차에 탄 후, 기사는 나에게 가장 짧은 길로 갈지 아니면 가장 빠른 길로 갈지 물었다. 기사는 퇴근 시간에 가장 짧은 길로 가면, 더 긴 시간이 걸릴 수 있다고 말했다. 그래서 나는 결국 먼길로 가는 것을 선택했다.

기사의 말은 나에게 하나의 이치를 깨닫게 했다. CEO 보좌직은 '가장 짧은 길'과 같아, 경쟁이 치열하다. 그러나 일반 사무직은 비록 '돌아가는 길'이지만, 열심히 일하면 더 많은 경험을 쌓을 수 있다.

나는 그 회사로 돌아갔고, 일반 사무직에 성공적으로 합격했다. 일하는 기간에, 나는 매우 노력해서 많은 기회를 얻었다.

나의 업무 능력은 상사의 인정을 받았다. 이후 나는 회사의 최연소 임원이 됐다.

어떤 일도 절대적인 것은 없고, '돌아가는 길'도 사람을 발전시키고, 자신의 가치를 실현하게 할 수 있다는 것을 알 수 있다.

어휘 **总经理助理** zǒngjīnglǐ zhùlǐ [명] CEO 보좌직 **业务员** yèwùyuán [명] 사무직 **激烈** jīliè [형] 치열하다 **弯路** wānlù [명] 돌아가는 길 **高管** gāoguǎn [명] (기업의 고위) 임원 **可见** kějiàn [접] ~을 알 수 있다 **绝对** juéduì [형] 절대적인 **实现** shíxiàn [동] 실현하다

전략 적용 해석

지문   p.189

战国时期，燕国曾一度被齐国打败。燕昭王继承王位后，决心收拾残局，招贤纳士，以便重振国威，向齐国报仇。为此，燕昭王向老臣郭隗求教：“现在燕国处境困难，我想广招人才帮我治理国家，你觉得怎样才能找到真正有才能的人呢？”郭隗没有直接回答燕昭王的问题，而是给他讲了一个故事。

从前，有一个国君非常喜爱千里马，为了得到真正的千里马，他宣布以一匹一千两黄金的价格来购买。可是千里马实在是太罕见了，寻找它就像大海捞针一样。三年过去了，国君却连千里马的影子都没有见到。国君得不到朝思暮想的千里马，心中快快不乐。

有一天，一个小侍臣主动对国君说：“您把买马的任务交给我吧，我一定会让您如愿以偿的。”国君见他态度诚恳、语气坚定，便答应了他的请求。这个小侍臣东奔西走，三个月后总算打听到了一点千里马的线索，然而当他找到千里马时，那匹马却已经死了。

小侍臣并没有灰心丧气，他用五百两黄金买下了死马的骨头，兴冲冲地去见了国君。见到国君，他开口就说：“我为您找到千里马了！”国君听了大喜，迫不及待地说：“马在哪里？快牵来给我看看！”小侍臣从容地打开包裹，把马骨献给了国君。国君一看，付出了那么大的代价，却只买到马骨，就非常生气。他愤怒地斥责小侍臣：“我要的是能载我驰骋沙场、日行千里的千里马，而你却花了五百两黄金买了马骨！你到底居心何在？”小侍臣不慌不忙地解释道：“请国君先不要生气。您想买千里马，可过了三年还是没有买到，这并不是因为没有千里马，而是因为人们不相信您真的会出一千两黄金。现在我用五百两黄金买下了死马的骨头，等于向世人昭示了您购买千里马的诚意和决心。这个消息一旦传扬出去，即使千里马被藏匿于深山密林之间，也会有人主动把千里马给您牵来的。”果然不出小侍臣所料，不到一年的时间里，接连有好几个人领着千里马来见国君。

郭隗讲完这个故事，对燕昭王说：“大王若是真想招贤纳士，就先从我开始吧。看到像我这样的人都能得到重用，那些比我更有才的人还会犹豫吗？这就好比用五百两黄金买了马骨，显示了您的诚意，‘千里马’就会主动找上门来。”燕昭王觉得郭隗说得有道理，便重用了他。消息传开之后，很多有勇有谋的人士纷纷来到燕国都城，而燕昭王在这些人的协助下，把国家治理得井井有条。

根据这个故事，后人引申出了“千金买骨”这个成语，现在用它来比喻迫切地渴求人才。

전국시대에, 연나라는 한때 제나라에게 패배했다. 연소왕은 왕위를 계승한 후, 국가의 위세를 다시 세워 제나라에 복수하기 위해, 판국을 수습하고 유능한 인재를 모으기로 결심했다. 이를 위해서, 연소왕은 노신 곽외에게 가르침을 청했다. "현재 연나라의 상황이 어렵소. 나는 나를 도와 나라를 다스릴 인재를 널리 구하고 싶은데, 그대는 어떻게 해야 진정으로 재능 있는 사람을 찾을 수 있겠다고 생각하시오?" 곽외는 연소왕의 질문에 바로 대답하지 않고, 대신 그에게 옛날 이야기 하나를 말해줬다.

옛날에, 어떤 국왕이 천리마를 매우 좋아했다. 진정한 천리마를 얻기 위해, 그는 한 필에 황금 천 냥의 값으로 사겠다고 선포했다. 그러나 천리마는 정말 보기 드물었고, 천리마를 찾는 것은 바다에 빠진 바늘을 찾는 것과 같았다. 삼 년이 지났고, 국왕은 천리마의 그림자조차 보지 못했다. 국왕은 꿈에도 그리워하는 천리마를 얻지 못해, 마음이 불만에 가득차 울적했다.

어느 날, 한 어린 신하가 자발적으로 국왕에게 말했다. "말을 사는 임무를 제게 맡겨 주십시오. 제가 반드시 국왕님께서 소원을 성취할 수 있게 해드리겠습니다." 국왕은 그의 태도가 진지하며 말투가 확고한 것을 보고, 바로 그의 요구를 승낙했다. 이 어린 신하는 동분서주했고, 삼 개월 후 마침내 천리마의 단서를 조금 알아냈다. 그러나 그가 천리마를 찾아냈을 때, 그 말은 이미 죽어있었다.

어린 신하는 결코 낙담하지 않았다. 그는 황금 오백 냥으로 죽은 말의 뼈를 사들였고, 날아갈 듯이 기뻐하며 국왕을 만나러 갔다. 국왕을 만나자마자 그는 입을 열어 말했다. "제가 국왕님을 위해 천리마를 찾았습니다!" 국왕은 듣고 크게 기뻐하며, 잠시도 지체하지 않고 물었다. "말은 어디에 있느냐? 빨리 끌고 와서 내게 보여줘라!" 어린 신하는 침착하게 보따리를 열어, 말의 뼈를 국왕에게 바쳤다. 국왕은 그렇게 큰 대가를 지불하고도, 겨우 말의 뼈를 사들인 것을 보고는 매우 화가 났다. 그는 크게 분노하며 어린 신하를 꾸짖었다. "내가 원하는 것은 나를 태우고 모래벌판을 빠르게 달리며, 하루에 천 리를 갈 수 있는 천리마인데, 너는 도리어 황금 오백 냥을 들여 말의 뼈를 샀구나! 도대체 네 저의가 무엇이냐?" 어린 신하는 차분하게 해명했다. "국왕님, 화내지 마십시오. 당신은 천리마를 사려고 하셨지만, 삼 년이 지나도록 사지 못하셨습니다. 이는 결코 천리마가 없어서가 아니라, 사람들이 국왕님께서 정말 황금 천 냥을 낼 것이라 믿지 않기 때문입니다. 지금 제가 황금 오백 냥으로 죽은 말의 뼈를 샀으니, 세상 사람들에게 천리마를 사려는 국왕님의 진심과 결심을 명백히 선포한 것과 같습니다. 이 소식이 일단 퍼져 나가면, 설령 천리마가 인적이 드문 깊은 숲속에 숨겨져 있을지라도, 누군가는 자발적으로 천리마를 국왕님께 끌고 올 것입니다." 아니나 다를까 어린 신하의 예상은 벗어나지 않았고, 일 년의 시간도 채 안 돼서, 여러 사람이 잇달아 천리마를 이끌고 국왕을 만나러 왔다.

곽외는 이 옛날 이야기를 다 말하고, 연소왕에게 말했다. "대왕님께서 만약 정말 유능한 인재를 모으고 싶으시다면, 먼저 저부터 시작해보십시오. 저 같은 사람도 중용될 수 있다는 것을 본다면, 저보다 더 유능한 그 사람들이 주저하겠습니까? 이것은 마치 황금 오백 냥으로 말의 뼈를 산 것과 같습니다. 대왕님의 진심을 내보였으니, '천리마'는 자발적으로 찾아올 것입니다." 연소왕은 곽외가 말한 것이 일리가 있다고 생각해서, 바로 그를 중용했다. 소식이 널리 퍼지고 난 후, 담력과 지혜를 모두 겸비한 많은 인사가 계속해서 연나라 수도에 왔고, 연소왕은 이러한 사람들의 조력으로, 나라를 질서정연하게 다스렸다.

이 옛날 이야기에 근거해, 후대 사람들은 '천금매골' 이 성어를 파생시켰고, 오늘날 이 성어는 절실하게 인재를 갈구하는 것을 비유하는 데 사용한다.

어휘

战国时期 Zhànguó shíqī 명 전국시대[중국 역사상의 한 시대]　燕国 Yānguó 고유 연나라[중국 역사상의 한 국가]　★一度 yídù 명 한때

齐国 Qíguó 고유 제나라[중국 역사상의 한 국가]　打败 dǎbài 통 패배하다　燕昭王 Yānzhāowáng 고유 연소왕[중국 전국시대 연나라의 왕]

★继承 jìchéng 통 계승하다　决心 juéxīn 통 결심하다　残局 cánjú 명 판국　招贤纳士 zhāoxiánnàshì 유능한 인재를 모으다

★以便 yǐbiàn 접 ~하기 위해　重振 chóngzhèn 다시 세우다　国威 guówēi 명 국가의 위세　报仇 bàochóu 복수하다

老臣 lǎochén 명 노신[늙은 신하]　郭隗 Guō Wěi 고유 곽외[중국 전국시대 연나라의 정치가]　求教 qiújiào 통 가르침을 청하다　⟨6급 빈출어휘⟩ ★处境 chǔjìng 명 상황

★治理 zhìlǐ 통 다스리다　国君 guójūn 명 국왕　千里马 qiānlǐmǎ 명 천리마　宣布 xuānbù 통 선포하다　匹 pǐ 양 필[말·비단 등을 세는 단위]

★罕见 hǎnjiàn 형 보기 드물다　寻找 xúnzhǎo 통 찾다　大海捞针 dàhǎilāozhēn 정 바다에 빠진 바늘 찾기이다　影子 yǐngzi 명 그림자

朝思暮想 zhāosīmùxiǎng 정 꿈에도 그리워하다　快快不乐 yàngyàngbúlè 정 불만에 가득차 우울하다　侍臣 shìchén 명 신하

主动 zhǔdòng 형 자발적이다　如愿以偿 rúyuànyǐcháng 정 소원을 성취하다　诚恳 chéngkěn 형 진지하다　★坚定 jiāndìng 형 확고하다

答应 dāying 통 승낙하다　请求 qǐngqiú 통 요구　东奔西走 dōngbēnxīzǒu 정 동분서주하다　总算 zǒngsuàn 부 마침내

打听 dǎting 통 알아내다, 수소문하다　★线索 xiànsuǒ 명 단서　灰心丧气 huīxīnsàngqì 정 낙담하다　骨头 gǔtou 명 뼈

兴冲冲 xìngchōngchōng 형 날아갈 듯이 기쁘다　迫不及待 pòbùjídài 정 잠시도 지체할 수 없다　★牵 qiān 통 끌다　★从容 cóngróng 형 침착하다

包裹 bāoguǒ 명 보따리　献 xiàn 통 바치다　★代价 dàijià 명 대가　愤怒 fènnù 형 분노하다　斥责 chìzé 통 꾸짖다　驰骋 chíchěng 통 빠르게 달리다

沙场 shāchǎng 명 모래벌판　居心 jūxīn 통 저의를 가지다　不慌不忙 bùhuāngbùmáng 정 차분하다　昭示 zhāoshì 통 명백히 선포하다

诚意 chéngyì 명 진심　一旦 yídàn 부 일단　传扬 chuányáng 통 퍼져 나가다　藏匿 cángnì 통 숨기다

深山密林 shēnshānmìlín 명 인적이 드문 깊은 숲속　果然 guǒrán 부 아니나 다를까　★接连 jiēlián 통 잇달아　重用 zhòngyòng 통 중용하다

犹豫 yóuyù 통 주저하다　显示 xiǎnshì 통 내보이다　传开 chuánkāi 널리 퍼지다　有勇有谋 yǒuyǒngyǒumóu 담력과 지혜를 모두 겸비하다

★人士 rénshì 명 인사　纷纷 fēnfēn 부 계속해서　都城 dūchéng 명 수도　★协助 xiézhù 통 조력하다　井井有条 jǐngjǐngyǒutiáo 질서정연하다

引申 yǐnshēn 통 파생되다　千金买骨 qiānjīnmǎigǔ 천금매골[천금을 주고 천리마의 뼈를 사다]　★比喻 bǐyù 통 비유하다　迫切 pòqiè 형 절실하다

渴求 kěqiú 통 갈구하다

모범답안　　　　　　　　　　　　　　　　　　　　　　　　　　　　　　　　　　　　　　p.191

千金买骨	천금매골
战国时期, 燕昭王想要重振国威, 于是他问一个老臣怎样才能找到人才。老臣没有直接回答, 而是给他讲了一个故事。 从前, 有个国君非常喜欢千里马, 他宣布将花一千两黄金买一匹千里马, 可是过了几年也没能得到, 这让他感到很不高兴。 一个小侍臣跟他说可以把买马的任务交给自己, 国君便答应了。几个月后, 小侍臣终于找到了千里马, 但是那匹马却已经死了。 小侍臣并没有失望, 而是花五百两黄金买了死马的骨头, 献给了国君。国君很生气, 他说他想要的是千里马, 而不是马骨。小侍臣解释说, 国君没买到千里马, 是因为人们不相信国君真的会出一千两黄金, 现在用五百两买了马骨, 人们就会相信国君的诚意和决心了。果然不到一年, 陆续有人牵着千里马来见国君了。 老臣讲完故事, 对燕昭王说, 若想招人才, 可以先重用他, 这样做等于用五百两黄金买了马骨, 显示了诚意, "千里马"就会主动找上门来。燕昭王觉得有道理, 就重用老臣。后来很多人才来到了燕国, 在他们的帮助下, 燕昭王把国家治理得很好。 此后, 人们用"千金买骨"这个成语来比喻迫切地渴求人才。	전국시대에, 연소왕은 국가의 위세를 다시 세우고 싶어 했다. 그래서 그는 한 노신에게 어떻게 해야 인재를 찾을 수 있을지 물었다. 노신은 바로 대답하지 않고, 대신 그에게 옛날 이야기 하나를 말해줬다. 옛날에, 한 국왕이 천리마를 매우 좋아해서, 그는 황금 천 냥을 들여 천리마 한 필을 사겠다고 선포했지만, 몇 년이 지나도록 얻을 수 없었고, 이것은 그를 언짢게 했다. 한 어린 신하가 그에게 말을 사는 임무를 자신에게 맡겨도 된다고 말했고, 국왕은 바로 승낙했다. 몇 달 후, 어린 신하는 마침내 천리마를 찾아냈지만, 그 말은 이미 죽어있었다. 어린 신하는 결코 실망하지 않았고, 대신 황금 오백 냥을 들여 죽은 말의 뼈를 사서, 국왕에게 바쳤다. 국왕은 화가 나서 그가 원하는 것은 천리마이지, 말의 뼈가 아니라고 말했다. 어린 신하는 국왕이 천리마를 사지 못한 것은 사람들이 국왕이 정말 황금 천 냥을 낼 것이라 믿지 않기 때문이며, 지금 오백 냥으로 말의 뼈를 샀으니 이제 사람들이 국왕의 진심과 결심을 믿어줄 것이라 해명했다. 아니나 다를까 일 년도 채 안 돼서, 사람들이 잇달아 천리마를 끌고 국왕을 만나러 왔다. 노신은 옛날 이야기를 다 말하고, 연소왕에게 인재를 구하고 싶다면 그를 먼저 중용하라며, 이렇게 하면 황금 오백 냥으로 말의 뼈를 산 것과 같아 진심을 내보일 수 있고, '천리마'는 자발적으로 찾아올 것이라 말했다. 연소왕은 일리가 있다고 생각해, 바로 노신을 중용했다. 이후 많은 인재가 연나라에 왔고, 그들의 도움으로 연소왕은 나라를 잘 다스렸다. 이후, 사람들은 '천금매골' 이 성어를 사용해 절실하게 인재를 갈구하는 것을 비유한다.

어휘

千金买骨 qiānjīnmǎigǔ 명 천금매골[천금을 주고 천리마의 뼈를 사다]　战国时期 Zhànguó shíqī 명 전국시대[중국 역사상의 한 시대]

燕昭王 Yānzhāowáng 고유 연소왕[중국 전국시대 연나라의 왕]　重振 chóngzhèn 다시 세우다　国威 guówēi 명 국가의 위세

老臣 lǎochén 명 노신[늙은 신하]　国君 guójūn 명 국왕　千里马 qiānlǐmǎ 명 천리마　宣布 xuānbù 통 선포하다　匹 pǐ 양 필[말·비단 등을 세는 단위]

侍臣 shìchén 명 신하　答应 dāying 통 승낙하다　骨头 gǔtou 명 뼈　献 xiàn 통 바치다　诚意 chéngyì 명 진심　决心 juéxīn 통 결심

果然 guǒrán 부 아니나 다를까　陆续 lùxù 부 잇달아　★牵 qiān 통 끌다　重用 zhòngyòng 통 중용하다　显示 xiǎnshì 통 내보이다

主动 zhǔdòng 형 자발적이다　燕国 Yānguó 고유 연나라[중국 역사상의 한 국가]　★治理 zhìlǐ 통 다스리다　★比喻 bǐyù 통 비유하다

迫切 pòqiè 형 절실하다　渴求 kěqiú 통 갈구하다

从前，魏国有一个叫孙膑的人。他因为才智过人，受到同僚的嫉妒而被陷害入狱，之后因受到酷刑，身体残疾了。后来在齐国使者的帮助下，他才逃到了齐国，并且见到了齐国大将军田忌。田忌对孙膑的才智早有耳闻，一见面就虚心请教兵法。从此，二人开始亲近起来，田忌对孙膑以礼相待，孙膑也常为田忌出谋划策。

当时，齐国贵族之间最流行的娱乐项目就是赛马了。为了一赌输赢，贵族们常常一掷千金，田忌也不例外，只是他每次都会输。得知这一情况后，孙膑要求田忌下次带自己到赛马场，说不定自己能帮助田忌取得胜利。

一周过后，田忌带着孙膑去了赛马场。孙膑到达现场后得知，参赛者的马按照奔跑的速度分为上中下三个等级，采用三局两胜制。田忌和齐威王赛马时，孙膑在一旁留心观察，发现齐威王的马都优于田忌相同等级的马，所以田忌才会屡战屡败。

这一次田忌又失败了，当他垂头丧气地准备离开时被孙膑叫住了。孙膑告诉他："将军，其实您的马和齐威王的只差那么一点儿，您只要改变一下策略，就一定能赢。"田忌疑惑地看着他并问道："你有什么好的法子吗？还是说你有更快的马？"孙膑摇摇头，表示只用现在的马也可以获胜，然后就跟田忌窃窃私语了一番。

正当齐威王自鸣得意之时，田忌和孙膑向他走了过去。齐威王挑衅道："输了这么多次，难道你还不服气？"田忌说："是啊，咱们再比一次。"说着，他就将一大堆银钱都押了下去。信心十足的齐威王自然不甘落后，将之前赢的钱和一千两黄金放在桌子上作为赌注。

第一局，孙膑给田忌的下等马换上了上等马的马鞍，冒充上等马和齐威王的上等马比赛。齐威王的马出发后没过一会儿就把田忌的下等马甩得远远的。第二局，田忌的上等马被牵出来和齐威王的中等马比赛，结果田忌取得了胜利。面对这样的局面，齐威王有些不知所措。最后一局，齐威王的下等马没有敌过田忌的中等马。就这样，齐威王第一次在赛马中败给了田忌。

齐威王想不通田忌为什么会赢，就召见他一问究竟。田忌将孙膑的策略告诉了齐威王，齐威王大吃一惊，立刻要求见孙膑。孙膑见到齐威王后不卑不亢，谈及赛马策略时，孙膑说："赛马如打仗，要有纵观大局的眼光，需要根据对方和自己的实力来调整战略，这样才能减少损失。"齐威王恍然大悟，当即命孙膑为军师，让他协助田忌打仗。此后，齐国凭借孙膑的军事战略取得了无数次的胜利。

옛날에, 위나라에 손빈이라는 사람이 있었다. 그는 재능과 지혜가 뛰어나서, 동료의 질투를 받았고 모함을 당해 수감됐는데, 이후 가혹한 형벌을 받게 되어, 신체에 장애가 생겼다. 이후 제나라 사자의 도움으로, 그는 제나라로 도망쳤고, 제나라 대장군 전기를 만났다. 전기는 손빈의 재능과 지혜에 대해 일찍이 소문을 들어서, 만나자마자 병법을 가르쳐 달라고 겸손하게 청했다. 그 후로, 두 사람은 친해지기 시작했다. 전기는 손빈에게 예의를 갖춰 대했고, 손빈도 늘 전기를 위해 계책을 내놨다.

당시, 제나라 귀족 간에 가장 유행한 오락 종목은 경마였다. 승패 내기를 하기 위해, 귀족들은 종종 거액의 돈을 걸고 도박을 했고, 전기도 예외는 아니었다. 다만 그는 매번 지기만 했다. 이 상황을 알게 된 후, 손빈은 전기에게 다음에는 자신을 데리고 경마장에 가달라고 요구하며, 어쩌면 자신이 전기가 승리를 거두게 도울 수 있을지도 모른다고 했다.

일주일이 지난 후, 전기는 손빈을 데리고 경마장에 갔다. 손빈은 현장에 도착한 후, 참가자의 말이 달리는 속도에 따라 상중하 세 개의 등급으로 나뉘고, 삼판이승제를 채택한다는 것을 알게 됐다. 전기와 제위왕이 경마를 할 때, 손빈은 옆에서 관심을 갖고 관찰했고, 제위왕의 말은 모두 전기의 같은 등급의 말보다 우수해서, 전기가 싸울 때마다 패배한다는 것을 발견했다.

이번에 전기는 또 패배했고, 그가 의기소침하게 떠날 준비를 할 때 손빈에게 불러 세워졌다. 손빈은 그에게 알려줬다. "장군님, 사실 당신의 말과 제위왕의 말은 아주 조금밖에 차이나지 않습니다. 당신이 책략을 바꾸기만 하면, 반드시 이길 수 있습니다." 전기는 미심쩍게 그를 바라보며 물었다. "당신은 어떤 좋은 방법이라도 있습니까? 아니면 당신은 더 빠른 말이 있다는 말입니까?" 손빈은 고개를 저으며, 지금의 말만 이용해도 승리할 수 있다고 밝혔다. 그리고 전기에게 귓속말로 한바탕 속삭였다.

제위왕이 한창 우쭐하고 있을 때 즈음, 전기와 손빈이 그에게 걸어갔다. 제위왕은 도발하며 말했다. "이렇게 많이 졌는데, 설마 아직도 승복하지 않는 건 아니겠지?" 전기가 말했다. "네, 저희 다시 한번 겨뤄봅시다." 말을 하며, 그는 한 무더기의 돈을 모두 걸었다. 자신감이 충만한 제위왕은 당연히 남에게 뒤지는 것을 달가워하지 않았고, 이전에 이긴 돈과 황금 천 냥을 테이블 위에 놓고 판돈으로 삼았다.

첫 번째 경기는, 손빈이 전기의 하급 말에게 상급 말의 안장으로 바꿔줬고, 상급 말로 가장해 제위왕의 상급 말과 경기를 했다. 제위왕의 말은 출발 후 얼마 되지 않아 전기의 하급 말을 멀리 떼냈다. 두 번째 경기는, 전기의 상급 말이 끌려 나와 제위왕의 중급 말과 경기를 했고, 마침내 전기는 승리를 거뒀다. 이러한 상황에 직면하니, 제위왕은 다소 어찌할 바를 몰랐다. 마지막 경기는, 제위왕의 하급 말이 전기의 중급 말에 필적하지 못했다. 이렇게, 제위왕은 처음으로 경마에서 전기에게 패했다.

제위왕은 전기가 왜 이길 수 있었는지 이해가 되지 않아, 그를 불러서 자초지종을 물었다. 전기는 손빈의 책략을 제위왕에게 알려줬고, 제위왕은 몹시 놀라, 즉시 손빈을 만나게 해달라고 요구했다. 손빈은 제위왕을 보고 비굴하지도 거만하지도 않았다. 경마 책략을 이야기할 때, 손빈은 말했다. "경마는 전쟁과 같아서, 상황을 전반적으로 관찰하는 안목이 있어야 하고, 상대편과 자신의 실력에 따라 전략을 조정하는 것이 필요합니다. 이렇게 해야만 손실을 줄일 수 있습니다." 제위왕은 문득 크게 깨닫고는, 즉시 손빈을 군사로 명해 그가 전기를 도와서 전쟁하게 했다. 그 후로, 제나라는 손빈의 군사전략을 통해 무수한 승리를 거뒀다.

어휘

魏国 Wèiguó 고유 위나라[중국 역사상의 한 국가]　孙膑 Sūn Bìn 고유 손빈[중국 전국시대 제나라의 무장]　才智 cáizhì 명 재능과 지혜

过人 guòrén 동 뛰어나다　同僚 tóngliáo 명 동료　★嫉妒 jídù 동 질투하다　陷害 xiànhài 동 모함하다　入狱 rùyù 동 수감되다

酷刑 kùxíng 명 가혹한 형벌　残疾 cánjí 명 장애　齐国 Qíguó 고유 제나라[중국 역사상의 한 국가]

使者 shǐzhě 명 사자[명령이나 부탁을 받고 심부름하는 사람]　逃 táo 동 도망치다　大将军 dàjiāngjūn 명 대장군

田忌 Tián Jì 고유 전기[중국 전국시대 제나라의 장군]　耳闻 ěrwén 동 소문을 듣다　虚心 xūxīn 동 겸손하다　★请教 qǐngjiào 동 가르침을 청하다

兵法 bīngfǎ 명 병법[군사를 지휘해 전쟁하는 방법]　亲近 qīnjìn 동 친해지다　以礼相待 yǐlǐxiāngdài 예의를 갖춰 대하다

出谋划策 chūmóuhuàcè 성 계책을 내놓다　贵族 guìzú 명 귀족　娱乐 yúlè 동 오락하다　项目 xiàngmù 명 종목　赛马 sàimǎ 동 경마하다

一掷千金 yízhìqiānjīn 성 거액의 돈을 걸고 도박을 하다　例外 lìwài 동 예외이다　得知 dézhī 알게 되다　赛马场 sàimǎchǎng 명 경마장

说不定 shuōbudìng 부 어쩌면 ~일지도 모른다　到达 dàodá 동 도착하다　★现场 xiànchǎng 명 현장　参赛者 cānsàizhě 명 참가자

等级 děngjí 명 등급　采用 cǎiyòng 동 채택하다　齐威王 Qíwēiwáng 고유 제위왕[중국 전국시대 제나라의 왕]　留心 liúxīn 동 관심을 갖다

屡战屡败 lǚzhànlǚbài 성 싸울 때마다 패배하다　垂头丧气 chuítóusàngqì 성 의기소침하다　★策略 cèlüè 명 책략　疑惑 yíhuò 동 미심쩍다

摇 yáo 동 젓다　窃窃私语 qièqièsīyǔ 귓속말로 속삭이다　★番 fān 양 바탕, 차례　自鸣得意 zìmíngdéyì 성 우쭐하다　挑衅 tiǎoxìn 동 도발하다

服气 fúqì 동 승복하다　堆 duī 양 무더기　银钱 yínqián 명 돈　押 yā 동 돈을 걸다　★十足 shízú 형 충만하다

不甘落后 bùgānluòhòu 남에게 뒤지는 것을 달가워하지 않다　作为 zuòwéi 동 ~으로 삼다　赌注 dǔzhù 명 판돈　马鞍 mǎ'ān 명 말의 안장

冒充 màochōng 동 가장하다　甩 shuǎi 동 떼놓다　★牵 qiān 동 끌다　局面 júmiàn 명 상황　不知所措 bùzhīsuǒcuò 어찌할 바를 모르다

敌 dí 형 필적하다　想不通 xiǎng bu tōng 이해가 되지 않다　召见 zhàojiàn (윗사람이 아랫사람을) 불러서 만나다

大吃一惊 dàchīyìjīng 몹시 놀라다　不卑不亢 bùbēibúkàng 비굴하지도 거만하지도 않다　打仗 dǎzhàng 동 전쟁하다

纵观 zòngguān 동 전반적으로 관찰하다　★眼光 yǎnguāng 명 안목　对方 duìfāng 명 상대편　★实力 shílì 명 실력　调整 tiáozhěng 동 조정하다

战略 zhànlüè 명 전략　损失 sǔnshī 동 손실　恍然大悟 huǎngrándàwù 성 문득 크게 깨닫다　当即 dāngjí 부 즉시

军师 jūnshī 명 군사[군사 업무를 감찰하는 관직명]　★协助 xiézhù 동 도와주다　凭借 píngjiè 동 ~을 통하다　军事 jūnshì 명 군사

지문	기억한 스토리
_{지문에서 반드시 외워야 할 핵심표현이에요.}	제목 –
从前，魏国有一个叫孙膑的人。他因为才智过人，受到同僚的嫉妒而被陷害入狱，之后因受到酷刑，身体残疾了。后来在齐国使者的帮助下，他才逃到了齐国，并且见到了齐国大将军田忌。田忌对孙膑的才智早有耳闻，一见面就虚心请教兵法。从此，二人开始亲近起来，田忌对孙膑以礼相待，孙膑也常为田忌出谋划策。	① 이야기의 발단	옛날에 孙膑이라는 사람이 있었음. 그는 사람에게 陷害 당해 수감됐을 뿐만 아니라, 신체에도 残疾가 생김. 이후 그는 제나라로 도망쳤고, 田忌를 알게 됨.
当时，齐国贵族之间最流行的娱乐项目就是赛马了。为了一赌输赢，贵族们常常一掷千金，田忌也不例外，只是他每次都会输。得知这一情况后，孙膑要求田忌下次带自己到赛马场，说不定自己能帮助田忌取得胜利。 一周过后，田忌带着孙膑去了赛马场。孙膑到达现场后得知，参赛者的马按照奔跑的速度分为上中下三个等级，采用三局两胜制。田忌和齐威王赛马时，孙膑在一旁留心观察，发现齐威王的马都优于田忌相同等级的马，所以田忌才会屡战屡败。	② 이야기의 전개	당시에는 赛马가 流行해 전기도 자주 참여했지만, 매번 输함. 손빈이 알게 된 후, 전기에게 다음에는 자신을 데리고 경마장에 가달라고 함. 며칠 후, 손빈은 전기를 따라 赛马场에 감. 그는 참가자의 말이 속도에 따라 상중하 三个等级로 나뉘고, 세 번의 경기에서 두 번을 승리해야 비로소 이긴다는 것을 발견함. 대왕과 전기가 경기할 때, 손빈은 바로 옆에서 세심하게 观察함.
这一次田忌又失败了，当他垂头丧气地准备离开时被孙膑叫住了。孙膑告诉他："将军，其实您的马和齐威王的只差那么一点儿，您只要改变一下策略，就一定能赢。"田忌疑惑地看着他并问道："你有什么好的法子吗？还是说你有更快的马？"孙膑摇摇头，表示只用现在的马也可以获胜，然后就跟田忌窃窃私语了一番。	③ 이야기의 전환	이번에 전기는 또 졌고, 그는 투지를 잃어 离开하려 함. 이때 손빈이 전기에게 그의 말과 대왕의 말은 아주 조금 밖에 차이나지 않기 때문에, 策略를 바꾸면 반드시 이길 수 있다고 말함.
正当齐威王自鸣得意之时，田忌和孙膑向他走了过去。齐威王挑衅道："输了这么多次，难道你还不服气？"田忌说："是啊，咱们再比一次。"说着，他就将一大堆银钱都押了下去。信心十足的齐威王自然不甘落后，将之前赢的钱和一千两黄金放在桌子上作为赌注。	④ 이야기의 절정	대왕이 한창 의기양양해 하고 있을 때 즈음, 전기는 대왕에게 再比一次하자고 요구했고, 많은 돈을 押함. 대왕은 동의함.
第一局，孙膑给田忌的下等马换上了上等马的马鞍，冒充上等马和齐威王的上等马比赛。齐威王的马出发后没过一会儿就把田忌的下等马甩得远远的。第二局，田忌的上等马被牵出来和齐威王的中等马比赛，结果田忌取得了胜利。面对这样的局面，齐威王有些不知所措。最后一局，齐威王的下等马没有敌过田忌的中等马。就这样，齐威王第一次在赛马中败给了田忌。	⑤ 이야기의 결말	第一局는, 손빈이 전기의 말에게 马鞍을 换한 후, 전기의 하급 말이 대왕의 상급 말과 경기하게 했고, 대왕이 가볍게 이김. 第二局는, 전기의 상급 말이 대왕의 중급 말을 이김. 最后一局는, 전기의 중급 말이 대왕의 하급 말을 이김. 마침내 전기는 처음으로 대왕을 이김.
齐威王想不通田忌为什么会赢，就召见他一问究竟。田忌将孙膑的策略告诉了齐威王，齐威王大吃一惊，立刻要求见孙膑。孙膑见到齐威王后不卑不亢，谈及赛马策略时，孙膑说："赛马如打仗，要有纵观大局的眼光，需要根据对方和自己的实力来调整战略，这样才能减少损失。"齐威王恍然大悟，当即命孙膑为军师，让他协助田忌打仗。此后，齐国凭借孙膑的军事战略取得了无数次的胜利。	⑥ 이야기의 교훈	이것은 대왕을 궁금하게 함. 전기는 이것이 손빈이 낸 아이디어라고 말함. 손빈은 赛马策略를 打仗에 비유하며, 대왕에게 자신의 견해를 이야기함. 이후, 손빈은 军师가 됐고, 제국을 도와 전쟁에서 많은 胜利를 取得함.

요약 [모범답안1 (80점 고득점용)]	요약 포인트
关于孙膑的故事	孙膑이라는 인물과 관련된 옛날 이야기이므로 关于孙膑的故事(손빈에 관한 이야기)을 제목으로 쓴다.
从前有个叫孙膑的人。他不仅被人陷害入狱，而且身体也残疾了。后来他逃到了齐国，认识了田忌。	• '그는 사람에게 陷害 당해 수감됐을 뿐만 아니라, 신체에도 残疾가 생김'과 같이 사건의 앞 상황보다 뒤 상황이 더 강조되거나 심화된 것으로 기억한 내용은 '不仅……，而且……'와 같은 점층 관계를 나타내는 연결어를 사용해서 간단히 요약한다. [스킬 9] • '신체에도 残疾가 생김. 이후 그는 제나라로 도망쳤고, 田忌를 알게 됨'과 같이 사건의 앞뒤 발생 순서가 명확한 것으로 기억한 내용은 '后来……'와 같은 선후 관계를 나타내는 연결어를 사용해서 간단히 요약한다. [스킬 7]
当时流行赛马，田忌也常参加，不过每次都会输。孙膑知道后，让田忌下次带自己去赛马场。几天后，孙膑跟着田忌去了赛马场。他发现参赛者的马按速度分为上中下三个等级，三场比赛中胜两场才算赢。大王和田忌比赛时，孙膑就在旁边细心观察。	• '당시에는 赛马가 流行해 전기도 자주 참여했지만, 매번 输함'과 같이 사건의 앞뒤 상황이 상반되는 것으로 기억한 내용은 '……，不过……'와 같은 반대/전환 관계를 나타내는 연결어를 사용해서 간단히 요약한다. [스킬 8] • 지문의 一周过后와 같이 구체적인 시간 관련 표현은 几天后와 같은 几를 사용한 시간 관련 표현으로 기억하고 바꿔 쓴다. [스킬 1] • 지문의 齐威王과 같이 주변인물의 이름은 大王과 같은 일반적이고 쉬운 신분 관련 표현으로 기억하고 바꿔 쓴다. [스킬 1]
这次田忌又输了，他失去了斗志，正打算离开。这时孙膑对田忌说，因为他的马和大王的只差一点儿，所以改变一下策略就一定能赢。	• 지문의 "将军，其实您的马和齐威王的只差那么一点儿……就一定能赢。"과 같이 큰따옴표로 표현된 인용문은 'A对B说……'와 같은 간접화법으로 간단히 요약한다. [스킬 4] • '그의 말과 대왕의 말은 아주 조금 밖에 차이나지 않기 때문에, 策略를 바꾸면 반드시 이길 수 있음'과 같이 사건의 원인과 결과가 분명한 것으로 기억한 내용은 '因为……，所以……'와 같은 인과 관계를 나타내는 연결어를 사용해서 간단히 요약한다. [스킬 6]
正当大王得意的时候，田忌要求大王再比一次，并且押了很多钱。大王同意了。	• 지문의 自鸣得意와 같이 외우기 어려운 사자성어 표현은 得意와 같은 비슷한 뜻을 가지는 쉬운 표현으로 기억하고 바꿔 쓴다. [스킬 2]
第一局，孙膑给田忌的马换上了马鞍后，让田忌的下等马和大王的上等马比赛，大王轻松地赢了。第二局，田忌的上等马赢了大王的中等马。最后一局，田忌的中等马赢了大王的下等马。结果田忌第一次赢了大王。	• '마침내 전기는 처음으로 대왕을 이김'과 같이 어떤 과정을 거쳐 도출된 결론은 结果와 같은 마무리 표현을 사용해서 간단히 요약한다. [스킬 10]
这让大王感到好奇。田忌就说这是孙膑出的主意。孙膑把赛马策略比作打仗，和大王谈了自己的看法。之后，孙膑当了军师，帮助齐国在战争中取得了很多胜利。	• '이것은 대왕을 궁금하게 함'과 같이 어떤 일로 인해 변화가 생긴 것으로 기억한 내용은 '这让……'을 사용해서 간단히 요약한다. [스킬 5] • '대왕에게 자신의 견해를 이야기함. 이후, 손빈은 军师가 됨'과 같이 사건의 앞뒤 발생 순서가 명확한 것으로 기억한 내용은 '之后，……'와 같은 선후 관계를 나타내는 연결어를 사용해서 간단히 요약한다. [스킬 7]

		关	于	孙	膑	的	故	事											
	从	前	有	个	叫	孙	膑	的	人	。	他	不	仅	被	人	陷	害	入
狱	，	而	且	身	体	也	残	疾	了	。	后	来	他	逃	到	了	齐	国	，
认	识	了	田	忌	。														
	当	时	流	行	赛	马	，	田	忌	也	常	参	加	，	不	过	每	次
都	会	输	。	孙	膑	知	道	后	，	让	田	忌	下	次	带	自	己	去	赛
马	场	。																	
	几	天	后	，	孙	膑	跟	着	田	忌	去	了	赛	马	场	。	他	发
现	参	赛	者	的	马	按	速	度	分	为	上	中	下	三	个	等	级	，	三
场	比	赛	中	胜	两	场	才	算	赢	。	大	王	和	田	忌	比	赛	时	，
孙	膑	就	在	旁	边	细	心	观	察	。									
	这	次	田	忌	又	输	了	，	他	失	去	了	斗	志	，	正	打	算
离	开	。	这	时	孙	膑	对	田	忌	说	，	因	为	他	的	马	和	大	王
的	只	差	一	点	儿	，	所	以	改	变	一	下	策	略	就	一	定	能	赢
	正	当	大	王	得	意	的	时	候	，	田	忌	要	求	大	王	再	比
一	次	，	并	且	押	了	很	多	钱	。	大	王	同	意	了	。			
	第	一	局	，	孙	膑	给	田	忌	的	马	换	上	了	马	鞍	后	，
让	田	忌	的	下	等	马	和	大	王	的	上	等	马	比	赛	，	大	王	轻
松	地	赢	了	。	第	二	局	，	田	忌	的	上	等	马	赢	了	大	王	的
中	等	马	。	最	后	一	局	，	田	忌	的	中	等	马	赢	了	大	王	的
下	等	马	。	结	果	田	忌	第	一	次	赢	了	大	王	。				
	这	让	大	王	感	到	好	奇	。	田	忌	就	说	这	是	孙	膑	出
的	主	意	。	孙	膑	把	赛	马	策	略	比	作	打	仗	，	和	大	王	谈
了	自	己	的	看	法	。	之	后	，	孙	膑	当	了	军	师	，	帮	助	齐
国	在	战	争	中	取	得	了	很	多	胜	利	。							

손빈에 관한 이야기

옛날에 손빈이라는 사람이 있었다. 그는 사람에게 모함을 당해 수감됐을 뿐만 아니라, 신체에도 장애가 생겼다. 이후 그는 제나라로 도망쳤고, 전기를 알게 됐다.

당시에는 경마가 유행해 전기도 자주 참여했지만, 매번 졌다. 손빈이 알게 된 후, 전기에게 다음에는 자신을 데리고 경마장에 가달라고 했다.

며칠 후, 손빈은 전기를 따라 경마장에 갔다. 그는 참가자의 말이 속도에 따라 상중하 세 개의 등급으로 나뉘고, 세 번의 경기에서 두 번을 승리해야 비로소 이긴다는 것을 발견했다. 대왕과 전기가 경기할 때, 손빈은 바로 옆에서 세심하게 관찰했다.

이번에 전기는 또 졌고, 그는 투지를 잃어 떠나려고 했다. 이때 손빈이 전기에게 그의 말과 대왕의 말은 아주 조금 밖에 차이나지 않기 때문에, 책략을 바꾸면 반드시 이길 수 있다고 말했다.

대왕이 한창 의기양양해 하고 있을 때 즈음, 전기는 대왕에게 다시 한번 겨뤄보자고 요구했고, 많은 돈을 걸었다. 대왕은 동의했다.

첫 번째 경기는, 손빈이 전기의 말에게 말 안장을 바꿔준 후, 전기의 하급 말이 대왕의 상급 말과 경기하게 했고, 대왕이 가볍게 이겼다. 두 번째 경기는, 전기의 상급 말이 대왕의 중급 말을 이겼다. 마지막 경기는, 전기의 중급 말이 대왕의 하급 말을 이겼다. 마침내 전기는 처음으로 대왕을 이겼다.

이것은 대왕을 궁금하게 했다. 전기는 이것이 손빈이 낸 아이디어라고 말했다. 손빈은 경마 책략을 전쟁에 비유하며, 대왕에게 자신의 견해를 이야기했다. 이후, 손빈은 군사가 됐고, 제나라를 도와 전쟁에서 많은 승리를 거뒀다.

어휘 孙膑 Sūn Bìn [고유] 손빈[중국 전국시대 제나라의 무장] 陷害 xiànhài [동] 모함하다 入狱 rùyù [동] 수감되다 残疾 cánjí [명] 장애 逃 táo [동] 도망치다
齐国 Qíguó [고유] 제나라[중국 역사상의 한 국가] 田忌 Tián Jì [고유] 전기[중국 전국시대 제나라의 장군] 赛马 sàimǎ [동] 경마하다
赛马场 sàimǎchǎng [명] 경마장 等级 děngjí [명] 등급 细心 xìxīn [형] 세심하다 斗志 dòuzhì [명] 투지 ★策略 cèlüè [명] 책략 押 yā [동] 돈을 걸다
打仗 dǎzhàng [동] 전쟁하다 军师 jūnshī [명] 군사[군사 업무를 감찰하는 관직명] 战争 zhànzhēng [명] 전쟁

				关	于	孙	膑	的	故	事									
	以	前	有	个	叫	孙	膑	的	人	。	他	被	人	害	了	，	后	来	
去	了	齐	国	，	还	认	识	了	田	忌	。								
	当	时	流	行	赛	马	，	田	忌	也	常	参	加	，	但	是	每	次	
都	会	输	。	孙	膑	知	道	后	，	说	自	己	也	想	去	赛	马	场	。
	孙	膑	去	赛	马	场	后	，	发	现	马	按	照	速	度	分	三	个	
等	级	，	三	场	比	赛	中	胜	两	场	才	算	赢	。					
	这	次	田	忌	和	大	王	比	赛	，	又	输	了	。	田	忌	很	失	
望	。	这	时	孙	膑	对	田	忌	说	，	只	要	改	变	方	法	就	能	赢
	田	忌	要	求	大	王	再	比	一	次	，	还	押	了	很	多	钱	。	
大	王	同	意	了	。														
	第	一	场	，	田	忌	的	下	等	马	和	大	王	的	上	等	马	比	
赛	，	大	王	赢	了	。	第	二	场	，	田	忌	的	上	等	马	赢	了	大
王	的	中	等	马	。	第	三	场	，	田	忌	的	中	等	马	赢	了	大	王
的	下	等	马	。	结	果	田	忌	第	一	次	赢	了	比	赛	。			
	这	让	大	王	感	到	好	奇	。	田	忌	告	诉	大	王	这	都	是	
孙	膑	出	的	主	意	。	后	来	大	王	让	孙	膑	当	了	军	师	，	齐
国	在	战	争	中	取	得	了	很	多	胜	利	。							

손빈에 관한 이야기

예전에 손빈이라는 사람이 있었다. 그는 사람에게 해를 당했고, 이후 제나라로 가서 전기도 알게 됐다.

당시에는 경마가 유행해 전기도 자주 참여했지만, 매번 졌다. 손빈이 알게 된 후, 자신도 경마장에 가고 싶다고 말했다.

손빈은 경마장에 간 후, 말이 속도에 따라 세 개의 등급으로 나뉘고, 세 번의 경기에서 두 번을 승리해야 비로소 이긴다는 것을 발견했다.

이번에 전기는 대왕과 경기를 했고, 또 졌다. 전기는 실망했다. 이때 손빈은 전기에게 방법을 바꾸기만 하면 이길 수 있다고 말했다.

전기는 대왕에게 다시 한번 겨뤄보자고 요구했고, 심지어 많은 돈을 걸었다. 대왕은 동의했다.

첫 번째 시합은, 전기의 하급 말과 대왕의 상급 말이 경기해, 대왕이 이겼다. 두 번째 시합은, 전기의 상급 말이 대왕의 중급 말을 이겼다. 세 번째 시합은, 전기의 중급 말이 대왕의 하급 말을 이겼다. 마침내 전기는 처음으로 경기를 이겼다.

이것은 대왕을 궁금하게 했다. 전기는 대왕에게 이 모든 것이 손빈이 낸 아이디어라고 알려줬다. 이후 대왕은 손빈에게 군사가 되게 했고, 제나라는 전쟁에서 많은 승리를 거뒀다.

어휘　孙膑 Sūn Bìn [고유] 손빈[중국 전국시대 제나라의 무장]　齐国 Qíguó [고유] 제나라[중국 역사상의 한 국가]
田忌 Tián Jì [고유] 전기[중국 전국시대 제나라의 장군]　赛马 sàimǎ [동] 경마하다　赛马场 sàimǎchǎng [명] 경마장　等级 děngjí [명] 등급
押 yā [동] 돈을 걸다　军师 jūnshī [명] 군사[군사 업무를 감찰하는 관직명]　战争 zhànzhēng [명] 전쟁

해커스 HSK 6급 한 권으로 고득점 달성

✳ 실전모의고사 1

듣기
p.202

제1부분

1 A **2** C **3** D **4** A **5** B **6** A **7** B **8** A **9** D **10** B **11** D **12** A **13** A **14** C **15** C

제2부분

16 C **17** A **18** B **19** C **20** C **21** C **22** B **23** B **24** D **25** D **26** D **27** A **28** C **29** C **30** D

제3부분

31 B **32** B **33** D **34** D **35** C **36** C **37** B **38** C **39** D **40** C **41** B **42** A **43** C **44** D **45** C **46** A **47** B **48** A **49** A **50** D

독해
p.208

제1부분

51 C **52** D **53** A **54** B **55** A **56** C **57** C **58** B **59** B **60** D

제2부분

61 B **62** C **63** A **64** D **65** B **66** D **67** A **68** B **69** C **70** D

제3부분

71 D **72** A **73** C **74** E **75** B **76** E **77** C **78** B **79** D **80** A

제4부분

81 D **82** C **83** B **84** D **85** B **86** A **87** A **88** B **89** C **90** A **91** C **92** A **93** D **94** B **95** D **96** B **97** C **98** C **99** A **100** D

쓰기
p.219

101 [모범답안] 해설집 p.236

1

A **梁园的整体风格素雅**
B 梁园里总共有五个池塘
C 保留最多的是清代的园林
D 唐代岭南文人曾住在梁园

A 량위안의 전체적인 양식은 단아하다
B 량위안에는 총 다섯 개의 연못이 있다
C 가장 많이 보존된 것은 청나라 시대의 정원이다
D 당나라 시대 링난 문인들은 량위안에 살았었다

梁园是佛山梁氏宅园的总称，由群星草堂、寒香馆、汾江草庐等五个群体组成。梁园规模宏大，风格淡雅，是清代岭南文人园林的典型代表。在梁园里，既能看到外观奇特的怪石，也能看到其他园林中少有的大型池塘。

량위안은 포산량씨정원의 총칭인데, 군성초당, 한향관, 분강초려 등 5개의 건물로 구성돼 있다. 량위안은 규모가 거대하고 양식이 단아한데, 청나라 시대 링난 문인의 정원의 전형적인 대표이다. 량위안에서는 모양이 독특한 괴석을 볼 수 있을 뿐만 아니라, 다른 정원에 거의 없는 대형 연못을 볼 수도 있다.

해설 3개의 선택지에 공통적으로 梁园(량위안)이 있으므로 梁园에 대한 설명 단문이 나올 것을 예측한다. 음성에서 언급된 梁园……风格淡雅와 내용이 일치하는 선택지 A 梁园的整体风格素雅를 정답으로 고른다.

어휘 선택지 **梁园** Liángyuán[고유]량위안[중국 서한시대 양효왕의 정원] **整体** zhěngtǐ[명]전체 **风格** fēnggé[명]양식 **素雅** sùyǎ[형]단아하다
总共 zǒnggòng[부]총 **池塘** chítáng[명]연못 **保留** bǎoliú[동]보존하다 **清代** Qīngdài[명]청나라 시대[중국 역사상의 한 시대]
★**园林** yuánlín[명]정원 **唐代** Tángdài[명]당나라 시대[중국 역사상의 한 시대]
岭南 Lǐngnán[고유]링난[중국의 광둥(广东)성, 광시(广西) 일대를 가리킴]
단문 **佛山** Fóshān[고유]포산[중국 광둥(广东)성의 도시] **宅园** zháiyuán[명](집의) 정원 **总称** zǒngchēng[명]총칭
草堂 cǎotáng[명]초당[풀이나 짚 따위로 지붕을 이은 집, 초가집] **草庐** cǎolú[명]초려[풀이나 짚 따위로 지붕을 이은 집, 초가집]
群体 qúntǐ[명](건물, 사람, 동물 등의) 무리 **组成** zǔchéng[동]구성하다 **规模** guīmó[명]규모 **宏大** hóngdà[형]거대하다
淡雅 dànyǎ[형]단아하다 ★**典型** diǎnxíng[형]전형적인 **代表** dàibiǎo[명]대표 **奇特** qítè[형]독특하다 **怪石** guàishí[명]괴석
大型 dàxíng[명]대형의 ⌐6급 빈출어휘

2

A 研究人员要严谨认真
B 蚂蚁是很好的研究对象
C **蚂蚁会自行调整前行速度**
D 移动时蚂蚁的密度不断减小

A 연구원은 엄격하고 성실해야 한다
B 개미는 좋은 연구 대상이다
C **개미는 스스로 전진하는 속도를 조절한다**
D 이동 시 개미의 밀집도는 끊임없이 감소한다

在密度不断增加的情况下，蚂蚁如何保持稳定的交通流量呢？为了找到这个问题的答案，研究人员研究了每一个蚂蚁影响蚁群交通的情况。在观察了成千上万只蚂蚁通过桥梁时的状况以后，研究人员发现，蚂蚁会根据道路的状况调整自己的速度。蚂蚁这样做既节省了时间，也减少了碰撞次数。

밀집도가 끊임없이 증가하는 상황에서, 개미는 어떻게 안정된 교통량을 유지하는 것일까? 이 문제의 답안을 찾기 위해서, 연구원은 각각의 개미가 개미 떼의 교통에 영향을 미치는 상황을 연구했다. 수천수만 마리의 개미가 다리를 통과할 때의 상황을 관찰한 후에, 연구원은 개미가 도로의 상황에 따라 자신의 속도를 조절한다는 것을 발견했다. 개미는 이렇게 하여 시간을 절약했을 뿐만 아니라, 충돌 횟수도 줄었다.

해설 3개의 선택지에 공통적으로 蚂蚁(개미)가 있으므로 蚂蚁에 대한 설명 단문이 나올 것을 예측한다. 음성에서 언급된 蚂蚁会根据道路的状况调整自己的速度와 내용이 일치하는 선택지 C 蚂蚁会自行调整前行速度를 정답으로 고른다.

어휘 선택지 **研究人员** yánjiū rényuán[명]연구원 **严谨** yánjǐn[형]엄격하다 ★**蚂蚁** mǎyǐ[명]개미 **对象** duìxiàng[명]대상 **自行** zìxíng[부]스스로
调整 tiáozhěng[동]조절하다 **前行** qián xíng 전진하다 **移动** yídòng[동]이동하다 ★**密度** mìdù[명]밀(집)도 **不断** búduàn[부]끊임없이
단문 **保持** bǎochí[동]유지하다 **稳定** wěndìng[형]안정되다 **交通流量** jiāotōng liúliàng[명]교통량 **蚁群** yǐqún[명]개미 떼
观察 guānchá[동]관찰하다 **成千上万** chéngqiānshàngwàn[성]수천수만 ★**桥梁** qiáoliáng[명]다리 **状况** zhuàngkuàng[명]상황
节省 jiéshěng[동]절약하다 **碰撞** pèngzhuàng[동]충돌하다 **次数** cìshù[명]횟수

3

A 采诗官不能调查民意	A 채시관은 여론을 조사할 수 없다
B 周朝的采诗官人数最多	B 주나라의 채시관 인원이 가장 많다
C 周朝的文官设立了采诗官制度	C 주나라의 문관이 채시관 제도를 설립했다
D 诗歌能够真实地表现社会风气	**D 시가는 사회 풍조를 진실되게 표현할 수 있다**

采诗官是古代专门采集诗歌的官员。周朝统治者非常重视民情，而诗歌能够真实地反映社会政治和道德风尚，因此专门建立了采诗这一重要制度。采诗官以采诗的名义走遍天下，事实上担任了国家民意调查员、新闻记者和诗歌记录者的重任，他们为诗歌的采集和流传做出了很大的贡献。	채시관은 고대에 전문적으로 시가를 수집하던 관원이다. 주나라의 통치자는 민심을 매우 중시했고, 시가는 사회 정치와 도덕 기풍을 진실되게 반영할 수 있어서, 특별히 시가를 수집하는 이 중요한 제도를 세웠다. 채시관은 시가를 수집하는 명분으로 각지를 이리저리 돌아다녔는데, 사실상 국가 여론 조사원, 신문 기자와 시가 기록자라는 중책을 담당하며, 그들은 시가의 수집과 계승에 큰 공헌을 했다.

해설 3개의 선택지에 공통적으로 采诗官(채시관)이 있으므로 采诗官에 대한 설명 단문이 나올 것을 예측한다. 음성에서 언급된 诗歌能够真实地反映社会政治和道德风尚과 내용이 일치하는 선택지 D 诗歌能够真实地表现社会风气를 정답으로 고른다.

어휘
선택지 采诗官 cǎishīguān 몡 채시관[민심을 알기 위해 민간의 시가를 수집하던 사람] 民意 mínyì 몡 여론
周朝 Zhōucháo 고유 주나라[중국 남북조 시대의 한 나라] 文官 wénguān 몡 문관 ★设立 shèlì 동 설립하다 制度 zhìdù 몡 제도
诗歌 shīgē 몡 시가 真实 zhēnshí 톙 진실하다 表现 biǎoxiàn 동 표현하다 风气 fēngqì 몡 풍조
단문 ★采集 cǎijí 동 수집하다 官员 guānyuán 몡 관원 统治者 tǒngzhìzhě 몡 통치자 民情 mínqíng 몡 민심 反映 fǎnyìng 동 반영하다
政治 zhèngzhì 몡 정치 道德 dàodé 몡 도덕 风尚 fēngshàng 몡 기풍 建立 jiànlì 동 세우다 采诗 cǎi shī 시가를 수집하다
名义 míngyì 몡 명분, 자격 走遍天下 zǒu biàn tiānxià 각지를 이리저리 돌아다니다 事实 shìshí 몡 사실 担当 dāndāng 동 담당하다
记录者 jìlùzhě 몡 기록자 重任 zhòngrèn 몡 중책 流传 liúchuán 동 계승하다 贡献 gòngxiàn 몡 공헌

4

A 渭河出现了清晰的界限	A 웨이허에 분명한 경계가 나타났다
B 渭河是泾河的第一大支流	B 웨이허는 징허의 첫 번째로 큰 강줄기이다
C 两条河水同流一河就能相融	C 두 강물이 한 강에서 같이 흐르면 서로 섞인다
D "泾渭分明"的成语来源于长江	D '경위분명'이라는 성어는 창장에서 유래했다

渭河是黄河的最大支流，而泾河是渭河的第一大支流。泾河的水在西安流入渭河时，由于含沙量不同，形成了一清一浊的一道非常明显的界限，呈现出两水同流一河而互不相融的奇特景观。因此后人就用成语"泾渭分明"来比喻界限清楚，是非或好坏分明。	웨이허는 황허의 가장 큰 강줄기이고, 징허는 웨이허의 첫 번째로 큰 강줄기이다. 징허의 물줄기가 시안에서 웨이허로 흘러 들어갈 때, 모래 함량이 다르기 때문에 한 쪽은 맑고 한 쪽은 탁한 매우 뚜렷한 경계를 형성했는데, 두 물줄기가 한 강에서 같이 흐르지만 서로 섞이지 않는 기묘한 경관이 나타난다. 이 때문에 후세 사람들은 성어 '경위분명'으로 경계가 뚜렷하고, 옳고 그름 혹은 좋고 나쁨이 분명한 것을 비유한다.

해설 선택지에 渭河(웨이허), 泾河(징허), 河水(강물), 长江(창장)과 같은 어휘들이 있으므로, 중국의 강과 관련된 정보 전달 단문이 나올 것을 예측한다. 음성에서 언급된 泾河的水在西安流入渭河时……形成了一清一浊的一道非常明显的界限과 내용이 일치하는 선택지 A 渭河出现了清晰的界限을 정답으로 고른다.

어휘
선택지 渭河 Wèihé 고유 웨이허, 위하[중국 위수 분지에서 동서방향으로 흐르는 황허의 강줄기] ★清晰 qīngxī 톙 분명하다 界限 jièxiàn 몡 경계
泾河 Jīnghé 고유 징허, 경하[중국 산시(陕西)성에서 흐르는 위수의 강줄기] 支流 zhīliú 몡 강줄기 河水 héshuǐ 몡 강물
相融 xiāng róng 서로 섞이다 泾渭分明 jīngwèifēnmíng 셍 경위분명[경계가 뚜렷하고 옳고 그름이 분명하다] 成语 chéngyǔ 몡 성어
★来源 láiyuán 동 유래하다
단문 西安 Xī'ān 고유 시안[중국 산시(陕西)성의 성도] 流入 liúrù 흘러 들어가다 含沙量 hánshāliàng 몡 모래 함량 形成 xíngchéng 동 형성하다
清 qīng 톙 맑다 浊 zhuó 톙 탁하다 明显 míngxiǎn 톙 뚜렷하다 ★呈现 chéngxiàn 동 나타나다 奇特 qítè 톙 기묘하다
景观 jǐngguān 몡 경관 ★比喻 bǐyù 동 비유하다 ★是非 shìfēi 옳고 그름 ★分明 fēnmíng 톙 분명하다

5

A 列车的标识码是二维码	A 열차의 식별 부호는 QR코드이다
B 车次由字母和数字组成	**B 열차 번호는 알파벳과 숫자로 구성돼 있다**
C 标识码只用在铁路部门	C 식별 부호는 철도부에서만 쓰인다
D 每趟列车有多个标识码	D 모든 열차에는 식별 부호가 여러 개 있다

中国铁路每天有数以百计的列车运行。为了区别方向、种类、区段和时刻不同的列车，铁路部门为每一趟列车编排了一个标识码，这就是车次。车次由两个部分组成，前面是表示列车种类的汉语拼音首字母，后面是阿拉伯数字。	중국 철도는 매일 수백 여개의 열차를 운행한다. 방향, 종류, 구간과 시간이 서로 다른 열차를 구분하기 위해, 철도부는 각 열차 편에 식별 부호를 편성했는데, 이것이 바로 열차 번호이다. 열차 번호는 2개의 부분으로 구성돼 있는데, 앞자리는 열차의 종류를 표시하는 한어 병음의 첫 번째 알파벳이고, 뒷자리는 아라비아 숫자이다.

해설　3개의 선택지에 공통적으로 标识码(식별 부호)가 있으므로 标识码에 대한 설명 단문이 나올 것을 예측한다. 음성에서 언급된 车次由两个部分组成，前面是表示列车种类的汉语拼音首字母，后面是阿拉伯数字。와 내용이 일치하는 선택지 B 车次由字母和数字组成을 정답으로 고른다.

어휘　선택지　**列车** lièchē 몡 열차　**标识码** biāoshímǎ 몡 식별 부호　**二维码** èrwéimǎ 몡 QR코드　**车次** chēcì 몡 열차 번호　**字母** zìmǔ 몡 알파벳, 자모　**组成** zǔchéng 통 구성하다　**铁路** tiělù 몡 철도　**部门** bùmén 몡 부, 부문

　　　　단문　**中国铁路** Zhōngguó tiělù 고유 중국 철도[중국의 철도 회사, CHINA RAILWAY]　★**运行** yùnxíng 통 운행하다　**种类** zhǒnglèi 몡 종류　**区段** qūduàn 몡 구간　**时刻** shíkè 몡 시간　**编排** biānpái 통 편성하다　**拼音** pīnyīn 몡 병음　**首** shǒu 처음의　**阿拉伯数字** Ālābó shùzì 고유 아라비아 숫자

6

A 老年人要多和家人接触	**A 노년층은 가족과 많이 만나야 한다**
B 不是所有的人都感到孤独	B 모든 사람이 고독하다고 느끼는 것은 아니다
C 就业状况对中年人没有影响	C 취업 상황은 중년층에게 영향이 없다
D 年轻人只要有朋友就不会孤独	D 젊은 사람들은 친구만 있으면 고독하지 않다

每个人都很熟悉孤独的感觉，但很少有人知道，一些与孤独感相关的因素只存在于特定的年龄段。在年轻人眼中，与孤独感关联最强的是与朋友的接触频率，其次是受教育程度。而中年人的孤独感与就业状况的相关性最大，老年人的孤独感则主要和与家人接触的频率有关。	사람들은 모두 고독한 느낌을 잘 알지만, 고독감과 관련된 일부 요소들이 특정한 연령대에만 존재한다는 것을 아는 사람은 적다. 젊은 사람들의 눈에 고독감과 가장 크게 관련된 것은 친구와의 만남 빈도이고, 그다음이 교육 수준이다. 중년층의 고독감은 취업 상황과 연관성이 가장 크고, 노년층의 고독감은 주로 가족과 만나는 빈도와 관련이 있다.

해설　선택지에 要(~해야 한다)와 같은 어휘가 있으므로 의견 주장 단문이 나올 것을 예측한다. 음성에서 언급된 老年人的孤独感则主要和与家人接触的频率有关과 내용이 일치하는 선택지 A 老年人要多和家人接触을 정답으로 고른다.

어휘　선택지　**接触** jiēchù 통 만나다, 접촉하다　**孤独** gūdú 톙 고독하다　★**就业** jiùyè 통 취업하다　**状况** zhuàngkuàng 몡 상황

　　　　단문　**相关** xiāngguān 통 관련되다　**因素** yīnsù 몡 요소　**存在** cúnzài 통 존재하다　★**特定** tèdìng 톙 특정한　**年龄段** niánlíngduàn 연령대　**关联** guānlián 통 관련되다　★**频率** pínlǜ 몡 빈도　**程度** chéngdù 몡 수준

7

A 高盐食物会诱发胰腺疾病	A 고염분 음식은 췌장 질환을 유발할 수 있다
B 高盐食物有可能损坏大脑	**B 고염분 음식은 뇌를 손상시킬 수 있다**
C 不摄入盐分就不会患高血压	C 염분을 섭취하지 않으면 고혈압에 걸리지 않는다
D 长期摄入高盐食物会引发癌症	D 장기간 고염분 음식을 섭취하면 암을 야기할 수 있다

高盐食物指的是盐类含量较高的食品，长期摄入该类食物会引发疾病和死亡。和一般人相比，长期摄入高盐食物的人，患高血压和心脑血管疾病的几率更大。在此基础上进行的后续研究中，发现了一个新的现象，那就是大脑也可能会因为高盐食物而受损，出现诸如记忆损伤，老年痴呆等症状。	고염분 음식은 염류 함량이 비교적 높은 식품을 가리키는데, 이런 종류의 음식을 장기간 섭취하면 질병과 사망을 야기할 수 있다. 보통 사람과 비교해 보면, 고염분 음식을 장기간 섭취한 사람이 고혈압과 심뇌혈관 질환에 걸릴 확률이 더욱 크다. 이를 토대로 진행한 후속 연구에서 하나의 새로운 현상을 발견했는데, 그것은 바로 뇌도 고염분 음식 때문에 손상을 입을 수 있고, 기억 손상, 노인성 치매 등과 같은 증상으로 나타난다는 것이다.

해설　3개의 선택지에 공통적으로 高盐食物(고염분 음식)가 있으므로 高盐食物에 대한 설명 단문이 나올 것을 예측한다. 음성에서 언급된 大脑也可能会因为高盐食物而受损과 내용이 일치하는 선택지 B 高盐食物有可能损坏大脑를 정답으로 고른다.

어휘 선택지 **高盐食物** gāoyán shíwù 📖 고염분 음식 **诱发** yòufā 📖 유발하다 **胰腺疾病** yíxiàn jíbìng 📖 췌장 질환 ★**损坏** sǔnhuài 📖 손상시키다
大脑 dànǎo 📖 뇌 **摄入** shèrù 섭취하다 **盐分** yánfèn 📖 염분 **患** huàn 📖 걸리다 **高血压** gāoxuèyā 📖 고혈압 **引发** yǐnfā 📖 야기하다
癌症 áizhèng 📖 암

단문 **盐类** yánlèi 📖 염류 **含量** hánliàng 📖 함량 ★**疾病** jíbìng 📖 질병 ★**死亡** sǐwáng 📖 사망하다
心脑血管疾病 xīnnǎoxuèguǎn jíbìng 📖 심뇌혈관 질환 **几率** jīlǜ 📖 확률 **后续** hòuxù 📖 후속의 **现象** xiànxiàng 📖 현상
受损 shòusǔn 📖 손상을 입다 **诸如** zhūrú (이를테면) ~같은 것이다 **记忆** jìyì 📖 기억 **损伤** sǔnshāng 📖 손상되다
痴呆 chīdāi 📖 치매 ★**症状** zhèngzhuàng 📖 증상

8

A 击鞠在唐朝时尤为盛行	A 격국은 당나라 때 특히 성행했다
B 击鞠是现代的马球运动	B 격국은 현대의 폴로 운동이다
C 击鞠仅仅是一项娱乐活动	C 격국은 오락 활동일 뿐이다
D 击鞠在某一次战争中被发明	D 격국은 어느 한 차례의 전쟁에서 발명됐다

| 击鞠又称"打球"、"击球",是中国古代的马球运动。比赛时,骁勇的马球健儿们手持球杖,骑在奔驰如飞的骏马上追逐击球,以将球射入球门的多少来决定胜负。击鞠的黄金时代是唐朝,这与古代骑兵的发展有直接的关系,它不仅是一项娱乐活动,也是一种训练骑兵骑术的军事手段。 | 격국은 '타구', '격구'라고도 부르며, 중국 고대의 폴로 운동이다. 시합을 할 때, 용맹한 폴로 선수들이 채를 손에 쥐고, 나는 듯이 질주하는 준마를 타고 공을 쫓는데, 공을 골문에 얼마나 많이 넣느냐에 따라 승패를 결정한다. 격국의 황금시대는 당나라인데, 이는 고대 기마병의 발전과 직접적인 관계가 있다. 격국은 오락 활동이었을 뿐만 아니라, 기마병의 승마술을 훈련시키는 군사 수단이기도 했다. |

해설 모든 선택지에 공통적으로 击鞠(격국)가 있으므로 击鞠에 대한 설명 단문이 나올 것을 예측한다. 음성에서 언급된 击鞠的黄金时代是唐朝와 내용이 일치하는 선택지 A 击鞠在唐朝时尤为盛行을 정답으로 고른다.

어휘 선택지 **击鞠** jījū 📖 격국[고대에 말을 타고 하던 공놀이] **唐朝** Tángcháo 🎫 당나라[중국 역사상의 한 국가] **尤为** yóuwéi 📖 특히
盛行 shèngxíng 📖 성행하다 **现代** xiàndài 📖 현대 **马球** mǎqiú 📖 폴로 **娱乐** yúlè 📖 오락하다 **某** mǒu 📖 어느
战争 zhànzhēng 📖 전쟁 **发明** fāmíng 📖 발명하다

단문 **称** chēng 📖 부르다 **骁勇** xiāoyǒng 📖 용맹하다 **健儿** jiàn'ér 📖 선수, 건아 **手持** shǒu chí 손에 쥐다 **球杖** qiúzhàng 📖 채
奔驰 bēnchí 📖 질주하다 **骏马** jùnmǎ 📖 준마[좋은 말] **追逐** zhuīzhú 📖 쫓다 **球门** qiúmén 📖 골문 ★**胜负** shèngfù 📖 승패
黄金时代 huángjīn shídài 📖 황금시대 **骑兵** qíbīng 📖 기마병 **训练** xùnliàn 📖 훈련하다 **骑术** qíshù 📖 승마술 **军事** jūnshì 📖 군사
手段 shǒuduàn 📖 수단

9

A 数字人民币的制作成本很高	A 디지털 인민폐의 제작 비용이 높다
B 使用数字人民币需要手续费	B 디지털 인민폐를 사용하려면 수수료가 필요하다
C 老年人无法使用数字人民币	C 노년층은 디지털 인민폐를 사용할 방법이 없다
D 数字人民币使支付变得更便利	**D 디지털 인민폐는 지불을 더욱 편리하게 했다**

| 数字人民币,顾名思义,就是数字形式的人民币,它成为了一种更便捷、高效、低成本的支付方式。使用数字人民币时,无需支付任何服务费用或手续费用,且在无网络的情况下,依然可以正常使用。数字人民币提高了支付的便捷程度,对于不擅长使用互联网的老年人尤为适用。 | 디지털 인민폐는 이름 그대로 디지털 형식의 인민폐인데, 그것은 더욱 편리하고 효율이 높으며 비용이 낮은 지불 방식이 됐다. 디지털 인민폐를 사용할 때, 어떠한 서비스 비용 혹은 수수료를 지불할 필요가 없고, 게다가 네트워크가 없는 상황에서도 여전히 정상적으로 사용할 수 있다. 디지털 인민폐는 지불의 편리 수준을 향상시켰고, 인터넷 사용을 잘하지 못하는 노년층이 특히 쓰기에 좋다. |

해설 모든 선택지에 공통적으로 数字人民币(디지털 인민폐)가 있으므로 数字人民币에 대한 설명 단문이 나올 것을 예측한다. 음성에서 언급된 数字人民币提高了支付的便捷程度와 내용이 일치하는 선택지 D 数字人民币使支付变得更便利를 정답으로 고른다.

어휘 선택지 **数字人民币** shùzì rénmínbì 📖 디지털 인민폐[중국의 디지털 화폐, E-CNY] **制作** zhìzuò 📖 제작하다 ★**成本** chéngběn 📖 비용
手续费 shǒuxùfèi 📖 수수료 **支付** zhīfù 📖 지불하다 ★**便利** biànlì 📖 편리하게 하다

단문 **顾名思义** gùmíngsīyì 📖 이름 그대로 **形式** xíngshì 📖 형식 **便捷** biànjié 📖 편리하다 **高效** gāoxiào 📖 효율이 높은 **方式** fāngshì 📖 방식
服务 fúwù 📖 서비스하다 **网络** wǎngluò 📖 네트워크 **依然** yīrán 📖 여전히 **程度** chéngdù 📖 수준 ★**擅长** shàncháng 📖 잘하다
尤为 yóuwéi 📖 특히 **适用** shìyòng 📖 쓰기에 좋다

10

A 机器人都可以感知到方位	A 로봇은 모두 방향을 감지할 수 있다
B 电子皮肤可使机器人更好地延伸	**B 전자 피부는 로봇을 더 잘 늘어나게 할 수 있다**
C 电子皮肤不能让机器人感知疼痛	C 전자 피부는 로봇이 통증을 감지하게 할 수 없다
D 电子皮肤因结构复杂而不易被加工	D 전자 피부는 구조가 복잡해서 가공되기 쉽지 않다

电子皮肤是一种可以让机器人产生触觉的系统，它结构简单，可被加工成各种形状。电子皮肤能提升机器人的柔韧性和延展性，甚至能让机器人像人类一样在面对疼痛时做出反应。它可以像衣服一样附着在设备表面，并且能够让机器人感知到物体的地点、方位以及硬度等信息。	전자 피부는 로봇으로 하여금 촉각이 생기게 하는 시스템인데, 그것은 구조가 간단해서 각종 형태로 가공될 수 있다. 전자 피부는 로봇의 유연성과 신축성을 끌어올릴 수 있고, 심지어 로봇으로 하여금 인류처럼 통증을 마주했을 때 반응을 하게 할 수 있다. 전자 피부는 옷처럼 설비 표면에 부착할 수 있을 뿐만 아니라 로봇이 물체의 위치, 방향 그리고 경도 등 정보를 감지하게 할 수 있다.

해설　3개의 선택지에 공통적으로 电子皮肤(전자 피부)가 있으므로 电子皮肤에 대한 설명 단문이 나올 것을 예측한다. 음성에서 언급된 电子皮肤能提升机器人的柔韧性和延展性과 내용이 일치하는 선택지 B 电子皮肤可使机器人更好地延伸을 정답으로 고른다.

어휘　선택지　机器人 jīqìrén 圓로봇　感知 gǎnzhī 통감지하다　★方位 fāngwèi 圓방향　★延伸 yánshēn 통늘어나다
　　　　疼痛 téngtòng 통통증이 있다, 아프다　结构 jiégòu 圓구조　★加工 jiāgōng 통가공하다
　　　단문　触觉 chùjué 圓촉각　系统 xìtǒng 圓시스템　形状 xíngzhuàng 圓형태　提升 tíshēng 통끌어올리다　柔韧性 róurènxìng 圓유연성
　　　　延展性 yánzhǎnxìng 圓신축성　人类 rénlèi 圓인류　面对 miànduì 통마주하다　反应 fǎnyìng 통반응하다　附着 fùzhuó 통부착하다
　　　　设备 shèbèi 圓설비　表面 biǎomiàn 圓표면　硬度 yìngdù 圓경도　信息 xìnxī 圓정보

11

A 宠粮安全是养宠人的唯一难题	A 반려동물 사료의 안전은 반려동물 양육인의 유일한 난제이다
B 宠物服务薄弱的问题已被解决	B 반려동물 서비스 취약 문제는 이미 해결됐다
C 京东只打造线上消费和服务平台	C 징둥은 온라인 소비와 서비스 플랫폼만 조성한다
D 该服务将覆盖宠物生活的全方面	**D 이 서비스는 반려동물 생활의 모든 분야를 포함할 것이다**

随着养宠产业的发展，宠物消费种类日渐丰富，然而宠粮安全和宠物服务薄弱的问题，成为了养宠人群关注的两大难题。为此，"京东宠物"定位于一站式宠物消费和服务平台，计划全面升级"安心养宠"服务，打造线上线下一体化的超级网络，包括宠物饮食、服务、健康、保险等生活全场景。	반려동물 양육 산업의 발전에 따라서, 반려동물 소비의 종류가 나날이 풍부해지고 있지만, 반려동물 사료 안전과 반려동물 서비스 취약 문제는 반려동물 양육 가구가 주시하는 두 가지 난제가 됐다. 이 때문에, '징둥 반려동물'은 원스톱 형식의 반려동물 소비와 서비스 플랫폼을 포지셔닝해, '반려동물 안심 양육' 서비스를 전면적으로 업그레이드하고, 반려동물 음식, 서비스, 건강, 보험 등 생활의 모든 모습을 포함한 온오프라인이 일체화된 슈퍼 네트워크를 조성할 계획이다.

해설　선택지에 宠粮(반려동물 사료), 养宠人(반려동물 양육인), 宠物(반려동물)와 같은 어휘들이 있으므로, 반려동물과 관련된 정보 전달 단문이 나올 것을 예측한다. 음성에서 언급된 "安心养宠"服务……包括宠物饮食、服务、健康、保险等生活全场景과 내용이 일치하는 선택지 D 该服务将覆盖宠物生活的全方面을 정답으로 고른다.

어휘　선택지　宠粮 chǒngliáng 반려동물 사료　养宠 yǎngchǒng 반려동물을 양육하다　唯一 wéiyī 圓유일한　宠物 chǒngwù 圓반려동물
　　　　服务 fúwù 통서비스하다　★薄弱 bóruò 통취약하다　京东 Jīngdōng 고유징둥, 징둥닷컴[중국의 이커머스 기업]　打造 dǎzào 통조성하다
　　　　线上 xiànshàng 圓온라인　消费 xiāofèi 통소비하다　平台 píngtái 圓플랫폼　★覆盖 fùgài 통포함하다, 점유하다
　　　단문　★产业 chǎnyè 圓산업　种类 zhǒnglèi 圓종류　日渐 rìjiàn 튀나날이　人群 rénqún 圓가구, (사람) 무리
　　　　关注 guānzhù 통주시하다, 관심을 가지다　定位 dìngwèi 통포지셔닝하다, 자리매김하다　一站式 yízhànshì 원스톱 형식의
　　　　全面 quánmiàn 圓전면적이다　升级 shēngjí 통업그레이드하다　线下 xiànxià 圓오프라인　超级 chāojí 圓슈퍼, 최고의
　　　　网络 wǎngluò 圓네트워크　包括 bāokuò 통포함하다　★饮食 yǐnshí 圓음식　保险 bǎoxiǎn 圓보험　场景 chǎngjǐng 圓모습

A 《红楼梦》的前后作者不同	**A** <홍루몽>의 전반부와 후반부 저자는 다르다
B 每个人的说话的风格都不相同	**B** 모든 사람이 말하는 스타일이 다 다르다
C 有些专家所说的话不一定正确	**C** 일부 전문가들이 한 말이 반드시 정확한 것은 아니다
D "作者识别"的案例只有《红楼梦》	**D** '저자 식별'의 사례는 <홍루몽>뿐이다

一个人在写作的时候，会在词语的使用上形成独特的风格，人们可以根据这个线索分辨出文章究竟出自谁手，这就是"作者识别"。在中国，最有名的案例就是《红楼梦》。有关专家用几个特定词汇出现的频率来研究《红楼梦》的作者问题，最终得出了前80回和后40回的作者不同的结论。	한 사람이 글을 쓸 때, 어휘를 사용하는 데 있어 독특한 스타일을 형성한다. 사람들은 이 단서에 따라 글이 도대체 누구의 손에서 나온 것인지 분별할 수 있는데, 이것이 바로 '저자 식별'이다. 중국에서 가장 유명한 사례는 바로 <홍루몽>이다. 관련 전문가들은 몇 개의 특정한 어휘가 출현하는 빈도를 이용해 <홍루몽>의 저자 문제를 연구했는데, 최종적으로 앞 80회와 뒤 40회의 저자가 다르다는 결론을 도출했다.

해설　선택지에 《红楼梦》(<홍루몽>), 作者(저자)와 같은 어휘들이 있으므로, <홍루몽>과 관련된 정보 전달 단문이 나올 것을 예측한다. 음성에서 언급된 **最终得出了前80回和后40回的作者不同的结论**과 내용이 일치하는 선택지 A 《红楼梦》的前后作者不同을 정답으로 고른다.

어휘　선택지　红楼梦 Hónglóumèng [고유] 홍루몽[중국 청나라 시기에 지어진 장편 소설]　风格 fēnggé 명 스타일　专家 zhuānjiā 명 전문가
　　　　★识别 shíbié 통 식별하다　案例 ànlì 명 사례
　　　단문　写作 xiězuò 통 글을 쓰다　形成 xíngchéng 통 형성하다　独特 dútè 형 독특하다　★线索 xiànsuǒ 명 단서　★分辨 fēnbiàn 통 분별하다
　　　　究竟 jiūjìng 부 도대체　★特定 tèdìng 형 특정한　词汇 cíhuì 명 어휘　★频率 pínlǜ 명 빈도　结论 jiélùn 명 결론

A 处在困难时不要泄气	**A** 어려움에 처했을 때 낙담하지 않아야 한다
B 成功处世的方法最为重要	**B** 성공적으로 처세하는 방법이 가장 중요하다
C 每个人都要以成功处世为目标	**C** 모든 사람은 다 성공적으로 처세하는 것을 목표로 삼아야 한다
D 人们无法一直保持谦虚的心态	**D** 사람들은 계속해서 겸손한 마음가짐을 유지할 방법이 없다

成功处世，是大多数人都追求的目标。很多人认为只要懂得方法，就能成功处世。但比起方法，良好的心态才是立足之本。保持学习的心态让人不断成长，面对成功时的归零心态令人不骄傲自满，谦虚和感恩的心态可以使人获得更多的战友而非敌人。因此人处在困境时，不要悲观，而要以积极的心态克服困难。	성공적으로 처세하는 것은 대다수의 사람이 추구하는 목표이다. 많은 사람들은 단지 방법을 이해하기만 하면, 성공적으로 처세할 수 있다고 생각한다. 하지만 방법보다는 양호한 마음가짐이야말로 근본이다. 공부하는 마음가짐을 유지하는 것은 사람을 끊임없이 성장하게 하고, 성공을 마주했을 때 다시 처음으로 돌아간다는 마음가짐은 사람으로 하여금 자만하지 않게 하며, 겸손하고 감사하는 마음가짐은 사람으로 하여금 적이 아닌 더 많은 동료를 얻게 한다. 이 때문에 사람이 곤경에 처했을 때, 비관하지 말고 긍정적인 마음가짐으로 어려움을 극복해야 한다.

해설　선택지에 要(~해야 한다)와 같은 어휘가 있으므로 의견 주장 단문이 나올 것을 예측한다. 음성에서 언급된 **人处在困境时，不要悲观，而要以积极的心态克服困难**과 내용이 일치하는 선택지 A 处在困难时不要泄气를 정답으로 고른다.

어휘　선택지　泄气 xièqì 통 낙담하다　处世 chǔshì 통 처세하다　目标 mùbiāo 명 목표　保持 bǎochí 통 유지하다　谦虚 qiānxū 형 겸손하다
　　　　★心态 xīntài 명 마음가짐
　　　단문　追求 zhuīqiú 통 추구하다　良好 liánghǎo 형 양호하다　立足之本 lìzú zhī běn 근본　不断 búduàn 부 끊임없이
　　　　成长 chéngzhǎng 통 성장하다　面对 miànduì 통 마주하다　骄傲自满 jiāoàozìmǎn 자만하다　感恩 gǎn'ēn (은혜에) 감사하다
　　　　战友 zhànyǒu 명 동료, 전우　敌人 dírén 명 적　困境 kùnjìng 명 곤경　悲观 bēiguān 형 비관하다　克服 kèfú 통 극복하다

A 火龙果长在树枝上	**A** 용과는 나뭇가지에서 자란다
B 多吃火龙果有益于健康	**B** 용과를 많이 먹으면 건강에 좋다
C 火龙果因外形像火而得名	**C** 용과는 외형이 불을 닮아 이름이 붙여졌다
D 火龙果中红皮红果最好吃	**D** 용과 중에서 붉은 껍질 붉은 과육이 가장 맛있다

火龙果长在火龙果树上，这种树极为特别，它的果实是长在树叶上的。火龙果不仅味美，而且名字也很特别。它的外形像一团不规则的火，由此得名火龙果。它不但外形漂亮，像一朵朵盛开的花，且有许多种类，分别是红皮白果，白皮红果和红皮红果。	용과는 용과나무에서 자라는데, 이 나무는 매우 특별하다. 이 나무의 열매는 나뭇잎에서 자란다. 용과는 맛있을 뿐만 아니라, 이름도 매우 특별하다. 용과의 외형은 불규칙한 불과 같기 때문에 용과라는 이름이 붙여졌다. 용과는 외형이 활짝 핀 꽃처럼 예쁠 뿐만 아니라 많은 종류가 있는데, 각각 붉은 껍질 흰 과육, 흰 껍질 붉은 과육, 그리고 붉은 껍질 붉은 과육이다.

모든 선택지에 공통적으로 火龙果(용과)가 있으므로 火龙果에 대한 설명 단문이 나올 것을 예측한다. 음성에서 언급된 它的外形像一团不规则的火, 由此得名火龙果。와 내용이 일치하는 선택지 C 火龙果因外形像火而得名을 정답으로 고른다.

어휘 선택지 火龙果 huǒlóngguǒ 圆 용과 树枝 shùzhī 圆 나뭇가지 外形 wàixíng 圆 외형
단문 极为 jíwéi 凰 매우 果实 guǒshí 圆 열매 树叶 shùyè 圆 나뭇잎 团 tuán 圆 [덩어리를 세는 단위] 规则 guīzé 圆 규칙적이다
★盛开 shèngkāi 凰 활짝 피다 种类 zhǒnglèi 圆 종류 分别 fēnbié 凰 각각

15

A 弟弟最后没有吃亏	A 동생은 결국 손해를 보지 않았다
B 郑板桥去打了官司	B 정판교는 소송을 걸었다
C 弟弟希望哥哥能为他说话	**C 동생은 형이 그를 위해 말해 주기를 바랐다**
D 郑板桥的利益受到了损害	D 정판교의 이익은 손해를 입었다

| 郑板桥是清代著名的书画家。有一天，郑板桥的弟弟来信，说自己与邻居因为共用的一堵墙而发生了纠纷，为了这堵墙，官司打到县里，但仍无结果，所以弟弟希望郑板桥能出面说情。郑板桥知道后就给弟弟寄去了"吃亏是福"的条幅，弟弟明白后做出让步，这件事得到了很好的解决。 | 정판교는 청나라 시대의 유명한 서화가이다. 어느 날, 정판교의 동생이 편지를 보내 왔는데, 자신이 이웃과 함께 사용하는 벽 하나 때문에 다툼이 생겼다며, 이 벽 때문에 현에 소송을 걸었지만 여전히 결과가 없어 동생은 정판교가 나서서 사정을 얘기해줄 수 있기를 바랐다. 정판교는 이 일을 알고 난 후 동생에게 '吃亏是福(손해 보는 것이 곧 복이다)'라는 족자를 보냈고, 동생은 이해한 후 양보를 해서, 이 사건은 잘 해결됐다. |

해설 선택지에 弟弟(동생), 郑板桥(정판교)가 있으므로, 설화·이야기 단문이 나올 것을 예측한다. 음성에서 언급된 弟弟希望郑板桥能出面说情과 내용이 일치하는 선택지 C 弟弟希望哥哥能为他说话를 정답으로 고른다.

어휘 선택지 吃亏 chīkuī 凰 손해를 보다 郑板桥 Zhèng Bǎnqiáo 교요 정판교[중국 청나라의 서화가] 打官司 dǎ guānsi 소송을 걸다 利益 lìyì 圆 이익
损害 sǔnhài 凰 손해를 주다
단문 清代 Qīngdài 圆 청나라 시대[중국 역사상의 한 시대] 书画家 shūhuàjiā 圆 서화가[글을 쓰고 그림을 그리는 일을 직업으로 하는 사람]
来信 láixìn 凰 편지를 보내다 墙 qiáng 圆 벽 纠纷 jiūfēn 圆 다툼 县 xiàn 圆 현[중국 행정 구역 단위의 하나] 出面 chūmiàn 凰 나서다
说情 shuōqíng 凰 사정을 얘기하다 吃亏是福 chīkuī shì fú 손해 보는 것이 곧 복이다 条幅 tiáofú 圆 족자 让步 ràngbù 凰 양보하다

---

16 - 20

第16到20题，请听下面一段采访。

女：本期节目我们非常有幸能够采访到广东峰之雪食品有限公司的董事长周树真先生。据我们所知，峰之雪一直是生产饮料的企业，后来怎么开始生产口罩了呢？

男：国家和社会需要什么，我们就做什么。¹⁶为了有效缓解防疫物资短缺的问题，国家号召有能力的企业转产做防疫物资。我们这种食品企业本身就对卫生条件要求相当严格，所以转产口罩有一定的基础。¹⁷当时我们紧急成立了医疗事业部，投资上亿元改造车间厂房，并购置口罩生产设备，第一时间复工复产。当时处于过年期间，只有三分之一的员工留在本地，但是一个不落，全部动员起来了。

女：可以说是上下一心了，是吗？当时转产用了多长时间？

男：对，大家团结在一起。那时候没有任何条件可以讲，只能担当责任。在转产过程中，政府各个部门都给了很大的支持。从筹建到产品下线，仅仅用了半个月的时间。我之前做过那么多行业，从来没这么快过。

女：这是您从来都没有涉足过的领域，对您来说应该很不容易吧？

16-20번 문제는 다음 인터뷰를 들어보세요.

여: 이번 프로그램에서 광둥펑즈쉐식품유한회사의 대표이사이신 저우수전 선생님을 인터뷰할 수 있어 매우 영광입니다. 저희가 아는 바에 의하면, 펑즈쉐는 줄곧 음료를 생산하던 기업이었는데, 이후에 왜 마스크 생산을 시작하게 되었나요?

남: 국가와 사회가 무엇이 필요하다면, 저희는 그 무엇을 합니다. ¹⁶방역 물자 부족 문제를 효과적으로 완화하기 위해, 국가가 능력이 있는 기업에 생산 품목을 전환하여 방역 물자를 생산해 달라고 호소했습니다. 저희와 같은 식품 기업 자체는 위생 조건에 대한 요구 사항에 상당히 엄격합니다. 그래서 마스크로 생산 품목을 전환하는 데에 있어 어느 정도 기반이 있었습니다. ¹⁷당시 저희는 긴급하게 의료 사업부를 설립했고 억대를 투자하여 작업장을 개조하는 것은 물론, 마스크 생산 설비를 사들여 신속히 업무에 복귀하고 생산을 재개했습니다. 당시는 새해를 맞는 시기여서 3분의 1의 직원만 현장에 남아있었지만, 한 명도 빼놓지 않고 전부 동원하였습니다.

여: 모두가 한마음으로 뭉쳤다라고 말할 수 있겠네요, 그렇죠? 당시 생산 품목을 전환하는 데 얼마나 걸렸나요?

남: 맞습니다. 모두 함께 뭉쳤습니다. 그때는 어떠한 조건도 이야기할 수 없었고, 책임을 다할 수밖에 없었습니다. 생산 품목을 전환하는 과정에서, 정부의 각 부서는 모두 아주 큰 지지를 해주었습니다. 설립 계획에서부터 제품 출고까지, 겨우 보름이라는 시간이 걸렸습니다. 저는 이전에 그렇게나 많은 업종에서 일을 했었지만, 이렇게 빠른 적은 없었습니다.

여: 이는 선생님께서 지금까지 발을 들여놓은 적이 없는 분야라서, 매우 쉽지 않았을 것 같은데요?

男：是的，我从来没有做过这个领域，但是根本没时间犹豫，迅速¹⁹组建了技术团队、生产团队和销售团队。其实转产的投资风险很大。当时决定转产的时候，我没有和公司高层讨论过，甚至连家人也不知道，都是我一个人拍板的。

女：¹⁸公司在转产口罩的过程之中，做了哪些调整？

男：我们上半年主战国内市场，¹⁸下半年从国内走出国门，在这个过程中，我们不断地丰富产品种类，提高了产品质量。虽然我们是按照国内标准来生产的，但是我们的产品远远超出了国内标准。

女：目前的生产和销售状况如何呢？

男：目前我们每天的口罩生产量已达到了六百万个。从2月底至今，公司一共生产了1亿多个口罩。中国内地疫情平稳后，产出的口罩70%以上用于出口。

女：最近有人提议，要设立中国的"企业家日"来弘扬企业家精神。那么您是怎么理解企业家精神的呢？

男：²⁰企业家要有大爱，还要肩负社会责任。一个企业能够做到多大，关键在于领头人的心胸有多大，他的社会责任感有多强。

남: 네, 저는 지금까지 이 분야를 해본 적이 없지만, 망설일 시간이 전혀 없어서, 신속하게 ¹⁹기술팀, 생산팀과 판매팀을 구성했습니다. 사실 생산 품목 전환의 투자 위험은 아주 큽니다. 생산 품목을 바꾸기로 결정했을 당시, 저는 회사 고위층과 논의하지 않았고, 심지어 가족도 몰랐어요. 모두 저 혼자 결정을 내린 것입니다.

여: ¹⁸회사가 마스크로 생산 품목을 전환하는 과정에서, 어떤 조정을 하셨나요?

남: 저희는 상반기에 국내 시장을 공략하고, ¹⁸하반기에 국내에서 해외로 진출했는데, 이 과정에서 저희는 끊임없이 제품 종류를 확대하고, 제품 품질을 끌어올렸습니다. 비록 저희는 국내 기준에 따라 생산하지만, 저희의 제품은 국내 기준을 훨씬 뛰어넘었습니다.

여: 현재 생산 및 판매 상황은 어떠한가요?

남: 현재 저희의 하루 마스크 생산량은 이미 6백만 개에 달합니다. 2월 말부터 지금까지, 회사에서 총 1억 개가 넘는 마스크를 생산했습니다. 중국 내륙의 전염병 발생 상황이 안정된 후, 생산해 낸 마스크의 70퍼센트 이상이 수출에 쓰였습니다.

여: 최근 중국의 '기업가의 날'을 만들어 기업가 정신을 드높이자고 제안하는 사람이 있었습니다. 그렇다면 선생님께선 기업가 정신을 어떻게 이해하고 계신가요?

남: ²⁰기업가는 관대한 마음이 있어야 하고, 사회적 책임도 짊어져야 합니다. 한 기업이 얼마나 잘 할 수 있는지의 관건은, 리더의 포부가 얼마나 큰지, 리더의 사회적 책임감이 얼마나 강한지에 있습니다.

어휘 采访 cǎifǎng 통 인터뷰하다 董事长 dǒngshìzhǎng 명 대표이사 企业 qǐyè 명 기업 生产 shēngchǎn 통 생산하다 口罩 kǒuzhào 명 마스크
缓解 huǎnjiě 통 완화하다 防疫 fángyì 통 방역하다 ★物资 wùzī 명 물자 短缺 duǎnquē 통 부족하다 号召 hàozhào 통 호소하다
转产 zhuǎnchǎn 통 생산 품목을 전환하다 ★本身 běnshēn 명 그 자체 相当 xiāngdāng 閈 상당히 紧急 jǐnjí 톙 긴급하다 成立 chénglì 통 설립하다
医疗事业部 yīliáo shìyèbù 명 의료 사업부 投资 tóuzī 통 투자하다 亿 yì ㈜ 억 改造 gǎizào 통 개조하다
车间厂房 chējiān chǎngfáng 명 (회사·공장 등의) 작업장 购置 gòuzhì 통 사들이다 设备 shèbèi 명 설비
复工复产 fùgōng fùchǎn 업무에 복귀하고 생산을 재개하다 过年 guònián 통 새해를 맞다 期间 qījiān 명 시기 员工 yuángōng 명 직원 落 là 통 빠지다
★动员 dòngyuán 통 동원하다 上下一心 shàngxiàyìxīn (지위가 높은 사람과 낮은 사람이) 모두 한마음으로 뭉치다 团结 tuánjié 통 뭉치다
担当 dāndāng 통 책임을 다하다 政府 zhèngfǔ 명 정부 部门 bùmén 명 부서 筹建 chóujiàn 통 설립을 계획하다 下线 xiàxiàn 통 출고하다
行业 hángyè 명 업종 涉足 shèzú 통 발을 들여놓다 领域 lǐngyù 명 분야 根本 gēnběn 閈 전혀 犹豫 yóuyù 통 망설이다 迅速 xùnsù 톙 신속하다
组建 zǔjiàn 통 구성하다 团队 tuánduì 명 팀 销售 xiāoshòu 통 판매하다 风险 fēngxiǎn 명 위험 高层 gāocéng 명 고위층 拍板 pāibǎn 통 결정을 내리다
调整 tiáozhěng 통 조정하다 主战 zhǔ zhàn 공략하다 市场 shìchǎng 명 시장 ★不断 búduàn 閈 끊임없이 种类 zhǒnglèi 명 종류 目前 mùqián 명 현재
状况 zhuàngkuàng 명 상황 至今 zhìjīn 명 지금까지 内地 nèidì 명 내륙 疫情 yìqíng 명 전염병 발생 상황 平稳 píngwěn 톙 안정되다
产出 chǎnchū 통 생산해 내다 出口 chūkǒu 통 수출하다 提议 tíyì 통 제안하다 ★设立 shèlì 통 만들다 企业家 qǐyèjiā 명 기업가
弘扬 hóngyáng 통 드높이다 精神 jīngshén 명 정신 肩负 jiānfù 통 짊어지다 在于 zàiyú 통 ~에 있다 领头人 lǐngtóurén 명 리더 心胸 xīnxiōng 명 포부
责任感 zérèngǎn 명 책임감

16-20번 선택지의 部门(부서), 员工(직원), 新技术(새로운 기술), 生产设备(생산 설비), 国外的市场(해외 시장), 团队(팀)를 통해 인터뷰 대상이 제품 생산과 관련된 비즈니스 관련자임을 예측할 수 있다. 따라서 비즈니스 관련자 인터뷰가 나올 것을 대비해서 듣는다.

16 问：该企业生产口罩的原因是什么？

질문: 이 기업이 마스크를 생산한 원인은 무엇인가?

A 卫生条件不达标
B 原本就打算转型
C 响应国家的号召
D 刚好更换了设备

A 위생 조건이 기준에 도달하지 않는다
B 원래 상품 모델을 교체하려고 했다
C 국가의 호소에 응답한다
D 마침 설비를 교체했다

해설 남자의 말에서 언급된 为了有效缓解防疫物资短缺的问题，国家号召有能力的企业转产做防疫物资。를 듣고 선택지 C 响应国家的号召를 정답의 후보로 확인해둔다. 질문이 기업이 마스크를 생산한 원인이 무엇인지 물었으므로, 선택지 C를 정답으로 고른다.

어휘 企业 qǐyè 명 기업 口罩 kǒuzhào 명 마스크 卫生 wèishēng 톙 위생적이다 达标 dábiāo 통 기준에 도달하다 原本 yuánběn 閈 원래
转型 zhuǎnxíng 통 상품 모델을 교체하다 响应 xiǎngyìng 통 응답하다 号召 hàozhào 통 호소하다 更换 gēnghuàn 통 교체하다
设备 shèbèi 명 설비

17 问： 该企业为生产口罩做了哪些努力？ 　　질문: 이 기업은 마스크를 생산하기 위해 어떤 노력을 했는가?

A 成立了新的部门	**A 새로운 부서를 설립했다**
B 动员了所有的员工	B 모든 직원을 동원했다
C 从国外引进了新技术	C 해외에서 새로운 기술을 도입했다
D 使用了闲置的生产设备	D 방치된 생산 설비를 사용했다

해설 남자의 말에서 언급된 当时我们紧急成立了医疗事业部를 듣고, 선택지 A 成立了新的部门을 정답의 후보로 확인해둔다. 질문이 기업이 마스크를 생산하기 위해 어떤 노력을 했는지 물었으므로, 선택지 A를 정답으로 고른다.

어휘 成立 chénglì 图 설립하다 　部门 bùmén 图 부서 　★动员 dòngyuán 图 동원하다 　员工 yuángōng 图 직원 　引进 yǐnjìn 도입하다
闲置 xiánzhì 图 방치하다 　生产 shēngchǎn 图 생산하다

---

18 问： 在转产口罩的过程中男的做了哪些调整？ 　　질문: 마스크로 생산 품목을 전환하는 과정에서 남자는 어떤 조정을 했는가?

A 减少了产品种类	A 제품 종류를 줄였다
B 开拓了国外的市场	**B 해외 시장을 개척했다**
C 获得了国际机构的认可	C 국제 기구의 허가를 받았다
D 提高了国内市场的占有率	D 국내 시장 점유율을 끌어올렸다

해설 여자의 말에서 언급된 公司在转产口罩的过程之中, 做了哪些调整？과 남자의 말에서 언급된 下半年从国内走出国门을 듣고, 선택지 B 开拓了国外的市场을 정답의 후보로 확인해둔다. 질문이 마스크로 생산 품목을 전환하는 과정에서 남자는 어떤 조정을 했는지 물었으므로, 선택지 B를 정답으로 고른다.

어휘 种类 zhǒnglèi 图 종류 　开拓 kāituò 图 개척하다 　市场 shìchǎng 图 시장 　★机构 jīgòu 图 기구 　认可 rènkě 图 허가하다
占有率 zhànyǒulǜ 图 점유율

---

19 问： 下列哪个不是男的组建的团队？ 　　질문: 다음 중 남자가 구성한 팀이 아닌 것은？

A 生产团队	B 技术团队	A 생산팀	B 기술팀
C 研究团队	D 销售团队	**C 연구팀**	D 판매팀

해설 남자의 말에서 언급된 组建了技术团队、生产团队和销售团队를 듣고 선택지 A 生产团队, B 技术团队, D 销售团队를 정답의 후보로 확인해둔다. 질문이 남자가 구성한 팀이 아닌 것을 물었으므로, 언급되지 않은 선택지 C 研究团队를 정답으로 고른다.

어휘 组建 zǔjiàn 图 구성하다 　团队 tuánduì 图 팀 　销售 xiāoshòu 图 판매하다

---

20 问： 男的是怎样理解企业家精神的？ 　　질문: 남자는 기업가 정신을 어떻게 이해하고 있는가？

A 要做到遵纪守法	B 要提升企业文化	A 규율과 법을 준수해야 한다	B 기업 문화를 끌어올려야 한다
C 要有社会责任感	D 要起到模范作用	**C 사회 책임감이 있어야 한다**	D 모범적인 역할을 해야 한다

해설 남자의 말에서 언급된 企业家要有大爱, 还要肩负社会责任。을 듣고 선택지 C 要有社会责任感을 정답의 후보로 확인해둔다. 질문이 남자는 기업가 정신을 어떻게 이해하고 있는지 물었으므로, 선택지 C를 정답으로 고른다.

어휘 企业家 qǐyèjiā 图 기업가 　精神 jīngshén 图 정신 　遵纪守法 zūnjìshǒufǎ 图 규율과 법을 준수하다 　提升 tíshēng 图 끌어올리다
模范 mófàn 图 모범적인

第21到25题，请听下面一段采访。

男：今天我们请到了前中国女子短道速滑运动员，奥运冠军杨扬。²⁵作为北京冬奥会和冬残奥会组委会主席，请您介绍一下，在疫情冲击下，当时是如何筹备冬奥会的？

女：当时整个筹备工作还是非常顺利的，在技术层面上我们已经有了十足的把握。而且，组委会做好了可持续发展规划。受疫情影响，²¹我们及时做了赛事筹备工作计划的调整，比如延期举办奥运测试赛等。有了这些准备，我当时就相信我们一定能安全、顺利地办好北京冬奥会。

男：在整个筹备阶段，应该也遇到过不少挑战吧？

女：是的。我国冬季项目基础比较薄弱，²²在申办冬奥会之前，有三分之一的项目都没有开展过，²²冰雪项目相关人才储备非常紧张，但大家还是在国际体育组织及相关友好国家的支持下克服了困难。作为曾经的运动员，我非常荣幸能够在自己家门口欢迎来自全世界的运动员。

男：受到冬奥会的影响，参与冰雪运动的人越来越多了，有让您印象深刻的活动吗？

女：让我印象最深的是"冰雪进校园"活动。由于教育部出台了一系列政策，鼓励学生参与冰雪运动，这两年也有了中小学生冰上运动会，这些都很好地推动了冰雪运动的发展。

男：如果让您推荐几个可看性比较高，又能让大家产生广泛兴趣的冰雪运动，您会推荐哪些呢？

女：每一项运动都有它独特的魅力。比如冰壶，我们叫它"冰上的围棋"，是一项智慧和运动完美结合的项目；还有短道速滑，我们叫它"冰上的F1赛车"，是非常激烈的项目；花样滑冰被称为"冰上的芭蕾"，十分优美。当然，雪上项目也很棒，比如雪橇，在时速超过100公里的情况下，²³运动员能够自如地操纵雪橇，这个体育项目值得我们在现场感受。

男：您认为北京冬奥会带来了哪些积极影响？

女：运动员们的精彩表现，让大家更加热爱冰雪运动，同时，²⁴冬奥会将运动员的拼搏精神传播到了全世界，让大家在疫情时期被运动员的刻苦努力所鼓励，勇敢面对困难，积极迎接挑战。

21-25번 문제는 다음 인터뷰를 들어보세요.

남：오늘 저희는 전 중국 여자 쇼트트랙 선수이자, 올림픽 챔피언인 양양 씨를 모셨습니다. ²⁵베이징 동계 올림픽과 동계 패럴림픽 조직위의 의장으로서, 소개 부탁드립니다. 전염병 발생 상황의 충격 속에서, 당시에 어떻게 동계 올림픽을 준비하셨나요?

여：당시 전체적인 준비 작업은 아주 순조로웠고, 기술 방면에 있어서 저희는 이미 충분한 자신감을 가지고 있었습니다. 게다가, 조직위는 지속 가능한 발전 계획을 세워두었어요. 전염병 발생 상황의 영향을 받아, ²¹저희는 신속히 경기 준비 작업 계획을 조정했는데, 올림픽 테스트이벤트 개최를 연기한 것 등이 그 예입니다. 이런 준비가 있었기에, 저는 당시 저희가 안전하고, 순조롭게 베이징 동계 올림픽을 잘 개최할 수 있을 것이라 믿었습니다.

남：전체적인 준비 단계에서, 적지 않은 시련을 만나셨겠죠?

여：맞습니다. 우리나라는 겨울 종목의 기반이 비교적 취약해, ²²동계 올림픽 개최를 신청하기 전에는 3분의 1의 종목이 모두 치러진 적이 없었고, ²²겨울 종목 관련 인재 충원이 매우 부족했지만, 국제 스포츠 기구 및 관련 우방국의 지원으로 어려움을 극복했습니다. 전직 운동선수로서, 전 세계에서 온 선수들을 홈그라운드에서 환영할 수 있게 돼 매우 영광스러웠습니다.

남：동계 올림픽의 영향을 받아, 겨울 스포츠에 참여하는 사람도 점점 많아지고 있는데, 인상 깊은 행사가 있었나요?

여：제가 가장 인상 깊었던 것은 '겨울 스포츠를 학교로' 행사입니다. 교육부가 일련의 정책을 내놓아 학생들이 겨울 스포츠에 참가하도록 격려했기 때문에, 최근 2년 동안에도 초중생 빙상 운동회가 있었습니다. 이러한 행사들은 모두 겨울 스포츠의 발전을 잘 촉진시켰습니다.

남：만약 당신에게 관중 흡인력이 비교적 높고, 또한 많은 사람들이 폭넓은 관심을 가지게 할 수 있는 겨울 스포츠 몇 개를 추천해달라고 한다면, 당신은 어떤 것들을 추천하실 건가요?

여：매 운동 종목마다 모두 독특한 매력이 있습니다. 컬링이 그 예인데, 저희는 컬링을 '빙상의 바둑'이라고 부르며, 이는 지혜와 운동이 완벽히 결합된 종목입니다. 쇼트트랙도 있습니다. 저희는 쇼트트랙을 '빙상의 F1 경주용 자동차'라고 부르는데, 매우 격렬한 종목입니다. 피겨 스케이팅은 '빙상의 발레'라고 불리며, 매우 아름답습니다. 당연히 설상 종목도 매우 훌륭한데, 루지가 그 예이며 시속 100km가 넘는 상황에서 ²³운동 선수가 자유자재로 썰매를 조종할 수 있어, 이 스포츠 종목은 저희가 현장에서 느껴볼 가치가 있습니다.

남：당신은 베이징 동계 올림픽이 어떤 긍정적인 영향을 가져왔다고 생각하시나요?

여：운동선수들의 뛰어난 활약은 모두가 겨울 스포츠를 더욱 열렬히 좋아하게 했습니다. 동시에, ²⁴베이징 동계 올림픽은 운동선수의 전력을 다해 분투하는 정신을 전 세계로 널리 퍼뜨려서, 모두로 하여금 전염병 발생 시기에 운동선수들의 각고의 노력에 힘을 얻어 용감하게 어려움을 마주하고, 적극적으로 도전을 받아들이게 했습니다.

어휘　短道速滑 duǎndào sùhuá 圆 쇼트트랙　奥运 Àoyùn 교유 올림픽[올림픽 경기 대회의 준말]　冠军 guànjūn 圆 챔피언　作为 zuòwéi 게 ~로서
　　　冬奥会 Dōng'àohuì 교유 동계 올림픽　残奥会 Cán'àohuì 교유 패럴림픽[장애인 올림픽 대회]
　　　组委会 zǔwěihuì 圆 조직위[组织委员会(조직 위원회)의 준말]　主席 zhǔxí 圆 의장　疫情 yìqíng 圆 전염병 발생 상황　★冲击 chōngjī 圆 충격을 주다
　　　筹备 chóubèi 圆 준비하다　整个 zhěnggè 圆 전체의　★十足 shízú 圆 충분하다　把握 bǎwò 圆 자신감
　　　可持续发展 kěchíxù fāzhǎn 지속 가능한 발전　★规划 guīhuà 圆 계획　赛事 sàishì 圆 경기 (활동)　调整 tiáozhěng 圆 조정하다
　　　延期 yánqī 圆 연기하다　测试赛 cèshìsài 圆 테스트이벤트[올림픽 본 경기를 대비하기 위한 테스트 경기]
　　　阶段 jiēduàn 圆 단계　挑战 tiǎozhàn 圆 시련, 도전　项目 xiàngmù 圆 종목　★薄弱 bóruò 圆 취약하다　申办 shēnbàn 圆 개최를 신청하다
　　　★开展 kāizhǎn 圆 치러지다, 열리다　相关 xiāngguān 圆 관련되다　储备 chǔbèi 圆 충원, 비축

友好国家 yǒuhǎo guójiā 몡 우방국[서로 우호적인 관계를 맺고 있는 나라]　克服 kèfú 됭 극복하다　★荣幸 róngxìng 혱 영광스럽다
自己家门口 zìjǐ jiā ménkǒu [홈그라운드를 비유적으로 이르는 말, 우리 집 문 앞]　参与 cānyù 됭 참여하다　冰雪运动 bīngxuě yùndòng 몡 겨울 스포츠
出台 chūtái 됭 내놓다　一系列 yíxìliè 혱 일련의　政策 zhèngcè 몡 정책　推动 tuīdòng 됭 촉진하다　推荐 tuījiàn 됭 추천하다
可看性 kěkànxìng 몡 관중 흡인력　广泛 guǎngfàn 혱 폭넓다　独特 dútè 혱 독특하다　魅力 mèilì 몡 매력　冰壶 bīnghú 몡 컬링　围棋 wéiqí 몡 바둑
智慧 zhìhuì 몡 지혜　完美 wánměi 혱 완벽하다　结合 jiéhé 됭 결합하다　赛车 sàichē 몡 경주용 자동차　激烈 jīliè 혱 격렬하다
花样滑冰 huāyàng huábīng 몡 피겨 스케이팅　称 chēng 됭 부르다　芭蕾 bālěi 몡 발레　优美 yōuměi 혱 아름답다
雪橇 xuěqiāo 몡 루지[동계 올림픽 종목 중의 하나], 썰매　自如 zìrú 혱 자유자재하다　操纵 cāozòng 됭 조종하다　★现场 xiànchǎng 몡 현장
感受 gǎnshòu 됭 느끼다　表现 biǎoxiàn 됭 활약하다　热爱 rè'ài 됭 열렬히 좋아하다　拼搏 pīnbó 됭 전력을 다해 분투하다　精神 jīngshén 몡 정신
传播 chuánbō 됭 널리 퍼뜨리다　刻苦 kèkǔ 혱 각고하다, 분투하여 노력하다　面对 miànduì 됭 마주하다　迎接 yíngjiē 됭 받아들이다

21~25번 선택지의 冰上运动(빙상 경기), 花样滑冰(피겨 스케이팅), 短道速滑(쇼트트랙), 冬奥会(동계 올림픽)를 통해 인터뷰 대상이 빙상 운동과 관련된 스포츠 관련자임을 예측할 수 있다. 따라서 스포츠 관련자 인터뷰가 나올 것을 대비해서 듣는다.

21 问: 组委会对赛事做了哪些调整?　　질문: 조직위는 경기에 대해 어떤 조정을 했는가?

A 改善了比赛制度　　　　　　　　　　A 경기 제도를 개선했다
B 出台了新的政策　　　　　　　　　　B 새로운 정책을 내놓았다
C 延期举办了测试赛　　　　　　　　**C 테스트이벤트 개최를 연기했다**
D 赛前开展了冰上运动　　　　　　　　D 시합 전 빙상 경기를 치렀다

해설　여자의 말에서 언급된 我们及时做了赛事筹备工作计划的调整, 比如延期举办奥运测试赛等을 듣고 선택지 C 延期举办了测试赛를 정답의 후보로 확인해둔다. 질문이 조직위가 경기에 대해 어떤 조정을 했는지 물었으므로, 선택지 C를 정답으로 고른다.

어휘　组委会 zǔwěihuì 몡 조직위[组织委员会(조직 위원회)의 준말]　赛事 sàishì 경기(활동)　调整 tiáozhěng 됭 조정하다　改善 gǎishàn 됭 개선하다
　　　制度 zhìdù 몡 제도　出台 chūtái 됭 내놓다　政策 zhèngcè 몡 정책　延期 yánqī 됭 연기하다
　　　测试赛 cèshìsài 몡 테스트이벤트[올림픽 본 경기를 대비하기 위한 테스트 경기]　★开展 kāizhǎn 됭 치러지다, 열리다

22 问: 关于冰雪项目, 可以知道什么?　　질문: 겨울 종목에 관해, 알 수 있는 것은 무엇인가?

A 曾经流行一时　　　　**B 人才储备不足**　　A 이전에 한동안 유행했다　　　**B 인재의 충원이 부족하다**
C 装备不够先进　　　　D 举办经验丰富　　　C 장비가 선진적이지 못하다　　D 개최 경험이 풍부하다

해설　여자의 말에서 언급된 在申办冬奥会之前……冰雪项目相关人才储备非常弱을 듣고 선택지 B 人才储备不足를 정답의 후보로 확인해둔다. 질문이 겨울 종목에 관해 알 수 있는 것이 무엇인지 물었으므로, 선택지 B를 정답으로 고른다.

어휘　项目 xiàngmù 몡 종목　曾经 céngjīng 閉 이전에　一时 yìshí 몡 한동안　储备 chǔbèi 됭 충원, 비축　不足 bùzú 혱 부족하다
　　　装备 zhuāngbèi 몡 장비　先进 xiānjìn 혱 선진적이다

23 问: 女的认为雪橇有什么特点?　　질문: 여자는 루지가 어떤 특징이 있다고 생각하는가?

A 动作十分优美　　　　　　　　　　　A 동작이 매우 아름답다
B 适合在现场观看　　　　　　　　　**B 현장에서 관람하기에 적합하다**
C 是非常激烈的项目　　　　　　　　　C 매우 격렬한 종목이다
D 被称为 "冰上的围棋"　　　　　　　　D '빙상의 바둑'이라고 불린다

해설　여자의 말에서 언급된 运动员能够自如地操纵雪橇, 这个体育项目值得我们在现场感受을 듣고 선택지 B 适合在现场观看을 정답의 후보로 확인해둔다. 질문이 여자는 루지가 어떤 특징이 있다고 생각하는지 물었으므로, 선택지 B를 정답으로 고른다.

어휘　雪橇 xuěqiāo 몡 루지[동계 올림픽 종목 중의 하나], 썰매　优美 yōuměi 혱 아름답다　★现场 xiànchǎng 몡 현장　观看 guānkàn 됭 관람하다
　　　激烈 jīliè 혱 격렬하다　称 chēng 됭 부르다　围棋 wéiqí 몡 바둑

24	问：女的认为冬奥会带来了什么影响？	질문: 여자는 동계 올림픽이 어떤 영향을 가져왔다고 생각하는가?

A 推动了中西文化交流　　　　　　　　　A 중국 문화와 서양 문화의 교류를 촉진했다
B 解决了困难时期的问题　　　　　　　　B 어려운 시기의 문제를 해결했다
C 鼓励全民投身于体育事业　　　　　　　C 전 국민이 스포츠 사업에 헌신하도록 격려했다
D 使人被运动员的精神所鼓舞　　　　　**D 사람으로 하여금 운동선수의 정신에 의해 용기를 얻게 했다**

해설　여자의 말에서 언급된 冬奥会将运动员的拼搏精神传播到了全世界, 让大家在疫情时期被运动员的刻苦努力所鼓励를 듣고 선택지 D 使人被运动员的精神所鼓舞를 정답의 후보로 확인해둔다. 질문이 여자는 동계 올림픽이 어떤 영향을 가져왔다고 생각하는지 물었으므로, 선택지 D를 정답으로 고른다.

어휘　冬奥会 Dōng'àohuì [고유] 동계 올림픽　推动 tuīdòng [동] 촉진하다　投身 tóushēn [동] 헌신하다　运动员 yùndòngyuán [명] 운동선수
　　　　精神 jīngshén [명] 정신　鼓舞 gǔwǔ [동] 용기를 얻게 하다

25	问：女的现在担任的职位是什么？	질문: 여자가 현재 맡고 있는 직위는 무엇인가?

A 花样滑冰教练　　　　B 短道速滑运动员　　　　A 피겨 스케이팅 코치　　　　B 쇼트트랙 선수
C 冬残奥会副主席　　　**D 冬奥会组委会主席**　　C 동계 패럴림픽 부의장　　　**D 동계 올림픽 조직위 의장**

해설　남자의 말에서 언급된 作为北京冬奥会和冬残奥会组委会主席를 듣고 선택지 D 冬奥会组委会主席를 정답의 후보로 확인해둔다. 질문이 여자가 현재 맡고 있는 직위가 무엇인지 물었으므로, 선택지 D를 정답으로 고른다.

어휘　担任 dānrèn [동] 맡다　★职位 zhíwèi [명] 직위　花样滑冰 huāyàng huábīng [명] 피겨 스케이팅　教练 jiàoliàn [명] 코치
　　　　短道速滑 duǎndào sùhuá [명] 쇼트트랙　残奥会 Cán'àohuì [고유] 패럴림픽[장애인 올림픽 대회]　★副 fù [명] 부　主席 zhǔxí [명] 의장

26 - 30

第26到30题，请听下面一段采访。

女：您认为加工航天产品零件这一行业，存在哪些技术难度和对技术的要求？

男：²⁶加工航天产品零件，要求非常高的精度，精度要达到0.01丝，这个在技术上是很不容易的。作为航天人，为了达到这样的精度，我们需要付出很多汗水和努力，这样才能确保零件能满足航天工业的需求。

女：现在车间里使用的设备都很先进，那这是否意味着人的作用会变得越来越小呢？

男：的确现在数控机床的精度已经非常高了，但这给我们提出了新的要求，我们仍然需要用很多复杂的软件和辅助设施来提高精度，因为加工过程容易受温度、湿度和其他一些环境的影响，加上机床本身也会制造误差。²⁷这就需要我们用更加发散的思维和更加清晰的头脑来处理这些细节和误差，保证零件最后达到一个比较完美的状态。这些过程都需要人的介入。

女：听您的同事说，您加工的零件都是免检产品。

男：听到大家说我做的是免检产品，我是非常高兴的。但是这一行业不存在免检产品这种说法，²⁸每件航天产品零件都需要经过自检、互检和专检的过程，其中专检师检验是最后一道关卡。专检师对我的零件非常放心，这让我感到很自豪。

26-30번 문제는 다음 인터뷰를 들어보세요.

여: 당신은 항공 우주 부품 가공이라는 이 업계에 어떤 기술적 난이도와 기술에 대한 요구 사항이 있다고 생각하십니까?

남: ²⁶항공 우주 부품을 가공하는 것은 매우 높은 정밀도가 요구되고, 정밀도는 0.0001밀리미터에 도달해야 하는데, 이것은 기술적으로 매우 쉽지 않습니다. 우주인으로서, 이러한 정밀도에 도달하기 위해 저희는 많은 땀과 노력을 들여야 하는데, 이렇게 해야만 부품이 항공 우주 산업의 수요를 만족시킬 수 있다는 것을 보장할 수 있습니다.

여: 현재 작업장에서 사용하는 설비는 모두 선진적인데요, 그렇다면 이것은 사람의 역할이 점점 더 작아진다는 것을 의미하나요?

남: 확실히 현재 수치 제어 공작 기계의 정밀도는 이미 매우 높습니다. 하지만 이것은 저희에게 새로운 요구 사항을 제기했습니다. 저희는 여전히 많은 복잡한 소프트웨어와 보조 설비를 이용해 정밀도를 높여야 하는데, 가공 과정에서 온도, 습도와 다른 환경의 영향을 쉽게 받고, 게다가 기계 자체도 오차를 내기 때문입니다. ²⁷이 때 저희는 더욱 독창적인 사고와 더욱 명석한 두뇌로 이러한 세부 사항과 오차를 처리해, 부품이 최종적으로 비교적 완벽한 상태에 도달하는 것을 보장해야 합니다. 이러한 과정은 모두 사람의 개입이 필요합니다.

여: 당신 동료의 말에 의하면, 당신이 가공한 부품은 모두 검사 면제 제품이라고 합니다.

남: 여러분이 제가 만든 것은 검사 면제 제품이라고 말씀하시는 것을 들으니, 저는 매우 기쁩니다. 하지만 이 업계에는 검사 면제 제품이라는 표현이 존재하지 않습니다. ²⁸모든 항공 우주 부품은 자체 검사, 상호 검사, 특별 검사 과정을 거쳐야 하고, 그중 전문 검사관 검사가 마지막 관문입니다. 전문 검사관이 저의 부품에 대해 매우 안심하고 있다는 것은, 저를 자랑스럽게 합니다.

女：您凭借扎实的基本功和精湛的技术，³⁰在本次全国职工职业技能大赛上获得了"全国技术能手"的荣誉。您平时经常参加比赛吗？

男：是的，在我们单位的大力支持下，每年有很多参加比赛和培训的机会，还可以跟国内不同行业的尖端人才进行沟通和交流，互相取长补短。近几年来，我通过比赛学到了很多在生产过程中学不到的知识，然后用这些知识解决了很多难题。

女：同事评价您是一个爱较劲儿的人，但其实您较劲儿的对象不是人，而是零件。那么您的这股"劲儿"是从哪儿来的？

男：我有两个信念，一个是精益求精，一个是胆大心细。干我们这行就和医生做手术一样，需要走刀，尤其是去料加工，都要一刀一刀地下。但是如果胆量不够大就不敢动刀，如果心不细，整个零件就得作废。胆量是建立在一定水平和技能上的，有足够的能力才能够有这个胆。所以²⁹为了能胆大心细，我苦练了技术，别人做一遍，我就要做十遍、做一百遍，最后把技能掌握透了，自然就有这个胆量了。

여: 당신은 탄탄한 기본기와 뛰어난 기술을 기반으로, ³⁰이번 전국노동자기능경기대회에서 '전국 기술 명인'이라는 명예를 얻었습니다. 평소 시합에 자주 참가하십니까?

남: 그렇습니다. 저희 회사의 강력한 지지 아래, 매해 시합과 훈련에 참가할 기회가 많이 있고, 국내 다양한 업계의 선두적 인재와 소통 및 교류를 진행할 수 있어, 서로 장점을 취하고 단점을 보완할 수 있습니다. 최근 몇 년 동안, 저는 시합을 통해 생산 과정에서 배우지 못하는 많은 지식을 배웠고, 이러한 지식을 이용해 많은 난제를 해결했습니다.

여: 동료가 당신은 집요하게 파고들기를 좋아하는 사람이라고 평가했어요. 하지만 사실 당신이 파고드는 대상은 사람이 아니고 부품입니다. 그렇다면 당신의 이런 '집요함'은 어디에서 온 것입니까?

남: 저는 두 가지 신념이 있는데, 하나는 더욱더 완벽을 추구하는 것이고, 하나는 대담하면서도 세심한 것입니다. 이 일을 하는 것은 의사가 수술하는 것과 같이 칼을 써야 하고, 특히 재료를 깎고 가공할 때는 한 땀 한 땀 깎아야 합니다. 하지만 만약 담력이 크지 못하면 칼을 댈 엄두를 못 내고, 만약 세심하지 못하면 부품 전체를 폐기해야 합니다. 담력은 일정한 수준과 기술 위에 형성되는데, 충분한 능력이 있어야 비로소 이러한 담력을 가질 수 있습니다. 그래서 ²⁹대담하고 세심해지기 위해 저는 기술을 꾸준히 연습했는데, 다른 사람이 한 번 하면, 저는 열 번, 백 번을 했고, 결국에는 기술을 완전히 숙달해서 자연히 이런 담력이 생겼습니다.

어휘　★加工 jiāgōng 통 가공하다　航天产品零件 hángtiān chǎnpǐn língjiàn 항공 우주 부품　行业 hángyè 명 업계　难度 nándù 명 난이도
精度 jīngdù 명 정밀도　达到 dádào 통 도달하다　丝 sī [길이를 나타내는 중국의 단위, 1丝=0.01mm]　作为 zuòwéi 께 ~로서
航天人 hángtiānrén 명 우주인　付出 fùchū 통 들이다　★确保 quèbǎo 통 보장하다　零件 língjiàn 명 부품　满足 mǎnzú 통 만족시키다
★需求 xūqiú 명 수요　车间 chējiān 명 작업장　设备 shèbèi 명 설비　先进 xiānjìn 형 선진적이다　意味着 yìwèizhe 통 의미하다　的确 díquè 위 확실히
数控机床 shùkòng jīchuáng 명 수치 제어 공작 기계　软件 ruǎnjiàn 명 소프트웨어　辅助 fǔzhù 형 보조적인　设施 shèshī 명 설비, 시설
加上 jiāshàng 접 게다가　★本身 běnshēn 명 자체　制造 zhìzào 통 만들어 내다　误差 wùchā 명 오차　发散(的)思维 fāsǎn (de) sīwéi 독창적 사고
★清晰 qīngxī 형 명석하다　处理 chǔlǐ 통 처리하다　细节 xìjié 명 세부 사항　保证 bǎozhèng 통 보장하다　完美 wánměi 형 완벽하다
状态 zhuàngtài 명 상태　介入 jièrù 통 개입하다　免检 miǎnjiǎn 통 검사를 면제하다　存在 cúnzài 통 존재하다　自检 zì jiǎn 자체 검사하다
互检 hù jiǎn 상호 검사하다　专检 zhuān jiǎn 특별 검사하다　专检师 zhuānjiǎnshī 명 전문 검사관　★检验 jiǎnyàn 통 검사하다　关卡 guānqiǎ 명 관문
自豪 zìháo 형 자랑스럽다　凭借 píngjiè 통 ~을 기반으로 하다　扎实 zhāshi 형 탄탄하다　基本功 jīběngōng 명 기본기　精湛 jīngzhàn 형 뛰어나다
能手 néngshǒu 명 명인　荣誉 róngyù 명 명예　单位 dānwèi 명 회사　培训 péixùn 통 훈련하다　尖端人才 jiānduān réncái 선두적 인재
沟通 gōutōng 통 소통하다　取长补短 qǔchángbǔduǎn 장점을 취하고 단점을 보완하다　评价 píngjià 통 평가하다
较劲儿 jiàojìnr 통 집요하게 파고들다　对象 duìxiàng 명 대상　信念 xìnniàn 명 신념　★精益求精 jīngyìqiújīng 더욱더 완벽을 추구하다
胆大心细 dǎndàxīnxì 대담하면서도 세심하다　手术 shǒushù 명 수술　走刀 zǒu dāo 칼을 쓰다　胆量 dǎnliàng 명 담력　动刀 dòng dāo 칼을 대다
整个 zhěnggè 형 전체의　作废 zuòfèi 통 폐기하다　建立 jiànlì 통 형성하다　苦练 kǔliàn 꾸준히 연습하다　掌握 zhǎngwò 통 숙달하다

26-30번 선택지의 零件加工(부품을 가공하다), 精度(정밀도), 工业(공업), 检查(검사하다), 技术(기술)를 통해 인터뷰 대상이 공업 관련 전문가임을 예측할 수 있다. 따라서 특정 분야 전문가 인터뷰가 나올 것을 대비해서 듣는다.

26	问：加工航天产品零件的难点在于哪儿？	질문: 항공 우주 부품 가공의 어려움은 어디에 있는가?

A 零件加工人员不足 　　　　　　　　　　A 부품을 가공하는 인원이 부족하다
B 数控机床精度较低 　　　　　　　　　　B 수치 제어 공작 기계의 정밀도가 비교적 낮다
C 很难满足工业需求 　　　　　　　　　　C 공업 수요를 만족시키기 매우 어렵다
D 要达到很高的精度 　　　　　　　　　**D 매우 높은 정밀도에 도달해야 한다**

해설　남자의 말에서 언급된 加工航天产品零件，要求非常高的精度，精度要达到0.01丝，这个在技术上是很不容易的。를 듣고 선택지 D 要达到很高的精度를 정답의 후보로 확인해둔다. 질문이 항공 우주 부품 가공의 어려움이 어디에 있는지 물었으므로, 선택지 D를 정답으로 고른다.

어휘　★加工 jiāgōng 통 가공하다　航天产品零件 hángtiān chǎnpǐn língjiàn 명 항공 우주 부품　在于 zàiyú 통 ~에 있다　零件 língjiàn 명 부품
人员 rényuán 명 인원　不足 bùzú 형 부족하다　数控机床 shùkòng jīchuáng 명 수치 제어 공작 기계　精度 jīngdù 명 정밀도
满足 mǎnzú 통 만족시키다　需求 xūqiú 명 수요　达到 dádào 통 도달하다

27 问：为了保证零件达到完美状态，需要怎么做？ | 질문: 부품이 완벽한 상태에 도달하는 것을 보장하기 위해, 어떻게 해야 하는가？

A 处理好细节和误差	**A 세부 사항과 오차를 잘 처리한다**
B 降低零件的制造成本	B 부품의 제조 원가를 인하한다
C 消除机床本身的缺陷	C 기계 자체의 결함을 제거한다
D 提高加工过程中的温度	D 가공 과정 중의 온도를 높인다

해설 남자의 말에서 언급된 这就需要我们用更加发散的思维和更加清晰的头脑来处理这些细节和误差，保证零件最后达到一个比较完美的状态。를 듣고 선택지 A 处理好细节和误差를 정답의 후보로 확인해둔다. 질문이 부품이 완벽한 상태에 도달하는 것을 보장하기 위해 어떻게 해야 하는지 물었으므로, 선택지 A를 정답으로 고른다.

어휘 保证 bǎozhèng 图 보장하다 达到 dádào 图 도달하다 完美 wánměi 图 완벽하다 状态 zhuàngtài 图 상태 细节 xìjié 图 세부 사항
误差 wùchā 图 오차 制造 zhìzào 图 제조하다 ★成本 chéngběn 图 원가 ★消除 xiāochú 图 제거하다 机床 jīchuáng 图 기계
★本身 běnshēn 图 자체 ★缺陷 quēxiàn 图 결함

---

28 问：关于航天产品零件的检查，可以知道什么？ | 질문: 항공 우주 부품 검사에 관해, 알 수 있는 것은 무엇인가？

A 零件都是免检产品	A 부품은 모두 검사가 면제된 제품이다
B 只需检查个别零件	B 일부 부품만 검사가 필요하다
C 专检师进行最后的检查	**C 전문 검사관이 최후의 검사를 진행한다**
D 需要通过两个检查过程	D 두 개의 검사 과정을 통과해야 한다

해설 남자의 말에서 언급된 每件航天产品零件都需要经过自检、互检和专检的过程，其中专检师检验是最后一道关卡를 듣고 선택지 C 专检师进行最后的检查를 정답의 후보로 확인해둔다. 질문이 항공 우주 부품 검사에 관해 알 수 있는 것이 무엇인지 물었으므로, 선택지 C를 정답으로 고른다.

어휘 零件 língjiàn 图 부품 免检 miǎnjiǎn 图 검사를 면제하다 个别 gèbié 图 일부의 专检师 zhuānjiǎnshī 图 전문 검사관

---

29 问：男的怎么看待加工过程中的"胆大心细"？ | 질문: 남자는 가공 과정 중의 '대담하면서도 세심하다'에 대해 어떻게 생각하는가？

A 有胆量才能成功	A 담력이 있어야 비로소 성공할 수 있다
B 胆大比心细重要	B 담력이 큰 것이 세심한 것보다 중요하다
C 需要彻底掌握技能	**C 기술을 철저히 숙달하는 것이 필요하다**
D 有技术不如有胆量	D 기술이 있는 것보다 담력이 있는 것이 낫다

해설 남자의 말에서 언급된 为了能胆大心细，我苦练了技术，别人做一遍，我就要做十遍、做一百遍，最后把技能掌握透了，自然就有这个胆量了를 듣고 선택지 C 需要彻底掌握技能을 정답의 후보로 확인해둔다. 질문이 남자는 가공 과정 중의 '대담하면서도 세심하다'를 어떻게 생각하는지 물었으므로, 선택지 C를 정답으로 고른다.

어휘 ★看待 kàndài 图 ~에 대해 생각하다 胆大心细 dǎndàxīnxì 图 대담하면서도 세심하다 胆量 dǎnliàng 图 담력 彻底 chèdǐ 图 철저하다
掌握 zhǎngwò 图 숙달하다 技能 jìnéng 图 기술

---

30 问：关于男的，下列哪项正确？ | 질문: 남자에 관해, 다음 중 옳은 것은？

A 总爱跟人较劲儿	A 늘 남을 집요하게 파고들기 좋아한다
B 不喜欢与他人竞争	B 다른 사람과 경쟁하는 것을 좋아하지 않는다
C 是零件公司的老板	C 부품 회사의 사장이다
D 在技能比赛中拿了奖	**D 기능경기대회에서 상을 받았다**

해설 여자의 말에서 언급된 在本次全国职工职业技能大赛上获得了"全国技术能手"的荣誉를 듣고 선택지 D 在技能比赛中拿了奖을 정답의 후보로 확인해둔다. 질문이 남자에 관해 옳은 것을 물었으므로, 선택지 D를 정답으로 고른다.

어휘 较劲儿 jiàojìnr 图 집요하게 파고들다 竞争 jìngzhēng 图 경쟁하다 零件 língjiàn 图 부품 老板 lǎobǎn 图 사장

第31到33题，请听下面一段材料。

31-33번 문제는 다음 내용을 들어보세요.

如今扫码点餐已经成为餐饮行业最常见的点餐服务方式，也是餐饮企业们正在争夺的蓝海市场。用户只要用手机扫一下桌边的二维码就可以通过手机自助点餐。³¹对于消费者而言，这种方式可以免去排队点餐的不便，且点餐形式更简单、迅速。对于餐饮企业而言，这种方式可以减少人力成本，并且能轻松收集到用户的喜好、需求等有助于企业决策的数据，以提升餐厅的运营效率。因此扫码点餐是餐饮企业数字化转型升级的重要抓手。

但是，³³这种点餐方式最近却引发了一系列的争议。目前对扫码点餐提出的质疑主要有两种：³²一种是强制用户使用扫码点餐的情况，这忽视了消费者线下点餐的需求；另一种则是消费者必须关注餐厅的微信公众号并注册会员后才能进入点餐页面。很多消费者表示，这种方式有收集用户个人信息之嫌，增加了消费者信息泄露的风险。对此法律专家指出，消费者应该有自主选择点餐方式的权利，餐饮企业也应该注意保护用户的个人信息安全。

오늘날 QR코드를 스캔하여 음식을 주문하는 것은 이미 요식 업계에서 가장 흔히 볼 수 있는 음식 주문 서비스 방식이 되었는데, 요식 기업들이 경쟁하고 있는 블루오션 시장이기도 하다. 사용자는 핸드폰으로 테이블 가장자리의 QR코드를 스캔하기만 하면 핸드폰을 통해 셀프로 음식을 주문할 수 있다. ³¹소비자에게 있어 이러한 방식은 줄을 서서 음식을 주문하는 불편함을 없앨 수 있을 뿐만 아니라, 음식 주문 방식도 더욱 간단하고 신속하다. 요식 기업에게 있어 이러한 방식은 인력 비용을 낮출 수 있고, 게다가 사용자의 기호, 요구 사항 등 기업이 의사 결정을 하는 데 도움이 되는 데이터를 손쉽게 수집할 수 있어, 식당의 운영 효율을 높일 수 있다. 이 때문에 QR코드를 스캔하여 음식을 주문하는 것은 요식업 기업이 디지털화로 전환 및 업그레이드하는 중요한 핵심 방법이다.

하지만, ³³이러한 음식 주문 방식은 최근 일련의 논쟁을 일으켰다. 현재 QR코드를 스캔하여 음식을 주문하는 것에 대해 제기된 의문은 주로 두 종류가 있다. ³²하나는 사용자들에게 QR코드로 음식을 주문하는 것을 강요하는 상황인데, 이는 소비자들의 오프라인 음식 주문 수요를 무시하는 것이다. 다른 하나는 소비자들이 반드시 식당의 위챗 공식 계정을 팔로우하고 회원 등록을 한 후에야 비로소 음식 주문 페이지로 들어갈 수 있다는 것이다. 많은 소비자들은 이러한 방식이 사용자 개인 정보 수집의 의혹이 있어, 소비자 정보 누설 위험을 증가시켰다고 나타냈다. 이에 대해 법률 전문가들은, 소비자들은 자율적으로 음식 주문 방식을 선택할 권리가 있어야 하고, 요식 기업도 사용자의 개인 정보 안전 보호에 주의해야 한다고 지적했다.

어휘 　如今 rújīn 國 오늘날　扫码 sǎo mǎ QR코드를 스캔하다　点餐 diǎn cān 음식을 주문하다　餐饮 cānyǐn 國 요식업　行业 hángyè 國 업계
企业 qǐyè 國 기업　争夺 zhēngduó 國 경쟁하다, 다투다　蓝海 lánhǎi 國 블루오션　市场 shìchǎng 國 시장　用户 yònghù 國 사용자
二维码 èrwéimǎ 國 QR코드　自助 zìzhù 國 셀프로 하다, 스스로 돕다　消费者 xiāofèizhě 國 소비자　形式 xíngshì 國 방식, 형식　免去 miǎnqù 없애다
迅速 xùnsù 國 신속하다　成本 chéngběn 國 비용　收集 shōují 國 수집하다　决策 juécè 國 의사 결정하다　数据 shùjù 國 데이터　提升 tíshēng 國 높이다
运营 yùnyíng 國 운영하다　效率 xiàolǜ 國 효율　数字化 shùzìhuà 國 디지털화하다　转型 zhuǎnxíng 國 전환하다　升级 shēngjí 國 업그레이드하다
抓手 zhuāshǒu 國 핵심 방법　引发 yǐnfā 國 일으키다　一系列 yíxìliè 國 일련의　★争议 zhēngyì 國 논쟁하다　目前 mùqián 國 현재
质疑 zhìyí 國 의문을 제기하다, 질의하다　强制 qiángzhì 國 강요하다　忽视 hūshì 國 무시하다, 경시하다　线下 xiànxià 오프라인　需求 xūqiú 國 수요
关注 guānzhù 國 팔로우하다　微信 Wēixìn 고위 위챗[중국의 대표적인 모바일 메신저]　公众号 gōngzhònghào 國 공식 계정　注册 zhùcè 國 등록하다
个人 gèrén 國 개인　★嫌 xián 國 의혹, 혐의　泄露 xièlòu 國 누설되다　风险 fēngxiǎn 國 위험　专家 zhuānjiā 國 전문가　★自主 zìzhǔ 國 자율적으로 하다
权利 quánlì 國 권리

31 问：下列哪项不是扫码点餐的优点？

질문: 다음 중 QR코드를 스캔하여 음식을 주문하는 것의 장점이 아닌 것은?

A 可降低人工费
B 可保护个人信息
C 点餐形式更简单
D 点餐时不需要排长队

A 인건비를 줄일 수 있다
B 개인 정보를 보호할 수 있다
C 음식 주문 방식이 더욱 간단하다
D 음식을 주문할 때 긴 줄을 서지 않아도 된다

해설 　음성에서 언급된 对于消费者而言，这种方式可以免去排队点餐的不便，且点餐形式更简单、迅速。对于餐饮企业而言，这种方式可以减少人力成本을 듣고 선택지 A 可降低人工费, C 点餐形式更简单, D 点餐时不需要排长队를 정답의 후보로 확인해둔다. 질문이 QR코드를 스캔하여 음식을 주문하는 것의 장점이 아닌 것을 물었으므로, 언급되지 않은 선택지 B 可保护个人信息를 정답으로 고른다.

어휘 　扫码 sǎo mǎ QR코드를 스캔하다　点餐 diǎn cān 음식을 주문하다　人工费 réngōngfèi 國 인건비　信息 xìnxī 國 정보　形式 xíngshì 國 방식, 형식

| | 32 | 问：关于扫码点餐，可以知道什么？ | 질문: QR코드를 스캔하여 음식을 주문하는 것에 관해, 알 수 있는 것은 무엇인가? |

32

问：关于扫码点餐，可以知道什么？ | 질문: QR코드를 스캔하여 음식을 주문하는 것에 관해, 알 수 있는 것은 무엇인가?

A 降低了餐厅的运营效率	A 식당의 운영 효율을 낮췄다
B 无法满足线下点餐的需求	**B 오프라인 음식 주문의 수요를 만족시킬 수 없다**
C 是目前最为先进的点餐方式	C 현재 가장 선진적인 음식 주문 방식이다
D 不必关注餐厅的微信公众号	D 식당의 위챗 공식 계정을 팔로우할 필요가 없다

해설 음성에서 언급된 一种是强制用户使用扫码点餐的情况，这忽视了消费者线下点餐的需求를 듣고 선택지 B 无法满足线下点餐的需求를 정답의 후보로 확인해둔다. 질문이 QR코드를 스캔하여 음식을 주문하는 것에 관해 알 수 있는 것이 무엇인지 물었으므로, 선택지 B를 정답으로 고른다.

어휘 运营 yùnyíng 圄 운영하다　效率 xiàolǜ 圄 효율　线下 xiànxià 오프라인　需求 xūqiú 圄 수요　先进 xiānjìn 선진적이다
关注 guānzhù 圄 팔로우하다　微信 Wēixìn 고유 위챗[중국의 대표적인 모바일 메신저]　公众号 gōngzhònghào 圄 공식 계정

33

问：这段话主要讲了什么？ | 질문: 이 장문이 주로 설명하는 것은 무엇인가?

A 消费者认可扫码点餐	A 소비자는 QR코드를 스캔하여 음식을 주문하는 것을 수긍한다
B 餐厅的服务费将会提高	B 식당의 서비스 비용이 올라갈 것이다
C 扫码点餐已成为红海市场	C QR코드를 스캔하여 음식을 주문하는 것은 이미 레드오션 시장이 되었다
D 扫码点餐虽方便却仍有争议	**D QR코드를 스캔하여 음식을 주문하는 것은 편리하지만 여전히 논쟁이 있다**

해설 음성에서 언급된 这种点餐方式最近却引发了一系列的争议를 듣고 선택지 D 扫码点餐虽方便却仍有争议를 정답의 후보로 확인해둔다. 질문이 이 장문이 주로 설명하는 것이 무엇인지 물었으므로, 선택지 D를 정답으로 고른다.

어휘 消费者 xiāofèizhě 圄 소비자　★认可 rènkě 圄 수긍하다　红海 hónghǎi 圄 레드오션　市场 shìchǎng 圄 시장　★争议 zhēngyì 圄 논쟁하다

---

34 - 36

第34到36题，请听下面一段材料。 | 34-36번 문제는 다음 내용을 들어보세요.

如果去西藏旅游的话，纳木错是一个不可错过的景点。纳木错位于西藏中部，是世界上海拔最高的湖泊，也是著名的佛教圣地之一。³⁴它被称为"天湖"，是因为"纳木错"在藏语中有"天湖"之意。

纳木错湖面海拔为4718米，形状近似长方形，东西长70多千米，南北宽30多千米，总面积约为1920平方千米。纳木错素以海拔高、面积大、景色瑰丽而著称。³⁵湖里盛产高原细鳞鱼和无鳞鱼，周围广阔的湖滨则生长着多种多样的植物和动物，形成了水草丰美的天然牧场。纳木错流域因涵盖冰川、高山冻土、湖泊、高寒草原、湿地等多种自然介质，成为了开展环境监测的理想场所，为研究该区域乃至整个青藏高原的环境变化提供了一个天然实验室。

³⁶每年的7月到9月是去纳木错旅游的最佳时期，其余月份因为大雪封山而无法进入。另外，由于纳木错海拔较高，游客容易出现比较严重的高原反应，因此最好提前携带相关药品，以便应对紧急情况。

만약 티베트로 여행을 간다면, 남초는 놓칠 수 없는 명소이다. 남초는 티베트 중부에 위치해 있고, 세계에서 해발이 가장 높은 호수이면서 저명한 불교 성지 중 하나이기도 하다. ³⁴남초는 '하늘 호수'라고 불리는데, 이는 '남초'가 티베트어로 '하늘 호수'라는 뜻을 가지고 있기 때문이다.

남초의 호수 해발은 4718미터이고, 형태는 직사각형에 가까우며 동서 길이는 70여 킬로미터이고 남북 폭은 30여 킬로미터로, 총 면적은 약 1920제곱킬로미터이다. 남초는 해발이 높고, 면적이 크며, 경치가 놀랄 만큼 아름다운 것으로 유명하다. ³⁵호수에는 고원 열목어와 비늘이 없는 물고기가 많이 서식하고, 주변의 광활한 호숫가에는 각양각색의 식물과 동물이 자라고 있어, 물풀이 무성하고 아름다운 자연 목장이 형성되었다. 남초 유역에는 빙하, 고산의 언 땅, 호수, 고랭 초원, 습지 등 다양한 자연 매개체가 포함되어 있어 환경 모니터링을 진행하기에 이상적인 장소가 되었고, 해당 지역, 더 나아가 티베트 고원 전체의 환경 변화를 연구하기 위한 자연 실험실을 제공했다.

³⁶매년 7월부터 9월까지는 남초로 여행 가기 가장 좋은 시기인데, 나머지 달에는 대설로 인해 산이 봉쇄되어 들어갈 수 없다. 그 밖에, 남초의 해발은 비교적 높아, 여행객들은 비교적 심한 고산병이 나타나기 쉬운데, 이 때문에 긴급 상황에 대비하기 위해 미리 관련 약품을 지참하는 것이 가장 좋다.

어휘 西藏 Xīzàng 고유 티베트　纳木错 Nàmùcuò 고유 남초[중국 티베트 자치구에 있는 호수]　错过 cuòguò 圄 놓치다　位于 wèiyú 圄 ~에 위치하다
★海拔 hǎibá 圄 해발　★湖泊 húpō 圄 호수　佛教 Fójiào 고유 불교　圣地 shèngdì 圄 성지　藏语 zàngyǔ 圄 티베트어　形状 xíngzhuàng 圄 형태
近似 jìnsì 圄 ~에 가깝다　长方形 chángfāngxíng 圄 직사각형　宽 kuān 圄 폭　面积 miànjī 圄 면적　平方千米 píngfāng qiānmǐ 圄 제곱킬로미터

瑰丽 guīlì 圈 놀랄 만큼 아름답다　著称 zhùchēng 圈 유명하다　盛产 shèngchǎn 圈 많이 서식하다　高原 gāoyuán 圈 고원

细鳞鱼 xìlínyú 圈 열목어[연어과의 민물고기]　鳞 lín 圈 (물고기 따위의) 비늘　★广阔 guǎngkuò 圈 광활하다　湖滨 húbīn 圈 호숫가

生长 shēngzhǎng 圈 자라다　形成 xíngchéng 圈 형성하다　水草丰美 shuǐcǎo fēngměi 물풀이 무성하여 아름답다

天然牧场 tiānrán mùchǎng 자연 목장　流域 liúyù 圈 유역　涵盖 hángài 圈 포함하다　冰川 bīngchuān 圈 빙하　冻土 dòngtǔ 圈 언 땅

高寒 gāohán 圈 고랭의, 지세가 높고 춥다　草原 cǎoyuán 圈 초원　湿地 shīdì 圈 습지　介质 jièzhì 圈 매개체　★开展 kāizhǎn 圈 진행하다, 전개하다

监测 jiāncè 圈 모니터링하다　★场所 chǎngsuǒ 圈 장소　区域 qūyù 圈 지역　乃至 nǎizhì 圈 더 나아가　整个 zhěnggè 圈 전체의

青藏高原 Qīngzàng Gāoyuán 고퍼 티베트 고원　实验室 shíyànshì 圈 실험실　最佳 zuì jiā 가장 좋은　其余 qíyú 떼 나머지　封山 fēng shān 산을 봉쇄하다

高原反应 gāoyuán fǎnyìng 圈 고산병　★携带 xiédài 圈 지참하다　相关 xiāngguān 圈 관련되다　★以便 yǐbiàn 圈 ~하기 위하여

应对 yìngduì 圈 대비하다　紧急 jǐnjí 圈 긴급하다

34　问："纳木错"具有什么含义?　질문: '남초'는 어떤 의미를 가지고 있는가?

| A 海洋 | B 湖泊 | A 해양 | B 호수 |
| C 天堂 | **D 天湖** | C 천국 | **D 하늘 호수** |

해설　음성에서 언급된 它被称为"天湖",是因为"纳木错"在藏语中有"天湖"之意。를 듣고 선택지 D 天湖를 정답의 후보로 확인해둔다. 질문이 '남초'는 어떤 의미를 지니고 있는지 물었으므로, 선택지 D를 정답으로 고른다.

어휘　纳木错 Nàmùcuò 고퍼 남초[중국 티베트 자치구에 있는 호수]　★含义 hányì 圈 의미, 함의　★湖泊 húpō 圈 호수　★天堂 tiāntáng 圈 천국

35　问:关于纳木错,下列哪项正确?　질문: 남초에 관해, 다음 중 옳은 것은?

A 湖边有几个牧场	A 호숫가에는 목장이 몇 개 있다
B 冬季的景色最美	B 겨울의 풍경이 가장 아름답다
C 生长着许多种动植物	**C 많은 동식물이 자라고 있다**
D 是世界上最深的湖泊	D 세계에서 가장 깊은 호수이다

해설　음성에서 언급된 湖里盛产高原细鳞鱼和无鳞鱼,周围广阔的湖滨则生长着多种多样的植物和动物,形成了水草丰美的天然牧场。을 듣고 선택지 C 生长着许多种动植物을 정답의 후보로 확인해둔다. 질문이 남초에 관해 옳은 것을 물었으므로, 선택지 C를 정답으로 고른다.

어휘　牧场 mùchǎng 圈 목장　生长 shēngzhǎng 圈 자라다　★湖泊 húpō 圈 호수

36　问:根据这段话,游览纳木错的最佳时期是什么时候?　질문: 이 장문에 근거하여, 남초를 여행하기에 가장 좋은 시기는 언제인가?

| A 1月到3月 | B 5月到7月 | A 1월에서 3월 | B 5월에서 7월 |
| **C 7月到9月** | D 9月到10月 | **C 7월에서 9월** | D 9월에서 10월 |

해설　음성에서 언급된 每年的7月到9月是去纳木错旅游的最佳时期를 듣고 선택지 C 7月到9月를 정답의 후보로 확인해둔다. 질문이 남초를 여행하기에 가장 좋은 시기가 언제인지 물었으므로, 선택지 C를 정답으로 고른다.

어휘　游览 yóulǎn 圈 여행하다　最佳 zuì jiā 가장 좋은

---

37 - 39

第37到39题,请听下面一段材料。

　　日本的一家电子公司旗下有很多智能电子产品,其中 37有一款智能手表可以随时随地测量血压。这款手表外观时尚,极具科技感。其操作方法非常简单,当用户需要测量血压时,只要按下最上面的按钮,然后将手表举到心脏的高度,通气管就会对表带进行充气,还原出一个类似普通血压计的功能。30秒后,手表就会显示各项数据。

37-39번 문제는 다음 내용을 들어보세요.

　　일본의 한 전자 그룹 산하에는 아주 많은 스마트 전자 제품이 있는데, 그중에는 37언제 어디서나 혈압을 측정할 수 있는 스마트 워치가 있다. 이 스마트 워치는 외관이 세련되고, 매우 과학적인 느낌을 가지고 있다. 스마트 워치의 조작 방법은 매우 간단한데, 사용자는 혈압 측정이 필요할 때 가장 위의 버튼을 누르고 워치를 심장 높이까지 올리면, 공기관이 시계줄에 바람을 넣어 일반적인 혈압계와 유사한 기능을 복원해낸다. 30초 후, 시계에는 각종 데이터가 표시된다.

除此之外，³⁸这个手表还具有心率检测、卡路里检测、睡眠质量检测及通知提醒等基础功能。这对于有运动习惯的用户来说是很有好处的。有了它，用户可以实时检测自己的运动数据，从而达到想要的运动效果。

　　一般情况下，这个手表可以记录最近一百次的血压测量数据，但是有长期数据需求的用户也不需要担心。只要在手机上下载一款该手表的健康管理小程序，就可以将所需要的数据都导入进去，这样去医院看病的时候，³⁹就可以将小程序里的数据提交上去，作为诊断的依据。

이 외에, ³⁸이 워치는 심장 박동수 측정, 칼로리 측정, 수면의 질 측정 및 알림 확인 등 기본 기능도 가지고 있다. 이는 운동하는 습관이 있는 사용자들에게 매우 좋다. 이 기능으로, 사용자들은 실시간으로 자신의 운동 데이터를 측정하여 원하는 운동 효과에 도달할 수 있다.

일반적인 상황에서, 이 워치는 최근 100번의 혈압 측정 데이터를 기록할 수 있지만, 장기적인 데이터가 필요한 사용자도 걱정할 필요 없다. 핸드폰에 해당 워치의 건강 관리 애플리케이션을 다운로드 받기만 하면, 필요한 데이터를 모두 가져올 수 있다. 이렇게 하면 병원에 가서 진찰을 받을 때, ³⁹애플리케이션 안에 있는 데이터를 제출해 진단의 근거로 삼을 수 있다.

어휘　旗下 qíxià 圖산하　★智能 zhìnéng 圖스마트한　智能手表 zhìnéng shǒubiǎo 圖스마트 워치　随时随地 suíshísuídì 圖언제 어디서나
★测量 cèliáng 圖측정하다　★血压 xuèyā 圖혈압　时尚 shíshàng 圖세련되다, 유행에 맞다　★操作 cāozuò 圖조작하다　★用户 yònghù 圖사용자
按钮 ànniǔ 圖버튼　心脏 xīnzàng 圖심장　通气管 tōngqìguǎn 圖공기관　表带 biǎodài 圖시곗줄　充气 chōng qì 바람을 넣다
★还原 huányuán 圖복원하다　★类似 lèisì 圖유사하다　功能 gōngnéng 圖기능　显示 xiǎnshì 圖표시하다　数据 shùjù 圖데이터
心率 xīnlǜ 圖심장 박동수　检测 jiǎncè 圖측정하다　卡路里 kǎlùlǐ 圖칼로리　实时 shíshí 圖실시간으로　达到 dádào 圖도달하다　记录 jìlù 圖기록하다
★需求 xūqiú 圖필요　下载 xiàzài 圖다운로드하다　小程序 xiǎochéngxù 圖애플리케이션　提交 tíjiāo 圖제출하다　作为 zuòwéi 圖~으로 삼다
诊断 zhěnduàn 圖진단하다　★依据 yījù 圖근거

37　问：关于这款智能手表，可以知道什么？　질문: 이 스마트 워치에 관해, 알 수 있는 것은 무엇인가?

A 能检测体脂指数	A 체지방 지수를 측정할 수 있다
B 可以随时测量血压	**B 혈압을 수시로 측정할 수 있다**
C 操作方法十分复杂	C 조작 방법이 매우 복잡하다
D 可以更多地消耗卡路里	D 더 많은 칼로리를 소모할 수 있다

해설　음성에서 언급된 有一款智能手表可以随时随地测量血压를 듣고 선택지 B 可以随时测量血压를 정답의 후보로 확인해둔다. 질문이 스마트 워치에 관해 알 수 있는 것이 무엇인지 물었으므로, 선택지 B를 정답으로 고른다.

어휘　智能手表 zhìnéng shǒubiǎo 圖스마트 워치　检测 jiǎncè 圖측정하다　体脂 tǐzhī 圖체지방　指数 zhǐshù 圖지수　随时 suíshí 圖수시로
★测量 cèliáng 圖측정하다　★血压 xuèyā 圖혈압　★操作 cāozuò 圖조작하다　★消耗 xiāohào 圖소모하다　卡路里 kǎlùlǐ 圖칼로리

38　问：下列哪项不属于这款表的基础功能？　질문: 다음 중 이 시계의 기본 기능에 속하지 않는 것은?

| A 心率检测 | B 卡路里检测 | A 심장 박동수 측정 | B 칼로리 측정 |
| **C 肌肉密度检测** | D 睡眠质量检测 | **C 근밀도 측정** | D 수면의 질 측정 |

해설　음성에서 언급된 这个手表还具有心率检测、卡路里检测、睡眠质量检测及通知提醒等基础功能을 듣고 선택지 A 心率检测, B 卡路里检测, D 睡眠质量检测를 정답의 후보로 확인해둔다. 질문이 이 시계의 기본 기능에 속하지 않는 것을 물었으므로, 언급되지 않은 선택지 C 肌肉密度检测를 정답으로 고른다.

어휘　功能 gōngnéng 圖기능　心率 xīnlǜ 圖심장 박동수　检测 jiǎncè 圖측정하다　肌肉 jīròu 圖근육　★密度 mìdù 圖밀도

39　问：根据这段话，什么可以作为看病时的诊断依据？　질문: 이 장문에 근거하여, 진찰을 받을 때 진단 근거로 삼을 수 있는 것은 무엇인가?

| A 每日的心率值 | B 血压的平均值 | A 매일의 심장 박동 수치 | B 혈압의 평균치 |
| C 平时的运动量 | **D 小程序里的数据** | C 평소의 운동량 | **D 애플리케이션 안의 데이터** |

해설　음성에서 언급된 就可以将小程序里的数据提交上去，作为诊断的依据를 듣고 선택지 D 小程序里的数据를 정답의 후보로 확인해둔다. 질문이 이 장문에 근거하여 진찰을 받을 때 진단 근거로 삼을 수 있는 것이 무엇인지 물었으므로, 선택지 D를 정답으로 고른다.

어휘　作为 zuòwéi 圖~으로 삼다　诊断 zhěnduàn 圖진단하다　★依据 yījù 圖근거　心率值 xīnlǜzhí 圖심장 박동 수치　★血压 xuèyā 圖혈압
平均值 píngjūnzhí 圖평균치　小程序 xiǎochéngxù 圖애플리케이션　数据 shùjù 圖데이터

第40到43题，请听下面一段材料。

明代著名的地理学家⁴⁰徐霞客一生志在四方，⁴⁰历时34年出游各地，足迹遍及今天的21个省、市、自治区。徐霞客写了很多具有科学价值和文学价值的地理学专著及游记散文，记录了所观察到的各种人文、地理、动植物、自然现象等状况。⁴³在这些记录中，最有意思的是探索麻叶洞一事。

位于湖南水源村的麻叶洞被当地人视为禁地，有人说里面有神龙，有人说里面有妖怪。但徐霞客不信传言，偏要探一探洞中的情况。他和随从一起举着火把走进洞里，进去后发现里面非常狭窄，必须用匍匐的姿势前行。⁴¹徐霞客在弯弯曲曲的山洞里走了没多久，就发现了一处缝隙。他顺着缝隙爬上去之后，居然发现了新世界。只见山洞上面的石头微微发红，如同倒垂的莲花一般动人。

⁴²出洞后，徐霞客看到一脸紧张的村民们拿着铁锹镐头守在洞外，以防妖怪出现。徐霞客忍俊不禁，并将洞内的所见所闻告诉了他们。村民们又惊又喜，同时对徐霞客的惊人之举敬佩不已。他们非常好奇洞里究竟有什么，却始终没有勇气去一探究竟。想要打破好奇，唯有鼓起勇气踏出第一步，才能看见别人未曾发现的风景。

40-43번 문제는 다음 내용을 들어보세요.

명대의 유명한 지리학자 ⁴⁰서하객은 일생 동안 원대한 포부와 이상을 품고, ⁴⁰34년에 걸쳐 각지를 여행하며, 오늘날 21개의 성, 시, 자치구 곳곳에 발자취를 남겼다. 서하객은 과학적 가치와 문학적 가치를 가지고 있는 지리학 전문 저서 및 여행 산문을 많이 썼는데, 관찰한 각종 인문, 지리, 동식물, 자연 현상 등의 상황을 기록했다. ⁴³이러한 기록 중에서, 가장 재미있는 것은 마엽 동굴을 탐색한 일이다.

후난 수이위안촌에 위치한 마엽 동굴은 현지인들에게 금지 구역으로 여겨졌는데, 어떤 사람은 안에 신비로운 용이 있다고 하고, 어떤 사람은 안에 요괴가 있다고 했다. 하지만 서하객은 소문을 믿지 않고, 기어코 동굴 안의 상황을 탐색하려 했다. 그는 일행과 함께 횃불을 들고 동굴 안으로 들어갔는데, 들어간 후에 동굴 안이 매우 협소해서 반드시 포복하는 자세로 앞으로 나아가야 한다는 것을 발견했다. ⁴¹서하객은 꼬불꼬불한 산굴을 얼마 걷지 않아, 한 군데의 틈을 발견했다. 틈을 따라 타고 올라가니, 뜻밖에도 신세계를 발견했다. 산굴 위쪽의 돌은 불그스름한 색을 띠고 있었는데, 연꽃이 거꾸로 달려있는 것처럼 아름다웠다.

⁴²동굴에서 나온 후, 서하객은 긴장한 마을 주민들이 요괴가 나타날 것에 대비해 ⁴²삽과 곡괭이를 들고 동굴 밖에서 지키고 있는 것을 보았다. 서하객은 웃음을 참을 수 없었고, 동굴 안에서 보고 들은 것을 그들에게 알려주었다. 마을 주민들은 놀라고 기뻐하면서, 동시에 서하객의 놀라운 행동에 감탄을 멈추지 않았다. 그들은 동굴 안에 도대체 무엇이 있는지 궁금했지만, 끝내 낱낱이 파헤칠 용기가 없었다. 궁금증을 깨고 싶다면 용기를 내 첫 발을 내딛어야만, 남들이 미처 발견하지 못했던 풍경을 볼 수 있다.

어휘 | 明代 Míngdài 명명대, 명나라 시대 [중국 역사상의 한 시대] **地理学家** dìlǐxuéjiā 명지리학자 **徐霞客** Xú Xiákè 고유 서하객[중국 명나라 말기의 지리학자]
志在四方 zhìzàisìfāng 원대한 포부와 이상을 품다 历时 lìshí 동시간이 걸리다 出游 chūyóu 동여행하다 足迹 zújì 명발자취
遍及 biànjí 동곳곳에 남기다 价值 jiàzhí 명가치 文学 wénxué 명문학 专著 zhuānzhù 명전문 저서 ★散文 sǎnwén 명산문
记录 jìlù 동기록하다 명기록 观察 guānchá 동관찰하다 现象 xiànxiàng 명현상 状况 zhuàngkuàng 명상황 探索 tànsuǒ 동탐색하다
麻叶 máyè 마엽[삼의 잎] 洞 dòng 명동굴 位于 wèiyú 동~에 위치하다 湖南 Húnán 고유 후난[중국 남동부에 위치한 성(지방 행정 구역)]
当地 dāngdì 명현지 禁地 jìndì 명금지 구역 妖怪 yāoguài 명요괴 传言 chuányán 명소문 偏要 piān yào 기어코 ~하려고 하다
随从 suícóng 명일행, 수행원 狭窄 xiázhǎi 형협소하다 匍匐 púfú 동포복하다 姿势 zīshì 명자세 前行 qián xíng 앞으로 나아가다
弯曲 wānqū 형꼬불꼬불하다 缝隙 fèngxì 명틈 居然 jūrán 부뜻밖에 石头 shítou 명돌 微微 wēiwēi 부약간, 살짝 倒垂 dào chuí 거꾸로 걸리다
莲花 liánhuā 명연꽃 动人 dòngrén 형아름답다, 넋을 잃게 하다 村民 cūnmín 명마을 주민 铁锹 tiěqiāo 명삽 镐头 gǎotou 명곡괭이
忍俊不禁 rěnjùnbùjīn 웃음을 참을 수 없다 所见所闻 suǒjiànsuǒwén 명보고 들은 것 敬佩 jìngpèi 동감탄하다 不已 bùyǐ 동멈추지 않다
打破 dǎpò 동깨다 好奇 hàoqí 형궁금하다 始终 shǐzhōng 부끝내 一探究竟 yí tàn jiūjìng 낱낱이 파헤치다 勇气 yǒngqì 명용기
风景 fēngjǐng 명풍경

---

40 | 问：关于徐霞客，可以知道什么？ | 질문: 서하객에 관해, 알 수 있는 것은 무엇인가?

A 一共走过34个地区
B 是明代著名的文人
C 用了34年游历四方
D 没有记下他的所见所闻

A 총 34개 지역을 다녔다
B 명대의 유명한 문인이다
C 사방을 두루 돌아다니는 데 34년을 썼다
D 그가 보고 들은 것을 기록하지 않았다

해설 | 음성에서 언급된 徐霞客……历时34年出游各地를 듣고 선택지 C 用了34年游历四方을 정답의 후보로 확인해둔다. 질문이 서하객에 관해 알 수 있는 것은 무엇인지 물었으므로, 선택지 C를 정답으로 고른다.

어휘 | 徐霞客 Xú Xiákè 고유 서하객[중국 명나라 말기의 지리 학자] 游历 yóulì 동두루 돌아다니다 所见所闻 suǒjiànsuǒwén 명보고 들은 것

41	问：关于麻叶洞，下列哪项正确？	질문: 마엽 동굴에 관해, 다음 중 옳은 것은?
	A 里面有神龙 　　　　B **里面有一处缝隙**	A 안에 신비로운 용이 있다 　　B **안에 한 군데의 틈이 있다**
	C 经常有怪物出现 　　D 位于中国湖北省	C 괴물이 자주 나타난다 　　D 중국 후베이성에 위치한다

해설　음성에서 언급된 徐霞客在弯弯曲曲的山洞里走了没多久，就发现了一处缝隙。를 듣고 선택지 B 里面有一处缝隙를 정답의 후보로 확인해둔다. 질문이 마엽 동굴에 관해 옳은 것을 물었으므로, 선택지 B를 정답으로 고른다.

어휘　麻叶 máyè 圏 마엽[삼의 잎]　洞 dòng 圏 동굴　缝隙 fèngxì 圏 틈　怪物 guàiwu 圏 괴물
　　　湖北 Húběi 후베이[중국 중앙부에 위치한 성(지방 행정 구역)]

42	问：看到徐霞客出洞后，村民们是怎样的神情？	질문: 서하객이 동굴에서 나온 것을 보고 마을 주민들은 어떤 표정이었는가?
	A 紧张 　　　　　B 惆怅	**A 긴장하다** 　　　　B 서글프다
	C 羞涩 　　　　　　D 陶醉	C 어색해하다 　　　D 도취하다

해설　음성에서 언급된 出洞后，徐霞客看到一脸紧张的村民们拿着铁锹镐头守在洞外를 듣고 선택지 A 紧张을 정답의 후보로 확인해둔다. 질문이 서하객이 동굴에서 나온 것을 보고 마을 주민들은 어떤 표정이었는지 물었으므로, 선택지 A를 정답으로 고른다.

어휘　村民 cūnmín 圏 마을 주민　神情 shénqíng 圏 표정　惆怅 chóuchàng 圏 서글프다　羞涩 xiūsè 圏 어색해하다　陶醉 táozuì 圏 도취하다

43	问：这段话主要讲的是什么？	질문: 이 장문이 주로 설명하는 것은 무엇인가?
	A 徐霞客的生平	A 서하객의 일생
	B 村民们非常好客	B 마을 주민들은 손님 접대를 매우 좋아한다
	C 徐霞客探索麻叶洞	**C 서하객이 마엽 동굴을 탐색하다**
	D 麻叶洞是一个著名的景点	D 마엽 동굴은 유명한 명소이다

해설　음성에서 언급된 在这些记录中，最有意思的是探索麻叶洞一事。을 듣고 선택지 C 徐霞客探索麻叶洞을 정답의 후보로 확인해둔다. 질문이 이 장문이 주로 설명하는 것은 무엇인지 물었으므로, 선택지 C를 정답으로 고른다.

어휘　生平 shēngpíng 圏 일생　好客 hàokè 圏 손님 접대를 좋아하다　探索 tànsuǒ 圏 탐색하다　景点 jǐngdiǎn 圏 명소

44 - 47

第44到47题，请听下面一段材料。

⁴⁴睡莲被称为"花中睡美人"，因为它的花朵会在晚上闭合，在次日早上重新开放。难道它和人类一样也需要睡眠吗？

⁴⁷其实睡莲属于没有神经也没有感觉的植物，自然不会感到疲劳。但是睡莲和其他动植物一样，都有着昼夜节律。太阳升起时，睡莲随之舒展，接受阳光的照射，同时吸收二氧化碳。太阳下山后，睡莲才会慢慢闭合。

大部分植物的花朵有着稍微复杂的开闭规律。⁴⁵为了避免白天灼热的阳光，热带植物的花朵通常会在夜晚开放。而睡莲则恰恰相反，它的花朵之所以会在晚上闭合，是因为睡莲对光照很敏感，因此没有光照则会闭合花瓣。

⁴⁶睡莲是一种分布很广的植物，人们可以在世界各地看到它的身影。睡莲除了具有观赏价值以外，还具有很高的使用价值。它的根能吸收水中的铅、汞、苯酚等有毒物质，是城市中难得的水体净化植物。

44-47번 문제는 다음 내용을 들어보세요.

⁴⁴수련은 '꽃 중의 잠꾸러기'라고 불리는데, 수련의 꽃송이는 밤에 오므라들고, 다음 날 아침에 다시 피기 때문이다. 설마 수련도 인류처럼 수면이 필요한 것일까?

⁴⁷사실 수련은 신경이 없고 감각도 없는 식물에 속해서, 당연히 피곤하다고 느끼지 않는다. 하지만 수련도 다른 동식물처럼 모두 낮과 밤의 리듬이 있다. 해가 떠오를 때, 수련은 이에 따라 피어 햇빛을 받으며 동시에 이산화탄소를 흡수한다. 해가 진 후에야 수련은 천천히 오므라든다.

대부분의 식물의 꽃은 다소 복잡한 피고 오므라드는 규칙을 가지고 있다. ⁴⁵낮의 뜨거운 햇살을 피하기 위해, 열대 식물의 꽃송이는 보통 밤에 핀다. 하지만 수련은 오히려 정반대인데, 수련의 꽃송이가 밤에 오므라드는 이유는 수련이 빛에 민감하기 때문이며, 따라서 빛이 없으면 꽃잎을 오므린다.

⁴⁶수련은 아주 널리 분포하는 식물인데, 사람들은 세계 각지에서 수련의 모습을 볼 수 있다. 수련은 관상적 가치 외에, 높은 사용 가치도 가지고 있다. 수련의 뿌리는 물속의 납, 수은, 페놀 등 유독 물질을 흡수할 수 있는데, 도시에서 보기 드문 수질 정화 식물이다.

어휘　睡莲 shuìlián 圏 수련　称 chēng 圏 부르다　睡美人 shuìměirén 圏 잠꾸러기, 잠자는 숲속의 공주　花朵 huāduǒ 圏 꽃송이　闭合 bìhé 圏 오므리다, 닫다
　　　次日 cìrì 圏 다음날　开放 kāifàng 圏 피다　人类 rénlèi 圏 인류　睡眠 shuìmián 圏 수면　属于 shǔyú 圏 ~에 속하다　★神经 shénjīng 圏 신경

疲劳 píláo 圈 피곤하다　★昼夜 zhòuyè 圈 낮과 밤　节律 jiélǜ 圈 리듬　舒展 shūzhǎn 圈 펴다　照射 zhàoshè 圈 햇빛을 받다, 비추다
吸收 xīshōu 圈 흡수하다　★二氧化碳 èryǎnghuàtàn 圈 이산화탄소　规律 guīlǜ 圈 규칙　避免 bìmiǎn 圈 피하다　白天 báitiān 圈 낮
灼热 zhuórè 圈 몹시 뜨겁다　通常 tōngcháng 圈 보통　光照 guāngzhào 圈 빛이 비추다　敏感 mǐngǎn 圈 민감하다　花瓣 huābàn 圈 꽃잎
分布 fēnbù 圈 분포하다　身影 shēnyǐng 圈 모습　观赏 guānshǎng 圈 관상하다　价值 jiàzhí 圈 가치　根 gēn 圈 뿌리　铅 qiān 圈 납　汞 gǒng 圈 수은
苯酚 běnfēn 圈 페놀　物质 wùzhì 圈 물질　★难得 nándé 圈 드물다　净化 jìnghuà 圈 정화하다

44 问：睡莲为什么被称为"花中睡美人"？　질문: 수련은 왜 '꽃 중의 잠꾸러기'라고 불리는가?

A 在水下进行冬眠　　　　　　　　　　　　　A 물 속에서 겨울잠을 잔다
B 像人类一样需要睡眠　　　　　　　　　　　B 인류처럼 수면이 필요하다
C 经常因疲劳而打瞌睡　　　　　　　　　　　C 늘 피곤해서 존다
D 花朵在晚上闭合早上开放　　　　　　　　　**D 꽃송이가 밤에 오므리고 아침에 핀다**

해설　음성에서 언급된 睡莲被称为"花中睡美人"，因为它的花朵会在晚上闭合，在次日早上重新开放。을 듣고 선택지 D 花朵在晚上闭合早上开放을 정답의 후보로 확인해둔다. 질문이 수련은 왜 '꽃 중의 잠꾸러기'라고 불리는지 물었으므로, 선택지 D를 정답으로 고른다.

어휘　睡莲 shuìlián 圈 수련　冬眠 dōngmián 圈 겨울잠을 자다　人类 rénlèi 圈 인류　睡眠 shuìmián 圈 수면　疲劳 píláo 圈 피곤하다
　　　打瞌睡 dǎ kēshuì 졸다　花朵 huāduǒ 圈 꽃송이　闭合 bìhé 圈 오므리다, 닫다　开放 kāifàng 圈 피다

45 问：根据这段话，热带植物的花朵有什么特点？　질문: 이 장문에 근거하여, 열대 식물의 꽃송이는 어떤 특징이 있는가?

A 有很高的经济价值　　　　　　　　　　　　A 경제적 가치가 매우 높다
B 经常受到蝴蝶的干扰　　　　　　　　　　　B 늘 나비의 방해를 받는다
C 一般不会在白天开放　　　　　　　　　　　**C 일반적으로 낮에 피지 않는다**
D 傍晚日落时气孔会闭合　　　　　　　　　　D 저녁 무렵 해가 질 때 숨구멍을 오므린다

해설　음성에서 언급된 为了避免白天灼热的阳光，热带植物的花朵通常会在夜晚开放。을 듣고 선택지 C 一般不会在白天开放을 정답의 후보로 확인해둔다. 질문이 이 장문에 근거하여 열대 식물의 꽃송이의 특징을 물었으므로, 선택지 C를 정답으로 고른다.

어휘　热带植物 rèdài zhíwù 열대 식물　价值 jiàzhí 圈 가치　蝴蝶 húdié 圈 나비　干扰 gānrǎo 圈 방해하다　白天 báitiān 圈 낮　开放 kāifàng 圈 피다
　　　傍晚 bàngwǎn 圈 저녁 무렵　日落 rì luò 해가 지다　气孔 qìkǒng 圈 숨구멍　闭合 bìhé 圈 오므리다, 닫다

46 问：关于睡莲，可以知道什么？　질문: 수련에 관해, 알 수 있는 것은 무엇인가?

A 睡莲分布在世界各地　　　　　　　　　　　**A 수련은 세계 각지에 분포하고 있다**
B 开闭和阳光的照射无关　　　　　　　　　　B 피고 오므라드는 것은 햇빛을 받는 것과 무관하다
C 睡莲的根经常被用作药材　　　　　　　　　C 수련의 뿌리는 자주 약재로 사용된다
D 大多数睡莲叶片不会下垂　　　　　　　　　D 대다수 수련의 잎사귀는 축 늘어지지 않는다

해설　음성에서 언급된 睡莲是一种分布很广的植物，人们可以在世界各地看到它的身影。을 듣고 선택지 A 睡莲分布在世界各地를 정답의 후보로 확인해둔다. 질문이 수련에 관해 알 수 있는 것이 무엇인지 물었으므로, 선택지 A를 정답으로 고른다.

어휘　分布 fēnbù 圈 분포하다　照射 zhàoshè 圈 햇빛을 받다, 비추다　药材 yàocái 圈 약재　叶片 yèpiàn 圈 잎사귀　下垂 xià chuí 축 늘어지다

47 问：这段话主要介绍了什么？　질문: 이 장문에서 주로 소개하는 것은 무엇인가?

A 睡莲的花粉传播方式　　　　　　　　　　　A 수련이 꽃가루를 뿌리는 방식
B 睡莲的昼夜开闭规律　　　　　　　　　　　**B 수련이 낮과 밤에 피고 오므라드는 규칙**
C 睡莲被称为花魁的原因　　　　　　　　　　C 수련이 꽃의 여왕이라고 불리는 원인
D 最适宜采摘睡莲的时期　　　　　　　　　　D 수련을 따기에 가장 알맞은 시기

해설　음성에서 언급된 其实睡莲属于没有神经也没有感觉的植物，自然不会感到疲劳。但是睡莲和其他动植物一样，都有着昼夜节律。를 듣고 선택지 B 睡莲的昼夜开闭规律를 정답의 후보로 확인해둔다. 질문이 이 장문에서 주로 소개하는 것이 무엇인지 물었으므로, 선택지 B를 정답으로 고른다.

어휘　花粉 huāfěn 圈 꽃가루　传播 chuánbō 圈 뿌리다　★昼夜 zhòuyè 圈 낮과 밤　规律 guīlǜ 圈 규칙　称 chēng 圈 부르다
　　　花魁 huākuí 圈 꽃의 여왕　★适宜 shìyí 圈 알맞다　采摘 cǎizhāi 圈 따다

第48到50题，请听下面一段材料。

　　毛笔是一种传统书写绘画工具。⁴⁸毛笔的笔毫作为触纸摩擦的书写部分，其生命力十分脆弱。想要使毛笔经久耐用，对笔毫的保养就显得尤为重要。

　　毛笔的保养有三个要点：一是新笔要防虫蛀。笔毫上有用来定型的胶质，这种胶质刚好是虫子喜欢吃的东西，如果保管不当，就容易被虫子咬坏。新笔应装入纸盒或木盒内，再放樟脑丸，以防虫蛀。二是⁴⁹使用新笔时不得性急。最好用温水浸泡，且不可泡太久。要注意的是，⁵⁰毛笔不能用开水浸泡，这是因为开水容易使笔毫变形或脱落。此外，用牙咬、用手掰，或将笔锋朝下，直接插在杯子里，这些动作都会对笔毫造成很大的损坏。三是⁵⁰用后要及时清洗。墨汁里也有胶质，若不清洗干净，笔毫干后会与墨坚固黏合，再用时不易泡开，且极易折损笔毫。只有这样细心地保养毛笔，才能延长毛笔的使用寿命，也使毛笔用起来更加舒适。

48-50번 문제는 다음 내용을 들어보세요.

　　붓은 글씨를 쓰고 그림을 그리는 전통적인 도구이다. ⁴⁸붓의 붓털은 종이와 닿아 마찰하여 글씨를 쓰는 부분으로서, 생명력이 매우 약하다. 붓을 오래 쓸 수 있게 하려면, 붓털을 손질하는 것이 특히 중요하다.

　　붓의 손질에는 세 가지 포인트가 있다. 첫째는 새 붓이 벌레 먹는 것을 방지해야 한다. 붓털에는 형태를 고정하는 교질이 있는데, 이런 교질은 공교롭게도 벌레가 즐겨 먹는 것이어서, 만약 잘 보관하지 않으면, 벌레에게 물어뜯겨 망가지기 쉽다. 새 붓은 종이 상자나 나무 상자에 넣고, 나프탈렌을 넣어 벌레 먹는 것을 방지해야 한다. 둘째는 ⁴⁹새 붓을 사용할 때 성급해서는 안 된다. 따뜻한 물에 담그는 것이 가장 좋은데, 너무 오래 담그면 안 된다. 주의해야 할 것은, ⁵⁰붓을 끓는 물에 담그면 안되는데, 이는 끓는 물이 붓털을 변형시키거나 빠지게 하기 쉽기 때문이다. 이 외에, 이로 물고, 손으로 떼어 내거나, 붓끝을 아래로 향하게 하여 컵에 바로 꽂는 이러한 행동들은 모두 붓털에 큰 손상을 야기할 수 있다. 셋째는 ⁵⁰사용 후 즉시 깨끗이 씻어야 한다. 먹물에도 교질이 있어, 만약 깨끗하게 씻지 않으면, 붓털이 마른 후 먹과 견고하게 붙어서 다시 사용할 때 잘 풀리지 않을 뿐만 아니라 붓털이 매우 쉽게 손상된다. 이렇게 세심하게 붓을 손질해야만, 비로소 붓의 사용 수명을 연장할 수 있고, 붓을 더욱 편하게 사용할 수 있다.

어휘　毛笔 máobǐ 圏 붓　传统 chuántǒng 圏 전통적이다　书写 shūxiě 圏 글씨를 쓰다　绘画 huìhuà 圏 그림을 그리다　工具 gōngjù 圏 도구

　　笔毫 bǐháo 圏 붓털　作为 zuòwéi 圏 ~로서　★摩擦 mócā 圏 마찰하다　★脆弱 cuìruò 圏 약하다　经久 jīngjiǔ 圏 오래가다

　　★耐用 nàiyòng 圏 오래 쓸 수 있다　★保养 bǎoyǎng 圏 손질하다　显得 xiǎnde 圏 분명히 ~이다　尤为 yóuwéi 圉 특히　虫蛀 chóng zhù 벌레 먹다

　　定型 dìngxíng 圏 형태를 고정하다　胶质 jiāozhì 圏 교질[물질이 지닌 끈끈한 성질]　★保管 bǎoguǎn 圏 보관하다　咬 yǎo 圏 물다

　　樟脑丸 zhāngnǎowán 圏 나프탈렌　性急 xìngjí 圏 성급하다　浸泡 jìnpào 圏 담그다　开水 kāishuǐ 圏 끓인 물　脱落 tuōluò 圏 빠지다

　　此外 cǐwài 圏 이 외에　掰 bāi 圏 떼어 내다　笔锋 bǐfēng 圏 붓끝　朝 cháo 圏 ~를 향해서　插 chā 圏 꽂다　造成 zàochéng 圏 야기하다

　　★损坏 sǔnhuài 圏 손상시키다　清洗 qīngxǐ 圏 깨끗이 씻다　墨汁 mòzhī 圏 먹물　★坚固 jiāngù 圏 견고하다　黏合 niánhé 圏 붙이다

　　折损 zhésǔn 圏 손상되다, 구겨지다　延长 yáncháng 圏 연장하다　寿命 shòumìng 圏 수명　舒适 shūshì 圏 편하다

---

48 问：毛笔的笔毫有什么特点？　　　　　　　　질문: 붓의 붓털은 어떤 특징이 있는가?

A 极容易被损坏	**A 아주 쉽게 손상된다**
B 左右毛笔的价格	B 붓의 가격을 좌우한다
C 需要用专用油保养	C 전용 오일을 사용해 손질해야 한다
D 笔尖含有毒性物质	D 붓끝에 독성 물질을 포함하고 있다

해설　음성에서 언급된 毛笔的笔毫作为触纸摩擦的书写部分，其生命力十分脆弱。를 듣고 선택지 A 极容易被损坏를 정답의 후보로 확인해둔다. 질문이 붓의 붓털은 어떤 특징이 있는지 물었으므로, 선택지 A를 정답으로 고른다.

어휘　毛笔 máobǐ 圏 붓　笔毫 bǐháo 圏 붓털　★损坏 sǔnhuài 圏 손상시키다　★保养 bǎoyǎng 圏 손질하다　笔尖 bǐjiān 圏 붓끝　毒性 dúxìng 圏 독성　物质 wùzhì 圏 물질

---

49 问：使用新毛笔之前应该怎么做？　　　　　　질문: 새 붓을 사용하기 전에 어떻게 해야 하는가?

A 要用温水浸泡	**A 따뜻한 물에 담가야 한다**
B 用开水化开笔锋	B 끓는 물로 붓끝을 풀어야 한다
C 浸泡时间要长一些	C 담그는 시간이 조금 길어야 한다
D 笔锋朝下插在杯子里	D 붓끝이 아래로 향하게 컵에 꽂아야 한다

해설　음성에서 언급된 使用新笔时不得性急。最好用温水浸泡，且不可泡太久。를 듣고 선택지 A 要用温水浸泡를 정답의 후보로 확인해둔다. 질문이 새 붓을 사용하기 전에 어떻게 해야 하는지 물었으므로, 선택지 A를 정답으로 고른다.

어휘　★浸泡 jìnpào 圏 담그다　开水 kāishuǐ 圏 끓인 물　笔锋 bǐfēng 圏 붓끝　插 chā 圏 꽂다

50	问：为什么使用完毛笔后要及时清洗？	질문: 붓을 다 사용한 후 왜 즉시 깨끗하게 씻어야 하는가?
	A 防止笔毫脱落	A 붓털이 빠지는 것을 방지한다
	B 防止笔毫污染宣纸	B 붓털이 선지를 오염시키는 것을 방지한다
	C 防止墨汁滴落到衣物上	C 먹물이 옷에 떨어지는 것을 방지한다
	D 防止笔毫与墨汁粘在一起	**D 붓털이 먹물과 달라붙는 것을 방지한다**

해설 음성에서 언급된 毛笔……用后要及时清洗。墨汁里也有胶质, 若不清洗干净, 笔毫干后会与墨坚固黏合를 듣고 선택지 D 防止笔毫与墨汁粘在一起를 정답의 후보로 확인해둔다. 질문이 붓을 다 사용한 후 왜 즉시 깨끗하게 씻어야 하는지 물었으므로, 선택지 D를 정답으로 고른다.

어휘 清洗 qīngxǐ 圖 깨끗하게 씻다 ★防止 fángzhǐ 圖 방지하다 脱落 tuōluò 圖 빠지다 宣纸 xuānzhǐ 圖 선지[중국 종이의 일종] 墨汁 mòzhī 圖 먹물 滴落 dīluò 뚝뚝 떨어지다 粘 zhān 圖 달라붙다

51

A

(자주)	섭취하다	/	식이 섬유를	/	(~할 수 있다)	(효과적으로)	완화하다	/	변비 증상을
(经常)	摄入	/	膳食纤维	/	(可以)	(有效)	缓解	/	便秘症状。
부사어	술어+보어		목적어		부사어	부사어	술어		목적어

주어(술목구)

해석 식이 섬유를 자주 섭취하는 것은 변비 증상을 효과적으로 완화할 수 있다.

해설 술목구 형태의 주어 **经常摄入膳食纤维**(식이 섬유를 자주 섭취하는 것은), 술어 **缓解**(완화하다), 목적어 **便秘症状**(변비 증상을)이 문맥상 자연스럽게 어울린다. 조동사 **可以**(~할 수 있다), 술어와 의미적으로 밀접한 동사 **有效**(효과적으로) 또한 술어 **缓解**의 부사어로 문맥상 적절하게 쓰였다. 따라서 틀린 부분이 없다.

어휘 摄入 shèrù 섭취하다　膳食纤维 shànshí xiānwéi 圏 식이 섬유　缓解 huǎnjiě 圏 완화하다　便秘 biànmì 圏 변비　症状 zhèngzhuàng 圏 증상

B

떨쳐버리다	/	(깊이 뿌리 박혀 있는)	편견을	//	(그래야만)	(~할 수 있다)	느끼다	/	(다양한)	세계를
抛开	/	(根深蒂固的)	偏见	//	(才)	(能)	感受到	/	(多元的)	世界。
술어+보어		관형어	목적어		부사어	부사어	술어+보어		관형어	목적어

해석 깊이 뿌리 박혀 있는 편견을 떨쳐버려야만 다양한 세계를 느낄 수 있다.

해설 '술어+보어' 인 **抛开**(떨쳐버리다), 목적어 **偏见**(편견을)이 문맥상 자연스럽게 어울리고, 술어 **感受**(느끼다), 목적어 **世界**(세계를)가 문맥상 자연스럽게 어울린다. 부사 **才**(그래야만), 조동사 **能**(~할 수 있다) 또한 술어 **感受** 앞 부사어로 문맥상 적절하게 쓰였다. 따라서 틀린 부분이 없다. 참고로 일반적인 사실을 나타내거나 주어가 불특정 다수일 경우에는 주어가 생략될 수 있다는 점을 알아둔다.

어휘 抛开 pāokai 떨쳐버리다　★根深蒂固 gēnshēndìgù 圏 깊이 뿌리 박혀 있다　★偏见 piānjiàn 圏 편견　感受 gǎnshòu 圏 느끼다
多元 duōyuán 圏 다양한　　　　　　　　　　　　　　　　6급 빈출어휘

C

뱀은	/	(먹이를 잡을 때)	(~할 수 있다)	(휘감는)	방법을.	//	~하게 하다 /	사냥감이	/	질식하다	/	[~해서]	죽다
蛇	/	(在捕食的时候)	(会)	(缠绕的)	方法,	//	使	猎物	/	窒息	/	[而]	死亡。
주어		부사어	부사어	관형어	목적어		술어1	목적어2		술어2		접속사	술어3

주어

해석 뱀은 먹이를 잡을 때 휘감는 방법을 할 수 있어서, 사냥감이 질식해서 죽게 한다.

해설 **술어가 없어 틀린 경우**
주어 **蛇**(뱀은) 및 목적어 **方法**(방법을)와 연결되는 술어가 없어서 틀린 문장이다. **使用**(사용하다)과 같은 술어가 있어야 한다.

옳은 문장 蛇在捕食的时候会使用缠绕的方法, 使猎物窒息而死亡。
뱀은 먹이를 잡을 때 휘감는 방법을 사용하여, 사냥감이 질식해서 죽게 한다.

어휘 蛇 shé 圏 뱀　捕食 bǔshí 圏 먹이를 잡다　缠绕 chánrào 圏 휘감다　猎物 lièwù 圏 사냥감　窒息 zhìxī 圏 질식하다　★死亡 sǐwáng 圏 죽다

D

(교외에 위치한)	이 별장은	/	있다	/	세 개의 층이.	//	(매 층의)	인테리어 스타일이	/	(모두)	(~않다)	같다
(位于郊区的)	这栋别墅	/	有	/	三层,	//	(每一层的)	装修风格	/	(都)	(不)	一样。
관형어	주어		술어		목적어		관형어	주어		부사어	부사어	술어

해석 교외에 위치한 이 별장은 세 개의 층이 있고, 매 층의 인테리어 스타일이 모두 같지 않다.

해설 앞 절의 주어, 술어, 목적어와 뒤 절의 주어, 술어가 각각 문맥상 자연스럽게 어울린다. 앞 절의 관형어 **位于郊区的**(교외에 위치한)가 주어 **这栋别墅**(이 별장은) 앞에서 적절하게 쓰였고, 뒤 절의 관형어 **每一层的**(매 층의)도 주어 **装修风格**(인테리어 스타일이) 앞에서 적절하게 쓰였다. 또한 부사 **都**(모두)도 뒤 절의 부사어로 문맥상 적절하게 쓰였다. 따라서 틀린 부분이 없다.

어휘 位于 wèiyú ~에 위치하다　★栋 dòng 図 동, 채[건물을 세는 단위]　别墅 biéshù 圏 별장　装修 zhuāngxiū 圏 인테리어하다
风格 fēnggé 圏 스타일

52

A

(~하기만 하면)	마음 속에	있다	/	신념이.	//	(좌절을 만났을 때)	(바로)	(~할 수 있다)	(제자리에서)	일어나다
只要	心中	/	有	/	信念,	//	(遇到挫折时)	(就)	(能)	(从原地)	爬起来。
접속사	주어	술어		목적어		부사어	부사어	부사어	부사어	술어+보어

해석 마음 속에 신념이 있기만 하면, 좌절을 만났을 때 바로 제자리에서 일어날 수 있다.

해설   자주 함께 짝을 이루어 쓰이는 연결어 '只要A, 就B(A하기만 하면, 바로 B하다)'가 문맥상 적절하게 쓰였다. 시기를 나타내는 부사어 遇到挫折时 (좌절을 만났을 때)이 뒤 절 맨 앞에서 부사어로 적절히 쓰였고, 조동사 能(~할 수 있다), 개사구 从原地(제자리에서)도 뒤 절의 술어 爬(일어나다) 앞 부사어로 적절히 쓰였다. 따라서 틀린 부분이 없다. 참고로 뒤 절처럼 주어가 불특정 다수일 경우에는 주어가 생략될 수 있다는 점을 알아둔다.

어휘   信念 xìnniàn 圆 신념 ★挫折 cuòzhé 圖 좌절하다 原地 yuándì 圆 제자리 爬 pá 圖 일어나다, 기어가다

	(이 그림 속의)	인물들은 /	생동감이 넘친다.	//	(마치 ~인 것 같다)	(모두)	(~할 수 있다)	(바로)	입을 열어 /	말하다
B	(这幅画作上的)	人物 /	栩栩如生,	//	(仿佛)	(都)	(能)	(马上)	开口 /	说话。
	관형어	주어	술어		부사어	부사어	부사어	부사어	술어1	술어2

해석   이 그림 속의 인물들은 생동감이 넘쳐서, 마치 모두 바로 입을 열어 말할 수 있을 것 같다.

해설   부사 仿佛(마치 ~인 것 같다), 都(모두), 조동사 能(~할 수 있다), 부사 马上(바로)이 연동문 구조의 술어1 开口(입을 열어)와 술어2 说话(말하다) 앞 부사어로 문맥상 적절하게 쓰였다. 관형어 这幅画作上的(이 그림 속의)도 주어 人物(인물들은) 앞에서 적절하게 쓰였다. 따라서 틀린 부분이 없다. 참고로 부사어의 어순은 기본적으로 부사→조동사→개사구이지만, 马上과 같이 술어와 의미적으로 밀접한 부사의 경우 술어 바로 앞에 위치한다.

어휘   幅 fú 圆 폭[그림·천을 세는 단위] 人物 rénwù 圆 인물 栩栩如生 xǔxǔrúshēng 圆 생동감이 넘치다 仿佛 fǎngfú 圆 마치 ~인 것 같다

	(장미의)	가시는 /	[~할 뿐만 아니라]	(~할 수 있다)	유지하다 /	수분을.	//	(~도)	(~할 수 있다)	보호하다 /	자신이 /	(~않다)	받다 /	외부의 침해를
C	(玫瑰的)	刺 /	不仅	(能够)	保持 /	水分,	//	(还)	(能)	保护 /	自己 /	(不)	受 /	外部侵害。
	관형어	주어	접속사	부사어	술어	목적어		부사어	부사어	술어1	목적어 주어	부사어	술어2	목적어

해석   장미의 가시는 수분을 유지할 수 있을 뿐만 아니라, 자신이 외부의 침해를 받지 않도록 보호할 수도 있다.

해설   주어 刺(가시는), 술어 保持(유지하다), 목적어 水分(수분을)이 문맥상 자연스럽게 어울리고, 술어1 保护(보호하다), 목적어 겸 주어인 自己(자신이), 술어2 受(받다), 목적어 外部侵害(외부의 침해를)가 문맥상 자연스럽게 어울린다. 자주 짝을 이루어 쓰이는 연결어 '不仅A, 还B(A할 뿐만 아니라, B하기도 하다)'도 문맥상 적절하게 쓰였다. 따라서 틀린 부분이 없다. 참고로 술어1 保护는 让, 使와 같은 겸어동사로 사용됐다.

어휘   ★刺 cì 圆 가시 保持 bǎochí 圖 유지하다 保护 bǎohù 圖 보호하다 外部 wàibù 圆 외부 侵害 qīnhài 圖 침해하다

	그는 /	(줄곧)	(적극적으로)	돕다 /	(어려움이 있는)	학우를.	//	[그래서]	얻었다 /	(우수 학급 임원의)	부분을
D	他 /	(一向)	(积极)	帮助 /	(有困难的)	同学,	//	所以	获得了 /	(优秀班干部的)	环节。
	주어	부사어	부사어	술어	관형어	목적어		접속사	술어+了	관형어	목적어

해석   그는 어려움이 있는 학우를 줄곧 적극적으로 도와서, 우수 학급 임원의 부분을 얻었다.

해설   **술어, 목적어가 서로 문맥상 어울리지 않아 틀린 경우**
  술어 获得(얻다)와 목적어 环节(부분을)가 서로 문맥상 어울리지 않아 틀린 문장이다. 목적어 자리에 荣誉(명예를)와 같은 어휘가 와야 한다.

  옳은 문장 他一向积极帮助有困难的同学, 所以获得了优秀班干部的荣誉。
           그는 어려움이 있는 학우를 줄곧 적극적으로 도와서, 우수 학급 임원이라는 명예를 얻었다.

어휘   ★一向 yíxiàng 圆 줄곧 班干部 bāngànbù 圆 학급 임원 ★环节 huánjié 圆 부분, 일환 荣誉 róngyù 圆 명예

53

	(이름이 불리지 않은)	환자는 /	(~하세요)	(문 밖에서)	기다리다.	//	(~하지 마세요)	(일부러)	움직이다
A	(没有被喊到名字的)	患者 /	(请)	(在门外)	等候,	//	(不要)	(刻意)	走动。
	관형어	주어	请	부사어	술어		부사어	부사어	술어

해석   이름이 불리지 않은 환자는 문 밖에서 기다리시고, 일부러 움직이지 마세요.

해설   **부사어가 문맥에 맞지 않아 틀린 경우**
  부사어 刻意(일부러)가 이름이 불리지 않은 환자에게 움직이지 말라고 하는 문맥과 어울리지 않아 틀린 문장이다. 刻意 대신에 문맥상 어울리는 随意(마음대로)와 같은 어휘가 와야 한다. 참고로 刻意는 어떤 행동을 남을 의식해 고의로 하는 경우를 나타낸다.

  옳은 문장 没有被喊到名字的患者请在门外等候, 不要随意走动。
           이름이 불리지 않은 환자는 문 밖에서 기다리시고, 마음대로 움직이지 마세요.

어휘   喊 hǎn 圖 부르다, 소리치다 ★患者 huànzhě 圆 환자 等候 děnghòu 圖 기다리다 刻意 kèyì 囝 일부러 走动 zǒudòng 圖 움직이다, 거닐다
  ★随意 suíyì 圆 마음대로 하는

	루이리는 /	~이다	(서남부에서 제일 큰)	내륙 항구.	//	(~도)	~이다 /	(중요한)	보석 집산지
B	瑞丽 /	是 /	(西南部最大的)	内陆口岸,	//	(也)	是 /	(重要的)	珠宝集散中心。
	주어	술어	관형어	목적어		부사어	술어	관형어	목적어

해석	루이리는 서남부에서 제일 큰 내륙 항구이며, 중요한 보석 집산지이기도 하다.

해설 술어 是(~이다)과 연결되는 주어 瑞丽(루이리), 목적어 内陆口岸(내륙 항구)이 동격이고, 또다른 술어 是과 연결되는 생략된 주어 瑞丽, 목적어 珠宝集散中心(보석 집산지)도 동격이다. 관형어 西南部最大的(서남부에서 제일 큰)와 重要的(중요한)가 각각 목적어 内陆口岸과 珠宝集散中心 앞에서 적절하게 쓰였고, 부사 也(~도) 또한 술어 是 앞 부사어로 문맥상 적절하게 쓰였다. 따라서 틀린 부분이 없다. 참고로 두 번째 是 앞에 있는 주어 瑞丽는 앞 절의 주어와 같아서 생략됐다.

어휘 瑞丽 Ruìlì [고유] 루이리[중국 윈난(云南)성에 있는 남서 지역 최대의 내륙 항구] 内陆 nèilù 몡 내륙 口岸 kǒu'àn 몡 항구 珠宝 zhūbǎo 몡 보석 集散中心 jísàn zhōngxīn 몡 집산지

C	(이번 수해를 통해),	//	그는	/	깨달았다	/	댐을 견고히 하는 것이	/	~이다	/	(홍수 방지 작업의)	가장 중요한 것
	(经过这次洪灾),	//	他	/	意识到了	/	加固堤坝	/	是	/	(防洪工作的)	重中之重。
	부사어		주어		술어+보어+了		주어(술어구)		술어		관형어	목적어
												목적어(주술목구)

해석	이번 수해를 통해, 그는 댐을 견고히 하는 것이 홍수 방지 작업의 가장 중요한 것임을 깨달았다.

해설 주술목구 형태의 목적어 加固堤坝是防洪工作的重中之重(댐을 견고히 하는 것이 홍수 방지 작업의 가장 중요한 것임을)에서 술어 是(~이다)과 연결되는 주어 加固堤坝(댐을 견고히 하는 것이), 목적어 重中之重(가장 중요한 것)이 동격이고, 관형어 防洪工作的(홍수 방지 작업의)도 목적어 重中之重 앞에서 문맥상 적절하게 쓰였다. 부사어 经过这次洪灾(이번 수해를 통해) 또한 문장 맨 앞에서 문장 전체를 수식하는 부사어로 적절히 쓰였다. 따라서 틀린 부분이 없다.

어휘 洪灾 hóngzāi 몡 수해 ★意识 yìshi 동 깨닫다 加固 jiāgù 견고히 하다 堤坝 dībà 몡 댐 防洪 fánghóng 동 홍수를 방지하다

D	그는	/	(맨손으로)	/	(강도와)	/	싸우다.	//	(극도로 위험한 상황에서)	/	구해냈다	/	이 모자 한 쌍을
	他	/	(赤手空拳)	(与歹徒)		搏斗,	//	(在极度危险的情况下)		救出了	/	这对母子。
	주어		부사어	부사어		술어		부사어		술어+보어+了		목적어

해석	그는 맨손으로 강도와 싸워, 극도로 위험한 상황에서 이 모자 한 쌍을 구해냈다.

해설 성어 赤手空拳(맨손으로)과 개사 与가 이끄는 개사구 与歹徒(강도와)가 술어 搏斗(싸우다) 앞 부사어로 적절히 쓰였고, 개사 在가 이끄는 개사구 在极度危险的情况下(극도로 위험한 상황에서) 또한 술어 救(구하다) 앞 부사어로 문맥상 적절히 쓰였다. 따라서 틀린 부분이 없다.

어휘 赤手空拳 chìshǒukōngquán 몡 맨손으로, 적수공권 歹徒 dǎitú 몡 강도 搏斗 bódòu 동 싸우다 极度 jídù 몡 극도로 危险 wēixiǎn 몡 위험하다 救 jiù 동 구하다

54

A	작가는	/	(새 작품을 창작하는 과정에서)	필요하다	/	소모하다	/	(많은)	시간과 에너지를
	作家	/	(在创作新作品的过程中)	需要	/	耗费	/	(大量的)	时间和精力。
	주어		부사어	술어		술어		관형어	목적어
									목적어(술목구)

해석	작가는 새 작품을 창작하는 과정에서 많은 시간과 에너지를 소모하는 것이 필요하다.

해설 주어 作家(작가는), 술어 需要(필요하다), 술목구 형태의 목적어 耗费大量的时间和精力(많은 시간과 에너지를 소모하는 것이)가 문맥상 자연스럽게 어울린다. 개사 在가 이끄는 개사구 在创作新作品的过程中(새 작품을 창작하는 과정에서)도 술어 需要 앞 부사어로 문맥상 적절히 쓰였다. 따라서 틀린 부분이 없다.

어휘 ★创作 chuàngzuò 동 창작하다 作品 zuòpǐn 몡 작품 ★耗费 hàofèi 동 소모하다 精力 jīnglì 몡 에너지

B	만약 ~한다면	자금줄이	/	끊어지다.	//	현금이	/	돌다	/	(~않다) 원활하다	//	회사가	/	보았다	/	(큰)	적자를
	倘若	资金链	/	断裂,	//	现金	/	周转	/	(不) 畅,	//	公司	/	遭受了	/	(很大的)	亏损。
	접속사	주어		술어		주어		술어		부사어 술어		주어		술어+了		관형어	목적어
										술어(주술구)							

해석	만약 자금줄이 끊어진다면, 현금이 원활하게 돌지 않아서, 회사가 큰 적자를 보았다.

해설 **접속사가 문맥에 맞지 않게 사용되어 틀린 경우**
접속사 倘若(만약 ~한다면)가 사용되어 '만약 자금줄이 끊어진다면, 현금이 원활하게 돌지 않아서, 회사가 큰 적자를 보았다'라는 어색한 문맥이 되었으므로 틀린 문장이다. 倘若 대신에 由于(~때문에)와 같은 어휘가 와야 한다.

옳은 문장 由于资金链断裂, 现金周转不畅, 公司遭受了很大的亏损。
　　　　　 자금줄이 끊어졌기 때문에, 현금이 원활하게 돌지 않아서, 회사가 큰 적자를 보았다.

어휘 ★倘若 tǎngruò 접 만약 ~한다면 资金链 zījīnliàn 몡 자금줄 断裂 duànliè 동 끊어지다 周转 zhōuzhuǎn 동 돌다, 운용되다 畅 chàng 형 원활하다, 막힘이 없다 ★遭受 zāoshòu 동 (불행 또는 손해를) 보다, 당하다 亏损 kuīsǔn 동 적자가 나다

C (다른 사람과의 약속을 잊는 것을 방지하기 위해), // 그는 / (수시로) / (휴대폰 메모장에) / 기록한다 / 일정을

(为了防止忘记与他人的约定), // 他 / (常常) / (在手机备忘录上) 记录 / 日程。
　　　　부사어　　　　　　　　　　　　주어　　부사어　　　　부사어　　　　　술어　　목적어

해석 다른 사람과의 약속을 잊는 것을 방지하기 위해, 그는 수시로 휴대폰 메모장에 일정을 기록한다.

해설 목적을 나타내는 개사 为了가 이끄는 개사구 为了防止忘记与他人的约定(다른 사람과의 약속을 잊는 것을 방지하기 위해)이 문장 맨 앞에서 부사어로 적절하게 쓰였고, 주어 他(그는), 술어 记录(기록한다), 목적어 日程(일정을)이 문맥상 자연스럽게 어울린다. 부사 常常(수시로), 개사구 在手机备忘录上(휴대폰 메모장에) 또한 술어 记录 앞 부사어로 적절하게 쓰였다. 참고로 부사어의 어순은 기본적으로 부사→조동사→개사구이지만 목적을 나타내는 개사구는 예외적으로 문장 맨 앞에 위치할 수 있다는 점을 알아둔다.

어휘 ★防止 fángzhǐ 圄 방지하다　约定 yuēdìng 圄 약속하다　备忘录 bèiwànglù 圄 메모장　记录 jìlù 圄 기록하다　日程 rìchéng 圄 일정

D (이천여 명의 대학생에 대한 조사 결과로 보면), // (60%에 가까운) 사람은 / 자신은 / 있다 / (외모를 걱정하는) 현상이

(从对两千多名大学生的调查结果来看), // (近六成的) 人 / 身上 / 存在 / (容貌焦虑的) 现象。
　　　　　　부사어　　　　　　　　　　　관형어　주어　주어　술어　　관형어　　　목적어
　　　　　　　　　　　　　　　　　　　　　　　　　　　　　　술어(주술목구)

해석 이천여 명의 대학생에 대한 조사 결과로 보면, 60%에 가까운 사람에게는 외모를 걱정하는 현상이 있다.

해설 주술목구 형태의 술어 身上存在容貌焦虑的现象(자신은 외모를 걱정하는 현상이 있다)에서 주어 身上(자신은), 술어 存在(있다), 목적어 现象(현상이)이 문맥상 자연스럽게 어울린다. 부사어 从对两千多名大学生的调查结果来看(이천여 명의 대학생에 대한 조사 결과로 보면)이 문장 맨 앞 부사어로 적절하게 쓰였고, 近六成的(60%에 가까운)가 주어 人(사람은) 앞에, 容貌焦虑的(외모를 걱정하는)가 목적어 现象 앞에 각각 관형어로 문맥상 적절하게 쓰였다. 따라서 틀린 부분이 없다. 참고로, 이 문장에서 身上은 앞에 온 명사 人이 '자신, 본인'임을 구체적으로 나타내는 추상적인 의미로 쓰였으며, 해석을 할 때에는 人과 身上을 분리하지 않고 한 덩어리로 봐서 '사람'이라는 말로 해석한다.

어휘 调查 diàochá 圄 조사하다　存在 cúnzài 圄 있다, 존재하다　容貌 róngmào 圄 외모　焦虑 jiāolǜ 圄 걱정하다　现象 xiànxiàng 圄 현상

55

A 사용자 만족도 조사에서는 / 나타낸다. // (이번 새로운 교재의) 평가가 / (지난 판 교재의 평가보다) (매우) 높다

用户满意度调查 / 显示, // (这次新教材的) 评价 / (比上一版教材的评价) (非常) 高。
　주어　　　　　술어　　　　　관형어　　　　주어　　　　比＋비교의 대상　　부사어　술어
　　　　　　　　　　　　　　　　　　　　　　　　목적어(주술구)

해석 사용자 만족도 조사에서, 이번 새로운 교재의 평가가 지난 판 교재의 평가보다 매우 높은 것으로 나타났다.

해설 比자문에서 비교의 의미가 없는 정도부사가 사용되어 틀린 경우
比자문에 비교의 의미가 없는 정도부사 非常(매우)이 사용되어 틀린 문장이다. 非常 대신 비교의 의미가 있는 更(더욱)과 같은 정도부사가 와야 한다.

옳은 문장 用户满意度调查显示，这次新教材的评价比上一版教材的评价更高。
사용자 만족도 조사에서, 이번 새로운 교재의 평가가 지난 판 교재의 평가보다 더욱 높은 것으로 나타났다.

어휘 ★用户 yònghù 圄 사용자　满意度 mǎnyìdù 圄 만족도　调查 diàochá 圄 조사하다　显示 xiǎnshì 圄 나타내다　教材 jiàocái 圄 교재　评价 píngjià 圄 평가

B 휴대폰은 / ~이다 / (현대인의 생활에 없어서는 안 되는) / 존재. // 많은 사람은 / 없어지다 / 휴대폰이 // 바로 / (~한다) 느끼다 / 어찌할 바를 모르다

手机 / 是 / (现代人生活中必不可少的) / 存在, // 很多人 / 没有了 / 手机 // (就) (会) 感到 / 六神无主。
주어　술어　　　　관형어　　　　　　　목적어　　　　주어　　술어＋了　목적어　　부사어　부사어　술어　　목적어

해석 휴대폰은 현대인의 생활에 없어서는 안 되는 존재로, 많은 사람은 휴대폰이 없어지면 바로 어찌할 바를 모른다고 느낀다.

해설 각 절의 주어, 술어, 목적어가 문맥상 자연스럽게 어울린다. 관형어 现代人生活中必不可少的(현대인의 생활에 없어서는 안 되는)도 목적어 存在(존재) 앞에서 문맥상 적절하게 쓰였고, 부사 就(바로)와 조동사 会(~한다) 역시 술어 感到(느끼다) 앞 부사어로 적절하게 쓰였다. 따라서 틀린 부분이 없다.

어휘 现代人 xiàndàirén 圄 현대인　必不可少 bì bù kě shǎo 없어서는 안 된다　存在 cúnzài 圄 존재하다　六神无主 liùshénwúzhǔ 圄 어찌할 바를 모르다

C (걷는) / 자세는 / (~할 수 있다) 영향을 주다 / (한 사람의) / 전체적인 분위기에. // 따라서 (가장 좋다) 기르다 / (걸을 때 고개를 들고 가슴을 펴는) / 습관을

(走路的) 姿态 / (可以) 影响 / (一个人的) / 整体气质, // 因此 (最好) 养成 / (走路时抬头挺胸的) 习惯。
　관형어　주어　　부사어　술어　　관형어　　　　목적어　　　접속사　부사어　술어＋보어　　관형어　　　　　목적어

해석 걷는 자세는 한 사람의 전체적인 분위기에 영향을 줄 수 있다. 따라서 걸을 때 고개를 들고 가슴을 펴는 습관을 기르는 것이 가장 좋다.

해설 앞 절의 주어 姿态(자세는), 술어 影响(영향을 주다), 목적어 整体气质(전체적인 분위기에)과 뒤 절의 '술어＋보어'인 养成(기르다), 목적어 习惯(습관을)이 각각 문맥상 자연스럽게 어울린다. 관형어 走路时抬头挺胸的(걸을 때 고개를 들고 가슴을 펴는)가 뒤 절의 목적어 习惯 앞에서 문맥상 적절하게 쓰였고, 부사 最好(가장 좋다)도 뒤 절의 술어 养成 앞 부사어로 문맥상 적절하게 쓰였다. 인과 관계를 나타내는 접속사 因此(따라서) 역시 문맥상 적절하게 쓰였다. 따라서 틀린 부분이 없다. 참고로 뒤 절의 주어가 人(사람은)이라는 것을 분명하게 알 수 있으므로, 뒤 절의 주어는 생략됐다.

어휘	走路 zǒulù 통 걷다　★姿态 zītài 명 자세, 자태　整体 zhěngtǐ 명 전체　★气质 qìzhì 명 분위기, 기질　抬头 táitóu 고개를 들다
	挺胸 tǐngxiōng 가슴을 펴다

D	스킨 스쿠버 다이빙은 /	(점차)	~이 되고 있다 /	(매우 인기가 많은)	운동 종목이.	하지만	오직 ~만	(전문 훈련을 거친)	사람이 /
	潜水	(逐渐)	成为	(一项极具人气的)	运动项目, //	但	只有	(经过专业训练的)	人
	주어	부사어	술어	관형어	목적어	접속사	접속사	관형어	주어

	(비로소)	(~할 수 있다)	하다 /	딥 다이빙을
	(才)	(能)	进行 /	深度潜水。
	부사어	부사어	술어	목적어

해석 스킨 스쿠버 다이빙은 점차 매우 인기가 많은 운동 종목이 되고 있다. 하지만, 오직 전문 훈련을 거친 사람만이 비로소 딥 다이빙을 할 수 있다.

해설 앞 절과 뒤 절의 주어, 술어, 목적어가 각각 문맥상 자연스럽게 어울리고, 부사 逐渐(점차)이 앞 절의 술어 成为(~이 되고 있다) 앞에서 부사어로 적절하게 쓰였다. 앞뒤 내용이 전환됨을 나타내는 접속사 但(하지만), 자주 함께 쓰이며 조건을 나타내는 '只有A, 才B(오직 A해야만, 비로소 B하다)'도 뒤 절에서 문맥상 적절하게 쓰였다. 따라서 틀린 부분이 없다.

어휘 ★潜水 qiánshuǐ 명 스킨 스쿠버 다이빙하다　逐渐 zhújiàn 분 점차　项目 xiàngmù 명 종목, 항목　训练 xùnliàn 통 훈련하다

深度潜水 shēndù qiánshu 딥 다이빙

56

A	주조하다 /	동전 한 닢을 /	(~해야 한다) 거치다 /	(십여 개의 복잡한)	제조 공정을. //	게다가	(매 제조 공정의)	요구는 /	(모두)	(매우)	엄격하다
	铸造 /	一枚硬币	(要) 经过 /	(十几道复杂的)	工序, //	且	(每道工序的)	要求 /	(都)	(十分)	严格。
	술어	목적어	부사어 술어	관형어	목적어	접속사	관형어	주어	부사어	부사어	술어
	주어(술목구)										

해석 동전 한 닢을 주조하는 것은 십여 개의 복잡한 제조 공정을 거쳐야 한다. 게다가 매 제조 공정의 요구는 모두 매우 엄격하다.

해설 앞 절의 주어, 술어, 목적어와 뒤 절의 주어, 술어가 각각 문맥상 자연스럽게 어울리고, 점층을 나타내는 접속사 且(게다가)도 문맥상 적절하게 쓰였다. 뒤 절의 부사 都(모두), 술어와 의미적으로 밀접한 부사 十分(매우) 또한 술어 严格(엄격하다) 앞 부사어로 적절하게 쓰였다. 참고로 2개 이상의 부사가 술어 앞에서 부사어가 될 경우, 술어와 의미상으로 가장 밀접한 부사가 술어 바로 앞에 위치한다는 것을 알아둔다.

어휘 铸造 zhùzào 통 주조하다　★枚 méi 양 닢, 개[작은 조각으로 된 사물을 세는 단위]　硬币 yìngbì 명 동전　工序 gōngxù 명 제조 공정

B	(갑작스레 닥쳐온)	해일은 /	파괴했다 /	(마을 주민의) 삶의 터전을. //	그들은 /	(그저)	(~할 수 있다)	(눈을 뻔히 뜨고)	보고 있다 /
	(突如其来的)	海啸 /	毁灭了 /	(村民的) 家园, //	他们 /	(只)	(能)	(眼睁睁地)	看着 /
	관형어	주어	술어+了	관형어 목적어	주어	부사어	부사어	부사어	술어+着

	집이 /	(바닷물에 의해)	잠기다
	房子 /	(被海水)	淹没。
	주어	被+행위의 주체	술어
		목적어(주술구)	

해석 갑작스레 닥쳐온 해일은 마을 주민의 삶의 터전을 파괴했고, 그들은 그저 눈을 뻔히 뜨고 집이 바닷물에 의해 잠기는 것을 보고 있을 수밖에 없었다.

해설 뒤 절의 목적어는 개사 被가 쓰인 被자문으로, 주어 房子(집이), '被+행위의 주체'인 被海水(바닷물에 의해), 술어 淹没(잠기다)가 문맥상 자연스럽게 어울린다. 앞 절에서 관형어 突如其来的(갑작스레 닥쳐온)와 村民的(마을 주민의)도 각각 주어 海啸(해일은), 목적어 家园(삶의 터전을) 앞에서 문맥상 적절하게 쓰였고, 뒤 절의 부사 只(그저), 조동사 能(~할 수 있다), '형용사+地'인 眼睁睁地(눈을 뻔히 뜨고) 또한 술어 看(보다) 앞 부사어로 문맥상 적절하게 쓰였다. 따라서 틀린 부분이 없다. 참고로 위 문장에서처럼 被가 포함된 구도 목적어가 될 수 있다는 것을 알아둔다.

어휘 突如其来 tūrúqílái 성 갑작스레 닥쳐오다　海啸 hǎixiào 명 해일　毁灭 huǐmiè 통 파괴하다　家园 jiāyuán 명 삶의 터전

眼睁睁 yǎnzhēngzhēng 형 눈을 뻔히 뜨다[멍하거나 방법이 없어 어찌하지 못하는 모습]　淹没 yānmò 통 잠기다

C	세계 각지에 /	있다 /	(셀 수 없이 많은)	성당이. //	(그중)	(바티칸에 위치한)	산피에트로대성당은 /	~이다 /	(규모가 제일 큰 하나의)
	世界各地 /	有 /	(数不清的)	天主教堂, //	(其中)	(位于梵蒂冈的)	圣彼得大教堂 /	是 /	(一座规模最大的)。
	주어	술어	관형어	목적어	부사어	관형어	주어	술어	관형어

해석 세계 각지에 셀 수 없이 많은 성당이 있는데, 그중 바티칸에 위치한 산피에트로대성당은 규모가 제일 큰 하나의이다.

해설 목적어가 없어 틀린 경우

뒤 절의 술어 是(~이다)과 연결되면서 관형어 一座规模最大的(규모가 제일 큰 하나의)의 꾸밈을 받는 목적어가 없어 틀린 문장이다. 天主教堂(성당)과 같은 목적어가 있어야 한다.

옳은 문장 世界各地有数不清的天主教堂，其中位于梵蒂冈的圣彼得大教堂是一座规模最大的天主教堂。

세계 각지에 셀 수 없이 많은 성당이 있는데, 그중 바티칸에 위치한 산피에트로대성당은 규모가 제일 큰 하나의 성당이다.

어휘	数不清 shǔ bu qīng 셀 수 없이 많다 **天主教堂** tiānzhǔ jiàotáng 圐 성당 位于 wèiyú 圐 ~에 위치하다 **梵蒂冈** Fàndìgāng 고유 바티칸
	圣彼得大教堂 Shèngbǐdé dàjiàotáng 고유 산피에트로대성당[바티칸에 있는 성당] 规模 guīmó 圐 규모

D	북유럽풍은 / ~이다 / (스칸디나비아 반도에서 기원한) / 인테리어 디자인 스타일. // 가지고 있다 / (간결하며 자연에 가까운) / 예술적 특징을
	北欧风 / 是 / (起源于斯堪的纳维亚半岛的) / 装饰设计风格， // 具有 / (简洁且贴近自然的) / 艺术特点。
	주어 술어 관형어 목적어 술어 관형어 목적어

해석	북유럽풍은 스칸디나비아 반도에서 기원한 인테리어 디자인 스타일로, 간결하며 자연에 가까운 예술적 특징을 가지고 있다.

해설	술어 是(~이다)과 연결되는 주어 北欧风(북유럽풍은), 목적어 装饰设计风格(인테리어 디자인 스타일)가 동격이고, 뒤 절에서 생략된 주어 北欧风, 술어 具有(가지고 있다), 목적어 艺术特点(예술적 특징을)이 문맥상 자연스럽게 연결된다. 관형어 起源于斯堪的纳维亚半岛的(스칸디나비아 반도에서 기원한)와 简洁且贴近自然的(간결하며 자연에 가까운)도 각각 목적어 装饰设计风格과 艺术特点 앞에서 문맥상 적절하게 쓰였다. 따라서 틀린 부분이 없다.

어휘	北欧 běiōu 圐 북유럽 ★起源 qǐyuán 동 기원하다 斯堪的纳维亚半岛 Sīkāndìnàwéiyà bàndǎo 고유 스칸디나비아 반도
	装饰 zhuāngshì 동 인테리어를 하다 设计 shèjì 동 디자인하다 风格 fēnggé 圐 스타일 简洁 jiǎnjié 闠 간결하다 贴近 tiējìn 동 가깝다

57

A	(예전에는 관심 가지는 사람이 없던 그) 변경의 작은 도시는 / (짧디 짧은 이십 년 사이에) (급속하게) 발전하다. // (오늘날) (이미) 고층 건물이 / 빽빽이 들어섰다. //
	(那个曾经无人问津的) 边陲小镇 / (在短短二十年间) (飞速) 发展， // (如今) (已) 高楼 / 林立， //
	관형어 주어 부사어 부사어 술어 부사어 부사어 주어 술어 술어(주술구)
	~가 됐다 / (중요한) 경제 중심지
	成为了 / (重要的) 经济中心。
	술어+了 관형어 목적어

해석	예전에는 관심 가지는 사람이 없던 그 변경의 작은 도시는 짧디 짧은 이십 년 사이에 급속하게 발전하여, 오늘날 이미 고층 건물이 빽빽이 들어섰고, 중요한 경제 중심지가 됐다.

해설	那个曾经无人问津的(예전에 관심 가지는 사람이 없던 그)가 주어 边陲小镇(변경의 작은 도시) 앞에서 관형어로, 기간을 나타내는 개사구 在短短二十年间(짧디 짧은 이십 년 사이에)과 부사 飞速(급속하게)가 술어 发展(발전하다) 앞에서 부사어로 각각 문맥상 적절하게 쓰였다. 술어 成为(~가 되다), 목적어 经济中心(경제 중심지)도 문맥상 자연스럽게 어울린다. 따라서 틀린 부분이 없다.

어휘	曾经 céngjīng 囝 예전에 无人问津 wúrénwènjīn 囵 관심 가지는 사람이 없다 边陲 biānchuí 圐 변경 小镇 xiǎozhèn 圐 작은 도시
	飞速 fēisù 囝 급속하게 如今 rújīn 圐 오늘날 高楼 gāolóu 圐 고층 건물 林立 línlì 圐 빽빽이 들어서다 中心 zhōngxīn 圐 중심지

B	화산 폭발은 / ~이다 / (지각 운동의) 표출 방식. // (분출되어 나온) 마그마 온도는 / (최대) ~에 달하다 / 1300도. //
	火山喷发 / 是 / (地壳运动的) 一种表现形式， // (喷发出的) 岩浆温度 / (最高) 可达 / 1300℃， //
	주어 술어 관형어 목적어 관형어 주어 부사어 술어 목적어
	마그마가 지나간 곳은 / (모두) (~한다) ~로 변하다 / 불바다
	岩浆所经之处 / (都) (会) 变成 / 火海。
	주어 부사어 부사어 술어+보어 목적어

해석	화산 폭발은 지각 운동의 표출 방식으로, 분출되어 나온 마그마 온도는 최대 1300도에 달하고, 마그마가 지나간 곳은 모두 불바다로 변한다.

해설	각 절의 주어, 술어, 목적어가 각각 자연스럽게 이어지고, 첫 번째 절에서 술어 是(~이다)과 연결되는 주어 火山喷发(화산 폭발은), 목적어 一种表现形式(표출 방식)이 동격이다. 관형어 地壳运动的(지각 운동의)가 목적어 一种表现形式 앞에서, 관형어 喷发出的(분출되어 나온)가 두 번째 절의 주어 岩浆温度(마그마 온도는) 앞에서 각각 문맥상 적절하게 쓰였고, 부사 最高(최대) 역시 두 번째 절의 술어 可达(~에 달하다) 앞 부사어로 문맥상 적절하게 쓰였다. 따라서 틀린 부분이 없다.

어휘	火山 huǒshān 圐 화산 喷发 pēnfā 동 폭발하다, (화산이 용암을) 분출하다 地壳 dìqiào 圐 지각 表现 biǎoxiàn 동 표출하다, 표현하다
	形式 xíngshì 圐 방식, 형식 岩浆 yánjiāng 圐 마그마 火海 huǒhǎi 圐 불바다

C	(희석 후의) 방사능 오염수가 / (~되다) ~로 내보내다 / 바다. // ~뿐만 아니라 (해양 생물에게) 끼쳤다 / 해를 / (막대한) //
	(稀释后的) 核废水 / (被) 排入 / 大海中， // 不仅 (给海洋生物) 带来了 / 伤害 / (巨大的)， //
	관형어 주어 被 술어+보어 목적어 접속사 부사어 술어+보어+了 목적어 관형어 주어(주술목구)
	(~도) (우리 인류의 앞으로의 생활에) 초래했다 / 위협을
	(也) (对我们人类今后的生活) 造成了 / 威胁。
	부사어 부사어 술어+了 목적어

해석	희석 후의 방사능 오염수가 바다로 내보내진 것은 해양 생물에게 해를 막대한 끼쳤을 뿐만 아니라, 우리 인류의 앞으로의 생활에도 위협을 초래했다.

巨大的(막대한)는 관형어 형태인데 뒤에 꾸밈을 받는 대상이 없어 틀린 문장이다. 문맥상 巨大的가 목적어 伤害(해를) 앞에 와서 伤害를 꾸며주어야 한다.

옳은 문장 稀释后的核废水被排入大海中，不仅给海洋生物带来了**巨大的**伤害，也对我们人类今后的生活造成了威胁。
희석 후의 방사능 오염수가 바다로 내보내진 것은 해양 생물에게 막대한 해를 끼쳤을 뿐만 아니라, 우리 인류의 앞으로의 생활에도 위협을 초래했다.

어휘 稀释 xīshì 图 희석하다 核废水 héfèishuǐ 图 방사능 오염수 ★生物 shēngwù 图 생물 伤害 shānghài 图 해치다 巨大 jùdà 图 막대하다
人类 rénlèi 图 인류 造成 zàochéng 图 초래하다 威胁 wēixié 图 위협하다

	리치는 / 생산되다 / (중국의 남방에서).		~이다	(과육이 달콤한)	과일	
D	荔枝 / 产 / (于中国的南方)，	//	是	(一种果肉甘甜的)	水果。	//
	주어 술어 보어		술어	관형어	목적어	

(리치의 재배와 식용에 관한)	역사는.	//	(~할 수 있다) ~까지 거슬러 올라가다 /	(이천여 년 전의)	한나라 시대
(关于荔枝栽培和食用的)	历史，	//	(可以) 追溯到	(两千多年前的)	汉代。
관형어	주어		부사어 술어+보어	관형어	목적어

해석 리치는 중국의 남방에서 생산되며, 과육이 달콤한 과일이다. 리치의 재배와 식용에 관한 역사는 이천여 년 전의 한나라 시대까지 거슬러 올라갈 수 있다.

해설 앞 문장의 주어 荔枝(리치는)이 술어 产(생산되다), 보어 于中国的南方(중국의 남방에서)과 문맥상 자연스럽게 어울리고, 술어 是(~이다)과 연결되는 목적어 水果(과일)와도 동격이다. 뒤 문장의 주어 历史(역사는), '술어+보어'인 追溯到(~까지 거슬러 올라가다), 목적어 汉代(한나라 시대)도 문맥상 자연스럽게 어울린다. 관형어 关于荔枝栽培和食用的(리치의 재배와 식용에 관한) 또한 주어 历史 앞에서 문맥상 적절하게 쓰였다. 따라서 틀린 부분이 없다.

어휘 荔枝 lìzhī 图 리치[열대 과일 중 하나] 果肉 guǒròu 图 과육 甘甜 gāntián 图 달콤하다 ★栽培 zāipéi 图 재배하다 ★追溯 zhuīsù 图 거슬러 올라가다
汉代 Hàndài 图 한나라 시대[중국 역사상의 한 시대]

58	A	이 계획은	비교적 꼼꼼하게 고려되다.	//	게다가	각 분야의 구상이 / 합리적이다.	//	가진다	(상당한)	대표성을.	//	만족시켰다
		此方案 /	考虑得比较周全，	//	且	各方面构思 / 合理，	//	具有	(一定的)	代表性，	//	满足了
		주어	술어+得+보어		접속사	주어 술어		술어	관형어	목적어		술어+了
						술어(주술구)						

(체계적으로 계획하고 고려하며, 전면적으로 조화롭게 한다는) 요구 사항을	
(统筹兼顾、全面协调的)	要求。
관형어	목적어

해석 이 계획은 비교적 꼼꼼하게 고려됐고, 게다가 각 분야의 구상이 합리적이어서 상당한 대표성을 가지며, 체계적으로 계획하고 고려하며, 전면적으로 조화롭게 한다는 요구 사항을 만족시켰다.

해설 주어 此方案(이 계획은)과 '술어+得+보어'인 考虑得比较周全(비교적 꼼꼼하게 고려되다), 주술구 형태의 술어 各方面构思合理(각 분야의 구상이 합리적이다), 술어 具有(가진다), 술어 满足(만족시키다)가 문맥상 자연스럽게 어울린다. 관형어 一定的(상당한)와 统筹兼顾、全面协调的(체계적으로 계획하고 고려하며, 전면적으로 조화롭게 한다는)도 각각 목적어 代表性(대표성을)과 要求(요구 사항을) 앞에서 문맥상 적절하게 쓰였다. 따라서 틀린 부분이 없다.

어휘 方案 fāng'àn 图 계획, 방안 周全 zhōuquán 图 꼼꼼하다, 주도면밀하다 ★构思 gòusī 图 구상하다 合理 hélǐ 图 합리적이다
代表性 dàibiǎoxìng 图 대표성 满足 mǎnzú 图 만족시키다 统筹兼顾 tǒngchóujiāngù 图 체계적으로 계획하고 고려하다
★协调 xiétiáo 图 조화롭게 하다

	만약 ~라면	(~하고 싶다)	(수학 올림피아드 경시대회에서)	얻다 /	높은 등수를.	//	~뿐만 아니라	(~해야 한다) 갖추다 /	예리한 생각과 치밀한 사고력을.	//
B	如果	(想)	(在奥数比赛中)	获得 /	高名次，	//	不仅	(要) 具备 /	敏锐的思维和严密的思考能力，	//
	접속사	부사어	부사어	술어	목적어		접속사	부사어 술어	목적어	

(도)	(~해야 한다)	높이다 /	문제풀이 방법과 효율을
(还)	(要)	提高 /	解题方法和效率。
부사어	부사어	술어	목적어

해석 만약 수학 올림피아드 경시대회에서 높은 등수를 얻고 싶다면, 예리한 생각과 치밀한 사고력을 갖춰야 할 뿐만 아니라, 문제풀이 방법과 효율도 높여야 한다.

해설 술어, 목적어가 서로 문맥상 어울리지 않아 틀린 경우

술어 提高(높이다)와 목적어 解题方法和效率(문제풀이 방법과 효율)가 서로 문맥상 어울리지 않아 틀린 문장이다. 목적어 解题方法和效率 중 效率(효율)는 높일 수 있지만 解题方法(문제풀이 방법)는 높일 수 없으므로, 完善(보완하다)과 같은 술어가 하나 더 있어야 한다.

옳은 문장 如果想在奥数比赛中获得高名次, 不仅要具备敏锐的思维和严密的思考能力, 还要完善解题方法, 提高效率。
만약 수학 올림피아드 경시대회에서 높은 등수를 얻고 싶다면, 예리한 생각과 치밀한 사고력을 갖춰야 할 뿐만 아니라, 문제풀이 방법을 보완하고 효율도 높여야 한다.

어휘 奥数 Àoshù [고급] 수학 올림피아드[奥林匹克数学竞赛(수학 올림피아드대회)의 약칭] 名次 míngcì [반] 등수 具备 jùbèi [반] 갖추다
★敏锐 mǐnruì [반] 예리하다 ★思维 sīwéi [반] 생각, 사고 严密 yánmì [반] 치밀하다 思考 sīkǎo 사고하다 效率 xiàolǜ [반] 효율
完善 wánshàn [반] 보완하다

C	이번 폭우는 /	(매우)(~할 가능성이 크다)	(~할 수 있다)	유발하다 /	홍수와 산사태 등의 지질 재해를,	// 따라서	기상청은 /
	这次暴雨 /	(很)(可能)	(会)	诱发 /	山洪、滑坡等地质灾害,	// 因此	气象台 /
	주어	부사어 부사어	부사어	술어	목적어	접속사	주어

(폭우 황색 사전 경보 신호를)	~로 격상하다 /	폭우 주황색 사전 경보 신호
(将暴雨黄色预警信号)	升级为 /	暴雨橙色预警信号。
将+행위의 대상	술어+보어	목적어

해석 이번 폭우는 홍수와 산사태 등 지질 재해를 유발할 가능성이 매우 커서, 기상청은 폭우 황색 사전 경보 신호를 폭우 주황색 사전 경보 신호로 격상했다.

해설 앞 절의 주어, 술어, 목적어가 모두 문맥상 자연스럽게 어울린다. 뒤 절은 개사 将이 쓰인 문장으로, '将+행위의 대상'인 将暴雨黄色预警信号 (폭우 황색 사전 경보 신호를), 술어 升级(격상하다), 목적어 暴雨橙色预警信号(폭우 주황색 사전 경보 신호)가 문맥상 자연스럽게 어울린다. 인과 관계를 나타내는 접속사 因此(따라서) 또한 문맥상 적절하게 쓰였다. 따라서 틀린 부분이 없다.

어휘 山洪 shānhóng [반] (폭우가 쌓인 눈이 녹아 생기는) 산의 홍수 滑坡 huápō [반] 산사태가 나다 地质 dìzhì [반] 지질 灾害 zāihài [반] 재해
气象台 qìxiàngtái [반] 기상청 预警 yùjǐng [반] 사전에 경보하다 信号 xìnhào [반] 신호 升级 shēngjí [반] 격상하다 橙色 chéngsè [반] 주황색

D	고추는 /	함유한다 /	다량의 비타민C와 풍부한 식이 섬유를,	// 또한	함유한다 /	(쉽게 인체에 흡수되는)	카로틴을.	// ~이다
	辣椒 /	含有 /	大量的维生素C和丰富的膳食纤维,	// 并且	含有 /	(容易被人体吸收的)	胡萝卜素,	// 是 /
	주어	술어	목적어	접속사	술어	관형어	목적어	술어

(다양한 요소가 풍부하게 들어있는)	채소
(一种富含多样元素的)	蔬菜。
관형어	목적어

해석 고추는 다량의 비타민C와 풍부한 식이 섬유를 함유하고, 또한 쉽게 인체에 흡수되는 카로틴을 함유하며, 다양한 요소가 풍부하게 들어있는 채소이다.

해설 주어 辣椒(고추는), 술어 含有(함유한다), 목적어 维生素C和丰富的膳食纤维(다량의 비타민C와 풍부한 식이 섬유를)이 문맥상 자연스럽게 어울리고, 또 다른 술어 含有와 胡萝卜素(카로틴을)가 문맥상 자연스럽게 어울린다. 세 번째 절에서 술어 是(~이다)과 연결되는 생략된 주어 辣椒와 목적어 蔬菜(채소)도 동격이다. 병렬을 나타내는 접속사 并且(또한) 또한 문맥상 적절하게 쓰였다. 따라서 틀린 부분이 없다. 참고로 세 번째 절에서 是 앞의 주어 辣椒는 첫 번째 절의 주어와 같아서 생략됐다.

어휘 辣椒 làjiāo [반] 고추 ★维生素 wéishēngsù [반] 비타민 膳食纤维 shànshí xiānwéi [반] 식이 섬유 吸收 xīshōu [반] 흡수하다
胡萝卜素 húluóbosù [반] 카로틴[비타민A의 전구체] ★元素 yuánsù [반] 요소 蔬菜 shūcài [반] 채소

59

A	(점점 더 많은)	사람이 /	열중한다 /	(리얼리티쇼 프로그램을 보는 것에),	// 왜냐하면	리얼리티쇼는 /	없다	대본이,	// 따라서	(~할 수 있다)	불러일으키다 /
	(越来越多的)	人 /	热衷 /	(于收看真人秀节目),	// 因为	真人秀 /	没有	台本,	// 从而	(能)	激发出 /
	관형어	주어	술어	보어	접속사	주어	술어	목적어	접속사	부사어	술어+보어

(게스트 간의 생각지도 못한)	상호 작용을
(嘉宾之间意想不到的)	互动。
관형어	목적어

해석 점점 더 많은 사람이 리얼리티쇼 프로그램을 보는 것에 열중하는데, 왜냐하면 리얼리티쇼는 대본이 없고, 따라서 게스트 간의 생각지도 못한 상호 작용을 불러일으킬 수 있기 때문이다.

해설 주어 人(사람이)과 술어 热衷(열중한다), 보어 于收看真人秀节目(리얼리티쇼 프로그램을 보는 것에)가 문맥상 자연스럽게 어울린다. 관형어 嘉宾之间意想不到的(게스트 간의 생각지도 못한)도 목적어 互动(상호 작용을) 앞에서 문맥상 적절하게 쓰였다. 원인을 나타내는 접속사 因为(왜냐하면)와 결과를 나타내는 접속사 从而(따라서) 역시 문맥상 적절하게 쓰였다. 따라서 틀린 부분이 없다.

热衷 rèzhōng 圄 열중하다　真人秀 zhēnrénxiù 圄 리얼리티쇼　节目 jiémù 圄 프로그램　台本 táiběn 圄 대본　★激发 jīfā 圄 (감정을) 불러일으키다
嘉宾 jiābīn 圄 게스트　意想不到 yìxiǎngbúdào 圄 생각지 못하다　互动 hùdòng 圄 상호 작용을 하다

B	사람은	(스트레스가 클 때)	(~할 수 있다) 듣다 /	(약간의 느린)	경음악을,	이는	(~할 수 있다) ~하게 하다	몸과 마음이	얻다 /

人 / (在压力大的时候) (可以) 听 / (一些舒缓的) 轻音乐, // 这 / (能) 使 / 身心 / 得到 /
주어　　부사어　　　부사어 술어　　관형어　　목적어　　주어　부사어 술어1 목적어 술어2
　　　　　　　　　　　　　　　　　　　　　　　　　　　　　　　　주어

(어느 정도의) 안정을. // 또한 (~도) (~할 수 있다) (효과적으로) 악화하다 / (초조한) 감정을.
(一定的) 放松, // 并且 (还) (能) (有效) 加剧 / (焦虑的) 情绪。
관형어　　목적어　접속사 부사어 부사어 부사어 술어　　관형어　목적어

해석　사람은 스트레스가 클 때 약간의 느린 경음악을 들을 수 있는데, 이는 몸과 마음이 어느 정도 안정을 얻을 수 있게 하고, 또한 초조한 감정을 효과적으로 악화할 수도 있다.

해설　**술어가 전체 문맥에 어울리지 않아 틀린 경우**
세 번째 절의 술어 加剧(악화하다)가 경음악을 듣는 것이 심신을 안정시킬 수 있다는 문맥에 어울리지 않아 틀린 문장이다. 减少(줄이다)와 같은 어휘가 와야 한다.

옳은 문장　人在压力大的时候可以听一些舒缓的轻音乐, 这能使身心得到一定的放松, 并且还能有效减少焦虑的情绪。
사람은 스트레스가 클 때 약간의 느린 경음악을 들을 수 있는데, 이는 몸과 마음이 어느 정도 안정을 얻을 수 있게 하고, 또한 초조한 감정을 효과적으로 줄일 수도 있다.

어휘　舒缓 shūhuǎn 圄 느리다, 완만하다　轻音乐 qīngyīnyuè 圄 경음악[대중성을 띤 가벼운 기악곡]　加剧 jiājù 圄 악화하다, 심해지다
焦虑 jiāolǜ 圄 초조하다　情绪 qíngxù 圄 감정

C	(~때문에)	전염병 발생 상황이 /	(지속적으로) 심해졌다. //	보호복과 마스크는 /	~에 처했다 /	(공급이 수요를 따라가지 못하는)	상황, //

由于 疫情 / (持续) 加重, // 防护服和口罩 / 处于 / (供不应求的) 状态, //
접속사　주어　　　부사어　술어　　　주어　　　　술어　　관형어　　목적어

많은 공장은 / 내려놓았다 / (원래의) 산업을, / 뛰어들었다 / (방역 용품의 제조에)
很多工厂 / 放下了 / (原先的) 产业, // 投身 / (于防疫用品的制造中)。
주어　　술어+보어+了　관형어　목적어　　술어　　　보어

해석　전염병 발생 상황이 지속적으로 심해졌기 때문에, 보호복과 마스크는 공급이 수요를 따라가지 못하는 상황에 처했고, 많은 공장은 원래의 산업을 내려놓고, 방역 용품 제조에 뛰어들었다.

해설　원인을 나타내는 접속사 由于(~때문에)가 문맥상 적절하게 쓰였고, 동사 持续(지속적으로)도 술어 加重(심해졌다) 앞 부사어로 적절히 쓰였다. 관형어 原先的(원래의)도 목적어 产业(산업을)앞에서 문맥상 적절하게 쓰였다. 따라서 틀린 부분이 없다.

어휘　疫情 yìqíng 圄 전염병 발생 상황　持续 chíxù 圄 지속하다　★供不应求 gōngbúyìngqiú 공급이 수요를 따라가지 못하다　状态 zhuàngtài 圄 상황
工厂 gōngchǎng 圄 공장　★原先 yuánxiān 圄 원래　★产业 chǎnyè 圄 산업　投身 tóushēn 圄 뛰어들다　防疫用品 fángyì yòngpǐn 圄 방역 용품
制造 zhìzào 圄 제조하다

D	연구에서 / 드러났다 /	(수차례 알람에 놀라서 깬 후에는), //	대뇌에서 /	(~한다)	생기다 /	('아데노신'이라고 부르는)	물질이, //

研究 / 表明, (多次被闹钟惊醒后), // 大脑 / (会) 产生 / (叫 "腺苷" 的) 物质, //
주어　술어　　　　부사어　　　　　　주어　부사어 술어　　관형어　　　목적어

이러한 물질은 / (~한다) ~하게 한다 / 사람이 / 느끼다 / 더 졸리다고. 더 나아가 초래하다 / 만성 피로를
这种物质 / (会) 让 / 人 / 感到 / 更加困倦, // 进而 导致 / 慢性疲劳。
주어　　부사어 술어1 목적어 술어2 목적어　　접속사 술어　　목적어
　　　　　　　　목적어
　　　　　　　　　　　　목적어(주술목구)

해석　연구에서 수차례 알람에 놀라서 깬 후에는, 대뇌에서 '아데노신'이라고 부르는 물질이 생기고, 이러한 물질은 사람이 더 졸리다고 느끼게 하며, 더 나아가 만성 피로를 초래할 수 있다는 것으로 드러났다.

해설　뒤 절은 사역동사 让이 사용된 겸어문으로, 주어 这种物质(이러한 물질은), 술어1 让(~하게 한다), 목적어 겸 주어 人(사람이), 술어2 感到(느끼다), 목적어 更加困倦(더 졸리다고)이 문맥상 모두 자연스럽게 어울린다. 점층을 나타내는 접속사 进而(더 나아가)도 문맥상 적절하게 쓰였다. 따라서 틀린 부분이 없다. 참고로 술어가 表明(드러나다)일 경우, 뒤에 목적어는 구나 절이 올 수 있다는 점을 알아둔다.

어휘　表明 biǎomíng 圄 드러나다　闹钟 nàozhōng 圄 알람　惊醒 jīngxǐng 圄 놀라서 깨다
腺苷 xiàngān 아데노신[무색의 고체로, 아데닌과 리보스가 결합한 화합물]　物质 wùzhì 圄 물질　困倦 kùnjuàn 圄 피곤하여 졸리다
★进而 jìn'ér 圄 더 나아가　导致 dǎozhì 圄 초래하다　慢性 mànxìng 圄 만성의　疲劳 píláo 圄 피로하다

60

A

(무더운) 여름은 / (~할 수 있다) 영향을 주다 / (사람의) 정서에, // (차분하지 못한) 기분은 / (~할 수 있다) ~하게 하다 / 우리가 / ~할 수 없다 /

(炎热的) 夏季 / (会) 影响 / (人的) 情绪，// (浮躁的) 心情 / (会) 使 / 我们 / 无法 /

관형어 주어 부사어 술어 관형어 목적어 관형어 주어 부사어 술어1 목적어/주어 술어2

(잘) 처리하다 / 일을 // (~할수록 더) 이렇다, // 우리는 / (더~하다) (~해야 한다) 유지하다 / (마음의) 평화를

(好好) 处理 / 事情，// (越是) 这样，// 我们 / (越) (要) 保持 / (内心的) 平和。

부사어 술어 목적어 (목적어(술목구)) 부사어 목적어 주어 부사어 부사어 술어 관형어 목적어

해석 무더운 여름은 사람의 정서에 영향을 줄 수 있고, 차분하지 못한 기분은 우리가 일을 잘 처리할 수 없게 하는데, 이럴수록 우리는 마음의 평화를 더 유지해야 한다.

해설 각 절의 주어, 술어, 목적어가 각각 문맥상 자연스럽게 어울리고, 두 번째 절은 사역동사 **使**이 사용된 겸어문으로, 주어 **心情**(기분은), 술어1 **使**(~하게 하다), 목적어 겸 주어 **我们**(우리가), 술어2 **无法**(~할 수 없다), 술목구 형태의 목적어 **好好处理事情**(일을 잘 처리하는 것을)이 문맥상 모두 자연스럽게 연결된다. '~할수록 더 ~한다'라는 의미를 가지는 '**越是A越B**'도 문맥상 적절하게 쓰였다. 따라서 틀린 부분이 없다.

어휘 ★**炎热** yánrè [형] 무덥다 **情绪** qíngxù [명] 정서 **浮躁** fúzào [형] 차분하지 못하다 **处理** chǔlǐ [동] 처리하다 **保持** bǎochí [동] 유지하다
平和 pínghé [형] 평화롭다

B

(때때로), // 주다 / 타인에게 / (가능한 만큼의) 도움을, // (오히려) (~할 수 있다) ~하게 하다 / (우리의) 마음이 / 얻다 / 치유를, //

(有时候)，// 给予 / 他人 / (一些力所能及的) 帮助，// (反而) (会) 让 / (我们的) 内心 / 得到 / 治愈，//

부사어 술어 목적어 관형어 목적어 (주어(술목구)) 부사어 부사어 술어1 관형어 목적어/주어 술어2 목적어

[설령 ~하더라도] (그저) ~이다 / (하나의) 작은 일, // (~도) (~할 수 있다) 밝게 비추다 / (타인의) 마음을

[就算] (只) 是 / (件) 小事，// (也) (能) 照亮 / (他人的) 内心。

접속사 부사어 술어 관형어 목적어 부사어 부사어 술어 관형어 목적어

해석 때때로, 타인에게 가능한 만큼의 도움을 주는 것은 오히려 우리의 마음이 치유를 얻게 할 수 있고, 설령 그저 하나의 작은 일이더라도, 타인의 마음을 밝게 비출 수 있다.

해설 사역동사 **让**이 사용된 겸어문으로, 술목구 형태의 주어 **给予他人一些力所能及的帮助**(타인에게 가능한 만큼의 도움을 주는 것은), 술어1 **让**(~하게 하다), 목적어 겸 주어 **内心**(마음이), 술어2 **得到**(얻다)가 문맥상 모두 자연스럽게 어울린다. 술어 **是**(~이다)과 연결되는 생략된 주어 **给予他人一些力所能及的帮助**, 목적어 **小事**(작은 일)도 동격이다. 자주 함께 쓰이며 양보를 나타내는 '**就算A, 也B**(설령 A하더라도, B하다)' 또한 문맥상 적절하게 쓰였다. 따라서 틀린 부분이 없다.

어휘 ★**给予** jǐyǔ [동] 주다 **力所能及** lìsuǒnéngjí [성] 가능한 만큼, 힘이 닿는 데까지 **反而** fǎn'ér [부] 오히려 **治愈** zhìyù 치유하다
照亮 zhào liàng 밝게 비추다

C

쓰다 / 일기를 / ~이다 / (하나의 좋은) 생활 습관, // 당신은 / (~할 수 있다) 기록하다 / (생활 속의) 아름다운 순간을, // (~도) (~할 수 있다)

写 / 日记 / 是 / (个良好的) 生活习惯，// 你 / (可以) 记录 / (生活中的) 美好瞬间，// (也) (可以)

술어 목적어 (주어(술목구)) 술어 관형어 목적어 주어 부사어 술어 관형어 목적어 부사어 부사어

기록하다 / (슬픈) 일을, // 이것들은 / (모두) (~할 것이다) ~이 되다 / (당신의 소중한) 추억이

记录 / (悲伤的) 点滴，// 这些 / (都) (将) 成为 / (你珍贵的) 回忆。

술어 관형어 목적어 주어 부사어 부사어 술어 관형어 목적어

해석 일기를 쓰는 것은 하나의 좋은 생활 습관으로, 당신은 생활 속의 아름다운 순간을 기록할 수 있고, 슬픈 일도 기록할 수 있으며, 이것들은 모두 당신의 소중한 추억이 될 것이다.

해설 각 절의 주어, 술어, 목적어가 각각 문맥상 자연스럽게 어울리고, 첫 번째 절에서 술어 **是**(~이다)과 연결되는 술목구 형태의 주어 **写日记**(일기를 쓰는 것은), 목적어 **生活习惯**(생활 습관)이 동격이다. 따라서 틀린 부분이 없다.

어휘 **良好** liánghǎo [형] 좋다 **记录** jìlù [동] 기록하다 ★**瞬间** shùnjiān [명] 순간 **悲伤** bēishāng [형] 슬프다 **点滴** diǎndī [명] (사소한) 일
★**珍贵** zhēnguì [형] 소중하다

D

(모든 사물의) 발전은 / (다) 기복이 있고, 파도처럼 전진한다 / //

(一切事物的) 发展 / (都) 是 有起有伏、波浪式前进 / 的，//

관형어 주어 부사어 [是] 술어 [的]

이것은 / (사물의 내부 모순 및 자연과 사회의 각종 외부 요인의 영향 때문에) (~한 바) 결정하다 /

这 / 是 (由于事物的内部矛盾以及自然和社会的种种外因影响) (所) 决定 / 的。

주어 [是] 부사어 所 술어 [的]

해석 모든 사물의 발전은 다 기복이 있고, 파도처럼 전진한다. 이것은 사물의 내부 모순 및 자연과 사회의 각종 외부 요인의 영향 때문에 결정한 바이다.

해설 **부사어 자리의 개사구에 문맥에 맞지 않는 개사가 사용되어 틀린 경우**

개사 由于(~ 때문에)가 사용되어 '모든 사물의 발전에 기복이 있고, 파도처럼 전진한다. 이것은 사물의 내부 모순 및 자연과 사회의 각종 외부 요인의 영향 때문에 결정한 바이다.'라는 어색한 문맥이 되어 틀린 문장이다. 由于 대신에 개사 由(~이)가 와야 한다. 참고로 由와 所는 '由+명사(대사)+所+동사'의 형태로 자주 사용되어 동작의 주체가 명사임을 강조한다.

옳은 문장 一切事物的发展都是有起有伏、波浪式前进的, 这是由事物的内部矛盾以及自然和社会的种种外因影响所决定的。
모든 사물의 발전은 다 기복이 있고, 파도처럼 전진한다. 이것은 사물의 내부 모순 및 자연과 사회의 각종 외부 요인의 영향이 결정한 바이다.

어휘 **事物** shìwù 圀사물 **有起有伏** yǒuqǐ yǒufú 기복이 있다 **波浪式** bōlàngshì 파도처럼, 파도식으로 **内部** nèibù 圀내부 **矛盾** máodùn 圀모순
以及 yǐjí 圙및, 그리고 **外因** wàiyīn 圀외부 요인 **决定** juédìng 圀결정하다

---

61 近年来，颜色各样、**款式**各异的电动滑板车尤为**盛行**。但它并非是横空出世的新发明。早在1919至1922年期间，德国的克虏伯就发明了**类似**现代电动滑板车的代步工具，当时的使用人群主要是邮差和交警，这种代步工具提高了他们的工作效率。

최근 몇 년간, 색깔이 다양하고 **디자인이** 각기 다른 전동 킥보드가 특히 **유행하고 있다**. 하지만 이것은 결코 갑자기 등장한 새로운 발명품이 아니다. 이미 1919년에서 1922년 사이에, 독일의 크루프가 오늘날의 전동 킥보드와 **비슷한** 교통수단을 발명했다. 그 당시의 사용자는 주로 우편 집배원과 교통경찰이었는데, 이러한 교통수단은 그들의 업무 효율을 높였다.

A	样式 ✔	散步	带领
B	**款式** ✔	**盛行** ✔	**类似** ✔
C	模式 ✔	传播	联络
D	仪式	盛开	响应

A	스타일이	산책하고 있다	인솔하는
B	**디자인이**	**유행하고 있다**	**비슷한**
C	모델이	널리 보급되고 있다	연락하는
D	의식이	만개하고 있다	호응하는

어휘 지문 ★**款式** kuǎnshì 圀디자인 **电动滑板车** diàndòng huábǎnchē 圀전동 킥보드 **尤为** yóuwéi 圀특히 **盛行** shèngxíng 圀유행하다
横空出世 héngkōngchūshì 圀갑자기 등장하다, 하늘 높이 우뚝 솟아 있다 **发明** fāmíng 圀발명품 圀발명하다
克虏伯 Kèlǔbó 교위크루프[독일의 철강·무기 제조업 재벌] ★**类似** lèisì 圀비슷하다 **现代** xiàndài 圀오늘날
代步工具 dàibù gōngjù 圀교통수단 **使用人群** shǐyòng rénqún 圀사용자 **邮差** yóuchāi 圀(옛날의) 우편 집배원
交警 jiāojǐng 圀교통경찰 **效率** xiàolǜ 圀효율

선택지 **样式** yàngshì 圀스타일 ★**模式** móshì 圀모델 **仪式** yíshì 圀의식 **传播** chuánbō 圀널리 보급하다 ★**盛开** shèngkāi 圀만개하다
★**带领** dàilǐng 圀인솔하다 **联络** liánluò 圀연락하다 **响应** xiǎngyìng 圀호응하다

해설 첫째 빈칸 선택지가 모두 공통글자 式을 포함한 명사 유의어이다. '색깔이 다양하고, ＿＿＿＿ 각기 다른 전동 킥보드가……'라는 문맥에 어울리는 선택지 A 样式(스타일이), B 款式(디자인이), C 模式(모델이)을 정답의 후보로 고른다.
참고로 D 仪式(의식)은 주로 술어 举行(거행하다) 등의 어휘와 호응한다.

둘째 빈칸 선택지 B, D는 공통글자 盛을 포함하여 '흥하다, 풍부하다'와 관련된 의미의 동사 유의어이고, A는 '산책하다'라는 의미의 동사이다. 그리고 C는 '널리 보급하다'라는 의미의 동사이다. 빈칸은 술어 자리이므로, 빈칸 앞의 주어 电动滑板车(전동 킥보드가)와 의미적으로 호응하는 선택지 B 盛行(유행하고 있다)이 정답이다. '색깔이 다양하고, 디자인이 각기 다른 전동 킥보드가 특히 ＿＿＿＿'라는 문맥과도 자연스럽다.
참고로 C 传播(널리 보급하다)는 어떤 매개체를 통해 널리 퍼져 영향력이 강해짐을 나타낸다.
*둘째 빈칸에서는 B밖에 정답이 될 수 없기 때문에, 실제 시험에서는 선택지 B를 정답으로 선택하고 바로 다음 문제로 넘어간다.

셋째 빈칸 선택지가 모두 의미가 다른 동사이다. '독일의 크루프가 오늘날의 전동 킥보드와 ＿＿＿＿ 교통수단을 발명했다'라는 문맥에 어울리는 선택지 B 类似(비슷한)가 정답이다.

---

62 坚持低碳饮食法的人，在短期内会出现戒断综合征，症状越重就说明人体对碳水化合物的**依赖**越强。人体大部分的能量来自于碳水化合物，**倘若**减少了碳水化合物的摄入，就**不免**需要增加脂肪的摄取量，以保证能量的正常供给。

저탄수화물 식단을 지속하는 사람은 단기간 내에 금단 증후군이 나타날 수 있는데, 증상이 심할수록 인체가 탄수화물에 대한 **의존이** 강하다는 것을 뜻한다. 인체 대부분의 에너지는 탄수화물로부터 오는데, **가령** 탄수화물의 섭취가 감소되면, 에너지의 정상적인 공급을 보장하기 위해 **어쩔 수 없이** 지방의 섭취량을 늘려야 한다.

A 依靠 ✔	以免	无非		A 의지가	~하지 않도록	단지
B 依托	如果 ✔	恰巧 ✔		B 의탁이	만약	공교롭게도
C 依赖 ✔	倘若 ✔	不免 ✔		C 의존이	가령	어쩔 수 없이
D 依据	万一 ✔	公然		D 의거가	만일	공개적으로

어휘 **지문** 低碳 dītàn 圏 저탄수화물의 　饮食法 yǐnshífǎ 圏 식단 　戒断综合征 jièduàn zōnghézhēng 圏 금단 증후군 　★症状 zhèngzhuàng 圏 증상
人体 réntǐ 圏 인체 　碳水化合物 tànshuǐ huàhéwù 圏 탄수화물 　★依赖 yīlài 圏 의존하다 　倘若 tǎngruò 圝 가령
摄入 shèrù 섭취하다 　不免 bùmiǎn 어쩔 수 없이, ~을 피할 수 없다 　★脂肪 zhīfáng 圏 지방 　摄取量 shèqǔliàng 圏 섭취량
保证 bǎozhèng 圏 보장하다 　★能量 néngliàng 圏 에너지 　★供给 gōngjǐ 圏 공급하다

선택지 ★依靠 yīkào 圏 의지하다 　★依托 yītuō 圏 의탁하다 　★依据 yījù 圏 의거하다 　以免 yǐmiǎn 圝 ~하지 않도록 　万一 wànyī 圝 만일
无非 wúfēi 圉 단지 ~에 지나지 않는다, 틀림없이 　★恰巧 qiàqiǎo 圉 공교롭게도 　公然 gōngrán 圉 공개적으로

해설 **첫째 빈칸** 선택지가 모두 공통글자 依를 포함하여 '의지하다'와 관련된 의미의 동사 유의어이다. 빈칸 뒤의 强(강하다)과 의미적으로 호응하는 선택지 A 依靠(의지가), C 依赖(의존이)를 정답의 후보로 고른다. '증상이 심할수록 인체가 탄수화물에 대한 _____ 강하다는 것을 뜻한다'라는 문맥과도 자연스럽다.

둘째 빈칸 선택지 A는 '~하지 않도록'이라는 의미의 접속사이고, B, C, D는 '만약'과 관련된 의미의 접속사이다. '인체 대부분의 에너지는 탄수화물로부터 오는데, _____ 탄수화물의 섭취가 감소되면'이라는 문맥에 어울리는 선택지 B 如果(만약), C 倘若(가령), D 万一(만일)를 정답의 후보로 고른다.
참고로 A 以免(~하지 않도록)은 뒤절의 문장 맨 앞에 쓰여서 뒤절의 상황을 발생시키지 않는 것이 목적임을 나타낸다.

셋째 빈칸 선택지가 모두 의미가 다른 부사이다. '가령 탄수화물의 섭취가 감소되면, 에너지의 정상적인 공급을 보장하기 위해 _____ 지방의 섭취량을 늘려야 한다.'라는 문맥에 어울리는 선택지 B 恰巧(공교롭게도), C 不免(어쩔 수 없이)을 정답의 후보로 고른다.

*따라서 모든 빈칸에서 정답 후보를 포함하는 선택지 C가 정답이다.

---

63 当涂民歌是安徽马鞍山的地方传统音乐，早在六朝时期就有对它的**记载**。当涂民歌直到20世纪50年代末期发展至鼎盛阶段。它数量众多、题材广泛、内容**异彩纷呈**，是当涂人民智慧的**结晶**，具有高度的历史、文化和艺术价值。

당투 민요는 안후이 마안산 지역의 전통 음악이며, 일찍이 육조 시대에 이미 당투 민요에 대한 **기록이** 있었다. 당투 민요는 20세기 50년대 말에 이르러 흥성하는 단계로 발전했다. 그것은 수가 매우 많고, 소재가 광범위하며, 내용이 **색다른데**, 당투 사람들의 지혜의 **결정체**이며, 높은 역사적, 문화적 그리고 예술적 가치를 지닌다.

A 记载 ✔	异彩纷呈 ✔	结晶 ✔		A 기록이	색다른데	결정체
B 记忆	根深蒂固	构造		B 기억이	뿌리가 깊은데	구조
C 记性	日新月异 ✔	结论		C 기억력이	나날이 새로워지는데	결론
D 记录 ✔	得天独厚	理想		D 기록이	뛰어난 조건을 갖고 있는데	꿈

어휘 **지문** 当涂 Dāngtú 교 당투[중국 안후이(安徽)성에 있는 현 이름] 　民歌 míngē 圏 민요 　安徽 Ānhuī 교 안후이[중국의 성(지방 행정 구역) 중 하나]
马鞍山 Mǎ'ānshān 교 마안산[안후이(安徽)성에 있는 광공업 도시] 　传统 chuántǒng 圏 전통적이다
六朝时期 Liùcháo shíqī 교 육조 시대[중국 역사상의 한 시대] 　★记载 jìzǎi 圏 기록하다 　年代 niándài 圏 연대 　鼎盛 dǐngshèng 圏 흥성하다
阶段 jiēduàn 圏 단계 　众多 zhòngduō 圏 매우 많다 　★题材 tícái 圏 소재 　广泛 guǎngfàn 圏 광범위하다
异彩纷呈 yìcǎifēnchéng 圏 색다르다[여태까지 나타난 적이 없는 뛰어난 것을 나타냄] 　智慧 zhìhuì 圏 지혜 　结晶 jiéjīng 圏 결정체
价值 jiàzhí 圏 가치

선택지 记忆 jìyì 圏 기억하다 　记性 jìxing 圏 기억력 　记录 jìlù 圏 기록하다 　★根深蒂固 gēnshēndìgù 圏 뿌리가 깊다
日新月异 rìxīnyuèyì 圏 나날이 새로워지다 　★得天独厚 détiāndúhòu 圏 뛰어난 조건을 갖고 있다 　构造 gòuzào 圏 구조
结论 jiélùn 圏 결론 　理想 lǐxiǎng 圏 꿈

해설 **첫째 빈칸** 선택지가 모두 공통글자 记를 포함하여 '기재하다, 기억하다'와 관련된 의미의 어휘로, A, B, D는 동사 유의어이고 C는 명사이다. 빈칸 앞의 술어 有(있었다)와 의미적으로 호응하는 선택지 A 记载(기록이), B 记忆(기억이), D 记录(기록이) 중에서 '일찍이 육조 시대에 이미 당투 민요에 대한 _____ 있었다.'라는 문맥에 어울리는 것은 A 记载, D 记录이므로 이를 정답의 후보로 고른다.

둘째 빈칸 선택지가 모두 의미가 다른 성어이다. 빈칸은 술어 자리이므로, 빈칸 앞의 명사 内容(내용이)과 의미적으로 호응하는 선택지 A 异彩纷呈(색다른데), C 日新月异(나날이 새로워지는데)를 정답의 후보로 고른다. '그것(당투 민요)은 수가 매우 많고, 소재가 광범위하며, 내용이 _____'라는 문맥과도 자연스럽다.

셋째 빈칸 선택지 A, C는 공통글자 结를 포함하여 '결합하다, 묶다'와 관련된 의미의 명사 유의어이고, B는 '구조'라는 의미의 명사이다. 그리고 D는 '꿈'이라는 의미의 명사이다. 빈칸 앞의 관형어 当涂人民智慧的(당투 사람들의 지혜의)와 의미적으로 호응하는 선택지 A 结晶(결정체)이 정답이다. '당투 사람들의 지혜의 _____이며, 높은 역사적, 문화적 그리고 예술적 가치를 지닌다'라는 문맥과도 자연스럽다.

*따라서 모든 빈칸에서 정답 후보를 포함하는 선택지 A가 정답이다.

64

中国疾病预防控制中心提醒，在洪涝灾害发生以后，饮食卫生状况**恶化**、环境污染加重、**细菌**大量滋生、受灾人群**稠密**等因素，都容易引发不同种类的疾病。因此相关部门要提前做好传染病的**防治**工作。

중국 질병 예방 통제 센터는, 홍수와 침수 재해가 발생한 이후, 음식의 위생 상태가 **악화되고**, 환경 오염이 가중되고, **세균이** 대량 번식하고, 재해를 입은 군중이 **밀집하는** 등의 요인이 모두 서로 다른 종류의 질병을 쉽게 유발한다고 경고했다. 이 때문에 관련 부서는 사전에 전염병 **예방과 치료** 작업을 잘 해두어야 한다.

A 简化	喉咙	密集 ✔	保卫
B 进化	棉花	精密	守护
C 严重 ✔	纤维	严密	预防 ✔
D 恶化 ✔	**细菌 ✔**	**稠密 ✔**	**防治 ✔**

A 간소화되고	목구멍이	밀집하는	보위
B 진화하고	면이	정밀한	수호
C 심각하고	섬유가	빈틈없는	예방
D 악화되고	세균이	밀집하는	예방과 치료

어휘　지문　★疾病 jíbìng 몡 질병　预防 yùfáng 용 예방하다　控制 kòngzhì 용 통제하다　中心 zhōngxīn 몡 센터　洪涝 hónglào 몡 홍수와 침수

灾害 zāihài 몡 재해　★饮食 yǐnshí 몡 음식　卫生 wèishēng 톙 위생적이다　状况 zhuàngkuàng 몡 상태　恶化 èhuà 용 악화되다

★细菌 xìjūn 몡 세균　滋生 zīshēng 용 번식하다　稠密 chóumì 톙 밀집하다　因素 yīnsù 몡 요인　引发 yǐnfā 용 유발하다

种类 zhǒnglèi 몡 종류　相关 xiāngguān 용 관련되다　部门 bùmén 몡 부서　传染病 chuánrǎnbìng 몡 전염병

防治 fángzhì 용 예방하고 치료하다

선택지　★简化 jiǎnhuà 용 간소화하다　★进化 jìnhuà 용 진화하다　严重 yánzhòng 톙 심각하다　喉咙 hóulóng 몡 목구멍　棉花 miánhuā 몡 면

★纤维 xiānwéi 몡 섬유　密集 mìjí 톙 밀집하다　精密 jīngmì 톙 정밀하다　★严密 yánmì 톙 빈틈없다　保卫 bǎowèi 용 보위하다

守护 shǒuhù 용 수호하다　预防 yùfáng 용 예방하다

해설　첫째 빈칸　선택지 A, B, D는 공통글자 化를 포함하여 '변화하다'와 관련된 의미의 동사 유의어이고, C는 '심각하다'라는 의미의 형용사이다. 빈칸은 술어 자리이므로, 빈칸 앞의 주어 卫生状况(위생 상태가)과 의미적으로 호응하는 선택지 C 严重(심각하고), D 恶化(악화되고)를 정답의 후보로 고른다. '음식의 위생 상태가 _____, 환경 오염이 가중되고, …… 등의 요인'이라는 문맥과도 자연스럽다.

둘째 빈칸　선택지가 모두 의미가 다른 명사이다. 빈칸 뒤의 술어 滋生(번식하고)과 의미적으로 호응하는 선택지 D 细菌(세균이)이 정답이다. '_____ 대량 번식하고'라는 문맥과도 자연스럽다.

*둘째 빈칸에서는 D밖에 정답이 될 수 없기 때문에, 실제 시험에서는 선택지 D를 정답으로 선택하고 바로 다음 문제로 넘어간다.

셋째 빈칸　선택지가 모두 공통글자 密를 포함하여 '조밀하다, 빽빽하다'와 관련된 의미의 형용사 유의어이다. 빈칸은 술어 자리이므로, 빈칸 앞의 주어 人群(군중이)과 의미적으로 호응하는 선택지 A 密集(밀집하는), D 稠密(밀집하는)를 정답의 후보로 고른다. '재해를 입은 군중이 _____ 등의 요인이 모두 서로 다른 종류의 질병을 쉽게 유발한다'라는 문맥과도 자연스럽다.

참고로 B 精密(정밀하다)는 주로 仪器(기구), 加工(가공하다) 등의 어휘와 호응하고, C 严密(빈틈없는)는 주로 结构(구조) 등의 어휘와 호응한다.

넷째 빈칸　선택지 C, D는 공통글자 防을 포함하여 '예방'과 관련된 의미의 동사 유의어이고, A는 '보위하다'라는 의미의 동사이다. 그리고 B는 '수호하다'라는 의미의 동사이다. '사전에 전염병 _____ 작업을 잘 해야 한다'라는 문맥에 어울리는 선택지 C 预防(예방), D 防治(예방과 치료)을 정답의 후보로 고른다.

65

疾风知劲草，患难见真情。友谊是一种纯洁的**感情**，它就像洁白无瑕的玉石，不允许任何人玷污。它可以**融化**你心中的冰雪，可以**赋予**你爱的力量，**亦**可以将"**迷途**的羔羊"引入正确的道路。

세찬 바람이 불어야 억센 풀인지 알 수 있고, 어려움을 겪어야 진정한 친구를 알 수 있다. 우정은 일종의 순수한 **감정**으로, 그것은 마치 결백하고 흠이 없는 옥석 같아서, 누구도 더럽히는 것을 허락하지 않는다. 우정은 당신 마음 속의 얼음과 눈을 **녹일** 수 있고, 당신에게 사랑의 힘을 **줄** 수 있으며, **또한** '길 잃은 어린양'을 올바른 길로 인도해줄 수 있다.

A 心境	溶解	予以 ✔	便 ✔
B 感情 ✔	**融化 ✔**	**赋予 ✔**	**亦 ✔**
C 气氛	消融	授予	愈
D 情谊 ✔	腐蚀	给予 ✔	皆

A 심경	용해하다	주다	바로
B 감정	녹이다	주다	또한
C 분위기	녹이다	수여하다	더욱
D 애정	부식하다	주다	모두

어휘　지문　疾风知劲草 jífēng zhī jìngcǎo 세찬 바람이 불어야 억센 풀인지 알 수 있다

患难见真情 huànnàn jiàn zhēnqíng 어려움을 겪어야 진정한 친구를 알 수 있다　★纯洁 chúnjié 톙 순수하다

洁白无瑕 jiébái wú xiá 결백하고 흠이 없다　玉石 yùshí 몡 옥석　玷污 diànwū 용 더럽히다　★融化 rónghuà 용 녹다

★赋予 fùyǔ 용 주다　力量 lìliàng 몡 힘　亦 yì 뷘 또한　迷途 mítú 용 길을 잃다　羔羊 gāoyáng 몡 어린양

선택지　心境 xīnjìng 몡 심경　气氛 qìfēn 몡 분위기　情谊 qíngyì 몡 애정, 우정　溶解 róngjiě 용 용해하다　消融 xiāoróng 용 녹이다, 용해되다

★腐蚀 fǔshí 용 부식하다　予以 yǔyǐ 용 주다　授予 shòuyǔ 용 수여하다　★给予 jǐyǔ 용 주다　★愈 yù 뷘 더욱　★皆 jiē 뷘 모두

첫째 빈칸	선택지 B, D는 공통글자 情을 포함하여 '정, 심리'와 관련된 의미의 명사 유의어이고, A는 '심경'이라는 의미의 명사이다. 그리고 C는 '분위기'라는 의미의 명사이다. 빈칸 앞의 관형어 纯洁(순수한)와 의미적으로 호응하는 선택지 A 心境(심경), B 感情(감정), D 情谊(애정) 중에서 '우정은 일종의 순수한 _____으로'라는 문맥에 어울리는 것은 B 感情, D 情谊이므로 이를 정답의 후보로 고른다.	
둘째 빈칸	선택지 B, C는 공통글자 融을 포함하여 '녹다'와 관련된 의미의 동사 유의어이고, A는 '용해하다'라는 의미의 동사이다. 그리고 D는 '부식하다'라는 의미의 동사이다. 빈칸은 술어 자리이므로, 빈칸 뒤의 목적어 冰雪(얼음과 눈)와 의미적으로 호응하는 선택지 B 融化(녹이다), C 消融(녹이다)를 정답의 후보로 고른다. '우정은 당신 마음 속의 얼음과 눈을 _____ 수 있고'라는 문맥과도 자연스럽다. 참고로 A 溶解(용해하다)는 화학 분야에서 물질이 액체 속에서 균일하게 녹아 용액이 만들어지는 것을 나타낸다.	
셋째 빈칸	선택지가 모두 공통글자 予를 포함하여 '주다'와 관련된 의미의 동사 유의어이다. 빈칸은 술어 자리이므로, 빈칸 뒤의 목적어 力量(힘을)과 의미적으로 호응하는 선택지는 A 予以(주다), B 赋予(주다), D 给予(주다)를 정답의 후보로 고른다. '당신에게 사랑의 힘을 _____ 수 있으며'라는 문맥과도 자연스럽다. 참고로 C 授予(수여하다)는 주로 奖项(상), 学位(학위) 등의 어휘와 호응한다.	
넷째 빈칸	선택지가 모두 의미가 다른 부사이다. '당신에게 사랑의 힘을 줄 수 있으며, _____ '길 잃은 어린양'을 올바른 길로 인도해줄 수 있다'라는 문맥에 어울리는 선택지 A 便(바로), B 亦(또한)를 정답의 후보로 고른다. 참고로 C 愈(더욱)는 주로 '愈…愈…(~할수록 더욱 ~하다)'의 형태로 상황이 변화되는 것을 나타낸다.	

*따라서 모든 빈칸에서 정답 후보를 포함하는 선택지 B가 정답이다.

66

王玉平研究员**阐述**了能源供需格局产生的变化以及国际能源发展的**宏观**趋势，要求全面制定能源安全的新**战略**。他以"新能源"为切入点，分析了美国页岩气革命、可再生能源革命和全球能源基本趋势，**展望**了全球能源发展的影响因素和未来趋势。

왕위핑 연구원은 에너지 수급 구조에 나타난 변화 및 국제 에너지 발전의 **전반적인** 추세를 **논술**했고, 에너지 안전의 새로운 **전략을** 전면적으로 수립할 것을 요구했다. 그는 '대체 에너지'를 착안점으로, 미국의 셰일 가스 혁명, 재생 에너지 혁명과 글로벌 에너지의 기본 추세를 분석했고, 글로벌 에너지 발전의 영향 요인과 미래 추세를 **전망**했다.

A	陈述 ✓	可观	地址	思考 ✓	A	진술하다	굉장한	주소를	깊이 생각하다
B	概述 ✓	壮观	方向 ✓	开放	B	약술하다	웅장한	방향을	개방하다
C	描述 ✓	微观 ✓	战役	展示	C	묘사하다	미시적인	전투를	드러내다
D	**阐述 ✓**	**宏观 ✓**	**战略 ✓**	**展望 ✓**	**D**	**논술하다**	**전반적인**	**전략을**	**전망하다**

어휘

지문 ★**阐述** chǎnshù 图논술하다 **能源** néngyuán 图에너지 **供需** gōngxū 图수급 **格局** géjú 图구조 **以及** yǐjí 웹및 **宏观** hóngguān 图전반적이다, 거시적이다 **趋势** qūshì 图추세 **制定** zhìdìng 图수립하다 **战略** zhànlüè 图전략 **新能源** xīnnéngyuán 图대체 에너지 **切入点** qiērùdiǎn 图착안점 **分析** fēnxī 图분석하다 **页岩气革命** Yèyánqì gémìng 교유셰일 가스 혁명[셰일 가스 생산을 통해 미국이 천연가스 보유국이 된 것을 일컬음] **可再生能源** kězàishēng néngyuán 图재생 에너지 **革命** gémìng 图혁명 **全球** quánqiú 图글로벌 **基本** jīběn 图기본적인 **展望** zhǎnwàng 图전망하다 **因素** yīnsù 图요인

선택지 **陈述** chénshù 图진술하다 **概述** gàishù 图약술하다 **描述** miáoshù 图묘사하다 **可观** kěguān 图굉장하다 ★**壮观** zhuàngguān 图웅장하다 **微观** wēiguān 图미시적이다 **战役** zhànyì 图전투 **思考** sīkǎo 图깊이 생각하다 **开放** kāifàng 图개방하다 ★**展示** zhǎnshì 图드러내다

해설

첫째 빈칸	선택지가 모두 공통글자 述를 포함하여 '설명하다'와 관련된 의미의 동사 유의어이다. '왕위핑 연구원은 에너지 수급 구조에 나타난 변화 및 국제 에너지 발전의 …… 추세를 _____했고'라는 문맥에 어울리는 선택지 A 陈述(진술하다), B 概述(약술하다), C 描述(묘사하다), D 阐述(논술하다)를 정답의 후보로 고른다.
둘째 빈칸	선택지가 모두 공통글자 观을 포함한 형용사 유의어이다. 빈칸 뒤의 명사 趋势(추세)과 의미적으로 호응하는 선택지 C 微观(미시적인), D 宏观(전반적인)을 정답의 후보로 고른다. '왕위핑 연구원은 …… 국제 에너지 발전의 _____ 추세를 논술했고'라는 문맥과도 자연스럽다. 참고로 A 可观(굉장하다)은 도달한 수준이나 정도가 비교적 높음을 나타내며, 주로 收入(수입), 规模(규모) 등의 어휘와 호응한다. B 壮观(웅장하다)은 주로 大自然(대자연), 场面(광경) 등의 어휘와 호응한다.
셋째 빈칸	선택지 C, D는 공통글자 战을 포함하여 '전쟁'과 관련된 의미의 명사 유의어이고, A는 '주소'라는 의미의 명사이다. 그리고 B는 '방향'이라는 의미의 명사이다. 빈칸 앞의 술어 制定(수립하다)과 의미적으로 호응하는 선택지 B 方向(방향을), D 战略(전략을)를 정답의 후보로 고른다. '에너지 안전의 새로운 _____ 전면적으로 수립할 것을 요구했다'라는 문맥과도 자연스럽다. 참고로 C 战役(전투)는 작전 계획에 따라 일정한 방향과 시간 내에 행하는 전투를 가리킨다.
넷째 빈칸	선택지 C, D는 공통글자 展을 포함하여 '나타내다'와 관련된 의미의 동사 유의어이고, A는 '깊이 생각하다'라는 의미의 동사이다. 그리고 B는 '개방하다'라는 의미의 동사이다. 빈칸은 술어 자리이므로, 빈칸 뒤의 목적어 影响因素(영향 요인), 未来趋势(미래 추세를)과 의미적으로 호응하는 선택지 A 思考(깊이 생각하다), C 展示(드러내다), D 展望(전망하다)를 정답의 후보로 고른다. '그는 …… 글로벌 에너지 발전의 영향 요인과 미래 추세를 _____했다.'라는 문맥과도 자연스럽다.

*따라서 모든 빈칸에서 정답 후보를 포함하는 선택지 D가 정답이다.

67

2003年11月，中国美术学院接受了著名收藏家赵树同教授捐赠的47000多件皮影及相关文物，并建立**迄今为止**国内最大的皮影艺术博物馆。该馆**颇**具规模，**收藏**了从明清到现代的全国各地的皮影。这些皮影历史悠久、种类繁多、刻工**精致**、造型奇特。

2003년 11월, 중국미술대학은 유명한 수집가 자오수퉁 교수가 기증한 47000여 점의 그림자극 인형 및 관련 문화재를 받아들였으며, **지금에 이르기까지** 국내에서 가장 큰 그림자극 인형 예술 박물관을 세웠다. 이 박물관은 **상당히** 규모가 있으며, 명·청 시대부터 현대까지 전국 각지의 그림자극 인형을 **소장하고** 있다. 이 그림자극 인형들은 역사가 유구하고 종류가 많으며, 조각 기예가 **정교하고** 형상이 독특하다.

A 迄今为止 ✓	颇 ✓	收藏 ✓	精致 ✓
B 与生俱来	岂	收集 ✓	精简
C 相见恨晚	正 ✓	招收	精通
D 接踵而至	非	征收	精确

A 지금에 이르기까지	상당히	소장하고	정교하고
B 선천적으로 타고나기를	어찌	수집하고	간소화하고
C 진작 만나지 못한 것을 한탄하며	마침	모집하고	통달하고
D 잇달아 오며	아니다	징수하고	정확하고

어휘　지문　**中国美术学院** Zhōngguó měishù xuéyuàn [고유] 중국미술대학　**收藏家** shōucángjiā [명] 수집가　**捐赠** juānzèng [동] 기증하다
　　　　　　皮影 píyǐng [명] 그림자극 인형, 피영[중국의 그림자극에 쓰이는 인형]　**相关** xiāngguān [동] 관련되다　**★文物** wénwù [명] 문화재
　　　　　　建立 jiànlì [동] 세우다　**迄今为止** qìjīnwéizhǐ 지금에 이르기까지　**★颇** pō [부] 상당히　**规模** guīmó [명] 규모　**★收藏** shōucáng [동] 소장하다
　　　　　　现代 xiàndài [명] 현대　**悠久** yōujiǔ [형] 유구하다　**种类** zhǒnglèi [명] 종류　**繁多** fánduō [형] 많다　**刻工** kègōng [명] 조각 기예
　　　　　　★精致 jīngzhì [형] 정교하다　**★造型** zàoxíng [명] 형상　**奇特** qítè [형] 독특하다
　　　　선택지　**与生俱来** yǔshēngjùlái 선천적으로 타고나다　**相见恨晚** xiāngjiànhènwǎn [성] 진작 만나지 못한 것을 한탄하다
　　　　　　接踵而至 jiēzhǒng'érzhì [성] 잇달아 오다　**岂** qǐ [부] 어찌 ~하겠는가　**正** zhèng [부] 마침　**非** fēi [부] 아니다　**收集** shōují [동] 수집하다
　　　　　　招收 zhāoshōu [동] 모집하다　**征收** zhēngshōu [동] 징수하다　**精简** jīngjiǎn [동] 간소화하다　**★精通** jīngtōng [동] 통달하다
　　　　　　★精确 jīngquè [형] 정확하다

해설　첫째 빈칸　선택지가 모두 의미가 다른 어휘이다. '중국미술대학은 …… ＿＿＿＿ 국내에서 가장 큰 그림자극 인형 예술 박물관을 세웠다'라는 문맥에 어울리는 선택지 A 迄今为止(지금에 이르기까지)가 정답이다.
　　　　　　*첫째 빈칸에서는 A밖에 정답이 될 수 없기 때문에, 실제 시험에서는 선택지 A를 정답으로 선택하고 바로 다음 문제로 넘어간다.

　　　　둘째 빈칸　선택지가 모두 의미가 다른 부사이다. 빈칸 뒤의 술어 具(있으며)와 의미적으로 호응하는 선택지 A 颇(상당히), C 正(마침)을 정답의 후보로 고른다. '이 박물관은 ＿＿＿＿ 규모가 있으며'라는 문맥과도 자연스럽다.

　　　　셋째 빈칸　선택지가 모두 공통글자 收를 포함하여 '거두어들이다'와 관련된 의미의 동사 유의어이다. 빈칸은 술어 자리이므로, 빈칸 뒤의 목적어 皮影(그림자극 인형을)과 의미적으로 호응하는 선택지 A 收藏(소장하고), B 收集(수집하고)을 정답의 후보로 고른다. '이 박물관(그림자극 인형 예술 박물관)은 …… 명·청 시대부터 현대까지 전국 각지의 그림자극 인형을 ＿＿＿＿ 있다.'라는 문맥과도 자연스럽다.

　　　　넷째 빈칸　선택지가 모두 공통글자 精을 포함한 어휘로 A, D는 '정밀하다'와 관련된 의미의 형용사 유의어이고, B는 '간소화하다'라는 의미의 동사이다. 그리고 D는 '통달하다'라는 의미의 동사이다. 빈칸은 술어 자리이므로, 빈칸 앞의 주어 刻工(조각 기예가)와 의미적으로 호응하는 선택지 A 精致(정교하고)이 정답이다. '이 그림자극 인형들은 …… 조각 기예가 ＿＿＿＿ 형상이 독특하다.'라는 문맥과도 자연스럽다.
　　　　　　참고로 C 精通(통달하다)은 지식이나 기술을 잘 알거나 능란함을 나타내며, 주로 业务(업무), 外语(외국어) 등의 어휘와 호응한다.

68

有一个郑国人去集市买鞋之前，先用绳子量好了脚的尺寸，**不料**出门前却把绳子落在了家里。到了集市，当他看好一双鞋，要**掏**出小绳时才发现没有带来，便**随即**回家取小绳，但是回来时集市已经关门了。见此**情形**，有人说他直接试穿那双鞋就好了，大家听完都嘲笑郑国人的愚蠢。

한 정나라 사람은 재래시장에 가서 신발을 사기 전에, 먼저 밧줄을 이용해 발 치수를 쟀는데, **생각지 못하게** 집을 나서기 전 밧줄을 집에 두고 왔다. 재래시장에 도착한 후, 그가 신발 한 켤레가 마음에 들어, 밧줄을 **꺼내려고** 할 때 비로소 가지고 오지 않은 것을 발견하고는 **즉시** 집으로 가서 밧줄을 가져왔다. 하지만 돌아왔을 때 재래시장은 이미 문을 닫았다. 이 **상황을** 지켜 본 누군가가 그 신발을 직접 신어봤으면 좋았을 거라고 말했고, 모두들 듣고는 정나라 사람의 우둔함을 비웃었다.

A 可惜 ✓	溶	预先	情景 ✓
B 不料 ✓	**掏 ✓**	**随即 ✓**	**情形 ✓**
C 尚且	揉	务必	情感
D 即便	坠	悍然	情调

A 아쉽게도	녹다	미리	장면을
B 생각지 못하게	**꺼내다**	**즉시**	**상황을**
C ~조차	비비다	반드시	감정을
D 설령	떨어지다	서슴없이	분위기를

어휘　지문　**郑国** Zhèngguó [고유] 정나라[중국 역사상의 한 국가]　**集市** jíshì [명] 재래시장　**绳子** shéngzi [명] 밧줄　**量** liáng [동] (길이·무게) 재다
　　　　　　尺寸 chǐcùn [명] 치수　**★不料** búliào [부] 생각지도 못하게　**落** là [동] 두고 가지고 오는 것을 잊어버리다　**★掏** tāo [동] 꺼내다
　　　　　　★随即 suíjí [부] 즉시　**★情形** qíngxing [명] 상황　**★嘲笑** cháoxiào [동] 비웃다　**愚蠢** yúchǔn [형] 우둔하다

선택지 **可惜** kěxī 圈 아쉽다　**尚且** shàngqiě 圈 ~조차　★**即便** jíbiàn 圈 설령 ~하더라도　**溶** róng 圈 녹다　★**揉** róu 圈 비비다　★**坠** zhuì 圈 떨어지다
预先 yùxiān 圈 미리　**务必** wùbì 圈 반드시　**悍然** hànrán 圈 서슴없이　**情景** qíngjǐng 圈 장면　**情调** qíngdiào 圈 분위기

해설

첫째 빈칸　선택지가 모두 의미가 다른 어휘로, A는 형용사, B, C, D는 접속사이다. '한 정나라 사람은 …… _____ 집을 나서기 전 밧줄을 집에 두고 왔다.'라는 문맥에 어울리는 선택지 A **可惜**(아쉽게도), B **不料**(생각지 못하게)를 정답의 후보로 고른다.
참고로 D **即便**(설령)은 가설 겸 양보를 나타내는 연결어로, 주로 也나 还 등의 어휘와 호응한다.

둘째 빈칸　선택지가 모두 의미가 다른 동사이다. 빈칸은 술어 자리이므로, 빈칸 뒤의 보어 **出**(나오다)와 의미적으로 호응하는 선택지 B **掏**(꺼내다), C **揉**(비비다) 중에서 '그(정나라 사람)가 …… 밧줄을 _____ 내려 할 때 비로소 가지고 오지 않은 것을 발견하고는'이라는 문맥에 어울리는 B **掏**(꺼내다)가 정답이다.
*둘째 빈칸에서는 B밖에 정답이 될 수 없기 때문에, 실제 시험에서는 선택지 B를 정답으로 선택하고 바로 다음 문제로 넘어간다.

셋째 빈칸　선택지가 모두 의미가 다른 부사이다. '그가……밧줄을 꺼내려고 할 때 비로소 가지고 오지 않은 것을 발견하고는 _____ 집으로 가서 밧줄을 가져왔다'라는 문맥에 어울리는 선택지 B **随即**(즉시)가 정답이다.

넷째 빈칸　선택지가 모두 공통글자 情을 포함하여 '상황, 정서'와 관련된 의미의 명사 유의어이다. '이 _____ 본 누군가가 그 신발을 직접 신어봤으면 좋았을 거라고 말했고'라는 문맥에 어울리는 선택지 A **情景**(장면을), B **情形**(상황을)을 정답의 후보로 고른다.

69

成功是**辛勤**努力的结果，成功是人生价值的实现，成功是每一个人的渴望。人生**漫长**又短暂，任何人都经历过或大或小的成功。可是面对成功，不同的人会有不同的**心态**，也就会出现不同的**结局**。智者保持冷静，不急不躁；愚者却沉醉于一时的成功，最终迷失自我。

성공은 <u>부지런히</u> 노력한 결과이고, 성공은 인생 가치의 실현이며, 성공은 모든 사람의 갈망이다. 인생은 <u>길고도</u> 짧으며, 누구나 크거나 작은 성공을 경험한다. 그러나 성공을 마주할 때, 사람마다 다른 <u>심리 상태를</u> 가지고 있으므로, 서로 다른 <u>결말이</u> 나타날 수도 있다. 지혜로운 자는 냉정함을 유지하며, 서두르지도 조급해하지도 않지만, 어리석은 자는 오히려 일시적인 성공에 심취하여, 결국 자기 자신을 잃는다.

A 勤奋 ✓	持久	心得 ✓	回报
B 勤劳 ✓	充实 ✓	心血	节奏
C 辛勤 ✓	**漫长 ✓**	**心态 ✓**	**结局**
D 勤俭	肥沃	心灵	焦点

A 꾸준히	지속되고	느낀 바를	보답이
B 근면하게	충실하고	심혈을	리듬이
C 부지런히	길고	심리 상태를	결말이
D 근검하게	비옥하고	영혼을	초점이

어휘

지문　**辛勤** xīnqín 圈 부지런하다　**价值** jiàzhí 圈 가치　**实现** shíxiàn 圈 실현하다　★**渴望** kěwàng 圈 갈망하다　★**漫长** màncháng 圈 길다
短暂 duǎnzàn 圈 짧다　**面对** miànduì 圈 마주하다　★**心态** xīntài 圈 심리 상태　★**结局** jiéjú 圈 결말　**智者** zhìzhě 圈 지혜로운 자
保持 bǎochí 圈 유지하다　**躁** zào 圈 조급하다　**愚者** yúzhě 圈 어리석은 자　**沉醉** chénzuì 圈 심취하다　**一时** yìshí 圈 일시
迷失 míshī 圈 잃다

선택지　**勤奋** qínfèn 圈 꾸준하다　**勤劳** qínláo 圈 근면하다　**勤俭** qínjiǎn 圈 근검하다　★**持久** chíjiǔ 圈 지속되다　**充实** chōngshí 圈 충실하다
★**肥沃** féiwò 圈 비옥하다　**心得** xīndé 圈 느낀 바, 소감　★**心血** xīnxuè 圈 심혈　★**心灵** xīnlíng 圈 영혼　**回报** huíbào 圈 보답하다
★**节奏** jiézòu 圈 리듬　**焦点** jiāodiǎn 圈 초점

해설

첫째 빈칸　선택지가 모두 공통글자 勤을 포함하여 '근면하다'와 관련된 의미의 형용사 유의어이다. 빈칸은 부사어 자리이므로, 빈칸 뒤의 술어 **努力**(노력)와 의미적으로 호응하는 선택지 A **勤奋**(꾸준히), B **勤劳**(근면하게), C **辛勤**(부지런히)을 정답의 후보로 고른다. '성공은 _____ 노력한 결과이고'라는 문맥과도 자연스럽다.
참고로 D **勤俭**(근검하다)은 사람의 성격이나 생활이 부지런하고 검소함을 나타내며, 주로 **生活**(생활) 등의 어휘와 호응한다.

둘째 빈칸　선택지가 모두 의미가 다른 형용사이다. 빈칸은 술어 자리이므로, 빈칸 앞의 주어 **人生**(인생은)과 의미적으로 호응하는 선택지 B **充实**(충실하고), C **漫长**(길고)을 정답의 후보로 고른다. '인생은 _____도 짧으며'라는 문맥과도 자연스럽다.

셋째 빈칸　선택지가 모두 공통글자 心을 포함한 어휘로, 선택지 A는 '느낀 바'라는 의미의 명사이고, B, C는 '마음'과 관련된 의미의 명사 유의어이다. 그리고 D는 '영혼'이라는 의미의 명사이다. 빈칸 앞의 술어 **有**(가지고 있다)와 의미적으로 호응하는 선택지 A **心得**(느낀 바를), C **心态**(심리 상태를)를 정답의 후보로 고른다. '그러나 성공을 마주할 때, 사람마다 다른 _____ 가지고 있으므로'라는 문맥과도 자연스럽다.

넷째 빈칸　선택지가 모두 의미가 다른 어휘로, A는 동사, B, C, D는 명사이다. 빈칸 앞의 술어 **出现**(나타나다)과 의미적으로 호응하는 선택지 C **结局**(결말이), D **焦点**(초점이) 중에서 '그러나 성공을 마주할 때, 사람마다 …… 서로 다른 _____ 나타날 수도 있다.'라는 문맥에 어울리는 C **结局**가 정답이다.
*따라서 모든 빈칸에서 정답 후보를 포함하는 선택지 C가 정답이다.

70

"郑和下西洋"是人类历史上一次大规模远航，时至今日，中外人士对此仍然表示**钦佩**和赞叹。郑和船队二百多**艘**木帆船的结构设计和航海**性能**是远航得以成功的基础。但是，当时水手们的驾船技术和航海经验却面临过**严峻**的考验。尽管如此，"郑和下西洋"为加强中外文明的交流做出了**杰出**的贡献。

'정화의 남해원정'은 인류 역사상 한 차례의 대규모 항해인데, 오늘날까지도 중국과 외국 인사들은 이에 대해 여전히 **탄복**과 감탄을 나타낸다. 정화 함대 200여 **척**의 나무 돛단배의 구조 설계와 항해 **기능은** 장거리 항해가 성공할 수 있게 하는 토대였다. 하지만, 당시 선원들의 배 조종 기술과 항해 경험은 모두 **가혹한** 시련을 마주했다. 그럼에도 불구하고, '정화의 남해원정'은 중국과 외국 문명의 교류를 강화하는 데 **뛰어난** 공헌을 했다.

A 崇敬 ✓	枚	地位	严密	有力 ✓	A 존경 및 숭배	장	위치는	엄밀한	강력한
B 尊敬 ✓	栋	时机	严厉 ✓	巨大	B 존경	동	시기는	엄한	거대한
C 称赞 ✓	幢	起因	严寒	奇妙	C 칭찬	채	원인은	아주 추운	기묘한
D 钦佩 ✓	**艘** ✓	**性能** ✓	**严峻** ✓	**杰出** ✓	**D 탄복**	**척**	**기능은**	**가혹한**	**뛰어난**

어휘

지문 　郑和下西洋 Zhèng Hé xià xīyáng [고유] 정화의 남해원정[명나라 시대의 항해사 정화가 바다로 항해한 일을 가리킴] 　人类 rénlèi 몡 인류

大规模 dàguīmó 대규모 　时至今日 shí zhì jīnrì 오늘날까지 　中外 zhōngwài 중국과 외국

★人士 rénshì 몡 인사 　钦佩 qīnpèi 통 탄복하다 　★赞叹 zàntàn 통 감탄하다 　船队 chuánduì 몡 함대

★艘 sōu 양 척[선박을 세는 단위] 　木帆船 mùfānchuán 몡 나무 돛단배 　结构 jiégòu 몡 구조 　设计 shèjì 몡 설계

航海 hánghǎi 통 항해하다 　★性能 xìngnéng 몡 기능 　远航 yuǎnháng 몡 장거리를 항해하다, 원항하다 　水手 shuǐshǒu 몡 선원

驾 jià 통 조종하다 　面临 miànlín 통 마주하다 　★严峻 yánjùn 톙 가혹하다 　★考验 kǎoyàn 몡 시련을 주다

尽管如此 jǐnguǎn rúcǐ 그럼에도 불구하고 　文明 wénmíng 몡 문명 　★杰出 jiéchū 뛰어나다 　贡献 gòngxiàn 몡 공헌

선택지 崇敬 chóngjìng 존경하고 숭배하다 　尊敬 zūnjìng 존경하다 　称赞 chēngzàn 칭찬하다

★枚 méi 양 장[작은 조각으로 된 사물을 세는 단위] 　★栋 dòng 양 동[건물을 세는 단위] 　幢 zhuàng 양 채[건물을 세는 단위]

地位 dìwèi 몡 위치 　★时机 shíjī 몡 시기 　严密 yánmì 엄밀하다 　★严厉 yánlì 엄하다 　★严寒 yánhán 몡 아주 춥다

巨大 jùdà 톙 거대하다 　★奇妙 qímiào 몡 기묘하다

해설

첫째 빈칸 　선택지 A, B는 공통글자 敬을 포함하여 '존경하다'와 관련된 의미의 동사 유의어이고, C는 '칭찬하다'라는 의미의 동사이다. 그리고 D는 '탄복하다'라는 의미의 동사이다. 빈칸은 목적어 자리이므로, 빈칸 앞의 술어 表示(나타낸다)과 의미적으로 호응하는 선택지 A 崇敬(존경 및 숭배), B 尊敬(존경), C 称赞(칭찬), D 钦佩(탄복)를 정답의 후보로 고른다. '오늘날까지도 중국과 외국 인사들은 이(정화의 남해원정)에 대해 여전히 ＿＿＿과 감탄을 나타낸다'라는 문맥과도 자연스럽다.

둘째 빈칸 　선택지가 모두 의미가 다른 양사이다. 빈칸 뒤의 명사 木帆船(나무 돛단배)과 함께 쓰이는 양사 D 艘(척)가 정답이다

A 枚(장)는 奖牌(메달)와 같이 형체가 작고 동글납작한 물건을 세는 양사이고, B 栋(동)과 C 幢(채)은 房屋(집)와 같이 건물을 세는 양사이다.

*둘째 빈칸에서는 D밖에 정답이 될 수 없기 때문에, 실제 시험에서는 선택지 D를 정답으로 선택하고 바로 다음 문제로 넘어간다.

셋째 빈칸 　선택지가 모두 의미가 다른 명사이다. 빈칸 앞의 동사 航海(항해)와 의미적으로 호응하는 선택지 B 时机(시기는), D 性能(기능은) 중에서 '200여 척의 나무 돛단배의 구조 설계와 항해 ＿＿＿ 장거리 항해가 성공할 수 있게 하는 토대였다.'라는 문맥에 어울리는 D 性能이 정답이다.

넷째 빈칸 　선택지가 모두 공통글자 严을 포함하여 '엄격하다, 심하다'와 관련된 의미의 형용사 유의어이다. 빈칸은 관형어 자리이므로, 빈칸 뒤의 목적어 考验(시련을)과 의미적으로 호응하는 선택지 B 严厉(엄한), D 严峻(가혹한)을 정답의 후보로 고른다. '당시 선원들의 배 조종 기술과 항해 경험은 모두 ＿＿＿ 시련을 마주했다'라는 문맥과도 자연스럽다.

다섯째 빈칸 　선택지가 모두 의미가 다른 형용사이다. 빈칸은 관형어 자리이므로, 빈칸 뒤의 목적어 贡献(공헌을)과 의미적으로 호응하는 선택지 A 有力(강력한), B 巨大(거대한), D 杰出(뛰어난)를 정답의 후보로 고른다. '"정화의 남해원정"은 중국과 외국 문명의 교류를 강화하는 데 ＿＿＿ 공헌을 했다'라는 문맥과도 자연스럽다.

71 – 75

打折是商家贩卖商品时最常用的手段之一，小到街头商贩，大到百货公司，打折现象随处可见。有些大型购物中心会通过赠送礼品、打折促销等方式吸引大量消费者。71打折商品的价格往往从五折开始起跳，**(71) D 消费者能买到很多物美价廉的东西**。很多人会产生疑惑，这样打折下去，商家还有利润可赚吗？如此盛行的打折现象，可以从经济学的角度找出其中的原理。

할인은 판매자가 상품을 판매할 때 가장 흔하게 사용하는 수단 중 하나이다. 작게는 거리의 노점상, 크게는 백화점에서 할인 현상은 어디서나 볼 수 있다. 어떤 대형 쇼핑센터는 선물을 증정하고, 할인하여 판매 촉진하는 등의 방식을 통해 많은 소비자를 유인한다. 71할인 상품의 가격은 종종 50%부터 시작하기 때문에, **(71) D 소비자는 질이 좋고 값도 저렴한 많은 물건을 살 수 있다**. 많은 사람들은 '이렇게 할인하면, 판매자가 얻을 이유이 있을까?'라는 의혹이 생길 수 있다. 이렇게 성행하는 할인 현상은 경제학의 관점에서 그 원리를 찾아낼 수 있다.

经济学中存在这样一个概念——消费者剩余。消费者剩余指的是消费者愿意为商品支付的最高价格与商品的实际市场价格之间的差额。[72]譬如，有件上衣原价为500元，打折时只花320元就买到了，一共省下了180元，**(72) A 这时省下的数额就是消费者剩余。**作为消费者，他们并不在意产品的真正成本是多少，往往只关心与自己相关的剩余数额。

与消费者剩余相对应的是生产者剩余。比如上面所说的那件上衣成本是200元，最后出售的价格是320元，那么生产者剩余就是120元。早些年，商品一打折就被抢购一空，"薄利多销"的理念被商家和消费者双双认可。由此可见，[73]生产者剩余哪怕少一点，**(73) C 商家也希望能增加销量，**以更多的销量获得更多的生产者剩余。

[74]商家期望利益最大化，**(74) E 而消费者则希望效用最大化。**因此，打折这种看似商家对消费者进行利益让步的行为，也能被理解为商家吸引消费者的主要手段之一。[75]商品的打折既能让消费者获得更多的消费者剩余，同时也能让商家获得预期的生产者剩余。总的来说，**(75) B 这是一个双赢的经济现象。**

A 这时省下的数额就是消费者剩余
B 这是一个双赢的经济现象
C 商家也希望能增加销量
D 消费者能买到很多物美价廉的东西
E 而消费者则希望效用最大化

경제학에는 소비자 잉여라는 개념이 존재한다. 소비자 잉여란 소비자가 상품을 위해 지불할 수 있는 최고가와 상품의 실제 시장 가격 간의 차액을 가리킨다. [72]예를 들면, 어떤 상의의 정가가 500위안이고, 할인할 때 320위안만 내고 구매할 수 있다면, 총 180위안을 절약하게 되는데, **(72) A 이때 절약한 액수가 바로 소비자 잉여이다.** 소비자로서, 그들은 상품의 진짜 생산비가 얼마이든 전혀 개의치 않고, 종종 자기와 관련된 잉여 액수에만 관심을 갖는다.

소비자 잉여와 대응되는 것이 생산자 잉여이다. 예를 들면 위에서 말한 그 상의의 생산비는 200위안이고, 최종적으로 판 가격이 320위안이라면, 생산자 잉여는 바로 120위안이다. 오래전, 상품은 할인되기만 하면 날개 돋친 듯이 팔려 나갔고, '박리다매'의 개념은 판매자와 소비자 쌍방에게 인정받았다. 이로써, [73]생산자 잉여가 설령 조금 적을지라도, **(73) C 판매자는 판매량을 늘리고, 더 많은 판매량으로 더 많은 생산자 잉여를 얻기를 희망한다.**

[74]판매자는 이익의 극대화를 기대하지만, **(74) E 소비자는 효용의 극대화를 희망한다.** 그렇기 때문에, 판매자가 소비자에게 이익을 양보하는 행위처럼 보여지는 이런 할인도, 판매자가 소비자를 유인하는 주요 수단 중 하나로 이해될 수 있다. [75]상품의 할인은 소비자가 더 많은 소비자 잉여를 얻을 수 있게 할 뿐만 아니라, 동시에 판매자가 기대한 생산자 잉여를 얻을 수 있게 한다. 전반적으로 말하자면, **(75) B 이것은 하나의 원원하는 경제적 현상이다.**

A 이때 절약한 액수가 바로 소비자 잉여이다
B 이것은 하나의 원원하는 경제적 현상이다
C 판매자는 판매량을 늘릴 수 있기를 희망한다
D 소비자는 질이 좋고 값도 저렴한 많은 물건을 살 수 있다
E 하지만 소비자는 효용의 극대화를 희망한다

어휘 **商家** shāngjiā 圆 판매자 **贩卖** fànmài 圆 판매하다 **商品** shāngpǐn 圆 상품 **手段** shǒuduàn 圆 수단 **商贩** shāngfàn 圆 노점상
百货公司 bǎihuògōngsī 圆 백화점 **现象** xiànxiàng 圆 현상 **随处** suíchù 圆 어디서나 **大型** dàxíng 圆 대형의 **购物中心** gòuwù zhōngxīn 圆 쇼핑센터
赠送 zèngsòng 圆 증정하다 **礼品** lǐpǐn 圆 선물 **促销** cùxiāo 圆 판매 촉진하다 **消费者** xiāofèizhě 圆 소비자
★**折** zhé 圆 ~%(퍼센트) 할인[할인한 후 남은 금액에 대한 비율] **物美价廉** wùměijiàlián 圆 (상품의) 질이 좋고 값도 저렴하다 ★**疑惑** yíhuò 圆 의혹
利润 lìrùn 圆 이윤 **盛行** shèngxíng 圆 성행하다 **角度** jiǎodù 圆 관점 ★**原理** yuánlǐ 圆 원리 **存在** cúnzài 圆 존재하다 **概念** gàiniàn 圆 개념
剩余 shèngyú 圆 잉여이다, 남다 **支付** zhīfù 圆 지불하다 **市场** shìchǎng 圆 시장 **差额** chā'é 圆 차액 ★**譬如** pìrú 圆 예를 들면 ~이다
原价 yuánjià 圆 정가 **数额** shù'é 圆 액수 **作为** zuòwéi 圆 ~로서 ★**在意** zàiyì 圆 개의하다, 마음에 두다 ★**成本** chéngběn 圆 생산비
相关 xiāngguān 圆 관련되다 ★**对应** duìyìng 圆 대응하다 **生产者** shēngchǎnzhě 圆 생산자 **出售** chūshòu 圆 팔다
抢购一空 qiǎnggòu yìkōng 圆 날개 돋친 듯 팔려 나가다 **薄利多销** bólì duōxiāo 박리다매 ★**认可** rènkě 圆 인정하다
哪怕 nǎpà 圆 설령 ~일지라도 **销量** xiāoliàng 圆 판매량 ★**期望** qīwàng 圆 기대하다 **利益** lìyì 圆 이익 **最大化** zuìdàhuà 圆 극대화하다
效用 xiàoyòng 圆 효용 **让步** ràngbù 圆 양보하다 **行为** xíngwéi 圆 행위 ★**预期** yùqī 圆 기대하다
双赢 shuāngyíng 圆 원원(win-win)하다, 양측 모두 이익을 얻다

해설 (71) 빈칸 앞이 '할인 상품의 가격은 종종 50%부터 시작하기 때문에'라는 문맥임을 파악한다. 선택지 D 消费者能买到很多物美价廉的东西(소비자는 질이 좋고 값도 저렴한 많은 물건을 살 수 있다)가 빈칸 앞 내용의 결과를 나타내므로 정답이다.

(72) 빈칸 앞이 '예를 들면, 어떤 상의의 정가가 500위안이고, 할인할 때 320위안만 내고 구매할 수 있다면, 총 180위안을 절약하게 되는데'라는 문맥임을 파악한다. 선택지 A 这时省下的数额就是消费者剩余(이때 절약한 액수가 바로 소비자 잉여이다)가 빈칸 앞 내용을 종합적으로 정리하므로 정답이다.

(73) 빈칸 앞에 '양보'를 나타내는 연결어 哪怕(설령 ~일지라도)가 있고, 빈칸 앞 내용이 '생산자 잉여가 설령 조금 적을지라도'라는 문맥임을 확인해 둔다. 선택지 C 商家也希望能增加销量(판매자는 판매량을 늘릴 수 있기를 희망한다)이 哪怕와 자주 짝을 이루어 사용되는 也를 포함하고 문맥과도 자연스러우므로 정답이다.

(74) 빈칸 바로 앞에서 언급된 最大化(극대화)를 키워드 단서로 확인해둔다. 最大化를 그대로 사용한 선택지 E 而消费者则希望效用最大化(하지만 소비자는 효용의 극대화를 희망한다)가 정답이다. E를 빈칸에 넣었을 때 '판매자는 이익의 극대화를 기대하지만, 소비자는 효용의 극대화를 희망한다.'라는 자연스러운 문맥이 된다.

(75) 빈칸 앞이 '상품의 할인은 소비자가 더 많은 소비자 잉여를 얻을 수 있게 할 뿐만 아니라, 동시에 판매자가 기대한 생산자 잉여를 얻을 수 있게

한다.'라는 문맥임을 파악한다. 선택지 B 这是一个双赢的经济现象(이것은 하나의 윈윈하는 경제적 현상이다)이 빈칸 앞 내용을 종합적으로 정리하므로 정답이다.

76 - 80

三国时期，周瑜对诸葛亮心生嫉妒。为了刁难诸葛亮，周瑜要求诸葛亮在十日之内赶制出十万支箭。[76]诸葛亮欣然答应了，**(76) E 并表示只要给他三天时间就可以**。在周瑜看来，诸葛亮无论如何也不可能在几天之内造出十万支箭。

当天晚上，周瑜派鲁肃到诸葛亮的住处查看动静，打探情况。诸葛亮见到鲁肃就说："三日之内造出十万支箭是不可能的。[77]希望你能借给我二十艘船只，每艘船只上配置三十多名士兵，**(77) C 船只全用青布盖住**。此外，船上配备千余束草把，分别竖在船的两舷。到第三日肯定可以得到十万支箭。"鲁肃虽然答应了诸葛亮的要求，但并不明白诸葛亮的用意。

诸葛亮借得船只和士兵后按兵不动，直到第三天凌晨，他秘密邀请鲁肃上船。鲁肃被弄得莫名其妙，只得跟着去看个究竟。江面雾气很重，漆黑一片。[78]诸葛亮命令用长绳将二十只船连在一起，**(78) B 然后驶向曹操的军营**。快要接近曹操军营时，诸葛亮下令将船只按头西尾东一字摆开，又命令士兵击鼓呐喊，故意作出一种进攻的声势。**(79) D 鲁肃见状很是担忧**，[79]然而诸葛亮却安然地坐在船内喝酒。

此时，曹操听到鼓声，以为遭到埋伏，便急忙调动一万多名弓箭手朝江中放箭。霎时间，箭如飞蝗般射在船上的草把和布幔上。日出雾散，**(80) A 船身两侧都插满了曹军射来的箭**，[80]诸葛亮这才命令船队开了。他还让士兵大喊："谢曹丞相赐箭。"当曹操得知真相时，诸葛亮的取箭船队已经驶去二十多里，要追也来不及了。

A 船身两侧都插满了曹军射来的箭
B 然后驶向曹操的军营
C 船只全用青布盖住
D 鲁肃见状很是担忧
E 并表示只要给他三天时间就可以

삼국 시기에, 주유는 제갈량을 마음 속으로 질투했다. 제갈량을 곤란하게 하기 위해서, 주유는 제갈량에게 십일 안에 십만 개의 화살을 서둘러 제작할 것을 요구했다. [76]제갈량은 기꺼이 승낙했고, **(76) E 그리고 그에게 3일의 시간을 주기만 하면 된다고 했다.** 주유가 보기에는, 제갈량은 어떻게 해도 며칠 안에 십만 개의 화살을 만들어 낼 수 없었다.

그날 저녁, 주유는 노숙을 보내 제갈량의 거처에 가서 동정을 살피고, 상황을 알아보게 했다. 제갈량은 노숙을 보고 말했다. "삼일 안에 십만 개의 화살을 만드는 것은 불가능하다네. [77]자네가 내게 이십 척의 배를 빌려주길 바라네. 모든 배에 서른 명 남짓의 병사들을 배치하고, **(77) C 배는 전부 검은 천으로 덮어주게.** 그 외에도, 배에 천여 묶음의 풀을 비치하고, 배의 양 현에 따로따로 세우주게. 삼 일째에는 반드시 십만 개의 화살을 얻을 수 있을 걸세." 노숙은 비록 제갈량의 요구를 승낙했지만, 제갈량의 의도를 이해하지는 못했다.

제갈량은 배와 병사를 빌린 후 삼 일째 이른 새벽이 될 때까지 요지부동했고, 그는 은밀하게 노숙에게 배에 타기를 청했다. 노숙은 영문을 알 수 없어서, 따라가 결말을 지켜볼 수 밖에 없었다. 강 위는 안개가 짙고, 암흑천지였다. [78]제갈량은 긴 끈으로 이십 척의 배를 한데 연결할 것을 명령했고, **(78) B 그런 다음 조조의 군영으로 항해하게 했다.** 조조의 군영에 거의 접근했을 때, 제갈량은 배를 머리는 서쪽으로 하고 꼬리는 동쪽으로 하여 일자로 배열하라고 명령을 내렸고, 또 병사들에게 북을 치고 함성을 질러, 공격하는 것 같은 위풍과 기세를 고의로 만들어낼 것을 명령했다. **(79) D 노숙은 상황을 목격하고는 매우 걱정했는데,** [79]그러나 제갈량은 오히려 태연하게 배 안에 앉아 술을 마셨다.

그때, 조조가 북소리를 듣고는 매복을 당한 줄 알고, 급하게 만여 명의 궁수들을 동원해서 강을 향해 화살을 쐈다. 순식간에, 활은 메뚜기처럼 배의 풀 묶음과 천막 위로 발사됐다. 해가 뜨고 안개가 걷히자 **(80) A 선체 양측에 조조의 군대가 쏜 화살이 가득 꽂혀 있었고,** [80]제갈량은 그제서야 함대가 벗어날 것을 명령했다. 그는 또한 병사들에게 큰 소리로 외치게 했다. "화살을 하사하신 조 승상께 감사합니다." 조조가 진상을 알게 됐을 때는 화살을 얻은 제갈량의 함대는 이미 이십여 리를 항해해 갔고, 쫓아가기에는 늦었다.

A 선체 양측에 조조의 군대가 쏜 화살이 가득 꽂혀 있었고
B 그런 다음 조조의 군영으로 항해하다
C 배는 전부 검은 천으로 덮어주게
D 노숙은 상황을 목격하고는 매우 걱정했는데
E 그리고 그에게 3일의 시간을 주기만 하면 된다고 말했다

어휘　**三国时期** Sān Guó shíqī 교 삼국 시기[중국 역사에서 촉한(蜀汉), 위(魏), 오(吴) 세 개의 국가가 있던 시기]
周瑜 Zhōu Yú 교유 주유[중국 삼국 시대 오나라(吴)의 걸출한 군사가]　**诸葛亮** Zhūgě Liàng 교유 제갈량[삼국 시대 지모가 뛰어난 촉한(蜀汉)의 정치가]
心生 xīnshēng 속으로　★**嫉妒** jídù 질투하다　**刁难** diāonàn 곤란하게 하다　**赶制** gǎnzhì 서둘러 제작하다　**箭** jiàn 화살　**欣然** xīnrán 기꺼이
答应 dāying 승낙하다　**派** pài 보내다, 파견하다　**鲁肃** Lǔ Sù 교유 노숙[중국 삼국 시대 오나라(吴)의 정치가]　**住处** zhùchù 거처
★**动静** dòngjing 동정　**打探** dǎtàn 알아보다　★**艘** sōu 척[선박을 세는 단위]　**船只** chuánzhī 배　**配置** pèizhì 배치하다
士兵 shìbīng 병사　**青布** qīngbù 검은 천　**盖** gài 덮다　**此外** cǐwài 그 외에도　★**配备** pèibèi 비치하다　**余** yú 여, 남짓
★**束** shù 묶음　**草把** cǎobǎ 풀 묶음　**分别** fēnbié 따로따로　★**竖** shù 세우다　**舷** xián 현[배의 양측 가장자리]　**用意** yòngyì 의도
按兵不动 ànbīngbúdòng 요지부동하다, 의도적으로 움직이지 않다　★**凌晨** língchén 이른 새벽　**秘密** mìmì 은밀하다
莫名其妙 mòmíngqímiào 영문을 알 수 없다　**雾气** wùqì 안개　**漆黑一片** qīhēi yí piàn 암흑천지　**命令** mìnglìng 명령하다　**绳** shéng 끈

驶 shǐ 圄 항해하다　军营 jūnyíng 圄 군영　接近 jiējìn 圄 접근하다　下令 xiàlìng 圄 명령을 내리다　摆开 bǎikai 배열하다　击鼓 jī gǔ 북을 치다

呐喊 nàhǎn 圄 함성을 지르다　★进攻 jìngōng 圄 공격하다　声势 shēngshì 圄 위풍과 기세　见状 jiàn zhuàng 상황을 목격하다

担忧 dānyōu 圄 걱정하다　安然 ānrán 圄 태연하다　埋伏 máifú 圄 매복하다　急忙 jímáng 圄 급하게　★调动 diàodòng 圄 동원하다

弓箭手 gōngjiànshǒu 圄 궁수　朝 cháo 囝 ~을 향하여　霎时间 shàshíjiān 圄 순식간　飞蝗 fēihuáng 圄 메뚜기　布幔 bùmàn 圄 천막

雾散 wù sàn 안개가 걷히다　插 chā 圄 꽂다　船队 chuánduì 圄 함대　赐 cì 圄 하사하다　★真相 zhēnxiàng 圄 진상　追 zhuī 쫓아가다

해설　(76) 빈칸 앞이 '제갈량은 기꺼이 승낙했고'라는 문맥임을 파악한다. 선택지 E 并表示只要给他三天时间就可以(그리고 그에게 3일의 시간을 주기만 하면 된다고 했다)가 빈칸 앞 내용의 이후 상황을 나타내므로 정답이다.

(77) 빈칸 앞에서 언급된 船只(배)을 키워드 단서로 확인해둔다. 船只를 그대로 사용한 선택지 C 船只全用青布盖住(배는 전부 검은 천으로 덮어주게)가 정답이다. C를 빈칸에 넣었을 때 '자네가 내게 이십 척의 배를 빌려주길 바라네. 모든 배에 서른 명 남짓의 병사들을 배치하고, 배는 전부 검은 천으로 덮어주게.'라는 자연스러운 문맥이 된다.

(78) 빈칸 앞이 '제갈량은 긴 끈으로 이십 척의 배를 한데 연결할 것을 명령했고'라는 문맥임을 파악한다. 선택지 B 然后驶向曹操的军营(그런 다음 조조의 군영으로 항해하다)이 빈칸 앞 내용의 이후 상황을 나타내므로 정답이다.

(79) 빈칸 바로 뒤에 '반대/전환'을 나타내는 연결어 然而(그러나)이 있고, 然而 뒤가 '제갈량은 오히려 태연하게 배 안에 앉아 술을 마셨다'라는 문맥임을 확인해둔다. 선택지 D 鲁肃见状很是担忧(노숙은 상황을 목격하고는 매우 걱정했는데)가 然而 뒤 내용과 반대/전환되므로 정답이다.

(80) 빈칸 뒤가 '제갈량은 그제야 함대가 벗어날 것을 명령했다'라는 문맥임을 파악한다. 선택지 A 船身两侧都插满了曹军射来的箭(선체 양측에 조조의 군대가 쏜 화살이 가득 꽂혀 있었고)이 빈칸 뒤 내용의 이전 상황을 나타내므로 정답이다.

81 - 84

中国云南西双版纳的15头大象向西行进，途中一只小象因误吃酒糟而醉酒，脱离了象群队伍。小象清醒过来后，却不慌不忙并且迅速地找到了象队，重返象群。没有任何通讯工具的小象是如何做到的呢？其实大象是群居动物，[84]人们一直以为它只是体型庞大且笨重，却不知大象能够有序和谐地组织群体生活都是与它们的身体特点有关的。

首先，大象具备惊人的听觉能力，能清晰听到同类发出的次声波。[81]大象有两颗象牙，象牙共振时会发出声音，象牙越长，声音就越低。这种声音在20赫兹以下，被称为次声波。人类所听到的声音是在20到20万赫兹之间，因此人类不能听到大象的次声波，而大象却能不费力地听见这种低频声音。不仅如此，大象在用次声波交流时，耳朵一直在抖动，这种做法可以让它们更好地接收到同类传达的信息。

其次，大象拥有巨大的脚板，一群大象同时跺脚时会产生非常剧烈的地面震动，并发出"隆隆"的响声，大象还可以通过脚板来感知到地面传来的震动。[82]如果大象之间的距离太远或者遇到紧急情况，次声波不能满足交流时，它们会使用这种跺脚的方式来完成信息传播。相对于次声波交流，这种方式可以传播得更遥远，最远可以传播到32千米之外的地方。这种情况下，大象不是用耳朵接收声音信号，而是用脚板感知到远处传来的地面震动的同时，通过骨骼把声音信号传递到大脑进行分析判断。它们还可以借助脸上的扩音脂肪来扩大这种震动的声音，让自己感受得更清晰。

除此以外，[83]大象天生具有超强的嗅觉基因，它们能隔着冰找到食物，还能闻到100米之外的爆炸物的气味。它们的嗅觉比人类灵敏2.8万倍。大象可以利用灵敏的鼻子，根据路上所留下的粪便气味而得知附近存在着

중국 윈난 시상반나의 코끼리 15마리가 서쪽을 향해 나아가다가, 도중 아기 코끼리 한 마리가 술 찌꺼기를 잘못 먹고 술에 취해서, 코끼리 무리의 행렬에서 벗어났다. 아기 코끼리는 정신이 든 후에, 침착하고 신속하게 코끼리 행렬을 찾아냈고, 코끼리 무리로 되돌아갔다. 아무런 통신 수단이 없었던 아기 코끼리는 어떻게 해낸 것일까? 사실 코끼리는 군집 동물인데, [84]사람들은 늘 코끼리가 그저 체형이 방대하고 육중하다고만 생각하지, 코끼리가 질서 있고 조화롭게 군집 생활을 구성할 수 있는 것이 그들의 신체 특징과 관련되어 있다는 것은 모른다.

먼저, 코끼리는 놀라운 청력을 갖추고 있어서, 동족이 내는 초저주파를 명확하게 들을 수 있다. [81]코끼리는 두 개의 상아가 있으며, 상아가 공진할 때 소리가 나는데, 상아가 길수록 소리는 낮아진다. 이러한 소리는 20헤르츠 이하로, 초저주파라고 불린다. 사람이 들을 수 있는 소리는 20에서 20만 헤르츠 사이이기 때문에 사람은 코끼리의 초저주파를 들을 수 없지만, 코끼리는 오히려 이러한 저주파 소리를 손쉽게 들을 수 있다. 이뿐만 아니라, 코끼리는 초저주파로 소통할 때 귀를 계속 흔드는데, 이러한 방식은 그들로 하여금 동족이 전달한 정보를 더 잘 수신할 수 있게 한다.

다음으로, 코끼리는 거대한 발바닥을 가지고 있다. 한 무리의 코끼리가 동시에 발을 구를 때 매우 격렬한 지면 진동이 발생하고, '쿵쿵'하는 소리를 내는데, 코끼리는 발바닥을 통해서도 지면에서 전해져 오는 진동을 감지할 수 있다. [82]만약 코끼리 간의 거리가 너무 멀거나 긴급한 상황에 맞닥뜨려 초저주파로 소통을 만족시킬 수 없을 때, 그들은 이러한 발 구르기 방식을 사용해 정보 전파를 해낸다. 초저주파 소통에 비해, 이러한 방식은 더욱 멀리 전파할 수 있으며, 가장 멀리는 32킬로미터 밖의 지역까지 전파할 수 있다. 이러한 상황에서, 코끼리는 귀로 소리 신호를 수신하는 것이 아니라, 발바닥으로 멀리서 전해져 오는 지면 진동을 감지하는 동시에 골격을 통해 소리 신호를 대뇌에 전달해 분석과 판단을 진행하는 것이다. 그들은 얼굴에 있는 소리를 증폭시키는 지방의 도움을 받아서 이러한 진동 소리를 확대해, 스스로 더 명확하게 느낄 수 있게도 한다.

이것 이외에도, [83]코끼리는 선천적으로 아주 강한 후각 유전자를 가지고 있어서, 그들은 얼음을 사이에 두고 음식을 찾아낼 수 있고, 100미터 밖의 폭발물 냄새를 맡을 수도 있다. 그들의 후각은 사람보다 2.8

其他大象，还能根据气味预测周围隐藏的危险，从而通知象群尽快撤离。

만 배 예민하다. 코끼리는 예민한 코를 이용해 길에 남겨진 대소변 냄새를 통해서 근처에 다른 코끼리가 존재한다는 것을 알 수 있으며, 냄새를 통해서 주변에 숨겨진 위험을 예측해, 코끼리 무리에게 빠르게 피신하라고 알릴 수도 있다.

어휘　云南 Yúnnán 교유 윈난[중국의 성(지방 행정 구역) 중 하나]　西双版纳 Xīshuāngbǎnnà 교유 시상반나[윈난(**云南**)에 소재한 중국의 명승지 중 하나]
　　　大象 dàxiàng 명 코끼리　行进 xíngjìn 통 (앞으로) 나아가다　途中 túzhōng 명 도중　酒糟 jiǔzāo 명 술 찌꺼기　醉酒 zuìjiǔ 명 술에 취하다
　　　★脱离 tuōlí 통 벗어나다　群 qún 양 무리　무리, 떼　队伍 duìwu 명 행렬　★清醒 qīngxǐng 형 정신이 들다
　　　不慌不忙 bùhuāngbùmáng 침착하다　迅速 xùnsù 형 신속하다　重返 chóngfǎn 통 되돌아가다　通讯 tōngxùn 명 통신　工具 gōngjù 명 수단
　　　群居 qúnjū 통 군집하다　庞大 pángdà 형 방대하다　笨重 bènzhòng 형 육중하다　★和谐 héxié 형 조화롭다　具备 jùbèi 통 갖추다　听觉 tīngjué 명 청각
　　　★清晰 qīngxī 형 명확하다　同类 tónglèi 명 동족, 같은 무리　发出 fāchū (소리 등을) 내다　次声波 cìshēngbō 명 초저주파　颗 kē 양 개, 알
　　　象牙 xiàngyá 명 상아　共振 gòngzhèn 통 공진하다　赫兹 hèzī 양 헤르츠[진동수를 세는 단위]　称 chēng 통 부르다　人类 rénlèi 명 사람
　　　低频 dīpín 명 저주파　抖动 dǒudòng 통 흔들다　接收 jiēshōu 통 수신하다　★传达 chuándá 통 전달하다　信息 xìnxī 명 정보
　　　★拥有 yōngyǒu 통 가지고 있다　巨大 jùdà 형 거대하다　脚板 jiǎobǎn 명 발바닥　跺脚 duòjiǎo 통 발을 구르다　★剧烈 jùliè 형 격렬하다
　　　震动 zhèndòng 통 진동하다　隆隆 lónglóng 의성 쿵쿵　响声 xiǎngshēng 명 소리　感知 gǎnzhī 통 감지하다　传来 chuánlai 전해져 오다
　　　紧急 jǐnjí 형 긴급하다　满足 mǎnzú 통 만족하다　传播 chuánbō 통 전파하다　相对于 xiāngduì yú ~에 비해　★遥远 yáoyuǎn 형 (시간이나 거리가) 멀다
　　　骨骼 gǔgé 명 골격　信号 xìnhào 명 신호　传递 chuándì 통 전달하다　分析 fēnxī 통 분석하다　借助 jièzhù 통 도움을 받다
　　　扩音 kuò yīn 소리를 증폭시키다　★脂肪 zhīfáng 명 지방　扩大 kuòdà 통 확대하다　感受 gǎnshòu 통 (영향을) 느끼다　★天生 tiānshēng 형 선천적인
　　　具有 jùyǒu 통 가지다　★嗅觉 xiùjué 명 후각　★基因 jīyīn 명 유전자　隔着 gèzhe ~을 사이에 두고　食物 shíwù 명 음식　闻 wén 통 냄새를 맡다
　　　爆炸物 bàozhàwù 명 폭발물　★气味 qìwèi 명 냄새　★灵敏 língmǐn 형 예민하다　利用 lìyòng 통 이용하다　粪便 fènbiàn 명 대소변
　　　存在 cúnzài 통 존재하다　预测 yùcè 통 예측하다　隐藏 yǐncáng 통 숨기다　尽快 jǐnkuài 빠르게　撤离 chèlí 통 피신하다

81 大象能发出次声波，是因为：　　코끼리가 초저주파를 낼 수 있는 이유는:

　　A 有聪明的大脑　　　　　　　　　A 똑똑한 뇌를 가지고 있기 때문에
　　B 具有庞大的体型　　　　　　　　B 방대한 체형을 가지고 있기 때문에
　　C 能感知地面的信息　　　　　　　C 지면의 정보를 감지할 수 있기 때문에
　　D 象牙可以进行共振　　　　　　**D 상아가 공진할 수 있기 때문에**

해설　질문이 코끼리가 초저주파를 낼 수 있는 이유를 물었으므로, 질문의 핵심어구 次声波와 관련된 내용을 지문에서 재빨리 찾는다. 두 번째 단락에서 大象有两颗象牙，象牙共振时会发出声音，象牙越长，声音就越低。这种声音在20赫兹以下，被称为次声波。라고 했으므로, 선택지 D 象牙可以进行共振이 정답이다.

어휘　大象 dàxiàng 명 코끼리　发出 fāchū (소리 등을) 내다　次声波 cìshēngbō 명 초저주파　★庞大 pángdà 형 방대하다　体型 tǐxíng 명 체형
　　　感知 gǎnzhī 통 감지하다　信息 xìnxī 명 정보　象牙 xiàngyá 명 상아　共振 gòngzhèn 통 공진하다

82 下列哪项属于大象的交流方式？　　다음 중 코끼리의 소통 방식에 속하는 것은?

　　A 抖动耳朵发送信息　　　　　　　A 귀를 흔들어 정보를 보낸다
　　B 用扩音脂肪发出声音　　　　　　B 소리를 증폭시키는 지방으로 소리를 낸다
　　C 用跺脚完成远距离交流　　　　**C 발을 굴러서 장거리 소통을 해낸다**
　　D 口中发出"隆隆"的叫声　　　　D 입으로 '쿵쿵'하는 울음소리를 낸다

해설　질문이 코끼리의 소통 방식에 속하는 것을 물었으므로, 질문의 핵심어구 交流方式과 관련된 내용을 지문에서 재빨리 찾는다. 세 번째 단락의 如果大象之间的距离太远或者遇到紧急情况，次声波不能满足交流时，它们会使用这种跺脚的方式来完成信息传播。에서 코끼리의 소통 방식이 언급되었으므로, 선택지 C 用跺脚完成远距离交流가 정답이다.

어휘　属于 shǔyú 통 ~에 속하다　抖动 dǒudòng 통 흔들다　发送 fāsòng 통 보내다　扩音 kuò yīn 소리를 증폭시키다　★脂肪 zhīfáng 명 지방
　　　跺脚 duòjiǎo 통 발을 구르다　隆隆 lónglóng 의성 쿵쿵

83 根据上文，大象有什么特点？　　위 글에 근거하여, 코끼리는 어떤 특징이 있는가?

　　A 喜爱独居生活　　　　　　　　　A 혼자 생활하는 것을 좋아한다
　　B 有敏锐的嗅觉　　　　　　　　**B 예민한 후각이 있다**
　　C 只用耳朵传导声音　　　　　　　C 귀만을 사용해 소리를 전달한다
　　D 具有发出超声波的能力　　　　　D 초음파를 내는 능력을 가지고 있다

해설　질문이 코끼리의 특징을 물었다. 질문에 핵심어구가 없으므로 선택지의 핵심어구 独居生活, 敏锐的嗅觉, 用耳朵传导声音, 发出超声波的
　　　能力와 관련된 내용을 지문에서 재빨리 찾는다. 마지막 단락에서 大象天生具有超强的嗅觉基因이라고 했으므로, 선택지 B 有敏锐的嗅觉가
　　　정답이다.

어휘　独居 dú jū 혼자 생활하다　★敏锐 mǐnruì 圈 예민하다　★嗅觉 xiùjué 圆 후각　传导 chuándǎo 圄 전달하다　具有 jùyǒu 가지다
　　　超声波 chāoshēngbō 圆 초음파

84　最适合做上文的标题是：　위 글의 제목으로 가장 적절한 것은：

A 大象神奇的耳朵　A 코끼리의 신기한 귀

B 次声波对大象的影响　B 초저주파가 코끼리에 미치는 영향

C 云南西双版纳大象之旅　C 윈난 시상반나 코끼리의 여행

D 大象鲜为人知的身体秘密　D 사람들에게 잘 알려지지 않은 코끼리의 신체 비밀

해설　질문이 제목으로 적절한 것을 묻고 있다. 지문이 코끼리 무리의 행렬을 이탈했던 아기 코끼리가 무리로 되돌아간 사례, 코끼리의 놀라운 청력,
　　　발바닥을 이용한 코끼리의 소통 방식, 코끼리의 강한 후각을 차례대로 언급하고 있다. 그리고 첫 번째 단락에서 人们一直以为它只是体型庞
　　　大且笨重, 却不知大象能够有序和谐地组织群体生活都是与它们的身体特点有关이라고 했다. 따라서 선택지 D 大象鲜为人知的身体秘
　　　密가 정답이다.

어휘　★神奇 shénqí 圈 신기하다　云南 Yúnnán 교유 윈난[중국의 성(지방 행정 구역) 중 하나]
　　　西双版纳 Xīshuāngbǎnnà 교유 시상반나[윈난(云南)에 소재한 중국의 명승지 중 하나]　鲜为人知 xiǎnwéirénzhī 젱 사람들에게 잘 알려지지 않다
　　　秘密 mìmì 圆 비밀

---

85 - 88

近日，科学家们在《生物科学》月刊上联名发表了关于地球健康状况的文章。文章指出，[85]人类无节制地开发和使用资源，导致地球的健康状况每况愈下。因此，若想从根本上改变这一切，就需要适当整顿当前的资源开发方式，合理地开发和运用新能源。

新能源又被称为非常规能源，指的是常规能源之外的能源形式。[86]常规能源包括石油、天然气还有化石能源等资源，[86]在日常生活中已得到了广泛的应用。而非常规能源则指太阳能、风能、氢能等尚未被大规模运用，且还在持续研究开发阶段的资源。

[87]虽说随着科技的发展和人们对环境的重视，新能源也逐渐被应用了起来，但是在新能源的发展过程中，相关领域的研究一直没有太大的起色。由此可见要让新能源彻底取代常规能源，仍然需要很长的时间。那么发展新能源为何这么难呢？

以化石能源为例，化石能源作为常规能源，本身就存在于地球上，是现成的资源，而[87]新能源则完全和科技挂钩，开发新能源，就需要更多的技术、成本和时间来确保其稳定、可持续的发展。如今人类最看好的新能源，一个是太空发电，另一个是可控核聚变。拿太空发电来说，世界上第一个太空发电站已经在中国重庆开建了，美国也将启动太空发电站的计划。不过真正关系到人类可持续发展的则是可控核聚变。可控核聚变又称"人造太阳"，能持续稳定地输出能量，且不产生核废料和温室气体。但是[88]由于种种技术问题，可控核聚变始终可望不可及。新能源的开发过程虽然漫长而艰难，但其美好前景吸引各国科学家奋力探讨。

최근, 과학자들은 월간지 <생물 과학>에서 지구의 건강 상태에 관한 글을 공동으로 발표했다. 글에서는, [85]인류가 무절제하게 자원을 개발하고 사용하는 것이 지구의 건강 상태를 날로 악화되게 한다고 지적했다. 따라서, 이 모든 것을 근본적으로 바꾸고 싶다면, 현재의 자원 개발 방식을 적절하게 조정하고, 대체 에너지를 합리적으로 개발하고 활용해야 한다.

대체 에너지는 비전통 에너지라고도 불리는데, 전통 에너지 이외의 에너지 형태를 가리킨다. [86]전통 에너지는 석유, 천연가스 그리고 화석 에너지 등의 자원을 포함하며, [86]일상생활에서 이미 광범위하게 응용되고 있다. 반대로 비전통 에너지는 태양 에너지, 풍력 에너지, 수소 에너지 등 지금껏 대규모로 활용되지 않으며, 아직까지 지속적인 연구 개발 단계에 있는 자원을 가리킨다.

[87]비록 과학 기술의 발전과 환경에 대한 사람들의 중시에 따라, 대체 에너지도 점차 응용되기 시작했지만, 대체 에너지의 발전 과정에서 관련 분야의 연구는 줄곧 크게 진척될 기미가 없다. 이로써 대체 에너지가 완전히 전통 에너지를 대체하게 하려면, 여전히 긴 시간이 필요하다는 것을 알 수 있다. 그렇다면 대체 에너지를 발전시키는 것은 왜 이렇게 어려울까?

화석 에너지를 예로 들면, 화석 에너지는 전통 에너지로서 그 자체가 지구상에 존재하는 것으로, 이미 만들어져 있는 자원이지만, [87]대체 에너지는 완전히 과학 기술과 관련돼 있어, 대체 에너지를 개발하려면 더 많은 기술, 자본금과 시간으로 대체 에너지의 안정적이고 지속 가능한 발전을 보장해야 한다. 오늘날 인류가 가장 잘 되리라 예측한 대체 에너지는, 하나는 우주 발전, 다른 하나는 제어 핵융합이다. 우주 발전을 가지고 말하자면, 세계 최초의 우주 발전소는 이미 중국 충칭에서 짓기 시작했고, 미국도 우주 발전소 계획에 시동을 걸 예정이다. 하지만 진정으로 인류의 지속 가능한 발전과 관련된 것은 오히려 제어 핵융합이다. 제어 핵융합은 '인공 태양'으로도 불리는데, 지속적이고 안정적으로 에너지를 내보낼 수 있고, 게다가 핵폐기물과 온실가스가 발생하지 않는다. 그러나 [88]여러 가지 기술 문제로 인해, 제어 핵융합은 줄곧 실제로 실현하기 어려웠다. 대체 에너지의 개발 과정은 비록 길고 험난하지만, 그 아름다운 전망이 각국의 과학자가 분발해 탐구하도록 매료시키고 있다.

如何克服科技上的难点，发挥新能源的优势，仍是一个需要持续研究和探讨的问题。若能充分发挥新能源的优势，将对地球资源的保护起到莫大的作用。

어떻게 과학 기술의 고충을 극복하고, 대체 에너지의 장점을 발휘할지는 여전히 지속적인 연구와 탐구가 필요한 문제다. 만약 대체 에너지의 장점을 충분히 발휘할 수 있다면, 지구 자원의 보호에 막대한 역할을 할 것이다.

어휘　★生物 shēngwù 圏 생물　联名 liánmíng 圏 공동으로 ~하다　发表 fābiǎo 圏 발표하다　状况 zhuàngkuàng 圏 상태　人类 rénlèi 圏 인류
节制 jiézhì 圏 절제하다　开发 kāifā 圏 개발하다　资源 zīyuán 圏 자원　导致 dǎozhì 圏 ~되게 하다　每况愈下 měikuàngyùxià 圏 (상황이) 날로 악화되다
根本 gēnběn 圏 근본　整顿 zhěngdùn 圏 조정하다　★当前 dāngqián 圏 현재　合理 hélǐ 圏 합리적이다　运用 yùnyòng 圏 활용하다
新能源 xīnnéngyuán 圏 대체 에너지　称 chēng 圏 부르다　非 fēi 비, ~가 아니다　常规 chángguī 圏 전통적이다, 관례적이다
能源 néngyuán 圏 에너지(원)　形式 xíngshì 圏 형태　包括 bāokuò 圏 포함하다　石油 shíyóu 圏 석유　★天然气 tiānránqì 圏 천연가스
★化石 huàshí 圏 화석　广泛 guǎngfàn 圏 광범위하다　应用 yìngyòng 圏 응용하다　氢能 qīngnéng 圏 수소 에너지　尚未 shàng wèi 지금껏 ~하지 않다
规模 guīmó 圏 규모　持续 chíxù 圏 지속하다　阶段 jiēduàn 圏 단계　科技 kējì 圏 과학 기술　逐渐 zhújiàn 圏 점차　相关 xiāngguān 圏 (서로) 관련되다
领域 lǐngyù 圏 분야　起色 qǐsè 圏 진척될 기미　可见 kějiàn 圏 (~임을) 알 수 있다　彻底 chèdǐ 圏 완전하다, 철저하다　取代 qǔdài 圏 대체하다
作为 zuòwéi 圏 ~로서　★本身 běnshēn 때 그 자체　存在 cúnzài 圏 존재하다　现成 xiànchéng 圏 이미 만들어져 있는　挂钩 guàgōu 圏 관련되다
★成本 chéngběn 圏 자본금　★确保 quèbǎo 圏 보장하다　稳定 wěndìng 圏 안정적이다　可持续 kě chíxù 지속 가능한　如今 rújīn 圏 오늘날
看好 kànhǎo 圏 잘 되리라 예측하다　★太空 tàikōng 圏 우주　发电 fādiàn 圏 발전하다[전기를 생산하다]　可控核聚变 kěkòng héjùbiàn 圏 제어 핵융합
重庆 Chóngqìng 교 충칭[중국의 직할시 중 하나]　开建 kāi jiàn 짓기 시작하다　启动 qǐdòng 圏 시동을 걸다　人造太阳 rénzào tàiyáng 圏 인공 태양
输出 shūchū 圏 내보내다　★能量 néngliàng 圏 에너지　核废料 héfèiliào 圏 핵폐기물　温室气体 wēnshì qìtǐ 圏 온실가스　始终 shǐzhōng 圏 줄곧
可望不可及 kěwàng bùkějí 圏 (실현 가능할 것 같지만) 실제로 실현하기 어렵다, 볼 수는 있으나 만질 수는 없다　★漫长 màncháng 圏 (시간·공간이) 길다
★艰难 jiānnán 圏 험난하다　★前景 qiánjǐng 圏 전망　★奋力 fènlì 圏 분발해　探讨 tàntǎo 圏 탐구하다　克服 kèfú 圏 극복하다　难点 nándiǎn 圏 고충
发挥 fāhuī 圏 발휘하다　优势 yōushì 圏 장점　充分 chōngfèn 圏 충분하다　莫大 mòdà 圏 막대하다

85　地球健康状况不佳的原因是什么？　　　지구의 건강 상태가 안 좋은 이유는 무엇인가？

A 降雨量减少　　　　　　　　　　　　A 강우량이 감소했기 때문에
B 过度开采资源　　　　　　　　　　**B 과도하게 자원을 발굴했기 때문에**
C 荒漠面积减少　　　　　　　　　　　C 사막 면적이 감소했기 때문에
D 新能源使用过度　　　　　　　　　　D 대체 에너지 사용이 과도했기 때문에

해설　질문이 지구의 건강 상태가 안 좋은 이유를 물었으므로, 질문의 핵심어구 地球健康状况과 관련된 내용을 지문에서 재빨리 찾는다. 첫 번째 단락에서 人类无节制地开发和使用资源, 导致地球的健康状况每况愈下라고 했으므로, 선택지 B 过度开采资源이 정답이다.

어휘　状况 zhuàngkuàng 圏 상태　降雨量 jiàngyǔliàng 圏 강우량　★过度 guòdù 圏 과도하다　★开采 kāicǎi 圏 발굴하다　资源 zīyuán 圏 자원
荒漠 huāngmò 圏 (황량한) 사막　面积 miànjī 圏 면적　新能源 xīnnéngyuán 圏 대체 에너지

86　常规能源是一种：　　　　　　　　　전통 에너지는 일종의：

A 被广泛应用的能源　　　　　　　　**A 광범위하게 응용되고 있는 에너지이다**
B 技术不成熟的能源　　　　　　　　　B 기술이 숙달되지 않은 에너지이다
C 还在研究阶段的能源　　　　　　　　C 아직 연구 단계에 있는 에너지이다
D 可以尽情使用的能源　　　　　　　　D 마음껏 사용할 수 있는 에너지이다

해설　질문이 전통 에너지에 대해 물었으므로, 질문의 핵심어구 常规能源과 관련된 내용을 지문에서 재빨리 찾는다. 두 번째 단락에서 常规能源······在日常生活中已得到了广泛的应用이라고 했으므로, 선택지 A 被广泛应用的能源이 정답이다.

어휘　常规 chángguī 圏 전통적이다, 관례적이다　能源 néngyuán 圏 에너지(원)　广泛 guǎngfàn 圏 광범위하다　应用 yìngyòng 圏 응용하다
成熟 chéngshú 圏 숙달되다, 성숙하다　阶段 jiēduàn 圏 단계　尽情 jìnqíng 圏 마음껏

87　第4段中，画线词语"挂钩"最可能是什么意思？　　네 번째 단락에서, 밑줄 친 단어 '挂钩'의 의미로 가장 알맞은 것은 무엇인가？

A 存在联系　　　B 相互渗透　　　　　　**A 연관이 있다**　　　B 상호 침투하다
C 容易混淆　　　　D 互相抵制　　　　　　C 헷갈리기 쉽다　　　D 서로 배척하다

해설　질문이 네 번째 단락에서 '挂钩'의 의미를 물었으므로, 挂钩가 언급된 부분을 지문에서 재빨리 찾는다. 네 번째 단락에서 新能源则完全和科技挂钩, 开发新能源, 就需要更多的技术、成本和时间来确保其稳定、可持续的发展이라고 했고, 세 번째 단락에서 虽说随着科技的发展和人们对环境的重视, 新能源也逐渐被应用了起来라고 했으므로, 문맥상 挂钩는 대체 에너지 개발이 과학 기술과 연관이 있음을 나타낸

다는 것을 알 수 있다. 따라서 선택지 A 存在联系가 정답이다.

어휘   挂钩 guàgōu 圖 관련되다   存在 cúnzài 圖 있다   渗透 shèntòu 圖 침투하다   混淆 hùnxiáo 圖 헷갈리다   抵制 dǐzhì 圖 배척하다

---

88 上文中举可控核聚变的例子是为了说明：　　　위 글에서 제어 핵융합을 예로 든 것은 무엇을 설명하기 위함인가：

A 气候危机很紧急   A 기후 위기가 긴급하다
B 开发新能源很艰难   **B 대체 에너지를 개발하는 것은 힘들다**
C 加强国际合作的重要性   C 국제 협력의 중요성을 강화한다
D 建太空发电站的过程复杂   D 우주 발전소를 짓는 과정이 복잡하다

해설   질문이 위 글에서 제어 핵융합을 예로 든 것은 무엇을 설명하기 위함인지를 물었으므로, 질문의 핵심어구 可控核聚变과 관련된 내용을 지문에서 재빨리 찾는다. 네 번째 단락에서 由于种种技术问题，可控核聚变始终可望不可及。新能源的开发过程虽然漫长而艰难，但其美好前景吸引各国科学家奋力探讨라고 했으므로, 선택지 B 开发新能源很艰难이 정답이다.

어휘   可控核聚变 kěkòng héjùbiàn 圖 제어 핵융합   ★危机 wēijī 圖 위기   紧急 jǐnjí 圖 긴급하다   开发 kāifā 圖 개발하다   ★艰难 jiānnán 圖 힘들다
加强 jiāqiáng 圖 강화하다   合作 hézuò 圖 협력하다   ★太空 tàikōng 圖 우주   发电 fādiàn 圖 발전하다[전기를 생산하다]

---

89 - 92

宫灯是中国独具特色的传统手工艺品，已成为中国传统文化的一个符号。[89]在古代，宫廷里使用的灯，被称为"宫灯"，它除了照明功能之外，还用来显示帝王的富贵和奢华。直到今天，在一些豪华殿堂和住宅，仍能发现宫灯造型的装饰品。

宫灯在中国已有上千年的历史。相传，东汉光武帝刘秀定都洛阳，统一天下后，为庆贺这一功业，在宫廷里张灯结彩，大摆宴席，盏盏宫灯，各呈艳姿。这是历史上第一次出现宫灯。后来宫灯的制作工艺传入民间。[90]到唐明时天下太平，经济复苏，宫灯更是大放异彩，盛极一时。每到元宵佳节，街头巷尾红灯高挂，各类宫灯吸引了观灯的群众，因此元宵节也被称为"灯节"。

宫灯主要以细木为框架，框架上雕刻着花纹，并在骨架之间镶以绢纱和玻璃，在上面绘以山水、花鸟、人物故事等彩色图案。[91]宫灯选料十分细致，大多选用红木、紫檀木、楠木等贵重木料，甚至选用昂贵的金银来装饰，显得格外艳丽端庄。宫灯在制作工艺上十分精巧，雕、镂、刻、画等技艺缺一不可。

正统的宫灯造型为八角形、六角形和四角形，根据灯上的图案内容，分别具有龙凤呈祥、福寿延年、吉祥如意等不同寓意。[92]现在的宫灯种类很多，人们通过挂不同样式的宫灯，来寄托心中的愿望。如若希望家庭和睦，可以挂一盏"一团和气灯"；希望出门在外的家人能够平安，可以选择挂"四季平安灯"；家里有学生，可以挂"九子登科灯"。

制作工艺精巧的宫灯造型美观大方，文化内涵深厚，耐人寻味，是集知识性、观赏性、娱乐性为一体的完美艺术作品。

궁등은 남다른 특색을 가진 중국의 전통 수공예품으로, 이미 중국 전통 문화의 하나의 상징이 됐다. [89]옛날, 궁궐 안에서 사용하던 등불은 '궁등'이라고 불렸는데, 궁등은 조명 기능 이외에 군주의 부귀와 사치를 과시하는 데도 사용됐다. 현재까지도, 몇몇 호화로운 전당과 주택에서 여전히 궁등 모양의 장식품을 발견할 수 있다.

궁등은 중국에서 이미 천여 년의 역사가 있다. 전해 내려오기로는, 동한의 광무제 유수는 수도를 뤄양으로 정했는데, 천하가 통일된 후, 이 공훈과 업적을 축하하기 위해 궁궐 안에 초롱을 달고 오색 천으로 장식했으며, 큰 잔치를 벌였고 궁등들은 각각 아름다운 자태를 드러냈다. 이는 역사상 처음으로 궁등이 출현한 것이다. 그 후 궁등의 제작 공예가 민간으로 전해졌다. [90]당나라에 이르렀을 때는 천하가 태평하고 경제가 회복되어, 궁등은 더욱 빛을 발했고, 한때 매우 성행했다. 매번 원소절이 되면, 거리와 골목에 빨간 등불이 높이 걸려 있고, 각종 궁등은 등을 구경하는 군중을 매료시켰는데, 이 때문에 원소절은 '등절'이라고도 불린다.

궁등은 주로 가는 나무를 뼈대로 하는데, 뼈대에 무늬가 조각돼 있고, 골격 사이에 견사와 유리를 끼워 넣어, 그 위에 산과 물, 꽃과 새, 인물 이야기 등 다양한 색의 도안을 그린다. [91]궁등은 재료 선택에 매우 공을 들이는데, 대부분 마호가니, 자단나무, 녹나무 등 귀중한 목재를 사용하고, 심지어 값비싼 금과 은을 사용하여 장식해, 유달리 아름답고 위엄이 있어 보인다. 궁등은 제작 공예에 있어서 매우 정교한데, 조각하기, 파기, 새기기, 그리기 등의 기예가 하나라도 부족해서는 안 된다.

정통 궁등 모양은 팔각형, 육각형과 사각형으로, 등불의 도안 내용에 따라서 각각 길함, 장수, 만사형통 등 서로 다른 함의를 가지고 있다. [92]현재의 궁등은 종류가 많은데, 사람들은 각기 다른 디자인의 궁등을 거는 것을 통해, 마음속의 소망을 빈다. 만약 가정이 화목하길 바란다면, '화목의 등'을 걸 수 있고, 집을 떠나 멀리 밖에 나가 있는 가족이 평안할 수 있기를 바란다면, '사시사철 평안의 등'을 거는 것을 선택할 수 있고, 집에 학생이 있으면, '자녀 합격의 등'을 걸 수 있다.

제작 공예가 정교한 궁등은 모양이 예쁘고 우아하며, 문화적 의미가 깊고 두텁고, 자세히 음미할 만한 가치가 있으며 지식성, 관상성, 오락성이 하나로 어우러진 완벽한 예술 작품이다.

어휘   宫灯 gōngdēng 圖 궁등[경축일이나 축제 때 처마 끝에 걸어 두는 등롱]   独具 dújù 남다르게 갖추다   特色 tèsè 圖 특색   传统 chuántǒng 圖 전통적이다
手工艺品 shǒugōngyìpǐn 圖 수공예품   ★符号 fúhào 圖 상징, 기호   宫廷 gōngtíng 圖 궁궐   照明 zhàomíng 圖 조명하다, 밝게 비추다
功能 gōngnéng 圖 기능   显示 xiǎnshì 圖 과시하다   帝王 dìwáng 圖 군주   富贵 fùguì 圖 부귀하다   奢华 shēhuá 圖 사치스럽다
豪华 háohuá 圖 호화롭다   殿堂 diàntáng 圖 전당[궁전·사찰 등 대규모 건축물의 대청]   ★住宅 zhùzhái 圖 주택   ★造型 zàoxíng 圖 모양
装饰品 zhuāngshìpǐn 圖 장식품   相传 xiāngchuán 圖 전해 내려오다   东汉 Dōng Hàn 고유 동한[중국 역사상의 한 국가]

光武帝 Guāngwǔdì [고유] 광무제[중국 동한(东汉)의 제1대 황제]　定都 dìngdū [동] 수도를 ~으로 정하다　洛阳 Luòyáng [고유] 뤄양[중국의 지명]

统一 tǒngyī [동] 통일하다　庆贺 qìnghè [동] 축하하다　功业 gōngyè [명] 공훈과 업적

张灯结彩 zhāngdēngjiécǎi [성] 초롱을 달고 오색 천으로 장식하다[경사스런 날의 번화하고 시끌벅적한 정경을 묘사함]　摆 bǎi [동] 벌이다, 늘어놓다

宴席 yànxí [명] 잔치　盏 zhǎn [양] 개[등 등을 세는 단위]　呈 chéng [동] 드러내다　艳姿 yànzī [명] 아름다운 자태　制作 zhìzuò [동] 제작하다

工艺 gōngyì [명] 공예　传入 chuánrù [동] 전해지다　★民间 mínjiān [명] 민간　唐朝 Tángcháo [고유] 당나라[중국 역사상의 한 국가]

太平 tàipíng [형] 태평하다　复苏 fùsū [동] 회복하다　大放异彩 dàfàng yìcǎi 크게 빛을 발하다　盛极一时 shèngjíyìshí [성] 한때 매우 성행하다

元宵 Yuánxiāo [고유] 원소절[음력 1월 15일, 元宵节(원소절)를 가리킴]　佳节 jiājié [명] 명절　街头巷尾 jiētóuxiàngwěi [명] 거리와 골목

★群众 qúnzhòng [명] 군중　称 chēng [동] 부르다　框架 kuàngjià [명] 뼈대　★雕刻 diāokè [동] 조각하다　花纹 huāwén [명] 무늬　骨架 gǔjià [명] 골격

镶 xiāng [동] 끼워 넣다　绢纱 juànshā [명] 견사[얇고 성기게 짠 견(绢)과 견보다 얇고 가벼운 비단인 사(纱)를 아울러 이르는 말]　玻璃 bōli [명] 유리

绘 huì [동] (그림을) 그리다　人物 rénwù [명] 인물　彩色 cǎisè [명] 다양한 색　★图案 tú'àn [명] 도안　★细致 xìzhì [형] 공들이다, 세밀하다

选用 xuǎnyòng [동] (선택해서) 사용하다　红木 hóngmù [명] 마호가니[멀구슬나무과의 상록 교목]　紫檀木 zǐtánmù [명] 자단나무　楠木 nánmù [명] 녹나무

贵重 guìzhòng [형] 귀중하다　木料 mùliào [명] 목재　昂贵 ánggùi [형] 값비싸다　显得 xiǎnde [동] ~해 보이다　格外 géwài [부] 유달리

艳丽 yànlì [형] 곱고 아름답다　端庄 duānzhuāng [형] 위엄이 있다　精巧 jīngqiǎo [형] 정교하다　雕 diāo [동] 조각하다　镂 lòu [동] 파다　刻 kè [동] 새기다

技艺 jìyì [명] 기예　缺一不可 quēyībùkě [성] 하나라도 부족해서는 안 된다　正统 zhèngtǒng [형] 정통　分别 fēnbié [부] 각각

龙凤呈祥 lóngfèngchéngxiáng [성] 길하다　福寿延年 fúshòu yánnián 장수하다　吉祥如意 jíxiángrúyì [성] 만사형통하다　寓意 yùyì [명] 함의

样式 yàngshì [명] 디자인　★寄托 jìtuō [동] 빌다, 담다　愿望 yuànwàng [명] 소망　家庭 jiātíng [명] 가정　和睦 hémù [형] 화목하다　★和气 héqi [형] 화목하다

平安 píng'ān [형] 평안하다　九子 jiǔzǐ [명] 자녀　登科 dēngkē [동] (시험에) 합격하다　★美观 měiguān [형] 예쁘다　大方 dàfang [형] 우아하다

★内涵 nèihán [명] 의미　深厚 shēnhòu [형] 깊고 두텁다　耐人寻味 nàirénxúnwèi [성] 자세히 음미할 만한 가치가 있다　观赏 guānshǎng [동] 관상하다

娱乐 yúlè [명] 오락　完美 wánměi [형] 완벽하다　作品 zuòpǐn [명] 작품

89

根据上文，"宫灯"为什么具有这一名称？

A 它有照明的功能
B 它是住宅的装饰品
C 它刚开始在宫廷里使用
D 它曾是珍贵的宫廷贡品

위 글에 근거하여, '궁등'은 왜 이 이름을 가지게 되었는가?

A 그것은 조명의 기능이 있었기 때문에
B 그것은 주택의 장식이었기 때문에
C 그것은 처음에 궁궐 안에서 사용됐기 때문에
D 그것은 진귀한 궁궐 진상품이었기 때문에

해설　질문이 '궁등'이 이 이름을 가지게 된 이유를 물었으므로, 질문의 핵심어구 宫灯, 名称과 관련된 내용을 지문에서 재빨리 찾는다. 첫 번째 단락에서 在古代, 宫廷里使用的灯, 被称为"宫灯"이라고 했으므로, 선택지 C 它刚开始在宫廷里使用이 정답이다.

어휘　宫灯 gōngdēng [명] 궁등[경축일이나 축제 때 처마 끝에 걸어 두는 등롱]　照明 zhàomíng [동] 조명하다, 밝게 비추다　功能 gōngnéng [명] 기능
★住宅 zhùzhái [명] 주택　装饰品 zhuāngshìpǐn [명] 장식품　宫廷 gōngtíng [명] 궁궐　★珍贵 zhēnguì [형] 진귀하다
贡品 gòngpǐn [명] (왕에게 바치는) 진상품

90

唐朝时期的宫灯：

A 非常盛行　　B 图案和色彩单一
C 只在元宵节使用　D 推动了经济发展

당나라 시기의 궁등은：

A 매우 널리 유행했다　　B 도안과 색깔이 단일했다
C 원소절에만 사용했다　D 경제 발전을 촉진했다

해설　질문이 당나라 시기의 궁등에 대해 물었으므로, 질문의 핵심어구 唐朝时期와 관련된 내용을 지문에서 재빨리 찾는다. 두 번째 단락에서 到唐朝时天下太平，经济复苏，宫灯更是大放异彩，盛极一时。이라고 했으므로, 선택지 A 非常盛行이 정답이다.

어휘　唐朝 Tángcháo [고유] 당나라[중국 역사상의 한 국가]　盛行 shèngxíng [동] 널리 유행하다　★图案 tú'àn [명] 도안　色彩 sècǎi [명] 색깔
元宵节 Yuánxiāojié [고유] 원소절[음력 1월 15일]　推动 tuīdòng [동] 촉진하다

91

下列哪项属于宫灯的制作特点？

A 大多为圆型
B 制作工艺简单
C 主要采用珍贵木材
D 用绳子镶在骨架间

다음 중 궁등의 제작 특징에 속하는 것은？

A 대부분 원형이다
B 제작 공예가 간단하다
C 주로 진귀한 목재를 쓴다
D 밧줄을 사용해 골격 사이에 끼워 넣는다

해설　질문이 궁등의 제작 특징에 속하는 것을 물었으므로, 질문의 핵심어구 制作特点과 관련된 내용을 지문에서 재빨리 찾는다. 세 번째 단락의 宫灯选料十分细致，大多选用红木、紫檀木、楠木等贵重木料에서 궁등의 제작 특징이 언급되었으므로, 선택지 C 主要采用珍贵木材가 정답이다.

어휘　属于 shǔyú [동] ~에 속하다　制作 zhìzuò [동] 제작하다　工艺 gōngyì [명] 공예　★珍贵 zhēnguì [형] 진귀하다　木材 mùcái [명] 목재　绳子 shéngzi [명] 밧줄
镶 xiāng [동] 끼워 넣다　骨架 gǔjià [명] 골격

通过不同的宫灯样式，可以知道什么？	각기 다른 궁등 디자인을 통해, 알 수 있는 것은 무엇인가？
A 人们对生活的期望　　B 各种宫灯的价格差异 C 宫灯具体的制作时期　　D 当时人们喜欢的样式	**A 사람들의 삶에 대한 기대**　　B 각종 궁등의 가격 차이 C 궁등의 구체적인 제작 시기　　D 당시 사람들이 좋아한 디자인

해설　질문이 각기 다른 궁등 디자인을 통해 알 수 있는 것이 무엇인지 물었으므로, 질문의 핵심어구 样式과 관련된 내용을 지문에서 재빨리 찾는다. 네 번째 단락에서 现在的宫灯种类很多，人们通过挂不同样式的宫灯，来寄托心中的愿望。이라고 했고, 바로 뒤에 각기 다른 궁등 디자인에 담긴 사람들의 기대가 언급되었으므로, 선택지 A 人们对生活的期望이 정답이다.

어휘　样式 yàngshì 圆 디자인　★期望 qīwàng 圖 기대하다　具体 jùtǐ 圆 구체적이다　制作 zhìzuò 圈 제작하다

---

93 - 96

当遭受疾病或者身体出现残缺时，人们通常会寻求医生的帮助，而野生动物却不能，因此等待它们的很可能就只有死亡。然而3D打印技术的出现给动物们带来了新的希望。人类可以通过3D打印技术，为身体残缺的动物制作假肢，让动物们重新获得灿烂的生命。

2018年，受伤9年的大象莫娜第一次穿上了假肢，它也是世界上第一个穿上3D打印假肢的动物。然而仅仅在几年前，[93]动物的身体一旦有残缺，存活的几率就会变得相当小，这是因为四肢残缺的动物即使没有马上失去生命，在行动上也依然不便，[93]长期不正常的行走姿势会让它们的腿部和脊椎变形，从而患上新的疾病。

在3D打印技术应用于打印假肢前，[94]假肢都是手工制作的，因为每个动物的受伤情况不同，无法批量生产假肢。为一只动物制作假肢所需要的时间至少是15个小时，而且价格昂贵，因此很少有人特意为动物制作手工假肢。

如今，3D打印技术的广泛应用能让受伤的动物们轻轻松松获得假肢。3D打印的假肢从扫描到成型，只需要1个小时，价格也从以前的天价降到几百块。除了[96]缩短制作时间和[96]节约成本外，3D打印技术还有其他方面的优势。首先，有了3D打印技术，可以按需制作假肢，这一点很重要，因为随着动物的生长，假肢需要进行多次调整。第二，3D打印材料的发展意味着这些假肢不仅可以模仿缺失部分的自然功能，还可以[96]与动物的身体结构相结合。第三，3D打印技术允许[96]制作出结构和性能高度复杂的假肢。

[95]3D打印技术虽然在1986年就已被研制出来，但直到最近才被用在动物救治上。现在除了假肢，还可以打印出骨头、肌肉和软骨，植入动物体内时都能正常运作，这是再生医学的一个重大进展。尽管这项技术到真正实施还需要一段时间的探究，但至少在医学领域打开了新的大门。

动物受到致命伤害时，能够利用现有最发达的3D打印技术进行救治，是人类做的最伟大的事情之一。相信3D打印技术将会越来越成熟，能够救助更多动物，使大自然更加生机勃勃、绚丽多彩。

질병에 걸리거나 신체에 결함이 생겼을 때, 사람들은 일반적으로 의사의 도움을 구하지만, 야생 동물은 그럴 수 없기 때문에 그들을 기다리는 것은 어쩌면 죽음뿐일지도 모른다. 그러나 3D 프린팅 기술의 출현은 동물들에게 새로운 희망을 가져다줬다. 인류는 3D 프린팅 기술을 통해 신체에 결함이 있는 동물을 위해서 의족을 제작해, 동물들이 다시 찬란한 생명을 얻게 할 수 있다.

2018년, 다친 지 9년이 된 코끼리 모나는 처음으로 의족을 착용했는데, 모나는 세계에서 최초로 3D 프린팅 의족을 착용한 동물이기도 하다. 그러나 겨우 몇 년 전에는, [93]동물의 신체에 일단 결함이 생기면, 생존할 확률이 상당히 적어졌는데, 이는 사지에 결함이 있는 동물은 당장 생명을 잃지는 않더라도, 행동이 여전히 불편하고, [93]장기간의 비정상적인 걸음걸이는 그들의 다리와 척추를 변형시켜, 새로운 질병에 걸리게 할 수 있기 때문이다.

3D 프린팅 기술이 의족을 프린트하는 데 활용되기 전에, [94]의족은 모두 수제로 제작됐는데, 동물마다 다친 정도가 달라서 의족을 대량으로 생산할 방법이 없었기 때문이다. 동물 한 마리를 위해 의족을 제작하는 데 필요한 시간은 최소 15시간이고, 게다가 가격이 비싸기 때문에, 특별히 동물을 위해 수제 의족을 제작하는 사람은 매우 적었다.

오늘날, 3D 프린팅 기술의 광범위한 활용은 상처를 입은 동물들이 손쉽게 의족을 얻을 수 있게 한다. 3D로 프린트한 의족은 스캔에서 모양을 갖추는 데까지 1시간밖에 걸리지 않고, 가격도 예전의 엄청난 가격에서 몇백 위안으로 떨어졌다. [96]제작 시간을 단축한 것과 [96]원가를 절약한 것 이외에, 3D 프린팅 기술은 다른 측면의 장점도 있다. 먼저, 3D 프린팅 기술이 있으면, 필요에 따라 의족을 제작할 수 있다. 이 점은 매우 중요한데, 동물의 성장에 따라서 의족은 여러 번 조정되어야 하기 때문이다. 두 번째로, 3D 프린팅 재료의 발전은 이러한 의족들이 결함된 부분의 자연스러운 기능을 모방할 수 있다는 것뿐만 아니라, [96]동물의 신체 구조와 결합할 수도 있다는 것을 의미한다. 세 번째로, 3D 프린팅 기술은 [96]구조와 성능이 고도로 복잡한 의족을 제작해내는 것을 가능하게 했다.

[95]3D 프린팅 기술은 비록 1986년에 이미 연구 제작됐지만, 최근에 이르러서야 비로소 동물 치료에 사용됐다. 현재는 의족 이외에 뼈, 근육과 연골도 프린트해낼 수 있고, 동물 체내에 이식했을 때 모두 정상적으로 기능하는데, 이는 재생 의학의 중대한 진전이다. 이 기술이 진정으로 시행되기까지는 얼마간의 탐구가 필요하겠지만, 적어도 의학 분야에 새로운 문이 열린 것이다.

동물이 죽을 정도에 이르는 상해를 입었을 때, 현존하는 가장 발달한 3D 프린팅 기술을 이용해 치료할 수 있는데, 이는 인류가 한 가장 위대한 일 중 하나이다. 3D 프린팅 기술이 점점 더 숙달되어, 더 많은 동물을 구조할 수 있게 되고, 대자연을 더욱 활력이 넘치고 아름답게 할 것이라고 믿는다.

어휘 ★遭受 zāoshòu[동] 걸리다, 당하다 ★疾病 jíbìng[명] 질병 残缺 cánquē[동] 결함이 있다 通常 tōngcháng[부] 일반적으로 寻求 xúnqiú[동] 구하다 等待 děngdài[동] 기다리다 ★死亡 sǐwáng[동] 죽다 打印技术 dǎyìn jìshù[명] 프린팅 기술 人类 rénlèi[명] 인류 制作 zhìzuò[동] 제작하다 假肢 jiǎzhī[명] 의수와 의족 ★灿烂 cànlàn[형] 찬란하다 受伤 shòushāng[동] 다치다 大象 dàxiàng[명] 코끼리 一旦 yídàn[부] 일단 存活 cúnhuó[동] 생존하다 几率 jīlǜ[명] 확률 相当 xiāngdāng[부] 상당히 ★四肢 sìzhī[명] 사지 失去 shīqù[동] 잃다 行动 xíngdòng[동] 행동하다 依然 yīrán[부] 여전히 行走姿势 xíngzǒu zīshì[명] 걸음걸이 腿部 tuǐbù[명] 다리 脊椎 jǐzhuī[명] 척추 患 huàn[동] (병에) 걸리다 应用 yìngyòng[동] 활용하다 手工制作 shǒugōng zhìzuò 수제로 제작하다 批量 pīliàng[부] 대량으로 生产 shēngchǎn[동] 생산하다 ★昂贵 ángguì[형] 비싸다 特意 tèyì[부] 특별히 如今 rújīn[명] 오늘날 广泛 guǎngfàn[형] 광범위하다 扫描 sǎomiáo[동] 스캔하다 成型 chéngxíng[동] 모양을 갖추다 天价 tiānjià[명] 엄청난 가격 缩短 suōduǎn[동] 단축하다 ★成本 chéngběn[명] 원가 优势 yōushì[명] 장점 生长 shēngzhǎng[동] 성장하다 调整 tiáozhěng[동] 조정하다 ★意味着 yìwèizhe[동] 의미하다 模仿 mófǎng[동] 모방하다 缺失 quēshī[동] 결함되다 功能 gōngnéng[명] 기능 结构 jiégòu[명] 구조 结合 jiéhé[동] 결합하다 ★性能 xìngnéng[명] 성능 研制 yánzhì[동] 연구 제작하다 救治 jiùzhì[동] 치료하다 骨头 gǔtou[명] 뼈 肌肉 jīròu[명] 근육 软骨 ruǎngǔ[명] 연골 植入 zhírù[동] 이식하다 运作 yùnzuò[동] 기능하다 重大 zhòngdà[형] 중대하다 ★进展 jìnzhǎn[동] 진전하다 ★实施 shíshī[동] 시행하다 探究 tànjiū[동] 탐구하다 领域 lǐngyù[명] 분야 致命 zhìmìng[동] 죽을 정도에 이르다 伤害 shānghài[동] 상해하다 利用 lìyòng[동] 이용하다 发达 fādá[형] 발달하다 伟大 wěidà[형] 위대하다 成熟 chéngshú[형] 기술이 숙달되다 救助 jiùzhù[동] 구조하다 生机勃勃 shēngjībóbó[성] 활력이 넘치다 绚丽多彩 xuànlìduōcǎi[성] 아름답다, 현란하고 다채롭다

93 动物身体有残缺时，存活几率小的原因是什么？
동물의 신체에 결함이 있을 때, 생존 확률이 적은 원인은 무엇인가?

A 缺失必要的营养	A 필요한 영양분이 부족하기 때문에
B 无法及时被人发现	B 제때 발견될 수 없기 때문에
C 装配的假肢质量不好	C 맞춘 의족의 품질이 좋지 않기 때문에
D 身体变形导致新的疾病	**D 신체 변형이 새로운 질병을 초래하기 때문에**

해설 질문이 동물의 신체에 결함이 있을 때 생존 확률이 적은 원인은 무엇인지를 물었으므로, 질문의 핵심어구 **残缺, 存活几率**와 관련된 내용을 지문에서 재빨리 찾는다. 두 번째 단락에서 **动物的身体一旦有残缺，存活的几率就会变得相当小……长期不正常的行走姿势会让它们的腿部和脊椎变形，从而患上新的疾病**이라고 했으므로, 선택지 D **身体变形导致新的疾病**이 정답이다.

어휘 残缺 cánquē[동] 결함이 있다 存活 cúnhuó[동] 생존하다 几率 jīlǜ[명] 확률 缺失 quēshī[동] 부족하다 必要 bìyào[형] 필요하다 营养 yíngyǎng[명] 영양(분) 及时 jíshí[부] 제때에 装配 zhuāngpèi[동] 맞추다 假肢 jiǎzhī[명] 의수와 의족 质量 zhìliàng[명] 품질 导致 dǎozhì[동] 초래하다 ★疾病 jíbìng[명] 질병

94 手工制作的假肢：
수제로 제작한 의족은:

A 广受欢迎	A 널리 환영 받는다
B 不能被大量生产	**B 대량으로 생산될 수 없다**
C 制作时间最多半天	C 제작 시간이 최대 반나절이다
D 与动物有机结构相结合	D 동물의 유기적인 구조와 서로 결합한다

해설 질문이 수제 의족에 대해 물었으므로, 질문의 핵심어구 **手工制作, 假肢**과 관련된 내용을 지문에서 재빨리 찾는다. 세 번째 단락에서 **假肢都是手工制作的，因为每个动物的受伤情况不同，无法批量生产假肢**이라고 했으므로, 선택지 B **不能被大量生产**이 정답이다.

어휘 手工制作 shǒugōng zhìzuò 수제로 제작하다 生产 shēngchǎn[동] 생산하다 有机 yǒujī[형] 유기적인 结构 jiégòu[명] 구조 结合 jiéhé[동] 결합하다

95 下列哪项**不属于**用3D打印的假肢的特点？
다음 중 3D 프린팅을 이용한 의족의 특징에 **속하지 않는** 것은?

A 制作时间短	A 제작 시간이 짧다
B 可进行多次调整	B 여러 번 조정할 수 있다
C 可模仿残缺部位的功能	C 결함이 있는 부위의 기능을 모방할 수 있다
D 已长期用于动物救治上	**D 이미 장기간 동물을 치료하는 데 쓰였다**

해설 질문이 3D 프린팅을 이용한 의족의 특징에 속하지 않는 것을 물었다. 지문 전반적으로 3D 프린팅 기술에 대해 이야기하고 있으므로, 각 선택지의 핵심어구 **制作时间, 多次调整, 模仿残缺部位的功能, 用于动物救治上**과 관련된 내용을 지문에서 재빨리 찾는다. 다섯 번째 단락에서 **3D打印技术虽然在1986年就已被研制出来，但直到最近才被用在动物救治上。**이라고 했으므로, 지문의 내용과 일치하지 않는 선택지 D **已长期用于动物救治上**이 정답이다. 참고로 A는 네 번째 단락에서 **3D打印的假肢从扫描到成型，只需要1个小时**이라고 했으므로 오답이다. B는 네 번째 단락에서 **3D打印技术，可以按需制作假肢，这一点很重要，因为随着动物的生长，假肢需要进行多次调整**이라고 했으므로 오답이다. C는 네 번째 단락에서 **3D打印技术……可以模仿缺失部分的自然功能**이라고 했으므로 오답이다.

어휘 制作 zhìzuò[동] 제작하다 调整 tiáozhěng[동] 조정하다 模仿 mófǎng[동] 모방하다 功能 gōngnéng[명] 기능 救治 jiùzhì[동] 치료하다

96

第4段主要谈的是：

A 动物假肢的新功能
B 3D打印技术的优点
C 动物受伤时的急救方法
D 对3D打印技术未来的展望

네 번째 단락에서 주로 이야기하는 것은:

A 동물 의족의 신기능
B 3D 프린팅 기술의 장점
C 동물이 다쳤을 때의 응급 치료 방법
D 3D 프린팅 기술의 미래에 대한 전망

해설 질문이 네 번째 단락의 중심 내용을 물었다. 네 번째 단락이 3D 프린팅 기술과 관련하여 제작 시간을 단축할 수 있고(缩短制作时间), 원가를 절약할 수 있으며(节约成本), 동물의 신체 구조와 결합할 수 있고(与动物的身体结构相结合), 구조와 성능이 복잡한 의족도 제작할 수 있다 (制作出结构和性能高度复杂的假肢)는 등 3D 프린팅 기술의 장점을 언급하고 있으므로, 선택지 B 3D打印技术的优点이 정답이다.

어휘 打印技术 dǎyìn jìshù 圏 프린팅 기술　优点 yōudiǎn 圏 장점　受伤 shòushāng 圏 다치다　急救 jíjiù 圏 응급 치료를 하다　未来 wèilái 圏 미래　展望 zhǎnwàng 圏 전망하다

97 - 100

　　他为了生存，独自一人来到芝加哥谋生。他由于没有特长，被所有他去应聘的企业拒之门外。一天，他看见楼下肥皂专卖店的生意很好，老板都忙不过来，就鼓起勇气对老板说，自己失业了，可以帮他的忙，并表示不要任何报酬。老板见他非常有诚意，就答应了他，并提出每天支付5美元作为报酬。就这样，他在芝加哥安定了下来。

　　后来，在销售过程中，他意外地发现当地经营发酵粉的生意利润比较高。于是他兴致勃勃地掏出所有的积蓄，购买了一大批发酵粉。可是接下来的情况却出乎他的意料，97经营发酵粉只不过是"看上去很美"的事，实际上却并非如此。97在当地，做发酵粉生意的人非常多，竞争远比肥皂生意激烈，而自己既没有固定的客户也没有营业场所，根本不是竞争者的对手。他意识到自己在经营前没有对市场进行充分的调查，才导致了这样的后果。

　　发酵粉若不及时处置就会变质。在绝望之际，他决定将错就错，索性将身边仅有的两大箱口香糖拿出来作为礼物。他给来光顾的客户都赠送了两包口香糖。由于有了"额外的礼物"，前来购买的客户渐渐多了起来，很快，他手中的发酵粉销售一空。

　　发酵粉生意不仅没有带来损失，反而让他赚了一大笔钱，这让他兴奋不已，于是他决定"一错到底"。这一次，他发现口香糖比发酵粉市场前景更好，98就用赚来的钱办起了一家小型的口香糖厂，取名为"黄箭"口香糖。可是当时要在口香糖市场占有一席之地并不容易，因此他决定冒一次险，按照电话簿上的地址，给每人寄去4块口香糖和一份意见书。这个方式几乎耗尽了他的所有财产。冒险有时果然会带来惊喜，在他耗光所有资金后，一张张订货单被寄送了过来，一夜之间，他的口香糖开始风靡全国。"黄箭"口香糖年销量达到了90亿块。这家企业很快成为了世界最大的营销单一产品的公司。

　　그는 살아가기 위해, 혼자 시카고에 와서 생계를 도모했다. 그는 특기가 없기 때문에, 그가 지원한 모든 기업에게서 문전박대를 당했다. 어느 날, 그는 아래층 비누 전문 매장의 사업이 너무 잘 되어 사장이 바빠서 어쩔 줄 모르는 것을 보고, 용기를 내어 사장에게 자신이 실직해서 그를 도울 수 있으며, 어떠한 보수도 필요 없다고 말했다. 사장은 그가 매우 진심이 있어 보여 바로 승낙했고, 매일 5달러를 보수로 지급하는 것을 제안했다. 그렇게, 그는 시카고에 정착하게 됐다.

　　그 후 판매 과정에서, 그는 뜻밖에 현지에서 베이킹파우더를 취급하는 사업이 이윤이 비교적 높다는 것을 발견했다. 그리하여 그는 신나게 모든 저금을 꺼내, 대량의 베이킹파우더를 구입했다. 그러나 이어지는 상황은 오히려 그의 예상 밖이었다. 97베이킹파우더를 취급하는 것은 '보기에만 매우 아름다운' 일일 뿐, 실제로는 결코 이와 같지 않았다. 97현지에서 베이킹파우더 사업을 하는 사람이 매우 많아서, 경쟁이 비누 사업보다 훨씬 치열했는데, 자신은 고정된 고객이 없을 뿐만 아니라 영업장소도 없어서, 전혀 경쟁자의 상대가 아니었다. 그는 자신이 취급하기 전에 시장에 대한 충분한 조사를 진행하지 않아서, 비로소 이러한 결과를 초래했다는 것을 깨달았다.

　　베이킹파우더는 만일 제때 처리하지 않으면 변질되곤 했다. 절망할 무렵, 그는 잘못된 줄 알면서도 잘못을 그대로 계속 밀고 나가기로 결정했고, 아예 곁에 있던 큰 두 상자밖에 없는 껌을 꺼내어 선물로 삼았다. 그는 찾아온 고객에게 모두 껌 두 봉지를 줬다. '추가적인 선물'이 있었기 때문에, 구매하러 찾아오는 고객이 점점 많아지기 시작했고, 머지않아 그의 수중에 있던 베이킹파우더가 전부 판매됐다.

　　베이킹파우더 사업은 손실을 가져오기는커녕 오히려 그가 큰돈을 벌게 했는데, 이는 그가 흥분을 멈추지 않게 했고, 그리하여 그는 '끝까지 틀리겠다'고 결정했다. 이번에, 그는 껌이 베이킹파우더보다 시장 전망이 더욱 좋다는 것을 발견해, 98벌어 둔 돈으로 소규모의 껌 공장을 차렸고, '쥬시 후르츠' 껌으로 이름을 지었다. 그러나 당시 껌 시장에서 한자리를 차지하는 것은 결코 쉽지 않아서, 그는 한차례 모험을 하기로 결정했는데, 전화번호부상의 주소에 따라 모든 사람에게 껌 4개와 의견서 한 통을 부쳤다. 이 방식은 그의 모든 재산을 거의 다 써버리게 했다. 과연 모험은 때때로 놀라움과 기쁨을 가져오는데, 그가 모든 자금을 탕진한 후, 주문서 한 장이 보내져왔고, 하룻밤 사이에 그의 껌은 전국을 휩쓸기 시작했다. '쥬시 후르츠' 껌의 연 판매량은 90억 개에 도달했다. 이 기업은 아주 빠르게 세계 최대의 단일 제품을 판매하는 회사가 됐다.

　　¹⁰⁰他就是一错再错，错中求胜的美国"箭牌"口香糖创始人威廉·瑞格理。如果瑞格理第一次犯错后没有用口香糖吸引客户，或在第二次危机中不采用免费发放口香糖的方式，那么这些经历都足以让他成为绝对的失败者。⁹⁹正是因为他正视了自己的"错误"，用智慧巧妙应对，把握了危机中的机会，才能不断创造出奇迹，一步步让自己走向成功。

　　¹⁰⁰그는 바로 틀리고 또 틀려, 틀림 속에서 승리를 추구한 미국의 '윌리엄 리글리 주니어사' 껌의 창시자인 윌리엄 리글리이다. 만약 리글리가 첫 번째 실수 후 껌으로 고객을 유인하지 않았다면, 혹은 두 번째 위기에서 무료로 껌을 배포하는 방식을 채택하지 않았다면, 이런 경험은 모두 그를 절대적인 실패자로 만들기 충분했을 것이다. ⁹⁹그는 자신의 '잘못'을 직시하여 지혜로 절묘하게 대응해, 위기 속의 기회를 잡았기 때문에, 비로소 끊임없이 기적을 만들어 낼 수 있었고, 한 걸음씩 자신이 성공을 향해 나아가도록 할 수 있었다.

어휘

★生存 shēngcún 통 살아가다　独自 dúzì 뷔 혼자　芝加哥 Zhījiāgē 교유 시카고　谋生 móushēng 통 생계를 도모하다　特长 tècháng 몡 특기
企业 qǐyè 몡 기업　拒之门外 jùzhīménwài 문전박대하다　肥皂 féizào 몡 비누　专卖店 zhuānmàidiàn 몡 전문 매장　老板 lǎobǎn 몡 사장
忙不过来 máng bu guòlai 바빠서 어쩔 줄 모르다　勇气 yǒngqì 몡 용기　失业 shīyè 몡 실직　★报酬 bàochou 몡 보수　诚意 chéngyì 몡 진심
答应 dāying 통 승낙하다　支付 zhīfù 통 지급하다　作为 zuòwéi 통 ~로 하다　安定 āndìng 통 안정시키다　销售 xiāoshòu 통 판매하다
意外 yìwài 몡 뜻밖에　当地 dāngdì 몡 현지　经营 jīngyíng 통 취급하다　发酵粉 fājiàofěn 몡 베이킹파우더　利润 lìrùn 몡 이윤
兴致勃勃 xìngzhìbóbó 젱 신이 나다, 흥미진진하다　掏出 tāochu 꺼내다　积蓄 jīxù 몡 저금　大批 dàpī 혱 대량의
出乎 chūhū (어떠한 범위) 밖이다, 벗어나다　意料 yìliào 몡 예상　★并非 bìngfēi 결코 ~이 아니다　激烈 jīliè 혱 치열하다　固定 gùdìng 통 고정되다
★客户 kèhù 몡 고객　营业 yíngyè 통 영업하다　★场所 chǎngsuǒ 몡 장소　根本 gēnběn 뷔 전혀　对手 duìshǒu 몡 상대　★意识 yìshi 통 깨닫다
市场 shìchǎng 몡 시장　充分 chōngfèn 혱 충분하다　调查 diàochá 통 조사하다　导致 dǎozhì 통 초래하다　后果 hòuguǒ 몡 결과
处置 chǔzhì 통 처리하다　★变质 biànzhì 통 변질되다　★绝望 juéwàng 통 절망하다　之际 zhījì 몡 ~할 무렵
将错就错 jiāngcuòjiùcuò 젱 잘못된 줄 알면서도 잘못을 그대로 계속 밀고 나가다　索性 suǒxìng 뷔 아예　口香糖 kǒuxiāngtáng 몡 껌
光顾 guānggù 고객이 찾아 주다　赠送 zèngsòng 통 주다　★额外 éwài 혱 추가적인　渐渐 jiànjiàn 뷔 점점　损失 sǔnshī 통 손실
反而 fǎn'ér 뷔 오히려　赚 zhuàn 통 벌다　兴奋 xīngfèn 통 흥분하다　不已 bùyǐ 통 멈추지 않다　★前景 qiánjǐng 몡 전망　小型 xiǎoxíng 혱 소규모의
黄箭 Huángjiàn 교유 쥬시 후르츠[미국의 유명한 껌 브랜드]　占 zhàn 통 차지하다　一席之地 yìxízhīdì 한자리, 일정한 위치
冒险 màoxiǎn 통 모험을 하다　电话簿 diànhuàbù 몡 전화번호부　耗尽 hào jìn 다 써버리다　财产 cáichǎn 몡 재산　果然 guǒrán 뷔 과연
惊喜 jīngxǐ 통 놀라고 기뻐하다　耗光 hàoguāng 탕진하다　资金 zījīn 몡 자금　订货单 dìnghuòdān 몡 주문서　风靡 fēngmǐ 휩쓸다
销量 xiāoliàng 몡 판매량　达到 dádào 통 도달하다　亿 yì 솯 억　营销 yíngxiāo 통 판매하다　箭牌 Jiànpái 교유 윌리엄 리글리 주니어사[미국의 껌 제조 회사]
创始人 chuàngshǐrén 몡 창시자　威廉·瑞格理 Wēilián Ruìgélǐ 교유 윌리엄 리글리[미국의 기업인]　犯错 fàn cuò 실수를 하다　★危机 wēijī 몡 위기
采用 cǎiyòng 통 채택하다　发放 fāfàng 통 배포하다　★足以 zúyǐ 충분히 ~할 수 있다　绝对 juéduì 혱 절대적인　失败者 shībàizhě 몡 실패자
智慧 zhìhuì 몡 지혜　巧妙 qiǎomiào 혱 절묘하다　应对 yìngduì 통 대응하다　把握 bǎwò 통 잡다　不断 búduàn 뷔 끊임없이
创造 chuàngzào 통 만들다　奇迹 qíjì 몡 기적

---

97 为什么说发酵粉生意只是"看上去很美"？　왜 베이킹파우더 사업을 '보기에만 매우 아름답다'라고 했는가？

A 发酵粉需求量大　　　A 베이킹파우더의 수요량이 많았기 때문에
B 发酵粉包装精美　　　B 베이킹파우더의 포장이 정밀하고 아름답기 때문에
C 发酵粉生意竞争激烈　**C 베이킹파우더 사업의 경쟁이 치열하기 때문에**
D 制作口香糖需要发酵粉　D 껌을 제작하려면 베이킹파우더가 필요하기 때문에

해설　질문이 왜 베이킹파우더 사업을 '보기에만 매우 아름답다'라고 하는지를 물었으므로, 질문의 핵심어구 发酵粉, 看上去很美와 관련된 내용을 지문에서 재빨리 찾는다. 두 번째 단락에서 经营发酵粉只不过是"看上去很美"的事……在当地，做发酵粉生意的人非常多，竞争远比肥皂生意激烈라고 했으므로, 선택지 C 发酵粉生意竞争激烈가 정답이다.

어휘　发酵粉 fājiàofěn 몡 베이킹파우더　★需求 xūqiú 몡 수요　★包装 bāozhuāng 몡 포장　精美 jīngměi 혱 정밀하고 아름답다　激烈 jīliè 혱 치열하다
制作 zhìzuò 통 제작하다　口香糖 kǒuxiāngtáng 몡 껌

---

98 创办"黄箭"口香糖以后，瑞格理：　'쥬시 후르츠'를 창립한 이후, 리글리는：

A 还清了背负的债务　　　A 짊어진 채무를 청산했다
B 重新开始了发酵粉生意　B 다시 베이킹파우더 사업을 시작했다
C 给每人免费寄送口香糖　**C 모든 사람에게 무료로 껌을 부쳤다**
D 短期内在全国各地开分店　D 단기간에 전국 각지에 분점을 열었다

해설　질문이 '쥬시 후르츠'를 창립한 이후의 리글리에 대해 물었으므로, 질문의 핵심어구 创办"黄箭"口香糖以后와 관련된 내용을 지문에서 재빨리 찾는다. 네 번째 단락에서 就用赚来的钱办起了一家小型的口香糖厂，取名为"黄箭"口香糖。可是当时要在口香糖市场占有一席之地并不容易，因此他决定冒一次险，按照电话簿上的地址，给每人寄去4块口香糖和一份意见书。라고 했으므로, 선택지 C 给每人免费寄送口香糖이 정답이다.

创办 chuàngbàn 圖 창립하다 黃箭 Huángjiàn 고유 쥬시 후르츠[미국의 유명한 껌 브랜드]

瑞格理 Ruìgélǐ 고유 리글리[미국의 기업인, **威廉·瑞格理**(윌리엄 리글리)를 가리킴] 还清 huánqīng 청산하다 背负 bēifù 圖 짊어지다

债务 zhàiwù 圖 채무 分店 fēndiàn 圖 분점

---

99 瑞格理生意成功的秘诀是什么？ │ 리글리의 사업 성공 비결은 무엇인가?

A 把危机化为机遇 │ **A** 위기를 기회로 만든다

B 不断向现实妥协 │ B 끊임없이 현실과 타협한다

C 有乐于奉献的精神 │ C 기꺼이 공헌하는 정신이 있다

D 有强大的资金来源 │ D 막대한 자금 출처가 있다

해설 질문이 리글리의 사업 성공 비결이 무엇인지를 물었으므로, 질문의 핵심어구 生意成功的秘诀와 관련된 내용을 지문에서 재빨리 찾는다. 마지막 단락의 正是因为他正视了自己的"错误", 用智慧巧妙应对, 把握了危机中的机会, 才能不断创造出奇迹, 一步步让自己走向成功。에서 성공비결이 언급되었으므로, 선택지 A 把危机化为机遇가 정답이다.

어휘 秘诀 mìjué 圖 비결 ★危机 wēijī 圖 위기 ★机遇 jīyù 圖 기회 不断 búduàn 圖 끊임없이 现实 xiànshí 圖 현실 妥协 tuǒxié 圖 타협하다

奉献 fèngxiàn 圖 공헌하다 精神 jīngshén 圖 정신 资金 zījīn 圖 자금 来源 láiyuán 圖 출처

---

100 关于威廉·瑞格理，下列哪项正确？ │ 윌리엄 리글리에 관해, 다음 중 옳은 것은?

A 出生于美国芝加哥 │ A 미국 시카고 출생이다

B 发酵粉生意赔钱了 │ B 베이킹파우더 사업은 손해를 봤다

C 原来是做肥皂生意的 │ C 원래는 비누 사업을 했다

D 创办了"箭牌"口香糖 │ **D** '윌리엄 리글리 주니어 사' 껌을 창립했다

해설 질문이 윌리엄 리글리에 관하여 옳은 것을 물었으므로, 질문의 핵심어구 威廉·瑞格理와 관련된 내용을 지문에서 재빨리 찾는다. 마지막 단락에서 他就是一错再错, 错中求胜的美国"箭牌"口香糖创始人威廉·瑞格理。라고 했으므로, 선택지 D 创办了"箭牌"口香糖가 정답이다.

어휘 芝加哥 Zhījiāgē 고유 시카고 赔钱 péiqián 圖 손해를 보다 肥皂 féizào 圖 비누 创办 chuàngbàn 圖 창립하다

敏静是个沉默寡言，性格比较内向的女孩，一说话就脸红，更不用说主动与人聊天了。她说话的声音跟蚊子一样小，所以小时候我们给她起了一个外号叫"小蚊子"。她本来学的是会计专业，财务工作十分适合她细致沉稳的性格，但看到周围有很多人争先恐后地投向保险行业，敏静也有些沉不住气了，便跃跃欲试。

她满怀信心地对我说："我知道自己不善言辞，而卖保险需要跟很多人打交道。我选择做保险业务就是为了挑战自己，努力克服自身弱点，让自己能够更加全面地发展。我不信自己做不好，我既不口吃也不笨，肯定没问题的。"面对如此执着的她，我心里明知道保险行业很不适合她，但是也不敢让她自信心受挫，于是不作声，只是默默地支持了她。

我一直以为，经过一段时间的锻炼，敏静一定可以战胜自己的弱点，为自己的人生赢得喝彩。谁知当我一个月后再次见到她时，还没来得及问近况，她竟"哇"地一声坐到地上大哭了起来。我一脸茫然，以为她出了什么大事。

原来，敏静卖保险时遇到了太多的困难和尴尬的情况。她试着给别人介绍保险，但由于性格内向，不善交际，也不懂得如何说服别人，导致她处处碰壁。她人脉资源不够丰富，于是就通过同学介绍，接触到了很多陌生人。她为做好这份工作做了不少准备，也经常遭到冷漠的拒绝，甚至是讥讽。她脸皮比较薄，又不是那种伶牙俐齿的人，其中的苦楚可想而知。

做保险业务的那段时间，敏静没有丝毫进步，反而失去了信心。她沮丧地说："我觉得自己真是太糟糕了，笨嘴笨舌，什么都做不好！"我看着她的样子，很是心疼。为了让她重拾信心，我对她说："人生最智慧的做法不是打着'挑战自我'的旗号向自己的弱点宣战，而是善于回避弱点，把自己的长处最大限度地发挥出来。每个人的天赋都不同，完全没有必要拿自己的短处去跟别人的长处较量。只要把自己的长处发挥到极致，就可以取得成功。"

听了我的话以后，敏静点了点头说："你说得对！总跟自己的弱点较劲，就会被挫败感所困扰。只有做自己擅长的事，才能如鱼得水，成为最好的自己。"不久后，敏静辞去了保险工作，进入一家大企业担任了财务管理一职。半年间，她在工作上没有出现任何纰漏，老板特别欣赏她一丝不苟的态度。她也从中获得了成就感和认同感。

人生如花，不是所有的人都要开出一模一样的花朵，只要有自己的风采和亮点，你就是独一无二的那一朵。懂得全力发挥自己的长处，就能让你成为人生赢家。

민징은 입이 무겁고 말수가 적으며, 성격이 비교적 내성적인 소녀라 말만 하면 얼굴이 빨개져서, 자발적으로 사람들과 이야기 나누는 것은 더 말할 나위도 없었다. 그녀가 말하는 소리는 모기처럼 작아서, 어린시절 우리는 그녀에게 '작은 모기'라는 별명을 지어줬다. 그녀가 원래 공부한 것은 회계 전공이었으며, 재무 일은 그녀의 세밀하고 신중한 성격에 매우 적합했다. 그러나 주위에 많은 사람이 앞을 다투어 보험 업계로 뛰어드는 것을 보고는 민징도 동요를 억누르지 못해, 해보고 싶어 안달했다.

그녀는 자신만만하게 나에게 말했다. "나는 내가 말주변이 없고, 보험을 팔려면 많은 사람과 왕래해야 하는 것을 알고 있어. 내가 보험 일을 하기로 선택한 건 나 자신에게 도전하며 자신의 약점을 열심히 극복해서, 내가 더욱 전반적으로 발전할 수 있도록 하기 위해서야. 나는 내가 못 할 것이라고 믿지 않아. 나는 말을 더듬거리지도 않을뿐더러 멍청하지도 않으니, 틀림없이 문제없을 거야." 이렇게 고집스러운 그녀를 마주하니, 나는 마음속으로 보험 업계가 그녀에게 적합하지 않다는 것을 분명히 알았지만, 감히 그녀의 자신감을 꺾을 수는 없어서, 아무 말도 하지 않고 그저 묵묵히 그녀를 지지했다.

나는 얼마간의 단련을 거치면 민징이 분명히 자신의 약점을 이겨내고, 자신의 인생에 박수갈채를 받을 수 있을 것이라고 줄곧 생각했다. 내가 한 달 뒤에 다시 그녀를 만났을 때, 아직 근황을 묻지도 않았는데 그녀가 뜻밖에 '엉엉' 소리를 내며 바닥에 주저앉아 크게 울음을 터뜨릴 줄을 누가 알았겠는가. 나는 그녀에게 무슨 큰일이 생긴 줄 알고 어쩔 줄 몰라 하는 표정을 지었다.

알고보니, 민징은 보험을 팔 때 너무 많은 어려움과 난처한 상황들을 마주쳤다. 그녀는 다른 사람에게 보험을 소개하려고 했지만, 성격이 내성적이고 소통을 잘하지 못했으며, 어떻게 사람을 설득하는지도 몰랐기 때문에 그녀는 여기저기 난관에 봉착하게 됐다. 그녀는 인맥 자원이 풍부하지 않아서, 동창의 소개를 통해 많은 낯선 사람을 만났다. 그녀는 이 일을 잘 해내기 위해 적지 않은 준비를 했는데도 자주 냉담한 거절, 심지어는 조롱까지 당했다. 그녀는 비교적 부끄럼을 잘 타고 말주변이 뛰어난 사람도 아니어서, 그 속의 고통을 가히 짐작할 수 있었다.

보험 일을 하는 동안에, 민징은 조금도 진보하지 않았고 오히려 자신감을 잃어버렸다. 그녀는 낙담하며 말했다. "나는 스스로가 아주 엉망이고 말재주도 없으며, 아무것도 잘하지 못한다고 생각해!" 나는 그녀의 모습을 보고 매우 안타까워했다. 그녀가 자신감을 다시 되찾게 하기 위해, 나는 그녀에게 말했다. "인생에서 가장 지혜로운 방법은 '자신에게 도전하다'라는 명목을 내걸어 자신의 약점에게 선전포고하는 것이 아니라, 약점을 잘 피해 자신의 장점을 최대한으로 발휘해내는 거야. 모든 사람의 타고난 자질은 다 달라. 자신의 단점을 가지고 다른 사람의 장점과 겨룰 필요가 전혀 없어. 자신의 장점을 최대로 발휘하기만 하면, 성공을 거둘 수 있어."

나의 말을 들은 후, 민징은 고개를 끄덕이며 말했다. "네 말이 맞아! 늘 자신의 약점과 대립하다 보면, 좌절감에 시달릴 수 있어. 자기가 잘하는 일을 해야만, 물고기가 물을 만난 것처럼 가장 훌륭한 내가 될 수 있어." 얼마 지나지 않아, 민징은 보험 일을 그만두고, 한 대기업에 들어가 재무 관리 직무를 담당했다. 반년 동안, 그녀는 일에 있어서 어떠한 실수도 하지 않았고, 사장은 특히 그녀의 조금도 소홀히 하지 않는 태도를 마음에 들어했다. 그녀 또한 그 속에서 성취감과 인정받는 느낌을 받았다.

인생은 꽃과 같아서, 모든 사람이 완전히 똑같은 꽃송이를 피워야 하는 것은 아니다. 자신만의 스타일과 특출난 부분이 있다면, 당신이 곧 유일무이한 그 한 송이이다. 자신의 장점을 전력을 다해 발휘할 줄 알면, 당신은 인생의 승리자가 될 수 있다.

어휘　沉默寡言 chénmòguǎyán 휑 입이 무겁고 말수가 적다　　**主动** zhǔdòng 휑 자발적이다　　**蚊子** wénzi 휑 모기　　**外号** wàihào 휑 별명

会计 kuàijì 휑 회계　　**财务** cáiwù 휑 재무　　★细致 xìzhì 휑 세밀하다　　沉稳 chénwěn 휑 신중하다

争先恐后 zhēngxiānkǒnghòu 휑 (뒤질세라) 앞을 다투다　　保险 bǎoxiǎn 휑 보험　　**行业** hángyè 휑 업계

沉不住气 chén bu zhù qì (동요·불안 등의 감정을) 억누르지 못하다　　跃跃欲试 yuèyuèyùshì 휑 해보고 싶어 안달하다

满怀信心 mǎnhuái xìnxīn 자신만만하다　　**不善言辞** búshàn yáncí 말주변이 없다　　打交道 dǎ jiāodao 왕래하다　　**业务** yèwù 휑 일, 업무

挑战 tiǎozhàn 휑 도전하다　　克服 kèfú 휑 극복하다　　★弱点 ruòdiǎn 휑 약점　　口吃 kǒuchī 휑 말을 더듬거리다　　★执着 zhízhuó 휑 고집스럽다

受挫 shòucuò 휑 꺾이다, 좌절당하다　　★默默 mòmò 휑 묵묵히　　战胜 zhànshèng 휑 이겨내다　　赢得喝彩 yíngdé hècǎi 박수갈채를 받다

近况 jìnkuàng 휑 근황　　哇 wā 의성 엉엉　　茫然 mángrán 휑 어쩔 줄 몰라 하다　　★尴尬 gāngà 휑 난처하다　　交际 jiāojì 휑 소통하다

说服 shuōfú 휑 설득하다　　碰壁 pèngbì 휑 난관에 봉착하다　　人脉 rénmài 휑 인맥　　资源 zīyuán 휑 자원　　接触 jiēchù 휑 만나다

陌生人 mòshēngrén 휑 낯선 사람　　冷漠 lěngmò 휑 냉담하다　　讥讽 jīfěng 휑 조롱하다　　脸皮薄 liǎnpí báo 부끄럼을 잘 타다 6급 빈출어휘

伶牙俐齿 língyálìchǐ 휑 말주변이 뛰어나다　　苦楚 kǔchǔ 휑 고통스럽다　　丝毫 sīháo 휑 조금도　　反而 fǎn'ér 휑 오히려　　★沮丧 jǔsàng 휑 낙담하다

糟糕 zāogāo 휑 엉망이다　　笨嘴笨舌 bènzuǐbènshé 휑 말재주가 없다　　心疼 xīnténg 휑 안타까워하다　　重拾 chóng shí 다시 되찾다

旗号 qíhào 휑 명목　　宣战 xuānzhàn 휑 선전포고하다　　善于 shànyú 휑 ~을 잘하다　　★回避 huíbì 휑 피하다　　长处 chángchù 휑 장점

发挥 fāhuī 휑 발휘하다　　★天赋 tiānfù 휑 타고난 자질　　必要 bìyào 휑 필요하다　　短处 duǎnchù 휑 단점　　较量 jiàoliàng 휑 겨루다

较劲 jiàojìn 휑 대립하다　　挫败感 cuòbàigǎn 휑 좌절감　　困扰 kùnrǎo 휑 시달리다　　★擅长 shàncháng 휑 잘하다

如鱼得水 rúyúdéshuǐ 휑 물고기가 물을 만난 것 같다　　企业 qǐyè 휑 기업　　担任 dānrèn 휑 담당하다　　纰漏 pīlòu 휑 실수　　老板 lǎobǎn 휑 사장

欣赏 xīnshǎng 휑 마음에 들다　　一丝不苟 yìsībùgǒu 휑 조금도 소홀히 하지 않다　　成就感 chéngjiùgǎn 성취감

认同感 rèntónggǎn 휑 인정받는 느낌　　一模一样 yìmúyíyàng 휑 (모양이) 완전히 똑같다　　花朵 huāduǒ 휑 꽃송이　　风采 fēngcǎi 휑 스타일

亮点 liàngdiǎn 휑 특출난 부분　　独一无二 dúyīwú'èr 휑 유일무이하다　　朵 duǒ 휑 송이　　赢家 yíngjiā 휑 승리자

지문		기억한 스토리
지문에서 반드시 외워야 할 핵심표현이에요.	제목	–
敏静是个沉默寡言，性格比较内向的女孩，一说话就脸红，更不用说主动与人聊天了。她说话的声音跟蚊子一样小，所以小时候我们给她起了一个外号叫"小蚊子"。她本来学的是会计专业，财务工作十分适合她细致沉稳的性格，但看到周围有很多人争先恐后地投向保险行业，敏静也有些沉不住气了，便跃跃欲试。	① 사건의 발단	敏静은 성격이 비교적 内向적이고, 말하는 소리가 작음. 그녀가 원래 공부한 것은 会计였지만, 주위에 많은 사람이 保险行业를 선택했기 때문에 그녀는 마음이 흔들렸고 시도해 보고 싶었음.
她满怀信心地对我说："我知道自己不善言辞，而卖保险需要跟很多人打交道。我选择做保险业务就是为了挑战自己，努力克服自身弱点，让自己能够更加全面地发展。我不信自己做不好，我既不口吃也不笨，肯定没问题的。"面对如此执着的她，我心里明知道保险行业很不适合她，但是也不敢让她自信心受挫，于是不作声，只是默默地支持了她。	② 사건의 전개	그녀는 자신 있게 나에게 그녀는 자신의 약점을 알고 있으며, 그녀가 보험 일을 하기로 선택한 이유는 자신의 약점을 克服해서 더욱 全面地发展하고 싶기 때문이라고 말함. 나는 그녀가 보험 일을 하기에 不适합한 것을 알았지만 그녀의 기를 꺾고 싶지 않아서, 아무 말도 하지 않고 그저 默默地支持함.
我一直以为，经过一段时间的锻炼，敏静一定可以战胜自己的弱点，为自己的人生赢得喝彩。谁知当我一个月后再次见到她时，还没来得及问近况，她竟"哇"地一声坐到地上大哭了起来。我一脸茫然，以为她出了什么大事。 原来，敏静卖保险时遇到了太多的困难和尴尬的情况。她试着给别人介绍保险，但由于性格内向，不善交际，也不懂得如何说服别人，导致她处处碰壁。她人脉资源不够丰富，于是就通过同学介绍，接触到了很多陌生人。她为做好这份工作做了不少准备，也经常遭到冷漠的拒绝，甚至是讥讽。她脸皮比较薄，又不是那种伶牙俐齿的人，其中的苦楚可想而知。	③ 사건의 전환	나는 얼마간의 단련을 거치면 그녀가 분명히 자신의 弱点을 극복할 수 있으리라 생각함. 뜻밖에도 얼마 지나지 않아, 그녀는 나를 보자마자 바로 大哭함. 알고보니, 그 기간에 그녀는 많은 困难를 마주쳤음. 그녀는 다른 사람에게 보험을 介绍하려고 했지만, 어떻게 다른 사람을 说服하는지 몰랐음. 그녀는 적지 않은 准备를 했으나 도리어 자주 拒绝를 당함.
做保险业务的那段时间，敏静没有丝毫进步，反而失去了信心。她沮丧地说："我觉得自己真是太糟糕了，笨嘴笨舌，什么都做不好！"我看着她的样子，很是心疼。为了让她重拾信心，我对她说："人生最智慧的做法不是打着'挑战自我'的旗号向自己的弱点宣战，而是善于回避弱点，把自己的长处最大限度地发挥出来。每个人的天赋都不同，完全没有必要拿自己的短处去跟别人的长处较量。只要把自己的长处发挥到极致，就可以取得成功。"	④ 사건의 절정	그녀는 进步하지 않았을 뿐만 아니라, 信心도 잃어버림. 그녀는 자신이 아주 糟糕하고, 아무것도 잘하지 못한다고 말함. 나는 그녀가 안타까워서 그녀에게 인생에서 最智慧한 做法는 자신의 약점에 도전하는 것이 아니라, 자신의 长처를 충분히 发挥하는 것이라고 말함.
听了我的话以后，敏静点了点头说："你说得对！总跟自己的弱点较劲，就会被挫败感所困扰。只有做自己擅长的事，才能如鱼得水，成为最好的自己。"不久后，敏静辞去了保险工作，进入一家大企业担任了财务管理一职。半年间，她在工作上没有出现任何纰漏，老板特别欣赏她一丝不苟的态度。她也从中获得了成就感和认同感。	⑤ 사건의 결말	그녀는 듣고 나서 동의를 표하며, 자기가 擅长的事를 해야만 더 우수해질 수 있다고 말함. 그녀는 보험 일을 그만두고, 자신에게 적합한 财务 일을 찾았으며, 게다가 매우 잘 해냄. 이것은 그녀가 成就感을 느끼게 함.
人生如花，不是所有的人都要开出一模一样的花朵，只要有自己的风采和亮点，你就是独一无二的那一朵。懂得全力发挥自己的长处，就能让你成为人生赢家。	⑥ 사건이 주는 깨달음	자신만의 风采와 亮点이 있고 자신의 장점을 발휘할 줄만 안다면, 인생의 赢家가 될 수 있다는 것을 알 수 있음.

요약 [모범답안1 (80점 고득점용)]	요약 포인트
<div align="center">重拾自信的女孩</div>	자신의 장점을 발휘하며 자신감을 다시 되찾은 소녀에 대한 수필이므로 重拾自信的女孩(자신감을 다시 되찾은 소녀)를 제목으로 쓴다.
敏静性格比较内向，说话声音很小。她本来学的是会计，但因为周围很多人都选择保险行业，所以她心动了，也想尝试一下。	• '주위에 많은 사람이 保险行业를 선택했기 때문에 그녀는 마음이 흔들렸고 시도해 보고 싶었음'과 같이 사건의 원인과 결과가 분명한 것으로 기억한 내용은 '因为……, 所以……'와 같은 인과 관계를 나타내는 연결어를 사용해서 간단히 요약한다. [스킬 6] • 지문의 跃跃欲试과 같이 외우기 어려운 사자성어 표현은 尝试과 같은 비슷한 뜻을 가지는 쉬운 표현으로 기억하고 바꿔 쓴다. [스킬 2]
她自信地对我说她知道自己的弱点，她之所以选择做保险业务，是因为想克服自身弱点，更全面地发展。我知道她不适合做保险业务，但是不想打击她，于是什么也没说，只是默默地支持了她。	• 지문의 "我知道自己不善言辞……肯定没问题的。"와 같이 큰따옴표로 표현된 인용문은 'A对B说……'와 같은 간접화법으로 간단히 요약한다. [스킬 4] • '그녀가 보험 일을 하기로 선택한 이유는 자신의 약점을 克服해서 더욱 全面地发展하고 싶기 때문임'과 같이 사건의 원인과 결과가 분명한 것으로 기억한 내용은 '之所以……, 是因为……'와 같은 인과 관계를 나타내는 연결어를 사용해서 간단히 요약한다. [스킬 6]
我以为经过一段时间的锻炼，她一定可以克服弱点。不料没过多久，她一见到我，就大哭了起来。 原来，那段期间她遇到过很多困难。她试着给别人介绍保险，但不懂得怎么说服别人。她做了不少准备，却常常遭到拒绝。	• 지문의 一个月后와 같이 구체적인 시간 관련 표현은 没过多久와 같은 久를 사용한 시간 관련 표현으로 기억하고 바꿔 쓴다. [스킬 1] • '그녀는 나를 보자마자 바로 大哭함'과 같이 사건의 앞뒤 발생 순서가 명확한 것으로 기억한 내용은 '一……, 就……'와 같은 선후 관계를 나타내는 연결어를 사용해서 간단히 요약한다. [스킬 7] • '그녀는 적지 않은 准备를 했으나 도리어 자주 拒绝를 당함'과 같이 사건의 앞뒤 상황이 상반되는 것으로 기억한 내용은 '……, 却……'와 같은 반대/전환 관계를 나타내는 연결어를 사용해서 간단히 요약한다. [스킬 8]
她不仅没有进步，还失去了信心。她说自己太糟糕了，什么都做不好。我很心疼她，就对她说，人生最智慧的做法不是挑战自己的弱点，而是充分发挥长处。	• '그녀는 进步하지 않았을 뿐만 아니라, 信心도 잃어버림'과 같이 사건의 앞 상황보다 뒤 상황이 더 강조되거나 심화된 것으로 기억한 내용은 '不仅……, 还……'와 같이 점층 관계를 나타내는 연결어를 사용해서 간단히 요약한다. [스킬 9] • 지문의 "我觉得自己真是太糟糕了，笨嘴笨舌，什么都做不好!"와 같이 큰따옴표로 표현된 인용문은 'A说……'와 같은 간접화법으로 간단히 요약한다. [스킬 4]
她听完表示同意，说只有做自己擅长的事，才能变得更优秀。她辞去了保险工作，找了适合自己的财务工作，而且做得非常好。这让她感到很有成就感。	• '자신에게 적합한 财务 일을 찾았으며, 게다가 매우 잘 해냄'과 같이 사건의 앞 상황보다 뒤 상황이 더 강조되거나 심화된 것으로 기억한 내용은 '……, 而且……'와 같은 점층 관계를 나타내는 연결어를 사용해서 간단히 요약한다. [스킬 9] • '이것은 그녀가 成就感을 느끼게 함'과 같이 어떤 일로 인해 변화가 생긴 것으로 기억한 내용은 '这让……'을 사용해서 간단히 요약한다. [스킬 5]
可见，只要有自己的风采和亮点，并且懂得发挥自己的长处，就能成为人生赢家。	• '자신만의 风采와 亮点이 있고 ……赢家가 될 수 있다는 것을 알 수 있음'과 같이 사건의 결말은 可见과 같은 마무리 표현을 사용해서 간단히 요약한다. [스킬 10]

모범답안 1 [80점 고득점용]

重拾自信的女孩

敏	静	性	格	比	较	内	向	，	说	话	声	音	很	小	。	她	本
来	学	的	是	会	计	，	但	因	为	周	围	很	多	人	都	选	择	保	险
行	业	，	所	以	她	心	动	了	，	也	想	尝	试	一	下	。
她	自	信	地	对	我	说	她	知	道	自	己	的	弱	点	，	她	之
所	以	选	择	做	保	险	业	务	，	是	因	为	想	克	服	自	身	弱	点	，
更	全	面	地	发	展	。	我	知	道	她	不	适	合	做	保	险	业	务	，
但	是	不	想	打	击	她	，	于	是	什	么	也	没	说	，	只	是	默	默
地	支	持	了	她	。
我	以	为	经	过	一	段	时	间	的	锻	炼	，	她	一	定	可	以
克	服	弱	点	。	不	料	没	过	多	久	，	她	一	见	到	我	，	就	大
哭	了	起	来	。
原	来	，	那	段	期	间	她	遇	到	过	很	多	困	难	。	她	试
着	给	别	人	介	绍	保	险	，	但	不	懂	得	怎	么	说	服	别	人	。
她	做	了	不	少	准	备	，	却	常	常	遭	到	拒	绝	。
她	不	仅	没	有	进	步	，	还	失	去	了	信	心	。	她	说	自
己	太	糟	糕	了	，	什	么	都	做	不	好	。	我	很	心	疼	她	，	就
对	她	说	，	人	生	最	智	慧	的	做	法	不	是	挑	战	自	己	的	弱
点	，	而	是	充	分	发	挥	长	处	。
她	听	完	表	示	同	意	，	说	只	有	做	自	己	擅	长	的	事,
才	能	变	得	更	优	秀	。	她	辞	去	了	保	险	工	作	，	找	了	适
合	自	己	的	财	务	工	作	，	而	且	做	得	非	常	好	。	这	让	她
感	到	很	有	成	就	感	。
可	见	，	只	要	有	自	己	的	风	采	和	亮	点	，	并	且	懂
得	发	挥	自	己	的	长	处	，	就	能	成	为	人	生	赢	家	。

자신감을 다시 되찾은 소녀

민징은 성격이 비교적 내성적이고, 말하는 소리가 작다. 그녀는 원래 공부한 것은 회계였지만, 주위에 많은 사람이 보험 업계를 선택했기 때문에 그녀는 마음이 흔들렸고 시도해 보고 싶었다.

그녀는 자신 있게 나에게 그녀는 자신의 약점을 알고 있으며, 그녀가 보험 일을 하기로 선택한 이유는 자신의 약점을 극복해서 더욱 전반적으로 발전하고 싶기 때문이라고 말했다. 나는 그녀가 보험 일을 하기에 적합하지 않다는 것을 알았지만 그녀의 기를 꺾고 싶지 않아서, 아무 말도 하지 않고 그저 묵묵히 그녀를 지지했다.

나는 얼마간의 단련을 거치면 그녀가 분명히 자신의 약점을 극복할 수 있으리라 생각했다. 뜻밖에도 얼마 지나지 않아, 그녀는 나를 보자마자 바로 크게 울음을 터뜨렸다.

알고보니, 그 기간에 그녀는 많은 어려움을 마주쳤었다. 그녀는 다른 사람에게 보험을 소개하려고 했지만, 어떻게 다른 사람을 설득하는지 몰랐다. 그녀는 적지 않은 준비를 했으나 도리어 자주 거절을 당했다.

그녀는 진보하지 않았을 뿐만 아니라, 자신감도 잃어버렸다. 그녀는 자신이 아주 엉망이고, 아무것도 잘하지 못한다고 말했다. 나는 그녀가 안타까워서 그녀에게 인생에서 가장 지혜로운 방법은 자신의 약점에 도전하는 것이 아니라, 자신의 장점을 충분히 발휘하는 것이라고 말했다.

그녀는 듣고 나서 동의를 표하며, 자기가 잘하는 일을 해야만 더 우수해질 수 있다고 말했다. 그녀는 보험 일을 그만두고, 자신에게 적합한 재무 일을 찾았으며, 게다가 매우 잘 해냈다. 이것은 그녀가 성취감을 느끼게 했다.

자신만의 스타일과 특출난 부분이 있고 자신의 장점을 발휘할 줄만 안다면, 인생의 승리자가 될 수 있다는 것을 알 수 있다.

어휘 **重拾** chóng shí 다시 되찾다 **会计** kuàijì 圆 회계 **保险** bǎoxiǎn 圆 보험 **行业** hángyè 圆 업계 **心动** xīndòng 圆 마음이 흔들리다
★**尝试** chángshì 圆 시도해 보다 ★**弱点** ruòdiǎn 圆 약점 **业务** yèwù 圆 일, 업무 **克服** kèfú 圆 극복하다 ★**打击** dǎjī 圆 기를 꺾다
★**默默** mòmò 圆 묵묵히 ★**不料** búliào 圆 뜻밖에 **说服** shuōfú 圆 설득하다 **糟糕** zāogāo 圆 엉망이다 **心疼** xīnténg 圆 안타까워하다
挑战 tiǎozhàn 圆 도전하다 **充分** chōngfèn 圆 충분하다 **发挥** fāhuī 圆 발휘하다 **长处** chángchù 圆 장점 ★**擅长** shàncháng 圆 잘하다
财务 cáiwù 圆 재무 **成就感** chéngjiùgǎn 圆 성취감 **可见** kějiàn 圆 ~을 알 수 있다 **风采** fēngcǎi 圆 스타일 **亮点** liàngdiǎn 圆 특출난 부분
赢家 yíngjiā 圆 승리자

모범답안 2 [60점용]

					重	拾	自	信	的	女	孩					
	敏	静	性	格	比	较	内	向	，	说	话	声	音	很	小	。	她	本
来	学	的	是	会	计	，	但	看	到	很	多	人	都	选	择	保	险	行	业，
她	也	想	试	试	。												

重拾自信的女孩

敏静性格比较内向，说话声音很小。她本来学的是会计，但看到很多人都选择保险行业，她也想试试。

她自信地对我说她想通过做保险业务，克服自己的弱点。我知道她不适合做保险业务，但什么也没说，默默地支持了她。

我以为她一定可以克服弱点，可是当我再次见到她时，她大哭了起来。

原来她遇到过很多困难。给别人介绍保险时，她不知道怎么说服别人，因此经常遭到拒绝。

她失去了信心，说自己什么都做不好。我很心疼她，就对她说与其挑战自己的弱点，不如好好发挥长处。

听完我的话，她点了点头。后来她辞去了保险工作，找了一份适合自己的财务工作，而且做得非常好。

可见，只要有自己的优点，懂得发挥长处，就能获得成功。

자신감을 다시 되찾은 소녀

민징은 성격이 비교적 내성적이고, 말하는 소리가 작다. 그녀가 원래 공부한 것은 회계였지만, 많은 사람이 보험 업계를 선택하는 것을 보며, 그녀도 시도해 보고 싶었다.

그녀는 자신 있게 나에게 그녀는 보험 일을 하는 것을 통해, 자신의 약점을 극복하고 싶다고 말했다. 나는 그녀가 보험 일을 하기에 적합하지 않다는 것을 알았지만, 아무 말도 하지 않고 묵묵히 그녀를 지지했다.

나는 그녀가 분명히 약점을 극복할 수 있으리라 생각했지만, 내가 다시 그녀를 만났을 때, 그녀는 크게 울음을 터뜨렸다.

알고보니 그녀는 많은 어려움을 마주쳤다. 다른 사람에게 보험을 소개할 때, 그녀는 어떻게 다른 사람을 설득하는지 몰랐고, 그래서 자주 거절을 당했다.

그녀는 자신감을 잃었고, 자신은 아무것도 잘하지 못한다고 말했다. 나는 그녀가 안타까워서 그녀에게 자신의 약점에 도전하기보다는 자신의 장점을 잘 발휘하는 것이 낫다고 말했다.

나의 말을 듣고 나서, 그녀는 고개를 끄덕였다. 이후 그녀는 보험 일을 그만두고 자신에게 적합한 재무 일을 찾았으며, 게다가 매우 잘 해냈다.

자신의 강점이 있고 장점을 발휘할 줄만 안다면, 성공할 수 있다는 것을 알 수 있다.

어휘 **重拾** chóng shí 다시 되찾다 **会计** kuàijì 圐 회계 **保险** bǎoxiǎn 圐 보험 **行业** hángyè 圐 업계 **业务** yèwù 圐 일, 업무 **克服** kèfú 圐 극복하다
★**弱点** ruòdiǎn 圐 약점 ★**默默** mòmò 묵묵히 **说服** shuōfú 圐 설득하다 **心疼** xīnténg 안타까워하다 **与其** yǔqí 圐 ~하기보다는
挑战 tiǎozhàn 圐 도전하다 **不如** bùrú 圐 ~하는 것이 낫다 **发挥** fāhuī 圐 발휘하다 **长处** chángchù 圐 장점 **财务** cáiwù 圐 재무
可见 kějiàn 圐 ~을 알 수 있다

해커스 HSK 6급 한 권으로 고득점 달성

실전모의고사 2

듣기 p.226

제1부분

1 B **2** C **3** D **4** D **5** D **6** A **7** D **8** B **9** A **10** C **11** C **12** A **13** C **14** B **15** A

제2부분

16 B **17** C **18** D **19** A **20** B **21** C **22** B **23** C **24** C **25** B **26** A **27** A **28** B **29** D **30** D

제3부분

31 C **32** D **33** B **34** B **35** C **36** D **37** D **38** B **39** C **40** B **41** D **42** C **43** D **44** C **45** A **46** A **47** D **48** D **49** B **50** D

독해 p.232

제1부분

51 C **52** D **53** A **54** B **55** A **56** B **57** D **58** C **59** C **60** A

제2부분

61 C **62** B **63** D **64** A **65** B **66** A **67** C **68** D **69** B **70** C

제3부분

71 C **72** B **73** A **74** E **75** D **76** D **77** B **78** E **79** A **80** C

제4부분

81 D **82** C **83** B **84** A **85** A **86** C **87** C **88** D **89** A **90** A **91** D **92** B **93** C **94** D **95** B **96** B **97** B **98** C **99** D **100** A

쓰기 p.243

101 [모범답안] 해설집 p.296

1

A 泥塑属于现代工艺	A 점토 인형은 현대 공예에 속한다
B 泥塑里含有棉花纤维	**B 점토 인형 속에는 목화 섬유가 포함되어 있다**
C 泥塑是一种高科技产品	C 점토 인형은 첨단 기술 제품이다
D 泥塑作品中人物形象价值更高	D 점토 인형 작품 중 인물 형상은 가치가 더욱 높다

泥塑是一种古老的民间传统艺术，以泥土为原料制作人物或动物形象，具有极其悠久的历史。工匠在粘土里加入少量棉花纤维，手工捏制成形，阴干后涂上底粉，再施彩绘。泥塑虽然不是高科技产品，但能给生活增添乐趣，其朴实、直观且真实的工艺博得了民众的喜爱。	점토 인형은 오래된 민간 전통 예술인데, 진흙을 원료로 하여 인물이나 동물의 형상을 제작하며, 아주 유구한 역사를 가지고 있다. 공예가는 점토 속에 소량의 목화 섬유를 넣어, 손으로 빚어 모양을 만들고, 그늘에서 말린 후 기초 분말을 바르고 나서 채색을 한다. 점토 인형은 비록 첨단 기술 제품은 아니지만, 생활에 즐거움을 더할 수 있는데, 점토 인형의 소박하고, 직관적이며 진실한 공예는 대중의 사랑을 얻었다.

해설　모든 선택지에 공통적으로 泥塑(점토 인형)가 있으므로 泥塑에 대한 설명 단문이 나올 것을 예측한다. 음성에서 언급된 工匠在粘土里加入少量棉花纤维와 내용이 일치하는 선택지 B 泥塑里含有棉花纤维를 정답으로 고른다.

어휘　선택지 **泥塑** nísù 몡 점토 인형　**属于** shǔyú 통 ~에 속하다　**现代** xiàndài 몡 현대　**工艺** gōngyì 몡 공예　**含有** hán yǒu 포함하고 있다
　　棉花 miánhuā 몡 목화　★**纤维** xiānwéi 몡 섬유　**高科技** gāokējì 몡 첨단 기술　**人物** rénwù 몡 인물　**形象** xíngxiàng 몡 형상
　　价值 jiàzhí 몡 가치　〔6급 빈출어휘〕
　　단문　**古老** gǔlǎo 톙 오래되다　★**民间** mínjiān 몡 민간　**传统** chuántǒng 몡 전통　**泥土** nítǔ 몡 진흙　**原料** yuánliào 몡 원료
　　制作 zhìzuò 통 제작하다　**极其** jíqí 톙 아주, 극히　**悠久** yōujiǔ 톙 유구하다　**工匠** gōngjiàng 몡 공예가　**粘土** niántǔ 몡 점토
　　手工 shǒugōng 몡 손으로 만든 것, 수공　★**捏** niē 통 빚다　**阴干** yīngān 통 그늘에서 말리다　**涂** tú 통 바르다　**彩绘** cǎihuì 통 채색하다
　　★**增添** zēngtiān 통 더하다　★**乐趣** lèqù 몡 즐거움　**朴实** pǔshí 톙 소박하다　**真实** zhēnshí 톙 진실하다
　　博得 bódé 통 (호감이나 동정 등을) 얻다

2

A 苗族人普遍崇尚白色	A 묘족 사람은 보편적으로 흰색을 숭배한다
B 服饰图案能完全被解读	B 의복의 도안은 완전히 해석될 수 있다
C 苗族妇女的服饰样式多	**C 묘족 여성의 의복 스타일은 많다**
D 苗族服饰的制作工艺已失传	D 묘족 의복의 제작 공법은 이미 전승이 단절됐다

苗族人的服饰以色彩夺目、装饰华丽、文化深厚著称于世。苗族妇女的服饰有两百多种样式，堪称中国民族服装之最。由于历史悠久，有些苗族服饰的图案无法完全被解读，这也正是苗族服饰所具有的独特魅力。但令人担忧的是，传统苗族服饰的制作工艺有可能面临失传的危险。	묘족 사람의 의복은 색깔이 눈부시고, 장식이 화려하며, 문화가 깊은 것으로 세계에서 유명하다. 묘족 여성의 의복은 200여 종의 스타일이 있어, 중국 민족 복장의 최고라고 할 만하다. 역사가 유구하기 때문에, 어떤 묘족의 의복 도안은 완전히 해석될 방법이 없는데, 이것 역시 묘족 의복이 가지고 있는 독특한 매력이기도 하다. 하지만 걱정스러운 것은 전통적인 묘족 의복의 제작 공법은 전승이 단절될 위험에 직면할 수도 있다는 것이다.

해설　3개의 선택지에 공통적으로 苗族(묘족)가 있으므로 苗族에 대한 설명 단문이 나올 것을 예측한다. 음성에서 언급된 苗族妇女的服饰有两百多种样式과 내용이 일치하는 선택지 C 苗族妇女的服饰样式多를 정답으로 고른다.

어휘　선택지 **苗族** Miáozú 고유 묘족[중국 소수 민족 중 하나]　**崇尚** chóngshàng 통 숭배하다　**服饰** fúshì 몡 의복　★**图案** tú'àn 몡 도안
　　妇女 fùnǚ 몡 여성　**样式** yàngshì 몡 스타일　**制作** zhìzuò 통 제작하다　**失传** shīchuán 통 전승이 단절되다
　　단문　**色彩** sècǎi 몡 색깔　**夺目** duómù 톙 눈부시다　**装饰** zhuāngshì 몡 장식　★**华丽** huálì 톙 화려하다　**深厚** shēnhòu 톙 깊다
　　著称 zhùchēng 통 유명하다　**堪称** kānchēng ~라고 할 만하다　**服装** fúzhuāng 몡 복장　**悠久** yōujiǔ 톙 유구하다
　　解读 jiědú 통 해석하다, 해독하다　**独特** dútè 톙 독특하다　**魅力** mèilì 몡 매력　**担忧** dānyōu 통 걱정하다　**传统** chuántǒng 톙 전통적이다
　　面临 miànlín 통 직면하다

3

A 老人不用主动开阔视野	A 노년층은 능동적으로 시야를 넓힐 필요가 없다
B "旅居养老"受时间限制	B '여행 양로'는 시간의 제한을 받는다

해커스 HSK 6급 한 권으로 고득점 달성

실전모의고사2

C "旅居养老"需要付出代价 **D "旅居养老"能满足养生需求**	C '여행 양로'는 대가를 치러야 한다 **D '여행 양로'는 양생 수요를 만족시킬 수 있다**
最近"旅居养老"这种旅游新方式在退休人群中渐渐流行起来。老年人会在不同季节辗转多个地方，一边旅游一边养老。选择"旅居养老"的老年人一般会在一个地方住上十天半个月甚至数月，漫游细品，看风景、尝美食，既能健康养生，又能开阔视野，正所谓游玩养老两不误。	최근 '여행 양로'라는 여행의 새로운 방식이 은퇴한 사람들 사이에서 점점 유행하기 시작했다. 노년층은 계절마다 여러 곳을 전전하면서, 여행하며 양로한다. '여행 양로'를 선택한 노년층은 일반적으로 한 곳에서 보름 안팎 심지어 수개월까지 머물며, 자유롭게 유람하고 깊이 음미하며, 풍경을 보고 맛있는 음식을 맛보는데, 건강하게 양생할 수 있을 뿐만 아니라 시야도 넓힐 수 있어서, 이른바 여행과 양로 두 마리 토끼를 잡는 것이다.

해설 3개의 선택지에 공통적으로 "旅居养老(여행 양로)"가 있으므로 旅居养老에 대한 설명 단문이 나올 것을 예측한다. 음성에서 언급된 选择"旅居养老"的老年人……能健康养生과 내용이 일치하는 선택지 D "旅居养老"能满足养生需求를 정답으로 고른다.

어휘 선택지 ★**开阔** kāikuò 图 넓히다 ★**视野** shìyě 图 시야 **旅居养老** lǚjū yǎnglǎo 여행 양로[여행하면서 노후를 안락하게 보내는 실버 여가 산업]
限制 xiànzhì 图 제한 **代价** dàijià 图 대가 **养生** yǎngshēng 图 양생하다[건강하게 오래 살도록 몸 관리를 잘하다]
단문 **退休** tuìxiū 图 은퇴하다 **辗转** zhǎnzhuǎn 图 전전하다 **养老** yǎnglǎo 图 양로하다[노인을 보살펴 편하게 지내게 하다]
漫游 mànyóu 图 자유롭게 유람하다 **细品** xì pǐn 깊이 음미하다 **风景** fēngjǐng 图 풍경 **游玩** yóuwán 图 여행하다, 놀다
两不误 liǎng bú wù 두 마리 토끼를 잡다

4

A 机器鱼没能跟上鱼群 B 游速快的鱼队动作不同步 C 机器鱼具有较高的社会性 **D 机器鱼可以模仿真鱼游动**	A 물고기 로봇은 물고기 떼를 따라갈 수 없었다 B 헤엄 속도가 빠른 물고기 무리는 동작이 서로 일치하지 않는다 C 물고기 로봇은 비교적 높은 사회성을 가지고 있다 **D 물고기 로봇은 진짜 물고기의 움직임을 모방할 수 있다**
鱼群聚集可以很好地表明鱼的社会性。近日，为了研究每条鱼是否对整个鱼群产生影响，科学家利用精密制造的机器鱼进行了一项研究。研究发现，当机器鱼跟随、模仿其他鱼游动时，鱼群将机器鱼当成同类。鱼群在游动时，游速较快的鱼会带动游速较慢的鱼，并且游速越快的鱼队，动作会越同步。	물고기 떼가 모이는 것은 물고기의 사회성을 잘 나타낼 수 있다. 최근, 각각의 물고기가 전체 물고기 떼에 영향을 미치는지 연구하기 위해서, 과학자들은 정밀하게 제조한 물고기 로봇을 이용하여 연구를 진행했다. 연구에서 물고기 로봇이 다른 물고기가 헤엄칠 때 따라가고 모방하면, 물고기 떼는 물고기 로봇을 같은 무리라고 여기는 것을 발견했다. 물고기 떼가 움직일 때, 헤엄 속도가 비교적 빠른 물고기는 헤엄 속도가 비교적 느린 물고기를 이끌어 나가고, 게다가 헤엄 속도가 빠른 물고기 무리일수록, 동작이 더욱 서로 일치한다.

해설 3개의 선택지에 공통적으로 机器鱼(물고기 로봇)가 있으므로 机器鱼에 대한 설명 단문이 나올 것을 예측한다. 음성에서 언급된 当机器鱼跟随、模仿其他鱼游动时과 내용이 일치하는 선택지 D 机器鱼可以模仿真鱼游动를 정답으로 고른다.

어휘 선택지 **机器鱼** jīqì yú 图 물고기 로봇 **群** qún 图 떼 **同步** tóngbù 图 서로 일치하다 **模仿** mófǎng 图 모방하다
游动 yóu dòng (이리저리) 움직이다
단문 **聚集** jùjí 图 모이다 **表明** biǎomíng 图 나타내다 **整个** zhěnggè 图 전체의 **利用** lìyòng 图 이용하다 **精密** jīngmì 图 정밀하다
制造 zhìzào 图 제조하다 ★**跟随** gēnsuí 图 따라가다 **带动** dàidòng 图 이끌어 나가다

5

A 该系统制作成本不高 B 该系统无法探测砍伐行为 C 该系统可以向地面发射炮弹 **D 该系统可提高植树造林的效率**	A 이 시스템은 제작 비용이 높지 않다 B 이 시스템은 벌목 행위를 탐지할 수 없다 C 이 시스템은 바닥을 향해 포탄을 발사할 수 있다 **D 이 시스템은 나무를 심어 숲을 조성하는 것의 효율을 높일 수 있다**
植树造林是一件费时又费力的事情，因此人类一直在研究利用先进科技提高植树效率的方法。最近，一家工程公司与无人机制造商合作研发了一套自主种植树木的系统，该系统向地面发射装有种子的"子弹"，在一天内可以种下十万棵树，还能监控森林砍伐的行为。	나무를 심어 숲을 조성하는 것은 시간이 걸리고 또한 힘이 드는 일이기 때문에, 인류는 줄곧 선진적인 과학 기술을 이용해 나무를 심는 효율을 높이는 방법을 연구하고 있다. 최근, 한 엔지니어링 회사가 드론 제조 업체와 협력하여 자율 나무 재배 시스템을 연구 개발했고, 이 시스템은 씨앗을 담은 '총알'을 땅을 향해 발사하는데, 하루 안에 10만 그루의 나무를 심을 수 있으며, 삼림을 벌목하는 행위도 감시할 수 있다.

해설 모든 선택지에 공통적으로 该系统(이 시스템)이 있으므로 该系统에 대한 설명 단문이 나올 것을 예측한다. 음성에서 언급된 在研究利用先进

科技提高植树效率的方法 그리고 该系统……在一天内可以种下十万棵树，还能监控森林砍伐的行为와 내용이 일치하는 선택지 D 该系统可提高植树造林的效率를 정답으로 고른다.

어휘 선택지 **系统** xìtǒng [명] 시스템 **制作** zhìzuò [동] 제작하다 ★**成本** chéngběn [명] 비용 ★**探测** tàncè [동] 탐지하다 **砍伐** kǎnfá [동] 벌목하다 **行为** xíngwéi [명] 행위 ★**发射** fāshè [동] 발사하다 **炮弹** pàodàn [명] 포탄 **植树造林** zhíshù zàolín 나무를 심어 숲을 조성하다 **效率** xiàolǜ [명] 효율

단문 **费时** fèishí [동] 시간이 걸리다 **费力** fèilì [동] 힘들다 **人类** rénlèi [명] 인류 **利用** lìyòng [동] 이용하다 ★**先进** xiānjìn [형] 선진적이다 **工程** gōngchéng [명] 엔지니어링, 공학 기술 **无人机** wúrénjī [명] 드론 **制造商** zhìzàoshāng [명] 제조 업체 **合作** hézuò [동] 협력하다 **研发** yánfā [동] 연구 개발하다 ★**自主** zìzhǔ [동] 자율적으로 하다 ★**种植** zhòngzhí [동] 재배하다 ★**种子** zhǒngzi [명] 씨앗 **监控** jiānkòng [동] 감시하다

6

A 大脑通过分类来处理信息 B 需要区分处理信息的工具 C 分类弱化了人的应对能力 D 中年人喜欢购买各种家具	**A 대뇌는 분류를 통해 정보를 처리한다** B 정보를 구분하고 처리하는 도구가 필요하다 C 분류는 사람들의 대응 능력을 약화시켰다 D 중년층은 여러 가지 가구를 구매하는 것을 좋아한다
不管是童年时期喜欢的玩具，还是中年时期购买的家具，只要是出现在日常生活中的事物，人类的大脑几乎都会对其进行分类。分类是大脑用来处理信息的方式，它可以简化人们对复杂世界的认知过程，同时帮助人快速而有效地应对新的体验。	어린 시절에 좋아하던 장난감이든, 중년 시절에 구매한 가구이든 관계없이, 그저 일상생활 속에 등장하는 사물이라면, 인류의 대뇌는 거의 모두 그 사물에 대한 분류를 진행한다. 분류는 대뇌가 정보를 처리하는 데 사용되는 방식으로, 그것은 복잡한 세계에 대한 사람들의 인지 과정을 간소화할 수 있고, 동시에 사람이 빠르고 효율적으로 새로운 체험에 대응하는 것을 도와준다.

해설 선택지에 分类(분류하다), 信息(정보), 区分(구분하다)과 같은 어휘들이 있으므로, 정보 분류와 관련된 정보 전달 단문이 나올 것을 예측한다. 음성에서 언급된 分类是大脑用来处理信息的方式과 내용이 일치하는 선택지 A 大脑通过分类来处理信息를 정답으로 고른다.

어휘 선택지 **大脑** dànǎo [명] 대뇌 **处理** chǔlǐ [동] 처리하다 **信息** xìnxī [명] 정보 ★**区分** qūfēn [동] 구분하다 **工具** gōngjù [명] 도구 **弱化** ruòhuà [동] 약화하다 **应对** yìngduì [동] 대응하다 **购买** gòumǎi [동] 구매하다

단문 **玩具** wánjù [명] 장난감 **事物** shìwù [명] 사물 **人类** rénlèi [명] 인류 ★**简化** jiǎnhuà [동] 간소화하다 **认知** rènzhī [동] 인지하다 **体验** tǐyàn [동] 체험하다

7

A 教会大学的学位服样式多样 B 学分制只有短短几十年历史 C 学位服在世界各地广泛流行 **D 1994年之前学位服未得到普及**	A 미션스쿨의 학위복 디자인은 다양하다 B 학점제는 몇십 년밖에 안 되는 짧은 역사를 가지고 있다 C 학위복은 전 세계 각지에서 광범위하게 유행한다 **D 1994년 이전에는 학위복이 대중화되지 못했다**
中国的学位服是在外国传教士建立的教会大学中首次出现的。在1994年之前，人们对学位制度没有形成认识，学位服自然也就没有被大众所接受。直到1994年，国务院学位委员会才通过了中国学位服的样式并推广使用。也就是说，中国的学位服只有短短几十年的历史。	중국의 학위복은 외국인 선교사가 세운 미션스쿨에서 처음 등장했다. 1994년 이전에, 사람들은 학위 제도에 대한 인식이 형성되지 않았고, 학위복도 자연스럽게 대중에게 받아들여지지 않았다. 1994년에 이르러서야, 국무원 학위위원회는 중국 학위복의 디자인을 통과시켰고 널리 보급하여 사용하게 했다. 다시 말하면, 중국의 학위복은 몇십 년밖에 안 되는 짧은 역사를 가지고 있다.

해설 3개의 선택지에 공통적으로 学位服(학위복)가 있으므로 学位服에 대한 설명 단문이 나올 것을 예측한다. 음성에서 언급된 在1994年之前，人们对学位制度没有形成认识，学位服自然也就没有被大众所接受。와 내용이 일치하는 선택지 D 1994年之前学位服未得到普及를 정답으로 고른다.

어휘 선택지 **教会大学** jiàohuì dàxué [명] 미션스쿨[선교를 목적으로 세운 대학교] **学位服** xuéwèifú [명] 학위복 **样式** yàngshì [명] 디자인 **学分制** xuéfēnzhì [명] 학점제 **广泛** guǎngfàn [형] 광범위하다 **普及** pǔjí [동] 대중화되다

단문 **传教士** chuánjiàoshì [명] 선교사 **建立** jiànlì [동] 세우다 **制度** zhìdù [명] 제도 **形成** xíngchéng [동] 형성하다 **大众** dàzhòng [명] 대중 **国务院** guówùyuàn [명] 국무원[중국의 최고 행정 기관] **推广** tuīguǎng [동] 널리 보급하다

8

A 时间紧迫时无法正常工作 **B 外部提醒可以让人专心工作** C 无法通过时间管理减少任务 D 大脑的提醒功能比外部提醒可靠	A 시간이 촉박할 때에는 정상적으로 일할 수 없다 **B 외부 리마인드는 사람이 열중해서 일하게 할 수 있다** C 시간 관리를 통해 임무를 줄일 수 없다 D 대뇌의 리마인드 기능은 외부 리마인드보다 믿을 만하다

| 管理行为培训专家大卫曾对时间管理进行了研究。他指出，大脑不具备高效的"提醒功能"，并不能记住所有该做的事情，因此外部提醒是必要的。人们应该把存在大脑里的任务通过记录的方式来提醒自己，这样大脑就不会惦记已经移出来的任务，而是集中精力做好手头的工作，从而能够有效管理时间。 | 관리 행동 훈련 전문가인 데이비드는 시간 관리에 대해 연구를 진행했다. 그는 대뇌가 고효율의 '리마인드 기능'을 갖추고 있지 않고, 모든 해야 할 일을 기억할 수 없기 때문에, 외부 리마인드가 필요하다고 밝혔다. 사람들은 대뇌에 저장한 임무를 기록하는 방식을 통해 자신에게 리마인드 해야 하고, 이렇게 하면 대뇌는 이미 내보낸 임무를 생각하지 않고, 집중해서 수중의 일을 잘 하게 되어 이로 인해 시간을 효율적으로 관리할 수 있다. |

해설 선택지에 时间(시간), 提醒(리마인드), 管理(관리하다)와 같은 어휘들이 있으므로, 시간 관리와 관련된 정보 전달 단문이 나올 것을 예측한다. 음성에서 언급된 外部提醒是必要的 그리고 集中精力做好手头的工作,从而能够有效管理时间과 내용이 일치하는 선택지 B 外部提醒可以让人专心工作을 정답으로 고른다.

어휘 선택지 紧迫 jǐnpò 圏촉박하다, 긴박하다　专心 zhuānxīn 圏열중하다　大脑 dànǎo 圏대뇌　功能 gōngnéng 圏기능　可靠 kěkào 圏믿을 만하다
단문　行为 xíngwéi 圏행동　培训 péixùn 圏훈련하다　专家 zhuānjiā 圏전문가　具备 jùbèi 圏갖추다　必要 bìyào 圏필요하다
　　　存 cún 圏저장하다　记录 jìlù 圏기록하다　惦记 diànjì 圏생각하다, 마음에 두다　集中精力 jízhōng jīnglì 집중하다　手头 shǒutóu 圏수중

9
A 匡衡年轻时家境贫寒
B 匡衡是东汉时期著名学者
C 邻居经常偷别人家的蜡烛
D "凿壁偷光"指光明正大地学习

A 쾅헝은 젊었을 때 집안 형편이 가난했다
B 쾅헝은 동한시기의 유명한 학자이다
C 이웃은 자주 다른 사람 집의 양초를 훔친다
D '착벽투광'은 떳떳하고 정당하게 공부하는 것을 의미한다

| 匡衡年轻时十分好学，但由于家里贫穷，买不起蜡烛，晚上常因不能学习而发愁。后来他在墙壁上悄悄地凿了一个小孔，让隔壁人家的烛光透过来。借着微弱的光，他每天学习到深夜，最终成为了西汉著名的学者。这就是"凿壁偷光"的典故。 | 쾅헝은 젊었을 때 몹시 공부하기를 좋아했지만, 집이 가난했기 때문에 양초를 살 수 없어서, 밤에 공부를 할 수 없어 늘 근심했다. 이후 그는 벽에 몰래 작은 구멍을 하나 뚫어, 이웃집 사람들의 촛불 빛이 새어 들어오게 했다. 희미한 빛을 빌려, 그는 매일 깊은 밤까지 공부했고, 결국 서한의 유명한 학자가 되었다. 이것이 바로 '착벽투광'의 이야기이다. |

해설 선택지에 匡衡(쾅헝), 邻居(이웃)가 있으므로, 설화·이야기 단문이 나올 것을 예측한다. 음성에서 언급된 匡衡年轻时……家里贫穷과 내용이 일치하는 선택지 A 匡衡年轻时家境贫寒을 정답으로 고른다.

어휘 선택지 家境 jiājìng 圏집안 형편　贫寒 pínhán 圏가난하다　东汉 Dōng Hàn 고윤동한[중국 역사상의 한 시기]　偷 tōu 圏훔치다
　　　★蜡烛 làzhú 圏양초　凿壁偷光 záobìtōuguāng 圏착벽투광[벽에 구멍을 뚫어 이웃집의 불빛을 끌어오다]
　　　光明正大 guāngmíngzhèngdà 圏떳떳하고 정당하다
단문　贫穷 pínqióng 圏가난하다　发愁 fāchóu 圏근심하다　墙壁 qiángbì 圏벽　悄悄 qiāoqiāo 團몰래　凿 záo 圏뚫다　★孔 kǒng 圏구멍
　　　隔壁 gébì 圏이웃집　★人家 rénjiā 圏다른 사람　烛光 zhúguāng 圏촛불 빛　微弱 wēiruò 圏희미하다　深夜 shēnyè 圏깊은 밤
　　　西汉 Xī Hàn 고윤서한[중국 역사상의 한 시기]　典故 diǎngù 圏이야기

10
A 最好在9小时以内进食
B 该方法有一定的副作用
C 这是一种健康的减肥方法
D 规定的时间以外不能喝水

A 9시간 안에 식사하는 것이 가장 좋다
B 이 방법은 어느 정도의 부작용이 있다
C 이는 하나의 건강한 다이어트 방법이다
D 규정된 시간 이외에 물을 마실 수 없다

| 最近出现了一种叫做"限时饮食"的新型减肥方法。这是指每天只在规定的几个小时内吃喝，其他时间只喝水，不进食。比如说将能够进食的时间定为10小时，早上9点吃早饭，之后可以随便吃东西，但一定要在19点之前吃完最后一餐。尝试过这种方式的人表示，在顺利减重的同时，健康状况也得到了改善。 | 최근 '시간제한 식사'라고 불리는 새로운 다이어트 방법이 등장했다. 이는 매일 규정된 몇 시간 안에만 먹고 마시는 것을 의미하는데, 다른 시간에는 물만 마시고, 식사는 하지 않는다. 예를 들어 말하자면 식사를 할 수 있는 시간을 10시간으로 정하면, 아침 9시에 아침밥을 먹고, 이후에는 마음대로 먹을 수 있지만 19시 전에는 반드시 마지막 식사를 마쳐야 한다. 이러한 방식을 시도해 본 사람은 순조롭게 체중을 감량하는 것과 동시에, 건강 상태도 개선됐다고 밝혔다. |

해설 선택지에 进食(식사하다), 健康(건강하다), 减肥(다이어트하다)와 같은 어휘들이 있으므로, 건강과 관련된 정보 전달 단문이 나올 것을 예측한다. 음성에서 언급된 叫做"限时饮食"的新型减肥方法 그리고 健康状况也得到了改善과 내용이 일치하는 선택지 C 这是一种健康的减肥方법를 정답으로 고른다.

어휘 선택지 进食 jìnshí 圏식사를 하다　副作用 fùzuòyòng 圏부작용　规定 guīdìng 圏규정하다

11
A 人们大多缺乏联想能力	A 사람들은 대부분 연상 능력이 부족하다
B 外界刺激与有机体无关	B 외부 자극과 유기체는 무관하다
C 条件反射是高级神经活动	**C 조건 반사는 고차신경활동이다**
D 条件反射常常在短期内形成	D 조건 반사는 종종 단기간 내에 형성된다

条件反射理论是巴甫洛夫的高级神经活动学说的核心内容，指在一定条件下，外界刺激与有机体反应之间建立起来的暂时神经联系。简单来说，两种原本没有任何关联的事物，在长期一起出现，而后只有其中一个出现时，另外一个事物就无可避免地被联想到。	조건 반사 이론은 파블로프의 고차신경활동 학설의 핵심 내용으로, 일정한 조건 하에서 외부 자극과 유기체 반응 사이에 형성되는 일시적인 신경 연결을 의미한다. 간단하게 말하면, 본래 아무런 관련이 없는 두 사물이 장기간 같이 나타나고, 그다음 그중 하나만 나타났을 때 다른 사물이 연상되는 것을 피할 수 없는 것이다.

해설　선택지에 刺激(자극), 条件反射(조건 반사), 神经(신경)과 같은 어휘들이 있으므로, 신경조직과 관련된 정보 전달 단문이 나올 것을 예측한다. 음성에서 언급된 条件反射理论是巴洛夫的高级神经活动学说的核心内容과 내용이 일치하는 선택지 C 条件反射是高级神经活动을 정답으로 고른다.

어휘　선택지　**缺乏** quēfá 圆 부족하다　★**联想** liánxiǎng 圆 연상하다　★**外界** wàijiè 圆 외부　**刺激** cìjī 圆 자극　**有机体** yǒujītǐ 圆 유기체
　　　★**反射** fǎnshè 圆 반사하다　**高级神经活动** gāojí shénjīng huódòng 圆 고차신경활동　**形成** xíngchéng 圆 형성하다
　　　단문　**理论** lǐlùn 圆 이론　**巴甫洛夫** Bāfǔluòfū 고윤 파블로프[러시아의 생리학자]　**学说** xuéshuō 圆 학설　**核心** héxīn 圆 핵심
　　　反应 fǎnyìng 圆 반응하다　**建立** jiànlì 圆 형성하다　**关联** guānlián 圆 관련되다　**事物** shìwù 圆 사물　**避免** bìmiǎn 圆 피하다

12
A 没有大气就没有人类	**A 대기가 없으면 인류는 없다**
B 大气状态不会发生变化	B 대기의 상태는 변화가 발생하지 않는다
C 大气的成分始终保持一致	C 대기의 성분은 언제나 똑같이 유지된다
D 鱼的繁衍生息可以离开水	D 물고기의 번식은 물을 떠날 수 있다

大气，指的是包围地球的空气。就像鱼离不开水一样，生活在地球的人类也离不开大气。因为大气的状态和变化，时刻影响着人类的生存与活动。大气是人类发展过程中不可缺少的重要动力，也是地球生命繁衍的重要基础。	대기란 지구를 에워싼 공기를 의미한다. 물고기가 물을 떠날 수 없는 것처럼, 지구에서 생활하는 인류도 대기를 떠날 수 없다. 대기의 상태와 변화가 인류의 생존과 활동에 시시각각 영향을 미치고 있기 때문이다. 대기는 인류 발전 과정에서 없어서는 안 될 중요한 동력이고, 지구의 생명 번식의 중요한 기초이기도 하다.

해설　3개의 선택지에 공통적으로 大气(대기)가 있으므로 大气에 대한 설명 단문이 나올 것을 예측한다. 음성에서 언급된 生活在地球的人类也离不开大气와 내용이 일치하는 선택지 A 没有大气就没有人类을 정답으로 고른다.

어휘　선택지　**大气** dàqì 圆 대기　**人类** rénlèi 圆 인류　**状态** zhuàngtài 圆 상태　**成分** chéngfèn 圆 성분　**始终** shǐzhōng 圆 언제나
　　　繁衍生息 fányǎn shēngxī 번식하다
　　　단문　★**包围** bāowéi 圆 에워싸다　**时刻** shíkè 圆 시시각각　★**生存** shēngcún 圆 생존　★**动力** dònglì 圆 동력　**繁衍** fányǎn 圆 번식하다

13
A 家长要多到公园锻炼身体	A 학부모는 공원에 자주 가서 신체를 단련해야 한다
B 应该培养城市儿童的环保意识	B 도시 어린이의 환경 보호 의식을 길러야 한다
C 散步时能给孩子讲解一些知识	**C 산책할 때 아이에게 약간의 지식을 설명할 수 있다**
D 增强孩子的思维能力尤为重要	D 아이의 사고 능력을 강화하는 것은 특히 중요하다

最近生活在城市里的孩子，接触自然的机会较少。因此家长应该在闲暇之余多带孩子去公园散步。这样做既能通过锻炼强身健体，也能在美丽的大自然中陶冶情操。同时，家长还可以在公园里随时随地给孩子讲一些有关动植物的知识，培养孩子的兴趣爱好。	최근 도시에서 생활하는 아이들은 자연을 접할 기회가 비교적 적다. 이 때문에 학부모들은 여가 시간에 자주 아이를 데리고 공원에 가서 산책해야 한다. 이렇게 하면 단련을 통해 신체를 건강하게 할 수 있을 뿐만 아니라, 아름다운 자연에서 심신을 수양할 수도 있다. 동시에, 학부모는 공원에서 언제 어디서나 아이에게 동식물과 관련된 지식을 설명하여, 아이의 흥미를 기를 수도 있다.

해설　선택지에 要/应该(~해야 한다)와 같은 어휘가 있으므로, 의견 주장 단문이 나올 것을 예측한다. 음성에서 언급된 家长应该在闲暇之余多带孩子去公园散步。这样做……家长还可以在公园里随时随地给孩子讲一些有关动植物的知识과 내용이 일치하는 선택지 C 散步时能给孩子讲解一些知识을 정답으로 고른다.

선택지 **培养** péiyǎng 圕 기르다 ★**意识** yìshi 圕 의식 **讲解** jiǎngjiě 圕 설명하다 **增强** zēngqiáng 圕 강화하다 **思维能力** sīwéi nénglì 사고 능력

　　　尤为 yóuwéi 凰 특히

단문 **接触** jiēchù 圕 접촉하다 **闲暇** xiánxiá 圕 여가 **强身健体** qiángshēn jiàntǐ 신체를 건강하게 하다 **陶冶情操** táoyě qíngcāo 심신을 수양하다

　　　随时随地 suíshísuídì 凰 언제 어디서나

14

A 垃圾分类早已被广泛接受	A 쓰레기 분리수거는 오래전에 이미 광범위하게 받아들여졌다
B 垃圾分类对社会发展有益	**B 쓰레기 분리수거는 사회 발전에 도움이 된다**
C 人们需要定期清理居住环境	C 사람들은 정기적으로 거주 환경을 청소해야 한다
D 专家呼吁人们重视污染问题	D 전문가는 사람들에게 오염 문제를 중시하라고 호소한다

近年来，垃圾分类作为一种新时尚，正被越来越多的人接受和认可。近日，全国46个重点城市正在积极开展垃圾分类活动。垃圾分类对生态环境、社会发展的积极作用正在逐渐显现。专家表示，垃圾分类贵在人人参与，重在养成习惯。	최근 몇 년간, 쓰레기 분리수거는 새로운 트렌드로서 점점 더 많은 사람들에게 받아들여지고 인정받고 있다. 근래, 전국 46개 중심도시에서 적극적으로 쓰레기 분리수거 행사를 펼치고 있다. 쓰레기 분리수거의 생태 환경과 사회 발전에 대한 긍정적인 효과가 점차 드러나고 있다. 전문가는 쓰레기 분리수거에서 중요한 것은 모든 사람들이 참여하는 것과 습관을 기르는 데에 있다고 밝혔다.

해설 선택지에 垃圾分类(쓰레기 분리수거), 环境(환경), 污染(오염)과 같은 어휘들이 있으므로, 환경과 관련된 정보 전달 단문이 나올 것을 예측한다. 음성에서 언급된 垃圾分类对……社会发展的积极作用正在逐渐显现과 내용이 일치하는 선택지 B 垃圾分类对社会发展有益를 정답으로 고른다.

어휘 선택지 **广泛** guǎngfàn 圈 광범위하다 **有益** yǒuyì 圈 도움이 되다 **定期** dìngqī 圈 정기적인 **清理** qīnglǐ 圈 청소하다 **专家** zhuānjiā 圈 전문가

　　　呼吁 hūyù 圈 호소하다

단문 **作为** zuòwéi 꽨 ~로서 **时尚** shíshàng 圈 트렌드 **认可** rènkě 圈 인정하다 ★**开展** kāizhǎn 圈 펼치다 **逐渐** zhújiàn 凰 점차

　　　显现 xiǎnxiàn 圈 드러나다 **贵在** guìzài 중요한 것은~에 있다 **参与** cānyù 圈 참여하다

15

A 小王说话很机智	A 샤오왕은 슬기롭게 말한다
B 小王不会随机应变	B 샤오왕은 임기응변을 할 줄 모른다
C 居民自己解决了问题	C 주민 스스로 문제를 해결했다
D 三个女士对小王很反感	D 세 여사는 샤오왕에게 불만을 느낀다

小王是一个非常聪明的公务员，不管遇到什么难题，他都可以轻松解决。有一天，附近小区的三个女士因为一点小事大吵大闹，谁都不肯让步。周围的居民没办法，只能请小王来处理。来到现场后，小王说："请年龄最大的先跟我说吧。"话音刚落，现场就变得鸦雀无声了。	샤오왕은 매우 똑똑한 공무원으로, 어떤 어려운 문제를 맞닥뜨리더라도, 그는 수월하게 해결할 수 있었다. 어느 날, 근처 주택 단지의 세 여사가 작은 일 때문에 시끄럽게 다투었는데, 그 누구도 양보하려고 하지 않았다. 주위의 주민은 어쩔 수 없이 샤오왕에게 부탁해 처리할 수밖에 없었다. 현장에 온 뒤, 샤오왕은 "나이가 제일 많은 사람이 먼저 제게 말씀해주세요."라고 말했다. 말이 떨어지자마자, 현장은 바로 쥐 죽은 듯 조용해졌다.

해설 선택지에 小王(샤오왕), 居民(주민), 女士(여사)이 있으므로, 설화·이야기 단문이 나올 것을 예측한다. 음성에서 샤오왕이 세 여사의 다툼을 중재하기 위해 "请年龄最大的先跟我说吧。"라고 말한 내용에서 추론할 수 있는 선택지 A 小王说话很机智을 정답으로 고른다.

어휘 선택지 ★**机智** jīzhì 圈 슬기롭다 **随机应变** suíjīyìngbiàn 圈 임기응변하다 ★**居民** jūmín 圈 주민 **女士** nǚshì 圈 여사

　　　★**反感** fǎngǎn 圈 불만을 느끼다

단문 **公务员** gōngwùyuán 圈 공무원 **小区** xiǎoqū 圈 주택 단지 **大吵大闹** dà chǎo dà nào 시끄럽게 다투다 **不肯** bù kěn ~하려고 하지 않다

　　　让步 ràngbù 圈 양보하다 **处理** chǔlǐ 圈 처리하다 ★**现场** xiànchǎng 圈 현장 **话音刚落** huàyīn gāng luò 말이 떨어지자마자

　　　鸦雀无声 yāquèwúshēng 圈 쥐 죽은 듯 조용하다

---

16 - 20

第16到20题，请听下面一段采访。	16-20번 문제는 다음 인터뷰를 들어보세요.
女：¹⁶今天我们邀请到了中国工艺美术大师、西安皮影博物馆副馆长、中国皮影戏代表性传承人汪天稳先生。汪先生您好，您能给我们讲述一下皮影戏的发展历程吗？	여: ¹⁶오늘 저희는 중국 공예 미술의 대가이자, 시안 그림자 인형극 박물관의 부관장이시며 중국 그림자 인형극의 대표적인 전승자이신 왕톈원 선생님을 초청했습니다. 왕 선생님 안녕하세요, 저희에게 그림자 인형극의 발전 과정을 이야기해주실 수 있을까요?

男： 皮影戏作为中国最早出现的戏曲剧种之一，可以追溯到汉武帝时期。它是一种集戏剧、音乐、美术、文人写作、艺人刻绘和民间演唱为一体的艺术形态。在60年代，人们的主要文化活动就是观看皮影戏，当时人们庆丰收、遇到红白喜事、过年过节都要请人演皮影戏。到80、90年代，学习皮影戏的人增多，一个镇子甚至有几百人在学。不过，17之后电视和电影的出现，对皮影戏的发展造成了很大的冲击。

女： 那么您是什么时候第一次接触到皮影的呢？

男： 我在11岁的时候，从渭南华县到西安拜师学艺。在12岁的时候被雕刻大师李占文收为关门弟子，接受了严格的训练。18在师傅的要求下，我每天都要练习"推皮走刀"的基本功，也就是用三个指头推着牛皮走，光这一个基本功我就练习了三年。虽然很辛苦，但是出于对皮影的热爱，我坚持了下来。

女： 据说地域不同，皮影的制作工艺也有所不同，您主要制作的是什么皮影呢？

男： 我代表的是"陕西东路皮影"，19东路皮影讲究二十四道工序。在制作皮影时要重视基本功，雕刻时遵循"推皮走刀"，19讲究以刀代笔，使得用刀刻出来的线条像用笔写出来的一样。刻制皮影的过程中要格外细心，第一要注意"形"，比如刻关羽和张飞的时候，19关羽讲义气，张飞暴躁的性格特征都要表现出来；第二要注意"色"，皮影刻好之后要上色。抓好形，上好颜色，最后才能进行表演。等到表演结束了，才真正完成了皮影。

女： 如今许多的皮影都是以旅游工艺品的形态出现的，很多人都没有看过实实在在的皮影戏，对此您有什么看法？

男： 传承人少、受众群体少、新文化的替代性强等等都是皮影戏没落的原因。皮影的制造工序很麻烦也很费时，因此学的人就很少。我觉得皮影应该跳出一些既定的框架，去尝试更多的变化。20比如将传统工艺与当代艺术结合起来，做到真正的"走出去"。

남: 그림자 인형극은 중국에서 가장 먼저 등장한 희곡 종류 중 하나로서, 한무제 시기로 거슬러 올라갑니다. 이것은 연극, 음악, 미술, 문인 창작, 공예가의 조각과 회화 그리고 민간 공연이 하나로 합쳐진 예술 형태입니다. 60년대에, 사람들의 주요 문화 활동은 바로 그림자 인형극을 보는 것이었는데, 당시 사람들은 풍년을 축하하거나, 경조사가 생겼을 때, 새해를 맞고 명절을 보낼 때 사람을 불러 그림자 인형극을 공연했습니다. 80, 90년대에 이르러서는 그림자 인형극을 공부하는 사람이 증가했는데, 심지어 한 소도시에서 몇 백명이 공부하기도 했습니다. 하지만, 17이후 텔레비전과 영화의 출현은 그림자 인형극의 발전에 매우 큰 타격을 초래했습니다.

여: 그렇다면 선생님께서는 언제 처음으로 그림자 인형극을 접하게 된 것인가요?

남: 저는 11살 때, 웨이난 화현에서 시안으로 가 스승을 모시며 공예를 배웠습니다. 12살 때는 대조각가 리잔원의 마지막 제자로 받아들여져, 엄격한 훈련을 받았습니다. 18스승님의 요구 사항 아래, 저는 매일 '가죽을 밀면서 칼을 움직이는' 기본기를 연습해야 했는데, 바로 세 손가락으로 소가죽을 밀어 나가는 것입니다. 저는 이 기본기만 3년을 연습했습니다. 비록 매우 힘들었지만, 그림자 인형극에서 비롯된 사랑으로 저는 끝까지 버텨냈습니다.

여: 듣기로는 지역이 다르면, 그림자극 인형의 제작 공예도 조금 달라진다고 하는데, 선생님께서 주로 제작하신 것은 어떤 그림자극 인형인가요?

남: 제가 대표로 한 것은 '산시동로 그림자극 인형'인데, 19동로 그림자극 인형은 24개의 제조 공정을 중요시합니다. 그림자극 인형을 제작할 때는 기본기를 중시해야 하며, 조각할 때는 '가죽을 밀면서 칼을 움직이는 것'을 따르는데, 19칼로 펜을 대신하는 것을 중요시하며, 칼로 새긴 선이 펜으로 쓴 것과 같게 합니다. 그림자극 인형을 새겨서 만드는 과정 중에는 특히 세심해야 하는데, 첫 번째는 '형태'에 주의해야 합니다. 예를 들면 관우와 장비를 새길 때, 19관우가 의리를 중시하는 것과 장비의 난폭한 성격 특징을 모두 나타내야 합니다. 두 번째는 '색'에 주의해야 하는데, 그림자극 인형을 새기고 난 후에 색을 입힙니다. 모양을 잘 잡고, 색을 잘 입혀야 비로소 마지막으로 공연을 진행할 수 있습니다. 공연이 끝난 후에야 그림자극 인형을 진정으로 완성했다고 할 수 있습니다.

여: 오늘날 많은 그림자극 인형은 모두 여행 공연품의 형태로 생산되어, 많은 사람들이 제대로 된 그림자 인형극을 본 적이 없는데, 선생님께서는 이에 대해 어떤 견해가 있으신가요?

남: 계승자가 적고 관객이 적은 것, 신문화의 대체성이 강한 것 등등이 모두 그림자 인형극이 몰락한 원인입니다. 그림자극 인형의 제조 공정은 매우 번거롭고 시간도 많이 걸리는데, 이 때문에 배우는 사람이 매우 적습니다. 저는 그림자 인형극이 이미 정해진 틀에서 벗어나, 더 많은 변화를 시도해봐야 한다고 생각합니다. 20예를 들면 전통 공예를 현시대의 예술과 결합해, 진정한 '나아가기'를 하는 것입니다.

실전모의고사 2

어휘 工艺 gōngyì 圐 (수)공예 美术 měishù 圐 미술 大师 dàshī 圐 대가 西安 Xī'ān 고유 시안[중국 산시(陕西)성의 성도]
　　　皮影 píyǐng 圐 그림자 인형극, 그림자극 인형 博物馆 bówùguǎn 圐 박물관 皮影戏 píyǐngxì 圐 그림자 인형극 ★副 fù 圐 부 代表 dàibiǎo 圐 대표하다
　　　传承 chuánchéng 圐 전승하다 讲述 jiǎngshù 圐 이야기하다 历程 lìchéng 圐 과정 作为 zuòwéi 圐 ~로서 戏曲 xìqǔ 圐 중국의 전통적인 희곡
　　　剧种 jùzhǒng 圐 극의 종류 追溯 zhuīsù 圐 거슬러 올라가다 汉武帝时期 Hànwǔdì shíqī 한무제 시기[중국 역사상의 한 시기] 戏剧 xìjù 圐 연극
　　　写作 xiězuò 圐 창작하다 刻绘 kèhuì 圐 조각과 회화 ★民间 mínjiān 圐 민간 演唱 yǎnchàng 圐 공연하다 ★形态 xíngtài 圐 형태 年代 niándài 圐 년대.
　　　庆 qìng 圐 축하하다 ★丰收 fēngshōu 圐 풍년이 들다 红白喜事 hóng bái xǐshì 圐 경조사 增多 zēngduō 圐 증가하다
　　　镇子 zhènzi 圐 소도시[한국의 '읍'에 해당] 造成 zàochéng 圐 초래하다 ★冲击 chōngjī 圐 타격을 입다 接触 jiēchù 圐 접하다
　　　渭南 Wèinán 고유 웨이난[중국 산시(陕西)성의 시 이름] 县 xiàn 圐 현[중국 행정 구획 단위의 하나, 한국의 '면'에 해당]
　　　★雕刻 diāokè 圐 조각하다 关门 guānmén 圐 마지막의 训练 xùnliàn 圐 훈련하다 基本功 jīběngōng 圐 기본기 指头 zhǐtou 圐 손가락
　　　热爱 rè'ài 圐 (열렬히) 사랑하다 据说 jùshuō 圐 듣기로 制作 zhìzuò 圐 제작하다 陕西 Shǎnxī 고유 산시[중국의 성(지방 행정 구역) 이름]

讲究 jiǎngjiu 圆 중요시하다　**工序** gōngxù 圆 제조 공정　★**遵循** zūnxún 圆 따르다　**格外** géwài 圆 특히　**细心** xìxīn 圆 세심하다
关羽 Guān Yǔ 교圆 관우[중국 삼국시대 촉(蜀)나라의 명장]　**张飞** Zhāng Fēi 교圆 장비[중국 삼국시대 촉(蜀) 나라의 무장]　**义气** yìqi 圆 의리
暴躁 bàozào 圆 난폭하다　**特征** tèzhēng 圆 특징　**表现** biǎoxiàn 圆 나타나다　**上色** shàngshǎi 圆 색을 입히다　**抓** zhuā 圆 잡다　**如今** rújīn 圆 오늘날
★**工艺品** gōngyìpǐn 圆 공예품　**受众群体** shòuzhòng qúntǐ 圆 관객, 시청자　**替代性** tìdàixìng 圆 대체성　**没落** mòluò 圆 몰락하다
制造 zhìzào 圆 제조하다　**费时** fèishí 圆 시간이 걸리다　**既定** jìdìng 圆 이미 정하다　**框架** kuàngjià 圆 틀　★**尝试** chángshì 圆 시도해보다
传统 chuántǒng 圆 전통적이다　★**当代** dāngdài 圆 현시대　**结合** jiéhé 圆 결합하다

16-20번 선택지의 皮影(그림자 인형극, 그림자극 인형), 工艺美术(공예 미술), 艺术顾问(예술 고문)을 통해 인터뷰 대상이 그림자 인형극과 관련된 예술 가임을 예측할 수 있다. 따라서 예술가 인터뷰가 나올 것을 대비해서 듣는다.

16　问：男的的身份是什么？　　　　　　　　　　　질문: 남자의 신분은 무엇인가?

A 皮影博物馆解说员　　　　　　　　　　　　　　A 그림자 인형극 박물관의 해설자
B 中国工艺美术大师　　　　　　　　　　　　　**B 중국 공예 미술의 대가**
C 皮影戏表演策划者　　　　　　　　　　　　　　C 그림자 인형극 연출 기획자
D 皮影博物馆艺术顾问　　　　　　　　　　　　　D 그림자 인형극 박물관 예술 고문

해설　여자의 말에서 언급된 今天我们邀请到了中国工艺美术大师을 듣고 선택지 B 中国工艺美术大师을 정답의 후보로 확인해둔다. 질문이 남자의 신분이 무엇인지 물었으므로, 선택지 B를 정답으로 고른다.

어휘　**身份** shēnfèn 圆 신분　**皮影** píyǐng 圆 그림자 인형극, 그림자극 인형　**博物馆** bówùguǎn 圆 박물관　**解说员** jiěshuōyuán 圆 해설자
　　　工艺 gōngyì 圆 (수)공예　**美术** měishù 圆 미술　**大师** dàshī 圆 대가　**皮影戏** píyǐngxì 圆 그림자 인형극　★**策划** cèhuà 圆 기획하다
　　　顾问 gùwèn 圆 고문

17　问：皮影戏的发展因什么而受到了冲击？　　　질문: 그림자 인형극의 발전은 무엇 때문에 타격을 받았는가?

A 红白喜事的减少　　　B 皮革价格的上涨　　　A 경조사의 감소　　　B 가죽 가격의 상승
C 电影电视的出现　　D 城市人口的增加　　　**C 영화와 텔레비전의 출현**　　D 도시 인구의 증가

해설　남자의 말에서 언급된 之后电视和电影的出现,对皮影戏的发展造成了很大的冲击를 듣고 선택지 C 电影电视的出现을 정답의 후보로 확인해둔다. 질문이 그림자 인형극의 발전이 무엇 때문에 타격을 받았는지 물었으므로, 선택지 C를 정답으로 고른다.

어휘　★**冲击** chōngjī 圆 타격을 입다　**红白喜事** hóng bái xǐshì 圆 경조사　**皮革** pígé 圆 가죽　**上涨** shàngzhǎng 圆 상승하다

18　问：关于"推皮走刀"，可以知道什么？　　　질문: '가죽을 밀면서 칼을 움직이는 것'에 관해, 알 수 있는 것은 무엇인가?

A 使用两根手指操作　　　　　　　　　　　　　　A 두 손가락으로 한다
B 是一项简单的工作　　　　　　　　　　　　　　B 간단한 일이다
C 这道工艺用的是羊皮　　　　　　　　　　　　　C 이 공예에 사용된 것은 양가죽이다
D 是制作皮影的基本功　　　　　　　　　　　　**D 그림자극 인형을 제작하는 기본기이다**

해설　남자의 말에서 언급된 在师傅的要求下,我每天都要练习"推皮走刀"的基本功을 듣고 선택지 D 是制作皮影的基本功을 정답의 후보로 확인해둔다. 질문이 '가죽을 밀면서 칼을 움직이는 것'에 관해 알 수 있는 것이 무엇인지 물었으므로, 선택지 D를 정답으로 고른다.

어휘　**根** gēn 圆 개[가늘고 긴 것을 세는 단위]　**手指** shǒuzhǐ 圆 손가락　★**操作** cāozuò 圆 하다, 조작하다　**工艺** gōngyì 圆 공예
　　　制作 zhìzuò 圆 제작하다　**基本功** jīběngōng 圆 기본기

19　问：下列哪项不属于"陕西东路皮影"的特征？　질문: 다음 중 '산시동로 그림자극 인형'의 특징으로 속하지 않는 것은?

A 制作时无需运用色彩　　　　　　　　　　　　**A 제작할 때 색깔을 활용할 필요가 없다**
B 有二十四道制作工序　　　　　　　　　　　　　B 24개의 제작 공정이 있다
C 非常讲究雕刻的线条　　　　　　　　　　　　　C 조각한 선을 매우 중요시한다
D 要雕刻出人物性格特征　　　　　　　　　　　　D 인물 성격 특징을 조각해 내야 한다

해설 남자의 말에서 언급된 东路皮影讲究二十四道工序와 讲究以刀代笔,使得用刀刻出来的线条像用笔写出来的一样 그리고 关羽讲义气, 张飞暴躁的性格特征都要表现出来를 듣고, 선택지 B 有二十四道制作工序, C 雕刻的线条非常重要, D 要雕刻出人物性格特征을 정답의 후보로 확인해둔다. 질문이 '산시동로 그림자극 인형'의 특징으로 속하지 않는 것을 물었으므로, 언급되지 않은 선택지 A 制作时无需运用色彩를 정답으로 고른다.

어휘 陕西 Shǎnxī [교유] 산시[중국의 성(지방 행정 구역) 이름] 运用 yùnyòng [동] 활용하다 色彩 sècǎi [명] 색깔 工序 gōngxù [명] 제조 공정 讲究 jiǎngjiu [동] 중요시하다 ★雕刻 diāokè [동] 조각하다 人物 rénwù [명] 인물 特征 tèzhēng [명] 특징

20 问：男的所说的"走出去",指的是什么？ | 질문: 남자가 말한 '나아가기'가 가리키는 것은 무엇인가？

A 大力扩大皮影戏的传播范围
B 传统工艺与现代艺术的结合
C 将皮影戏融入到电视电影中
D 使皮影戏走出农村进入城市

A 그림자 인형극의 전파 범위를 크게 확대한다
B 전통 공예와 현대 예술의 결합
C 그림자 인형극을 텔레비전과 영화 속에 녹인다
D 그림자 인형극을 농촌에서 벗어나 도시로 진입하게 한다

해설 남자의 말에서 언급된 比如将传统工艺与当代艺术结合起来,做到真正的"走出去"。를 듣고 선택지 B 传统工艺与现代艺术的结合를 정답의 후보로 확인해둔다. 질문이 남자가 말한 '나아가기'가 가리키는 것이 무엇인지 물었으므로, 선택지 B를 정답으로 고른다.

어휘 扩大 kuòdà [동] 확대하다 传播 chuánbō [동] 전파하다 范围 fànwéi [명] 범위 传统 chuántǒng [형] 전통적이다 现代 xiàndài [명] 현대 结合 jiéhé [동] 결합하다 融入 róngrù [동] 녹아들다 农村 nóngcūn [명] 농촌

21 - 25

第21到25题，请听下面一段采访。

男：佳仪，你好。在前不久举办的某品牌艺术基金会上，你用自己独特的方式，将绘画技艺注入到了摄影中。在绘画方面你已经小有名气了，为什么还想接触摄影这一行业呢？

女：我认为摄影比绘画更能保留真实性，同时能弥补大脑有限的记忆，以最短时间记录细节，为创作灵感储备素材。结合镜头这双"眼睛"来洞悉这个世界的变化与发展，[21]让我学会了从不同角度欣赏与解析事物。

男：作为一名时尚插画师，你觉得[22]摄影和绘画有什么内在联系吗？

女：[22]摄影和绘画都是对于美的一种展现，无论从构图的三分法、"黄金比例"，还是对事物本质的思维分析方法，[22]都能给予人们美的体验。如同摄影讲究光影，写实派绘画也时常用到"光影透视法"。因此，我认为摄影与绘画之间是相辅相成的。

男：你这么喜欢摄影，有没有想过以后改行专门做摄影呢？

女：我还是想以插画事业为主，但是对那些能够提升我的绘画技能或者给我灵感的事情，我都愿意小试牛刀。虽然照片具有来源于真实场景的优势，但是与我天马行空的想象力相比，还是显得有些不足。我没有想过改行，不过[23]愿意拓展将摄影和绘画结合的一体式私人定制服务，特别是针对我擅长的时尚肖像插画。

男：[24]当初决定当插画家时，应该面临了很大的压力吧？

女：是的。[24]我的压力在于绘画能否让我负担起经济方面的开销。艺术界人才济济，不知道是否有属于我的一片天地，所以一切都充满了未知。同时，艺术家的创作是不定时的。创作一件作品的时候可能有一两天

21-25번 문제는 다음 인터뷰를 들어보세요.

남: 쟈이 씨, 안녕하세요. 얼마 전에 개최된 어느 브랜드의 예술 기금회에서, 당신은 자신만의 독특한 방식으로 회화 기술을 촬영에 주입시켰는데요. 회화 방면에서 당신은 이미 조금의 명성이 있는데, 왜 촬영이라는 이 업계를 접하고 싶으셨나요?

여: 저는 촬영이 회화보다 더욱 현실성을 담을 수 있고, 동시에 대뇌의 한정된 기억을 보완할 수 있어서, 가장 짧은 시간에 세부 사항을 기록하여 창작 영감의 소재를 비축할 수 있다고 생각합니다. 렌즈라는 이 '눈'과 결합해 이 세계의 변화와 발전을 통찰하는 것은, [21]제가 다른 각도에서 사물을 감상하고 분석하는 것을 습득하게 했습니다.

남: 트렌디한 삽화가로서, 당신은 [22]촬영과 회화가 어떤 내재적인 연결이 있다고 생각하시나요?

여: [22]촬영과 회화는 모두 아름다움에 대한 구현이고, 구도의 삼분법, '황금비율'에 관계없이, 사물 본질에 대한 사고 분석 방법으로 [22]모두 사람들에게 아름다움의 경험을 선사할 수 있습니다. 촬영이 명암을 중요시 하는 것과 같이, 사실주의자의 그림도 '명암 투시법'을 자주 이용합니다. 이 때문에, 저는 촬영과 회화 간에 서로 보완하고 협력한다고 생각합니다.

남: 이렇게나 촬영을 좋아하시는데, 이후에 직업을 바꿔서 촬영을 전문적으로 할 생각은 없으신가요?

여: 저는 여전히 삽화 사업을 주로 하고 싶지만, 저의 회화 기술을 끌어올릴 수 있거나 저에게 영감을 줄 수 있는 일이면, 저는 모두 시험 삼아 해 볼 의향이 있습니다. 비록 사진은 진실된 자연 광경에서 유래한다는 장점이 있지만, 저의 뛰어난 상상력에 비교하면, 아직은 다소 부족해 보입니다. 저는 직업을 바꾸는 것을 생각해 본적은 없지만, [23]촬영과 회화를 결합한 일체형의 개인 주문 제작 서비스로 확장할 생각은 있습니다. 특히 제가 잘 그리는 트렌디한 초상 삽화를 중점적으로 해서요.

남: [24]처음 삽화가가 되기로 결정했을 때, 많은 스트레스에 직면하셨죠?

여: 맞습니다. [24]저의 스트레스는 회화가 경제적 지출을 부담하게 해줄 수 있을지에 있었습니다. 예술계에는 인재가 차고 넘쳐서, 저만의 영역이 있을지 모르기 때문에, 모든 것이 미지로 가득했습니다. 동시에, 예술가의 창작은 시간이 정해져 있지 않습니다. 하나의 작품

不与外界联系，在一定程度上阻隔了与外界的交流。不过，我最终还是选择了自己喜欢的、擅长的工作。我现在已经²⁵成立了自己的工作室，为许多一线品牌定制专属插画，并提供现场绘画服务。

男：绘画对你来说意味着什么呢？

女：绘画对于我来说是一场不受约束的探索。一旦进入绘画状态，那里就成了一个世界，那里有属于我的纯真简单、安闲自得，也有我一直坚持传达的唯真至美的态度。所以我觉得用心摸索创造美，是值得一辈子付诸努力的事。

을 창작할 때 하루 이틀 정도 외부와 연락하지 않을 수 있는데, 외부와의 교류가 어느 정도 단절됩니다. 하지만, 저는 결국 스스로 좋아하고, 잘하는 일을 선택했습니다. 저는 현재 이미 ²⁵제 작업실을 설립했는데, 많은 유명 브랜드를 위해 전용 삽화를 제작하고, 또한 현장 드로잉 서비스를 제공합니다.

남: 회화는 당신에게 무엇을 의미합니까?

여: 저에게 있어서 회화란 제약을 받지 않는 탐색입니다. 한번 그림을 그리는 상태에 빠지면, 그곳에 하나의 세계가 생깁니다. 그곳에 저의 순수함과 단순함, 조용함과 안락함이 있으며, 제가 항상 전달하고자 했던 가장 진실한 것이 가장 아름답다는 견해도 그곳에 있습니다. 그래서 저는 심혈을 기울여 아름다움을 창조하는 것을 모색하는 것이 한 평생 노력할 만한 일이라고 생각합니다.

어휘 前不久 qián bùjiǔ 얼마 전에 某 mǒu 어느 品牌 pǐnpái 브랜드 基金会 jījīnhuì 기금회 独特 dútè 독특하다

绘画 huìhuà 회화, 그림을 그리다 技艺 jìyì 기술, 기예 注入 zhùrù 주입하다 摄影 shèyǐng 촬영하다 接触 jiēchù 접하다

行业 hángyè 업계 保留 bǎoliú 담다, 남기다 真实性 zhēnshíxìng 현실성 弥补 míbǔ 보완하다 有限 yǒuxiàn 한정되다 记忆 jìyì 기억

记录 jìlù 기록하다 细节 xìjié 세부사항 灵感 línggǎn 영감 储备 chǔbèi 비축하다 素材 sùcái 소재 结合 jiéhé 결합하다

★镜头 jìngtóu 렌즈, 신(scene) 洞悉 dòngxī 통찰하다 角度 jiǎodù 각도 欣赏 xīnshǎng 감상하다 解析 jiěxī 분석하다 事物 shìwù 사물

作为 zuòwéi ~로서 时尚 shíshàng 트렌디하다 插画师 chāhuàshī 삽화가 内在 nèizài 내재적인 展现 zhǎnxiàn 구현되다

构图 gòutú 구도를 잡다 比例 bǐlì 비율 思维 sīwéi 사고하다 分析 fēnxī 분석하다 给予 jǐyǔ 선사하다 体验 tǐyàn 경험하다, 체험하다

讲究 jiǎngjiu 중요시하다 光影 guāngyǐng 명암 写实派 xiěshípài 사실주의자 ★时常 shícháng 자주 透视法 tòushìfǎ 투시법

相辅相成 xiāngfǔxiāngchéng 서로 보완하고 협력하다 改行 gǎiháng 직업을 바꾸다 提升 tíshēng 끌어올리다

小试牛刀 xiǎoshìniúdāo 매우 훌륭한 솜씨를 먼저 작은 일에 시험 삼아 해보다 ★来源 láiyuán 유래하다

天马行空 tiānmǎxíngkōng 뛰어나다, 문재가 거리낌이 없고 매우 뛰어나다 想象力 xiǎngxiànglì 상상력 显得 xiǎnde ~하게 보이다

私人 sīrén 개인 定制 dìngzhì 주문 제작하다 服务 fúwù 서비스하다 针对 zhēnduì 중점적으로 하다, 초점을 맞추다 擅长 shàncháng 잘하다

肖像 xiàoxiàng 초상 面临 miànlín 직면하다 开销 kāixiāo 비용 人才济济 réncáijǐjǐ 인재가 차고 넘치다 属于 shǔyú ~에 속하다

充满 chōngmǎn 가득하다 创作 chuàngzuò 창작하다 作品 zuòpǐn 작품 ★外界 wàijiè 외부 程度 chéngdù 정도

阻隔 zǔgé 단절되다, 가로막혀 격리되다 成立 chénglì 설립하다 工作室 gōngzuòshì 작업실 一线品牌 yīxiàn pǐnpái 유명 브랜드

★现场 xiànchǎng 현장 ★意味着 yìwèizhe 의미하다 ★约束 yuēshù 제약하다 探索 tànsuǒ 탐색하다 一旦 yīdàn 한번 ~하다

状态 zhuàngtài 상태 纯真 chúnzhēn 단순하다 ★摸索 mōsuǒ 모색하다 一辈子 yíbèizi 한평생 付诸 fùzhū ~에 옮기다

21-25번 선택지의 构图(구도), 抽象画派(추상화파), 绘画(회화), 插画(삽화)를 통해 인터뷰 대상이 미술과 관련된 예술가임을 예측할 수 있다. 따라서 예술가 인터뷰가 나올 것을 대비해서 듣는다.

---

21 问：女的认为摄影的特点是什么？   질문: 여자는 촬영의 특징이 무엇이라고 생각하는가?

A 没有真实性	A 현실성이 없다
B 具有有限的记忆	B 한정적인 기억을 가지고 있다
C 可多角度欣赏事物	**C 다각도로 사물을 감상할 수 있다**
D 能够长时间记录细节	D 장시간 세부 사항을 기록할 수 있다

해설 여자의 말에서 언급된 让我学会了从不同角度欣赏与解析事物를 듣고 선택지 C 可多角度欣赏事物를 정답의 후보로 확인해둔다. 질문이 여자는 촬영의 특징이 무엇이라고 생각하는지 물었으므로, 선택지 C를 정답으로 고른다.

어휘 摄影 shèyǐng 촬영하다 真实性 zhēnshíxìng 현실성 有限 yǒuxiàn 한정적이다 记忆 jìyì 기억 角度 jiǎodù 각도

欣赏 xīnshǎng 감상하다 事物 shìwù 사물 记录 jìlù 기록하다 细节 xìjié 세부 사항

---

22 问：关于摄影和绘画的内在联系，可以知道什么？   질문: 촬영과 회화의 내재적인 연결에 관해, 알 수 있는 것은 무엇인가?

A 构图讲究四分法	A 구도는 사분법을 중요시한다
B 都注重事物的美感	**B 모두 사물의 아름다운 느낌을 중시한다**
C 不需要分析事物的本质	C 사물의 본질을 분석할 필요가 없다
D 使用抽象画派的光影手法	D 추상화파의 명암 기법을 사용한다

해설 남자의 말에서 언급된 **摄影和绘画有什么内在联系**와 여자의 말에서 언급된 **摄影和绘画都是对于美的一种展现……都能给予人们美的体验**을 듣고, 선택지 B **都注重事物的美感**을 정답의 후보로 확인해둔다. 질문이 촬영과 회화의 내재적인 연결에 관해 알 수 있는 것이 무엇인지 물었으므로, 선택지 B를 정답으로 고른다.

어휘 **绘画** huìhuà 회화, 그림을 그리다 **内在** nèizài 내재적인 **构图** gòutú 구도를 잡다 **讲究** jiǎngjiu 중요시하다
★**注重** zhùzhòng 중시하다 **美感** měigǎn 아름다운 느낌 **分析** fēnxī 분석하다 **本质** běnzhì 본질 **抽象** chōuxiàng 추상적이다
画派 huàpài 화파 **光影** guāngyǐng 명암 ★**手法** shǒufǎ 기법

---

23 问：关于女的，下列哪项正确？ | 질문: 여자에 관해, 다음 중 옳은 것은?

A 绘画技能有待提升 | A 회화 솜씨를 끌어올릴 필요가 있다
B 无法专注于两件事 | B 두 가지 일에 전념할 방법이 없다
C 想拓展私人定制服务 | **C 개인 주문 제작 서비스를 확장하고 싶어한다**
D 缺乏天马行空的想象力 | D 뛰어난 상상력이 부족하다

해설 여자의 말에서 언급된 **愿意拓展将摄影和绘画结合的一体式私人定制服务**를 듣고 선택지 C **想拓展私人定制服务**를 정답의 후보로 확인해둔다. 질문이 여자에 관해 옳은 것을 물었으므로, 선택지 C를 정답으로 고른다.

어휘 **技能** jìnéng 솜씨 **有待** yǒudài ~할 필요가 있다 **提升** tíshēng 끌어올리다 **专注** zhuānzhù 전념하다 **拓展** tuòzhǎn 확장하다
私人 sīrén 개인 **定制** dìng zhì 주문 제작하다 **缺乏** quēfá 부족하다
天马行空 tiānmǎxíngkōng 뛰어나다, 문재가 거리낌이 없고 매우 뛰어나다 **想象力** xiǎngxiànglì 상상력

---

24 问：当初决定当插画家时，女的主要面临了什么压力？ | 질문: 처음 삽화가가 되기로 결정했을 때, 여자는 주로 어떤 스트레스에 직면했는가?

A 没有自己的空间 | B 找不到喜欢的事情 | A 자신의 공간이 없다 | B 좋아하는 일을 찾지 못했다
C 来自金钱上的压力 | D 偶尔与外界失去联系 | **C 금전에서 오는 스트레스** | D 간혹 외부와 연락이 끊긴다

해설 남자의 말에서 언급된 **当初决定当插画家时，应该面临了很大的压力吧？**와 여자의 말에서 언급된 **我的压力在于绘画能否让我负担得起经济方面的开销。**를 듣고 선택지 C **来自金钱上的压力**를 정답의 후보로 확인해둔다. 질문이 처음 삽화가가 되기로 결정했을 때 여자가 주로 어떤 스트레스에 직면했는지 물었으므로, 선택지 C를 정답으로 고른다.

어휘 **空间** kōngjiān 공간 ★**外界** wàijiè 외부

---

25 问：女的的工作室主要做哪方面的业务？ | 질문: 여자의 작업실은 주로 어느 방면의 업무를 하는가?

A 网络绘画服务 | **B 定制插画业务** | A 온라인 회화 서비스 | **B 삽화 주문 제작 업무**
C 艺术摄影服务 | D 肖像插画业务 | C 예술 촬영 서비스 | D 초상 삽화 업무

해설 여자의 말에서 언급된 **成立了自己的工作室，为许多一线品牌定制专属插画，并提供现场绘画服务**를 듣고 선택지 B **定制插画业务**를 정답의 후보로 확인해둔다. 질문이 여자의 작업실은 주로 어느 방면의 업무를 하는지 물었으므로, 선택지 B를 정답으로 고른다.

어휘 **网络** wǎngluò 온라인, 네트워크 **定制** dìng zhì 주문 제작하다 **插画** chāhuà 삽화 **肖像** xiàoxiàng 초상

---

26 - 30

第26到30题，请听下面一段采访。 | 26-30번 문제는 다음 인터뷰를 들어보세요.

女：无人驾驶是一个热词，我们在许多社交媒体平台上都可以看到，但是对于普通人而言，无人驾驶这一词还是带有一定的神秘感的。须教授，您能不能从专业的角度来给我们介绍一下？

男：无人驾驶是一个通俗的叫法，更准确地说是自动驾驶。国际汽车工程师联合会对自动驾驶有一个明确的分类：通常的汽车驾驶是0级；1级是解放部分双手，实现在高速公路的巡航；2级是彻底解放双手；3级是解放部分人脑；[26]4级是完全解放人脑；5级则是完全没有驾驶员，实现真正的自动驾驶。我

여: 무인 주행은 핫 키워드인데요, 우리는 많은 소셜 미디어 플랫폼에서 볼 수 있습니다. 하지만 보통 사람에게 있어서 무인 주행이라는 이 단어는 여전히 어느 정도의 신비감을 지니고 있습니다. 쉬 교수님, 전문적인 관점에서 저희에게 소개해 주실 수 있을까요?

남: 무인 주행은 통속적인 호칭이고, 더욱 정확하게 말하면 자율 주행입니다. 국제 자동차 엔지니어 연합에서 자율 주행에 대해 명확한 분류를 했습니다. 일반적인 자동차 주행은 0등급, 1등급은 양손의 일부가 해방되어 고속도로에서의 오토 크루즈를 실현하는 것입니다. 2등급은 양손이 완전히 해방되는 것입니다. 3등급은 사람의 뇌 일부가 해방되는 것입니다. [26]4등급은 사람의 뇌가 완전히 해방되는 것입니다. 5등급은 완전히 운전자가 없이 진정한 자율 주행을

们目前所说的自动驾驶着重于3级和4级。

女：²⁷这项技术的发展会给我们未来的生活乃至世界带来怎样的影响呢？

男：它的影响非常深远，它将彻底改变人类的出行方式。这不仅有社会意义，还有经济意义。我们的目标是真正实现两个"零"。第一个"零"就是零交通事故。因为目前世界上90%以上的交通事故都是人的错误操作导致的，我们可以通过自动驾驶来避免这种操作失误。²⁷第二个"零"是零排放，也就是零污染。

女：据说自动驾驶是一个非常综合性的研究课题，是这样的吗？

男：是的。自动驾驶技术是一个很典型的交叉学科综合体。它涉及到方方面面，除了传统的汽车工程之外，²⁸还涉及到控制工程，也包含了物联网、云计算、5G通讯、人工智能等前沿技术。

女：您曾经说过，自动驾驶是未来汽车工业发展的趋势，也是智慧城市的重要一环。那么，自动驾驶和智慧城市之间究竟有什么关联？

男：²⁹自动驾驶不仅影响人的出行方式，还会影响城市的规划发展，它是智慧城市的重要方面。自动驾驶会给城市规划和城市管理带来不少挑战。我们有一个智慧城市物联网国家重点实验室，其中我主要负责智慧交通领域，专门研究自动驾驶技术给未来智慧城市建设带来的问题。这对技术的研发和技术成果的转化都有很好的示范意义。³⁰作为未来交通出行的必然趋势，自动驾驶技术已趋向世界性潮流。相信在不久的将来，我们的市民就能切身体会到自动驾驶技术给生活带来的巨大影响。

실현하는 것입니다. 현재 우리가 말하는 자율 주행은 3등급과 4등급에 중점을 두고 있습니다.

여: ²⁷이 기술의 발전은 우리의 미래 생활, 더 나아가 세계에 어떤 영향을 미칠 수 있을까요?

남: 이 기술의 영향은 매우 클 것이며, 인류의 이동 방식을 완전히 바꿀 것입니다. 이는 사회적인 의미가 있을 뿐만 아니라, 경제적인 의미도 있습니다. 우리의 목표는 2개의 '제로'를 진정으로 실현하는 것입니다. 첫 번째 '제로'는 바로 교통사고 제로입니다. 현재 세계 교통사고의 90% 이상이 사람의 잘못된 조작으로 초래되고 있기 때문에, 우리는 자율 주행을 통해 이러한 조작 실수를 피할 수 있습니다. ²⁷두 번째 '제로'는 제로 배출인데, 즉 제로 오염입니다.

여: 듣자 하니 자율 주행은 매우 종합적인 연구 과제라고 하는데, 그렇습니까?

남: 맞습니다. 자율 주행 기술은 아주 전형적인 교차 학문의 복합체입니다. 그것은 각 방면과 연관되어 있는데, 전통적인 자동차 공학을 제외하고, ²⁸제어 공학과도 연관되며, 사물인터넷, 클라우드 컴퓨팅, 5G 통신, 인공 지능 등의 선두적인 기술도 포함합니다.

여: 교수님은 일찍이 자율 주행이 미래 자동차 공업 발전의 추세이고, 스마트 시티의 중요한 일환이라고도 말씀하신 적이 있습니다. 그렇다면, 자율 주행과 스마트 시티 간에는 도대체 어떤 관련이 있나요?

남: ²⁹자율 주행은 사람의 이동 방식에 영향을 줄 뿐만 아니라 도시의 계획과 발전에도 영향을 줄 수 있어, 스마트 시티의 중요한 부분입니다. 자율 주행은 도시 계획과 도시 관리에 적지 않은 도전을 가져올 수 있습니다. 우리는 스마트 시티 사물인터넷 국가 중점 실험실이 있는데, 그중 저는 스마트 교통 분야를 주로 책임지고 있고, 자율 주행 기술이 미래 스마트 시티 건설에 가져올 문제를 전문적으로 연구하고 있습니다. 이는 기술의 연구 개발과 기술 성과의 전환에 있어서 모두 좋은 시범적인 의미를 가집니다. ³⁰미래 교통의 필연적인 추세로서, 자율 주행 기술은 이미 세계적 트렌드로 나아가고 있습니다. 머지않은 미래에, 우리 시민들이 자율 주행 기술이 생활에 가져오는 막대한 영향을 몸소 느낄 수 있을 것이라고 믿습니다.

어휘 无人驾驶 wúrén jiàshǐ 무인 주행 热词 rècí 명 핫 키워드, 화제어 社交媒体平台 shèjiāo méitǐ píngtái 소셜 미디어 플랫폼
神秘感 shénmìgǎn 신비감 角度 jiǎodù 명 관점 通俗 tōngsú 형 통속적이다 叫法 jiàofǎ 명 호칭 自动驾驶 zìdòng jiàshǐ 자율 주행
工程师 gōngchéngshī 명 엔지니어, 기술자 联合 liánhé 통 연합하다 明确 míngquè 형 명확하다 通常 tōngcháng 형 일반적이다
★解放 jiěfàng 통 해방되다 实现 shíxiàn 통 실현하다 巡航 xúnháng 명 오토 크루즈, 정속 주행 彻底 chèdǐ 형 완전하다, 철저하다
驾驶员 jiàshǐyuán 명 운전자 目前 mùqián 명 현재 着重 zhuózhòng 통 중점을 두다 未来 wèilái 명 미래 乃至 nǎizhì 젭 더 나아가
深远 shēnyuǎn 형 깊고 크다 人类 rénlèi 명 인류 出行 chūxíng 명 이동하다 意义 yìyì 명 의미 目标 mùbiāo 명 목표 事故 shìgù 명 사고
★操作 cāozuò 명 조작하다 导致 dǎozhì 통 초래하다 避免 bìmiǎn 통 피하다 失误 shīwù 명 실수를 하다 据说 jùshuō 통 듣자 하니 ~이라 한다
综合 zōnghé 통 종합하다 课题 kètí 명 과제 典型 diǎnxíng 형 전형적이다
交叉学科 jiāochā xuékē 명 교차 학문[두 개 이상의 전통 학문이 합쳐져 생겨난 새로운 학문] 涉及 shèjí 통 연관되다 传统 chuántǒng 형 전통적이다
工程 gōngchéng 명 공학, 공정 控制工程 kòngzhì gōngchéng 명 제어 공학[제어 관련 기술에 대한 학문 체계] 包含 bāohán 통 포함하다
物联网 wùliánwǎng 명 사물인터넷[인터넷을 기반으로 모든 사물을 연결하여 정보를 소통하는 기술 및 서비스]
云计算 yún jìsuàn 클라우드 컴퓨팅[인터넷상의 서버를 통해 IT 관련 서비스를 한번에 사용할 수 있는 컴퓨팅 환경] 通讯 tōngxùn 명 통신
人工智能 réngōng zhìnéng 명 인공 지능 前沿 qiányán 명 선두 曾经 céngjīng 閉 일찍이 趋势 qūshì 명 추세
智慧城市 zhìhuì chéngshì 명 스마트 시티[중국의 도시 개발 정책] 关联 guānlián 통 관련되다 规划 guīhuà 통 계획하다 挑战 tiǎozhàn 명 도전
实验室 shíyànshì 명 실험실 领域 lǐngyù 명 분야 建设 jiànshè 통 건설하다 研发 yánfā 통 연구 개발하다 成果 chéngguǒ 명 성과
转化 zhuǎnhuà 통 전환하다 示范 shìfàn 통 시범하다 作为 zuòwéi 게 ~로서 必然 bìrán 형 필연적이다 ★潮流 cháoliú 명 트렌드
切身 qièshēn 閉 몸소, 친히 体会 tǐhuì 통 체험하고 느끼다 巨大 jùdà 형 막대하다

26-30번 선택지의 **电动汽车**(전기 자동차), **人工智能**(인공 지능), **自动驾驶**(자율 주행), **出行方式**(이동 방식)을 통해 인터뷰 대상이 자동차와 관련된 전문가임을 예측할 수 있다. 따라서 특정 분야 전문가 인터뷰가 나올 것을 대비해서 듣는다.

26

问：4级自动驾驶有什么特点？ | 질문: 4등급 자율 주행은 어떤 특징이 있는가?

| **A 完全解放人脑** | B 没有经济意义 | **A 사람의 뇌가 완전히 해방된다** | B 경제적 의미가 없다 |
| C 消耗能源较多 | D 不需要驾驶员 | C 에너지를 비교적 많이 소모한다 | D 운전자가 필요 없다 |

해설 남자의 말에서 언급된 4级是完全解放人脑를 듣고 선택지 A 完全解放人脑를 정답의 후보로 확인해둔다. 질문이 4등급 자율 주행은 어떤 특징이 있는지 물었으므로, 선택지 A를 정답으로 고른다.

어휘 **自动驾驶** zìdòng jiàshǐ 자율 주행 ★**解放** jiěfàng 동 해방되다 **意义** yìyì 명 의미 ★**消耗** xiāohào 동 소모하다 **能源** néngyuán 명 에너지
驾驶员 jiàshǐyuán 명 운전자

27

问：自动驾驶技术会带来什么影响？ | 질문: 자율 주행 기술은 어떤 영향을 가지고 올 수 있는가?

A 使环境不受污染	**A 환경이 오염되지 않도록 할 수 있다**
B 等待的时间变长	B 기다리는 시간이 길어진다
C 提高电动汽车的销量	C 전기 자동차의 판매량을 높인다
D 降低汽车的运输效率	D 자동차의 운송 효율을 떨어뜨린다

해설 여자의 말에서 언급된 这项技术的发展会给我们未来的生活乃至世界带来怎样的影响呢？와 남자의 말에서 언급된 第二个"零"是零排放，也就是零污染。을 듣고 선택지 A 使环境不受污染을 정답의 후보로 확인해둔다. 질문이 자율 주행 기술이 가져올 수 있는 영향을 물었으므로, 선택지 A를 정답으로 고른다.

어휘 **等待** děngdài 동 기다리다 **销量** xiāoliàng 명 판매량 **运输** yùnshū 동 운송하다 **效率** xiàolǜ 명 효율

28

问：根据这段话，下列哪项不是自动驾驶技术所涉及 | 질문: 이 단락에 근거하여, 다음 중 자율 주행 기술이 연관된 방면
到的方面？ | 이 아닌 것은？

| A 云计算 | **B 区块链** | A 클라우드 컴퓨팅 | **B 블록체인** |
| C 人工智能 | D 控制工程 | C 인공 지능 | D 제어 공학 |

해설 남자의 말에서 언급된 还涉及到控制工程，也包含了物联网、云计算、5G通讯、人工智能等前沿技术를 듣고 선택지 A 云计算, C 人工智能, D 控制工程을 정답의 후보로 확인해둔다. 질문이 자율 주행 기술과 연관된 방면이 아닌 것을 물었으므로, 지문에서 언급되지 않은 선택지 B 区块链을 정답으로 고른다.

어휘 **涉及** shèjí 동 연관되다 **云计算** yún jìsuàn 클라우드 컴퓨팅[인터넷상의 서버를 통해 IT 관련 서비스를 한번에 사용할 수 있는 컴퓨팅 환경]
区块链 qūkuàiliàn 명 블록체인 **人工智能** réngōng zhìnéng 명 인공 지능
控制工程 kòngzhì gōngchéng 명 제어 공학[제어 관련 기술에 대한 학문 체계]

29

问：自动驾驶和智慧城市之间有什么联系？ | 질문: 자율 주행과 스마트 시티 간에는 어떤 관련이 있는가？

A 自动驾驶决定城市的繁华	A 자율 주행은 도시의 번영을 결정한다
B 自动驾驶不影响交通环境	B 자율 주행은 교통 환경에 영향을 미치지 않는다
C 自动驾驶会使城市管理更轻松	C 자율 주행은 도시 관리를 더욱 편하게 할 수 있다
D 自动驾驶是智慧城市的重要一环	**D 자율 주행은 스마트 시티의 중요한 일환이다**

해설 남자의 말에서 언급된 自动驾驶不仅影响人的出行方式，还会影响城市的规划发展，它是智慧城市的重要方面。을 듣고 선택지 D 自动驾驶是智慧城市的重要一环을 정답의 후보로 확인해둔다. 질문이 자율 주행과 스마트 시티 간에 어떤 관련이 있는지 물었으므로, 선택지 D를 정답으로 고른다.

어휘 **自动驾驶** zìdòng jiàshǐ 자율 주행 **智慧城市** zhìhuì chéngshì 명 스마트 시티[중국의 도시 개발 정책] ★**繁华** fánhuá 형 번영하다

30 问：关于自动驾驶技术，可以知道什么？　　　　질문: 자율 주행 기술에 관해, 알 수 있는 것은 무엇인가?

A 赶不上世界的潮流　　　　　　　　　　　　A 세계의 트렌드에 따라가지 못한다
B 已被全面投入使用　　　　　　　　　　　　B 이미 전면적으로 사용에 투입되었다
C 对生态环境有负面影响　　　　　　　　　　C 생태 환경에 나쁜 영향을 가져올 것이다
D 是未来出行方式的大势所趋　　　　　　　**D 미래 이동 방식의 전체적인 발전 추세이다**

해설　남자의 말에서 언급된 作为未来交通出行的必然趋势, 自动驾驶技术已趋向世界性潮流。를 듣고 선택지 D 是未来出行方式的大势所趋를 정답의 후보로 확인해둔다. 질문이 자율 주행 기술에 관해 알 수 있는 것이 무엇인지 물었으므로, 선택지 D를 정답으로 고른다.

어휘　★潮流 cháoliú 몡 트렌드　投入 tóurù 통 투입하다　★生态 shēngtài 몡 생태　未来 wèilái 몡 미래　出行 chūxíng 통 이동하다
　　　大势所趋 dàshìsuǒqū 몡 전체적인 발전 추세

31 - 33

第31到33题，请听下面一段材料。

　　位于四川省的九寨沟风景名胜区因周围有9个村寨而得名。九寨沟景色特异，并保留了大量的原始自然风貌。九寨沟的总面积为620平方公里，其中大约有52%的面积被茂密的森林所覆盖，林中生有各种奇花异草。九寨沟四季景色变幻无穷，尤其是秋季，沿湖连绵的数十里彩林，可谓美不胜收。
　　³¹人们常说"九寨归来不看水"，独特优美的水景让九寨沟享有"水景之王"的美称。九寨沟内有108个高山湖泊，它们大部分成群分布，面积大小都不相同，小的半亩，大的千亩以上。一条沟中有如此之多的高山湖泊，这在全国、全世界也找不到第二条。九寨沟内还有许多天池，其中最大的长达7公里，天池的四周被郁郁葱葱的原始森林所覆盖。
　　³²九寨沟是大自然鬼斧神工的杰作，东方人称之为"人间仙境"，西方人则将之誉称为"童话世界"。景区内不仅自然风光美妙绝伦，还富有各种动植物的稀有物种。因此³³九寨沟作为中国第一个以保护自然风景为主要目的的自然保护区，³³具有极高的生态保护、科学研究和旅游观赏价值。

31-33번 문제는 다음 내용을 들어보세요.

　　쓰촨성에 위치한 구채구 명승지는 주위에 9개의 마을이 있기 때문에 이름 붙여졌다. 구채구는 풍경이 독특하고, 많은 원시적인 자연 풍경을 보존하고 있다. 구채구의 총면적은 620제곱킬로미터인데, 그중 약 52%의 면적은 무성한 숲으로 뒤덮여 있으며, 숲에는 각종 진기한 화초가 자라고 있다. 구채구는 사계절의 풍경이 변화무상하며, 특히 가을에 호수를 따라 끊임없이 이어지는 수십 리의 차이린은 아름다운 것이 너무 많아 다 볼 겨를이 없다고 말할 수 있다.
　　³¹사람들은 흔히 "구채구를 보고 오면 다른 곳의 물은 눈에 차지 않는다"라고 말하는데, 독특하고 아름다운 물가의 풍경은 구채구로 하여금 '물가 풍경의 왕'이라는 아름다운 칭호를 얻게 했다. 구채구에는 고산 호수가 108개 있는데, 이는 대부분 무리를 이루어 분포되어 있고 면적과 크기가 모두 다르며, 작은 것은 반 묘, 큰 것은 천 묘 이상이다. 한 골짜기에 이렇게나 많은 고산 호수가 있는 것은 전국, 전 세계에서도 찾아볼 수 없다. 구채구 안에는 수많은 천지도 있는데, 그중 가장 큰 것은 7킬로미터에 달하며, 천지의 주변은 울창한 원시림으로 덮여 있다.
　　³²구채구는 대자연의 정교한 걸작으로, 동양 사람들은 구채구를 '인간 세계의 선경'이라고 부르고, 서양 사람들은 '동화 세계'라고 칭송한다. 명승지 안은 자연 경관이 아름답고 뛰어날 뿐만 아니라, 각종 동식물의 희귀종도 풍부하다. 이 때문에 ³³구채구는 중국의 첫 번째 자연 경관 보호를 주목적으로 하는 자연 보호 구역으로서, ³³아주 높은 생태 보호, 과학 연구와 여행 및 관람 가치를 지니고 있다.

어휘　位于 wèiyú 통 ~에 위치하다　九寨沟 Jiǔzhàigōu 고유 구채구, 주자이거우[중국 쓰촨(四川)성에 위치한 산악 지대]
　　　风景名胜区 fēngjǐng míngshèngqū 명승지　村寨 cūnzhài 몡 마을　保留 bǎoliú 통 보존하다　★原始 yuánshǐ 톙 원시의　风貌 fēngmào 몡 풍경, 모습
　　　面积 miànjī 몡 면적　平方 píngfāng 몡 제곱　茂密 màomì 톙 무성하다　覆盖 fùgài 통 뒤덮다　奇花异草 qíhuāyìcǎo 몡 진기한 화초
　　　变幻无穷 biànhuànwúqióng 통 변화무상하다　连绵 liánmián 통 끊임없이 이어지다　彩林 Cǎilín 고유 차이린[구채구 안에 위치한 숲]
　　　可谓 kěwèi 통 ~라고 말할 수 있다　美不胜收 měibúshèngshōu 톙 아름다운 것이 너무 많아 다 볼 겨를이 없다　独特 dútè 톙 독특하다
　　　优美 yōuměi 톙 아름답다　享有 xiǎngyǒu 통 얻다　★湖泊 húpō 몡 호수　成群 chéngqún 통 무리를 이루다　分布 fēnbù 통 분포하다
　　　亩 mǔ 떙 묘[중국식 토지 면적의 단위]　郁葱 yùcōng 톙 울창하다　鬼斧神工 guǐfǔshéngōng 톙 (신이 만들었다고 생각할 만큼) 정교하다
　　　杰作 jiézuò 몡 걸작　仙境 xiānjìng 몡 선경(경치가 빼어난 곳)　★童话 tónghuà 몡 동화　★风光 fēngguāng 몡 경관
　　　美妙绝伦 měimiào juélún 아름답고 뛰어나다　作为 zuòwéi 께 ~로서　★生态 shēngtài 몡 생태　观赏 guānshǎng 통 관람하다　价值 jiàzhí 몡 가치

31 问：这段话里提到的"九寨归来不看水"是什么意思？　　　질문: 장문에서 언급된 "구채구를 보고 오면 다른 곳의 물은 눈에 차지 않는다"는 무슨 뜻인가?

A 九寨沟的水里杂质最少　　　　　　　　　　A 구채구의 물에는 이물질이 가장 적다
B 九寨沟的水味道最甘甜　　　　　　　　　　B 구채구의 물맛이 가장 달콤하다
C 九寨沟的水景最为美丽　　　　　　　　　**C 구채구의 물가 풍경이 가장 아름답다**
D 九寨沟的水来源于长江　　　　　　　　　　D 구채구의 물은 창쟝에서 유래한다

해설　음성에서 언급된 人们常说"九寨归来不看水", 独特优美的水景让九寨沟享有"水景之王"的美称。을 듣고 선택지 C 九寨沟的水景最为 美丽를 정답의 후보로 확인해둔다. 질문이 "구채구를 보고 오면 다른 곳의 물은 눈에 차지 않는다"는 무슨 뜻인지 물었으므로, 선택지 C를 정 답으로 고른다.

어휘　九寨沟 Jiǔzhàigōu [고유] 구채구, 주자이거우[중국 쓰촨(四川)성에 위치한 산악 지대]　杂质 zázhì [명] 이물질　甘甜 gāntián [형] 달콤하다
　　　★来源 láiyuán [명] 유래하다

32　问：根据这段话，可以知道什么？　　　　　　　　질문: 이 장문에 근거하여, 알 수 있는 것은 무엇인가?

A 九寨沟盛产茶叶　　　　　　　　　　　　　A 구채구에서 찻잎이 많이 생산된다
B 九寨沟的云景壮观　　　　　　　　　　　　B 구채구의 구름 경치가 장관이다
C 九寨沟的山十分陡峭　　　　　　　　　　　C 구채구의 산은 매우 가파르다
D 九寨沟是大自然的杰作　　　　　　　　　**D 구채구는 대자연의 걸작이다**

해설　음성에서 언급된 九寨沟是大自然鬼斧神工的杰作를 듣고 선택지 D 九寨沟是大自然的杰作를 정답의 후보로 확인해둔다. 질문이 이 장문 에 근거하여 알 수 있는 것이 무엇인지 물었으므로, 선택지 D를 정답으로 고른다.

어휘　盛产 shèngchǎn [동] 많이 생산하다　★壮观 zhuàngguān [형] 장관이다　★陡峭 dǒuqiào [형] (산세 등이) 가파르다　杰作 jiézuò [명] 걸작

33　问：九寨沟具有什么价值？　　　　　　　　　　질문: 구채구는 어떤 가치를 지니고 있는가?

A 建筑美学价值　　　　　　**B 科学研究价值**　　　A 건축 미학 가치　　　　**B 과학 연구 가치**
C 传统文化价值　　　　　　D 水力资源价值　　　C 전통 문화 가치　　　　D 수력 자원 가치

해설　음성에서 언급된 九寨沟……具有极高的生态保护、科学研究和旅游观赏价值를 듣고 선택지 B 科学研究价值를 정답의 후보로 확인해둔 다. 질문이 구채구는 어떤 가치를 지니고 있는지 물었으므로, 선택지 B를 정답으로 고른다.

어휘　价值 jiàzhí [명] 가치　建筑 jiànzhù [명] 건축(물)　传统 chuántǒng [명] 전통　水力资源 shuǐlì zīyuán [명] 수력 자원

---

34 - 36

第34到36题，请听下面一段材料。

　　中国是世界上最早建立信息传递组织的国家之一。 **34** 从 "鸿雁传书" 一词可以了解到，古代人们在距离遥远、音信不通的情况下，将希望寄托在传递书信的鸿雁身上这一事实。从商朝起，就有了驿传制度，但明朝之前，驿传只传递政府文书和军情，不涉及民间书信。

　　明朝永乐年间，为了满足民间通信，尤其是商人通信的需求，沿海的浙江一带开始出现了专为民间传递信件的机构—— "民信局"。 **35** 民信局是私人经营的营利机构，不但寄递信件和物品，还经办汇兑业务。各家民信局联合经营，形成了一个较为完整的民间通信网，可以说是中国古代的民间邮政系统。清朝中期以后， **36** 民信局达到了上千家，机构遍布全国各地，甚至延伸到了华侨聚居的亚洲、澳大利亚和太平洋地区。近代邮政系统被开发以后，民信局还存在了很长一段时间，直到1935年才被完全淘汰。

34-36번 문제는 다음 내용을 들어보세요.

중국은 세계에서 가장 먼저 정보 전달 조직을 세운 나라 중 하나이다. **34** '鸿雁传书(큰기러기로 편지를 전하다)'라는 말을 통해 고대 사람들은 거리가 아득히 멀어 소식이 막힌 상황에서, 편지를 전하는 큰기러기에게 희망을 걸었다는 사실을 알 수 있다. 상나라 때부터 파발 제도가 있었지만, 명나라 이전에 파발은 정부 문서와 군사 상황만 전달하고, 민간 서신은 다루지 않았다.

명나라 영락년에 민간 통신, 특히 상인의 통신 수요를 만족시키기 위해서, 바닷가 근처인 저장성 일대에 민간 우편물 전달을 위한 기관인 '민신국'이 나타나기 시작했다. **35** 민신국은 개인이 운영하는 영리 기관으로, 편지와 물품을 발송할 뿐만 아니라 환어음 업무도 처리했다. 각 민신국은 연합하여 운영해 비교적 완전한 민간 통신망을 형성했는데, 이는 중국 고대의 민간 우편 행정 체계라고 할 수 있다. 청나라 중기 이후에 **36** 민신국은 수천 개에 이르렀고 기관은 전국 각지에 분포했는데, 심지어 화교가 모여 사는 아시아, 오스트레일리아와 태평양 지역으로 뻗어 나갔다. 근대 우편 행정 체계가 개발된 이후에도 민신국은 아주 오랫동안 존재했는데, 1935년이 돼서야 완전히 도태되었다.

어휘　建立 jiànlì [동] 세우다　传递 chuándì [동] 전달하다　组织 zǔzhī [명] 조직　鸿雁传书 hóngyànchuánshū [성] 큰기러기로 편지를 전하다
　　　遥远 yáoyuǎn [형] 아득히 멀다　音信 yīnxìn [명] 소식　寄托 jìtuō [동] (희망 등을) 걸다　书信 shūxìn [명] 서신　事实 shìshí [명] 사실
　　　商朝 Shāngcháo [고유] 상나라[중국 역사상의 한 국가]　驿传 yìchuán [명] 파발[공문서를 신속히 전달하기 위해 설치한 교통 통신 수단]　制度 zhìdù [명] 제도
　　　明朝 Míngcháo [고유] 명나라[중국 역사상의 한 국가]　政府 zhèngfǔ [명] 정부　军情 jūnqíng [명] 군사 상황　★涉及 shèjí [동] 다루다　★民间 mínjiān [명] 민간
　　　永乐 Yǒnglè [고유] 영락[명나라 성조의 연호]　满足 mǎnzú [동] 만족시키다　通信 tōngxìn [동] 통신하다　需求 xūqiú [명] 수요　沿海 yánhǎi [명] 바닷가 근처
　　　浙江 Zhèjiāng [고유] 저장성[중국 성(지방 행정 단위)의 이름]　信件 xìnjiàn [명] 편지, 우편물　★机构 jīgòu [명] 기관
　　　民信局 mínxìnjú [명] 민신국[옛날 우편 제도가 확립되기 이전에 있었던 사설 우체국]　私人 sīrén [명] 개인　经营 jīngyíng [동] 운영하다

营利 yínglì 圐 영리를 추구하다　寄递 jìdì 圐 발송하다　经办 jīngbàn 圐 처리하다　汇兑 huìduì 圐 환어음　业务 yèwù 圐 업무　联合 liánhé 圐 연합하다
形成 xíngchéng 圐 형성하다　完整 wánzhěng 圐 완전하다　通信网 tōngxìnwǎng 圐 통신망　邮政 yóuzhèng 圐 우편 행정　系统 xìtǒng 圐 체계
清朝 Qīngcháo 교윤 청나라[중국 역사상의 한 국가]　达到 dádào 圐 이르다　遍布 biànbù 圐 분포하다　延伸 yánshēn 圐 뻗어 나가다
华侨 huáqiáo 圐 화교[외국에 거주하는 중국인]　聚居 jùjū 圐 모여 살다　澳大利亚 Àodàlìyà 교윤 오스트레일리아　太平洋 Tàipíngyáng 교윤 태평양
地区 dìqū 圐 지역　近代 jìndài 圐 근대　开发 kāifā 圐 개발하다　存在 cúnzài 圐 존재하다　★淘汰 táotài 圐 도태하다

34　问："鸿雁传书"指的是什么？　　　　　　　질문: '鸿雁传书'가 의미하는 것은 무엇인가?

A 鸿雁主要用来搬运书籍　　　　　　　　　　A 큰기러기는 주로 책을 운반하는 데 쓰였다
B 古人利用鸿雁传递消息　　　　　　　　　**B 옛사람들은 큰기러기를 이용해 정보를 전달했다**
C 关于鸿雁的一个成语典故　　　　　　　　　C 큰기러기에 관한 하나의 성어 이야기이다
D 古代流通书籍的一种方式　　　　　　　　　D 고대에 책을 유통하는 방식의 일종이다

해설　음성에서 언급된 从"鸿雁传书"一词可以了解到, 古代人们在距离遥远、音信不通的情况下, 将希望寄托在传递书信的鸿雁身上这一
　　　事实。을 듣고 선택지 B 古人利用鸿雁传递消息 옛사람들은 큰기러기를 이용해 정보를 전달했다를 정답의 후보로 확인해둔다. 질문이 '鸿雁传书'가 의미하는 것이 무엇인지 물었으므로, 선
　　　택지 B를 정답으로 고른다.

어휘　鸿雁传书 hóngyànchuánshū 圐 큰기러기로 편지를 전하다　搬运 bānyùn 圐 운반하다　★书籍 shūjí 圐 책　利用 lìyòng 圐 이용하다
　　　传递 chuándì 圐 전달하다　成语 chéngyǔ 圐 성어　典故 diǎngù 圐 이야기　★流通 liútōng 圐 유통하다

35　问：下列哪项不属于民信局办理的事务？　　질문: 다음 중 민신국이 처리하는 일에 속하지 않는 것은?

A 寄递信件　　　　　B 汇兑业务　　　　　　A 편지 발송　　　　　B 환어음 업무
C 存款取款　　　　D 邮寄物品　　　　　　**C 입출금**　　　　　D 물품 발송

해설　음성에서 언급된 民信局是私人经营的营利机构, 不但寄递信件和物品, 还经办汇兑业务。를 듣고 선택지 A 寄递信件, B 汇兑业务, D 邮
　　　寄物品을 정답의 후보로 확인해둔다. 질문이 민신국이 처리하는 일에 속하지 않는 것을 물었으므로, 지문에서 언급되지 않은 선택지 C 存款
　　　取款을 정답으로 고른다.

어휘　民信局 mínxìnjú 圐 민신국[옛날 우편 제도가 확립되기 이전에 있었던 사설 우체국]　办理 bànlǐ 圐 처리하다　事务 shìwù 圐 일　寄递 jìdì 圐 발송하다
　　　汇兑 huìduì 圐 환어음　业务 yèwù 圐 업무　存款取款 cúnkuǎn qǔkuǎn 입출금　邮寄 yóujì 圐 발송하다

36　问：关于民信局, 下列哪项正确？　　　　　질문: 민신국에 관해, 다음 중 옳은 것은?

A 民信局起源于商朝　　　　　　　　　　　　A 민신국은 상나라에서 기원했다
B 民信局由官方经营　　　　　　　　　　　　B 민신국은 정부에서 운영한다
C 民信局的数量并不多　　　　　　　　　　　C 민신국의 수는 결코 많지 않다
D 民信局延伸到了国外　　　　　　　　　　**D 민신국은 해외로 뻗어 나갔다**

해설　음성에서 언급된 民信局达到了上千家, 机构遍布全国各地, 甚至延伸到了华侨聚居的亚洲、澳大利亚和太平洋地区를 듣고 선택지 D
　　　民信局延伸到了国外를 정답의 후보로 확인해둔다. 질문이 민신국에 관해 옳은 것을 물었으므로, 선택지 D를 정답으로 고른다.

어휘　★起源 qǐyuán 圐 기원하다　商朝 Shāngcháo 교윤 상나라[중국 역사상의 한 국가]　官方 guānfāng 圐 정부　经营 jīngyíng 圐 운영하다
　　　★延伸 yánshēn 圐 뻗어 나가다

---

37 – 39

第37到39题, 请听下面一段材料。　　　　　　　37-39번 문제는 다음 내용을 들어보세요.

　　心理学家们曾经做过一个"吊桥实验", 实验要求
两组男士分别通过两座桥, 到达对面的女助手那里。其
中一座是晃晃荡荡的吊桥, 另一座则是坚固的石桥。实
验结束后, 女助手给他们留下了自己的电话号码, 并告
诉每一位参加实验的男士, 如果希望进一步了解实验结
果, 可以打电话联系她。[37]结果, 走吊桥的男士中, 有
一半的人给女助手打了电话, 而走石桥的男士中, 只有
13%的人和女助手联系过。

　　심리학자들은 '흔들다리 실험'을 한 적이 있는데, 실험에서 두 조의
남성이 각각 두 종류의 다리를 지나 건너편의 여성 조수가 있는 곳까지
가도록 했다. 그중 한 다리는 휘청거리는 흔들다리였고, 다른 한 다리
는 튼튼한 돌다리였다. 실험이 끝난 후, 여성 조수는 그들에게 자신의
전화번호를 남기며 실험에 참가한 모든 남성에게 만약 실험 결과를 더
알고 싶다면 전화로 그녀에게 연락하라고 했다. [37]그 결과, 흔들다리를
건넌 남성 중에서는 절반이 여성 조수에게 전화를 했고, 돌다리를 건넌
남성 중에서는 13%만 여성 조수에게 연락했다.

　　더욱 깊은 연구를 통해, 여성 조수에게 전화를 했던 남성들은 자신이

通过进一步的研究发现，那些给女助手打过电话的男士们表示自己喜欢上了女助手。研究结果显示，³⁸有些认知和情绪体验不一定来自真实的遭遇，还有可能取决于自身的生理反应。与人们的一般常识不同，情绪体验并非因自身的遭遇而自发形成，而是经过两个阶段才能完成。人们首先体验到的是自我的生理感受，然后再从周围环境中，为自己的生理感受寻找一个合适的解释。

根据这个研究可以知道，³⁹走吊桥的男士因提心吊胆而心跳加快，此时碰到女助手，就很容易错把心跳加快的生理反应认知为对她心动所产生的情愫。

여성 조수를 좋아하게 되었다고 나타냈다는 것을 발견했다. 연구 결과, ³⁸일부 인지와 감정적 경험은 반드시 진실된 경험에서 오는 것이 아니라, 자신의 생리적 반응에 따라 좌우될 수도 있다는 것이 드러났다. 사람들의 일반적인 상식과 다르게, 감정적 경험은 결코 자신의 경험으로 인해 자발적으로 형성되는 것이 아니라, 두 단계를 거쳐야 비로소 완성된다. 사람들이 먼저 경험하는 것은 자신의 생리적 느낌이고, 그다음 주위 환경에서 자신의 생리적 느낌에 적합한 설명을 찾는다.

이 연구에 근거하여, ³⁹흔들다리를 건넌 남성은 마음이 조마조마해서 심장이 빠르게 뛰었는데, 이때 여성 조수를 마주치면 심장이 빠르게 뛴 생리적 반응을 그녀에게 심장이 뛰어서 생긴 감정이라고 잘못 인지하기 쉽다는 것을 알 수 있다.

어휘 **心理学家** xīnlǐxuéjiā 圆 심리학자 **吊桥** diàoqiáo 圆 흔들다리 **实验** shíyàn 圆 실험 **组** zǔ 圆 조, 그룹 **分别** fēnbié 恩 각각 **到达** dàodá 圆 도착하다 ★**助手** zhùshǒu 圆 조수 **晃荡** huàngdang 圆 휘청거리다 ★**坚固** jiāngù 圆 튼튼하다 **显示** xiǎnshì 圆 드러나다 **认知** rènzhī 圆 인지하다 **情绪** qíngxù 圆 감정 **体验** tǐyàn 圆 경험하다 **真实** zhēnshí 圆 진실하다 ★**遭遇** zāoyù 圆 경험, 처지 ★**生理** shēnglǐ 圆 생리 **反应** fǎnyìng 圆 반응 **常识** chángshí 圆 상식 ★**并非** bìngfēi 결코 ~이 아니다 ★**自发** zìfā 圆 자발적인 **形成** xíngchéng 圆 형성하다 **阶段** jiēduàn 圆 단계 **感受** gǎnshòu 圆 느낌 **寻找** xúnzhǎo 圆 찾다 **提心吊胆** tíxīndiàodǎn 圆 마음이 조마조마하다 **碰到** pèngdào 圆 마주치다 **情愫** qíngsù 圆 감정

---

37 问：走过吊桥的男士中，有多少人联系了女助手？　　질문: 흔들다리를 건넌 남성 중, 몇 명이 여성 조수에게 연락했는가?

A 10%	B 13%	A 10퍼센트	B 13퍼센트
C 30%	**D 50%**	C 30퍼센트	**D 50퍼센트**

해설 음성에서 언급된 结果, 走吊桥的男士中, 有一半的人给女助手打了电话를 듣고 선택지 D 50%을 정답의 후보로 확인해둔다. 질문이 흔들다리를 건넌 남성 중 몇 명이 여성 조수에게 연락했는지 물었으므로, 선택지 D를 정답으로 고른다.

어휘 **吊桥** diàoqiáo 圆 흔들다리 ★**助手** zhùshǒu 圆 조수

---

38 问：这段话主要讲了什么？　　질문: 이 장문이 주로 설명한 것은 무엇인가?

A 吊桥一般比石桥更安全	A 흔들다리는 일반적으로 돌다리보다 더 안전하다
B 生理反应会影响人的认知	**B 생리적 반응은 사람의 인지에 영향을 끼친다**
C 走石桥的人喜欢上了女助手	C 돌다리를 건넌 사람은 여성 조수를 좋아하게 되었다
D 选择吊桥的人更具有冒险精神	D 흔들다리를 선택한 사람이 모험 정신을 더욱 가지고 있다

해설 음성에서 언급된 有些认知和情绪体验不一定来自真实的遭遇, 还有可能取决于自身的生理反应을 듣고 선택지 B 生理反应会影响人的认知를 정답의 후보로 확인해둔다. 질문이 이 장문이 주로 설명하는 것이 무엇인지 물었으므로, 선택지 B를 정답으로 고른다.

어휘 **反应** fǎnyìng 圆 반응하다 **认知** rènzhī 圆 인지하다 **冒险** màoxiǎn 圆 모험하다 **精神** jīngshén 圆 정신

---

39 问：根据这段话，下列哪项正确？　　질문: 이 장문에 근거하여, 다음 중 옳은 것은?

A 女助手非常有魅力	A 여성 조수는 아주 매력적이다
B 该实验不具有普遍性	B 해당 실험은 보편성이 없다
C 危险的情境能促进感情发展	**C 위험한 상황은 감정의 발전을 촉진시킬 수 있다**
D 情绪体验一般是自发形成的	D 감정적 경험은 보통 자발적으로 형성된다

해설 음성에서 언급된 走吊桥的男士因提心吊胆而心跳加快, 此时碰到女助手, 就很容易错把心跳加快的生理反应认知为对她心动所产生的情愫를 듣고 선택지 C 危险的情境能促进感情发展을 정답의 후보로 확인해둔다. 질문이 이 장문에 근거하여 옳은 것을 물었으므로, 선택지 C를 정답으로 고른다.

어휘 **魅力** mèilì 圆 매력 **实验** shíyàn 圆 실험 **普遍性** pǔbiànxìng 圆 보편성 **促进** cùjìn 圆 촉진하다 **情绪** qíngxù 圆 감정 **体验** tǐyàn 圆 경험하다 ★**自发** zìfā 圆 자발적인 **形成** xíngchéng 圆 형성하다

第40到43题，请听下面一段材料。

说起增强现实，相信大家已经耳熟能详了。⁴³增强现实技术又称AR技术，目前越来越多的教育工作者试图去探索增强现实在教育行业的应用前景。

⁴⁰增强现实以其丰富的互动性，为儿童教育产品的开发注入了新的活力。大多数儿童活泼好动，运用增强现实技术开发的教育产品更适合儿童的生理和心理特性。举个例子，对于低龄儿童来说，文字描述过于抽象，而文字结合动态立体影像的⁴¹AR书籍有助于让儿童快速掌握新知识，提高学习积极性。

⁴²在学龄教育中，增强现实技术也发挥着重要的作用。⁴²增强现实将现实世界与虚拟信息相融合，生动、形象、直观地展示那些抽象或肉眼不可见的事物，有助于学生对抽象概念的理解，如一些危险的化学实验，深奥难懂的数学、物理原理。增强现实的真正魔力在于，它将课堂延伸到了现实世界中。

40-43번 문제는 다음 내용을 들어보세요.

증강 현실을 이야기하자면, 모두들 이미 매우 잘 알고 있을 것이라고 믿는다. ⁴³증강 현실 기술은 AR기술로도 불리는데, 현재 점점 많은 교육업 종사자들이 교육 업계에서의 증강 현실 활용 전망 탐색을 시도하고 있다.

⁴⁰증강 현실은 풍부한 상호 작용성으로, 어린이 교육 상품 개발에 새로운 활력을 주입했다. 대다수의 어린이는 활발하고 움직이는 것을 좋아하는데, 증강 현실 기술을 활용하여 개발된 교육 상품은 어린이의 생리적, 심리적 특성에 더욱 적합하다. 예를 들어, 나이가 어린 어린이에게 있어 문자 묘사는 너무 추상적이지만, 문자에 움직이는 입체 영상을 결합한 ⁴¹AR도서는 어린이가 새로운 지식을 빠르게 습득하게 해서, 학습 적극성을 향상시키는 데 도움이 된다.

⁴²취학 연령 교육에서도, 증강 현실 기술은 중요한 역할을 발휘하고 있다. ⁴²증강 현실은 현실 세계와 가상 정보를 서로 융합시켜, 생동감 있고, 구체적이며, 추상적이거나 육안으로 볼 수 없는 사물들을 직관적으로 보여주어 학생들이 위험한 화학 실험, 심오하고 이해하기 어려운 수학, 물리 원리와 같은 추상적인 개념에 대해 이해하는 데 도움이 된다. 증강 현실의 진정한 매력은 교실을 현실 세계로 확장한 데에 있다.

어휘　**增强现实** zēngqiáng xiànshí 圖 증강 현실[AR, 실세계에 3차원 가상물체를 겹쳐 보여주는 기술]
耳熟能详 ěrshúnéngxiáng 圖 매우 잘 알고 있다, 귀에 익어서 자세히 말할 수 있다　**称** chēng 圖 부르다　**目前** mùqián 圖 현재　★**试图** shìtú 圖 시도하다
★**探索** tànsuǒ 圖 탐색하다　**行业** hángyè 圖 업계　**应用** yìngyòng 圖 활용하다　★**前景** qiánjǐng 圖 전망　**互动性** hùdòngxìng 圖 상호 작용성
开发 kāifā 圖 개발하다　**注入** zhùrù 圖 주입하다　★**活力** huólì 圖 활력　**运用** yùnyòng 圖 활용하다　★**生理** shēnglǐ 圖 생리　**心理** xīnlǐ 圖 심리
文字 wénzì 圖 문자　**描述** miáoshù 圖 묘사하다　**过于** guòyú 圖 너무　**抽象** chōuxiàng 圖 추상적이다　**结合** jiéhé 圖 결합하다
动态 dòngtài 圖 움직이는, 동태적인　**立体** lìtǐ 圖 입체감을 주는　**影像** yǐngxiàng 圖 영상　★**书籍** shūjí 圖 도서, 책　**掌握** zhǎngwò 圖 습득하다
积极性 jījíxìng 圖 적극성　**学龄** xuélíng 圖 취학 연령[일반적으로 만 6, 7세를 가리킴]　**发挥** fāhuī 圖 발휘하다　**虚拟** xūnǐ 圖 가상의　**融合** rónghé 圖 융합하다
生动 shēngdòng 圖 생동감 있다　**形象** xíngxiàng 圖 구체적이다　**直观** zhíguān 圖 직관적이다　★**展示** zhǎnshì 圖 보여주다　**事物** shìwù 圖 사물
概念 gàiniàn 圖 개념　**化学** huàxué 圖 화학　**实验** shíyàn 圖 실험　**深奥** shēn'ào 圖 심오하다　**物理** wùlǐ 圖 물리　★**原理** yuánlǐ 圖 원리
魔力 mólì 圖 매력　**在于** zàiyú 圖 ~에 있다　**课堂** kètáng 圖 교실　★**延伸** yánshēn 圖 확장하다

40	问：增强现实有什么特点？	질문: 증강 현실은 어떤 특징이 있는가?

A 准确性高	**B 互动性强**	A 정확도가 높다	**B 상호 작용성이 강하다**
C 性价比高	D 可塑性强	C 가성비가 높다	D 적응성이 강하다

해설　음성에서 언급된 **增强现实以其丰富的互动性**을 듣고 선택지 B **互动性强**을 정답의 후보로 확인해둔다. 질문이 증강 현실의 특징을 물었으므로, 선택지 B를 정답으로 고른다.

어휘　**增强现实** zēngqiáng xiànshí 圖 증강 현실[AR, 실세계에 3차원 가상물체를 겹쳐 보여주는 기술]　**特点** tèdiǎn 圖 특징　**准确性** zhǔnquèxìng 圖 정확도
互动性 hùdòngxìng 圖 상호 작용성　**性价比** xìngjiàbǐ 圖 가성비　**可塑性** kěsùxìng 圖 적응성

41	问：AR书籍有什么好处？	질문: AR도서는 어떤 좋은 점이 있는가?

A 文字结合了平面图像	A 문자가 평면 그림에 결합됐다
B 用文字描述抽象事物	B 문자를 이용해 추상적인 사물을 묘사한다
C 更符合成年人的心理特性	C 성인들의 심리 특성에 더욱 부합한다
D 可提高儿童的学习积极性	**D 아이들의 학습 적극성을 향상시킬 수 있다**

해설　음성에서 언급된 **AR书籍有助于让儿童快速掌握新知识，提高学习积极性**을 듣고 선택지 D **可提高儿童的学习积极性**을 정답의 후보로 확인해둔다. 질문이 AR도서가 어떤 좋은 점이 있는지 물었으므로, 선택지 D를 정답으로 고른다.

어휘　★**书籍** shūjí 圖 도서　**文字** wénzì 圖 문자　**图像** túxiàng 圖 그림　**结合** jiéhé 圖 결합하다　**描述** miáoshù 圖 묘사하다
抽象 chōuxiàng 圖 추상적이다　**事物** shìwù 圖 사물　**心理** xīnlǐ 圖 심리

问：增强现实技术在学龄教育中能起到什么作用？ 질문: 증강 현실 기술은 취학 연령 교육에서 어떤 역할을 할 수 있는가?

A 使人迅速解答数学题
B 让学生对物理感兴趣
C 可展示肉眼看不到的事物
D 可实际进行危险的化学实验

A 신속하게 수학 문제를 풀게 한다
B 학생들이 물리에 흥미가 생기게 한다
C 육안으로 보이지 않는 사물을 보여줄 수 있다
D 위험한 화학 실험을 실제로 진행할 수 있다

해설 음성에서 언급된 在学龄教育中⋯⋯增强现实将现实世界与虚拟信息相融合, 生动、形象、直观地展示那些抽象或肉眼不可见的事物를 듣고 선택지 C 可展示肉眼看不到的事物를 정답의 후보로 확인해둔다. 질문이 증강 현실 기술은 취학 연령 교육에서 어떤 역할을 할 수 있는지 물었으므로, 선택지 C를 정답으로 고른다.

어휘 学龄 xuélíng 圆 취학 연령[일반적으로 만 6,7세를 가리킴] 迅速 xùnsù 圆 신속하다 解答 jiědá 圏 풀다 物理 wùlǐ 圆 물리
★展示 zhǎnshì 圏 보여주다 化学 huàxué 圆 화학 实验 shíyàn 圆 실험

问：这段话主要介绍的是什么？ 질문: 이 장문이 주로 소개하는 것은 무엇인가?

A AR技术的开发成本
B AR技术的发展历程
C AR技术处理大数据的原理
D AR技术在教育行业中的应用

A AR기술의 개발 비용
B AR기술의 발전 과정
C AR기술이 빅 데이터를 처리하는 원리
D AR기술의 교육 업계에서의 활용

해설 음성에서 언급된 增强现实技术又称AR技术,目前越来越多的教育工作者试图去探索增强现实在教育行业的应用前景。을 듣고 선택지 D AR技术在教育行业中的应用을 정답의 후보로 확인해둔다. 질문이 이 글이 주로 소개하는 것이 무엇인지 물었으므로, 선택지 D를 정답으로 고른다.

어휘 开发 kāifā 圏 개발하다 ★成本 chéngběn 圆 비용, 원가 历程 lìchéng 圆 과정 处理 chǔlǐ 圏 처리하다 大数据 dàshùjù 圆 빅 데이터
★原理 yuánlǐ 圆 원리 行业 hángyè 圆 업계 应用 yìngyòng 圏 활용하다

44 - 47

第44到47题，请听下面一段材料。

晚清重臣左宗棠喜欢下棋，而且棋艺高超，很少有人是他的对手。有一次他微服私访时，在街上看到有个老人在摆棋局，44旁边招牌上写着“天下第一棋手”。左宗棠觉得老人狂妄自大，就立刻上前挑战，结果老人不堪一击，连连败北。左宗棠洋洋得意，就命令老人把那块招牌拆了。

45之后，左宗棠去新疆平乱，就把这件事忘得一干二净。没想到回来后又在街上碰到了那位老人和那块“天下第一棋手”的牌子。他很不高兴，46又和老人下了棋，但这次他居然三战三败，被打得落花流水。他心里很不服气，第二天再去，却仍然输得很惨。

他很惊讶：在这么短的时间内，老人的棋艺怎么进步得如此之快？老人笑着说：“47当时我一眼就看出了你，而且即将出征，所以我是故意让你赢的，好让你有信心立大功。如今你已凯旋归来，我就不必再客气了！”左宗棠听后心悦诚服。原来世间真正的高手拥有谦让他人的胸怀，还有甘于舍得的智慧。

44-47번 문제는 다음 내용을 들어보세요.

청나라 말기 중신 좌종당은 바둑 두는 것을 좋아했을 뿐만 아니라, 바둑 솜씨가 뛰어나 그의 적수가 되는 사람은 매우 적었다. 한번은 그가 평복 차림으로 민생을 살필 때, 길에서 어떤 노인이 바둑 진영을 배치하는 것을 보았는데, 44옆 팻말에 '천하제일 기사'라고 쓰여 있었다. 좌종당은 노인이 건방지다 생각해 바로 다가가 도전했는데, 노인은 끝내 한 번의 공격도 견디지 못하고 계속해서 패배했다. 좌종당은 득의양양하여, 노인에게 그 팻말을 뜯어내라고 명령했다.

45그 후, 좌종당은 신장으로 가 반란을 평정하여, 이 일을 깨끗이 잊었다. 돌아온 후 거리에서 생각지도 못하게 그 노인과 '천하제일 기사' 팻말을 또 마주쳤다. 그는 기분이 매우 좋지 않아, 46노인과 또 바둑을 두었는데, 하지만 이번에는 뜻밖에도 3전 3패로 참패했다. 그는 속으로 받아들일 수 없어 이튿날 다시 갔지만, 여전히 처참하게 졌다.

그는 매우 놀랐다. 이 짧은 시간 안에, 노인의 바둑 솜씨가 어떻게 이렇게나 빨리 늘 수 있었을까? 노인은 "47당시 저는 당신을 한눈에 알아챘고, 곧 출정을 할 것이니, 제가 일부러 당신이 이기게 해서 당신이 큰 공을 세울 자신이 있도록 한 것입니다. 이제 당신이 승리하고 돌아왔으니, 저는 더 이상 봐드릴 필요가 없습니다!"라고 웃으며 말했다. 좌종당은 듣고 난 후 깊이 탄복했다. 알고 보니 세상의 진정한 고수는 다른 사람에게 겸손하게 양보하는 마음을 가지고 있으며, 아쉬움을 감수할 줄 아는 지혜도 가지고 있다.

어휘 晚清 wǎn Qīng 청나라 말기 重臣 zhòngchén 圆 중신[중요한 관직에 있는 신하] 左宗棠 Zuǒ Zōngtáng 고유 좌종당[중국 청말의 정치가이자 군사가]
下棋 xià qí 바둑을 두다 棋艺 qíyì 圆 바둑 솜씨 ★高超 gāochāo 圆 뛰어나다 对手 duìshǒu 圆 적수
微服私访 wēifú sīfǎng 평복 차림으로 민생을 살피다 摆 bǎi 圏 배치하다 阵 zhèn 圆 진영 招牌 zhāopai 圆 팻말
棋手 qíshǒu 圆 기사[바둑·장기를 잘 두는 사람] 狂妄自大 kuángwàngzìdà 圆 건방지다 立刻 lìkè 囝 바로 挑战 tiǎozhàn 圏 도전하다

不堪一击 bùkānyìjī [성어] 한 번의 공격이나 충격에도 견디지 못하다　败北 bàiběi [동] 패배하다　洋洋得意 yángyángdéyì [성어] 득의양양하다
命令 mìnglìng [동] 명령하다　拆 chāi [동] 뜯다　新疆 Xīnjiāng [고유] 신장[중국 북서쪽 끝에 있는 자치구]　平乱 pínglùan 반란을 평정하다
一干二净 yìgānèrjìng [성어] 깨끗이　碰 pèng [동] 마주치다　居然 jūrán [부] 뜻밖에　落花流水 luòhuāliúshuǐ [성어] (꽃잎이 우수수 떨어지듯이) 참패하다
服气 fúqì [동] 받아들이다　★惊讶 jīngyà [동] 놀랍다　进步 jìnbù [동] 늘다, 진보하다　出征 chūzhēng [동] 출정하다　如今 rújīn [명] 이제
凯旋 kǎixuán [동] 승리하고 돌아오다　心悦诚服 xīnyuèchéngfú [성어] 깊이 탄복하다　★拥有 yōngyǒu [동] 가지다　谦让 qiānràng [동] 겸손하게 양보하다
胸怀 xiōnghuái [명] 마음　甘于 gānyú [동] ~를 감수하다　舍得 shěde [동] 아쉽지 않다　智慧 zhìhuì [명] 지혜

44　问：左宗棠看到"天下第一棋手"的招牌后，有什么想法？　질문: 좌종당은 '천하제일 기사' 팻말을 보고, 무슨 생각을 했는가?

A 对老人起了好奇心　　A 노인에게 호기심이 생겼다
B 根本没有理会老人　　B 노인을 전혀 거들떠보지 않았다
C 觉得老人骄傲自满　**C 노인이 자만한다고 생각했다**
D 十分佩服老人的棋艺　D 노인의 바둑 솜씨에 매우 감탄했다

해설　음성에서 언급된 旁边招牌上写着"天下第一棋手"。左宗棠觉得老人狂妄自大를 듣고 선택지 C 觉得老人骄傲自满을 정답의 후보로 확인해둔다. 질문이 좌종당은 '천하제일 기사' 팻말을 보고 무슨 생각을 했는지 물었으므로, 선택지 C를 정답으로 고른다.

어휘　左宗棠 Zuǒ Zōngtáng [고유] 좌종당[중국 청말의 정치가이자 군사가]　棋手 qíshǒu [명] 기사[바둑·장기를 잘 두는 사람]　招牌 zhāopai [명] 팻말
　　　好奇心 hàoqíxīn [명] 호기심　根本 gēnběn [부] 전혀　理会 lǐhuì [동] 거들떠보다, 아랑곳하다　骄傲自满 jiāo'àozìmǎn [성어] 자만하다
　　　佩服 pèifú [동] 감탄하다　棋艺 qíyì [명] 바둑 솜씨

45　问：左宗棠赢了老人以后，发生了什么事？　질문: 좌종당이 노인을 이긴 후, 무슨 일이 일어났는가?

A 左宗棠去新疆打仗了　**A 좌종당은 신장에 가서 전쟁을 했다**
B 左宗棠不再和任何人下棋了　B 좌종당은 어떤 사람과도 다시 바둑을 두지 않았다
C 左宗棠成为了"天下第一棋手"　C 좌종당은 '천하제일 기사'가 되었다
D 左宗棠要求和老人再下一盘棋　D 좌종당은 노인에게 바둑 한 판을 더 둘 것을 요구했다

해설　음성에서 언급된 之后，左宗棠去新疆平乱을 듣고 선택지 A 左宗棠去新疆打仗了를 정답의 후보로 확인해둔다. 질문이 좌동당이 노인을 이긴 후 무슨 일이 일어났는지 물었으므로, 선택지 A를 정답으로 고른다.

어휘　新疆 Xīnjiāng [고유] 신장[중국 북서쪽 끝에 있는 자치구]　打仗 dǎzhàng [동] 전쟁을 하다　下棋 xià qí 바둑을 두다

46　问：两人中谁的棋艺实际上更高？　질문: 두 사람 중 사실상 누구의 바둑 솜씨가 더 높은가?

A 老人　　　　B 左宗棠　　**A 노인**　　　　B 좌종당
C 不相上下　　D 无法比较　C 막상막하　　D 비교할 수 없다

해설　질문이 두 사람 중 누구의 바둑 솜씨가 사실상 더 높은지 물었다. 음성에서 언급된 又和老人下了棋，但这次他居然三战三败，被打得落花流水。他心里很不服气，第二天再去，却仍然输得很惨。을 듣고 알 수 있는 선택지 A 老人을 정답으로 고른다.

어휘　棋艺 qíyì [명] 바둑 솜씨　不相上下 bùxiāngshàngxià [성어] 막상막하

47　问：根据这段话，可以知道什么？　질문: 이 장문에 근거하여, 알 수 있는 것은 무엇인가?

A 左宗棠在新疆打了败仗　A 좌종당은 신장에서 패전했다
B 左宗棠拆了老人的牌子　B 좌종당은 노인의 팻말을 뜯었다
C 老人的棋艺原本不如左宗棠　C 노인의 바둑 솜씨는 원래 좌종당보다 못하다
D 老人一开始就认出了左宗棠　**D 노인은 처음부터 좌종당을 알아봤다**

해설　음성에서 언급된 当时我一眼就看出了你를 듣고 선택지 D 老人一开始就认出了左宗棠을 정답의 후보로 확인해둔다. 질문이 이 장문에 근거하여 알 수 있는 것이 무엇인지 물었으므로, 선택지 D를 정답으로 고른다.

어휘　新疆 Xīnjiāng [고유] 신장[중국 북서쪽 끝에 있는 자치구]　败仗 bàizhàng [명] 패전　拆 chāi [동] 뜯다

第48到50题，请听下面一段材料。

众所周知，吸烟有害健康，但是⁴⁸对于"吸烟大军"来说，世上没有什么是比吸烟更加美妙的。香烟是吸烟者又爱又恨的东西，⁴⁸爱的是吸烟带来的感受，恨的是烟草中的毒性成分。因此"戒烟"成为了广大烟民共同关心的话题。数据显示，每个吸烟者每年大约有一到两次的尝试戒烟的行为，然而将近一半的人不到一周就会重新开始抽烟。香烟为什么会如此令人爱不释手呢？

烟草中含有大量的尼古丁，当尼古丁进入大脑后，⁴⁹会促进多巴胺的分泌，激活大脑的奖励机制，于是吸烟者会觉得浑身舒爽。但是随着尼古丁被代谢掉，多巴胺水平会逐渐下降，因此人就会出现戒断反应，感觉浑身难受。此时吸烟者就会依靠下一支烟来再次体验美妙的感觉，从此陷入无限的恶性循环之中。

关于戒烟，专家建议，戒烟时要远离吸烟区域，要让周围的人共同帮助自己戒烟，以减少一切可能诱导吸烟的条件。⁵⁰想抽烟时，可以通过喝水或吃零食的方式让手和嘴忙起来，克服想抽烟的冲动。同时，戒烟要坚持至少三个月，才能慢慢让脑神经降低对尼古丁的生理依赖。

48-50번 문제는 다음 내용을 들어보세요.

모두가 알다시피, 흡연은 건강에 해롭다. 하지만 ⁴⁸'흡연 부대'에게 있어서, 세상에서 흡연보다 더 환상적인 것은 없다. 담배는 흡연자들이 좋아하고 또 미워하기도 하는 것인데, ⁴⁸좋아하는 것은 흡연이 가져오는 느낌이고, 미워하는 것은 연초의 독성 성분이다. 이 때문에 '금연'은 많은 흡연자들이 공동으로 관심을 가지는 화제가 되었다. 데이터에서, 모든 흡연자들은 매년 대략 한 번에서 두 번의 금연을 시도하는 행위를 하지만, 거의 절반에 가까운 사람들이 1주일도 되지 않아 다시 담배를 피우기 시작한다고 나타났다. 담배는 왜 이렇게 사람들로 하여금 손을 떼지 못하게 할까?

연초에는 다량의 니코틴이 포함되어 있는데, 니코틴이 대뇌로 들어가면 ⁴⁹도파민의 분비를 촉진시키고 대뇌의 보상 회로를 활성화하여, 흡연자들은 온몸이 편안하고 상쾌하다고 느끼게 된다. 하지만 니코틴이 대사가 진행됨에 따라 도파민 수치가 점점 떨어지는데, 이 때문에 금단 반응이 일어나, 온몸이 괴롭다고 느끼게 된다. 이때 흡연자는 담배 한 개비에 의지하여 다시 환상적인 감각을 느끼고, 그로부터 무한한 악순환에 빠지는 것이다.

금연에 관해 전문가는, 금연 시 흡연 구역을 멀리해야 하고, 주위 사람들이 함께 자신의 금연을 도와주어 흡연을 유도하는 모든 상황을 줄여야 한다고 제안한다. ⁵⁰담배를 피우고 싶을 때는, 물을 마시거나 간식을 먹는 방법으로 손과 입을 바쁘게 하여 흡연하고 싶은 충동을 극복할 수 있다. 동시에, 금연은 최소 3개월은 유지해야 뇌신경이 니코틴에 대한 생리적 의존을 비로소 천천히 낮출 수 있다.

어휘　★众所周知 zhòngsuǒzhōuzhī 圈 모든 사람이 다 알고 있다　吸烟 xī yān 흡연하다　★美妙 měimiào 圈 환상적이다　香烟 xiāngyān 圈 담배
恨 hèn 圄 미워하다　感受 gǎnshòu 圕 느낌　烟草 yāncǎo 圕 연초　成分 chéngfèn 圕 성분　戒烟 jiè yān 금연하다　广大 guǎngdà 圈 (사람 수가) 많다
话题 huàtí 圕 화제　数据 shùjù 圕 데이터　显示 xiǎnshì 圄 나타나다　★尝试 chángshì 圄 시도하다　行为 xíngwéi 圕 행위
★将近 jiāngjìn 거의 ~에 가깝다　爱不释手 àibúshìshǒu 圄 너무나 좋아하여 차마 손에서 떼어 놓지 못하다　尼古丁 nígǔdīng 圕 니코틴
促进 cùjìn 圄 촉진하다　多巴胺 duōbā'àn 圕 도파민　★分泌 fēnmì 圄 분비하다　激活 jīhuó 활성화하다　奖励机制 jiǎnglì jīzhì 보상 회로
★浑身 húnshēn 圕 온몸　舒爽 shūshuǎng 圈 편안하고 상쾌하다　代谢 dàixiè 대사하다　逐渐 zhújiàn 圕 점점　戒断反应 jièduàn fǎnyìng 圕 금단 반응
★依靠 yīkào 圄 의지하다　支 zhī 圀 개비[막대 모양의 물건을 세는 단위]　体验 tǐyàn 圄 느끼다　★陷入 xiànrù 圄 (불리한 지경에) 빠지다
恶性循环 èxìng xúnhuán 圕 악순환　专家 zhuānjiā 圕 전문가　远离 yuǎn lí 멀리하다　★区域 qūyù 圕 구역　诱导 yòudǎo 圄 유도하다
零食 língshí 圕 간식　克服 kèfú 圄 극복하다　★冲动 chōngdòng 圕 충동　★神经 shénjīng 圕 신경　★生理 shēnglǐ 圕 생리　★依赖 yīlài 圄 의존하다

48
问：关于吸烟者，可以知道什么？　　질문: 흡연자에 관해, 알 수 있는 것은 무엇인가?

A 从未尝试过戒烟　　　　　　　　　A 금연을 시도해본 적이 없다
B 认为烟草价格过高　　　　　　　　B 연초 가격이 너무 높다고 생각한다
C 会选用多种不同的品牌　　　　　　C 다양한 브랜드를 선택해서 사용한다
D 喜欢烟草带来的美妙感受　　　　**D 연초가 가져오는 환상적인 느낌을 좋아한다**

해설　음성에서 언급된 对于"吸烟大军"来说,世上没有什么是比吸烟更加美妙的……爱的是吸烟带来的感受를 듣고 선택지 D 喜欢烟草带来的美妙感受를 정답의 후보로 확인해둔다. 질문이 흡연자에 관해 알 수 있는 것이 무엇인지 물었으므로, 선택지 D를 정답으로 고른다.

어휘　★尝试 chángshì 圄 시도해보다　戒烟 jiè yān 금연하다　★美妙 měimiào 圈 환상적이다　感受 gǎnshòu 圕 느낌

49
问：根据这段话，是什么物质让人觉得浑身舒爽？　　질문: 이 장문에 근거하여, 어떤 물질이 온몸을 상쾌하게 하는가?

A 脂褐素　　　　　　　　**B 多巴胺**　　　　A 리포푸신　　　　　　　　**B 도파민**
C 内啡肽　　　　　　　　D 血清素　　　　　C 엔도르핀　　　　　　　　D 세로토닌

해설　음성에서 언급된 会促进多巴胺的分泌,激活大脑的奖励机制,于是吸烟者会觉得浑身舒爽를 듣고 선택지 B 多巴胺을 정답의 후보로 확인해둔다. 질문이 이 장문에 근거하여 어떤 물질이 온몸을 상쾌하게 하는지 물었으므로, 선택지 B를 정답으로 고른다.

어휘　物质 wùzhì 圕 물질　★浑身 húnshēn 圕 온몸　脂褐素 zhīhèsù 圕 리포푸신[심근에 존재하는 색소]　多巴胺 duōbā'àn 圕 도파민
内啡肽 nèifēitài 圕 엔도르핀　血清素 xuèqīngsù 圕 세로토닌

50	问：根据这段话，戒烟时应该怎么做？	질문: 이 장문에 근거하여, 금연할 때 어떻게 해야 하는가?
	A 服用戒烟药物	A 금연 약물을 복용한다
	B 到医院接受治疗	B 병원에 가서 치료를 받는다
	C 陪同事去吸烟区	C 동료와 흡연 구역에 간다
	D 想抽烟时就吃零食	**D 담배를 피우고 싶을 때 간식을 먹는다**

해설 음성에서 언급된 想抽烟时, 可以通过喝水或吃零食的方式让手和嘴忙起来, 克服想吸烟的冲动。을 듣고 선택지 D 想抽烟时就吃零食을 정답의 후보로 확인해둔다. 질문이 이 장문에 근거하여 금연할 때 어떻게 해야 하는지 물었으므로, 선택지 D를 정답으로 고른다.

어휘 **戒烟** jièyān 금연하다 **服用** fúyòng 图 복용하다 **治疗** zhìliáo 图 치료하다 **零食** língshí 图 간식

51 **A**

(한 사람의)	먹는 모습은.	//	(종종)	(~한다)	드러내다	(그의)	성격 특징과 교양을
(一个人的)	食相，	//	(往往)	(会)	暴露 /	(他的)	性格特点和个人修养。
관형어	주어		부사어	부사어	술어	관형어	목적어

해석 한 사람의 먹는 모습은 종종 그의 성격 특징과 교양을 드러낸다.

해설 주어 食相(먹는 모습은), 술어 暴露(드러내다), 목적어 性格特点和个人修养(성격 특징과 교양을)이 문맥상 자연스럽게 어울린다. 부사 往往(종종), 조동사 会(~한다)도 술어 暴露 앞 부사어로 문맥상 적절하게 쓰였다. 따라서 틀린 부분이 없다.

어휘 食相 shíxiàng 圆 먹는 모습 ★暴露 bàolù 圆 드러내다 ^{6급 빈출어휘} 个人修养 gèrén xiūyǎng (개인의) 교양

B

유리는 /		(다양한 무기 광물을)	~로 하다	주요 원료,	//	첨가하다	소량의 보조 원료를 /	제조되다 /
玻璃 /	是	(以多种无机矿物)	作为 /	主要原料，	//	加入 /	少量辅助原料 /	制成 /	的。
주어	[是]	부사어	술어	목적어		술어1	목적어	술어2+보어	[的]

해석 유리는 다양한 무기 광물을 주요 원료로 하여, 소량의 보조 원료를 첨가해 제조된 것이다.

해설 是……的 구문이 사용되고, 是과 的 사이에는 술어1 加入(첨가하다)와 '술어2+보어'인 制成(제조되다)이 쓰인 연동문으로, 술어1 加入가 '술어2+보어' 制成의 수단이나 방법을 나타내는 술어로 문맥상 적절하게 쓰였다. 따라서 틀린 부분이 없다. 참고로 위 문장에서와 같이 是……的 구문은 설명의 어기를 나타내기도 한다.

어휘 玻璃 bōli 圆 유리 无机矿物 wújī kuàngwù 圆 무기 광물 作为 zuòwéi 圆 ~로 하다 原料 yuánliào 圆 원료 辅助 fǔzhù 圆 보조적인

C

(일년 내내 해안 도시에 사는)	그는 /	(습관이 되다)	해물을.	//	(따라서)	(마트에 갈 때)	(~한다)	참을 수 없다 /	구매하다 /	해산물을
(常年居住在海滨城市的)	他 /	(惯了)	海鲜，	//	所以	(去超市时)	(会)	忍不住 /	购买 /	海产品。
관형어	주어	보어+了	목적어		접속사	부사어	부사어	술어+보어	술어	목적어
										목적어(술목구)

해석 일년 내내 해안 도시에 사는 그는 해물을 습관이 돼서, 마트에 갈 때 해산물을 구매하는 것을 참을 수 없다.

해설 술어가 없어 틀린 경우
주어 他(그는) 및 목적어 海鲜(해물을)과 연결되는 술어가 없으므로 틀린 문장이다. 吃(먹다)과 같은 술어가 있어야 한다.

옳은 문장 常年居住在海滨城市的他吃惯了海鲜，所以去超市时会忍不住购买海产品。
일년 내내 해안 도시에 사는 그는 해물을 먹는 데 습관이 돼서, 마트에 갈 때 해산물을 구매하는 것을 참을 수 없다.

어휘 常年 chángnián 圆 일년 내내 ★居住 jūzhù 圆 살다 海滨城市 hǎibīn chéngshì 圆 해안 도시 海鲜 hǎixiān 圆 해물 忍 rěn 圆 참다
购买 gòumǎi 圆 구매하다 海产品 hǎichǎnpǐn 圆 해산물

D

장강상괭이는	(~되다)	~로 칭송하다	'물 속의 판다'.	//	~이다	국가 1급 보호 동물,	//	(~도)	~이다	전 세계 멸종 위기종 중 하나
长江江豚	(被)	誉称为 /	"水中大熊猫"，	//	是 /	国家一级保护动物，	//	(也)	是 /	全球濒危物种之一。
주어	被	술어+보어	목적어		술어	목적어		부사어	술어	목적어

해석 장강상괭이는 '물 속의 판다'로 칭송받는데, 국가 1급 보호 동물이고, 전 세계 멸종 위기종 중 하나이기도 하다.

해설 개사 被가 쓰인 被자문으로, 주어 长江江豚(장강상괭이는), 개사 被(~되다), '술어+보어'인 誉称为(~로 칭송하다), 목적어 "水中大熊猫"('물 속의 판다')가 문맥상 자연스럽게 어울린다. 두 번째 절과 세 번째 절의 술어 是(~이다)과 연결되는 생략된 주어 长江江豚, 목적어 国家一级保护动物(국가 1급 보호 동물), 全球濒危物种之一(전 세계 멸종 위기종 중 하나)가 각각 동격이다. 부사 也(~도) 또한 두 번째 是의 부사어로 문맥상 적절하게 쓰였다. 따라서 틀린 부분이 없다. 참고로 두 번째 절과 세 번째 절의 술어 是 앞에 있는 주어 长江江豚은 첫 번째 절의 주어와 같아서 생략됐다.

어휘 长江江豚 Chángjiāng jiāngtún 圆 장강상괭이[장강에 서식하는 고래의 일종] 誉称 yùchēng 圆 칭송하다 保护 bǎohù 圆 보호하다
全球 quánqiú 圆 전 세계 濒危物种 bīnwēi wùzhǒng 圆 멸종 위기종

52 **A**

(이 전쟁 영화가 인물 형상 묘사 분야에 제공한)	경험은 /	(매우)	소중하다
(这部战争片在塑造人物形象方面所提供的)	经验 /	(非常)	宝贵。
관형어	주어	부사어	술어

해석 이 전쟁 영화가 인물 형상 묘사 분야에 제공한 경험은 매우 소중하다.

해설	주어 经验(경험은), 술어 宝贵(소중하다)가 문맥상 자연스럽게 어울린다. '주술구+的' 형태의 관형어 这部战争片在塑造人物形象方面所提供的(이 전쟁 영화가 인물 형상 묘사 분야에 제공한)도 주어 经验 앞에서 문맥상 적절하게 쓰였다. 따라서 틀린 부분이 없다.
어휘	战争片 zhànzhēngpiàn 圆전쟁 영화 ★塑造 sùzào 图(인물을) 묘사하다 人物 rénwù 图인물 形象 xíngxiàng 图형상 宝贵 bǎoguì 圈소중하다

B	(매번 경칩 전후만 되면),	//	(수천수만의)	백로는 /	(멀고 먼 천 리 길을)	(동남아시아에서부터)	날아온다 /	상산 산림 자원 연구소로
	(每到惊蛰前后),	//	(成千上万的)	鹭鸟 /	(千里迢迢)	(从东南亚)	飞回 /	象山林场。
	부사어		관형어	주어	부사어	부사어	술어+보어	목적어

해석	매번 경칩 전후만 되면, 수천수만의 백로는 멀고 먼 천 리 길을 동남아시아에서부터 상산 산림 자원 연구소로 날아온다.
해설	주어 鹭鸟(백로는), '술어+보어'인 飞回(날아온다), 목적어 象山林场(상산 산림 자원 연구소로)이 문맥상 자연스럽게 어울린다. 성어 千里迢迢(멀고 먼 천 리 길을), 개사 从이 이끄는 개사구 从东南亚(동남아시아에서부터)가 '술어+보어'인 飞回 앞 부사어로 적절히 쓰였고, 시기를 나타내는 每到惊蛰前后(매번 경칩 전후만 되면)도 문장 맨 앞에서 부사어로 적절히 쓰였다. 따라서 틀린 부분이 없다. 참고로 시기를 나타내는 부사어는 문장 맨 앞에 자주 온다는 점을 알아둔다.
어휘	惊蛰 jīngzhé 圆경칩[양력 3월 5일경으로, 겨울잠을 자던 벌레, 개구리 따위가 깨어나 꿈틀대는 시기] 成千上万 chéngqiānshàngwàn 圈수천수만, 대단히 많다 鹭鸟 lùniǎo 圆백로 千里迢迢 qiānlǐtiáotiáo 圆멀고 먼 천 리 길 东南亚 Dōngnányà 교유동남아시아 象山 Xiàngshān 교유상산[난창(南昌)시 신젠(新建)구의 관광지] 林场 línchǎng 圆산림 자원 연구소

C	이 문서는 /	(경제 분야에서의 일부 문제점에 대해),	내놨다 /	심도 있는 설명과 상세한 규정을
	该文件 /	(就经济领域中的一些问题),	作出了 /	深刻的说明和详细的规定。
	주어	부사어	술어+보어+了	목적어

해석	이 문서는 경제 분야에서의 일부 문제점에 대해, 심도 있는 설명과 상세한 규정을 내놨다.
해설	주어 该文件(이 문서는), '술어+보어'인 作出(내놓다), 목적어 深刻的说明和详细的规定(심도 있는 설명과 상세한 규정을)이 문맥상 자연스럽게 어울린다. 개사 就가 이끄는 개사구 就经济领域中的一些问题(경제 분야에서의 일부 문제점에 대해)도 '술어+보어'인 作出 앞 부사어로 문맥상 적절히 쓰였다. 따라서 틀린 부분이 없다. 참고로 위 문장에서 개사로 쓰인 就는 '~에 대해'라는 의미로 해석해야 한다.
어휘	文件 wénjiàn 圆문서 领域 lǐngyù 圆분야 深刻 shēnkè 圈심도 있다 规定 guīdìng 图규정하다

D	(경제가 불경기인 상황에서),	//	만약~라면	신청하지 못하다	은행 대출을.	//	이 기업은	(결국)	(~할 것이다)	뒤바뀌다
	(在经济不景气的环境下),	//	如果	申请不到	银行贷款,	//	这个企业	(最终)	(会)	颠倒。
	부사어		접속사	술어+보어	목적어		주어	부사어	부사어	술어

해석	경제가 불경기인 상황에서, 만약 은행 대출을 신청하지 못한다면, 이 기업은 결국 뒤바뀔 것이다.
해설	**술어가 전체 문맥에 어울리지 않아 틀린 경우**
	술어 颠倒(뒤바뀌다)가 불경기 상황에서 기업이 은행 대출을 신청하지 못했을 때 예상되는 결과를 나타내는 문맥에 어울리지 않아 틀린 문장이다. 倒闭(도산하다)와 같은 어휘가 와야 한다.
	옳은 문장 在经济不景气的环境下，如果申请不到银行贷款，这个企业最终会倒闭。
	경제가 불경기인 상황에서, 만약 은행 대출을 신청하지 못한다면, 이 기업은 결국 도산할 것이다.
어휘	不景气 bù jǐngqì 불경기이다 申请 shēnqǐng 图신청하다 贷款 dàikuǎn 图대출하다 企业 qǐyè 圆기업 颠倒 diāndǎo 图뒤바뀌다 倒闭 dǎobì 图도산하다

53 A	이 신형 비행기는	(~할 수 있다)	(복잡한 기상 환경 아래에서)	실행하다 /	(물자와 요원의)	장거리를
	这种新型飞机 /	(可)	(在复杂的气象条件下)	执行 /	(物资和人员的)	长距离。
	주어	부사어	부사어	술어	관형어	

해석	이 신형 비행기는 복잡한 기상 환경 아래에서 물자와 요원의 장거리를 실행할 수 있다.
해설	**목적어가 없어 틀린 경우**
	술어 执行(실행하다)과 연결되면서 관형어 物资和人员的(물자와 요원의)의 꾸밈을 받는 목적어가 없어서 틀린 문장이다. 运输任务(운송 임무)와 같은 목적어가 있어야 한다.
	옳은 문장 这种新型飞机可在复杂的气象条件下执行物资和人员的长距离运输任务。
	이 신형 비행기는 복잡한 기상 환경 아래에서 물자와 요원의 장거리 운송 임무를 실행할 수 있다.
어휘	新型 xīnxíng 圈신형의 ★气象 qìxiàng 圆기상 ★执行 zhíxíng 图실행하다 ★物资 wùzī 圆물자 人员 rényuán 圆요원 运输 yùnshū 图운송하다

B	~인 이상	있다 /	풍족한 자금과 우수한 교사 집단이.	//	세우다	새 학교를	/	매우 수월해지게 됐다
	既然	有 /	充裕的资金和优良的师资队伍,	//	建立	/ 一所新学校	/	（就）变得轻而易举了。
	접속사	술어	목적어		술어	목적어	부사어	술어+得+보어
						주어(술목구)		

해석 : 풍족한 자금과 우수한 교사 집단이 있는 이상, 새 학교를 세우는 것이 매우 수월해지게 됐다.

해설 : 앞 절의 술어 有(있다)와 목적어 充裕的资金和优良的师资队伍(풍족한 자금과 우수한 교사 집단이), 뒤 절의 주어, 술어가 각각 문맥상 자연스럽게 어울린다. 자주 짝을 이루어 쓰이는 연결어 '既然A, 就B(A인 이상 B하다)'도 문맥상 적절하게 쓰였다. 따라서 틀린 부분이 없다.

어휘 : 充裕 chōngyù 웹 풍족하다　资金 zījīn 圆 자금　优良 yōuliáng 웹 우수하다　师资 shīzī 圆 교사　★队伍 duìwu 圆 집단, 행렬　建立 jiànlì 통 세우다　轻而易举 qīng'éryìjǔ 웹 매우 수월하다

C	전 세계 경제가 나날이 위축되는 상황에서.	//	어떻게	해결하다 /	실업 문제를	/	이미	~가 되다	/	각국이 마주한	가장 어려운 문제
	（在全球经济日益萎缩的情况下）,	//	（如何）	解决 /	失业问题	/	（已）	成为	/	（各国面临的）	最大难题。
	부사어		부사어	술어	목적어		부사어	술어		관형어	목적어
					주어(술목구)						

해석 : 전 세계 경제가 나날이 위축되는 상황에서, 어떻게 실업 문제를 해결할 지는 이미 각국이 마주한 가장 어려운 문제가 됐다.

해설 : 술목구 형태의 주어 如何解决失业问题(어떻게 실업 문제를 해결할 지는), 술어 成为(~가 되다), 목적어 最大难题(가장 어려운 문제)가 문맥상 자연스럽게 어울린다. 개사 在가 이끄는 개사구 在全球经济日益萎缩的情况下(전 세계 경제가 나날이 위축되는 상황에서)가 문장 맨 앞에서, 시간을 나타내는 부사 已(이미)가 술어 成为 앞에서 각각 부사어로 문맥상 적절하게 쓰였고, '주술구+的' 형태의 관형어 各国面临的(각국이 마주한)도 목적어 最大难题 앞에 문맥상 적절하게 쓰였다. 따라서 틀린 부분이 없다.

어휘 : 全球 quánqiú 圆 전 세계　★日益 rìyì 周 나날이　萎缩 wěisuō 통 위축되다　失业 shīyè 통 실업하다, 직장을 잃다　面临 miànlín 통 마주하다

D	《서경》의 기록에 따르면,	//	동방의 여진족은	사회 풍속이	소박했고,	사람을 대하는 것이	겸손했다.	//
	（据《尚书》记载）,	//	东方夷人部落	/ 民风	朴素、	待人	谦虚,	//
	부사어		주어	주어	술어	주어	술어	
					술어(주술구+주술구)			

	따라서	해당 부족은	（~되다）	~로 부르다 /	'군자의 나라'
	因此	该部落 /	（被）	称为 /	"君子之国"。
	접속사	주어	被	술어+보어	목적어

해석 : <서경>의 기록에 따르면, 동방의 여진족은 사회 풍속이 소박했고, 사람을 대하는 것이 겸손했다. 따라서 해당 부족은 '군자의 나라'로 불렸다.

해설 : 앞 절의 주어 东方夷人部落(동방의 여진족은), 주술구 형태의 술어 民风朴素(사회 풍속이 소박했다), 待人谦虚(사람을 대하는 것이 겸손했다)가 문맥상 자연스럽게 어울린다. 뒤 절은 개사 被가 사용된 被자문으로, 주어 该部落(해당 부족은), 개사 被, '술어+보어'인 称为(~로 부르다), 목적어 "君子之国"('군자의 나라')가 문맥상 자연스럽게 어울린다. 따라서 틀린 부분이 없다.

어휘 : 尚书 Shàngshū 교유 서경[오경(五经)의 하나]　★记载 jìzǎi 통 기록하다　夷人部落 yírén bùluò 圆 여진족　★朴素 pǔsù 웹 소박하다　待人 dàirén 사람을 대하다　谦虚 qiānxū 웹 겸손하다　称 chēng 통 부르다　君子 jūnzǐ 圆 군자

54

A	노동자대표회의에서.	//	우리는	/	사측에	명확하게	제시했다	/	임금 제도 개혁에 관한	의견을
	（在职工代表大会上）,	//	我们	/	（向厂方）	（明确）	提出了	/	（关于工资制度改革的）	意见。
	부사어		주어		부사어	부사어	술어+보어+了		관형어	목적어

해석 : 노동자대표회의에서, 우리는 임금 제도 개혁에 관한 의견을 사측에 명확하게 제시했다.

해설 : 장소를 나타내는 개사구 在职工代表大会上(노동자대표회의에서)이 문장 맨 앞에서 부사어로 적절히 쓰였고, 개사 向이 이끄는 개사구 向厂方(사측에), 형용사 明确(명확하게)도 '술어+보어'인 提出(제시하다) 앞 부사어로 문맥상 적절하게 쓰였다. '개사구+的' 형태의 관형어 关于工资制度改革的(임금 제도 개혁에 관한)도 목적어 意见(의견) 앞에 문맥상 적절하게 쓰였다. 따라서 틀린 부분이 없다.

어휘 : 职工代表大会 zhígōng dàibiǎo dàhuì 노동자대표회의　厂方 chǎngfāng 圆 사측　明确 míngquè 웹 명확하다　提出 tíchu 제시하다　制度 zhìdù 圆 제도　改革 gǎigé 통 개혁하다

B	신장 화염산은	/	~에 위치하다 /	투루판 분지의	북쪽 변두리에.	//	그곳의	날씨	/	일년 사계절	모두
	新疆火焰山	/	位于 /	（吐鲁番盆地的）	北部边缘,	//	（那里的）	天气	/	（一年四季）	（都）
	주어		술어	관형어	목적어		관형어	주어		부사어	부사어

	비할 바 없이	무덥다	/	매우
	（无比）	炎热	/	（极了）。
	부사어	술어		보어

| 해석 | 신장 화염산은 투루판 분지의 북쪽 변두리에 위치하는데, 그곳의 날씨는 일년 사계절 모두 비할 바 없이 매우 무덥다. |

| 해설 | **인접한 두 어휘의 의미가 유사하여 의미 중복으로 틀린 경우** |

无比(비할 바 없다)와 의미가 유사한 极了(매우)가 또 사용되어 의미가 중복되므로 틀린 문장이다.

옳은 문장 新疆火焰山位于吐鲁番盆地的北部边缘，那里的天气一年四季都无比炎热。
　　　　　　신장 화염산은 투루판 분지의 북쪽 변두리에 위치하는데, 그곳의 날씨는 일년 사계절 모두 비할 바 없이 무덥다.

| 어휘 | 新疆 Xīnjiāng 고유 신장[중국의 자치구 중 하나]　火焰山 huǒyànshān 명 화염산　位于 wèiyú 통 ~에 위치하다 |

吐鲁番盆地 Tǔlǔfān péndì 고유 투루판 분지[중국 신장(新疆) 자치구에 속한 저지대의 오아시스 지역]　★边缘 biānyuán 명 변두리

★无比 wúbǐ 통 비할 바 없다　★炎热 yánrè 형 무덥다

C

서예는	~이다	(중국의 우수한)	전통 문화.	//	(교육부의 지지 아래),	초중고교의 서예 교육은	(~하고 있는 중이다)
书法 /	是 /	(中国优秀的)	传统文化，	//	(在教育部的支持下)， //	中小学书法教育 /	(正在)
주어	술어	관형어	목적어		부사어	주어	부사어

(활발하게)	발전하다
(蓬勃)	发展。
부사어	술어

| 해석 | 서예는 중국의 우수한 전통 문화로, 교육부의 지지 아래, 초중고교의 서예 교육은 활발하게 발전하고 있는 중이다. |

| 해설 | 앞 절에서 술어 是(~이다)와 연결되는 주어 书法(서예는), 목적어 传统文化(전통 문화)가 동격이고, 뒤 절의 中小学书法教育(초중고교의 서예 교육은), 술어 发展(발전하다)이 문맥상 자연스럽게 어울린다. 개사구 在教育部的支持下(교육부의 지지 아래)가 뒤 절 맨 앞에서 부사어로 적절하게 쓰였고, 부사 正在(~하고 있는 중이다)와 형용사 蓬勃(활발하게)도 술어 发展 앞 부사어로 적절하게 쓰였다. 따라서 틀린 부분이 없다. 참고로 '在……下(~아래)'는 영향력 등의 범위를 나타낼 때 자주 쓰인다. |

| 어휘 | ★书法 shūfǎ 명 서예　传统 chuántǒng 형 전통적이다　中小学 zhōngxiǎoxué 명 초중고교　蓬勃 péngbó 형 활발하다 |

D

우리는	필요하다	(딥 러닝이 가능한)	인공지능이	(우리를 위해)	제공하다	도움을.	//	~하게 하다	(우리의)	생활을 /
我们 /	需要 /	(能深度学习的)	人工智能 /	(为我们)	提供 /	协助，	//	让 /	(我们的)	生活 /
주어	술어	관형어	주어	부사어	술어	목적어		술어1	관형어	목적어 주어

목적어(주술목구)

더 편리하고 수월하게 바뀌다
变得更加便捷轻松。
술어2+得+보어

| 해석 | 우리는 딥 러닝이 가능한 인공지능이 우리를 위해 도움을 제공해, 우리의 생활을 더 편리하고 수월하게 바뀌게 하는 것이 필요하다. |

| 해설 | 목적어가 두 개의 주술목구 형태로 이루어진 문장으로, 첫 번째 목적어에 포함된 주어 人工智能(인공지능이), 술어 提供(제공하다), 목적어 协助(도움을)가 문맥상 자연스럽게 어울린다. 두 번째 목적어는 사역동사 让이 사용된 겸어문으로, 술어1 让(~하게 하다), 목적어 겸 주어 生活(생활을), '술어2+得+보어'인 变得更加便捷轻松(더 편리하고 수월하게 바뀌다)이 문맥상 자연스럽게 어울린다. 따라서 틀린 부분이 없다. |

| 어휘 | 深度学习 shēndù xuéxí 딥 러닝[컴퓨터가 사람처럼 생각하고 배울 수 있도록 하는 기술]　人工智能 réngōng zhìnéng 명 인공지능 |

★协助 xiézhù 통 돕다　便捷 biànjié 형 편리하다

55

A

(주민센터 직원의 올바른 지도와 주민들의 적극적인 협조 아래),	//	도로는	(~되다)	매우 단정하게 청소하다
(在社区工作人员的正确指导和居民们的积极配合下)，	//	街道 /	(被)	打扫得整整齐齐。
부사어		주어	被	술어+得+보어

| 해석 | 주민센터 직원의 올바른 지도와 주민들의 적극적인 협조 아래, 도로는 매우 단정하게 청소됐다. |

| 해설 | **보어가 문맥에 어울리지 않아 틀린 경우** |

'술어+得+보어'인 打扫得整整齐齐(매우 단정하게 청소하다)에서 보어 整整齐齐가 도로를 청소했다는 문맥과 어울리지 않아 틀린 문장이다. 整整齐齐 대신에 干干净净(매우 깨끗하게)과 같은 어휘가 와야 한다.

옳은 문장 在社区工作人员的正确指导和居民们的积极配合下，街道被打扫得干干净净。
　　　　　　주민센터 직원의 올바른 지도와 주민들의 적극적인 협조 아래, 도로는 매우 깨끗하게 청소됐다.

| 어휘 | ★社区 shèqū 명 주민센터, 단지　工作人员 gōngzuò rényuán 명 직원　指导 zhǐdǎo 통 지도하다　★居民 jūmín 명 주민　配合 pèihé 통 협조하다 |

整齐 zhěngqí 형 단정하다

B

这位建筑师	工作	出色,	(他独特的)	设计风格	(已)	(被有关单位)	采用	并	受到了
이 건축가는	일을	잘하다.	(그의 독특한)	설계 스타일은	(이미)	(관련 회사에 의해 ~되다)	채택하다	또한	받았다
주어	주어·술어	술어(주술구)	관형어	주어	부사어	被+행위의 주체	술어	접속사	술어+보어+了

(业界的)	关注。
(업계의)	관심을
관형어	목적어

해석 이 건축가는 일을 잘하며, 그의 독특한 설계 스타일은 이미 관련 회사에 의해 채택되었고, 또한 업계의 관심을 받았다.

해설 뒤 절은 개사 被가 쓰인 被자문으로, 주어 设计风格(설계 스타일은), '被+행위의 주체'인 被有关单位(관련 회사에 의해 ~되다), 술어 采用(채택하다)이 문맥상 자연스럽게 어울린다. 관형어 他独特的(그의 독특한)가 주어 设计风格 앞에, 业界的(업계의)가 목적어 关注(관심을) 앞에 문맥상 적절하게 쓰였다. 병렬 관계를 나타내는 접속사 并(또한)도 문맥상 적절하게 쓰였다. 따라서 틀린 부분이 없다. 참고로 被자문에서 已(이미)와 같이 시간을 나타내는 부사는 被 앞에 와야 한다는 점을 알아둔다.

어휘 建筑师 jiànzhùshī 圆 건축가 出色 chūsè 圆 잘하다, 뛰어나다 独特 dútè 圆 독특하다 设计 shèjì 圆 설계하다 风格 fēnggé 圆 스타일 单位 dānwèi 圆 회사 采用 cǎiyòng 圆 채택하다 关注 guānzhù 圆 관심을 가지다

C

"鼎"	是	(中国古代用来煮东西的)	器具,	但	它	不仅	是	(用来烹饪的)	工具,
'정'은	~이다	(중국 고대에 물건을 삶는 데 사용한)	기구.	그러나	이것은	~뿐만 아니라	~이다	(요리하는 데 사용한)	도구.
주어	술어	관형어	목적어	접속사	주어	접속사	술어	관형어	목적어

而且	(还)	是	一种礼器。
게다가	(~도)	~이다	일종의 제기
접속사	부사어	술어	목적어

해석 '정'은 중국 고대에 물건을 삶는 데 사용한 기구이다. 그러나 이것은 요리하는 데 사용한 도구일 뿐만 아니라, 게다가 일종의 제기이기도 하다.

해설 각 절 모두 술어 是(~이다)과 연결되는 주어, 목적어가 각각 동격이다. 관형어 中国古代用来煮东西的(중국 고대에 물건을 삶는 데 사용한)가 목적어 器具(기구) 앞에, 用来烹饪的(요리하는 데 사용한)가 목적어 工具(도구) 앞에 문맥상 적절하게 쓰였다. 자주 짝을 이루어 쓰이는 연결어 '不仅 A, 而且B(A할뿐만 아니라 게다가 B하다)'도 문맥상 적절하게 쓰였다. 따라서 틀린 부분이 없다.

어휘 鼎 dǐng 圆 정[옛날의 발이 셋 있고 귀가 둘 달린, 음식을 익히는 데 쓰인 솥] 煮 zhǔ 圆 삶다 器具 qìjù 圆 기구 ★烹饪 pēngrèn 圆 요리하다 工具 gōngjù 圆 도구 礼器 lǐqì 圆 제기[제사·접대 따위의 의식에 쓰이는 그릇]

D

巴尔扎克	是	(法国伟大的)	批判现实主义作家,	(他创作的)	众多作品	流传至	今,
발자크는	~이다	(프랑스의 위대한)	현실비판주의 작가.	(그가 창작한)	수많은 작품은	~까지 전해 내려오다	오늘날.
주어	술어	관형어	목적어	관형어	주어	술어+보어	목적어

(深)	受	读者喜爱。
(크게)	받는다	독자의 사랑을
부사어	술어	목적어

해석 발자크는 프랑스의 위대한 현실비판주의 작가이다. 그가 창작한 수많은 작품은 오늘날까지 전해 내려오며, 독자의 사랑을 크게 받는다.

해설 술어 是(~이다)과 연결되는 주어 巴尔扎克(발자크는)와 목적어 批判现实主义作家(현실비판주의 작가)가 동격이다. 관형어 他创作的(그가 창작한)도 두 번째 절의 주어 众多作品(수많은 작품은) 앞에서 문맥상 적절하게 쓰였다. 따라서 틀린 부분이 없다.

어휘 巴尔扎克 Bā'ěrzhākè 교위 발자크[프랑스의 위대한 현실비판주의 작가] 法国 Fǎguó 교위 프랑스 伟大 wěidà 圆 위대하다 批判现实主义 pīpàn xiànshí zhǔyì 圆 현실비판주의 ★创作 chuàngzuò 圆 창작하다 作品 zuòpǐn 圆 작품 流传 liúchuán 圆 전해 내려오다

56 A

(市场上各式各样的)	假冒伪劣商品	层出不穷,	有关部门	提醒	消费者	(要)	提高	警惕,
(시장에 각양각색의)	위조 상품이	끊임없이 나타나다.	관련 부서는	경고하다	소비자가	(~해야 한다)	높이다	경각심을.
관형어	주어	술어	주어	술어1	목적어 주어	부사어	술어2	목적어

以	防	上当受骗。
(~하기 위해)	방지하다	사기당하는 것을
접속사	술어	목적어

해석 시장에 각양각색의 위조 상품이 끊임없이 나타나서, 관련 부서는 사기당하는 것을 방지하기 위해, 소비자가 경각심을 높여야 한다고 경고한다.

해설 뒤 절은 겸어문으로, 주어 有关部门(관련 부서는), 술어1 提醒(경고하다), 목적어 겸 주어 消费者(소비자가), 술어2 提高(높이다), 목적어 警惕(경각심을)가 문맥상 자연스럽게 어울린다. 목적을 나타내는 접속사 以(~하기 위해) 또한 문맥상 적절하게 쓰였다. 따라서 틀린 부분이 없다. 참고로 위 문장에서 提醒은 让, 使과 같이 사역의 의미를 갖는 겸어동사로 사용됐다.

어휘	市场 shìchǎng 圆 시장 假冒伪劣 jiǎmào wěiliè 圆 (품질이 좋지 않은) 위조품 商品 shāngpǐn 圆 상품
	★层出不穷 céngchūbùqióng 끊임없이 나타나다 部门 bùmén 圆 부서 消费者 xiāofèizhě 圆 소비자 ★警惕 jǐngtì 圆 경각심을 가지다
	防 fáng 圆 방지하다 上当受骗 shàngdàng shòupiàn 사기당하다, 속다

B

(수학 경시 대회까지)	(겨우)	남다 / 일주일이		(우리의)	시간이	(매우)	긴박하다. //	주어진 임무 / (도)	(몹시)	침착하다. //
(离数学竞赛)	(只)	剩 / 一周	了, //	(我们的)	时间	(很)	紧迫, //	任务 / (也)	(十分)	沉着, //
부사어	부사어	술어 목적어		관형어	주어	부사어	술어	주어 부사어	부사어	술어

우리는	/ (~해야 한다)	활용하다	(마지막)	기회를	(반복적으로)	연습하다
我们	/ (要)	抓紧	(最后的)	机会	/ (反复)	练习。
주어	부사어	술어1	관형어	목적어	부사어	술어2

해석	수학 경시 대회까지 겨우 일주일이 남았다. 우리의 시간이 매우 긴박하고, 주어진 임무도 몹시 침착하니, 우리는 마지막 기회를 활용하여 반복적으로 연습해야 한다.
해설	**주어, 술어가 서로 문맥에 어울리지 않아 틀린 경우**
	주어 任务(주어진 임무)와 술어 沉着(침착하다)가 서로 문맥상 어울리지 않아 틀린 문장이다. 술어 자리에 艰巨(어렵고 막중하다)와 같은 어휘가 와야 한다.
	옳은 문장 离数学竞赛只剩一周了，我们的时间很紧迫，任务也十分艰巨，我们要抓紧最后的机会反复练习。
	수학 경시 대회까지 겨우 일주일이 남았다. 우리의 시간이 매우 긴박하고, 주어진 임무도 몹시 어렵고 막중하니, 우리는 마지막 기회를 활용하여 반복적으로 연습해야 한다.
어휘	竞赛 jìngsài 圆 경시 대회 紧迫 jǐnpò 圆 긴박하다 ★沉着 chénzhuó 圆 침착하다 抓紧 zhuājǐn 圆 활용하다, 꽉 잡다 反复 fǎnfù 圆 반복적으로
	艰巨 jiānjù 어렵고 막중하다

C

(일부 출판 기관의 조사에 따르면), //	(아동의)	독서 계몽기는	/~에 있다	2~3세 사이.	또한	독서 시간은 /
(根据部分出版机构的调查), //	(儿童的)	阅读启蒙期	在	2-3岁之间, //	并且	阅读时长 /
부사어	관형어	주어	술어	목적어	접속사	주어

	(연령의 증가에 따라)	늘어난다 /	
是 (随着年龄的增长)		而	增加 / 的。
[是]	부사어	접속사	술어 [的]

해석	일부 출판 기관의 조사에 따르면, 아동의 독서 계몽기는 2~3세 사이에 있으며, 또한 독서 시간은 연령의 증가에 따라 늘어난다.
해설	앞 절의 주어, 술어, 목적어가 문맥상 자연스럽게 어울린다. 뒤 절은 是……的 구문이 사용되어 随着年龄的增长而增加(연령의 증가에 따라 늘어난다)임을 설명했다. 점진적 관계를 나타내는 접속사 并且(또한), 자주 짝을 이루어 쓰이는 연결어 '随着A而B(A에 따라 B하다)'도 문맥상 적절하게 쓰였다. 따라서 틀린 부분이 없다. 참고로 是……的 구문은 설명의 어기를 나타내기도 한다.
어휘	出版 chūbǎn 圆 출판하다 ★机构 jīgòu 圆 기관 阅读启蒙期 yuèdú qǐméngqī 圆 독서 계몽기[아동이 독서를 통해 대뇌를 발달하기 좋은 시기]
	时长 shícháng 圆 시간, 시간의 길고 짧음

D

(많은 제조업체에서 잇따라 새로운 자동차 모델을 출시한 후), //	소비자는 /	(다시 한 번)	(시선을)	~로 돌리다 / 대체 에너지 자동차. //
(多家生产厂商陆续推出新车型后), //	消费者 /	(再次)	(将目光)	投向 / 新能源车, //
부사어	주어	부사어	将+행위의 대상	술어 목적어

(적지 않은 대체 에너지 자동차의)	판매량은 /	증가했다	15% 가량
(不少新能源车的)	销量 /	增长了 /	15%左右。
관형어	주어	술어+了	목적어

해석	많은 제조업체에서 잇따라 새로운 자동차 모델을 출시한 후, 소비자는 다시 한 번 대체 에너지 자동차로 시선을 돌렸고, 적지 않은 대체 에너지 자동차의 판매량은 15% 가량 증가했다.
해설	앞 절은 개사 将이 쓰인 문장으로, '将+행위의 대상'인 将目光(시선을), 술어 投向(~로 돌리다), 목적어 新能源车(대체 에너지 자동차)가 문맥상 자연스럽게 어울린다. 시기를 나타내는 多家生产厂商陆续推出新车型后(많은 제조업체에서 잇따라 새로운 자동차 모델을 출시한 후)가 문장 맨 앞에서 부사어로 적절하게 쓰였고, 부사 再次(다시 한 번)가 将目光 앞에서 부사어로 적절하게 쓰였다. 따라서 틀린 부분이 없다. 참고로 15%左右(15% 가량)와 같은 수량구도 목적어가 될 수 있다는 점을 알아둔다.
어휘	生产厂商 shēngchǎn chǎngshāng 圆 제조업체 陆续 lùxù 圆 잇따라 推出 tuīchū 圆 출시하다 车型 chēxíng 圆 자동차 모델, 차종
	消费者 xiāofèizhě 圆 소비자 ★目光 mùguāng 圆 시선 投向 tóuxiàng 圆 ~로 돌리다, 옮기다 新能源 xīnnéngyuán 圆 대체 에너지
	销量 xiāoliàng 圆 판매량

A

(중국과 해외를 휩쓴 〈혀 끝으로 만나는 중국〉)	다큐멘터리는	//	사용하다	(독특한)	촬영 기법을.	//	(관중에게)	가져왔다 /
《舌尖上的中国》这部风靡海内外的	纪录片，	//	用 /	(独特的)	拍摄手法，	//	(给观众)	带来了 /
관형어	주어		술어	관형어	목적어		부사어	술어+보어+了

(마음의)	울림을
(心灵的)	震撼。
관형어	목적어

해석 중국과 해외를 휩쓴 〈혀 끝으로 만나는 중국〉 다큐멘터리는 독특한 촬영 기법을 사용하여, 관중에게 마음의 울림을 가져왔다.

해설 주어 纪录片(다큐멘터리는)과 연결되는 술어 用(사용하다)과 목적어 拍摄手法(촬영 기법을), '술어+보어'인 带来(가져오다)와 목적어 震撼(울림을)이 각각 문맥상 자연스럽게 어울린다. 관형어 独特的(독특한)가 목적어 拍摄手法(촬영 기법을) 앞에, 관형어 心灵的(마음의)가 목적어 震撼(울림을) 앞에 문맥상 적절히 쓰였다. 따라서 틀린 부분이 없다.

어휘 舌尖上的中国 shéjiān shang de Zhōngguó 혀 끝으로 만나는 중국[중국 음식과 문화를 소개한 중국의 한 프로그램]
风靡 fēngmǐ 휩쓸다, 풍미하다 纪录片 jìlùpiàn 圆다큐멘터리 独特 dútè 圆독특하다 拍摄 pāishè 圆촬영하다 ★手法 shǒufǎ 圆기법
★心灵 xīnlíng 圆마음 ★震撼 zhènhàn 울리다, 뒤흔들다

B

고대 신화는	/ (비록 ~지만)	비할 바 없이 기이하고 환상적이다.	//	(그러나)	(역시)	유래하다 /	(현실 생활에서).	//	반영했다 /
古代神话 /	虽然	奇幻无比 ，	//	但	(仍然)	来源 /	(于现实生活)，	//	反映了 /
주어	접속사	술어		접속사	부사어	술어	보어		술어+了

(옛날 사람들이 자연을 정복하고, 아름다운 생활을 추구하고자 했던)	소망을
(先民们征服自然、追求美好生活的)	愿望。
관형어	목적어

해석 고대 신화는 비록 비할 바 없이 기이하고 환상적이지만, 그러나 이 역시 현실 생활에서 유래했으며, 옛날 사람들이 자연을 정복하고, 아름다운 생활을 추구하고자 했던 소망을 반영했다.

해설 자주 짝을 이루어 쓰이는 연결어 '虽然A, 但B(비록 A이지만 B하다)'가 문맥상 적절하게 쓰였다. 부사 仍然(역시)도 술어 来源(유래하다) 앞 부사어로 문맥상 적절하게 쓰였고, 관형어 先民们征服自然、追求美好生活的(옛날 사람들이 자연을 정복하고, 아름다운 생활을 추구하고자 했던)도 목적어 愿望(소망을) 앞에서 문맥상 적절하게 쓰였다. 따라서 틀린 부분이 없다.

어휘 神话 shénhuà 圆신화 奇幻 qíhuàn 圆기이하고 환상적이다 ★无比 wúbǐ 圆비할 바 없다 来源 láiyuán 圆유래하다 现实 xiànshí 圆현실
反映 fǎnyìng 圆반영하다 先民 xiānmín 圆옛날 사람 ★征服 zhēngfú 圆정복하다 追求 zhuīqiú 圆추구하다 美好 měihǎo 圆아름답다
愿望 yuànwàng 圆소망

C

(중국과학원의)	최신 연구에서	/ 발견하다.	//	(히말라야 산맥의 빙하가 후퇴하고, 빙하 호수가 무너지는)	위험성이	/ 커지다.	//
(中国科学院的)	最新研究	/ 发现，	//	(喜马拉雅山冰川退缩、冰湖溃决的)	危险性	/ 增大，	//
관형어	주어	술어		관형어	주어	술어	
				목적어(주술구)			

이러한 상황은	/ 불러일으켰다	(대중의)	관심을
这种情况	/ 引起了 /	(民众的)	关注。
주어	술어+了	관형어	목적어

해석 중국과학원의 최신 연구에서 히말라야 산맥의 빙하가 후퇴하고, 빙하 호수가 무너지는 위험성이 커진 것을 발견했는데, 이러한 상황은 대중의 관심을 불러일으켰다.

해설 각 절의 주어, 술어, 목적어가 각각 문맥상 자연스럽게 어울린다. 관형어 民众的(대중의)도 목적어 关注(관심을) 앞에 적절히 쓰였다. 따라서 틀린 부분이 없다. 참고로 관형어 喜马拉雅山冰川退缩、冰湖溃决的(히말라야 산맥의 빙하가 후퇴하고, 빙하 호수가 무너지는)는 '주술구+的' 형태의 관형어이고, 여기서 술어는 두 개의 주술구 冰川退缩(빙하가 후퇴하다), 冰湖溃决(빙하 호수가 무너지다)로 이루어져 있다.

어휘 发现 fāxiàn 圆발견하다 喜马拉雅山 Xǐmǎlāyǎshān 교유히말라야 산맥 冰川 bīngchuān 圆빙하 退缩 tuìsuō 圆후퇴하다, 위축하다
溃决 kuìjué 圆무너지다 民众 mínzhòng 圆대중, 민중 关注 guānzhù 圆관심을 가지다

D

(과학 기술이 발달한 전체적인 사회 분위기에서).	//	(만약)	(~하지 않다)	재촉하다 /	걸음을	/ 하다	혁신을.	//	(낙후된)	기술은 /
(在科技发展的大环境下)，	//	如	(不)	加快 /	脚步	/ 进行 /	创新，	//	(落后的)	技术 /
부사어		접속사	부사어	술어1	목적어	술어2	목적어		관형어	주어

(새 기술에 의해 ~되다)	(~할 것이다)	대체하다.	//	(옛것을 고집하는)	회사 /	(역시)	~할 수 없다	(시장에서)	생존하다
(被新技术)	(将)	取代，	//	(守旧的)	公司 /	(也)	无法 /	(在市场上)	立足。
被+행위의 주체		술어		관형어	주어	부사어	술어	부사어	술어
								목적어	

해석 과학 기술이 발달한 전체적인 사회 분위기에서, 만약 걸음을 재촉하여 혁신을 하지 않으면, 낙후된 기술은 새 기술에 의해 할 것이다 대체되며, 옛것을 고집하는 회사 역시 시장에서 생존할 수 없다.

해설 **被자문에서 부사어의 위치가 틀린 경우**
부사 将(~할 것이다)이 '被+행위의 주체' 보다 뒤에 위치해서 틀린 문장이다. 将이 被 앞에 와야 한다.

옳은 문장 在科技发展的大环境下，如不加快脚步进行创新，落后的技术将被新技术取代，守旧的公司也无法在市场上立足。
과학 기술이 발달한 전체적인 사회 분위기에서, 만약 걸음을 재촉하여 혁신을 하지 않으면, 낙후된 기술은 새 기술에 의해 대체될 것이며, 옛것을 고집하는 회사 역시 시장에서 생존할 수 없다.

어휘 大环境 dàhuánjìng 圓 전체적인 사회 분위기·상황　加快 jiākuài 통 재촉하다　脚步 jiǎobù 圓 걸음　★创新 chuàngxīn 통 혁신하다
落后 luòhòu 圓 낙후되다　取代 qǔdài 통 대체하다　守旧 shǒujiù 통 옛것을 고집하다　市场 shìchǎng 圓 시장　★立足 lìzú 통 생존하다, 발붙이다

---

58 **A**

(인체 면역력이 크게 손상된 상황에서),　//　'슈퍼 박테리아'는　/　(~할 것이다)　(더)　(쉽게)　진입하다　/　신체에.　//
(在人体免疫力大幅受损的情况下)，　//　"超级细菌"　/　（会）（更）（轻易）　进入　/　身体，　//
부사어　　　　　　　　　　　　　　　　주어　　　　　　부사어　부사어　부사어　술어　　　　목적어

~하게 하다　/　병세를　심해지다.　/　가속시키다　/　(환자의)　사망을
使　/　病情　加重，　//　加速　/　（病人的）死亡。
술어1　　목적어　술어2　　　　술어　　관형어　　목적어
　　　　주어

해석 인체 면역력이 크게 손상된 상황에서, '슈퍼 박테리아'는 신체에 더 쉽게 진입할 것이며, 병세를 심해지게 하여, 환자의 사망을 가속시킬 것이다.

해설 위 문장은 사역동사 使이 사용된 겸어문으로, 주어 "超级细菌"('슈퍼 박테리아'는), 술어1 使(~하게 하다), 목적어 겸 주어 病情(병세를), 술어2 加重(심해지다)이 모두 문맥상 자연스럽게 어울린다. 조동사 会(~할 것이다), 부사 更(더), 부사 轻易(쉽게) 또한 술어 进入(진입하다) 앞 부사어로 문맥상 적절하게 쓰였다. 따라서 틀린 부분이 없다. 참고로 부사어의 어순은 기본적으로 부사→조동사→개사구이지만, 술어와 의미적으로 가장 밀접한 부사가 술어 바로 앞에 위치하여 술어를 꾸며준다는 점을 알아둔다.

어휘 免疫力 miǎnyìlì 圓 면역력　大幅 dàfú 튀 크게, 대폭으로　超级细菌 chāojí xìjūn 圓 슈퍼 박테리아　轻易 qīngyì 튀 쉽다　进入 jìnrù 통 진입하다
病情 bìngqíng 圓 병세　加重 jiāzhòng 통 심해지다　加速 jiāsù 통 가속시키다　病人 bìngrén 圓 환자　★死亡 sǐwáng 통 사망하다

B

위챗은　/　(하자마자)　출시하다.　//　(막강한 실시간 통신 기능으로),　//　받았다　/　(많은 대중의)　사랑을,　//
微信　/　（一经）推出，　//　（以其强大的即时通信功能），　//　受到了　/　（广大群众的）热爱，　//
주어　　부사어　술어　　　　　　부사어　　　　　　　　　　　　　술어+보어+了　　관형어　　　목적어

(또한)　(빠르게)　스며들었다　/　(사람들의)　생활 속에
并　（迅速地）融入到了　/　（人们的）生活中。
접속사　부사어　술어+보어+了　　관형어　　목적어

해석 위챗은 출시하자마자 막강한 실시간 통신 기능으로, 많은 대중의 사랑을 받았고, 또한 사람들의 생활 속에 빠르게 스며들었다.

해설 원인을 나타내는 以其强大的即时通信功能(막강한 실시간 통신 기능으로)이 술어 受(받다) 앞 부사어로, '형용사+地'인 迅速地(빠르게)가 술어 融入(스며들다) 앞 부사어로 문맥상 적절히 쓰였다. 병렬 관계를 나타내는 접속사 并(또한)도 문맥상 적절하게 쓰였다. 따라서 틀린 부분이 없다.

어휘 微信 Wēixìn 고유 위챗[중국의 대중적인 모바일 메신저]　推出 tuīchū 통 출시하다, 내놓다　即时 jíshí 튀 실시간으로, 즉각
通信 tōngxìn 통 통신하다　功能 gōngnéng 圓 기능　广大 guǎngdà 圓 많다, 넓다　★群众 qúnzhòng 圓 대중　热爱 rè'ài 통 사랑하다
迅速 xùnsù 圓 빠르다　融入 róngrù 스며들다, 융합되다

C

(개교 90주년을 기념하기 위해),　//　노래 대회 '나는 캠퍼스를 사랑한다'는　/　(~할 것이다)　(10월 28일에)　진행됐다.　//
（为纪念建校90周年），　//　"我爱校园"歌唱比赛　/　（将）（于10月28日）举行了，　//
부사어　　　　　　　　　　　　　　　주어　　　　　　　　　　　　부사어　부사어　　　　　술어+了

(그때가 되면)　총장 및 각 교수　/　(~도)(~할 것이다)　무대에 오르다 / 참가하다 / 대회에
（届时）校长以及各位教授　/　（也）（将）　登台 / 参加 / 比赛。
부사어　　주어　　　　　　　　　부사어　부사어　술어1　술어2　목적어

해석 개교 90주년을 기념하기 위해, 노래 대회 '나는 캠퍼스를 사랑한다'는 10월 28일에 진행됐을 것이며, 그때가 되면 총장 및 각 교수도 무대에 올라 대회에 참가할 것이다.

해설 **조사 了가 문맥에 맞지 않게 사용되어 틀린 경우**
동작의 완료를 나타내는 了가 미래의 동작이나 상황을 나타내는 부사 将(~할 것이다)과 문맥상 어울리지 않아 틀린 문장이다. 술어 举行(진행되다) 뒤에 있는 了가 없어야 한다.

옳은 문장 为纪念建校90周年，"我爱校园"歌唱比赛将于10月28日举行，届时校长以及各位教授也将登台参加比赛。

개교 90주년을 기념하기 위해, 노래 대회 '나는 캠퍼스를 사랑한다'는 10월 28일에 진행될 것이며, 그때가 되면 총장 및 각 교수도 무대에 올라 대회에 참가할 것이다.

어휘 纪念 jìniàn 통 기념하다　建校 jiànxiào 개교하다　周年 zhōunián 통 주년　届时 jièshí 통 그때가 되면　以及 yǐjí 접 및
登台 dēngtái 통 무대에 오르다

	(师范专业的)	学生	/	不管	是	本科生	还是	专科生，	/	(毕业后)	如	(要)	从事	/	教育行业，	//
D	(사범대학교의)	학생은		~에 관계없이	본과생		아니면	전문대생,		(졸업 후)	만약(~하려 한다)		종사하다		교육 업계에.	
	관형어	주어		접속사	[是]	목적어	접속사	목적어		부사어	접속사	부사어	술어		목적어	

(都)	(要)	(通过考试)	取得	/	教师资格证书	//	(才)	(能)	上岗。
(모두)	~해야 한다	(시험을 통해)	취득하다		교사자격증서		(비로소)	~할 수 있다	근무하다
부사어	부사어	부사어	술어		목적어		부사어	부사어	술어

해석 사범대학교의 학생은 본과생이든 전문대생이든 관계없이, 졸업 후 만약 교육 업계에 종사하려 한다면, 모두 시험을 통해 교사자격증서를 취득해야 비로소 근무할 수 있다.

해설 자주 짝을 이루어 쓰이는 연결어 '不管A还是B(A이든 B이든 관계없이)'가 문맥상 적절하게 쓰였고, 가정을 나타내는 접속사 如(만약)도 문맥상 적절하게 쓰였다. 부사 都(모두), 조동사 要(~해야 한다), 개사구 通过考试(시험을 통해)이 술어 取得(취득하다) 앞 부사어로 문맥상 적절하게 쓰였다. 따라서 틀린 부분이 없다. 참고로 부사어는 일반적으로 부사→조동사→개사구 순서로 술어 앞에 위치한다는 점을 알아둔다.

어휘 师范专业 shīfàn zhuānyè 명 사범대학교　本科生 běnkēshēng 명 본과생[4년제 대학교 학생]
专科生 zhuānkēshēng 명 전문대생[2·3년제 전문대학 학생]　从事 cóngshì 통 종사하다　行业 hángyè 명 업계　教师 jiàoshī 명 교사
资格 zīgé 명 자격　证书 zhèngshū 명 증서　上岗 shànggǎng 통 근무하다

59

A	疲劳	/	过度	(易)	引发	/	各种疾病，	//	(通常)	表现为	/	新陈代谢失调、免疫力下降等症状，	//
	피로가		과도하다	(쉽게)	유발한다		각종 질병을.		(일반적으로)	~으로 나타난다		신진대사 불균형, 면역력 저하 등의 증상.	
	주어		술어	부사어	술어		목적어		부사어	술어+보어		목적어	
	주어(주술구)												

严重者	/	(甚至)	(可能)	(会)	猝死。
심각한 사람은		(심지어)	~일지도 모른다	~할 수 있다	갑자기 죽다
주어		부사어	부사어	부사어	술어

해석 피로가 과도하면 각종 질병을 쉽게 유발하며, 일반적으로 신진대사 불균형, 면역력 저하 등의 증상으로 나타난다. 심각한 사람은 심지어 갑자기 죽을지도 모른다.

해설 주어 疲劳过度(피로가 과도하면), 술어 引发(유발한다), 목적어 各种疾病(각종 질병을)이 문맥상 자연스럽게 어울린다. 부사 甚至(심지어), 조동사 可能(~일지도 모른다), 조동사 会(~할 수 있다)도 술어 猝死(갑자기 죽다) 앞 부사어로 문맥상 적절하게 쓰였다. 따라서 틀린 부분이 없다. 참고로 조동사 可能과 会가 함께 올 경우, 可能→会 순서로 자주 온다는 점을 알아둔다.

어휘 疲劳 píláo 형 피로하다　★过度 guòdù 형 과도하다　引发 yǐnfā 유발하다　★疾病 jíbìng 명 질병　通常 tōngcháng 부 일반적으로
表现 biǎoxiàn 통 나타나다　★新陈代谢 xīnchéndàixiè 명 신진대사　失调 shītiáo 불균형하다, 균형을 잃다　免疫力 miǎnyìlì 명 면역력
下降 xiàjiàng 통 저하하다　★症状 zhèngzhuàng 명 증상　猝死 cùsǐ 갑자기 죽다

B	(据资料显示)，	//	若	父母	/	性格	/	温和、	情绪	/	平稳，	孩子	/	(往往)
	(자료에 의하여 나타난다).		만약 ~하다면	부모가		성격이		온화하고,	감정이		평온하다.	아이는		(종종)
	부사어		접속사	주어		주어		술어	주어		술어	주어		부사어
								술어(주술구+주술구)					

幸福感	/	(更)	强，	//	抗压能力	/	(更)	突出，	//	(看待世界的)	视野	(也)	(更)	广阔。
행복감이	/	(더)	강하다.	//	스트레스에 맞서는 능력이	/	(더)	뛰어나다.	//	(세상을 바라보는)	시야	(도)	(더)	넓다
주어		부사어	술어		주어		부사어	술어		관형어	주어	부사어	부사어	술어
술어(주술구)					술어(주술구)						술어(주술구)			

해석 자료에 의하면, 만약 부모가 성격이 온화하고 감정이 평온하다면, 아이는 종종 행복감이 더 강하고, 스트레스에 맞서는 능력이 더 뛰어나며, 세상을 바라보는 시야도 더 넓은 것으로 나타났다.

해설 각 절의 주어, 술어가 각각 문맥상 자연스럽게 어울린다. 가정을 나타내는 접속사 若(만약 ~하다면)가 문맥상 적절하게 쓰였고, 개사 据가 이끄는 개사구 据资料显示(자료에 의하여 나타난다)도 문장 맨 앞에서 부사어로 적절하게 쓰였다. 따라서 틀린 부분이 없다.

어휘 资料 zīliào 명 자료　显示 xiǎnshì 통 나타내다　★温和 wēnhé 형 온화하다　情绪 qíngxù 명 감정　平稳 píngwěn 형 평온하다
幸福感 xìngfúgǎn 명 행복감　抗压能力 kàngyā nénglì 스트레스에 맞서는 능력　突出 tūchū 형 뛰어나다
★看待 kàndài 통 바라보다, ~에 대하여 보다　★视野 shìyě 명 시야　★广阔 guǎngkuò 형 넓다

C

(중국 주택 산업이 상품화 시대에 진입한 이래에 관해서는), //	(국내 부동산 시장의)	경쟁은	(나날이)	백열화됐다, //
(至于中国住房产业进入商品化时代以来), //	(国内房地产市场的)	竞争	(日趋)	白热化, //
부사어	관형어	주어	부사어	술어

(중국의)	부동산업은 /	(이미)	(전면적으로)	열었다	브랜드 시대를
(中国的)	房地产业 /	(已经)	(全面)	开启了 /	品牌时代。
관형어	주어	부사어	부사어	술어+了	목적어

해석 중국 주택 산업이 상품화 시대에 진입한 이래에 관해서는, 국내 부동산 시장의 경쟁은 나날이 백열화됐고, 중국의 부동산업은 이미 전면적으로 브랜드 시대를 열었다.

해설 **부사어 자리의 개사구에서 문맥에 맞지 않는 개사가 사용되어 틀린 경우**
부사어 至于中国住房产业进入商品化时代以来(중국 주택 산업이 상품화 시대에 진입한 이래에 관해서는)에 개사 至于(~에 관해서는)가 사용되어 '중국 주택 산업이 상품화 시대에 진입한 이래에 관해서는, 국내 부동산 시장의 경쟁은 나날이 백열화됐고, 중국의 부동산업은 이미 전면적으로 브랜드 시대를 열었다'라는 어색한 문맥이 되어 틀린 문장이다. 至于 대신에 自从(~부터)이 와야 한다. 참고로 自从은 행동이나 상황의 기점을 나타낼 때 사용하며 以来(이래)와 자주 함께 사용된다.

옳은 문장 自从中国住房产业进入商品化时代以来，国内房地产市场的竞争日趋白热化，中国的房地产业已经全面开启了品牌时代。
중국 주택 산업이 상품화 시대에 진입한 이래부터, 국내 부동산 시장의 경쟁은 나날이 백열화됐고, 중국의 부동산업은 이미 전면적으로 브랜드 시대를 열었다.

어휘 至于 zhìyú 께 ~에 관해서는 ★产业 chǎnyè 몡 산업 商品化 shāngpǐnhuà 몡 상품화되다 以来 yǐlái 몡 이래 房地产 fángdìchǎn 몡 부동산 市场 shìchǎng 몡 시장 白热化 báirèhuà 통 백열화하다, 상황이 매우 열띤 상태로 되다 开启 kāiqǐ 통 열다 品牌 pǐnpái 몡 브랜드

D

(며칠 전에), //	고고학자가	(네이멍구에서 문화 유적을 발굴할 때), //	발견했다	(실내 온도 조절 기능을 갖춘)	가옥 유적지를 //
(日前), //	考古学家 /	(在内蒙古发掘文化遗址时), //	发现了 /	(一座具备室温调节功能的)	房址。//
부사어	주어	부사어	술어+了	관형어	목적어

(감정을 거쳐보니), //	이것은	(~이다 /	(선사시기의)	'에어컨 방'
(经鉴定), //	这 /	是 /	(一处史前时期的)	"空调房"。
부사어	주어	술어	관형어	목적어

해석 며칠 전에, 고고학자가 네이멍구에서 문화 유적을 발굴할 때, 실내 온도 조절 기능을 갖춘 가옥 유적지를 발견했다. 감정을 거쳐보니, 이것은 선사시기의 '에어컨 방'이었다.

해설 주어 考古学家(고고학자가), 술어 发现(발견하다), 목적어 房址(가옥 유적지를)이 문맥상 자연스럽게 어울린다. 관형어 一处史前时期的(선사시기의)가 목적어 "空调房"('에어컨 방') 앞에 문맥상 적절하게 쓰였고, 经鉴定(감정을 거쳐보니)도 뒤 문장 맨 앞에서 부사어로 적절하게 쓰였다. 따라서 틀린 부분이 없다. 참고로 뒤 문장의 주어 这(이것은)는 앞 문장의 목적어 房址을 가리킨다.

어휘 日前 rìqián 몡 며칠 전 考古学家 kǎogǔxuéjiā 몡 고고학자 内蒙古 Nèiménggǔ 고유 네이멍구[중국 북쪽 국경지대에 있는 몽골족 자치구] 发掘 fājué 통 발굴하다 遗址 yízhǐ 몡 유적 具备 jùbèi 통 갖추다 室温 shìwēn 몡 실내 온도 ★调节 tiáojié 통 조절하다 功能 gōngnéng 몡 기능 房址 fángzhǐ 몡 가옥 유적지 ★鉴定 jiàndìng 통 감정하다 史前时期 shǐqián shíqī 몡 선사시기

---

60 **A**

전문가는 /	제안한다. //	(새집 인테리어 후)	(한 달 이내에)	(~하지 마라)	(창문을)	봉쇄하다, //
专家 /	建议, //	(新家装修后)	(一个月内)	(不要)	(把窗户)	闭塞, //
주어	술어	부사어	부사어	부사어	把+행위의 대상	술어

(~해야 한다)	유지하다 /	실내 공기 순환을, //	(~하기 위해)	(효과적으로)	제거하다 /	(실내에 남아 있는)	포름알데히드를
(要)	保持 /	室内空气流通, //	以	(有效)	去除 /	(室内残留的)	甲醛。
부사어	술어 목적어	목적어	접속사	부사어	술어	관형어	목적어

해석 전문가는 새집 인테리어 후 한 달 이내에 창문을 봉쇄하지 말고, 실내에 남아 있는 포름알데히드를 효과적으로 제거하기 위해, 실내 공기 순환을 유지해야 한다고 제안한다.

해설 **把자문에서 술어가 행위를 나타내는 동사가 아니어서 틀린 경우**
把자문에 쓰인 술어 闭塞(봉쇄하다)가 窗户(창문)에 대한 구체적인 행위를 나타내지 않아 틀린 문장이다. 闭塞 대신에 关上(닫다)과 같은 어휘가 와야 한다. 참고로 把자문에서 술어 뒤에는 반드시 보어 등의 기타성분이 와야 하고, 关上에서 上은 결과보어이다.

옳은 문장 专家建议，新家装修后一个月内不要把窗户关上，要保持室内空气流通，以有效去除室内残留的甲醛。
전문가는 새집 인테리어 후 한 달 이내에 창문을 닫지 말고, 실내에 남아 있는 포름알데히드를 효과적으로 제거하기 위해, 실내 공기 순환을 유지해야 한다고 제안한다.

어휘	专家 zhuānjiā 圆전문가 装修 zhuāngxiū 圖인테리어하다 闭塞 bìsè 圖봉쇄하다, 막히다 保持 bǎochí 圖유지하다 室内 shìnèi 圆실내

★流通 liútōng 圖순환하다, 유통하다 有效 yǒuxiào 圖효과적이다 去除 qùchú 圖제거하다 残留 cánliú 圖남아 있다

甲醛 jiǎquán 圖포름알데히드[실온에서 자극성이 강한 냄새를 띤 무색의 기체]

B

한 과학자는		((천문물리)에서)	발표했다	연구 성과를.		주장한다	태양계에	(~일지도 모른다)	존재하다
一位科学家	/	(在《天文物理》)	发表	/ 研究成果,	//	认为	/ (在太阳系)	(可能)	存在 /
주어		부사어	술어	목적어		술어	부사어	부사어	술어

'아홉 번째 행성'이.		그것의 질량은	(대략)	~이다	(지구의)	10배
"第九大行星",	//	其质量	(约)	为	/ (地球的)	10倍。
목적어		주어	부사어	술어	관형어	목적어
		목적어(술목구+주술목구)				

해석 한 과학자는 <천문물리>에서 연구 성과를 발표했는데, 태양계에 '아홉 번째 행성'이 존재할지도 모르며, 그것의 질량은 대략 지구의 10배라고 주장했다.

해설 각 절의 주어, 술어, 목적어가 각각 문맥상 자연스럽게 어울린다. 개사 在가 이끄는 개사구 在《天文物理》(<천문물리>에서)도 술어 发表(발표했다) 앞 부사어로 문맥상 적절하게 쓰였다. 따라서 틀린 부분이 없다. 참고로 뒤 절에서는 주어 一位科学家가 생략됐다.

어휘 ★天文 tiānwén 圆천문 物理 wùlǐ 圆물리 发表 fābiǎo 圖발표하다 成果 chéngguǒ 圆성과 太阳系 tàiyángxì 圆태양계
存在 cúnzài 圖존재하다 行星 xíngxīng 圆행성 质量 zhìliàng 圆질량

C

(경제 글로벌화가 가져온 기회와 도전에 직면해),		(올바른)	선택은	~이다	(충분히)	이용하다	모든 기회를.	
(面对经济全球化带来的机遇和挑战),	//	(正确的)	选择	是	/ (充分)	利用	/ 一切机遇,	//
부사어		관형어	주어	술어	부사어	술어	목적어	

(함께)	맞서다	모든 도전에.		잘 이끌다	경제 글로벌화의 발전 추세를
(共同)	应对	/ 一切挑战,	//	引导好	/ 经济全球化走向。
부사어	술어	목적어		술어+보어	목적어
		목적어(술목구+술목구+술목구)			

해석 경제 글로벌화가 가져온 기회와 도전에 직면해, 올바른 선택은 모든 기회를 충분히 이용하고, 모든 도전에 함께 맞서며, 경제 글로벌화의 발전 추세를 잘 이끄는 것이다.

해설 술어 是(~이다) 뒤에 있는 부분이 모두 是의 목적어이고, 이 목적어는 술어 是과 연결되는 주어 选择(선택은)와 동격이다. 面对经济全球化带来的机遇和挑战(경제 글로벌화가 가져온 기회와 도전에 직면해) 또한 문장 맨 앞에서 부사어로 적절하게 쓰였다. 따라서 틀린 부분이 없다.

어휘 面对 miànduì 圖직면하다 经济全球化 jīngjì quánqiúhuà 圆경제 글로벌화 ★机遇 jīyù 圆(좋은) 기회 挑战 tiǎozhàn 圆도전
充分 chōngfèn 圖충분하다 利用 lìyòng 圖이용하다 应对 yìngduì 圖맞서다 ★引导 yǐndǎo 圖이끌다 走向 zǒuxiàng 圆발전 추세

D

춘절은	~이다	(한데 모이는)	명절.		(하지만)	(양로원에 사는 노인에 있어서),		춘절은	(종종)	~이다	(감정이 요동치는)	민감한 시기,	
春节	/ 是	/ (团圆的)	节日,	//	(但)	(对于住在养老院的老人来说),	//	春节	(往往)	是	/ (情绪波动的)	敏感期,	//
주어	술어	관형어	목적어		접속사	부사어		주어	부사어	술어	관형어	목적어	

일부 노인들은	(~한다)	(~때문에)	~할 수 없다	가족과 한자리에 모이는 것을	(그래서)	드러내다	불쾌한 감정을
一些老人	(会)	因	无法	与家人团聚	/ 而	闹	/ 情绪。
주어	부사어	접속사	술어1	목적어	접속사	술어2	목적어

해석 춘절은 한데 모이는 명절이다. 하지만 양로원에 사는 노인에게 있어서, 춘절은 종종 감정이 요동치는 민감한 시기로, 일부 노인들은 가족과 한 자리에 모일 수 없기 때문에 불쾌한 감정을 드러낸다.

해설 첫 번째 절의 술어 是(~이다)와 연결되는 주어 春节(춘절은)와 목적어 节日(명절)가 동격이다. 개사 对于가 이끄는 개사구 对于住在养老院的老人来说(양로원에 사는 노인에게 있어서)가 두 번째 절의 주어 春节 앞 부사어로 문맥상 적절하게 쓰였다. 또한 앞뒤가 반대됨을 나타내는 접속사 但(하지만)이 문맥상 적절하게 쓰였고, 자주 함께 쓰이며 인과 관계를 나타내는 연결어 '因A而B(A때문에 B한다)'도 문맥상 적절하게 쓰였다. 따라서 틀린 부분이 없다.

어휘 春节 Chūnjié 교육춘절[음력 1월 1일] 团圆 tuányuán 圖(가족이 흩어졌다가) 한데 모이다 养老院 yǎnglǎoyuàn 圆양로원 老人 lǎorén 圆노인
情绪 qíngxù 圆(불쾌한) 감정 波动 bōdòng 圖요동치다 敏感期 mǐngǎnqī 민감한 시기 团聚 tuánjù 圖한자리에 모이다
闹 nào 圖(감정 따위를) 드러내다

61

经常坐高铁的人只要留心观察，就会发现钢轨并没有直接**铺**在地面上，而是在钢轨下放了整体道床。这是因为通过扩大接触**面积**，能把全部压力分散传递到整个路基上，**进而**防止产生高低不平的沉陷。

고속열차를 자주 타는 사람들은 유심히 관찰하기만 하면, 철도의 레일이 바닥에 직접적으로 **깔려** 있지 않고, 레일 아래에 일체형 도상을 놓은 것을 발견할 수 있다. 이는 접촉 **면적**을 확대함으로써, 전체 압력을 전반적인 노반에 분산하여 전달할 수 있으며, **더 나아가** 울퉁불퉁한 꺼짐이 생기는 것을 방지할 수 있기 때문이다.

A 扎	堆积	况且
B 摆 ✓	体积 ✓	反之
C 铺 ✓	**面积 ✓**	**进而 ✓**
D 卷	部位	从而 ✓

A 찔려	퇴적을	하물며
B 놓여	부피를	이와 반대로
C 깔려	**면적을**	**더 나아가**
D 말려	부위를	그리하여

어휘　지문　高铁 gāotiě 圆 고속열차　留心 liúxīn 圆 유심하다, 주의하다　观察 guānchá 圆 관찰하다　钢轨 gāngguǐ 圆 철도의 레일　★铺 pū 圆 깔다
整体 zhěngtǐ 圆 일체　道床 dàochuáng 圆 도상[철도의 궤도에서 노반과 침목 사이에 자갈 따위를 깔아 놓은 바닥]　扩大 kuòdà 圆 확대하다
接触 jiēchù 圆 접촉하다　面积 miànjī 圆 면적　★分散 fēnsàn 圆 분산하다　传递 chuándì 圆 전달하다　整个 zhěnggè 圆 전반적인
路基 lùjī 圆 노반[도로를 포장하기 위하여 땅을 파고 잘 다져 놓은 땅바닥]　★进而 jìn'ér 圆 더 나아가　★防止 fángzhǐ 圆 방지하다
高低不平 gāodī bù píng 울퉁불퉁하다　沉陷 chénxiàn 圆 꺼지다

선택지　★扎 zhā 圆 (뾰족한 물건으로) 찌르다　摆 bǎi 圆 놓다　卷 juǎn 圆 말다　★堆积 duījī 圆 퇴적　★体积 tǐjī 圆 부피
★部位 bùwèi 圆 부위[주로 인체에 사용함]　★况且 kuàngqiě 圆 하물며　反之 fǎnzhī 이와 반대로

해설　첫째
빈칸　선택지가 모두 의미가 다른 동사이다. 빈칸은 술어 자리이므로, 빈칸 앞의 주어 钢轨(철도의 레일이), 빈칸 뒤의 在地面上(바닥에)과 의미적으로 각각 호응하는 선택지 B 摆(놓여), C 铺(깔려)를 정답의 후보로 고른다. '철도의 레일이 바닥에 직접적으로 ＿＿＿ 있지 않고'라는 문맥과도 자연스럽다.

둘째
빈칸　선택지 A, B, C는 공통글자 积를 포함한 명사 유의어이다. 그리고 D는 의미가 다른 명사이다. 빈칸 앞의 동사 接触(접촉)와 의미적으로 호응하는 선택지 C 面积(면적을), D 部位(부위를)를 정답의 후보로 고른다. '이(레일 아래에 일체형 도상을 놓은 것)는 접촉 ＿＿＿ 확대함으로써'라는 문맥에 어울리는 것은 C 面积이므로 C가 정답이다.
참고로 D 部位(부위)는 주로 인체의 한 부분을 나타낸다.
*둘째 빈칸에서는 C밖에 정답이 될 수 없기 때문에, 실제 시험에서는 선택지 C를 정답으로 선택하고 바로 다음 문제로 넘어간다.

셋째
빈칸　선택지가 모두 의미가 다른 접속사이다. '접촉 면적을 확대함으로써, 전체 압력을 전반적인 노반에 분산하여 전달할 수 있으며, ＿＿＿ 울퉁불퉁한 꺼짐이 생기는 것을 방지할 수 있기 때문이다.'라는 문맥에 어울리는 선택지 C 进而(더 나아가), D 从而(그리하여)을 정답의 후보로 고른다.

62

设计**日益**精美的网络游戏、精准推送的短视频、不断更新的社交软件，让青少年容易**陷入**其中，沉溺于上网。这最终导致他们依赖网络来逃避现实生活、沉迷于虚拟世界，从而造成**恶性循环**。比起成年人，这种现象在青少年中更为常见。

설계가 **나날이** 정교해지는 인터넷 게임, 정확하게 추천되는 쇼트 클립, 끊임없이 업데이트되는 SNS는 청소년들을 쉽게 그 속에 **몰두하게** 하고, 인터넷을 하는 것에 빠져들게 한다. 이것은 결국 그들이 인터넷에 의존하여 현실생활을 도피하게 만들어 가상 세계에 몰입하게 함으로써, 악**순환**을 야기한다. 이런 현상은 성인보다 청소년에게서 더 자주 나타난다.

A 逐年	堕入 ✓	遵循
B 日益 ✓	**陷入 ✓**	**循环 ✓**
C 越发 ✓	踏入	跟踪
D 迟早	嵌入	残留

A 해마다	빠져 들게	따름
B 나날이	**몰두하게**	**순환**
C 더욱	들어서게	추적
D 조만간	삽입하게	잔류

어휘　지문　设计 shèjì 圆 설계하다　★日益 rìyì 圆 나날이　精美 jīngměi 圆 정교하다　网络 wǎngluò 圆 인터넷　精准 jīngzhǔn 圆 정확하다
推送 tuīsòng (알고리즘을 통해 자동으로) 추천되다　短视频 duǎn shìpín 圆 쇼트 클립[5분 이내의 짧은 동영상]　不断 búduàn 圆 끊임없이
★更新 gēngxīn 圆 업데이트하다　社交软件 shèjiāo ruǎnjiàn 圆 SNS[소셜네트워크서비스]　青少年 qīngshàonián 圆 청소년
★陷入 xiànrù 圆 몰두하다　沉溺 chénnì 圆 빠지다　导致 dǎozhì 圆 만들다, 초래하다　逃避 táobì 圆 도피하다　现实 xiànshí 圆 현실
沉迷 chénmí 圆 몰입하다　虚拟 xūnǐ 圆 가상적인　造成 zàochéng 圆 야기하다　恶性 èxìng 圆 악성의　★循环 xúnhuán 圆 순환하다
现象 xiànxiàng 圆 현상

선택지　★逐年 zhúnián 圆 해마다　越发 yuèfā 圆 더욱　迟早 chízǎo 圆 조만간　堕入 duòrù 빠져 들다　踏入 tàrù 들어서다　嵌入 qiànrù 삽입하다
★遵循 zūnxún 圆 따르다　★跟踪 gēnzōng 圆 추적하다　残留 cánliú 圆 잔류하다

해설 첫째 빈칸 선택지가 모두 의미가 다른 부사이다. 빈칸 뒤의 형용사 **精美**(정교하게)와 의미적으로 호응하는 선택지 B **日益**(나날이), C **越发**(더욱), D **迟早**(조만간) 중에서 '설계가 ______ 정교해지는 인터넷 게임, 정확하게 추천되는 쇼트 클립……'이라는 문맥에 어울리는 것은 B **日益**, C **越发**이므로 이를 정답의 후보로 고른다.
참고로 A **逐年**(해마다), D **迟早**(조만간) 바로 뒤에는 동사가 와야 한다.

둘째 빈칸 선택지가 모두 공통글자 **入**를 포함하여 '들어가다'와 관련된 의미의 유의어이다. 빈칸은 술어 자리이므로, 빈칸 뒤 목적어 **其中**(그 속에)과 의미적으로 호응하는 선택지 A **堕入**(빠져 들게), B **陷入**(몰두하게), C **踏入**(들어서게), D **嵌入**(삽입하게) 중에서 '끊임없이 업데이트되는 SNS는 청소년들을 쉽게 그 속에 ______ 하고'라는 문맥에 어울리는 것은 A **堕入**, B **陷入**, C **踏入**이므로 이를 정답의 후보로 고른다.

셋째 빈칸 선택지 A, B는 공통글자 **循**을 포함하여 '좇다, 돌다'와 관련된 의미의 동사 유의어이고, C는 '추적하다'라는 의미의 동사이다. 그리고 D는 '잔류하다'라는 의미의 동사이다. 빈칸 앞의 형용사 **恶性**(악)과 결합하여 한 단어처럼 사용하는 선택지 B **循环**(순환)이 정답이다. '결국 그들이 인터넷에 의존하여 현실생활을 도피하게 만들어 가상 세계에 몰입하게 함으로써, 악______을 야기한다'라는 문맥과도 자연스럽다.
참고로 A **遵循**(따르다)은 주로 **教导**(가르침), **规律**(규율) 등의 어휘와 호응한다.
*따라서 모든 빈칸에서 정답 후보를 포함하는 선택지 B가 정답이다.

63

研究表明，当人遭到拒绝时，大脑所表现出来的活动**模式**类似于遭受身体疼痛。从人类的发展史来看，被拒绝是一件十分糟糕的事。在原始时代，**假若**被某个部落拒绝，就意味着丧失了获得食物的**机会**，被拒绝的人将很难继续生存下去。

A 本事	宁可	机遇 ✓
B 方式 ✓	固然	时机 ✓
C 状态 ✓	倘若 ✓	契机
D 模式 ✓	**假若 ✓**	**机会 ✓**

연구에서, 사람이 거절당할 때 대뇌에 나타나는 활동 **패턴이** 육체적 고통을 겪을 때와 유사하다는 것을 밝혀냈다. 인류의 발전사에 있어서, 거절당하는 것은 매우 좋지 않은 일이다. 원시 시대에서는, **만약** 어떤 부족에게 거절당하면, 음식물을 얻을 **기회를** 상실했다는 것을 의미하여, 거절당한 사람은 계속 생존해나가기 어려워진다.

A 능력이	차라리	기회를
B 방식이	물론	기회를
C 상태가	만약	계기를
D 패턴이	**만약**	**기회를**

어휘 지문 **表明** biǎomíng [동] 밝히다 **遭到** zāodào 당하다 **大脑** dànǎo [명] 대뇌 **表现** biǎoxiàn [동] 나타나다 ★**模式** móshì [명] 패턴 ★**类似** lèisì [동] 유사하다 ★**遭受** zāoshòu [동] 겪다 **糟糕** zāogāo [형] 좋지 않다 ★**原始** yuánshǐ [형] 원시의 **假若** jiǎruò [접] 만약 ~한다면 **某** mǒu [대] 어떤 **部落** bùluò [명] 부족 ★**意味着** yìwèizhe [동] 의미하다 ★**丧失** sàngshī [동] 상실하다 **食物** shíwù [명] 음식물 ★**生存** shēngcún [동] 생존하다
선택지 **本事** běnshi [명] 능력 **状态** zhuàngtài [명] 상태 **宁可** nìngkě [부] 차라리 ~할지언정 **固然** gùrán [접] 물론 ~하지만 ★**倘若** tǎngruò [접] 만약 ~한다면 ★**机遇** jīyù [명] 기회 ★**时机** shíjī [명] 기회 **契机** qìjī [명] 계기

해설 첫째 빈칸 선택지 B, D는 공통글자 **式**을 포함한 명사 유의어이고, A는 '능력'이라는 의미의 명사이다. 그리고 C는 '상태'라는 의미의 명사이다. 빈칸 앞의 명사 **活动**(활동)과 의미적으로 호응하는 선택지 B **方式**(방식이), C **状态**(상태가), D **模式**(패턴이)을 정답의 후보로 고른다. '연구에서, 사람이 거절당할 때 대뇌에 나타나는 활동 ______ 육체적 고통을 겪을 때와 유사하다는 것을 밝혀냈다.'라는 문맥과도 자연스럽다.
참고로 A **本事**(능력)은 사람의 재능이나 재주를 나타내기 때문에 주로 사람과 관련된 어휘와 호응한다.

둘째 빈칸 선택지 C, D는 '만약'이라는 의미의 접속사이고, A는 '차라리 ~할지언정'이라는 의미의 부사이다. 그리고 B는 '물론'이라는 의미의 접속사이다. '원시 시대에서는, ______ 어떤 부족에게 거절당하면, ……했다는 것을 의미하여'라는 문맥에 어울리는 선택지 C **倘若**(만약), D **假若** (만약)를 정답의 후보로 고른다.

셋째 빈칸 선택지가 모두 공통글자 **机**를 포함하여 '기회, 계기'와 관련된 의미의 명사 유의어이다. 빈칸 앞의 동사 **丧失**(상실하다)과 의미적으로 호응하는 선택지 A **机遇**(기회를), B **时机**(기회를), D **机会**(기회를)를 정답의 후보로 고른다. '만약 어떤 부족에게 거절당하면, 음식물을 얻을 ______ 상실했다는 것을 의미하여, 거절당한 사람은 계속 생존해나가기 어려워진다.'라는 문맥과도 자연스럽다.
*따라서 모든 빈칸에서 정답 후보를 포함하는 선택지 D가 정답이다.

64

体操竞技动作**华丽**炫目、动态感十足，且技术难度大，因此评分愈加困难，历届奥运会上质疑裁判评分不公的情况**时常**发生。为了让赛事更加**公正**，奥运会体操项目引进了AI评分辅助系统，结合AI和裁判的判断，再经裁判**综合**判断，打出运动员的最终分数。

체조 경기 동작은 **화려하고** 눈부시며, 동적인 느낌이 넘쳐 흐르고, 게다가 기술 난도가 높다. 그렇기 때문에 점수를 매기는 것은 더욱 어려워, 매회 올림픽에서 심판들이 공정하지 않게 점수를 매기는 것에 의문을 제기하는 상황이 **자주** 발생한다. 경기를 더욱 **공정하**게 하기 위해, 올림픽 체조 종목에서는 AI 평점 보조 시스템을 도입해, AI와 심판의 판정을 취합하고, 다시 심판의 **종합적인** 판단을 거쳐서, 운동선수들의 최종 점수를 매긴다.

A 华丽 ✓	时常 ✓	公正 ✓	综合 ✓		A 화려하고	자주	공정하다	종합적인
B 奢侈	往常	公然	整顿		B 사치스럽고	지난날	공개적으로	정돈한
C 豪华	时而 ✓	公道	处置		C 호화롭고	때때로	공평하다	처리한
D 优雅 ✓	不时 ✓	公平	合并		D 우아하고	이따금	공평하다	합병한

어휘

지문 体操 tǐcāo 몡체조 竞技 jìngjì 몡경기 ★华丽 huálì 몡화려하다 炫目 xuànmù 동눈부시다 动态感 dòngtàigǎn 몡동적인 느낌
★十足 shízú 톙넘쳐 흐르다 难度 nándù 몡난도 评分 píngfēn 동점수를 매기다 愈加 yùjiā 뷔더욱
历届 lìjiè 몡(지나간) 매회의 奥运会 Àoyùnhuì 몡올림픽 质疑 zhìyí 동의문을 제기하다 ★裁判 cáipàn 몡심판
不公 bùgōng 공정하지 않다 ★时常 shícháng 뷔자주 赛事 sàishì 몡경기 ★公正 gōngzhèng 톙공정하다 项目 xiàngmù 몡종목
引进 yǐnjìn 동도입하다 辅助 fǔzhù 톙보조적인 系统 xìtǒng 몡시스템 结合 jiéhé 동취합하다 综合 zōnghé 톙종합하다
分数 fēnshù 몡점수

선택지 ★奢侈 shēchǐ 톙사치스럽다 豪华 háohuá 톙호화롭다 优雅 yōuyǎ 톙우아하다 ★往常 wǎngcháng 몡지난날, 평소
时而 shí'ér 뷔때때로 ★不时 bùshí 뷔이따금 公然 gōngrán 뷔공개적으로 公道 gōngdao 톙공평하다, 합리적이다
公平 gōngpíng 톙공평하다 整顿 zhěngdùn 동정돈하다 处置 chǔzhì 동처리하다 ★合并 hébìng 동합병하다

해설

첫째 빈칸 선택지 A, C는 공통글자 华를 포함하여 '빛나다'와 관련된 의미의 형용사 유의어이고, B는 '사치스럽다'라는 의미의 형용사이다. D는 '우아하다'라는 의미의 형용사이다. 빈칸 앞의 주어 体操竞技动作(체조 경기 동작은)과 의미적으로 호응하는 선택지 A 华丽(화려하고), D 优雅(우아하고)를 정답의 후보로 고른다. '체조 경기 동작은 _____ 눈부시며, 동적인 느낌이 넘쳐 흐르고'라는 문맥과도 자연스럽다.

둘째 빈칸 선택지 A, C, D는 공통글자 时를 포함하여 '종종'과 관련된 의미의 부사 유의어이고, B는 '지난날'이라는 의미의 명사이다. 빈칸은 부사어 자리이므로, 빈칸 뒤의 동사 发生(발생한다)과 의미적으로 호응하는 선택지 A 时常(자주), C 时而(때때로), D 不时(이따금)을 정답의 후보로 고른다. '매회 올림픽에서 심판들이 공정하지 않게 점수를 매기는 것에 의문을 제기하는 상황이 _____ 발생한다'라는 문맥과도 자연스럽다.
참고로 B 往常(지난날)은 과거의 일반적인 날들을 가리킨다.

셋째 빈칸 선택지가 모두 공통글자 公을 포함하여 '공정하다, 공개하다'와 관련된 의미의 어휘로, A, C, D는 형용사이고, B는 부사이다. 빈칸 앞의 주어 赛事(경기를)과 의미적으로 호응하는 선택지 A 公正(공정하다), D 公平(공평하다)을 정답의 후보로 고른다. '경기를 더욱 _____ 게 하기 위해, 올림픽 체조 종목에서는 AI 평점 보조 시스템을 도입해'라는 문맥과도 자연스럽다.
참고로 C 公道(공평하다)는 주로 办事(일을 처리하다)와 같이 사람이 하는 행동을 나타내는 표현과 호응한다.

넷째 빈칸 선택지 A, D는 공통글자 合을 포함하여 '합치다'와 관련된 의미의 동사 유의어이고, B는 '정돈하다'라는 의미의 동사이다. 그리고 C는 '처리하다'라는 의미의 동사이다. 빈칸은 부사어 자리이므로, 빈칸 뒤의 동사 判断(판단)과 의미적으로 호응하는 선택지 A 综合(종합적인)가 정답이다. 'AI와 심판의 판정을 취합하고, 다시 심판의 _____ 판단을 거쳐서, 운동선수들의 최종 점수를 매긴다'라는 문맥과도 자연스럽다.
*따라서 모든 빈칸에서 정답 후보를 포함하는 선택지 A가 정답이다.

---

65 商业太空游正从科幻走向现实。**近来**多家企业积极开发飞行器，推出各类产品，试图**占领**先机。然而不是所有人都能享受太空游，因为几分钟的太空游票价过于**昂贵**，而且太空旅行前，乘客得先接受**一系列**培训，包括在各种状态下的操作、应急准备、宇航服穿脱、进出舱等。

상업용 우주여행은 공상 과학에서 현실로 나아가고 있다. **근래** 많은 기업이 적극적으로 비행 수단을 개발하고, 다양한 제품을 내놓으며, 우위 **점령**을 시도하고 있다. 그러나 모든 사람이 우주 여행을 누릴 수 있는 것은 아닌데, 몇 분간의 우주 여행 표 값이 지나치게 **비싸고**, 게다가 우주 여행 전에 승객들은 각종 상태에서의 조작, 응급 상황 대비, 우주복 착용, 선실 출입 등을 포함한 **일련의** 훈련을 먼저 받아야 하기 때문이다.

A 历来 ✓	盛行	可贵	一下子		A 대대로	성행	귀하고	한꺼번에
B 近来 ✓	占领 ✓	昂贵 ✓	一系列 ✓		B 근래	점령	비싸고	일련의
C 向来 ✓	贯彻	合理	一大笔		C 줄곧	관철	합리적이고	많은
D 近日 ✓	施加	低廉 ✓	一连串 ✓		D 최근	행사	저렴하고	일련의

어휘

지문 商业 shāngyè 몡상업 太空游 tàikōngyóu 몡우주여행 科幻 kēhuàn 몡공상 과학 走向 zǒuxiàng ~로 나아가다 现实 xiànshí 몡현실
★近来 jìnlái 몡근래 企业 qǐyè 몡기업 开发 kāifā 동개발하다 飞行器 fēixíngqì 몡비행 수단, 항공기
推出 tuīchū 동(시장에 신상품이나 새로운 아이디어를)내놓다 ★试图 shìtú 동시도하다 占领 zhànlǐng 동점령하다
先机 xiānjī 몡우위, 기선 享受 xiǎngshòu 동누리다 ★过于 guòyú 뷔지나치게 昂贵 ángguì 톙비싸다 乘客 chéngkè 몡승객
一系列 yíxìliè 톙일련의 培训 péixùn 동훈련하다 包括 bāokuò 동포함하다 状态 zhuàngtài 몡상태 ★操作 cāozuò 동조작하다
应急 yìngjí 동응급 상황에 대비하다 宇航服 yǔhángfú 몡우주복 舱 cāng 몡선실

선택지 **历来** lìlái 및대대로 **向来** xiànglái 및줄곧 **近日** jìnrì 및최근 **盛行** shèngxíng 및성행하다 **贯彻** guànchè 및관철하다

★**施加** shījiā 및(압력·영향력 따위를) 행사하다 **可贵** kěguì 및귀하다 **合理** hélǐ 및합리적이다 **低廉** dīlián 및저렴하다

一下子 yíxiàzi 및한꺼번에 **一大笔** yí dà bǐ 및많은 **一连串** yìliánchuàn 및일련의

해설 **첫째 빈칸** 선택지 A, C는 공통글자 来를 포함하여 어느 시점부터 계속됨을 나타내는 부사 유의어이고, B, D는 공통글자 近을 포함한 명사 유의어이다. '상업용 우주여행은 공상 과학에서 현실로 나아가고 있다. _____ 많은 기업이 적극적으로 비행 수단을 개발하고'라는 문맥에 어울리는 선택지 A **历来**(대대로), B **近来**(근래), D **近日**(최근)을 정답의 후보로 고른다.
참고로 C **向来**(줄곧) 앞에는 주어가 있어야 하므로 문장 맨 앞에 쓰일 수 없다.

둘째 빈칸 선택지가 모두 의미가 다른 동사이다. 빈칸은 술어 자리이므로, 빈칸 뒤의 목적어 **先机**(우위)와 의미적으로 호응하는 선택지 B **占领**(점령)이 정답이다. '근래 많은 기업이 …… 다양한 제품을 내놓으며, 우위 _____ 을 시도하고 있다.'라는 문맥과도 자연스럽다.
*둘째 빈칸에서는 B밖에 정답이 될 수 없기 때문에, 실제 시험에서는 선택지 B를 정답으로 선택하고 바로 다음 문제로 넘어간다.

셋째 빈칸 선택지 A, B는 공통글자 贵를 포함하여 '가치가 높다'와 관련된 의미의 형용사 유의어이고, C는 '합리적이다'라는 의미의 형용사이다. 그리고 D는 '저렴하다'라는 의미의 형용사이다. 빈칸은 술어 자리이므로, 빈칸 앞의 주어 **票价**(표 값이)와 의미적으로 호응하는 선택지 B **昂贵**(비싸고), C **合理**(합리적이고), D **低廉**(저렴하고) 중에서 '몇 분간의 우주 여행 표 값이 지나치게 _____'라는 문맥에 어울리는 것은 B **昂贵**, D **低廉**이므로 이를 정답의 후보로 고른다.

넷째 빈칸 선택지가 모두 바로 뒤에 오는 동사나 명사를 꾸며주는 표현이다. 빈칸 뒤의 동사 **培训**(훈련)과 의미적으로 호응하는 선택지 A **一下子**(한꺼번에), B **一系列**(일련의), D **一连串**(일련의) 중에서 '승객들은 각종 상태에서의 조작, 응급 상황 대비, 우주복 착용, 선실 출입 등을 포함한 _____ 훈련을 먼저 받아야 하기 때문이다'라는 문맥에 어울리는 것은 B **一系列**, D **一连串**이므로 이를 정답의 후보로 고른다.
참고로 C **一大笔**(많은)는 재산 또는 금전이 많은 것을 나타내며, 주로 **财产**(재산), **钱**(돈) 등의 어휘와 호응한다.

66

学习应把思考作为基础，只埋头学习，不去思考，就谈不上真正的学习。思考方式会<u>自然而然</u>地划分优秀的人和平庸的人。犹太人相当重视与孩子的<u>思想</u>沟通，孩子可以与父母交流和讨论任何问题。这不仅能<u>培养</u>孩子的思考能力，还有利于孩子全身心地<u>投入</u>到学习中去。

공부는 사고를 기초로 삼아야 하는데, 공부에만 집중하고 사고하지 않으면, 진정한 공부라고 말할 수 없다. 사고방식은 <u>자연스럽게</u> 뛰어난 사람과 평범한 사람을 구분짓는다. 유대인들은 아이와의 <u>의사</u>소통을 상당히 중시하며, 아이는 부모와 어떤 문제든 교류하고 토론할 수 있다. 이는 아이의 사고력을 <u>길러줄</u> 수 있을 뿐만 아니라, 아이가 전심전력으로 공부 속으로 <u>몰두하는</u> 데에 도움이 된다.

A	自然而然 ✓	思想 ✓	培养 ✓	投入 ✓	A 자연스럽게	의사	기르다	몰두하는
B	顺其自然 ✓	思绪	反思	预料	B 순리에 따르며	생각	반성하다	예상하는
C	无动于衷	思维	复活	凝聚	C 동요하지 않게	사유	부활하다	응집되는
D	南辕北辙	思路	得罪	琢磨	D 행동과 목적이 상반되게	발상	미움을 사다	생각하는

어휘 지문 **思考** sīkǎo 및사고하다 **作为** zuòwéi 및~으로 삼다 **埋头** máitóu 및(정신을) 집중하다 **自然而然** zìrán'érrán 및자연스럽다

★**划分** huàfēn 및구분짓다 **平庸** píngyōng 및평범하다 **犹太人** Yóutàirén 교유유대인 **相当** xiāngdāng 및상당히

思想沟通 sīxiǎng gōutōng 의사소통하다 **培养** péiyǎng 및기르다 **全身心** quánshēnxīn 및전심전력 **投入** tóurù 및몰두하다

선택지 **顺其自然** shùnqízìrán 및순리에 따르다 **无动于衷** wúdòngyúzhōng 및동요하지 않다

★**南辕北辙** nányuánběizhé 및행동과 목적이 상반되다 **思绪** sīxù 및생각, 사고 **思维** sīwéi 및사유, 생각 **思路** sīlù 및발상, 구상

复活 fùhuó 및부활하다 **得罪** dézuì 및미움을 사다 **预料** yùliào 및예상하다 ★**凝聚** níngjù 및응집되다 ★**琢磨** zuómo 및생각하다

해설 **첫째 빈칸** 선택지는 모두 의미가 다른 성어이다. 빈칸은 부사어 자리이므로, 빈칸 뒤의 술어 **划分**(구분짓는다)과 의미적으로 호응하는 선택지 A **自然而然**(자연스럽게), B **顺其自然**(순리에 따르며)을 정답의 후보로 고른다. '사고방식은 _____ 뛰어난 사람과 평범한 사람을 구분짓는다.'라는 문맥과도 자연스럽다.

둘째 빈칸 선택지가 모두 공통글자 思를 포함하여 '생각'과 관련된 의미의 명사 유의어이다. 빈칸 뒤의 동사 **沟通**(소통)과 결합하여 한 단어처럼 사용하는 선택지 A **思想**(의사)이 정답이다. '유대인들은 아이와의 _____ 소통을 상당히 중시하며'라는 문맥과도 자연스럽다.
*둘째 빈칸에서는 A밖에 정답이 될 수 없기 때문에, 실제 시험에서는 선택지 A를 정답으로 선택하고 바로 다음 문제로 넘어간다.

셋째 빈칸 선택지는 모두 의미가 다른 동사이다. 빈칸은 술어 자리이므로, 빈칸 뒤의 목적어 **思考能力**(사고력을)와 의미적으로 호응하는 선택지 A **培养**(기르다)이 정답이다. '이(유대인의 교육 방식)는 아이의 사고력을 _____ 수 있을 뿐만 아니라'라는 문맥과도 자연스럽다.

넷째 빈칸 선택지는 모두 의미가 다른 동사이다. '아이가 전심전력으로 공부 속으로 _____ 데에 도움이 된다'라는 문맥에 어울리는 선택지 A **投入**(몰두하는)가 정답이다. 참고로 投入는 주로 보어 到(~으로)와 함께 사용된다.

67

夏季在市中心逛街时会觉得天气十分**炎热**，在郊外游玩时却明显感觉凉爽一些。究其原因，是"热岛效应"**导致**了这一切。"热岛效应"指的是一个地区的温度明显高于周围地区的现象，形成这种现象的原因是城市人口过于**密集**，从而集中**消耗**能源并释放出大量的热。这是城市气候最**显著**的**特征**之一。

여름철에 시내 한복판에서 돌아다닐 때 날씨가 매우 **무덥다고** 느끼지만, 교외에서 놀 때는 확연히 좀 더 시원하다고 느껴진다. 그 원인을 조사해봤더니, '열섬 현상'이 이 모든 것을 **초래했다**. '열섬 현상'은 한 지역의 온도가 주변 지역보다 확연히 높은 현상을 가리키는데, 이런 현상이 생기는 원인은 도시 인구가 지나치게 밀집해 있어서, 에너지를 집중적으로 **소모하고** 대량의 열을 방출하기 때문이다. 이것은 도시 기후의 가장 두드러진 **특징** 중 하나이다.

A	燥热 ✓	足以	浪费	特点 ✓	A	건조하게 덥다고	~하기에 족하다	낭비하고	특징
B	亲热	致使	损坏	特性 ✓	B	다정하다고	~을 초래하다	손상시키고	특성
C	**炎热** ✓	**导致** ✓	**消耗** ✓	**特征** ✓	**C**	**무덥다고**	**~을 초래하다**	**소모하고**	**특징**
D	酷热 ✓	大致	放任	特色 ✓	D	매우 덥다고	대체로	방임하고	특색

어휘 지문 **市中心** shìzhōngxīn 명 시내 한복판 **逛街** guàngjiē (거리를 구경하며) 돌아다니다 ★**炎热** yánrè 형 무덥다 **郊外** jiāowài 명 교외
游玩 yóuwán 동 뛰놀다 **明显** míngxiǎn 형 확연하다 **凉爽** liángshuǎng 형 시원하다 **究** jiū 동 조사하다
热岛效应 rèdǎo xiàoyìng 열섬 현상[도시 중심부의 기온이 도시 주변에 있는 지역보다 높게 나타나는 현상] **导致** dǎozhì 동 ~을 초래하다
指的是 zhǐ de shì 가리키다 **地区** dìqū 명 지역 **现象** xiànxiàng 명 현상 **形成** xíngchéng 동 생기다 **人口** rénkǒu 명 인구
★**过于** guòyú 지나치게 **密集** mìjí 형 밀집해 있다 **集中** jízhōng 동 집중하다 ★**消耗** xiāohào 동 소모하다 **能源** néngyuán 명 에너지
★**释放** shìfàng 동 방출하다 ★**显著** xiǎnzhù 두드러지다 **特征** tèzhēng 명 특징
선택지 **燥热** zàorè 형 건조하게 덥다 **亲热** qīnrè 다정하다 **酷热** kùrè 매우 덥다 ★**足以** zúyǐ 형 ~하기에 족하다
★**致使** zhìshǐ 동 ~을 초래하다 ★**大致** dàzhì 대체로 ★**损坏** sǔnhuài 동 손상시키다 **放任** fàngrèn 방임하다 **特色** tèsè 명 특색

해설 첫째 빈칸 선택지는 모두 공통글자 热를 포함하여 '덥다, 정이 깊다'와 관련된 의미의 형용사 유의어이다. 빈칸은 술어 자리이므로, 빈칸 앞의 주어 **天气**(날씨가)와 의미적으로 호응하는 선택지 A 燥热(건조하게 덥다고), C 炎热(무덥다고), D 酷热(매우 덥다고)를 정답의 후보로 고른다. '여름철에 시내 한복판에서 돌아다닐 때 날씨가 매우 _____ 느끼지만'이라는 문맥과도 자연스럽다.

둘째 빈칸 선택지 B, C, D는 공통글자 致를 포함한 어휘로, B, C는 '~한 결과가 되다'와 관련된 의미의 동사 유의어이고, D는 '대체로'란 의미의 부사이다. 그리고 A는 '~하기에 족하다'라는 의미의 동사이다. '그 원인을 조사해봤더니, '열섬 현상'이 이 모든 것을 _____ 했다.'라는 문맥에 어울리는 선택지 C 导致(~을 초래하다)이 정답이다.
참고로 B 致使(~을 초래하다)는 '致使+주어+술어'의 형태로 자주 쓰인다.
*둘째 빈칸에서는 C밖에 정답이 될 수 없기 때문에, 실제 시험에서는 선택지 C를 정답으로 선택하고 바로 다음 문제로 넘어간다.

셋째 빈칸 선택지가 모두 의미가 다른 동사이다. 빈칸은 술어 자리이므로, 빈칸 뒤의 목적어 **能源**(에너지를)과 의미적으로 호응하는 선택지 C 消耗(소모하고)가 정답이다. '이런 현상이 생기는 원인은 도시 인구가 지나치게 밀집해 있어서, 에너지를 집중적으로 _____ 대량의 열을 방출하기 때문이다'라는 문맥과도 자연스럽다.

넷째 빈칸 선택지가 모두 공통글자 特를 포함하여 '특징'과 관련된 의미의 명사 유의어이다. 빈칸 앞의 관형어 **显著**(두드러진)와 의미적으로 호응하는 선택지 A 特点(특징), B 特性(특성), C 特征(특징), D 特色(특색)를 정답의 후보로 고른다. '이것(열섬현상)은 도시 기후의 가장 두드러진 _____ 중 하나이다.'라는 문맥과도 자연스럽다.

68

独处的人往往会被视为孤独内向。其实**不然**，独处本身是一种美，它不同于孤独寂寞、忧郁哀怨，它是一种轻松的、淡淡的、静静的美。独处时可以回忆过去，**向往**未来，也可以喝一杯好茶，读一本好书，置身于自己的世界，找回**纯真**的自我。如此一来，独处将会变成一件**颇**为惬意的事。

혼자 지내는 사람은 종종 고독하고 내성적이라고 간주된다. 사실은 **그렇지 않다**. 혼자 지내는 것 그 자체는 일종의 아름다움이며, 그것은 고독하고 쓸쓸하며, 우울하고 서러운 것과는 다르다. 그것은 일종의 편하고 담담하며, 고요한 아름다움이다. 혼자 지낼 때는 과거를 회상하고, 미래를 **갈망**할 수 있으며, 좋은 차 한 잔을 마시고, 좋은 책 한 권을 읽고, 자신만의 세계에서 **순수한** 자아를 되찾을 수도 있다. 이렇게 하면, 혼자 지내는 것이 **상당히** 흡족한 일이 될 것이다.

A	不妨	展望 ✓	纯粹 ✓	便	A	무방하다	전망	순수하다	바로
B	势必	爱戴	纯洁 ✓	皆	B	반드시	추대	순수하고 맑다	모두
C	未必 ✓	憧憬	单纯 ✓	亦	C	꼭 그렇지 않다	지향	단순하다	또한
D	**不然** ✓	**向往** ✓	**纯真** ✓	**颇** ✓	**D**	**그렇지 않다**	**갈망**	**순수하다**	**상당히**

어휘 지문 **独处** dúchǔ 동 혼자 지내다 **视为** shìwéi ~로 간주하다 ★**孤独** gūdú 형 고독하다 **内向** nèixiàng 형 내성적이다 **不然** bùrán 그렇지 않다
★**本身** běnshēn 대 그 자체 **寂寞** jìmò 형 쓸쓸하다 **忧郁** yōuyù 형 우울하다 **哀怨** āiyuàn 서럽다, 애원하다 **淡** dàn 형 (마음이) 담담하다

静 jìng 圐 고요하다　★向往 xiàngwǎng 圐 갈망하다　未来 wèilái 圐 미래　置身 zhìshēn 圐 (몸을) ~에 두다　纯真 chúnzhēn 圐 순수하다
如此一来 rúcǐyìlái 이렇게 하면　颇 pō 圐 상당히　惬意 qièyì 圐 흡족하다
선택지　不妨 bùfáng 圐 무방하다　势必 shìbì 圐 반드시　未必 wèibì 圐 꼭 그렇지 않다　展望 zhǎnwàng 圐 전망하다　★爱戴 àidài 圐 추대하다
憧憬 chōngjǐng 圐 지향하다　★纯粹 chúncuì 圐 순수하다　★纯洁 chúnjié 圐 순수하고 맑다　单纯 dānchún 圐 단순하다　皆 jiē 圐 모두
亦 yì 圐 또한

| 해설 | 첫째 빈칸 | 선택지 B, C는 공통글자 必를 포함하여 '필수적으로'와 관련된 의미의 부사 유의어이고, A는 '무방하다'라는 의미의 부사이다. 그리고 D는 '그렇지 않다'라는 의미의 형용사이다. '혼자 지내는 사람은 종종 고독하고 내성적이라고 간주된다. 사실은 _____. 혼자 지내는 것 그 자체는 일종의 아름다움이며'라는 문맥에 어울리는 선택지 C 未必(꼭 그렇지 않다), D 不然(그렇지 않다)을 정답의 후보로 고른다. 참고로 其实不然(사실은 그렇지 않다)은 자주 단어처럼 사용된다. |

둘째 빈칸　선택지가 모두 의미가 다른 동사이다. 빈칸은 술어 자리이므로, 빈칸 뒤의 목적어 未来(미래를)와 의미적으로 호응하는 선택지 A 展望(전망), C 憧憬(지향), D 向往(갈망)을 정답의 후보로 고른다. '혼자 지낼 때는 과거를 회상하고, 미래를 _____ 할 수 있으며'라는 문맥과도 자연스럽다.
참고로 B 爱戴(추대하다)는 하급자가 상급자를 대할 때, 또는 손아랫사람이 손윗사람을 대할 때 사용한다.

셋째 빈칸　선택지가 모두 공통글자 纯를 포함하여 '순수하다'와 관련된 의미의 형용사 유의어이다. 빈칸은 관형어 자리이므로, 빈칸 뒤의 목적어 自我(자아를)와 의미적으로 호응하는 선택지 A 纯粹(순수하다), B 纯洁(순수하고 맑다), C 单纯(단순하다), D 纯真(순수하다)을 정답의 후보로 고른다. '자신만의 세계에서 _____ 자아를 되찾을 수도 있다'라는 문맥과도 자연스럽다.

넷째 빈칸　선택지는 모두 의미가 다른 부사이다. 빈칸 뒤의 접미사 为와 결합하여 한 단어처럼 사용되는 선택지 B 皆(모두), C 亦(또한), D 颇(상당히)를 정답의 후보로 고른다. '이렇게 하면, 혼자 지내는 것이 _____ 흡족한 일이 될 것이다.'라는 문맥에 어울리는 것은 D 颇이므로 D가 정답이다.

*따라서 모든 빈칸에서 정답 후보를 포함하는 선택지 D가 정답이다.

---

69 白茶属微发酵茶，其独特的制作**工艺**保留了茶叶中大量的营养成分，所以白茶具有良好的保健**功效**。品质好的白茶适宜**储存**，以陈为贵，存放时间越长，价值越高。白茶越陈越耐泡，**味道**纯正而浓郁，非常有益于健康。因此关于白茶有这样一句俗话，"一年茶，三年药，七年宝"。

백차는 약하게 발효된 차에 속하는데, 그 독특한 제조 **기술은** 찻잎 속 다량의 영양 성분을 보존했고, 그래서 백차는 훌륭한 건강 증진 **효과를** 가지고 있다. 품질이 좋은 백차는 **보관하기**에 적합하고, 오래된 것을 귀한 것으로 치고, 보관한 시간이 길수록 가치가 높아진다. 백차는 오래될수록 여러 번 우릴 수 있고, **맛이** 순하고 깊으며, 건강에 매우 이롭다. 이 때문에 백차에 관해 '1년이면 차, 3년이면 약, 7년이면 보물이다'라는 속담이 있다.

A	技工		措施		储蓄		滋味 ✔	
B	**工艺 ✔**		**功效 ✔**		**储存 ✔**		**味道 ✔**	
C	手法 ✔		作用 ✔		储藏		味觉	
D	装备 ✔		后果		保存 ✔		香味 ✔	

A	기술자는	대책을	저축하기	맛이
B	기술은	효과를	보관하기	맛이
C	기법은	작용을	저장하기	미각이
D	장비는	결과를	보존하기	향이

| 어휘 | 지문 | 发酵 fājiào 圐 발효하다　独特 dútè 圐 독특하다　制作 zhìzuò 圐 제조하다　工艺 gōngyì 圐 가공 기술　保留 bǎoliú 圐 보존하다
营养 yíngyǎng 圐 영양　成分 chéngfèn 圐 성분　良好 liánghǎo 圐 훌륭하다　保健 bǎojiàn 圐 건강을 증진하다　★功效 gōngxiào 圐 효과
★品质 pǐnzhì 圐 품질　★适宜 shìyí 圐 적합하다　储存 chǔcún 圐 보관하다　以陈为贵 yǐ chén wéi guì 오래된 것을 귀한 것으로 치다
存放 cúnfàng 圐 보관하다　价值 jiàzhí 圐 가치　陈 chén 圐 오래되다　耐泡 nài pào 여러 번 우려도 색과 맛이 변하지 않다
纯正 chúnzhèng 圐 순하다, 순수하다　浓郁 nóngyù 圐 깊다　有益于 yǒuyì yú ~에 이롭다　★俗话 súhuà 圐 속담　宝 bǎo 圐 보물 |

선택지　技工 jìgōng 圐 기술자　★手法 shǒufǎ 圐 기법　装备 zhuāngbèi 圐 장비　措施 cuòshī 圐 대책　后果 hòuguǒ 圐 (최후의) 결과
储蓄 chǔxù 圐 저축하다　储藏 chǔcáng 圐 저장하다　保存 bǎocún 圐 보존하다　滋味 zīwèi 圐 맛　香味 xiāngwèi 圐 향

| 해설 | 첫째 빈칸 | 선택지 A, B는 공통글자 工을 포함하여 '기술'과 관련된 의미의 명사 유의어이고, C는 '기법'이라는 의미의 명사이다. 그리고 D는 '장비'라는 의미의 명사이다. 빈칸 앞의 관형어 制作(제조)와 의미적으로 호응하는 선택지 B 工艺(기술은), C 手法(기법은), D 装备(장비는)를 정답의 후보로 고른다. '백차는 약하게 발효된 차에 속하는데, 그 독특한 제조 _____ 찻잎 속 다량의 영양 성분을 보존했고'라는 문맥과도 자연스럽다. |

둘째 빈칸　선택지가 모두 의미가 다른 명사이다. 빈칸 앞의 保健(건강 증진)과 의미적으로 호응하는 선택지 B 功效(효과를), C 作用(작용을)을 정답의 후보로 고른다. '백차는 훌륭한 건강 증진 _____ 가지고 있다'라는 문맥과도 자연스럽다.
참고로 D 后果(결과)는 나쁜 측면의 좋지 못한 결과를 나타낸다.

셋째 빈칸　선택지가 모두 공통글자 储 또는 存을 포함하여 '저장하다'와 관련된 의미의 동사 유의어이다. 빈칸은 술어 자리이므로, 빈칸 앞의 부사어 适宜(적합하고)와 의미적으로 호응하는 선택지 B 储存(보관하기), C 储藏(저장하기), D 保存(보존하기)을 정답의 후보로 고른다. '품질이 좋은 백차는 _____에 적합하고'라는 문맥과도 자연스럽다.

참고로 A 储蓄(저축하다)는 주로 钱物(금품), 外币(외화) 등의 어휘와 호응한다.

넷째 빈칸 선택지가 모두 공통글자 味를 포함하여 '맛, 향'과 관련된 의미의 명사 유의어이다. 빈칸 뒤의 纯正而浓郁(순하고 깊으며)와 의미적으로 호응하는 선택지 A 滋味(맛이), B 味道(맛이), D 香味(향이)를 정답의 후보로 고른다. '백차는 오래될수록 여러 번 우릴 수 있고, _____ 순하고 깊으며, 건강에 매우 이롭다.'라는 문맥과도 자연스럽다.

*따라서 모든 빈칸에서 정답 후보를 포함하는 선택지 B가 정답이다.

70

以前有两个书法家，一个极认真地**模仿**古人，另一个正好相反，自己独成一派。有一天，第一个书法家**嘲笑**第二个书法家："请问，你的字有哪一笔是古人的？"第二个书法家并不生气，而是笑眯眯地**反问**了一句："你的作品究竟有哪一**幅**是自己的？"第一个书法家听了，顿时**哑口无言**。

옛날에 서예가가 두 명이 있었는데, 한 명은 아주 열심히 옛사람을 <u>모방</u>했고, 다른 한 명은 정반대로 자신만의 길을 갔다. 어느 날, 첫 번째 서예가가 두 번째 서예가를 <u>비웃</u>었다. "실례지만, 당신의 글씨 중 어느 획이 옛사람의 것입니까?" 두 번째 서예가는 화를 내지 않고, 도리어 빙그레 웃으며 한마디 <u>반문</u>했다. "당신의 작품은 도대체 어느 한 <u>점</u>이 본인의 것입니까?" 첫 번째 서예가가 듣고는 갑자기 <u>말문이 막혔</u>다.

A 模拟	责怪 ✓	分解	株	一目了然
B 崇拜 ✓	讥笑 ✓	补充 ✓	堆 ✓	根深蒂固
C 模仿 ✓	**嘲笑 ✓**	**反问 ✓**	**幅 ✓**	**哑口无言 ✓**
D 效仿 ✓	责备 ✓	落实	束	理所当然

A 모의하다	나무랐다	분해하다	그루	일목요연하다
B 숭배하다	비웃었다	보충하다	무더기	기초가 튼튼하다
C 모방하다	비웃었다	반문하다	점	말문이 막히다
D 흉내내다	꾸짖었다	확정하다	묶음	당연하다

어휘 지문 书法家 shūfǎjiā 몡 서예가 模仿 mófǎng 동 모방하다 古人 gǔrén 몡 옛사람
独成一派 dú chéng yípài 자신만의 길을 가다, 독자적으로 파(派)를 이루다 ★嘲笑 cháoxiào 동 비웃다
笔 bǐ 양 획[글씨나 그림에서, 붓 따위를 한 번 그은 줄이나 점을 세는 단위] 笑眯眯 xiàomīmī 동 빙그레 웃다 反问 fǎnwèn 동 반문하다
作品 zuòpǐn 몡 작품 幅 fú 양 점[그림 등을 세는 단위] 顿时 dùnshí 분 갑자기 哑口无言 yǎkǒuwúyán 정 말문이 막히다

선택지 ★崇拜 chóngbài 동 숭배하다 效仿 xiàofǎng 동 흉내내다 责怪 zéguài 동 나무라다, 책망하다 讥笑 jīxiào 동 비웃다 责备 zébèi 동 꾸짖다
分解 fēnjiě 동 분해하다 补充 bǔchōng 동 보충하다 落实 luòshí 동 확정하다 ★株 zhū 양 그루 堆 duī 양 무더기 ★束 shù 양 묶음
一目了然 yímùliǎorán 정 일목요연하다 根深蒂固 gēnshēndìgù 정 기초가 튼튼하다 理所当然 lǐsuǒdāngrán 정 당연하다

해설 첫째 빈칸 선택지 A, C, D는 공통글자 模 또는 仿을 포함하여 '모방하다'와 관련된 의미의 동사 유의어이고, B는 '숭배하다'라는 의미의 동사이다. 빈칸은 술어 자리이므로, 빈칸 뒤의 목적어 古人(옛사람)과 의미적으로 호응하는 선택지 B 崇拜(숭배하다), C 模仿(모방하다), D 效仿(흉내내다)를 정답의 후보로 고른다. '한 명은 아주 열심히 옛사람을 _____ 했고'라는 문맥과도 자연스럽다.
참고로 A 模拟(모의하다)는 주로 模拟实验(모의 실험)과 같이 실제의 것을 흉내내어 시험적으로 해보는 것을 나타낸다.

둘째 빈칸 선택지 A, D는 공통글자 责를 포함하여 '나무라다'와 관련된 의미의 동사 유의어이고, B, C는 공통글자 笑를 포함하여 '웃다'와 관련된 의미의 동사 유의어이다. 빈칸은 술어 자리이므로, 빈칸 뒤의 목적어 书法家(서예가를)와 의미적으로 호응하는 선택지 A 责怪(나무랐다), B 讥笑(비웃었다), C 嘲笑(비웃었다), D 责备(꾸짖었다)를 정답의 후보로 고른다. '어느 날, 첫 번째 서예가가 두 번째 서예가를 _____.'라는 문맥과도 자연스럽다.

셋째 빈칸 선택지가 모두 의미가 다른 동사이다. 빈칸은 술어 자리이므로, 빈칸 뒤의 목적어 一句(한마디)와 의미적으로 호응하는 선택지 B 补充(보충하다), C 反问(반문하다)을 정답의 후보로 고른다. '두 번째 서예가는 화를 내지 않고, 도리어 빙그레 웃으며 한마디 _____ 했다.'라는 문맥과도 자연스럽다.

넷째 빈칸 선택지가 모두 의미가 다른 양사이다. 빈칸 앞의 명사 作品(작품)과 함께 쓰이는 양사 B 堆(무더기), C 幅(점)를 정답의 후보로 고른다.
참고로 A 株(그루)는 주로 나무를 세는 양사이고, D 束(묶음)는 주로 묶여 있는 물건을 셀 때 사용하며, 鲜花(생화), 草(풀) 등 명사와 함께 쓰인다.

다섯째 빈칸 선택지가 모두 의미가 다른 성어이다. 빈칸 앞의 부사 顿时(갑자기)과 의미적으로 호응하는 선택지 C 哑口无言(말문이 막혔다)이 정답이다. '첫 번째 서예가가 듣고는 갑자기 _____.'라는 문맥과도 자연스럽다.

*따라서 모든 빈칸에서 정답 후보를 포함하는 선택지 C가 정답이다.

一个健康的人，若喝了足够的水，即使一段时间内不进食也能维持生命。一般情况下，不喝水的话最多只能活三天，⁷¹如果在酷热的沙漠中，不到两个小时，**(71) C 死神就会降临**。可见，水是人类生命的源泉，是维持生命的重要物质。自古就有"药补不如食补，食补不如水补"的说法。早在明朝医学家李时珍编著的巨著《本草纲目》中，就把与水有关的内容收录在了第一章。

(72) B 水是人体不可或缺的存在。⁷²水是体液的重要成分，也是传送养分、排泄体内废物、消化食物、润滑关节以及调节体温所需的物质。⁷³水是含有溶解性矿物质的血液系统的一部分，它同钙、镁一样，**(73) A 对维持身体组织的正常运作必不可少**。

喝足够的水有利于防病治病，比如既可以预防感冒，又可以让感冒患者早日康复。究其原因，感冒大多由病毒引起，而⁷⁴皮肤和黏膜是人体免疫系统的第一道防线，能够防御病毒和细菌的入侵。足够的饮水量可以使皮肤和黏膜保持湿润，**(74) E 有利于阻止病毒和细菌入侵**。不仅如此，多喝水可以延缓衰老。人体衰老的过程就是脱水的过程，老年人皱纹增多就是皮肤干燥、脱水的结果。加之随着年龄的增长，**(75) D 水占人体体重的比例会逐渐下降**。⁷⁵各个年龄段的体内含水比重大体如下：胎儿90%，初生婴儿80%，青少年75%，成年人70%，老年人小于65%。因此，老年人尤其要养成喝水的习惯。

A 对维持身体组织的正常运作必不可少
B 水是人体不可或缺的存在
C 死神就会降临
D 水占人体体重的比例会逐渐下降
E 有利于阻止病毒和细菌入侵

건강한 사람이 만약 충분한 물을 마신다면, 설령 한동안 음식을 먹지 않는다 해도 생명을 유지할 수 있다. 일반적으로, 물을 마시지 않는다면 최대 3일을 살 수 있는데, ⁷¹만약 매우 더운 사막에 있다면, 두 시간도 안 돼서 **(71) A 바로 사신이 찾아올 것이다**. 이로써, 물은 인류 생명의 원천이며, 생명을 유지하는 중요한 물질인 것을 알 수 있다. 자고로 '약으로 보충하는 것이 음식으로 보충하는 것만 못하고, 음식으로 보충하는 것이 물로 보충하는 것만 못하다'라는 말이 있다. 오래전 명나라의 의학자 이시진이 저술한 대작 <본초강목>에서는, 물과 관련 있는 내용을 제1장에 수록했다.

(72) B 물은 인체에 없어서는 안 되는 존재이다. ⁷²물은 체액의 중요한 성분이며, 영양분 전달, 체내 노폐물 배출, 음식물 소화, 관절 윤활 그리고 체온 조절에도 꼭 필요한 물질이다. ⁷³물은 용해성 미네랄을 함유하고 있는 혈액 체계의 일부라서 칼슘, 마그네슘과 같이, **(73) A 신체 조직의 정상적인 활동을 유지하는 데에 반드시 필요하다**.

충분한 물을 마시는 것은 질병을 예방하고 치료하는 데에 도움이 되는데, 감기를 예방할 수도 있고, 또 감기 환자가 하루빨리 건강을 회복하게 할 수 있도록 하는 것이 그 예다. 그 원인을 살펴보면, 감기는 대부분 바이러스로 인해 야기되는데, ⁷⁴피부와 점막은 인체 면역 체계의 제1 방어선이어서, 바이러스와 세균의 침투를 막아줄 수 있다. 충분한 음수량은 피부와 점막이 촉촉하도록 유지해주어, **(74) E 바이러스와 세균이 침투하는 것을 저지하는 데에 도움이 된다**. 이뿐만 아니라, 물을 많이 마시는 것은 노화를 늦출 수 있다. 인체가 노화하는 과정은 바로 수분이 빠져나가는 과정인데, 노인이 주름이 많아지는 것은 곧 피부가 건조하고, 수분이 빠져나간 결과이다. 게다가 연령의 증가에 따라, **(75) D 물이 인체 체중에서 차지하는 비율이 점차 낮아진다**. ⁷⁵연령대별 체내 물 함유 비중은 대체로 아래와 같이, 태아 90%, 막 태어난 갓난아기 80%, 청소년 75%, 성인 70%, 노인 65% 미만이다. 그렇기 때문에, 노인은 특히 물을 마시는 습관을 길러야 한다.

A 신체 조직의 정상적인 활동을 유지하는 데에 반드시 필요하다
B 물은 인체에 없어서는 안 되는 존재이다
C 바로 사신이 찾아올 것이다
D 물이 인체 체중에서 차지하는 비율이 점차 낮아진다
E 바이러스와 세균이 침투하는 것을 저지하는 데에 도움이 된다

어휘 若 ruò 囮 만약 ~한다면 进食 jìnshí 튕 음식을 먹다 ★维持 wéichí 튕 유지하다 酷热 kùrè 혱 매우 덥다 沙漠 shāmò 뎽 사막 死神 sǐshén 뎽 사신
★降临 jiànglín 튕 찾아오다 可见 kějiàn 젭 (이로써) ~을 알 수 있다 人类 rénlèi 뎽 인류 ★源泉 yuánquán 뎽 원천 物质 wùzhì 뎽 물질
自古 zìgǔ 튕 자고로 补 bǔ 튕 보충하다 不如 bùrú 튕 ~보다 못하다 明朝 Míngcháo 고유 명나라[중국 역사상의 한 국가]
李时珍 Lǐ Shízhēn 고유 이시진[중국 명대의 의학자] 编著 biānzhù 튕 저술하다 巨著 jùzhù 뎽 대작
本草纲目 Běncǎo gāngmù 고유 본초강목[명나라의 이시진(李时珍)이 지은 본초학의 연구서] 收录 shōulù 튕 수록하다
章 zhāng 뎽 장[문장의 단락을 셀 때 사용함] 不可或缺 bùkěhuòquē 없어서는 안 되다 存在 cúnzài 튕 존재하다 体液 tǐyè 뎽 체액
成分 chéngfèn 뎽 성분 传送 chuánsòng 튕 전달하다 养分 yǎngfèn 뎽 영양분 排泄 páixiè 튕 배출하다 废物 fèiwù 뎽 노폐물
消化 xiāohuà 튕 소화하다 食物 shíwù 뎽 음식물 润滑 rùnhuá 튕 윤활하게 하다 关节 guānjié 뎽 관절 ★以及 yǐjí 젭 그리고 ★调节 tiáojié 튕 조절하다
含有 hán yǒu 함유하다 溶解性 róngjiěxìng 뎽 용해성 矿物质 kuàngwùzhì 뎽 미네랄 血液 xuèyè 뎽 혈액 系统 xìtǒng 뎽 체계 ★钙 gài 뎽 칼슘
镁 měi 뎽 마그네슘 组织 zǔzhī 뎽 조직 运作 yùnzuò 튕 활동하다 必不可少 bìbùkěshǎo 반드시 필요하다 有利 yǒulì 튕 도움이 되다
治病 zhì bìng 치료하다 预防 yùfáng 튕 예방하다 ★患者 huànzhě 뎽 환자 康复 kāngfù 튕 건강을 회복하다 究 jiū 살펴보다 病毒 bìngdú 뎽 바이러스
黏膜 niánmó 뎽 점막 ★免疫 miǎnyì 튕 면역이 되다 防线 fángxiàn 뎽 방어선 防御 fángyù 튕 막아주다, 방어하다 ★细菌 xìjūn 뎽 세균
入侵 rùqīn 튕 침투하다 饮水量 yǐnshuǐliàng 뎽 음수량 保持 bǎochí 튕 유지하다 湿润 shīrùn 혱 촉촉하다 阻止 zǔzhǐ 튕 저지하다
延缓 yánhuǎn 튕 늦추다 ★衰老 shuāilǎo 튕 노화하다 脱水 tuōshuǐ 튕 수분이 빠져나가다 皱纹 zhòuwén 뎽 주름 干燥 gānzào 혱 건조하다
加之 jiāzhī 젭 게다가 占 zhàn 튕 차지하다 体重 tǐzhòng 뎽 체중 比例 bǐlì 뎽 비율 逐渐 zhújiàn 튕 점차 下降 xiàjiàng 튕 낮아지다
★比重 bǐzhòng 뎽 비중 大体 dàtǐ 튕 대체로 胎儿 tāi'ér 뎽 태아 ★婴儿 yīng'ér 뎽 갓난아기 青少年 qīngshàonián 뎽 청소년

(71) 빈칸 앞에 '가정'을 나타내는 연결어 如果(만약)가 있고, 빈칸 앞 내용이 '만약 매우 더운 사막에 있다면, 두 시간도 안 돼서'라는 문맥임을 확인해둔다. 선택지 C 死神就会降临(바로 사신이 찾아올 것이다)이 빈칸 앞 내용을 가정했을 때의 상황으로 자연스럽게 이어지므로 정답이다.

(72) 빈칸 뒤가 '물은 체액의 중요한 성분이며, 영양분 전달, 체내 노폐물 배출, 음식물 소화, 관절 윤활 그리고 체온 조절에도 꼭 필요한 물질이다.'라는 문맥임을 파악한다. 선택지 B 水是人体不可或缺的存在(물은 인체에 없어서는 안 되는 존재이다)가 빈칸 뒤 내용을 일반화하므로 정답이다.

(73) 빈칸 앞이 '물은 용해성 미네랄을 함유하고 있는 혈액 체계의 일부라서'라는 문맥임을 파악한다. 선택지 A 对维持身体组织的正常运作必不可少(신체 조직의 정상적인 활동을 유지하는 데에 반드시 필요하다)가 빈칸 앞 내용의 결과를 나타내므로 정답이다.

(74) 빈칸 앞에서 언급된 病毒和细菌的入侵을 키워드 단서로 확인해둔다. 病毒, 细菌, 入侵을 그대로 사용한 선택지 E 有利于阻止病毒和细菌入侵(바이러스와 세균이 침투하는 것을 저지하는 데에 도움이 된다)이 정답이다. E를 빈칸에 넣었을 때 '피부와 점막은 인체 면역 체계의 제1방어선이어서, 바이러스와 세균의 침투를 막아줄 수 있다. 충분한 음수량은 피부와 점막이 촉촉하도록 유지해주어, 바이러스와 세균이 침투하는 것을 저지하는 데에 도움이 된다'라는 자연스러운 문맥이 된다.

(75) 빈칸 뒤에서 언급된 体内含水比重을 키워드 단서로 확인해둔다. 体内含水比重과 관련된 키워드 水占人体体重的比例가 있는 선택지 D 水占人体体重的比例会逐渐下降(물이 인체 체중에서 차지하는 비율이 점차 낮아진다)이 정답이다. D를 빈칸에 넣었을 때 '물이 인체 체중을 차지하는 비율이 점차 낮아진다. 연령대별 체내 물 함유 비중은 대체로 아래와 같이 ……'라는 자연스러운 문맥이 된다.

76 – 80

[76]宵禁指禁止夜间活动，是一种在戒严期间禁止夜间行动的法律行为，**(76) D 一般在国家紧急状态或战争状态下实行**。在漫长的历史进程中，中国大多数朝代都限制了人们的夜间活动，只有在诸如元宵节这样的特殊节日，才允许人们在夜间外出走动。

唐朝是宵禁制度较为严格的朝代。唐朝实行坊市制，"坊"是里巷的意思，多用于街巷的名称；"市"是指聚集货物、进行交易的场所。当时长安街有十二条大街，街道整齐划一，房屋结构像棋局。唐朝严格的宵禁制度是在坊市制的基础上自然形成的。每当夜幕降临，街上就会响起鸣街鼓，提醒人们城门即将关闭，禁止出入城市。[77]鸣街鼓不仅是城门及宫门开启或关闭的信号，**(77) B 同时也是宵禁开始与结束的标志**。在规范的宵禁制度下，白天车水马龙，商人络绎不绝的长安街，一到晚上就变得清冷寂静。

宵禁给人们的生活带来的影响并不大，然而对于靠黑夜的掩护实施违法行为的人来说，宵禁则成了很大的障碍。因此宵禁制度在当时还起到了防贼的作用。另外，赌博是被历代法律所禁止的，**(78) E 赌徒为了避开士兵的抓捕**，大多在晚上聚集赌博，而[78]宵禁制度的严格实行打击了赌徒的聚赌行为，维护了城市的治安。

到了宋代，由于夜市的出现，[79]官府逐渐放宽了严格的宵禁制度，**(79) A 开始允许少数商人在晚上进行商业活动**。到了辛亥革命时期，宵禁制度才被彻底废除。如今，在一些特殊情况下也会实行宵禁，例如在传染病盛行的时期，许多国家都限制了夜间活动，**(80) C 其根本目的就是减少不必要的人际交往**，[80]阻止传染病的扩散。

[76]야간 통행 금지는 야간 활동을 금지하는 것을 가리키며, 계엄 기간에 야간 행동을 금지하는 법률 행위로, **(76) D 일반적으로 국가 긴급 상황 또는 전시 상황에서 시행된다**. 유구한 역사의 발전 과정중에서, 중국의 대다수 왕조는 모두 사람들의 야간 활동을 제한했고, 이를테면 원소절과 같은 이런 특수한 명절 때에만, 비로소 사람들이 야간에 외출하여 돌아다니는 것을 허락했다.

당나라는 야간 통행 금지 제도가 비교적 엄격했던 왕조였다. 당나라는 방시제를 시행했는데, '방'은 골목이라는 뜻이고, 길거리의 명칭으로 많이 사용됐다. '시'는 물건이 모이고, 교역이 이뤄지는 장소를 가리킨다. 당시 창안제에는 열두 갈래의 큰 거리가 있었는데, 길이 질서 있고 획일적이었으며, 집 구조는 마치 바둑판 같았다. 당나라의 엄격한 야간 통행 금지 제도는 방시제의 기반에서 자연스럽게 만들어졌다. 어둠이 내려앉을 때마다, 거리에는 명가고가 울려 퍼지며, 사람들에게 성문이 곧 닫힌다는 것을 상기시켰고, 도시로 출입하는 것을 금지했다. [77]명가고는 성문 및 궁궐 문이 열리거나 닫힌다는 신호일 뿐만 아니라, **(77) B 동시에 야간 통행 금지가 시작되고 종료된다는 상징이기도 했다**. 규범적인 야간 통행 금지 제도 하에, 낮에는 수레가 그칠 새 없이 많이 다니고 상인들이 끊이지 않는 창안제가 밤만 되면 적막하고 고요해졌다.

야간 통행 금지가 사람들의 생활에 가져온 영향은 크지 않지만, 어둠의 엄호에 의지해 몰래 위법 행위를 행하는 사람에게 있어, 야간 통행 금지는 큰 장애물이 되었다. 그래서 야간 통행 금지 제도는 당시에 도둑을 예방하는 효과도 있었다. 그 외에도, 도박은 역대 법률들에 의해 금지되는 것이었는데, **(78) E 도박꾼은 사병의 체포를 피하기 위해**, 대부분 밤에 모여서 도박했지만, [78]야간 통행 금지 제도의 엄격한 실행은 도박꾼의 집단 도박 행위에 타격을 줬고, 도시의 치안을 유지했다.

송나라에 이르러, 야시장의 출현으로 인해 [79]관청은 점차 엄격한 야간 통행 금지 제도를 완화했고, **(79) A 소수 상인들이 밤에 상업 활동을 하는 것을 허락하기 시작했다**. 신해혁명 시기에 이르러서야, 야간 통행 금지 제도가 비로소 완전히 폐지됐다. 오늘날, 몇몇 특수 상황에서도 야간 통행 금지를 실행하는데, 전염병이 성행하는 시기에, 많은 국가가 모두 야간 활동을 제한한 것이 그 예시이고, **(80) C 그것의 근본적인 목적은 불필요한 사교 모임을 줄여서**, [80]전염병의 확산을 저지하는 것이다.

A 开始允许少数商人在晚上进行商业活动	A 소수 상인들이 밤에 상업 활동을 하는 것을 허락하기 시작했다
B 同时也是宵禁开始与结束的标志	B 동시에 야간 통행 금지가 시작되고 종료된다는 상징이기도 했다
C 其根本目的就是减少不必要的人际交往	C 그것의 근본적인 목적은 불필요한 사교 모임을 줄여서
D 一般在国家紧急状态或战争状态下实行	D 일반적으로 국가 긴급 상황 또는 전시 상황에서 시행된다
E 赌徒为了避开士兵的抓捕	E 도박꾼은 사병의 체포를 피하기 위해

어휘 **宵禁** xiāojìn 图 야간 통행을 금지하다 **夜间** yèjiān 图 야간 **戒严** jièyán 图 계엄하다 **期间** qījiān 图 기간 **行动** xíngdòng 图 행동 **法律** fǎlǜ 图 법률
行为 xíngwéi 图 행위 **紧急** jǐnjí 图 긴급하다 **状态** zhuàngtài 图 상황 **战争** zhànzhēng 图 전시, 전쟁 ★**实行** shíxíng 图 시행하다
★**漫长** màncháng 图 유구하다 **进程** jìnchéng 图 발전 과정 **朝代** cháodài 图 왕조 **限制** xiànzhì 图 제한하다 **诸如** zhūrú 图 이를테면 ~와 같다
元宵节 Yuánxiāojié 교요 원소절[음력 1월 15일] **特殊** tèshū 图 특수하다 **唐朝** Tángcháo 교요 당나라[중국 역사상의 한 국가] **制度** zhìdù 图 제도
坊市制 fāngshìzhì 图 방시제[중국 고대 관청의 도시 계획과 시장 관리에 대한 제도] **里巷** lǐxiàng 图 골목 **街巷** jiēxiàng 图 길거리
名称 míngchēng 图 명칭 **聚集** jùjí 图 모이다 **货物** huòwù 图 물건 ★**交易** jiāoyì 图 교역하다 ★**场所** chǎngsuǒ 图 장소
长安街 Cháng'ānjiē 교요 창안제[베이징시의 둥청구(东城区)와 시청구(西城区)를 잇는 간선 도로] **整齐** zhěngqí 图 질서 있다
划一 huàyī 图 획일적이다 **房屋** fángwū 图 집 **结构** jiégòu 图 구조 **棋局** qíjú 图 바둑판 **形成** xíngchéng 图 만들어지다 **夜幕** yèmù 图 어둠
★**降临** jiànglín 图 내려앉다 **鸣街鼓** míngjiēgǔ 图 명가고[야간 통행 금지의 시작과 종료를 알릴 때 사용하는 북] ★**即将** jíjiāng 图 곧 **关闭** guānbì 图 닫다
宫门 gōngmén 图 궁궐 문 **开启** kāiqǐ 图 열다 **信号** xìnhào 图 신호 **标志** biāozhì 图 상징 ★**规范** guīfàn 图 규범적인 **白天** báitiān 图 낮
车水马龙 chēshuǐmǎlóng 图 수레·차량 등이 그칠 새 없이 많이 다니다 ★**络绎不绝** luòyìbùjué (왕래가 잦아) 끊이지 않다
清冷 qīnglěng 图 적막하다 **寂静** jìjìng 图 고요하다 **靠** kào 图 의지하다 **掩护** yǎnhù 图 엄호하다, 몰래 보호하다 ★**实施** shíshī 图 행하다
违法行为 wéifǎ xíngwéi 위법 행위 ★**障碍** zhàng'ài 图 장애물 **防贼** fáng zéi 图 도둑을 예방하다 **赌博** dǔbó 图 도박하다 ★**历代** lìdài 图 역대
赌徒 dǔtú 图 도박꾼 **避开** bìkāi 图 피하다 **士兵** shìbīng 图 사병 **抓捕** zhuābǔ 图 체포하다 ★**打击** dǎjī 图 타격을 주다
聚赌 jùdǔ 图 집단 도박을 하다 ★**维护** wéihù 图 유지하다 **治安** zhì'ān 图 치안 **宋代** Sòngdài 교요 송나라[중국 역사상의 한 국가] **夜市** yèshì 图 야시장
官府 guānfǔ 图 관청 **逐渐** zhújiàn 图 점차 **放宽** fàngkuān 图 완화하다 **商业** shāngyè 图 상업 **辛亥革命** Xīnhài Gémìng 신해혁명
彻底 chèdǐ 图 완전히, 철저히 **废除** fèichú 图 폐지하다 **如今** rújīn 图 오늘날 **传染病** chuánrǎnbìng 图 전염병 **盛行** shèngxíng 图 성행하다
根本 gēnběn 图 근본적인 **必要** bìyào 图 필요하다 **人际交往** rénjì jiāowǎng 图 사교 모임 **阻止** zǔzhǐ 图 저지하다 ★**扩散** kuòsàn 图 확산하다

해설 (76) 빈칸 앞이 '야간 통행 금지는 야간 활동을 금지하는 것을 가리키며, 계엄 기간에 야간 행동을 금지하는 법률 행위로'라는 문맥임을 파악한다. 선 택지 D 一般在国家紧急状态或战争状态下实行(일반적으로 국가 긴급 상황 또는 전시 상황에서 시행된다)이 빈칸 앞 문장의 대상 '야간 통행 금지'를 설명하고 있고 빈칸 앞 내용과도 자연스럽게 이어지므로 정답이다.

(77) 빈칸 앞에 '점층'을 나타내는 연결어 不仅(~일 뿐만 아니라)이 있고, 빈칸 앞 내용이 '명가고는 성문 및 궁궐 문이 열리거나 닫힌다는 신호일 뿐만 아니라'라는 문맥임을 확인해둔다. 선택지 B 同时也是宵禁开始与结束的标志(동시에 야간 통행 금지가 시작되고 종료된다는 상징이기도 했다)이 不 仅과 자주 짝을 이루어 사용되는 也를 포함하고 문맥과도 자연스러우므로 정답이다.

(78) 빈칸 뒤에서 언급된 赌徒를 키워드 단서로 확인해둔다. 赌徒를 그대로 사용한 선택지 E 赌徒为了避开士兵的抓捕(도박꾼은 사병의 체포를 피하 기 위해)가 정답이다. E를 빈칸에 넣었을 때 '도박꾼은 사병의 체포를 피하기 위해 …… 야간 통행 금지 제도의 엄격한 실행은 도박꾼의 집단 도 박 행위에 타격을 줬고'라는 자연스러운 문맥이 된다.

(79) 빈칸 앞이 '관청은 점차 엄격한 야간 통행 금지 제도를 완화했고'라는 문맥임을 파악한다. 선택지 A 开始允许少数商人在晚上进行商业活动 (소수 상인들이 밤에 상업 활동을 하는 것을 허락하기 시작했다)이 빈칸 앞 내용의 이후 상황을 나타내므로 정답이다.

(80) 빈칸 뒤가 '전염병의 확산을 저지하는 것이다'라는 문맥임을 파악한다. 선택지 C 其根本目的就是减少不必要的人际交往(그것의 근본적인 목적 은 불필요한 사교 모임을 줄여서)이 빈칸 뒤 내용의 목적을 나타내므로 정답이다.

81 - 84

相信很多人都听说过"磁悬浮"这个词。磁悬浮是利用磁力使物体处于一个无摩擦、无接触悬浮平衡状态的技术。磁悬浮听起来简单，但是其具体特性的实现却经历了一段漫长的岁月。[81]磁悬浮技术是集电磁学、电子技术、控制工程、信号处理、机械学、动力学等领域为一体的机电一体化高新技术。

我们看到的那些磁悬浮车通常都是奔驰在铁轨上的磁悬浮列车，而近日大众汽车公司成功地展示出了一款能够行驶在马路上的[82]"磁悬浮车"。它的原创设计则是来自中国成都的一位大学生——王佳，她的磁悬浮车

많은 사람이 '자기부상'이라는 말을 들어봤을 것이라고 믿는다. 자기부상은 자력을 이용해 물체가 마찰이 없고, 접촉이 없는 부유 균형 상태에 놓이게 하는 기술이다. 자기부상은 듣기에는 간단하지만, 이것의 구체적인 특성의 실현까지는 긴 세월이 걸렸다. [81]자기부상 기술은 전자기학, 전자기술, 제어 공학, 신호 처리, 기계학, 동력학 등의 영역이 합쳐진 기계 및 전기 공학 일체화 첨단 기술이다.

우리가 봤던 자기부상차는 일반적으로 모두 레일 위를 질주하는 자기부상열차였는데, 최근 폭스바겐 회사는 도로 위에서 운행할 수 있는 [82]'자기부상차'를 성공적으로 선보였다. 이 자동차의 최초 설계는 중국 청두의 한 대학생 왕쟈로부터 나왔는데, 그녀의 자기부상차는 세상

一经出世就引起了很大的反响。因为这款外型类似于一个巨型圆球并且没有车轮的[83]磁悬浮车，其悬浮行驶时的高度距离地面大概有30到60厘米左右。它运用尖端科技，[83]巧妙地利用了地下的磁性矿物使地面和车身之间形成磁场，地面和车身的磁力同极相斥，从而让车能够悬浮在地面上。

仅从外观上来看，磁悬浮车看似不是很坚固，但实际上恰恰相反，它具有极强的安定性。它不仅[84]拐弯性能非常出色，而且还装有车载传感器来[84]探测路面障碍，从而能够自动减缓行驶速度，避免发生事故。此外，它还具有尖端的[84]自驾性能，甚至可以通过声控系统自动识别信息、自动导航，最终到达目的地。

这款前卫的出行工具具有高端的性能和个性化的外形设计，将引领一种新的流行趋势。

에 나오자마자 바로 큰 반향을 일으켰다. 왜냐하면 외형이 거대한 둥근 공과 유사한데다가 바퀴가 없는 이 [83]자기부상차는 부유 운행 시의 높이가 지면으로부터 대략 30에서 60센티미터 정도이기 때문이다. 이 자동차는 첨단 과학 기술을 활용했는데, [83]지하의 자성 광물을 정교하게 이용해 지면과 차체 사이에 자기장을 형성하고, 지면과 차체의 자력은 같은 극으로 하여 서로 밀어내게 해, 이로써 차가 지면 위에 부유하게 할 수 있게 했다.

외관상으로만 보면, 자기부상차는 그리 튼튼해 보이지 않지만, 사실상 정반대로 이 자동차는 매우 강한 안정성을 가지고 있다. 이 자동차는 [84]코너링 기능이 매우 훌륭할 뿐만 아니라, 차량용 센서도 내장돼 있어 [84]노면의 장애물을 탐지하는데, 이로써 자동으로 운행 속도를 늦춰 사고가 발생하는 것을 피할 수 있다. 이 밖에도, 이 자동차는 [84]첨단 자율주행 기능도 가지고 있는데, 심지어 음성 제어 시스템을 통해 자동으로 정보를 인식하고 자동으로 길을 안내해, 최종적으로 목적지에 도달할 수 있다.

시대를 앞서가는 이 이동 수단은 고급 기능과 개성화된 외관 디자인을 가지고 있어서, 새로운 유행 추세를 이끌 것이다.

어휘 **磁悬浮** cíxuánfú [명] 자기부상 **利用** lìyòng [동] 이용하다 **磁力** cílì [명] 자력 ★**摩擦** mócā [동] 마찰하다 **接触** jiēchù [동] 접촉하다
悬浮 xuánfú [동] 부유하다[물 위나 공중에서 이리저리 떠다니다] **平衡** pínghéng [형] 균형이 맞다 **状态** zhuàngtài [명] 상태 **具体** jùtǐ [형] 구체적이다
实现 shíxiàn [동] 실현하다 ★**漫长** màncháng [형] 길다 ★**岁月** suìyuè [명] 세월 ★**原理** yuánlǐ [명] 원리 **电磁学** diàncíxué [명] 전자기학
控制工程 kòngzhì gōngchéng [명] 제어 공학 **信号** xìnhào [명] 신호 **处理** chǔlǐ [동] 처리하다 ★**机械** jīxiè [명] 기계 ★**动力** dònglì [명] 동력
领域 lǐngyù [명] 영역 **机电** jīdiàn [명] 기계 및 전기 공학 **高新技术** gāoxīn jìshù [명] 첨단 기술 **通常** tōngcháng [부] 일반적으로 **奔驰** bēnchí [동] 질주하다
铁轨 tiěguǐ [명] 레일 **列车** lièchē [명] 열차 **大众汽车** Dàzhòngqìchē [고유] 폭스바겐[독일의 자동차 회사] ★**展示** zhǎnshì [동] 선보이다
行驶 xíngshǐ [동] 운행하다 **原创** yuánchuàng [동] 최초로 만들다 **设计** shèjì [명] 설계, 디자인 **成都** Chéngdū [고유] 청두[중국 쓰촨(四川)성의 성도]
出世 chūshì [동] 세상에 나오다 **反响** fǎnxiǎng [명] 반향 ★**类似** lèisì [동] 유사하다 **圆** yuán [형] 둥글다 **车轮** chēlún [명] (차) 바퀴
厘米 límǐ [양] 센티미터[cm] **运用** yùnyòng [동] 활용하다 **尖端** jiānduān [형] 첨단의 **科技** kējì [명] 과학 기술 **巧妙** qiǎomiào [형] 정교하다
磁性 cíxìng [명] 자성 **矿物** kuàngwù [명] 광물 **形成** xíngchéng [동] 형성하다 **磁场** cíchǎng [명] 자기장 **相斥** xiāng chì 서로 밀어내다
★**坚固** jiāngù [형] 튼튼하다 **恰恰相反** qiàqià xiāngfǎn 정반대되다 **拐弯** guǎiwān [동] 코너링하다, 방향을 바꾸다 ★**性能** xìngnéng [명] 기능, 성능
出色 chūsè [형] 훌륭하다 **装有** zhuāng yǒu 내장되다 **车载** chēzài [명] 차량용 **传感器** chuángǎnqì [명] 센서 ★**探测** tàncè [동] 탐지하다
★**障碍** zhàng'ài [명] 장애물 **自动** zìdòng [부] 자동으로 **减缓** jiǎnhuǎn [동] 늦추다 **避免** bìmiǎn [동] 피하다 ★**事故** shìgù [명] 사고 **此外** cǐwài [접] 이 밖에도
自驾 zìjià [동] 자율주행하다 **系统** xìtǒng [명] 시스템 ★**识别** shíbié [동] 인식하다 **导航** dǎoháng [동] 길을 안내하다 **到达** dàodá [동] 도달하다
前卫 qiánwèi [형] 시대를 앞서가다 **出行** chūxíng [동] 이동하다 **工具** gōngjù [명] 수단 **高端** gāoduān [형] 고급의 **个性化** gèxìnghuà 개성화하다
引领 yǐnlǐng [동] 이끌다 **趋势** qūshì [명] 추세

81 根据上文，磁悬浮技术原理**不包含**下列哪个领域？

A 机械学　B 电磁学
C 动力学　**D 流体学**

위 글에 근거하여, 자기부상 기술의 원리는 다음 중 어떤 영역을 **포함하지 않는가?**

A 기계학　B 전자기학
C 동력학　**D 유체학**

해설 질문이 위 글에 근거하여 자기부상 기술의 원리가 포함하지 않는 영역을 물었으므로, 질문의 핵심어구 **磁悬浮技术原理**와 관련된 내용을 지문에서 재빨리 찾는다. 첫 번째 단락에서 **磁悬浮技术是集电磁学、电子技术、控制工程、信号处理、机械学、动力学等领域为一体的机电一体化高新技术。**라고 했으므로, 지문에서 언급되지 않은 선택지 D **流体学**가 정답이다.

어휘 **磁悬浮** cíxuánfú [명] 자기부상 **原理** yuánlǐ [명] 원리 **包含** bāohán [동] 포함하다 **领域** lǐngyù [명] 영역 ★**机械** jīxiè [명] 기계
电磁学 diàncíxué [명] 전자기학 ★**动力** dònglì [명] 동력 **流体** liútǐ [명] 유체[액체와 기체의 총칭]

82 "磁悬浮车"是谁设计的？

A 国家铁路局　B 成都某大学
C 一个大学生　D 大众汽车公司

'자기부상차'는 누가 설계한 것인가?

A 국가 철도국　B 청두의 어느 대학교
C 한 대학생　D 폭스바겐 회사

해설 질문이 '자기부상차'는 누가 설계한 것인지 물었으므로, 질문의 핵심어구 "**磁悬浮车**", 设计와 관련된 내용을 지문에서 재빨리 찾는다. 두 번째 단락에서 "**磁悬浮车**"。**它的原创设计则是来自中国成都的一位大学生——王佳**라고 했으므로, 선택지 C **一个大学生**이 정답이다.

어휘 **设计** shèjì 图 설계하다 **铁路** tiělù 图 철도 **成都** Chéngdū 교유 청두[중국 쓰촨(四川)성의 성도] **某** mǒu 대 어느
大众汽车 Dàzhòngqìchē 교유 폭스바겐[독일의 자동차 회사]

---

83 磁悬浮车能悬浮在地面的原理是：　　　　자기부상차가 지면에서 부유할 수 있는 원리는：

A 空气的对流现象　　　　　　　　　　　A 공기의 대류 현상
B 地面和车身之间的磁场　　　　　　　**B 지면과 차체 사이의 자기장**
C 几种能量之间的相互转化　　　　　　　C 몇 가지 에너지 사이의 상호 전환
D 车轮和地面之间的摩擦力　　　　　　　D 바퀴와 지면 사이의 마찰력

해설 질문이 자기부상차가 지면에서 부유할 수 있는 원리를 물었으므로, 질문의 핵심어구 能悬浮在地面的原理와 관련된 내용을 지문에서 재빨리 찾는다. 두 번째 단락의 磁悬浮车……巧妙地利用了地下的磁性矿物使地面和车身之间形成磁场, 地面和车身的磁力同极相斥, 从而让车能够悬浮在地面上에서 자기부상차가 부유할 수 있는 원리가 언급되었으므로, 선택지 B 地面和车身之间的磁场이 정답이다.

---

84 第3段主要介绍的是：　　　　　　　　　세 번째 단락에서 주로 소개하는 것은：

A 磁悬浮车的机动性能　B 磁悬浮车的驱动能量　**A 자기부상차의 기동 기능**　B 자기부상차의 구동 에너지
C 磁悬浮车的起飞功能　　D 磁悬浮车的行驶高度　C 자기부상차의 이륙 기능　D 자기부상차의 운행 높이

해설 질문이 세 번째 단락의 중심 내용을 물었다. 세 번째 단락이 자기부상차의 기동 기능과 관련하여 코너링 기능(拐弯性能), 노면의 장애물 탐지 기능(探测路面障碍), 첨단 자율주행 기능(自驾性能) 등을 언급하고 있으므로, 선택지 A 磁悬浮车的机动性能이 정답이다.

어휘 **机动** jīdòng 图 기동하는, 기계로 작동하는 ★**性能** xìngnéng 图 기능, 성능 **驱动** qūdòng 图 구동하다 ★**能量** néngliàng 图 에너지
功能 gōngnéng 图 기능 **行驶** xíngshǐ 图 운행하다

---

85 - 88

柳公权是唐代的书法名家，他的书法以楷书著称。[88]他很小就开始读书写文章，并且还能写一手好字，于是他变得骄傲起来。

在某个夏日的午后，柳公权和同龄的孩子们在树下比书法，[85]一个卖豆腐脑的老人兴致勃勃地看着他们练字，时不时评价几句。柳公权写好字后得意地对老人说：“老爷爷，你看看我写的字是不是棒极了？”老人皱了皱眉头，心想：“[85]虽然柳公权字写得确实很好，但是他如此骄傲，这样下去注定难成大器。”[85]老人便对柳公权说他的字软塌塌的，无形无体，并不好看。柳公权不服气，让老人写个字看看，老人却悠悠地说：“我只是个粗人，写不好字，但是城里有一个人，他用脚写都比你写得好。”

第二天，柳公权一大早便到了城里，只见一棵大槐树下挂着一个幌子，上面写着“字画汤”三个字。虽然只是三个字，他却能看出其笔锋苍劲有力。[86]一位没有双臂的瘦弱老头赤脚坐在地上，左脚按纸，右脚夹着毛笔写对联，这个老人挥洒自如地写字，周围人纷纷鼓掌喝彩。[86]他潇洒的书法使柳公权大为震撼。[87]柳公权想拜老人为师，并[87]希望老人能给自己传授秘诀，于是“扑通”一下跪在断臂老人面前。

유공권은 당나라의 서예 명인으로, 그의 서예는 해서로 저명하다. [88]그는 아주 어렸을 때부터 책을 읽고 글을 쓰기 시작했고, 게다가 글씨도 잘 썼다. 그리하여 그는 교만해지기 시작했다.

어느 여름날 오후에, 유공권은 또래 아이들과 나무 아래에서 서예를 겨루는데, [85]순두부를 파는 한 노인이 흥미진진하게 그들이 글씨를 연습하는 것을 보며, 이따금 평가를 몇 마디 했다. 유공권은 글씨를 다 쓰고 의기양양하게 노인에게 말했다. “할아버지, 할아버지께서 보시기에 제가 쓴 글씨는 정말 훌륭하지 않은가요?” 노인은 미간을 찌푸리며, 마음속으로 생각했다. ‘[85]비록 유공권이 글씨를 확실히 잘 썼지만, 그가 이렇게나 교만하니, 이러다간 필히 큰 인물이 되기 어렵겠구나.’ [85]노인은 유공권에게 그의 글씨는 힘이 없으며, 형상이 없고 형체가 없어 결코 예쁘지 않다고 말했다. 유공권은 인정하지 않고, 노인에게 글씨를 써 보여 달라고 했는데, 노인은 오히려 유유히 말했다. “나는 그저 무식쟁이여서 글씨를 잘 못 쓰지만, 시내에 어떤 사람이 있는데, 그가 발로 써도 자네보다 잘 쓴다네.’

다음날, 유공권은 이른 아침에 바로 시내로 갔는데, 한 그루의 화나무 아래 간판만이 걸려 있고, 위에 ‘자화탕’ 세 글자가 쓰여 있는 것을 발견했다. 비록 세 글자뿐이지만, 그는 그 필력이 고풍스럽고 힘이 있다는 것을 알아차릴 수 있었다. [86]양팔이 없는 여위고 허약한 할아버지 한 명이 맨발로 땅에 앉아서, 왼발로 종이를 누르고 오른발에 붓을 끼워 대련을 쓰는데, 이 노인은 자유자재로 거침없이 글씨를 써, 주위 사람은 잇달아 박수 갈채를 보냈다. [86]그의 멋스러운 서예는 유공권을 매우 놀라게 했다. [87]유공권은 노인을 스승으로 모시고 싶었고, [87]노인이 자신에게 비결을 전수해 주기를 바랐다. 이에 ‘털썩’하고 팔이 잘린 노인 앞에 무릎을 꿇었다.

老人示意柳公权起身，并慌忙地对他说："我只是个孤苦的废人，怎能为人师表呢？"在柳公权的苦苦哀求下，[87]老人只好铺了一张纸给他写了一段话，大意为老人练了五十多年的字，他家有八个大水缸，为了研墨练字，他用尽了八缸水，不仅如此，他每日在院子外的水池中洗砚，乃至池水变黑，因此他才能达到如今这样的水平。柳公权磕头谢过老人，依依不舍地回到了家里。

老人的话给了柳公权很多启发。自那以后，他不再骄傲放纵，而是日复一日发奋练字，手上磨出了厚厚的老茧，甚至手肘把衣服全都磨破了，他也毫不在意。他心中只有一个目标，就是要练出一手真正让人认可的好字。在坚持不懈的努力下，[88]他的书法终于自成一派，他也成为了唐代著名的书法家。

노인은 유공권에게 일어나라는 의사를 표하며, 황급하게 그에게 말했다. "나는 그저 외롭고 가난한 불구자인데, 어떻게 남에게 본보기가 될 수 있겠는가?" 유공권의 계속된 애원에, [87]노인은 할 수 없이 종이 한 장을 깔아 그에게 말 한마디를 적어 줬는데, 대략적인 뜻은 노인이 오십 년이 넘게 글씨를 연습했으며, 그의 집에는 여덟 개의 큰 물항아리가 있는데, 먹을 갈아 글씨를 연습하기 위해 그는 여덟 개의 항아리 물을 다 썼고, 이뿐만 아니라 그는 매일 마당 밖의 저수지에서 저수지 물이 까맣게 변할 때까지 벼루를 씻어서, 이 때문에 그가 비로소 오늘날 이런 수준에 도달할 수 있었다는 것이었다. 유공권은 노인에게 절을 하며 감사를 표한 후, 떠나기 아쉬워하며 집으로 돌아왔다.

노인의 말은 유공권에게 많은 깨우침을 줬다. 그 이후부터, 그는 다시는 자만하며 제멋대로 굴지 않고, 하루하루 분발해 글씨를 연습해, 손에 두꺼운 굳은살이 생겼고, 심지어 팔꿈치가 옷을 전부 닳아 떨어지게 해도, 그는 전혀 개의치 않았다. 그의 마음속에는 하나의 목표만이 있었는데, 바로 진정으로 사람들에게 인정받을 수 있는 좋은 글씨를 연습해 내는 것이었다. 꾸준한 노력으로, [88]그의 서예는 마침내 독자적인 일파를 이루었고, 그도 당나라의 저명한 서예가가 됐다.

어휘 柳公权 Liǔ Gōngquán [교유] 유공권[중국 당대의 서예가] 唐代 Tángdài [고유] 당나라, 당대[중국 역사상의 한 국가] ★书法 shūfǎ [명] 서예
名家 míngjiā [명] 명인 楷书 kǎishū [명] 해서[한자 서체의 한 가지] 著称 zhùchēng [동] 저명하다 某 mǒu [데] 어느 同龄 tónglíng [명] 또래이다
豆腐脑 dòufunǎo [명] 순두부 兴致勃勃 xìngzhìbóbó [성] 흥미진진하다 时不时 shíbùshí [분] 이따금, 수시로 评价 píngjià [명] 평가하다
皱 zhòu [동] 찌푸리다 眉头 méitóu [명] 미간 注定 zhùdìng [동] 필히 难成 nánchéng ~되기 어렵다 大器 dàqì [명] 큰 인물
软塌塌 ruǎntātā 힘이 없다, 나른하다 服气 fúqì [동] 인정하다 悠悠 yōuyōu [형] 유유하다 粗人 cūrén [명] 무식쟁이 槐树 huáishù [명] 홰나무
幌子 huǎngzi [명] 간판 笔锋 bǐfēng [명] 필력 苍劲有力 cāngjìngyǒulì [성] 고풍스럽고 힘이 있다 ★臂 bì [명] 팔 瘦弱 shòuruò [형] 여위고 허약하다
赤脚 chìjiǎo [동] 맨발을 하다 夹 jiā [동] 끼우다 对联 duìlián [명] 대련[종이나 기둥 등에 새긴 2행 연구] 挥洒自如 huīsǎzìrú [성] 자유자재로 거침없이 쓰다
纷纷 fēnfēn [부] 잇달아 鼓掌 gǔzhǎng [동] 박수치다 喝彩 hècǎi [동] 갈채를 보내다 潇洒 xiāosǎ [형] 멋스럽다 ★震撼 zhènhàn [동] 놀라다
★传授 chuánshòu [동] 전수하다 秘诀 mìjué [명] 비결 扑通 pūtōng [의성] 털썩, 쿵 跪 guì [동] 무릎을 꿇다 断 duàn [동] 자르다
★示意 shìyì [동] 의사를 표하다 慌忙 huāngmáng [형] 황급하다 孤苦 gūkǔ [형] 외롭고 가난하다 废人 fèirén [명] 불구자
为人师表 wéirénshībiǎo [성] 남에게 본보기가 되다 苦苦哀求 kǔkǔāiqiú [성] 계속 애원하다, 애걸복걸하다 ★铺 pū [동] 깔다 大意 dàyì [명] 대략적인 뜻
缸 gāng [명] 항아리 研墨 yánmò 먹을 갈다 水池 shuǐchí [명] 저수지 砚 yàn [명] 벼루 达到 dádào [동] 도달하다 如今 rújīn [명] 오늘날
磕头 kētóu [동] 절하다 依依不舍 yīyībùshě [성] 떠나기 아쉬워하다 启发 qǐfā [동] 깨우침을 주다 放纵 fàngzòng [동] 제멋대로 굴다
日复一日 rìfùyírì 하루하루 发奋 fāfèn [동] 분발하다 磨 mó [동] 닳다 老茧 lǎojiǎn [명] 굳은살 手肘 shǒuzhǒu [명] 팔꿈치 ★在意 zàiyì [동] 개의하다
目标 mùbiāo [명] 목표 ★认可 rènkě [동] 인정하다 ★坚持不懈 jiānchíbúxiè [성] 꾸준하다 自成一派 zìchéngyípài 독자적인 일파를 이루다

---

85 卖豆腐脑的老人说柳公权的字不好看是因为：

A 柳公权过于骄傲
B 老人喜欢其他字体
C 柳公权的字没有笔力
D 老人觉得自己的字更好看

순두부를 파는 노인이 유공권의 글씨가 예쁘지 않다고 말한 이유는：

A 유공권이 지나치게 교만했기 때문에
B 노인이 다른 글씨체를 좋아했기 때문에
C 유공권의 글씨는 필력이 없기 때문에
D 노인은 자신의 글씨가 더 예쁘다고 생각했기 때문에

해설 질문이 순두부를 파는 노인이 유공권의 글씨가 예쁘지 않다고 말한 이유를 물었으므로, 질문의 핵심어구 卖豆腐脑的老人, 字不好看과 관련된 내용을 지문에서 재빨리 찾는다. 두 번째 단락에서 一个卖豆腐脑的老人이라고 언급한 후, 虽然柳公权字写得确实很好, 但是他如此骄傲……老人便对柳公权说他的字软塌塌的, 无形无体, 并不好看。이라고 했으므로, 선택지 A 柳公权过于骄傲가 정답이다.

어휘 豆腐脑 dòufunǎo [명] 순두부 柳公权 Liǔ Gōngquán [고유] 유공권[중국 당대의 서예가] ★过于 guòyú [분] 지나치게 笔力 bǐlì [명] 필력

---

86 看到没有双臂的老人，柳公权为什么感到震撼？

A 老人文武双全
B 老人是大书法家
C 老人的书法很潇洒
D 老人用嘴练习书法

양팔이 없는 노인을 보고, 유공권은 왜 놀랐는가？

A 노인이 문무를 두루 겸비했기 때문에
B 노인이 서예대가였기 때문에
C 노인의 서예가 멋스러웠기 때문에
D 노인이 입으로 서예를 연습했기 때문에

해설 질문이 양팔이 없는 노인을 보고 유공권은 왜 놀랐는지를 물었으므로, 질문의 핵심어구 没有双臂的老人, 震撼과 관련된 내용을 지문에서 재빨리 찾는다. 세 번째 단락에서 **一位没有双臂的瘦弱老头……他潇洒的书法使柳公权大为震撼**。이라고 했으므로, 선택지 C **老人的书法很潇洒**가 정답이다.

어휘 ★臂 bì 몡 팔 ★震撼 zhènhàn 통 놀라다 文武 wénwǔ 몡 문무[학문과 무예] ★书法 shūfǎ 몡 서예 潇洒 xiāosǎ 톙 멋스럽다

---

87 柳公权得到的秘诀是: / 유공권이 얻은 비결은:

A 熬夜练习	A 밤을 새서 연습한다
B 借鉴他人之长	B 타인의 장점을 본보기로 삼는다
C 坚持不懈地练字	**C 꾸준하게 글씨를 연습한다**
D 有知足常乐的心态	D 현실에 만족하는 심리 상태를 가진다

해설 질문이 유공권이 얻은 비결을 물었으므로, 질문의 핵심어구 秘诀와 관련된 내용을 지문에서 재빨리 찾는다. 세 번째 단락에서 **柳公权……希望老人能给自己传授秘诀**라고 했고, 네 번째 단락에서 **老人只好铺了一张纸给他写了一段话, 大意为老人练了五十多年的字, 他家有八个大水缸, 为了研墨练字, 他用尽了八缸水, 不仅如此, 他每日在院子外的水池中洗砚, 乃至池水变黑, 因此他才能达到如今这样的水平**이라고 했으므로, 선택지 C **坚持不懈地练字**가 정답이다.

어휘 秘诀 mìjué 몡 비결 熬夜 áoyè 통 밤새다 ★借鉴 jièjiàn 통 본보기로 삼다 坚持不懈 jiānchíbúxiè 톙 꾸준하다 知足常乐 zhīzúchánglè 톙 현실에 만족하다 心态 xīntài 몡 심리 상태

---

88 根据上文, 下列哪项不正确? / 위 글에 근거하여, 다음 중 옳지 않은 것은?

A 柳公权书法自成一派	A 유공권의 서예는 독자적인 일파를 이루었다
B 柳公权对自己很自信	B 유공권은 자신에게 자신만만했었다
C 柳公权从小就会写书法	C 유공권은 어릴 때부터 서예를 쓸 줄 알았다
D 柳公权受到了所有人的谴责	**D 유공권은 모든 사람의 비난을 받았다**

해설 질문이 위 글에 근거하여 옳지 않은 것을 물었다. 질문에 핵심어구가 없으므로 각 선택지의 핵심어구 自成一派, 对自己很自信, 从小就会写书法, 所有人的谴责와 관련된 내용을 지문에서 재빨리 찾는다. 첫 번째 단락에서 **他很小就开始读书文章, 并且还能写一手好字, 于是他变得骄傲起来**。라고 했고, 마지막 단락에서 **他的书法终于自成一派**라고 했으므로, 지문에서 언급되지 않은 선택지 D **柳公权受到了所有人的谴责**가 정답이다.

어휘 ★书法 shūfǎ 몡 서예 自成一派 zì chéng yípài 독자적인 일파를 이루다 谴责 qiǎnzé 통 비난하다

---

89 - 92

最近, 市场上兴起了一股地摊经济的热潮, 这有助于临时解决就业及经济问题。**89/92**地摊经济**89**不受时间和空间的限制, 将原本只允许在规定区域内经营的地摊直接延伸到路边。**92**这一经济形势的独特优势在于, 经营者可以在门槛低灵活度高的环境下进行创业和再就业, 这在一定程度上激发了国家经济的活力。由于不用缴纳大量的租金, 地摊经济实现了很多人从零起点创业的愿望。

在新冠疫情的猛烈冲击之下, 地摊经济成为了提高低收入人群整体收入的一个对策。成都市对地摊经济"开放绿灯"之后, **90**阿里巴巴就针对地摊经济发布了"帮扶计划", 为地摊摊主们提供了经营方面的支持, 其他企业也争先恐后加入了对地摊经济的帮扶之中。就这样, 地摊经济不仅实现了小摊贩的成功再就业, 还为企业巨头们提供了大量的用户, 可谓一箭双雕。

최근, 시장에서 노점상 경제 붐이 일어났는데, 이는 임시로 취업 및 경제 문제를 해결하는 데 도움이 된다. **89/92**노점상 경제는 **89**시간과 공간의 제한을 받지 않아, 원래 규정된 구역 안에서만 운영하는 것이 허용되던 노점상은 바로 길가로 뻗어나갔다. **92**이 경제 형태의 특수한 장점은 운영자가 문턱이 낮고 유연함이 강한 환경에서 창업과 재취업을 할 수 있다는 데에 있는데, 이는 어느 정도 국가 경제의 활력을 불러일으켰다. 많은 임대료를 납부할 필요가 없기 때문에, 노점상 경제는 많은 사람의 빈손 창업의 소망을 실현시켰다.

코로나19의 강한 충격 아래, 노점상 경제는 저소득층의 전체적인 소득을 끌어올리는 대책이 됐다. 청두시가 노점상 경제에 '청신호를 켠' 후, **90**알리바바는 노점상 경제에 초점을 맞춰 '보조 계획'을 발표하여, 노점상 주인들에게 경영 방면의 지원을 제공했으며, 다른 기업도 앞다투어 노점상 경제에 대한 도움을 보탰다. 이렇게, 노점상 경제는 노점상인의 성공적인 재취업을 실현했을 뿐만 아니라, 기업 총수들에게도 대량의 사용자를 제공해, 일거양득이라 할 수 있다.

小小的地摊看似平凡，但正是因为其物品定价低的特点，使得地摊能够拥有广泛的群众基础。地摊经济所带来的积极影响不可小觑。首先，地摊的存在方便了市民的购物活动；其次，地摊经济解决了部分人员的就业问题。最后，地摊经济还迎合了低收入阶层的消费需求，是对城市消费层次的有力补充。[91]在城市发展过程中参差不齐的收入造成了较大的消费差距，地摊经济正好可以填补这种差距，这也是地摊经济能够长期存在的市场依据。

　　从短期来看，地摊经济确实为促进城市经济循环做出了很大的贡献，但是也有许多不容忽视的弊端。因此地摊经济若想与城市更好地共存，必然要进行多方面的管理，只有这样，才能长期持续并健康地发展。

　　작은 노점상은 평범해 보이지만, 노점상의 물품 정가가 싸다는 특징 때문에, 노점상이 광범위한 대중적 기반을 가질 수 있도록 했다. 노점상 경제가 가져온 긍정적인 영향을 얕봐서는 안 된다. 먼저, 노점상의 존재는 시민의 구매 활동을 편리하게 했다. 다음으로, 노점상 경제는 일부 사람들의 취업 문제를 해결했다. 마지막으로, 노점상 경제는 저소득 계층의 소비 수요를 만족시키기도 했는데, 이것은 도시 소비 단계에 대한 강력한 보완이었다. [91]도시 발전 과정에서 들쑥날쑥한 소득이 비교적 큰 소비 격차를 일으켰는데, 노점상 경제가 마침 이러한 격차를 메울 수 있었고, 이는 노점상 경제가 장기간 존재할 수 있는 시장 근거이기도 했다.

　　단기적으로 볼 때, 노점상 경제는 확실히 도시 경제 순환을 촉진하는 데 큰 공헌을 했지만, 쉽게 경시할 수 없는 폐단도 많다. 이 때문에 노점상 경제가 도시와 더 잘 공존하고 싶다면 반드시 다방면의 관리를 진행해야 하는데, 이렇게 해야만 비로소 장기간 지속적으로 건전하게 발전할 수 있다.

어휘 **市场** shìchǎng 圏시장　**兴起** xīngqǐ 圄일어나다　**地摊** dìtān 圏노점상　**热潮** rècháo 圏붐, 열기　**临时** línshí 圏임시로　★**就业** jiùyè 圄취업하다
　　　空间 kōngjiān 圏공간　**限制** xiànzhì 圏제한　★**区域** qūyù 圏구역　**经营** jīngyíng 圄운영하다, 경영하다　★**延伸** yánshēn 圄뻗어나가다
　　　形势 xíngshì 圏형태　**独特** dútè 圏특수하다　**优势** yōushì 圏장점　**在于** zàiyú 圄~에 있다　**门槛** ménkǎn 圏문턱　**灵活** línghuó 圏유연하다
　　　★**创业** chuàngyè 圄창업하다　**程度** chéngdù 圏정도　★**激发** jīfā 圄불러일으키다　★**活力** huólì 圏활력　**缴纳** jiǎonà 圄납부하다
　　　租金 zūjīn 圏임대료　**实现** shíxiàn 圄실현하다　**零起点** líng qǐdiǎn 圏빈손　**愿望** yuànwàng 圏소망　**新冠疫情** xīnguān yìqíng 圏코로나19
　　　★**猛烈** měngliè 圏강하다　★**冲击** chōngjī 圄충격을 주다　**整体** zhěngtǐ 圏전체　**对策** duìcè 圏대책　**开放** kāifàng 圄켜다, 개방하다
　　　阿里巴巴 Ālǐbābā 교위알리바바[중국 최대의 전자상거래 회사]　**针对** zhēnduì 圄초점을 맞추다　★**发布** fābù 圄발표하다
　　　帮扶 bāngfú 圄보조하다, 도와주다　**摊主** tānzhǔ 圏노점상 주인　**企业** qǐyè 圏기업　**争先恐后** zhēngxiānkǒnghòu 圏앞다투다
　　　摊贩 tānfàn 圏노점 상인　**巨头** jùtóu 圏총수　**用户** yònghù 圏사용자　**一箭双雕** yíjiànshuāngdiāo 圏일거양득　**平凡** píngfán 圏평범하다
　　　物品 wùpǐn 圏물품　**定价** dìngjià 圏정가　**拥有** yōngyǒu 圄가지다　**广泛** guǎngfàn 圏광범위하다　★**群众** qúnzhòng 圏대중
　　　不可小觑 bùkěxiǎoqù 圏얕보아서는 안 된다　**存在** cúnzài 圏존재하다　**迎合** yínghé 圄만족시키다, 발을 맞추다　★**阶层** jiēcéng 圏계층
　　　消费 xiāofèi 圄소비하다　★**层次** céngcì 圏단계, 차원　**补充** bǔchōng 圄보완하다　**参差不齐** cēncībùqí 圏들쑥날쑥하다　**造成** zàochéng 圄일으키다
　　　差距 chājù 圏격차　**填补** tiánbǔ 圄메우다　**依据** yījù 圏근거　**促进** cùjìn 圄촉진하다　**循环** xúnhuán 圏순환하다　**贡献** gòngxiàn 圏공헌
　　　忽视 hūshì 圄경시하다　**弊端** bìduān 圏폐단　**共存** gòngcún 圄공존하다　**必然** bìrán 圏반드시　**持续** chíxù 圄지속하다

---

89 地摊经济的特点是：　　　　　　　　　　　　　　노점상 경제의 특징은：

A 可以在路边做生意　　　　　　　　　　　　　　**A 길가에서 장사를 할 수 있다**
B 需要大量租金来创业　　　　　　　　　　　　　B 창업하려면 많은 임대료가 필요하다
C 对时间有很大的限制　　　　　　　　　　　　　C 시간에 대해 큰 제한이 있다
D 只允许低收入人群创业　　　　　　　　　　　　D 저소득층 사람들이 창업하는 것만 허가한다

해설　질문이 노점상 경제의 특징을 물었다. 질문의 핵심어구 地摊经济的特点과 관련된 내용을 지문에서 재빨리 찾는다. 첫 번째 단락의 地摊经济不受时间和空间的限制, 将原本只允许在规定区域内经营的地摊直接延伸到路边。에서 노점상 경제의 특징이 언급되었으므로, 선택지 A 可以在路边做生意가 정답이다.

어휘　**地摊** dìtān 圏노점상　**租金** zūjīn 圏임대료　★**创业** chuàngyè 圄창업하다　**限制** xiànzhì 圏제한

---

90 阿里巴巴为地摊经济做了什么？　　　　　　　　알리바바는 노점상 경제를 위해 무엇을 했는가？

A 宣布了帮扶计划　　B 培养了优秀人才　　　　　**A 보조 계획을 선포했다**　　B 우수한 인재를 양성했다
C 提供了后勤支援　　　D 对地摊"开放绿灯"　　　　C 행정 지원을 제공했다　　　D 노점에 '청신호를 켰다'

해설　질문이 알리바바는 노점상 경제를 위해 무엇을 했는지를 물었으므로, 질문의 핵심어구 阿里巴巴와 관련된 내용을 지문에서 재빨리 찾는다. 두 번째 단락에서 阿里巴巴就针对地摊经济发布了"帮扶计划", 为地摊摊主们提供了经营方面的支持이라고 했으므로, 선택지 A 宣布了帮扶计划가 정답이다.

어휘　**阿里巴巴** Ālǐbābā 교위알리바바[중국 최대의 전자상거래 회사]　**宣布** xuānbù 圄선포하다　**帮扶** bāngfú 圄보조하다, 도와주다
　　　培养 péiyǎng 圄양성하다　**后勤** hòuqín 圏행정 업무　**支援** zhīyuán 圄지원하다　**开放** kāifàng 圄켜다, 개방하다

91

地摊经济能够长期存在的依据是：	노점상 경제가 장기간 존재할 수 있는 근거는：
A 可以得到不菲的收入	A 적지 않은 소득을 얻을 수 있기 때문에
B 政府给予了大力支持	B 정부가 강력한 지원을 해주었기 때문에
C 市民们偏爱地摊小商品	C 시민들이 노점상의 생필품을 선호하기 때문에
D 弥补了部分人的消费差距	**D 일부 사람들의 소비 격차를 메웠기 때문에**

해설 질문이 노점상 경제가 장기간 존재할 수 있는 근거를 물었으므로, 질문의 핵심어구 地摊经济能够长期存在的依据와 관련된 내용을 지문에서 재빨리 찾는다. 세 번째 단락에서 在城市发展过程中差参不齐的收入造成了较大的消费差距, 地摊经济正好可以填补这种差距, 这也是地摊经济能够长期存在的市场依据。라고 했으므로, 선택지 D 弥补了部分人的消费差距가 정답이다.

어휘 存在 cúnzài 图 존재하다 依据 yījù 图 근거 不菲 bùfěi 图 적지 않다 政府 zhèngfǔ 图 정부 ★给予 jǐyǔ 图 주다 偏爱 piān'ài 图 선호하다 小商品 xiǎoshāngpǐn 图 생필품 弥补 míbǔ 图 메우다 消费 xiāofèi 图 소비하다 差距 chājù 图 격차

92

根据上文，下列哪项是地摊经济的优点？	위 글에 근거하여, 다음 중 노점상 경제의 장점인 것은？
A 稳定了社会秩序	A 사회 질서를 안정시켰다
B 提供了创业机会	**B 창업 기회를 제공했다**
C 彻底解决了就业问题	C 취업 문제를 완전히 해결했다
D 使市民不用出门购物	D 시민들이 외출해 물건을 살 필요가 없게 했다

해설 질문이 노점상 경제의 장점인 것을 물었으므로, 질문의 핵심어구 地摊经济的优点과 관련된 내용을 지문에서 재빨리 찾는다. 첫 번째 단락에서 地摊经济……这一经济形势的独特优势在于, 经营者可以在门槛低灵活度高的环境下进行创业和再就业라고 했으므로, 선택지 B 提供了创业机会가 정답이다.

어휘 稳定 wěndìng 图 안정시키다 秩序 zhìxù 图 질서 ★创业 chuàngyè 图 창업하다 彻底 chèdǐ 图 완전하다, 철저하다 ★就业 jiùyè 图 취업하다 出门 chūmén 图 외출하다

93 - 96

⁹⁶俗话说 "赠人玫瑰，手留余香"，乐于助人既能帮助到别人，又能收获满足感。然而，在帮助别人的过程中，有些人非但没有获得快乐，反而被别人的情绪带着走，结果导致身心俱疲。从心理学的角度来说，这种现象被称为 "同理心耗竭"。

同理心指心理换位、将心比心，即站在他人的角度和立场，理解他人的内心感受。⁹³同理心较强的人能够从他人的表情、语言等多方面判断其情绪，以此作为行事依据，进而⁹³设身处地地感受和体谅他人。同理心是一种可贵的能力，但不需要总是具有同理心，因为一个人的精力是有限的，持续关心别人、提供帮助时，这份关怀之心迟早会耗竭。

⁹⁴心理咨询师、医生、护工、社会工作者等人群是同理心耗竭的高发人群。面对需要帮助的人，专业的助人工作者会打开自己的同理心，提供⁹⁴各种新的情感联结，比如依赖、支持和信任，但在这种⁹⁴情感联结的压力下，他们的情感逐渐枯萎并耗竭。这是因为助人工作者需要提供的⁹⁴情感联结比普通人更多，所以同理心耗竭的症状也会更加明显。不过在日常生活中，即使不是专业的助人工作者，大多数人平时也可能会有类似的感受：安慰身边一个极度悲伤的朋友时，就会不断调动起自己生命中类似的悲伤经历，结果安慰到最后，连自己也跟着大哭起来。

⁹⁶'장미를 선물하면, 손에는 향기가 남아있다'라는 속담이 있는데, 남을 흔쾌히 도와주는 것은 다른 사람을 도와줄 수 있을 뿐만 아니라, 만족감도 얻을 수 있다. 그러나, 다른 사람을 도와주는 과정에서 어떤 사람은 비단 즐거움을 얻지 못할 뿐만 아니라, 오히려 다른 사람의 기분에 끌려다녀 결과적으로 심신이 모두 피로해지게 된다. 심리학의 관점에서 말하면, 이런 현상은 '공감력 고갈'이라고 불린다.

공감력이란 심리적으로 입장을 바꾸고, 역지사지하고, 타인의 관점과 입장에 서서 타인의 마음속 느낌을 이해하는 것을 가리킨다. ⁹³공감력이 비교적 뛰어난 사람은 타인의 표정, 언어 등 다방면에서 그 기분을 판단할 수 있고, 이것을 행위의 근거로 삼으며, 더 나아가 ⁹³입장을 바꾸어 생각하며 타인을 느끼고 이해한다. 공감력은 훌륭한 능력이지만, 언제나 공감력을 가질 필요는 없다. 왜냐하면 한 사람의 에너지는 한계가 있는데, 다른 사람에게 지속해서 관심을 가지고 도움을 제공할 때, 이 배려심은 언젠가 고갈되기 때문이다.

⁹⁴심리 상담사, 의사, 간병인, 사회복지사 등의 그룹은 공감력 고갈의 발생률이 높은 그룹이다. 도움이 필요한 사람을 마주하면, 전문적으로 사람을 돕는 직종에 종사하는 사람은 자신의 공감력을 발휘해, ⁹⁴각종 새로운 교감을 해야 하는데, 의지, 지지와 신임이 그 예다. 하지만 이러한 ⁹⁴교감의 중압감 하에, 그들의 감정은 점차 시들고 고갈될 수 있다. 이는 사람을 돕는 직종에 종사하는 사람이 제공해야 하는 ⁹⁴교감이 일반인보다 더 많기 때문이고, 그래서 공감력 고갈 증상도 더 뚜렷하게 드러나는 것이다. 그러나 일상생활에서, 설령 전문적으로 사람을 돕는 직종에 종사하는 사람이 아닐지라도, 대부분의 사람도 평소 유사한 경험이 있을 수 있다. 주위의 극도로 슬퍼하는 친구를 위로할 때, 자신의 삶에서 유사한 슬픈 경험을 계속 불러일으켜, 위로하다가 결국 마지막에 자신도 따라 울어버린다.

⁹⁵为了避免同理心耗竭，最重要的是要找到同理心的边界。在心理咨询中对时间和空间设定严格的限制，比如与咨询师每周以固定的时间和频率在限定空间见面，这是为了使咨询师在工作时避免过于消耗精力。就如同心理咨询中的种种设置一样，普通人也需要明确边界。人的同理心不是取之不尽、用之不竭的，因此要找到自己同理心的边界，既不要拒人于千里之外，也不要过分介入他人的情感。此外，要明确自己的责任范围，提出建议，给予支持和陪伴，但不能过度干涉别人的选择，更不应该代替他人承受痛苦和烦恼。

⁹⁵공감력 고갈을 피하기 위해서, 가장 중요한 것은 공감력의 경계를 찾는 것이다. 심리 상담에서 시간과 공간에 대해 엄격한 제한을 설정하는데, 상담사와 매주 정해진 시간과 빈도로 한정된 공간에서 만나는 것이 그 예다. 이는 상담사가 일할 때 지나치게 에너지를 소모하는 것을 피하기 위함이다. 공감력 상담에서의 여러 가지 설정과 같이, 일반인도 명확한 경계가 필요하다. 사람의 공감력은 무궁무진하지 않으므로 자신의 공감력의 경계를 찾아야 하는데, 스스로 옳다고 생각해 남의 의견을 듣지 않으면 안 되고, 타인의 감정에 지나치게 개입해서도 안 된다. 이 밖에도, 자신의 책임 범위를 명확하게 하여, 의견을 제시하고 지지하며 함께해주어야 한다. 하지만 타인의 선택에 과도하게 간섭하면 안 되고, 타인을 대신해 고통과 걱정을 감당해서는 더욱 안 된다.

어휘 ★俗话 súhuà 명속담　赠 zèng 통선물하다　玫瑰 méigui 명장미　余 yú 통남다　收获 shōuhuò 통얻다　满足感 mǎnzúgǎn 명만족감　非但 fēidàn 젭비단 ~뿐만 아니라　反而 fǎn'ér 튀오히려　情绪 qíngxù 명기분　导致 dǎozhì 통~하게 되다　俱 jù 튀모두　心理 xīnlǐ 명심리, 감정　角度 jiǎodù 명관점　现象 xiànxiàng 명현상　称 chēng 통부르다　同理心 tónglǐxīn 명공감력　耗竭 hàojié 통고갈되다　换位 huàn wèi 입장을 바꾸다　将心比心 jiāngxīnbǐxīn 역지사지하다　立场 lìchǎng 명입장　感受 gǎnshòu 명느낌, 경험 통느끼다　表情 biǎoqíng 명표정　作为 zuòwéi 통~으로 삼다　★依据 yījù 명근거　进而 jìn'ér 젭더 나아가　设身处地 shèshēnchǔdì 통입장을 바꾸어 생각하다　★体谅 tǐliàng 통이해하다　可贵 kěguì 통훌륭하다　精力 jīnglì 명에너지　持续 chíxù 통지속하다　关怀 guānhuái 통배려하다　咨询师 zīxúnshī 명상담사　护工 hùgōng 명간병인　社会工作者 shèhuì gōngzuòzhě 명사회복지사　面对 miànduì 통마주하다　助人工作者 zhùrén gōngzuòzhě 명사람을 돕는 직종에 종사하는 사람　情感联结 qínggǎn liánjié 명교감　★依赖 yīlài 통의지하다　信任 xìnrèn 통신임하다　逐渐 zhújiàn 튀점차　★枯萎 kūwěi 통시들다　★症状 zhèngzhuàng 명증상　明显 míngxiǎn 통뚜렷하다　★类似 lèisì 통유사하다　安慰 ānwèi 통위로하다　极度 jídù 튀극도로　悲伤 bēishāng 통슬퍼하다　不断 búduàn 튀계속　★调动 diàodòng 통불러일으키다　避免 bìmiǎn 통피하다　★边界 biānjiè 명경계　咨询 zīxún 통상담하다　空间 kōngjiān 명공간　限制 xiànzhì 통제한　固定 gùdìng 통정하다　频率 pínlǜ 명빈도　★过于 guòyú 튀지나치게　消耗 xiāohào 통소모하다　★设置 shèzhì 통설정하다　明确 míngquè 통명확하게 하다　取之不尽，用之不竭 qǔ zhī bújìn, yòng zhī bùjié 무궁무진하다　拒人于千里之外 jù rén yú qiānlǐ zhīwài 스스로 옳다고 생각하고 남의 의견을 듣지 않다　过分 guòfèn 통지나치다　介入 jièrù 통개입하다　此外 cǐwài 젭이 밖에도　范围 fànwéi 명범위　★给予 jǐyǔ 통주다　陪伴 péibàn 통함께하다　★过度 guòdù 통과도하다　干涉 gānshè 통간섭하다　代替 dàitì 통대신하다　承受 chéngshòu 통감당하다　痛苦 tòngkǔ 통고통스럽다

---

93 根据上文，同理心强的人有什么特点？　　　위 글에 근거하여, 공감력이 뛰어난 사람은 어떤 특징이 있는가?

A 性格敏感　　　　　　B 精力比较充沛　　　　A 성격이 예민하다　　　　B 에너지가 비교적 왕성하다
C 能为别人着想　　　D 容易对人发脾气　　　**C 타인을 위해 생각할 줄 안다**　D 쉽게 사람들에게 화를 낸다

해설 질문이 공감력이 뛰어난 사람은 어떤 특징이 있는지를 물었으므로, 질문의 핵심어구 同理心强的人, 特点과 관련된 내용을 지문에서 재빨리 찾는다. 두 번째 단락의 同理心较强的人……设身处地地感受和体谅他人에서 공감력이 뛰어난 사람의 특징이 언급되었으므로, 선택지 C 能为别人着想이 정답이다.

어휘 同理心 tónglǐxīn 명공감력　敏感 mǐngǎn 통예민하다　精力 jīnglì 명에너지　充沛 chōngpèi 통왕성하다　着想 zhuóxiǎng 통생각하다　发脾气 fā píqi 화를 내다

---

94 第3段主要谈的是：　　　　　　　세 번째 단락에서 주로 이야기 하는 것은:

A 同理心的重要性　　　　　　A 공감력의 중요성
B 同理心耗竭的定义　　　　　B 공감력 고갈의 정의
C 防止同理心耗竭的方法　　　C 공감력 고갈을 방지하는 방법
D 容易面临同理心耗竭的人　**D 공감력 고갈을 자주 직면하는 사람**

해설 질문이 세 번째 단락의 중심 내용을 물었다. 세 번째 단락이 심리 상담사, 의사, 간병인, 사회복지사 등의 그룹(心理咨询师、医生、护工、社会工作者等人群)과 관련하여 각종 새로운 교감(各种新的情感联结), 교감의 중압감(情感联结的压力), 일반인보다 더 많은 교감(情感连结比普通人更多) 등을 언급하며 이런 그룹의 사람들은 공감력 고갈을 자주 직면한다는 것을 이야기하고 있으므로, 선택지 D 容易面临同理心耗竭的人이 정답이다.

어휘 耗竭 hàojié 통고갈되다　★定义 dìngyì 명정의　★防止 fángzhǐ 통방지하다　面临 miànlín 통직면하다

95 如何避免同理心耗竭？

A 随时提供咨询
B 设定心理边界
C 拒人于千里之外
D 尽量少帮助他人

어떻게 공감력 고갈을 피하는가?

A 수시로 상담을 제공한다
B 심리적 경계를 설정한다
C 스스로 옳다고 생각하고 남의 의견을 듣지 않는다
D 되도록 타인을 적게 돕는다

해설 질문이 어떻게 공감력 고갈을 피하는지를 물었으므로, 질문의 핵심어구 避免同理心耗竭와 관련된 내용을 지문에서 재빨리 찾는다. 마지막 단락에서 为了避免同理心耗竭, 最重要的是要找到同理心的边界。라고 했으므로, 선택지 B 设定心理边界가 정답이다.

어휘 避免 bìmiǎn 圈 피하다 随时 suíshí 圈 수시로 咨询 zīxún 圈 상담하다 设定 shèdìng 圈 설정하다 心理 xīnlǐ 圈 심리 ★边界 biānjiè 圈 경계
　　 拒人于千里之外 jù rén yú qiānlǐ zhīwài 圈 스스로 옳다고 생각하고 남의 의견을 듣지 않다 尽量 jǐnliàng 凰 되도록

96 "赠人玫瑰，手留余香"的意思最可能是：

A 赠人玫瑰以获得夸奖
B 帮助别人从而获得满足
C 同情他人导致心理耗竭
D 送人玫瑰以后得到感谢

'장미를 선물하면, 손에는 향기가 남아있다'의 의미로 가장 가능성이 큰 것은:

A 장미를 선물해 칭찬을 받는다
B 타인을 도와줌으로써 만족을 얻는다
C 타인을 동정하는 것은 감정이 고갈되게 된다
D 장미를 준 이후에 감사를 받는다

해설 질문이 '장미를 선물하면, 손에는 향기가 남아있다'의 의미로 가장 가능성이 큰 것을 물었으므로, 赠人玫瑰，手留余香이 언급된 부분을 지문에서 재빨리 찾는다. 첫 번째 단락에서 俗话说"赠人玫瑰，手留余香"，乐于助人既能帮助到别人，又能收获满足感。이라고 했으므로, 문맥상 赠人玫瑰，手留余香은 남을 도와주면 만족감을 얻을 수 있다는 의미임을 알 수 있다. 따라서 선택지 B 帮助别人从而获得满足가 정답이다.

어휘 赠 zèng 圈 선물하다 玫瑰 méigui 圈 장미 余 yú 圈 남다 夸奖 kuājiǎng 圈 칭찬하다 满足 mǎnzú 圈 만족하다 导致 dǎozhì 圈 ~하게 되다

97 – 100

　　中国空间站天和核心舱近日迎来了远道而来的"访客"——天舟二号货运飞船。天舟二号在海南文昌发射场成功发射。在此次发射中，97天舟二号的主要任务是"送快递"——不仅要为空间站运行提供补给，还要给航天员带去生活必需品。为了将更多"太空快递"及时、安全地送达，天舟二号具备了一身本领。

　　在"吃"上，天舟二号带去了各种美味可口的佳肴，其中不乏传统的中式菜品，如鱼香肉丝、宫保鸡丁等。这些食品不仅有主副之分，还讲究荤素搭配，让航天员在品尝美食的过程中一解思乡之情；在"穿"上，天舟二号携带了航天员出舱活动时穿的舱外航天服。98舱外航天服有100多公斤重，共分为6层，具有防辐射、抵抗外界高低温、调整压力等作用，还具备生命保障系统，将航天器的很多功能浓缩到其中。

　　除了生活物资外，天舟二号还带有推进剂，在对接期间为天和核心舱进行燃料加注与姿态控制。此外，天舟二号内装有实验资料、实验设备等物资，届时由航天员在轨取出并安装。与载人飞船不同，天舟二号只运货、不送人，因此大家亲切地称它为空间站的"快递小哥"。从地面"发货"到顺利"签收"仅耗时约8个小时。99天舟二号与天和核心舱的交会对接，实现了空间站物资的快速补给。

중국 우주정거장의 톈허 핵심 모듈은 최근 먼 곳에서 온 '방문객' 톈저우2호 화물 우주선을 맞이했다. 톈저우2호는 하이난 원창 발사장에서 성공적으로 발사됐다. 이번 발사에서, 97톈저우2호의 주요 임무는 '택배 배송'인데, 우주정거장 운행을 위해 보급품을 제공해야 할 뿐만 아니라, 우주 비행사에게 생활필수품을 가져다줘야 했다. 더 많은 '우주 택배'를 제때, 안전하게 배달하기 위해, 톈저우2호는 출중한 능력을 갖추었다.

'먹는 것'에 있어서, 톈저우2호는 각종 맛있고 훌륭한 요리를 가져갔는데, 그중에 위샹러우쓰, 궁바오지딩 등과 같은 전통적인 중국식 요리가 적지 않았다. 이러한 음식은 메인 요리와 서브 요리의 구분이 있을 뿐만 아니라, 고기와 채소 배합을 중요시해, 우주 비행사에게 맛있는 음식을 맛보는 동안 고향에 대한 그리움이 해소되게 했다. '입는 것'에 있어서, 톈저우2호는 우주 비행사가 모듈 밖에서 활동할 때 입는 우주 비행복을 가지고 왔다. 98모듈 외부용 우주 비행복은 100여 킬로그램이고 총 6겹으로 나누어져 있으며, 방사선을 막고 외부의 고온과 저온에 저항하며, 압력을 조절하는 등의 기능을 가지고 있는데, 생명 유지 시스템도 갖추고 있어, 우주 비행 설비의 많은 기능이 집약되어 있다.

생활 물자를 제외하고, 톈저우2호는 추진제도 가지고 있었는데, 도킹 기간에 톈허 핵심 모듈에 연료 공급과 자세 제어를 진행한다. 이 밖에도 톈저우2호 안에는 실험 자료, 실험 설비 등의 물자가 내장돼 있는데, 때가 되면 우주 비행사가 궤도에서 빼내어 설치한다. 유인 우주선과 달리, 톈저우2호는 화물만 운반하고 사람은 보내지 않는데, 이 때문에 다들 톈저우2호를 친근하게 우주정거장의 '택배 배달원'이라고 부른다. 지상에서 '출고해서' 순조롭게 '수취 서명을 하는 데'까지 약 8시간만을 소비한다. 99톈저우2호와 톈허 핵심 모듈의 교차 도킹은, 우주정거장의 물자 신속 보급을 실현했다.

空间交会对接是实现空间站和空间运输系统的装配、回收、补给、维修、航天员交换及营救等在轨服务的先决条件。[100]快速交会对接技术不仅能缩短航天员在飞船狭小空间中滞留的时间，减少不必要的体力与精力付出，也可以保证包括生物制剂在内的"时鲜货"尽快送达空间站。在安全方面，一旦空间站等航天器突遇紧急情况，快速交会对接可以做出迅速反应，向空间站提供各种急需物资或救助被困的航天员。

우주 공간 교차 도킹은 우주정거장과 우주 공간 운송 시스템의 설치, 회수, 보급, 수리, 우주 비행사 교환 및 구조 등 궤도에서의 서비스를 실현하는 것의 우선적 조건이다. [100]빠른 교차 도킹 기술은 우주 비행사가 우주선의 협소한 공간에서 체류하는 시간을 단축할 수 있을 뿐만 아니라, 불필요한 체력과 에너지를 들이는 것을 줄일 수 있고, 생물제제가 포함된 '제철 식품'이 되도록 빨리 우주정거장에 배달될 수 있도록 보장할 수 있다. 안전 측면에서, 우주정거장 등 우주 비행 설비가 갑자기 응급 상황을 만나기만 하면, 빠른 교차 도킹은 신속한 반응을 해, 우주정거장에 각종 긴급 수요 물자를 제공하거나 고립된 우주 비행사를 구조할 수 있다.

어휘

空间站 kōngjiānzhàn 圐우주정거장　天和核心舱 tiānhé héxīncāng 圐톈허 핵심 모듈[중국 우주정거장의 핵심 모듈]

远道而来 yuǎndào'érlái 먼 곳에서 오다　天舟二号 tiānzhōu èrhào 톈저우2호[중국의 화물 우주선]　飞船 fēichuán 圐우주선

★发射 fāshè 圐발사하다　快递 kuàidì 圐택배　★运行 yùnxíng 圐운행하다　补给 bǔjǐ 圐보급하다　航天员 hángtiānyuán 圐우주 비행사

★太空 tàikōng 圐우주　送达 sòngdá 圐배달하다　具备 jùbèi 圐갖추다　本领 běnlǐng 圐능력　★可口 kěkǒu 圐맛있다　佳肴 jiāyáo 圐훌륭한 요리

不乏 bùfá 圐적지 않다　传统 chuántǒng 圐전통적이다　鱼香肉丝 yúxiāngròusī 圐위샹러우쓰[중국의 볶음 요리]

宫保鸡丁 gōngbǎojīdīng 圐궁바오지딩[중국의 볶음 요리]　讲究 jiǎngjiu 圐중요시하다　荤素 hūnsù 圐고기 (요리)와 채소 (요리)

★搭配 dāpèi 圐배합하다　★品尝 pǐncháng 圐맛보다　思乡 sīxiāng 圐고향을 그리워하다　★携带 xiédài 圐가지고 오다

★舱 cāng 圐모듈[우주정거장을 구성하는 부분]　航天服 hángtiānfú 圐우주 비행복　辐射 fúshè 圐방사하다　★抵抗 dǐkàng 圐저항하다

★外界 wàijiè 圐외부　调整 tiáozhěng 圐조정하다　★保障 bǎozhàng 圐유지하다, 보장하다　系统 xìtǒng 圐시스템

航天器 hángtiānqì 圐우주 비행 설비　功能 gōngnéng 圐기능　浓缩 nóngsuō 圐집약적이다　★除 chú 圐제외하다　★物资 wùzī 圐물자

推进剂 tuījìnjì 圐추진제[로켓의 추력을 만드는 재료로 연료와 산화제를 총칭]　对接 duìjiē 圐도킹하다　期间 qījiān 圐기간　燃料 ránliào 圐연료

加注 jiāzhù 공급하다　★姿态 zītài 圐자세　控制 kòngzhì 圐제어하다　此外 cǐwài 圐이 밖에도　装有 zhuāng yǒu 圐내장하다　实验 shíyàn 圐실험

资料 zīliào 圐자료　设备 shèbèi 圐설비　届时 jièshí 圐때가 되어　轨 guǐ 圐궤도　安装 ānzhuāng 圐설치하다　亲切 qīnqiè 圐친근하다

称 chēng 圐부르다　发货 fā huò 圐출고하다　签收 qiānshōu 圐수취 서명을 하다　耗时 hàoshí 圐시간을 소비하다　交会 jiāohuì 圐교차하다

实现 shíxiàn 圐실현하다　空间 kōngjiān 圐우주 공간, 공간　装配 zhuāngpèi 圐설치하다　★回收 huíshōu 圐회수하다　维修 wéixiū 圐수리하다

交换 jiāohuàn 圐교환하다　营救 yíngjiù 圐구조하다　先决 xiānjué 圐우선적이다　缩短 suōduǎn 圐단축하다　狭小 xiáxiǎo 圐협소하다

滞留 zhìliú 圐체류하다　必要 bìyào 圐필요하다　精力 jīnglì 圐에너지　包括 bāokuò 圐포함하다　★生物 shēngwù 圐생물　制剂 zhìjì 圐제제

时鲜货 shíxiānhuò 圐제철 식품　尽快 jǐnkuài 圐되도록 빨리　一旦 yídàn 圐(일단) ~하기만 하면　突遇 tūyù 圐갑자기 만나다　紧急 jǐnjí 圐응급하다

迅速 xùnsù 圐신속하다　反应 fǎnyìng 圐반응하다　救助 jiùzhù 圐구조하다　被困 bèi kùn 고립되다

---

97 天舟二号执行了哪项工作？

A 搭载了多名航天员
B 为空间站提供了物资
C 帮航天员寄送了快递
D 把航天员接回了地球

톈저우2호는 어떤 업무를 실행했는가?

A 여러 명의 우주 비행사를 태웠다
B 우주정거장에 물자를 제공했다
C 우주 비행사를 도와 택배를 보냈다
D 우주 비행사를 지구로 데려왔다

해설 질문이 톈저우2호는 어떤 업무를 실행했는지를 물었으므로, 질문의 핵심어구 天舟二号, 工作와 관련된 내용을 지문에서 재빨리 찾는다. 첫 번째 단락에서 天舟二号的主要任务是"送快递"——不仅要为空间站运行提供补给, 还要给航天员带去生活必需品이라고 했으므로, 선택지 B 为空间站提供了物资가 정답이다.

어휘 天舟二号 tiānzhōu èrhào 圐톈저우2호[중국의 화물 우주선]　★执行 zhíxíng 圐실행하다　搭载 dāzài 圐태우다
航天员 hángtiānyuán 圐우주 비행사　空间站 kōngjiānzhàn 圐우주정거장　★物资 wùzī 圐물자　快递 kuàidì 圐택배

---

98 关于舱外航天服，下列哪项正确？

A 只能防高温　　　B 总共有8层
C 能控制压力　　D 重量比较轻

모듈 외부용 우주 비행복에 관해, 다음 중 옳은 것은?

A 고온만 방지할 수 있다　　B 총 8겹이다
C 압력을 조절할 수 있다　D 무게가 비교적 가볍다

해설 질문이 모듈 외부용 우주 비행복에 관하여 옳은 것을 물었으므로, 질문의 핵심어구 舱外航天服와 관련된 내용을 지문에서 재빨리 찾는다. 두 번째 단락에서 舱外航天服有100多公斤重, 共分为6层, 具有防辐射、抵抗外界高低温、调整压力等作用이라고 했으므로, 선택지 C 能控制压力가 정답이다.

어휘 ★舱 cāng 圐모듈[우주정거장을 구성하는 부분]　航天服 hángtiānfú 圐우주 비행복　总共 zǒnggòng 圐총　控制 kòngzhì 圐조절하다
重量 zhòngliàng 圐무게

99 天舟二号是怎么实现空间站物资的快速补给的？

A 调整飞行速度
B 安装生命保障系统
C 由航天员直接控制
D 与天和核心舱交会对接

텐저우2호는 어떻게 우주정거장의 물자 신속 보급을 실현시켰는가?

A 비행 속도를 조절했다
B 생명 유지 시스템을 설치했다
C 우주 비행사가 직접 제어했다
D 텐허 핵심 모듈과 교차 도킹했다

해설 질문이 텐저우2호는 어떻게 우주정거장의 물자 신속 보급을 실현시켰는지를 물었으므로, 질문의 핵심어구 **空间站物资的快速补给**와 관련된 내용을 지문에서 재빨리 찾는다. 세 번째 단락에서 **天舟二号与天和核心舱的交会对接，实现了空间站物资的快速补给。**라고 했으므로, 선택지 D **与天和核心舱交会对接**가 정답이다.

어휘 **实现** shíxiàn [동] 실현하다 **调整** tiáozhěng [동] 조절하다 **安装** ānzhuāng [동] 설치하다 ★**保障** bǎozhàng [동] 유지하다 **系统** xìtǒng [명] 시스템
控制 kòngzhì [동] 제어하다, 조절하다 **天和核心舱** tiānhé héxīncāng [명] 텐허 핵심 모듈[중국 우주정거장의 핵심 모듈] **交会** jiāohuì [동] 교차하다
对接 duìjiē [동] 도킹하다

100 快速交会对接的主要作用是：

A 缩短航天员的滞留时间
B 加强宇航员之间的沟通
C 减少核心舱燃料加注成本
D 控制天舟二号的运行轨道

빠른 교차 도킹의 주요 기능은:

A 우주 비행사의 체류 시간을 단축한다
B 우주 비행사 간의 소통을 강화한다
C 핵심 모듈 연료 공급의 원가를 절감한다
D 텐저우2호의 운행 궤도를 조절한다

해설 질문이 빠른 교차 도킹의 주요 기능을 물었으므로, 질문의 핵심어구 **快速交会对接**와 관련된 내용을 지문에서 재빨리 찾는다. 마지막 단락에서 **快速交会对接技术不仅能缩短航天员在飞船狭小空间中滞留的时间**이라고 했으므로, 선택지 A **缩短航天员的滞留时间**이 정답이다.

어휘 **缩短** suōduǎn [동] 단축하다 **滞留** zhìliú [동] 체류하다 **沟通** gōutōng [동] 소통하다 **燃料** ránliào [명] 연료 **加注** jiāzhù 공급하다
★**成本** chéngběn [명] 원가 ★**运行** yùnxíng [동] 운행하다 ★**轨道** guǐdào [명] 궤도

祖逖出身于范阳祖氏，是东晋时期杰出的军事家。然而祖逖小时候是个淘气的孩子，那时他不爱读书也不爱习武，只喜欢整天到处去玩，或是爬爬树，或是掏掏鸟窝。这使他从小就形成了豁达且不拘小节的性格，却也让他在学问上落后于他人。

成年后，祖逖慷慨又有志气，经常接济家境贫困的人，因此深受乡亲们的喜爱。然而当时的国家连年征战，民不聊生，他的力量在乱世中显得极其微薄。他这才明白，对于处在动乱中的国家来说，自己慷慨解囊的行为只不过是九牛一毛罢了，想要解决根本问题，就必须成为国家的栋梁。

他意识到自己知识的缺乏，深感不读书无以报效国家，于是就奋发起来。他广泛阅读书籍，涉猎古今，成为了学富五车的有志青年。但是他并没有骄傲自满，而是经常向他人请教。他曾几次进入京都洛阳，了解他的人都评价说，祖逖才华与勇气兼备，将来一定会成为有用的人才。在祖逖24岁的时候，有人推荐他去做官，他却觉得自己的学问还差得太远，所以就没有答应。

那时，祖逖有一个感情深厚的好友刘琨，他们俩人志同道合，在很多方面观点一致。他们有共同的远大理想，就是建功立业、复兴晋国，成为国家的栋梁之材。因此他们二人经常聚在一起读书，讨论国家大事，希望国家能够强盛，百姓能够安居乐业。他们总是秉烛夜谈，不知不觉就谈到很晚。

一天深夜，祖逖突然听到了公鸡的叫声，他踢醒正打瞌睡的刘琨，问道："你刚才听到鸡叫声了吗？"睡眼惺忪的刘琨说："都这么晚了，怎么可能听到鸡叫声？你肯定听错了。"祖逖说："我没听错，我认为这是老天让我们早起习武的信号。从今以后听见鸡叫声，咱们就起床习武吧。"刘琨欣然同意了。两人走到院子里，拔出剑来练武。直到曙光初露，他们才收剑回屋了。从那天起，无论是酷暑还是寒冬，祖刘二人只要听到鸡叫声，就会迅速起床练剑，从不间断。

功夫不负有心人，多年不间断的训练让他们两个人成为了文武双全的高手。他们文能笔下生花，武能带兵打仗。之后，刘琨成为了征北中郎将，兼管并、冀、幽三州的军事；祖逖曾经担任过多个官职，还被封为镇西将军，实现了他报效国家的愿望。建武元年，祖逖率领部队进行北伐，数年间收复黄河以南大片领土，还得了众多百姓的拥护和爱戴。

这段典故出自于《晋书·祖逖传》，是成语"闻鸡起舞"的来历，现在用"闻鸡起舞"来比喻奋发向上、坚持不懈的精神。这个成语告诉世人，如果想实现自己的目标，就要做出不懈的努力。

조적은 범양 조 씨 출신으로, 동진시대의 뛰어난 군사전문가이다. 그렇지만 조적은 어릴 때 장난이 심한 아이였다. 그 시절 그는 책을 읽는 것을 싫어하고 무예를 익히는 것도 싫어했으며, 온종일 여기저기 놀러 다니거나 나무를 타거나 새 둥지를 파는 것만 좋아했다. 이것은 그가 어려서부터 활달하고 사소한 일에 구애받지 않는 성격을 형성하게 했지만, 그가 학식면에서 남에게 뒤처지게 했다.

성인이 된 후, 조적은 기개가 있고 또 포부도 있어, 자주 가정 형편이 곤궁한 사람을 도왔고, 이 때문에 마을 사람들의 사랑을 듬뿍 받았다. 그러나 당시 나라는 여러 해 출정이 계속돼서, 백성이 안심하고 생활할 수가 없었고, 그의 능력은 어지러운 세상에서 몹시 보잘것없는 것처럼 보였다. 그는 그제야 어지러움에 처한 나라로 말하자면, 자신의 아낌없이 돈을 기부하는 행위는 아주 사소한 일일 뿐이고, 근본적인 문제를 해결하고 싶다면 반드시 나라의 기둥이 돼야 한다는 것을 비로소 깨달았다.

그는 자신의 지식의 결핍을 깨달았고, 책을 읽지 않고서는 나라에 보답할 길이 없음을 깊이 느꼈다. 그래서 그는 분발하기 시작했다. 그는 폭넓게 책을 읽고, 고금을 두루 섭렵했으며, 학식이 풍부한 기개가 있는 청년이 됐다. 하지만 그는 결코 잘난 체하거나 자만하지 않았고, 자주 남에게 가르침을 청했다. 그는 한때 수차례 수도 낙양에 드나들었고, 그를 잘 아는 사람은 모두 조적이 재주와 용기를 겸비했고, 장래에 반드시 유용한 인재가 될 것이라고 평가했다. 조적이 24살 때, 어떤 사람이 그에게 관직에 오를 것을 추천했지만, 그는 도리어 자신의 학식이 아직 많이 부족하다고 생각해서 받아들이지 않았다.

그 당시, 조적은 정이 두터운 친한 벗 유곤이 있었고, 그들 둘은 의기투합해 지향하는 바가 같았고, 많은 분야에서 관점이 일치했다. 그들은 공통의 원대한 이상이 있었는데, 바로 공훈을 세우고 업적을 쌓으며, 진나라를 부흥시켜, 나라의 기둥이 될 만한 인재가 되는 것이었다. 이 때문에 그 두 사람은 자주 함께 모여서 책을 읽었고, 나라의 큰일을 토론했으며, 나라가 충분히 강성해지고 백성들이 평안히 살면서 즐겁게 일할 수 있기를 희망했다. 그들은 언제나 촛불을 들고 밤에 담화를 나눴고, 자신들도 모르는 사이에 늦게까지 이야기를 나눴다.

어느 깊은 밤, 조적은 별안간 수탉의 울음소리를 들었다. 그는 한창 졸고 있는 유곤을 발로 차서 깨우며 물었다. "너 방금 닭 울음소리 들었어?" 졸음이 채 가시지 않아 게슴츠레하게 눈을 뜬 유곤은 말했다. "이렇게 늦었는데, 어떻게 닭 울음소리를 들어? 네가 분명 잘못 들었을거야." 조적은 말했다. "나는 잘못 듣지 않았고, 나는 이것이 하늘이 우리에게 일찍 일어나서 무예를 익히라고 하는 신호라고 생각해. 오늘부터 닭 울음소리를 들으면, 우리 일어나서 무예를 익히자." 유곤은 흔쾌히 동의했다. 두 사람은 마당으로 걸어갔고, 검을 뽑아 무술을 연마했다. 여명이 막 밝아올 때에야 아르러서야, 그들은 비로소 검을 거두고 집으로 돌아왔다. 그날부터, 더운 여름이든 추운 겨울이든, 조적과 유곤 두 사람은 닭 울음소리가 들리기만 하면, 신속하게 일어나 검을 연마했고, 한 번도 중단한 적이 없었다.

노력은 뜻있는 사람을 저버리지 않듯이, 수년간 중단하지 않은 훈련은 두 사람이 문무를 두루 겸비한 고수가 되게 했다. 그들은 문예 방면에서는 문장을 아름다우며 생동감 있게 쓸 수 있었으며, 무예 방면에서는 군대를 인솔해 전쟁을 치를 수 있었다. 이후, 유곤은 북방을 정벌하는 중랑장이 되어 병, 기, 유 세 개의 주의 군사를 동시에 관리했고, 조적은 일찍이 여러 관직을 맡았으며, 전시장군으로도 봉해져 나라에 보답하겠다는 염원을 실현했다. 건무 원년에, 조적은 부대를 이끌고 북으로 진격했고, 수년 만에 황하 이남의 넓은 영토를 되찾았으며, 수많은 백성의 지지와 추대도 받았다.

이 옛날 이야기는 <진서·조적전>에서 나왔고, 성어 '문계기무'의 유래이며, 현재는 '문계기무'를 분발해서 더 나은 방향으로 발전시키고, 느슨해지지 않고 끝까지 해나가는 정신을 비유하는 데 사용한다. 이 성어는 세상 사람들에게, 만약 자신의 목표를 실현하고 싶다면, 꾸준한 노력을 해야 한다는 것을 알려준다.

어휘

祖逖 Zǔ Tì [고유] 조적[중국 동진시대의 장군]　★出身 chūshēn [명] 출신이다　东晋时期 Dōng Jìn shíqī [명] 동진시대[중국 역사상의 한 시대]

★杰出 jiéchū [형] 뛰어나다　军事家 jūnshìjiā [명] 군사전문가　淘气 táoqì [형] 장난이 심하다　习武 xí wǔ 무예를 익히다　★掏 tāo [동] 파다

鸟窝 niǎowō [명] 새 둥지　形成 xíngchéng [동] 형성하다　豁达 huòdá [형] 활달하다　不拘小节 bùjūxiǎojié [성] 사소한 일에 구애받지 않는다

学问 xuéwen [명] 학식　落后 luòhòu [동] 뒤처지다　★慷慨 kāngkǎi [형] 기개가 있다　志气 zhìqì [명] 포부　接济 jiējì [동] 돕다

家境 jiājìng [명] 가정 형편　贫困 pínkùn [형] 곤궁하다　乡亲 xiāngqīn [명] 마을 사람　连年 liánnián [동] 여러 해 계속되다

征战 zhēngzhàn [동] 출정하다　民不聊生 mínbùliáoshēng [성] 백성이 안심하고 생활할 수가 없다　力量 lìliàng [명] 능력

乱世 luànshì [명] 어지러운 세상　显得 xiǎnde [동] ~한 것처럼 보이다　极其 jíqí [부] 몹시　微薄 wēibó [형] 보잘것없다　动乱 dòngluàn [형] 어지럽다

慷慨解囊 kāngkǎijiěnáng [성] 아낌없이 돈을 기부하다　九牛一毛 jiǔniúyìmáo [성] 아주 사소하다　罢了 bàle [조] (단지) ~일 뿐이다

栋梁 dòngliáng [명] 기둥　★意识 yìshi [동] 깨닫다　缺乏 quēfá [동] 결핍되다, 모자라다　无以 wúyǐ ~할 수가 없다　报效 bàoxiào [동] 보답하다

广泛 guǎngfàn [형] 폭넓다　★书籍 shūjí [명] 책　涉猎 shèliè [동] 섭렵하다　学富五车 xuéfùwǔchē [성] (책을 널리 읽어) 학식이 풍부하다

有志 yǒu zhì 기개가 있다　自满 zìmǎn [형] 자만하다　★请教 qǐngjiào [동] 가르침을 청하다　评价 píngjià [동] 평가하다　勇气 yǒngqì [명] 용기

推荐 tuījiàn [동] 추천하다　做官 zuò guān 관직에 오르다　答应 dāying [동] 받아들이다　刘琨 Liú Kūn [고유] 유곤[중국 서진시대의 장군]

志同道合 zhìtóngdàohé [성] 의기투합해 지향하는 바가 같다　观点 guāndiǎn [명] 관점　一致 yízhì [형] 일치하다　远大 yuǎndà [형] 원대하다

建功立业 jiàngōnglìyè [성] 공훈을 세우고 업적을 쌓다　复兴 fùxīng [동] 부흥시키다　晋国 Jìn'guó [명] 진나라[중국 역사상의 한 국가]

栋梁之才 dòngliángzhīcái [성] (한 집안이나 국가의) 기둥이 될 만한 인재　聚 jù [동] 모이다　强盛 qiángshèng [형] 강성하다

安居乐业 ānjūlèyè [성] 평안히 살면서 즐겁게 일하다　秉烛 bǐngzhú 촛불을 들다　不知不觉 bùzhībùjué [성] 자신들도 모르는 사이에

公鸡 gōngjī [명] 수탉　打瞌睡 dǎ kēshuì 졸다　睡眼惺忪 shuìyǎnxīngsōng [성] 졸음이 채 가시지 않아 게슴츠레하게 눈을 뜨다

老天 lǎotiān [명] 하늘　信号 xìnhào [명] 신호　欣然 xīnrán [부] 흔쾌히　拔 bá [동] 뽑다　★剑 jiàn [명] 검　练武 liànwǔ [동] 무술을 연마하다

曙光 shǔguāng [명] 여명　初露 chū lù 막 밝아오다　酷暑 kùshǔ [명] 더운 여름　寒冬 hándōng [명] 추운 겨울　迅速 xùnsù [형] 신속하다

间断 jiànduàn [동] 중단하다　功夫不负有心人 gōngfu búfù yǒuxīnrén 노력은 뜻있는 사람을 저버리지 않는다　训练 xùnliàn [동] 훈련하다

文武双全 wénwǔshuāngquán [성] 문무를 두루 겸비하다　笔下生花 bǐxiàshēnghuā [성] 문장이 아름다우며 생동감이 있다

带兵 dài bīng 군대를 인솔하다　打仗 dǎzhàng [동] 전쟁을 치르다　征 zhēng [동] 정벌하다　中郎将 zhōnglángjiāng [명] 중랑장[고대 무관의 관직명]

兼管 jiānguǎn [동] 동시에 관리하다　★州 zhōu [명] 주[고대 행정 구역의 명칭]　军事 jūnshì [명] 군사[군대 전쟁 등과 같은 군에 관한 일]

担任 dānrèn [동] 맡다　封 fēng [동] 봉하다　镇西将军 Zhènxījiāngjūn [고유] 전시장군[중국 신장(新疆)성의 도시인 전시(镇西)를 지키는 장군]

实现 shíxiàn [동] 실현하다　报效 bàoxiào [동] 보답하다　愿望 yuànwàng [명] 염원　建武 Jiànwǔ [고유] 건무[중국 후한의 광무제가 사용한 연호]

率领 shuàilǐng [동] (무리나 단체를) 이끌다　部队 bùduì [명] 부대　伐 fá [동] 진격하다　收复 shōufù [동] 되찾다　领土 lǐngtǔ [명] 영토

拥护 yōnghù [동] 지지하다　★爱戴 àidài [동] 추대하다　典故 diǎngù [명] 옛날 이야기, 전고[전례와 고사를 아울러 이르는 말]

晋书 Jìnshū [고유] 진서[중국 동진과 서진의 역사를 기록한 서적]　闻鸡起舞 wénjīqǐwǔ [성] 문계기무[한밤중에 닭 울음소리를 듣고 일어나 무예를 연마하다]

★来历 láilì [명] 유래　★比喻 bǐyù [동] 비유하다　奋发向上 fènfā xiàngshàng 분발해서 더 나은 방향으로 발전시키다

坚持不懈 jiānchíbúxiè [성] 느슨해지지 않고 끝까지 해나가다　精神 jīngshén [명] 정신　目标 mùbiāo [명] 목표　不懈 búxiè [형] 꾸준하다

지문	기억한 스토리
지문에서 반드시 외워야 할 핵심표현이에요.	제목 —
祖逖出身于范阳祖氏，是东晋时期杰出的**军事家**。然而祖逖小时候是个淘气的孩子，那时他不爱读书也不爱习武，只喜欢整天到处去玩，或是爬爬树，或是掏掏鸟窝。这使他从小就形成了豁达且不拘小节的性格，却也让他在**学问上落后于他人**。 成年后，祖逖慷慨又有志气，经常接济家境贫困的人，因此深受**乡亲们**的喜爱。然而当时的国家连年征战，民不聊生，他的力量在乱世中显得极其微薄。他这才明白，对于处在动乱中的国家来说，自己慷慨解囊的行为只不过是九牛一毛罢了，想要解决根本问题，就必须成为国家的栋梁。	① 이야기의 발단	祖逖는 고대의 뛰어난 **军事家**지만, 그는 어릴 때 **读书**를 싫어했고 **习武**도 싫어했기 때문에, **学问**이 남보다 못했음. **成年** 后, 그는 자주 가난한 사람을 도와줘서 **乡亲们**은 그를 좋아했음. 당시 여러 해 동안 계속 전쟁을 치렀고, 백성들의 생활은 고달팠음. 이것은 그로 하여금 더 많은 사람을 돕고 싶다면, 나라에 유용한 인재가 돼야 한다는 것을 깨닫게 함.
他意识到自己知识的缺乏，深感不读书无以报效国家，于是就奋发起来。他广泛阅读书籍，涉猎古今，成为了学富五车的有志青年。但是他并没有**骄傲**自满，而是经常向他人**请教**。他曾几次进入京都洛阳，了解他的人都评价说，祖逖才华与勇气兼备，将来一定会成为有用的人才。在祖逖24岁的时候，有人推荐他去**做官**，他却觉得自己的学问还差得太远，所以就没有答应。 那时，祖逖有一个感情深厚的好友刘琨，他们俩人志同道合，在很多方面**观点**一致。他们有共同的远大理想，就是建功立业、复兴晋国，成为国家的栋梁之材。因此他们二人经常聚在一起读书，讨论国家**大事**，希望国家能够强盛，百姓能够安居乐业。他们总是秉烛夜谈，不知不觉就谈到很晚。	② 이야기의 전개	그래서 그는 열심히 공부해서 학식이 뛰어나게 됐지만, 그는 결코 **骄傲**하지 않고 자주 다른 사람에게 **请教**함. 어떤 사람이 그에게 **做官**을 추천했지만, 그는 도리어 자신의 학식이 부족하다고 생각해서 거절함. 그 당시, 그는 친한 친구 한 명이 있었고, 그 둘은 많은 분야에서 **观点**이 일치해, 자주 함께 공부하며, 국가 **大事**를 토론함.
一天深夜，祖逖突然听到了**公鸡**的叫声，他踢醒正打瞌睡的刘琨，问道："你刚才听到鸡叫了吗？"睡眼惺忪的刘琨说："都这么晚了，怎么可能听到鸡叫声？你肯定听错了。"祖逖说："我没听错，我认为这是老天让我们早起习武的**信号**。从今以后听见鸡叫声，咱们就**起床习武**吧。"刘琨欣然**同意**了。两人走到院子里，拔出剑来练武。直到曙光初露，他们才收剑回屋了。从那天起，无论是酷暑还是寒冬，祖刘二人只要听到鸡叫声，就会迅速起床练剑，从不间断。	③ 이야기의 전환	어느 깊은 밤, 조적은 **公鸡**의 叫声을 듣고, 바로 친구를 깨움. 그는 친구에게 이것은 하늘이 그들에게 주는 **信号**라며, 오늘부터 닭 울음소리가 들리면, 일어나서 무예를 익히자고 말함. 친구는 **同意**함. 그날부터, 그들은 닭 울음소리를 듣자마자 바로 **起床练剑**함.
功夫不负有心人，多年不间断的训练让他们两个人成为了文武双全的高手。他们文能笔下生花，武能带兵打仗。之后，刘琨成为了征北中郎将，兼管并、冀、幽三州的军事；祖逖曾经担任过多个官职，还被封为镇西将军，实现了他报效国家的愿望。建武元年，祖逖率领部队进行北伐，数年间收复黄河以南大片领土，还得到了众多**百姓**的**拥护**和**爱戴**。	④ 이야기의 절정·결말	이후 그들은 모두 나라의 기둥이 됐고, 조적은 **百姓**의 **拥护**와 **爱戴**를 받음.
这段典故出自于《晋书·祖逖传》，是成语"闻鸡起舞"的来历，现在用"闻鸡起舞"来**比喻奋发向上**、**坚持不懈**的精神。这个成语告诉世人，如果想**实现自己的目标**，就要做出不懈的努力。	⑤ 이야기와 관련된 고사성어	이것이 바로 성어 '闻鸡起舞'의 유래로, 현재는 **奋发向上**, **坚持不懈**하는 정신을 **比喻**하는 데 사용함. 한마디로 말하면, 이 성어는 우리에게 만약 자신의 목표를 **实现**하고 싶다면, 끊임없이 **努力**해야 한다는 것을 알려줌.

요약 [모범답안1 (80점 고득점용)]	요약 포인트
闻鸡起舞	고사성어 闻鸡起舞의 유래와 관련된 옛날 이야기이므로 闻鸡起舞(문계기무)를 제목으로 쓴다.
祖逖是古代杰出的军事家，可是他小时候却不爱读书也不爱习武，因此学问不如别人。 　　成年后，他经常帮助穷人，所以乡亲们很喜欢他。当时连续多年打仗，百姓生活艰苦，这让他明白，想帮助更多的人，就要成为对国家有用的人才。	• 지문의 东晋时期와 같이 구체적인 시대 배경은 古代와 같은 일반적이고 쉬운 시대 표현으로 기억하고 바꿔 쓴다. [스킬 1] • '그는 어릴 때 读书를 싫어했고 习武도 싫어했기 때문에, 学问이 남보다 못했음'과 같이 사건의 원인과 결과가 분명한 것으로 기억한 내용은 '……，因此……'와 같은 인과 관계를 나타내는 연결어를 사용해서 간단히 요약한다. [스킬 6] • '이것은 그로 하여금 ~ 나라에 유용한 인재가 돼야 한다는 것을 깨닫게 함'과 같이 어떤 일로 인해 변화가 생긴 것으로 기억한 내용은 '这让……'을 사용해서 간단히 요약한다. [스킬 5]
于是他认真学习，变得很有学问，但他并没有骄傲，而是经常向别人请教。有人推荐他去做官，他却觉得自己学问不够，就拒绝了。 　　那时，他有一个好朋友，他们两个人在很多方面观点一致，所以经常在一起学习，讨论国家大事。	• '어떤 사람이 그에게 做官을 推荐했지만, 그는 도리어 자신의 학식이 부족하다고 생각해서 거절함'과 같이 사건의 앞뒤 상황이 상반되는 것으로 기억한 내용은 '……，却……'와 같은 반대/전환 관계를 나타내는 연결어를 사용해서 간단히 요약한다. [스킬 8]
一天深夜，祖逖听到了公鸡的叫声，便叫醒了朋友。他跟朋友说，这是老天给他们的信号，从今以后听到鸡叫声，就起床习武。朋友同意了。从那天起，他们一听到鸡叫声，就起床练剑了。	• 지문의 "我没听错，我认为这是老天让我们……就起床习武吧。"와 같이 큰따옴표로 표현된 인용문은 'A跟B说……'와 같은 간접화법으로 간단히 요약한다. [스킬 4] • '그들은 닭 울음소리를 듣자마자 바로 起床练剑함'과 같이 사건의 앞뒤 발생 순서가 명확한 것으로 기억한 내용은 '一……，就……'와 같은 선후 관계를 나타내는 연결어를 사용해서 간단히 요약한다. [스킬 7]
后来他们都成为了国家的栋梁，祖逖得到了百姓的拥护和爱戴。	• '그날부터, 그들은 ~ 起床练剑함. 이후 그들은 모두 나라의 기둥이 됨'과 같이 사건의 앞뒤 발생 순서가 명확한 것으로 기억한 내용은 '后来……'와 같은 선후 관계를 나타내는 연결어를 사용해서 간단히 요약한다. [스킬 7] • 지문의 文武双全的高手와 같이 외우기 어려운 한자 표현은 国家的栋梁과 같은 비슷한 뜻을 가지는 쉬운 표현으로 기억하고 바꿔 쓴다. [스킬 2]
这就是成语"闻鸡起舞"的来历，现在用来比喻奋发向上、坚持不懈的精神。总而言之，这个成语告诉我们，如果想实现目标，就要不断地努力。	• '한마디로 말하면, 이 성어는 우리에게 만약 자신의 목표를 实现하고 싶다면, 끊임없이 努力해야 한다는 것을 알려줌'과 같이 사건의 결말은 总而言之과 같은 마무리 표현을 사용해서 간단히 요약한다. [스킬 10]

闻鸡起舞

祖逖是古代杰出的军事家，可是他小时候却不爱读书也不爱习武，因此学问不如别人。成年后，他经常帮助穷人，所以乡亲们很喜欢他。当时连续多年打仗，百姓生活艰苦，这让他明白，想帮助更多的人，就要成为对国家有用的人才。

于是他认真学习，变得很有学问，但他并没有骄傲，而是经常向别人请教。有人推荐他去做官，他却觉得自己学问不够，就拒绝了。

那时，他有一个好朋友，他们两个人在很多方面观点一致，所以经常在一起学习，讨论国家大事。

一天深夜，祖逖听到了公鸡的叫声，便叫醒了朋友。他跟朋友说，这是老天给他们的信号，从今以后听到鸡叫声，就起床习武。朋友同意了。从那天起，他们一听到鸡叫声，就起床练剑了。

后来他们都成为了国家的栋梁，祖逖得到了百姓的拥护和爱戴。

这就是成语"闻鸡起舞"的来历，现在用来比喻奋发向上、坚持不懈的精神。总而言之，这个成语告诉我们，如果想实现目标，就要不断地努力。

100
200
300
400
500

문계기무

조적은 고대의 뛰어난 군사전문가이지만, 그는 어릴 때 책을 읽는 것을 싫어했고 무예를 익히는 것도 싫어했기 때문에, 학식이 남보다 못했다.

성인이 된 후, 그는 자주 가난한 사람을 도와줘서 마을 사람들은 그를 좋아했다. 당시 여러 해 동안 계속 전쟁을 치렀고, 백성들의 생활은 고달팠다. 이것은 그로 하여금 더 많은 사람을 돕고 싶다면, 나라에 유용한 인재가 돼야 한다는 것을 깨닫게 했다.

그래서 그는 열심히 공부해서 학식이 뛰어나게 됐지만, 그는 결코 잘난 체하지 않고 자주 다른 사람에게 가르침을 청했다. 어떤 사람이 그에게 관직에 오를 것을 추천했지만, 그는 도리어 자신의 학식이 부족하다고 생각해서 거절했다.

그 당시, 그는 친한 친구 한 명이 있었고, 그 둘은 많은 분야에서 관점이 일치해, 자주 함께 공부하며, 나라의 큰일을 토론했다.

어느 깊은 밤, 조적은 수탉의 울음소리를 듣고, 바로 친구를 깨웠다. 그는 친구에게 이것은 하늘이 그들에게 주는 신호라며, 오늘부터 닭 울음소리가 들리면, 일어나서 무예를 익히자고 말했다. 친구는 동의했다. 그날부터, 그들은 닭 울음소리를 듣자마자 바로 일어나 검을 연마했다.

이후 그들은 모두 나라의 기둥이 됐고, 조적은 백성들의 지지와 추대를 받았다.

이것이 바로 성어 '문계기무'의 유래로, 현재는 분발해서 더 나은 방향으로 발전시키고, 느슨해지지 않고 끝까지 해나가는 정신을 비유하는 데 사용한다. 한마디로 말하면, 이 성어는 우리에게 만약 자신의 목표를 실현하고 싶다면, 끊임없이 노력해야 한다는 것을 알려준다.

어휘 **闻鸡起舞** wénjīqǐwǔ 셍 문계기무[한밤중에 닭 울음소리를 듣고 일어나 무예를 연마하다] **祖逖** Zǔ Tì 고유 조적[중국 동진시대의 장군]

★**杰出** jiéchū 뛰어나다 **军事家** jūnshìjiā 셍 군사전문가 **习武** xí wǔ 무예를 익히다 **学问** xuéwen 셍 학식 **不如** bùrú ~보다 못하다

乡亲 xiāngqīn 셍 마을 사람 **连续** liánxù 셍 계속하다 **打仗** dǎzhàng 전쟁을 치르다 **艰苦** jiānkǔ 고달프다

★**请教** qǐngjiào 셍 가르침을 청하다 **推荐** tuījiàn 셍 추천하다 **做官** zuò guān 관직에 오르다 **观点** guāndiǎn 셍 관점 **一致** yízhì 셍 일치하다

公鸡 gōngjī 셍 수탉 **老天** lǎotiān 셍 하늘 **信号** xìnhào 셍 신호 **剑** jiàn 셍 검 **栋梁** dòngliáng 셍 기둥 **拥护** yōnghù 셍 지지하다

★**爱戴** àidài 셍 추대하다 ★**来历** láilì 셍 유래 ★**比喻** bǐyù 셍 비유하다 **奋发向上** fènfā xiàngshàng 분발해서 더 나은 방향으로 발전시키다

坚持不懈 jiānchíbúxiè 셍 느슨해지지 않고 끝까지 해나가다 **精神** jīngshén 셍 정신 **总而言之** zǒng'éryánzhī 셍 한마디로 말하면

实现 shíxiàn 셍 실현하다 **目标** mùbiāo 셍 목표

모범답안 2 [60점용]

							闻	鸡	起	舞								
		祖	逖	是	古	代	的	军	事	家	，	可	是	他	小	时	候	却	不
爱	学	习	，	每	天	只	喜	欢	玩	。							
		长	大	以	后	，	他	经	常	帮	助	穷	人	，	大	家	都	很	喜
欢	他	。	当	时	人	们	过	得	很	不	好	，	这	让	他	明	白	，	如
果	想	帮	助	更	多	的	人	，	就	要	成	为	对	国	家	有	用	的	人	。
		他	努	力	学	习	，	变	得	很	有	学	问	，	但	他	并	没	有
骄	傲	。	有	人	推	荐	他	去	当	官	，	他	却	拒	绝	了	。
		那	时	，	他	有	一	个	好	朋	友	，	两	个	人	经	常	在	一
起	学	习	，	讨	论	国	家	大	事	。
		一	天	晚	上	，	他	听	到	了	公	鸡	的	叫	声	，	就	叫	醒
了	朋	友	。	他	跟	朋	友	说	，	这	是	老	天	给	他	们	的	信	号，
从	今	以	后	听	到	鸡	叫	声	，	就	起	来	练	习	武	术	。	朋	友
同	意	了	。	从	那	天	起	，	他	们	听	到	鸡	叫	声	就	起	来	练
习	了	。
		后	来	他	们	都	成	为	了	有	用	的	人	才	，	祖	逖	受	到
了	人	们	的	喜	爱	。
		这	就	是	成	语	"	闻	鸡	起	舞	"	的	来	历	，	现	在	比
喻	努	力	向	上	的	精	神	。	如	果	想	实	现	梦	想	，	就	要	不
断	地	努	力	。

(100 / 200 / 300 / 400 / 500)

문계기무

조적은 고대의 군사전문가이지만, 그는 어릴 때 책을 읽는 것을 싫어했고 매일 노는 것만 좋아했다.

커서 그는 자주 가난한 사람을 도와줬고, 다들 그를 좋아했다. 당시 사람들은 잘 지내지 못했고, 이것은 그로 하여금 만약 더 많은 사람을 돕고 싶다면, 나라에 유용한 인재가 돼야 한다는 것을 깨닫게 했다.

그는 열심히 공부해서 학식이 뛰어나게 됐지만, 그는 결코 잘난 체하지 않았다. 어떤 사람이 그에게 관리가 되는 것을 추천했지만, 그는 도리어 거절했다.

그 당시, 그는 친한 친구 한 명이 있었고, 두 사람은 자주 함께 공부하며, 나라의 큰일을 토론했다.

어느 날 저녁, 그는 수탉의 울음소리를 듣고, 바로 친구를 깨웠다. 그는 친구에게 이것은 하늘이 그들에게 주는 신호라며, 오늘부터 닭 울음소리가 들리면, 일어나서 무술을 연습하자고 말했다. 친구는 동의했다. 그날부터, 그들은 닭 울음소리를 들으면 바로 일어나 연습했다.

이후 그들은 모두 유용한 인재가 됐고, 조적은 사람들의 사랑을 받았다.

이것이 바로 성어 '문계기무'의 유래로, 현재는 노력해서 발전하는 정신을 비유한다. 만약 꿈을 실현하고 싶다면, 끊임없이 노력해야 한다.

어휘 闻鸡起舞 wénjīqǐwǔ [성] 문계기무[한밤중에 닭 울음소리를 듣고 일어나 무예를 연마하다] 祖逖 Zǔ Tì [고유] 조적[중국 동진시대의 장군]
军事家 jūnshìjiā [명] 군사전문가 学问 xuéwen [명] 학식 推荐 tuījiàn [동] 추천하다 当官 dāng guān 관리가 되다 公鸡 gōngjī [명] 수탉
老天 lǎotiān [명] 하늘 信号 xìnhào [명] 신호 武术 wǔshù [명] 무술 ★来历 láilì [명] 유래 ★比喻 bǐyù [동] 비유하다 精神 jīngshén [명] 정신
实现 shíxiàn [동] 실현하다

✳ 실전모의고사 3

듣기 p.250

제1부분
1 D **2** B **3** D **4** D **5** A **6** C **7** D **8** D **9** C **10** A **11** B **12** B **13** C **14** D **15** D

제2부분
16 C **17** D **18** D **19** A **20** B **21** A **22** D **23** C **24** B **25** D **26** D **27** C **28** A **29** B
30 C

제3부분
31 D **32** C **33** B **34** D **35** A **36** B **37** C **38** B **39** D **40** D **41** C **42** D **43** C **44** A
45 D **46** C **47** D **48** D **49** C **50** D

독해 p.256

제1부분
51 D **52** C **53** B **54** B **55** A **56** B **57** A **58** B **59** C **60** D

제2부분
61 B **62** D **63** A **64** B **65** A **66** D **67** D **68** C **69** C **70** A

제3부분
71 E **72** A **73** D **74** C **75** B **76** C **77** A **78** D **79** E **80** B

제4부분
81 B **82** C **83** C **84** A **85** D **86** B **87** A **88** D **89** C **90** A **91** B **92** D **93** C **94** A
95 B **96** B **97** D **98** A **99** D **100** C

쓰기 p.267

101 [모범답안] 해설집 p.356

1

A 内壶画属于钢笔画	A 내호화는 철필화에 속한다
B 艺术家要有敬业精神	B 예술가는 최선을 다하는 정신이 있어야 한다
C 内壶画绘制形状单一	C 내호화의 제작 형태는 단일하다
D 内壶画艺术家为数不多	**D 내호화 예술가는 많지 않다**

内壶画属于中国独特的手工艺品，一般在磨砂处理的鼻烟壶内壁上进行绘画及书法创作。艺术家要在体积很小的鼻烟壶内用一支尖细的钩状狼毫笔绘制各种人物、花鸟、走兽形象或写书法。由于内壶画的绘制极费目力，十分艰辛，目前从事这项艺术工作并有一定水平的艺术家不足一百人。	내호화는 중국의 독특한 수공예품에 속하는데, 보통 불투명 처리를 한 비연호 내벽에 그림을 그리고 붓글씨 작업을 한다. 예술가는 부피가 작은 비연호 안에 뾰족한 바늘 모양의 황모필을 이용해 각종 인물, 꽃과 새, 짐승 형상을 그리거나 붓글씨를 쓴다. 내호화를 제작하는 것은 시력이 많이 소모되고 매우 고생스럽기 때문에, 현재 이 예술 업무에 종사하며 어느 정도의 수준을 가진 예술가는 백 명이 되지 않는다.

해설 3개의 선택지에 공통적으로 内壶画(내호화)가 있으므로 内壶画에 대한 설명 단문이 나올 것을 예측한다. 음성에서 언급된 内壶画……目前从事这项艺术工作并有一定水平的艺术家不足一百人과 내용이 일치하는 선택지 D 内壶画艺术家为数不多를 정답으로 고른다.

어휘 선택지 **内壶画** nèihúhuà 圆 내호화[투명한 병 안쪽 벽에 그린 그림] **属于** shǔyú 통 ~에 속하다 **钢笔画** gāngbǐhuà 圆 철필화[뾰족한 붓으로 그린 그림]
敬业 jìngyè 자신의 일에 최선을 다하다 **精神** jīngshén 圆 정신 **绘制** huìzhì 통 제작하다 **形状** xíngzhuàng 圆 형태
单一 dānyī 단일하다 **为数不多** wéishù bù duō 그 수가 많지 않다

단문 **独特** dútè 톙 독특하다 **手工艺品** shǒugōngyìpǐn 圆 수공예품 **磨砂处理** móshā chǔlǐ 불투명 처리하다　6급 빈출어휘
鼻烟壶 bíyānhú 圆 비연호[중국의 코담배를 넣어두는 작은 병] **绘画** huìhuà 그림을 그리다 ★**书法** shūfǎ 圆 붓글씨
★**创作** chuàngzuò 통 작업하다, 창작하다 ★**体积** tǐjī 圆 부피 **支** zhī 圆 자루[막대 모양의 물건을 세는 단위] **尖细** jiān xì 뾰족하다
钩状 gōuzhuàng 圆 바늘 모양 **狼毫笔** lángháobǐ 圆 황모필[족제비털로 축을 만든 붓] **人物** rénwù 圆 인물 **走兽** zǒushòu 圆 짐승
形象 xíngxiàng 圆 형상 **费** fèi 소모하다 **目力** mùlì 圆 시력 **艰辛** jiānxīn 톙 고생스럽다 **目前** mùqián 圆 현재
从事 cóngshì 통 종사하다 **不足** bùzú 통 되지 않다, 부족하다

2

A 该书中不包含农副产品的加工	A 이 책에는 농수산물의 가공이 포함되지 않는다
B 该书是目前中国最古老的农书	**B 이 책은 현재 중국의 가장 오래된 농서이다**
C 该书介绍了古代农业发达的原因	C 이 책은 고대 농업이 발달한 원인을 소개했다
D 该书记载了长江流域的农业情况	D 이 책은 창장 유역의 농업 상황을 기록했다

《齐民要术》是杰出农学家贾思勰所著的一部综合性农学著作，它是中国现存最早的一部农书。全书共10卷、92篇，主要记载了北魏以及更早年代黄河流域的农业生产情况，对耕作制度、土壤肥料、畜牧状况、养鱼养蚕和农副产品加工等许多方面都做了较系统的总结。	<제민요술>은 걸출한 농학자인 가사협이 지은 종합 농학 저서인데, 이 저서는 중국에 현존하는 최초의 농서이다. 책은 총 10권, 92편으로, 주로 북위 및 더 이전 시대의 황허 유역의 농업 생산 상황을 기록했고, 경작 제도, 토양과 비료, 목축 상황, 물고기와 누에 사육 그리고 농수산물의 가공 등 많은 분야에 대해서 비교적 체계적인 총정리를 했다.

해설 모든 선택지에 공통적으로 该书(이 책)가 있으므로 该书에 대한 설명 단문이 나올 것을 예측한다. 음성에서 언급된 《齐民要术》……是中国现存最早的一部农书와 내용이 일치하는 선택지 B 该书是目前中国最古老的农书를 정답으로 고른다.

어휘 선택지 **包含** bāohán 통 포함하다 **农副产品** nóngfùchǎnpǐn 圆 농수산물 ★**加工** jiāgōng 통 가공하다 **目前** mùqián 圆 현재
古老 gǔlǎo 톙 오래되다 **农书** nóngshū 圆 농서[농사에 관한 내용을 적은 책] **农业** nóngyè 圆 농업 **发达** fādá 톙 발달하다
★**记载** jìzǎi 통 기록하다 **流域** liúyù 圆 유역

단문 **齐民要术** Qímínyàoshù 교유 제민요술[중국에 현존하는 가장 오래된 종합 농업기술서] ★**杰出** jiéchū 통 걸출하다
贾思勰 Jiǎ Sīxié 교유 가사협[중국 남북조 시대의 농학자] **综合** zōnghé 통 종합하다 **著作** zhùzuò 圆 저서 **现存** xiàncún 통 현존하다
★**卷** juàn 圆 권[책이나 문서 등을 세는 단위] **北魏** Běi Wèi 교유 북위[중국 역사상의 한 국가] **以及** yǐjí 圙 및 **年代** niándài 圆 시대
生产 shēngchǎn 통 생산하다 **耕作** gēngzuò 통 경작하다 **制度** zhìdù 圆 제도 ★**土壤** tǔrǎng 圆 토양 **肥料** féiliào 圆 비료
畜牧 xùmù 圆 목축[가축을 대량으로 기르는 일] **状况** zhuàngkuàng 圆 상황 **养蚕** yǎng cán 누에를 사육하다 **系统** xìtǒng 톙 체계적이다

3

A 古代人们喜欢观星望月	A 고대 사람들은 별과 달을 보는 것을 좋아했다
B 纪限仪用来验定二十四节气	B 육분의는 24절기를 검증하는 데 쓰였다
C 北京古观象台已经不复存在	C 베이징의 고관상대는 더 이상 존재하지 않는다
D 明清时期可以测定天体的经纬度	**D 명청 시기에 천체의 경위도를 측정할 수 있었다**

北京古观象台是世界上最古老的天文台之一，同时也是中国明清两代的皇家天文台。它配备了十架精巧的天文仪器，用以观测天象，其中赤道经纬仪主要用来测定天体的经度和纬度，黄道经纬仪用以验定二十四节气和时间，纪限仪用来测量日、月角距离或两星距离。	베이징의 고관상대는 세계에서 가장 오래된 천문대 중 하나이고, 동시에 중국 명청 양대의 황실 천문대이기도 하다. 고관상대에는 천체 형상을 관찰하는 데 사용되는 열 대의 정교한 천문기구가 갖춰져 있다. 그중 적도 경위기는 주로 천체의 경도와 위도를 측정하는 데 쓰였고, 황도 경위기는 이십사절기와 시간을 검증하는 데 쓰였으며, 육분의는 해와 달의 각거리 혹은 두 별의 거리를 측량하는 데 쓰였다.

해설 선택지에 节气(절기), 天体(천체), 经纬度(경위도)와 같은 어휘들이 있으므로, 천문학과 관련된 정보 전달 단문이 나올 것을 예측한다. 음성에서 언급된 中国明清两代的皇家天文台……其中赤道经纬仪主要用来测定天体的经度和纬度와 내용이 일치하는 선택지 D 明清时期可以测定天体的经纬度를 정답으로 고른다.

어휘 선택지 纪限仪 jìxiànyí 圖 육분의[고도각과 수평각을 재는 기구] 验定 yàn dìng 검증하다 节气 jiéqì 圖 절기
古观象台 gǔguānxiàngtái 圖 고관상대[중국 베이징(北京)에 위치한 관상대] 存在 cúnzài 圖 존재하다
明清时期 Míng Qīng shíqī 圖 명청 시기[중국 역사상 명나라, 청나라가 있던 시기] 测定 cèdìng 圖 측정하다 天体 tiāntǐ 圖 천체
经纬度 jīngwěidù 圖 경위도

단문 天文台 tiānwéntái 圖 천문대 皇家 huángjiā 圖 황실 ★配备 pèibèi 圖 갖추다 精巧 jīngqiǎo 圖 정교하다
天文仪器 tiānwén yíqì 圖 천문기구 观测 guāncè 圖 관측하다 天象 tiānxiàng 圖 천체 형상 赤道 chìdào 圖 적도
经纬仪 jīngwěiyí 圖 경위기[수평각과 수직각을 측량하는 기구] 经度 jīngdù 圖 경도 纬度 wěidù 圖 위도
黄道 huángdào 圖 황도[지구가 태양을 도는 큰 궤도] ★测量 cèliáng 圖 측량하다

4

A 窑洞是盆地特有的建筑	A 토굴집은 분지 특유의 건축물이다
B 窑洞是现代建筑的产物	B 토굴집은 현대 건축의 산물이다
C 窑洞湿气大且隔热能力差	C 토굴집은 습기가 많고 단열 능력이 떨어진다
D 窑洞利用了得天独厚的地理优势	**D 토굴집은 뛰어난 지리적 장점을 이용했다**

窑洞是黄土高原居民的古老居住形式，它与特殊的地理环境密切相关。由于黄土层非常厚，人们利用高原有利的地形，凿洞而居，创造了这一绿色建筑。黄土具有保湿、储能、隔热的功能，因此窑洞具有冬暖夏凉、保湿恒温的独特优势。窑洞在发展迅速、高楼林立的今天，显得别有一番韵味。	토굴집은 황토고원 거주민의 오래된 거주 형태로, 특수한 지리 환경과 밀접하게 관련되어 있다. 황토층이 매우 두껍기 때문에, 사람들은 고원의 유리한 지형을 이용해 동굴을 파서 살았고, 이 친환경 건축물을 창조했다. 황토는 습도 유지, 에너지 축적, 단열의 기능을 가지고 있는데, 이 때문에 토굴집은 겨울에는 따뜻하고 여름에는 시원하며, 습도와 온도를 유지하는 독특한 장점을 가지고 있다. 토굴집은 발전이 빠르고 빌딩이 즐비한 오늘날, 색다른 정취를 자아낸다.

해설 모든 선택지에 공통적으로 窑洞(토굴집)이 있으므로 窑洞에 대한 설명 단문이 나올 것을 예측한다. 음성에서 언급된 窑洞……与特殊的地理环境密切相关 그리고 人们利用高原有利的地形과 내용이 일치하는 선택지 D 窑洞利用了得天独厚的地理优势를 정답으로 고른다.

어휘 선택지 窑洞 yáodòng 圖 토굴집 ★盆地 péndì 圖 분지[사방이 산으로 둘러 쌓인 평편한 지역] 建筑 jiànzhù 圖 건축(물) 现代 xiàndài 圖 현대
产物 chǎnwù 圖 산물 湿气 shīqì 圖 습기 隔热 gérè 圖 단열하다 利用 lìyòng 圖 이용하다
★得天独厚 détiāndúhòu 圖 뛰어난 조건을 갖추다 地理 dìlǐ 圖 지리 优势 yōushì 圖 장점

단문 黄土高原 Huángtǔ gāoyuán 교육 황토고원[중국 북부, 타이항(太行) 산맥에서 서쪽의 황허강 유역에 이르는 고원] ★居民 jūmín 圖 거주민
★居住 jūzhù 圖 거주하다 形式 xíngshì 圖 형태 特殊 tèshū 圖 특수하다 密切 mìqiè 圖 밀접하다 相关 xiāngguān 圖 관련되다
有利 yǒulì 圖 유리하다 地形 dìxíng 圖 지형 凿 záo 圖 파다 洞 dòng 圖 동굴 创造 chuàngzào 圖 창조하다 绿色 lǜsè 圖 친환경의
保湿 bǎoshī 圖 습도를 유지하다 储能 chǔ néng 에너지를 축적하다 功能 gōngnéng 圖 기능
冬暖夏凉 dōng nuǎn xià liáng 겨울에는 따뜻하고 여름에는 시원하다 独特 dútè 圖 독특하다 迅速 xùnsù 圖 빠르다, 신속하다
高楼 gāolóu 圖 빌딩 林立 línlì 圖 즐비하다 显得 xiǎnde 圖 자아내다, 드러나다 别有 bié yǒu 색다르게 ~있다 韵味 yùnwèi 圖 정취

5

A 植物之间可以用香气传达信息
B 开发新农药对农业发展很重要
C 科学家认为虫害使农作物减产
D 有些植物的化合物对人体有害

A 식물 간에는 향기를 이용해 정보를 전달할 수 있다
B 새로운 농약을 개발하는 것은 농업 발전에 중요하다
C 과학자들은 충해가 농작물의 생산을 감소시킨다고 생각한다
D 어떤 식물의 화합물은 인체에 해롭다

植物看似没有意识，但其实在很多时候都会互相帮助。一些植物的叶子被害虫啃食时，会释放出特定的香气。接收到这一特殊的信号之后，周围的其他植物就会做出自我防卫反应，在短时间内生成妨碍害虫生长的化合物，从而避免虫害。有科学家认为，该现象对研发增强植物抵抗力的新型农药很有帮助。

식물은 의식이 없는 것처럼 보이지만, 사실 서로 도와줄 때가 많다. 몇몇 식물의 잎은 해충에게 갉아 먹힐 때 특정한 향기를 방출해낸다. 이 특수한 신호를 받은 후, 주위의 다른 식물들은 바로 자기 방어 반응을 보이고, 짧은 시간 안에 해충의 성장을 방해하는 화합물을 생성해 이로써 충해를 피한다. 어떤 과학자는 이 현상이 식물의 저항력을 강화시키는 신형 농약을 연구 개발하는 데 큰 도움이 될 것이라고 생각한다.

해설 선택지에 植物(식물), 农药(농약), 农业(농업)와 같은 어휘들이 있으므로, 농업과 관련된 정보 전달 단문이 나올 것을 예측한다. 음성에서 언급된 一些植物……会释放出特定的香气。接收到这一特殊的信号之后，周围的其他植物就会做出自我防卫反应，在短时间内生成妨碍害虫生长的化合物，从而避免虫害。와 내용이 일치하는 선택지 A 植物之间可以用香气传达信息를 정답으로 고른다.

어휘 선택지 植物 zhíwù 圏 식물　香气 xiāngqì 圏 향기　★传达 chuándá 園 전달하다　信息 xìnxī 圏 정보　开发 kāifā 圏 개발하다
농药 nóngyào 圏 농약　农业 nóngyè 圏 농업　虫害 chónghài 圏 충해　减产 jiǎnchǎn 圏 생산을 감소시키다　化合物 huàhéwù 圏 화합물

단문 ★意识 yìshí 圏 의식　害虫 hàichóng 圏 해충　啃 kěn 圏 갉아먹다　★释放 shìfàng 圏 방출하다　★特定 tèdìng 圏 특정한
接收 jiēshōu 圏 받다　特殊 tèshū 圏 특수하다　信号 xìnhào 圏 신호　防卫 fángwèi 圏 방어하다　反应 fǎnyìng 圏 반응하다
生成 shēngchéng 圏 생성되다　妨碍 fáng'ài 圏 방해하다　生长 shēngzhǎng 圏 성장하다　避免 bìmiǎn 圏 피하다　现象 xiànxiàng 圏 현상
研发 yánfā 圏 연구 개발하다　增强 zēngqiáng 圏 강화하다　抵抗力 dǐkànglì 圏 저항력　新型 xīnxíng 圏 신형의

6

A 上班时不宜驾驶私家车
B 学校提倡低碳生活方式
C 市民们十分注重低碳环保
D 所有人家中都安装了节能设备

A 출근할 때 자가용을 운전하지 않는 것이 좋다
B 학교는 저탄소 생활 방식을 장려한다
C 시민들은 저탄소 환경 보호를 매우 중시한다
D 모든 사람들이 집에 에너지 절약 설비를 설치했다

在全社会积极落实"碳达峰、碳中和"的进程中，越来越多的市民选择了低碳化生活方式。在这个过程中，市民们的环保意识也随之增强，许多人上班时尽量不开私家车，而是选择了地铁、公交或自行车出行，还有人将家中的水、电、气设备换成了节能设备。

사회 전체가 '탄소 정점, 탄소 중화'를 적극적으로 실현하는 여정 속에서, 갈수록 많은 시민들이 저탄소 생활 방식을 선택했다. 이 과정에서 시민들의 환경 보호 의식도 이에 따라 높아졌는데, 많은 사람들이 출근할 때 되도록 자가용을 몰지 않고 지하철, 버스 혹은 자전거를 타고 외출하며, 어떤 사람들은 집안의 수도, 전기, 가스 설비도 에너지 절약 설비로 교체했다.

해설 선택지에 低碳生活方式(저탄소 생활 방식), 低碳环保(저탄소 환경 보호), 节能(에너지 절약)과 같은 어휘들이 있으므로, 환경 보호와 관련된 정보 전달 단문이 나올 것을 예측한다. 음성에서 언급된 越来越多的市民选择了低碳化生活方式。在这个过程中，市民们的环保意识也随之增强과 내용이 일치하는 선택지 C 市民们十分注重低碳环保를 정답으로 고른다.

어휘 선택지 不宜 bùyí 圏 ~하지 않는 것이 좋다　驾驶 jiàshǐ 圏 운전하다　私家车 sījiāchē 圏 자가용　提倡 tíchàng 圏 장려하다　低碳 dītàn 圏 저탄소
★注重 zhùzhòng 圏 중시하다　环保 huánbǎo 圏 환경 보호　安装 ānzhuāng 圏 설치하다　节能 jiénéng 圏 에너지를 절약하다
设备 shèbèi 圏 설비

단문 落实 luòshí 圏 실현되다　碳达峰, 碳中和 tàndáfēng, tànzhōnghé 탄소 정점, 탄소 중화[이산화탄소 배출량을 줄이겠다는 중국의 국가 정책]
进程 jìnchéng 圏 여정　★意识 yìshí 圏 의식　增强 zēngqiáng 圏 높이다, 강화하다　尽量 jǐnliàng 團 되도록　出行 chūxíng 圏 외출하다

A 空中物流已经投入使用
B 地上的交通量逐渐减少
C 生产空中出租车的成本过高
D 目前多家公司在开发飞行汽车

A 공중 물류는 이미 사용되기 시작했다
B 지상의 교통량이 점점 감소한다
C 공중 택시의 생산 비용은 너무 높다
D 현재 많은 회사가 플라잉카를 개발하고 있다

随着现有交通体系的负担越来越大，开辟低空交通的潜能成为了一条探索的新路径。截至目前，全球共有两百多家公司正在开发飞行汽车，其中最受关注的便是空中出租车和空中物流车领域。在不久的将来，可垂直起降的自动驾驶飞行汽车将投入生产和使用。

현행 교통 체계의 부담이 갈수록 커짐에 따라, 저공 교통의 잠재력을 개발하는 것은 탐색의 새로운 경로가 되었다. 현재까지 전 세계의 이백여 개가 넘는 회사들이 플라잉카를 개발하고 있는데, 그중에서 가장 주목받는 것은 바로 공중 택시와 공중 물류차 분야이다. 머지않은 미래에, 수직 이착륙이 가능한 자율 주행 플라잉카가 생산되고 사용되기 시작할 것이다.

해설 선택지에 物流(물류), 交通量(교통량), 汽车(자동차)와 같은 어휘들이 있으므로, 교통과 관련된 정보 전달 단문이 나올 것을 예측한다. 음성에서 언급된 截至目前, 全球共有两百多家公司正在开发飞行汽车와 내용이 일치하는 선택지 D 目前多家公司在开发飞行汽车를 정답으로 고른다.

어휘 선택지 投入 tóurù 图 시작하다 逐渐 zhújiàn 图 점점 生产 shēngchǎn 图 생산하다 ★成本 chéngběn 图 비용 目前 mùqián 图 현재
开发 kāifā 图 개발하다 飞行汽车 fēixíng qìchē 图 플라잉카, 비행 자동차
단문 ★体系 tǐxì 图 체계 ★负担 fùdān 图 부담 ★开辟 kāipì 图 개발하다 潜能 qiánnéng 图 잠재력 ★探索 tànsuǒ 图 탐색하다
路径 lùjìng 图 경로 截至 jiézhì 图 ~까지이다 关注 guānzhù 图 주목하다 领域 lǐngyù 图 분야 ★垂直 chuízhí 图 수직이다
起降 qǐjiàng 图 이착륙하다 自动驾驶 zìdòng jiàshǐ 자율 주행

8
A 无人机可以直接扑灭山火
B 消防员能提前探测到灾情
C 物联网传感器可有效控制火势
D 该方案可以减少山火造成的损失

A 드론은 산불을 바로 진화할 수 있다
B 소방대원은 미리 피해 상황을 탐지할 수 있다
C 사물인터넷 센서는 불길을 효과적으로 제어할 수 있다
D 이 방안은 산불이 야기한 손실을 줄일 수 있다

为了尽早探测到森林火灾，部分研究人员提出了新的解决方案，那就是使用物联网传感器网络和无人机。通过模拟测试，研究人员发现这种方案非常有效，能够将感应火灾的面积从过去的18.4平方公里缩小到2.5平方公里。凭借这一点，消防部门可以在山火还未造成更大的损失前将其扑灭。

가능한 한 빠르게 삼림 재해를 탐지하기 위해서, 일부 연구원들은 새로운 해결 방안을 제시했는데, 그것은 바로 사물인터넷 센서 네트워크와 드론을 사용하는 것이다. 모의 테스트를 통해, 연구원들은 이 방안이 매우 효과적이라는 것을 발견했는데, 화재를 감응하는 면적을 과거 18.4제곱킬로미터에서 2.5제곱킬로미터로 줄일 수 있었다. 이 점을 기반으로 해, 소방본부는 산불이 더 큰 손실을 야기하기 전에 불을 진화할 수 있다.

해설 선택지에 山火(산불), 消防员(소방대원), 火势(불길)와 같은 어휘들이 있으므로, 화재와 관련된 정보 전달 단문이 나올 것을 예측한다. 음성에서 언급된 部分研究人员提出了新的解决方案，那就是使用物联网传感器网络和无人机……凭借这一点，消防部门可以在山火还未造成更大的损失前将其扑灭.와 내용이 일치하는 선택지 D 该方案可以减少山火造成的损失을 정답으로 고른다.

어휘 선택지 无人机 wúrénjī 图 드론 扑灭 pūmiè 图 진화하다 消防员 xiāofángyuán 图 소방대원 ★探测 tàncè 图 탐지하다
灾情 zāiqíng 图 피해 상황 物联网 wùliánwǎng 图 사물인터넷 传感器 chuángǎnqì 图 센서 控制 kòngzhì 图 제어하다
火势 huǒshì 图 불길 方案 fāng'àn 图 방안 造成 zàochéng 图 야기하다 损失 sǔnshī 图 손실
단문 尽早 jìnzǎo 图 가능한 한 빠르게 研究人员 yánjiū rényuán 图 연구원 网络 wǎngluò 图 네트워크 模拟测试 mónǐ cèshì 모의 테스트
感应 gǎnyìng 图 감응하다 面积 miànjī 图 면적 平方公里 píngfāng gōnglǐ 图 제곱킬로미터 缩小 suōxiǎo 图 줄이다
凭借 píngjiè 图 ~을 기반으로 하다 消防部门 xiāofáng bùmén 图 소방본부

9
A 说真话需要更长的回应时间
B 说谎是一种抑制情绪的过程
C 说谎时需抑制真实的原始反应
D 过度抑制思维的过程有害健康

A 진실을 말하는 데는 더 긴 응답 시간이 필요하다
B 거짓말을 하는 것은 감정을 억제하는 과정이다
C 거짓말을 할 때 진실된 원초적 반응을 억제하는 것이 필요하다
D 사고를 과도하게 억제하는 과정은 건강에 해롭다

沟通时的回应时长可以帮助人们识别谎言。有研究表明，比起说真话，说谎话需要更长的回应时间。原因很简单，就是人们在说出假话之前，需要用额外的步骤来抑制真实的原始反应。这种抑制思维的过程影响了回应的速度，延长了反应的时间。

소통할 때 응답하는 시간이 길면 사람들이 거짓말을 가려내는 데 도움이 될 수 있다. 연구에서 진실을 말하는 것보다 거짓말을 하는 것이 더 긴 응답 시간이 필요한 것으로 나타났다. 원인은 아주 간단한데, 사람들은 거짓말을 하기 전에 추가적인 절차를 이용해 진실된 원초적 반응을 억제하는 것이 필요하다는 것이다. 이러한 사고를 억제하는 과정은 응답 속도에 영향을 주어, 반응 시간을 연장시킨다.

해설 선택지에 情绪(감정), 反应(반응), 思维(사고)와 같은 어휘들이 있으므로, 감정과 관련된 정보 전달 단문이 나올 것을 예측한다. 음성에서 언급된 人们在说出假话之前，需要用额外的步骤来抑制真实的原始反应과 내용이 일치하는 선택지 C 说谎时需抑制真实的原始反应을 정답으로 고른다.

어휘 선택지 回应 huíyìng 图 응답하다 说谎 shuōhuǎng 图 거짓말하다 抑制 yìzhì 图 억제하다 情绪 qíngxù 图 감정 真实 zhēnshí 图 진실하다
★原始 yuánshǐ 图 원초적인 反应 fǎnyìng 图 반응 ★过度 guòdù 图 과도하다 ★思维 sīwéi 图 사고
단문 沟通 gōutōng 图 소통하다 ★识别 shíbié 图 가려내다 谎言 huǎngyán 图 거짓말 表明 biǎomíng 图 나타내다
谎话 huǎnghuà 图 거짓말 假话 jiǎhuà 图 거짓말 ★额外 éwài 图 추가적인 步骤 bùzhòu 图 절차 延长 yáncháng 图 연장하다

10

A 小满时节农事繁忙
B 南北气候差异不大
C 小满是第十八个节气
D 小满后温差会越来越大

A 소만 무렵에는 농사일이 바쁘다
B 남북 기후는 차이가 크지 않다
C 소만은 18번째 절기이다
D 소만 후에는 온도 차가 갈수록 커진다

小满是夏季的第二个节气,是二十四节气中的第八个节气。从气候特征来看,小满节气到芒种节气期间,南北温差进一步缩小,降水则开始增多。由于雨水和高温的到来,小满时节农民们开始忙碌起来,在晴天忙着收割,在雨天忙着栽种。

소만은 여름의 두 번째 절기로, 24절기 중 여덟 번째 절기이다. 기후의 특징으로 보면, 소만 절기부터 망종 절기 기간에 남북 온도 차는 더 줄어들고, 강수는 증가하기 시작한다. 빗물과 고온으로 인해 소만 무렵에는 농민들이 바빠지기 시작해서, 맑은 날에는 수확하기 바쁘고, 비 오는 날에는 재배하기 바쁘다.

해설   3개의 선택지에 공통적으로 小满(소만)이 있으므로 小满에 대한 설명 단문이 나올 것을 예측한다. 음성에서 언급된 小满时节农民们开始忙碌起来,在晴天忙着收割,在雨天忙着栽种과 내용이 일치하는 선택지 A 小满时节农事繁忙을 정답으로 고른다.

어휘   선택지   小满 xiǎomǎn 몡 소만[24절기 중 8번째 절기로 양력 5월 21일 무렵임]   时节 shíjié 몡 무렵, 때   农事 nóngshì 몡 농사일
      ★繁忙 fánmáng 혱 바쁘다   差异 chāyì 몡 차이   节气 jiéqi 몡 절기   温差 wēnchā 몡 온도 차

     단문   特征 tèzhēng 몡 특징   芒种 mángzhòng 몡 망종[24절기 중 9번째 절기로 양력 6월 6일 무렵임]   期间 qījiān 몡 기간   进一步 jìnyíbù 囝 더
      缩小 suōxiǎo 통 줄어들다, 축소하다   降水 jiàngshuǐ 몡 강수   增多 zēngduō 통 증가하다   农民 nóngmín 몡 농민   ★忙碌 mánglù 혱 바쁘다
      收割 shōugē 통 수확하다   栽种 zāizhòng 통 재배하다

11

A 皮肤缺油会导致毛孔粗大
B 肤色暗沉与水分不足有关
C 油分越多越有助于肌肤保湿
D 专家建议人们尽量不要熬夜

A 피부에 유분이 부족하면 모공이 커질 수 있다
B 피부톤이 칙칙한 것은 수분 부족과 관련이 있다
C 유분이 많을수록 피부 보습에 도움이 된다
D 전문가들은 사람들에게 되도록 밤을 새우지 말라고 제안한다

皮肤粗糙的原因有很多,其中最常见的是缺水。皮肤缺水会引起起皮、毛孔粗大、肤色暗沉等问题。皮肤缺油则使皮肤皮脂膜过薄,无法锁住水分。在这种情况下,水分大量流失,皮肤就变得更加粗糙。另外,熬夜、抽烟酗酒、经常暴露在紫外线中的不良习惯也会伤害皮肤。

피부가 거친 이유는 많은데, 그중 가장 흔히 볼 수 있는 것은 수분 부족이다. 피부에 수분이 부족하면 각질이 일어나거나, 모공이 넓어지고, 피부톤이 칙칙해지는 등 문제를 일으킬 수 있다. 피부에 유분이 부족하면 피부 피지막이 너무 얇아져, 수분을 잡아줄 방법이 없다. 이러한 상황에서 수분까지 많이 잃는다면 피부가 더욱 거칠어진다. 그 밖에, 밤샘, 흡연과 폭음, 자외선에 자주 노출하는 나쁜 습관도 피부를 해칠 수 있다.

해설   선택지에 皮肤(피부), 肤色(피부색), 肌肤(피부)와 같은 어휘들이 있으므로, 피부와 관련된 정보 전달 단문이 나올 것을 예측한다. 음성에서 언급된 皮肤缺水会引起……肤色暗沉等问题와 내용이 일치하는 선택지 B 肤色暗沉与水分不足有关을 정답으로 고른다.

어휘   선택지   导致 dǎozhì 통 ~될 수 있다, 초래하다   毛孔 máokǒng 몡 모공   粗大 cūdà 혱 크다   肤色 fūsè 몡 피부톤   暗沉 àn chén 칙칙하다
      不足 bùzú 혱 부족하다   油分 yóufèn 몡 유분   肌肤 jīfū 몡 피부   保湿 bǎoshī 통 보습하다   专家 zhuānjiā 몡 전문가   尽量 jǐnliàng 囝 되도록
      熬夜 áoyè 통 밤새다

     단문   粗糙 cūcāo 혱 거칠다   起皮 qǐ pí 각질이 일어나다   皮脂膜 pízhīmó 몡 피지막   薄 báo 혱 얇다   锁住 suǒzhù 잡다, 고정시키다
      流失 liúshī 통 잃다   酗酒 xùjiǔ 통 폭음하다   暴露 bàolù 통 노출하다   紫外线 zǐwàixiàn 몡 자외선   伤害 shānghài 통 해치다

12

A 祝融号可往返火星六次
B 祝融号共搭载了六台设备
C 祝融号的任务是寻找水源
D 地形相机能直接拍摄火星内部

A 주룽호는 화성을 6회 왕복할 수 있다
B 주룽호는 총 6대의 설비를 탑재했다
C 주룽호의 임무는 수원을 찾는 것이다
D 지형 카메라는 화성 내부를 바로 촬영할 수 있다

祝融号是天问一号的任务火星车,它一共搭载了6台设备,它们分别用来拍摄火星状况和检测火星表面成分。其中用来检测火星变化的设备是火星表面成分探测仪、火星表面磁场探测仪以及火星气象测量仪。而多光谱相机和地形相机主要用于拍摄和分析火星的情况及相关的变化。

주룽호는 톈원1호의 임무 수행 화성 탐사선으로 총 6대의 설비가 탑재되어 있으며, 이 설비들은 각각 화성의 상태를 촬영하고 화성 표면의 성분을 측정하는 데 쓰인다. 그중 화성의 변화를 측정하는 데 쓰이는 장비는 화성 표면 성분 탐지기, 화성 표면 자기장 탐지기 및 화성 기상 측량기이다. 멀티 스펙트럼 카메라와 지형 카메라는 주로 화성의 상황 및 관련 변화를 촬영하고 분석하는 데 쓰인다.

해설   3개의 선택지에 공통적으로 祝融号(주룽호)가 있으므로 祝融号에 대한 설명 단문이 나올 것을 예측한다. 음성에서 언급된 祝融号……它一共搭载了6台设备와 내용이 일치하는 선택지 B 祝融号共搭载了六台设备를 정답으로 고른다.

어휘 　선택지 **祝融号** zhùrónghào圓주룽호[중국의 화성 탐사선]　**往返** wǎngfǎn圓왕복하다　**搭载** dāzài圓탑재하다　**设备** shèbèi圓설비

寻找 xúnzhǎo圓찾다　**水源** shuǐyuán圓수원　**地形** dìxíng圓지형　**拍摄** pāishè圓촬영하다　**内部** nèibù圓내부

단문 　**天问一号** tiānwènyīhào圓톈원1호[중국의 화성 탐사선]　**火星车** huǒxīngchē圓화성 탐사선　**分别** fēnbié圓각각

状况 zhuàngkuàng圓상태　**检测** jiǎncè圓측정하다　**表面** biǎomiàn圓표면　**成分** chéngfèn圓성분　**探测仪** tàncèyí圓탐지기

磁场 cíchǎng圓자기장　**以及** yǐjí圓및　★**气象** qìxiàng圓기상　**测量仪** cèliángyí圓측량기　**多光谱** duōguāngpǔ圓멀티 스펙트럼

分析 fēnxī圓분석하다　**相关** xiāngguān圓관련되다

13

A 言行举止要得当	A 언행은 타당해야 한다
B 气质是与生俱来的	B 성품은 타고나는 것이다
C 气质不受外貌的影响	**C 성품은 외모의 영향을 받지 않는다**
D 要保持积极的生活态度	D 긍정적인 생활 태도를 유지해야 한다

一个人真正的魅力主要在于特有的气质，这是一种内在的人格魅力。气质美看似无形，实为有形。它是通过一个人对待生活的态度、个性特征、言行举止等表现出来的，这就涉及到个人的素养。许多人并不是俊男靓女，但在他们身上却洋溢着夺人的气质美。	한 사람의 진정한 매력은 주로 특유의 성품에 있는데, 이것은 내면의 인격적 매력이다. 성품이 훌륭한 것은 보이지 않는 것 같지만, 사실은 실체가 있다. 그것은 한 사람이 삶을 대하는 태도, 개성과 특징, 언행 등을 통해 나타나며, 이는 곧 개인의 소양과 관련된다. 많은 사람이 결코 미남과 미녀는 아니지만, 그들에게는 사람을 압도하는 훌륭한 성품이 충만하다.

해설 　선택지에 **要**(~해야 한다)와 같은 어휘가 있으므로 의견 주장 단문이 나올 것을 예측한다. 음성에서 언급된 **许多人并不是俊男靓女，但在他们身上却洋溢着夺人的气质美。**와 내용이 일치하는 선택지 C **气质不受外貌的影响**을 정답으로 고른다.

어휘 　선택지 **言行举止** yánxíngjǔzhǐ圓언행　**得当** dédàng圓타당하다　★**气质** qìzhì圓성품, 기질　**与生俱来** yǔ shēng jù lái 타고나다

外貌 wàimào圓외모　**保持** bǎochí圓유지하다

단문 　**魅力** mèilì圓매력　**在于** zàiyú圓~에 있다　**内在** nèizài圓내면　★**人格** réngé圓인격　**对待** duìdài圓대하다　**个性** gèxìng圓개성

特征 tèzhēng圓특징　**表现** biǎoxiàn圓나타나다　★**涉及** shèjí圓관련되다　**素养** sùyǎng圓소양

俊男靓女 jùnnán liàngnǚ圓미남과 미녀　**洋溢** yángyì圓충만하다　**夺人** duórén 사람을 압도하다

14

A 廉颇立功次数更多	A 염파가 공을 세운 횟수가 더 많다
B 蔺相如不想让出官职	B 인상여는 관직을 양보하고 싶어 하지 않는다
C 两人都是齐国的重臣	C 두 사람 모두 제나라의 중신이다
D 廉颇觉得蔺相如不如自己	**D 염파는 인상여가 자신보다 못하다고 생각한다**

战国时期，赵国有廉颇与蔺相如两位重臣，因蔺相如多次立功，赵王封他为相国，廉颇不服气，认为自己的武功盖过蔺相如的口才。蔺相如为了朝局安定对廉颇多次避让。廉颇后来得知他的良苦用心后惭愧不已，便背着荆条，到蔺相如家请罪，从此两人和好。"负荆请罪"的成语也由此而来。	전국시대에 조나라에는 염파와 인상여라는 두 중신이 있었는데, 인상여가 여러 차례 공을 세워서 조왕이 그를 재상으로 봉하자, 염파는 납득하지 않으며, 자신의 무공이 인상여의 말솜씨를 압도했다고 생각했다. 인상여는 조정의 안정을 위해 염파에게 여러 차례 양보했다. 염파는 나중에 그의 깊은 생각을 알고 부끄럽기 그지없어 회초리를 짊어지고 인상여의 집에 찾아가 용서를 빌었고, 그로부터 둘은 화해했다. '회초리를 짊어지고 용서를 빌다'라는 성어도 여기에서 나온 것이다.

해설 　선택지에 **廉颇**(염파), **蔺相如**(인상여)가 있으므로, 설화·이야기 단문이 나올 것을 예측한다. 음성에서 언급된 **廉颇不服气，认为自己的武功盖过蔺相如的口才**와 내용이 일치하는 선택지 D **廉颇觉得蔺相如不如自己**를 정답으로 고른다.

어휘 　선택지 **廉颇** Lián Pō고유염파[중국 전국시대 조나라의 장군]　**立功** lìgōng圓공을 세우다

蔺相如 Lìn Xiàngrú고유인상여[중국 전국시대 조나라의 정치가]　**官职** guānzhí圓관직　**齐国** Qíguó고유제나라[중국 역사상의 한 국가]

重臣 zhòngchén圓중신[중요한 관직에 있는 신하]　**不如** bùrú圓~보다 못하다

단문 　**战国时期** Zhànguó shíqī圓전국시대[중국 역사상의 한 시기]　**赵国** Zhàoguó고유조나라[중국 역사상의 한 국가]　**封** fēng圓봉하다

相国 xiàngguó圓재상　**服气** fúqì圓납득하다　**武功** wǔgōng圓무공[군사적으로 세운 공적]　**盖** gài圓압도하다　**口才** kǒucái圓말솜씨

朝局 cháojú圓조정　**安定** āndìng圓안정하다　**避让** bìràng圓피하여 양보하다　**良苦用心** liángkǔ yòngxīn 깊은 생각

惭愧不已 cánkuì bùyǐ 부끄럽기 그지없다　**背** bēi圓짊어지다　**荆条** jīngtiáo圓(가시나무로 만든) 회초리　**请罪** qǐngzuì 용서를 빌다

和好 héhǎo圓화해하다　**负荆请罪** fùjīngqǐngzuì圓회초리를 짊어지고 용서를 빌다　**成语** chéngyǔ圓성어

15

A	乞丐手里只有四块钱	A	거지는 수중에 4위안뿐이다
B	男的看上的车正在打折	B	남자가 마음에 드는 차가 할인하고 있다
C	男的想给乞丐买一辆车	C	남자는 거지에게 차 한 대를 사주고 싶어 한다
D	**乞丐以为车子就两元钱**	**D**	**거지는 차가 2위안이라고 생각한다**

一天，有一名男子在汽车专卖店准备买车。他看上了一辆售价10万元的车，可是身上只有99998元，就差2元钱。这时，男子看到门口坐着一个乞丐，于是过去对乞丐说："可以借我2元吗？我要买车。"听完这话后，乞丐大方地拿出4元钱递给男子，同时认真地叮嘱道："帮我也买一辆。"

어느 날, 한 남자가 자동차 전문 매장에서 차를 사려고 했다. 그는 판매 가격이 10만 위안인 차가 마음에 들었지만, 수중에 99998위안뿐이어서 딱 2위안이 모자랐다. 이때, 남자는 입구에 거지 한 명이 앉아 있는 것을 보고, 거지에게 "2위안만 빌려줄 수 있나요? 제가 차를 사고 싶어서요."라고 말했다. 이 말을 들은 후, 거지는 후하게 4위안을 꺼내 남자에게 건네며, 동시에 "저도 한 대 사주세요."라고 진지하게 신신당부했다.

해설 선택지에 乞丐(거지), 男的(남자)가 있으므로, 설화·이야기 단문이 나올 것을 예측한다. 음성에서 언급된 男子······对乞丐说："可以借我2元吗？我要买车。" 그리고 乞丐······同时认真地叮嘱道："帮我也买一辆。"과 내용이 일치하는 선택지 D 乞丐以为车子就两元钱을 정답으로 고른다.

어휘 선택지 乞丐 qǐgài 圆 거지　看上 kànshang 圆 마음에 들다　打折 dǎzhé 圆 할인하다
단문　专卖店 zhuānmàidiàn 圆 전문 매장　售价 shòujià 圆 판매 가격　大方 dàfang 圆 후하다　递 dì 圆 건네다　叮嘱 dīngzhǔ 圆 신신당부하다

16 - 20

第16到20题，请听下面一段采访。

女：随着"限塑令"的深入落实，一次性不可降解塑料制品被明确禁止使用，使用绿色环保材料已是大势所趋。您认为政策上的变化会给你们公司带来什么样的影响？

男：[16]塑料本身是个好东西，它能给我们的生活带来便捷，但处理不当的话，会对环境产生很大的危害，如今使用的填埋和焚烧的方式都有一些不足之处。[17]过去由于受到成本的制约，可降解塑料并没受到重视。然而多年来，我们投入了大量的人力和物力，从环保层面研究了塑料降解技术和限塑标准。正因为有了这些准备，"限塑令"的发布才成为了我们新的机遇。

女：看来，机会果然是留给有准备的人的。那么在整个过程中，您有没有遇到过挑战？

男：挑战肯定是有的。现在很多产品都是以降解为核心而设计的，然而实际上并不是所有的可降解技术都能起到环保作用，有的甚至会造成二次污染。降解一般在降解塑料厂进行，但是因为[18]降解后气味很大，特别臭，方圆十多公里不能住人，这是第一个挑战。第二个挑战是，如果在降解过程中塑料不慎渗透到土壤中，就会对土壤造成很大的污染。这些都不符合我们研发的初衷。

女：像您这样优秀的企业家其实考虑的不仅仅是企业的利益，更多的是对社会和环境的影响。能否给我们介绍一下[20]你们公司研发的代塑新材料——绿能粒子，它具体有哪些特点？

男：在不更换现有厂家生产设备、不改变现有产业格局的前提下，[19]绿能粒子可以大幅减少碳排放。此外它具有无毒无害、可循环利用、易回收、[19]稳定性高、物美价廉等特点。绿能粒子可广泛应用于包装袋、

16-20번 문제는 다음 인터뷰를 들어보세요.

여: '플라스틱 제한령'이 철저하게 시행됨에 따라, 분해가 되지 않는 일회용 플라스틱 제품은 확고하게 사용이 금지되었고, 친환경 소재를 사용하는 것은 이미 대세의 흐름입니다. 당신은 정책상의 변화가 당신의 회사에 어떤 영향을 가져다 줄 것이라고 생각하나요?

남: [16]플라스틱 자체는 좋은 물건이며, 우리 생활에 편리함을 가져다 주었지만, 처리가 부적절하면 환경을 크게 해칠 수 있고, 오늘날 사용하는 매립과 소각 방식은 모두 다소 부족한 점이 있습니다. [17]과거에는 비용의 제약을 받아, 생분해성 플라스틱은 결코 중시 받지 못했습니다. 하지만 수년간, 우리는 대량의 인력과 물자를 투입하여 환경 보호 측면에서 플라스틱 분해 기술과 플라스틱 제한 기준을 연구했습니다. 바로 이러한 준비가 있었기 때문에, '플라스틱 제한령'의 발표는 저희의 새로운 기회가 되었습니다.

여: 보아하니, 역시 기회는 준비된 사람에게 오는 것이군요. 그렇다면 전반적인 과정에서 시련을 만난 적은 없었나요?

남: 시련은 확실히 있었습니다. 현재 많은 제품들이 모두 분해를 핵심으로 설계되었지만, 실제로 모든 분해 기술이 환경 보호 효과가 있는 것은 아니며, 심지어 2차 오염을 야기할 수 있는 것도 있습니다. 분해는 일반적으로 플라스틱 분해 공장에서 진행되지만, [18]분해 후 냄새가 많이 나고 아주 지독해서, 사방 10여 킬로미터에 사람이 살 수 없다는 것이 첫 번째 시련이었습니다. 두 번째 시련은, 만약 분해 과정에서 플라스틱이 실수로 토양에 스며들면, 토양을 크게 오염시킬 수 있습니다. 이런 것들은 모두 저희 연구 개발의 본뜻에 부합하지 않습니다.

여: 당신과 같은 우수한 기업가는 사실 기업의 이익만을 고려하는 것이 아니라, 사회와 환경에 미치는 영향을 더욱 고려합니다. 저희에게 [20]귀사가 연구 개발한 플라스틱 대체 신소재인 녹색 에너지 입자가 구체적으로 어떤 특징을 가지고 있는지 설명해 주실 수 있나요?

남: 현존하는 공장의 생산 설비를 교체하지 않고, 현존하는 산업 구조를 바꾸지 않는다는 전제 하에, [19]녹색 에너지 입자는 탄소 배출을 대폭 감소할 수 있습니다. 이 외에 녹색 에너지 입자는 독성이 없고 무해하며, 재활용이 가능하고, 회수가 쉽고, [19]안정성이 높고, 질이 좋고 값도 저렴한 등의 특징을 가지고 있습니다. 녹색 에너지 입자는 포장 봉투, 포장용 병, 농업용 비닐 막, 건축 재료 등의 영역에서

包装瓶、农业用塑料薄膜、建材等领域。这对环保具有重大的现实意义。

女： 最后，您对未来绿色环保材料的发展有怎样的期待？

男： 我始终坚信"科技赢得尊重，环保成就未来"。随着国家"限塑令"的进一步实施，绿色环保材料正可以踏着这个春风，继续蓬勃发展。同时我们非常期待和环保新材料界的行业精英们进行交流和探讨，共同推进产业转型升级，推动绿色经济的高质量发展。

광범위하게 활용될 수 있습니다. 이는 환경 보호에 중대한 현실적 가치를 가지고 있습니다.

여: 마지막으로, 당신은 미래 친환경 소재의 발전에 어떤 기대를 가지고 있습니까?

남: 저는 언제나 '과학은 존중을 받고, 환경 보호는 미래를 이룬다'고 굳게 믿습니다. 나라에서 '플라스틱 제한령'이 심도있게 실시됨에 따라, 친환경 재료는 마침 이 봄바람을 타고 계속해서 왕성하게 발전할 수 있습니다. 동시에 저희는 친환경 재료 업계에서 뛰어난 사람들과 교류 및 탐구를 하고, 함께 산업의 전환 및 업그레이드를 추진하여 녹색 경제의 고품질 발전을 촉진하는 것을 매우 기대합니다.

어휘 限塑令 xiàn sù lìng 플라스틱 제한령　落实 luòshí 图 시행되다　降解 jiàngjiě 图 분해하다　明确 míngquè 图 확고하다

绿色环保 lǜsè huánbǎo 친환경, 환경 보호　大势所趋 dàshìsuǒqū 대세의 흐름　★政策 zhèngcè 图 정책　塑料 sùliào 图 플라스틱, 비닐

★本身 běnshēn 그 자체　便捷 biànjié 图 편리하다　处理 chǔlǐ 图 처리하다　不当 búdàng 图 부적절하다　危害 wēihài 图 해치다　填埋 tián mái 매립

焚烧 fénshāo 图 소각하다　不足 bùzú 图 부족하다　★成本 chéngběn 图 비용　制约 zhìyuē 图 제약하다　可降解塑料 kějiàngjiě sùliào 图 생분해성 플라스틱

投入 tóurù 图 투입하다　层面 céngmiàn 图 측면　发布 fābù 图 발표하다　★机遇 jīyù 图 기회　挑战 tiǎozhàn 图 시련　核心 héxīn 图 핵심

设计 shèjì 图 설계하다　造成 zàochéng 图 야기하다　★气味 qìwèi 图 냄새　臭 chòu 图 지독하다　方圆 fāngyuán 图 사방, 주변　不慎 bú shèn 图 실수로

渗透 shèntòu 图 스며들다　★土壤 tǔrǎng 图 토양　研发 yánfā 图 연구 개발하다　初衷 chūzhōng 图 취지, 본뜻　企业 qǐyè 图 기업　利益 lìyì 图 이익

粒子 lìzǐ 图 입자　具体 jùtǐ 图 구체적이다　更换 gēnghuàn 图 교체하다　厂家 chǎngjiā 图 공장　生产 shēngchǎn 图 생산하다　更换 gēnghuàn 图 교체하다

厂家 chǎngjiā 图 공장　设备 shèbèi 图 설비　★产业 chǎnyè 图 산업　格局 géjú 图 구조　★前提 qiántí 图 전제　大幅 dàfú 图 대폭으로

碳排放 tàn páifàng 탄소 배출　此外 cǐwài 이 밖에　循环利用 xúnhuán lìyòng 재활용하다　回收 huíshōu 图 회수하다

稳定性 wěndìngxìng 图 안정성　物美价廉 wùměijiàlián 图 상품의 질이 좋고 값도 저렴하다　广泛 guǎngfàn 图 광범위하다　应用 yìngyòng 图 활용하다

★包装 bāozhuāng 图 포장　农业 nóngyè 图 농업　薄膜 báomó 图 얇은 막　建材 jiàncái 图 건축 재료　领域 lǐngyù 图 영역　重大 zhòngdà 图 중대하다

现实 xiànshí 图 현실적이다　意义 yìyì 图 가치, 의의　未来 wèilái 图 미래　期待 qīdài 图 기대하다　始终 shǐzhōng 图 언제나　坚信 jiānxìn 图 굳게 믿다

成就 chéngjiù 图 이루다　★实施 shíshī 图 실시하다　踏 tà 图 타다, 오르다　蓬勃 péngbó 图 왕성하다　行业 hángyè 图 업계

精英 jīngyīng 图 뛰어난 사람, 엘리트　探讨 tàntǎo 图 탐구하다　转型 zhuǎnxíng 图 산업을 전환하다　升级 shēngjí 图 업그레이드하다

16-20번 선택지의 限塑(플라스틱을 제한하다), 降解技术(분해 기술), 成本(비용), 环保(환경 보호), 代塑新材料(플라스틱 대체 신소재)를 통해 인터뷰 대상이 플라스틱과 관련된 비즈니스 관련자임을 예측할 수 있다. 따라서 비즈니스 관련자 인터뷰가 나올 것을 대비해서 듣는다.

---

16 问：男的是如何看待塑料的？　질문: 남자는 플라스틱에 대해 어떻게 생각하는가?

A 已被人们所抛弃	A 이미 사람들에게 버려졌다
B 有待提高使用效率	B 사용 효율을 높이는 것이 필요하다
C 使生活变得更加便利	**C 생활을 더욱 편리하게 한다**
D 处理方式具有明显优势	D 처리 방식에 분명한 장점을 가지고 있다

해설 남자의 말에서 언급된 塑料本身是个好东西，它能给我们的生活带来便捷를 듣고 선택지 C 使生活变得更加便利를 정답의 후보로 확인해 둔다. 질문이 남자는 플라스틱에 대해 어떻게 생각하는지 물었으므로, 선택지 C를 정답으로 고른다.

어휘 ★看待 kàndài 图 ~에 대해 생각하다　抛弃 pāoqì 图 버리다　有待 yǒudài 图 필요하다　效率 xiàolǜ 图 효율　★便利 biànlì 图 편리하다

处理 chǔlǐ 图 처리하다　明显 míngxiǎn 图 분명하다　优势 yōushì 图 장점

---

17 问：过去可降解塑料为什么没有受到重视？　질문: 생분해성 플라스틱은 과거에 왜 중시 받지 못했는가?

A 被禁止使用了	A 사용이 금지되었다
B 限塑标准提高了	B 플라스틱을 제한하는 기준이 높아졌다
C 降解技术不先进	C 분해 기술이 선진적이지 않았다
D 受到了成本的限制	**D 비용의 제한을 받았다**

해설 남자의 말에서 언급된 过去由于受到成本的制约，可降解塑料并没受到重视。을 듣고 선택지 D 受到了成本的限制을 정답의 후보로 확인해 둔다. 질문이 생분해성 플라스틱은 과거에 왜 중시 받지 못했는지 물었으므로, 선택지 D를 정답으로 고른다.

어휘 可降解塑料 kějiàngjiě sùliào 图 생분해성 플라스틱　限塑 xiàn sù 플라스틱을 제한하다　降解 jiàngjiě 图 분해하다　★先进 xiānjìn 图 선진적이다

★成本 chéngběn 图 비용　限制 xiànzhì 图 제한

18

问：关于可降解技术，可以知道什么？ 　　　질문: 분해 기술에 관해, 알 수 있는 것은 무엇인가?

A 都能起到环保作用		A 모두 환경 보호 효과가 있다	
B 开发过程比较顺利		B 개발 과정이 비교적 순조롭다	
C 不适合目前的大环境		C 현재의 사회적 분위기에 적합하지 않다	
D 降解后会产生严重恶臭		**D 분해 후 심각한 악취가 생길 수 있다**	

해설 　남자의 말에서 언급된 降解后气味很大, 特别臭를 듣고 선택지 D 降解后会产生严重恶臭를 정답의 후보로 확인해둔다. 질문이 분해 기술에 관해 무엇을 알 수 있는지 물었으므로, 선택지 D를 정답으로 고른다.

어휘 　环保 huánbǎo 몡환경 보호　开发 kāifā 통개발하다　目前 mùqián 몡현재　大环境 dàhuánjìng 몡사회적 분위기　恶臭 èchòu 몡악취

19

问：绿能粒子有什么特点？ 　　　질문: 녹색 에너지 입자는 어떤 특징이 있는가?

A 具有稳定性	B 表面是绿色	**A 안정성을 가지고 있다**	B 표면이 녹색이다
C 价格相对较高	D 应用领域狭窄	C 가격이 상대적으로 높다	D 응용 분야가 좁고 한정적이다

해설 　남자의 말에서 언급된 绿能粒子……稳定性高를 듣고 선택지 A 具有稳定性을 정답의 후보로 확인해둔다. 질문이 녹색 에너지 입자의 특징을 물었으므로, 선택지 A를 정답으로 고른다.

어휘 　粒子 lìzǐ 몡입자　稳定性 wěndìngxìng 몡안정성　表面 biǎomiàn 몡표면　相对 xiāngduì 톙상대적이다　应用 yìngyòng 통응용하다　领域 lǐngyù 몡분야　★狭窄 xiázhǎi 톙좁고 한정되다

20

问：男的的公司为环境保护做了什么贡献？ 　질문: 남자의 회사는 환경 보호에 어떤 공헌을 했는가?

A 改变了产业格局		A 산업 구조를 바꿨다	
B 研发了代塑新材料		**B 플라스틱 대체 신소재를 연구 개발했다**	
C 更换了塑料生产设备		C 플라스틱 생산 설비를 교체했다	
D 缩小了塑料的使用领域		D 플라스틱의 사용 영역을 축소했다	

해설 　여자의 말에서 언급된 你们公司研发的代塑新材料를 듣고 선택지 B 研发了代塑新材料를 정답의 후보로 확인해둔다. 질문이 남자의 회사는 환경 보호에 어떤 공헌을 했는지 물었으므로, 선택지 B를 정답으로 고른다.

어휘 　贡献 gòngxiàn 몡공헌　★产业 chǎnyè 몡산업　格局 géjú 몡구조　研发 yánfā 통연구 개발하다　新材料 xīncáiliào 몡신소재　更换 gēnghuàn 통교체하다　缩小 suōxiǎo 통축소하다　塑料 sùliào 몡플라스틱　设备 shèbèi 몡설비　领域 lǐngyù 몡영역

21 - 25

第21到25题，请听下面一段采访。

男：提到您的名字，人们最先想到的是《星光大道》和《正大综艺》这两个节目，如今您带着新的访谈节目《我的艺术清单》与观众们见面，请问您是如何开始这档节目的？

女：我与这个节目结缘完全是一次"意外之喜"。在某次采访过程中，²¹节目的主创团队觉得，我看似热情活泼，但也是一个可以静下心来做访谈的主持人。而这个节目正好需要不仅有阅历，还能随机应变的人。²¹他们觉得我完全可以胜任，便让我担任了主持人。

男：这个节目和您之前主持过的节目相比有一定的差别，您能适应这种反差吗？

女：²²我没有给自己的主持风格进行确切的定位，也没有把自己局限在"亲切"、"知性"这些标签中。我认为我只是一个主持人，在节目中，我就是一个问问题的人，因此我会去享受倾听和追问的过程，并不会给自己过大的压力。

21-25번 문제는 다음 인터뷰를 들어보세요.

남: 당신의 이름이 언급되면, 사람들이 가장 먼저 떠올리는 것은 <성광대도>와 <정대종예> 이 두 프로그램입니다. 이제 당신은 새로운 토크쇼 <나의 예술 리스트>로 시청자들과 만나고 있는데, 당신은 어떻게 이 프로그램을 시작하게 되었나요?

여: 제가 이 프로그램과 인연을 맺은 것은 완전히 '뜻밖의 기쁨'이었습니다. 어느 인터뷰 과정 중, ²¹프로그램의 핵심 제작팀이 제가 열정적이고 활발해 보이지만, 차분하게 인터뷰도 할 수 있는 진행자라고 생각했습니다. 그리고 이 프로그램은 마침 경험이 있고 임기응변도 할 줄 아는 사람이 필요했습니다. ²¹그들은 제가 완전히 적격이라고 생각했고, 바로 저에게 진행자를 맡게 했습니다.

남: 이 프로그램은 당신이 이전에 진행했던 프로그램과 비교했을 때 어느 정도 차이가 있는데, 당신은 이러한 차이에 적응할 수 있나요?

여: ²²저는 제 진행 스타일에 정확한 평가를 한 적이 없고, 제 자신을 '친절', '지성'이라는 꼬리표에 얽매이게 하지도 않았습니다. 저는 제가 단지 진행자일 뿐이라고 생각합니다. 프로그램에서 저는 질문을 하는 사람이기 때문에 경청하고 캐묻는 과정을 즐기며, 제 자신에게 과도한 스트레스를 주지 않습니다.

男：在首期节目中，您和嘉宾都流下了泪水，这个场景使不少观众为之动容。采访嘉宾时，您一般抱有怎样的心态？	남: 프로그램 첫 회에서, 당신과 게스트 모두 눈물을 흘렸는데, 이 장면은 많은 시청자들을 감동시켰습니다. 게스트를 인터뷰할 때, 당신은 보통 어떤 마음가짐을 가지고 계시나요？
女：其实我和观众都是一样的，只不过我多了一个"追问"的角色罢了。我能做的就是捧着真诚的心去面对嘉宾。所以²⁵当嘉宾讲述自己的故事时，我也会像观众一样投入到其中。	여: 사실 저나 시청자들이나 모두 똑같은데, 다만 저에게는 '캐묻는' 역할이 하나 더 많아졌을 뿐입니다. 제가 할 수 있는 일은 바로 진실한 마음을 가지고 게스트를 마주하는 것입니다. 그래서 ²⁵게스트가 자신의 이야기를 할 때, 저도 시청자처럼 그 속으로 몰입합니다.
男：²³面对来自不同领域的嘉宾，您会怎样进行采访？	남: ²³다른 분야의 게스트를 마주하면, 당신은 어떻게 인터뷰를 진행하시나요？
女：²³我会把嘉宾的专业经历和人生联系起来，比如采访乒乓球运动员时，我并不需要精通乒乓球，因为我和嘉宾谈的是他的人生经历和感悟，重要的是打破时间和空间的维度，颠覆观众对嘉宾的固有印象，保持采访的唯一性和独特性。	여: ²³저는 게스트의 전문 경험과 인생을 연결시키는데, 탁구 선수를 인터뷰할 때, 제가 탁구에 정통할 필요는 없다는 것이 그 예입니다. 저와 게스트가 이야기할 것은 그의 인생 경험과 깨달음이기 때문에, 중요한 것은 시간과 공간의 차원을 타파해, 시청자들이 게스트에 대해 가지고 있는 고유의 이미지를 뒤집어, 인터뷰의 유일함과 독특함을 유지하는 것입니다.
男：您的日程总是排得满满当当，对于今后的人生道路是否也早已有了计划？	남: 당신의 스케줄은 늘 가득 차 있는데, 앞으로의 인생 노선에 대해서도 이미 계획해 두셨나요？
女：²⁴我想参与更多的节目，丰富自己的阅历，这样可以让我有机会发挥不同的主持风格。我认为这是一个提升自我的过程。我希望自己可以在活跃的节目中散发热情，也可以在安静的节目中沉稳地进行对话。	여: ²⁴저는 더욱 많은 프로그램에 참여해 제 경험을 풍부하게 하고 싶은데, 이렇게 하면 제가 다른 진행 스타일을 발휘할 기회를 갖게 될 수 있을 것입니다. 저는 이것이 자신을 발전시키는 과정이라고 생각합니다. 저는 제가 활기찬 프로그램에 참여해 열정을 발산할 수도, 조용한 프로그램에서 차분하게 대화를 진행할 수도 있기를 바랍니다.

어휘 如今 rújīn 阌이제, 오늘날 访谈节目 fǎngtán jiémù 阌토크쇼 清单 qīngdān 阌리스트 结缘 jiéyuán 阌인연을 맺다 意外 yìwài 阌뜻밖의
某 mǒu 阌어느 采访 cǎifǎng 阌인터뷰하다 主创 zhǔchuàng 阌핵심 제작자 团队 tuánduì 阌팀 看似 kànsì 阌~해 보이다
主持人 zhǔchírén 阌진행자 阅历 yuèlì 阌경험 随机应变 suíjīyìngbiàn 阌임기응변하다 胜任 shèngrèn 阌적격이다 担任 dānrèn 阌맡다
反差 fǎnchā 阌차이 主持 zhǔchí 阌진행하다 风格 fēnggé 阌스타일 确切 quèqiè 阌정확하다 定位 dìngwèi 阌평가하다, 측정하다
★局限 júxiàn 阌얽매이다 亲切 qīnqiè 阌친절하다 标签 biāoqiān 阌꼬리표 享受 xiǎngshòu 阌즐기다 ★倾听 qīngtīng 阌경청하다
追问 zhuīwèn 阌캐묻다 嘉宾 jiābīn 阌게스트 场景 chǎngjǐng 阌장면 动容 dòngróng 阌감동하다, 감동한 표정을 짓다 心态 xīntài 阌마음가짐
角色 juésè 阌역할 罢了 bàle 阌(단지) ~일 뿐이다 ★捧 pěng 阌가지다, (두 손으로) 받쳐 들다 真诚 zhēnchéng 阌진실하다
讲述 jiǎngshù 阌이야기하다 投入 tóurù 阌몰입하다 面对 miànduì 阌마주하다 领域 lǐngyù 阌분야 运动员 yùndòngyuán 阌운동 선수
★精通 jīngtōng 阌정통하다 感悟 gǎnwù 阌깨닫다 打破 dǎpò 阌타파하다 空间 kōngjiān 阌공간 维度 wéidù 阌차원 颠覆 diānfù 阌뒤집다
★固有 gùyǒu 阌고유의 保持 bǎochí 阌유지하다 唯一 wéiyī 阌유일한 独特 dútè 阌독특하다 日程 rìchéng 阌스케줄
满满当当 mǎnmandāngdāng 阌가득 차다 参与 cānyù 阌참여하다 发挥 fāhuī 阌발휘하다 提升 tíshēng 阌발전시키다, 끌어올리다
活跃 huóyuè 阌활기차다 散发 sànfā 阌발산하다 沉稳 chénwěn 阌차분하다

21-25번 선택지의 节目(프로그램), 主持人(진행자), 观众(시청자), 采访(인터뷰하다)을 통해 인터뷰 대상이 프로그램 진행과 관련된 전문가임을 예측할 수 있다. 따라서 특정 분야 전문가 인터뷰가 나올 것을 대비해서 듣는다.

21 问：女的为什么能做这档节目的主持人？	질문: 여자는 왜 이 프로그램의 진행자가 될 수 있었는가？
A 主创团队选中了她	**A 핵심 제작팀이 그녀를 선택했다**
B 外形符合节目的要求	B 외모가 프로그램의 요구 사항에 부합한다
C 想挑战新的节目类型	C 새로운 프로그램 유형에 도전하고 싶다
D 在主持人大赛中获过奖	D 진행자 대회에서 상을 받은 적이 있다

해설 여자의 말에서 언급된 节目的主创团队……他们觉得我完全可以胜任，便让我担任了主持人。을 듣고 선택지 A 主创团队选中了她를 정답의 후보로 확인해둔다. 질문이 여자는 왜 이 프로그램의 진행자가 될 수 있었는지 물었으므로, 선택지 A를 정답으로 고른다.

어휘 主持人 zhǔchírén 阌진행자 主创 zhǔchuàng 阌핵심 제작자 团队 tuánduì 阌팀 选中 xuǎnzhòng 阌선택하다 挑战 tiǎozhàn 阌도전하다
类型 lèixíng 阌유형 大赛 dàsài 阌대회

22 问：女的对自己的主持风格有什么看法？　　질문: 여자는 자신의 진행 스타일에 어떤 견해를 가지고 있는가?

A 语气活泼开朗	A 말투가 활발하고 명랑하다
B 倾向于知性风格	B 지성적인 스타일에 치우쳐있다
C 容易被观众接纳	C 시청자들에게 쉽게 받아들여진다
D 没有局限于特定风格	**D 특정한 스타일에 국한되지 않는다**

해설 여자의 말에서 언급된 我没有给自己的主持风格进行确切的定位，也没有把自己局限在"亲切"、"知性"这些标签中。을 듣고 선택지 D 没有局限于特定风格를 정답의 후보로 확인해둔다. 질문이 여자는 자신의 진행 스타일에 어떤 견해를 가지고 있는지 물었으므로, 선택지 D를 정답으로 고른다.

어휘 主持 zhǔchí图 진행하다　风格 fēnggé图 스타일　语气 yǔqì图 말투　★开朗 kāilǎng图 명랑하다　★倾向 qīngxiàng图 치우치다　接纳 jiēnà图 받아들이다　★局限 júxiàn图 국한되다

---

23 问：女的如何进行不同领域的采访？　　질문: 여자는 다른 분야의 인터뷰를 어떻게 진행하는가?

A 补充许多专业知识	A 많은 전문 지식을 보충한다
B 以传统模式进行采访	B 전통적인 패턴으로 인터뷰를 진행한다
C 结合嘉宾的经历和人生	**C 게스트의 경험과 인생을 결합한다**
D 保留观众对嘉宾的固有印象	D 시청자들의 게스트에 대한 고유의 이미지를 남겨놓는다

해설 남자의 말에서 언급된 面对来自不同领域的嘉宾，您会怎样进行采访？과 여자의 말에서 언급된 我会把嘉宾的专业经历和人生联系起来를 듣고, 선택지 C 结合嘉宾的经历和人生을 정답의 후보로 확인해둔다. 질문이 여자는 다른 분야의 인터뷰를 어떻게 진행하는지 물었으므로, 선택지 C를 정답으로 고른다.

어휘 领域 lǐngyù图 분야　采访 cǎifǎng图 인터뷰하다　补充 bǔchōng图 보충하다　传统 chuántǒng图 전통적이다　★模式 móshì图 패턴　结合 jiéhé图 결합하다　保留 bǎoliú图 남겨놓다　嘉宾 jiābīn图 게스트　★固有 gùyǒu图 고유의

---

24 问：女的有什么计划？　　질문: 여자는 어떤 계획이 있는가?

A 多主持安静的节目	A 조용한 프로그램을 많이 진행한다
B 通过节目丰富经历	**B 프로그램을 통해 경험을 풍부하게 한다**
C 稳定自己的主持风格	C 자신의 진행 스타일을 안정시킨다
D 做《正大综艺》主持人	D <정대종예>의 진행자를 맡는다

해설 여자의 말에서 언급된 我想参与更多的节目，丰富自己的阅历를 듣고 선택지 B 通过节目丰富经历를 정답의 후보로 확인해둔다. 질문이 여자는 어떤 계획이 있는지 물었으므로, 선택지 B를 정답으로 고른다.

어휘 主持 zhǔchí图 진행하다　稳定 wěndìng图 안정시키다　风格 fēnggé图 스타일　主持人 zhǔchírén图 진행자

---

25 问：关于女的，下列哪项正确？　　질문: 여자에 관해, 다음 중 옳은 것은?

A 精通乒乓球技术	A 탁구 기술에 정통하다
B 主持风格比较固定	B 진행하는 스타일이 비교적 고정적이다
C 曾经是电台著名主持人	C 이전에 라디오 방송국의 유명한 진행자였다
D 访谈时投入到对方的故事中	**D 인터뷰할 때 상대방의 이야기에 몰입한다**

해설 여자의 말에서 언급된 当嘉宾讲述自己的故事时，我也会像观众一样投入到其中을 듣고 선택지 D 访谈时投入到对方的故事中을 정답의 후보로 확인해둔다. 질문이 여자에 관해 옳은 것을 물었으므로, 선택지 D를 정답으로 고른다.

어휘 ★精通 jīngtōng图 정통하다　技术 jìshù图 기술　固定 gùdìng图 고정하다　曾经 céngjīng图 이전에　电台 diàntái图 라디오 방송국　访谈 fǎngtán图 인터뷰하다　投入 tóurù图 몰입하다　对方 duìfāng图 상대방

第26到30题，请听下面一段采访。

女：今天来到节目现场的是甘肃省博物馆馆长贾建威。今年是甘博建馆80周年，您感觉80年来甘博最大的变化是什么？

男：²⁶80年来甘博发生了太多的变化，其中²⁶变化最大的是博物馆的基本功能，即收藏、研究、展示、教育功能发挥得越来越充分。以前公众认为博物馆有一种神秘感，现在他们越来越重视文物背后的文化价值，想了解更多文物背后的故事。今年是博物馆免费开放的第11年，参观者从每年十几万增加到了几百万。

女：您曾经说过，²⁷要让文物成为甘肃的文化代表。您想如何实现这一目标？

男：这个说起来容易，但是做起来非常难。首先要把我们的基础工作做扎实。其次，每个馆都要有自己的特色，不能千馆一面，这也是我们办馆的目标。²⁷我们围绕馆藏文物，突出地域特色，对文物背后的故事进行挖掘和阐释，用它们来讲好甘肃故事。接下来我们将走出甘肃、走出国门，逐步扩大甘肃文化的传播范围，增强影响力。

女：在《国家宝藏》节目中，您称自己为甘博的看门人，您如何看待自己所承担的责任？

男：²⁸每一件文物都有其学术价值、艺术价值和历史价值，是不可再生的，所有进入到博物馆的藏品都属于国家宝藏。作为博物馆工作人员和国宝守护人，我想把这些文物守护好，这样才能造福后世子孙，传承我们的传统文化。

女：目前甘博的五大基本陈列深受观众喜爱，请问近期有没有推出新的基本陈列的打算？

男：²⁹甘博的五大基本陈列，是围绕甘肃最有特色的藏品和文化推出的，其中"古生物化石"、"甘肃彩陶"、"丝绸之路文明"这三大基本陈列是最早推出的，也最能反映甘肃的文化特色，后来又推出了"佛教艺术"和"红色甘肃"两个基本陈列。这五个基本陈列推出有10年左右了，在展期期间都有改造和优化，但还不能满足公众需求。我们打算再推出三个基本陈列，一个是³⁰甘肃的自然富源展，通过这个展览来全方位展示甘肃的自然地貌和物质资源；一个是甘肃少数民族民俗文化展。此外还有一个筹划已久的展览，初步起名为"书法源流"，希望能通过这个展览让大家看到文字的发展过程。

女：最后您有什么话想跟大家说吗？

男：如果想仰望历史的星空，请到博物馆来，有许多尘封的故事等你来挖掘和解读。

26-30번 문제는 다음 인터뷰를 들어보세요.

여: 오늘 프로그램 현장에 오신 분은 간쑤성 박물관 관장 쟈젠웨이 씨입니다. 올해는 간쑤성 박물관이 설립된 지 80주년이 되는 해인데, 당신은 80년 동안 간쑤성 박물관의 가장 큰 변화가 무엇이라고 생각하시나요?

남: ²⁶80년 동안 간쑤성 박물관은 매우 많은 변화가 나타났는데, 그중 ²⁶변화가 가장 큰 것은 박물관의 기본 기능, 즉 소장, 연구, 전시, 교육 기능이 갈수록 충분히 발휘되고 있다는 것입니다. 이전에 대중들은 박물관이 일종의 신비감을 가지고 있다고 생각했는데, 현재 그들은 문화재 이면의 문화 가치를 더욱이 중시하고 있고, 더 많은 문화재 이면의 이야기를 알고 싶어 합니다. 올해는 박물관이 무료 개방된 지 11째 되는 해인데, 관람객은 매년 십여 만 명에서 몇 백만 명으로 증가했습니다.

여: 당신은 이전에, ²⁷문화재를 간쑤의 문화 대표가 되게 하겠다고 말씀하셨습니다. 당신은 이 목표를 어떻게 실현할 생각입니까?

남: 이것은 말하기에는 쉽지만, 실행하기에는 매우 어렵습니다. 먼저 저희의 기초 작업을 견고히 해야 합니다. 그다음, 각 관마다 모두 자신의 특색이 있어야 하고 모든 관이 똑같으면 안 되는데, 이것 또한 저희 박물관의 운영 목표입니다. ²⁷저희는 박물관이 소장한 문화재를 중심으로 지역 특색을 부각시키고, 문화재 이면에 대한 발굴과 해석을 진행하여, 그것들을 이용해 간쑤의 이야기를 할 것입니다. 계속해서 저희는 간쑤를 벗어나 해외로 나가 간쑤 문화의 전파 범위를 점차 확대하여, 영향력을 키울 것입니다.

여: <국가보물>이라는 프로그램에서 당신은 자신을 간쑤성 박물관의 문지기로 칭했는데, 당신은 자신이 맡은 책임에 대해 어떻게 생각하시나요?

남: ²⁸모든 문화재는 학술적 가치, 예술적 가치와 역사적 가치를 가지고 있고, 재생이 불가능하며, 박물관에 들어오는 모든 소장품은 국가 보물에 속합니다. 박물관 직원이자 국보를 지키는 사람으로서, 저는 이러한 문화재들을 잘 지키고 싶습니다. 이렇게 해야 비로소 후세들을 행복하게 할 수 있으며, 우리의 전통 문화를 계승할 수 있습니다.

여: 현재 간쑤성 박물관의 5대 상설 전시는 관객들의 사랑을 많이 받고 있는데, 가까운 시일 내에 새로운 상설 전시를 선보일 계획이 있나요?

남: ²⁹간쑤성 박물관의 5대 상설 전시는 간쑤의 가장 특색 있는 소장품과 문화를 중심으로 선보였습니다. 그중 '고생물 화석', '간쑤 채색 토기', '실크로드 문명'이 3대 상설 전시를 가장 먼저 선보였는데, 간쑤의 문화 특색도 가장 잘 반영할 수 있었습니다. 이후에는 '불교 예술'과 '붉은 간쑤'라는 2가지 상설 전시도 선보였습니다. 이 5개의 상설 전시는 선보인 지 10년 정도 되었는데, 전시 기간 동안 개선하고 최적화시켰지만, 아직 대중의 요구 사항을 만족시키지 못했습니다. 저희는 상설 전시 3개를 더 선보일 계획인데, 하나는 ³⁰간쑤의 천연자원전이며, 이 전시를 통해 간쑤의 자연 지형과 물질 자원을 다각도로 전시할 것입니다. 다른 하나는 간쑤 소수민족 민속 문화전입니다. 이 외에도 오랫동안 계획한 전시가 하나 있는데, '서예의 기원과 발전'이라고 대략적으로 이름 지었습니다. 이 전시를 통해 여러분이 문자의 발전 과정을 볼 수 있기를 바랍니다.

여: 마지막으로 모두에게 해주고 싶은 말씀이 있으십니까?

남: 만약 역사의 별이 가득한 하늘을 바라보고 싶으시다면, 박물관으로 오세요. 많은 오래된 이야기들이 당신이 발굴하고 해독하기를 기다리고 있습니다.

어휘
★现场 xiànchǎng 圀 현장　甘肃 Gānsù 고유 간쑤[중국 성(지방 행정 단위)의 이름]　博物馆 bówùguǎn 圀 박물관　周年 zhōunián 圀 주년
基本 jīběn 圀 기본　功能 gōngnéng 圀 기능　★收藏 shōucáng 圀 소장하다　★展示 zhǎnshì 圀 전시하다　发挥 fāhuī 圀 발휘하다
充分 chōngfèn 圀 충분하다　神秘感 shénmìgǎn 圀 신비감　★文物 wénwù 圀 문화재　背后 bèihòu 圀 이면, 뒷면　价值 jiàzhí 圀 가치
开放 kāifàng 圀 개방하다　参观者 cānguānzhě 圀 관람객　曾经 céngjīng 圀 이전에　代表 dàibiǎo 圀 대표하다　实现 shíxiàn 圀 실현하다
目标 mùbiāo 圀 목표　扎实 zhāshí 圀 견고하다　特色 tèsè 圀 특색　围绕 wéirào 圀 중심으로 하다　馆藏 guǎncáng 圀 (박물관 등에)소장하다
突出 tūchū 圀 부각하다　地域 dìyù 圀 지역　★挖掘 wājué 圀 발굴하다　阐释 chǎnshì 圀 해석하다　逐步 zhúbù 圀 점차　扩大 kuòdà 圀 확대하다
传播 chuánbō 圀 전파하다　范围 fànwéi 圀 범위　称 chēng 圀 칭하다　看门人 kānménrén 圀 문지기, 도어맨　★看待 kàndài 圀 ~에 대해 생각하다
承担 chéngdān 圀 맡다　学术 xuéshù 圀 학술　属于 shǔyú 圀 ~에 속하다　宝藏 bǎozàng 圀 (수장하고 있는)보물　作为 zuòwéi 꽤 ~로서
人员 rényuán 圀 직원　守护 shǒuhù 圀 지키다　造福 zàofú 圀 행복하게 하다　传承 chuánchéng 圀 계승하다　传统 chuántǒng 圀 전통
目前 mùqián 圀 현재　基本陈列 jīběn chénliè 상설 전시　推出 tuīchū 圀 선보이다　古生物 gǔshēngwù 圀 고생물　★化石 huàshí 圀 화석
彩陶 cǎitáo 圀 채색 토기　丝绸之路 sīchóuzhīlù 圀 실크로드　文明 wénmíng 圀 문명　反映 fǎnyìng 圀 반영하다　佛教 Fójiào 圀 불교
期间 qījiān 圀 기간　改造 gǎizào 圀 개선하다　优化 yōuhuà 圀 최적화하다　满足 mǎnzú 圀 만족시키다　★需求 xūqiú 요구 사항
富源 fùyuán 圀 천연자원　展览 zhǎnlǎn 圀 전시하다　全方位 quánfāngwèi 圀 다각도　地貌 dìmào 圀 지형　物质 wùzhì 圀 물질　资源 zīyuán 圀 자원
少数民族 shǎoshù mínzú 圀 소수민족　民俗 mínsú 圀 민속　此外 cǐwài 圀 이 외에　筹划 chóuhuà 圀 계획하다　初步 chūbù 圀 대략적이다
★书法 shūfǎ 圀 서예　源流 yuánliú 圀 기원과 발전　文字 wénzì 圀 문자　仰望 yǎngwàng 圀 바라보다　星空 xīngkōng 圀 별이 가득한 하늘
尘封 chénfēng 圀 오래되다, 먼지로 뒤덮이다　解读 jiědú 圀 해독하다

26-30번 선택지의 文物(문화재), 博物馆(박물관), 展览(전시하다)을 통해 인터뷰 대상이 박물관과 관련된 전문가임을 예측할 수 있다. 따라서 특정 분야 전문가 인터뷰가 나올 것을 대비해서 듣는다.

---

26 问: 80年来，甘肃博物馆最大的变化是什么？　질문: 80년 동안, 간쑤성 박물관의 가장 큰 변화는 무엇인가?

A 开始收入场费	A 입장료를 받기 시작했다
B 增设了几个别馆	B 몇 개의 별관을 증설했다
C 对文物数量更加重视	C 문화재의 수량에 대해 더욱 중시한다
D 功能得到了更充分的发挥	**D 기능이 더욱 충분하게 발휘됐다**

해설　남자의 말에서 언급된 80年来甘博……变化最大的是博物馆的基本功能, 即收藏、研究、展示、教育功能发挥得越来越充分을 듣고 선택지 D 功能得到了更充分的发挥를 정답의 후보로 확인해둔다. 질문이 80년 동안 간쑤성 박물관의 가장 큰 변화가 무엇인지 물었으므로, 선택지 D를 정답으로 고른다.

어휘　甘肃 Gānsù 고유 간쑤[중국 성(지방 행정 단위)의 이름]　博物馆 bówùguǎn 圀 박물관　增设 zēngshè 圀 증설하다　★文物 wénwù 圀 문화재
功能 gōngnéng 圀 기능　充分 chōngfèn 圀 충분하다　发挥 fāhuī 圀 발휘하다

---

27 问: 男的认为，怎样能让文物成为甘肃的文化代表？　질문: 남자는 어떻게 해야 문화재가 간쑤의 문화 대표가 될 수 있다고 생각하는가?

A 统一博物馆的风格	A 박물관의 스타일을 통일한다
B 积极利用媒体宣传	B 대중 매체 홍보를 적극적으로 이용한다
C 挖掘文物背后的故事	**C 문화재 이면의 이야기를 발굴한다**
D 保证文物在国内顺利展出	D 문화재가 국내에서 순조롭게 전시될 것을 보장한다

해설　여자의 말에서 언급된 要让文物成为甘肃的文化代表와 남자의 말에서 언급된 我们围绕馆藏文物, 突出地域特色, 对文物背后的故事进行挖掘和阐释를 듣고, 선택지 C 挖掘文物背后的故事를 정답의 후보로 확인해둔다. 질문이 남자는 어떻게 해야 문화재가 간쑤의 문화 대표가 될 수 있다고 생각하는지 물었으므로, 선택지 C를 정답으로 고른다.

어휘　统一 tǒngyī 圀 통일하다　风格 fēnggé 圀 스타일　媒体 méitǐ 圀 대중 매체　宣传 xuānchuán 圀 홍보하다　★挖掘 wājué 圀 발굴하다
背后 bèihòu 圀 이면, 뒷면　保证 bǎozhèng 圀 보장하다　展出 zhǎnchū 圀 전시하다

28 问：男的认为文物有什么特点？　　　　　　　　　질문: 남자는 문화재가 어떤 특징이 있다고 생각하는가?

A 是不可再生的　　　　　　　　　　　　　　　A 재생이 불가능하다
B 有统一的分类方法　　　　　　　　　　　　　B 통일된 분류 방법이 있다
C 体现了古代人的文化生活　　　　　　　　　　C 고대인의 문화 생활을 드러낸다
D 不是所有文物都具有历史价值　　　　　　　　D 모든 문화재가 역사적 가치를 지니고 있는 것은 아니다

해설　남자의 말에서 언급된 每一件文物都有其学术价值、艺术价值和历史价值，是不可再生的를 듣고 선택지 A 是不可再生的를 정답의 후보
　　　로 확인해둔다. 질문이 남자는 문화재가 어떤 특징이 있다고 생각하는지 물었으므로, 선택지 A를 정답으로 고른다.

어휘　统一 tǒngyī 통일된　分类 fēnlèi 분류하다　体现 tǐxiàn 드러내다　价值 jiàzhí 가치

29 问：下列哪项不属于甘肃博物馆的五大基本陈列？　질문: 다음 중 간쑤성 박물관의 5대 상설 전시에 속하지 않는 것은?

A 红色甘肃　　　　　B 书法源流　　　　　　　A 붉은 간쑤　　　　　B 서예의 기원과 발전
C 古生物化石　　　　D 丝绸之路文明　　　　　C 고생물 화석　　　　D 실크로드 문명

해설　남자의 말에서 언급된 甘博的五大基本陈列，是围绕甘肃最有特色的藏品和文化推出的，其中"古生物化石"、"甘肃彩陶"、"丝绸之路文
　　　明"这三大基本陈列是最早推出的，也最能反映甘肃的文化特色，后来又推出了"佛教艺术"和"红色甘肃"两个基本陈列。를 듣고, 선택
　　　지 A 红色甘肃, C 古生物化石, D 丝绸之路文明을 정답의 후보로 확인해둔다. 질문이 간쑤성 박물관의 5대 상설 전시에 속하지 않는 것을 물
　　　었으므로, 언급되지 않은 선택지 B 书法源流를 정답으로 고른다. 참고로 선택지 B는 간쑤성 박물관의 5대 상설 전시가 아닌 추후 추가적으
　　　로 선보일 3가지 상설 전시 중 하나로 언급되었다.

어휘　属于 shǔyú ~에 속하다　基本陈列 jīběn chénliè 상설 전시　★书法 shūfǎ 서예　源流 yuánliú 기원과 발전　古生物 gǔshēngwù 고생물
　　　★化石 huàshí 화석　丝绸之路 sīchóu zhī lù 실크로드　文明 wénmíng 문명

30 问：关于自然富源展，可以知道什么？　　　　　질문: 천연자원전에 관해, 알 수 있는 것은 무엇인가?

A 深受观众的欢迎　　　　　　　　　　　　　　A 관객들의 큰 환영을 받았다
B 是筹划已久的展览　　　　　　　　　　　　　B 이미 오랫동안 계획한 전시이다
C 介绍甘肃的地理地貌　　　　　　　　　　　　C 간쑤의 지리지형을 소개한다
D 展示自然资源的开发过程　　　　　　　　　　D 자연 자원의 개발 과정을 전시한다

해설　남자의 말에서 언급된 甘肃的自然富源展，通过这个展览来全方位展示甘肃的自然地貌和物质资源을 듣고 선택지 C 介绍甘肃的地理
　　　地貌를 정답의 후보로 확인해둔다. 질문이 천연자원전에 관해 알 수 있는 것이 무엇인지 물었으므로, 선택지 C를 정답으로 고른다.

어휘　富源 fùyuán 천연자원　筹划 chóuhuà 계획하다　展览 zhǎnlǎn 전시하다　地理 dìlǐ 지리　地貌 dìmào 지형
　　　★展示 zhǎnshì 전시하다　资源 zīyuán 자원　开发 kāifā 개발하다

31 - 33

第31到33题，请听下面一段材料。　　　　　　　　31-33번 문제는 다음 내용을 들어보세요.

　　　岩蔷薇主要生长在西班牙中部山区的岩石上，生存
环境极为恶劣。因此[31]为了给下一代争取生存空间，岩
蔷薇在炎热又贫瘠的环境中练就了自燃的本领。从钻出
土壤的那一刻起，岩蔷薇的枝叶里就会持续分泌一种挥
发性精油。当岩蔷薇觉得自己的种子马上要成熟时，就
会使枝叶里的精油量接近饱和状态。一旦遇到超过32摄
氏度的干燥高温天气时，岩蔷薇就会在烈日下自燃。
　　　岩蔷薇一旦自燃，生长在它旁边的植物都将无一幸
免，[32]由于岩石上的生存空间非常珍贵，只有先占领这
些空间才能获得生存的机会。因此，[33]当种子壳外的隔
热层生成之后，岩蔷薇就会选择自燃。

　　　록 로즈는 주로 스페인 중부 산간 지대의 암석 위에서 자라며, 생존
환경이 매우 열악하다. 이 때문에[31]다음 세대에게 생존 공간을 남겨주
기 위해, 록 로즈는 무겁고 척박한 환경에서 자연 발화하는 능력을 터
득했다. 토양을 뚫고 나오는 그 순간부터, 록 로즈의 나뭇가지와 잎은
휘발성 기름을 지속해서 분비한다. 록 로즈가 자신의 씨앗이 거의 다
자랐다고 느낄 때, 나뭇가지와 잎에 있는 기름의 양을 포화 상태에 이
르게 한다. 섭씨 32도가 넘는 건조하고 고온인 날씨를 맞닥뜨리기만
하면, 록 로즈는 바로 강렬하게 내리쬐는 태양 아래서 자연 발화한다.
　　　록 로즈가 자연 발화하면, 록 로즈의 옆에서 자라는 식물은 어느 누
구도 재난을 면하지 못하는데,[32]암석 위의 생존 공간은 아주 소중하
기 때문에 이 공간을 먼저 점령해야만 비로소 생존의 기회를 얻을 수
있다. 이 때문에,[33]씨앗 겉껍질의 단열층이 생성된 후, 록 로즈는 자
연 발화를 선택한다.

新的岩蔷薇在来年会率先破壳、发芽、展叶、开花。当种子即将成熟时，它们会像上一代一样，牺牲自我，为后代留一片土地。

새로운 록 로즈는 다음 해에 제일 먼저 껍질을 깨고, 싹을 틔우며, 잎을 펴고, 꽃을 피운다. 씨앗이 다 자랄 무렵에는, 록 로즈가 이전 세대처럼 자신을 희생하여 후대에게 땅을 남겨준다.

어휘 岩蔷薇 yánqiángwēi 圏 록 로즈[시스투스과의 식물] 生长 shēngzhǎng 圖 자라다 西班牙 Xībānyá 고유 스페인 山区 shānqū 圏 산간 지대
岩石 yánshí 圏 암석 ★生存 shēngcún 圖 생존하다 极为 jíwéi 囩 매우 恶劣 èliè 圏 열악하다 争取 zhēngqǔ 圖 남겨주다 空间 kōngjiān 圏 공간
★炎热 yánrè 圏 무덥다 贫瘠 pínjí 圏 척박하다 练就 liàn jiù 터득하다 自燃 zìrán 圖 자연 발화하다 本领 běnlǐng 圏 능력 钻出 zuānchu 뚫고 나오다
★土壤 tǔrǎng 圏 토양 枝叶 zhīyè 圏 나뭇가지와 잎 持续 chíxù 圖 지속하다 ★分泌 fēnmì 圖 분비하다 挥发性 huīfāxìng 圏 휘발성
精油 jīngyóu 圏 기름, 에센셜 오일 ★种子 zhǒngzi 圏 씨앗 成熟 chéngshú 圖 다 자라다, 성숙하다 接近 jiējìn 圖 이르다 饱和 bǎohé 圖 포화하다
状态 zhuàngtài 圏 상태 一旦 yídàn 囩 ~하기만 하면 ★摄氏度 shèshìdù 圏 섭씨온도 干燥 gānzào 圏 건조하다 烈日 lièrì 圏 강렬하게 내리쬐는 태양
无一幸免 wú yī xìngmiǎn 어느 누구도 재난을 면하지 못하다 ★珍贵 zhēnguì 圏 소중하다 占领 zhànlǐng 圖 점령하다 隔热层 gérècéng 圏 단열층
率先 shuàixiān 囩 제일 먼저 发芽 fāyá 圖 싹이 트다 即将 jíjiāng 囩 (곧) ~하려 하다 牺牲 xīshēng 圖 희생하다 后代 hòudài 圏 후대 土地 tǔdì 圏 땅

---

31 问：岩蔷薇为什么会自燃？

질문: 록 로즈는 왜 자연 발화하는가?

A 为了保护周边植物
B 为了防止天敌入侵
C 为了确保花瓣得以成熟
D 为了给下一代争取生存空间

A 주변 식물을 보호하기 위해서
B 천적이 침입하는 것을 방지하기 위해서
C 꽃잎이 다 자라는 것을 보장하기 위해서
D 다음 세대에게 생존 공간을 남겨주기 위해서

해설 음성에서 언급된 为了给下一代争取生存空间, 岩蔷薇在炎热又贫瘠的环境中练就了自燃的本领을 듣고 선택지 D 为了给下一代争取生存空间을 정답의 후보로 확인해둔다. 질문이 록 로즈는 왜 자연 발화하는지 물었으므로, 선택지 D를 정답으로 고른다.

어휘 岩蔷薇 yánqiángwēi 圏 록 로즈[시스투스과의 식물] 自燃 zìrán 圖 자연 발화하다 ★周边 zhōubiān 圏 주변 天敌 tiāndí 圏 천적
入侵 rùqīn 圖 침입하다 确保 quèbǎo 圖 보장하다 花瓣 huābàn 圏 꽃잎 成熟 chéngshú 圖 다 자라다, 성숙하다 争取 zhēngqǔ 圖 남겨주다
★生存 shēngcún 圖 생존하다 空间 kōngjiān 圏 공간

---

32 问：这段话主要介绍了什么？

질문: 이 장문이 주로 소개하는 것은 무엇인가？

A 岩蔷薇的花季   B 岩蔷薇的栽培技术
C 岩蔷薇的生存战略   D 植物界中的优胜劣汰

A 록 로즈의 꽃이 만발하는 계절   B 록 로즈의 재배 기술
C 록 로즈의 생존 전략   D 식물계의 적자생존

해설 음성에서 언급된 由于岩石上的生存空间非常珍贵, 只有先占领这些空间才能获得生存的机会를 듣고 선택지 C 岩蔷薇的生存战略을 정답의 후보로 확인해둔다. 질문이 이 장문이 주로 소개하는 것이 무엇인지 물었으므로, 선택지 C를 정답으로 고른다.

어휘 花季 huājì 圏 꽃이 만발하는 계절 ★栽培 zāipéi 圖 재배하다 战略 zhànlüè 圏 전략
优胜劣汰 yōushèngliètài 圏 적자생존[환경에 적응하는 생물만이 살아남고, 그렇지 못한 것은 도태되어 멸망하는 현상]

---

33 问：关于岩蔷薇的种子，可以知道什么？

질문: 록 로즈의 씨앗에 관해, 알 수 있는 것은 무엇인가？

A 坚硬如石
B 壳外有隔热层
C 主要用于制作香料
D 很难在岩石缝中生存

A 돌처럼 딱딱하다
B 겉껍질에 단열층이 있다
C 향료를 만드는 데 주로 사용된다
D 암석의 틈 속에서 생존하기 매우 어렵다

해설 음성에서 언급된 当种子壳外的隔热层生成之后를 듣고 선택지 B 壳外有隔热层을 정답의 후보로 확인해둔다. 질문이 록 로즈의 씨앗에 관해 알 수 있는 것이 무엇인지 물었으므로, 선택지 B를 정답으로 고른다.

어휘 ★种子 zhǒngzi 圏 씨앗 坚硬 jiānyìng 圏 딱딱하다 隔热层 gérècéng 圏 단열층 制作 zhìzuò 圖 만들다 香料 xiāngliào 圏 향료
岩石 yánshí 圏 암석 缝 fèng 圏 틈

34 - 36

第34到36题，请听下面一段材料。

最近，有研究小组成功研发了一种[34]新的装置，它能使蛋白质纳米线和空气中的水分发生反应而成功发电。这项技术不受环境因素的限制，在一些湿度极低的地区也能发挥效果。专家表示，[34]未来的可再生能源、气候变化和医学研究可能都会因此发生重大变化。

[36]这是蛋白质纳米线目前为止最令人兴奋的应用，因为它提高了用低成本获取新能源的可能性。在此之前，也曾有其他科学家试图用石墨烯等材料从空气中的水蒸气获取能源，但结果只能短暂地产生少量电流。而[35]这种新的蛋白质纳米线则有所不同，它能持续发电2个月以上，电量足以为小型电子设备提供电力。

研究人员表示，接下来的目标是研发小型的空气发电机，为可穿戴电子设备及手机等提供电力，解决这些设备过于依赖传统电池的问题。微生物学家与电机学家联手打造的蛋白质纳米线发电装置，极大地展现了跨学科研究的力量，也开启了以蛋白质为基础的电子设备时代。

34-36번 문제는 다음 내용을 들어보세요.

최근, 한 연구팀이 [34]새로운 장치를 연구 개발하는 데 성공했다. 이 장치는 단백질 나노 와이어와 공기 중의 수분이 반응을 일으키게 해 성공적으로 전기를 생산할 수 있다. 이 기술은 환경 요소의 제한을 받지 않고, 일부 습도가 극히 낮은 지역에서도 효과를 발휘할 수 있다. 전문가들은 [34]미래의 재생에너지, 기후 변화와 의학 연구는 모두 이로 인해 중대한 변화가 발생할 것이라고 밝혔다.

[36]이는 현재 사람들을 가장 흥분시키는 단백질 나노 와이어의 활용인데, 낮은 비용으로 대체에너지를 확보할 가능성을 높였기 때문이다. 이전에 다른 과학자들도 그래핀 등의 재료로 공기 중의 수증기에서 에너지원을 얻으려고 시도했었지만, 결국에는 소량의 전류만 잠깐 발생시킬 수 있었다. 그러나 [35]이 새로운 단백질 나노 와이어는 다소 다른데, 이것은 2개월 이상 지속해서 전기를 생산할 수 있고, 전기량이 소형 전자 설비에 전력을 공급하기에 족하다.

연구원들은, 다음 목표가 소형 공기 발전기를 연구 개발하여 웨어러블 전자 설비 및 휴대전화 등에 전력을 공급하고, 이런 설비가 전통적인 배터리에 지나치게 의존하는 문제를 해결하는 것이라고 밝혔다. 미생물학자와 전기공학자가 손잡고 만든 단백질 나노 와이어 발전 장치는, 학과를 뛰어넘는 연구 역량을 크게 드러냈고, 단백질을 기반으로 한 전자 설비의 시대를 열었다.

어휘 **小组** xiǎozǔ [명] 팀 **研发** yánfā [동] 연구 개발하다 **装置** zhuāngzhì [명] 장치 ★**蛋白质** dànbáizhì [명] 단백질 **纳米线** nàmǐxiàn [명] 나노 와이어
反应 fǎnyìng [명] 반응 **发电** fādiàn [동] 전기를 생산하다 **因素** yīnsù [명] 요소 **限制** xiànzhì [명] 제한 **地区** dìqū [명] 지역 **发挥** fāhuī [동] 발휘하다
专家 zhuānjiā [명] 전문가 **未来** wèilái [명] 미래 **可再生能源** kězàishēng néngyuán [명] 재생에너지 **重大** zhòngdà [형] 중대하다 **目前** mùqián [명] 현재
应用 yìngyòng [동] 활용하다 ★**成本** chéngběn [명] 비용 **获取** huòqǔ [동] 확보하다, 획득하다 **新能源** xīnnéngyuán [명] 대체에너지
★**试图** shìtú [동] 시도하다 **石墨烯** shímòxī [명] 그래핀[탄소원자로 이루어진 얇은 막] **水蒸气** shuǐzhēngqì [명] 수증기 **能源** néngyuán [명] 에너지원
持续 chíxù [동] 지속하다 **电量** diànliàng [명] 전기량 ★**足以** zúyǐ [동] ~하기에 족하다 **设备** shèbèi [명] 설비 **研究人员** yánjiū rényuán [명] 연구원
目标 mùbiāo [명] 목표 ★**过于** guòyú [부] 지나치게 ★**依赖** yīlài [동] 의존하다 **传统** chuántǒng [형] 전통적인 **电池** diànchí [명] 배터리
微生物 wēishēngwù [명] 미생물 ★**展现** zhǎnxiàn [동] 드러내다 ★**跨** kuà [동] 뛰어넘다 **力量** lìliàng [명] 역량 **开启** kāiqǐ [동] 열다 **时代** shídài [명] 시대

34 问：关于这种装置，可以知道什么？

질문: 이 장치에 관해, 알 수 있는 것은 무엇인가?

A 利用了空气中的氧气
B 提高了获取新能源的成本
C 能够在温度极低地区发挥效果
D 可能会使医学研究发生很大变化

A 공기중의 산소를 이용했다
B 대체에너지 확보 비용을 높였다
C 온도가 극히 낮은 지역에서 효과를 발휘할 수 있다
D 의학 연구를 크게 변화시킬 수 있다

해설 음성에서 언급된 **新的装置……未来的可再生能源、气候变化和医学研究可能都会因此发生重大变化**를 듣고 선택지 **D 可能会使医学研究发生很大变化**를 정답의 후보로 확인해둔다. 질문이 장치에 관해 알 수 있는 것이 무엇인지 물었으므로, 선택지 D를 정답으로 고른다.

어휘 **装置** zhuāngzhì [명] 장치 **利用** lìyòng [동] 이용하다 ★**氧气** yǎngqì [명] 산소 **获取** huòqǔ [동] 확보하다, 획득하다 **新能源** xīnnéngyuán [명] 대체에너지
★**成本** chéngběn [명] 비용 **地区** dìqū [명] 지역 **发挥** fāhuī [동] 발휘하다

35 问：利用新蛋白质纳米线发电有什么特点？

질문: 새로운 단백질 나노 와이어를 이용해 전기를 생산하는 것은 어떤 특징이 있는가?

A 能持续发电2个月以上
B 是目前最低成本的发明
C 不能为电子设备提供电力
D 只能短暂地产生少量电流

A 2개월 이상 지속해서 전기를 생산할 수 있다
B 현재까지 최저 비용의 발명이다
C 전자 설비에 전력을 공급할 수 없다
D 소량의 전류만 잠깐 발생시킬 수 있다

해설 음성에서 언급된 **这种新的蛋白质纳米线则有所不同，它能持续发电2个月以上**을 듣고 선택지 **A 能持续发电2个月以上**을 정답의 후보로 확인해둔다. 질문이 새로운 단백질 나노 와이어를 이용해 전기를 생산하는 것의 특징을 물었으므로, 선택지 A를 정답으로 고른다.

어휘 利用 lìyòng 圖 이용하다 ★蛋白质 dànbáizhì 圖 단백질 纳米线 nàmǐxiàn 圖 나노 와이어 持续 chíxù 圖 지속하다 发电 fādiàn 圖 전기를 생산하다
　　　目前 mùqián 圖 현재 发明 fāmíng 圖 발명 设备 shèbèi 圖 설비

36　问：这段话主要讲的是什么？　　　　　　　질문: 이 장문이 주로 설명하는 것은 무엇인가?

　　A 传统电池的优势　　　　　　　　　　　　A 전통적인 건전지의 장점
　　B 新蛋白质纳米线的应用　　　　　　　　**B 새로운 단백질 나노 와이어의 활용**
　　C 空气中的水分可以发电　　　　　　　　　C 공기 중의 수분은 전기를 생산할 수 있다
　　D 石墨烯是发电的好材料　　　　　　　　　D 그래핀은 전기를 생산하는 데 좋은 재료이다

해설 음성에서 언급된 这是蛋白质纳米线目前为止最令人兴奋的应用을 듣고 선택지 B 新蛋白质纳米线的应用을 정답의 후보로 확인해둔다.
　　　질문이 이 장문이 주로 설명하는 것이 무엇인지 물었으므로, 선택지 B를 정답으로 고른다.

어휘 传统 chuántǒng 圖 전통적인 电池 diànchí 圖 건전지 优势 yōushì 圖 장점 应用 yìngyòng 圖 활용하다
　　　石墨烯 shímòxī 圖 그래핀[탄소원자로 이루어진 얇은 막] 材料 cáiliào 圖 재료

---

37 - 39

第37到39题，请听下面一段材料。　　　　　　　37-39번 문제는 다음 내용을 들어보세요.

　　爱自己所对应的心理学词汇为37"自我价值感"，　　　자신을 사랑하는 것과 상응하는 심리학 용어는 37'자존감'인데, 자신
即认为自己是一个有价值，并且值得被爱的人。自我价　　을 가치 있고 사랑받을 만한 사람이라고 생각하는 것이다. 자존감이 높
值感高的人看重自己，同时认为自己的人格和才能受到　　은 사람은 자신을 중요시하고, 동시에 자신의 인격과 재능이 사회의 중
社会的重视。他们在团体中有一定的地位和声誉，并享　　시를 받는다고 생각한다. 그들은 단체에서 일정한 지위와 명성이 있으
受过良好的社会评价所带来的积极情感体验。反之，38　　며, 좋은 사회적 평가가 가져온 긍정적 감정의 체험을 즐긴 적이 있다.
没有自我价值感或自我价值感低的人，则容易产生自卑　　이와 반대로, 38자존감이 없거나 자존감이 낮은 사람은, 열등감이 생기
感，最终导致自暴自弃。　　　　　　　　　　　　　기 쉽고, 결국 자포자기를 초래하게 된다.
　　39获取自我价值感的方法分为三步，一是爱过去的　　　39자존감을 얻는 방법은 3단계로 나눠진다. 첫째는 과거의 자신을
自己，体谅自己小时候不成熟的行为，或者是理解过去　　사랑하는 것인데, 어릴 적 자신의 미성숙한 행동을 이해하거나, 과거의
的思维，接纳甚至欣赏过去的自己。39二是爱现在的自　　생각을 이해하고, 과거의 자신을 받아들이며 심지어 높이 평가하는 것
己，尊重自己的感受，不管是在日常生活中还是在公开　　이다. 39둘째는 현재의 자신을 사랑하는 것인데, 자신의 느낌을 존중하
场合表达自己的观点时，都能说出自己真实的想法。39　　며, 일상생활에서든 공개적인 장소에서든 자신의 관점을 표현할 때, 자
最后是爱未来的自己，把自己看作是一个有价值的人，　　신의 진실된 생각을 말할 수 있는 것이다. 39마지막으로는 미래의 자신
并且对自己的未来充满自信。　　　　　　　　　　　을 사랑하는 것인데, 자신을 가치 있는 사람이라고 여길 뿐만 아니라,
　　自我价值感的提升可以给一个人带来莫大的自信。　　자신의 미래에 대해 자신감을 가득 채우는 것이다.
如果坚信自己是一个拥有高价值的人，即便遇到挫折，　　　자존감의 향상은 한 사람에게 막대한 자신감을 가져올 수 있다. 만약
也不会轻言放弃，更不会贬低自己的价值。由此可见，　　자신이 높은 가치를 가진 사람이라고 굳게 믿는다면, 설령 좌절을 만
自我价值感对人生有着不可或缺的意义。　　　　　　나더라도 쉽게 포기하지 않고, 더욱 자신의 가치를 깎아내리지도 않
　　　　　　　　　　　　　　　　　　　　　　　　는다. 이로부터, 자존감은 인생에서 없어서는 안 될 의미를 지니고 있
　　　　　　　　　　　　　　　　　　　　　　　　다는 것을 알 수 있다.

어휘 ★对应 duìyìng 圖 상응하다 心理学 xīnlǐxué 圖 심리학 词汇 cíhuì 圖 용어, 어휘 自我价值感 zìwǒ jiàzhígǎn 圖 자존감 价值 jiàzhí 圖 가치
　　　看重 kànzhòng 圖 중요시하다 ★人格 réngé 圖 인격 才能 cáinéng 圖 재능 ★团体 tuántǐ 圖 단체 地位 dìwèi 圖 지위 ★声誉 shēngyù 圖 명성
　　　享受 xiǎngshòu 圖 즐기다 良好 liánghǎo 圖 좋다 评价 píngjià 圖 평가 情感 qínggǎn 圖 감정 体验 tǐyàn 圖 체험하다 ★反之 fǎnzhī 圖 반대로
　　　自卑感 zìbēigǎn 圖 열등감 导致 dǎozhì 圖 초래하다 自暴自弃 zìbàozìqì 圖 자포자기하다 获取 huòqǔ 圖 얻다 ★体谅 tǐliàng 圖 이해하다
　　　行为 xíngwéi 圖 행동 思维 sīwéi 圖 생각 接纳 jiēnà 圖 받아들이다 欣赏 xīnshǎng 圖 높이 평가하다 感受 gǎnshòu 圖 느낌 公开 gōngkāi 圖 공개적인
　　　场合 chǎnghé 圖 장소 表达 biǎodá 圖 표현하다 观点 guāndiǎn 圖 관점 真实 zhēnshí 圖 진실하다 未来 wèilái 圖 미래 看作 kànzuò 圖 ~라고 여기다
　　　充满 chōngmǎn 圖 가득 채우다 提升 tíshēng 圖 향상시키다 莫大 mòdà 圖 막대하다 坚信 jiānxìn 圖 굳게 믿다 ★拥有 yōngyǒu 圖 가지다
　　　★即便 jíbiàn 圖 설령 ~하더라도 ★挫折 cuòzhé 圖 좌절 贬低 biǎndī 圖 가치를 깎아내리다 由此可见 yóucǐ kějiàn 이로부터 ~임을 알 수 있다
　　　不可或缺 bùkěhuòquē 圖 없어선 안되다 意义 yìyì 圖 의미

37　问：关于自我价值感高的人，可以知道什么？　　질문: 자존감이 높은 사람에 관해, 알 수 있는 것은 무엇인가?

　　A 妄自菲薄　　　　　　B 地位一定很高　　　A 스스로 자신을 하찮게 여긴다　　　B 지위가 반드시 높다
　　C 认为自己有价值　　D 受过良好的教育　　**C 자신이 가치 있다고 생각한다**　　D 좋은 교육을 받았다

해설 음성에서 언급된 "自我价值感", 即认为自己是一个有价值, 并且值得被爱的人을 듣고 선택지 C 认为自己有价值을 정답의 후보로 확인해둔다. 질문이 자존감이 높은 사람에 관해 알 수 있는 것이 무엇인지 물었으므로, 선택지 C를 정답으로 고른다.

어휘 自我价值感 zìwǒ jiàzhígǎn 圏 자존감 妄自菲薄 wàngzìfěibó 圏 스스로 자신을 하찮게 여기다 地位 dìwèi 圏 지위 价值 jiàzhí 圏 가치
良好 liánghǎo 圏 좋다

---

38 问: 如果一个人没有自我价值感, 会怎么样?　질문: 만약 어떤 사람이 자존감이 없다면, 어떻게 되는가?

A 产生厌倦情绪	A 싫증나는 감정이 생긴다
B 自卑且自暴自弃	**B 열등감을 가지며 자포자기한다**
C 加紧提升自己的能力	C 자신의 능력을 높이려고 박차를 가한다
D 争取获得更高的社会地位	D 더 높은 사회적 지위를 얻기 위해 노력한다

해설 음성에서 언급된 没有自我价值感或自我价值感低的人, 则容易产生自卑感, 最终导致自暴自弃를 듣고 선택지 B 自卑且自暴自弃를 정답의 후보로 확인해둔다. 질문이 만약 어떤 사람이 자존감이 없다면 어떻게 될지 물었으므로, 선택지 B를 정답으로 고른다.

어휘 厌倦 yànjuàn 圏 싫증나다 情绪 qíngxù 圏 감정 自卑 zìbēi 圏 열등감을 가지다 自暴自弃 zìbàozìqì 圏 자포자기하다 加紧 jiājǐn 圏 박차를 가하다
提升 tíshēng 圏 높이다 争取 zhēngqǔ 圏 노력하다

---

39 问: 根据这段话, 下列哪项不属于获取自我价值感的
方法?　질문: 이 장문에 근거하여, 다음 중 자존감을 획득하는 방법에
속하지 않는 것은?

| A 爱过去的自己 | B 爱现在的自己 | A 과거의 자신을 사랑한다 | B 현재의 자신을 사랑한다 |
| C 爱未来的自己 | **D 爱周围所有人** | C 미래의 자신을 사랑한다 | **D 주변 모든 사람을 사랑한다** |

해설 음성에서 언급된 获取自我价值感的方法分为三步, 一是爱过去的自己와 二是爱现在的自己 그리고 最后是爱未来的自己를 듣고, 선택지 A 爱过去的自己, B 爱现在的自己, C 爱未来的自己를 정답의 후보로 확인해둔다. 질문이 이 장문에 근거하여 자존감을 획득하는 방법에 속하지 않는 것을 물었으므로, 언급되지 않은 선택지 D 爱周围所有人을 정답으로 고른다.

어휘 属于 shǔyú 圏 ~에 속하다 获取 huòqǔ 圏 얻다 未来 wèilái 圏 미래

---

40 - 43

第40到43题, 请听下面一段材料。

中国古老的民间传统印染工艺——蜡染, 属于古代四大印花技艺之一。蜡染的具体制作方法是用蜡在麻、棉、毛等织物上点花纹, 后放入染料缸中浸染。40由于点蜡的地方染不上颜色, 除蜡后布面上呈现出漂亮的花纹。在浸染过程中, 41如果点上的蜡自然龟裂, 布面上就会出现特殊的"冰纹"。这些冰纹极具艺术效果, 裂开的大小、走向又可人为掌控, 可以恰到好处地表现所要描绘的对象。蜡染图案丰富, 色调素雅, 风格独特, 多用于制作服装服饰和各种生活用品。

42绘制图案的工具不是毛笔, 而是一种自制的钢刀。这是因为用毛笔蘸蜡容易使蜡冷却凝固, 而钢制的画刀便于保持蜡的温度。这种钢刀由两片或多片形状相同的薄金属片组成, 一端绑在木柄上, 刀口微开而中间略空, 以便储存蜂蜡。

43蜡染既是古老的艺术, 又是年轻而现代的艺术。它简练的造型、单纯明朗的色彩以及丰富多样的装饰纹样, 符合了现代的审美的要求。

40-43번 문제는 다음 내용을 들어보세요.

중국의 오래된 민간 전통 날염 공예인 납염은, 고대 4대 날염 기예 중 하나에 속한다. 납염의 구체적인 제작 방법은 밀랍을 이용해 삼베, 면, 털 등의 직물에 무늬를 찍은 후, 염료 항아리에 넣어 물들이는 것이다. 40밀랍을 찍은 곳은 염색이 되지 않기 때문에, 밀랍을 제거한 후 천에 예쁜 무늬가 나타난다. 물들이는 과정에서, 41만약 찍어둔 밀랍이 자연스럽게 갈라지면, 천에 특수한 '얼음 무늬'가 생긴다. 이러한 얼음 무늬는 매우 예술적인 효과를 가지고 있고, 갈라진 크기, 방향도 인위적으로 통제할 수 있어, 묘사해야 할 대상을 아주 적절하게 표현할 수 있다. 납염은 도안이 풍부하고 색조가 우아하며 스타일이 독특해, 복장과 각종 생활용품을 제작하는 데 많이 사용된다.

42도안을 제작하는 도구는 붓이 아니라, 손수 제작한 철제 나이프다. 붓으로 밀랍을 찍으면 밀랍을 냉각시켜 굳게 하기 쉬운데, 철로 제작한 미술용 나이프는 밀랍의 온도를 유지하기 편리하기 때문이다. 이러한 철제 나이프는 두 조각 혹은 여러 조각의 형태가 같은 얇은 금속 조각으로 구성되어 있는데, 한쪽 끝이 나무 손잡이에 묶여 있으며, 칼날이 약간 열려 있고 중간이 조금 비어 있어, 밀랍을 담아두기 쉽다.

43납염은 오래된 예술이면서, 젊고 현대적인 예술이기도 하다. 납염은 간결한 모양, 단순하고 밝은 색깔 및 풍부하고 다양한 장식 문양이 현대의 심미적 요구에 부합한다.

어휘 ★民间 mínjiān 圏 민간 传统 chuántǒng 圏 전통 印染 yìnrǎn 圏 날염하다[천에 부분적으로 물을 들여 무늬가 나타나게 염색하다] 工艺 gōngyì 圏 공예
蜡染 làrǎn 圏 납염하다[밀랍이 갖는 방염 작용을 이용하여 무늬를 염색하다] 属于 shǔyú 圏 ~에 속하다 印花 yìnhuā 圏 날염하다 技艺 jìyì 圏 기예
制作 zhìzuò 圏 제작하다 蜡 là 圏 밀랍 麻 má 圏 삼베 织物 zhīwù 圏 직물 花纹 huāwén 圏 무늬 染料 rǎnliào 圏 염료
缸 gāng 圏 항아리 浸染 jìnrǎn 圏 물들다 ★除 chú 圏 제거하다 ★呈现 chéngxiàn 圏 나타나다 龟裂 jūnliè 圏 갈라지다 特殊 tèshū 圏 특수하다

走向 zǒuxiàng 명 방향　★人为 rénwéi 형 인위적인　掌控 zhǎngkòng 동 통제하다　★恰到好处 qiàdàohǎochù 성 아주 적절하다

表现 biǎoxiàn 동 표현하다　★描绘 miáohuì 동 묘사하다　对象 duìxiàng 명 대상　★图案 tú'àn 명 도안　色调 sèdiào 명 색조　素雅 sùyǎ 형 우아하다

风格 fēnggé 명 스타일　独特 dútè 형 독특하다　服装服饰 fúzhuāng fúshì 복장, 복식　绘制 huìzhì 동 제작하다　工具 gōngjù 명 도구　毛笔 máobǐ 명 붓

自制 zìzhì 동 손수 제작하다　钢刀 gāngdāo 명 철제 나이프　蘸 zhàn 동 찍다　冷却 lěngquè 동 냉각시키다　凝固 nínggù 동 굳다

画刀 huàdāo 명 미술용 나이프　★便于 biànyú 동 편리하다　保持 bǎochí 동 유지하다　片 piàn 양 조각　조각　形状 xíngzhuàng 명 형태

金属 jīnshǔ 명 금속　组成 zǔchéng 동 구성하다　绑 bǎng 동 묶다　木柄 mùbǐng 명 나무 손잡이　刀口 dāokǒu 명 칼날　裂开 lièkai 동 갈라지다

★以便 yǐbiàn 접 ~하기 쉽게　储存 chǔcún 동 담아두다, 저장해 두다　现代 xiàndài 형 현대적이다　简练 jiǎnliàn 형 간결하다

★造型 zàoxíng 명 모양, 형상　单纯 dānchún 형 단순하다　明朗 mínglǎng 형 밝다, 명랑하다　色彩 sècǎi 명 색깔　以及 yǐjí 접 및

装饰 zhuāngshì 명 장식　纹样 wényàng 명 문양　★审美 shěnměi 동 심미하다

40　问：蜡染的原理是什么？　질문: 납염의 원리는 무엇인가?

A 用蜡笔来绘制图像
B 用冷却的蜡进行印染
C 蜡烛融化后产生轨迹
D 点蜡的地方染不上颜色

A 크레용으로 그림을 그린다
B 냉각한 밀랍으로 날염을 진행한다
C 양초가 녹은 후 자국이 생긴다
D 밀랍을 찍은 곳은 염색되지 않는다

해설　음성에서 언급된 由于点蜡的地方染不上颜色, 除蜡后布面上呈现出漂亮的花纹。을 듣고 선택지 D 点蜡的地方染不上颜色를 정답의 후보로 확인해둔다. 질문이 납염의 원리가 무엇인지 물었으므로, 선택지 D를 정답으로 고른다.

어휘　蜡染 làrǎn 납염하다[밀랍이 갖는 방염작용을 이용하여 무늬를 염색하다]　★原理 yuánlǐ 명 원리　蜡笔 làbǐ 명 크레용
绘制 huìzhì 동 그리다, 제작하다　蜡 là 명 밀랍　冷却 lěngquè 동 냉각하다
印染 yìnrǎn 날염하다[천에 부분적으로 물을 들여 무늬가 나타나게 염색하다]　★蜡烛 làzhú 명 양초　★融化 rónghuà 동 녹다　轨迹 guǐjì 명 자국

41　问：这段话中所提到的"冰纹"有什么特点？　질문: 이 장문에서 언급된 '얼음 무늬'는 어떤 특징이 있는가?

A 走向不可人为掌控
B 在极低的温度下印染出来
C 在蜡自然裂开的过程中出现
D 布料的图案被冷冻后自然生成

A 방향을 인위적으로 통제할 수 없다
B 극히 낮은 온도에서 날염된다
C 밀랍이 자연스럽게 갈라지는 과정에서 나타난다
D 천의 도안이 냉동된 후 자연스럽게 생성된다

해설　음성에서 언급된 如果点上的蜡自然龟裂, 布面上就会出现特殊的"冰纹"을 듣고 선택지 C 在蜡自然裂开的过程中出现을 정답의 후보로 확인해둔다. 질문이 이 장문에서 언급된 '얼음 무늬'는 어떤 특징이 있는지 물었으므로, 선택지 C를 정답으로 고른다.

어휘　冰纹 bīngwén 명 얼음 무늬　走向 zǒuxiàng 명 방향　★人为 rénwéi 형 인위적인　掌控 zhǎngkòng 동 통제하다　裂开 lièkai 갈라지다
布料 bùliào 명 천　★图案 tú'àn 명 도안　冷冻 lěngdòng 동 냉동하다　生成 shēngchéng 동 생성되다

42　问：绘制图案的工具是什么？　질문: 도안을 제작하는 도구는 무엇인가?

A 毛笔　　　　　　B 竹签
C 石针　　　　　　**D 钢刀**

A 붓　　　　　　B 이쑤시개
C 돌침　　　　　**D 철제 나이프**

해설　음성에서 언급된 绘制图案的工具不是毛笔, 而是一种自制的钢刀。를 듣고 선택지 D 钢刀를 정답의 후보로 확인해둔다. 질문이 도안을 제작하는 도구는 무엇인지 물었으므로, 선택지 D를 정답으로 고른다.

어휘　绘制 huìzhì 동 제작하다　★图案 tú'àn 명 도안　工具 gōngjù 명 도구　毛笔 máobǐ 명 붓　竹签 zhúqiān 명 이쑤시개　石针 shízhēn 명 돌침
钢刀 gāngdāo 명 철제 나이프

43　问：关于蜡染，可以知道什么？　질문: 납염에 관해, 알 수 있는 것은 무엇인가?

A 成本较低
B 将面临失传
C 既古老又现代
D 不符合现代审美

A 비용이 저렴하다
B 실전 위기에 처해 있다
C 오래되기도 하고 현대적이기도 하다
D 현대 심미에 부합하지 않는다

해설　음성에서 언급된 蜡染既是古老的艺术, 又是年轻而现代的艺术。를 듣고 선택지 C 既古老又现代를 정답의 후보로 확인해둔다. 질문이 납염에 관해 알 수 있는 것이 무엇인지 물었으므로, 선택지 C를 정답으로 고른다.

44 - 47

第44到47题，请听下面一段材料。

　　手机在孩子的生活和学习中起到了重要的作用，但是⁴⁴孩子本身自控力差，容易对手机上瘾。尤其是到了假期，孩子接触手机的时间增多，为手机成瘾创造了条件。

　　⁴⁵长时间玩手机，既损害孩子的身体健康，也不利于心理发展。如果一心扑在手机上，就容易沉迷于虚拟世界，产生厌学情绪以及强烈的孤独感和自卑感，也更容易冲动。⁴⁵这些孩子患抑郁症的风险比一般孩子更高。

　　鉴于手机成瘾给孩子造成的心理危害较多，父母应做好预防工作，不能任由孩子放飞自我。第一，良好的沟通是关键。在沟通过程中，父母不应该暴跳如雷，怒骂孩子，而是要给予耐心的理解和循序渐进的引导。第二，要培养孩子的时间观念。⁴⁶一旦建立了时间观念，他们就能更好地支配自己的时间，做到休息与学习的平衡。为此父母要以身作则，从身边的小事做起。第三，要提高孩子的自控力，让他们学会更好地管理情绪，合理地表达自己的需求。

　　假期来临，⁴⁷父母要让孩子去体验生活中的乐趣，并且对手机成瘾的问题做到未雨绸缪，以防患于未然。

44-47번 문제는 다음 내용을 들어보세요.

휴대폰은 아이의 생활과 학습에 중요한 역할을 한다. 하지만 ⁴⁴아이 자체는 자제력이 떨어져서, 휴대폰에 중독되기 쉽다. 특히 방학이 되면, 아이가 휴대폰을 접하는 시간이 많아지게 되어 휴대폰 중독을 위한 여건이 조성된다.

⁴⁵장시간 휴대폰을 하는 것은 아이의 신체 건강을 해칠 뿐만 아니라, 심리적 발달에도 도움이 되지 않는다. 만약 온 정신을 휴대폰에 몰두한다면 가상 세계에 깊이 빠지기 쉽고, 학업에 대한 혐오 정서 및 강렬한 고독감과 열등감이 생기며, 더욱 충동적이게 된다. ⁴⁵이러한 아이들은 우울증을 앓을 위험이 일반 아이보다 더 크다.

휴대폰 중독으로 인해 아이에게 야기되는 심리적 위험이 비교적 많다는 점에 비추어 보아, 부모는 예방 작업을 해두어야 하며, 아이가 제멋대로 하게끔 내버려 두어서는 안 된다. 첫째, 원활한 소통이 핵심이다. 소통 과정에서 부모는 노발대발하거나 아이를 꾸짖을 것이 아니라, 인내심 있게 이해하고 차근차근 지도해 주어야 한다. 둘째, 아이의 시간 개념을 키워야 한다. ⁴⁶일단 시간 개념이 형성되면, 아이들은 자신의 시간을 더 잘 분배하고 휴식과 학습의 균형을 맞출 수 있게 된다. 그러기 위해서는 부모가 솔선수범해서 주변의 작은 일부터 시작해야 한다. 셋째, 아이의 자제력을 높여, 아이들이 기분을 더 잘 관리하는 것을 배우게 하고, 합리적으로 자신의 요구 사항을 표현할 수 있도록 해야 한다.

방학이 다가오면, ⁴⁷부모는 아이가 생활 속의 즐거움을 체험하게 해야 할 뿐만 아니라, 휴대폰 중독 문제에 대해 사전에 철저히 준비해서 미연에 방지해야 한다.

어휘 　★**本身** běnshēn 圖자체　**自控力** zìkònglì 圖자제력　**上瘾** shàngyǐn 圖중독되다　**假期** jiàqī 圖방학 기간　**接触** jiēchù 圖접하다
成瘾 chéng yǐn 중독되다　**创造** chuàngzào 圖만들다　**损害** sǔnhài 圖해치다　**心理** xīnlǐ 圖심리　★**扑** pū 圖몰두하다　**沉迷** chénmí 圖깊이 빠지다
虚拟世界 xūnǐ shìjiè 圖가상 세계　**情绪** qíngxù 圖정서　**以及** yǐjí 圖및　**强烈** qiángliè 圖강렬하다　**孤独感** gūdúgǎn 圖고독감
自卑感 zìbēigǎn 圖열등감　★**冲动** chōngdòng 圖충동적이다　**患** huàn 圖앓다　**抑郁症** yìyùzhèng 圖우울증　**风险** fēngxiǎn 圖위험
鉴于 jiànyú 圖~에 비추어 보아　**造成** zàochéng 圖야기하다　**危害** wēihài 圖위험에 빠뜨리다　**预防** yùfáng 圖예방하다　**任由** rèn yóu 내버려 두다
放飞 fàngfēi 圖제멋대로 하다, 홀가분하게 하다　**良好** liánghǎo 圖원활하다, 좋다　**沟通** gōutōng 圖소통하다　**暴跳如雷** bàotiàorúléi 圖노발대발하다
怒骂 nù mà 꾸짖다, 욕을 퍼붓다　★**给予** jǐyǔ 圖~하게 하다　★**循序渐进** xúnxùjiànjìn 圖차근차근 단계를 밟아 나아가다　★**引导** yǐndǎo 圖지도하다
培养 péiyǎng 圖키우다　**观念** guānniàn 圖개념　**一旦** yídàn 圖일단　**建立** jiànlì 圖형성하다　★**支配** zhīpèi 圖분배하다　**平衡** pínghéng 圖균형을 맞추다
以身作则 yǐshēnzuòzé 圖솔선수범하다　**合理** hélǐ 圖합리적이다　**表达** biǎodá 圖표현하다　★**需求** xūqiú 圖요구 사항　**体验** tǐyàn 圖체험하다
★**乐趣** lèqù 圖즐거움　**未雨绸缪** wèiyǔchóumóu 圖사전에 철저히 준비하다　**防患于未然** fánghuàn yú wèirán 圖(사고나 재해를) 미연에 방지하다

---

44 问：孩子对手机容易上瘾的主要原因是什么？　　　　질문：아이가 휴대폰에 쉽게 중독되는 주요 원인은 무엇인가？

| A 自控力差 | B 心情低落 | **A 자제력이 떨어진다** | B 기분이 저하된다 |
| C 假期过短 | D 压力较大 | C 방학이 너무 짧다 | D 스트레스가 비교적 크다 |

해설 　음성에서 언급된 孩子本身自控力差, 容易对手机上瘾을 듣고 선택지 A 自控力差를 정답의 후보로 확인해둔다. 질문이 아이가 휴대폰에 쉽게 중독되는 주요 원인이 무엇인지 물었으므로, 선택지 A를 정답으로 고른다.

어휘 　**上瘾** shàngyǐn 圖중독되다　**自控力** zìkònglì 圖자제력　**低落** dīluò 圖저하되다

---

45 问：长时间玩手机，对孩子有什么不良影响？　　　　질문：장시간 휴대폰을 하면, 아이에게 어떤 안 좋은 영향이 있는가？

A 不愿意出门	A 외출하고 싶어 하지 않는다
B 厌食症状突出	B 거식 증상이 두드러진다
C 身体素质下降	C 컨디션이 떨어진다
D 患抑郁症的风险更高	**D 우울증을 앓을 위험이 더 크다**

---

46 问：为什么要培养孩子的时间观念？　　　　　질문: 왜 아이의 시간 개념을 키워야 하는가?

A 能够以身作则　　　　　　　　　　　　　A 솔선수범할 수 있다
B 可以充分发挥抽象思维　　　　　　　　　B 추상적 사고를 충분히 발휘할 수 있다
C 能平衡休息与学习的时间　　　　　　　**C 휴식과 학습 시간의 균형을 맞출 수 있다**
D 对智力开发具有显著效果　　　　　　　　D 지능 개발에 현저한 효과가 있다

해설 음성에서 언급된 **一旦建立了时间观念，他们就能更好地支配自己的时间，做到休息与学习的平衡。**을 듣고 선택지 C **能平衡休息与学习的时间**을 정답의 후보로 확인해둔다. 질문이 아이의 시간 개념을 키워야 하는 이유를 물었으므로, 선택지 C를 정답으로 고른다.

어휘 **培养** péiyǎng 혭 키우다 **观念** guānniàn 몝 개념 **以身作则** yǐshēnzuòzé 솔선수범하다 **充分** chōngfèn 혭 충분하다 **发挥** fāhuī 혭 발휘하다
抽象 chōuxiàng 혭 추상적이다 ★**思维** sīwéi 몝 사고 **平衡** pínghéng 혭 균형을 맞추다 ★**智力** zhìlì 몝 지능 **开发** kāifā 혭 개발하다
★**显著** xiǎnzhù 혭 현저하다

---

47 问：根据这段话，父母应该怎么做？　　　　질문: 이 장문에 근거하여, 부모는 어떻게 해야 하는가?

A 要严格遵守家庭规则　　　　　　　　　　A 가정의 규칙을 엄격히 준수해야 한다
B 需要没收孩子的手机　　　　　　　　　　B 아이의 핸드폰을 압수해야 한다
C 懂得支配自己的时间　　　　　　　　　　C 자신의 시간을 분배할 줄 안다
D 提前预防手机成瘾问题　　　　　　　　**D 사전에 휴대폰 중독 문제를 예방한다**

해설 음성에서 언급된 **父母要让孩子去体验生活中的乐趣，并且对手机成瘾的问题做到未雨绸缪，以防患于未然**을 듣고 선택지 D **提前预防手机成瘾问题**를 정답의 후보로 확인해둔다. 질문이 이 장문에 근거하여 부모는 어떻게 해야 하는지 물었으므로, 선택지 D를 정답으로 고른다.

어휘 **遵守** zūnshǒu 혭 준수하다 **家庭** jiātíng 몝 가정 **规则** guīzé 몝 규칙 **没收** mòshōu 혭 압수하다 ★**支配** zhīpèi 혭 분배하다
预防 yùfáng 혭 예방하다 **成瘾** chéng yǐn 중독되다

---

48 - 50

第48到50题，请听下面一段材料。

　　"杏林"是中医学界的代称，而 ⁴⁸很多中医常常以"杏林中人"自居。为什么会有这样的称谓呢？这得从三国时期的名医董奉说起。

　　董奉与当时的华佗、张仲景齐名，号称"建安三神医"。董奉曾长期隐居在一个小山坡，热忱地为当地百姓治病。他定下了一条奇特的规定：看病不收酬金，但 ⁴⁹重病患者痊愈后，要在山坡上栽五棵杏树，而病情较轻的患者只需栽一棵。由于他医术高明，医德高尚，所以远近患者都闻讯前来求治，而董奉均以栽杏树作为医酬。不到几年，来看病的患者们种植了十多万株杏树，那一带成了一片杏林。杏子成熟时，董奉又将杏子变卖成粮食，用来救济贫苦百姓和南来北往的饥民。据说，每年有两三万贫病交加的人受到了董奉的救济。

　　董奉因行医济世的高尚品德，赢得了百姓的普遍敬仰。庐山一带的百姓在董奉死后，在杏林中设坛祭祀这位仁慈的医生。后来，人们便用"杏林"代称中医界，⁵⁰用"杏林春暖"、"誉满杏林"等词汇来称颂像董奉一样具有高尚医德的名医。

48-50번 문제는 다음 내용을 들어보세요.

　　'행림(살구나무 숲)'은 중의학계의 별칭인데, ⁴⁸많은 중의사들은 종종 본인을 '행림중인'으로 칭한다. 왜 이런 호칭이 생겼을까? 이는 삼국시기의 명의였던 동봉부터 이야기해야 한다.

　　동봉은 당시 화타, 장중경과 함께 유명했는데, '건안삼신의'로 불렸다. 동봉은 오랫동안 작은 산비탈에 은거하며, 열정적으로 현지 백성들의 병을 치료해 주었다. 그는 독특한 규정을 정해두었다. 진찰을 하고 보수는 받지 않지만, ⁴⁹중증 환자가 완쾌되면, 산비탈에 다섯 그루의 살구나무를 심어야 하고, 병세가 비교적 가벼운 환자는 한 그루만 심으면 된다. 그는 의술이 뛰어나고, 의사로서의 품성이 고상했기 때문에, 먼 곳과 가까운 곳의 환자들이 모두 소식을 듣고 찾아와 치료를 부탁했고, 동봉은 모두 살구나무를 심는 것을 의료비로 삼았다. 몇 년 안 되어, 진찰을 받으러 온 환자들이 10여 만 그루의 살구나무를 심었고, 그 일대는 살구나무 숲이 되었다. 살구가 익었을 때, 동봉은 살구를 팔아 식량을 얻어, 빈곤한 백성과 남북을 오가는 굶주린 백성을 구제했다. 전해지기로는, 해마다 가난과 병이 겹친 2, 3만 명의 사람들이 동봉의 구제를 받았다고 한다.

　　동봉은 의술을 펼쳐 세상을 구제하는 고상한 품성으로, 백성들에게 널리 존경받았다. 루산 일대의 백성들은 동봉이 죽은 후, 살구나무 숲에 제단을 만들어 이 자애로운 의사를 위해 제사를 지냈다. 훗날, 사람들은 '행림(살구나무 숲)'으로 중의학계를 별칭했고, ⁵⁰'살구나무 숲의 봄이 따뜻하다', '행림에 명예가 가득하다' 등의 어휘로 동봉처럼 고상한 의사로서의 품성을 가진 명의를 칭송했다.

어휘 杏林 xìnglín 圏 행림, 살구나무 숲　代称 dàichēng 圏 별칭　中医 zhōngyī 중국 의학, 중의사　自居 zìjū 스스로 ~라고 칭하다　称谓 chēngwèi 圏 호칭
三国时期 Sān Guó shíqí 圏 삼국시기[중국 역사에서 촉한(蜀汉), 위(魏), 오(吴) 세 개의 국가가 있던 시기]　名医 míngyī 圏 명의
董奉 Dǒng Fèng 교유 동봉[중국 동한 말기의 의학자]　华佗 Huà Tuó 교유 화타[중국 한말의 명의]　张仲景 Zhāng Zhòngjǐng 교유 장중경[중국 동한의 의학가]
齐名 qímíng 圏 함께 유명하다　隐居 yǐnjū 圏 은거하다　山坡 shānpō 圏 산비탈　热忱 rèchén 圏 열정　当地 dāngdì 圏 현지　奇特 qítè 圏 독특한
酬金 chóujīn 圏 보수　★患者 huànzhě 圏 환자　痊愈 quányù 圏 완쾌되다　栽 zāi 圏 심다　杏树 xìngshù 圏 살구나무　★高明 gāomíng 圏 뛰어나다
医德 yīdé 圏 (의사로서의) 품성　★高尚 gāoshàng 圏 고상하다　闻讯 wénxùn 소식을 듣다　求治 qiúzhì 치료를 부탁하다　作为 zuòwéi 圏 ~으로 삼다
★种植 zhòngzhí 圏 심다　株 zhū 圏 그루　杏子 xìngzi 圏 살구　成熟 chéngshú 圏 익다　变卖 biànmài 圏 돈을 마련하기 위해 팔다
粮食 liángshi 圏 식량　救济 jiùjì 圏 구제하다　贫苦 pínkǔ 圏 빈곤하다　饥民 jīmín 圏 굶주린 백성　据说 jùshuō 圏 전해지기로는 ~이라 한다
交加 jiāojiā 圏 겹치다　行医 xíngyī 圏 의술을 펼치다　济世 jìshì 圏 세상을 구제하다　★品德 pǐndé 圏 품성　赢得 yíngdé 圏 받다
敬仰 jìngyǎng 圏 존경하다　庐山 Lúshān 교유 루산[중국 장시(江西)성에 있는 산]　坛 tán 圏 제단　祭祀 jìsì 圏 제사를 지내다　仁慈 réncí 圏 자애롭다
杏林春暖 xìnglínchūnnuǎn 圏 살구나무 숲의 봄이 따뜻하다　誉满杏林 yùmǎn xìnglín 행림에 명예가 가득하다　词汇 cíhuì 圏 어휘
称颂 chēngsòng 圏 칭송하다

48　问：根据这段话，"杏林中人"指的是什么？　　　질문: 이 장문에 근거하여, '행림중인'이 의미하는 것은 무엇인가?

A 老师　　　　　　　　B 产婆　　　　　　A 선생님　　　　　　　　　B 산파
C 律师　　　　　　　　**D 中医**　　　　　C 변호사　　　　　　　　　**D 중의사**

해설　음성에서 언급된 很多中医常常以"杏林中人"自居를 듣고 선택지 D 中医를 정답의 후보로 확인해둔다. 질문이 이 장문에 근거하여, '행림중인'이 의미하는 것이 무엇인지 물었으므로, 선택지 D를 정답으로 고른다.

어휘　杏林 xìnglín 圏 행림, 살구나무 숲　产婆 chǎnpó 圏 산파　中医 zhōngyī 圏 중의사

49　问：董奉要求痊愈的患者做什么？　　　질문: 동봉은 완쾌된 환자에게 무엇을 하라고 요구했는가？

A 付昂贵的医药费　　　B 给他建一个房子　　A 비싼 병원비를 지불한다　　　B 그에게 집 한 채를 지어준다
C 在山坡上种杏树　　D 不用做任何事情　　**C 산비탈에 살구나무를 심는다**　D 어떤 일도 할 필요가 없다

해설　음성에서 언급된 重病患者痊愈后，要在山坡上栽五棵杏树，而病情较轻的患者只需栽一棵를 듣고 선택지 C 在山坡上种杏树를 정답의 후보로 확인해둔다. 질문이 동봉은 완쾌된 환자에게 무엇을 하라고 요구했는지 물었으므로, 선택지 C를 정답으로 고른다.

어휘　董奉 Dǒng Fèng 교유 동봉[중국 동한 말기의 의학자]　痊愈 quányù 완쾌되다　★患者 huànzhě 圏 환자　★昂贵 ángguì 圏 비싸다
山坡 shānpō 圏 산비탈

50　问：人们用什么词来形容医德高尚？　　　질문: 사람들은 어떤 말로 의사로서의 품성이 고상한 것을 묘사하는가？

A 画蛇添足　　　　　　B 急功近利　　　　A 사족을 달다　　　　　　　B 눈앞의 이익에만 급급하다
C 见多识广　　　　　　**D 誉满杏林**　　　C 박학다식하다　　　　　　**D 행림에 명예가 가득하다**

해설　음성에서 언급된 用"杏林春暖"、"誉满杏林"等词汇来称颂像董奉一样具有高尚医德的名医를 듣고 선택지 D 誉满杏林을 정답의 후보로 확인해둔다. 질문이 사람들은 어떤 말로 의사로서의 품성이 고상한 것을 묘사하는지 물었으므로, 선택지 D를 정답으로 고른다.

어휘　形容 xíngróng 圏 묘사하다　医德 yīdé 圏 (의사로서의) 품성　★高尚 gāoshàng 圏 고상하다
画蛇添足 huàshétiānzú 圏 사족을 달다, 쓸데없는 짓을 하다　★急功近利 jígōngjìnlì 圏 눈앞의 이익에만 급급하다
★见多识广 jiànduōshíguǎng 圏 박학다식하다　誉满杏林 yùmǎn xìnglín 행림에 명예가 가득하다

독해

51

A

시솽반나는	~이다	(중국 열대 생태계 보존이 가장 완전한)	지역
西双版纳 /	是 /	(中国热带生态系统保存最完整的)	地区。
주어	술어	관형어	목적어

해석 시솽반나는 중국 열대 생태계 보존이 가장 완전한 지역이다.

해설 술어 是(~이다)과 연결되는 주어 西双版纳(시솽반나), 목적어 地区(지역)가 동격이다. 또한 관형어 中国热带生态系统保存最完整的(중국 열대 생태계 보존이 가장 완전한)도 목적어 地区 앞에 적절하게 쓰였다. 따라서 틀린 부분이 없다.

어휘 西双版纳 Xīshuāngbǎnnà [고유] 시솽반나[윈난[云南]에 소재한 중국의 명승지 중 하나] 热带 rèdài [명] 열대
生态系统 shēngtài xìtǒng [명] 생태계 保存 bǎocún [통] 보존하다 完整 wánzhěng [형] 완전하다 地区 dìqū [명] 지역

B

(토론 대회에서),	사람들은	각자 자기의 의견을 말한다. //	(모두)	(분명하게)	표현했다	(자신의)	생각을
(在辩论赛上), /	人们 /	各抒己见, //	(都)	(清晰地)	表达了 /	(自己的)	想法。
부사어	주어	술어	부사어	부사어	술어+了	관형어	목적어

해석 토론 대회에서, 사람들은 각자 자기의 의견을 말하며, 모두 자신의 생각을 분명하게 표현했다.

해설 주어 人们(사람들은), 술어 各抒己见(각자 자기의 의견을 말한다)과 술어 表达(표현했다), 목적어 想法(생각을)가 각각 문맥상 자연스럽게 어울린다. 개사 在가 이끄는 在辩论赛上(토론 대회에서)이 문장 맨 앞에서, 부사 都(모두), 술어와 의미적으로 밀접한 清晰地(분명하게)가 술어 表达 앞에서 부사어로 문맥상 적절하게 쓰였다. 따라서 틀린 부분이 없다.

어휘 辩论赛 biànlùnsài [명] 토론 대회 各抒己见 gèshūjǐjiàn [성] 각자 자기의 의견을 말하다 ★清晰 qīngxī [형] 분명하다 表达 biǎodá [통] 표현하다
想法 xiǎngfǎ [명] 생각 ⟵ 6급 빈출어휘

C

여왕개미 한 마리는 /	(하루에)	(~할 수 있다)	낳다	3만 마리의 흰개미 알을.	이것은	(~라고 할 수 있다)	~이다	(놀라운)	숫자
一只蚁后 /	(一天)	(可以)	产下 /	三万只白蚁卵, //	这 /	(可谓)	是 /	(一个惊人的)	数字。
주어	부사어	부사어	술어+보어	목적어	주어	부사어	술어	관형어	목적어

해석 여왕개미 한 마리는 하루에 3만 마리의 흰개미 알을 낳을 수 있는데, 이것은 놀라운 숫자라고 할 수 있다.

해설 각 절의 주어, 술어, 목적어가 각각 문맥상 자연스럽게 어울린다. 一个惊人的(놀라운)도 목적어 数字(숫자) 앞 관형어로 문맥상 적절하게 쓰였다. 따라서 틀린 부분이 없다.

어휘 蚁后 yǐhòu [명] 여왕개미 产下 chǎnxia 낳다 卵 luǎn [명] 알 可谓 kěwèi [통] ~라고 할 수 있다 惊人 jīngrén [형] 놀랍다

D

그는	합류했다	(함성을 지르는)	대열에. //	(열렬한)	함성은	(그의)	감정은	(자신도 모르는 사이에)	고조됐다
他 /	加入了 /	(呐喊的)	队伍, //	(热烈的)	呼喊声 /	(他的)	情绪 /	(不知不觉间)	高涨了起来。
주어	술어+了	관형어	목적어	관형어	주어	관형어	주어	부사어	술어+了+보어

해석 그는 함성을 지르는 대열에 합류했고, 열렬한 함성은 그의 감정은 자신도 모르는 사이에 고조됐다.

해설 **사역의 의미를 가진 술어가 없어 틀린 경우**
'열렬한 함성은 그의 감정은 자신도 모르는 사이에 고조됐다'라는 어색한 문맥이므로 틀린 문장이다. 使(~하게 하다)과 같이 사역의 의미를 가지는 술어가 있어야 한다.

옳은 문장 他加入了呐喊的队伍，热烈的呼喊声使他的情绪不知不觉间高涨了起来。
그는 함성을 지르는 대열에 합류했고, 열렬한 함성은 그의 감정을 자신도 모르는 사이에 고조되게 했다.

어휘 加入 jiārù [통] 합류하다, 가입하다 呐喊 nàhǎn [통] 함성을 지르다 ★队伍 duìwu [명] 대열, 부대 热烈 rèliè [형] 열렬하다
呼喊声 hūhǎnshēng [명] 함성 情绪 qíngxù [명] 감정 不知不觉 bùzhībùjué [성] 자신도 모르는 사이에 高涨 gāozhǎng [통] (정서·물가 등이) 고조되다

52

A

정기 예금, 자유 예금과 현금은	/ (여전히) ~이다 /	(가정 자산의)	주요 형태
定期存款、活期存款及现金 /	(仍) 是 /	(家庭资产的)	主要形式。
주어	부사어 술어	관형어	목적어

해석 정기 예금, 자유 예금과 현금은 여전히 가정 자산의 주요 형태이다.

해설	술어 是(~이다)과 연결되는 주어 定期存款、活期存款及现金(정기 예금, 자유 예금과 현금은)과 목적어 主要形式(주요 형태)이 동격이다. 부사 仍(여전히)도 술어 是 앞에 부사어로 문맥상 적절하게 쓰였다. 관형어 家庭资产的(가정 자산의) 또한 목적어 主要形式(주요 형태) 앞에 문맥상 적절하게 쓰였다. 따라서 틀린 부분이 없다.
어휘	定期存款 dìngqī cúnkuǎn 圐정기 예금 活期存款 huóqī cúnkuǎn 圐자유 예금 家庭 jiātíng 圐가정 资产 zīchǎn 圐자산 形式 xíngshì 圐형태

B	(천혜의 자연조건을 갖춘 장가계의) 지리 환경은 / 만들어냈다 / (무수히 아름다운) 풍경을.
	(张家界得天独厚的) 地理环境 / 孕育出了 / (无数优美的) 风景。
	관형어　　　　　　 주어　　 술어+보어+了　　 관형어　　 목적어

해석	천혜의 자연조건을 갖춘 장가계의 지리 환경은 무수히 아름다운 풍경을 만들어냈다.
해설	주어 地理环境(지리 환경은), '술어+보어+了'인 孕育出了(만들어냈다), 목적어 风景(풍경을)이 문맥상 자연스럽게 어울린다. 또한 관형어 张家界得天独厚的(천혜의 자연조건을 갖춘 장가계의)가 주어 地理环境 앞에, 관형어 无数优美的(무수히 아름다운)가 목적어 风景 앞에 문맥상 적절하게 쓰였다. 따라서 틀린 부분이 없다.
어휘	★得天独厚 détiāndúhòu 천혜의 자연조건을 갖추다 地理 dìlǐ 圐지리 ★孕育 yùnyù (문화·풍경 등을) 만들다, 기르다 无数 wúshù 圐무수하다 优美 yōuměi 圐아름답다 风景 fēngjǐng 圐풍경

C	게다가 그녀가 / (이번 경기에서) (오직) 차지하다 3위를. / (그래도) ~할 가치가 있다 / 우리는 / (그녀를 위해) (힘을 내서) 박수치다
	况且 她 / (在这次比赛中) (只) 获得 季军, // (也) 值得 / 我们 / (为她) (用力) 鼓掌。
	접속사 주어　　 부사어　　　 부사어 술어 목적어　 부사어 술어　 주어　　 부사어　 부사어 술어
	목적어(주술구)

해석	게다가 그녀가 이번 경기에서 3위를 차지했고, 그래도 우리는 그녀를 위해 힘을 내서 박수칠 가치가 있다.
해설	**접속사가 문맥에 맞지 않게 사용되어 틀린 경우** 접속사 况且(게다가)가 사용되어 '게다가 그녀가 이번 경기에서 3위를 차지했고, 그래도 우리는 그녀를 위해 힘을 내서 박수칠 가치가 있다'라는 어색한 문맥이 되어 틀린 문장이다. 况且 대신에 即便(설령 ~하더라도)이 와야 한다. 참고로 况且는 점층을 나타내는 접속사로, 주로 뒤 절에 사용한다. **옳은 문장** 即便她在这次比赛中只获得季军，也值得我们为她用力鼓掌。 　　　　　설령 그녀가 이번 경기에서 3위를 차지했더라도, 그래도 우리는 그녀를 위해 힘을 내서 박수칠 가치가 있다.
어휘	★况且 kuàngqiě 圐게다가 季军 jìjūn 圐3위 鼓掌 gǔzhǎng 圐박수치다

D	(양국 관계가 지속적이고 안정되게 발전하는 것을 촉진하기 위해), // 양국 대표는 (오늘 아침에) 진행했다 회견을
	(为了促进两国关系持续平稳发展), // 两国领导人 (在今晨) 进行了 / 会晤。
	부사어　　　　　　　　　　　　　　　 주어　　　 부사어　 술어+了　 목적어

해석	양국 관계가 지속적이고 안정되게 발전하는 것을 촉진하기 위해, 양국 대표는 오늘 아침에 회견을 진행했다.
해설	주어 两国领导人(양국 대표는), 술어 进行(진행하다), 목적어 会晤(회견을)가 문맥상 자연스럽게 어울린다. 개사 为了가 이끄는 为了促进两国关系持续平稳发展(양국 관계가 지속적이고 안정되게 발전하는 것을 촉진하기 위해)도 문장 맨 앞에서 부사어로 적절하게 쓰였고, 시점을 나타내는 개사구 在今晨(오늘 아침에)도 술어 进行 앞 부사어로 문맥상 적절하게 쓰였다. 따라서 틀린 부분이 없다.
어휘	促进 cùjìn 圐촉진하다 持续 chíxù 圐지속하다 平稳 píngwěn 圐안정되다 领导 lǐngdǎo 圐대표 会晤 huìwù 圐회견하다

53	A	(공개적으로) 조롱하다 / 타인을 / ~뿐만 아니라 / (~되다) / ~으로 보다 / (부도덕한) 행동. // (~도) (~한다) ~으로 하여금 ~하게 하다 / 사람 /
		(公然) 讥笑 他人 / 不仅 / (被) 视为 / (不道德的) 表现, // (还) (会) 让 人 /
		부사어　 술어 목적어　 접속사　 被 술어+보어　 관형어　 목적어　　 부사어 부사어 술어1 목적어
		주어(술목구)　　　　　　　　　　　　　　　　　　　　　　　　　　　　 주어

	~라고 생각하다 / 없다 / 예의가
	觉得 / 没有 / 礼貌。
	술어2　　 술어　 목적어
	목적어(술목구)

해석	타인을 공개적으로 조롱하는 것은 부도덕한 행동으로 보여질 뿐만 아니라, 사람으로 하여금 예의가 없다고 생각하게도 한다.
해설	위 문장은 개사 被가 쓰인 被자문으로, 술목구 형태의 주어 公然讥笑他人(타인을 공개적으로 조롱하는 것은), 개사 被(~되다), '술어+보어'인 视为(~으로 보다), 목적어 表现(행동)이 문맥상 자연스럽게 어울린다. 또한 위 문장은 사역동사 让이 사용된 겸어문이기도 한데, 술어1 让(~으로 하여금 ~하게 하다), 목적어 겸 주어 人(사람), 술어2 觉得(~라고 생각하다)가 모두 문맥상 자연스럽게 어울린다. 따라서 틀린 부분이 없다. 참고로 앞 절에서 被 바로 뒤에 행위의 주체 人们(사람들)이 생략됐고, 뒤 절에서는 주어 公然讥笑他人이 생략됐다.
어휘	公然 gōngrán 圐공개적으로 讥笑 jīxiào 圐조롱하다 道德 dàodé 圐도덕적이다 表现 biǎoxiàn 圐행동하다, 나타내다

B

그는	비록 ~하지만	(다음날)	(~하려고 한다)	사직하다		하지만	(여전히)	(당일 맡은 업무를)	한다	(꼼꼼하게) ~하게 처리한다
他 /	虽然	(第二天)	(就要)	离职	了, //	但	(依旧)	(把当天负责的工作)	做 /	(很仔细) 处理得。
주어	접속사	부사어	부사어	술어		접속사	부사어	把+행위의 대상	술어	술어+得

해석 그는 비록 다음날 사직하지만, 여전히 당일 맡은 업무를 한다 처리한다 꼼꼼하게.

해설 **보어의 위치가 잘못되고 불필요한 술어가 1개 더 있어 틀린 경우**
'정도부사+형용사'인 很仔细(꼼꼼하게)가 '술어+得'인 处理得(~하게 처리한다) 앞에 위치해서 틀린 문장이다. 그리고 '把+행위의 대상'과 문맥상 어울리는 술어는 处理(처리한다)인데, 술어가 될 수 있는 做(한다)가 불필요하게 1개 더 있어서 틀린 문장이다. '술어+得+정도부사+형용사'의 어순이 되도록 处理得→很仔细 또는 做得→很仔细 순서로 나열돼야 한다.

옳은 문장 他虽然第二天就要离职了，但依旧把当天负责的工作处理得很仔细。
그는 비록 다음날 사직하지만, 여전히 당일 맡은 업무를 꼼꼼하게 처리한다.

어휘 离职 lízhí 圖 사직하다 ★依旧 yījiù 图 여전히 处理 chǔlǐ 圖 처리하다

C

(근해의 어류 자원을 보호하기 위해),	//	싼야 정부는	(특별히)	공포했다	(근해에서 물고기를 잡는 것을 엄격하게 금지하는) 규정을
(为了保护近海鱼类资源),	//	三亚政府 /	(专门)	出台了 /	(严禁在近海捕捞的) 规定。
부사어		주어	부사어	술어+了	관형어　　　　　　목적어

해석 근해의 어류 자원을 보호하기 위해, 싼야 정부는 근해에서 물고기를 잡는 것을 엄격하게 금지하는 규정을 특별히 공포했다.

해설 주어 三亚政府(싼야 정부는), 술어 出台(공포하다), 목적어 规定(규정을)이 문맥상 자연스럽게 어울린다. 목적을 나타내는 개사구 为了保护近海鱼类资源(근해의 어류 자원을 보호하기 위해)도 문장 맨 앞에서 부사어로 적절하게 쓰였다. 또한 관형어 严禁在近海捕捞的(근해에서 물고기를 잡는 것을 엄격하게 금지하는)도 목적어 规定 앞에 문맥상 적절하게 쓰였다. 따라서 틀린 부분이 없다.

어휘 近海 jìnhǎi 圖 근해[육지에 가까이 있는 바다] 鱼类 yúlèi 圖 어류 资源 zīyuán 圖 자원
三亚 Sānyà 교유 싼야[중국 하이난(海南)에 위치한 도시] 政府 zhèngfǔ 圖 정부 出台 chūtái 圓 (정책이나 조치 등을) 공포하다
★严禁 yánjìn 圓 엄격하게 금지하다 捕捞 bǔlāo 圓 물고기를 잡다 规定 guīdìng 圖 규정

D

(어릴 때부터 예술의 영향 아래에서 자란)	아이는	/	(예술에 대한)	예리함과 미적 수준이	(~할 것이다)	(더)	조금 높다
(从小在艺术的熏陶下成长的)	孩子	/	(对艺术的)	敏锐度和审美水平	(会)	(更)	高一些。
관형어	주어		관형어	주어	부사어	부사어	술어+보어
				술어(주술구)			

해석 어릴 때부터 예술의 영향 아래에서 자란 아이는 예술에 대한 예리함과 미적 수준이 조금 더 높을 것이다.

해설 주어 孩子(아이는)와 주술구 형태의 술어 对艺术的敏锐度和审美水平会更高一些(예술에 대한 예리함과 미적 수준이 조금 더 높을 것이다)가 문맥상 자연스럽게 어울린다. 관형어 从小在艺术的熏陶下成长的(어릴 때부터 예술의 영향 아래에서 자란)도 주어 孩子 앞에 문맥상 적절하게 쓰였다. 따라서 틀린 부분이 없다.

어휘 ★熏陶 xūntáo 圓 영향을 끼치다 成长 chéngzhǎng 圓 자라다 敏锐度 mǐnruìdù 圖 예리함 审美水平 shěnměi shuǐpíng 圖 미적 수준

54 **A**

(섣달 그믐날에),	//	사람들은 /	묵은해를 보내고 새해를 맞이한다. //	~에 모이다	한데	먹는다 /	저녁 식사를,	온 가족이 /	화기애애하다
(除夕这一天),	//	人们 /	辞旧迎新, //	聚在	一起	吃 /	团圆饭,	一家人 /	其乐融融。
부사어		주어	술어	술어1+보어	목적어	술어2	목적어	주어	술어

해석 섣달 그믐날에, 사람들은 묵은해를 보내고 새해를 맞이하는데, 한데 모여 저녁 식사를 먹고, 온 가족이 화기애애하다.

해설 각 절의 주어, 술어, 목적어가 각각 문맥상 자연스럽게 어울린다. 또한 두 번째 절에서 술어1 聚(모이다), 술어2 吃(먹는다)이 행위가 발생하는 시간순으로 나열됐다. 따라서 틀린 부분이 없다. 참고로 두 번째 절에서는 주어 人们이 생략됐다.

어휘 除夕 chúxī 圖 섣달 그믐날 辞旧迎新 cíjiù yíngxīn 묵은해를 보내고 새해를 맞다 聚 jù 圖 모이다
团圆饭 tuányuánfàn 圖 저녁 식사, 명절·설날에 온 식구가 함께 모여 먹는 저녁 其乐融融 qílèróngróng 圖 화기애애하다

B

언어 폭력은	(역시)	~이다	일종의 폭력 행위.	// 그것은	(~할 수 있다)	(사람의 심리와 정신에)	야기하다	가져오다	(매우 큰)	상처를
语言暴力	(也) /	是 /	一种暴力行为,	// 它	(会)	(给人的心理和精神)	造成 /	带来 /	(极大的)	伤害。
주어	부사어	술어	목적어	주어	부사어	부사어	술어	술어+보어	관형어	목적어

해석 언어 폭력 역시 일종의 폭력 행위인데, 그것은 사람의 심리와 정신에 매우 큰 상처를 야기할 가져올 수 있다.

해설 **불필요한 술어가 1개 더 있어 틀린 경우**
뒤 절의 목적어 伤害(상처를)와 연결되는 술어로 造成(야기하다) 또는 带来(가져오다) 중 하나만 있으면 되는데, 술어가 불필요하게 1개 더 있어서 틀린 문장이다. 둘 중 하나가 없어야 한다.

옳은 문장 语言暴力也是一种暴力行为，它会给人的心理和精神造成极大的伤害。
언어 폭력 역시 일종의 폭력 행위인데, 그것은 사람의 심리와 정신에 매우 큰 상처를 야기할 수 있다.

어휘 暴力 bàolì 圐폭력 心理 xīnlǐ 圐심리 精神 jīngshén 圐정신 造成 zàochéng 圄야기하다 伤害 shānghài 圄상처를 주다

C

(사람들이 충동구매를 할 때). //	(비록 ~이지만)	(~할 수 있다)	얻다 /	(일시적인)	쾌감. //	(하지만)	(정신을 차린 후에)	(때때로)	(~할 수 있다)	있다 /
(人们冲动购物时)，//	虽	(可以)	获得 /	(一时的)	快感，//	但	(在清醒之后)	(往往)	(会)	有 /
부사어	접속사	부사어	술어	관형어	목적어	접속사	부사어	부사어	부사어	술어

(더 큰)	공허함이
(更大的)	空虚感。
관형어	목적어

해석 사람들이 충동구매를 할 때, 비록 일시적인 쾌감을 얻을 수 있지만, 정신을 차린 후에 때때로 더 큰 공허함이 있을 수 있다.

해설 자주 짝을 이루어 쓰이는 연결어 '虽A, 但B(비록 A이지만, B하다)'가 문맥상 적절하게 쓰였다. 시기를 나타내는 개사구 在清醒之后(정신을 차린 후에), 부사 往往(때때로), 조동사 会(~할 수 있다)가 술어 有(있다) 앞 부사어로 문맥상 적절하게 쓰였다. 따라서 틀린 부분이 없다. 참고로 부사어를 통해 주어가 人们(사람들)임을 알 수 있으므로, 주어가 생략됐다.

어휘 ★冲动 chōngdòng 圐충동 一时 yìshí 圐일시, 잠시 快感 kuàigǎn 圐쾌감 ★清醒 qīngxǐng 圄정신을 차리다 空虚感 kōngxūgǎn 圐공허함

D

('블랙프라이데이'라는 이 대규모 쇼핑 기간에). //	미국의 많은 백화점은	(모두)	(~할 것이다)	내놓다 /	(상당한 양의)	세일과 할인 이벤트를
(在 "黑色星期五" 这个大采购的日子)，//	美国很多商场	(都)	(会)	推出 /	(大量的)	打折和优惠活动。
부사어	주어	부사어	부사어	술어	관형어	목적어

해석 '블랙프라이데이'라는 이 대규모 쇼핑 기간에, 미국의 많은 백화점은 모두 상당한 양의 세일과 할인 이벤트를 내놓을 것이다.

해설 주어 美国很多商场(미국의 많은 백화점은), 술어 推出(내놓다), 목적어 打折和优惠活动(세일과 할인 이벤트를)이 문맥상 자연스럽게 어울린다. 또한 시기를 나타내는 개사구 在"黑色星期五"这个大采购的日子('블랙프라이데이'라는 이 대규모 쇼핑 기간에)가 문장 맨 앞에서 부사어로 문맥상 적절하게 쓰였다. 따라서 틀린 부분이 없다. 참고로 목적어 打折和优惠活动은 접속사 和(~과)가 사용된 병렬구조이다.

어휘 黑色星期五 hēisè xīngqīwǔ 圐블랙프라이데이 ★采购 cǎigòu 圄(물건을) 쇼핑하다 推出 tuīchū 圄내놓다 优惠 yōuhuì 圐할인의, 혜택의

55 **A**

(피카소 추상화의)	주요 특징은	/ ~이다	(유동적으로)	활용하다 /	공간, 색채, 선 등의 묘사 가치를
(毕加索抽象画的)	主要特点 /	是	(灵活地)	运用 /	空间、色彩、线条等造型价值。
관형어	주어	술어	부사어	술어	목적어
			목적어(술목구)		

해석 피카소 추상화의 주요 특징은 유동적으로 공간, 색채, 선 등의 묘사 가치를 활용한 것이다.

해설 술어, 목적어가 서로 문맥상 어울리지 않아 틀린 경우
술목구 형태의 목적어 灵活地运用空间、色彩、线条等造型价值(유동적으로 공간, 색채, 선 등의 묘사 가치를 활용한 것)에서 술어 运用(활용하다)과 목적어 造型价值(묘사 가치를)이 서로 문맥상 어울리지 않아 틀린 문장이다. 목적어 자리에 造型手段(묘사 수단)과 같은 어휘가 와야 한다.

옳은 문장 毕加索抽象画的主要特点是灵活地运用空间、色彩、线条等造型手段。
피카소 추상화의 주요 특징은 유동적으로 공간, 색채, 선 등의 묘사 수단을 활용한 것이다.

어휘 毕加索 Bìjiāsuǒ 圐피카소 抽象画 chōuxiànghuà 圐추상화 灵活 línghuó 圐유동적이다 运用 yùnyòng 圄활용하다 空间 kōngjiān 圐공간 色彩 sècǎi 圐색채 线条 xiàntiáo 圐선 造型 zàoxíng 圄묘사하다 价值 jiàzhí 圐가치 ★手段 shǒuduàn 圐수단

B

(공공장소에 출입할 때는)	(반드시)	(~해야 한다)	쓰다 /	마스크를. //	(또한)	(밀폐된 공간 내에서는)	(되도록)	(~하지 말아야 한다)
(出入公共场合时)	(必须)	(要)	佩戴 /	口罩，//	并且	(在封闭空间内)	(尽量)	(不要)
부사어	부사어	부사어	술어	목적어	접속사	부사어	부사어	부사어

(타인과)	진행하다 /	이야기를 나누다
(与他人)	进行 /	交谈。
부사어	술어	목적어

해석 공공장소에 출입할 때는 반드시 마스크를 써야 하고, 또한 밀폐된 공간 내에서는 되도록 타인과 이야기를 나누지 말아야 한다.

해설 시점을 나타내는 出入公共场合时(공공장소에 출입할 때는), 부사 必须(반드시), 조동사 要(~해야 한다)가 술어 佩戴(쓰다) 앞 부사어로, 장소 또는 범위를 나타내는 개사구 在封闭空间内(밀폐된 공간 내에서는), 부사 尽量(되도록), 不要(~하지 말아야 한다) 그리고 개사구 与他人(타인과)이 술어 进行(진행하다) 앞 부사어로 문맥상 적절하게 쓰였다. 또한 병렬 관계를 나타내는 접속사 并且(또한)도 문맥상 적절하게 쓰였다. 따라서 틀린 부분이 없다. 참고로 위 문장에서처럼 주어가 불특정 다수일 경우에는 주어가 생략될 수 있다.

어휘

| 어휘 | ★场合 chǎnghé 圐 장소 佩戴 pèidài 圐 쓰다, (장식품·명찰 등을) 차다 口罩 kǒuzhào 圐 마스크 ★封闭 fēngbì 圐 밀폐하다 |

어휘 ★场合 chǎnghé 圐 장소 佩戴 pèidài 圐 쓰다, (장식품·명찰 등을) 차다 口罩 kǒuzhào 圐 마스크 ★封闭 fēngbì 圐 밀폐하다
空间 kōngjiān 圐 공간 尽量 jǐnliàng 凰 되도록 交谈 jiāotán 이야기를 나누다

C

(고궁의 문물 복원 업무를 주로 이야기한)	다큐멘터리 《나는 고궁에서 문물을 보수한다》는 /	받았다 /	(대중의 매우 큰)	환영과 관심을
(主要讲述故宫文物修复工作的)	纪录片《我在故宫修文物》 /	受到了 /	(大众极大的)	欢迎和关注。
관형어	주어	술어+보어+了	관형어	목적어

해석 고궁의 문물 복원 업무를 주로 이야기한 다큐멘터리 <나는 고궁에서 문물을 보수한다>는 대중의 매우 큰 환영과 관심을 받았다.

해설 주어 纪录片《我在故宫修文物》(다큐멘터리 <나는 고궁에서 문물을 보수한다>는), 술어 受(받는다), 목적어 欢迎和关注(환영과 관심을)가 문맥상 자연스럽게 어울린다. 관형어 主要讲述故宫文物修复工作的(고궁의 문물 복원 업무를 주로 이야기한)가 주어 纪录片《我在故宫修文物》 앞에, 관형어 大众极大的(대중의 매우 큰)가 목적어 欢迎和关注 앞에 각각 문맥상 적절하게 쓰였다. 따라서 틀린 부분이 없다.

어휘 讲述 jiǎngshù 이야기하다, 서술하다 ★文物 wénwù 圐 문물 ★修复 xiūfù 圐 복원하다 纪录片 jìlùpiàn 圐 다큐멘터리
大众 dàzhòng 圐 대중 关注 guānzhù 圐 관심을 가지다

D

슬라임은 /	~이다 /	(액체와 고체 사이에 있는 일종의)	접착제 장난감. //
史莱姆 /	是 /	(一种介于液体和固体之间的)	黏胶玩具， //
주어	술어	관형어	목적어

~때문에	촉감이 /	~으로 하여금 ~하게 하다 /	사람 /	~라고 느끼다 /	편안하다. //	따라서	(~되다)	~으로 여기다 /	스트레스 해소 장난감.
由于	触感 /	让	人 /	感到 /	舒适， //	所以	(被)	当作 /	解压玩具。
접속사	주어	술어1	목적어 겸 주어	술어2	목적어	접속사	被	술어+보어	목적어

해석 슬라임은 액체와 고체 사이에 있는 일종의 접착제 장난감으로, 촉감이 사람으로 하여금 편안하다고 느끼게 하기 때문에, 스트레스 해소 장난감으로 여겨진다.

해설 두 번째 절은 사역동사 让이 사용된 겸어문으로, 주어 触感(촉감이), 술어1 让(~으로 하여금 ~하게 하다), 목적어 겸 주어 人(사람), 술어2 感到(~라고 느끼다), 목적어 舒适(편안하다)이 문맥상 자연스럽게 어울린다. 세 번째 절은 개사 被가 쓰인 被자문으로, 被(~되다), '술어+보어'인 当作(~으로 여기다), 목적어 解压玩具(스트레스 해소 장난감)가 문맥상 자연스럽게 어울린다. 따라서 틀린 부분이 없다. 참고로 세 번째 절의 주어는 문맥상 史莱姆(슬라임)라는 것을 분명하게 알 수 있으므로 생략됐다.

어휘 史莱姆 shǐláimǔ 圐 슬라임[장난감 종류 중 하나] 介于 jièyú ~의 사이에 있다 ★液体 yètǐ 圐 액체 固体 gùtǐ 圐 고체 黏胶 niánjiāo 圐 접착제
玩具 wánjù 圐 장난감 触感 chùgǎn 圐 촉감 舒适 shūshì 圐 편안하다 解压 jiěyā 圐 스트레스를 해소하다

---

56 **A**

(이번 시험에서 부정행위를 한)	학생은. //	설령 ~하더라도	시험 결과로 나왔다 /	(좋은)	점수가, //	(~도)	(~할 것이다)
(在这次考试中作弊的)	学生， //	即便	考出了 /	(不错的)	分数， //	(也)	(会)
관형어	주어	접속사	술어+보어+了	관형어	목적어	부사어	부사어

받다 /	(성적이 무효화되는)	처벌을
受到 /	(成绩被取消的)	处罚。
술어+보어	관형어	목적어

해석 이번 시험에서 부정행위를 한 학생은 설령 좋은 점수가 나왔다고 하더라도, 성적이 무효화되는 처벌을 받을 것이다.

해설 주어 学生(학생은), '술어+보어'인 考出(시험 결과로 나오다), 목적어 分数(점수가)가 문맥상 자연스럽게 어울리고, 술어 受(받다), 목적어 处罚(처벌을)도 문맥상 자연스럽게 어울린다. 또한 자주 함께 쓰이는 연결어 '即便A, 也B(설령 A하더라도, B하다)'가 문맥상 적절하게 쓰였다. 따라서 틀린 부분이 없다.

어휘 作弊 zuòbì 圐 부정행위를 하다 ★即便 jíbiàn 圙 설령 ~하더라도 取消 qǔxiāo 圐 무효화하다, 취소하다 处罚 chǔfá 圐 처벌하다

B

(식물의)	뿌리줄기는 /	(물 속에 일정 시간 담겨진 후에)	(~한다)	생기다 /	기포가, //
(植物的)	根茎 /	(在水中浸泡一段时间以后)	(会)	产生 /	气泡， //
관형어	주어	부사어	부사어	술어	목적어

~이다 /	이산화탄소, //	이것은 /	설명한다 /	식물 /	(도)	(~할 수 있다)	호흡하다
是 /	二氧化碳， //	这 /	说明 /	植物 /	(也)	(会)	呼吸。
술어	목적어	주어	술어	주어	부사어	부사어	술어
				목적어(주술구)			

해석 식물의 뿌리줄기는 물 속에 일정 시간 담겨진 후에 기포가 생기는데, 이산화탄소이며, 이것은 식물도 호흡할 수 있다는 것을 설명한다.

해설 **주어가 없어 틀린 경우**
두 번째 절에서 술어 是(~이다)과 연결되는 주어가 없어서 틀린 문장이다. 这些气泡(이 기포)와 같은 주어가 있어야 한다.

옳은 문장 植物的根茎在水中浸泡一段时间以后会产生气泡，这些气泡是二氧化碳，这说明植物也会呼吸。

식물의 뿌리줄기는 물 속에 일정 시간 담겨진 후에 기포가 생기는데, 이 기포는 이산화탄소이며, 이것은 식물도 호흡할 수 있다는 것을 설명한다.

어휘 植物 zhíwù 몡식물 根茎 gēnjīng 몡뿌리줄기 ★浸泡 jìnpào 통(오랜 시간 물에) 담그다 气泡 qìpào 몡기포
★二氧化碳 èryǎnghuàtàn 몡이산화탄소 呼吸 hūxī 통호흡하다

C	(일할 때)	(열심히) 몰입하다. //	나아가 유지하다 /	아주 착실하게 일하는	업무 태도를, //	~이다	(직원이 자신과 회사에 대해 책임을 지는)
	(工作时)	(认真) 投入, //	并 保持 /	(一丝不苟的)	工作态度, //	是 /	(员工对自己和公司负责任的)
	부사어	부사어 술어	접속사 술어	관형어	목적어	술어	관형어
		주어(술어+술목구)					

전형적인 태도
典型表现。
목적어

해석 일할 때 열심히 몰입하고, 나아가 아주 착실하게 일하는 업무 태도를 유지하는 것은 직원이 자신과 회사에 대해 책임을 지는 전형적인 태도이다.

해설 술어 是(~이다)과 연결되는 '술어+술목구' 형태의 주어 工作时认真投入，并保持一丝不苟的工作态度(일할 때 열심히 몰입하고, 나아가 아주 착실하게 일하는 업무 태도를 유지하는 것은), 목적어 典型表现(전형적인 태도)이 동격이다. '주술목구+的' 형태의 관형어 员工对自己和公司负责任的(직원이 자신과 회사에 대해 책임을 지는)도 목적어 典型表现 앞에 문맥상 적절하게 쓰였고, 점진적 관계를 나타내는 접속사 并(나아가) 또한 문맥상 적절하게 쓰였다. 따라서 틀린 부분이 없다.

어휘 投入 tóurù 통몰입하다 保持 bǎochí 통유지하다 一丝不苟 yìsībùgǒu 쩡아주 착실하게 일하다 员工 yuángōng 몡직원
★典型 diǎnxíng 몡전형적인 表现 biǎoxiàn 통(태도를) 나타내다

D	미니멀리즘은 / ~이다 /	(간소한 것을 추구하는 일종의) 라이프 스타일. //			
	极简主义 / 是 /	(一种追求简约的)	生活风格, //		
	주어 술어	관형어	목적어		

의미가 / ~에 있다 /	(불필요한 물건을 버리는 동시에). //	(자신에 대해) 진행하다	(깊은)	탐색을
意义 / 在于 /	(舍弃不需要的物品的同时), //	(对自我) 进行 /	(深度的)	探索。
주어 술어	부사어	부사어 술어	관형어	목적어
		목적어(술목구)		

해석 미니멀리즘은 간소한 것을 추구하는 일종의 라이프 스타일로, 불필요한 물건을 버리는 동시에, 자신에 대해 깊은 탐색을 진행하는 것에 의미가 있다.

해설 앞 절에서 술어 是(~이다)과 연결되는 주어 极简主义(미니멀리즘은), 목적어 生活风格(라이프 스타일)가 동격이고, 뒤 절에서 주어 意义(의미가), 술어 在于(~에 있다), 목적어 舍弃不需要的物品的同时, 对自我进行深度的探索(불필요한 물건을 버리는 동시에, 자신에 대해 깊은 탐색을 진행하는 것)가 문맥상 자연스럽게 어울린다. 앞 절에서 관형어 一种追求简约的(간소한 것을 추구하는 일종의)도 목적어 生活风格 앞에 문맥상 적절하게 쓰였다. 따라서 틀린 부분이 없다.

어휘 极简主义 jíjiǎnzhǔyì 몡미니멀리즘 追求 zhuīqiú 통추구하다 简约 jiǎnyuē 몡간소하다 风格 fēnggé 몡스타일 舍弃 shěqì 통버리다
深度 shēndù 몡깊은 ★探索 tànsuǒ 통탐색하다

57

A	보호하다 [그리고] 복원하다 /	생태 환경을	(이미) 전무후무하다. //	오직 ~해야만	높이다 /	보호 강도를. //
	保护 和 修复 /	生态环境 /	(已) 空前绝后, //	只有	加大 /	保护力度, //
	술어 접속사 술어	목적어	부사어 술어	접속사	술어+보어	목적어
		주어(술목구)				

(비로소)	(~할 수 있다)	(우리의 후손들에게)	남기다 /	푸른 산과 강을
(才)	(能)	(给我们的子孙后代)	留下 /	一片青山绿水。
부사어	부사어	부사어	술어+보어	목적어

해석 생태 환경을 보호하고 복원하는 것은 이미 전무후무하고, 오직 보호 강도를 높여야만, 비로소 우리의 후손들에게 푸른 산과 강을 남겨줄 수 있다.

해설 **술어가 전체 문맥에 맞지 않아 틀린 경우**
첫 번째 절의 술어 空前绝后(전무후무하다)가 생태 환경을 보호하는 강도를 높여야 한다는 문맥에 어울리지 않아 틀린 문장이다. 刻不容缓(조금도 늦출 수 없다)과 같은 어휘를 써야 한다.

옳은 문장 保护和修复生态环境已刻不容缓，只有加大保护力度，才能给我们的子孙后代留下一片青山绿水。
생태 환경을 보호하고 복원하는 것은 이미 조금도 늦출 수 없고, 오직 보호 강도를 높여야만, 비로소 우리의 후손들에게 푸른 산과 강을 남겨줄 수 있다.

어휘 **保护** bǎohù [동] 보호하다 ★**修复** xiūfù [동] 복원하다 ★**生态** shēngtài [명] 생태 ★**空前绝后** kōngqiánjuéhòu [성] 전무후무하다 **力度** lìdù [명] 강도 **子孙后代** zǐsūn hòudài [명] 후손 **青山绿水** qīngshān lǜshuǐ 푸른 산과 물, 청산녹수 **刻不容缓** kèbùrónghuǎn [성] 조금도 늦출 수 없다

B

(청소년의) 위법 범죄 행위는 / 있다 / 내부 요인과 외부 요인 두 원인이, //
(青少年的) 违法犯罪行为 / 有 / 内因和外因两个因素, //
관형어 / 주어 / 술어 / 목적어

[~하기 때문에] (~해야 한다) 결합하다 / 개인, 가정, 학교와 사회 등 많은 분야를 / 진행하다 / 예방을
[因此] (要) 结合 / 自身、家庭、学校和社会等多方面 / (来) 进行 / 预防。
접속사 / 부사어 / 술어1 / 목적어 / 부사어 / 술어2 / 목적어

해석 청소년의 위법 범죄 행위는 내부 요인과 외부 요인 두 원인이 있기 때문에 개인, 가정, 학교와 사회 등 많은 분야를 결합해서 예방을 진행해야 한다.

해설 앞 절의 주어 **违法犯罪行为**(위법 범죄 행위는), 술어 **有**(있다), 목적어 **内因和外因两个因素**(내부 요인과 외부 요인 두 원인이)가 문맥상 자연스럽게 어울린다. 뒤 절은 연동문으로, 술어1 **结合**(결합하다)가 술어2 **进行**(진행하다)의 수단이나 방법을 나타내는 술어로 문맥상 적절하게 쓰였다. 인과 관계를 나타내는 접속사 **因此**(~하기 때문에) 또한 문맥상 적절하게 쓰였다. 따라서 틀린 부분이 없다. 참고로 위 문장에서처럼 연동문에서 술어2 앞에 **来**가 부사어로 자주 쓰이는데, 술어1이 수단이나 방법이거나 술어2가 목적이라는 것을 강조한다.

어휘 **青少年** qīngshàonián [명] 청소년 **违法** wéifǎ [동] 위법하다 **犯罪** fànzuì [동] 범죄하다, 죄를 범하다 **行为** xíngwéi [명] 행위 **因素** yīnsù [명] 원인, 요인 **结合** jiéhé [동] 결합하다 **家庭** jiātíng [명] 가정 **预防** yùfáng [동] 예방하다

C

(악어는 큰 사냥감을 잡은 후에), // [만약] ~할 수 없다 / (바로) 삼키다, //
(鳄鱼捕捉到大型猎物以后), // [若] 无法 / (直接) 吞下, //
부사어 / 접속사 / 술어 / 부사어 술어+보어 (목적어)

(곧) (~한다) (신속하게 몸을 회전하는 방법을 통해) 절단하다 / 사냥감을, // [~후에] (다시) (조금씩) 먹어치운다
(就) (会) (通过飞速旋转身体的方法) (来) 分割 / 猎物, // [然后] (再) (一点点) 吃掉。
부사어 부사어 / 부사어 / 부사어 / 술어 / 목적어 / 접속사 / 부사어 / 부사어 / 술어+보어

해석 악어는 큰 사냥감을 잡은 후에 만약 바로 삼킬 수 없다면, 곧 신속하게 몸을 회전하는 방법을 통해 사냥감을 절단한 후에 조금씩 먹어치운다.

해설 부사 **就**(곧), 조동사 **会**(~한다), 개사구 **通过飞速旋转身体的方法**(신속하게 몸을 회전하는 방법을 통해), 술어와 의미적으로 밀접한 동사 **来**가 술어 **分割**(절단하다) 앞 부사어로 문맥상 적절히 쓰였다. 가정을 나타내는 연결어 '**若**A, **就**B(만약 A하면, B하다)'와 선후 관계를 나타내는 접속사 **然后**(~후에) 또한 문맥상 적절하게 쓰였다. 따라서 틀린 부분이 없다. 참고로 위 문장은 맨 앞의 부사어를 통해 주어가 **鳄鱼**(악어)라는 것을 문맥상 분명하게 알 수 있으므로 주어가 생략됐고, '개사구+来+동사' 형태의 구문에서는, **来** 앞의 개사구가 뒤에 있는 동사의 방법을 나타낸다는 점을 알아둔다.

어휘 **鳄鱼** èyú [명] 악어 ★**捕捉** bǔzhuō [동] 잡다 **大型** dàxíng [형] 큰, 대형의 **猎物** lièwù [명] 사냥감 **吞** tūn [동] 삼키다 **飞速** fēisù [부] 신속하게 **旋转** xuánzhuǎn [동] 회전하다 **分割** fēngē [동] 절단하다, 갈라놓다

D

중국 고대 화폐는 / 종류가 / 대단히 많다, // [또한] 역사가 / 유구하다. //
中国古代货币 / 种类 / 繁多, // [且] 历史 / 悠久。//
주어 / 주어 술어 (술어(주술구)) / 접속사 / 주어 술어 (술어(주술구))

이는 / 가지고 있다 / 포폐, 도폐, 백은 등 다양한 형식을, // (그중) 백은은 / ~이다 / (명대의 제일 주요한) 유통 화폐
它 / 具有 / 布币、刀币、白银等多种形式, // (其中) 白银 / 是 / (明代最主要的) 流通货币。
주어 / 술어 / 목적어 / 부사어 / 주어 / 술어 / 관형어 / 목적어

해석 중국 고대 화폐는 종류가 대단히 많고, 역사가 유구하다. 이는 포폐, 도폐, 백은 등 다양한 형식을 가지고 있으며, 그중 백은은 명대의 제일 주요한 유통 화폐이다.

해설 주어 **中国古代货币**(중국 고대 화폐는)와 주술구 형태의 술어 **种类繁多**(종류가 대단히 많다), **历史悠久**(역사가 유구하다)가 문맥상 자연스럽게 어울리고, 술어 **是**(~이다)과 연결되는 주어 **白银**(백은은), 목적어 **流通货币**(유통 화폐)가 동격이다. 관형어 **明代最主要的**(명대의 제일 주요한)가 목적어 **流通货币** 앞에 적절하게 쓰였고, 병렬 관계를 나타내는 접속사 **且**(또한)도 문맥상 적절하게 쓰였다. 따라서 틀린 부분이 없다. 참고로 부사어 **其中**(그중)은 뒤 절의 맨 앞에서 범위를 제한하는 의미로 자주 사용된다는 점을 알아둔다.

어휘 ★**货币** huòbì [명] 화폐 **种类** zhǒnglèi [명] 종류 **繁多** fánduō [형] 대단히 많다 **悠久** yōujiǔ [형] 유구하다 **布币** bùbì [명] 포폐[화폐로 사용하던 베나 무명 따위의 천] **刀币** dāobì [명] 도폐[칼 모양의 화폐] **白银** báiyín [명] 백은 **形式** xíngshì [명] 형식 **明代** Míngdài [명] 명대[중국 역사상의 한 시기] ★**流通** liútōng [동] 유통하다

58

A

도시 녹화는	/ 가지고 있다 /	창조성과 예술성을.	//	이는	~뿐만 아니라	(~할 수 있다)	~하게 하다 /	도시에 /	가득하다 /	생기가.	//
城市绿化	/ 具有 /	创造性和艺术性,	//	它	不仅	(能)	使	城市 /	充满 /	生机,	//
주어	술어	목적어		주어	접속사	부사어	술어1	목적어 주어	술어2	목적어	

(~도)	(~할 수 있다)	(사람들의 바쁜 생활에)	더하다 /	색채를
(还)	(能)	(给人们繁忙的生活)增添	/	色彩。
부사어	부사어	부사어	술어	목적어

해석 도시 녹화는 창조성과 예술성을 가지고 있으며, 이는 도시에 생기가 가득하게 할 수 있을 뿐만 아니라, 사람들의 바쁜 생활에 색채를 더할 수도 있다.

해설 사역동사 使이 사용된 겸어문으로, 주어 它(이는(도시 녹화가 창조성과 예술성을 가지고 있는 것은)), 술어1 使(~하게 하다), 목적어 겸 주어 城市(도시에), 술어2 充满(가득하다), 목적어 生机(생기가)가 문맥상 자연스럽게 어울린다. 술어 增添(더하다)과 목적어 色彩(색채를)도 문맥상 자연스럽게 어울린다. 자주 함께 짝을 이루어 쓰이는 연결어 '不仅A, 还B(A할 뿐만 아니라, B하기도 하다)' 또한 문맥상 적절하게 쓰였다. 따라서 틀린 부분이 없다.

어휘 城市绿化 chéngshì lǜhuà 圆 도시 녹화[수목 따위를 이용하여 도시를 미화하거나 푸르게 가꾸는 일] 创造性 chuàngzàoxìng 圆 창조성
充满 chōngmǎn 圆 가득하다 ★生机 shēngjī 圆 생기 ★繁忙 fánmáng 圆 바쁘다 增添 zēngtiān 圆 더하다 色彩 sècǎi 圆 색채

B

(유행병의)	만연.	//	교통업과 항공업은	/ 받았다	/ (매우 큰)	영향을.	//
(流行病的)	蔓延,	//	交通业和航空业	/ 受到了	/ (极大的)	影响,	//
관형어	술어		주어	술어+보어+了	관형어	목적어	

심지어	대단히 많은 관련 종사자가	/	잃었다	/	(자신의)	직업을
甚至	许多相关从业人员	/	失去了	/	(自己的)	工作。
접속사	주어		술어+了		관형어	목적어

해석 유행병의 만연, 교통업과 항공업은 매우 큰 영향을 받았고, 심지어 대단히 많은 관련 종사자가 자신의 직업을 잃었다.

해설 **부사어 자리의 개사구에서 개사가 빠져 있어 틀린 경우**
문맥상 '유행병의 만연'이 아닌 '유행병의 만연으로 인해'가 돼야 하는데, '~으로 인해'에 해당하는 개사가 빠져 있어 틀린 문장이다. 流行病的蔓延(유행병의 만연) 앞에 개사 由于(~으로 인해)가 있어야 한다. 참고로 由于는 원인을 나타내는 개사로 주로 문장 맨 앞에 사용한다는 점을 알아둔다.
옳은 문장 由于流行病的蔓延, 交通业和航空业受到了极大的影响, 甚至许多相关从业人员失去了自己的工作。
유행병의 만연으로 인해, 교통업과 항공업은 매우 큰 영향을 받았고, 심지어 대단히 많은 관련 종사자가 자신의 직업을 잃었다.

어휘 流行病 liúxíngbìng 圆 유행병 ★蔓延 mànyán 圆 만연하다 交通业 jiāotōngyè 圆 교통업 航空业 hángkōngyè 圆 항공업
相关 xiāngguān 圆 관련되다 从业人员 cóngyè rényuán 圆 종사자 失去 shīqù 圆 잃다

C

방언은	/ (일반적으로)	(지역에 따라)	(다소 ~하다) 다르다.	//	(지역이 서로 인접한 사람들이 사용하는)	방언은	/ (아주)	유사하다.	//
方言	/ (一般)	(根据地域)	而 (有所) 不同,	//	(地域相邻的人所使用的)	方言	/ (很)	相似,	//
주어	부사어	부사어	접속사 부사어 술어		관형어	주어	부사어	술어	

하지만	(세분화하면)	(또)	있다 /	일부 다른 점이
但是	(细分下来)	(又)	有 /	一些不同之处。
접속사	부사어	부사어	술어	목적어

해석 방언은 일반적으로 지역에 따라 다소 다르다. 지역이 서로 인접한 사람들이 사용하는 방언은 아주 유사하지만, 세분화하면 일부 다른 점이 또 있다.

해설 각 절의 주어, 술어, 목적어가 모두 문맥상 자연스럽게 어울린다. '주술구+的' 형태의 관형어 地域相邻的人所使用的(지역이 서로 인접한 사람들이 사용하는)가 주어 方言(방언은) 앞에 문맥상 적절하게 쓰였고, 동사구 细分下来(세분화하면)와 술어와 의미적으로 밀접한 부사 又(또)도 술어 有(있다) 앞 부사어로 적절하게 쓰였다. 따라서 틀린 부분이 없다.

어휘 ★方言 fāngyán 圆 방언, 사투리 地域 dìyù 圆 지역 相邻 xiāng lín 서로 인접하다 相似 xiāngsì 圆 유사하다 细分 xì fēn 세분화하다

D

(요즘의)	젊은 사람들은	/ 습관이다 /	밤을 새는 것이.	//	많은 사람은	/ 말하다 /	밤을 새는 것이 /	~이다 /	(자신에 대한 일종의	'정신적 보상'.	//
(现在的)	年轻人	/ 习惯 /	熬夜,	//	许多人	/ 说 /	熬夜 /	是 /	(对自己的一种	"精神补偿",	//
관형어	주어	술어	목적어		주어	술어	주어	술어	관형어	목적어	
								목적어(주술목구)			

~때문에	낮 시간은	(일에 의해 ~되다)	차지하다.	//	따라서	(더)	소중히 여기다 /	(밤의)	시간을
因为	白天 /	(被工作)	占据,	//	所以	(更加)	珍惜 /	(夜晚的)	时间。
접속사	주어	被+행위의 주체	술어		접속사	부사어	술어	관형어	목적어

해석 요즘의 젊은 사람들은 밤을 새는 것이 습관이다. 많은 사람은 밤을 새는 것이 자신에 대한 일종의 '정신적 보상'이라고 말하는데, 낮 시간은 일에 의해 차지되기 때문에, 따라서 밤의 시간을 더 소중히 여긴다.

해설 세 번째 절은 개사 被가 쓰인 被자문인데, 주어 白天(낮 시간은), '被+행위의 주체'인 被工作(일에 의해 ~되다), 술어 占据(차지하다)가 문맥상 자연스럽게 어울린다. 자주 함께 짝을 이루어 쓰이는 연결어 '因为A, 所以B(A하기 때문에, 따라서 B하다)'도 문맥상 적절하게 쓰였다. 따라서 틀린 부분이 없다.

어휘 熬夜 áoyè 통 밤을 새다 精神 jīngshén 뎽 정신 补偿 bǔcháng 통 보상하다 ★占据 zhànjù 통 차지하다 珍惜 zhēnxī 통 소중히 여기다
夜晚 yèwǎn 뎽 밤

59

A

(~하지 마라)	~하게 하다	(스스로를 낮추는)	생각이	지배하다	(당신의)	대뇌를. //
(不要)	让	(自卑的)	想法	支配	(你的)	大脑, //
부사어	술어1	관형어	주어 목적어	술어2	관형어	목적어

(장기적으로)	스스로를 낮추는 것은	(~할 것이다)	~하게 하다	당신이	마음에	가득하다	부정적인 감정이. //	(점차)	(모든 일에 대해)	일다	흥미를
(长期)	自卑	(会)	使	你	心里	充满	负面情绪, //	(逐渐)	(对所有事情)	失去	兴趣。
부사어	술어 주어	부사어	술어1 주어	목적어	주어	술어	목적어 술어2(주술목구)	부사어	부사어	술어 술어3(술목구)	목적어

해석 스스로를 낮추는 생각이 당신의 대뇌를 지배하게 하지 마라. 장기적으로 스스로를 낮추는 것은 당신이 마음에 부정적인 감정이 가득하게 할 것이며, 점차 모든 일에 대해 흥미를 잃게 할 것이다.

해설 앞 절과 뒤 절 모두 사역동사가 사용된 겸어문으로, 주어, 술어1, 목적어 겸 주어, 술어2, 술어3이 모두 문맥상 자연스럽게 어울린다. 앞 절의 관형어 自卑的(스스로를 낮추는)도 목적어 겸 주어 想法(생각이) 앞에 적절하게 쓰였다. 따라서 틀린 부분이 없다. 참고로 위 문장에서와 같이 문장 맨 앞에 不要(~하지 마라)가 사용된 명령문에서는 주어가 생략될 수 있다는 점을 알아둔다.

어휘 自卑 zìbēi 통 스스로를 낮추다 想法 xiǎngfǎ 뎽 생각 ★支配 zhīpèi 통 지배하다 长期 chángqī 뎽 장기적인 充满 chōngmǎn 통 가득하다
负面 fùmiàn 뎽 부정적인 情绪 qíngxù 뎽 감정 逐渐 zhújiàn 틧 점차 失去 shīqù 통 잃다

B

커팅식은 /	~이다 /	(20세기 이후 성행하는)	일종의 의식. //	이는 /	상징하고 있다 /	순조로움을. //
剪彩 /	是 /	(二十世纪以来盛行的)	一种仪式, //	它 /	象征着 /	顺利, //
주어	술어	관형어	목적어	주어	술어+着	목적어

(항상)	나타난다 /	(건축물 준공, 전시회 개막식 등 장소에)
(经常)	出现 /	(在建筑物落成、展览会开幕仪式等场合)。
부사어	술어	보어

해석 커팅식은 20세기 이후 성행하는 일종의 의식으로, 이는 순조로움을 상징하고 있으며 건축물 준공, 전시회 개막식 등 장소에 항상 나타난다.

해설 술어 是(~이다)과 연결되는 주어 剪彩(커팅식은)와 목적어 一种仪式(일종의 의식)이 동격이다. 주어 它(이는(커팅식은)), 술어 象征(상징하다), 목적어 顺利(순조로움을)가 문맥상 자연스럽게 어울린다. 관형어 二十世纪以来盛行的(20세기 이후 성행하는) 또한 목적어 一种仪式 앞에 문맥상 적절하게 쓰였다. 따라서 틀린 부분이 없다.

어휘 剪彩 jiǎncǎi 통 (개막·준공·개업 등의 식전에) 커팅식을 하다 以来 yǐlái 뎽 이후 盛行 shèngxíng 통 성행하다 仪式 yíshì 뎽 의식
象征 xiàngzhēng 통 상징하다 建筑物 jiànzhùwù 뎽 건축물 落成 luòchéng 통 (건축물이) 준공되다 展览会 zhǎnlǎnhuì 뎽 전시회
开幕仪式 kāimù yíshì 뎽 개막식 ★场合 chǎnghé 뎽 장소

C

그들은 /	(번번이) /	~이다 /	(하지 않는 말이 없는)	절친한 친구. //	하지만	잦은 말다툼과 연이은 오해는 /
他们 /	(屡屡)	是 /	(无话不谈的)	挚友, //	可	频繁的争吵和一次又一次的误会 /
주어	부사어	술어	관형어	목적어	접속사	주어

~하게 하다 /	그들 두 사람을 /	점점 멀어지다. //	이는 /	(금치 못하다)	~하게 하다 /	사람들이 /	탄식하다
使 /	他们两个人 /	渐行渐远。//	这 /	(不禁)	令 /	人 /	唏嘘。
술어1	목적어 주어	술어2	주어	부사어	술어1	목적어 주어	술어2

해석 그들은 번번이 하지 않는 말이 없는 절친한 친구였지만, 잦은 말다툼과 연이은 오해는 그들 두 사람을 점점 멀어지게 했고, 이는 사람들이 탄식을 금치 못하게 했다.

해설 **부사어가 문맥에 어울리지 않아 틀린 경우**
부사어 屡屡(번번이)가 그들은 절친한 친구였는데 지금은 멀어지게 됐다라는 문맥에 어울리지 않으므로 틀린 문장이다. 曾经(이전에)과 같은 어휘가 와야 한다.

옳은 문장 他们曾经是无话不谈的挚友，可频繁的争吵和一次又一次的误会使他们两个人渐行渐远。这不禁令人唏嘘。

그들은 이전에 하지 않는 말이 없는 절친한 친구였지만, 잦은 말다툼과 연이은 오해는 그들 두 사람을 점점 멀어지게 했고, 이는 사람들이 탄식을 금치 못하게 했다.

어휘 屡屡 lǚlǚ 闿번번이　无话不谈 wúhuàbùtán 闿하지 않는 말이 없다　挚友 zhìyǒu 闿절친한 친구　★频繁 pínfán 闿잦다
争吵 zhēngchǎo 闿말다툼하다　渐行渐远 jiànxíng jiànyuǎn 점점 멀어지다　★不禁 bùjīn 閉금치 못하다　唏嘘 xīxū 闿탄식하다
曾经 céngjīng 閉이전에

D

그는 / 말한다. //	(생로병사가 가져오는 고통 이외에), //	(다른)	고통은	(대부분)	(사람의 비관적 의식이)	만들어내다 /	. //
他 / 说, //	(除了生老病死带来的痛苦之外), //	(别的)	痛苦	(大都)	是 (人的悲观意识)	造成 /	[的], //
주어 / 술어	부사어	관형어	주어	부사어	[是] (강조내용)	술어	[的]
			목적어(주술목구)				

(이로부터 알 수 있듯이), //	유지하다 /	(낙관적인)	태도를 /	(매우)	중요하다
(由此可见), //	保持 /	(乐观的)	态度 /	(非常)	重要。
부사어	술어	관형어	목적어	부사어	술어
		주어(술목구)			

해석 그는 생로병사가 가져오는 고통 이외에, 다른 고통은 대부분 사람의 비관적 의식이 만들어냈다고 말한다. 이로부터 알 수 있듯이, 낙관적인 태도를 유지하는 것은 매우 중요하다.

해설 주술목구 형태의 목적어 除了生老病死带来的痛苦之外, 别的痛苦大都是人的悲观意识造成的(생로병사가 가져오는 고통 이외에, 다른 고통은 대부분 사람의 비관적 의식이 만들어냈다)는 是……的 강조구문이 사용된 문장으로, 是과의 사이에 있는 술어 造成(만들어내다)의 대상이 人的悲观意识(사람의 비관적 의식)임을 강조했다. 범위를 나타내는 개사구 除了生老病死带来的痛苦之外(생로병사가 가져오는 고통 이외에)도 부사어로 적절하게 쓰였다. 由此可见(이로부터 알 수 있듯이) 또한 뒤 절 맨 앞에서 부사어로 적절히 쓰였다. 따라서 틀린 부분이 없다.

어휘 生老病死 shēnglǎobìngsǐ 闿생로병사　痛苦 tòngkǔ 闿고통스럽다　悲观 bēiguān 闿비관적이다　★意识 yìshí 闿의식
造成 zàochéng 闿만들다　可见 kějiàn 閉~임을 알 수 있다　保持 bǎochí 闿유지하다　乐观 lèguān 闿낙관적이다

60 A

만약 ~라면	(실외에 있을 때)	맞닥뜨리다 /	우박이 내리는 날씨를. //	(반드시)	(~해야 한다)	(신속하게)	찾아내다 /	가림막을. //
如果	(在室外的时候)	遇到 /	冰雹天气, //	(一定)	(要)	(迅速)	找到 /	遮挡物, //
접속사	부사어	술어+보어	목적어	부사어	부사어	부사어	술어+보어	목적어

(최대한)	멀리하다 /	가로등 등의 조명을. //	(~하지 않도록)	발생하다 /	감전 사고가
(尽量)	远离 /	路灯等照明工具, //	以免	发生 /	触电事故。
부사어	술어	목적어	접속사	술어	목적어

해석 만약 실외에 있을 때 우박이 내리는 날씨를 맞닥뜨리면, 감전 사고가 발생하지 않도록 반드시 신속하게 가림막을 찾아내고, 가로등 등의 조명을 최대한 멀리해야 한다.

해설 각 절의 술어, 목적어가 각각 문맥상 자연스럽게 어울린다. 부사 一定(반드시), 조동사 要(~해야 한다), 술어와 의미적으로 밀접한 형용사 迅速(신속하게)가 술어 找(찾다) 앞 부사어로, 부사 尽量(최대한)이 술어 远离(멀리하다) 앞 부사어로 각각 문맥상 적절하게 쓰였다. 가정을 나타내는 접속사 如果(만약 ~라면)와 목적을 나타내는 접속사 以免(~하지 않도록) 또한 문맥상 적절하게 쓰였다. 따라서 틀린 부분이 없다. 참고로 위 문장에서처럼 주어가 불특정 다수일 경우에는 주어가 생략될 수 있다는 점을 알아둔다.

어휘 ★冰雹 bīngbáo 闿우박　迅速 xùnsù 闿신속하다　遮挡物 zhēdǎngwù 闿가림막　尽量 jǐnliàng 閉되도록　远离 yuǎnlí 멀리하다
照明工具 zhàomíng gōngjù 闿조명　★以免 yǐmiǎn 閉~하지 않도록　触电 chùdiàn 闿감전되다　★事故 shìgù 闿사고

B

(90년대의)	팬은	(일반적으로)	(카세트테이프 구매를 통해)	듣는다 /	(좋아하는)	노래를. //
(九十年代的)	追星族 /	(一般)	(通过购买磁带)	(来) 收听 /	(喜欢的)	歌曲, //
관형어	주어	부사어	부사어	부사어 술어	관형어	목적어

(오늘날의)	팬은	(~하기만 하면)	있다 /	인터넷 /	(바로)	(~할 수 있다)	얻다 /	(풍부한)	음악 자원을
(如今的)	追星族 /	则	只要	有 /	网络 /	(就)	(能)	获得 /	(丰富的)	音乐资源。
관형어	주어	접속사	접속사	술어	목적어	부사어	부사어	술어	관형어	목적어

해석 90년대의 팬은 일반적으로 카세트테이프 구매를 통해 좋아하는 노래를 들었지만, 오늘날의 팬은 인터넷이 있기만 하면 바로 풍부한 음악 자원을 얻을 수 있다.

해설 각 절의 주어, 술어, 목적어가 각각 문맥상 자연스럽게 어울린다. 앞 절은 九十年代的追星族(90년대의 팬)에 대한 내용이고, 뒤 절은 如今的追星族(오늘날의 팬)에 대한 내용인데, 앞뒤의 내용이 대비됨을 나타내는 접속사 则가 문맥상 적절하게 쓰였다. 자주 짝을 이루어 쓰이는 연결어 '只要A就B(A하기만 하면 B하다)' 또한 뒤 절에서 문맥상 적절하게 쓰였다. 따라서 틀린 부분이 없다.

어휘 　年代 niándài 몡년대　追星族 zhuīxīngzú 몡팬[영화 음악 또는 배우 가수 등을 열광적으로 좋아하는 사람]　磁带 cídài 몡카세트테이프
　　　收听 shōutīng 동듣다, 청취하다　歌曲 gēqǔ 몡노래　如今 rújīn 몡오늘날　网络 wǎngluò 몡인터넷　资源 zīyuán 몡자원

C	여행은	(~할 수 있다)	~하게 하다	사람이	느끼다	/	(다른 국가의)	특색과 풍습을.	//
	旅行	（能）	使	人	感受到	/	(其他国家的)	风土人情，	//
	주어	부사어	술어1	목적어 주어	술어2+보어		관형어	목적어	

(현지인을 만나는 것을 통해).	//	사람들은	(~할 수 있다)	몸소 느끼다	/	(책에서 배울 수 없는 많은)	지식과 경험을
(通过接触当地人)，	//	人们	（可以）	体会到	/	(许多从书本上学不到的)	知识和经验。
부사어		주어	부사어	술어+보어		관형어	목적어

해석　여행은 사람이 다른 국가의 특색과 풍습을 느끼게 할 수 있는데, 현지인을 만나는 것을 통해, 사람들은 책에서 배울 수 없는 많은 지식과 경험을 몸소 느낄 수 있다.

해설　앞 절은 사역동사 使이 사용된 겸어문으로, 주어 旅行(여행은), 술어1 使(~하게 하다), 목적어 겸 주어 人(사람이), 술어 感受(느끼다)가 문맥상 자연스럽게 어울린다. 뒤 절의 관형어 许多从书本上学不到的(책에서 배울 수 없는 많은)가 목적어 知识和经验(지식과 경험을) 앞에 적절하게 쓰였고, 개사 通过가 이끄는 개사구 通过接触当地人(현지인을 만나는 것을 통해)도 두 번째 절 맨 앞 부사어로 적절히 쓰였다. 따라서 틀린 부분이 없다. 참고로 개사 通过가 이끄는 개사구는 주어의 앞뒤에 모두 위치할 수 있다는 점을 알아둔다.

어휘　感受 gǎnshòu 동느끼다　风土人情 fēngtǔ rénqíng (지방의) 특색과 풍습　接触 jiēchù 동만나다, 접촉하다　当地人 dāngdìrén 몡현지인
　　　体会 tǐhuì 동몸소 느끼다

D	(중국에서 가장 유명한)	방직품은	~를 능가하는 것이 없다	/	실크.	//	(중국의)	실크는	있다	/	(대략 오천 년 가량의)	역사가.	//
	(中国最著名的)	纺织品	莫过于	/	丝绸，	//	(中国的)	丝绸	有	/	(大概五千年左右的)	历史，	//
	관형어	주어	술어		목적어		관형어	주어	술어		관형어	목적어	

실크 교역은	/	선도했다	/	동서양 문화의 교류와 교통의 발전을
丝绸交易	/	带动了	/	东西方文化的交流与交通的发展。
주어		술어+了		목적어

해석　중국에서 가장 유명한 방직품은 실크를 능가하는 것이 없다. 중국의 실크는 대략 오천 년 가량의 역사가 있는데, 실크 교역은 동서양 문화의 교류와 교통의 발전을 선도했다.

해설　인접한 두 어휘의 의미가 유사하여 의미가 중복되어 틀린 경우
　　　大概(대략)와 의미가 유사한 左右(가량)가 또 사용되어 의미가 중복되므로 틀린 문장이다. 둘 중 하나는 없어야 한다.

　　　옳은 문장　中国最著名的纺织品莫过于丝绸，中国的丝绸有五千年左右的历史，丝绸交易带动了东西方文化的交流与交通的发展。
　　　중국에서 가장 유명한 방직품은 실크를 능가하는 것이 없다. 중국의 실크는 오천 년 가량의 역사가 있는데, 실크 교역은 동서양 문화의 교류와 교통의 발전을 선도했다.

어휘　莫过于 mòguòyú ~을 능가하는 것이 없다　纺织品 fǎngzhīpǐn 몡방직품, 직물　丝绸 sīchóu 몡실크　★交易 jiāoyì 몡교역

---

61 鸟欲高飞先振翅，人求<u>上进</u>先读书。有道是 "书山有路勤为径，学海无涯苦作舟"，自古圣贤都有过为读书而<u>废寝忘食</u>的过往。由此可见，读书与成长密不可分，人类的成长需要汲取书籍的<u>养分</u>。

새는 높이 날고 싶으면 먼저 날갯짓을 하고, 사람은 <u>발전하고</u> 싶으면 먼저 독서를 한다. '책을 쌓아 놓은 산에 오를 수 있는 지름길은 근면함밖에 없고, 끝없는 지식의 바다에서 힘이 들어도 우선 배를 만들어 띄워야 한다.'라는 말이 있다. 예로부터 성인과 현인에게는 모두 독서를 위해 <u>먹고 자는 것을 잊었던</u> 지난날이 있었다. 이를 통해, 독서와 성장은 떼려야 뗄 수 없고, 인류의 성장은 책의 <u>자양분을</u> 흡수하는 것을 필요로 한다는 것을 알 수 있다.

A	进步 ✓	各抒己见	养料 ✓
B	**上进**	**废寝忘食 ✓**	**养分 ✓**
C	更新	孜孜不倦 ✓	营养 ✓
D	绽放	竭尽全力 ✓	教养

A	진보하고	각자 자기의 의견과 생각을 말하던	자양분을
B	**발전하고**	**먹고 자는 것을 잊었던**	**자양분을**
C	갱신하고	피곤한 줄 모르고 열심히 하던	양분을
D	피어나고	전력을 다하던	교양을

어휘　지문　欲 yù ~하고 싶어하다　振翅 zhèn chì 날갯짓을 하다　求 qiú 동~하고 싶어하다　上进 shàngjìn 동발전하다
　　　　有道是… yǒudàoshì …라는 말이 있다　自古 zìgǔ 몡예로부터　圣贤 shèngxián 몡성인과 현인
　　　　废寝忘食 fèiqǐnwàngshí 먹고 자는 것을 잊다　过往 guòwǎng 몡지난날　由此可见 yóucǐ kějiàn 이를 통해 ~임을 알 수 있다
　　　　成长 chéngzhǎng 동성장하다　密不可分 mìbùkěfēn 떼려야 뗄 수 없다　人类 rénlèi 몡인류　汲取 jíqǔ 동흡수하다　★书籍 shūjí 몡책
　　　　养分 yǎngfēn 몡자양분

선택지 **进步** jìnbù [동] 진보하다 ★**更新** gēngxīn [동] 갱신하다 **绽放** zhànfàng [동] (꽃이) 피어나다
各抒己见 gèshūjǐjiàn [성] 각자 자기의 의견과 생각을 말하다 **孜孜不倦** zīzībújuàn [성] 피곤한 줄 모르고 열심히 하다
竭尽全力 jiéjìnquánlì [성] 전력을 다하다 **养料** yǎngliào [명] 자양분 **营养** yíngyǎng [명] 양분 **教养** jiàoyǎng [명] 교양

해설 첫째 빈칸 선택지 A, B는 공통글자 进을 포함하여 '나아가다'와 관련된 의미의 동사 유의어이고, C는 '갱신하다'라는 의미의 동사이다. 그리고 D는 '피어나다'라는 의미의 동사이다. '새는 높이 날고 싶으면 먼저 날갯짓을 하고, 사람은 ______ 싶으면 먼저 독서를 한다.'라는 문맥에 어울리는 선택지 A **进步**(진보하고), B **上进**(발전하고)을 정답의 후보로 고른다.

둘째 빈칸 선택지가 모두 의미가 다른 성어이다. '예로부터 성인과 현인에게는 모두 독서를 위해 ______ 지난날이 있었다.'라는 문맥에 어울리는 선택지 B **废寝忘食**(먹고 자는 것을 잊었던), C **孜孜不倦**(피곤한 줄 모르고 열심히 하던), D **竭尽全力**(전력을 다하던)를 정답의 후보로 고른다.

셋째 빈칸 선택지는 모두 공통글자 养을 포함한 어휘로, A, B, C는 '양분'과 관련된 의미의 명사 유의어이고, D는 '교양'이라는 의미의 명사이다. 빈칸 앞의 술어 **汲取**(흡수하다)와 의미적으로 호응하는 선택지 A **养料**(자양분을), B **养分**(자양분을), C **营养**(양분을)을 정답의 후보로 고른다. '인류의 성장은 책의 ______ 흡수하는 것을 필요로 한다는 것을 알 수 있다'라는 문맥과도 자연스럽다.
*따라서 모든 빈칸에서 정답 후보를 포함하는 선택지 B가 정답이다.

62 近日文化主管部门和其他有关部门共同进行了非物质文化**遗产**调查，共同负责整理工作中所取得的资料，并对资料进行**妥善**保存，防止**损坏**或流失。这些资料中记录了众多文化产物的相关实物图片，具有重大意义。

최근 문화 관할 부서와 기타 유관 부서가 공동으로 무형 문화**유산** 조사를 진행했는데, 업무 중 얻은 자료를 함께 책임지고 정리하며, 자료를 **적절하게** 보존하여 **손상되**거나 유실되는 것을 방지했다. 이러한 자료들 중에는 많은 문물과 관련된 실물 사진이 기록되어 있어, 중대한 의미를 가지고 있다.

A	科目	稳妥	问世	A 과목	타당하게	출판되다
B	财产	适宜	毁损 ✓	B 재산	~이 알맞게	훼손하다
C	精华	妥当 ✓	淘汰	C 정수	타당하게	도태하다
D	**遗产 ✓**	**妥善 ✓**	**损坏 ✓**	**D 유산**	**적절하게**	**손상되다**

어휘 지문 ★**主管** zhǔguǎn [동] 관할하다 **部门** bùmén [명] 부서 **非物质文化遗产** fēiwùzhì wénhuà yíchǎn [명] 무형 문화유산, 무형 문화재
取得 qǔdé [동] 얻다 **资料** zīliào [명] 자료 **妥善** tuǒshàn [형] 적절하다 **保存** bǎocún [동] 보존하다 ★**防止** fángzhǐ [동] 방지하다
★**损坏** sǔnhuài [동] 손상되다 **流失** liúshī [동] 유실되다 **记录** jìlù [동] 기록하다 **文化产物** wénhuà chǎnwù [명] 문물
相关 xiāngguān [동] 관련되다 **重大** zhòngdà [형] 중대하다 **意义** yìyì [명] 의의

선택지 **科目** kēmù [명] 과목 **财产** cáichǎn [명] 재산 ★**精华** jīnghuá [명] 정수, 정화 **稳妥** wěntuǒ [형] 타당하다 ★**适宜** shìyí [형] ~이 알맞다
妥当 tuǒdang [형] 타당하다 ★**问世** wènshì [동] 출판되다 **毁损** huǐsǔn [동] 훼손하다 ★**淘汰** táotài [동] 도태하다

해설 첫째 빈칸 선택지 B, D는 공통글자 产을 포함하여 '생산물, 자산'과 관련된 의미의 명사 유의어이고, A는 '과목'이라는 의미의 명사이다. 그리고 C는 '정수'라는 의미의 명사이다. 빈칸 앞의 명사구 **非物质文化**(무형 문화)와 결합하여 한 단어처럼 사용되는 선택지 D **遗产**(유산)이 정답이다. '최근 문화 관할 부서와 기타 유관 부서가 공동으로 무형 문화______ 조사를 진행했는데'라는 문맥과도 자연스럽다.
*첫째 빈칸에서는 D밖에 정답이 될 수 없기 때문에, 실제 시험에서는 선택지 D를 정답으로 선택하고 바로 다음 문제로 넘어간다.

둘째 빈칸 선택지 A, C, D는 공통글자 妥를 포함하여 '적당하다'와 관련된 의미의 형용사 유의어이고, B는 '~이 알맞다'라는 의미의 형용사이다. 빈칸은 부사어 자리이므로, 빈칸 뒤의 술어 **保存**(보존하여)과 의미적으로 호응하는 선택지 C **妥当**(타당하게), D **妥善**(적절하게)을 정답의 후보로 고른다. '업무 중 얻은 자료를 함께 책임지고 정리하며, 자료를 ______ 보존하여'라는 문맥과도 자연스럽다.
참고로 A **稳妥**(타당하다)는 일을 처리하는 태도나 방법이 알맞음을 나타내며, 주로 **处事**(일을 처리하다), **措施**(조치하다) 등의 어휘와 호응한다.

셋째 빈칸 선택지 B, D는 공통글자 损을 포함하여 '훼손하다, 손실을 입히다'와 관련된 의미의 동사 유의어이고, A는 '출판되다'라는 의미의 동사이다. 그리고 C는 '도태하다'라는 의미의 동사이다. '자료를 적절하게 보존하여, ______거나 유실되는 것을 방지했다'라는 문맥에 어울리는 선택지 B **毁损**(훼손하다), D **损坏**(손상되다)를 정답의 후보로 고른다.
참고로 C **淘汰**(도태하다)는 쓸데없거나 적합하지 않은 것을 추리는 것을 나타내며, 주로 **产品**(제품), **方法**(방법) 등의 어휘와 호응한다.

63

游戏成瘾，学术名称为"游戏**障碍**"，已被世界卫生组织界定为一种疾病。在2019年世界卫生组织召开的第七十二**届**世界卫生大会上，"游戏成瘾"作为新增疾病，被列入了世卫组织指定的《国际疾病分类》修正案中，相关决议从2022年1月1日起正式**生效**。

게임 중독은 '게임 **장애**'라는 학술 명칭으로 불리며, 이미 세계 보건 기구에 의해 일종의 질병으로 정의됐다. 2019년 세계 보건 기구가 개최한 제72**회** 세계 보건 총회에서, '게임 중독'은 신규 질병으로서, 세계 보건 기구가 지정한 <국제 질병 분류> 수정안에 등록됐고, 관련 결의는 2022년 1월 1일부터 정식으로 **효력이 발생한다**.

A 障碍 ✓	届 ✓	生效 ✓	A 장애	회	효력이 발생한다
B 中毒 ✓	番	生存	B 중독	번	생존한다
C 意识	顿	生育	C 의식	끼니/차례	출산한다
D 思维	批	生锈	D 생각	무더기	녹이 슨다

어휘　지문　成瘾 chéngyǐn 중독되다　学术 xuéshù 圆학술　名称 míngchēng 圆명칭　★障碍 zhàng'ài 圆장애
世界卫生组织 Shìjiè wèishēng zǔzhī 교육 세계 보건 기구[WHO]　界定 jièdìng 정의되다, 정의를 내리다　★疾病 jíbìng 圆질병
召开 zhàokāi 圆개최하다　届 jiè 圆회[정기 회의·졸업 연차 등을 세는 단위]　大会 dàhuì 圆총회　作为 zuòwéi 圆~으로서
新增 xīn zēng 신규로 늘리다　列入 lièrù 등록하다, 집어넣다　指定 zhǐdìng 圆지정하다　分类 fēnlèi 圆분류하다
修正案 xiūzhèng'àn 圆수정안　相关 xiāngguān 圆관련되다　决议 juéyì 圆결의　生效 shēngxiào 圆효력이 발생하다
선택지　中毒 zhòngdú 圆중독되다　★意识 yìshi 圆의식　★思维 sīwéi 圆생각
★番 fān 圆번[시간이나 힘을 비교적 많이 소모하거나, 과정이 완결되는 행위를 세는 단위]
顿 dùn 圆끼니, 차례[요리·식사·질책 등을 세는 단위]　批 pī 圆무더기[대량의 물건이나 다수의 사람을 세는 단위]
★生存 shēngcún 圆생존하다　生育 shēngyù 圆출산하다　生锈 shēngxiù 圆녹이 슬다

해설　첫째
빈칸　선택지 A, C, D는 의미가 다른 명사이고, B는 '중독되다'라는 의미의 동사이다. 빈칸 앞의 명사 游戏(게임)와 의미적으로 호응하는 선택지 A 障碍(장애), B 中毒(중독)을 정답의 후보로 고른다. '게임 중독은 '게임 _____'라는 학술 명칭으로 불리며'라는 문맥과도 자연스럽다.

둘째
빈칸　선택지가 모두 의미가 다른 양사이다. 빈칸 뒤의 명사 大会(총회)와 함께 쓰이는 양사 A 届(회)가 정답이다.
참고로 B 番(번)은 事业(사업) 등의 명사와 함께 쓰이고, C 顿(끼니/차례)은 식사 또는 질책 등을 세는 양사이다. 그리고 D 批(무더기)는 양이 많은 사람 또는 물건을 세는 양사이다.
*둘째 빈칸에서는 A밖에 정답이 될 수 없기 때문에, 실제 시험에서는 선택지 A를 정답으로 선택하고 바로 다음 문제로 넘어간다.

셋째
빈칸　선택지가 모두 공통글자 生을 포함하여 '생기다, 살다'와 관련된 의미의 동사 유의어이다. 빈칸은 술어 자리이므로, 빈칸 앞의 부사어 正式(정식으로)과 의미적으로 호응하는 선택지 A 生效(효력이 발생한다)가 정답이다. '관련 결의는 2022년 1월 1일부터 정식으로 _____'라는 문맥과도 자연스럽다.

64

近日，丹东鸭绿江口湿地观鸟节盛大开幕。近千名鸟类爱好者**目睹**了200多万只水鸟振翅翱翔的**壮观**景象。鸭绿江口湿地是世界上最重要的鸟类**迁徙**停歇地之一，为环境教育和**生态**旅游提供了良好的平台。

최근, 단동 압록강 습지 조류관찰축제가 성대하게 개막했다. 천 명에 가까운 조류 애호가들이 200여 만 마리의 물새가 날개를 파닥거리며 비상하는 **장대한** 광경을 **직접 보았다**. 압록강 습지는 세계에서 가장 중요한 조류 **이동** 휴식지 중 하나로, 환경 교육과 **생태** 관광에 훌륭한 공간을 제공했다.

A 观赏 ✓	乐观	迁移 ✓	活力	A 감상하다	낙관적인	이전	활력
B 目睹 ✓	**壮观 ✓**	**迁徙 ✓**	**生态 ✓**	**B 직접 보다**	**장대한**	**이동**	**생태**
C 发呆	美观	迁就	风光	C 넋을 잃다	보기 좋은	양보	풍경
D 看待	壮丽 ✓	变迁	生物	D 대우하다	웅장하고 아름다운	변천	생물

어휘　지문　丹东 Dāndōng 교육 단동[중국 랴오닝(辽宁)성에 있는 도시]　鸭绿江 Yālùjiāng 교육 압록강[중국과 북한의 경계를 이루는 강]
湿地 shīdì 圆습지　盛大 shèngdà 圆성대하다　开幕 kāimù 圆개막하다　目睹 mùdǔ 圆직접 보다, 목격하다
振翅翱翔 zhèn chì áoxiáng 날개를 파닥거리며 비상하다　★壮观 zhuàngguān 圆장대하다　景象 jǐngxiàng 圆광경
★迁徙 qiānxǐ 圆이동하다　停歇 tíngxiē 圆휴식하다　★生态 shēngtài 圆생태　良好 liánghǎo 圆훌륭하다　平台 píngtái 圆공간
선택지　观赏 guānshǎng 圆감상하다　★发呆 fādāi 圆넋을 잃다　★看待 kàndài 圆대우하다　乐观 lèguān 圆낙관적이다
★美观 měiguān 圆보기 좋다　壮丽 zhuànglì 圆웅장하고 아름답다　迁移 qiānyí 圆이전하다　迁就 qiānjiù 圆양보하다
变迁 biànqiān 圆변천하다　★活力 huólì 圆활력　风光 fēngguāng 圆풍경　★生物 shēngwù 圆생물

해설　첫째
빈칸　선택지가 모두 의미가 다른 동사이다. 빈칸은 술어 자리이므로, 빈칸 뒤의 목적어 景象(광경을)과 의미적으로 호응하는 선택지 A 观赏(감상하다), B 目睹(직접 보다)를 정답의 후보로 고른다. '천 명에 가까운 조류 애호가들이 …… 광경을 _____ 았다.'라는 문맥과도 자연스럽다.

둘째 빈칸
선택지 A, C는 공통글자 观을 포함한 형용사 유의어이고, B, D는 공통글자 壮을 포함하여 '웅장하다'와 관련된 의미의 형용사 유의어이다. 빈칸 뒤의 목적어 景象(광경을)과 의미적으로 호응하는 선택지 B 壮观(장대한), D 壮丽(웅장하고 아름다운)를 정답의 후보로 고른다. '천 명에 가까운 조류 애호가들이 200여 만 마리의 물새가 날개를 파닥거리며 비상하는 _____ 광경을 직접 보았다.'라는 문맥과도 자연스럽다.
참고로 C 美观(보기 좋다)은 외관 또는 장식이 아름다운 것을 나타낸다.

셋째 빈칸
선택지가 모두 공통글자 迁을 포함하여 '이동하다, 변하다'와 관련된 의미의 동사 유의어이다. 빈칸 앞의 鸟类(조류)와 의미적으로 호응하면서, 빈칸 뒤의 停歇地(휴식지)와 결합하여 한 단어처럼 사용되는 선택지 A 迁移(이전), B 迁徙(이동)를 정답의 후보로 고른다. '압록강 습지는 세계에서 가장 중요한 조류 _____ 휴식지 중 하나로'라는 문맥과도 자연스럽다.
참고로 C 迁就(양보하다)는 마지못해 다른 사람에게 내주고 물러나는 것을 나타내며, 주로 态度(태도), 现实(현실) 등의 어휘와 호응한다.

넷째 빈칸
선택지 B, D는 공통글자 生을 포함하여 '삶, 생명'과 관련된 의미의 명사 유의어이고, A는 '활력'이라는 의미의 명사이다. 그리고 C는 '풍경'이라는 의미의 명사이다. 빈칸 뒤의 동사 旅游(관광)와 의미적으로 호응하는 선택지 B 生态(생태), C 风光(풍경)을 정답의 후보로 고른다. '압록강 습지는 …… 환경 교육과 _____ 관광에 훌륭한 공간을 제공했다.'라는 문맥에 어울리는 것은 B 生态이므로 B가 정답이다.
*따라서 모든 빈칸에서 정답 후보를 포함하는 선택지 B가 정답이다.

65
翼展45米、表面布满太阳能电池板的彩虹太阳能无人机应用**前景**广阔，其机载系统简单，没有其他加油装置也能**保持**机体的正常运行。彩虹太阳能无人机**由于**航时超长，完成持续性任务时无需**频繁**更替和轮换。它将为未来无人机发展方向起到重要的示范作用。

스팬이 45m이고, 표면에 태양 전지판이 가득 깔린 레인보우 태양광 드론은 활용 **전망이** 넓다. 이 드론에 탑재된 시스템은 간단하며, 기타 주유 장치 없이도 기체의 정상 운행을 **유지**할 수 있다. 레인보우 태양광 드론은 운행 시간이 매우 **길기 때문에**, 지속적인 임무를 완수할 때에 **잦은** 교체와 교대가 필요 없다. 이것은 미래 드론의 발전 방향에 중요한 시범적 역할을 할 것이다.

A	前景 ✓	保持 ✓	由于 ✓	频繁 ✓
B	范围 ✓	保重	连同	屡次 ✓
C	远见	保障 ✓	尚且	繁忙
D	前程 ✓	保卫	固然	繁华

A	전망이	유지하다	~이기 때문에	잦은
B	범위가	몸조심하다	~와 함께	여러 번의
C	식견이	보장하다	~조차 ~한데	바쁜
D	전도가	보위하다	물론 ~하지만	번화한

어휘

지문 **翼展** yìzhǎn 몡스팬[비행기의 한쪽 날개 끝에서 다른 쪽까지의 너비] **表面** biǎomiàn 몡표면 **布满** bùmǎn 가득 깔리다
太阳能电池板 tàiyángnéng diànchíbǎn 몡태양 전지판 **彩虹太阳能无人机** cǎihóng tàiyángnéng wúrénjī 몡레인보우 태양광 드론
应用 yìngyòng 동활용하다 ★**前景** qiánjǐng 몡전망 ★**广阔** guǎngkuò 혱넓다 **载** zài 동탑재하다 **系统** xìtǒng 몡시스템
装置 zhuāngzhì 몡장치 **保持** bǎochí 동유지하다 **机体** jītǐ 몡(비행기의) 기체 ★**运行** yùnxíng 동운행하다 **持续性** chíxùxìng 몡지속성
★**频繁** pínfán 혱잦다 **更替** gēngtì 동교체하다 **轮换** lúnhuàn 동교대하다 ★**示范** shìfàn 동시범하다

선택지 **范围** fànwéi 몡범위 **远见** yuǎnjiàn 몡식견 **前程** qiánchéng 몡전도, 앞날 **保重** bǎozhòng 동몸조심하다 ★**保障** bǎozhàng 동보장하다
保卫 bǎowèi 동보위하다 ★**连同** liántóng 젭~와 함께 **尚且** shàngqiě 젭~조차 ~한데 **固然** gùrán 젭물론 ~하지만 **屡次** lǚcì 閅여러 번
★**繁忙** fánmáng 혱바쁘다 **繁华** fánhuá 혱번화하다

해설

첫째 빈칸
선택지 A, D는 공통글자 前을 포함하여 '앞날'과 관련된 의미의 명사 유의어이고, B는 '범위'라는 의미의 명사이다. 그리고 C는 '식견'이라는 의미의 명사이다. 빈칸 뒤의 술어 广阔(넓다)와 의미적으로 호응하는 선택지 A 前景(전망이), B 范围(범위가), D 前程(전도가)을 정답의 후보로 고른다. '레인보우 태양광 드론은 활용 _____ 넓다'라는 문맥과도 자연스럽다.

둘째 빈칸
선택지가 모두 공통글자 保를 포함한 어휘로, A, C, D는 '유지하다, 지키다'와 관련된 의미의 동사 유의어이고, B는 '몸조심하다'라는 의미의 동사이다. 빈칸은 술어 자리이므로, 빈칸 뒤의 목적어 运行(운행을)과 의미적으로 호응하는 선택지 A 保持(유지하다), C 保障(보장하다)을 정답의 후보로 고른다. '이 드론에 탑재된 시스템은 간단하며, 기타 주유 장치 없이도 기체의 정상 운행을 _____ 할 수 있다'라는 문맥과도 자연스럽다.

셋째 빈칸
선택지가 모두 의미가 다른 접속사이다. '레인보우 태양광 드론은 운행 시간이 매우 길_____, …… 교체와 교대가 필요 없다.'라는 문맥에 어울리는 선택지 A 由于(~이기 때문에)가 정답이다.
*셋째 빈칸에서는 A밖에 정답이 될 수 없기 때문에, 실제 시험에서는 선택지 A를 정답으로 선택하고 바로 다음 문제로 넘어간다.

넷째 빈칸
선택지 A, C, D는 공통글자 繁을 포함한 형용사 유의어이고, B는 의미가 다른 부사이다. 빈칸 뒤의 更替(교체), 轮换(교대)과 의미적으로 호응하는 선택지 A 频繁(잦은), B 屡次(여러 번의)를 정답의 후보로 고른다. '레인보우 태양광 드론은 운행 시간이 매우 길기 때문에, 지속적인 임무를 완수할 때에 _____ 교체와 교대가 필요 없다.'라는 문맥과도 자연스럽다.

66

历代文人参与琴谱创作和**文献**资料的编纂整理的过程，可以说是古琴艺术传承至今的重要因素。但在近现代，古琴却**一度**遭遇险境。一百多年前，尤其是在中国走向现代化的历史**转折**时期，传统文化曾被很多人视为是封建的、落后的，甚至是**腐朽**的。在传统文化振兴的如今，古琴文化才得以传承与发展。

문인들이 대대로 고금 악보 창작과 **문헌** 자료의 편찬 및 정리 과정에 참여한 것은, 고금 예술이 오늘날까지 전승된 중요한 요인이라고 할 수 있다. 하지만 근현대에, 고금은 오히려 **한동안** 위태로운 상황에 부닥쳤다. 백여 년 전, 특히 중국이 현대화로 나아가는 역사적 **전환** 시기에, 전통문화는 많은 사람에 의해 봉건적이고, 낙후되었으며, 심지어 **부패**된 것이라고 간주됐다. 전통문화가 진흥한 오늘날, 고금 문화는 비로소 전승하고 발전하게 됐다.

A	文物 ✓	历来	取代	腐旧	A	문물	대대로	대체	오래
B	文艺 ✓	顿时	过滤	腐败 ✓	B	문예	즉시	여과	부패
C	文具	日益	转移	腐烂	C	문구	나날이	이동	부패
D	**文献 ✓**	**一度**	**转折 ✓**	**腐朽 ✓**	D	문헌	한때	전환	부패

어휘

지문 ★**历代** lìdài 몡 대대, 역대　**参与** cānyù 동 참여하다　**琴谱** qínpǔ 몡 고금 악보　★**创作** chuàngzuò 동 창작하다
文献 wénxiàn 몡 문헌[역사적 가치나 참고할 가치가 있는 도서 자료]　**资料** zīliào 몡 자료　**编纂** biānzuǎn 동 편찬하다
古琴 gǔqín 몡 고금[아악기에 속하는 현악기의 하나]　**传承** chuánchéng 동 전승하다　**至今** zhìjīn 동 오늘날까지　**因素** yīnsù 몡 요인
近现代 jìnxiàndài 몡 근현대　★**一度** yídù 뛰 한동안　**遭遇** zāoyù 동 부닥치다　**险境** xiǎnjìng 몡 위태로운 상황
现代化 xiàndàihuà 동 현대화하다　**转折** zhuǎnzhé 동 전환하다　**传统** chuántǒng 몡 전통적이다　**视为** shìwéi ~로 간주하다
封建 fēngjiàn 몡 봉건적인　**落后** luòhòu 몡 낙후되다　**腐朽** fǔxiǔ 몡 부패하다, 썩다　**振兴** zhènxīng 동 진흥하다　**如今** rújīn 몡 오늘날

선택지 ★**文物** wénwù 몡 문물　★**文艺** wényì 몡 문예　**文具** wénjù 몡 문구　**历来** lìlái 뛰 대대로　★**顿时** dùnshí 뛰 즉시　★**日益** rìyì 뛰 나날이
取代 qǔdài 동 대체하다　★**过滤** guòlǜ 동 여과하다　★**转移** zhuǎnyí 동 이동하다　**腐旧** fǔjiù 몡 오래되다　**腐败** fǔbài 몡 부패하다
腐烂 fǔlàn 몡 부패하다, 썩다

해설

첫째 빈칸 선택지가 모두 공통글자 文을 포함하여 '문화, 문자'와 관련된 의미의 명사 유의어이다. 빈칸 뒤의 명사 资料(자료)와 의미적으로 호응하는 선택지 A 文物(문물), B 文艺(문예), D 文献(문헌)을 정답의 후보로 고른다. '문인들이 대대로 고금 악보 창작과 ＿＿＿ 자료의 편찬 및 정리 과정에 참여한 것'이라는 문맥과도 자연스럽다.

둘째 빈칸 선택지가 모두 의미가 다른 부사이다. '하지만 근현대에, 고금은 오히려 ＿＿＿ 위태로운 상황에 부닥쳤다.'라는 문맥에 어울리는 선택지 B 顿时(즉시), C 日益(나날이), D 一度(한동안)을 정답의 후보로 고른다.

셋째 빈칸 선택지 C, D는 공통글자 转을 포함하여 '전하다, 돌아다니다'와 관련된 의미의 동사 유의어이고, A는 '대체하다'라는 의미의 동사이다. 그리고 B는 '여과하다'라는 의미의 동사이다. 빈칸 앞쪽의 명사 历史(역사적), 时期(시기)와 의미적으로 호응하는 선택지 D 转折(전환)가 정답이다. '백여 년 전, 특히 중국이 현대화로 나아가는 역사적 ＿＿＿ 시기에'라는 문맥과도 자연스럽다.

참고로 A 取代(대체하다)는 주로 '取代B'의 형태로 사용되어 'A가 B를 대체하다'라는 의미를 나타낸다. 그리고 C 转移(이동하다)는 방향이나 위치가 한 방향에서 다른 방향으로 바뀌는 것을 나타내거나 흥미, 주의력 등이 바뀌는 것을 나타낸다.

*셋째 빈칸에서는 D밖에 정답이 될 수 없기 때문에, 실제 시험에서는 선택지 D를 정답으로 선택하고 바로 다음 문제로 넘어간다.

넷째 빈칸 선택지가 모두 공통글자 腐를 포함하여 '낡다, 썩다'와 관련된 의미의 형용사 유의어이다. 빈칸 앞의 传统文化(전통문화는)와 의미적으로 호응하는 선택지 B 腐败(부패), C 腐烂(부패), D 腐朽(부패)를 정답의 후보로 고른다. '전통문화는 많은 사람에 의해 봉건적이고, 낙후되었으며, 심지어 ＿＿＿된 것이라고 간주됐다'라는 문맥과도 자연스럽다.

참고로 A 腐旧(오래되다)는 사상이나 관념이 시대에 뒤떨어짐을 나타내며, 주로 习俗(습관과 풍속), 思想(사상) 등의 어휘와 호응한다.

67

吸烟者**一旦**停用尼古丁，香烟里让人**上瘾**的物质可能会使其出现躯体、认知和心理方面的不适：比如出现胃肠道不适，焦虑和烦躁不安等现象。这一系列的戒断反应一般是从停止吸烟数小时后开始出现，两周后达到**高峰**。若在高峰期间出现强烈的不适症状，就需要**及早**就医，以防出现更为严重的情况。

흡연자가 **일단** 니코틴을 끊게 되면, 담배 안의 사람을 **중독**시키는 물질이 신체, 인지와 심리 방면에서 불편함을 나타나게 할 수 있다. 위장관이 불편하고, 마음을 졸이고 초조하며 불안해하는 등의 현상이 그 예다. 이런 일련의 금단 반응은 보통 흡연을 중지하고 몇 시간 후부터 나타나기 시작하는데, 이주 후에 **절정**에 달한다. 만약 절정 기간에 뚜렷한 불편 증상이 나타나면, 더 심각한 상황이 나타나지 않도록 **서둘러서** 진찰을 받아야 한다.

A	即将	着迷 ✓	高潮	时常	A	곧	매혹	절정	자주
B	时而 ✓	诱惑	高压	势必	B	때때로	유혹	고압	반드시
C	一律 ✓	约束	高原	随即 ✓	C	예외 없이	구속	고원	바로
D	**一旦 ✓**	**上瘾 ✓**	**高峰 ✓**	**及早 ✓**	D	일단	중독	절정	서둘러서

어휘   지문   **吸烟者** xīyānzhě 圖흡연자   **一旦** yídàn 團일단   **停用** tíngyòng 끊다, 사용을 중단하다   **尼古丁** nígǔdīng 圖니코틴   **香烟** xiāngyān 圖담배

어휘   지문   **吸烟者** xīyānzhě 圖흡연자   **一旦** yídàn 團일단   **停用** tíngyòng 끊다, 사용을 중단하다   **尼古丁** nígǔdīng 圖니코틴   **香烟** xiāngyān 圖담배
    上瘾 shàngyǐn 圖중독되다   **物质** wùzhì 圖물질   **躯体** qūtǐ 圖신체   **认知** rènzhī 圖인지하다   **心理** xīnlǐ 圖심리   **不适** búshì 圖불편하다
    胃肠道 wèichángdào 圖위장관[위와 장을 모두 포함한 소화 기관]   **焦虑** jiāolǜ 圖마음 졸이다   **烦躁** fánzào 圖초조하다
    不安 bù'ān 圖불안하다   **现象** xiànxiàng 圖현상   **一系列** yíxìliè 圖일련의   **戒断** jièduàn 圖금단   **反应** fǎnyìng 圖반응하다
    数 shù 圖몇   **达到** dádào 圖~에 달한다   ★**高峰** gāofēng 圖절정   **期间** qījiān 圖기간   **强烈** qiángliè 圖뚜렷하다
    ★**症状** zhèngzhuàng 圖증상   **及早** jízǎo 圖서둘러서   **就医** jiùyī 圖진찰을 받다   **以防** yǐfáng ~하지 않도록

    선택지   **即将** jíjiāng 圖곧   **时而** shí'ér 圖때때로   **一律** yílǜ 圖예외 없이   **着迷** zháomí 圖매혹되다   **诱惑** yòuhuò 圖유혹하다
    ★**约束** yuēshù 圖구속하다   **高潮** gāocháo 圖절정   **高压** gāoyā 圖고압   **高原** gāoyuán 圖고원   ★**时常** shícháng 圖자주
    势必 shìbì 圖반드시   ★**随即** suíjí 圖바로

해설   첫째   선택지가 모두 의미가 다른 부사이다. '흡연자가 ＿＿＿ 니코틴을 끊게 되면'이라는 문맥에 어울리는 선택지 B 时而(때때로), C 一律(예
    빈칸   외 없이), D 一旦(일단)을 정답의 후보로 고른다.

    둘째   선택지가 모두 의미가 다른 동사이다. '담배 안의 사람을 ＿＿＿ 시키는 물질이 신체, 인지와 심리 방면에서 불편함을 나타나게 할 수 있
    빈칸   다.'라는 문맥에 어울리는 선택지 A 着迷(매혹), D 上瘾(중독)을 정답의 후보로 고른다.

    셋째   선택지가 모두 공통글자 高를 포함하여 '높다'와 관련된 의미의 명사 유의어이다. 빈칸 앞의 술어 达到(~에 달한다)와 의미적으로 호응하
    빈칸   는 선택지 A 高潮(절정), D 高峰(절정)을 정답의 후보로 고른다. '금단 반응은 보통 흡연을 중지하고 몇 시간 후부터 나타나기 시작하는데,
         이주 후에 ＿＿＿ 에 달한다'라는 문맥에 어울리는 것은 D 高峰이므로 D가 정답이다.
         참고로 A 高潮(절정)는 소설·영화·연극 등의 이야기가 고조되는 것을 나타낸다.
         *셋째 빈칸에서는 D밖에 정답이 될 수 없기 때문에, 실제 시험에서는 선택지 D를 정답으로 선택하고 바로 다음 문제로 넘어간다.

    넷째   선택지가 모두 의미가 다른 부사이다. '만약 절정 기간에 뚜렷한 불편 증상이 나타나면, 더 심각한 상황이 나타나지 않도록 ＿＿＿ 진찰
    빈칸   을 받아야 한다.'라는 문맥에 어울리는 선택지 C 随即(바로), D 及早(서둘러서)를 정답의 후보로 고른다. 참고로 B 势必(반드시) 앞에는 가
         정의 내용이 오고, 뒤에는 예측할 수 있는 명확한 결과가 온다.

---

68   在一个智慧城市中，各种基础设施是**接连**建设在一起的，具有极强的相互关联性。现在有些交通设施在某种程度上已经**实现**了弹性的交通系统，比如用大数据管控信号灯和路况的方式，极大地缩短了通行时间。但其他领域的应用目前还处于**初步**阶段，若要完善，仍需**深层**的分析和研究。

한 스마트 시티에, 여러 가지 기초 시설들이 **연속적으로** 함께 건설되어 있고, 매우 강한 상호 연관성을 가지고 있다. 현재 일부 교통 시설은 어느 정도 탄력적인 교통 시스템을 이미 **실현**했는데, 빅데이터를 활용해 신호등과 도로 상황을 관리 통제하는 방식으로 통행 시간을 매우 단축시킨 것이 그 예다. 하지만 다른 영역의 응용에서는 현재 **초보적인** 단계에 놓여 있는데, 만약 완벽해지게 하려면 여전히 **깊은** 분석과 연구가 필요하다.

A	始终 ✔	展现 ✔	幼稚	深奥	A 언제나	드러내다	유치한	심오한
B	几乎 ✔	呈现 ✔	脆弱	剧烈	B 거의	나타나다	연약한	격렬한
C	**接连 ✔**	**实现 ✔**	**初步 ✔**	**深层 ✔**	**C 연속적으로**	**실현하다**	**초보적인**	**깊은**
D	完全 ✔	兑现	苦闷	雄厚	D 완전히	약속을 지키다	번거롭고 답답한	충분한

어휘   지문   **智慧城市** zhìhuì chéngshì 圖스마트 시티[발전된 정보 통신 기술을 이용하여 도시의 주요 기능을 지능형으로 네트워크화한 첨단 도시]

어휘   지문   **智慧城市** zhìhuì chéngshì 圖스마트 시티[발전된 정보 통신 기술을 이용하여 도시의 주요 기능을 지능형으로 네트워크화한 첨단 도시]
    设施 shèshī 圖시설   ★**接连** jiēlián 圖연속적으로   **建设** jiànshè 圖건설하다   **关联性** guānliánxìng 圖연관성   **某** mǒu 圖어느
    程度 chéngdù 圖정도, 수준   **实现** shíxiàn 圖실현하다   ★**弹性** tánxìng 圖탄력적   **系统** xìtǒng 圖시스템   **大数据** dàshùjù 圖빅데이터
    管控 guǎnkòng 圖관리 통제하다   **信号灯** xìnhàodēng 圖신호등   **路况** lùkuàng 圖도로 상황   **极大** jídà 圖매우
    缩短 suōduǎn 圖단축하다   **通行** tōngxíng 圖통행하다   **领域** lǐngyù 圖영역   **应用** yìngyòng 圖응용하다   **目前** mùqián 圖현재
    初步 chūbù 圖초보적인   **阶段** jiēduàn 圖단계   **完善** wánshàn 圖완벽해지게 하다   **仍** réng 圖여전히   **深层** shēncéng 圖깊다
    分析 fēnxī 圖분석하다

    선택지   **始终** shǐzhōng 圖언제나   ★**展现** zhǎnxiàn 圖드러내다   ★**呈现** chéngxiàn 圖나타나다   **兑现** duìxiàn 圖약속을 지키다
    幼稚 yòuzhì 圖유치하다   ★**脆弱** cuìruò 圖연약하다   **苦闷** kǔmèn 圖번거롭고 답답하다   **深奥** shēn'ào 圖심오하다
    ★**剧烈** jùliè 圖격렬하다   **雄厚** xiónghòu 圖충분하다

해설   첫째   선택지가 모두 의미가 다른 부사이다. 빈칸은 부사어 자리이므로, 빈칸 뒤의 **建设在一起**(함께 건설되어 있고)와 의미적으로 호응하는 선
    빈칸   택지 A 始终(언제나), B 几乎(거의), C 接连(연속적으로), D 完全(완전히)을 정답의 후보로 고른다. '여러 가지 기초 시설들이 ＿＿＿ 함께 건
         설되어 있고'라는 문맥과도 자연스럽다.

    둘째   선택지가 모두 공통글자 现을 포함한 어휘로, A, B, C는 '보이다, 드러내다'와 관련된 의미의 동사 유의어이고, D는 '약속을 지키다'라는
    빈칸   의미의 동사이다. 빈칸은 술어 자리이므로, 빈칸 뒤의 목적어 **交通系统**(교통 시스템을)과 의미적으로 호응하는 선택지 A 展现(드러내다),
         B 呈现(나타나다), C 实现(실현하다)을 정답의 후보로 고른다. '현재 일부 교통 시설은 어느 정도 탄력적인 교통 시스템을 이미 ＿＿＿ 했
         는데'라는 문맥과도 자연스럽다.

셋째
빈칸
선택지가 모두 의미가 다른 형용사이다. 빈칸은 관형어 자리이므로, 빈칸 뒤의 목적어 阶段(단계)과 의미적으로 호응하는 선택지 A 幼稚 (유치한), C 初步(초보적인)를 정답의 후보로 고른다. '하지만 다른 영역의 응용에서는 현재 _____ 단계에 놓여 있는데'라는 문맥에 어울리는 것은 C 初步이므로 C가 정답이다.

*셋째 빈칸에서는 C밖에 정답이 될 수 없기 때문에, 실제 시험에서는 선택지 C를 정답으로 선택하고 바로 다음 문제로 넘어간다.

넷째
빈칸
선택지 A, C는 공통글자 深을 포함하여 '심오하다, 깊다'와 관련된 의미의 형용사 유의어이고, B는 '격렬하다'라는 의미의 형용사이다. 그리고 D는 '충분하다'라는 의미의 형용사이다. 빈칸은 관형어 자리이므로, 빈칸 뒤의 목적어 分析(분석), 研究(연구)와 의미적으로 호응하는 선택지 C 深层(깊은)이 정답이다. '만약 완벽해지게 하려면 여전히 _____ 분석과 연구가 필요하다'라는 문맥과도 자연스럽다.
참고로 A 深奥(심오하다)는 사상이나 이론이 깊이가 있고 오묘하다는 것을 나타내며, 주로 学问(학문), 道理(도리) 등의 어휘와 호응한다. D 雄厚(충분하다)는 인력이나 물자가 풍부하다는 것을 나타내며, 주로 实力(실력), 资本(자본) 등의 어휘와 호응한다.

---

69 唐太宗身边有几位**监督**他的大臣，其中一位是**忠实**的魏征。唐太宗一有**过失**，他便会立即指出。有一天，本该去打猎的唐太宗想偷懒，不料却被魏征发现，魏征苦口婆心地**劝诫**了唐太宗。唐太宗这才意识到，自己作为一国之君更应该注意言行举止，并要以身作则。

당태종 곁에는 그를 **감독하는** 대신이 몇 명 있었는데, 그중 한 명은 **충실한** 위징이었다. 당태종에게 **실수가** 있으면, 그는 즉시 지적해냈다. 어느 날, 원래 사냥을 하러 가기로 한 당태종은 게으름을 피우고 싶었는데, 예상치 못하게 위징에게 발각됐고, 위징은 노파심에 거듭 당태종을 **타이르**렀다. 당태종은 자신이 한 나라의 군주로서 언행에 더욱 주의해야 하며, 몸소 모범을 보여야 한다는 것을 비로소 깨달았다.

A 监视 ✓	朴实 ✓	误差	说服 ✓	A 감시하는	소박한	오차가	설득하다
B 督促 ✓	正义	偏差	劝导 ✓	B 감독하는	정의로운	편차가	설득하다
C 监督 ✓	**忠实 ✓**	**过失 ✓**	**劝诫 ✓**	**C 감독하는**	**충실한**	**실수가**	**타이르다**
D 鞭策 ✓	旺盛	失误 ✓	观望	D 편달하는	왕성한	실수가	관망하다

어휘 지문 唐太宗 Táng tàizōng [고유] 당태종[중국 당나라 제2대 황제] ★监督 jiāndū [통] 감독하다 ★大臣 dàchén [명] 대신[고위 관원] ★忠实 zhōngshí [형] 충실하다 魏征 Wèi Zhēng [고유] 위징[중국 당나라의 정치가] 过失 guòshī [명] 실수, 과실 立即 lìjí [부] 즉시 本该 běn gāi 원래 ~해야 한다 打猎 dǎliè [통] 사냥하다 偷懒 tōulǎn [통] 게으름을 피우다 ★不料 búliào [부] 예상치 못하게 苦口婆心 kǔkǒupóxīn [성] 노파심에서 거듭 충고하다 劝诫 quànjiè [통] 타이르다 ★意识 yìshí [통] 깨닫다 作为 zuòwéi [개] ~로서 君 jūn [명] 군주 言行举止 yánxíngjǔzhǐ [명] 언행 以身作则 yǐshēnzuòzé [성] 몸소 모범을 보이다

선택지 监视 jiānshì [통] 감시하다 督促 dūcù [통] 감독하다 ★鞭策 biāncè [통] 편달하다 朴实 pǔshí [형] 소박하다 ★正义 zhèngyì [명] 정의롭다 旺盛 wàngshèng [형] (기운이나 세력이) 왕성하다 ★误差 wùchā [명] 오차 偏差 piānchā [명] 편차 ★失误 shīwù [명] 실수 说服 shuōfú [통] 설득하다, 납득시키다 劝导 quàndǎo [통] 설득하다, 권유하다 观望 guānwàng [통] 관망하다

해설 첫째
빈칸
선택지 A, B, C는 공통글자 监 또는 督를 포함하여 '감시하다'와 관련된 의미의 동사 유의어이고, D는 '편달하다'라는 의미의 동사이다. 빈칸은 술어 자리이므로, 빈칸 뒤의 목적어 他(그들)와 의미적으로 호응하는 선택지 A 监视(감시하는), B 督促(감독하는), C 监督(감독하는), D 鞭策(편달하는)를 정답의 후보로 고른다. '당태종 곁에는 그를 _____ 대신이 몇 명 있었는데'라는 문맥과도 자연스럽다.

둘째
빈칸
선택지 A, C는 공통글자 实을 포함한 형용사 유의어이고, B는 '정의롭다'라는 의미의 형용사이다. 그리고 D는 '왕성하다'라는 의미의 형용사이다. '당태종 곁에는 그를 감독하는 대신이 몇 명 있었는데, 그중 한 명은 _____ 위징이었다.'라는 문맥에 어울리는 선택지 A 朴实(소박한), B 正义(정의로운), C 忠实(충실한)을 정답의 후보로 고른다.

셋째
빈칸
선택지 A, B는 공통글자 差를 포함하여 '차이'와 관련된 의미의 명사 유의어이고, C, D는 공통글자 失을 포함하여 '실수'와 관련된 의미의 명사 유의어이다. '당태종에게 _____ 있으면, 그는 즉시 지적해냈다.'라는 문맥에 어울리는 선택지 C 过失(실수가), D 失误(실수가)를 정답의 후보로 고른다.

넷째
빈칸
선택지 B, C는 공통글자 劝을 포함하여 '권하다'와 관련된 의미의 동사 유의어이고, A는 '설득하다'라는 의미의 동사이다. 그리고 D는 '관망하다'라는 의미의 동사이다. 빈칸은 술어 자리이므로, 빈칸 앞의 부사어 苦口婆心地(노파심에 거듭)와 의미적으로 호응하는 선택지 A 说服(설득하다), B 劝导(설득하다), C 劝诫(타이르다)를 정답의 후보로 고른다. '원래 사냥을 하러 가기로 한 당태종은 게으름을 피우고 싶었는데, 예상치 못하게 위징에게 발각됐고, 위징은 노파심에 거듭 당태종을 _____ 렀다.'라는 문맥과도 자연스럽다.
참고로 D 观望(관망하다)은 직접 개입하지 않고 한발 물러나서 일의 과정이나 풍경을 바라보는 것을 나타낸다.

*따라서 모든 빈칸에서 정답 후보를 포함하는 선택지 C가 정답이다.

70

人之所以会迷失方向，**归根结底**是因为没有明确的目标。**倘若**没有目标，人就会变得越来越**茫然**。为了不在迷茫的漩涡中盘旋，需要**坚定**自己的**志气**和理想，并为此付诸实践和努力。即便当下的理想看起来很渺小，但只要一步一个脚印往前走，就能够寻找到前进的方向，从而翻开人生**崭新**的篇章。

사람이 방향을 잃는 것은 **결국** 명확한 목표가 없기 때문이다. **만약** 목표가 없다면, 사람은 점점 더 **막연하게** 변한다. 아득하게 펼쳐진 소용돌이 속에서 맴돌지 않기 위해 자신의 **야망**과 꿈을 확고히 해야 하고, 이를 위해 실천과 노력에 옮겨야 한다. 설령 지금 당장의 꿈이 보잘것없어 보일지라도, 한 발 한 발 앞으로 걸어가기만 하면, 앞으로 나아갈 방향을 찾을 수 있고, 따라서 인생의 **새로운** 장을 펼칠 수 있다.

A	归根结底 ✓	倘若 ✓	茫然 ✓	志气 ✓	崭新 ✓
B	总而言之	假如	盲目	正气	新颖
C	一如既往	固然	哄然	士气 ✓	全新 ✓
D	众所周知	进而	盎然	风气	新型

A	결국	만약	막연하게	야망	새로운
B	종합적으로 말하면	만약	맹목적으로	정기	참신한
C	지난날과 다름없다	물론	떠들썩하게	사기	아주 새로운
D	모든 사람이 알고 있듯이	더 나아가	완연하게	기풍	신형의

어휘

지문 迷失 míshī 圖 잃다　归根结底 guīgēnjiédǐ 圖 결국　明确 míngquè 圖 명확하다　目标 mùbiāo 圖 목표　★倘若 tǎngruò 圙 만약 ~한다면
★茫然 mángrán 圖 막연하다　迷茫 mímáng 圖 아득하게 펼쳐져 있다　漩涡 xuánwō 圖 소용돌이　盘旋 pánxuán 圖 맴돌다
★坚定 jiāndìng 圖 확고히 하다　志气 zhìqì 圖 야망　付诸 fùzhū ~에 옮기다　实践 shíjiàn 圖 실천하다　★即便 jíbiàn 圙 설령 ~일지라도
当下 dāngxià 圖 지금 당장　渺小 miǎoxiǎo 圖 보잘것없다　一步一个脚印 yí bù yí gè jiǎoyìn 圖 한 발 한 발, 하나하나 확실히 해나가다
寻找 xúnzhǎo 圖 찾다　前进 qiánjìn 圖 앞으로 나아가다　翻开 fānkāi 펼치다　崭新 zhǎnxīn 圖 새롭다　篇章 piānzhāng 圖 장

선택지 总而言之 zǒng'éryánzhī 圖 종합적으로 말하면　一如既往 yìrújìwǎng 圖 지난날과 다름없다
众所周知 zhòngsuǒzhōuzhī 圖 모든 사람이 알고 있다　假如 jiǎrú 圙 만약 ~한다면　固然 gùrán 圙 물론 ~하지만
★进而 jìn'ér 圙 더 나아가　★盲目 mángmù 圖 맹목적인　哄然 hōngrán 圖 떠들썩하다　盎然 àngrán 圖 완연하다
正气 zhèngqì 圖 정기, 바른 기풍　士气 shìqì 圖 사기　风气 fēngqì 圖 기풍　★新颖 xīnyǐng 圖 참신하다　新型 xīnxíng 圖 신형의

해설

첫째 빈칸 선택지가 모두 의미가 다른 성어이다. '사람이 방향을 잃는 것은 ＿＿＿ 명확한 목표가 없기 때문이다.'라는 문맥에 어울리는 선택지 A 归根结底(결국), B 总而言之(종합적으로 말하면), D 众所周知(모든 사람이 알고 있듯이)을 정답의 후보로 고른다.

둘째 빈칸 선택지가 모두 의미가 다른 접속사이다. 빈칸 뒤의 연결어 就와 의미적으로 호응하는 선택지 A 倘若(만약), B 假如(만약)를 정답의 후보로 고른다. '＿＿＿ 목표가 없다면, 사람은 점점 더 ……하게 변한다.'라는 문맥과도 자연스럽다.

셋째 빈칸 선택지 A, C, D는 공통글자 然을 포함한 형용사 유의어이고, B는 '맹목적인'이라는 의미의 형용사이다. '만약 목표가 없다면, 사람은 점점 더 ＿＿＿ 변한다.'라는 문맥에 어울리는 선택지 A 茫然(막연하게), B 盲目(맹목적으로)를 정답의 후보로 고른다.

넷째 빈칸 선택지가 모두 공통글자 气를 포함하여 '기풍, 사기'와 관련된 의미의 명사 유의어이다. 빈칸 앞의 동사 坚定(확고히 하다)과 의미적으로 호응하는 선택지 A 志气(야망), C 士气(사기)를 정답의 후보로 고른다. '아득하게 펼쳐진 소용돌이 속에서 맴돌지 않기 위해 자신의 ＿＿＿과 꿈을 확고히 해야 하고'라는 문맥과도 자연스럽다.

다섯째 빈칸 선택지가 모두 공통글자 新을 포함하여 '새롭다'와 관련된 의미의 어휘로, A, B, D는 형용사 유의어이고, C는 '아주 새롭다'라는 의미의 어휘이다. 빈칸은 관형어 자리이므로, 빈칸 뒤의 목적어 篇章(장)과 의미적으로 호응하는 선택지 A 崭新(새로운), C 全新(아주 새로운)을 정답의 후보로 고른다. '따라서 인생의 ＿＿＿ 장을 펼칠 수 있다.'라는 문맥과도 자연스럽다.

*따라서 모든 빈칸에서 정답 후보를 포함하는 선택지 A가 정답이다.

---

71 – 75

扁鹊是春秋战国时期的名医，**(71) E 他什么病都能治好**，⁷¹所以享有"神医"的美称。相传扁鹊有两个兄弟也和扁鹊一样精通医术。一天，魏文王向扁鹊说："⁷²你们家三个兄弟都精通医术，**(72) A 你必定是医术最精湛的那个吧？**"没想到扁鹊摇了摇头说："⁷²恰恰相反，我是医术最差的一个。"魏文王对此感到非常困惑，于是让扁鹊说明原因。

原来，扁鹊的大哥给人治病，是在人发病之前，那时人们还不知道自己将会身患疾病。扁鹊的大哥通过调节体弱之人的饮食、起居和生活习惯，使疾病还在萌芽状态时就得到控制，因此扁鹊大哥的医术在家中是最受认可的。**(73) D 可惜人们看不到其中的深意**，⁷³并不觉得大哥是名医。

편작은 춘추 전국 시대의 명의이다. **(71) E 그는 어떤 병이라도 치료할 수 있었고**, ⁷¹그래서 '신의'라는 좋은 평판을 얻었다. 편작에게는 편작처럼 의술에 정통한 두 명의 형제가 있다고 전해졌다. 어느 날, 위문왕은 편작에게 말했다. "⁷²자네 세 형제가 모두 의술에 정통하다던데, **(72) A 자네가 틀림없이 의술에 가장 정통한 그 사람이겠지?**" 뜻밖에도 편작은 고개를 저으며 말했다. "⁷²정확히 반대입니다. 저는 의술이 가장 떨어지는 한 명입니다." 위문왕은 이에 대해 몹시 당혹스러워했고, 그래서 편작에게 이유를 설명해 달라고 했다.

알고 보니, 편작의 큰형이 사람을 치료할 때는 사람이 병이 나기 전으로, 그때는 사람들도 자신이 병에 걸릴 거란 것을 모를 때이다. 편작의 큰형은 몸이 약한 사람의 음식, 일상 그리고 생활 습관의 조절을 통해, 병이 막 발생하는 상태일 때 제어했기 때문에, 편작의 큰형의 의술은 집안에서 가장 인정받았다. **(73) D 안타깝게도 사람들은 그 깊은 뜻을 헤아리지 못했고**, ⁷³큰형이 명의라고 생각하지 못했다.

扁鹊的二哥给人治病，则是在发病初期，那时病人的症状还不是很明显，因此病人也感受不到很大的痛苦。而⁷⁴二哥只用一些简单的治疗手段，**(74) C 如通过吃药或者食物理疗等方法**，就可以将疾病根除。村里的人都认为扁鹊的二哥只会治一点小病，他们有什么小病都会去找二哥治疗，但是二哥的名气还是比较小。

而扁鹊给人治病，都是在病人病情危重的时候，那时病人痛苦万分，病人的家属们也满心焦虑。在治疗过程中，扁鹊会在经脉上穿刺，用针放血，以毒攻毒，甚至进行大手术。⁷⁵病人家属们看到扁鹊用这些方法，使病人的病情得到缓解或得到治愈，**(75) B 便觉得扁鹊拯救了病人的生命**，认为他才是真正能够救人性命的名医。

魏文王听后恍然大悟，意识到事后控制不如事中控制，事中控制不如事前控制。

A 你必定是医术最精湛的那个吧
B 便觉得扁鹊拯救了病人的生命
C 如通过吃药或者食物理疗等方法
D 可惜人们看不到其中的深意
E 他什么病都能治好

편작의 둘째 형이 사람에게 치료해줄 때는 병이 난 초기인데, 그때는 환자의 증상이 아직 뚜렷하지 않기 때문에, 환자도 큰 고통을 느끼지 못한다. 그래서 ⁷⁴둘째 형은 오직 **(74) C 약 복용 또는 식이 요법 등의 방법과 같은** ⁷⁴간단한 치료 방법만 이용해도, 병을 뿌리 뽑을 수 있었다. 마을 사람들은 편작의 둘째 형이 잔병만 치료할 수 있다고 생각했고, 그들은 어떤 잔병이 생기면 모두 둘째 형을 찾아가 치료하긴 했지만, 둘째 형의 평판은 그래도 비교적 낮았다.

한편 편작이 사람을 치료할 때는 환자의 병세가 위중할 때인데, 그때는 환자가 극히 고통스러워서, 환자의 가족들도 진심으로 마음을 졸일 때이다. 치료 과정에서, 편작은 경맥 위를 꿰찌르기도 하고, 바늘을 사용해 피를 뽑기도 하고, 독으로 독을 다스리기도 했으며, 심지어 대수술도 진행했다. ⁷⁵환자의 가족들은 편작이 이런 방법을 사용해, 환자의 병세가 완화되거나 치유되는 것을 봐서, **(75) B 편작이 환자의 목숨을 구했다고 생각했고**, 그가 진정으로 사람의 생명을 살릴 수 있는 명의라고 생각했다.

위문왕은 듣고 나서 문득 크게 깨쳐, 사후에 제어하는 것은 도중에 제어하는 것만 못하고, 도중에 제어하는 것은 사전에 제어하는 것만 못하다는 것을 깨달았다.

A 자네가 틀림없이 의술에 가장 정통한 그 사람이겠지
B 편작이 환자의 목숨을 구했다고 생각했고
C 약 복용 또는 식이 요법 등의 방법과 같은
D 안타깝게도 사람들은 그 깊은 뜻을 헤아리지 못했고
E 그는 어떤 병이라도 치료할 수 있었고

어휘 扁鹊 Biǎn Què 고유 편작[중국 춘추 전국 시대(春秋战国时期) 의학자] 春秋战国时期 Chūnqiū Zhànguó shíqī 고유 춘추 전국 시대[중국 역사상의 한 시대]
名医 míngyī 명 명의 治 zhì 동 치료하다 享有 xiǎngyǒu 동 얻다 美称 měichēng 명 좋은 평판 相传 xiāngchuán 동 ~라고 전해지다
兄弟 xiōngdi 명 형제 ★精通 jīngtōng 동 정통하다 医术 yīshù 명 의술 魏文王 Wèiwénwáng 고유 위문왕[전국 시대에 위나라를 건립한 왕]
精湛 jīngzhàn 형 정통하다 摇 yáo 동 젓다 恰恰 qiàqià 부 정확히, 꼭 困惑 kùnhuò 형 당혹스럽다 治病 zhìbìng 치료하다 发病 fābìng 동 병이 나다
身患疾病 shēnhuàn jíbìng 병에 걸리다 ★调节 tiáojié 동 조절하다 弱 ruò 형 약하다 ★饮食 yǐnshí 명 음식 起居 qǐjū 명 일상 ★疾病 jíbìng 명 병
萌芽 méngyá 동 막 발생하다 状态 zhuàngtài 명 상태 控制 kòngzhì 동 제어하다 ★认可 rènkě 동 인정하다 深意 shēnyì 명 깊은 뜻
病人 bìngrén 명 환자 ★症状 zhèngzhuàng 명 증상 明显 míngxiǎn 형 뚜렷하다 感受 gǎnshòu 동 느끼다 痛苦 tòngkǔ 명 고통
治疗 zhìliáo 동 치료하다 手段 shǒuduàn 명 방법 食物理疗 shíwù lǐliáo 명 식이 요법 根除 gēnchú 동 뿌리를 뽑다 名气 míngqì 명 평판
病情 bìngqíng 명 병세 危重 wēizhòng 형 위중하다 ★万分 wànfēn 부 극히 家属 jiāshǔ 명 가족 满心 mǎnxīn 부 진심으로
焦虑 jiāolǜ 동 마음 졸이다 经脉 jīngmài 명 경맥 穿刺 chuāncì 동 꿰찌르다 针 zhēn 명 바늘 放血 fàngxiě 동 피를 뽑다
以毒攻毒 yǐdúgōngdú 동 독으로 독을 다스리다 大手术 dàshǒushù 명 대수술 缓解 huǎnjiě 동 완화되다 治愈 zhìyù 동 치유하다
拯救 zhěngjiù 동 구하다 性命 xìngmìng 명 생명 恍然大悟 huǎngrándàwù 성 문득 크게 깨치다, 갑자기 모두 알게 되다 ★意识 yìshí 동 깨닫다
不如 bùrú 동 ~보다 못하다

해설 (71) 빈칸 뒤에 '결과'를 나타내는 연결어 所以(그래서)가 있고, 빈칸 뒤가 '그래서 '신의'라는 좋은 평판을 얻었다'라는 문맥임을 확인해둔다. 선택지 E 他什么病都能治好(그는 어떤 병이라도 치료할 수 있었고)가 빈칸 뒤 내용의 원인이므로 정답이다. 참고로, 선택지 B 便觉得扁鹊拯救了病人的生命(편작이 환자의 목숨을 구했다고 생각했고)은 빈칸에 넣었을 때 주어가 없는 틀린 문장이 되므로 정답이 될 수 없다.

(72) 빈칸 앞이 '자네 세 형제가 모두 의술에 정통하다던데'라는 문맥과 빈칸 뒤가 '정확히 반대입니다. 저는 의술이 가장 떨어지는 한 명입니다'라는 문맥임을 파악한다. 선택지 A 你必定是医术最精湛的那个吧(자네가 틀림없이 의술에 가장 정통한 그 사람이겠지)가 빈칸 앞뒤 내용을 연결하므로 정답이다. 참고로, 빈칸이 큰따옴표 안에 있고 빈칸 뒤에 물음표가 있으므로 의문문 형태의 대화체인 선택지 A를 고르는 것도 하나의 방법이다.

(73) 빈칸 뒤가 '큰형이 명의라고 생각하지 못했다'라는 문맥임을 파악한다. 선택지 D 可惜人们看不到其中的深意(안타깝게도 사람들은 그 깊은 뜻을 헤아리지 못했고)가 빈칸 뒤 내용의 이유를 나타내므로 정답이다.

(74) 빈칸 앞에서 언급된 简单的治疗手段을 키워드 단서로 확인해둔다. 简单的治疗手段과 관련된 키워드 吃药, 食物理疗가 있는 선택지 C 如通过吃药或者食物理疗等方法(약 복용 또는 식이 요법 등의 방법과 같은)가 정답이다. C를 빈칸에 넣었을 때 '둘째 형은 오직 약 복용 또는 식이 요법 등의 방법과 같은 간단한 치료 방법만 이용해도'라는 자연스러운 문맥이 된다.

(75) 빈칸 앞이 '환자의 가족들은 편작이 이런 방법을 사용해, 환자의 병세가 완화되거나 치유되는 것을 봐서'라는 문맥임을 파악한다. 선택지 B 便觉得扁鹊拯救了病人的生命(편작이 환자의 목숨을 구했다고 생각했고)이 빈칸 앞 내용의 결론을 나타내므로 정답이다.

茶叶源于中国，它早期被用作祭品，西汉中期被用作药材，西汉后期进一步发展为宫廷高级饮料，直到西晋以后才普及于民间。如今用茶叶制成的茶饮料被认为是世界三大饮料之一。

茶叶根据不同的发酵程度，可被加工成绿茶、红茶、乌龙茶等多种茶。茶叶的发酵原理在于通过改变茶叶细胞中的儿茶素，(76) **C 促进茶叶内一系列氧化作用**。[76]这种氧化作用会影响茶叶的颜色。未经发酵的茶叶是绿色的，发酵愈多颜色变得愈红。因此[77]只要看茶汤的颜色是偏绿还是偏红，(77) **A 就可以知道该茶的发酵程度**。

茶叶的香气也与发酵程度有关，有些散发出清爽的菜香，有些弥漫着芬芳的花香，有些则在完全发酵时会有糖香。此外，发酵愈少，茶愈接近自然植物的风味，发酵愈多，离自然植物的味道愈远。

根据品种、制作方式以及产品外形，中国茶叶可分为"六大系"，包括绿茶、黄茶、红茶、乌龙茶、黑茶和白茶。绿茶是指不发酵的茶，即发酵度为零；黄茶是微发酵的茶；红茶为全发酵茶，多作为奶茶原料；[78]乌龙茶属于半发酵茶，(78) **D 味道介于绿茶和红茶之间**，[78]既有绿茶的醇厚，又有红茶的甘甜；黑茶原料较粗较老，加工时堆积发酵时间长，导致叶色呈暗褐色，故被称为"黑茶"；白茶是轻度发酵的茶，[79]加工时不炒不揉，(79) **E 只需要把茶叶晒干或用弱火烘干**，[79]从而使茶叶背面的白色茸毛完整地保留下来。

茶从古至今都是人们喜爱的饮品，[80]除了香味浓郁之外，(80) **B 茶还有很好的保健功效**，[80]常喝茶有助于预防各种疾病。

A 就可以知道该茶的发酵程度
B 茶还有很好的保健功效
C 促进茶叶内一系列氧化作用
D 味道介于绿茶和红茶之间
E 只需要把茶叶晒干或用弱火烘干

찻잎은 중국에서 기원했다. 찻잎은 초기에 제물로 사용됐고, 서한 중기에는 약료로 사용됐으며, 서한 후기에 궁궐의 고급 료료로 한층 더 발전했고, 서진 이후에 이르러서야 비로소 민간에 보급됐다. 오늘날 찻잎을 이용해 만든 차 료료는 세계 3대 료료 중 하나로 여겨진다.

찻잎은 서로 다른 발효 정도에 따라, 녹차, 홍차, 우룡차 등 다양한 종류의 차로 가공될 수 있다. 찻잎의 발효 원리는 찻잎 세포 중 카테킨을 변화시키는 것을 통해, (76) **C 찻잎 속 일련의 산화 작용을 촉진시키**는 데에 있다. [76]이 산화 작용은 찻잎의 색깔에 영향을 미친다. 아직 발효되지 않은 찻잎은 녹색이고, 발효가 많이 될수록 색깔은 붉게 변한다. 그렇기 때문에 [77]찻물의 색깔이 녹색에 가까운지 아니면 붉은색에 가까운지 보기만 하면, (77) **A 그 차의 발효 정도를 알 수 있**다.

찻잎의 향기 역시 발효 정도와 관련이 있는데, 어떤 것은 상쾌한 채소 향을 내뿜고, 어떤 것은 향기로운 꽃 향이 가득하며, 어떤 것은 완전히 발효될 때 달달한 향이 난다. 그 밖에도, 발효가 적게 될수록 차는 자연 식물의 풍미에 가깝고, 발효가 많이 될수록 자연 식물의 맛에서 멀어진다.

품종, 제조 방식 그리고 제품 외형에 따라, 중국 찻잎은 녹차, 황차, 홍차, 우룡차, 흑차와 백차가 포함된 '6대 계열'로 나눌 수 있다. 녹차는 발효하지 않은 차, 즉 발효도가 0인 차를 가리키고, 황차는 약간 발효한 차, 홍차는 완전히 발효한 차로 대게 밀크티의 료료로 삼는다. [78]우룡차는 반만 발효한 차에 속하며, (78) **D 맛은 녹차와 홍차의 사이에 있고**, [78]녹차의 깔끔하면서 진함을 가지고 있으면서, 홍차의 감미로움을 가지고 있기도 하다. 흑차의 료료는 비교적 거칠고 억센데, 가공할 때 쌓아올려서 발효하는 시간이 길면, 잎 색깔이 암갈색을 띠게 되는데, 그렇기 때문에 '흑차'라고 불린다. 백차는 약하게 발효한 차로, [79]가공할 때 볶지도 않고 비비지도 않으며, (79) **E 찻잎을 햇볕에 말리거나 혹은 약불로 말리기만 하면 되는데**, [79]그리하여 찻잎 뒷면의 하얀 솜털이 온전하게 보존되게 한다.

차는 예전부터 지금까지 사람들이 좋아하는 료료인데, [80]향이 짙은 것 이외에도, (80) **B 차는 훌륭한 건강 증진 효능도 있어**, [80]차를 자주 마시면 각종 질병을 예방하는 데 도움이 된다.

A 그 차의 발효 정도를 알 수 있다
B 차는 훌륭한 건강 증진 효능도 있어
C 찻잎 속 일련의 산화 작용을 촉진시키다
D 맛은 녹차와 홍차의 사이에 있고
E 찻잎을 햇볕에 말리거나 혹은 약불로 말리기만 하면 되는데

어휘　茶叶 cháyè 圆 찻잎　源于 yuányú ~에 기원하다　祭品 jìpǐn 圆 제물　西汉 Xī Hàn 圆 서한[중국 역사상의 한 시기]　药材 yàocái 圆 약재
进一步 jìnyíbù 한층 더　宫廷 gōngtíng 圆 궁궐　高级 gāojí 圆 고급　西晋 Xī Jìn 교유 서진[중국 역사상의 한 국가]　★普及 pǔjí 圆 보급되다
★民间 mínjiān 圆 민간　如今 rújīn 圆 오늘날　发酵 fājiào 圆 발효하다　程度 chéngdù 圆 정도　★加工 jiāgōng 圆 가공하다
乌龙茶 wūlóngchá 圆 우룡차　★原理 yuánlǐ 圆 원리　在于 zàiyú 圆 ~에 있다　★细胞 xìbāo 圆 세포
儿茶素 érchásù 圆 카테킨[수용성·수렴성의 황색 화합물]　促进 cùjìn 圆 촉진시키다　一系列 yíxìliè 圆 일련의　氧化 yǎnghuà 圆 산화하다
未经 wèi jīng 아직 ~하지 못하다　★愈 yù 圆 ~하면 할수록 ~하다　茶汤 chátāng 圆 찻물　偏 piān 圆 가깝다, 치우치다　香气 xiāngqì 圆 향기
★散发 sànfā 圆 내뿜다　清爽 qīngshuǎng 圆 상쾌하다　弥漫 mímàn 圆 가득하다　芬芳 fēnfāng 圆 향기롭다　此外 cǐwài 圆 그 밖에도
接近 jiējìn 圆 가깝다　植物 zhíwù 圆 식물　★风味 fēngwèi 圆 풍미　品种 pǐnzhǒng 圆 품종　制作 zhìzuò 圆 제조하다　以及 yǐjí 圆 그리고
外形 wàixíng 圆 외형　包括 bāokuò 圆 포함하다　微 wēi 圆 약간　作为 zuòwéi 圆 ~로 삼는다　奶茶 nǎichá 圆 밀크티　原料 yuánliào 圆 료료
属于 shǔyú 圆 ~에 속하다　介于 jièyú 圆 ~의 사이에 있다　醇厚 chúnhòu 圆 깔끔하면서 진하다　甘甜 gāntián 圆 감미롭다　粗 cū 圆 거칠다, 굵다
老 lǎo 圆 (잎이나 줄기가 너무 자라서) 억세게 되다　★堆积 duījī 圆 쌓아올리다　导致 dǎozhì 圆 초래하다, 야기하다　呈 chéng 圆 띠다
暗褐色 ànhèsè 圆 암갈색　故 gù 圆 그렇게 때문에　称 chēng 圆 부르다　炒 chǎo 圆 볶다　★揉 róu 圆 비비다　晒干 shàigān 圆 햇볕에 말리다
弱 ruò 圆 약하다　烘干 hōnggān 圆 말리다　背面 bèimiàn 圆 뒷면　茸毛 róngmáo 圆 솜털　完整 wánzhěng 圆 온전하다　保留 bǎoliú 圆 보존하다
从古至今 cónggǔ zhìjīn 예전부터 지금까지　浓郁 nóngyù 圆 짙다　保健功效 bǎojiàn gōngxiào 건강 증진 효능　预防 yùfáng 圆 예방하다
★疾病 jíbìng 圆 질병

(76) 빈칸 뒤에서 언급된 这 뒤의 氧化作用을 키워드 단서로 확인해둔다. 氧化作用을 그대로 사용한 선택지 C 促进茶叶内一系列氧化作用(찻잎 속 일련의 산화 작용을 촉진시키다)이 정답이다. C를 빈칸에 넣었을 때 '(찻잎의 발효 원리는) 찻잎 속 일련의 산화 작용을 촉진시키는 데에 있다. 이 산화 작용은 ……'라는 자연스러운 문맥이 된다.

(77) 빈칸 앞에 '조건'을 나타내는 연결어 只要(~하기만 하면)가 있고, 빈칸 앞 내용이 '찻물의 색깔이 녹색에 가까운지 아니면 붉은색에 가까운지 보기만 하면'이라는 문맥임을 확인해둔다. 선택지 A 就可以知道该茶的发酵程度(그 차의 발효 정도를 알 수 있다)가 只要와 자주 짝을 이루어 사용되는 就를 포함하고 문맥과도 자연스러우므로 정답이다.

(78) 빈칸 주변이 '우롱차는 반만 발효한 차에 속하며, _____, 녹차의 깔끔하면서 진함을 가지고 있으면서, 홍차의 감미로움을 가지고 있기도 하다'라는 문맥임을 파악한다. 선택지 D 味道介于绿茶和红茶之间(맛은 녹차와 홍차의 사이에 있고)이 빈칸 앞뒤 내용을 연결하는 동시에 빈칸 뒤 내용의 원인을 나타내므로 정답이다.

(79) 빈칸 주변이 '가공할 때 볶지도 않고 비비지도 않으며, _____, 그리하여 찻잎 뒷면의 하얀 솜털이 온전하게 보존되게 한다'라는 문맥임을 파악한다. 선택지 E 只需要把茶叶晒干或用弱火烘干(찻잎을 햇볕에 말리거나 혹은 약불로 말리기만 하면 되는데)이 빈칸 앞뒤 내용을 연결하는 동시에 빈칸 뒤 내용의 과정을 나타내므로 정답이다.

(80) 빈칸 주변이 '향이 짙은 것 이외에도, _____, 차를 자주 마시면 각종 질병을 예방하는 데 도움이 된다'라는 문맥임을 파악한다. 선택지 B 茶还有很好的保健功效(차는 훌륭한 건강 증진 효능도 있어)가 빈칸 앞뒤 내용을 연결하는 동시에 빈칸 뒤 내용의 이유를 나타내므로 정답이다.

81 - 84

[84]睡眠是我们日常生活中极其重要的组成部分，拥有高质量的睡眠，可以使我们第二天的精神状态得到显著的提高。

想要拥有高质量的睡眠，就需要了解人的睡眠规律。一般来说，凌晨5点到晚上9点是人类进行活动并且产生能量的时间段，[81]晚上9点到凌晨5点则是细胞进行分裂，把身体能量转化为新生细胞的阶段，因此夜晚是人体细胞推陈出新的时段。如果新生细胞的数量赶不上死亡的细胞，就会导致人体早衰和患病。这种昼夜节律的现象，使生物体的生理机能建立规律的周期，从而能够适应外界环境的昼夜变化。在此周期中，进行细胞分裂的睡眠阶段尤为重要。

人的睡眠大体来说分为深睡眠和浅睡眠两种状态，同时又具体划分为入睡期、浅睡期、熟睡期、深睡期、以及快速眼动期五个阶段。其中，第三阶段和第四阶段不易被叫醒，因为此时的眼球已经没有了快速跳动的状态，人也就进入了比较深度的睡眠状态。睡眠过程中，每个阶段都会出现，深睡眠和浅睡眠的状态也会反复交替。其中，深睡眠一般被称为黄金睡眠时期，只占据整个睡眠周期的25%。[82]在深睡眠状态下，大脑皮层细胞处于充分休息的状态，因此[82]对消除疲劳，恢复精力，增强免疫力等有着显著的作用。而浅睡眠则是刚进入睡眠状态的时期，此时的睡眠状态很不稳定。如果长期处于浅睡眠状态，就会出现多梦的现象，因此浅睡眠对缓解人体疲劳的作用甚微。

为了得到优质睡眠，做好万全的入睡准备是很有必要的。在刚入睡的3个小时里，深睡眠几乎占据了90%，因此[83]提前做好入睡准备相当重要。首先，睡觉前应该关闭所有的电子产品和灯，不让视觉受到光线的刺激；其次，要调整好合适的温度，因为卧室温度过高或过低容易影响人的睡眠；最后，[83]寝具是否舒适也是保证良好睡眠的关键因素，使用适合自己的寝具可以让人更快地进入睡眠状态。

[84]수면은 우리의 일상생활에서 몹시 중요한 구성 부분으로, 높은 질의 수면을 가지는 것은 우리의 다음날 정신 상태를 뚜렷하게 증진시킬 수 있다.

높은 질의 수면을 가지고 싶다면, 사람의 수면 규칙을 이해해야 한다. 일반적으로, 새벽 5시부터 밤 9시까지는 인류가 활동하고 에너지를 발생시키는 시간대인데, [81]밤 9시부터 새벽 5시까지는 세포가 분열해, 신체 에너지를 새로운 세포로 전환하는 단계여서, 이 때문에 야간은 인체 세포가 낡은 것을 버리고 새것을 창조하는 시간대이다. 만약 새로운 세포의 수가 죽은 세포를 따라가지 못하면, 인체가 일찍 노쇠하고 병에 걸리게 된다. 이러한 주야 리듬의 현상은 생물체의 생리 기능이 규칙적인 주기를 생기게 하여, 외부 환경의 주야 변화에 적응할 수 있게 한다. 이 주기에는, 세포 분열을 하는 수면 단계가 특히 중요하다.

사람의 수면은 대체적으로 말하자면 깊은 수면과 얕은 수면 두 가지 상태로 나뉘고, 동시에 구체적으로 잠드는 구간, 얕은 수면 구간, 숙면 구간, 깊은 수면 구간 및 급속 안구 운동 구간 5개 단계로 구분된다. 그중에서, 세 번째 단계와 네 번째 단계에서는 쉽게 깨지 않는데, 이때의 안구는 이미 빠르게 활동하는 상태가 아니며, 사람도 비교적 깊은 수면 상태에 진입했기 때문이다. 수면 과정에서는 모든 단계가 나타나며, 깊은 수면과 얕은 수면 상태도 번갈아 반복된다. 그중에서, 깊은 수면은 일반적으로 황금 수면 시기라고 불리는데, 전체 수면 주기의 25%만을 차지한다. [82]깊은 수면 상태에서 대뇌 피질 세포는 충분한 휴식 상태에 놓이는데, 이 때문에 [82]피로 해소, 기운 회복, 면역력 강화 등에 뚜렷한 효과가 있다. 그러나 얕은 수면은 막 수면 상태에 진입하는 시기로, 이때의 수면 상태는 매우 불안정하다. 만약 장기간 얕은 수면 상태에 놓이면 꿈을 많이 꾸는 현상이 나타나는데, 이 때문에 얕은 수면은 인체의 피로를 완화시키는 효과가 매우 미약하다.

양질의 수면을 얻기 위해서는, 잠들 준비를 완벽하게 해야 한다. 막 잠든 3시간 중에는 깊은 수면이 거의 90%를 차지하므로 [83]미리 잠들 준비를 잘 하는 것이 상당히 중요하다. 먼저, 자기 전에 모든 전자 제품과 불을 꺼, 시각이 빛의 자극을 받지 못하게 해야 한다. 그다음, 적당한 온도를 조절해두어야 하는데, 침실 온도가 너무 높거나 너무 낮으면 사람의 수면에 쉽게 영향을 주기 때문이다. 마지막으로, [83]침구가 편안한지 아닌지도 좋은 수면을 책임지는 매우 중요한 요소로, 자신에게 적합한 침구를 사용하는 것은 사람으로 하여금 더 빨리 수면 상태에 진입할 수 있게 한다.

人的一生中有三分之一的时间都在睡眠中度过，⁸⁴可想而知睡眠对我们有多重要，拥有良好的睡眠习惯，才能拥有健康的体魄。

사람의 일생 중 3분의 1의 시간은 수면 속에서 보내지기에, [84]수면이 우리에게 얼마나 중요한지 미루어 알 수 있다. 좋은 수면 습관을 가져야 비로소 건강한 신체와 정신을 가질 수 있다.

81

晚上10点是什么时间段？

밤 10시는 무슨 시간대인가?

A 细胞入睡的时间段
B 细胞分裂的时间段
C 细胞适应外界的时间段
D 细胞产生能量的时间段

A 세포가 잠드는 시간대
B 세포가 분열하는 시간대
C 세포가 외부에 적응하는 시간대
D 세포가 에너지를 발생시키는 시간대

해설　질문이 밤 10시는 무슨 시간대인지를 물었으므로, 질문의 핵심어구 晚上10点과 관련된 내용을 지문에서 재빨리 찾는다. 두 번째 단락에서 晚上9点到凌晨5点则是细胞进行分裂라고 했으므로, 선택지 B 细胞分裂的时间段이 정답이다.

어휘　★细胞 xìbāo 몝세포　入睡 rùshuì 몝잠들다　分裂 fēnliè 몝분열하다　★外界 wàijiè 몝외부　★能量 néngliàng 몝에너지

82

可以恢复活力的状态是：

활력을 회복할 수 있는 상태는：

A 浅睡眠　　　　　B 慢睡眠
C 深睡眠　　　　　D 短睡眠

A 얕은 수면　　　　B 느린 수면
C 깊은 수면　　　　D 짧은 수면

해설　질문이 활력을 회복할 수 있는 상태를 물었으므로, 질문의 핵심어구 恢复活力的状态와 관련된 내용을 지문에서 재빨리 찾는다. 세 번째 단락에서 在深睡眠状态下……对消除疲劳, 恢复精力, 增强免疫力等有着显著的作用이라고 했으므로, 선택지 C 深睡眠이 정답이다.

어휘　恢复 huīfù 몝회복하다　★活力 huólì 몝활력　浅 qiǎn 몝얕다　睡眠 shuìmián 몝수면

83

下列哪项不属于入睡前的准备？

다음 중 잠들기 전의 준비에 속하지 않는 것은？

A 关灯后再入睡　　　B 关闭手机和电脑
C 饮用大量的矿泉水　D 使用舒适的床上用品

A 불을 끈 후 다시 잠든다　　　B 휴대폰과 컴퓨터를 끈다
C 다량의 생수를 마신다　　　　D 편안한 침구 용품을 사용한다

해설　질문이 잠들기 전의 준비에 속하지 않는 것을 물었으므로, 질문의 핵심어구 入睡前的准备와 관련된 내용을 지문에서 재빨리 찾는다. 네 번째 단락에서 提前做好入睡准备相当重要。首先, 睡觉前应该关闭所有的电子产品和灯……寝具是否舒适也是保证良好睡眠的关键因素, 使用适合自己的寝具可以让人更快地进入睡眠状态라고 했으므로, 지문에서 언급되지 않은 선택지 C 饮用大量的矿泉水가 정답이다.

어휘　关闭 guānbì 몝(전원을) 끄다　饮用 yǐnyòng 마시다　舒适 shūshì 몝편하다　床上用品 chuángshàng yòngpǐn 침구 용품

84

上文主要想告诉我们什么？

위 글이 주로 우리에게 말하고자 하는 것은？

A 睡眠的重要性　　　B 熬夜带来的危害
C 细胞的分裂过程　　D 深睡眠和浅睡眠的区别

A 수면의 중요성　　　B 밤을 새는 것이 가져오는 위험
C 세포의 분열 과정　　D 깊은 수면과 얕은 수면의 차이

해설 질문이 지문의 중심 내용을 물었다. 지문이 수면의 중요성, 수면 규칙 및 수면의 5단계, 양질의 수면을 위한 자기 전의 습관을 차례대로 언급하고 있다. 그리고 첫 번째 단락에서 睡眠是我们日常生活中极其重要的组成部分이라고 했고 마지막 단락에서 可想而知睡眠对我们有多重要라고 했으므로, 선택지 A 睡眠的重要性이 정답이다.

어휘 **熬夜** áoyè 통 밤새다 **危害** wēihài 통 위험에 빠뜨리다 **分裂** fēnliè 통 분열하다 **区别** qūbié 명 차이

85-88

　　如今，⁸⁵人脸识别技术普遍应用于手机解锁、身份验证、上班打卡等领域，在生活和工作环境中大放异彩。它能够精准高效地识别人脸、测量体温，因此也为疫情防控做出了积极贡献。与此同时，技术应用过程中涉及的用户隐私、信息保护问题也面临着越来越大的挑战。如何确保企业合法使用人脸识别技术，成为了业界关注的话题。

　　近日，一起人脸识别事件引发了社会的广泛议论——某卫浴品牌多个门店在消费者不知情的情况下，利用摄像头违规窃取人脸数据。一旦顾客进入门店，摄像头就会抓取并自动生成编号，偷偷获取顾客的人脸信息。事实上，这已不是人脸识别首次被推上风口浪尖。《人脸识别应用公众调研报告》显示，有九成以上的受访者使用过人脸识别，⁸⁶其中超六成的人认为目前存在人脸识别技术滥用、强迫使用、非法采集等问题。

　　由于人脸识别技术引发了许多问题，人们逐渐对该技术产生了抵触情绪。⁸⁷部分公众警惕人脸识别，一方面是因为在互联网时代，他们更加重视个人数据等隐私的保护，而⁸⁷人脸暴露度较高，比其他生物体特征数据更容易被采集。另一方面则是因为诸如用户名、手机号、电子邮箱等个人数据容易被变更，而面部识别信息具有唯一性、不可更改性，一旦被收集就可能永久有效。⁸⁷如果不法分子倒卖、肆意合成或滥用人脸数据，公众将遭受直接影响。

　　为了保证个人信息安全，⁸⁸多地政府已出台了相关政策，对公共场所人脸识别设备的安设作出了专门规定：在公共场所安装图像采集、个人身份识别设备，应当为维护公共安全所必需，遵守相关规定，并⁸⁸设置明显的提示标识；所收集的个人图像和身份特征信息只能用于维护公共安全的目的，不得对外公开或者向他人提供。专家指出，随着相关法律法规逐步完善，人脸识别技术应用有望得到良性管控，在不侵犯个人隐私、保护数据安全的前提下继续发挥积极作用。

오늘날, ⁸⁵안면 인식 기술은 휴대폰 잠금 해제, 본인 인증, 출근 체크 등의 영역에서 보편적으로 활용되어, 생활과 업무 환경에서 크게 빛을 발하고 있다. 이 기술은 정확하고 고효율적으로 안면을 인식하고 체온을 측정할 수 있는데, 이 때문에 전염병 방역에도 적극적으로 기여했다. 이와 동시에, 기술 적용 과정에서 연관된 사용자 프라이버시, 정보 보호 문제도 갈수록 큰 도전에 직면해 있다. 어떻게 기업이 합법적으로 안면 인식 기술을 사용하는 것을 보장할 수 있는지는 업계가 관심을 가지는 논제가 됐다.

최근, 한 안면 인식 사건이 사회의 광범위한 비판을 불러일으켰는데, 어느 욕실 브랜드의 여러 가게가 소비자가 사정을 모르는 상황에서, CCTV를 이용해 불법으로 안면 데이터를 빼낸 것이다. 고객이 가게에 들어오기만 하면, CCTV가 바로 캐치하여 자동으로 일련번호를 생성해, 고객의 안면 정보를 몰래 수집했다. 사실상, 이것은 안면 인식이 처음으로 도마 위에 오른 것이 아니다. <안면 인식 활용 대중 조사 연구 보고서>에서는 90% 이상의 응답자가 안면 인식을 사용한 적이 있고, ⁸⁶그중 60%가 넘는 사람들이 현재 안면 인식 기술 남용, 강제 사용, 불법 수집 등의 문제가 존재한다고 생각하는 것으로 드러났다.

안면 인식 기술이 많은 문제를 야기했기 때문에, 사람들은 점점 해당 기술에 대해 저항감이 생겼다. ⁸⁷일부 사람들은 안면 인식을 경계하는데, 한편으로는 인터넷 시대에서 그들은 개인 데이터 등 프라이버시의 보호를 더욱 중시하는데, ⁸⁷안면은 노출되는 정도가 비교적 높아, 다른 생체 특징 데이터보다 더 쉽게 수집되기 때문이다. 다른 한편으로는, 이를테면 아이디, 휴대폰 번호, 이메일 등 개인 데이터는 쉽게 변경되지만, 얼굴 인식 정보는 유일성, 불변성을 가지고 있어, 일단 수집되기만 하면 영원히 유효할 수 있기 때문이다. ⁸⁷만약 범법자가 안면 데이터를 되팔고, 함부로 합성하거나 남용하면, 대중은 직접적인 영향을 받을 것이다.

개인 정보 안전을 보장하기 위해, ⁸⁸많은 지방 정부는 이미 관련 정책을 실시했고, 공공장소 안면 인식 설비 설치에 대해 전문적인 규정을 만들었다. 공공장소에서 사진을 수집하고, 개인 신분 인식 설비를 설치하는 것은 공공 안전을 지키기 위해 필요하고, 관련 규정을 준수해야 하며, ⁸⁸명확한 안내 표시를 설치해야 한다. 수집된 개인 사진과 신상 특징 정보는 공공 안전을 지키는 목적으로만 사용할 수 있고, 외부에 공개하거나 타인에게 제공해서는 안 된다. 전문가는 관련 법률 법규가 점차 완전해지면서, 안면 인식 기술의 활용은 효과적인 관리 통제를 받을 가능성이 있으며, 개인 프라이버시를 침범하지 않고, 데이터 안전을 보호한다는 전제하에 지속해서 긍정적인 효과를 발휘할 것이라 제기했다.

어휘 **如今** rújīn 명 오늘날 **人脸识别技术** rénliǎn shíbié jìshù 명 안면 인식 기술 **应用** yìngyòng 통 활용하다, 적용하다 **解锁** jiě suǒ 잠금을 해제하다
身份验证 shēnfèn yànzhèng 명 본인 인증 **打卡** dǎkǎ 통 (출근·출석 등을) 체크하다 **领域** lǐngyù 명 영역 **大放异彩** dàfàngyìcǎi 명 크게 빛을 발한다
精准 jīngzhǔn 형 정확하다 ★**识别** shíbié 통 인식하다 **人脸** rénliǎn 명 안면, 사람의 얼굴 ★**测量** cèliáng 통 측정하다
疫情防控 yìqíng fángkòng 명 전염병 방역 **贡献** gòngxiàn 명 기여 ★**涉及** shèjí 통 연관되다 ★**用户** yònghù 명 사용자 ★**隐私** yǐnsī 명 프라이버시
面临 miànlín 통 직면하다 **挑战** tiǎozhàn 명 도전 ★**确保** quèbǎo 통 보장하다 **企业** qǐyè 명 기업 **合法** héfǎ 형 합법적이다 **业界** yèjiè 명 업계
关注 guānzhù 통 관심을 가지다 **话题** huàtí 명 논제 **起** qǐ 양 [사건을 세는 데 쓰임] ★**事件** shìjiàn 명 사건 **引发** yǐnfā 통 불러일으키다
广泛 guǎngfàn 형 광범위하다 **议论** yìlùn 명 비판 **某** mǒu 때 어느 **卫浴** wèiyù 명 욕실 **品牌** pǐnpái 명 브랜드 **消费者** xiāofèizhě 명 소비자
不知情 bù zhīqíng 사정을 모르다 **利用** lìyòng 통 이용하다 **摄像头** shèxiàngtóu 명 CCTV **违规** wéiguī 통 불법행위를 저지르다 **窃取** qièqǔ 통 빼내다
数据 shùjù 명 데이터 **一旦** yídàn 부 [일단] ~하기만 하면 **抓取** zhuāqǔ 캐치하다, 잡다 **自动** zìdòng 부 자동으로 **编号** biānhào 명 일련번호
偷偷 tōutōu 부 몰래 **风口浪尖** fēngkǒulàngjiān 명 도마 위에 오르다, 바람이 세고 파도가 높은 곳 **公众** gōngzhòng 명 대중, 많은 사람

调研 diàoyán 圖 조사 연구하다　**报告** bàogào 圖 보고서　**显示** xiǎnshì 圖 드러나다　成 chéng 圖 10분의 1, 할　**受访者** shòufǎngzhě 圖 응답자

目前 mùqián 圖 현재　存在 cúnzài 圖 존재하다　滥用 lànyòng 圖 남용하다　★强迫 qiǎngpò 圖 강제로 시키다　非法 fēifǎ 圖 불법적이다

★采集 cǎijí 圖 수집하다　逐渐 zhújiàn 圖 점점　抵触情绪 dǐchù qíngxù 圖 저항감　★警惕 jǐngtì 圖 경계하다　★暴露 bàolù 圖 노출되다

生物体 shēngwùtǐ 圖 생체　特征 tèzhēng 圖 특징　诸如 zhūrú 圖 이를테면 ~이다　用户名 yònghùmíng 圖 아이디

电子邮箱 diànzǐ yóuxiāng 圖 이메일　变更 biàngēng 圖 변경하다　唯一 wéiyī 圖 유일한　更改 gēnggǎi 圖 변경하다　收集 shōují 圖 수집하다

不法分子 bùfǎ fènzǐ 圖 범법자　倒卖 dǎomài 圖 (이득을 남기고) 되팔다　肆意 sìyì 圖 함부로　★合成 héchéng 圖 합성하다

★遭受 zāoshòu 圖 (불행 또는 손해를) 받다　政府 zhèngfǔ 圖 정부　出台 chūtái 圖 (정책이나 조치 등을) 실시하다　相关 xiāngguān 圖 관련되다

★政策 zhèngcè 圖 정책　公共场所 gōnggòng chǎngsuǒ 圖 공공장소　设备 shèbèi 圖 설비　安设 ānshè 圖 설치하다　安装 ānzhuāng 圖 설치하다

★维护 wéihù 圖 지키다　遵守 zūnshǒu 圖 준수하다　★设置 shèzhì 圖 설치하다　明显 míngxiǎn 圖 명확하다　提示 tíshì 圖 안내하다, 알리다

标识 biāoshí 圖 표식　公开 gōngkāi 圖 공개하다　专家 zhuānjiā 圖 전문가　法律 fǎlǜ 圖 법률　法规 fǎguī 圖 법규　逐步 zhúbù 圖 점차

完善 wánshàn 圖 완전하다　有望 yǒuwàng 圖 가능성이 있다　良性 liángxìng 圖 효과적인, 좋은 효과를 일으키는　管控 guǎnkòng 圖 관리 통제하다

侵犯 qīnfàn 圖 침범하다　★前提 qiántí 圖 전제　发挥 fāhuī 圖 발휘하다

---

85 人脸识别技术主要应用于:

A 监测表情　　　B 保护隐私
C 更改信息　　　**D 解锁手机**

안면 인식 기술이 주로 활용되는 곳은:

A 표정 모니터링　　　B 프라이버시 보호
C 정보 변경　　　**D 휴대폰 잠금 해제**

해설　질문이 안면 인식 기술이 주로 활용되는 곳을 물었으므로, 질문의 핵심어구 人脸识别技术, 应用과 관련된 내용을 지문에서 재빨리 찾는다. 첫 번째 단락에서 人脸识别技术普遍应用于手机解锁、身份验证、上班打卡等领域라고 했으므로, 선택지 D 解锁手机가 정답이다.

어휘　人脸识别技术 rénliǎn shíbié jìshù 圖 안면 인식 기술　应用 yìngyòng 圖 활용하다　监测 jiāncè 圖 모니터링하다　表情 biǎoqíng 圖 표정
★隐私 yǐnsī 圖 프라이버시　更改 gēnggǎi 圖 변경하다　解锁 jiě suǒ 잠금을 해제하다

---

86 人们认为人脸识别技术存在的问题是什么?

A 随意给顾客编号
B 非法采集人脸信息
C 设置范围不够广泛
D 不能识别不清晰的人脸

사람들은 안면 인식 기술에 존재하는 문제가 무엇이라고 생각하는가?

A 마음대로 고객에게 일련번호를 매기는 것
B 불법적으로 안면 정보를 수집하는 것
C 설치 범위가 광범위하지 못하다는 것
D 선명하지 않은 안면은 인식할 수 없는 것

해설　질문이 사람들은 안면 인식 기술에 존재하는 문제가 무엇이라고 생각하는지를 물었으므로, 질문의 핵심어구 存在的问题와 관련된 내용을 지문에서 재빨리 찾는다. 두 번째 단락에서 其中超六成的人认为目前存在人脸识别技术滥用、强迫使用、非法采集等问题라고 했으므로, 선택지 B 非法采集人脸信息가 정답이다.

어휘　存在 cúnzài 圖 존재하다　★随意 suíyì 圖 마음대로　编号 biānhào 圖 일련번호를 매기다　非法 fēifǎ 圖 불법적이다　★采集 cǎijí 圖 수집하다
★设置 shèzhì 圖 설치하다　范围 fànwéi 圖 범위　广泛 guǎngfàn 圖 광범위하다　★识别 shíbié 圖 인식하다　★清晰 qīngxī 圖 선명하다

---

87 大众对人脸识别产生警戒感是因为:

A 缺乏安全性
B 会泄露通讯地址
C 采集方法过于复杂
D 会影响手机的使用

대중이 안면 인식에 경계심이 생긴 이유는:

A 안전성이 부족하기 때문에
B 연락처가 유출될 수 있기 때문에
C 수집 방법이 너무 복잡하기 때문에
D 휴대폰 사용에 영향을 줄 수 있기 때문에

해설　질문이 대중들이 안면 인식에 경계심이 생긴 이유를 물었으므로, 질문의 핵심어구 警戒感과 관련된 내용을 지문에서 재빨리 찾는다. 세 번째 단락에서 部分公众警惕人脸识别……人脸暴露度较高, 比其他生物体特征数据更容易被采集라고 언급한 후, 如果不法分子倒卖、肆意合成或滥用人脸数据, 公众将遭受直接影响。이라고 했으므로, 선택지 A 缺乏安全性이 정답이다. 참고로 B는 관련 내용이 지문에서 언급되지 않았으므로 오답이다. C는 세 번째 단락에서 人脸……比其他生物体特征数据更容易被采集라고 했으므로 오답이다. D는 관련 내용이 지문에서 언급되지 않았으므로 오답이다.

어휘　警戒感 jǐngjiègǎn 圖 경계심　缺乏 quēfá 圖 부족하다　泄露 xièlòu 圖 유출되다, 누설하다　通讯地址 tōngxùn dìzhǐ 圖 연락처　★过于 guòyú 圖 너무

---

88 关于人脸识别的相关法规, 下列哪项正确?

안면 인식 관련 법규에 관하여, 다음 중 옳은 것은?

A 不能应用在公共场所	A 공공장소에 적용할 수 없다
B 设备的设置有数量限制	B 설비의 설치에 수량 제한이 있다
C 可向熟人提供相关信息	C 지인에게 관련 정보를 제공할 수 있다
D 一定要设置鲜明的标志	**D 뚜렷한 표식을 반드시 설치해야 한다**

해설 질문이 안면 인식 관련 법규에 관하여 옳은 것을 물었으므로, 질문의 핵심어구 **相关法规**와 관련된 내용을 지문에서 재빨리 찾는다. 마지막 단락에서 **多地政府已出台了相关政策，对公共场所人脸识别设备的安设作出了专门规定……设置明显的提示标识**이라고 했으므로, 선택지 D **一定要设置鲜明的标志**이 정답이다.

어휘 **相关** xiāngguān [동] 관련되다 **法规** fǎguī [명] 법규 **公共场所** gōnggòng chǎngsuǒ [명] 공공장소 **设备** shèbèi [명] 설비 ★**设置** shèzhì [동] 설치하다 **限制** xiànzhì [명] 제한 ★**鲜明** xiānmíng [형] 뚜렷하다 **标志** biāozhì [명] 표식, 마크

89 - 92

今有高考，古有科举。"高考"是高中毕业生为进入大学学习而参加的选拔性考试。通过高考，学生们能根据自己的水平进入理想的大学，学习自己感兴趣的专业。科举制则是中国历史上选拔官员的一种基本制度。古代职业种类不多，读书都是为了未来能够在朝廷获得一官半职，因此与现在的高考不同，古代人参加科举是为了当官。由此可见，科举制对古代读书人有着重要的意义。

[90/92]科举制创始于隋朝，[92]确立于唐朝，完备于宋朝，直到清朝末年才被废除。[90]在隋朝以前，朝廷的官员大多从贵族的后代中选拔，只要是贵族，无论品行优劣，都可以当官。当时权贵在朝廷上为所欲为，而许多出身卑微但有真才实学的人，却不能担任高官，这种选拔人才的制度体现了绝对的不公平。于是皇帝就废除了原来的制度，采用分科考试的方式选拔官员，从而奠定了科举制的基础。

在唐朝，科举制得到了继承和完善，唐太宗大大扩充了科举制的考试范围，增加了考试科目，给有才能的人提供了参加考试的机会。然而当时的录取条件极其严格，因此有不少考生早已白发苍苍却依旧赴京赶考。到了唐朝中后期，[89]科举制新增了武举和殿试，前者即武术的科举考试，主要是骑马、射箭等与身体技能有关的考试。后者是科举考试的最后一关，需要在宫中应试，由皇帝亲自监考，并当场宣布成绩。

与唐朝相比，宋朝的科举制有了进一步的发展。宋朝科举制分为州试、省试和殿试三级，[91]宋朝首创了"糊名法"，所有考卷的姓名栏都需要被遮盖住，批卷的官员无法知道试卷的主人，[91]从而有效地防止了作弊和官员受贿的现象。

科举制在一定程度上有利于教育和文化的发展，并且能最大程度地实现官员选拔的公平性。但与此同时，它也阻碍了科技和文艺的发展。知识分子把精力都集中于考试上，而考试内容严重脱离实际，不利于国家的发展。科举制在明朝时期便渐渐凸显弊端，到了清朝就被彻底废除，从此科举制退出了历史舞台。

지금은 대학 입학시험이 있듯이, 옛날에는 과거가 있었다. '대학 입학시험'은 고등학교 졸업생이 대학에 들어가 공부하기 위해 참가하는 선발성 시험이다. 대학 입학시험을 통해, 학생들은 자신의 수준에 따라 꿈꾸던 대학에 들어가, 자신이 관심 있는 전공을 공부할 수 있다. 과거 제도는 중국 역사상 관리를 선발하는 기본적인 제도이다. 옛날에는 직업의 종류가 많지 않아, 공부하는 것은 모두 미래에 조정에서 관직 한자리를 얻기 위함이었고, 이 때문에 현재의 대학 입학시험과는 다르게, 옛날 사람들이 과거에 참가한 것은 관리가 되기 위해서였다. 이로써 알 수 있듯이, 과거 제도는 옛날에 공부하는 사람에게 중요한 의미를 가졌다.

[90/92]과거 제도는 수나라 때 창시됐고, [92]당나라 때 확립됐으며, 송나라 때 완비됐고, 청나라 말기에 이르러서야 폐지됐다. [90]수나라 이전에, 조정의 관리는 대부분 귀족의 후손 중에서 선발했는데, 귀족이기만 하면 품행이 좋거나 나쁜지에 상관없이 모두 관리가 될 수 있었다. 당시 집권자는 조정에서 제멋대로 행동했는데, 출신이 비천하지만 진정한 재능과 풍부한 학식이 있는 많은 사람은 오히려 고위 관리를 맡지 못해서, 이러한 인재 선발 제도는 절대적인 불공평을 드러냈다. 그리하여 황제는 기존 제도를 폐지했고, 분과 시험 방식을 채택해 관리를 선발했으며, 이로 인해 과거 제도의 기초를 다졌다.

당나라에, 과거 제도는 계승되고 완전해졌는데, 당태종은 과거 제도의 시험 범위를 대폭 확대하고 시험 과목을 늘려, 재능 있는 사람에게 시험에 참가할 기회를 제공했다. 그러나 당시 합격 조건은 몹시 엄격했기 때문에, 적지 않은 수험생은 이미 백발성성했지만 여전히 수도로 시험을 보러 갔다. 당나라 중후기가 돼서는, [89]과거 제도에 무과와 전시가 새롭게 추가됐는데, 전자는 무술의 과거 시험으로, 주로 말타기, 활쏘기 등 신체 기능과 관련된 시험이었다. 후자는 과거 시험의 마지막 관문으로, 궁궐에서 응시해야 했고, 황제가 직접 시험을 감독하며, 현장에서 성적을 발표했다.

당나라와 비교하면, 송나라의 과거 제도는 한 단계의 발전이 있었다. 송나라 과거 제도는 주시, 성시와 전시 3단계로 구분됐다. [91]송나라는 '호명법'을 처음으로 만들었는데, 모든 시험지의 성명란이 모두 가려져야 했고, 시험지를 채점하는 관리는 시험지의 주인을 알 수 없었으며, [91]이로 인해 부정행위와 관리가 뇌물을 받는 현상을 효과적으로 방지했다.

과거 제도는 일정 수준에서 교육과 문화의 발전에 이로웠으며, 게다가 관리 선발의 공평성을 최대한으로 실현할 수 있었다. 하지만 이와 동시에, 그것은 과학 기술과 문예의 발전을 방해했다. 지식인은 에너지를 모두 시험에 집중했지만, 시험 내용이 현실에 심각하게 벗어나 국가 발전에 이롭지 않았다. 과거 제도는 명나라 시대에 점차 폐단이 부각됐으며, 청나라에 이르러 완전히 폐지되었는데, 이로써 과거 제도는 역사의 무대에서 물러났다.

어휘 **高考** gāokǎo [명] 대학 입학시험 **科举** kējǔ [명] 과거[수나라 때부터 청나라 때까지 실시한 관리 등용 시험] **选拔** xuǎnbá [동] 선발하다

科举制 kējǔzhì 圆 과거 제도　官员 guānyuán 圆 관리　基本 jīběn 圆 기본적인　制度 zhìdù 圆 제도　种类 zhǒnglèi 圆 종류　未来 wèilái 圆 미래

朝廷 cháotíng 圆 조정　一官半职 yìguānbànzhí 圆 관직 한자리, 대수롭지 않은 관직　官 guān 圆 관리　可见 kějiàn 웹 ~을 알 수 있다

意义 yìyì 圆 의미　创始 chuàngshǐ 圆 창시하다　隋朝 Suícháo 고유 수나라[중국 역사상의 한 국가]　★确立 quèlì 圆 확립하다

唐朝 Tángcháo 고유 당나라[중국 역사상의 한 국가]　完备 wánbèi 圆 완비되어 있다　宋朝 Sòngcháo 고유 송나라[중국 역사상의 한 국가]

清朝 Qīngcháo 고유 청나라[중국 역사상의 한 국가]　废除 fèichú 圆 폐지하다　贵族 guìzú 圆 귀족　后代 hòudài 圆 후손　品行 pǐnxíng 圆 품행

优劣 yōuliè 圆 좋고 나쁨, 우열　权贵 quánguì 圆 집권자　为所欲为 wéisuǒyùwéi 圆 제멋대로 행동하다　★出身 chūshēn 圆 출신

卑微 bēiwēi 圆 비천하다　真才实学 zhēncáishíxué 圆 진정한 재능과 풍부한 학식　担任 dānrèn 圆 맡다　人才 réncái 圆 인재

体现 tǐxiàn 圆 (구체적으로) 드러내다　绝对 juéduì 圆 절대적인　公平 gōngpíng 圆 공평하다　★皇帝 huángdì 圆 황제　采用 cǎiyòng 圆 채택하다

奠定 diàndìng 圆 다지다　继承 jìchéng 圆 계승하다　完善 wánshàn 圆 완전하다　唐太宗 Táng Tàizōng 고유 당태종[중국 당나라 제2대 황제]

扩充 kuòchōng 圆 확대하다　范围 fànwéi 圆 범위　科目 kēmù 圆 과목　录取 lùqǔ 圆 합격시키다, 채용하다　极其 jíqí 圆 몹시

★白发苍苍 báifàcāngcāng 백발성성하다　依旧 yījiù 圆 여전히　赴京 fù jīng 수도로 가다　赶考 gǎnkǎo 圆 (과거) 시험 보러 가다

武举 wǔjǔ 圆 무과[무예로 선발하는 과거 시험]　殿试 diànshì 圆 전시[과거 제도의 단계 중 하나]　武术 wǔshù 圆 무술　骑马 qí mǎ 말을 타다

射箭 shèjiàn 圆 활을 쏘다　技能 jìnéng 圆 기능　亲自 qīnzì 圆 직접　监考 jiānkǎo 圆 시험을 감독하다　当场 dāngchǎng 圆 현장에서

宣布 xuānbù 圆 발표하다　州试 zhōushì 圆 주시[당송 시기 주부(州府)에서 보던 과거 시험]　省试 shěngshì 圆 성시[수도에서 진행되는 시험]

糊名法 húmíngfǎ 圆 호명법[중국 송나라에서 과거를 시행할 때 부정행위를 방지하기 위하여 마련된 제도]　考卷 kǎojuàn 圆 시험지

栏 lán 圆 (표의) 난, 칸　遮盖 zhēgài 圆 가리다　批卷 pī juàn 시험지를 채점하다　试卷 shìjuàn 圆 시험지　主人 zhǔrén 圆 주인

★防止 fángzhǐ 圆 방지하다　作弊 zuòbì 圆 부정행위를 하다　受贿 shòuhuì 圆 뇌물을 받다　现象 xiànxiàng 圆 현상　程度 chéngdù 圆 수준

有利 yǒulì 圆 이롭다　实现 shíxiàn 圆 실현하다　★阻碍 zǔ'ài 圆 방해하다　科技 kējì 圆 과학 기술　★文艺 wényì 圆 문예

知识分子 zhīshi fènzǐ 圆 지식인　精力 jīnglì 圆 에너지　集中 jízhōng 圆 집중하다　★脱离 tuōlí 圆 벗어나다

明朝 Míngcháo 고유 명나라[중국 역사상의 한 국가]　渐渐 jiànjiàn 圆 점차　凸显 tūxiǎn 圆 부각되다　弊端 bìduān 圆 폐단

彻底 chèdǐ 圆 완전하다, 철저하다　退出 tuìchū 圆 물러나다　舞台 wǔtái 圆 무대

89　关于武举，下列哪项正确？　　무과에 관하여, 다음 중 옳은 것은?

A 首创于宋朝　　　　B 由皇帝监考　　　　　A 송나라에서 처음으로 만들어졌다　　B 황제가 시험을 감독했다

C 设有射箭科目　D 有利于文学的发展　　**C 활쏘기 과목이 개설되어 있었다**　D 문학의 발전에 이로웠다

해설　질문이 무과에 관하여 옳은 것을 물었으므로, 질문의 핵심어구 武举와 관련된 내용을 지문에서 재빨리 찾는다. 세 번째 단락에서 科举制新增了武举和殿试，前者即武术的科举考试，主要是骑马、射箭等与身体技能有关的考试라고 했으므로, 선택지 C 设有射箭科目가 정답이다.

어휘　武举 wǔjǔ 圆 무과[무예로 선발하는 과거 시험]　宋朝 Sòngcháo 고유 송나라[중국 역사상의 한 국가]　★皇帝 huángdì 圆 황제

監考 jiānkǎo 圆 시험을 감독하다　设有 shè yǒu 개설되어 있다, 설치되어 있다　射箭 shèjiàn 圆 활을 쏘다　科目 kēmù 圆 과목

文学 wénxué 圆 문학

90　科举制形成之前，朝廷选拔官员的方式是什么？　　과거 제도가 형성되기 전에, 조정에서 관리를 선발하는 방식은 무엇이었는가?

A 从贵族子女中选拔　　　　　　　　　　　　**A 귀족의 자녀 중에서 선발한다**

B 官员之间互相推荐　　　　　　　　　　　　　B 관리끼리 서로 추천한다

C 通过殿试的方式选拔　　　　　　　　　　　　C 전시 방식을 통해 선발한다

D 广纳有真才实学的人　　　　　　　　　　　　D 진정한 재능과 풍부한 학식이 있는 사람을 대거 채용한다

해설　질문이 과거 제도가 형성되기 전에 조정에서 관리를 선발하는 방식은 무엇인지를 물었으므로, 질문의 핵심어구 科举制形成之前, 选拔官员的 방식과 관련된 내용을 지문에서 재빨리 찾는다. 두 번째 단락의 科举制创始于隋朝……在隋朝以前，朝廷的官员大多从贵族的后代中选拔에서 과거 제도가 형성되기 전의 관리 선발 방식이 언급되었으므로, 선택지 A 从贵族子女中选拔가 정답이다.

어휘　科举制 kējǔzhì 圆 과거 제도　形成 xíngchéng 圆 형성되다　朝廷 cháotíng 圆 조정　选拔 xuǎnbá 圆 선발하다　官员 guānyuán 圆 관리

贵族 guìzú 圆 귀족　推荐 tuījiàn 圆 추천하다　殿试 diànshì 圆 전시[과거 제도의 단계 중 하나]　纳 nà 圆 채용하다

真才实学 zhēncáishíxué 圆 진정한 재능과 풍부한 학식

91　为了有效防止考场上的作弊行为，宋朝时期：　　시험장에서의 부정행위를 효과적으로 방지하기 위해, 송나라 시대에는:

A 扩充了考试范围　　**B 采用了"糊名法"**　　A 시험 범위를 확대했다　　**B '호명법'을 채택했다**

C 实行了州试和省试　D 完全废除了科举制度　　C 주시와 성시를 실시했다　　D 과거 제도를 완전히 폐지했다

해설 질문이 시험장에서의 부정행위를 효과적으로 방지하기 위한 송나라 시대의 방법을 물었으므로, 질문의 핵심어구 **作弊行为**, **宋朝时期**와 관련된 내용을 지문에서 재빨리 찾는다. 네 번째 단락에서 **宋朝首创了"糊名法"……从而有效地防止了作弊和官员受贿的现象**이라고 했으므로, 선택지 B **采用了"糊名法"**가 정답이다.

어휘 ★**防止** fángzhǐ [동] 방지하다 **作弊** zuòbì [동] 부정행위를 하다 **行为** xíngwéi [명] 행위 **扩充** kuòchōng [동] 확대하다 **范围** fànwéi [명] 범위 **糊名法** húmíngfǎ [명] 호명법[중국 송나라에서 과거를 시행할 때 부정행위를 방지하기 위하여 마련된 제도] ★**实行** shíxíng [동] 실시하다 **州试** zhōushì [명] 주시[당송 시기 주부(**州府**)에서 보던 과거 시험] **省试** shěngshì [명] 성시[수도에서 진행되는 시험] **废除** fèichú [동] 폐지하다

92 最适合做上文标题的是:

A 科举制对儒教的影响
B 科举制的复活与强化
C 科举制经久不衰的秘诀
D 古代科举制的历史进程

위 글의 제목으로 가장 적절한 것은:

A 유교에 대한 과거 제도의 영향
B 과거 제도의 부활과 보강
C 오랜 시간 약화되지 않은 과거 제도의 비결
D 옛날 과거 제도의 역사적 발전 과정

해설 질문이 위 글의 제목으로 가장 적절한 것을 물었다. 지문이 과거 제도에 대한 소개, 과거 제도 창시 이전의 상황과 과거 제도의 기초, 당나라와 송나라의 과거 제도, 과거 제도의 단점과 폐지된 점을 차례대로 언급하고 있다. 그리고 두 번째 단락에서 **科举制创始于隋朝，确立于唐朝，完备于宋朝，直到清朝末年才被废除。**라고 했다. 따라서 선택지 D **古代科举制的历史进程**이 정답이다.

어휘 **儒教** Rújiào [명] 유교[인(**仁**)을 근본으로 하는 유학을 받드는 교] **复活** fùhuó [동] 부활하다 **经久不衰** jīngjiǔbùshuāi [성] 오랜 시간 약화되지 않다 **秘诀** mìjué [명] 비결 **历程** lìchéng [명] 과정 **进程** jìnchéng [명] 발전 과정

93 - 96

若到天津旅游，游客必去的一个景点就是中华老字号——"狗不理"包子店。"狗不理"包子是中国天津的一道闻名中外的传统小吃，主要由面粉、猪肉等材料制作而成。"狗不理"包子至今已有100多年的历史，是"天津三绝"之首，就连清朝的慈禧太后品尝过后都赞不绝口。"狗不理"包子一开始并不是叫"狗不理"的，而是从人们口中传来传去，自然而然就有了这个名字。

据说"狗不理"包子的创始人高贵友出生于天津，他有一个小名叫"狗子"，因为父母期望他能像小狗一样好养活。高贵友14岁时，便到了城里的一家小食店当服务员，因心灵手巧又勤学好问，加上师傅们的指点，高贵友做包子的手艺不断长进，不久后就练就了一手好活。三年满师后，[93]高贵友独自开了一家专营包子的小吃铺——"德聚号"。由于高贵友手艺好，做事认真，制作的包子口感柔软，色香味形都独具特色，生意十分兴隆。[94]光顾的人越来越多，高贵友忙得顾不上跟顾客说话，这样一来，吃包子的人都戏弄他说狗子卖包子，不理人。久而久之，[93/94]人们都叫他"狗不理"，并把他经营的包子店称作"狗不理"包子店，[93]而原店铺字号渐渐被人们淡忘了。

"狗不理"包子出名以后，许多店都纷纷模仿，因此"狗不理"包子现在也成为了人们对天津包子的普遍认知。"狗不理"包子的外形可以被模仿，可是它内在的味道却不易被超越，那是因为[95]它有着独特的制作秘诀。"狗不理"包子的馅儿非常讲究，需要用浓郁的骨头汤把肉煮熟，并且根据季节的差异改变肉馅肥瘦搭配的比例：冬天肥肉较多，夏天肥肉较少，这样才能保证包子不显油腻，且软嫩适口；馅儿要斩得细而匀，再加点葱和姜来调味；发面不能太老，包子皮要薄而且有韧

톈진에 가서 여행을 한다면, 관광객이 꼭 가야 할 명소는 중국의 노포 '거우부리' 만두 가게이다. '거우부리' 만두는 중국과 외국에서 유명한 중국 톈진의 전통 간식인데, 주로 밀가루, 돼지고기 등의 재료로 만든다. '거우부리' 만두는 지금까지 100여 년의 역사가 있고, '톈진 3대 미식'의 으뜸이며, 청나라의 서태후조차도 맛보고는 칭찬이 입에서 그치지 않았다. '거우부리' 만두는 처음부터 '거우부리'라고 불리진 않았고, 사람들의 입에서 이리저리 전해지면서, 자연스럽게 이 이름이 생기게 됐다.

'거우부리' 만두의 창시자인 고귀우는 톈진에서 태어났고, 그는 '거우즈'라는 아명이 있었는데, 부모님께서 그가 강아지처럼 키우기 수월하길 바랐기 때문이라고 한다. 고귀우는 14살 때, 시내의 작은 음식점에 가서 종업원을 했는데, 영리하고 손재주가 좋으면서 부지런히 배우고 질문하기를 좋아한 데다가, 스승들의 가르침까지 더해져, 고귀우의 만두를 만드는 솜씨는 끊임없이 향상됐고, 곧 일솜씨를 몸에 익혔다. 3년의 수습 기간이 끝난 후, [93]고귀우는 혼자 만두를 전문적으로 취급하는 작은 음식점 '더쥐하오'를 열었다. 고귀우는 솜씨가 좋고 일을 열심히 했으며, 만들어낸 만두의 식감은 부드럽고 색과 향, 맛과 형태가 모두 독자적으로 특색을 가지고 있어서, 장사가 매우 번창했다. [94]찾아오는 사람이 갈수록 많아지면서, 고귀우는 손님과 이야기할 틈도 없이 바빴고, 이렇게 되니, 만두를 먹는 사람은 모두 그를 놀리며 '거우즈가 만두를 팔면서, 사람을 무시한다'고 말했다. 오랜 시일이 지나, [93/94]사람들은 모두 그를 '거우부리(거우즈가 무시한다)'라고 불렀고, 그가 경영하는 만두 가게를 '거우부리' 만두 가게라고 부르며, [93]원래의 점포 상호는 점차 사람들에게서 잊혀졌다.

'거우부리' 만두가 유명해진 이후에, 많은 상점이 잇달아 모방을 했고, 이 때문에 '거우부리' 만두는 현재 톈진 만두에 대한 사람들의 보편적인 인식이 됐다. '거우부리' 만두의 외형은 모방할 수 있지만, 내재된 맛은 결코 쉽게 뛰어넘을 수 없는데, 그것은 [95]'거우부리' 만두가 독특한 제작 비결을 가지고 있기 때문이다. '거우부리' 만두의 소는 매우 정성이 들어가는데, 진한 사골탕으로 고기를 푹 삶아야 하고, 게다가 계절의 차이에 따라 고기 소의 지방이 많은 부위와 지방이 적은 부분의 배합 비율을 바꿔야 한다. 겨울에는 비계가 비교적 많고, 여름에는 비계

性；包子皮上的褶是要用手指尖捏的，一定是12个褶，不多不少，让包子看起来就像一朵绽放的菊花一样。[95]“狗不理”包子如此讲究的制作工艺奠定了其天津小吃之最的地位。

这道小吃不仅在中国，在海外也同样获得了人们的赞赏和喜爱。随着[96]“狗不理”包子店的发展，技师们致力于在原有的基础上精心研制更加符合现代人口味的“狗不理”包子。

가 비교적 적은데, 이렇게 해야 만두가 기름지지 않으며, 게다가 부드럽고 입맛에 맞도록 보장할 수 있다. 소는 가늘되 고르게 잘라야 하고, 또 파와 생강을 조금 넣어 맛을 내야 한다. 발효시킨 밀가루 반죽이 너무 딱딱해서는 안 되고, 만두피는 얇고 쫄깃해야 한다. 만두피의 주름은 손가락 끝으로 빚어 만들어야 하고, 반드시 12개의 주름으로, 많지도 적지도 않아야 하며, 만두가 마치 한 송이의 국화꽃이 피어난 것처럼 보이게 해야 한다. [95]'거우부리' 만두의 이처럼 정성이 들어간 제작 방법은 이 만두의 톈진 간식 최고 지위를 굳혔다.

이 간식은 중국 뿐만 아니라, 해외에서도 똑같이 사람들의 칭찬과 사랑을 얻었다. [96]'거우부리' 만두 가게의 발전에 따라, 기술자들은 원래의 기초 위에서 현대인 입맛에 더욱 부합하는 '거우부리' 만두를 심혈을 기울여 연구 제작해내는 데 힘쓰고 있다.

어휘 天津 Tiānjīn [고유] 톈진[중국의 도시 중 하나] 旅客 lǚkè [명] 관광객 景点 jǐngdiǎn [명] 명소 老字号 lǎozìhao [명] 노포
狗不理 Gǒubùlǐ [고유] 거우부리[중국 톈진(天津)시에 있는 유명한 만두 가게의 상호명] 闻名 wénmíng [형] 유명하다 传统 chuántǒng [형] 전통적이다
面粉 miànfěn [명] 밀가루 猪肉 zhūròu [명] 돼지고기 制作 zhìzuò [동] 만들다, 제작하다 至今 zhìjīn [부] 지금까지 首 shǒu [형] 으뜸, 제일
清朝 Qīngcháo [고유] 청나라[중국 역사상의 한 국가] 慈禧太后 Cíxǐ tàihòu [고유] 서태후[중국 청나라 함풍제의 후궁] ★品尝 pǐncháng [동] 맛보다
赞不绝口 zànbùjuékǒu [성] 칭찬이 입에서 그치지 않다 传 chuán [동] 전하다 自然而然 zìrán'érrán [부] 자연스럽게 据说 jùshuō [동] (듣기로는) ~라고 한다
创始人 chuàngshǐrén [명] 창시자 高贵友 Gāo Guìyǒu [고유] 고귀우['거우부리' 만두의 창시자] ★期望 qīwàng [동] 바라다 养活 yǎnghuó [동] 키우다
心灵手巧 xīnlíngshǒuqiǎo [성] 영리하고 손재주가 좋다 勤学 qín xué 부지런히 배우다 好问 hào wèn 질문하기를 좋아하다 师傅 shīfu [명] 스승
指点 zhǐdiǎn [동] 가르치다 ★手艺 shǒuyì [명] 솜씨 不断 búduàn [부] 끊임없이 长进 zhǎngjìn [동] 향상되다
练就 liànjiù (훈련 또는 연습을 하여) 몸에 익히다 一手好活 yìshǒu hǎohuó 일솜씨 满师 mǎnshī [동] 수습 기간이 끝나다
专营 zhuān yíng 전문적으로 취급하다 小吃铺 xiǎochīpù [명] 작은 음식점 德聚号 Déjùhào [고유] 더쥐하오[청나라 말기 톈진(天津)의 한 만두 가게 이름]
口感 kǒugǎn [명] 식감 柔软 róuruǎn [형] 부드럽다 独具 dújù [동] 독자적으로 갖추다 特色 tèsè [명] 특색 兴隆 xīnglóng [형] 번창하다
光顾 guānggù [동] (고객이) 찾아오다 顾不上 gù bu shang ~할 틈이 없다 戏弄 xìnòng [동] 놀리다 不理 bù lǐ 무시하다 经营 jīngyíng [동] 경영하다
称作 chēngzuò ~라고 부르다 店铺 diànpù [명] 점포 字号 zìhao [명] 상호 渐渐 jiànjiàn [부] 점차 淡忘 dànwàng [동] (기억이 흐려져) 잊혀지다
纷纷 fēnfēn [부] 잇달아 模仿 mófǎng [동] 모방하다 内在 nèizài [형] 내재하는 ★超越 chāoyuè [동] 뛰어넘다 独特 dútè [형] 독특하다 秘诀 mìjué [명] 비결
馅儿 xiànr [명] 소[만두 등에 넣는 각종 재료] 讲究 jiǎngjiu [동] ~에 정성을 들이다, 정교하다 浓郁 nóngyù [형] (향기 등이) 진하다
骨头 gǔtou [명] 사골, 뼈다귀 煮熟 zhǔshú 푹 삶다 肥 féi [형] 지방이 많다 瘦 shòu [형] 지방이 적다 ★搭配 dāpèi [동] 배합하다 比例 bǐlì [명] 비율
肥肉 féiròu [명] 비계 保证 bǎozhèng [동] 보장하다 油腻 yóunì [형] 기름지다 软嫩 ruǎn nèn 부드럽다 适口 shìkǒu [형] 입맛에 맞다 斩 zhǎn [동] 자르다
匀 yún [형] 고르다 葱 cōng [명] 파 姜 jiāng [명] 생강 调味 tiáowèi [동] 맛을 내다 发面 fāmiàn [동] 발효시킨 밀가루 반죽 薄 báo [형] 얇다
有韧性 yǒu rènxìng 쫄깃하다 褶 zhě [명] 주름 手指尖 shǒuzhǐjiān [명] 손가락 끝 捏 niē [동] 빚어 만들다 朵 duǒ [양] 송이[꽃·구름 등을 세는 단위]
绽放 zhànfàng [동] (꽃이) 피어나다 菊花 júhuā [명] 국화꽃 奠定 diàndìng [동] 굳히다, 다지다 地位 dìwèi [명] 지위 赞赏 zànshǎng [동] 칭찬하다
技师 jìshī [명] 기술자 ★致力 zhìlì [동] 힘쓰다 ★精心 jīngxīn [형] 심혈을 기울이다 研制 yánzhì [동] 연구 제작하다 现代 xiàndài [명] 현대
口味 kǒuwèi [명] 입맛

93	“德聚号”是：	'더쥐하오'는：
	A “天津三绝”的别名	A '톈진 3대 미식'의 다른 이름이다
	B 高贵友打工的小吃店	B 고귀우가 임시로 일했던 작은 식당이다
	C “狗不理”开的最初的店名	**C '거우부리'가 연 최초의 가게 이름이다**
	D “狗不理”包子的一个新品种	D '거우부리' 만두의 새로운 품종이다

해설 질문이 더쥐하오에 대해 물었으므로, 질문의 핵심어구 德聚号와 관련된 내용을 지문에서 재빨리 찾는다. 두 번째 단락에서 高贵友独自开了一家专营包子的小吃铺——“德聚号”라고 언급한 후, 人们都叫他“狗不理”,并把他经营的包子店称作“狗不理”包子店,而原店铺字号渐渐被人们淡忘了라고 했으므로, 선택지 C “狗不理”开的最初的店名이 정답이다.

어휘 德聚号 Déjùhào [고유] 더쥐하오[청나라 말기 톈진(天津)의 만두 가게 이름] 高贵友 Gāo Guìyǒu [고유] 고귀우['거우부리' 만두의 창시자]
打工 dǎgōng [동] 임시로 일하다, 아르바이트하다 狗不理 Gǒubùlǐ [고유] 거우부리[중국 톈진(天津)시에 있는 유명한 만두 가게의 상호명]
最初 zuìchū [명] 최초 ★品种 pǐnzhǒng [명] 품종

高贵友的包子店为什么被称为"狗不理"包子店？　　　　고귀우의 만두 가게는 왜 '거우부리' 만두 가게라고 불리는가?

A 他卖包子时不理睬人　　　　　　　　　　**A** 그가 만두를 팔 때 사람을 거들떠보지 않았기 때문에
B 原店铺字号含义不好　　　　　　　　　　　B 원래 점포 상호의 함의가 좋지 않았기 때문에
C 他的包子连小狗也不吃　　　　　　　　　　C 그의 만두는 강아지조차도 먹지 않았기 때문에
D 慈禧太后御赐了这个名字　　　　　　　　　D 서태후가 이 이름을 하사했기 때문에

해설　질문이 고귀우의 만두 가게는 왜 '거우부리' 만두 가게라고 불리는지를 물었으므로, 질문의 핵심어구 称为"狗不理"包子店과 관련된 내용을 지문에서 재빨리 찾는다. 두 번째 단락에서 光顾的人越来越多, 高贵友忙得顾不上跟顾客说话, 这样一来, 吃包子的人都戏弄他说狗子卖包子, 不理人。久而久之, 人们都叫他"狗不理", 并把他经营的包子店称作"狗不理"包子店이라고 했으므로, 선택지 A 他卖包子时不理睬人이 정답이다.

어휘　称 chēng 圖부르다　理睬 lǐcǎi 圖거들떠보다　店铺 diànpù 圖점포　字号 zìhao 圖상호　★含义 hányì 圖함의
　　　慈禧太后 Cíxǐ tàihòu 고유서태후[중국 청나라 함풍제의 후궁]　御赐 yù cì (황제가) 하사하다

第3段写包子的制作秘诀是为了说明：　　　　세 번째 단락에서 만두의 제작 비결을 쓴 것은 무엇을 설명하기 위
　　　　　　　　　　　　　　　　　　　　　함인가：

A "狗不理"包子名字的由来　　　　　　　　A '거우부리' 만두 이름의 유래
B "狗不理"包子拥有很高地位的原因　　　**B** '거우부리' 만두가 높은 지위를 가지게 된 원인
C "狗不理"包子价格昂贵的主要原因　　　　　C '거우부리' 만두 가격이 비싼 주요 원인
D 高贵友经营"狗不理"包子店的初衷　　　　　D 고귀우가 '거우부리' 만두 가게를 경영하는 초심

해설　질문이 세 번째 단락에서 만두의 제작 비결을 쓴 것은 무엇을 설명하기 위함인지를 물었으므로, 질문의 핵심어구 包子的制作秘诀와 관련된 내용을 세 번째 단락에서 재빨리 찾는다. 它("狗不理"包子店)有着独特的制作秘诀라고 언급한 후, "狗不理"包子如此讲究的制作工艺奠定了其天津小吃之最的地位。라고 했으므로, 선택지 B "狗不理"包子拥有很高地位的原因이 정답이다.

어휘　制作 zhìzuò 圖제작하다　秘诀 mìjué 圖비결　由来 yóulái 圖유래　★拥有 yōngyǒu 圖가지다　地位 dìwèi 圖지위　★昂贵 ángguì 圖비싸다
　　　经营 jīngyíng 圖경영하다　初衷 chūzhōng 圖초심

第4段主要谈的是：　　　　　　　　　　　　네 번째 단락에서 주로 이야기하는 것은：

A "狗不理"包子店的营业情况　　　　　　　A '거우부리' 만두 가게의 영업 상황
B "狗不理"包子店的发展方向　　　　　　**B** '거우부리' 만두 가게의 발전 방향
C "狗不理"包子店的搬迁历史　　　　　　　C '거우부리' 만두 가게의 이전 이력
D "狗不理"包子店的海外业绩　　　　　　　D '거우부리' 만두 가게의 해외 업적

해설　질문이 네 번째 단락의 중심 내용을 물었다. 네 번째 단락이 '거우부리' 만두 가게의 발전("狗不理"包子店的发展) 등을 언급하며 기술자들이 '거우부리' 만두가 현대인 입맛에 더욱 부합하도록 힘쓰고 있다는 이야기를 하고 있으므로, 선택지 B "狗不理"包子店的发展方向이 정답이다.

어휘　营业 yíngyè 圖영업하다　搬迁 bānqiān 圖이전하다　业绩 yèjì 圖업적

97 – 100

　　"万物皆可盲盒"是大家熟悉的流行语。继口红机、娃娃机后，盲盒成了又一款"不确定消费"的网红产品。所谓盲盒原来指的是一个玩具盒子，里面装有不同款式的玩具，消费者不知道里面装有哪一款，只有打开才知道自己抽到了什么。[97]不确定性的刺激会加强人们重复尝试的欲望，因此盲盒容易成为让人上瘾的存在。就从这一点来看，这与买彩票颇为相似，都带有赌运气的成分。

　　'만물은 모두 랜덤박스가 될 수 있다'는 모두가 익숙한 유행어이다. 립스틱 자판기, 인형뽑기 기계에 이어서, 랜덤박스는 또 하나의 '불확실한 소비'인 왕홍 상품이 됐다. 소위 랜덤박스란 본래 장난감 상자를 가리키는데, 안에는 서로 다른 모양의 장난감이 담겨 있는 것으로, 소비자는 안에 어떤 것이 담겨 있는지 모르고, 개봉을 해야만 비로소 자신이 무엇을 뽑았는지 알 수 있다. [97]불확실성의 자극은 사람들이 반복적으로 시도하려는 욕망을 강화하는데, 이 때문에 랜덤박스는 쉽게 사람을 중독시키는 존재가 된다. 이 점에서 볼 때, 이는 복권을 사는 것과 상당히 비슷한데, 모두 운에 맡기는 요소를 가지고 있다.

盲盒令人着迷的点就在这里，人们不知道自己最终选的是否是自己心仪的，而在打开的那一刻，有种等待彩票开奖的兴奋，惊喜或是失落就在开盒的那一瞬间，所以人们会一个接一个地买，直到买到自己喜欢的为止。

很多企业和商家看到盲盒的商机，纷纷采用盲盒这一销售模式。因此[98]盲盒已经从玩具领域扩展至食品、服装、化妆品、图书、文具等多个领域，甚至"旅游盲盒"的出现也引来了一番抢购和关注。无论盲盒里装的东西怎么变，这种充满不确定性的盲抽模式都屡试不爽。

毫无疑问，[100]盲盒经济已经成为网红经济的新风向，它反映出了当前年轻消费者的文化消费需求。作为潮流的代表，盲盒经济仍有很大的市场空间，但是也引来了社会各界的质疑。有些人认为这些盲盒让年轻人成了"赌徒"。此外，随着盲盒的延伸，许多粗制滥造产品和虚假产品混入市场，二手市场炒出天价，[98]甚至如"宠物盲盒"等不为公共道德所接受的形式，频频抹黑盲盒经济，使盲盒经济遭受批评。

为了避免盲盒经济扰乱市场，应该加大力度整治其野蛮生长，为了防止盲盒经济博彩化，要积极打击金融诈骗，[99]处理不透明的经济行为，维护消费者的合法权益。应该在规范市场产品的基础上，发挥盲盒经济的正向功能，挖掘文化和情感价值，满足人们新的消费需求。唯有如此，[99/100]盲盒经济才能作为一种新的消费模式，健康持续地发展下去。

랜덤박스가 사람을 사로잡는 점은 바로 여기에 있는데, 사람들은 자신이 최종적으로 선택한 것이 자신의 마음에 드는 것인지 아닌지를 알지 못하다가, 개봉하는 그 순간, 복권 추첨을 기다리는 듯한 흥분이 생긴다. 놀라며 기뻐하느냐 혹은 실망하느냐는 상자를 여는 바로 그 순간에 있어서, 사람들은 자신이 좋아하는 것을 구매할 때까지 연달아서 구매한다.

많은 기업과 상인은 랜덤박스의 사업 기회를 보고, 잇달아 랜덤박스라는 이 판매 유형을 채택했다. 이 때문에 [98]랜덤박스는 이미 장난감 영역에서 식품, 패션, 화장품, 도서, 문구 등 여러 영역으로 확장됐고, 심지어 '여행 랜덤박스'의 출현은 사재기와 관심을 불러일으켰다. 랜덤박스 안에 담긴 물건이 어떻게 바뀌든 관계없이, 이러한 불확실성이 충만한 맹목적인 뽑기 유형은 언제나 효과가 있다.

조금의 의혹도 없이, [100]랜덤박스 경제는 이미 왕홍 경제의 새로운 동향이 됐고, 현재 젊은 소비자의 문화 소비 수요를 반영해냈다. 시대 흐름의 대표로서, 랜덤박스 경제는 여전히 큰 시장성이 있지만, 사회 각계의 질의도 일으켰다. 어떤 사람은 이런 랜덤박스가 젊은이를 '도박꾼'으로 만든다고 생각한다. 이 밖에, 랜덤박스가 확대되면서, 많은 조잡한 상품과 가짜 상품이 시장에 섞여 들어가, 중고 시장에서 엄청난 가격으로 투기되는데, [98]심지어 '반려동물 랜덤박스' 등 공공 윤리에 받아들여지지 않는 형식은 빈번히 랜덤박스 경제에 먹칠을 하고, 랜덤박스 경제가 비평을 받게 한다.

랜덤박스 경제가 시장을 교란하는 것을 방지하기 위해서, 그것의 야만적인 성장을 더 강하게 관리해야 한다. 랜덤박스 경제가 도박화되는 것을 막기 위해서, 적극적으로 금융 사기를 단속하고 [99]불투명한 경제 행위를 해결해 소비자의 합법적인 권익을 지켜야 한다. 시장 상품을 규범화하는 기초 위에서, 랜덤박스 경제의 순기능을 발휘시키고 문화 및 감성 가치를 찾아내 사람들의 새로운 소비 수요를 만족시켜야 한다. 이렇게 해야만, [99/100]랜덤박스 경제는 일종의 새로운 소비 유형으로서 건강하고 지속적으로 발전해나갈 수 있다.

어휘 ★皆 jiē 图 모두 盲盒 mánghé 圆 랜덤박스 流行语 liúxíngyǔ 圆 유행어 口红机 kǒuhóngjī 圆 립스틱 자판기 娃娃机 wáwájī 圆 인형뽑기 기계
确定 quèdìng 图 확실하다 消费 xiāofèi 图 소비하다 网红 wǎnghóng 圆 왕홍[인터넷에서 유명한 것, 인플루언서] 所谓 suǒwèi 圆 소위 ~이란
玩具 wánjù 圆 장난감 装 zhuāng 图 담다 ★款式 kuǎnshì 圆 모양, 디자인 抽 chōu 图 뽑다 刺激 cìjī 图 자극하다 重复 chóngfù 图 반복하다
★尝试 chángshì 图 시도하다 ★欲望 yùwàng 圆 욕망 上瘾 shàngyǐn 图 중독되다 存在 cúnzài 图 존재하다 彩票 cǎipiào 圆 복권 ★颇 pō 圉 상당히
相似 xiāngsì 圆 비슷하다 赌运气 dǔ yùnqi 운에 맡기다 成分 chéngfèn 圆 요소 着迷 zháomí 图 사로잡히다 心仪 xīnyí 图 마음에 들다
等待 děngdài 图 기다리다 开奖 kāijiǎng 图 (복권을) 추첨하다 惊喜 jīngxǐ 图 놀라며 기뻐하다 失落 shīluò 图 실망하다 ★瞬间 shùnjiān 圆 순간
企业 qǐyè 圆 기업 商家 shāngjiā 圆 상인 商机 shāngjī 圆 사업 기회 纷纷 fēnfēn 图 잇달아 采用 cǎiyòng 图 채택하다 销售 xiāoshòu 图 판매하다
★模式 móshì 圆 유형, 모델 领域 lǐngyù 圆 영역 扩展 kuòzhǎn 图 확장하다 服装 fúzhuāng 圆 패션 化妆品 huàzhuāngpǐn 圆 화장품
文具 wénjù 圆 문구 ★番 fān 圆 차례 抢购 qiǎnggòu 图 사재기하다, 앞다투어 구매하다 关注 guānzhù 图 관심을 가지다 充满 chōngmǎn 图 충만하다
盲 máng 맹목적으로 屡试不爽 lǚshìbùshuǎng 언제나 효과가 있다 ★毫无 háowú 조금도 ~이 없다 疑问 yíwèn 圆 의혹 风向 fēngxiàng 圆 동향
反映 fǎnyìng 图 반영하다 ★当前 dāngqián 圆 현재 需求 xūqiú 圆 수요 作为 zuòwéi 깨 ~로서 潮流 cháoliú 圆 시대 흐름 代表 dàibiǎo 圆 대표
市场空间 shìchǎng kōngjiān 圆 시장성 质疑 zhìyí 图 (의문점을) 질의하다 赌徒 dǔtú 圆 도박꾼 此外 cǐwài 圆 이 밖에 延伸 yánshēn 图 확대되다
粗制滥造 cūzhìlànzào 图 조잡하게 만들다 虚假 xūjiǎ 圆 가짜의 混入 hùnrù 섞여 들다 二手市场 èrshǒu shìchǎng 圆 중고 시장 炒 chǎo 图 투기하다
天价 tiānjià 圆 엄청난 가격 宠物 chǒngwù 圆 반려동물 道德 dàodé 圆 윤리 频频 pínpín 图 빈번히 抹黑 mǒhēi 图 먹칠하다
★遭受 zāoshòu 图 받다 避免 bìmiǎn 图 방지하다 扰乱 rǎoluàn 图 교란하다 整治 zhěngzhì 图 관리하다 野蛮 yěmán 图 야만적이다
生长 shēngzhǎng 图 성장하다 ★防止 fángzhǐ 图 막다 博彩 bócǎi 图 도박 ★打击 dǎjī 图 단속하다 金融 jīnróng 圆 금융 诈骗 zhàpiàn 图 사기치다
处理 chǔlǐ 图 해결하다 透明 tòumíng 圆 투명하다 行为 xíngwéi 圆 행위 维护 wéihù 图 지키다 合法 héfǎ 圆 합법적이다 权益 quányì 圆 권익
★规范 guīfàn 图 규범화하다 发挥 fāhuī 图 발휘하다 正向 zhèngxiàng 순방향 功能 gōngnéng 圆 기능 ★挖掘 wājué 图 찾아내다
情感 qínggǎn 圆 감성, 감정 价值 jiàzhí 圆 가치 满足 mǎnzú 图 만족시키다 持续 chíxù 图 지속하다

97 盲盒为什么会让人上瘾？ | 랜덤박스는 왜 사람을 중독시키는가?

A 款式新颖
B 实用性强
C 可以抽中彩票
D 让人有刺激感

A 모양이 참신하기 때문에
B 실용성이 강하기 때문에
C 복권에 당첨될 수 있기 때문에
D 사람에게 자극감을 주기 때문에

해설　질문이 랜덤박스는 왜 사람을 중독시키는지를 물었으므로, 질문의 핵심어구 上瘾과 관련된 내용을 지문에서 재빨리 찾는다. 첫 번째 단락에서 不确定性的刺激会加强人们重复尝试的欲望, 因此盲盒容易成为让人上瘾的存在。라고 했으므로, 선택지 D 让人有刺激感이 정답이다.

어휘　**盲盒** mánghé 圐 랜덤박스　**上瘾** shàngyǐn 圐 중독되다　★**款式** kuǎnshì 圐 모양, 디자인　★**新颖** xīnyǐng 圐 참신하다
　　　实用性 shíyòngxìng 圐 실용성　**抽中** chōuzhòng 당첨되다　**彩票** cǎipiào 圐 복권　**刺激** cìjī 圐 자극하다

98 根据上文，下列哪项**不是**盲盒涉及的领域？ | 위 글에 근거하여, 다음 중 랜덤박스와 관련된 영역이 **아닌** 것은?

A 家具　　　　　B 食品
C 服装　　　　　D 宠物

A 가구　　　　　B 음식
C 패션　　　　　D 반려동물

해설　질문이 랜덤박스와 관련된 영역이 아닌 것을 물었으므로, 질문의 핵심어구 涉及的领域와 관련된 내용을 지문에서 재빨리 찾는다. 세 번째 단락에서 盲盒已经从玩具领域扩展至食品、服装、化妆品、图书、文具等多个领域라고 언급한 후, 네 번째 단락에서 甚至如"宠物盲盒"等不为公共道德所接受的形式, 频频抹黑盲盒经济라고 했으므로, 지문에서 언급되지 않은 선택지 A 家具가 정답이다.

어휘　★**涉及** shèjí 圐 관련되다　**领域** lǐngyù 圐 영역　**家具** jiājù 圐 가구　**服装** fúzhuāng 圐 패션　**宠物** chǒngwù 圐 반려동물

99 为了让盲盒经济更好地发展，应该： | 랜덤박스 경제를 더 잘 발전시키려면, 마땅히:

A 促进盲盒博彩化
B 大幅提高盲盒价格
C 开发更多类型的产品
D 解决不当的经济行为

A 랜덤박스의 도박화를 촉진해야 한다
B 랜덤박스의 가격을 대폭 높여야 한다
C 더 많은 종류의 상품을 개발해야 한다
D 부당한 경제 행위를 해결해야 한다

해설　질문이 랜덤박스 경제를 더 잘 발전시키려면 마땅히 해야 하는 것을 물었으므로, 질문의 핵심어구 发展과 관련된 내용을 지문에서 재빨리 찾는다. 마지막 단락에서 处理不透明的经济行为라고 언급한 후, 盲盒经济才能作为一种新的消费模式, 健康持续地发展下去라고 했으므로, 선택지 D 解决不当的经济行为가 정답이다.

어휘　**促进** cùjìn 圐 촉진하다　**博彩** bócǎi 圐 도박　**大幅** dàfú 圐 대폭　**开发** kāifā 圐 개발하다　**类型** lèixíng 圐 종류　**行为** xíngwéi 圐 행위

100 上文最可能会出现在哪类杂志上？ | 위 글은 어떤 종류의 잡지에 등장할 가능성이 가장 큰가?

A 科普杂志　　　　　B 旅游杂志
C 经济杂志　　　　D 娱乐杂志

A 과학 잡지　　　　　B 여행 잡지
C 경제 잡지　　　　D 오락 잡지

해설　질문이 위 글은 어떤 종류의 잡지에 등장할 가능성이 가장 큰지를 물었으므로, 지문의 중심 내용을 재빨리 파악한다. 지문이 랜덤박스에 대한 소개, 랜덤박스가 사람을 사로잡는 이유, 랜덤박스의 판매 유형 및 경제적 효과, 랜덤박스 경제의 시장성 및 비평, 랜덤박스 경제의 발전 방향을 차례대로 언급하고 있다. 그리고 네 번째 단락에서 盲盒经济已经成为网红经济的新风向, 它反映出了当前年轻消费者的文化消费需求라고 했고, 마지막 단락에서 盲盒经济才能作为一种新的消费模式, 健康持续地发展下去라고 했다. 따라서 선택지 C 经济杂志가 정답이다.

어휘　**科普** kēpǔ 圐 과학 지식을 보급하다　**娱乐** yúlè 圐 오락하다

지문

一想到中国最出名的万能调料，大多数人脑海中都会浮现出同一个名字——"老干妈"辣椒酱。"老干妈"既是炒菜不可或缺的良方，更是拌面拌饭的绝佳拍档。"老干妈"的创始人名叫陶华碧，她充满传奇色彩的创业经历一直为人们所津津乐道。

陶华碧早年的经历可谓是坎坷不已。1947年，她出生在贵州省一个偏僻的农村。小时候她家境贫寒，家徒四壁，经常食不果腹，更别说去学校读书了。20岁的时候，陶华碧嫁给了一名地质队的队员，然而天有不测风云，丈夫几年后因病去世，留下了陶华碧和两个孩子。为了养家糊口，她打过工，也摆过地摊。

1989年，为了获得稳定的收入，陶华碧用捡来的砖头，在贵阳的街边亲手盖了一间小房子，并用自己的积蓄开了一家名为"实惠餐厅"的小吃店。考虑到只有她一个人经营小吃店，她便选择只卖凉粉。她的凉粉主要以特制的辣椒酱为辅助酱料。味美价廉的凉粉吸引了不少顾客，她的生意也越来越兴隆。

一天早上，陶华碧身体不舒服，就没有做辣椒酱。没想到顾客们得知没有辣椒酱后，纷纷离去。看到这一幕，陶华碧突然明白，小吃店受欢迎的原因就在于特制的辣椒酱。从此之后，她就开始埋头研究起了辣椒酱。她的辣椒酱变得更加美味和独特，也愈发受到了顾客的喜爱。吃完凉粉，再打包点辣椒酱成为了顾客们必做的事情，甚至有些人上门就是为了买辣椒酱。

陶华碧知道机会来了，她开始把重心转向辣椒酱，认真筹备起了专门生产辣椒酱的公司。刚开始，她需要亲自背着辣椒酱向各大食品商店和饭店推销。不到一周的时间，产品脱销不说，追加订单就像雪花一样纷至沓来。

1997年8月，陶华碧的公司正式挂牌，旗下的工人也达到了200多人。这时，陶华碧迎来了管理上的压力，公司的运营需要正规化，各种文件都需要她亲自审阅批准。这对于目不识丁的陶华碧来说实在是太难了。好在她有着朴素又实用的选人标准，选出来的人都对公司的管理和发展起了莫大的作用。她始终不忘初心，坚持"质量第一，顾客利益优先"的原则。经过多年的艰苦经营，她的公司已经发展成为了中国的优质企业。

陶华碧开始创业时已年过四十，但她在没有任何社会资源的情况下独自打拼，成功打造了"老干妈"品牌，并成就了一番事业。她身上有许多值得我们学习的地方。她曾说："只要有想做的事，什么时候开始都不算晚；只要善于观察，就能发现属于自己的机会。"

중국에서 가장 유명한 만능 양념을 생각하면, 대다수 사람의 머릿속에는 '라오간마' 고추장이라는 동일한 이름이 떠오를 것이다. '라오간마'는 음식을 볶는 데 없어서는 안 될 해결책이자, 면을 비비고 밥을 비비는 더없이 좋은 파트너이다. '라오간마'의 창시자 이름은 타오화비이며, 그녀의 전기적인 특성이 충만한 창업 경험은 줄곧 사람들에 의해 흥미진진하게 이야기됐다.

타오화비의 젊은 시절의 경험은 평탄하지 못했다고 말할 수 있다. 1947년, 그녀는 구이저우성의 한 외진 농촌에서 태어났다. 어린시절 그녀의 가정 형편은 변변치 못했다. 집안이 너무 가난해 가진 것이 아무것도 없었고, 늘 배불리 먹지 못했으며, 학교에 공부하러 가는 것은 더 말할 나위도 없었다. 20살 때, 타오화비는 한 지질 탐사대의 대원에게 시집갔다. 그러나 인생의 길흉화복은 예측할 수 없듯이, 남편은 몇 년 후 병으로 인해 세상을 떠났고, 타오화비와 두 아이는 남겨졌다. 가족을 부양하기 위해, 그녀는 아르바이트를 해봤고 노점도 차려봤다.

1989년, 안정된 수입을 얻기 위해 타오화비는 주워온 벽돌을 이용해, 구이양의 길가에 손수 작은 집 한 채를 지었고, 자신이 모은 돈으로 이름이 '실속 있는 식당'인 분식집을 하나 차렸다. 그녀 혼자 분식집을 운영한다는 점을 고려해, 그녀는 량펀만 판매하기로 선택했다. 그녀의 량펀은 주로 특별 제조한 고추장을 보조 소스로 삼았다. 맛도 좋고 가격도 저렴한 량펀은 적지 않은 고객을 사로잡았고, 그녀의 장사도 갈수록 번창했다.

어느 날 아침, 타오화비는 몸이 불편해 고추장을 만들지 않았다. 뜻밖에도 고객들은 고추장이 없다는 것을 알게 된 후, 잇달아 떠나갔다. 이 장면을 보고, 타오화비는 문득 분식집이 인기를 끄는 이유가 특별 제조한 고추장에 있다는 것을 깨달았다. 이때부터, 그녀는 고추장을 연구하는 데 몰두하기 시작했다. 그녀의 고추장은 더 맛있고 독특해졌고, 고객의 사랑도 더욱 받았다. 량펀을 다 먹고, 고추장을 조금 더 포장하는 것은 고객들이 꼭 해야 하는 일이 됐으며, 심지어 어떤 사람은 고추장을 사기 위해 방문하기도 했다.

타오화비는 기회가 온 것을 알았고, 그녀는 핵심을 고추장으로 돌려, 고추장을 전문적으로 생산하는 회사를 열심히 기획하고 준비하기 시작했다. 처음 시작할 때, 그녀는 직접 고추장을 짊어지고 각 식품 매장과 음식점에 내다 팔아야 했다. 일주일도 되지 않아서, 상품은 품절됐을 뿐만 아니라, 추가 주문서가 눈꽃처럼 쉴 새 없이 계속 왔다.

1997년 8월, 타오화비의 회사는 정식으로 창립됐고, 산하의 근로자도 200여 명에 이르렀다. 이때, 타오화비는 관리에 중압감을 느끼게 됐는데, 회사의 경영은 규범화해야 했고, 각종 서류는 모두 그녀가 직접 자세히 검토하고 승인해야 했다. 이것은 일자무식인 타오화비에게 참으로 어려운 일이었다. 다행히 그녀는 소박하고 실용적인 사람 선발 기준을 가지고 있어서, 선발된 사람은 모두 회사의 관리와 발전에 막대한 역할을 했다. 그녀는 언제나 초심을 잊지 않았고, '품질 제일, 고객의 이익 우선'의 원칙을 지켰다. 다년간의 고달픈 경영을 거쳐, 그녀의 회사는 이미 중국의 우수 기업으로 발전했다.

타오화비가 창업을 시작했을 때는 이미 마흔이 넘었지만, 그녀는 어떠한 사회자원도 없는 상태에서 혼자 최선을 다했고, 성공적으로 '라오간마' 브랜드를 만들었으며, 한 차례 성취를 이뤘다. 그녀에게는 우리가 배울만한 많은 점이 있다. 그녀는 일찍이 말했다. "하고 싶은 일이 있다면, 언제 시작하더라도 늦지 않습니다. 관찰만 잘하면, 자신에게 속하는 기회를 발견할 수 있습니다."

어휘 万能 wànnéng 園 만능이다　调料 tiáoliào 園 양념　浮现 fúxiàn 園 떠오르다　老干妈 Lǎogānmā 교유 라오간마[중국의 대표적인 양념 브랜드]
辣椒酱 làjiāojiàng 園 고추장　炒 chǎo 園 볶다　不可或缺 bùkěhuòquē 園 없어선 안 되다　良方 liángfāng 園 해결책　拌 bàn 園 비비다
绝佳 juéjiā 園 더없이 좋다　拍档 pāidàng 園 파트너　创始人 chuàngshǐrén 園 창시자　充满 chōngmǎn 園 충만하다
传奇 chuánqí 園 전기적[기이해서 세상에 전할 만한 것]　色彩 sècǎi 園 특성, 색채　★创业 chuàngyè 園 창업하다
津津乐道 jīnjīnlèdào 園 흥미진진하게 이야기하다　坎坷 kǎnkě 園 평탄하지 못하다
贵州省 Guìzhōushěng 교유 구이저우성[중국의 성(지방 행정 구역) 중 하나]
★偏僻 piānpì 園 외지다　农村 nóngcūn 園 농촌　家境 jiājìng 園 가정 형편　贫寒 pínhán 園 변변치 못하다
家徒四壁 jiātúsìbì 園 집안이 너무 가난해 가진 것이 아무것도 없다　食不果腹 shíbùguǒfù 園 배불리 먹지 못하다　嫁 jià 園 시집가다
地质队 dìzhìduì 園 지질 탐사대　队员 duìyuán 園 대원　天有不测风云 tiān yǒu búcè fēngyún 인생의 길흉화복은 예측할 수 없다
去世 qùshì 園 세상을 떠나다　养家糊口 yǎngjiāhúkǒu 園 가족을 부양하다　摆 bǎi 園 차리다　地摊 dìtān 園 노점　稳定 wěndìng 園 안정되다
捡 jiǎn 園 줍다　砖头 zhuāntóu 園 벽돌　贵阳 Guìyáng 교유 구이양[중국 구이저우(贵州)성의 성도]　亲手 qīnshǒu 園 손수　盖 gài 園 짓다
积蓄 jīxù 園 모은 돈　★实惠 shíhuì 園 실속 있다　小吃店 xiǎochīdiàn 園 분식집　经营 jīngyíng 園 운영하다, 경영하다
凉粉 liángfěn 園 량펀[중국의 냉식품 중 하나]　特制 tèzhì 園 특별 제조하다　作为 zuòwéi 園 ~로 삼다　辅助 fǔzhù 園 보조적인
酱料 jiàngliào 園 소스　兴隆 xīnglóng 園 번창하다　纷纷 fēnfēn 園 잇달아　在于 zàiyú 園 ~에 있다　埋头 máitóu 園 몰두하다
独特 dútè 園 독특하다　愈发 yùfā 園 더욱　打包 dǎbāo 園 포장하다　上门 shàngmén 園 방문하다　重心 zhòngxīn 園 핵심
筹备 chóubèi 園 기획하고 준비하다　亲自 qīnzì 園 직접　背 bēi 園 짊어지다　推销 tuīxiāo 園 내다 팔다　脱销 tuōxiāo 園 품절되다
不说 bù shuō ~뿐만 아니라　追加 zhuījiā 園 추가하다　订单 dìngdān 園 주문서　纷至沓来 fēnzhìtàlái 園 쉴 새 없이 계속 오다
挂牌 guàpái 園 창립하다　达到 dádào 園 이르다　运营 yùnyíng 園 운영하다　正规化 zhèngguīhuà 園 규범화하다　文件 wénjiàn 園 서류
审阅 shěnyuè 園 자세히 검토하다　批准 pīzhǔn 園 승인하다　目不识丁 mùbùshídīng 園 일자무식하다　★朴素 pǔsù 園 소박하다
实用 shíyòng 園 실용적이다　莫大 mòdà 園 막대하다　始终 shǐzhōng 園 언제나　利益 lìyì 園 이익　★优先 yōuxiān 園 우선하다
原则 yuánzé 園 원칙　艰苦 jiānkǔ 園 고달프다　企业 qǐyè 園 기업　资源 zīyuán 園 자원　打拼 dǎpīn 園 최선을 다하다　打造 dǎzào 園 만들다
品牌 pǐnpái 園 브랜드　成就 chéngjiù 園 이루다　★番 fān 園 차례　善于 shànyú 園 ~을 잘하다　属于 shǔyú 園 ~에 속하다

　　　　　　　　　　★ 6급 빈출어휘

지문	기억한 스토리
지문에서 반드시 외워야 할 핵심표현이에요.	제목 －

一想到中国最出名的万能调料，大多数人脑海中都会浮现出同一个名字——"老干妈"辣椒酱。"老干妈"既是炒菜不可或缺的良方，更是拌面拌饭的绝佳拍档。"老干妈"的创始人名叫陶华碧，她充满传奇色彩的创业经历一直为人们所津津乐道。

陶华碧早年的经历可谓是坎坷不已。1947年，她出生在贵州省一个偏僻的农村。小时候她家境贫寒，家徒四壁，经常食不果腹，更别说去学校读书了。20岁的时候，陶华碧嫁给了一名地质队的队员，然而天有不测风云，丈夫几年后因病去世，留下了陶华碧和两个孩子。为了养家糊口，她打过工，也摆过地摊。

기억한 스토리 (①):
① 주인공의 청년시절 및 첫 번째 시련

'老干妈' 辣椒酱은 중국에서 매우 유명함. 왜냐하면 그 고추장은 음식을 볶고 면을 비비며 밥을 비비는 좋은 양념이기 때문임. '라오간마'의 창시자 陶华碧의 创业经历는 줄곧 사람들에게 언급됨.

그녀의 어린시절의 경험은 매우 坎坷함. 그녀는 가난한 农村 가정에서 태어났는데, 학교를 다니는 것은 말할 것도 없었고, 밥조차도 배부르게 먹지 못함. 그녀는 20살 때 결혼을 했지만, 몇 년 후 丈夫가 去世함. 아이를 키우기 위해, 그녀는 고달픈 일을 많이 함.

1989年，为了获得稳定的收入，陶华碧用捡来的砖头，在贵阳的街边亲手盖了一间小房子，并用自己的积蓄开了一家名为"实惠餐厅"的小吃店。考虑到只有她一个人经营小吃店，她便选择只卖凉粉。她的凉粉主要以特制的辣椒酱为辅助酱料。味美价廉的凉粉吸引了不少顾客，她的生意也越来越兴隆。

② 첫 번째 시련 극복과정

이후 그녀는 한 小吃店을 차려, 전문적으로 凉粉을 판매함. 그녀의 량펀은 주로 특별 제조한 고추장을 辅助酱料로 삼았음. 량펀의 맛이 좋고 가격도 저렴했기 때문에, 生意가 갈수록 잘 됨.

一天早上，陶华碧身体不舒服，就没有做辣椒酱。没想到顾客们得知没有辣椒酱后，纷纷离去。看到这一幕，陶华碧突然明白，小吃店受欢迎的原因就在于特制的辣椒酱。从此之后，她就开始埋头研究起了辣椒酱。她的辣椒酱变得更加美味和独特，也愈发受到了顾客的喜爱。吃完凉粉，再打包点辣椒酱成为了顾客们必做的事情，甚至有些人上门就是为了买辣椒酱。

陶华碧知道机会来了，她开始把重心转向辣椒酱，认真筹备起了专门生产辣椒酱的公司。刚开始，她需要亲自背着辣椒酱向各大食品商店和饭店推销。不到一周的时间，产品脱销不说，追加订单就像雪花一样纷至沓来。

③ 두 번째 시련과 극복과정

어느 날, 그녀는 고추장을 만들지 않았고, 고객들은 이를 알고 나서 모두 떠나감. 이것은 그녀로 하여금 분식집이 受欢迎的原因이 고추장에 있다는 것을 깨닫게 함. 연구를 거쳐, 그녀의 고추장은 더 美味해짐.

그녀는 이때부터 고추장 장사를 시작함. 처음에는 그녀가 亲自 제품을 추천해야 했지만, 뜻밖에도 며칠 지나지 않아 대량의 주문을 받게 됨.

1997年8月，陶华碧的公司正式挂牌，旗下的工人也达到了200多人。这时，陶华碧迎来了管理上的压力，公司的运营需要正规化，各种文件都需要她亲自审阅批准。这对于目不识丁的陶华碧来说实在是太难了。好在她有着朴素又实用的选人标准，选出来的人都对公司的管理和发展起了莫大的作用。她始终不忘初心，坚持"质量第一，顾客利益优先"的原则。经过多年的艰苦经营，她的公司已经发展成为了中国的优质企业。

④ 성공의 결실

이후, 그녀는 자신의 公司를 차렸음. 비록 글은 몰랐지만, 그녀는 회사에 도움이 되는 인재를 선발했고, 언제나 자신의 原则를 坚持함. 다년간의 경영을 거쳐, 그녀의 회사는 이미 优质企业가 됨.

陶华碧开始创业时已年过四十，但她在没有任何社会资源的情况下独自打拼，成功打造了"老干妈"品牌，并成就了一番事业。她身上有许多值得我们学习的地方。她曾经说："只要有想做的事，什么时候开始都不算晚；只要善于观察，就能发现属于自己的机会。"

⑤ 성공 요인

그녀에게는 学习할만한 많은 점이 있음. 그녀의 말에 의하면 想做的事만 있다면 언제든지 시작해도 되며, 观察만 잘하면 机会를 발견할 수 있음.

요약 [모범답안1 (80점 고득점용)]	요약 포인트
成功来之不易	陶华碧의 성공일화에 대한 내용이므로 成功来之不易(성공은 쉽게 얻어지지 않는다)를 제목으로 쓴다.
"老干妈"辣椒酱在中国十分有名，因为它是炒菜和拌面拌饭的好调料。"老干妈"的创始人陶华碧的创业经历一直被人们所提起。 她的早年经历十分坎坷。她出生在贫穷的农村家庭，别说上学，就连饭都吃不饱。她20岁时结了婚，但是几年后丈夫就去世了。为了养孩子，她做过很多艰苦的工作。	• 지문의 津津乐道와 같이 외우기 어려운 사자성어 표현은 提起와 같은 비슷한 뜻을 가지는 쉬운 표현으로 기억하고 바꿔 쓴다. [스킬 2] • 지문의 家徒四壁와 같이 외우기 어려운 사자성어 표현은 贫穷과 같은 비슷한 뜻을 가지는 쉬운 표현으로 기억하고 바꿔 쓴다. [스킬 2] • 지문의 '她打过工，也摆过地摊'과 같이 여러 가지를 구체적으로 열거한 표현은 很多艰苦的工作와 같은 하나로 포괄하는 표현으로 기억하고 요약한다. [스킬 3]
后来她开了一家小吃店，专门卖凉粉。她的凉粉主要以特制的辣椒酱为辅助酱料。由于凉粉味道好且价格便宜，因此生意越来越好了。	• '그녀는 고달픈 일을 많이 함. 이후 그녀는 한 小吃店을 차려, 전문적으로 凉粉을 판매함'과 같이 사건의 앞뒤 발생 순서가 명확한 것으로 기억한 내용은 '后来……'와 같은 선후 관계를 나타내는 연결어를 사용해서 간단히 요약한다. [스킬 7] • '량펀의 맛이 좋고 가격도 저렴했기 때문에, 生意가 갈수록 잘 됨'과 같이 사건의 원인과 결과가 분명한 것으로 기억한 내용은 '由于……，因此……'와 같은 인과 관계를 나타내는 연결어를 사용해서 간단히 요약한다. [스킬 6]
一天，她没做辣椒酱，客人们知道后都离开了。这让她明白，小吃店受欢迎的原因在于辣椒酱。经过研究，她的辣椒酱变得更美味了。 她从此做起了辣椒酱生意。起初她得亲自推销产品，但没想到没过几天就收到了大量订单。	• '이것은 그녀로 하여금 분식집이 受欢迎의 原因이 고추장에 있다는 것을 깨닫게 함'과 같이 어떤 일로 인해 변화가 생긴 것으로 기억한 내용은 '这让……'을 사용해서 간단히 요약한다. [스킬 5] • 지문의 不到一周的时间과 같이 구체적인 시간 관련 표현은 没过几天과 같은 几를 사용한 시간 관련 표현으로 기억하고 바꿔 쓴다. [스킬 1]
此后，她开了自己的公司。尽管不识字，但是她选出了对公司有利的人才，并始终坚持自己的原则。经过多年的经营，她的公司已成为了优质企业。	• '며칠 지나지 않아 대량의 주문을 받게 됨. 이후, 그녀는 자신의 공사를 차렸음'과 같이 어떤 과정을 거쳐 도출된 결론은 此后와 같은 마무리 표현을 사용해서 간단히 요약한다. [스킬 10] • '비록 글은 몰랐지만, 그녀는 회사에 도움이 되는 인재를 선발했음'과 같이 사건의 앞뒤 상황이 상반되는 것으로 기억한 내용은 '尽管……，但是……'과 같은 반대/전환 관계를 나타내는 연결어를 사용해서 간단히 요약한다. [스킬 8]
她的身上有很多值得学习的地方。据她说，只要有想做的事，任何时候都可以开始；只要善于观察，就能发现机会。	• 지문의 "只要有想做的事……就能发现属于自己的机会。"와 같이 큰따옴표로 표현된 인용문은 '据A说……'와 같은 간접화법으로 간단히 요약한다. [스킬 4]

해커스 HSK 6급 한 권으로 고득점 달성

모범답안 1 [80점 고득점용]

					成	功	来	之	不	易									
		"	老	干	妈	"	辣	椒	酱	在	中	国	十	分	有	名	,	因	为
它	是	炒	菜	和	拌	面	拌	饭	的	好	调	料	。	"	老	干	妈	"	的	创
始	人	陶	华	碧	的	创	业	经	历	一	直	被	人	们	所	提	起	。	
	她	的	早	年	经	历	十	分	坎	坷	。	她	出	生	在	贫	穷	的		100
农	村	家	庭	,	别	说	上	学	,	就	连	饭	都	吃	不	饱	。	她	20
岁	时	结	了	婚	,	但	是	几	年	后	丈	夫	就	去	世	了	。	为	了
养	孩	子	,	她	做	过	很	多	艰	苦	的	工	作	。					
	后	来	她	开	了	一	家	小	吃	店	,	专	门	卖	凉	粉	。	她	
的	凉	粉	主	要	以	特	制	的	辣	椒	酱	为	辅	助	酱	料	。	由	于	200
凉	粉	味	道	好	且	价	格	便	宜	,	因	此	生	意	越	来	越	好	了	。
一	天	,	她	没	做	辣	椒	酱	,	客	人	们	知	道	后	都	离	
开	了	。	这	让	她	明	白	,	小	吃	店	受	欢	迎	的	原	因	在	于
辣	椒	酱	。	经	过	研	究	,	她	的	辣	椒	酱	变	得	更	美	味	了	。
	她	从	此	做	起	了	辣	椒	酱	生	意	。	起	初	她	得	亲	自	
推	销	产	品	,	但	没	想	到	没	过	几	天	就	收	到	了	大	量	订
单	。																		
	此	后	,	她	开	了	自	己	的	公	司	。	尽	管	不	识	字	,	
但	是	她	选	出	了	对	公	司	有	利	的	人	才	,	并	始	终	坚	持
自	己	的	原	则	。	经	过	多	年	的	经	营	,	她	的	公	司	已	成	400
为	了	优	质	企	业	。													
	她	的	身	上	有	很	多	值	得	学	习	的	地	方	。	据	她	说	,
只	要	有	想	做	的	事	,	任	何	时	候	都	可	以	开	始	;	只	要
善	于	观	察	,	就	能	发	现	机	会	。								
																				500

성공은 쉽게 얻어지지 않는다

'라오간마' 고추장은 중국에서 매우 유명하다. 왜냐하면 그 고추장은 음식을 볶고 면을 비비며 밥을 비비는 좋은 양념이기 때문이다. '라오간마'의 창시자 타오화비의 창업 경험은 줄곧 사람들에게 언급됐다.

그녀의 어린시절의 경험은 매우 평탄하지 못했다. 그녀는 가난한 농촌 가정에서 태어났는데, 학교를 다니는 것은 말할 것도 없고, 밥조차도 배부르게 먹지 못했다. 그녀는 20살 때 결혼을 했지만, 몇 년 후 남편이 세상을 떠났다. 아이를 키우기 위해, 그녀는 고달픈 일을 많이 했다.

이후 그녀는 한 분식집을 차려, 전문적으로 량편을 판매했다. 그녀의 량편은 주로 특별 제조한 고추장을 보조 소스로 삼았다. 량편의 맛이 좋고 가격도 저렴했기 때문에, 장사가 갈수록 잘 됐다.

어느 날, 그녀는 고추장을 만들지 않았고, 고객들은 이를 알고 나서 모두 떠나갔다. 이것은 그녀로 하여금 분식집이 인기를 끄는 이유가 고추장에 있다는 것을 깨닫게 했다. 연구를 거쳐, 그녀의 고추장은 더 맛있어졌다.

이때부터 그녀는 고추장 장사를 시작했다. 처음에는 그녀가 직접 제품을 내다 팔았지만, 뜻밖에도 며칠 지나지 않아 대량의 주문을 받게 됐다.

이후, 그녀는 자신의 회사를 차렸다. 비록 글은 몰랐지만, 그녀는 회사에 도움이 되는 인재를 선발했고, 언제나 자신의 원칙을 지켰다. 다년간의 경영을 거쳐, 그녀의 회사는 이미 우수 기업이 됐다.

그녀에게는 배울만한 많은 점이 있다. 그녀의 말에 의하면 하고 싶은 일만 있다면 언제든지 시작해도 되며, 관찰만 잘하면 기회를 발견할 수 있다.

어휘 **来之不易** láizhībúyì 图 쉽게 얻어지지 않는다 **老干妈** Lǎogānmā 고유 라오간마[중국의 대표적인 양념 브랜드] **辣椒酱** làjiāojiàng 圐 고추장
炒 chǎo 圐 볶다 **拌** bàn 圐 비비다 **调料** tiáoliào 圐 양념 **创始人** chuàngshǐrén 圐 창시자 ★**创业** chuàngyè 圐 창업하다
提起 tíqǐ 圐 언급하다 **坎坷** kǎnkě 圐 평탄하지 못하다 **贫穷** pínqióng 圐 가난하다 **农村** nóngcūn 圐 농촌 **去世** qùshì 圐 세상을 떠나다
艰苦 jiānkǔ 圐 고달프다 **小吃店** xiǎochīdiàn 圐 분식집 **凉粉** liángfěn 圐 량편[중국의 냉식품 중 하나] **特制** tèzhì 圐 특별 제조하다
辅助 fǔzhù 圐 보조적인 **酱料** jiàngliào 圐 소스 **在于** zàiyú 圐 ~에 있다 ★**起初** qǐchū 圐 처음 **亲自** qīnzì 囝 직접 **推销** tuīxiāo 圐 내다 팔다
有利 yǒulì 圐 도움이 되다 **始终** shǐzhōng 囝 언제나 **原则** yuánzé 圐 원칙 **经营** jīngyíng 圐 경영하다 **企业** qǐyè 圐 기업
善于 shànyú 圐 ~을 잘하다

모범답안 2 [60점용]

					成	功	来	之	不	易									
	"	老	干	妈	"	辣	椒	酱	非	常	有	名	，	而	"	老	干	妈 "	
创	始	人	的	故	事	一	直	被	人	们	提	起	。						
学	。	结	婚	后	没	过	几	年	，	她	的	丈	夫	就	去	世	了	。	为
了	养	孩	子	，	她	吃	了	很	多	苦	。								
做	凉	粉	。	小	吃	店	的	生	意	越	来	越	好	了	。				
开	了	。	这	让	她	明	白	，	原	来	人	们	喜	欢	的	是	她	的	辣
椒	酱	。	经	过	研	究	，	她	做	出	了	更	好	吃	的	辣	椒	酱	。
酱	，	没	过	几	天	就	卖	了	很	多	。								
直	坚	持	自	己	的	原	则	。	几	年	后	，	公	司	发	展	得	非	常
好	。																		
做	的	事	，	任	何	时	候	都	可	以	做	；	善	于	观	察	，	就	能
发	现	机	会	。															

Full text:

成功来之不易

"老干妈"辣椒酱非常有名，而"老干妈"创始人的故事一直被人们提起。她小时候很穷，经常吃不饱饭，也没钱上学。结婚后没过几年，她的丈夫就去世了。为了养孩子，她吃了很多苦。

后来她开了一家小吃店，用特制的辣椒酱做凉粉。小吃店的生意越来越好了。一天，她没做辣椒酱，客人们知道后都离开了。这让她明白，原来人们喜欢的是她的辣椒酱。经过研究，她做出了更好吃的辣椒酱。

她开始做起了辣椒酱生意，还亲自卖辣椒酱，没过几天就卖了很多。之后，她开了公司，招了很多人才。她一直坚持自己的原则。几年后，公司发展得非常好。

她有很多可以学习的地方。她说如果有想做的事，任何时候都可以做；善于观察，就能发现机会。

성공은 쉽게 얻어지지 않는다

'라오간마' 고추장은 매우 유명하고, '라오간마'의 창시자의 이야기는 줄곧 사람들에게 언급됐다.
그녀는 어린시절 가난했으며, 자주 밥을 배부르게 먹지 못했고, 학교를 다닐 돈도 없었다. 결혼 후 몇 년 지나지 않아, 그녀의 남편은 세상을 떠났다. 아이를 키우기 위해, 그녀는 많은 고생을 맛봤다.
이후 그녀는 한 분식집을 차렸고, 특별 제조한 고추장을 사용해서 량편을 만들었다. 분식집의 장사는 갈수록 잘 됐다.
어느 날, 그녀는 고추장을 만들지 않았고, 고객들은 이를 알고 나서 모두 떠나갔다. 이것은 그녀로 하여금 알고보니 사람들이 좋아한 것은 그녀의 고추장인 것을 깨닫게 했다. 연구를 거쳐, 그녀는 더 맛있는 고추장을 만들어냈다.
그녀는 고추장 장사를 시작했고, 직접 고추장을 팔았으며, 며칠 지나지 않아 많이 팔렸다.
이후, 그녀는 회사를 차려, 많은 인재를 모집했다. 그녀는 줄곧 자신의 원칙을 지켰다. 몇 년 후, 회사는 매우 잘 발전했다.
그녀에게는 배울 수 있는 점이 많다. 그녀는 하고 싶은 일이 있다면 언제든지 해도 되며, 관찰을 잘하면 기회를 발견할 수 있을 것이라 말했다.

어휘 来之不易 láizhībúyì 젱 쉽게 얻어지지 않는다 老干妈 Lǎogānmā 고유 라오간마[중국의 대표적인 양념 브랜드] 辣椒酱 làjiāojiàng 젱 고추장
创始人 chuàngshǐrén 젱 창시자 提起 tíqǐ 됭 언급하다 去世 qùshì 됭 세상을 떠나다 小吃店 xiǎochīdiàn 젱 분식집
特制 tèzhì 됭 특별 제조하다 凉粉 liángfěn 젱 량편[중국의 냉식품 중 하나] 亲自 qīnzì 用 직접 原则 yuánzé 젱 원칙
善于 shànyú 젱 ~을 잘하다

기본에서 실전까지 **한 달 완성**

해커스 [중국어]

HSK6급

한 권으로 **고득점** 달성

개정 2판 5쇄 발행 2024년 7월 1일
개정 2판 1쇄 발행 2022년 6월 10일

지은이	前 HSK 채점위원 리우윈(刘云), 해커스 HSK연구소 공저
펴낸곳	㈜해커스
펴낸이	해커스 출판팀

주소	서울특별시 서초구 강남대로61길 23 ㈜해커스
고객센터	02-537-5000
교재 관련 문의	publishing@hackers.com
	해커스중국어 사이트(china.Hackers.com) 교재Q&A 게시판
동영상강의	china.Hackers.com

ISBN	979-11-379-0438-5 (13720)
Serial Number	02-05-01

중국어인강 1위
해커스중국어 china.Hackers.com

해커스중국어

- 어려운 중국어 듣기를 완전 정복할 수 있는 **다양한 버전의 교재 무료 MP3**
- HSK 6급 필수어휘 2500 및 나만의 단어 암기 노트 PDF
- HSK 고득점을 도와주는 알아두면 시험이 쉬워지는 배경지식 PDF
- 쓰기에 자신감이 붙는 **해커스 HSK IBT 쓰기 트레이너**
- 실전 감각을 극대화하는 HSK IBT 실전모의고사 및 쓰기 원고지 PDF
- 하루 10분으로 직청직해 실력 완성! **무료 받아쓰기&쉐도잉 프로그램**
- 해커스 스타강사의 **본 교재 인강**(교재 내 할인쿠폰 수록)

중국어도 역시
1위 해커스중국어

중국어인강
1위

소비자 만족지수
1위

강의 만족도
96.4%

[인강] 주간동아 선정 2019 한국 브랜드 만족지수 교육(중국어인강) 부문 1위
[소비자만족지수] 한경비즈니스 선정 2017 소비자가 뽑은 소비자만족지수, 교육(중국어학원)부문 1위 해커스중국어
[만족도] 해커스중국어 2020 강의 수강생 대상 설문조사 취합 결과

중국어인강 1위 해커스의 저력,
HSK 합격자로 증명합니다.

HSK 4급 환급 신청자
합격 점수
평균 256점

* 성적 미션 달성자

HSK 5급 환급 신청자
합격 점수
평균 240점

* 성적 미션 달성자

2주 만에 HSK 4급 261점 합격

HSK 4급 (2020.05.09) 汉语水平考试

듣기	독해	쓰기	총점	
			총점	
86	100	75	261	

HSK 환급반 수강생 김*빈님 후기

이미 많은 선배들이 **해커스중국어**에서
고득점으로 HSK 졸업 했습니다.